黑龙江工人运动史

HEILONGJIANG
GONGREN
YUNDONGSHI

黑龙江省总工会◎编

中国工人出版社

图书在版编目（CIP）数据

黑龙江工人运动史 / 黑龙江省总工会编 . -- 北京：中国工人出版社，2025. 4. -- ISBN 978-7-5008-8707-2

Ⅰ . K261.3

中国国家版本馆 CIP 数据核字第 20250FD904 号

黑龙江工人运动史

出 版 人	董　宽
责任编辑	严　春
责任校对	张　彦
责任印制	栾征宇
出版发行	中国工人出版社
地　　址	北京市东城区鼓楼外大街45号　邮编：100120
网　　址	http://www.wp-china.com
电　　话	（010）62005043（总编室） （010）62005039（印制管理中心）
发行热线	（010）82029051　62383056
经　　销	各地书店
印　　刷	三河市万龙印装有限公司
开　　本	787毫米×1092毫米　1/16
印　　张	53.5
字　　数	815千字
版　　次	2025年4月第1版　2025年4月第1次印刷
定　　价	268.00元

《黑龙江工人运动史》编委会

主　　任　贾玉梅
副 主 任　栾志成
执行副主任　田凤霞
主　　编　秦慧杰
编写人员　（以姓氏笔画为序）
于文生　卢　川　曲晓溪　衣恩普　肖　鹏　宋庆森
张　英　庞　纯　房　波　秦慧杰　褚永慧　綦　岩

编撰说明

在中国共产党的领导下，黑龙江工人运动风起云涌、蓬勃发展，走过了波澜壮阔的百年历程，在中国革命、建设、改革、复兴的宏伟事业中，作出了不可磨灭的贡献。《黑龙江工人运动史》全面系统地回顾总结了黑龙江工人阶级的奋斗史，是一部真实科学地反映黑龙江地区工人运动萌芽兴起、发展壮大，与党同心同德、与时代同向同行的壮阔诗篇，是一部具有重要史料价值和资政意义的史书。

《黑龙江工人运动史》的编纂是学习贯彻习近平总书记关于党的历史的重要论述的具体实践，是党领导下的中国工人运动、中国工会组织的精神延续和血脉传承，对于推动新时代党的工运事业和工会工作创新发展具有重要意义。

《黑龙江工人运动史》的编写工作，坚持“以史为鉴，资政育人”的撰写原则，以习近平新时代中国特色社会主义思想为指导，坚持正确的政治方向，突出“工”字特色，把握规律和方法，以工人运动为记述主线，编辑撰写了四个历史时期的黑龙江工人运动历史。

本书设有四编十七章。第一编 民主革命时期的黑龙江工人运动（1840—1949）；第二编 社会主义革命和建设时期的黑龙江工人运动（1949—1978）；第三编 改革开放和社会主义现代化建设新时期的黑龙江工人运动（1978—2012）；第四编 中国特色社会主义新时代的黑龙江工运事业（2012 年至今）。

第一编由第一章至第四章组成：第一章 黑龙江工人阶级的产生和早期的黑龙江工人运动；第二章 新民主主义革命时期的黑龙江工人运动；第三章 抗日战

争时期的黑龙江工人运动；第四章 解放战争时期的黑龙江工人运动。

第二编由第五章至第九章组成：第五章 国民经济恢复时期的黑龙江工人运动；第六章 贯彻过渡时期总路线和实现第一个五年计划时期的黑龙江工人运动；第七章 全面建设社会主义时期的黑龙江工人运动；第八章 “文化大革命”时期的黑龙江工人运动；第九章 在徘徊中前进的黑龙江工人运动。

第三编由第十章至第十四章组成：第十章 伟大转折和成功开创中国特色社会主义时期的黑龙江工人运动；第十一章 开创社会主义建设新局面时期的黑龙江工人运动；第十二章 深化改革、扩大开放时期的黑龙江工人运动；第十三章 改革开放新阶段和建立社会主义市场经济时期的黑龙江工人运动；第十四章 全面建设小康社会、坚持和发展中国特色社会主义时期的黑龙江工人运动。

第四编由第十五章至第十七章组成：第十五章 学习贯彻习近平总书记关于工人阶级和工会工作的重要论述，决胜全面建成小康社会；第十六章 忠诚党的事业，始终坚持工会工作正确政治方向；第十七章 发挥工人阶级主力军作用，为实现中国梦龙江篇章而奋斗。

《黑龙江工人运动史》采用通史体例，全景式展示从黑龙江省工人阶级诞生到当代黑龙江工运事业的发展全貌，系统、翔实地记叙各个历史时期的黑龙江省职工队伍状况、工运时代主题、工会组织沿革、工会工作成就等重大史实，反映党领导的工人运动和工会工作的主题主线、主流本质，突出工会主责主业，编撰工作坚持史论结合、论从史出，力求做到立论严谨、论据充分、论证科学。

本书编委会

2025 年 3 月

目 录

第一编 民主革命时期的黑龙江工人运动
（1840—1949）

第二编　社会主义革命和建设时期的黑龙江工人运动（1949—1978）

第三编　改革开放和社会主义现代化建设新时期的黑龙江工人运动（1978—2012）

第四编　中国特色社会主义新时代的黑龙江工运事业（2012 年至今）

第一编

民主革命时期的黑龙江工人运动（1840—1949）

黑龙江近代工人队伍产生于19世纪中叶。随着矿业的开办和中东铁路[①]的修建，黑龙江工人队伍开始形成。洋务运动和黑龙江民族工业的发展，使工人队伍逐步壮大，工人阶级逐渐成长。

马克思主义在黑龙江工人中的传播，促进工人阶级政治思想发生深刻变化。俄国十月社会主义革命的胜利，极大地鼓舞了黑龙江工人阶级反帝反封建的斗志。五四运动的爆发，使工人阶级作为独立政治力量登上历史舞台。

1921年7月，在马克思列宁主义同中国工人运动相结合的进程中，中国共产党应运而生。在党的坚强领导下，黑龙江工人阶级开始从分散走向团结，工人运动从自发走向自觉，迅速发展壮大起来。

九一八事变后，在党的领导下，中国工人阶级表现出高度自觉的爱国主义精神和反帝反封建斗争的坚定性和彻底性。黑龙江工人抗日救亡运动的高涨，工人运动和工会工作有力支持和配合了党领导的抗日武装斗争、民族独立和人民解放的事业。

抗日战争胜利后，为充分发动群众，建立稳固的东北根据地，发挥人民群众主体作用，党引导群众建立工会等群众团体。各行业工会相继建立，职工联合会也不断发展壮大，工会组织成为中国共产党联系工人群众的桥梁和纽带，贯彻党的号召，在建立、巩固东北根据地的各项工作中发挥了重要作用。

---

① 1920年前名为东清铁路，1920年后称中国东省铁路，简称中东铁路或中东路、东铁。

第一章　黑龙江工人阶级的产生和早期的黑龙江工人运动

黑龙江工人最早产生于矿业以及铁路等企业中。早在1863年俄国投资开办的漠河金矿中就雇用了一批中国工人，到1884年金矿工人达4000人。随后，又出现在1889年中国官办的漠河金矿中，加上后来开办的三姓、观音山金矿，工人近万人。1896年沙俄攫取中东铁路修筑权后，开始招募工人，从而产生了铁路工人，而随着中东铁路的修建以及附属工厂的建立，铁路工人的队伍不断扩大。据不完全统计，到1900年，修筑中东铁路的工人增至17万人，其中除少数俄国工人外，均为中国工人。这些工人的出现为黑龙江工人阶级的形成，特别是产业工人的形成奠定了基础。

黑龙江矿工、伐木工人、手工业工人的反封建斗争和反侵略斗争逐步开展起来。黑龙江工人反对沙俄占地筑路的斗争，以及中东铁路通车后，中俄两国工人联合罢工等斗争，虽然斗争形式是原始的，甚至是简陋的，组织是分散的，斗争多是自发的，但是，它打击了帝国主义的嚣张气焰，使工人队伍得到了锻炼，提高了中国工人的阶级觉悟，增强了中国工人不畏强暴敢于向帝国主义侵略者进行斗争的革命精神，为大规模的反帝反封建斗争创造了条件。

总体来看，这一时期，黑龙江工人阶级尚未形成自觉阶级和独立的政治力量，还没真正意识到工人阶级的历史使命。黑龙江工人阶级正在逐渐地觉醒和成长。

第一节　黑龙江产业工人的形成

1840年鸦片战争以后，由于清政府的昏庸腐败及世界资本主义列强对中国的侵略，封建的中国逐步沦为半殖民地半封建社会。黑龙江地区也和全国一样，经历了这一痛苦的变化。

一、漠河金矿开发：黑龙江近代工业的开端

黑龙江地区是清朝的“龙兴之地”，满族的故乡。这里自然资源十分丰富，清政府入关后将其视为禁地，实行封禁政策，不允许汉人进入，更不允许对这里的资源进行开发利用。为了巩固政权，还经常抽调大量满族旗人入关当兵。清政府的封禁政策，严重阻碍了黑龙江地区社会经济的发展，使土地开发停顿，原有耕地荒芜，黑龙江地区成为人烟稀少的北大荒。经济落后，地广人稀，资源丰富的黑龙江地区成为资本主义列强长期觊觎和激烈争夺的地区之一。这些列强当中尤以中国北方近邻沙皇俄国最为凶恶。19世纪五六十年代，沙俄趁清政府在鸦片战争中战败之际，又侵占了黑龙江以北、乌苏里江以东100多万平方公里的中国领土。此后，仍然不断蚕食黑龙江、吉林边境。黑龙江地区的矿产也遭到沙俄的掠夺。

黑龙江上游南岸，内兴安岭脚下、额尔古纳河右岸，方圆千数百里，盛产黄金。1860年，鄂伦春人在漠河元宝山谷地捡到黄金数块。听到有人捡到金块的消息后，黑龙江沿岸及后贝加尔一带的人们抛弃本业，蜂拥而至，其中有矿丁、逃逸的囚犯、西伯利亚职工、退职官吏、商人及哥萨克人。其中多数为中国人，其次是俄国人，还有朝鲜人、犹太人、德国人、法国人、波兰人、美国人、西伯利亚人，等等。特别是大批俄国流氓、冒险家和工商业资本家闻风而至，私自探采。到19世纪80年代，俄人违约潜入中国境内，在漠河、根河、乌伊河、苏里河、兴凯湖、绥芬河等处盗采金矿。越界盗采的人虽然身份有所不

同，但目的却是一样，就是想要“一攫千金”。

漠河在瑷珲城（今黑河市爱辉区）的西面。金矿地名元宝山，两边带坡，高山中间有溪河一道。漠河一带黄金储藏量极为丰富，1600 多斤金沙，经过粗略淘洗，就可以获得约 23 两黄金。因此，盗采金矿的沙俄冒险家、资本家多迅速发迹，盗采的规模不断扩大。1882 年，沙俄一个名叫谢列对吉挪的冒险家，得悉漠河地区有金矿后，便“邀通晓矿学俄人列别吉那私自开采”[①]。据俄国财政部记载，该矿区开始时仅有几百人，“每天采掘三十俄磅至一普特”[②] 金块。到同年六七月间漠河盛产黄金的消息传遍俄国的阿穆尔、后贝加尔等地，形形色色的罪犯、商人和官吏趋之若鹜，工人也迅速增加，至 1884 年招工已达 4000 人。他们恣意扩大矿区，盖房 700 多间，立窑 500 多所，还有一支 150 人的武装，可以随便捕人。1885 年 1 月，采金人数曾达 1.5 万人。据日本东亚同文会出版的《支那经济全书》介绍：“自由矿时代采掘的黄金额，虽然计算不出来，但综合各种记录推算，从 1883 年到 1886 年之间，总计产金 500 普特”。这些黄金大部分落入俄国人手中。在来不及盗采或无力“经营”时，他们就任意把矿坑出租或拍卖，把中国的神圣领土和宝藏视为私产。他们甚至在矿区擅自设立“采矿事务所”，建立行政机构，颁布法令，组织武装，俨然建立“国中之国”，猖狂至极。

清政府为了巩固其对东北的统治，采取了一系列的抵抗措施。首先，派出大员协助筹办边防，增强防御力量，调拨边防经费，编成上万人的靖边军，分布在宁古塔（今黑龙江省牡丹江市宁安市）、三姓（今黑龙江省哈尔滨市依兰县）等地，加强兵勇训练。并在三姓等处荒地试办招垦，实行移民戍边政策，设置大量军事驿站巩固边防。其次，清政府派出大员与沙俄交涉收回被蚕食领土。另外，清政府下令黑龙江将军文绪（1881—1886 年任职）派兵驱逐越界盗采金矿的俄国人。

1884 年 12 月，文绪奏称“俄人偷挖金沙”，请将“疏纵各员分别惩处”，

---

① 《黑龙江志稿》卷二三（财赋矿产），第 1 页。

② 《满洲通志》第 489 页。

清政府感到问题严重，令黑龙江副都统成庆出面，“与俄人据约辩论”[1]。成庆与俄人交涉无效。1885 年 5 月，文绪再次奏报清政府“俄人越界至漠河山淘金，有四千余名，叠经照会，令其呼回，该酋饰词搪塞，请向俄公使理辩”。[2] 总理衙门照会俄使转海兰泡城固尔那托尔将漠河俄人勒限收回，仍不见行动。1885 年 8 月，黑龙江将军文绪命协领双福带兵至漠河，会同俄方委员，撤出俄人 4000 名，华人 100 多名。10 月初，清兵再次分两路冲入漠河老沟金矿，仍发现有盗采黄金者 1000 多人，这些人闻讯逃往黑龙江北岸。清兵将其所用木房窝铺 700 多间全部焚毁，500 多座地窖砸掉。中国军队以武力驱逐俄国盗采者是完全正义的，这是一种捍卫领土主权的行动。后来，为了防止俄人越界盗采黄金，文绪奏准于沿江设卡 26 处，派兵驻扎，使沙俄盗采漠河金矿得以遏制。

清政府从增强边防军作战能力，筹集军饷及以杜绝外人觊觎矿产出发，命吴大澂、恭镗等人，在东北以官办、官督商办、官商合办、商办等方式，建立了一批近代军火工业和采矿业。

1887 年，黑龙江将军恭镗（1886—1889 年任职）奏请开办漠河金矿。早在 1885 年 10 月文绪派兵将在漠河进行盗采的华俄各民，一律驱除净尽之后，“淘金华俄人等，复行闯越”[3]，虽增设卡伦多处，也不能阻止盗采者。1887 年新任黑龙江将军恭镗上《漠河金厂亟应举办》一折，“黑龙江漠河地方，上年曾有中俄匪徒，过江偷挖金矿，虽经派兵驱除，孽芽未净，自应及时开采，以杜外人觊觎”。同时奏请以吉林候补知府李金镛会办金矿。清政府批准了恭镗的请求，并令李鸿章“遴派熟悉矿务干员，饬令选带矿化各工，携带机器，迅往黑龙江，随同恭镗认真勘办”，还明确“如津沪殷实各商有情愿承办之人，并着饬令同往，俾可图成”。[4] 李金镛到职后，前往漠河地区考察，历时 5 个多月，然后带着金沙样品前往保定，向李鸿章禀报漠矿筹办意见。据李金镛介绍，俄人在漠河元宝山溪水两边盗挖五六年，已挖十四五里，只有溪身正脉尚未挖到，向西

---

① 《德宗实录》第一九八卷，第 12 页。
② 《德宗实录》第二〇五卷，第 15 页。
③ 《德宗实录》第二一七卷，第 12 页。
④ 《德宗实录》第二三七卷，第 9 页。

至奇乾、阿勒罕等河，均200余里。此道金脉自额尔古纳河西山发源，经奇乾、阿勒罕直至额木尔河下游，总计长500余里。经美国化学师乐百时化炼，计1000份中得净金871份，银75份，铅、硫黄、铁共54份，据该化学师称，此金可与美国三藩市之金相媲美。当年12月，李鸿章将李金镛《筹议黑龙江金厂公司章程》16条向光绪帝转奏，并且详细陈述了开办漠河金矿的重要性，“自光绪十一年秋间派兵驱逐，孽芽未净……俄国官商仍思集股采取，若不及早筹办，久必为人占据，贻患匪轻”。[①] 1888年初，总理衙门上《议覆漠河开矿事宜疏》，“请即派候补知府李金镛督理黑龙江等处矿务，以专责成，并请饬令黑龙江将军督同该员，审慎办理”。[②] 至此，这个经过一年多筹办，以重在防边，兼筹利国，于“筹办军饷，关系紧要”[③] 的漠河金矿正式开办。

李金镛学习西法办矿，《漠河金厂章程》中提出“现拟仿照西方公司方法，招集股本二十万两，先行试办”[④]。又提出筹集私人资本办法和利润分配方案。拟在上海、天津、吉林等处招集股本，每100两银子为一股，购股票多少不限，俟股满即行截止。漠河金矿的盈利分作二十成均分，其中商股十成，厂中“员友司事花红”四成，报效黑龙江军饷六成。李金镛在上海、天津等地招股七万两，李鸿章从天津筹银十万两，黑龙江将军恭镗筹拨库银三万两，凑齐开办经费。这套办法，体现了清政府创办漠河金矿的意图，允许富商投资，而对企业又加以控制，强之以报效军饷，反映了半殖民地半封建社会官督商办企业的特点。

漠河金矿是我国金属矿业从封建企业向资本主义企业转变的一个代表。机器设备或向上海耶松、祥生洋行购入，或由吉林机器局制造。漠河金矿初建时规模不大，采金面积以老沟为中心占地约300平方公里，后来逐渐扩大。成立漠河金矿总局，在瑷珲等地设立分局管理金厂。总厂下设奇乾、观音山、乌玛河等分厂。投产后，产量逐年增加，具体产量见下表：

---

① 《李文忠公全书·奏稿》第六一卷，第45页。
② 《德宗实录》第二五一卷，第2页。
③ 《德宗实录》第二五七卷，第12页。
④ 《李文忠公全书·奏稿》第六一卷，第45页。

表 1-1　漠河金矿历年产量统计（1889—1894 年）

年别	产金量（两）	合银量（瑷平银）	资料来源
1889	18961	307236	《矿务档》第 7 册，第 4530 页
1890	23105	344967	《矿务档》第 7 册，第 4534 页
1891	20220	281666	《矿务档》第 7 册，第 4533 页
1892	15312	293784	《矿务档》第 7 册，第 4542 页
1893	10000	232612	《矿务档》第 7 册，第 4546、4572 页
1894	28370	766543	《矿务档》第 7 册，第 4555、4556、4572 页

本表资料来源：张国辉：《洋务运动与中国近代企业》，中国社会科学出版社，1979 年 12 月第 1 版，第 229 页。

漠河金矿从 1889 年投产后，年终照章程规定分别提取余利，体现了资本主义经营方式。

漠河“矿区隶于江省，而厂内用人行政及一切章程款项，则北洋大臣主之”①。它是李鸿章所办“求富”企业多遭失败而唯获成功的一个。到 1895 年后，清廷由于“库款奇绌，应令设法多提，借济饷需”，导致入不敷出，漠河金矿逐渐没落。

19 世纪八九十年代，清政府在东北筹边设防过程中，近代工业在东北出现了。漠河金矿是黑龙江省最早的官办近代工业企业，它的开发标志着黑龙江近代工业的萌芽，是黑龙江近代工业的开端，也是黑龙江近代产业工人队伍形成的起始。

二、黑龙江最早的产业工人——金矿工人

漠河金矿的开办，产生了黑龙江最早的有生产组织的产业工人——金矿工人。

关内“闯关东”的移民为东北地区金矿开发提供了大量的劳动力。由于清政府统治的关内土地兼并、自然灾害、连年战乱，促使华北地区直隶、山东等地民众迁往东北谋生，严重冲击着清政府初期和中期的“封禁政策”。他们私自

① 徐宗亮：《黑龙江述略》，《黑龙江志稿》财赋矿产第二三卷，第 1 页。

开挖盗采金矿，“于是金场开而流民众，每场之人至数千、数万或数十万不等”①。从1866年到1868年，穆宗皇帝曾多次告诫东北地区的地方官员：“山内挖金流民数千”。1868年吉林将军上奏“请封禁崴沙子、老金场一带金场，并派兵巡查，捣毁工棚，严禁米面入山”，但“省南木其河、夹皮沟……等处，以前聚集数千人偷挖，自封禁后，往往潜赴三姓山内，搭盖窝棚……盗挖金沙”，采金者“官至则散而为樵，官去则聚而偷采。查各沟附近菜营、窝棚及无业游民约计不下千余人”②。到1875年8月，吉林将军上奏：“吉林东山金匪复有十余万众之多，三姓地区亦有四五百名。黑龙江省漠河金矿也同样聚集大量流民。”③这些失去土地，流离失所的流民成为漠河金矿工人的主要来源。

据李金镛记述，漠河地处荒僻，人迹罕至，物价是南方的10倍或20倍。气候十分恶劣，邻近北极，严冬则雪高盈丈，马死人僵，夏秋多虫，塞耳盈鼻，起居服食无一不难，无一不苦。旧时赈矿诸友大都散处四方，集置艰苦之地，恐非所乐而不招自至者又未信心，则用人难。由于地偏苦寒，漠河金矿开办初期矿工人数并不很多，大都是从齐齐哈尔、瑷珲、长春等地招募来的。为了招募更多的矿工，李金镛根据准奏的《漠河金厂章程》关于“流民宜招回也”条款，征召流民。在沙俄盗采之时，曾经从华工聚集的俄国境内海参崴、恰克图等地召集了大量山东、河北的流民，自清政府派官兵驱逐后，多数又流入俄境，其处境十分艰难。应该将这些流民招回，以解决金矿工人来源问题。李金镛认为这些人“开矿尚称熟手，自官兵驱逐后，绝其归途，俄人仍收作佣工”④。于是便作出“招回此项流民仍为我用，并优给工食，勤加约束，赏罚严明”⑤ 的决策。由此，这些原本非法的金沙私盗者成为漠河矿务总局的合法矿工。李金镛还向清廷上疏，认为“用人宜慎选也”，“今欲任用得人，非丰薪优奖，不足养其家而得其力。所有监工、稽查、办粮、押运、文案、收支等事宜均关重要”。

---

① （清）黄沛翘：《皇朝藩属舆地从书》，曹廷杰“条陈十六事”，1894年，第37页。

② （清）长顺修，李桂林纂：《言林通志》卷41，吉林文史出版社1986年版，第3、4、6页。

③ 刘世慧、梁志忠：《近代东北边疆的危机与清末的移民实边思想》，黑河学刊，1987年第1期，第75页。

④ 《中国近代史资料汇编·矿务档》，1960年，第4367页。

⑤ 同上。

所以，当时金矿局的设置、分工、用人都很得当。

当地的交通运输十分艰难。黑龙江虽有俄国轮船能够逆流而上，但从米粮丰富的呼兰运输需十余日才能到达漠河。而中国的小船不能逆水向上游行驶，必须采用车辆陆路运输。1888 年，清政府选精兵 500 名及一些充军发配的囚犯，拨给李金镛辖制。恭镗又增派熟悉山路的鄂伦春士兵 20 名，作为向导。由李金镛率众人自墨尔根（今黑龙江省嫩江市）开辟了一条直达漠河的“黄金之路”。

当时组织生产的方式实行把头制。为明确工人身份，招工时，工人需要有当地大商铺出面做保。把头是矿工生产的组织者、协调者。金矿对把头的选择有详细规定：“募平素熟手而有根蒂者，充当把头，并取具妥实铺保，到厂后如有作弊及亏空等情，惟向保人是问……至矿丁即由把头自募”①。1888 年 10 月 14 日，招募公告称：“现准备招用矿丁 500 名，按矿丁人数 30 人至 50 人立一个把头，该把头必须是挖金熟练之人，并有可靠的保人做保方准任用，矿丁若与把头认识的，则由该把头做保人。”② 金矿还规定：“逃去矿丁一人，无论亏欠公项若干，均做两股认赔，该把头赔一股，同帮各矿丁分赔一股；病故矿丁，如有亏欠公项，亦做两股认赔，该把头赔一股，本公司亦认一股”③。在生产管理上，金矿大门前有一杆大旗，每天早晨大旗准时升起。旗升则矿工上工，旗降则休息。

在利润分配和薪酬制度上，李金镛作了合理规定，“其得金沙合银若干两，除将借款陆续提还，并将官利及员司、矿师薪水、局费夫役、护勇工食一切开支外，若有盈余，作为二十成均分……在厂之人，自总办及员司、夫役等皆得均沾酌赏，计人计功，不得使一人向隅”④。而矿工的工资，按照“四六分金”制计算，矿工占六成，矿局占四成。这样，就大大提高了广大矿工的生产积极性，故“人人力作，无待督劝”⑤。此外，由于淘金采用了机器选矿设备，又招聘了大批懂矿务的员司和熟练的技术矿工，大大提高了劳动生产率。加之管理

① 《中国近代史资料汇编·矿务档》，1960 年，第 4398、4399 页。
② 王树才：《漠河县志》，中国大百科全书出版社 1993 年版，第 187 页。
③ 王树才：《漠河县志》，中国大百科全书出版社 1993 年版，第 189 页。
④ 彭泽益：《近代手工业史资料》（第二辑），中华书局 1962 年版，第 151 页。
⑤ 彭泽益：《近代手工业史资料》（第二辑），中华书局 1962 年版，第 20 页。

得当，因而黄金产量大增。1889 年产金 1.8 万余两；1890 年产金 2.3 万余两，人均产金约增加 56%。

矿工的生活虽由矿上统一管理，但条件是十分艰苦的。1891 年，在李金镛由上海返回东北时，曾令吉林派县丞陈世敬为漠河金矿驻吉分局委员，办理金矿工人过冬所需衣物，速购皮衣皮裤、毡鞋毡帽。矿工的衣物先由漠河矿务总局购入，矿工再向总局支付一定钱两才可获得。根据漠河矿务总局的公告，金厂“应用一切衣服、食物及器具等项，均由把头赴货房凭折支取，每至半月一结”，后改为“一月一结”[①]。由于漠河地处极北交通不便，运输成本很高，粮食蔬菜运送极为困难，李金镛及继任袁大化上书李鸿章，提出“矿垦兼营”的建议。经李鸿章同意后，他们制定规划，劝令流民就近开荒。于是便在矿区附近开垦荒地，种粮种菜，矿垦结合。1892 年，矿工蔬菜的供给问题基本解决。李金镛还是比较重视矿工的住宿问题。1887 年初到漠河，就曾命人修盖房屋。矿工住的是用原木围砌起来的木屋和地窨子。大的可居住 30 多人，小的也能住十多人。矿工每月初一和十五可休息两日。

随着金矿的开采，有一些曾由国内去海参崴、恰克图等地的矿工也陆续回国。同时，当地还聚集了一些商贩。为了保护矿区的安全，金矿又招募了一些兵勇护矿。因而，中国黑龙江沿岸人数不断增加。

经过四年的不懈努力，漠河金矿已初具规模，仅 1889 年及 1890 年前 8 个月，就已产金 3.7 万余两，招回流民二三千人，调练丁勇百名，以“前日之绝域穷荒，自经营金矿以来，商贩渐兴，兵民相习，气象迥非昔比，边外空虚之地，得此搘撑其间，隐收实边兴利之益”[②]。

漠河金矿之所以取得成效，与广大矿工的辛勤劳作是分不开的。金矿虽然使用了机器，但当时的机器还很落后，况且金矿上各“散帮”仍然靠手工劳动，因此工人的劳动时间长、强度大，加之条件十分艰苦，广大矿工的十之七八为此献出了生命，那金灿灿的黄金也正是矿工血汗和生命的结晶。

清政府自开办漠河金矿获利后，又相继开办了三姓（今黑龙江省哈尔滨市

---

① 王树才：《漠河县志》，中国大百科全书出版社 1993 年版，第 189 页。

② 《李文忠公全书·奏稿》，卷六十九，“李金镛请卹摺”。

依兰县）、观音山（今黑龙江省伊春市嘉荫县境内）等金矿。1890年吉林将军长顺派宋春鳌试办三姓商办金厂。宋春鳌在境内集商股十万两，利润四成归公。采矿工人平时二三千人，兴盛时期四千余人。

1893年李金镛又开办观音山金矿，归漠河金矿局管理。根据有关方面资料的不完全统计，到了1896年黑龙江地域内的三个金矿有淘金工人8000人左右，年产沙金十多万两。而漠河金矿局每年就有矿工4000人左右。

金矿工人除了多数山东、直隶等地的流民外，还有一部分是居住在黑龙江边的比较清苦的八旗子弟。他们为了防备外界的袭击和保卫自身的安全，建立了结社组织。结社的首领是经大家选出来的，凡是结社成员，对于首领保持绝对服从。结社还订立了各种规章制度，对于恣意反抗或无理违反规制的成员给予除名。一个被除了名的成员，在矿上将不再受人保护，工作和生活都得不到保障，因此，凡是加入结社的成员，即使置之死地也绝不肯干出被除名的事。

漠河金矿刚开办初期，由于矿工分得较多，因此，矿上的工人是比较稳定的。但后来，袁大化和周冕来承办金矿局时，他们提高了军饷比例，将矿工所得沙金在漠河提出60%报效军饷；在观音山抽出更多达80%报效军饷。这样，从1895年至1897年，虽然产金合计11.1万余两，但矿工们并没比前几年多收入多少。并且，在一年的时间里有半年的冰冻期，作业艰苦，得金不多。因此当中东铁路开工时，矿工纷纷前往应募。1896年12月6日，周冕上禀道："自本年正月接办场务。……查勘金苗，凡向来较旺之区多已衰竭。……兼之铁道招工，价厚至倍，矿丁多多诱去。该厂人数向有四五千人，今则不及千人。"①整个漠河金矿局开始走下坡路，以致后来无人管理。1900年八国联军侵华以后，黑龙江沿岸的金矿均被俄军破坏，竟不准中国人采掘。俄国商人以重金招募矿工，在漠河、奇乾河、观音山等地采金达六年之久。1903年至1908年共得净金80万两。直到日俄战争俄国战败撤军后，黑龙江沿岸的矿山才被清政府派员陆续收回。并又开办了库玛尔、梧桐河等一些新矿。但这时的黄金产量已经远不如建矿初期了。1908年黑龙江的漠河、萝北、呼玛、依兰等地的金矿共产沙金

---

① 袁大化著，张本政校点：《漠矿录》三，《黑河学刊》1985年第3期，第17页。

只有4.3万两左右。

这一时期的金矿工人多系流民，为生活所迫和梦想发财而到矿上。有不少“发了财”的在干了一夏天之后，冬天就回老家了，有的人夏天没采到多少沙金，想留下来再采一年，因而有的人冬天受雇上山伐木卖钱，又成为伐木工人。有的人由于收入不固定，生活得不到保障，而黑龙江各地的产业也都相继发展起来，因而改行干别的工作去了。因此，总的来说矿山工人的流动性很大，每一时期都很难精确地计算出人数来。尽管在金矿中有结社组织，但总的来说工人之间的团结性还是很差的，人们只是满足于所得的一点点沙金。因此，在这一时期很少发生矿工的罢工事件。但是，这并不是说金矿工人就没有革命斗争的传统。他们在反帝反封建的斗争中也曾有所表现。

金矿工人的出现为黑龙江省工人阶级的形成，特别是产业工人的形成奠定了基础。

三、黑龙江伐木、铁路工人的状况

黑龙江地区大小兴安岭、完达山、老爷岭、张广才岭被茂密的森林所覆盖。木材采运生产自古有之。从事采运生产的劳动者，随着木材需求量的增加而不断增多。

清政府曾修建一些“木城”，用原木建造“木克楞”房子也较多见。呼玛尔河口处洛古河村起脊的房子和墙壁全都是用原木建造而成。当时在一些开发较早的城镇，如黑龙江城（今黑龙江省黑河市爱辉区）、墨尔根城（今黑龙江省嫩江市）、齐齐哈尔城（今黑龙江省齐齐哈尔市）、宁安市、三姓城、阿勒楚喀城（今黑龙江省哈尔滨市阿城区）等人口稠密地区，附近的森林都不同程度地被砍伐利用。1860年以前，黑龙江地区为“封禁”区，大森林基本保持原始状态，一望无际的原始森林均未开发。从1861年逐渐“弛禁”后，在黑龙江和乌苏里江沿岸及拉林河流域林区的当地居民，即已砍伐林木外运出售。

1858年《中俄瑷珲条约》和1860年《中俄北京条约》（又名《中俄北京续增条约》）签订后，沙俄侵占黑龙江以北、外兴安岭以南和乌苏里江以东100

多万平方公里的中国领土，同时掠走大量森林资源。沙俄还在黑龙江沿岸越江盗伐林木。据《黑龙江述略》卷一载："今俄人以轮舶往来，几十年矣，然地处极寒……又近山无煤可采，轮舶皆用木薪，烟筒圆径，倍于行海，每十数里间，辄予存木薪岸上，以备停取"。乌苏里江支流的挠力河两岸森林，长期成为俄国远东重要城市伯力（哈巴罗夫斯克）的薪材供应基地。1856 年至 1860 年沙俄在黑龙江地区盗采金矿和煤矿，直接消耗当地的木材。1884 年沙俄在漠河山内开采金矿，招募华工 4000 多人，就地取材、砍伐森林，建造"木克楞"房屋 500 余间，森林砍伐也从未停止。

1896 年沙俄攫取中东铁路修筑权后，从 1898 年开始修建，至 1903 年全线通车，铁路西段通过大兴安岭南部林区，东段穿过张广才岭、老爷岭和完达山林区，砍伐森林做枕木、建房、修路、架桥原料和生活燃料，机车也以木材为燃料。沙俄从建筑中东铁路开始，就对这里的森林进行疯狂的掠夺。根据 1898 年《中东铁路支线合同》规定，沙俄可以自行采伐官地树林，用于铁路建设。沙俄利用这一机会，大肆砍伐黑龙江右岸和松花江两岸各地的森林，除铁路用林外，满载珍贵木材的船只昼夜不停地开往俄国。1904 年 3 月，霍尔瓦特又勾结周冕，私自订立了《黑龙江省铁路伐木合同》，取得对从成吉思汗站至牙克石站铁路两旁宽 35 里、长 600 里，呼兰河和诺敏河两河各至水源为止长 300 余里、宽 100 余里，杈林河（即今岔林河）和浓浓河两河各至水源为止长 170 里、宽 70 余里的伐木权。据统计，沙俄每年掠夺的木材价值在 1 亿银圆以上。此后建俄商林场 30 余处，从满洲里到绥芬河，沿线 1000 多公里森林区，20 余年间，铁路两侧 50 里至 100 里森林，便被砍伐殆尽。可见当时森林采伐规模巨大。黑龙江省"产木之区，大半划给俄人"，甚至"江省人民需用木料，均须请命于俄人矣"[①]。沙俄拒绝缴纳地方当局征收的木材税，把掠自我国的木材，除修铁路自用外，其余则高价卖给中国，或大量运往俄国，牟取暴利。

另外，清政府于 1895 年在呼兰创立木植公司，在余庆（今黑龙江省庆安县）始建"黑龙江木植公司"，在向阳山（今黑龙江省双丰林场）一带进行有组织的森林采伐。1898 年吉林、黑龙江两省分别建立木植公司，承办铁路需用

① 宋小谦：《赐福瘘户事》第一卷，1915 年，第 33 页。

木材。1898 年 4 月 12 日，黑龙江将军衙门为创设木植公司承办铁路用材，“黑龙江木植公司”成立，“采办齐齐哈尔、呼伦贝尔（今内蒙古自治区呼伦贝尔市海拉尔区）、布特哈、墨尔根、呼兰五城木植，运售中外客商。凡铁路需用各项木材，以及轮船柴薪暨民间房木等件，概归承办”。1898 年 5 月，吉林交涉总局与中东铁路公司代表，会订《伐木章程》12 条。双方规定：“凡铁路公司需用木植，无论雇人自砍，或给华俄把头包砍，必先报明指砍山场，拟砍木植若干，价值若干，由公司勘明，发给大票，先交票费一半，始许进山砍伐，至次年运木出山，再照章补足。所砍山场如系民山，并须由铁路公司另给山主四成山本。”①

从 1861 年至 1904 年的 43 年间，关内大批移民至黑龙江，年均垦荒以 16 万亩速度递增；人口大量增长，从 1808 年至 1907 年的 100 年间，由 13.6 万人增至 127.3 万人。农牧业的发展使得房屋和交通建设需要大量木材。

木材需求量的不断增加，催生了森林采伐产业，形成以伐木为生的伐木工人队伍。虽然，伐木工人数量无法统计，但从木材的采伐规模来看，伐木产业工人队伍很庞大。

起初从事伐木生产工人除当地的农民外，主要是来自山东的流民，几个人合伙进行采伐。集合多数这类的小团体，进山作业。进山后，到当地政府请求伐木许可，即砍票。一把斧子纳税银一两，任意采伐，不受任何限制，采伐地点也是自由选择。以斧砍木，当时造材的材种分四种，即 8 尺、16 尺、24 尺和 32 尺。两端要留 1 尺后备长，以备编排之用。陆路运材，在冰冻时进行。这些伐木工人没有资金，主要是靠出卖劳动力为生。每年 9 月入山，第二年 6 月结束。所需工人的多少，是按生产木材的数量而定。但进行伐木、造材、集材、运材这个生产阶段，需要大量工人。所以，要在当地雇用临时工进行补充。工人的多少根据木排量来计算。在一般情况下，一个木排所需的各类工人是：伐木、造材作业需要 45 人，放排时根据排的大小而定，一般需 68 人，包括 1 名领排工人。领排人要求既是熟练的排手，也是通晓伐木作业的老手。集材、运材作业利用农闲时的劳力和畜力，主要是用牛，必要时也用马。作业时间，基本

---

① 陶炎：《东北林业发展史》，吉林省社会科学院 1987 年版，第 115 页。

上是3个月，即由11月至翌年1月。

中东铁路干线西起满洲里，中经哈尔滨，东至绥芬河，当时横穿黑龙江、吉林两省，成为沙俄联结欧、亚两洲的西伯利亚大铁路的一部分。支线从哈尔滨起向南，经过长春、沈阳直至旅顺口，纵贯吉林和奉天（今辽宁省）两省，干支两线总长2583.7公里。1897年8月28日举行开工典礼，1898年正式开工，铁路建筑工程以哈尔滨为中心，分为东、西、南三条线，组成19个工区，由六处同时相向施工。由于黑龙江工人反抗沙俄占地筑路斗争和义和团运动，打乱了沙俄的筑路计划，工程经常被迫停顿，一直处于边拆边修的局面。直到1903年7月14日，中东铁路才全路竣工通车和营业。

修筑中东铁路是一项庞大的工程，需要大量的工人。沙俄除了由国内招募少数技术员工外，所有土、木、石工及其他笨重体力劳动的工人，都要就地雇用中国人。因此，他们采用种种欺骗手段，廉价地、一批又一批地从各地招募了数以万计的筑路工人。被招募的工人大部分是乡村农民，还有伐木工人、采矿工人、手工业者以及无业游民。随着中东铁路工程的全面铺设，招募工人的数量越来越大。

到1900年，已达17万人之多。筑路工人来源有两个：一是来自黑龙江、吉林和奉天的城乡居民，特别是铁路沿线的因沙俄强占和强买土地而破产的农民较多。过去他们世世代代耕种和居住的土地、房屋被沙俄侵略者巧取豪夺，使他们无法生存，流离失所。还由于沙俄盗采金矿、煤炭，大量占地、砍伐林木和劫掠农产品，使铁路沿线依靠土地、山林种植、采集、狩猎和伐木为生的广大劳动者，失去了赖以生存的基础。因此他们不得不涌进兴建的大城镇和中东铁路沿线，依靠出卖劳动力来维持苦难的生活。二是源于华北地区直隶和山东等省的大批破产农民、手工业者和无业游民。他们当中的大部分，由于家乡遭到各种灾难，生活极端贫困。沙俄乘机通过工头，用极微薄的工薪将他们骗来。正像恩格斯曾指出的那样：帝国主义建筑“在中国的铁路意味着中国小农业和家庭工业的整个基础的破坏，由于那里甚至没有中国的大工业来予以平衡，亿万居民将陷于无法生存的境地”。

这些中国工人在沙俄的刺刀逼迫下，冒着严寒和酷暑进行艰辛劳动。每人只能得到非常低微的十戈比工资。由于劳动繁重，生活条件恶劣，以及疫病的流行，死亡的人数达到骇人听闻的程度。中东铁路是中国工人付出辛勤的劳动和巨大的代价而换来的。

第二节　外资和民族企业的开办促使工人阶级不断壮大

19 世纪中后期，外国资本主义国家对黑龙江的经济侵略，主要是推销商品和掠夺原料，但是也开始在黑龙江投资或进行投资的尝试。这正反映资本主义在逐渐向帝国主义阶段过渡时期对外侵略的特点。

一、沙俄投资建厂以哈尔滨为中心

沙俄侵略黑龙江的目的之一，是把黑龙江作为它的商品市场、原料产地和投资场所。特别是在铁路沿线的大城市，它设立了许多工厂、洋行和金融机构，残酷地剥削中国人民，榨取高额利润。

1895 年 12 月，由沙俄和法国投资建立的华俄道胜银行是沙俄对中国进行经济侵略的大本营，投资兴建了中东铁路。华俄道胜银行在哈尔滨设立分行，享有很多特权，如发行货币。随着中东铁路的修筑，华俄道胜银行即在铁路沿线大量发行货币，达到“中东铁路告成，使之卢布羌帖遂通行于路线所经之地，操纵财政，市间不见官币”① 的程度。第一次世界大战爆发后，沙俄政府停止兑换各种货币。因此，沙俄在黑龙江所发行的卢布，顿时暴跌，几乎成为废纸。使商民受到严重的损失。甲午战争后，清政府为了支付对日赔款，而大借外债。华俄道胜银行的主要营业专案是经营对中国政府借款。据统计，从华俄道胜银行成立的 1895 年起至 1918 年被苏联宣布收归国有止，其存在期间，对中国历届政府借款，有 20 余起。这充分表明，华俄道胜银行是沙俄向中国进行资本输出的指挥机关和执行机构。它不仅向中国输出借贷资本，而且也输出生产资本。

① 《黑龙江志稿》二十一卷《财赋志》，《币制》。

它在黑龙江经营的工业和商业就是向中国进行资本输出的一种形式。

中日《马关条约》的签订，使帝国主义列强获得了在中国设厂制造的特权。十月革命前，沙俄在哈尔滨及以其为中心的中东铁路沿线城市，开设许多铁工厂、机器铁工厂、钢铁机器厂，还有火锯厂、洗毛厂、印刷厂、农事场、园艺场等。1898 年，在哈尔滨设立了中东铁路临时总工厂和制材厂，有工人 1000 余人。中东铁路建成通车后，铁路的其他附属机构，如机车库、工务段、火车站、发电厂、印刷厂等相继建成。到 1911 年，除了哈尔滨总工厂外，市区铁路员工总数有 1200 余人。在电气工业方面，沙俄在哈尔滨先后设立铁路中心发电厂、华俄道胜银行发电厂、托列宁发电厂、秋林洋行发电厂、马家沟发电厂等 7 家发电厂。这些电厂的规模不同，大者 800 马力，小者仅 45 马力，垄断了哈尔滨的电力。仅铁路中心发电厂就有员工将近 400 人。为了满足俄国人生活上的需要，特别是向远东西伯利亚地区输出，沙俄重点经营的是面粉业。中东铁路通车后，特别是在日俄战争期间，面粉工业得到空前的发展。1900 年设立"满洲第一面粉厂"，资本为 38.4 万卢布。第二个面粉厂是中东铁路局设立的。1902 年由于前两个厂转让而建起松花江机器面粉公司，继而有俄国面粉公司，波罗金面粉厂，东洋商行面粉厂等。到 1913 年，沙俄在中东铁路沿线设立的面粉厂达 34 家，仅哈尔滨就有 24 家，双城 2 家，齐齐哈尔、富拉尔基、阿城、一面坡、海林、宁古塔等各 1 家，面粉厂工人达 5000 人。正是由于沙俄控制了黑龙江的面粉工业，结果使中国民族资本主义在面粉工业中的发展举步维艰。

俄国在黑龙江经营的工业中，酿酒居于第二位。到第一次世界大战前，沙俄在中东铁路沿线的酿酒厂仅哈尔滨就有 11 家。这些酒厂大部分是生产伏特加，有的生产酒精，有的二者同时生产。年产量约 37 万桶。此外，沙俄还在哈尔滨、一面坡、绥芬河等地开设啤酒厂，其中以一面坡啤酒公司最为著名。

1908 年成立的阿什河（今黑龙江省哈尔滨市阿城区）糖厂，是沙俄在中东铁路沿线最大的制糖厂，总资本为 110 万卢布，生产精制糖和砂糖，最高年产量达 40 万普特。黑龙江的烟草工业也处在沙俄控制之下，哈尔滨老巴夺卷烟厂、秋林洋行烟厂等两家烟厂，操纵了黑龙江纸烟的生产和销售。仅老巴夺卷烟厂就雇用工人 2800 余人。此外，还有皮革加工业、肉类加工业、肥皂制造业等。

沙俄操纵了这些生产部门，严重地阻碍了中国民族工业的发展。

沙俄不仅经营许多工厂，而且开设不少商店。沙俄根据进出口贸易的需要，1898 年在哈尔滨开办第一个俄国商店罗西安洋行。第二年阿盖耶夫洋行也在哈尔滨开业。1900 年，俄商秋林洋行在哈尔滨设立分行，秋林洋行除经销百货外，还有农杂用品及粮食，并附设有发电、制烟、制酒、服装等许多工厂。该行职工人数到 1914 年已近 1000 人，十月革命前，资本总额是 2100 万卢布。1903 年，中东铁路通车后，在哈尔滨出现了许多类似的俄国洋行和商店，经销钟表、金、银、宝石，有的出售各种长短枪支和刀类。还有服务行业的旅馆、照相馆等。沙俄在黑龙江的商业，大多集中于中东铁路附属地之城市和村镇。在其他重要城市，势力也很大。如在齐齐哈尔，有秋林公司分店，安蔡来物区百货店等多处。

沙俄还通过中东铁路向中国推销商品和掠夺中国的农业产品。迫使中国的农业生产服务于它的需要。沙俄运经中国商品的价值，1895 年为 504. 7 万卢布，1906 年，达到 5750 万卢布，增加了 11 倍。同一时期，从中国掠走的产品价值，则由 4156. 7 万卢布，增加到 9742. 7 万卢布，榨取了中国人民的大量血汗。

随着沙俄资本在黑龙江投资的扩大，黑龙江工人阶级队伍也进一步壮大起来，铁路、矿山、轻工等各种工业工人数量，在这个时期明显增多。

二、黑龙江民族资本工商业初步发展

帝国主义与中国封建势力相勾结，压迫中国民族资本主义的发展。中国民族资本主义是在 19 世纪七八十年代产生的。清政府洋务派兴办洋务，开始创办近代军事工业和采矿业，黑龙江的近代工业也由此开始萌芽。1889 年 1 月 15 日，漠河金矿正式开工生产。这是黑龙江最早的官办近代工业。但在当时民族资本主义成分是很微弱的。中日甲午战争后，特别是日俄战争前后，帝国主义垄断资本涌入东北竞相投资设厂，使近代科学技术和生产设备逐渐传入。清末政府推行“新政”，奖励工商业的政策，收回利权和设厂自救爱国运动的兴起，这些，都客观地在不同程度上刺激、推动、促进了东北民族资本主义工商业的发展。因此，到20世纪初，黑龙江民族资本主义工商业进入投资设厂的较明显的发展阶段。

黑龙江近代民族工业主要是粮食加工工业。在呼兰、巴彦、北团林子、双城堡等地开办了制粉、酿酒、油坊三大工业。1904年华商严信原在宁古塔创办的裕顺火磨。在一面坡成立“公和利”火磨，开始和俄商竞争面粉业。除哈尔滨、宁古塔以外，黑河、阿什河、双城堡、富拉尔基等地都开办了火磨。到1910年，哈尔滨有机械面粉厂11家①。黑龙江面粉业逐步由俄国资本向中国民族资本转移，开启了民族资本制粉工业发展的历史。

与此同时还出现一定数量带有资本主义萌芽性质的手工作坊。如酿酒作坊，俗称“烧锅”，以呼兰、巴彦为最盛，其次是北团林子、双城堡、阿什河等地。这些烧锅往往是十几人以至二十几人合资经营。最小的烧锅有十几人，最大的有百余人。这种烧锅存在着雇佣关系，具有资本主义生产的性质。但这些作坊一般规模不大，生产技术也比较落后，尚未达到近代工业的形态。

在此期间，黑龙江还出现了“官办”“官督商办”“官商合办”或“商办”等形式的近代采矿、电力、军事、航运、造纸、制糖工业。

随着民族工业的发展，民族商业也发展起来。1903年12月，河北乐亭县的武百祥与同乡集资500大洋，在哈尔滨道外创办“同记”小店铺。1907年，武百祥又以“同记”重新开业，开始经营百货，后办起工厂。

早期黑龙江民族工商业规模小，设备简陋，技术落后，投资也较小，而且主要集中在轻工业，其中大部分又是农产品加工业。

东北特产的大豆举世闻名。所以，榨油业在黑龙江的近代民族工业中占据重要地位。1910年在哈尔滨诞生了机器油坊，1912年有2家，产品外销很少，1919年增至21家②，产品开始向欧美市场输出，生意极为兴旺。除哈尔滨以外，宁安、牡丹江、双城堡都相继开办了榨油厂。

第一次世界大战期间，欧美各国制粉工业企业大批转入中国人手中。1913年中国商人收买俄人歇杰斯火磨厂，开办成泰益火磨，雇用工人、职员182人。

① 王魁喜：《近代东北史》，黑龙江人民出版社1984年版，第324页。

② 王魁喜：《近代东北史》，黑龙江人民出版社1984年版，第475页。

1915 年中国商人收买俄人地列金火磨厂，开办双合盛火磨，雇用工人、职员 180 人。生产的颗粒状沙子面粉驰名国内外，年产量为 4.85 万公斤。以后又相继建立起双城堡火磨、双合盛制油厂、全国最大的皮革厂，以及双合盛啤酒厂。其产品畅销国内，远销日本、西欧各国。双合盛有限公司成为当时哈尔滨民族工商业中最富有的资本集团。

在这些民族资本主义工商业中集聚了一批工人。1912 年 4 月，黑龙江实业总会在全国率先成立，有会员 400 多人。这些人分别创办了国货冠服公司、造酒公司、火柴公司、造纸厂、面粉公司、嫩江银矿、劝业银行、应用机械厂等多家企业。到 1914 年全省有工业制造户 1890 个、职工 9236 人，金矿矿工 1 万多人、产值 334 万元①。

松花江航运最早为中东铁路所垄断，1906 年哈尔滨成立汽船官营总局，民族航运业开始兴起，1907 年官商船只已达 103 艘，有船工 2800 人。到 1925 年航运企业、纺织企业又有发展，哈尔滨轮船公司、戊通轮船公司、三江轮船公司等 10 余家航运企业，拥有船只 569 艘，船工 3500 人，码头工人已达 1.5 万人②。

商业也繁荣起来。武百祥创办的“同记”得到迅速发展，经营不断扩大，由零售为主转向批发。1913 年又办起了同记工厂以及服装厂。

随着哈尔滨人口急剧增多，道外傅家甸、香坊、荒山嘴子等地出现了许多产品交易集市，刺激了城市手工业的发展。首先发展起来的是米、面、油、酒、酱菜作坊，接着服装行业、皮鞋行业、纺织行业等兴起，手工业工人迅速增多。其他行业工人如铁木业、玻璃业、酱菜业、修表业、理发业等各种手工业有数百家，手工业劳动者有 3000 人左右③。

---

① 黑龙江省地方志编纂委员会：《黑龙江省志·总述》，黑龙江人民出版社 1999 年版，第 202 页。

② 中共哈尔滨市委党史研究室：《中国共产党哈尔滨历史（第一卷）》，黑龙江人民出版社 2001 年版，第 29 页。

③ 中共哈尔滨市委党史研究室：《中国共产党哈尔滨历史（第一卷）》，黑龙江人民出版社 2001 年版，第 30 页。

第三节　封建压迫与资本剥削下的工人阶级

中国筑路工人，衣不蔽体，食不果腹，冒着严寒或酷暑，在俄国监工以及护路队的皮鞭和刺刀下，从事牛马般的劳动，过着非人的生活。劳动、居住和饮食条件极端恶劣。加之铁路沿线经常疫病流行，死难者无法统计。更有甚者，有的工人做工时戴着手铐脚镣，随时都有遭到沙俄护路队枪杀的可能。富拉尔基地方中国工人因向建设局索取工资竟然有多人遭到枪杀。当时被折磨、迫害、枪杀致死者之多，骇人听闻。沙俄侵略者的残暴行径，不断地激起广大筑路工人的愤恨，使他们心中燃起了反抗的怒火。

一、筑路工人的苦难生活

中东铁路建筑工程以哈尔滨为中心，分东、西、南三条线，由六处同时开始相向施工，将整个干、支线划分为19个工区。在中东铁路建筑工程中，除少数俄国员工外，所有从事土、木、石工及其他笨重体力劳动的，都是中国工人。其中80%以上是从山东、直隶（今河北省）和中东铁路沿线招募来的破产农民和手工业工人。1898年末只有2.5万人，到1900年6月，则达到17万人。最多时筑路华工有20余万人。

沙俄侵略者称筑路工人为“黄色苦力”，视作奴隶。这些中国筑路工人在沙俄监工和护路队的监视下，从事土方、采掘和运输等最繁重的体力劳动。每天劳作十多个小时，工钱比同工种的白种工人要低了六成至八成，就是这点微薄的薪水，还要被监工克扣和勒索，而且还经常受到人身侮辱甚至惨遭杀害。盛京将军增祺曾指出，自兴工以来，强占民地，虐待土工，筑路华工和沿线居民无不痛心疾首。列宁在《中国的战争》一文中曾经指出，沙俄在修筑中东铁路时，每天只给中国工人十戈比的生活费。

二、齐齐哈尔电业工人的辛酸苦难

翻开齐齐哈尔电力工业的历史，电业工人同其他黑龙江劳苦大众一样，在帝国主义、封建主义和官僚资本主义三座大山的压迫下，过着饥寒交迫、被敲诈、遭欺凌、度日如年的苦难日子，那段历史饱含着电业工人的悲惨血泪和辛酸苦难的经历；而沙俄列强和封建势力鱼肉工人，不顾工人的死活，过着穷奢极欲、花天酒地的生活。

从山东、奉天（今辽宁省）逃难来的许多苦力，为了生存，几经周折，托人送礼求情，好不容易才踏进电灯厂的大门，然而，等待他们的却是低薪水、多“杂税”和极端恶劣的劳动条件。工人食不果腹、牛马不如、一贫如洗，而资本家却不劳而获、饱食终日。当时，电灯厂设有经理、副经理各一人，统管全厂。下设总务股、营业股、会计股、稽查股，厂方设有技师、秘书各一人。这些大小头目，利用手中的权力不仅大搞等级压迫，其残酷剥削工人的手段也是罕见的。他们的薪水高得惊人，生活豪华特殊，分红三六九等，名目繁多。经理赵金田月薪哈大洋 100 元，除此之外，他每年还分红 2700 元，加上工人、股系部员的年节送礼和对他们的克扣，其个人收入无法计算。他们居住在有名的花厅里，四五个用人侍候，室外百花环绕，室内香气扑鼻。五颜六色的层层花园，胜似世外桃源。专用线路、电热、暖气应有尽有。电灯厂大院却是漫天灰尘，到处煤石的另一番景象。为了维护他们的反动统治，厂规厂法十分苛刻。有个绰号叫“刘老头”的厂主，把一个有点过失的姓杨的用人，私设公堂打了 40 大板，打得昏死过去，用凉水才泼醒过来，事后又将其开除。一个姓李的用人，也是因为一点小过失，迫于他们的威势，无奈之下自杀身亡。靠这种残酷的剥削和统治，每一任经理都是只身而来，满载而归。经理到厂时只身一人，连个柳条包都没有。可走时，却大车小车拉了好几趟。当时的电灯厂里等级森严，一个技师的月薪 160 元哈大洋，经理 100 元，股长 50 元，而一个工人月薪才 12 元，最多也不超过 20 元。厂内职工厨房分三等，经理在花厅吃小灶，工头、职员吃中灶，工人们吃大灶。年终分红，厂主可得八九千元，而一般工人最多得1个月的工资12元。此外，厂主、工头们还绞尽脑汁，设法聚财。民国初期，厂主假发慈悲，在花厅院外，厂房西侧建了两个小庙，搞迷信活动，引诱工人进香上供。开支时庶务人员竟让工人们到家里去领钱，公开勒索，给整不给零，层层剥皮，工人们所余寥寥无几，难以养家糊口。许多工人娶不上妻子。有的虽然成了家，由于当时币制混乱，通货膨胀，不得已典妻当产，卖儿卖女。

电灯厂劳动条件极端恶劣，工人们没有劳动保护用品，就连睡觉的屋子都没有。工人们住的是地下室的板铺，下面常年积水，上面煤灰扑鼻。最苦的是锅炉工人和运煤灰工。他们整天在煤灰里奔波、水汽里拼命，满脸满鼻孔都是煤灰。尽管如此，厂主还倚仗后台势力，供养一批打手，每天都有十来个人放岗，他们身穿军服，腰挎短枪，监视着工人，稍有怠慢，张口就骂，扬手就打。

电灯厂工人的工作生活状态是当时整个齐齐哈尔电业工人的真实写照。

三、林业工人的贫困生活

旧中国工人阶级不但直接受到中外资本家的残酷剥削，同时还受到统治阶级和包工把头的压迫，生活极端痛苦。在帝国主义企业中工人深受帝国主义、买办资产阶级和封建把头的重重剥削，受到的歧视和迫害更为严重。帝国主义国家的资本家常说：在中国用工人，比用牲畜更有利，这是对中国工人阶级的极大污蔑。在俄国和日本掠夺东北森林资源的年代里，中国林业工人所受到的剥削和压迫较之中国民族资本家企业里的工人尤甚。林业工人在外国资本家企业中劳动，上有外国把头，下有中国把头，盘剥又多了一层，所受到的折磨与痛苦又加深了一层。包工把头是封建性质的东西，中外资本家采取这种制度是因为通过它更容易获得大量廉价劳动力和高额利润。

在俄国资本家的企业里，木材生产工人中，俄国工人1天1卢布，1个月按25天计算，每月可得25卢布。俄国资本家认为中国工人的劳动生产率只及俄国工人的40%，将中国工人的工资压低为俄国工人的1/2。在生产薪材方面也是这样。每生产1立方沙绳，俄国工人为5卢布10戈比，而中国工人只有3卢布52

戈比。在森铁运材业方面也是如此。1 名俄国熟练工人，年工资为 1200 卢布，而中国的修理工人 1 年才能得到 472 卢布，线路工人为 144 卢布，工资极为悬殊。

另一种剥削方法，即在劳动中遇到工具损坏，还要赔偿，做法极不合理。按正式规定，损坏工具赔偿时，按原价减去二成。实际上大大提高价格，从中加重剥削。例如一把大斧实价 1 卢布 10 戈比，赔价为 1 卢布 60 戈比到 1 卢布 80 戈比；一把锯实价为 1 卢布 15 戈比，赔价是 2 卢布 50 戈比。食粮也是如此。一袋面粉实价为 9 卢布，而工人必须按 12 卢布至 13 卢布出钱。一条鱼 3 卢布买来，转手以 4 卢布 50 戈比卖给工人。中东铁路公司还采用一种"每级包工制"，即生产木材的劳动全由工头承揽，并由他们招募采伐、搬运工人。假如这两种工人是 100 名，其总数实际变成 250 人，这 250 人食用都由把头承包的木材包工费中开销。多出的 150 名工人的消费占去全包工费的一半，木材生产的工人只能得到剩下一半包工费的一部分。工人真正得到的很少，只能勉强维持最低水准的生活。

还有一种对工人工资采用零工计算的方法，根据不同林区，确定不同的工资标准。中东铁路的东西线不同，西部线较东部线稍高一些。东部线中国工人的日工资是 5 角至 6 角，西部线是 6. 5 角至 7 角。俄国工人较中国工人高，东部线 7 角至 8 角，西部线 1 元以上。

俄国资本家与包工把头的工资结算期经常是一拖再拖。有时拖至冬季最后几天。在此期间，工人有时要从把头处买些生活必需品，竟有入不敷出的状况出现，而这种情况在各地屡见不鲜。由于包工把头从中克扣抬高物价，以致工人艰苦劳动了一个严冬之后，仍然两手空空。还有一种普遍情况是，把头设赌局引诱工人赌博，千方百计地把工人从事木材生产劳动所余下的几个钱骗过来。通过这种做法，包工把头骗到手的钱，往往高于木材生产所获得的利润。

俄国资本家除用上述种种手段剥削和压迫林业工人外，还以种种恶劣手段欺压得不到中国政府保护的弱小木商及林业工人。

1906 年苑春华呈报："三五站青山一带有俄人阻挡，不准华人砍伐木材，如何办处，请示遵由"，内称"……据佛斯亨站民户蒋兴信控诉，在白杨木河砍办木料，忽于腊月初一日有通事[①]林玉才率领洋人[②]到山，捆好斧锯，声言青山一带不准华人砍办木料，将小的[③]等赶下山来”[④]。沙俄资本家在中国国土上所租借之林场经营林业，实际上是掠夺资源，竟有权私设林警，并令其林警欺压中国木商和采伐工人。1910年俄商斯基达尔越界砍木，拒不交税，其他商人纷纷效仿。主管衙门只作批示，不了了之。依仗中东铁路势力的沙俄资本家，对此批示置之不理。这些吸血鬼不仅欺压木商，而且目无中国政府机关和法令，一样偷漏税捐。

工厂的工资与工种有关而又有些不同。一般是熟练工月工资35元至40元，非熟练工月20元至30元。医疗、保健等福利根本没有。雇用的形式也不一样，有的工厂工人多数是亲友。如果一家企业有90名工人，其中有60名是亲友，工人工资就更少。除供给伙食外，1年至多不过30元，一般是3年结算1次。在旧历年关经营成绩好时，对工人给予一定的分红，为数不多。他们用分红作诱饵，实际是一种怀柔政策。华商的工厂多数没有假期，1年之间，如果工厂不发生故障，就能劳动350天。昼夜两班，第1天是8小时，第2天16小时，平均起来正好是12小时。有时白班是13小时，夜班11小时。如果工厂不景气，就要解雇工人。

破了产的农民，被迫流入城镇，形成了廉价的劳动市场。黑龙江多数是“闯关东”的山东人，背井离乡，人地生疏，为图谋生活，只好依靠包工把头。中国把头向外国把头负责，外国把头再向资本家负责，形成一个大鱼吃小鱼、小鱼吃虾米的剥削体系。俄国资本家和日本资本家在木材生产方面的做法大致相同，根据采伐数量的多少，资本家与把头订立合同，领取应得工资，把头再按照工人砍伐多少发给工资。经过这样层层盘剥，工人真正拿到手里的寥寥无几。他们生活很苦，工资很低，劳动强度大，受到最严重、最残酷的剥削和压迫。

---

① 翻译。

② 指俄商。

③ 指苑春华。

④ 出自《哈尔滨木石税费总局卷》。

四、“三十六棚”工人的悲惨生活和斗争

中东铁路全面动工修建后，为了储备器材、装修机车车辆，沙俄在哈尔滨松花江边修建了中东铁路附属工厂——哈尔滨临时总工厂。1903 年又在临时总工厂南边不远的地方修建了中东铁路哈尔滨总工厂。

由于劳动力有限，给修筑铁路和附属工厂带来了困难，所以沙俄从 1899 年开始，几次到吉林、奉天及山东、河北一带招募了十几万华工，其中一部分人被分配到中东铁路总工厂做工，初期有工人 1000 余人，绝大部分为中国工人。1907 年中国工人达到 1600 人。当时来到哈尔滨的人，是凭干一路活儿要一路饭走来的，没有火车、汽车和客栈。这些人在关内听说东三省赚钱容易，为了混碗饭吃，有的是挑着担子，一头放锅碗一头放孩子逃荒逃难来的。来到总工厂做工的中国工人，从前的苦难还没有受完，又遇到新的折磨。临时总工厂，以伊奥秀夫为首的沙俄大、小总管，只知道驱使中国工人为他们组装和修理各种机车车辆，却根本不顾中国工人的死活。中国工人不仅劳动时间过长劳务繁重，工资也低得可怜，而且居住条件也极其恶劣。正如马克思所说：“一个工业城市或商业城市的资本积累得越快，可供剥削的人身材料的流入也就越快，为工人安排的临时住所也就越坏。”① 当时总工厂周围，除了一面临江外，其余三面都是一片沼泽地，这些工人被安置在工厂附近临时搭起来的一排排“人”字形的帆布帐篷里居住。工人们白天像牛马似的花着力气用着笨重的工具劳动十几个小时，夜间这些无家可归的工人只好钻进四面透风漏雨的帐篷里休息。这些兵营式的帐篷里，阴暗潮湿，极端污秽，拥挤不堪。每逢盛夏，日晒雨淋，蒸笼式的帐篷里，蚊蝇虻蚋成群结队，老鼠臭虫泛滥成灾。隆冬季节，北风呼啸，被冰雪覆盖和环绕着的帐篷里像是一座冰窖。中国工人长年累月拖着疲惫的身躯聚集在这种狭小低矮的帐篷里生活，苦不堪言。但沙俄殖民者对中国工人的生命和健康根本不屑一顾。

中国工人毕竟不是沙俄侵略者任意摆布的奴隶，他们不能再容忍这种虐待

① 〔德〕卡尔·马克思：《资本论》第一卷，人民出版社 2004 年版，第 725 页。

和迫害。沙俄当局对中国工人这种非人的待遇，正如列宁所指出的那样，不得不引起以温顺出名的中国人的愤怒。1903 年秋季，临时总工厂的中国工人，为了改善居住条件，在张永贵的领导下，向沙俄大总管伊奥秀夫展开斗争。工人成群结队拥进大帐房，向大总管提出“我们要享受人的待遇”“我们要房子住”等要求。大总管对当年义和团运动还心有余悸，知道在这些粗手大脚的工人面前不能来硬的，哄骗工人说：“诸位回去照常干活，我一定把大家的要求转告给霍尔瓦特局长，你们回去等着好啦。”可是过了好多天仍然不见回音。张永贵就带领一些中国工人手拿大棒再次去找伊奥秀夫解决房子问题，要求给个明确答复。伊奥秀夫只好当着工人面拿起电话，直接找霍尔瓦特局长讲话。

当时，远东和太平洋地区战云密布，俄、日两国为了争夺在我国东北的利益已经达到剑拔弩张的地步，战争大有一触即发之势。沙俄出于战略需要，加速维修各种机车车辆，保证战时的铁路畅通。为了缓和中国工人的愤怒情绪，霍尔瓦特终于答应了中国工人的要求，责成总工厂拨出一部分砖瓦和木材，建筑工人住宅。当时，哈尔滨建筑材料奇缺。中东铁路制砖厂和附近中国砖厂连铁路、营房、商店和工厂的建筑都无法满足，哪里还有什么材料来建筑中国工人的住宅。因此，只拨给有限的一点钱和一些破废料应付了事。然而就是这点钱，也被大小工头层层克扣所剩无几了。

1903 年秋天，在总工厂东北方向，竖了些柱子，用柳条编加了些黄泥做成墙，搭起了六排人字形马架子窝棚，葺些草成为房。这些窝棚，最大的 60 平方米至 70 平方米，最小的仅 30 平方米至 40 平方米，屋里对面砌上两铺大火炕，两侧有门，没有窗户，一盏油灯点半月便没油了，然后就得摸黑。这样简陋的窝棚每排六个，总计三十六个。工人们便把它叫“三十六棚”。

最初住在棚里的是在总工厂做工的工人，一棚之中至少住 10 人，多者 30 余人。不久，工人家属也先后来到这里。工人互相帮助，又挨着每个窝棚盖了不少小的土坯房。逐步形成了总工厂的工人住宅区。后来，“三十六棚”逐渐成了中东铁路哈尔滨总工厂及该厂中国工人住宅区的统称。

虽然新修建的“三十六棚”，比原来的布篷是好了一些，中国工人从风雨飘摇的布篷到住上大窝棚，是斗争的一个胜利成果。但是，搭盖这些大窝棚，并不能给中国工人提供多少方便条件。有关文献记载了当时“三十六棚”的状况：华工有眷者始住于“三十六棚”。周围地面南北长 35 丈，东西长 165 丈，内住携眷工人及附居者八百余户，且在洼地，土屋矮窄，窦门斗室，无院无街，密如蜂房，一户住数家，一屋居住数姓。空气不通，遇火水车难近，当雨有倒塌之忧，每临夏秋之间，滞水腐臭，百病丛生……这就是哈尔滨“三十六棚”的真实写照。整个窝棚区域没有一条像样的通道，没有设置厕所，没有一口水井，工人们用水只好到松花江去挑。每到夏季，蚊蝇嗡嗡直叫，道路泥泞不堪，成为疾病流行的集中场所，严重地威胁着中国工人的身体健康。“三十六棚”是当时哈尔滨的一个极其悲惨的贫民窟，也是沙俄奴役和剥削中国人民的历史见证。

毛泽东指出，由于帝国主义的侵略和压迫，造成了中国人对于帝国主义的仇恨，迫使中国人的革命精神发扬起来，从斗争中团结起来。沙俄帝国主义对“三十六棚”中国工人的残酷压迫和蹂躏，必然会激起中国工人的强烈反抗。

自从沙俄侵略者设立中东铁路总工厂那一天起，这里就埋下了反抗它的火种，怠工、毁弃机件等，是总工厂中国工人早期反抗沙俄侵略、压迫的斗争方式，后逐渐燃起斗争星火，到 1903 年，形成燎原之势。从此以后，“三十六棚”中国工人为了摆脱被奴役、被压迫的地位，对穷凶极恶的沙俄侵略者进一步展开了更大规模的、持续不断的罢工斗争。他们走出工厂，联合中东铁路各站段以及哈尔滨其他各工厂、各行业的工人群众，不断发动联合大罢工。在这些斗争的过程中，中国工人还逐步与同样遭受沙俄统治者压迫的俄国工人联合起来。他们相互支持、协同战斗，结下了深厚的无产阶级情谊。“三十六棚”成了沙俄在中国的殖民统治中心地区的一个火山口，从这里迸发出来的斗争烽火，燃遍沙俄控制区和中东铁路沿线的整个地区。与此同时，总工厂的广大中国工人，也在这些激烈的抗俄斗争中，经受了锻炼和考验，一支坚强雄壮的工人阶级队伍很快成长起来。

“三十六棚”的中国工人，在列宁领导的十月革命和中国的五四运动之前，主要是反抗沙俄侵略者在经济方面的压榨、剥削和在人身方面的奴役、摧残。但由于哈尔滨总工厂处于中东铁路的中枢，这里的中国工人较早地受到俄国无产阶级革命的影响。因此，他们的斗争，不断增添了一些新的内容，表明了

“三十六棚”中国工人的斗争所具有的特点。1917 年俄国十月革命胜利后，沙俄残余势力仍然在中东铁路沿线区域盘踞着。1919 年，中国爆发了反帝反封建的五四爱国运动。中国工人阶级开始以独立的姿态登上政治舞台。

从此，“三十六棚”的中国工人，也以他的强大阵容，向沙俄残余势力展开了更加猛烈的斗争。他们进一步把反抗沙俄残余势力的殖民统治和支援俄国劳动人民，以及为保卫十月革命胜利成果的伟大斗争结合起来。

第四节　黑龙江地区工人反帝反封建斗争

鸦片战争后，在中国沦为半殖民地初期，封建主义和人民大众的矛盾依然存在，帝国主义和中华民族的矛盾逐步加深。在民族矛盾和阶级矛盾日益激化的形势下，东北各地抗租抗粮斗争和矿工起义此起彼伏。随着帝国主义经济和文化侵略的深入，黑龙江人民掀起了反对帝国主义侵略的斗争。

一、金矿工人的反封建斗争

清政府在黑龙江地区频繁的军事征调，不断上涨的押租、田赋，以及地方官吏的贪污受贿、借机勒索，加深了封建主义同人民大众的矛盾。19 世纪 60 年代，黑龙江地区爆发了多起农民、矿工的反清起义。

1862 年冬，三姓东南的黑背金矿工人和农民，在葛成隆的领导下，发动了反对清政府统治的武装起义。

葛成隆，热河朝阳（今辽宁省朝阳市）人。原来家住在东土默特旗，是热河矿场的一名矿工，与曾多次领导矿工进行抗清斗争的起义首领李凤奎相识。1858 年至 1859 年因事牵连，被投入朝阳监狱。1861 年李凤奎起义军攻入朝阳，砸开狱门，葛成隆于是加入了起义军。1862 年夏，因起义失败，葛成隆等人来到三姓城，以贩卖鱼炭作为掩护，开始组织革命力量。当年秋天，葛成隆深入黑背金矿。黑背，北面临近三姓城，南面通往宁古塔、珲春，山路崎岖，西面与阿勒楚喀曲径相连。周围远近到山里谋生计的不下万人。葛成隆到黑背以后，与把头谢福“立会拜兄弟”，聚众100多人。原朝阳起义的参加者李玉[①]和王天汉等也先后入会。葛成隆与谢福等商议，确定以黑背烧锅作为起义的指挥地点，备足口粮器械，于1863年春天举事。

三姓副都统富尼杨阿闻讯，急调佐领凌祥率兵前往镇压。正在三姓的谢福和刘广发获悉这一消息后，连夜回山报信。葛成隆立即改变计划，决定提前举事。1863年1月13日，起义军分为三路，从东、西、南三个方面，攻打三姓城。一路由张立本、王天汉负责，攻打乌斯浑屯；一路由李玉、谢福率领，攻打黑瞎子沟；一路由宋发、陈胖子等率领直扑漂阳河。由于沿途群众的热烈参与，起义队伍迅速扩大，从最初“聚集至四五百人”，很快发展到有“商民金伕”参加“至有万余”的起义大军[②]。

当晚，三姓城“周围灯火，帐房联络，官兵势众，防范甚严”[③]。1月14日清晨，葛成隆得知后，仍令三路起义军，急速行进至三家子地方[④]集合。但清军早已埋伏在这里。副都统富尼杨阿急督协领永祥，率领守城官兵两路接应，枪炮齐发。至傍晚，葛成隆下令点炮，不料炮膛炸裂，伤及自己。起义军猝不及防，清军前锋400余人，趁机闯入，后续部队接连赶到。葛成隆、陈胖子身负重伤。谋士董任田、董玉相继牺牲。这支起义军虽号称万人，但是仓促组织起来的，由于缺乏必要的训练和严格的纪律，在清军的强攻下，最后只剩下千余人撤回黑背。

1月15日，起义军分股转道东南。3月1日，葛成隆和李玉率200余人抵达罗家窝棚，同清军作战失利。4月16日，在兴凯湖一带又被清军击败。葛成隆战斗到最后被捕。在敌人的严刑拷打下，这位年仅34岁的起义领袖表现出大无畏的革命精神。后被押解至省城，英勇就义。葛成隆虽然牺牲了，但他领导的起义军余部仍在密峰山一带坚持抗清。

葛成隆起义没有明确的政治目的，缺乏统一的领导和严格的纪律，领导者

① 前文李凤奎之子。
② 《穆宗实录》，第五四卷，第28—29页；第五六卷，第27—28页。
③ 中国第一历史档案馆：《吉林将军景纶等奏报审明葛成隆详情并处死由》，同治二年三月十七日。
④ 距三姓城18里。

成分复杂，加之，清军无论从训练素质还是武器装备等方面，都居于优势，这些都是起义失败的原因。但作为反抗压迫的劳动人民，葛成隆不愧为革命英雄人物，他在清军的屠刀面前坚贞不屈，视死如归，充分表现了被压迫人民反抗清政府反动统治的坚定决心。

这一时期的起义斗争沉重打击了清朝的反动统治，配合了太平天国、捻军和东北各地人民的反清斗争，推动了清政府对东北的开禁，促进了黑龙江土地开发和社会经济发展。

19 世纪后期，随着黑龙江土地的开发，农民开荒要提前交“押荒钱”，以及各种苛捐杂税，被束缚在土地上。再加上封建官僚的勒索盘剥，连年自然灾害，使商民交困，民不聊生。反封建斗争仍然不断发生。三姓金矿工人孔广才起义的影响很大。

孔广才原是吉林夹皮沟、太平沟一带的挖金工人。1875 年夏天“吉林官兵虑其众多滋事，搜之急，遂作乱”[①]。金矿工人起义后，共同推举孔广才为领袖。声势很大，附近回应的有山东徐老道、宋均亮等 200 余人，不久，大家会合一起，商议先攻打宁古塔，缴获枪支弹药和马匹，扩大队伍，然后再由水旱两路进攻三姓城，事成后向松花江北进攻。于是，起义队伍首先进攻宁古塔，接连击败清军官兵，随后由孔广才亲自率队向三姓城发起进攻。途经乌斯浑山道，直逼松花江，夺得渡船向江北进发。沿途接连攻克各个驿站，参加起义队伍的群众越来越多。焚烧了大小木兰达后，进而猛攻巴彦，又焚毁了协领衙署，打开仓库，夺取军械，乘胜直捣呼兰城。呼兰城守尉成庆两次顽抗，都被打败。1876 年，起义队伍与失败后逃到东北的部分捻军会合，声势更加壮大，进攻了五常、拉林、阿勒楚喀等城镇。1877 年夏，又打到黑龙江巴彦黑山迤北，“阑入北团林子集镇，焚毁营汛公所，劫掠铺商财物”[②]。随后，又回到五常、三姓等地。直到 1878 年，清政府派铭安、丰绅调动吉林、黑龙江兵马分路进行围剿，起义才被平息。

19 世纪末，黑龙江以农民、矿工和手工业工人为主体的反封建斗争，虽然

---

① （清）黄维翰：《呼兰府志》第三卷，第 24 页。
② 《德宗实录》第五三卷，第 4 页。

组织性很差，但是斗争比较广泛，是对清政府残酷压迫和封建官僚压榨勒索的有力反抗。反映了封建地主阶级和广大劳动人民之间的矛盾日益尖锐。

二、黑龙江工人反抗沙俄占地筑路斗争

沙俄帝国主义在我国东北修筑中东铁路,强占强买大片土地，把中国人民的房屋、田园、庐墓夷为平地，造成大批人员倾家荡产、流离失所。筑路极为艰苦，强迫工人进行“奴隶式”劳动，以及沙俄侵略军到处掠夺财富、奸淫烧杀，使广大人民群众无法生活。沙俄帝国主义修筑中东铁路，不仅严重侵犯了中国主权和领土完整，而且给黑龙江广大人民群众带来了深重的灾难，从而迫使黑龙江人民团结起来与沙俄帝国主义进行英勇斗争。在当时，反抗沙俄占地筑路斗争，已成为中东铁路筑路工人、伐木工人、采矿工人以及其他劳动人民的共同团结的战斗口号。自从《中俄密约》和《中俄合办东省铁路公司合同章程》实施那天起，沙俄的一切反动行径，无不遭到黑龙江工人的强烈反抗和斗争。

黑龙江工人反抗沙俄占地筑路斗争，大体上经历了两个阶段：

沙俄入侵时期的斗争　这一时期是从1895年到1899年，以筑路工人、伐木工人、采矿工人和其他劳动人民进行的自发斗争为主。

1895年8月，沙俄配备武装的勘测人员，擅自侵入黑龙江地区勘测路线，任意欺凌百姓，激起了黑龙江人民的强烈反抗。牡丹江一带，从三姓到宁古塔的伐木工人相约联合与之抗争。1896年2月，牡丹江伐木工人头领唐殿荣，目睹沙俄入侵后的种种罪恶行径，心中燃起怒火。他联合伐木工人、淘金工人和猎户，组织了上千人的抗俄队伍，经过紧张训练，“其部下人人有命中之技”，并且“号令严明”，宗旨是“绝不扰害本国商民”，“专以打击沙俄侵略者为事”。这支抗俄义军“所至无敌与抗者”①，沙俄外交官曾对此惊叹说：“1896年的整个夏天，一帮一帮的满洲土匪，有时人数达300之多。”这些被诬为“土匪”的，正是黑龙江人民为反抗沙俄侵略而组织起来的武装队伍，他们的英勇斗争大大拖延了勘测队的工作，使这条将要穿过满洲的铁路的勘测工作，直到

① （清）吴樵：《宽城随笔》，第26页。

1897年才真正开始。在勘测、筑路过程中，由于沙俄铁路公司强占强买大片土地，铁路员司和护路军警任意欺凌沿线居民，沙俄雇用的翻译狐假虎威，敲诈勒索，致使沿线居民的田园、庐墓遭到破坏，森林被肆意砍伐，矿藏被盗采，禾苗被损毁，筑路工人遭受残酷的剥削和迫害，使被害者忍无可忍，奋起与之抗争。1896年，俄商到蚂蜒窝集（今黑龙江省尚志市）一带“包砍木材，俱被匪人焚毁”①。1897年末至1898年初，中东铁路筑路勘测队第五班，在齐文斯基的率领下，到乌吉密车站东段勘测路基。当他们标桩划界，强占土地时，当地人民齐聚反抗，把筑路工程队砍伐的所有木材焚烧殆尽。阿什河右翼旗屯一带居民也把勘测队埋设的木桩界标全部拔掉焚毁。1898年6月，齐文斯基在从帽儿山去一面坡的途中，遭到当地群众的伏击，受重伤坠马，落荒而逃。这次斗争大长了中国人民的士气，大灭了沙俄侵略者的威风，极大地鼓舞和推动了其他各地人民反对沙俄占地筑路的斗争。黑龙江、吉林境内金沙矿床十分丰富。“铁路经过之地，其下皆有金矿”。所以，“矿工不愿俄人筑路，竭力抗拒。闻矿工有新式军械”。② 在东线的深山密林里，活跃着一支以“严厉而闻名”的抗俄武装队伍。其首领马凤云③曾在此开采金矿。这支以金矿工人为主的抗俄武装队伍共有40多人，在黑龙江省东宁县④三岔口国境线一带同沙俄侵略者曾发生过多次战斗，深受当地人民的爱戴。1898年8月14日，沙俄第10骑兵连准尉古奇科夫率领6名哥萨克骑兵与驻在一面坡的清军管带姚聂昌率领的20多名清兵相勾结，向马凤云的营地进行全面搜捕。马凤云不幸被捕，但其部属仍在东线一带坚持抗俄武装斗争。中东铁路建设局强购哈尔滨江北马家船口佃民张永录的土地，遭到拒绝，沙俄继续施加压力，仍“坚不肯售”。于是哥萨克骑兵经常来张家毁墙捣壁，不仅没能使张永录屈服，反而促使当地百姓聚众抗阻。1898年中东铁路筑路工程开始后，“黑龙江各处，有民人聚众数千，不准俄人修筑铁路，妇孺皆持农具以待”⑤。随着筑路工人不断增加，各地筑路工人、伐木工人

---

① 宋景文：《珠河县志》卷二，大事记，第3页。

② 《中国近代工业史资料》第二辑（下），第1285页。

③ 绰号“马老五”。

④ 今黑龙江省东宁市。

⑤ 上海《中外日报》，1898年10月16日。

和采矿工人纷纷联合起来，自发地惩治沙俄监工，焚毁林场，破坏铁路、桥梁和袭扰沙俄侵略军的斗争经常发生。当时沙俄为了保护铁路的修筑，镇压筑路工人等的反抗，从俄国陆续派遣了大批护路队，驻扎在铁路沿线。到 1900 年 6 月，沙俄护路队的人数增长到了 1.1 万余人。这使筑路工人和铁路沿线人民群众同沙俄侵略者的矛盾更加突出，斗争更加激烈。

义和团运动时期的斗争　这一时期是从 1900 年至 1901 年，以筑路工人、伐木工人、采矿工人同义和团的联合斗争为主。

1900 年 2 月义和团运动首先是在山东兴起的。义和团是由义和拳等秘密组织发展起来的，练习拳棒，以保卫身家，反对帝国主义侵略和瓜分中国，仅三四个月的时间就扩展到了东北。

黑龙江人民遭受沙俄侵略最早，受害最深，因而反抗精神最强。到 1900 年 5 月间，黑龙江地区的义和团运动普遍发展起来。他们高呼："扶保中华，逐去外洋"的战斗口号，把斗争锋芒直指沙俄侵略者。这时，以筑路工人、伐木工人和矿工为主体的抗俄队伍，为了打击共同的敌人自然地同义和团联合起来。他们当中有相当数量的人投入了当地的义和团，也有的自己组织起来，设神坛，练拳法，同沙俄侵略者进行针锋相对的斗争。从此，筑路工人等，同义和团汇集成强大的战斗部队，同仇敌忾，掀起了更大规模的抗俄斗争。他们扒铁路、拆桥梁、砍电线、毁教堂、禁洋货，狠狠地惩治了那些为非作歹的沙俄侵略者，表现了中国人民不甘心做奴隶的坚强意志和争取国家独立的英雄气概。

义和团运动刚开始时，正值中东铁路赴各地招募筑路工人，许多山东、直隶的破产农民应召来东北，他们当中有的就是义和团团民。来后不久，他们往返联络，在宁古塔和乜河（今黑龙江省牡丹江市兴隆镇）到处张贴义和团"揭帖"①，招募青年筑路工人入团，仅乜河义和团聚集操练，在关帝庙设拳坛，发展团民 500 多人。到 6 月，三姓、双城、瑷珲、齐齐哈尔、宁古塔、呼兰、北团林子（今黑龙江省绥化市）、庆城（今黑龙江省绥化市庆安县）和宾县等地，凡是中东铁路经过的沿线和有外国教堂的县份，大都出现了义和团同筑路工人并肩战斗、抗击沙俄的斗争场面。在齐齐哈尔，义和团设立了反帝揭贴的宣传棚，

---

① 即布告。

提出“练会义和拳，打跑洋毛子”的战斗口号。在富拉尔基，沙俄修筑多处洋楼和铁路道线，江上建大木桥一座，因劳资纠纷，多名中国工人被侵略者枪杀。筑路工人群情激愤，为了抗议沙俄侵略者枪杀阶级弟兄，愤怒地把沙俄的商店、房屋和江上大木桥烧毁，吓得沙俄监工盖尔肖夫逃遁回国。来自瑷珲及铁路沿线的筑路工人千百成群，攻击侵略者，沙俄监工和铁路员司胆战心惊，狼狈逃避。当时呼兰一带义和团，也纠结铁路夫役抗击沙俄侵略者，迫使俄官兵趁夜潜逃至大岭南北。义和团和筑路工人将其教堂毁之一炬，将所杀教士的首级悬挂于庙门，当地铁路全部停工，筑路工人散入城乡。宁安义和团由城东菜园子姓张的山东人发起，当时有200人参加，他们手持钢刀、扎枪，扒了南关道东的教堂，捉住反抗的洋人处决于北门外。双城义和团被称为“义和神兵”，头领姓柳，还有文子贞等人，专寻洋人为事，扒了西街的美国教堂，使洋人威风扫地。三姓一带流民二三千人，专与俄人为敌，屡次交战，抗俄烽火四起，义军遍地。沙俄前往剿扑也多次被挫败。为了阻止沙俄军舰进犯，三姓义和团制造了巨大的拦江锁，横于江中，痛击了沙俄侵略军，击毙了俄军船长文尼阔夫。

战斗在铁路沿线的筑路工人和义和团，以及沿线农民群众，不断地伏击沙俄侵略者。在西线，一举拆毁了哈尔滨以西的铁路；在东线，焚毁了哈尔滨与阿城间的铁路桥梁；在南线，拆毁了鞍山附近的两座桥梁，截断了旅大的沙俄侵略者北犯路线。哈尔滨是沙俄侵略我国东北的中心，是进行政治、经济、军事侵略的大本营。这里有中东铁路公司总局、“护路军”司令部、华俄道胜银行分行及一些工厂和商店。在围攻哈尔滨时，广大义和团、筑路工人争取了部分爱国清兵配合，号称1万余人，军容凛然，从呼兰、双城、阿城、宾县等几面包围了城市。被围困的俄军和铁路员司计3400余人，他们在“护路军”的掩护下麇集到哈尔滨，使哈尔滨成为殖民主义分子的避难所和最后顽抗的堡垒。沙俄为保住这个侵略我国东北的老巢，大肆毁坏房屋和田地，挖壕筑垒。新仇旧恨，更加激起了义和团团民、筑路工人和爱国清军的义愤，经过几天激战，他们终于占领了俄军在香坊的重要据点——田家烧锅。齐齐哈尔、呼兰的义和团，向俄军在松花江北岸的前沿阵地背江子（今哈尔滨市江北船坞）发起猛攻，经三昼夜激战，打得俄兵溃不成军，狼狈逃窜。义和团乘胜追击，控制了江南码头，攻入了哈尔滨五道街。同时有 800 名义和团团民战斗在哈尔滨新市街（今哈尔滨市南岗地区）一带。双城、阿城以及从江北过来的义和团和爱国清兵计 5500 余人，攻击顾乡屯。这一仗最为激烈，经过浴血奋战，终于攻克了俄军在顾乡屯的据点——中东铁路制砖厂、元聚烧锅，并迅速挺进哈尔滨车站。经五昼夜奋战，车站以及许多机车和车厢被捣毁。在义和团的沉重打击下，中东铁路总监工茹格维志被迫通电全路各段：携带重要账簿、单据、档案、款项以及其他贵重仪器和工具迅速撤退。直到 8 月初，沙俄援军赶到，才解除了被围歼的局面。广大的义和团团民、筑路工人，以及爱国清军官兵，以高度的爱国热忱，奋不顾身，协同一致，进行了总攻哈尔滨的战斗，也是黑龙江义和团反帝爱国运动趋向高涨的重要标志。与此同时，中东铁路的其他工人和城镇工人，为支援义和团和筑路工人的抗俄爱国斗争，曾举行了大规模的罢工斗争，迫使正在修筑中的中东铁路工程全部停顿达一年之久。

1900 年以前，沙俄采用的侵略手段，是打着“睦邻友好”“共同御敌”“维持远东和平”的幌子，企图用“银行铁路征服计划”的手段，达到侵占中国东北的目的。自从中国兴起了反帝爱国的义和团运动后，沙俄侵略东北的计划被打乱。于是沙俄政府便撕下假面具，决定以军事力量强占东北。沙皇尼古拉二世，以保护中东铁路为借口，调动十多万大军，分七路侵入中国东北，于7 月初开始全面进攻。

沙俄侵略军到处烧杀抢掠，制造了海兰泡惨案和江东六十四屯惨案等惨绝人寰的大屠杀，所犯滔天罪行罄竹难书。黑龙江地区各地筑路工人和义和团以及伐木工人、采矿工人等，进行了英勇的抵抗，战斗十分激烈。7 月 22 日，北线侵略军攻陷瑷珲，在北大岭发生了激战。鄂伦春马队 500 人也参加了反侵略的战斗，十分勇敢。但因寡不敌众，互有损伤。7 月 28 日 7 时许，俄军从巴彦通要塞溯江而上，直奔重镇三姓。俄军为了抢占城东倭肯哈达山的制高点，先炸毁横在江中的“拦江大铁索”，然后几十只俄船强行驶入倭肯河口。义和团团民、爱国清军以及金矿工人勇猛抗击敌人，毙俄军百余人，并击沉俄船一只，打退了敌人的进攻。不久，俄军又水陆并进，用三十门大炮向守军阵地进行强攻，弹片如雨。爱国军民“奋勇于枪林弹雨之中”，“鏖战自辰至申”[①]，当城内百姓万余人脱险后，守城军民退出城外驻扎。沙俄士兵进城后，大肆放火，建筑大部焚毁，杀戮无辜居民数千人。

在东路，8 月 26 日沙俄侵略军云集铁岭河，乜河前线紧张，宁古塔义和团纷纷前往支援。8 月 27 日，以青年筑路工人为主力军的义和团勇士们，在铁岭河同数十倍于我方的沙俄侵略军交锋。团民们英勇顽强，奋力杀敌，坚持了半个月的战斗，给敌人以很大杀伤。最后 200 多名义和团团民和爱国士兵均为国捐躯，壮烈牺牲。随后，沙俄侵略军攻克乜河防营，强渡牡丹江，冲垮清军西岸防线，向宁古塔发起总攻。当时，伐木工人头领唐殿荣率领的抗俄武装队伍，在义和团和爱国军民的配合下，固守宁古塔 40 余天，虽然敌众我寡，但使俄军伤亡重大。到 8 月 29 日以后，宁古塔、齐齐哈尔、巴彦、呼兰等地相继失守，至此，黑龙江地区全境皆陷于沙俄侵略者之手。

黑龙江义和团、筑路工人、伐木工人和矿工所进行的反侵略战斗，虽然被数十倍于我方的敌人镇压下去了，但是他们英勇不屈，为了保存实力，伺机再战，不少地方的义和团和筑路工人散入了乡间。9 月以后，清朝迫于沙俄的压力，妥协投降，并疯狂地镇压义和团和筑路工人的斗争，为沙俄长驱直入铺平了道路。在这种危难形势下，部分义和团、筑路工人、伐木工人和矿工仍在坚持斗争。10 月，在宁古塔坚持抗击沙俄侵略军的伐木工人头领唐殿荣，保护数千名难民，由山边退至吉林西北之南山一带驻扎。直到 1901 年及至 1902 年，唐殿荣与王和达、董老道的义和团余部，同刘永和的忠义军相呼应，带领筑路工人、伐木工人、矿工、破产农民、猎户和手工业者，联合组成镇东军，作为东北三支主要抗俄队伍之一，会师于吉林海龙附近，正式组成了忠义军，继续抗击沙俄的侵略。

黑龙江工人反对沙俄占地筑路的斗争，虽然是自发的、分散的，但和全国人民一道，对帝国主义特别是沙俄侵略者展开了英勇的斗争，沉重打击了帝国主义的嚣张气焰。这场斗争虽然最后被沙俄和清政府镇压下去了，但使工人队伍得到了锻炼，为大规模的反抗侵略斗争创造了条件。

---

① 黑龙江省依兰县志办公室：《依兰县志》，兵事，黑龙江人民出版社 1990 年版。

三、1905 年中东铁路工人的抗俄风暴

中东铁路哈尔滨总工厂（今中车哈尔滨车辆有限公司）建于 1898 年沙俄帝国主义入侵我国东北修筑中东铁路时期。它是黑龙江地区近代产业工人最集中、规模最大的近代化工厂，是沙俄侵占哈尔滨以后进行反革命活动、镇压工人运动的中心据点，也是俄国布尔什维克组织传播马列主义、开展工人运动的早期阵地。1905 年 11 月发生的抗俄大罢工和四次火烧中东铁路局，是该厂建厂以来由中俄两国工人发起的最大革命风暴。这次抗俄风暴与俄国“十月总罢工”有直接联系，罢工坚持了一个多月，斗争高潮几次出现。它打乱了沙俄侵略军的运兵计划，打击了盘踞在哈尔滨和中东铁路地区沙俄侵略者的反革命气焰，有力地支援了俄国国内的全国工人大罢工，并为以后的抗俄斗争开辟了道路。这次抗俄风暴是由沙俄侵略者对中东铁路哈尔滨总工厂中俄工人实行军事管制、镇压、监视和强迫劳动引起的。

1905 年 11 月，东北正处于日俄战争结束，俄国按照《朴茨茅斯条约》大批从南满向北满撤军，通过中东铁路回归俄国镇压工人大罢工的关键时刻。但是在这以前，俄国国内已爆发了全国规模的总罢工，国内铁路工人全部投入了大罢工的行列，迫使西伯利亚和外贝加尔铁路完全陷于瘫痪和停运状态。因此，中东铁路工人也相继罢工、停运。在这种形势下，从南满撤下来的大批沙俄侵略军都被困在哈尔滨运不出去。当时的哈尔滨笼罩着一片白色恐怖，市面十分混乱，从火车站到秦家岗（今哈尔滨市南岗区）一带，挤满了荷枪实弹的沙俄军兵。他们把因俄国国内工人罢工而生的报复情绪，全都发泄在中国铁路工人和市民身上。他们到处乱闯，借机寻衅闹事，任意欺压毒打铁路职工和市民。盘踞在哈尔滨的沙俄满洲后方总长官那达洛夫，为了镇压中东铁路工人和市民的反抗，于 11 月 7 日发出了禁止集会、游行、示威和罢工的命令。同时发出了强制中东铁路局加紧运送军队的命令。当时，作为哈尔滨铁路局总代办的霍尔瓦特，也下令强迫中东铁路哈尔滨总工厂的中俄工人日夜加班加点，抢修和赶制机车和军用棚车，并加派驻厂军警监视工人劳动，迫使工人在刺刀下为其卖

命。正是这一系列反革命行径，激起了广大铁路工人和市民的极大愤慨和强烈反抗。一场大规模的抗俄风暴即将爆发。

这次抗俄风暴，是在中东铁路哈尔滨总工厂的俄国社会民主工党哈尔滨工人团的布尔什维克组织的宣传鼓动下开展起来的。在铁路工人和哈尔滨市民极端仇视和反对沙俄侵略者的情况下，俄国布尔什维克组织因势利导，积极地向总工厂的中俄工人宣传了俄国国内在布尔什维克领导下举行全国铁路工人大罢工的消息。揭露了沙皇尼克拉二世的所谓允许人民有言论、出版、集会和结社自由等欺骗宣言和在俄国国内驱使沙俄军队对工人施行大规模的反革命镇压的罪行。布尔什维克组织为了激发中俄工人奋起反抗沙俄侵略者的积极性，做了大量的组织动员工作。通过启发和教育，使广大中俄工人认识到，工人阶级为争取自身的自由解放，必须向一切侵略压迫者开展罢工斗争，直到取得彻底胜利。因此，当沙俄统治者对总工厂工人实行军事管制、镇压、监视和强迫他们生产劳动的时候，布尔什维克组织就趁机发动了这次大罢工。

11 月 11 日，总工厂 3000 多名中俄工人一起放下了手中的工具，关闭了机器，全部离开工厂举行了总罢工。与此同时，罢工工人派出代表到总工厂大帐房①找大总管②卡拉斯诺·高尔斯基谈判。但是他吓得躲藏起来不敢见工人。因此，罢工代表就直接到铁路局去找铁路局长霍尔瓦特谈判，向他提出：不许派驻军、警员监视、打骂工人；保障工人的人身自由；缩短劳动时间，实行八小时工作制；提高工资等要求。阴险狡猾的霍尔瓦特唯恐工人罢工完不成军运任务无法交代，便假意安抚工人代表，让他们告诉工人赶快复工，所提出的条件都可以商量，并保证经铁路局研究后，立刻给予“满意”的答复。因此，工人代表轻信了霍尔瓦特的花言巧语，回厂后通知工人复工，等候铁路局的“满意答复”。可是，霍尔瓦特把工人代表骗走后，立即同那达洛夫联系，经密谋，决定对罢工工人采取武力镇压措施。

总工厂中俄工人等了 3 天仍不见铁路局的回复，因此，于 11 月 13 日中午，工人代表召开了全厂工人大会，揭露了霍尔瓦特欺骗工人的无耻谎言，大会刚

① 即办公室。
② 即厂长。

开始不久，那达洛夫就命令一队俄军冲进工厂，以工人违犯不准集会、游行的禁令为借口，对手无寸铁的开会工人施行了血腥镇压，许多工人遭到毒打受了重伤，造成了严重的流血事件。工人们被这一突然袭击激怒了，工人代表连夜召开紧急会议，决定第二天全厂中俄工人一同到铁路局找霍尔瓦特算账。11月14日早，1000多名中俄工人浩浩荡荡地直奔秦家岗，包围了铁路局办公大楼。工人们指名要霍尔瓦特出来答话，可是他避而不见，吓得躲了起来。工人们把整个办公大楼围个水泄不通，愤怒的喊声响彻云霄："反对军队镇压工人！""严惩打人凶手！""反对军警监工！""实行8小时工作制！""霍尔瓦特必须立即答复！"口号声此起彼伏。面对罢工的人海，往日神气十足的霍尔瓦特惊呆了。这是他出任铁路局长以来第一次看到这样众多的罢工工人向铁路局做抗议的场面，吓得他从后门偷偷地溜走了。当工人发觉霍尔瓦特闭门不出的时候，便闯进大楼内进行搜查。霍尔瓦特溜走的消息一传开，更加激怒了罢工工人。他们举起拳头怒吼："冲进去，砸呀，砸他的狗窝！"一时喊声震天，砖头、石块一齐向楼内砸去，许多门窗被砸得粉碎。正在这时，那达洛夫又调集了军队，全副武装地向罢工工人逼近。罢工工人代表研究对策，当机立断，为了避免再遭沙俄军队的镇压，决定临时撤退，另想别的斗争方式惩治那达洛夫、霍尔瓦特，并通知罢工工人第二天照常上工。

11月14日晚五六点钟，铁路局办公大楼面向邮政街的一楼商务处突然发生大火，火光映红了秦家岗的夜空，火势迅速蔓延到铁路局大楼的全部房屋。火烧一整夜，结果使商务处、账务处、材料处、车辆运行统计处、储金处、出纳处和会计处等全部被烧毁。第二天，中俄工人纷纷谈论火烧铁路局的新闻，无不拍手称快。铁路局被烧后陷入一片混乱。许多职工无处办公，军队占用的房屋又拒不退还，霍尔瓦特的处境极为困难，显得十分狼狈。

更大规模的罢工斗争和惩治沙俄侵略者的行动正在酝酿。11月24日晚，总工厂的中俄工人代表召开了有铁路沿线各站、段工人代表参加的工人大会。会上成立了由中俄工人共同组成的特别罢工委员会，决定自当晚起实行全铁路大罢工，并立即向铁路沿线发出了罢工电报。中东铁路全线工人大罢工开始了，中东铁路全线停运了。霍尔瓦特面对大罢工的浪潮惊慌失措，急得团团转。11

月28日，那达洛夫企图用武力镇压的办法压服罢工工人，又颁布了军令：严禁工人罢工，严禁市民街头集会。同时，公布室外集会取缔法规。但是就在这一天晚上五六点钟，铁路局中间三层楼的顶间里又发生了大火。这所楼房的机务处、管理局办公厅、军事部、医务处、警员监督处、票务处以及《哈尔滨日报》编辑部等单位被焚毁。与此同时，在街头出现了大量中俄两种文字的传单，揭露了那达洛夫和霍尔瓦特指派沙俄侵略军和警员镇压罢工工人的罪行。

在这全路工人实行大罢工、铁路局大楼连续被烧的紧急形势下，驻哈俄军总司令里聂维赤害怕事态越闹越大，怕罢工影响军运任务，就把铁路罢工委员会的委员们请到他的司令部，亲自谈判。结果罢工委员们只同意了军运任务可以暂时不停，并于11月29日向铁路沿线发出复工电报，从12月1日起军列通车。尽管工人复工了，但是霍尔瓦特对铁路总工厂工人提出的要求仍然拒绝答复。为此，总工厂罢工工人自行决定：取消加班加点，实行八小时工作制，继续用火烧的办法惩办沙俄侵略者。12月12日半夜两点钟，铁路局办公大楼又发生了第三次大火，正面左侧一楼的全部房屋，被工人放火烧毁。12月19日，后半夜，在买卖街、夹树街的铁路局矿务处的两处房屋几乎同时起火。也就在当天夜里九点钟，愤怒的工人们又把铁路总工厂的大帐房一把火烧得精光。

从1905年11月11日至12月20日，在这四十天的时间里，中俄两国工人连续举行了两次大罢工、四次火烧铁路局和总工厂办公室。这在当时来说，是一起轰动一时的、重大的政治事件，也是中东铁路工人运动有史以来的最大抗俄风暴。它使盘踞在哈尔滨和中东铁路地区的沙俄侵略者陷入了中国人民抗俄斗争的汪洋大海中。这一抗俄斗争的消息，不仅传遍了黑龙江，传遍了东北，传遍了整个中国，而且通过中东铁路沿线，迅速传到了沙俄首都圣彼得堡，震惊了沙皇政府。沙皇尼古拉二世一再电令霍尔瓦特查明工人罢工和火烧铁路局的原因，并从圣彼得堡派来一个侦查小组，结果还是没能查出原因。无计可施的沙俄侵略者，只好从铁路局机关内部找了几个替罪羊，交付军事法庭，草草处理了事，但是对罢工请愿，继续采取了报复手段，借口铁路总工厂办公室被烧，从1906年1月6日起，将总工厂临时关闭，并开除了200多名中俄工人，同时强制取消了工人八小时工作制。2月17日，那达洛夫又公布了一个所谓

《第七十四号命令》，逮捕了数名罢工委员会成员和铁路职员，交付法庭审判，罢工遭到了镇压。

这次抗俄风暴是中俄两国工人阶级经受的第一次严峻考验和锻炼，它充分显示了中俄工人紧密团结，并肩战斗的强大革命威力，说明俄国社会民主工党哈尔滨工人团的布尔什维克组织，通过宣传马列主义，教育工人开展抗俄斗争所起到的重大作用。通过这次抗俄风暴，大大地提高了中俄两国工人的阶级觉悟，使他们找到了联合大罢工这个打击敌人的最有力的武器。斗争经验表明，沙俄侵略者的残暴统治和镇压及其他一切反革命行径，只能激起中俄两国工人阶级的更大仇恨和反抗，代替它的将是更大规模的抗俄风暴和之后的抗俄斗争的胜利。

长达七年之久的黑龙江工人抗俄占地筑路斗争，具有相当的规模。虽然由于当时历史条件的限制，它的斗争形式是原始的，甚至是简陋的，组织是分散的，斗争多是自发的，但是却不能因此而忽视它在历史上所起的作用。筑路工人、伐木工人、采矿工人以及其他劳动人民联合义和团进行了抗俄斗争，给予沙俄侵略者的打击是沉重的，它迫使中东铁路的勘测延缓了两年之久，筑路工程中断了一年有余。将沙俄侵略者已完成的1300俄里的铁路，拆毁了535俄里，烧毁了许多建筑物、建筑器材和机车车辆等，使沙俄损失7000多万卢布。更重要的是，通过反抗沙俄占地筑路斗争，不但锻炼了铁路工人、伐木工人和采矿工人的革命意志，还提高了他们的阶级觉悟，增强了他们不畏强暴，敢于向帝国主义侵略者进行斗争的革命精神。在抗俄斗争中，工人队伍不断发展壮大。筑路工人、伐木工人和采矿工人成了工人队伍当中的主力军，为造就黑龙江第一代产业工人打下了坚实基础。抗俄斗争为黑龙江人民作出了榜样，留下了深远的革命影响，使人民群众懂得这样一个真理：不管在任何地方，只要在那里有帝国主义侵略和压迫，就必然会爆发被压迫民族的反帝爱国斗争，这是历史的发展规律。其结局是，人民依靠自己的力量，团结斗争，必将取得革命的胜利。

总之，黑龙江工人的罢工斗争不仅次数增多、持续不断，其斗争规模、持续时间也在发展之中。参加者既有铁路、矿产、伐木工人，也有手工业工人和市政工人。但从总体来看，这一时期，黑龙江工人阶级尚未形成自觉阶级和独立的政治力量，其斗争大多还是自发性质的经济斗争，还没真正意识到工人阶级的历史使命。然而，在斗争实践中，工人逐渐认识到共同反抗的作用和意义。因此，联合罢工、同盟罢工的斗争越来越多。在这些罢工斗争中，不单是经济斗争，在进行经济斗争的同时，也触及政治，具有反帝反封建政治斗争的性质和意义。黑龙江工人阶级正在逐步地觉醒和成长起来。

第五节　工人组织的建立及斗争

一、哈埠俄国社会民主工党哈尔滨工人团

沙俄统治时期，在哈尔滨的俄国工人与中国工人一样，受到沙俄统治者的压迫和剥削，共同的命运使他们团结起来，不断地同沙俄殖民者展开斗争。俄国布尔什维克一面揭穿沙皇政府的侵华政策，一面斥责和揭露日本帝国主义对中国人民的侵略行为。同时，还派人到哈尔滨及中东铁路沿线俄国工人中建立组织和开展活动，并在中国工人中宣传马列主义和俄国革命，扩大革命影响。1905 年至 1907 年，俄国布尔什维克在哈尔滨的革命活动，使中俄两国人民建立了革命斗争的直接联系。

1905 年 11 月，在哈尔滨成立了名为“俄国社会民主工党哈尔滨工人团”的布尔什维克组织。[①] 该组织的主要基地是俄国工人与中国工人并肩工作的铁路总工厂。它对松花江的航运工人和哈尔滨面粉工人也发挥了作用。1905 年 12 月，布尔什维克组织已把自己的影响传播到中东铁路全线的铁路工人方面。

在俄国第一次革命最高潮时期，哈尔滨的布尔什维克组织几乎集中全力在士兵中间进行工作，准备发动俄国驻满洲部队士兵的武装起义，当时它还没有力量在中国工人中进行直接积极的工作。

① 〔俄〕M. 维托石金：《西伯利亚布尔什维克组织和革命运动史略》，国家政治书籍出版局 1953 年版，第 249 页。

1906 年 1 月 16 日，中东铁路俄国工人在哈尔滨召开第一次职工代表大会，决定立即着手以中东铁路各工厂及机务部门工人为主，成立职工联合会。大会号召一切官营和私营企业工人，都应该加入工会，加强团结，与资产阶级进行斗争。在俄国革命工人的影响下，中国铁路工人大批加入联合会，成为黑龙江地区工人阶级参加和组织工人群众团体的先声。

1 月末，在中东铁路职工代表大会推动下，东铁印刷厂的中俄职工代表，联合哈尔滨 5 个印刷厂的职工，成立哈尔滨印刷工会。此后，商店、饭店、裁缝店、修表店、制粉厂、五金工厂工人也相继建立小型工会组织。

日俄战争后，当驻在我国东北的俄军撤回俄国，西伯利亚和远东的革命运动被镇压以后，哈尔滨布尔什维克组织的活动情况也改变了。1906 年 11 月召开的哈市俄国社会民主工党代表会议着重指出：布尔什维克应当充分利用根据《中俄协定》和《朴茨茅斯条约》在哈尔滨建立的制度所允许的一切合法的可能性，不仅扩大在俄国工人中间的革命工作，而且要扩大在中国工人中间的革命工作，也要争取哈尔滨其他居民阶层参加反对沙皇占领政权的斗争，围绕着从速选举自治市政局这个要求，把他们组织和联合起来。而自治市政局的选举，根据协定是应由中国人、俄国人及他国公民平等参加的。

中东铁路地区的俄国布尔什维克，在实践中实行着列宁的无产阶级国际主义原则，团结了黑龙江、吉林的俄、中两国工人。在 1907 年 1 月 9 日，俄国革命两周年纪念日那一天，哈尔滨“三十六棚”铁路总工厂的工人举行了盛大的集会。

1907 年春，哈尔滨印刷工厂罢工期间，主要由俄国工人组成的哈尔滨印刷工会，在自己提出的要求里，列入了提高在俄国人开办的印刷厂工作的中国工人的工资并改善其劳动条件这个要求。沙俄当局派军职人员——军队印刷所的排字工来代替罢工工人。职工联合会总会和印刷工会为了反对这个措施，宣布抵制发售的报纸。由于在很大程度上要依靠中国的报贩才能取得这一抵制的胜利，所以布尔什维克在中国工人中印发了中文传单，说明俄、中两国工人共同斗争和互相支援的必要性。中国工人友好地支援了自己的俄国同志，并因此帮助罢工取得了胜利。

哈尔滨的布尔什维克组织通过 1908 年哈尔滨自治市政局选举中的策略，对哈尔滨和中东铁路地区内的中国劳动者产生了重大的影响。“在选举期间，中国的商业资产阶级摇摆于中国皇帝专制政权与俄国沙皇政权之间。它甚至不敢公开地表示自己的立场，只满足于印刷出来的‘保护秩序’这个号召。中国的工人和城市贫民却公开拥护‘工人团’的纲领，俄中革命社会民主组织就以‘工人团’的名义出现于自治市政局的选举中。革命社会民主派提出了广泛的国际主义纲领，甚至提出与满洲占领者斗争及武装人民的要求。”最能说明问题的是：布尔什维克的候选人在选举中获得了多数的选票。

哈尔滨的俄国布尔什维克组织，努力使自己在中国劳动者中的工作具有经常性。中国工人也给予了俄国工人很大帮助。中国人帮助俄国布尔什维克组织散发革命传单和宣言。中东铁路宪兵总司令部在1908年1月19日给警察局的情报里说，1月9日在哈尔滨散发的社会民主工党的传单是以惯用的手段散发的，即假借是合法的传单并给予一定报酬来委托中国人散发给路上行人的。

特别应当提到中国工人占多数的那些企业里的斗争和罢工。1907年2月，在日本人投资的“斯基捷利斯基兄弟”专利公司的林场里，约3000名中国伐木工人举行了罢工。他们要求增加工资5%，实行日薪制度和用马拉的拖车来代替人力拖运木材。专利公司向当地政府乞援，派遣了部队到林场地区维持秩序。但伐木工人顽强地坚持了六天，直到满足了自己的基本要求为止。在布尔什维克的影响下，一面坡啤酒厂的中国工人，哈尔滨的马车夫和搬运夫，中东铁路东段全线几千个修理工人，以及其他行业的工人，都举行了罢工。

中国地方当局对于中国工人与俄国布尔什维克之间所建立的联系极感忧虑。吉林省公署为了侦查革命活动，用警察来监视中国工人，被认为有革命活动嫌疑的工人，遭到逮捕和迫害。在1911年前不久，中国印刷工人进行了成立产业工会的第一次尝试。在该工会的创办人中间，也有早些时候曾在哈尔滨及中东铁路地区内其他中心城市的印刷厂里与俄国工人一起工作过的中国印刷工人。

由此可见，俄国社会民主工党布尔什维克组织所领导的哈尔滨及中东铁路地区内俄国工人的革命斗争，使1905年至1907年及以后几年间俄中两国革命运动之间建立了直接联系，并促进了俄国1905年革命对中国影响的扩大和深入。

二、中东铁路职工联合会

1905 年俄国社会民主工党布尔什维克在哈尔滨“三十六棚”铁路总工厂建立了工会组织，全称叫“中东铁路职工联合会”，负责人为鲍里斯·扎哈罗维奇·舒米雅茨基。1906 年初，舒米雅茨基被派到哈尔滨从事革命活动，当时化名西林，打入“三十六棚”铁路总工厂，当上一名旋盘工。1909 年受到沙俄当局的通缉，离开哈尔滨。舒米雅茨基不仅领导俄国工人开展革命斗争，他还在中国工人中进行宣传工作，团结中俄工人一道反对沙俄殖民统治者。在布尔什维克的领导下，先后在中东铁路航运业、印刷业、粮食加工业等行业建立了职工联合会。1907 年 11 月，中东铁路职工联合总会，选派代表 30 人，在哈尔滨秘密召开了代表大会，选举产生了由七名委员组成的“中央委员会”，对外以“俱乐部委员会”的合法名义进行活动，统一领导中东铁路沿线各工会组织的革命斗争，并在中国工人中做广泛的宣传工作。之后会员逐渐增加，到 1912 年由开始的 600 余人发展至 1000 余人。1917 年十月革命以后，由于俄国国内革命影响，俄国工人积极参加了反对沙皇统治的斗争。俄国布尔什维克领导的中东铁路职工联合会，由秘密转向半公开活动，工会组织逐渐扩大，不仅在中东铁路系统，而且在哈尔滨各行各业的俄国工人中都分别建立了工会组织。中东铁路职工联合会包括“三十六棚”铁路总工厂、机务段、哈尔滨火车站、香坊铁路印刷厂、八区粮库和铁路局、铁路中心医院以及中东铁路沿线各站、段俄国职工；哈尔滨地方职工联合会包括市政府工人、秋林洋行店员、海员、电报生等共 50 余个团体。关于中东铁路职工联合会会员数，不同时期数字也不同，据记载，中东铁路职工联合会 1921 年的会员数为 5665 人。

中东铁路职工联合会成立初期，主要是领导俄国工人反对中东铁路上的沙俄统治者，并团结中国工人为改善劳动条件，提高工资，实行八小时工作制进行不断斗争。俄国十月革命后，在俄国布尔什维克的领导下，职工联合会又领导了反对沙俄残余势力白匪军和外国干涉者的斗争。这时期在俄国革命影响下，“三十六棚”铁路总工厂也建立了中国工人的工会组织——“三十六棚”工业维持会。俄国职工联合会与“三十六棚”工业维持会联合在一起，从1918年至1920年，领导中俄工人举行了四次中东铁路大罢二，有力地打击了盘踞在哈尔滨和中东铁路沿线的沙俄残余势力，为保卫新生的苏维埃政权作出了重要贡献。

中东铁路职工联合会还成立了“劳工大学”。1920年11月10日，瞿秋白以北京《晨报》记者身份准备去苏俄考察，路经哈尔滨，参加了“劳工大学”听课。那天是乌思德略洛夫教授讲《俄国社会思想发展史》，这正是瞿秋白感兴趣的知识。听课之后，瞿秋白撰写了《哈尔滨之劳工大学》一文，发表在1920年11月17日北京《晨报》上。这篇文章不仅记述了庆祝十月革命三周年的概况、劳工大学办校宗旨和所开11门课程及讲师的详目，而且还特别记录了当时俄共（布）和苏俄政府派在哈尔滨的革命实力。

中东铁路职工联合会成立后，多次创办工会机关报。最早的工会报纸是1920年3月创办的《前进报》，这张报纸只存在了一年多就被中国地方当局以宣传过激主义查封。后来还出刊了《通报》《论坛报》《远东生活报》《工人通讯》等报刊。这些报纸在宣传十月革命思想，传播马列主义方面做了许多工作。报纸还号召中俄工人团结起来，为反对共同的敌人而斗争。在斗争中，广大中国工人受到了锻炼，受到了教育，提高了觉悟。

在中东铁路沿线，有不少中国工人加入了中东铁路职工联合会，与俄国工人并肩战斗，捍卫了十月革命胜利成果。中东铁路职工联合会是十月革命的产物，对中国工人产生了深远的影响，它是马列主义在哈尔滨传播的重要渠道之一。

三、中东铁路工人纪念“五一”大罢工

在中国工运史上，最早庆祝“五一”国际劳动节的，是中东铁路工人。1907年，哈尔滨铁路总工厂的中俄工人联合中东铁路沿线和哈尔滨各行业工人万余人，在哈尔滨松花江北岸太阳岛，第一次举行了庆祝“五一”国际劳动节的大罢工。

从1906年开始，沙俄就着手策划改变哈尔滨的统治方式，以“自治”为名

把哈尔滨变为它独占的殖民地。首先是建立暴力的统治机构，把旅顺的边境地方法院迁到哈尔滨。同时设立监狱和警察局。1907 年 1 月，在哈尔滨设立了俄国总领事馆。11 月 23 日，沙俄非法成立了哈尔滨自治市。在选出的 40 名议员中没有一名中国人，全是俄国人。一切按照俄国法律征收赋税。把十年来一直处在铁路局军政管制下的哈尔滨，换上一块"自治"的招牌，正式变为沙俄独占的殖民地。一切市政大权，均操纵在沙俄殖民者手里，中国商民完全处于被统治和被奴役的地位。在哈尔滨到处可以看到用俄文书写的广告和公告，街道地名也改用了俄国的名称。在工厂、码头、街道和商店，到处是趾高气扬的俄国殖民者，而中国工人为了求生存，则在他们的皮鞭下从事着奴隶般的劳动。沙俄殖民者，大肆掠夺中国的宝贵财富，把廉价收购的大豆、木材和其他加工成品，又用廉价的中国工人的血汗，通过铁路、水运，源源不断地运往沙皇俄国和欧洲其他国家。自 1906 年哈尔滨开为商埠后，这里和国际市场联在一起，成为以沙俄为首的国际帝国主义掠夺原料的基地和商品倾销市场。

1907 年，是沙俄总理斯托雷平上台后，开始实行反动统治的第一年。俄国全国布满了绞刑架，人民称之为"斯托雷平的领带"。列宁曾经写道：在俄国，沙皇制度的迫害，从来没有这么猖獗过，绞刑架在这五年中的活动，打破了俄国历史中 300 年的纪录。成千上万参加罢工或示威的工人被投进监狱，判处长期苦役。斯托雷平的反革命妖风，很快吹到了哈尔滨这块沙俄的殖民地。荷枪实弹的沙俄军警像疯狗一样，成天在大街上巡查。中俄革命工人和中国市民经常有人被逮捕，能容纳 500 人的哈尔滨大监狱，总是塞得满满的。这时，铁路和市政当局，都把"三十六棚"铁路总工厂当作他们镇压革命的重点。除警察和暗探遍布"三十六棚"一带之外，在厂内又增派了一批军警，同时在工厂四周高筑围墙，对广大中俄工人进行严密监视。

但是，就在这反革命猖獗的 1907 年，"三十六棚"铁路总工厂 2000 多名中俄工人，准备联合中东铁路沿线工人和哈尔滨其他行业工人，在哈尔滨举行一次大规模地公开纪念"五一"国际劳动节的大罢工，以示反抗。

1886 年 5 月 1 日，美国全国 1 万多个企业中 35 万名工人全部停工，上街参加游行，争取八小时工作制。1889 年，第二国际成立大会上规定"五一"为国际劳动节，成为全世界工人阶级团结战斗争取解放的日子。但在当时的哈尔滨，特别是中国工人根本不知道什么叫“五一”节。“三十六棚”中国工人知道“五一”节，是从俄国工人中听说的。自1905年中俄工人并肩战斗火烧中东铁路局以来，两国工人的团结更加紧密。尤其是1907年1月，俄国工人为纪念1905年革命两周年，准备在1月9日罢工一天。这事被铁路当局探知，逮捕了十名组织罢工的俄国工人。中国工人得知后，主动和俄国工人一道，在1月9日以总工厂上工汽笛为号举行罢工，坚决要求释放被捕的俄国工人，罢工取得了胜利。这件事使俄国工人很受感动，也初步认识到中国工人的力量。由此他们就经常向中国工人介绍一些俄国革命的斗争事迹。“五一”节的来历就是这样在日常交谈中介绍给中国工人的。俄国布尔什维克还告诉中国工人在俄国纪念“五一”的情况。俄国纪念“五一”最初是在华沙秘密举行的，1893年才在莫斯科公开举行集会。这次纪念活动虽然被反动的沙皇政府镇压下去，但以后每年在俄国各大城市纪念“五一”活动的工人却越来越多。中国工人听了感到非常新鲜，也非常激动，他们从来不知道工人还有自己的节日，而且是这样一个全世界工人的节日。“五一”国际劳动节这条新闻在中国工人中传开了，这些无产阶级革命的新鲜事物，使他们打开了眼界，心胸更加开阔，反对沙俄殖民统治的斗争情绪也更加高昂了。

“三十六棚”总工厂机车分厂有个工人叫吴泰，山东省章丘县人，1899年应招来东北修筑中东铁路。不久，他被派到乌苏里铁路干活，后入海参崴铁路工厂做工，因积极参加1905年罢工斗争被工厂开除，随即来到哈尔滨总工厂机车分厂做工。吴泰为人热情，又有斗争经验，为了反对沙俄殖民者的统治和压迫，经常带领工人同工厂俄国大小总管做斗争，在工人中颇有威望。他不断在工人中讲：世界各国工人都在纪念“五一”节，中国工人为什么不能纪念呢？今年“五一”，咱们“三十六棚”工人就开个纪念大会，也让大总管和霍尔瓦特知道咱们“三十六棚”中国工人敢作敢为。吴泰的倡议，受到许多工人的赞成和响应。大家派吴泰同俄国工人商议，采取共同行动，俄国工人表示非常赞成。

俄国布尔什维克参与领导了这次筹备纪念“五一”节的活动。从4月下旬开始，中俄工人选出了几名领头人开会，商议斗争办法。会上一致决定在松花江边举行一次规模较大的纪念“五一”大会，除组织本厂工人参加外，还要联络当时工人较多的面粉厂工人和码头工人参加，至于中东铁路机车库工人，车站装卸工人和沿线各站、段工人，也通知他们尽可能参加。这个决定，对中俄工人来说是个很大的鼓舞。特别是中国工人，因为决定首次纪念自己的节日，心情更是万分激动，他们分头活动，奔走相告。4 月 30 日早晨，中俄工人代表到工厂大帐房找大总管巴切罗夫，向他郑重地提出：5 月 1 日是全世界劳动人民的节日，我们全体工人准备开会庆祝，要求放假一天。巴切罗夫一听，声色俱厉地说：“根据路局规章，没有‘五一’放假的规定，你们赶快回去，不要提出无理要求，明天照常上工干活！”工人代表没听他那一套，回去通知全厂工人，明天按计划到江边聚齐，开大会隆重纪念“五一”国际劳动节，工人们热烈响应。这下子巴切罗夫慌了手脚，扬言要采取“防范”措施。当天就在工厂各处张贴出用中俄两种文字写成的霍尔瓦特局长镇压罢工的第 68 号命令，威胁说对擅离职守或旷工者，按刑法第三八四条规定的罪责，处以四个月的监禁……还调来大批俄国军警进驻工厂，监视工人的行动。于是中俄工人代表召开秘密会议，商量对策。俄国工人代表提议改在 5 月 14 日这天举行纪念活动。因为这一天是俄历 5 月 1 日，俄国有时也在这一天举行纪念活动，这个提议得到通过，会后进行了串联，争取更多的工人参加。俄国大总管见工人没什么动静，便把军警撤出工厂。

5 月 14 日中午，总工厂的汽笛一响，中俄工人放下工具，离开工厂，向预定集合地点松花江边集结。与此同时，哈尔滨机车库的全体工人、面粉厂工人、码头工人、装卸工人也陆续赶来。铁路其他部门的工人也赶来参加大会，有些学生、店员和市民也随着来到江边，不一会儿就聚集了几千人。当中俄工人离开总工厂时，俄国大总管惊慌失措，急忙打电话向霍尔瓦特汇报。霍尔瓦特知道工人罢工并到江边纪念“五一”劳动节后，立即下令让护路军赶来镇压。罢工领导人闻讯后，当机立断，决定将集会地点改在江北，通过联络，停在江边的几艘货轮、客轮的工人完全站在罢工工人一边，不仅答应把所有大小船只借给他们使用，而且表示也愿意参加纪念“五一”节大会。就这样，当护路军赶来时，几千名工人已过江了，前来镇压的军警因无船过江，只好隔江兴叹。

下午1时许，纪念“五一”国际劳动节的集会开始。大会在临江的一片高坡地上召开，以一个土堆做讲台。土堆四周插着红旗，旗上写着“‘五一’万岁”“劳工神圣”“全世界无产者联合起来”等口号。会上，许多中俄工人发表演说，他们用亲身经历揭露了沙俄殖民者的残暴罪行。有的中国工人控诉沙俄政府在中国土地上修铁路、盖工厂，不把工人当人对待。大总管这些人骑在工人头上作威作福，他们吃得脑满肠肥，而工人吃了上顿没下顿；他们住的洋房高楼，工人住在阴冷的“三十六棚”；他们整天监视工人，工人累死累活无人管，累出病来被踢出工厂。这些鲜明的对比演说，使到会的人深受感染，引起共鸣，不时被热烈的掌声打断。俄国布尔什维克党员西林，在会上介绍了俄国国内沙皇政府镇压工农革命和人民反对沙皇政府的斗争情况。他号召中俄工人团结起来，为改善生活待遇、争取八小时工作制而斗争。参加纪念会的面粉工人、码头工人、装卸工人以及沿线来的工人，也派代表在会上相继发表演说。大会进行中，江北附近各屯子里的农民和江南的市民也陆续赶来参加，总共有一万多人。大会发言后，中俄工人唱歌、跳舞，一片欢腾景象。纪念活动至下午5时许才结束，站在江南岸的沙俄军警始终没敢过江干涉。

1907年，在反革命十分猖獗的哈尔滨，竟然召开了万人大会纪念“五一”节，这个不寻常的举动引起沙皇政府的震惊和忧虑。斯托雷平责令主管中东铁路的财政大臣柯卡优采夫对这件事作出特别说明。柯卡优采夫在自己的汇报里说：聚集在松花江北岸中东铁路区与中国地界分界线附近的人群里，很可能有当地土著和外国人，我们这方面如果采取武力行动，万一枪杀或伤害了人群中的土著或外国人，势必会引起外交纠纷。这里所说的“土著”，显然是指中国人。这是在强大的工人力量面前，沙俄侵略者发出的无可奈何的哀鸣。

当时的吉林省巡抚对这件事也十分重视，曾经派警察进行侦查。

1907年中东铁路工人纪念“五一”节活动，对后来的工人运动产生了深远的影响。自此以后，每逢5月1日，哈尔滨工人都要冲破各种阻力，采取不同方式，纪念这个光辉的日子，并且将一般的纪念活动与罢工斗争紧密结合起来，从而推动了黑龙江工人运动的发展。

四、马克思主义在黑龙江工人中的传播

“十月革命一声炮响，给我们送来了马克思列宁主义。”[①] 马克思主义在黑龙江的传播，最先始于中东铁路的工人。

早在 1905 年，就有俄国布尔什维克党员在哈尔滨俄国工人和中国工人中进行马克思主义宣传。1917 年，俄国爆发了二月革命。由于黑龙江与苏俄毗邻，又有中东铁路贯通其间，所以，黑龙江人民较早了解到俄国沙皇政府被推翻的信息。6 月 22 日，以哈尔滨中东铁路总工厂俄国工人为主成立了工兵代表苏维埃。7 月，在哈尔滨成立了俄国社会民主工党布尔什维克委员会。俄国布尔什维克在哈尔滨中东铁路的活动给黑龙江工人以很大影响。

1917 年 11 月 7 日，俄国爆发十月革命后，中东铁路俄国工人、护路队士兵在俄国布尔什维克领导下，成立了工人士兵苏维埃，组成革命临时委员会，决定从中东铁路白俄总办霍尔瓦特手中夺取权力，后因中国当局和各国驻哈领事的干扰，没有实现这一计划。但俄国布尔什维克领导工人、革命士兵与沙俄残余势力的斗争一直没有停止。11 月 12 日，在哈尔滨的俄国布尔什维克发表了《告满洲全体公民书》，号召在东北地区的俄国侨民和中国工人支援俄国人民的革命斗争，“坚信彼得格勒工人士兵苏维埃全俄代表大会的充分稳定，支持他们对资本家和地主临时政府的斗争”。这一号召，首先得到黑龙江工人和俄国士兵的支持。11 月 16 日，哈尔滨秋林洋行的全体职工举行了罢工。11 月 20 日，中东铁路哈尔滨总工厂的工人和革命护路队士兵召开代表大会，会上通过了《承认苏维埃政权的决议》。

1918 年 2 月 28 日，在俄国布尔什维克领导下，于哈尔滨召开了中东铁路职工代表大会，讨论了中国工人的组织问题，号召“团结和联合中国工人，为反对苏维埃国家的敌人，为反对中俄人民共同的敌人而斗争”。在其影响下，哈尔滨总工厂的中国工人于同年 10 月建立了第一个工会——“三十六棚”工业维持

---

① 毛泽东：《论人民民主专政》（1949 年 6 月 30 日），《毛泽东选集》第 4 卷，人民出版社 1991 年版，第 1471 页。

会。工会建立初期，与俄国职工联合会一起，领导中东铁路哈尔滨总工厂的工人，在反对沙俄残余势力的斗争中发挥了作用。从1918年至1920年，中东铁路的中俄工人为反对盘踞在中东铁路的沙俄残余势力和白匪军以及外国干涉者，掀起了全路四次罢工高潮。罢工期间，俄国布尔什维克不断地向中国工人宣传、介绍俄国革命斗争情况，揭露各帝国主义国家出兵干涉的罪恶目的，请求中国工人给予支持。最常见到的宣传形式，就是向中国工人散发中文传单，如《声明俄国旧官僚罪状，通告中华民国农工商军学界人等急速省吾》《天下贫苦之人民一体联合》《俄国一般劳农者敬告中国劳农兄弟》《中国工党听者》等。传单用通俗的革命道理，向中国工人宣传俄国十月革命，宣传马列主义，宣传全世界无产者联合起来的重要意义。中国工人受到了深刻的革命理论教育，阶级觉悟不断提高，斗争意志更加坚强。此时，在哈尔滨成立的俄国职工联合会组织迅速扩大。不仅在铁路系统，而且在其他各行业中；不仅在哈尔滨，而且在中东铁路沿线各站如满洲里、绥芬河、安达、穆棱、免度河、博克图等站，以至黑河、依兰、饶河也都成立了苏俄职工联合会。苏俄职工联合会“实负有宣传意义之使命”，以“铁路沿线为散布赤化之根据地”。苏俄职工联合会还吸收中国工人参加各项宣传活动。这个时期的黑龙江工人运动，在东北乃至全国都有相当大的影响。可以说，哈尔滨工人是接受社会主义思潮和十月革命最早的一支队伍。

当时在哈尔滨出版的俄文报刊最多有30余种，这是随着沙俄推行远东扩张政策，在东北修筑中东铁路俄国侨民增多而发展起来的。1903年中东铁路全线通车后，最早出现的俄文报纸是《哈尔滨公报》。以后，陆续出版了多种官方报纸。十月革命后，俄文报纸逐渐增多，观点各异，其分为红党、白党和中立三种类型。其中红党俄文报刊主要有哈尔滨俄国工人士兵苏维埃创办的《劳动之声》、中东铁路苏俄职工联合会创办的《前进报》、全西伯利亚青年社会主义者在哈尔滨的机关报《南方社会主义革命者报》、中东铁路职工联合会创办的《通报》、《论坛报》、俄共（布）在哈尔滨创办的《风闻报》、苏俄在东三省的机关报《回声报》等。这些报刊站在维护劳动人民利益的立场上，经常宣传革命思想，使哈尔滨地方当局十分恐慌。有的出刊时间不长，即被当局以宣传“过激主义”予以查封。于1920年2月创刊的《前进报》，经常发表记述十月革命后俄国国内的工人斗争、工业建设和人民生活的文章，在哈尔滨颇有政治影响。1920年10月，瞿秋白以北京《晨报》记者身份，赴俄考察，路经哈尔滨时，曾访问了该报领导人，对其予以很高的评价。

俄共（布）当时认为，对在苏俄的外国劳动群众进行阶级教育和国际主义教育，具有重大的意义。俄共（布）富有远见地把俄国境内的中国工人看作伟大十月革命思想在中国的未来传播者，要对他们进行大量的思想政治工作。

1918年12月初，在彼得格勒建立了旅俄华工联合会，在有华工居住的城市都建立了分会，刘泽荣担任该会会长，他曾列席共产国际第一次、第二次代表大会，三次受到列宁的接见。1919年2月，在莫斯科苏维埃全会的一次会议上，一名华工联合会代表发言说，实现国际歌誓言的时刻已经到来，华工希望向你们学习进行社会斗争的新方法，以便汲取所有适合中国国情的东西。旅俄华工联合会还在莫斯科创办了《旅俄华工大同报》，把一些阐明社会主义基本原理的文章和小册子译成中文，登载在报纸上散发给华工。针对日本帝国主义扩张的侵略问题，该报也经常发表政治鲜明的文章。

俄国十月革命后，中俄断交，旅俄华工联合会根据广大华工要求，曾与苏俄政府谈判华工回国问题，最后苏俄政府答应免费运送华工回国。当时北京政府唯恐华工回国带来过激思潮，曾设法阻拦华工回国。但仍有数以万计的华工通过中东铁路陆续回国，他们当中的大多数人留在哈尔滨谋生。旅俄华工回国不仅带回了《旅俄华工大同报》《华工醒世报》《社会警钟》《社会星》等报刊和大量宣传十月革命的书籍，而且还将亲眼看见、亲身经历的俄国革命和马列主义思想传播给周围的人。曾任旅俄华工联合会会长的刘泽荣、华工联合会莫斯科会长的张永奎也于1920年先后回国，并留在哈尔滨。他们的归来，给苦难中的阶级弟兄带来了世界无产阶级革命故乡许多新消息。通过他们的宣传和介绍，使黑龙江的工人群众了解到十月革命的情况，深受鼓舞，对十月革命无限向往。华工在哈尔滨集中后，当局非常惊慌。1919年1月29日，黑龙江督军鲍贵卿在给北京的密电中说：欧俄华工附和激党（布尔什维克党），回国鼓吹社会主义。这足以说明华工给当局带来巨大震撼。

在列宁领导下，共产国际于1919年3月成立。共产国际十分关心东方各国人民，特别是中国人民的反帝反封建的革命斗争，经常派人到中国帮助建党和宣传马列主义。当时来中国的路线，除了绕道欧亚和由海参崴乘船走海路外，主要是通过中东铁路经过哈尔滨到关内去。当时，中国一些初步具有共产主义思想的知识分子，为了学习俄国革命经验，不断从四面八方来到哈尔滨，然后通过中东铁路奔赴苏俄。这样，就自然形成一条通往苏俄和共产国际的红色之路。作为中东铁路重要枢纽的哈尔滨，成为这条红色之路上的必经之地。实际上这条红色之路早在十月革命前就已经形成，但真正发挥作用还是在十月革命之后。最早与李大钊会见的俄共（布）党员纳姆·格里戈里耶维奇·布尔特曼，就经常通过这条红色之路来往于苏俄和天津之间。1915年他随父母由俄国来中国哈尔滨定居，在哈尔滨读中学，早年从事学生运动。1917年曾在哈尔滨组织青年学生革命同盟，后改为青年共产党支部，布尔特曼为该支部负责人。同年他加入俄国社会民主工党布尔什维克，不久调到海参崴工作。1919年2月，他被派回哈尔滨从事革命活动，其间，在中东铁路工人中开展工作。

当时，来自中国内地的初步具有共产主义思想的知识分子，为学习和探索俄国革命经验和参加国际会议，也通过这条红色之路去苏俄，并在哈尔滨留下了他们的足迹。1920年10月20日，瞿秋白、俞颂华和李宗武一行，以北京《晨报》和上海《时事新报》记者的身份赴苏考察，途经哈尔滨。因白匪在赤塔作乱，火车不通，他们在哈尔滨停留50多天。其间，瞿秋白等在哈尔滨进行社会调查，了解当时最敏感的中、俄、日外交斗争问题；同苏俄和远东共和国在哈尔滨的干部广泛接触，了解苏俄在远东的政策；履行记者的职责，为《晨报》和《时事新报》撰写文章；采访俄国职工联合会会长，并参加了他们举行的纪念十月革命三周年大会。会上，瞿秋白第一次听到了雄壮的《国际歌》，令他激动不已。在他起草的《饿乡纪程》的前八章中，记述了他当时激动的心情和庆祝大会热烈沸腾的场面："台下挤满了人，宣布开会时大家都高呼'万岁'，这时全体到会者哄然起立唱《国际歌》，声音雄壮得很——这是我第一次听见《国际歌》。"瞿秋白在该书中几次提到"在哈尔滨闻到共产党的空气"。他参加了苏俄职工联合会成立的劳工大学讲演会，听到了他十分感兴趣的《俄国社会思想发展史》的报告。他还深入工人和各界人士中进行社会调查，访问过“三十六棚”的棚户区饥寒交迫的苦力工人。瞿秋白等不断将在哈尔滨所见所闻发给北京《晨报》。到 1920 年 12 月 10 日离开哈尔滨时，共发新闻稿 13 篇。其中瞿秋白写了 9 篇，在这些新闻和访问谈话中，他们记叙了苏俄党的政治影响，苏俄的远东政策。如 1920 年 11 月 17 日，在瞿秋白发表的《哈尔滨之劳工大学》一文中说：“哈埠共产党员仅 200 人，而自哈埠至满洲里，中东铁路沿线，工人有 12 万，对于共产党颇有信仰。”[①] 通过中东铁路来往于苏俄与中国的这条红色之路，不仅拓宽了马列主义传播渠道，而且也为中国共产党的建立和发展作出了贡献。

马克思主义在黑龙江工人中的传播，促使工人阶级的政治思想发生了深刻的变化，工人阶级的斗争也更为深入发展。

第六节　黑龙江工人支援十月革命的斗争

俄国十月革命，使广大旅俄华工结束了受剥削受压迫的屈辱史。他们当中的许多人为求得自身的解放和光明前途，加入了苏俄游击队、红军、工会和俄共（布），投入伟大的十月革命，参加抗击白卫军及外国干涉者的战争。1920 年之后，先后有大批旅俄华工通过中东铁路回国，其中有不少人留在哈尔滨谋生。他们不仅带来许多革命书刊，而且还将耳闻目睹、亲身经历的有关俄国革命和马列主义思想介绍给黑龙江人民。旅俄华工成为十月革命思想在中国的传播者。

一、黑龙江地区赴俄华工的状况

自中东铁路动工修建开始，中东铁路公司便派人到我国东北和华北地区招募工人，先后招募数十万人，除一部分留在中东铁路上做工外，大部分进入俄国西伯利亚和远东地区，成为旅俄华工。

---

① 瞿秋白：《瞿秋白文集·政治理论编》第一卷，人民出版社 1987 年版，第 113 页。

他们都是被生活所迫背井离乡的贫苦农民。在俄国，他们被派到工厂、矿山、铁路等处做最艰苦的工作，有的甚至被送到战区挖战壕。广大旅俄华工不仅受到俄国官员和业主的残酷剥削和虐待，还要遭受中国大小包工头的任意盘剥，其境况十分悲惨。

大批赴俄的华工中，除一部分是黑龙江人外，山东、河北、辽宁、吉林等地的灾民、破产农民、手工业者，也成为北上迁徙的流动人口。他们到达黑龙江地区后，会同中东铁路完工后的劳工，形成一个浩浩荡荡的劳动力大军，分四路结伙进入俄国：一路是沿松花江经三江口到达伯力；一路是沿松花江经黑龙江至黑河，渡黑龙江去对岸俄境海兰泡一带；一路是由哈尔滨至卜奎（今黑龙江省齐齐哈尔市）后经讷河、墨尔根到黑河，再去俄境；一路是由哈尔滨经牡丹江、绥芬河到达俄国远东地区的边境城镇。他们到达俄国后，大多数从事采金、伐木、修路等繁重的劳动，收入大大低于同工种的俄国人；少部分人经营小本生意或经商，收入较好。开始时，许多人是季节性的，春去冬回，俗称“跑崴子”。后来有些人就在俄国定居，成为旅俄华工。

此后，随着俄国境内采金业、垦殖业的发展，去俄国的华工也逐年增多。1910 年时，俄阿穆尔所属金厂的华工竟有十余万人。

中国华工虽然在俄远东地区的发展中作出了巨大贡献，但并未得到俄国当局的重视，相反，遭大肆排斥。1911 年，俄国阿穆尔当局作出“不得使用非俄籍工人或加入俄籍的黄种人从事农业生产”的规定。1912 年，俄国当局在阿穆尔驱赶华人，并在中俄边境俄方一侧增加兵力，阻止华人入境。同年 4 月 22 日，俄国政府竟决定：“海参崴、阿穆尔及俄国全境，此后无论何项工程，不得再用华工，嘱即禁止，不得前往。”尽管受到种种限制，赴俄谋生的华人并未急剧减少。据后来苏联政府公布的材料证实，仅留在阿穆尔州和滨海地区的华侨仍有 20 万人。不久，由于劳动力匮乏，俄国不得不默许华人去俄。第一次世界大战中，中国北洋政府作为协约国成员向轴心国宣战，但又无力派兵，便派出大批华工到协约国后方做工。沙皇俄国政府为解决俄国国内劳动力严重短缺问题，早在中国参战以前，便通过中国商号富亚公司、义成公司、广太公司在黑龙江地区招募华工。1914 年由富亚公司在哈尔滨市招募华工 2500 人进入俄国乌拉尔地区的彼尔姆省阿拉白耶夫斯克矿区做工。同年，哈尔滨天成茶庄和商人张波漾，代莫斯科一铁路工程招募华工 4000 多人。1915 年初至 5 月底，俄国未经中国政府批准，在黑龙江、河北、山东等地招工 25 万多人，运往中东铁路沿线各站和哈尔滨、海参崴等地，明文规定每人年工资只有 50 卢布。1916 年 3 月，俄国人在哈尔滨出版的中东铁路局机关报《远东报》大肆刊登广告，为托木斯克省铁路工程招募华工 2200 人。1916 年至 1917 年中，经俄国设于哈尔滨顾乡屯的卫生监督所“查验合格”去俄国的华工就有 52004 人。

据官方统计，第一次世界大战前后的几年间，经黑龙江地区各口岸出境的华工、华商总数达 50.2621 万人。其中，1913 年 5.9399 万人，1914 年 5.6608 万人，1915 年 8.5495 万人，1916 年 9.9957 万人，1917 年 9.3451 万人，1918 年 10.7711 万人。6 年中平均每年去俄人数达 8.377 万人，大量未经官方统计的尚不在内。到俄国十月革命爆发时，在俄国各地做工的华工有六七十万人。

华工绝大部分在俄国从事繁重的体力劳动，其中，从事采矿、采金、伐木、修路劳动的约占 70%；从事垦殖业，或为俄国地主佣工的占 15%。另有少部分为学校和政府的勤杂人员、商人，约占 15%。做苦工的华工，他们都是被骗到俄国去的，招工时，俄国业主或其代理人以工作轻松、收入丰厚相许。到了俄国之后，他们中的大多数被送到乌拉尔地区或外高加索、俄国和波兰边境地区，甚至是永久冻土带的摩尔曼斯克，从事采矿、修路、挖战壕等劳动。他们的劳动和居住条件极端恶劣，由于战争，饮食居住条件极差，更无医疗保障。他们没有文化，不懂俄语，只好忍受资本家的剥削与工头的虐待。有许多人流浪在异地，死在他乡。1915 年由三家公司招募的华工，招工时原称去伐木或做佣工。抵达俄国后，却都去前线挖战壕、修筑工事。到摩尔曼斯克修筑铁路的华工，许多人冻坏脚趾，冻死者很多，甚至有人因饮用当地含有毒物质的水而被毒死。一些人虽幸免于难，干了几个月，也只有几十个戈比的收入，有的人竟分文未得。去俄波边境挖战壕的华工的遭遇也大体相同，他们干了九个月，结算工资时，只得到几个卢布。在摩尔曼斯克的万余名华工，每天工作 12 小时，没有节假日，住在土窑和帐篷里，既没有工作服，也没有医疗保护，每天只得到 1 卢布 50 戈比的收入。而其他地区的华工，每天只能挣到 90 戈比，甚至更少。此外，他们还受到各种人身摧残。据旅俄华人团体发往当时北京政府的报告中写道，华工按契约赴俄，但“俄人不遵守合同，种种虐待；而包工头复种种剥削，苛细备至，甚有私募巡警，擅立刑讯，毒打工众，工人因此毙命者，所在皆有；因受潮湿，形成残废者，亦指不胜数”。在远东地区，华工生活就更惨了。在严寒季节，不但没有住宅取暖，就是防寒的棉衣、棉鞋、毯子也极为缺乏，他们吃的是价格昂贵的发霉面包。那些当初招骗他们来俄国的包工头在填满私囊以后，往往再把他们转卖给别的资本家。

华工们不堪忍受这种非人的剥削和压迫，他们同沙皇政府和资本家展开了不屈不挠的斗争。1915 年，在乌拉尔属于阿巴马列克一拉扎列夫公爵的古巴霍夫煤矿有 1700 多名华工暴动，捣毁了矿务所。这一事件传遍了整个乌拉尔矿区，还引起了附近其他华工的暴动；1916 年 5 月初，姆盖河附近的阿拉巴耶夫矿山的一个木材加工厂的 2600 多名华工向当局要求增加工资、改善劳动条件和生活待遇，可是他们的合理要求遭到拒绝，工人领袖也被解雇。5 月 25 日，这个厂的 100 多名华工首先罢工，要求恢复他们领导人的工作，次日全体华工罢工。沙俄当局立即派军警进行镇压，警察开枪，打死华工 1 人，受伤 8 人。罢工华工并未屈服，他们向警察投掷石块，用斧子同其搏斗，迫使军警狼狈逃走。事件发生后，沙皇政府十分震惊，立即派军队进行镇压，把 260 名华工逮捕，投入监狱。但即便如此，其他各地华工罢工事件也从未间断。1916 年 2 月，米阿斯地区煤矿的华工举行了罢工；在乌苏里地区的矿场 780 名华工和俄国罢工工人联合行动；同年秋，在接近前线的奥尔沙、明斯克等地中国工人举行了起义。在摩尔曼斯克发生的几次大罢工，都有中国工人参加。这一系列的罢工和起义为中国工人直接参加十月革命在政治上和组织上奠定了基础。

1917 年，俄国二月革命发生，随着革命形势的发展，一些华工受俄国革命的影响，逃出筑路工地、矿山，奔向俄国城乡各地，寻找生活出路。十月革命期间，各地的华侨工人、农民纷纷参加红军。人数较多的地方，组成了中国连、中国营，甚至组成中国团。在对白匪的战斗中，他们英勇善战，不怕牺牲，许多中国华侨战士在战斗中牺牲。

黑龙江华侨、团长任辅臣的“铁团”起初属于乌拉尔混编师，后来编入第三集团军第29师。曾经在布留赫尔指挥下转战白卫军占领区，行程1000多俄里，于1918年9月与东方战线的红军队伍会合。这个团在东方战线的卡捷林堡、上图尔、彼尔姆方面战斗中，经历了艰苦的历程，解放了许多地区。在著名的斯维尔德洛夫战役中，任辅臣及他所指挥的战士中的2000多名华侨战士牺牲。黑龙江籍华侨包青山率领的中国独立营，在捷克城的革命斗争中曾起过决定性的作用。在远东的华侨游击队中最著名的是辛吉武领导的游击队。1919年底，辛吉武率领队伍在哈巴罗夫斯克到符拉迪沃斯克沿线沉重地打击了日、美干涉军。远东华工除了直接参加保卫苏维埃政权的战斗外，他们还帮助红军和游击队运送物资、救护伤员，向他们提供车辆、马匹、住房和烟草以及其他物资或金钱的帮助。十月革命后，一部分人在苏俄定居或加入苏俄籍，成为旅苏华侨或苏籍华人。

数以万计的旅俄华工积极参加了俄国十月革命和俄国国内战争，他们为保卫十月革命胜利成果，保卫世界上第一个无产阶级专政的苏维埃政权而英勇战斗，在俄国远东和西伯利亚的土地上，到处都流有中国战士的鲜血，到处都有他们的足迹。他们为俄国人民的革命事业作出了不可磨灭的历史贡献。这也是觉醒了的中国工人，新兴的中国无产阶级在国际主义运动史上树立的一座丰碑。

二、最早接受俄国十月革命的影响

1917年11月7日，俄国爆发了十月革命，在中国最早得到胜利消息的是哈尔滨和中东铁路沿线的铁路工人。

在哈尔滨，中东铁路俄国工人、俄国护路队士兵在俄国布尔什维克领导下，成立了哈尔滨工人士兵苏维埃，组成了临时革命委员会，开展了夺权斗争。与此同时，盘踞在中东铁路的沙俄残余势力，在各帝国主义支持下，进行了复辟活动。一时间，哈尔滨成为红白两党势力角逐之地。俄国十月革命的胜利，极大地鼓舞了哈尔滨劳动人民，比较活跃的“三十六棚”总工厂中国工人积极支持俄国工人的斗争，并参加了欢庆推翻沙皇的“五一”游行和十月革命胜利大会。

1917年3月16日，沙皇政府被推翻的消息传到哈尔滨后，俄国侨民热烈欢呼庆祝，纷纷举行集会、游行。据《远东报》记载，3月18日，在俄国社会民主工党布尔什维克领导下，中东铁路“三十六棚”总工厂、哈尔滨机务段等处的俄国工人，高举红旗，举行庆祝活动。同日下午“本埠军界举行庆祝活动。中东铁路管理局局长霍尔瓦特等长官皆到会，聚众5000余人。临时部部员亚历山大演说，现在新党推翻旧政府，军民重见天日，当一致赞成变法维新，兵民各呼万岁”。3月20日“为俄国全国新政府统一之纪念日，哈埠人民亦于今日承认新政府。是日，一切机关及商店全都闭门，午后12点钟，秦家岗（今哈尔滨市南岗区）教堂前聚集各校学生和军士以及市民等。各校学生、军人、执行机关人员争先发表演说，并向天空致敬死亡之烈士，后即列队游行至江沿、至‘三十六棚’为止”。

俄国二月革命后，哈尔滨的革命形势大好。1917年3月19日，由在哈俄国革命团体代表37人组成的市执行委员会掌握了大权，革命声势更大起来，一些罪大恶极的反革命分子丧魂落魄。哈尔滨边境法院院长斯·利契科夫逃之夭夭。沙俄驻哈尔滨副总领事依·库尔加诺夫于3月23日畏罪自杀。

在布尔什维克的宣传鼓动下，广大俄国工人团结中国工人经常性地举行各种政治活动。当1917年“五一”国际劳动节来临之际，哈尔滨的中俄工人怀着胜利的喜悦，隆重纪念了自己的节日。“五一”这天，“三十六棚”总工厂的中俄工人，一早就来到工厂，提前做好了一切准备。上午11时整，随着工厂汽笛声，全厂的工人从各分厂涌向工厂大门。平时大总管会要求路局派军警阻拦，但因为这时正是欢庆推翻沙皇政府的热潮之时，大总管怕引火烧身，只能眼睁睁地看着工人出厂参加集会，却对此无可奈何。

这次庆祝“五一”国际劳动节集会，是中东铁路俄国职工联合会发起的，除了“三十六棚”总工厂外，哈尔滨机务段、铁路印刷厂、车站和货栈以及市内其他各工厂、商店的中俄工人都参加了纪念活动。各处工人在秦家岗教堂前广场集合，举行集会。会场上人山人海，无数面红旗迎风飘扬，“要求民主”“要求自由”“要求增加工资”等大幅标语牌竖立在会场四周，整个会场呈现出节日气氛。到会广大劳动群众意气风发，斗志昂扬，他们头一次享受到在没有军警监视和限制的情况下欢庆自己的节日。大会开始后，中俄工人争先发言。

他们在发言中，控诉了沙俄侵略者的罪行，发出了要求改变工人被压迫地位的呼声。会后，参加集会的群众整队出发，举行了声势浩大的示威游行。沿途游人纷纷加入游行行列。游行队伍至“三十六棚”后解散。当时《远东报》对此次活动作了详细报道。该报写道：“……本埠劳动家一致庆祝工党佳节。如‘三十六棚’、货栈、商店、作坊工人及军队，皆于十二点钟聚集于秦家岗教堂前，高举红旗，大书‘工党万岁’‘合则力强’‘社会党幸福’等标语。并有乐队奏自由音乐，各演说家纷纷演说五月一号关系，劝告工党与世界同志结为一体。”这次纪念“五一”国际劳动节活动，虽然是俄国职工联合会发起的，但广大中国工人积极参加了集会和游行。对此，当时《远东报》写道：“……哈尔滨及其他各城，今皆开会庆祝，‘三十六棚’华工亦与俄国工党联为一气，中国之工人亦愿与俄人结为一体，逆料世界大同之日将不远矣。”在这次“五一”集会之后，老巴夺烟草公司、秋林洋行的广大职工，为要求增加工资也举行了大罢工。这都是受俄国革命影响而掀起的斗争。

这期间，在哈尔滨的俄国各派相继成立了“工兵苏维埃”“市执行委员会”“铁路职工委员会”“将校委员会”“哈尔滨革命委员会”“军事委员会”“远东拥护祖国和宪法会议委员会”等，这些组织，无论是左派还是右派，都极力想取得政权，斗争十分激烈。这些斗争，首先在市执行委员会与中东铁路管理局局长霍尔瓦特之间展开。市执行委员会成立后，作出的第一个重要决议就是撤销中东铁路管理局副局长阿法纳西耶夫中将和哈尔滨警察局局长阿尔诺里特中校的职务。市执行委员会在 3 月 21 日第二次全体会议上，又逼迫应邀出席会议的霍尔瓦特承认该委员会为“各行政机关之监督机关”。霍尔瓦特也予以承认。他说：本总办认为执行委员会为万不可少之机关，并承认新政府所拟的一切改革。

俄国十月革命后，作为中东铁路附属地行政中心的哈尔滨，革命与反革命的斗争日益尖锐，一派是以留金为首的工兵苏维埃，另一派则是以霍尔瓦特为首的沙俄残余势力。

1917 年 11 月 7 日，俄国十月革命爆发的当天，哈尔滨的工兵苏维埃召开了紧急会议。留金在会上提出了罢免中东铁路附属地行政长官霍尔瓦特的议案，但遭到了工兵苏维埃内部温和派的反对，两派展开了长时间的激烈争论。12 月 4 日，哈尔滨工兵苏维埃收到苏俄新政府列宁签署的电报。在电报中，列宁以人民委员会的名义，命令在中国哈尔滨的工兵苏维埃夺取一切权力。当天下午，留金和副主席斯拉文一起会见了霍尔瓦特。留金首先拿出列宁的电报给霍尔瓦特看，并表示："我们不希望动乱，也不想夺取将军手中的所有权力，依然承认你的权力，只希望你能与苏维埃合作共事，为此，苏维埃将派遣监督官。"霍尔瓦特对工兵苏维埃派监督官表示迟疑，勉强承认哈尔滨工兵苏维埃为正式国家机关。但他说："对政权的移交问题，必须征得哈尔滨市民的同意。同时，哈尔滨作为一个国际城市，把政权交出来，也必须得到各国驻哈尔滨领事的同意。"

从 12 月 10 日至 12 日，留金与霍尔瓦特连续举行会谈，仍围绕着工兵苏维埃派遣监督官问题展开了争论。会谈结束后，工兵苏维埃在当日的机关报《劳动之声》上发表了建立哈尔滨工兵苏维埃政权的宣言书。全文如下："工军委员团为布告事，顷奉民主代表会，自本日起，工军委员团即为国家主权正式代表，所有国家及公共机关，均受本团监察。凡工军委员团发表政见，即为正式命令。并会同铁路公司办事，其最近问题，当先解决住舍办法，开设廉价饭庄，设立最有权势之机关管理庶政。其执行部已成尸位，无存在之必要，当为解散，所有事件均归公共议事会办理。其议事会为民主基本，拟即克日组成，本团并担任保卫治安。对于本团有任何反抗举动者，决不容忍。为此，布告人民，安居乐业，勿为愚言蛊惑，极力支持工兵民主政权。此布。"[①] 12 月 13 日，工兵苏维埃又成立了以五人组成的军事革命委员会。12 月 17 日，军事革命委员会发布了第一号命令，宣布撤销霍尔瓦特中东铁路局局长、拉琴诺夫副局长的职务，任命斯拉夫为铁路长官，接着又任命律师普托诺夫为俄国驻哈尔滨领事馆人民委员。这里应当指出的是，以留金为首的过激派向霍尔瓦特夺权，实际上是夺取沙俄政府非法攫取的中国主权。

当军事革命委员发布命令罢免霍尔瓦特职务之后，他向中国地方当局提出派中国军队解除工兵苏维埃激进派的武装。中国政府根据这一请求，决定派兵

① 中共哈尔滨市委党史研究室编著：《哈尔滨与红色之路》，黑龙江人民出版社 2001 年版，第 67 页。

进驻哈尔滨和中东铁路。吉林督军孟恩远先后调集骑步兵各营进驻哈尔滨，并于12月17日成立了“吉林省中东铁路警备司令部”，统一指挥进驻部队。随后黑龙江省也调骑步兵十余营进驻省内中东铁路沿线。当时，中国北洋政府深知，哈埠工兵苏维埃的夺权斗争与苏俄新政府直接相关，如对哈尔滨局势处理失当，不但会引起苏俄新政府反应，而且也会招致协约国的干预。为了妥善处理这一“中俄交涉事宜”，北洋政府特派何宗莲中将和张宗昌作为中央代表，前往哈尔滨。何宗莲、张宗昌于12月16日抵达哈尔滨。

中国军队进驻哈尔滨后，留金和斯拉夫不仅拒绝缴械、撤回俄国，并扬言：哈埠一隅为俄国战胜所得，前已视同领土，并决定路线合同取消，以便自由行动为图谋改革之根据地。同时煽动俄士兵进行武力抵抗。当时激进派控制了驻在哈尔滨的两个俄国国民步兵大队，即559大队和618大队。前者驻扎在南岗八杂市，后者驻扎在西大桥一带。

12月26日，中国军队分成两路开进南岗八杂市和西大桥一带，对俄军进行了战斗，双方发生了小规模交战，最后迫使俄军投降。留金及其领导的俄军4000余人被遣送出境，中国军队进驻该营房。

以留金为首的激进派向霍尔瓦特的夺权斗争，由于当时中国军队进驻中东铁路及留金领导的俄军被驱逐出境而未能成功。在此后的一段时间，留在哈尔滨的布尔什维克组织由公开再次转入地下，继续领导俄国工人同沙俄残余势力代表人物霍尔瓦特展开斗争。

三、哈尔滨工潮及捍卫十月革命的斗争

1917年俄国十月社会主义革命胜利的消息传到哈尔滨之后，在哈尔滨的俄国工兵苏维埃从事了许多革命活动，他们不仅依靠言论，而且以自己的行动，使中国工人的意识受到革命影响。此外，有数以万计的中国工人从苏俄经哈尔滨回国，到1918年，归国华工已有四万多人，其中一部分留在哈尔滨谋生，他们向哈尔滨的中国工人介绍了十月革命的情况，使哈尔滨人民进一步受到十月革命的影响，工人们的觉悟提高了。

1918年，哈尔滨总工厂的中国工人，由于卢布贬值、生活困难，要求增加工资和改用哈大洋发工资，铁路当局不许，因而单独举行了大罢工。当时中国工人的工资完全以“羌帖”发放，而羌帖与哈大洋的比价，1914年初基本相等，到1917年，羌帖每一卢布仅值哈大洋一角一分，贬值近十倍。

1918年1月5日，哈尔滨总工厂的中国工人派代表找工厂大总管，提出增加工薪和改发哈大洋的合理要求，而铁路大总管孟古良尼以种种借口，拒绝了中国工人的要求。于是2350名中国工人全部离开工厂，声明不满足要求，绝不复工。使铁路当局“困难万分”，这时沙皇俄国控制的中东铁路公司创办的《远东报》也威胁说“罢工之华工，当在淘汰之列，恐追悔无及”。从而进一步激怒了罢工的中国工人。他们联合了机车库700人、车站装卸工1000多人在1月12日统一罢工，整个铁路系统出现停顿状态。俄国当局哀叹，由于“华人罢工风潮”，“虽云罢工有复员之日，而商务上的损失万难恢复矣”①。这次有4000多名中国工人参加的罢工斗争，迫使铁路当局答应了工人的要求，罢工斗争于1月16日结束。这次斗争的胜利，进一步提高了工人的觉悟，使他们认识到联合斗争的重要性。

“一月罢工”的胜利，鼓舞了“三十六棚”中国工人的斗争信心和勇气。1918年3月和4月以后，哈尔滨的治安情况虽有好转，但一些仇视革命的俄国白卫分子又加紧了活动。有的公开进行反革命活动，有的隐蔽地进行暗杀和破坏。早在2月末，逃到哈尔滨的白卫军官，在霍尔瓦特和日本驻军的支持下，非法组织起“义勇团”，准备反对苏维埃政权。3月31日，“义勇团”还在南岗教堂一带操练，日本军中岛中将亲去参观，反动气焰十分嚣张。另外，当时在哈尔滨还有2055名沙俄军警，他们名曰维持秩序，实际上专门欺压中国人民，有的甚至无故枪杀中国工人，时常拘捕中国工人罚做苦工。当时市政权仍操诸沙俄残余分子手中，白匪军警肆行无忌，任意妄为。中国人民，特别是“三十六棚”工人，早就恨之入骨。4月15日，中东铁路哈尔滨地区的中俄工人，召开了秘密会议，提出“采取一切措施，包括罢工在内，反对白卫军”的决议。5月3日一早，白俄警官带领俄警十多名，闯到“三十六棚”住宅区搜查“苦力”，这些恶狼似的白匪，手持短枪，挨户搜查。凡不是在厂的工人，全用枪逼着圈

---

① 《远东报》，1918年1月20日。

集在一起。这时有一个名叫邓辉荣的工人因害怕而逃跑，被俄警先加不略夫用枪击毙。然后押着被他们搜捕的33名“苦力”，若无其事地扬长而去。中国警察局人员闻讯赶来，验明实情，向铁路公司督办报告，请与市公议会及铁路当局交涉，但终无下文。这件事不但使“三十六棚”中国工人无比愤怒，就连中国警察当局也愤慨地说：俄人伤害华人，视同儿戏。5月4日，即俄警枪杀邓辉荣的第二天，“三十六棚”中国工人为抗议白俄警察的暴行，自动罢工一天。5月8日，霍尔瓦特又在中东铁路沿线贴出布告，宣称：本总办……对于侨居铁路界之俄人，急须行使统治权……俄人须严守俄国临时政府时代施行之法令……同时宣布组织俄人铁路护路军，以萨莫依洛夫为护路军总司令。霍尔瓦特的反革命布告，激起了中东铁路沿线中俄工人的普遍愤怒，而这时期暗杀之案层出不穷。5月15日，发生了俄国人进步教师乌曼斯基被白卫分子惨杀的事件。哈尔滨的中俄工人代表与沿线工人代表召开紧急会议，决议全线工人罢工一日，以抗议铁路当局纵容白卫军的暴行。由中东铁路职工联合会宣布：自十五号夜十二点钟起至十六号夜十二点钟止，全路罢工一昼夜。同时，俄商一致罢市、华商亦纷纷停市，以致无法交易。这次全线工人大罢工虽然只有一天，但铁路损失约30万卢布之多，给铁路当局以沉重打击。

1918年5月，哈尔滨总工厂的中俄工人发动了十月社会主义革命后中东铁路第一次大罢工，具有重要意义。“三十六棚”工人及铁路沿线工人，找到了全路大罢工这个打击敌人的最有效的斗争方式。

1918年9月2日至12日，“三十六棚”中俄工人发动了中东铁路工人第二次大罢工。这次罢工历时十天。罢工主要有两个原因：一是要求民主权利；二是要求增加工资。罢工取得了基本胜利。这次罢工发生在国际帝国主义武装干涉年轻的苏维埃国家，正向西伯利亚运兵，中东铁路成为最重要交通线的时候。这次罢工对保卫十月革命的胜利成果，打击国际帝国主义和白匪军起到了重要作用。

1918年5月15日，“三十六棚”中俄工人发动的中东铁路工人第一次大罢工以后，霍尔瓦特在中东铁路沿线宣布了戒严令。对革命工人采取高压政策，禁止集会、结社，封闭左派报纸，解散铁路职工联合会，驱逐工人领袖等，剥夺了人民的一切权利。接着，霍尔瓦特在一名英国军官、八名日本军官的陪同下，到了格罗捷格沃，于7月9日成立了“全俄临时政府”，自任“最高执政”。7月末，霍尔瓦特任命普利斯阔夫为中东铁路沿线俄军总司令，加紧镇压工人。与此同时，霍尔瓦特等沙俄残余势力与帝国主义紧密勾结，进一步利用中东铁路疯狂地进行围剿俄国苏维埃的罪恶活动。

面对这种形势，铁路职工联合会于8月20日召开紧急会议。会议决定向铁路当局提出两项要求：①取消镇压工人的戒严令；②增加工资。并宣布如不答应就举行全路大罢工。8月24日，铁路当局也召开会议，商量对付工人的办法，会上决定：①增派白俄军警，加强对工人的监视；②废止现行的工资定章，从9月1日起，实行基本月薪加计件的新工资制度。铁路当局妄图通过强化劳动强度的办法来转移工人的斗争视线。8月28日，这两项措施公布后，立即遭到以总工厂工人为首的中东铁路工人的坚决反对。8月30日，中俄工人代表300余人，在总工厂内召开会议，会上代表们纷纷表示反对铁路当局废止现行工资定章，反对强制工人干活。俄国工人代表、技师伊万诺夫说：“自从发布戒严令后，铁路当局压制我们工人说话，现在又要改变工资办法。头等工匠由每月300卢布，无故减到100卢布；一般工人就更少了。我们坚决反对废止旧章。”中国工人代表柴好说：“白俄军警一直欺压中国人，随便杀死中国人，不把中国人当人看，我们中国工人坚决不答应。中国工人的工薪本来就少，平均不过60卢布至70卢布，少的每月只有25卢布，这样一来，我们就不用活了。铁路当局简直是要从咱们的骨头里榨出油来，咱们坚决要求增加工资。”正当中俄工人商量对策时，一队带枪的白俄军警冲进工厂，用枪驱散开会的工人，并把罢工组织者、技师伊万诺夫等四名代表逮捕。在这种情况下，总工厂职工联合会的领导人马上召集紧急会议，决定9月2日在工厂俱乐部召开全体工人大会宣布罢工。

9月2日早晨，刚上工不久，总工厂的汽笛声响了起来，这是发动总罢工的信号。全厂2800多名工人，放下工具，纷纷到工厂俱乐部门前集合。机器分厂的柴好，客车分厂的李茂和俄工代表斯巴金等罢工领导人站在台阶上。柴好向参加集会的工人说：“路局压低我们的工薪，货车分厂的工友不给他们修理装甲车，他们又逮捕了俄国工友伊万诺夫4个弟兄，我们从今天起全体举行罢工，要求增加工资，要求放回被捕的工友。”就在这时，一队白俄军警约40人，冲到工厂俱乐部门前，企图驱散集会的工人，强制其回厂干活。但是，工人们不理睬这伙士兵，仍然站着不动。这时，一个白俄军官下令逮捕站在台阶上的领导人。可是，工人们早已做好准备，大家一声怒吼，包围了白俄军警，随即展开了搏斗。由于工人多，一下子就把他们的枪缴了过来，吓得这伙白俄军警抱头鼠窜。接着，大会宣布继续进行。会上提出并通过了这次罢工的五项要求：视至今实行之定章为有效；增加因生活昂贵之津贴；取消戒严令，即行承认各职工同业联合会及其总机关；凡属中东铁路之技师、工人等一律与诸文职享受同等权利；在罢工期中，得支付此期中之薪水，直至要求条件充分解决之日。

这次罢工从“三十六棚”中俄工人开始，迅速扩展到中东铁路全线，从9月3日早晨起，火车司机、车站职工、电报员、电话员、机车库工人、货栈工人、材料厂、煤厂工人、八区粮库工人、印刷工人等都加入罢工行列。当天，8列客车、32列货车全部停运。铁路机关报《满洲通讯报》因之停刊。4日，铁路局杂工，5日，养路和信号工人、铁路医院医务人员、中央仓库工人、发电厂工人，也都参加罢工，中东铁路完全瘫痪，开往大乌苏里战线的外国干涉军因罢工之故未得出发。

这次罢工是由“三十六棚”中俄工人代表及沿线工人代表组成的“中东铁路技师、工人同业联合会”领导的。罢工后，联合会向驻哈尔滨各国领事及驻哈协约国联军参谋部发表一项声明，申明罢工原因：工人等因长官等固持，过分减少技师工人之劳动报酬，竟将濒于饥寒不免之地位，除宣布经济的罢工外，实无他法之可图。这是罢工工人采取的斗争策略，在当时中东铁路正是运兵通道军情危急的情况下举行全路大罢工，其政治目的是十分明显的。各国领事和协约国参谋部对此也非常清楚。对此，驻哈各国领事和协约国联军代表以军运繁忙为理由，要求中东铁路当局迅速平息罢工及早恢复通车。中东铁路代局长拉琴诺夫秉承霍尔瓦特的旨意于9月6日宣布答应罢工工人要求，新规章延期执行。但发布了措辞严厉的复工布告，并扬言要逮捕领导罢工的联合会负责人，并收回罢工工人的官产住房，等等。与此同时，为了避免协约国主要是日本的干涉，铁路当局还请中国地方当局调来京汉铁路等处华人司机，以代替罢工的中东铁路司机，保证军事运输的正常运行。铁路当局的这些做法，使罢工工人十分不满。6日晚上，在“三十六棚”总工厂召开了1500多人参加的工人大会。大会决议提出五条政治要求：解除戒严令；承认职工联合会；恢复民主自由；一切工人和工匠不分性别和国籍，同铁路编制内的职员权利平等；不得强迫工人为谢米诺夫修理装甲车。并决议继续罢工，直到完全满足全部要求为止。外国记者参观总工厂并参加大会，中国警察也到场，但没有进行干涉。9月8日，铁路当局为了解决罢工问题，召开了有日本和捷克军官参加的会议。在会上，铁路当局断然拒绝了罢工工人提出的五条要求。会后，协约国联军代表和驻哈各国领事团也通过决议，一改过去的所谓“不干涉”态度，支持铁路当局采取上述措施。在协约国联军代表和驻哈各国领事的支持下，铁路当局开始镇压罢工工人。霍尔瓦特说：“此项风潮，非主严办，恐难终了。其中作祟者，我已知有50余人，设须严办，我当开单，请派军队按名拘拿，押送出境，非此不足以资震慑。”9月10日夜间，白俄军警在工人住宅区秘密逮捕了6名罢工领导人。前后羁押了十数名工人领袖，还宣布开除2500名罢工的中俄工人。最后，铁路联合会鉴于罢工的基本目的已经达到，遂与铁路局谈判，在停止迫害罢工工人的条件下同意复工。铁路局也撤销开除中俄工人的命令，工人们于9月11日复工。

这次罢工对当时在西伯利亚浴血奋战的苏俄红军和革命人民则是巨大的支持，使在海参崴的一万多名捷克叛军不能按时到达西伯利亚。这是在捍卫十月革命果实方面所作出的重大贡献。

第二章　新民主主义革命时期的黑龙江工人运动

五四反帝爱国运动震动全国，激荡黑龙江大地。1921 年 7 月，伟大的中国共产党成立了。这是中国革命史上破天荒的大事。从此，中国革命的面貌为之一新。党在中国人民面前，第一次提出了反帝反封建的民主革命纲领和为共产主义而奋斗的宏伟目标，领导中国人民开始了新的革命斗争。从此，东北人民有了中国共产党的领导，有了明确的斗争方向，加速了革命的步伐。

黑龙江地区资源丰富，工业发达，工人比较集中，又与社会主义苏联相接壤，因而党对黑龙江非常重视。1923 年 10 月，中共哈尔滨组建立，黑龙江人民革命斗争进入了由工人阶级政党领导的新阶段，有力地推动了黑龙江工人运动的发展。1926 年初，中东铁路第一个工人党支部诞生。特别是 1927 年 10 月，中共满洲临时省委建立以后，使工人运动有纲领、有组织、有计划地稳步开展。积极应对中东路事件，有力地领导了黑龙江工人运动深入发展，以罢工为主要形式的工人斗争此起彼伏，取得一次又一次斗争的胜利，在经济斗争的基础上已经发展成为争取自由、反抗国民党统治的政治斗争。黑龙江工人阶级队伍不断发展壮大。

第一节　五四运动和黑龙江工人登上政治舞台

辛亥革命后至五四运动前，是中国近代史上一段动荡、混乱、黑暗的时期。

当时，在中国虽然推翻了两千多年的君主制度，发生了巨大的变革，但代之而来的却是封建买办的军阀统治。中国半殖民地半封建的社会性质，并没有改变，中国人民依然生活在贫困、分裂、混乱的苦难深渊中。在黑龙江地区，辛亥革命的影响很小，反动势力极其猖狂。帝国主义，特别是日本，对东北的侵略急剧加紧，奉系军阀开始了对东北的统治。

一、黑龙江地区经济形势的变化及工人的劳动生活状况

在五四运动前，帝国主义除在政治上、军事上侵略东北之外，在经济侵略方面也大为加强。在第一次世界大战期间，日本对中国东北的投资与贸易都急剧扩展起来。1913 年，日本对东北的商品输出为 2978 万元，到 1918 年增至 6945 万元，增加一倍多。东北向日本输出额：1913 年为 3517 万元，1918 年增至 5849 万元，增加 60%。东北盛产大豆，几乎全为日本所垄断。1919 年至 1920 年，从大连出口的大豆 80. 9%运往日本和朝鲜。[①] 此间，日本在东北设立的工厂大量增加：1916 年 3 月，设“鞍山铁矿振兴公司”，1919 年设“鸭绿江制纸株式会社”，等等。从 1915 年到 1919 年，“满铁”在东北的各项企业投资有 1700 多万元。日本的银行遍于“南满”大中城市，操纵金融市场。日本的矿业侵略也迅速扩张。在第一次世界大战前，日本在东北的经济势力主要限于南满，“大战”开始后，特别是十月革命以后，日本的经济势力很快渗入“北满”。由于日本出兵西伯利亚，“日人移住北满者激增”，日人的“金融贸易企业等皆大形活跃”。当年赴苏路过东北的瞿秋白说：“从奉天到哈尔滨，沿路触目惊心，到处都是日本侵略政策的痕迹”“日本想吞并满蒙和西伯利亚”。[②] 由此可见五四运动前几年，是日本侵略东北的一个重要时期，在日本帝国主义的侵略下，东北的民族危机加深了。

五四运动前后，黑龙江的民族工业有了较大的发展，工人队伍也随之壮大起来。

---

① 常城，李鸿文，朱建华著：《现代东北史》，黑龙江教育出版社 1986 年版，第 8 页。
② 瞿秋白文集编辑委员会编：《瞿秋白文集》（一），人民文学出版社 1953 年版，第 39 页。

从辛亥革命以后，政府采取一些有利于振兴实业的政策法令，出现兴办实业的热潮。又逢第一次世界大战期间，俄国等帝国主义自顾不暇，放缓了对黑龙江地区商品和资本的输出，为中国民族工商业提供了发展机遇。加之反对“二十一条”而掀起的抵制日货、提倡国货、收回利权运动的开展，使第一次世界大战开始后到1922年华盛顿会议召开的十几年间，成为黑龙江民族工商业发展最快的一个时期，而其中榨油业和面粉业的发展尤为迅速。

黑龙江民族工业的发展速度，比关内一些地区还要快一些。如榨油业：1914年前，黑龙江地区的榨油工厂只有3个，1914年至1918年间则建立了21个。再如面粉业：黑龙江地区许多使用机械的面粉厂，“都部分或全部转到中国人手中；中国人自己也开设了新面粉厂。到1923年，黑龙江蒸气面粉厂达38家，其中10家以上是在1914年至1921年间由中国资本开设的”[①]。这期间，如哈尔滨，1914年到1921年，除榨油坊、面粉厂外，织布厂、袜厂、毛巾厂、铁工厂都有增长。

1920年徐鹏志等中国官商取得承办电业权，创办哈尔滨电业公司，有电业工人600余人。1927年建成哈尔滨发电厂，并铺设市内电车轨道，购入30台电车，电业、电车工人220人。全市电业工人总数为1000人左右。

黑龙江地区的民族工业由于受日本经济势力的压迫和美国商品的冲击，其发展虽然是有限的，技术上也是落后的，但比之过去还是大大地进步了。

随着黑龙江地区民族工业的发展和日本在黑龙江设厂开矿的增加，黑龙江工人队伍也进一步成长壮大起来，在黑龙江地区的各大城市、铁路和厂矿都聚集着大量工人，当年黑龙江地区工人的人数，虽然还找不到一个确切的统计数字，但从个别工厂看，黑龙江工人队伍壮大是无可争议的。工人的劳动生活状况也发生了变化。

裕庆德毛织工厂规模比较大，需用工人较多，自成立以来，每年均有增无减。至1916年，扩充已达预定目标，工人数目已由150人增至420人，兹将历年工人数目列表于下：

① 〔苏〕阿瓦林（В. Аварин）著，北京对外贸易学院俄语教研室译：《帝国主义在满洲》，商务印书馆1980年版，第304页。

表 2-1　1913—1920 年裕庆德毛织工厂工人人数表

年限	男工（人）	女工（人）	总数（人）
1913 年	100	50	150
1914 年	180	90	270
1915 年	240	110	350
1916 年	280	140	420
1917 年	280	140	420
1918 年	280	140	420
1919 年	280	140	420
1920 年	280	140	420

陈绍南主编：《哈尔滨经济资料文集》第 3 辑，哈尔滨档案馆 1990 年版，第 259 页。

该厂工人计分甲、乙、丙、丁四等。甲等为技师，乙等为工师，丙等为纺织工人，丁等为零工。薪金多少均按等级分配。兹将工人等级薪数列表于下：

表 2-2　裕庆德毛织工厂工人等级薪数表

等　级	每人月薪数	人数（人）
技　师	200 美金	4
工　师	哈洋 100 元	30
纺织工人	哈洋 30—50 元	160
零　工	哈洋 10—30 元	220

至于工人工作时间，每日上午自 7 时起至 12 时止，休息 1 小时。下午自 1 时起至 7 时止。计每日工作 11 小时。

当时大大小小纺织企业 70 余家，纺织工人 5000 人左右。随着哈尔滨工业企业的发展，到 1930 年前后产业工人增至 9 万人左右[①]。

① 《哈尔滨工运史料》1990 年第 1 期。

表 2-3　哈尔滨制粉厂人数及薪津比较表

厂名	职员数（人）	月薪（元）		工人数（人）	月薪（元）		备注
		最高	最低		最高	最低	
双合盛	60	60	10	140	75	15	花红及奖金分配法 年终双薪按十分之二作奖金
裕昌源	33	60	4	45	70	24	
广信通	22	100	6	28	200	20	
东兴	110	180	15	130	250	20	
天兴福二厂	45	100	10	60	240	15	
福兴恒	25	50	30	45	240	15	
天兴福四厂	25	80	10	40	240	15	
忠兴福	30	30	5	34	60	12	

注：陈绍南主编：《哈尔滨经济资料文集》第 3 辑，哈尔滨档案馆 1990 年版，第 105 页。

表 2-4　哈尔滨制粉厂各厂休业时间表（天）

厂名	1915 年	1916 年	1917 年	1918 年	1919 年
双合盛	60	70	60	60	80
裕昌源				60	80
广信通	60	80	60	85	95
东兴	80	90	60	80	90
天兴福二厂	80	85	60	90	60
天兴福四厂			80	70	90
福兴恒		90	60	80	95
忠兴福					90

注：陈绍南主编：《哈尔滨经济资料文集》第 3 辑，哈尔滨档案馆 1990 年版，第 105 页。

另据《中东经济月刊》第六卷第七至十二号刊登的《滨江工业之调查》中，鲁生撰写的“民国十九年”（1930 年）介绍，滨江，即今之道外，是哈尔滨历史上民族工业聚集地，该文详细调查了该地区大小共 331 家工厂的规模和生产情况，并记载了各工厂建厂时间、地点、工人数、资本各项，颇具资料价值。文中所调查的工厂包括生产面粉、服装、台布、毛巾、洋袜、线呢、布匹、毛毡、面袋、被褥、纸类、账本、信封、地图、表册、毡鞋、酱油、醋、香油、铁器、机械、铜器、牌匾、布伞、玻璃、器皿、条包、皮箱、皮货、鞋帽、洋蜡、元胰、洋烛的厂家。雇工多则百人，少则六七人。原动力为人力、机械。工作时间普遍在 11 小时以上，工资每月 12 元至 15 元。生产的商品均有注册商标。

据 1922 年 7 月 13 日《哈尔滨日月新闻》载文报道，此时哈尔滨有工人 6.5 万人。

哈尔滨玻璃行业，“各工厂之劳动状态，亟待改良之点甚多。每昼夜无交换休息，而继续工作 10 小时以上至 12 小时，有时且增至 14 小时；工厂换气法尚欠善，工人吸入硅石等灰粉及常在热空气中工作，骤遇冷气，等等，故气管及肺部多患病；尚遇强烈之光线，眼病亦多”①。

以上资料反映，五四运动前后，黑龙江地区民族工业工厂、工人有所增加，工人待遇有所改变，但是，工作时间长、生产环境差、劳动保护不足等问题普遍存在。所以，工人要求改善工作生活条件的呼声不断，罢工、罢市斗争此起彼伏。

二、黑龙江工人声援五四运动

1919 年 5 月 4 日，北京爱国青年学生 3000 余人，为了反对帝国主义列强在巴黎和会上损害中国主权，反对当时北京政府的卖国政策，在天安门广场举行集会，并举行大规模的示威游行，高呼“还我青岛，打倒卖国贼!”等口号，爱国学生痛打了卖国官僚，火烧了亲日派官僚住宅。北洋军阀政府实行镇压，逮捕学生 30 余人，北京学生罢课抗议，各地学生纷纷响应。近代中国历史上具有反帝反封建革命斗争性质的五四运动爆发。

五四反帝爱国运动震动全国，激荡黑龙江大地。黑龙江青年学生和工、商各界纷纷发表通电，举行游行示威，积极投入这一运动的洪流之中。

哈尔滨道里、道外两商会最早响应京、沪总商会的倡议，不失时机地大力宣传国货，抵制日货。5 月 19 日，他们召开联席会议，商讨抵制日货办法，开

① 《哈尔滨经济资料文件》第 3 辑，哈尔滨档案馆 1991 年版，第 205 页。

展抵制日货斗争。一些商铺楼台上都挂着非常醒目的大字标语：“尔非中国人吗，何以犹用日货呢?”道里广源商号也发起成立“救国十人团”，实行互相监督，共同抵制日货。绥化商会响应抵制日货，提倡国货的号召，认为“欲图挽救，非认真维持国货不可”。抵制日货运动发展到8月中旬，哈尔滨学、商界组织成立了“哈尔滨国货维持会”，认为“维持国货为今日救国第一要旨”。该会成立后，即派人员赴各商号调查日货，督促限期售完，不许再贩运日货。9月17日，“哈尔滨国货维持会”召开全体职员大会，商讨抵制日货办法。会上一致决议，各商家从现在起将现存日货列表登记送交“哈尔滨国货维持会”存册。该会定期派人至商家调查，只准日货逐渐减少，不许再有新增加。对只图私利、不顾大局仍销日货的个别商号，予以捣毁，给唯利是图者以严重警告。

黑龙江人民提倡国货、抵制日货运动遍及全省各地，一直持续到年末，抵制日货运动沉重打击了日本的侵略气焰，群众的爱国热情得到了极大的提升。

五四运动发展到6月初，进入了一个新阶段。上海日资棉纱厂工人首先举行罢工，接着沪宁、沪杭、京汉、京奉铁路工人纷纷举行罢工。工人阶级开始以独立的政治力量投入反对帝国主义、封建军阀的政治斗争中。在全国工人罢工浪潮的影响下，中东铁路工人继“五月罢工”后，又于7月举行了为期一个月的总罢工。

1919年2月，中东铁路的“国际共管”，是国际帝国主义对年轻的苏维埃的一次进攻。霍尔瓦特以坐办名义，在海参崴遥控中东铁路局势。是年初，高尔察克白匪军几十万人越过乌拉尔山，大举向苏维埃进攻，中东铁路成为英、美、日等帝国支援高尔察克最重要的交通线。日本帝国主义军队在中东铁路沿线驻军，仅哈尔滨一城，就有日军近5000名。高尔察克与霍尔瓦特互相勾结强行滥发纸币，一时哈尔滨出现四种俄国纸币①，用来抢购东北的物资。哈尔滨的反动势力的气焰颇为嚣张。帝国主义之间的斗争也日益激烈。

在中国国内，爆发了五四反帝爱国运动，有力地推动了黑龙江工人运动的

---

① 除俄国羌帖之外，还有俄国临时政府的“开连司帖”（即克伦斯基纸币，高尔察克的西伯利亚纸币叫“新帖”，俗称“黄条子”），以及霍尔瓦特纸币。这几种纸币不断贬值，为日本金票打入北满，取代“羌帖”提供了条件。

发展。这种情况在哈尔滨尤为突出。

中东铁路工人“五月罢工”虽然取得初步胜利，但是“三十六棚”工人的生活并没有得到改善。6月以后，“钱法毛荒”更加厉害，物价飞涨，较5月份增长四倍。由于高尔察克滥发纸币，到六七月时，哈尔滨市场上“黄条子”一卢布兑换大洋只值一分六七厘钱，一文不值。当时哈市商民手中“黄条子”估计有一亿三千多万卢布，所以蒙受巨大损失。许多商店因此倾家荡产，仅5月间道外就有50余家中国商店相继倒闭。但是，中东铁路当局为支持高尔察克，仍然毫无限制地大量收受“黄条子”。6月6日，铁路代理局长拉琴诺夫发出了一个“通行中东铁路沿线1000号电报”，提出仍用“黄条子”发放工资，引起全路工人极大不满。满洲里、海拉尔、昂昂溪、安达、横道河子、绥芬河等各处工人都提出准备罢工。特别是“三十六棚”中国工人，更是无比愤怒，纷纷议论着：“俄国工人农民早把沙皇推翻了，可白毛子还不把中国工人当人待，他们说话不算数，还想压榨我们，咱们坚决不要高尔察克的‘黄条子’！咱们要跟白毛子斗到底，坚决要求发给大洋！”铁路督办公所知道这一情况后，唯恐事情闹大，于6月18日指令拉琴诺夫以后全路工资仍照俄国旧币发放，以免再有罢工举动，但拉琴诺夫顽固地坚持其无理主张。铁路当局撕毁“五月协议”不顾工人死活的蛮横态度和坚持再发“黄条子”的消息一传出，“三十六棚”工人立即派代表去见督办郭宗熙，声明工人绝不接受高尔察克以纸币发放工资。督办郭宗熙答应工人代表，一定向路局交涉，下个月不再发“黄条子”，但交涉毫无结果。“三十六棚”工人就在这时酝酿举行一次大罢二，坚决和铁路当局斗争，争取生存的权利。

6月末的一天傍晚，“三十六棚”总工厂及各分厂都推举出工人代表，并召开了罢工的预备会议。6月30日，工人代表李茂、李树林等到工厂大总管办公室找大总管谈判，要求开工薪把卢布改换中国银圆。大总管说：“俄国人不发银圆，你们为什么要求发银圆。”李茂说：“你们发的卢布跟手纸一样买不到东西，没人要。”白俄大总管勃然大怒：“住口，谁敢不花卢布，别忘了，尼古拉沙皇不在了，高尔察克将军还在。”李茂等工人代表义正词严地反驳说：“你也别忘了，这里是中国的地盘，中东路是我们的。”大总管仍大肆叫嚷：“如果明天谁不上工，就送军事法庭制裁！”李茂和李树林等工人代表离开大总管办公室，分别回到各分厂向工人传达与大总管谈判情况。工人们听了之后，一致同意罢工。

7 月 2 日，海参崴乌苏里铁路工人举行了总罢工。这对中东铁路工人也产生了一定的影响。

7 月 3 日上午，“三十六棚”总工厂中国工人纷纷上交工具，停止干活，都涌到工厂大帐房，向大总管孟古良尼提出：我们坚决不要高尔察克的“黄条子”，要一律发给中国大洋。车轮分厂青年工人孔繁兴猛地冲上前去，指着大总管的鼻子说：“答应不答应，不答应就罢工！”大总管见工人来势汹汹，态度立刻变软，说：“这事我定不了，得向路局请示，请你们等几天，我就去向路局报告。”说罢赶忙走了。工人们知道路局决不会轻易答应要求，经大家商量决定，立即准备发动全路罢工斗争，并选出机器分厂工人柴好和客车分厂工人李茂为代表，积极进行准备，联络工厂俄国人一起罢工。

正当“三十六棚”工人准备发动全路工人大罢工的时候，7 月 8 日，乌苏里罢工工人派 3 名代表来到哈尔滨。他们找到“三十六棚”总工厂的罢工代表，请求中东铁路的中俄工人同他们举行联合罢工，以便共同打击高尔察克。与此同时，活跃在高尔察克后方的乌苏里地区游击队也来信，要求中东铁路工人展开罢工斗争，中断高尔察克最重要的军事运输线，帮助他们战胜远东的白匪军。信里说：“我们向你们呼吁，只要停止中东铁路的运转，就只三个星期也好，以便完成我们所拟定的任务。”李茂很快向中国工人传达了俄国乌苏里铁路工人和游击队的呼吁。“三十六棚”中国工人一致表示赞成。他们知道，这时候正是苏俄红军越过乌拉尔山与高尔察克白匪军进行殊死战斗的关键时刻。在这时候停止中东铁路的运输，就是割断高尔察克的输血管，对战局有决定性的意义。为了狠狠打击沙俄残余势力，支援俄国人民的革命斗争，“三十六棚”总工厂的中国工人，决定联合中东铁路全路的工人举行第三次全路大罢工，这个消息很快传遍全路地区。

7 月 18 日，铁路当局不顾全路广大职工的强烈反对，开付工资时竟然全发“黄条子”。“三十六棚”工人气愤至极，在当日午后立即召开了全厂中俄工人大会。大会一致决议，自 19 日起一律停工，要求铁路局增加工资发给中国大洋。

同时决定由“三十六棚”罢工领导人通知沿线工人，于19日下午1时以总工厂的上工汽笛为号，举行全路大罢工。当晚，还连夜起草了“三十六棚”罢工工人致领事团声明书，申明罢工原因，争取各方面的同情，采取了集中目标打击铁路当局的策略。

7月19日下午1时整，“三十六棚”电灯分厂的汽笛声响彻云霄。这时，全厂2500多名中国工人和590多名俄国工人，一律停止工作，像潮水一般涌出工厂大门，纷纷离厂。大罢工首先从“三十六棚”开始了。与此同时，哈尔滨机车库的700多名中国工人和150多名俄国工人也一起参加了罢工。7月21日，发电厂工人也加入了罢工。7月24日，在“三十六棚”召开了由沿线各站、段工人代表参加的中俄工人代表大会，选举了罢工委员会。会议提出八条要求：工资须以大洋或老帖发放；铁路工匠应与额内当差人员享同等权利；被驱逐出境的联合会会员应全部放回照旧工作；不得强迫工人做额外工作；满足乌苏里铁路工人的要求；罢工期间工资照发；不得迫害罢工工人；铁路船舶处中国工人一律实行八小时工作制。会议还决定正式宣布自25日起全路总罢工。7月25日，以中东铁路工人联合会的名义，宣告开始总罢工。当天午后1时，全路火车司机工人全体罢工，接着中东铁路电报电话各局人员及各站、段工人一律参加了罢工，开往各处火车全部停运，中东铁路完全陷于瘫痪。

当时在哈尔滨到处出现传单、小报，号召市民积极支持工人的斗争，共同打击沙俄白匪当局。在一份传单里写道：“兄弟们，我们不应当做懦夫，请看看俄国人，他们那里正进行着一场斗争——工人和农民反对资本家和反对西伯利亚政府，我们应当对他们表示充分的同情并支持他们的斗争。”在另一份传单里，又坚定地提出：“既然俄国工人急切需要我国工人的支持，那么就必须帮助他们。”

中东铁路工人第三次大罢工，坚持了一个月，从绥芬河到满洲里的运输完全停止。罢工给高尔察克以致命的打击，装载着白匪军需品的列车塞满了绥芬河以及沿线各主要车站。而从西伯利亚撤退的以盖达将军为首的捷克叛军，却麇集在满洲里车站附近不能运走。高尔察克运输线被切断，给了苏俄红军以巨大支援。就在罢工期间，东方战线发生了历史性的转折，7月间乌拉尔从白军手里解放了，8 月间红军进入了西伯利亚地区。

从罢工一开始，黑龙江及中东铁路沿线各界人民都对罢工工人表示深切的同情和支持，甚至中国军警也都深表同情，站在罢工工人一边。当铁路当局纠集日军驻哈司令要挟中国军队出面镇压罢工工人时，中国警备总司令断然加以拒绝，并严正指出："路由我护，责应我负，惟事前未得先告，临时乞援，不能盲从。"对日军企图插手镇压罢工工人表示坚决反对。中国警察还对中国工人表示：不对他们采取迫害措施，如果铁路当局实行镇压措施时，他们将立即给予俄国军队严厉的打击。中国人民和中国士兵警察的同情，是中东铁路这次总罢工取得胜利的因素之一。

铁路当局在"三十六棚"工人罢工后，惊慌失措。害怕罢工蔓延到全路。拉琴诺夫于 7 月 19 日、21 日、25 日连续向全路发出紧急电报，进行狡辩，仍然坚持其无理主张。但这等于火上浇油，更激起全路工人的愤怒。待 25 日宣布全路总罢工后，中东铁路界内白俄军总司令普利斯阔夫立即于 26 日发出布告，还以枪决相威胁。罢工工人根本不理睬这一布告，继续罢工。铁路职工联合会立即发表宣言书，痛斥普利斯阔夫的布告。宣言书指出："工人罢工是饥而求食，要求加薪以养家室，俾免饿死，为违法乎？华俄工人联络一气，同心同德，不达最终之目的，万勿开始工作。"铁路当局恼羞成怒，于 28 日采取了镇压措施，派出一队白匪军警突然闯进总工厂，逮捕了三名俄国工人罢工代表，并宣称开除全体罢工工人。同日，普利斯阔夫又发出报告：限 7 月 30 日午前必须复工，如不复工者，驱逐出官产住宅，处以三个月以上的监禁和流放。与此同时，铁路当局还卑鄙地密派一些白俄兵痞流氓，向未曾罢工者的家宅，或任意放枪，或抛掷炸弹。另外，在横道河子车站，白匪唆使俄国工贼，企图升火开动机车，被罢工工人制止。罢工在困难的情况下继续坚持着。

这时候，各有关方面都连续召开紧急会议商量解决罢工问题的对策。7 月 27 日在海参崴的铁路国际监管会开会，中国代表提出已准备 75 万元现大洋，可借以发放工资，但霍尔瓦特深恐铁路通货财权落于中国之手，拒绝接受。日本则趁机提出用日元金票借付工资，遭到中国反对。最后议决：给工人增加工薪，并发给老帖，由监管会担保申请在哈技术部暂借 40 万元美金，兑换成老帖发放工资。7月30日，拉琴诺夫向全路发出第1205号通电，同日，技术部也发表了致中东铁路工人通告，声称：技术部对于本年7月25日宣告之罢工，绝不赞成。对于薪金一层，希望从速遵照已颁命令开始工作。在中俄罢工工人坚决斗争的情况下，罢工取得初步胜利。但在8月初，绥芬河车站的白匪逮捕了28名中俄罢工工人，其中14名在横道河子惨遭枪杀。在绥芬河车站的白匪“弗拉式季尔讨伐队”以枪威逼工人上工，工人们躲到森林里去，誓死坚持罢工。8月4日午后1时，白俄警察局长带俄警30多名、白俄士兵40多名，闯入总工厂住宅区，驱逐被开除的俄国工人，中国工人非常气愤，有1000多人闻讯赶来，包围了白俄军警，坚决反对他们这种野蛮行为。白俄警官见势不妙，慌忙赶到中国警察局请求协助。中国警察局仅允许派警维持秩序，对于驱逐俄工一事不能负责。在中国警察婉言劝导下，才算解围，白俄军警灰溜溜地跑了，俄国工人家属才得以安居下来。尽管路局满足了罢工的经济要求，但在发生这些镇压罢工工人事件后，罢工委员会决定继续罢工。8月5日，在“三十六棚”召开了总工厂中国工人大会。这是总罢工以来，中国工人第一次单独召开的大会，有2300多人参加了大会。会上许多工人发言，坚决抗议白俄军警以武力镇压工人。大会通过决议坚决支持俄国的兄弟们，大会号召中俄工人团结一致，铁路当局不答应全部要求，绝不复工。会后散发了传单。在一份《告中国工人同胞书》里写道：“俄国工人现在与西伯利亚政府的斗争，不仅是为他们自身的利益与自由，也是为了全世界被压迫人们的自由！我们要随时帮助俄国兄弟！这次中国工人大会，标志着中国工人由经济斗争已完全转入以支持正在和白卫军与干涉军进行艰苦斗争的苏俄红军为主要内容的政治斗争。”

铁路当局和驻哈白俄“领事”，都抱怨中国军警不肯援助他们镇压工人。他们从赤塔调来了谢米诺夫的“复仇者号”装甲车队，满洲里、海拉尔一带的罢工工人遭到镇压；又从绥芬河调来了“弗拉式季尔讨伐队”，在横道河子车站等东线一带镇压工人。8月16日傍晚6时，铁路当局纠集所有白匪军警，派装甲车一列，装有机关枪炮，还有汽车一辆，内载持枪白俄兵，由哈尔滨车站开进总工厂，与罢工毫无关涉之人也遭逮捕。对于铁路当局这种蛮横强暴举动，铁路工人联合会于8月18日发表通告，予以揭露，并提出强烈抗议。这时，技术部开会，议决哈埠归协约国军队保护，日本军队更是蠢蠢欲动，协约国军队争夺哈尔滨驻军权和中东铁路护路权的斗争更加激烈。因此18日下令中国工人复工。为期一个月、有1.5万多名工人参加的中东铁路工人第三次大罢工，在取得经济斗争完全胜利的情况下，罢工委员会为了避免工人利益受到更大损失，宣告结束，8月19日复工。

1919年中东铁路中国工人参加的中俄工人举行的“七月大罢工”，可以看作五四运动在哈尔滨的直接继续。中东铁路中国工人把反对日本帝国主义、反对卖国贼的斗争和反对帝国主义武装干涉苏维埃、反对俄国白卫军的斗争结合在一起，是这次罢工的鲜明特点。

历时一个月、有1.5万名工人参加的“七月大罢工”，声势之大、范围之广、时间之长都是前所未有的。大罢工有力地支援了苏俄红军在西伯利亚的战斗，粉碎了霍尔瓦特与国际反革命势力利用中东铁路援助高尔察克的罪恶阴谋，帮助苏俄红军战胜了协约国利用高尔察克向苏维埃发动的第一次进攻。到当年11月4日，高尔察克被彻底消灭了。“三十六棚”工人和中东铁路沿线的广大中国工人，在这次斗争中，坚贞不屈，不惜流血牺牲，给沙俄残余势力以沉重打击，有力地支援了俄国劳动人民为巩固无产阶级政权而进行的伟大斗争，在近代中国人民反侵略的斗争史上建立了不朽的功绩，在近代中国工人运动史和国际工运史上都具有重要意义。

在大罢工斗争中，中国工人阶级以其特有的组织性和斗争精神投入战斗，成为罢工斗争的中坚力量和主力军。这次罢工斗争虽然以经济要求为直接目标，但它首先是中国人民反对日本帝国主义、维护民族独立的政治斗争。“七月大罢工”始于五四运动结束之后，但其政治目的与五四运动是一致的，是五四运动在黑龙江的直接反映和继续。工人阶级在斗争中表现出来的伟大力量，对于青年学生、革命知识分子开始认识工人阶级的伟大历史作用，并努力到工人中开展革命活动，开始把马克思主义与工人运动结合起来，也有着重要影响作用。①

黑龙江虽然地处边陲，但人民群众的反帝爱国斗争与全国的运动汇成一股

---

① 转引A. H. 赫菲茨：《1918—1920年中东铁路中俄两国工人反对外国干涉者和自主军的共同斗争》，原文载《历史教学》1955年6月号。

洪流，给了北京乃至全国的反帝爱国运动以有力的声援和支持；同时，工人阶级在斗争中所表现出来的高度组织性和觉悟，为马克思主义在黑龙江的传播奠定了思想基础。

五四运动前后，黑龙江地区的工人，无论是在政治觉悟上，还是在斗争规模上，都是全国工人中少见的，他们是中国工人中间接受社会主义思潮和欢迎十月革命最早的一支队伍，他们的斗争在中国工人运动历史上占有重要的地位。

三、中共黑龙江组织的建立和对工人运动的领导

中国共产党第一次全国代表大会于1921年7月23日在上海召开。大会宣告了中国共产党成立。从此，在古老的中国大地上出现了完全新式的、以马克思列宁主义为指南、以实现社会主义和共产主义为奋斗目标的统一的工人阶级政党。从此，中国革命面貌为之一新。

党成立后，中共北京地方委员会成立，负责领导北方地区党的工作。1921年8月，中央局在上海成立了劳动组合书记部北方分部，作为党领导北方地区工人运动的公开机构。1921年11月，中国共产党中央局发出《关于建立与发展党团工会组织及宣传工作等》通告，[①] 要求在各地加快党的组织建设，积极开展工人运动，建立工会组织。

鉴于东北三省，特别是黑龙江地区的重要地理位置，以及中东铁路的特殊作用，中共北京地委和劳动组合书记部北方分部非常重视黑龙江地区的工人运动和建党工作。1921年末，北京地委派地委组织部部长、中国劳动组合书记部北方分部主任罗章龙赴东北考察工运工作。北京地委交给罗章龙的任务是“到东北考察工人运动自发状况，同时宣传阶级革命，要尽可能地在一些重要地方，组织起工会组织”[②]。

根据党的指示，罗章龙先赴南满等地考察，之后，北上黑龙江。

---

① 中央档案馆编：《中共中央文件选集》第1辑，中共中央党校出版社1989年版，第26—27页。

② 罗章龙：《我到东北考察工运》，中共黑龙江党史工作委员会编：《黑龙江党史资料》第4辑，1985年内部版，第26页。

1922 年 1 月，罗章龙到达哈尔滨。他在原北京马克思主义研究会会员、时任哈尔滨工业专科学校教员张昭德的帮助下，到哈尔滨铁路总工厂、戊通轮船公司以及秋林洋行等走访调查，开展宣传活动和组织工作。他还参加了中俄工人的组织活动，了解了俄国布尔什维克组织在哈尔滨的状况。为了更广泛地了解情况，罗章龙沿中东铁路，从满洲里到绥芬河进行社会调查和革命宣传。经过几个月的东北之行，罗章龙对东北特别是铁路工人的组织状况、觉悟程度及斗争情况都有了较全面的了解。

罗章龙返回北京后，向北京地委写了一份《关于东北工人状况和在东北建党、建工会具体意见》的书面报告。对此，北京地委非常重视，并在北京沙滩红楼听取了罗章龙考察的详细汇报。罗章龙在汇报中认为，第一，东北是全国工业特别发达的地区之一，产业工人数量多而集中，他们大多是来自全国各地的破产农民和小手工业者，直接受着帝国主义和封建军阀的残酷剥削和压迫，因此具有很强的革命性。他们一直进行着各种方式的斗争。第二，由于中东铁路的特殊条件，所以东北工人较早地接受了十月革命和马列主义的影响，觉悟程度比较高。在五四运动中中东铁路工人举行数次大罢工，1920 年中俄工人又联合举行了具有明显政治意义的大罢工，有较高的阶级觉悟。第三，东北的工人运动已有一定基础。从 1918 年至 1920 年，中东铁路的中俄工人共同进行了多次罢工，为捍卫十月革命成果作出了巨大贡献。第四，东北工人得知中国工人阶级已经有了自己的政党和劳动组合书记部，倍受鼓舞。同时，他也认为，东北工人阶级有它自身的弱点，例如，斗争发展不平衡；缺乏统一性组织，与全国的工人运动还没有连成一体；工人的斗争还没有明确的纲领和坚强的组织领导。基于这种情况，罗章龙提议，派专人到东北筹建中国共产党组织，以实现党对东北工人运动的领导。①

在中共黑龙江组织正式成立前，在哈尔滨、宁安、牡丹江等地开展革命宣传活动的还有中共早期党员马骏。1920 年 8 月至 1923 年 9 月，马骏多次从天津回到家乡宁安，并活动于宁安、牡丹江、哈尔滨之间，热情地介绍十月革命，

① 罗章龙：《我到东北考察工运》，中共黑龙江党史工作委员会编：《黑龙江党史资料》第 4 辑，1985 年内部版，第 30—31 页。

宣传“五四”精神和反帝爱国思想。1921年11月，他深入青年知识分子、医商界中宣传救国救民的道理，介绍天津组织“救国团”“觉悟社”的经验。在马骏的启发教育下，爱国青年韩迭声等八人，于1922年2月2日组建了“哈尔滨救国唤醒团”，哈尔滨工、商、学、医界也纷纷效仿。在救国唤醒团组织领导下，哈尔滨各界群众开展了轰轰烈烈的反帝爱国运动。

唤醒团为开辟舆论阵地，扩大宣传影响，于1923年2月21日，在道外北十四道街创办了《哈尔滨晨光报》（简称《晨光报》）。该报提倡白话文，内容新颖，反映民众呼声，深受各界读者特别是青年人的欢迎。

1923年3月，中共北京地委根据罗章龙和共产国际的提议，决定派陈为人、李震瀛前往哈尔滨开展建党工作。

陈为人、李震瀛既有从事群众工作的经验，又有办报经验，深知舆论宣传的重要性和作用。他们以《晨光报》记者的公开身份，广泛接触社会各界，积极进行革命宣传活动。

1923年6月，陈为人出席中共三大归来后，决心将《晨光报》办成中国共产党的宣传阵地，进一步发挥它的宣传作用。《晨光报》在宣传党的方针政策和唤起民众觉醒方面也非常及时。中共三大通过的《劳动运动议决案》中指出：“哈尔滨及山东两地在产业上及地位上皆甚重要，该两地方之劳动运动不可忽视。”特别着重提出“哈尔滨方面之劳动运动更宜作与苏俄工人联合之宣传，现时反对苏俄之趋向亟宜纠正”①。在陈为人主持下，《晨光报》努力贯彻中央这一指示精神。陈为人、李震瀛利用《晨光报》这个宣传阵地，宣传反帝、反封建军阀思想，宣传党的主张，为在黑龙江建立党团组织奠定了思想和组织基础。

陈为人、李震瀛到哈尔滨后，在开展上述革命活动的同时，注重培养党、团积极分子，相继在进步青年中发展了五名社会主义青年团员。1923年7月，成立了中国社会主义青年团哈尔滨支部。同年8月，社会主义青年团北京地委派青年团员彭守朴到哈尔滨，以加强哈尔滨团组织的力量。

1923年10月，中共北京区执委派中共党员陈作霖到哈尔滨工作，哈尔滨党员增至三人，即由陈为人、李震瀛、陈作霖三人正式成立了中共哈尔滨组（亦

① 中央档案馆编：《中共中央文件选集》第一册，中共中央党校出版社1989年版，第149页。

称中共哈尔滨独立组）。这是东北地区最早成立的党组织。中共哈尔滨组的成立，不仅使黑龙江人民革命斗争进入了由工人阶级政党领导的新阶段，也推动了东北各地的建党工作，并为后来东北地区建立统一的党的领导机构——中共满洲省委奠定了基础。

1925年11月，中共北方区委会派从苏联回国的吴丽实来哈尔滨开展党的工作。1925年12月正式成立哈尔滨特别支部委员会，吴丽实任书记。他整顿了党、团组织后，立即和全国铁路总工会派来的干部一起，打入铁路工厂，接近青年工人，很快就组织起了“东铁青年协会”。在此基础上发展工人党、团员，于1926年初，建立了中东铁路第一个工人党支部。1926年4月，按党中央指示，将哈尔滨特支，改组为中共北满地方委员会，直属中央领导。在地委领导下，设学生运动委员会、职工运动委员会、妇女运动委员会，同时成立了共青团北满地委。

北满地委成立后，即以哈尔滨为中心，向长春、吉林和中东铁路沿线开展建党活动。从1926年春至1927年9月，在北满地委领导下的党组织有：哈尔滨市内的铁路总工厂、大学、皮鞋、警察、道外、偏脸子等支部；双城、安达、牡丹江、横道河子等支部。此外，在中东铁路沿线的满洲里、海拉尔、博克图、昂昂溪、一面坡、磨刀石、穆棱、绥芬河等地，均有党的活动，共有党员130余人。

1922年至1923年，在中国共产党的领导下，中国出现了第一次罢工高潮，这一高潮从香港海员大罢工开始发展到京汉铁路的“二七”政治大罢工，显示了中国工人阶级的巨大威力。

在这一罢工高潮的影响下，在党的领导下，黑龙江工人运动也迅速发展起来。

1922年2月，当帝国主义者在华盛顿会议上策划宰割中国的时候，哈尔滨人民在救国唤醒团的号召下，发起了反对“国际共管中东路”的斗争。2月2日，救国唤醒团呼吁各界：“群策群力”，作国家“外交的后盾”，“挽回共管”，以维护我“统治领土的大权”①。这一号召，立即得到哈尔滨市群众的响应。2月6日，哈尔滨市各界1100余人举行游行示威，抗议“国际共管”中东铁路，

① 《滨江时报》，1922年2月7日。

示威群众高呼“反对共管”“取消二十一条”等口号，情绪极为激昂。2月8日，11个工人团体5000余人成立了哈尔滨市“工人救国团”，投入斗争，再次进行大示威。2月10日救国唤醒团又在滨江公园冒雪召开二三万人的市民大会，举行了更大规模的示威游行。这一声势浩大的斗争，给帝国主义者有力的回击。由于人民的反抗和帝国主义武装干涉苏俄的失败，到1922年11月，美国等帝国主义者不得不停止对中东铁路的“国际共管”。

这些反帝浪潮是五四运动在黑龙江的发展，到1925年五卅运动时形成了高潮。

黑龙江地区的反帝斗争特点是学生与工人相结合。富有反帝斗争光荣传统的黑龙江工人，由于饱受沙俄帝国主义的奴役和压迫，惊闻上海发生五卅惨案，莫不义愤填膺，反帝爱国激情异常高涨，他们站在斗争的最前列。

上海五卅惨案的消息，于1925年6月上旬传到哈尔滨，工业大学的学生纷纷到中东铁路哈尔滨总工厂、老巴夺烟厂等工人聚居区，向工人介绍五卅惨案的真相。铁路车辆总工厂的中国工人怀着极大的愤怒，首先发表了《宣言》，提出“大力支援上海同胞的反帝爱国斗争，誓做上海工人、学生的后盾”的战斗口号。随后，他们同爱国学生一道，深入工厂、工人住宅区、城市街道，散发传单，张贴标语，发表演说，举行示威游行，很快把上海五卅惨案的真相和上海、青岛、武汉等地人民群众参加反帝爱国斗争和声援上海五卅运动的情况，介绍给哈尔滨广大工人和市民群众。在他们散发的一份题为《中国将亡同胞猛醒救国》的传单里写道：“上海‘英捕’‘日人’无故惨杀我工人、学生，彼帝国主义之毒手，惨无人道，罪恶滔天，凡我各界热血男女同胞，急当猛醒，群起力抗，作最后的牺牲。中国存亡，在此一举，千钧一发，迅起奋斗，力雪此奇耻大辱，而维世界人道，至要至要。”哈尔滨广大工人群众和商人、市民闻此宣传，激愤而起，一场支援上海工人、学生的反帝爱国斗争烈火在全哈尔滨人民群众中熊熊燃烧起来了。“打倒帝国主义！”“全市人民团结起来！”“为死难同胞复仇！”的口号声响遍了全市。总工厂地下党组织，为了进一步发动全市工人和其他各界人民，用实际行动支援五卅运动，首先发动、组织本厂中国工人，冲破总工厂的御用工具——“工业维持会”的层层阻力，在厂内开展了声援上海工人、学生的活动。各分厂普遍张贴了五颜六色的宣传标语，极大地振奋了全厂工人抗击帝国主义、支援五卅运动的必胜信心。进而，在总工厂地下党组织领导下的青年协进会中，成立了讲演队和募捐团，集资捐款，援助上海工人、学生。在青年协进会的带动下，各分厂也都建立了援助上海职工募捐团，开始在厂内进行了捐款活动。与此同时，一些社会上的群团组织也来工厂联络，设在道外的青年会发起成立了“救国会”。他们在总工厂和地包等中东铁路青年工人中，发展了100多名会员。

6月18日，英商老巴夺烟草公司工人将罢工胜利后增加的工资全部捐赠。哈尔滨皮鞋工人，长途电话局、电报局、汽车公司工人，纷纷组织募捐团，踊跃认捐。有一位小工所得工资还不敷其生活所需，但为沪案捐款，毅然将准备买鞋的一元钱捐赠。他说：“宁肯赤脚不穿鞋，也预以纳捐为快。”妇女界同胞也不甘落后，她们在妇女协进会的组织下，搞募捐，进行义演，仅一次就捐款1800元。

商界也“同时奋起，意气激昂，愿作外交后盾”。6月15日，哈尔滨总商会、滨江总商会等30多个民众团体开会一致决议：各团体每月捐助大洋1000元，“按时汇寄”，资助上海同胞；同时电请当时北京政府“严重交涉”，“以慰亡魂，而平民气”①。哈尔滨基督教救国后援会、滨江地方自治会、路警处等地方团体组织，也都为声援上海工人积极行动起来，召开会议，一致表示以实力援助，实行募捐。基督教救国后援会还成立了募捐委员会，捐者非常踊跃，有人竟将月薪50元全部捐赠，令人为之感动。

6月25日，适值端午佳节。哈尔滨中东铁路总工厂工人在俱乐部召开反对英日帝国主义残杀中国同胞雪耻大会。会间，“为死难同胞复仇”的口号声响彻整个会场。参加大会的还有苏联工人。他们当即决定一律捐工资的5%，资助中国工人兄弟。顿时，全场掌声，欢呼声连成一片。

黑龙江人民声援五卅运动，从6月初起至7月末作为群众性的反帝斗争基本告一段落。在斗争中，中共在哈尔滨的地方党、团组织发挥了重要的领导、组织和宣传作用。当时正是第一次国共合作时期，陈晦生、彭守朴、张昭德、刘

① 《哈尔滨晨光报》，1925年6月6日。

天佑等党员、团员都以所在群众团体名义公开领导群众斗争。他们与群众一起不辞辛苦，深入工厂、学校，在群众中进行大量的宣传和组织发动工作，形成了群众性的反帝爱国运动。这场斗争就其波及的地域、参加的人数、阶层与斗争的深入程度看，都是前所未有的，发扬了黑龙江人民反帝爱国的革命传统，显示了工人阶级、各阶层民众巨大的政治威力，打击了帝国主义和封建军阀势力，推动了革命形势的发展。

四、东北地区第一个产业工人党支部的建立

为了尽快恢复和加强哈尔滨的党团组织，1925 年 11 月，中共中央派吴丽实来哈尔滨开展工作。吴丽实到哈尔滨后，首先着手整顿了处于涣散状态的哈尔滨党团组织，将五名共产党员组成一个小组，“组长由党的干事会决定马新吾担任”[①]。到哈尔滨的第四天便给团中央任弼时写信，报告他在哈尔滨的情况。接着，吴丽实又从奉天调共产党员高洪光到哈尔滨工作。1925 年底，正式建立了中共哈尔滨特别支部委员会，吴丽实任书记，高洪光担任特支技术书记（秘书）。党的工作逐步深入工人、青年及妇女界中。其间，为加强哈尔滨党的工作，中共北方区委先后派刚从苏联回国的郑州铁路工人姜文洲、京汉铁路工人刘湘益、唐山铁路工厂工人王麟书、刘静安等共产党员到哈尔滨工作。

这次派遣人数较多的工人党员到哈尔滨工作，是根据中共第四次全国代表大会决议案确定的重视工人运动的精神决定的。该决议案中指出：“关于在经济落后的中国最大的产业除了铁路、矿山、海运、纺织外，其余尚在幼稚时代，这类产业工人是本党的基础，我们要特别注意。”[②] 为此，吴丽实与新来的姜文洲、刘湘益、王麟书、刘静安等利用中东铁路哈尔滨总工厂招工的机会，打入哈尔滨铁路机务段和“三十六棚”总工厂，以工人身份为掩护，开展革命活动。

在劳动中，他们主动接近青年工人，交朋友。厂内只要出现对工人有利的事情，他们都热情地去办理，主持公道，博得工人的好感。最使人钦佩的是他

① 中央档案馆等编：《东北地区革命历史文件汇集》甲 1，第 57 页。

② 中央档案馆编：《中共中央文件选集》第一册，中共中央党校出版社 1989 年版，第 289 页。

们敢于同俄国厂长争论和对抗，团结工友一道同白俄总管作斗争。这样，他们和大家的关系越来越密切，后来成了无话不说的好朋友。进而在青年工人中组建了“中东铁路青年协进会”，简称“东铁青年协进会”。许多进步青年工人都参加了这个组织。并在道里偏脸子租了一间房子，作为会址。还办起了工人夜校，表面上帮助工人学文化、学技术、学俄语，实际上是利用此机会宣传和传播马克思列宁主义。吴丽实亲自授课，读报纸、讲国际形势、讲东北军阀张作霖包庇白俄欺负中国工人的罪行，讲团结起来就是力量的道理，发动工人起来斗争，散发革命刊物。团结了一大批进步青年，组织他们同机务段和总工厂的白俄总管进行斗争，反对总管、工头欺压工人。当时，工人们把“东铁青年协进会”看成工会，把可靠的工人吸收到青年协进会中来。为了反对白俄总管和铁路当局，还和中东铁路俄国职工联合会建立了联系，经常相互支援。为了维护工人利益，开展反对“工业维持会”敲诈勒索工人的斗争。

在此基础上，吴丽实等先后发展了张有仁、王光录、刘凤阁、郎勋臣、赖永卿等加入党的组织，他们成为最早的一批产业工人中共党员。1926 年初，建立了中东铁路工人党支部，也是东北地区第一个产业工人党支部，吴丽实、姜文洲先后担任支部书记。

五、哈尔滨工人组织及反对官办工会的斗争

哈尔滨产业工人中最早的中国工会组织，是 1918 年 10 月由中东铁路“三十六棚”总工厂中国工人建立的，全称叫“‘三十六棚’工业维持会”。当时，“三十六棚”总工厂有职工 3000 余人，其中一半以上为中国工人。由于俄国工人受其国内革命影响，早在 1905 年就建立了工会组织，特别是俄国十月革命后，哈尔滨的各行各业俄国职工纷纷建立自己的工会。这对还没有建立工会的中国工人来说影响很大，因此，广大中国工人渴望建立自己的工会。

从 1918 年初开始，“三十六棚”中国工人便派出代表到中东铁路督办公所请愿，要求建立工会。开始，铁路当局迟迟不答应，当看到许多中国工人自动加入俄国职工联合会时，便感到十分恐慌。因为中国当局视俄国工会为宣传赤

化的过激派组织，最害怕中国工人加入俄国工会，与俄国“赤党”混为一体，染上“过激主义”，所以被迫同意建立中国工人的工会。

“三十六棚”工业维持会成立后，制订了工会会章，共分13章34条，1926年又修改为12章42条，首任会长为王学礼。会章“以维持工人应享利权，研究工艺保守主权为宗旨”。以后，中东铁路各站、段工人纷纷建立工会，“三十六棚”工业维持会变为总会，取名“中东铁路工业维持总会”，领导铁路各站、段工会。

“三十六棚”工业维持会成立之时，正值中东铁路中俄工人在十月革命影响下，开展了反对沙俄残余势力的斗争，不断举行大罢工。“三十六棚”工业维持会曾代表中国工人与俄国职工联合会组成罢工委员会，共同领导罢工斗争，为打击沙俄残余势力和外国干涉者，保卫苏俄新政权作出了重要贡献。

由于工业维持会一成立就领导了工人罢工斗争，因此，赢得了工人们的拥护，原来加入俄国职工联合会的中国工人纷纷退出，转入“三十六棚”工业维持会。工会是一个新生事物，新当选的会长、副会长们处处效仿俄国职工联合会，除了领导工人斗争外，还为工人办了一些好事。比如，设立了书报阅览室，创办夜校，还筹款为工人子女办学堂，组织了工人消费合作社（后简称公济公司）。

“三十六棚”工业维持会办公室布置得也特别新颖，在墙壁上大书“劳工神圣”“世界大同”和“打倒资本主义”等标语口号。工会还组织工人开展娱乐活动，如每年春节、元宵节，在工会领导下，工人组织的秧歌队、龙灯、高跷闻名于哈尔滨。“三十六棚”工人还建立了国乐队，每逢有群众集会、游行，“三十六棚”的国乐队总是被列为首位，非常壮观。

1922年初，为反对美帝国主义策划瓜分中国的华盛顿会议，哈尔滨各界群众团体纷纷成立救国唤醒团，“三十六棚”成立的救国唤醒团为全哈尔滨最大的一个，他们走上街头，贴标语、撒传单，举行演讲会，开展募捐等活动，被哈尔滨市民称为“工人泰斗”。

“三十六棚”工业维持会建立初期确实为工人做了一些工作，但毕竟是由官方批准办的工会，中东铁路督办公所经常派人干预，要求会长、副会长经常向路局汇报工作，于是工业维持会逐渐被官方收买，变成了路局的御用工具。工会头头贪污受贿，敲诈勒索，成了“工人贵族”，工业维持会变为地地道道的黄色工会，受到工人的深恶痛绝，此后，工人向他们展开了斗争。1930 年初，在中共地下党领导下，终于将该工业维持会推倒。

第二节　中共中央、满洲省委对黑龙江工人运动的领导

1927 年，蒋介石叛变革命后，中国革命处于生死存亡的危急关头。中国共产党于 1927 年 4 月 27 日至 5 月 10 日，在武汉召开了第五次全国代表大会。党的五大结束后，中共中央对东北地区党的工作非常重视和关心，中共中央常委召开了专门研究如何加强东北党务工作问题的会议。会议认为东北三省有必要成立一个统一的党的领导机构。9 月下旬，北方局派曾在哈尔滨从事建党工作、时任顺直省委组织部部长的陈为人到东北传达八七会议精神，整顿党的组织，主持建立中共满洲临时省委。中共满洲临时省委建立后，把开展工人运动作为当时的重要工作。

一、中共东北第一次党员代表大会召开

1927 年 10 月 24 日，经过紧张筹备，东北第一次党员代表大会在哈尔滨道里中国十二道街 48 号中共党员阮节庵家召开。出席大会的有哈尔滨等地党的活动分子 14 人，代表东北地区党员 200 余人。会议由陈为人主持，大会主要任务是：讨论成立中共满洲省临委，决定党的政纲，整顿和恢复党的组织。大会传达了党的八七会议精神，通过了《我们在满洲的政纲》《满洲工人运动决议案》《满洲农民运动决议案》等纲领性文件。会议确定“我们最主要的工作是工农民军事运动，各地党部必须全体动员，努力此三项工作，随时随地举行斗争与暴

动，破坏与推翻旧统治阶级，建设革命的政权”①。

《满洲工人运动决议案》首先基于东北工人运动的意义和方式出发，对东北工人情况进行认真分析，认为：“东三省产业工人三十万，为中国重要工业区域之一，处日本和苏联之间。北满的工人与南满的工人，状况不同，其运动的意义和方式也当然不同。三十万产业工人中，北满居五万。南满二十五万中，属于日本产业及受日本帝国主义资产阶级的严重压迫的二十万人。其余的则属于中国的官僚资产阶级。在北满五万人中，属于苏联产业性及受苏联利益的二万人，其余则属于中国官僚资产阶级及日本资产阶级。以上所述各种工人，除中东路苏联工人有赤色的工会与中国工人有灰色的工会存在外，其余只有奉天官僚所利用的一处俱乐部。凡在日本资产阶级势力之下的产业，只有职员之组织。”② 充分认识到中国东北工人阶级还缺乏组织领导，没有建立自己的工会组织，也没有统一的斗争策略。根据以上东北工人各情况与数量，中国共产党满洲最高级党部，作了以下各决议：

“工人的要求：中日工人一律增加工资；实行八小时工作制；工人有身体上的自由，不受任何军警压迫；中日俄工人平等待遇；工人有组织工会及罢工的权利；禁止十三岁以下的童工做工；十三岁以上十八岁以下的童工，每日工作不得超过六小时；女工在产期前后各四星期停止工作，照发工资；同等工作，同等工资；工资按月发现金或能不折扣兑现的钞票；每个工人每月应有六天的休息，每年应有一个月的假期，工资照发；工人平时的医药费，概由厂家担负；工人失业，应由厂家与政府担任最低生活的救济费与介绍工作；恢复失业工人的工作；释放被捕的工人；反抗日本人与中国军阀打杀工人；年老工人厂家应担负其养老金；抚恤一切死伤工人及其家属；厂家应为工人设立补习学校及工人子弟学校；厂家裁减工人或关闭工厂时，应发给工人三月以上的工资；厂家开除工人应得全厂工人的通过；工人的押金与储蓄金，应由工人自己经管及支配。”③ 这是东北工人第一次统一明确提出自己的合理要求。

---

① 中央档案馆等编：《东北地区革命历史文件汇集》甲 1，《中共满洲省临委临字通告第一号》（1927 年 12 月 1 日），第 172 页。

② 中央档案馆等编：《东北地区革命历史文件汇集》甲 1，第 176—179 页。

③ 同上。

同时，提出了共同的政治宣传要求："（一）在一切要求斗争中要注意提出：甲、工人武装起来。乙、中日俄工人联合起来。丙、反抗日本人及中国军阀打杀工人。丁、工农贫民独裁制万岁。（二）要使工人认识苏维埃政权起见，应将苏联所影响之下的工人状况，切实宣传。（三）要使工人认识汪精卫、蒋介石、冯玉祥、阎锡山等国民党是反革命起见，应将他们摧残农工的状况充分的宣传。（四）要使工人领导反日运动起效，凡日本与张作霖所签的一切条约与日本在中国（尤其是满洲）的横行进行充分宣传。"①

对工人组织的组建提出主张："……（二）在北满要注意利用灰色的工会组织工人，同时必须注意秘密工会的组织。（三）工会的组织一律从工会小组组织起来。（四）在工会执行委员会之下，建立组织部、宣传部、纠察部、财政部、秘书处等。"

同时，明确提出："（一）各地党部一律成立健全的职委，职委中要以工人同志占大多数，负指导工人运动的责任。（二）目前本党为集中力量起见，要以铁路工人、矿工、城市交通、电气与兵工厂工人为中心，各地党部均应以此等工作为主要工作。（三）各地党部要让有能力的工人同志多参加党的指导工作，知识分子的同志则使之多往工人中参加工会的工作。（四）每月底必须用书面报告本地的产业状况、工人生活状况、工会状况等，以便省党部考察。"② 可以说，大会在东北工人运动历史上首次明确提出了工人运动的目的，工人组织的建设要求，为黑龙江工人运动指明了方向。

大会选举产生了中共满洲省临时委员会，陈为人任省临委书记，吴丽实任组织部部长兼农运部部长，王立功任工运部部长，胡步三任军委书记，韩慧英负责妇女工作，张任光任共青团临委书记。

大会发出通告，要求发动和领导群众开展工人、农民、军事运动。

在哈尔滨召开的东北第一次党员代表大会，宣告了中共满洲省临委成立，成为各级党组织和革命群众开展反帝反封建军阀斗争的领导核心。中共满洲省临委成立后，积极组织和领导工人运动、农民运动，开展反日斗争。从此，黑

① 中央档案馆等编：《东北地区革命历史文件汇集》甲 1，第 176—179 页。

② 同上。

龙江工人运动进入了一个崭新的历史阶段。

二、中共满洲临时省委关于工人运动的报告

中共满洲省临委成立初，由中共北方局领导。但不久，北方局书记王荷波等人被捕牺牲，北方局遭到破坏。根据这一情况，中共中央取消了北方局。此后，中共满洲省临委由中共中央直接领导。

中共中央对东北党及工运工作非常重视。在1927年11月9日，中共中央临时政治局扩大会议之后，12月14日，党中央就东北工作指出，“东三省目前任务是急须恢复党的组织，在奉天、长春、大连等各铁路各矿山开始建立工会运动的工作及基础，农民运动亦应开始注意”。①

中共满洲省临委工作安排基本就绪之后，12月，陈为人赴上海向党中央汇报东北党的工作并请求指示。

12月22日，陈为人提出《关于中共满洲省临委工作情况给中央的报告》。《报告》分4个部分详述了东北的军事政治经济形势、党的工作以及请求中央解决的问题。

《报告》还就将来革命形势的发展作了预测，指出：“可以肯定的说，满洲将来的革命暴动与革命战争，主要的是对日本的暴动与革命战争。参加这暴动与战争的必是中国的工农与朝鲜的农民，并苏联与蒙古的人民，无论朝鲜或苏联，要想脱离这暴动与战争是不可能的。惟其如此，就是世界战争在东方之开幕。”②

中央根据陈为人的报告，于12月24日，起草并通过了《关于满洲目前工作计划决议案》，对东北党的各项工作作了指示。

中央对东北党的宣传工作、工人运动、农民运动、军队工作、党的组织、反日反国民党六方面工作给予具体、明确的指示和指导。

关于工人运动，《决议案》要求，以重要的铁路、矿山、城市、兵工厂、海

---

① 赵朴：《五大至六大期间东北三省党的组织状况》，《中共党史资料》第40辑。

② 中央档案馆等编：《东北地区革命历史文件汇集》甲1，第215页。

员工人为主要工作对象，凡在奉天、哈尔滨、大连以及南满、奉海、吉海、中东铁路已有线索的，要加紧工作，无线索的也要在短期内找出线索，派人去工作；组织、领导工人的大小经济斗争。切实组织秘密工会、工厂委员会或工人代表会。在哈尔滨、长春，都可设立职工运动委员会；为对工人宣传起见，在北满应设法创办《北满工人》刊物。

中共满洲省临委刚刚成立不久，中央即听取东北党的工作报告，并作出《关于满洲目前工作计划决议案》，是非常及时的。这个《决议案》是中共满洲省临委工作的重要指导纲领。此后，中共满洲省临委与中共中央不断通过往来信件等形式，汇报工作并得到中央指示。在中共中央和中共满洲省临委的领导下，黑龙江工运工作发展很快。

三、中共满洲省临委制定《秘密工会章程》

《北满红旗》1928 年第 5 期刊登了中共满洲省临委制定的《秘密工会章程》。临委考虑到由于防止敌人破坏和阻挠组织工会工作，暂时对外绝对保守秘密。希望各地酌量采用或摹效之。

《秘密工会章程》共分宗旨、会员、会费、各级组织、开会、工军 6 章 18 条。

明确提出工会以谋团结工人阶级力量维持生活，改良待遇，增长知识，联络感情为宗旨。会员要求赞成本会宗旨的工人，都可经会员一人介绍入会为会员；凡工贼、官厅的侦探、资本家的走狗，都不能入会；会员都有选举权、被选举权、发言权、表决权和享受本会胜利权的权利；都有纳会费到会，服从本会命令，对外保守本会秘密的义务。会员每人每月缴纳工资的 0.5%作为会费；经费的开支，由代表会议或执行委员会决定；经费绝对地对内公开，任何会员都有监督用途的权利。在一工厂内，有会员 3 人以上 5 人以内即应当组织 1 个小组，选举组长 1 人；在一工厂内，有 2 组以上 5 组以下即应当组织 1 个干事会，选举 3 人为干事，分别担任文书、组织、宣传；在一工厂内，有 2 个干事会以上时，即应当组织 1 个工厂委员会，选举 3 人至 7 人为委员，分别担任文书、组织、宣传、交通、工军等工作；有2个工厂委员会时，则设法组织1个某业工会，选举执行委员7人至21人，分别指导文书、组织、宣传、交通、工军等工作；有2个工会以上时，即应当设法组织某地总工会。《秘密工会章程》要求小组会，干事会均每周开一次；工会委员会，工会执行委员会，均10天开一次。为了保护工人自卫起见，需要秘密组织工军；要求工军的组织，由会员自愿加入，但以青年勇敢者为主；工军的行动，要绝对守秘密；工军每3人一组，每3组一小队，每3小队一中队，每3中队一大队，每3大队一总队，每3总队一军。

《秘密工会章程》是在白色恐怖继续蔓延中，由中共满洲省临委拟定的，应该说《秘密工会章程》是一项大胆尝试。其宗旨明确，组成完整，体现了公平自愿入会的原则，为黑龙江工会组织的组成和发展壮大明确了方向，奠定了坚实的基础。1928年4月起，中东铁路哈绥线组织起有400余人参加的秘密工会。

四、中共中央关于职工运动的指示

1928年6月18日至7月11日，中国共产党第六次全国代表大会在莫斯科召开。东北党组织的中共满洲省委委员、共青团满洲省委书记张任光，职运书记唐宏经等参加了党的六大。

为在全东北党员中贯彻六大精神，1928年9月下旬，中共满洲省临委在奉天召开东北党员第三次代表大会，出席会议的代表21人，代表东北25个地方党组织、230名党员。省临委书记陈为人主持会议。大会听取了出席党的六大代表张任光关于六大精神的传达报告，检查了省临委在政治路线上的盲动主义的错误，根据党的六大精神，制定并通过了《关于接受中共六大决议案的决议》《政治党务决议案》以及职工、农运等项决议案。《政治党务决议案》指出：要发展党的组织，巩固和健全党的基础，建立产业支部；努力开展职工运动，发动工农日常经济斗争，建立工人组织；开展农村工作；加紧反日反帝工作；提高党员政治水平等任务，而以加强党的建设，尤其是基层支部的建设作为首位任务。这些任务的及时提出和确定，对各级党组织的工作，尤其是组织建设、职工运动的开展起到了积极的指导作用。

大会决定将中共满洲省临委改为中共满洲省委。会议选出省委委员七人，候补委员三人。陈为人、吴丽实、唐宏经三人为省委常委。陈为人任省委书记。第三次党员代表大会标志着满洲党工作在路线上已有了重大转变，并逐步摆脱大革命失败后的被动局面，走上一个新的阶段。

1928 年 10 月，中共满洲省委将第三次党员代表大会职工运动报告上报中央和全国总工会。1928 年 11 月 18 日，中央发来《关于职工运动的指示复满洲信》。信中指出满洲在中国职工运动中占有重要位置，是中国的产业区之一。同时，也明确指出满洲工人运动存在缺点和不足，并有针对性地作出重要指示。

《指示信》分析了工人运动与南方之不同，指出目前满洲职工运动，反帝运动是其主要工作之一，现在发生的争路权运动，在学生群众中曾经有过激烈的游行示威运动，虽经警察的屠杀与压迫，但是并没有就此消沉，正是方兴未艾之际。这是职工运动一个绝好的时机，应抓住这个机会积极鼓动工人起来，参加这一反日运动（举行工厂集会或游行示威等），利用一切公开机会，扩大反帝的宣传。同时在反日运动中，特别注意与工人经济斗争联系起来，在群众斗争情绪高涨的时候，应提出其目前迫切的要求，只有反帝运动才易推进经济斗争，同时工人的经济斗争的深入才能扩大反帝运动，这是互相推进的。不但如此，与国民党的斗争也要相联系，这样才能消灭国民党在群众中的影响，同时发展群众的组织亦须从反帝运动（出发）使他有扩大的发展。

《指示信》对罢工斗争提出新的策略，指出：满洲工人已提出普遍加薪要求，从这个经济斗争发动而推展满洲职工运动基础，尤其是年关在即，工人债务累累，工人（状况）在年关恶化，确有斗争发展之可能。但是你们轻视敌人，尤其是纠正强迫命令式的不正确观念，甚至以斗争就是罢工，罢工就是暴动，这是更犯着盲动的错误。为发动斗争，要开始日常小的斗争，再创造大的斗争到来，只有找出群众的迫切要求，定出简明的口号，有计划地经过若干时间的宣传与鼓动，抓住某个时机发动小的斗争，要不断地通过斗争去团结、教育、宣传，扩大党的影响和组织群众，这是职工运动的主要任务，不是和平发展的方式，现在白色恐怖厉害，不去发动斗争，只去发动组织是不正确的！

《指示信》对工会组织工作提出批评，指出：国民党在满洲工人群众中没有信仰，同时工人连年受着奉张的压迫及摧残，这些都非常有利于革命工会组织建立。虽然统治阶级为要巩固反革命政权，严厉禁止工人阶级的组织，必然向工人阶级无情地进攻，目前应该在反帝运动及经济的斗争中争得公开活动，及加紧发展群众的组织，打好职工会的基础，并且纠正过去由公开的组织而走向极端秘密倾向，尤其是以限量的发展会员及政治条件发展单纯的封建结合的兄弟团等，这些都不利于职工运动的发展，应要那些工人原始的组织中（如拜把，行会，帮口）的团体在斗争中改变它为阶级的组织，团结于赤色工会之下。

关于在满洲开展基础工作，《指示信》指出：对失业工人须在宣传上说明失业之因来与资产阶级的向工人阶级进攻，而指出他们的出路，就是要减时加薪的条件。还不能放弃哈尔滨与国际上的特别关系，积极发动反日运动争得工会公开，恢复赤色工会组织，并且加紧鼓动，有计划地规定经济口号，与年关斗争打成一片，在由矿工与产业工人发起，而创造大的斗争推动职工辗转之时期而建立满洲职工之基础。

《指示信》强调：工委的组织不健全，应即改组，尽量参加工人同志，尤其是在业的，但必须有经常会议，讨论整个工作的计划，与贡献许多意见于常委。

总之，中央《关于职工运动的指示复满洲信》从职工运动斗争策略、方式、方法、工会组织工作等方面，既指出不足，又提出具体可行的解决办法，对东北特别是黑龙江地区的工运工作具有很强的指导意义。

五、中共满洲省委对职工运动的部署

1928 年 12 月，中共满洲省委制定了《职工运动工作计划》。《计划》由“城市工运与产业工运计划”“对工厂委员会执行的计划”“改组拜把团计划”“秘密工会工作计划”“宣传工作计划”和“附件：东三省工人应有的共同要求”等六部分组成。

在“城市工运与产业工运计划”中，关于黑龙江地区职工运动，要求加强党组织和工会组织的建设：“A、奉天、哈尔滨、大连、抚顺、长春、安东、本溪湖、营口、辽阳、鞍山等地，均为产业工人集中之地，在满洲职运上都占着极重要的地位。但是我党在上述各地的职工运动除了奉天、哈尔滨、抚顺、安东已有党的小组织和长春、辽阳已有党的线索外，本溪湖、鞍山、营口尚无头绪。因此满洲职工运动的第一个任务就是用全部精力去发展上述各个重要产业区域的职工运动。我们近三个月的工作计划就要将上述各地的工作最低限度在没有头绪的地方找出头绪，已有线索的地方发展工会组织，已有党组织的地方成立职委加强职运的发展。……F、哈尔滨大半系手工业工人最多的地方，因为它是在哈埠工运中有历史上的地位的，我们进攻该会的方法是向工人群众攻击该会首领，揭破首领的罪恶，取得工人群众，改组该会，对于手工业工人也要用工业维持会名义或其他灰色的名义组织起来。”①

“对工厂委员会执行的计划”中，提到“在工人知识很低，过去又没有丝毫组织经验的满洲工人，要想在某一厂内安然去组织工厂委员会的形式，事实上是不能实现的，因为一般工人现实派有斗争，是在很平静的时候，在统治阶级都很精密防止恐吓压迫的时候，因此我们执行二次代表大会对职运工厂委员会的决议的具体办法，是适应着满洲特殊情形在某一厂内去组织多数的灰色小团体，由我们的同志去领导这些小团体的，普通的给予训练，给他以组织的经验与习惯，再由这些许多的小团体（合并起来就是工厂委员会的作用）去发动工人［实现］普遍小的日常经济要求。如此进行，我们可以在日常斗争中找到一个合适的机会，将此多量的小团体一致行动组成为一个有力的公开的工厂委员会”②。

“改组拜把团计划”认为“因为满洲工人受环境的束缚，我们在工人中活动，原始的带有封建性质的拜把确是一个唯一的在满洲最普遍适用的方法。但是我们对于这种形式须先是要有计划按步去改变它的内容。第一是由此可以打入工人群众中去活动。第二由拜把而连把（由同盟而联盟）可以将一厂中的工人连［联］合起来。我们由同盟中的同志去逐渐宣传训练去掉其中的封建思想而成为一个某厂工人的共同连［联］合，由此是很有可能将它联合成一工厂委员会的形式（当然我们并不是唯一地依靠这个）。第三我们在同盟之中提的一部

① 中央档案馆等编：《东北地区革命历史文件汇集》甲2，《中共满洲省职工运动工作计划》（1928年12月），第303页。

② 中央档案馆等编：《东北地区革命历史文件汇集》甲2，《中共满洲省职工运动工作计划》（1928年12月），第305页。

分中心人物觉悟分子介绍加入秘密工会。总之我们对拜把不仅要打入工人中，而且是要给它以训练宣传改变了它的内容，因此此种问题在满洲是流行的倾向是不能忽视的，现在此种工作有的地方已有相当成绩”①。

“秘密工会工作计划”提出十点要求：“A、满洲同盟团及各种灰色小团体中之觉悟分子加入组织，由日常斗争中选择有才干的分子加入组织。B、革命工会的基本组织是工会小组，小组的人数三人至九人，互选组长一人或干事数人组织干事会。C、在各小组中找、选最勇敢最觉悟分子组织赤卫队，三人一组，三组一棚，三棚一排，三排一队……此种组织特别秘密（各组之间亦然），经常地予以军事训。D、由工会小组组织工厂的秘密工会支部，支部的干事人数，由支部的人数多少和当地情形定之。E、由工厂工会支部、组织工厂工会，由工厂工会联合其他同业工厂工会组织产业工会。F、在秘密工会中组织党团。G、工会支部工会小组领导厂内各种小团体或工厂委员会做日常的经济斗争，与反抗厂主、厂长、技师、工头、老板等之压迫，并时常地施以政治宣传鼓动之。H、因为满洲工人知识程度特别低，故工会要设法做工人的识字运动。I、小组会每星期开会一次，支部干事会每星期开一次，小组联席会两星期开一次。J、工会会员按月缴会费，数月皆规定。以上系组织工作。”②“秘密工会工作计划”周密而具体。

“宣传工作计划”指出：“A、《满工》系职委在宣传上的一种定期刊物（旬日刊），内容是努力使它有兴趣有煽动性，里边主要是阶级性的论文，经济斗争的领导，各地通讯（工人的生活状况等），插画寸铁诗歌，介绍苏联情形，现在第一期已出版。B、俱乐部：第一、每小组举一人负责（俱乐部管理员）。第二、内设立小的图书馆，置备新旧小说及有政治作用的书籍，选一人负责分散给各小组及全厂工人阅读。第三、茶话会，由同志或有觉悟的工会会员在此茶话会中发生作用，施以普遍宣传。第四、夜校在可能范围内尽量组织之。第五、读报团借以启发工人对政治的注意。第六、音乐团借以召集和团结工人。第七、下棋

---

① 中央档案馆等编：《东北地区革命历史文件汇集》甲2，《中共满洲省职工运动工作计划》（1928年12月），第306页。

② 中央档案馆等编：《东北地区革命历史文件汇集》甲2，《中共满洲省职工运动工作计划》（1928年12月），第307页。

团（象棋、军棋）。第八、费用由工人交费和自由捐。以上各团体由俱乐部选择一工人负责组织，按各地情形尽力施行。C、现在满洲的宣传工作最主要的是反日、反国民党、反奉系军阀为中心，同时对封建思想随时打破。”①

附件中还拟定了16条东三省工人应有的共同要求。

中共满洲省委制定的《职工运动工作计划》是在总结近期满洲职工运动经验的基础上拟定的，具有很强的操作性，对黑龙江地区的职工运动有很大影响。

第三节　中东路事件爆发后的黑龙江工人运动

中东路事件爆发后，在党的领导下，中东铁路工人举行罢工，并对工业维持会进行了策略上的斗争，中国官厅被迫将其解散，党领导的中东铁路工人斗争又一次取得了胜利，同时建立了赤色工会与工厂委员会，推动了全东北的工人斗争。

一、中东路事件及黑龙江职工运动的策略

1929年7月10日，在黑龙江发生了一件震惊中外的中东路事件，是我国近代历史上的一次政治事件。

1917年俄国十月革命后，中东铁路为沙俄残余势力所盘踞。1918年，日、英、法等国趁机插足，中东铁路一度实行“国际共管”。在此期间，苏俄政府曾两次发表对华宣言，宣布废除一切不平等条约，实现中苏建交。但中国北洋军阀政府拒不承认苏联，不接受苏俄宣言。直到1924年，中苏谈判终于达成协议，签订《中俄解决悬案大纲协定》。中东铁路进入“中苏共管”时期。

中东铁路在中苏共管时期，苏方废弃了沙俄统治时期的不合理规章制度，按照苏联劳动法实行了各种新的制度，工人的生活待遇、政治地位与沙俄统治

① 中央档案馆等编：《东北地区革命历史文件汇集》甲2，《中共满洲省职工运动工作计划》（1928年12月），第308页。

时期相比发生了根本性的变化，展示了社会主义制度的优越性，扩大了苏联的政治影响；而帝国主义支持的国民党南京政府对此则深恶痛绝。

国民党南京政府成立后，就把亲帝反苏作为外交的基本路线，不断制造反苏事件。1928 年底，东北归属国民党南京政府后，蒋介石极力鼓吹张学良收回中东铁路。在他看来，“赤化”将蔓延全东北，苏联政治影响的扩大是最大的危险。同时也企图借助苏俄力量削弱张学良势力。张学良本来也想收回中东铁路，以扩展自己的地方势力，提高在全国争雄的筹码。在中东铁路问题上采取了一系列“收回主权”的行动。

日、美、英、法等帝国主义，想重新瓜分中东铁路，清除苏联的势力及影响，并以中东铁路为反苏战争的基地。特别是美国，竭力怂恿其代理人蒋介石收回中东铁路。日本对东北一直都有更大的野心，它除想占有中东铁路以便进攻苏俄外，还想独占东北。可见，各帝国主义国家在夺取中东铁路利益上，虽然各自怀有不同目的，但在反对苏联，企图将苏联清除出东北这一点上是一致的。

1929 年 5 月 27 日，在蒋介石国民党政府的唆使和国际帝国主义支持下，东北地方当局以苏联在中东铁路宣传“赤化”、苏联将在哈尔滨领事馆召开远东党员大会为由，派军警包围并搜查了苏联驻哈尔滨总领事馆，监禁苏联驻哈总领事及馆员，没收领事馆来往文件，逮捕来馆的苏联人员共 39 人。7 月 7 日，张学良专程赴北平与蒋介石密商。7 月 10 日，中东铁路理事长兼铁路督办吕荣寰下令武装占领中东铁路，解除苏方铁路局正副局长、各处处长职务，驱逐苏方总务处长等高级职员 59 人，封闭苏联驻哈尔滨一切外交机关和商务机关。同时，被驱逐出境的还有苏联职工数百人。

中东路事件发生后，苏联政府于 7 月 13 日向国民党政府发出最后通牒无果的情况下，宣布与国民党政府断绝外交关系，撤回驻华外交、商务以及铁路人员，停止中苏间铁路交通，并声明保留 1924 年《中俄协定》的一切权利。8 月，中苏边境发生武装冲突。苏军先后向绥芬河、满洲里、黑河、扎来诺尔、同江等地的东北军发起进攻。东北军第 17 旅全军覆灭，只一人逃生，旅长张光第战死。东北军第 15 旅旅长梁忠甲以下数千名官兵被俘。东北与苏联边境的重要门户几乎全部被苏军占领。

军事失利后，东北地方当局被迫向苏联求和。1929 年 12 月 22 日，双方签订了《中苏伯力会议议定书》，尊重 1924 年的《中俄协定》和《奉俄协定》的共同管理原则。中东铁路又恢复到冲突前的“中苏共管”状态，中东路事件宣告结束。

二、刘少奇领导中东路工人斗争

中东路事件后，国民党军阀却不甘心自己的失败，在裁减中国工人上做文章，企图把责任转嫁苏方局长方面，重新在中国工人中挑起反苏情绪。于是，在党的领导下，又发动了中东铁路工人运动。

《中苏伯力会议议定书》签订后，中东铁路又恢复了中苏共管，工人斗争出现了新局面。就在这时，中共满洲省委接到中共中央关于组织中东铁路工人总罢工的指示。中共满洲省委书记刘少奇组织省委成员进行讨论，确定了组织总罢工斗争的路线和策略，对于一切部分的斗争要努力领导成为全路一致的总斗争；召集全路代表会，组织赤色工会及工厂委员会；提出工人的总要求，消灭工业维持会；在一切斗争中要执行拥护苏联、打倒国民党军阀、反对白党、反对帝国主义的方针；推动其他各厂各业工人的斗争，“三十六棚”是斗争的中心。

1930 年 1 月初，中共满洲省委派孙秀峰到哈尔滨执行具体任务。哈尔滨市委在讨论省委制订的计划时，发生了激烈的争论。李梅五等人认为，中东铁路工人没有总罢工的可能，或者在四个月之内不能有总罢工。哈尔滨市委书记孟坚则认为，有总罢工的前途，但是目前还没有总罢工的形势。因此，目前主要应发动部分斗争。讨论没有取得一致的看法，会议结束的第二天，即 1 月 9 日，“三十六棚”的工人却自发地搞起怠工。原来，中东路事件发生后，东北地方当局裁减和驱逐大批苏籍职工出厂，而补充进来的绝大多数是白俄工人。按照《中苏伯力会议议定书》要求，以 7 月 10 日为界限，在此之后被裁减的苏籍职工全部恢复工作，同时被招募的则全部裁掉。当时苏联局长主张只裁白俄工人不裁华工，却遭到中国官厅的反对。而李梅五又在领导工人进行反对路局裁华工不裁白俄工人的大罢工问题上迟疑不决，没有领导工人去斗争。而工业维持会的工贼、路警勾结白俄职员，利用各种机会在群众中煽动说："中国工人统统要开除"，"红毛子抢了中国人的饭碗"。1月10日，总工厂裁人命令发表，凡是7月10日以后上工的工人都被裁，白俄有二三百人，华工三百余人。于是总工厂的反苏罢工在工贼煽动之下实现。11日、12日两天，"三十六棚"总工厂九个分厂有八个卷入罢工，只有李梅五所在的机器分厂未加入罢工。群众跑到机器分厂要求共同罢工。经过做工作，工人终于明白了，红毛子是不应该反对的，许多工人当即退出罢工。地方当局煽动"三十六棚"工人反对苏联大罢工的阴谋没有完全得逞，也没有造成大的恶果。尽管如此，中东路工人总罢工的消息却在哈尔滨报纸上刊登出来，并且夸大其词，大力渲染这次反苏罢工。总罢工停止后，未被裁的工人开始上工，厂里略为平静。被裁工人却愤愤不平，官厅和工贼依然在做反苏宣传和煽动。哈尔滨市委的一些成员感到很难应对这种局面。

1930年1月11日，刘少奇在紧急关头第二次来哈尔滨巡视工作，立即召开市委扩大会议，与郭隆真、孟坚等人分析中东路工人斗争形势，总结前段工作中的经验教训。刘少奇建议领导失业工人搞一次复工运动。根据他的意见，哈尔滨市委决定斗争的中心仍然放在"三十六棚"总工厂。这时，"三十六棚"总工厂裁人的名单已经公布，李梅五和其他进厂工作的党团员均被裁，党在厂内的组织关系中断了，李梅五等人也只有一次进厂算账的机会。刘少奇指示李梅五，进厂不算账，领导其他被裁工人也不算账，组织大家到铁路局请愿，要求复工。1月12日，被裁工人多半都没有算账，在李梅五、唐宏经等人的带领下，一同到铁路局去请愿。局长不见，工人又到督办公署，要求督办莫德惠答复工人要求，立即裁掉白毛子，用华工替补。莫德惠说，白毛子都加入中国籍，也是中国人，裁了可怜。还说，尽量使你们不失业，造个名册来吧。当晚，刘少奇听了唐宏经的汇报后，指示立即组织失业团。他认为，失业团是目前发动北满群众斗争的中心，是广泛取得社会上的同情，动员在业的铁路工人援助的一种好的组织形式，并强调，复工运动的目的，不只限于争得失业工人复工，主要是利用失业团的公开机会，去发动组织全路以及其他各厂各业的工人斗争。在刘少奇的领导下，被裁工人成立了失业团，选出七名委员，每十名失业工人选出一名代表，组成失业工人代表会。在失业团内设立办事处、体育队①、讲演队等。孙秀峰担任失业团秘书兼党团书记，派唐宏经去指导在业工人的斗争，派郭隆真及其他六名党团员分别担任讲演队、体育队、外站巡视员的领导人。刘少奇还指示大家要注意发动群众，培养工人领袖，发展壮大组织。

失业团成立后，立即发出《告全路工友书》《告全国父老书》《致俄局长信》等。同时在报刊上登启事，号召失业工人来报名，呼吁各界支援失业团。

三、中共党组织对御用工业维持会的策略

当失业工人复工运动兴起之后，党领导的在业工人反对工业维持会的斗争越来越激烈。

工业维持会是“三十六棚”总工厂中国工人效仿俄国职工联合会，于1918年10月成立的工会组织。开始确实为工人做了一些事情，但后来逐渐被官厅收买，变成一个地地道道的御用工会。会长、副会长的职务被工厂里的工贼所把持，做尽了坏事。在工人复工斗争中，为工贼所把持的“三十六棚”工业维持会，原想同失业团唱对台戏，他们对失业团软硬兼施。开始在“三十六棚”设一失业工人登记处，声称：只要登记即能上工，不登记不能上工。失业工人认清了他们的意图无人去登记，于是工业维持会转而表示援助失业团。哈尔滨南岗工业维持会还弄来200多名从满洲里等沿线来的难工，到路局去声援失业团，失业团也不买他们的账。但是，正如中共满洲省委所指出的，工业维持会当时是一个公开的组织，它在有些地方的组织中还有较广泛的群众基础。因此，中共满洲省委指示哈尔滨市委，可以利用工业维持会的公开、合法地位以这个组织的名义散发传单、标语，开会演讲，扩大宣传，争取群众。同时，揭露工业维持会肆意勒索钱财中饱私囊的罪恶，号召群众反对工业维持会。在此基础上逐步组织工人自己的工会。刘少奇当时指出：“中东铁路局按照苏联劳动法制定

① 类似纠察队。

了铁路路章，对中国苏联两国工人的待遇完全平等，工人所应享受的待遇连英美等国工人也有所不及。然而，由于工业维持会工贼们的阻挠和破坏，往往不能实现，使工人陷于痛苦的深渊，工业维持会是中东路工人的一个宿敌。”① 刘少奇在分析前段工人斗争形势时指出：“工人斗争发生后，工会问题是一切问题的中心。”② 当时，工业维持会分两派，一派为白派，即“三十六棚”工业维持会总会；另一派是黄派，即原来中东铁路工业维持会南岗城市段分会。尽管两派之间钩心斗角，但他们都是官厅豢养的走狗，都是工人的死对头。在失业团成立的第二天，刘少奇即指示李梅五、孙秀峰建立赤色工会。办法是在失业团的大会上李梅五要有一篇演说，第一点说明工业维持会的罪恶，指出“三十六棚”工业维持会总会和南岗分会是一路货色，都是工人的仇敌；第二点说明成立自己的工会，要针对工业维持会的罪恶，讲清自己工会的宗旨；第三点说明建立工会的办法，然后组织筹建。对这一切可行的方案，李梅五等人拒不执行。他们借口会影响工人复工，对刘少奇的指示和哈尔滨市委的安排总是拖延，后来竟同工业维持会暗中往来，干起破坏成立工会的勾当。郭隆真冲破各种干扰和阻力，认真执行刘少奇和哈尔滨市委决定，组织“三十六棚”工人积极开展斗争，为推倒工业维持会，建立工厂委员会做了大量工作。她在工人积极分子中讲解各地成立工会的经验，同大家一起研究成立工会的办法，然后把工人中的骨干分子派到各分厂去做宣传发动工作。在大家的努力下，很快在“三十六棚”总工厂内外贴满了“打倒吃私上人的工业维持会”“成立工人自己的工会”等标语口号，还在工人中散发了大量传单。一份传单上写道：“不信天，不靠地，要想解放靠自己，推倒工维会，建立新工会。”

在广大工人的强烈要求下，1930 年 4 月，中国官厅被迫将工业维持会解散，党领导的中东路工人斗争又一次取得了胜利。

---

① 中央档案馆等编：《东北地区革命历史文件汇集》甲 4，《刘少奇关于中东铁路工人斗争的总报告》（1930 年 3 月 13 日），第 207—265 页。

② 同上。

四、建立赤色工会与工厂委员会

郭隆真根据哈尔滨市委的决议，同积极分子一起研究成立赤色工会的办法。

1930 年 1 月 30 日是农历正月初一，借“三十六棚”工人互相拜年的机会，在道里偏脸子八道街 29 号，召开了有各个分厂工人代表 10 余人参加的筹备会议。会上，郭隆真正式提出成立工厂委员会的组织方案，经代表讨论通过后，选出 3 名委员负责筹备。春节过后上工时，郭隆真又帮助委员们起草了布告。布告在各分厂的门口贴出之后，工人们立刻上前围观，发起人趁机演说，要求赞成者签名。3 日之内，签名者 800 余人。连反动气焰最凶的那个分厂，也有五分之四的工人签了名。随后，“三十六棚”总工厂委员会宣告成立，9 个分厂选出 15 名委员，机器分厂工人张明德当选为主席委员。会后，郭隆真起草了总工厂委员会成立公告，指出：总工厂全体工人一致选举委员 15 人，组成工厂委员会，办理厂内一切日常有关工人事宜。同时将公告分别贴于各分厂门口，还函送铁路局、督办公署、东省特别区行政长官公署等机关各一份。

铁路当局和中国官厅接到公告后，对新成立的工厂委员会不予承认，仍声称，工人有事找工业维持会。已经成为反对派的李梅五、孙秀峰等人主张向官厅申请“工厂委员会代表资格”。孙秀峰还起草了呈文要求苏方局长出面承认，并请求拨给一间房子，做新工会办公室。刘少奇对这种做法提出反对意见，他说：“赤色工会只有领导群众斗争，才能取得代表权和领导权，否则只有一个委员会，一点事也不能做。”[①] 他强调工厂委员会要扩大组织，发动群众斗争，破坏厂内一切秩序，群众不时地包围厂长，要在群众中造成除工厂委员会外，任何人的命令也不服从，任何人也不能维持工厂秩序的局面。这样就迫使厂长不得不承认工厂委员会代表资格。但李梅五等人没有执行刘少奇的指示，还是跑到苏方局长那里去交涉，要求承认。几天后，苏方局长驳回呈文，并在报上刊登了声明：“‘三十六棚’工业维持会总会、南岗及其他联合办事处与总工厂委

① 中央档案馆等编：《东北地区革命历史文件汇集》甲 4，《刘少奇关于中东铁路工人斗争的总报告》（1930 年 3 月 13 日），第 241 页。

员会统来接洽，工会关系地方行政，在未解决之前统不与接洽。”① 李梅五、孙秀峰靠走上层路线而取得工会代表权的想法未能实现。张明德等工厂委员会的骨干在郭隆真领导下，坚持按照刘少奇的指示，继续发动群众。经过研究决定，以工厂委员会的名义召开一次群众大会，通知刚发出一小时，在厂前的空地上就集合起 1000 多名工人。会场上群情激奋，工人们不断高呼“打倒工业维持会”“打倒工贼”等口号，工贼、警察吓的躲得远远的。这次大会开了半小时，四个人发了言，通过一个工厂委员会名单，这次大会影响很大。“三十六棚”成立工厂委员会的消息传出后，地包有 200 多人的在业工人准备加入工厂委员会，消防队有数十人也要求加入，沿路工人都在等着和“三十六棚”工厂委员会一起行动，准备加入工厂委员会。此时全路工人代表大会即可召开，砸掉工业维持会牌子，成立中东路华工总会的时机已经成熟。然而，就在这时，李梅五、孙秀峰等人违背刘少奇的指示，背着郭隆真拉出一部分工人代表，跑到南岗参加工业维持会选举去了。针对李梅五等人的反党活动，中共满洲省委和哈尔滨市委在党内开展了反对托洛茨基机会主义取消派的斗争，对李梅五等人提出严厉警告。为了挽救刚刚诞生的工厂委员会，使中东路工人反对工业维持会的斗争不致半途而废，刘少奇亲自出面接见工人代表，面对面指导工人的斗争。他还以全国总工会代表的身份，于 1930 年 2 月 13 日，在道里正阳街 1 号工人柴好家里，召开中东铁路工人代表座谈会。会上，刘少奇作了三个多小时的发言。他讲述了失业团斗争的经过及经验教训，对建立工厂委员会的意义及如何获得合法权利等做了详细剖析。工人代表听了深受启发和鼓舞，尤其是讲到推倒工业维持会、打倒工贼的问题时，会场气氛十分热烈。工人代表说：“全总代表的讲话，是我们想说而说不出的话。”“原来‘三十六棚’这一段干的这样好并不是老李（指李梅五）聪明，而是全总代表聪明，是全总代表在帮助我们。”② 刘少奇还根据当时的形势，建议成立以下几个组织：第一，成立护工团（性质同

---

① 中央档案馆等编：《东北地区革命历史文件汇集》甲 4，《刘少奇关于中东铁路工人斗争的总报告》（1930 年 3 月 13 日），第 242 页。

② 中央档案馆等编：《东北地区革命历史文件汇集》甲 4，《刘少奇关于中东铁路工人斗争的总报告》（1930 年 3 月 13 日），第 244 页。

纠察队），挑选勇敢又坚决、能团结工友的积极分子组成，担任保护工人利益，打击工贼的破坏等任务；第二，成立工人互济会，负责对患病、死亡、被捕、失业工友的救济工作；第三，建立小报社，出版工人小报；第四，成立工人补习学校；第五，召开一次全哈尔滨市工人代表大会，成立哈尔滨总工会。

刘少奇这些指示，虽然由于反对派从中作梗而没有完全执行，但却在工人的思想上打下深深的烙印。在党内清除李梅五、孙秀峰等人后，刘少奇的这些指示在三十六棚工厂委员会的斗争实践中得到了很大程度的落实。黑龙江工人斗争的形势在不断发展。1930 年 3 月 1 日出版的《红旗》第 80 期发表吉羊的文章指出："在三十六棚大厂组织了八百余人的工厂委员会，同时为打工贼，保护工人的利益，又组织了二百余人的纠察队，实行武装训练。中东路的工人斗争实际上已经推动了全满洲的工人斗争了。"

总之，中东路工人斗争是黑龙江工运史乃至中国工运史上的一次壮举。斗争中形成、积累的经验教训是极其宝贵的，策略思想为其后党在白区开展职工运动提供了有益的借鉴。

第四节　黑龙江工人运动的发展

1930 年初，时任中共中央政治局委员兼宣传部长和中共中央秘书长的李立三，实际主持中共中央工作。在共产国际"左"倾思想的指导下，李立三错误地估计了形势，提出了一系列"左"倾冒险的错误主张。这时，中共满洲省委正由刘少奇主持工作。他在领导东北地区党的工作过程中，对上述错误思想进行了必要的抵制。因此，使中共满洲省委的工作能够比较顺利地开展，并取得了一定的成绩。在各级党组织的领导下，在中东路工人斗争的推动下，黑龙江工人运动又有新的发展，以罢工为主要形式的工人斗争浪潮迭起。

一、黑龙江工人的罢工斗争

首先是行业工人的罢工斗争。中共满洲省委在领导中东路工人斗争的同时，十分关心和重视其他行业的工人斗争。刘少奇指示哈尔滨市委工运负责人唐宏经，不仅要抓大工厂产业工人斗争，对一些手工业工人的斗争也要发动起来，将哈尔滨各行各业的工人运动抓好、抓实。在刘少奇的直接领导以及中东路工人斗争的影响下，哈尔滨各行业工人的罢工迅速发动起来，其中尤以哈尔滨洋服业、皮鞋业工人罢工规模最大，时间最长，成果亦最显著。

1930 年 1 月，哈尔滨 50 多名洋服业工人向店主要求星期日不做工，并于当月第一个星期日自动停工。继而，由 8 家洋服店 50 多名工人联合成立了洋服业工人互助会。会员约定以后每逢星期日都不做工。一家洋服店的 3 名工人因星期日不上工被店主开除，并遭警察局关押，激起工人的反抗。警察出面干涉，将店主和工人都带到警察局。300 余名洋服工人立即结队包围了警察局，要求释放工人，准许星期日休息。为推动工人斗争，哈尔滨市党组织以互济会名义派干部到工人中开展宣传鼓动，还给工人送去面包，鼓励工人坚持斗争。在党的领导下，斗争获得胜利。警察局释放了被捕的工人，允许星期日歇工。为欢迎被捕工人归来，洋服业工人召开了欢迎大会，打着红旗沿街游行。经过斗争，洋服业工人互助会会员增至 100 余人，由 1 名中共党员担任领导。

1930 年 3 月，在哈尔滨市委直接领导下，皮鞋业工人举行了同盟大罢工。

哈尔滨的皮鞋业兴起于 20 世纪初期，到 1930 年哈尔滨皮鞋作坊就有数百家，制鞋工人有两三千人，一部分集中于道外，但比较大的制鞋工厂大部分在道里，特别集中于中央大街一带，且多为前店后厂。1930 年 3 月，党领导的皮鞋工人大罢工，就发生在道里的皮鞋工厂。

当时，皮鞋业工人最苦最累。资本家为了赚钱，普遍实行计件工价。做普通男鞋，每双工价为哈大洋 1 元 6 角；做普通女鞋，每双工价 1 元 4 角；做普通鞋帮每双 3 角。这样，1 个皮鞋工人每月所得工资只有 20 元，扣去伙食费七八元，所剩不多了。为了生活，不得不工作 12 个小时以上。皮鞋业工人的伙食也很差，有时还吃不饱。当时处境最差的是徒工，每月只发给三四元的剃头洗澡钱，吃住都比成年工人差。皮鞋业工人的劳动条件十分艰苦，作业房屋低矮潮湿，光线昏暗，冬天冷得冻手冻脚，夏天闷热如蒸笼。皮革中抖落下来的灰尘和散发出来的硅硝味使人窒息。在这种恶劣环境中长年累月地劳动，使许多工人染上肺病。资本家发现谁染上肺病，就立即开除，不管死活地将其推出门外。饱受资本家压榨的皮鞋业工人，为了改善劳动条件和增加工资，曾同资本家进行过斗争，但都因为无组织领导而失败。

1930 年 1 月至 3 月中旬，根据刘少奇的指示，哈尔滨市委很重视皮鞋工人的斗争，先后派共产党员唐宏经、孟坚、戴海洲、张洛书等，秘密地深入皮鞋工人中去，和他们交朋友，进行革命宣传，启发他们的阶级觉悟，培养了一批积极分子。唐宏经等几名同志经常把积极分子召集在一起开会，分析过去斗争失败的原因，商量今后的斗争办法。唐宏经在会上强调联合所有皮鞋工人共同参加斗争的重要性。在唐宏经的宣传鼓动下，工人积极分子一致同意组织一次皮鞋工人反剥削同盟大罢工。

通过这次皮鞋工人反剥削同盟大罢工，使工人群众认识到团结的重要性，斗争决心更加坚决。在中共地下党组织的领导下，罢工期间组织的互济会和有 100 多人参加的工人纠察队，也在罢工斗争中发挥了作用。罢工胜利后，皮鞋工人建立了工会，共有 30 余家皮鞋店 1000 多名工人加入工会组织，皮鞋工会后来成为哈尔滨总工会的主要支柱。这次皮鞋工人罢工斗争培养锻炼了一批工人骨干，在此基础上，发展几名皮鞋工人加入了中国共产党，建立了皮鞋工人党支部。在斗争中不时地提出学徒工人的要求，这不但表明皮鞋工人团结的日益巩固，而且给资本家以莫大的打击。罢工胜利后，资本家对记者说，现在学徒工也加入了工会，我们无法管了。

洋服业工人、皮鞋工人罢工的胜利，推动了哈尔滨其他行业工人的斗争。哈尔滨市电车工人要求歇年假、反对开除工人举行罢工。永盛火磨工人举行年关罢工，提出取消罚金、不准打骂工人、不得开除工人等要求。厂方答应了工人的要求，罢工取得胜利。通过斗争，工人们体会到团结的力量，当即成立了工会。英商开办的哈尔滨老巴夺父子烟草公司，因经济危机裁减三分之一的工人。为反对裁人，工人发起罢工。在党团员的组织领导下，成立了罢工委员会，斗争持续了较长时间。

其次是以工厂为单位的罢工。哈尔滨上号平民女工厂有女工 300 多人，主要从事缝织衣帽、手套等一些小手工业产品工作。该厂劳动条件恶劣，劳动强度大，以前曾有多次斗争。傅坤萱、傅坤茹等3名党团员在女工中开展工作，成立了读书会。她们经常在一起学习，讨论妇女翻身解放的问题，阶级觉悟不断提高。1930年端午节前夕，厂主为赶任务，加大工人劳动强度。为稳定工人情绪，对工人许诺说节日放假7天，但节日将至，假期改为3天，工人非常气愤。党组织指示厂内党团员和积极分子，抓住这一时机发动工人罢工，并拟定了具体要求：星期日放假；恢复2小时上课时间；每日工作8小时；反对加夜班；改良宿舍、饭厅；建设疗养院。端午节后工人开始上班，在党团员和积极分子的发动下，召开全体女工大会，向厂方提出上述要求，否则罢工。厂方见工人气势激昂，不得不答应工人的部分要求。事后，厂方又借故将傅坤萱等5名工人代表开除。根据党组织的指示，工人选出15名代表和厂方进行说理斗争，100多名工人签名表示若开除代表我们大家都不做工。厂方见势不妙，只得答应工人的要求。

在此期间，印刷厂、糖厂、小铁厂、火磨厂、油坊的工人也都纷纷行动起来，为改善劳动条件、增加工资进行斗争。在秋林洋行、造船厂中有党团员在活动，电车厂工人在党团员的领导下成立了赤色工会。

据统计，1930年上半年，哈尔滨除中东路外的各业工人罢工总人数有4000人至5000人，许多工厂都成立了工会组织，哈尔滨市成立了总工会筹备会，有鞋业、秋林、老巴夺父子烟草公司、成衣、火磨、火锯、电车公司、平民女工厂等的工人入会，会员数千人。三十六棚铁路总工厂、皮鞋厂还成立了武装纠察队。

这一时期工人斗争的特点是群众示威或直接罢工已成为黑龙江自由、反抗国民党统治的政治斗争，由手工业工人到产业工人，由一两个工厂的个别斗争，发展到更为普遍地联合起来采取一致行动的同盟罢工，同时也显示出各行业联合斗争在不断发展的趋势。

二、中东路工会筹备处机关报——《火车头》创刊

根据中共满洲省委提出的“迅即出版党报，扩大革命宣传”的要求，这一

时期中共北满特委加强了舆论宣传工作。从 1930 年 8 月至 1931 年 8 月，相继创刊发行了《北满红旗》《火车头》《组织者》《哈尔滨新报》等。

1930 年 11 月 4 日，中共满洲省委在《关于中东路问题》的指示信中，特别要求《北满工人》和《火车头》，“必须集中”进行反对当局“破坏路章”“裁减工人”这些斗争的宣传鼓动，并指出了工人应采用的斗争方法。

《火车头》是中共北满特委以中东铁路总工会筹备处名义于 1930 年 11 月 14 日创刊的，是专为东铁工人出版的群众小报。十六开张，石印四页，定价铜圆一枚。报头上还注明订报通讯处：中东铁路工会各支部、哈尔滨总工会所属各工会、各支部。现存第一期《火车头》报，共有 8 篇文章。第一页刊登了发刊词《火车头的头一炮》，宣布《火车头》就是中东铁路工会机关报。“希望这个报纸要传到每一个工厂、每一（车）站、每一个工友手里。大家阅读，大家投稿，因此得到全体工友的拥护”。第二页刊载的文章题目是《东铁裁人是吃了谁的亏》，内容指出“主要是帝国主义与国民党军阀”。第三页刊登文章题目是《理事会裁人问题的争论——鲁局长拥护工人利益》，文章指出苏方局长鲁德义自己是虎钳工出身，所以他完全拥护工人的利益，主张裁高级职员，不裁工人。这一页还刊登青年工人两首小诗，号召青年工人团结起来，打倒华工事务所，组织东铁总工会，推翻国民党政府，建立苏维埃政权。诗中写道：“那时政权建立了，工人生活自然好”。第三页刊登的还有署名德华的短文，题目是《华工事务所欺骗手段宣告破产》。第四页刊登的文章题目是《华工事务所的罪恶》和《忙死了大烟鬼》，揭露华工事务所所长等人“营私舞弊”的行为。《火车头》版面虽小，但稿件通俗易懂，语言流畅，富有感染力和鼓动性。1930 年 11 月 18 日《中共满洲省委关于职工运动工作计划》中，要求“《火车头》须按期出版，在群众中做有力的鼓动，有计划地散发到全路工人群众中去。宣传中东路中国当局压迫工人的事实，并揭露他们将破坏路章的责任归之苏联的欺骗宣传”。

《火车头》小报的出刊，使东铁华工事务所恨之入骨。12 月 10 日该所长呈请东省特别区行政长官张景惠，“饬警严缉办报人”。1931 年春，《火车头》小报因受阻曾一度停刊。4 月 25 日，中共满洲省委在《关于目前北满工作计划大纲》中特别指出：“专为东铁工人出版的群众小报（如《火车头》），应设法恢复起来，如果力量不足，可以用很小的单张（出版）。”

《火车头》版面虽小，但稿件短小精悍，文章通俗易懂，内容贴近工人的切身利益，因此得到全体工友的拥护。中共满洲省委对这份小报十分重视，指示中共北满特委要按期出版，要在群众中做有力的鼓动宣传，要有计划地散发到全路工人群众中。

三、中共满洲省委作出《职工运动决议案》

1931 年 3 月 26 日，中共满洲省委召开第二次扩大会议，总结工作，确定党和工人运动的中心任务。3 月 27 日，中共满洲省委作出《职工运动决议案》，指出满洲过去在“立三路线”空喊政治罢工，武装暴动，取消工作，忽视经济斗争的“左”倾冒险政策之下，整个职工运动遭受了很大的影响与损害。工会工作和工厂委员会、工人纠察队、辅助组织等的斗争都被完全忽视和放弃了，结果使党脱离了广大的工人群众，党在许多重要产业与企业中都没有基础。在资本主义危机加深，帝国主义国民党和资本家加紧向工人进攻的情形之下，工厂倒闭或降低生产，大批裁减工人，广大工人陷于失业，工人自发的斗争继续爆发，斗争情绪增长，罢工时有发生，营口黄包车夫、哈尔滨油坊、安东榨蚕工厂 30 家 1.2 万人的同盟罢工，开 3 万人的示威大会等，都说明目前工人运动是在向前发展的形势。但是，因为群众的隐蔽斗争经验的缺乏，组织的薄弱，没有党与赤色工会的领导，因此斗争常常容易失败，同时也就使斗争的继续发展和扩大发生了种种困难。

《职工运动决议案》结合共产国际和满洲工人运动形势，提出目前职工运动的主要方针：“彻底肃清职运中的立三路线，全部工作重心是深入工厂企业中群众中去，抓紧群众最迫切的日常要求切实发动与领导日常部分经济的、政治的斗争，彻底肃清轻视经济斗争的态度，坚决反对右派机会主义只作经济斗争，放弃政治斗争和罢工以及忽视青工特殊要求的右倾机会主义的策略。同时反对‘左’倾的空谈——空喊罢工大干等。一切自发的斗争和罢工，党需艰苦的设法打入群众中去活动，取得自发斗争与罢工的领导权，党要充分准备罢工的发动和领导。要运用斗争委员会和罢工委员会的方式去领导斗争与罢工，斗争委员会和罢工委员会必须由企业中整个群众选举出来，要彻底纠正命令主义和委派制度。在一切斗争中要特别注意中日、中俄、中韩工人阶级的联合战线和下层统一战线，来取得黄色工会与帮口组织中的群众，要深入工厂企业广大的群众中去，加紧厂内活动，根据广大群众实际要求提出各产业具体的斗争纲领。”① 对建立工会组织提出了明确要求，建立与巩固赤色工会的组织，切实建立赤色工会的下层组织基础（赤色小组）运用群众路线去发展工会的组织与建立工会生活。发展会员一方面要特别注意在斗争中去发展，另一方面也丝毫不能放松，要经常地个别发展会员的工作。特别要准备建立重要产业（铁路、矿山、兵工厂、海员）的产业工会组织。在工厂企业中有党的支部组织的地方，即须进行工会工作，建立工会小组每个同志都须加入工会。

提出对雇农、青年工人、妇女要组织起来，特别是领导失业工人反对失业、要工作、要求失业保险等斗争，提出失业工人的要求纲领，同资本家政府官员斗争，包围厂主、官厅、示威，等等，组织失业委员会，不一定机械地用此名称，如用失业工人互助会、失业团等均可。要注重失业工人和在业工人斗争上组织上的密切联系，在业工人要帮助失业工人的斗争，失业工人和在业工人都选出代表参加工厂委员会。同时，要“加紧反黄色工会的斗争，国民党目前已在开始组织国民党的工会，因此，目前首先要加紧反国民党、反黄色工会的宣传，鼓动群众不加入黄色工会，有群众的黄色工会必须打进去活动，夺取其下层群众，成立赤色小组，反对黄色工会”。拥护支援红军，反抗帝国主义国民党进攻苏联，拥护苏联要在工人中做广大的宣传和鼓动，在工人群众中可组织苏联友谊会援助苏联委员会等组织，具体进行拥护苏联的工作，宣传苏联社会主义的建设，反对破坏中苏会议反苏联的阴谋，在中东路及各铁路特别要宣传中东路路章联系到苏联。

中共满洲省委第二次扩大会议完全接受了中共职工运动、反帝运动、农民运动上一些正确主张和策略，并在以后工作中注意纠正“左”倾错误，提出要

① 中央档案馆等编：《东北地区革命历史文件汇集》甲 7，《中共满洲省委第二次扩大会议职工运动决议案》（1931 年 3 月 27 日），第 205 页。

注意在产业工人中发展党的组织。

四、哈尔滨市总工会成立及其领导的工人运动

1931年5月27日，哈尔滨市总工会筹备处召开哈尔滨工人第一次代表大会，成立了哈尔滨市总工会，选举执委五人。总部下设组织部、宣传部、青工部、妇女部，各部还有干事多人。大会通过了《哈尔滨总工会章程》（21条），决定创办《工人事情》周刊。6月7日，哈尔滨市总工会发表成立宣言，宣布："哈尔滨总工会得到中华全国总工会指导和帮助已经正式成立了！从这天起，哈尔滨在业失业的六七万工友，便有领导的为了工人阶级自己的利益同厂主资本家和他们的官项（旧方言，指官僚阶层。）作坚决的斗争！"[①] 号召各业工友，一切劳苦兄弟们"团结起来斗争"，"组织各业工会"，"加入哈尔滨总工会"[②]。哈尔滨市总工会成立后，在北满特委领导下，全部工作人员都深入工厂企业中开展工作，领导工人斗争，发展会员，注意培养党的积极分子，建立产业工人支部，同时领导工人进行了多次反压迫、反剥削的斗争。

中东铁路失业工人索要储金的斗争。中东铁路管理局中国官厅不但裁减中国工人，而且不发给失业工人抚恤金，就连工人辛苦积攒起来的储金也不返还。1931年6月，经苏方提议，路局理事会通过决议，把工人的储金全数发给工人。但路局的中国官厅却迟迟不执行这一决议。6月14日，哈尔滨市总工会发出《为实行理事会的决议告东铁失业工友书》，呼吁"工人们！不要等待了，只有自己起来斗争，才会开下钱来，赶快团结起来，大家一同到路局去，一定要路局的中国官项实行理事会的决议"。经过斗争后，失业工人每人获得了100元。

电车工人罢工斗争。哈尔滨电业局所属电车厂有司机、工人、售票员等200多人。他们每天工作10小时甚至12小时以上，月薪仅25—30元，不仅经济深受罚款等苛刻地剥削，而且还要遭到军警、监工或查票员的侮辱和谩骂，殴打

① 中央档案馆等编：《东北地区革命历史文件汇集》甲32，《哈尔滨总工会成立宣言》（1931年6月7日），第153、155页。

② 同上。

工人事件也经常发生。这一切，激起全体工人的极大愤怒，8月17日晚6时30分，9号电车从车站开往道外，途经特区长官公署附近的图书馆车站，售票员让刚刚上车、未佩戴徽章的一特区长官公署官员买车票，遭到辱骂。该官员下车后到长官公署叫来四五个护兵，回到图书馆车站。此时9号车已经开走，恰好12号车开到。该官员与四五个护兵上12号车，不问青红皂白便殴打司机和售票员。此事件激起全体电车工人的愤慨。于是，工友走到电车必经之车站，通知工友，召开大会，并决定举行罢工，所有电车全部停驶。警察出动，将几个工友打成重伤。长官公署署长见事情闹大，唯恐难以收场，便派人将受伤工友送往哈尔滨市立医院。第二天，工人继续罢工。罢工工人向电业局提出：组织工会；严惩打人凶手；长官公署人员不得享受免费之权；负责伤者医药费，以后绝对不准再发生同类事件；以后有事工人直接向电业局反映，不经过工头或其他任何人；不准开除工人代表等6项要求。起初，电业局勾结警察，企图以武力威胁，强迫工人复工，并派武装警察包围了电车总厂。但工人们毫不畏惧，继续斗争。当局见武力威胁没起作用，又采取欺骗和收买的手段。19日，电业局派人到电车总工厂假惺惺地向工人“说好话”，并暗中收买落后工人。但结果是170多名工人中只有20名表示同意复工，其余150多名工人继续罢工。

8月20日，电业局被迫同意：工人可以组织工会、将打人的肇事者全部开除、不开除工人。罢工斗争取得了胜利。哈尔滨市总工会认为“这次斗争是北满工人活动走到最高阶段的标志，是含有政治性与反抗性的。表现了电业工人团结的坚强斗争的决心。对哈市工人有极大的影响”①。事后不久，电业局又借故开除工人，以女工或童工顶替，指派工会会长。市总工会立即发出《告哈埠电业工友及各业工友书》和传单，号召电业工人反对开除工人、反对指派会长。电业工人联合起来组织自己的工会，加入哈尔滨市总工会。

平民女子工厂反对监理林国栋的斗争。1931年3月，北满特委和共青团北满特委联合成立了北满特委妇女委员会，侯志为负责人。妇委会成立后，加强了对妇女运动的领导，并根据满洲省委的指示，以平民女子工厂为中心，推动

---

① 中央档案馆等编：《东北地区革命历史文件汇集》甲32，《哈尔滨总工会关于哈尔滨电车工人最近斗争情形的报告》（1931年8月25日），第168页。

各界妇女斗争。

哈尔滨平民女子工厂有女工300多人，主要从事缝、织衣帽和手套这样一些小手工业产品。女工待遇低、作坊条件又差。在此前曾有共产党员傅坤萱在该厂活动，组织女工斗争，后被厂方发现，以共产党嫌疑将其开除。侯志到哈尔滨后，深入平民女子工厂，在工人中开展宣传教育，启发工人阶级觉悟，号召人们团结起来斗争。新来的监理林国栋，随意开除女工，取消礼拜天休息日、不准工人自由出入、伙食极坏、经常辱骂女工。女工对他恨之入骨。在党的领导下，开展了反对林国栋压迫女工的斗争。女工们提出，反对星期天加班、反对减薪、改善伙食等要求。为鼓励和支持女工们的斗争，6月11日，哈尔滨市总工会发出《告平民女子工厂、商店工友姊妹书》，对女工们的痛苦和斗争，表示十分关心和同情，号召“只有大家齐心，组织自己的工会，实行坚决的斗争，起来罢工，才能够取得胜利”①。在党的领导下女工斗争获得胜利，林国栋被撤掉。斗争使女工们团结起来，成立了姐妹团，女工觉悟也有了提高。刘桂清（刘玉芝）等3名女工加入了中国共产党，成立了平民女子工厂党支部。

此外，老巴夺烟草公司、裕庆德毛绒厂多次发生反对工头、开除工头的斗争；海员、码头工人开展反对黄色工会、成立赤色工会的斗争。

6月8日，哈尔滨总工会召开青工代表会。会议代表有东铁、电业、皮鞋、印刷、女工等6人。列席会议的有东铁工人子弟儿童团2人。会议主要议程是：总工会青工部介绍“五一”国际青年节；报告当前工人斗争形势，红军斗争情况；各代表发言，通过给红军贺电和告青工书。哈尔滨市总工会还开展了征调工人到红军中去的活动。抽调了3名干部组成了征调委员会，宣传红军胜利消息；开展拥护红军的运动；征调青工到红军中去。7月，已征调2名青工，并对他们进行了政治军事基本知识训练。②

到1931年9月间，哈尔滨市总工会在东铁、呼海路、海员、电业、洋服、铁工厂、码头、平民女子工厂、窑工、报馆中发展会员80人，青工占40%。到

---

① 中央档案馆等编：《东北地区革命历史文件汇集》甲32，《哈尔滨总工会为组织自己工人的工会告平民女子工厂、商店工友姊妹书》（1931年6月11日），第157页。

② 中央档案馆等编：《东北地区革命历史文件汇集》甲32，《哈尔滨总工会工作报告——工人斗争情形及哈总的组织、宣传工作》（1931年9月8日），第171—180页。

年底计划会员将发展到142人。有的地方成立了工会组织。在哈尔滨市总工会领导下还成立了青工读书班、唱歌队等组织。许多会员都能积极参加发传单、找人谈话、发展会员等工作。党在工人群众中建立了一定的基础。总工会为扩大宣传，出版了《工人事情》周刊。总之，哈尔滨市总工会的建立使黑龙江工人运动呈现出崭新的面貌。

第三章　抗日战争时期的黑龙江工人运动

1931 年 9 月 18 日，日本帝国主义发动了侵略中国东北的战争。九一八事变后，日本侵略者为扩大对中国和亚洲的侵略战争，加紧对黑龙江地区进行掠夺。

为了反对日本帝国主义的侵略和反动统治，中国共产党领导黑龙江工人和各界群众进行了英勇斗争。黑龙江各地工人普遍举行罢工和示威游行，援助抗日义勇军和其他抗日武装斗争。1933 年 4 月，在中共满洲省委领导下，哈尔滨电业工人举行大罢工，反抗日伪当局的奴役和压迫。这一斗争震惊中外反动势力。同年 5 月，在黑龙江地区工人运动逐步发展、赤色工会力量壮大的形势下，中华全国总工会和中共满洲省委成立满洲总工会筹备处。哈尔滨总工会也进行改组。在满总筹备处的组织发动下，黑龙江赤色工会发展会员数百人。不久，由于日本帝国主义的残酷镇压，哈尔滨电业、皮鞋工会遭到破坏。哈尔滨总工会和满洲总工会筹备处也相继被日伪破坏。1937 年 4 月，中共哈尔滨特委再次遭到破坏以后，黑龙江地区城市工会组织从上层到基层几乎全被破坏，难以形成有组织的力量。1943 年，中国共产党从关内抗日根据地派干部秘密进入黑龙江地区城市，重新集结工人力量，恢复了党和工会组织。

抗日战争时期，在党的领导下，中国工人阶级表现出高度自觉的爱国主义精神和反帝反封建斗争的坚定性和彻底性，工人运动和工会工作有力支持和配合了党领导的武装斗争、抗日救亡、民族独立和人民解放的事业。

工会组织按照党确立的工运策略和斗争方式，协助党提高工人阶级的政治觉悟，动员广大工人积极投身反帝反封建革命洪流；中国工人阶级勇往直前、不怕牺牲，谱写了可歌可泣的英雄事迹。

第一节 九一八事变后黑龙江工人抗日救亡运动的高涨

九一八事变爆发后，黑龙江工人抗日救亡运动不断高涨，在这一特殊历史背景下，黑龙江工人群众展开了抗日救亡运动。同时，中国共产党加强了对黑龙江工人运动的领导，抗日救亡运动的形式更加丰富，如采取罢工、示威等方式反对日本侵略。随着哈尔滨总工会的成立，进一步加强了对黑龙江工人运动的领导，黑龙江工人运动在反对日本帝国主义侵略和掠夺中逐步发展。

一、九一八事变及黑龙江工人抗日救亡运动的兴起

1931 年 9 月 20 日，九一八事变的消息传至哈尔滨市，激起了市民的愤慨。各界纷纷举行集会，强烈声讨日寇的侵略罪行。在这一夜，一些工人和爱国群众义愤填膺，砸毁了日本人经营的《哈尔滨日日新闻》报社、日本文化协会、日本居留机关以及日本驻哈总领事馆。[①]

1931 年 9 月下旬，在中共北满特委和哈尔滨市委的领导下，哈尔滨各界群众组织联合成立了哈尔滨反日总会，最初的领导人包括杨靖宇和赵尚志。自奉天、长春事变爆发后，哈尔滨市工人的反帝情绪极其高涨，群众急切地要求以武装手段反抗日本帝国主义对北满的侵略。

共产党领导广大群众采取罢工、罢课、罢操、罢市等手段，通过示威反抗日本帝国主义对满洲的占领、反对进攻苏联、反对国民党的号召。北满共产党毫不犹豫地组织起哈尔滨的反帝示威游行。这项工作在中秋节当天正式开展。北特领导下的反日会、哈尔滨总工会等组织于 9 月 21 日组成了示威游行队伍，虽然由于时间仓促、准备不充分，只在原定地点（哈市最热闹街道上）进行了

---

① 黑龙江省档案馆编：《黑龙江历史大事记》（1931—1945），黑龙江人民出版社 1986 年版，第 3 页。

一次公开演讲，并散发传单，但在群众中产生了较好的影响。

从 22 日开始，每天都有工人、学生在演讲，散发传单。明确抗议日本帝国主义对于中国的侵犯。25 日恰逢中秋节，在哈尔滨总工会、哈尔滨反日会联合组织下哈尔滨铁路、皮鞋、烟厂、码头、造船、贫民女工厂等工厂的很多工人都走上街头，沿途散发传单，呼吁群众参与示威游行。[①]

通过一周的宣传工作以及各种群众集会，党在组织上已经成功动员了大量群众参与中秋节的抗议活动。在中秋节的夜晚，党、青年团、工会和反帝会领导的工人和群众，集结在道外正阳大街，举行了反对日本帝国主义占领满洲的大规模抗议活动。活动中高举着“哈尔滨反日大示威”“打倒帝国主义，拥护苏联”“打倒国民党，拥护苏联”的红旗，参与的群众手持各种各样的旗帜，都是反对帝国主义、反对国民党，支持苏联和红军的各种革命口号。通过宣传号召和群众集会，让广大群众知道了日本侵略中国的真实意图，看到了日本的狼子野心，在侵略满洲之后，日本要侵略哈尔滨，进一步激发了广大工人阶级和人民群众的爱国热情，使他们更愿意主动参与到示威游行活动之中，在群众中间树立起了党和工会的良好形象，为下一阶段工会工作开展，赢得了群众的支持和工人阶级的响应。

1931 年 9 月 27 日发出的布告，在日本侵略者的指使下，汉奸张景惠宣布正式成立“伪东省特别区治安维持会”。日本顾问从中把持特区政权，并于 9 月 30 日，宣布招募特区警备队，该队共凑 2000 余人，由日军供给步枪 2000 支，枪弹 40 万套。成立东省特区警备队，实际上是按照日本帝国主义的秘密指示进行的，这一不可告人的举动并未被群众所知晓，人们甚至误以为他组建警备队是为了对抗日寇。当时，包括工大、法大、医专、一中、二中、三中和女中等学校的学生，以及一些工厂的工人，如“三十六棚”、老巴夺的工人反日会员，还有街道市民的反日会员等，联合举行了一场规模宏大的反日示威。示威人群排成庞大的队伍，高举着反日的旗帜，来到南岗东省特区长官公署请愿，要求张景惠提供枪支弹药和被服，以便支援前线，与日本帝国主义进行战斗。群众在外高

---

① 黑龙江省总工会政策研究室编著：《中国工会运动史料全书 黑龙江卷》，黑龙江省总工会政策研究室 2000 年版，第 2 页。

呼反日口号，面对广大群众渴望抗日的热情，张景惠感到非常恐慌。一方面，他宣称对群众的要求表示理解。另一方面，下令调来大批警察殴打示威群众，采取压制手段。张景惠汉奸的真面目在哈尔滨人民面前暴露无遗，激起了哈尔滨广大人民的义愤①。也让广大工人阶级和人民群众明白依靠外力是靠不住的，要想推翻伪满统治，打击日本帝国主义的嚣张气焰，还是要有自己的部队，只有在中国共产党和工会的领导下，主动动员工人阶级成立自己的武装力量，才能够更好地对抗日本帝国主义的侵略，才能够维护工人阶级的权益。在这一背景下，很多工人群众都愿意参与到共产党领导的队伍之中，实现自身的爱国理想，成为抗日队伍的一分子，在白山黑水间战斗。

在举行抗议示威的同时，党领导的呼海路抗日救国会获悉敌人正向庙台子车站运兵，企图通过庙台子进攻邓文领导的义勇军。他们迅速转告了义勇军，并紧急动员铁路工人和爱国职员，特别是一部分火车司机和司炉，夜以继日地将松浦总站的机车和车辆全部拉往绥化。在将机车和车皮拉过呼兰桥后，立即焚毁了木桥，切断了铁路交通。不仅保住了大量机车和车皮，也让义勇军免陷多路围攻的尴尬境地。

1932 年 1 月 28 日，日本侵略者以保护日侨名义开始向哈尔滨发动进攻。同年 2 月 2 日晚上，在双城、王岗、顾乡屯一带，中国军民英勇抵抗，单是双城一战就击毙了数百名日本兵。为支援哈尔滨保卫战，哈尔滨各爱国团体纷纷捐款，购买日用品送往前线。在这场抗战中，哈市的反日情绪高涨，街头的日本宣传标语和画报被街坊邻居全部撕掉，标语被撕毁成为常见的现象。哈尔滨的工人积极响应呼声，每人捐献一元至两元，有的甚至捐献十几元。全厂共募得 4000 多元，用于购置各种食品和日用品，组成 1000 多个慰问袋。代表团亲自将这些慰问品送到顾乡屯前线。一位军官代表感激地表示："我代表全体弟兄向各位工友表示感谢，请各位放心，我们决心死守阵地，不后退一步。"这次的慰问行动激发了广大抗日士兵的战斗意志。

截至 1932 年 2 月 5 日，东北三省 130 余万平方公里的土地沦落到日本侵略者之手，3000 万名东北人民陷入水深火热的苦难深渊之中。

---

① 杨佐青：《哈尔滨文史资料》第七辑，哈尔滨出版社 1986 年版，第 99 页。

二、黑龙江工人的反日救国活动

九一八事变爆发后，沈阳沦陷，白色恐怖笼罩。在中共中央的批准下，中共满洲省委机关于1932年1月从沈阳迁至尚未被日军占领的北满地区的哈尔滨。省委机关迁至哈尔滨后，对各地的党组织进行了整顿、加强，并通过各种形式宣传党的抗日救国主张。同时工会组织也深入工人和群众中间，在艰难困苦的条件下，组织工人群众开展形式多样的反日救国活动。

黑龙江工人群众面临的现实困境。进入秋季以来，哈尔滨的经济形势越发困难，工商业关停、潜逃者增多，导致失业人数逐渐上升。各街道火房小店因此拥挤异常。调查显示，道外地区经营小店业务规模为800余家，每家平均有30名失业闲员，总计两万四五千人，是今春的四倍之多。尽管特区成立警备队并开始招募，但仅有少数失业者应聘，其他大多数失业者面临着寒冷的气候和生活费用增加的窘境，生活更加艰难。这使得一些人不得不寻找其他途径来维持生计，这也增加了社会治安的不稳定因素。[①] 可见当时工人工作和生活受到了影响。在这种极端困难的条件下，广大工人仍然没有放弃通过多种形式与日本帝国主义统治者进行斗争。

1931年10月20日，《滨江时报》报道了哈尔滨金融变化。东北造船厂是东省唯一的造船机关，监造了松黑乌嫩各江航行的商轮兵舰。在邢契莘氏担任厂长后，该厂经营状况良好，规模逐渐扩大。然而，厂内使用的原材料大多来自德美两国，而金价的暴涨导致成本大幅增加。此外，由于中日问题的恶化，导致该厂营业陷入低迷，人心惶惶。在中秋节后，该厂裁员规模逐渐扩大，裁员工人达到200名。然而，由于失业者增多、气候逐渐寒冷、生活费用增加，裁员只是暂时的解决办法。随着裁员的继续，工人的生计变得更加困难。[②]

1932年5月22日，据《滨江时报》报道，本埠市场繁荣，商业繁忙，人口众多，国际国内商贾云集，成为满洲新国家中最繁荣的城市。然而，受当前时

---

① 《滨江时报》1931年10月3日。
② 《滨江时报》1931年10月20日。

局的影响，本年度百业萧条，金融状况严峻，再加上江运中断，导致市面商务越发停滞，建筑业也随之几近停顿。根据某五金行商人透露，在往年这个时候，随着雪融冰解，各建筑公司纷纷筹备开工，包工人、建筑材料店等如五金行、砖瓦窑、洋灰公司也都忙碌起来。普通劳动者也因为各建筑项目需要用工而有望找到工作，商界和劳工界在这个时候都迎来了生机。但是本年的情况却截然不同，各资本家和房产家纷纷搁置开工计划，导致商工两界受到了共同的冲击。以哈尔滨外滩为例，目前只有正阳五道街东合利一家公司在兴工建筑，其他地方都没有相关消息，这进一步说明了市面的困境。①

1931 年 12 月 4 日，据光华社通报，自 12 月 1 日至 4 日，中东铁路发放 11 月薪金。一般路员领薪后才得知，该路理事会已经三次决议减薪，第三次减薪 10% 自 11 月 1 日生效。综合三次减薪结果，年薪金在卢布 520 万元以上的员工，已经减薪 30%。据悉，明年 1 月 1 日将再次减薪 10%，当局目前正在计划中。与薪金同时核减的还有房金、燃料等各种津贴，减幅较未减时高达 50%。中东铁路员工的收入曾经相当丰厚，在哈尔滨市居民中购买力最强。但随着多次减薪，该路员工的购买力下降，将对本埠商业产生相当影响。②

当时反日救国活动主要分为罢工、索要工资或维护权益等几种形式。其中，罢工活动包括中东路工人总罢工、哈油坊业停工罢工等。索要工资或抚恤金的斗争也在各地兴起。

中东路工人总罢工　中东铁路职工在 4 月 12 日，日本兵车被炸后，被捕 40 余人。这一事件激起全体职工的愤激，决定于 20 日全体罢工。工人斗争的焦点首先集中在哈尔滨，“五一”前后，中东铁路工人抗议运兵进攻义勇军、反对拘捕中俄工人、反对裁员充补白俄等。同时，邮务工人也提出要求，包括增加工资、缩短工作时间（从 16 小时到 11 小时）等，反对扣工钱。这些要求反映了工人们面对困境时的不满和呼声。③

哈油坊业停工罢工　哈油坊业自上个月以来已经全部停工，面临解散工人

① 《滨江时报》1932 年 5 月 22 日。

② 《滨江时报》1931 年 12 月 4 日。

③ 黑龙江省总工会政策研究室编著：《中国工会运动史料全书 黑龙江卷》，黑龙江省总工会政策研究室 2000 年版，第 10 页。

或辞退的境地。在特产组合俱乐部的会议上，油坊业所有工人得知全部停工的消息后，形势变得更加复杂。在日方特产组合长佐贺常次郎、副组长合长吉四郎以及满方油坊公会理事的参与下，工人们得知全部停工的消息并了解到所有工人将被解散或辞退。印刷工人具备一定的文化水平，了解国家和社会问题，容易接受革命思想，并且具有组织性。然而，在罢工过程中一些老工人多半参与过黄色工会，而青年工人和学徒则更倾向于投奔老乡、亲戚，这使得罢工和斗争变得更加复杂。

罢工发生后，哈尔滨印刷厂的工人们经历了一段动荡的时期。一些工人离开了厂房，搬到了道外承德街路东的一个洋房的顶楼居住。罢工半个月后，有两名工人中途动摇，去了道里一带的另一个印刷厂工作。其他工人面对厂方的威胁和欺骗，答应改善条件遂复工。虽然罢工取得部分胜利，但由于没有坚持斗争，未能实现全部目的。值得注意的是，哈尔滨的印刷厂多为小型厂，尽管多数厂都有工会会员和小组，但尚未形成统一的工会组织。①

中东铁路退职员工群集索款　中东铁路因业务不景气，退休人员数量超过5500人，应付储金和恤金总额高至740多万卢布。鉴于目前中东铁路的财政状况，实际上无法支付这笔款项。据日文报道，中东铁路与从业员关于退休索金的问题存在严重对立。在特警处的调解下，中东铁路同意在12月底支付300卢布，次年2月支付200卢布，同年3月支付150卢布，以此为标准，五年内将从业员的索金问题全部清算。并约定从业员此后不得进行反抗斗争。然而，在十月革命纪念日前，双方计划交换证书，但中东铁路苏联方面反对该方案，使得事态急转直下，双方互不相让。由于中东铁路拒绝交换证书，从业员再度激动，并立即要求全部支付，不等三年的延期。然而，中东铁路对此毫不妥协，坚称一文不付，双方矛盾不断激化。

退休从业员等300人，从25日早上开始，集聚在中东铁路理事会门前，要求立即支付现金，否则宁死不退。中东铁路退休员工对于索金问题的答复不满意，再次集结700余人，包围理事会，派代表出面进行交涉。由于双方各自条件

---

① 王守贤：《哈尔滨党史资料》第一辑，中共哈尔滨市委党史工作委员会1987年版，第175—177页。

相去甚远，下午3时尚未解决。得知此事后，特警处派警力弹压，保安队40名保安前往维持秩序，路警处也派遣数十名路警协助戒备，以防发生意外事件。①

鹤岗煤矿工人维权斗争　鹤岗煤矿，又称鹤立岗煤矿，坐落于松花江下游的汤原县。抗日战争时期，这里的煤矿工人饱受苦难，冒着生命危险劳作，却长达十个月未领到工资。工人们无法再忍受这种状况，于是齐心协力，全体罢工，要求追发拖欠的工资。然而，矿主却以总经理部在哈尔滨，没有钱在这里支付为借口，欺骗工人，将工资的发放责任推给了总经理部。这一说辞拖延了半年之久。工人们深知鹤岗离哈尔滨千里之遥，对方恐怕难以前来，于是一度考虑是否继续罢工。

情势危急之际，工人实在难以为继，于1932年11月，近千名工人决定前往哈尔滨，寄宿在道外小旅店，准备向总经理部亲自讨要工资。得知此事后，哈尔滨总工会决定介入并领导这场斗争。尽管总工会与这些工人之前毫无联系，也没有汤原县委的引荐，但这些工人自发而来，缺乏工会领导。于是哈尔滨总工会派人接洽，前往道外小旅店，与工人会面，详细了解了情况，鼓励他们组织起来，有了领导，大家齐心协力，才能战胜资本家。在哈尔滨总工会工作人员的推动下，发现了一些积极分子，与他们一同深入各小店，推选出一些领导人，组成了罢工委员会，并研究了斗争的方法，分析了资本家可能采取的欺骗手段，规定了在斗争时的统一行动原则，即领导人发言，大家齐声响应。斗争取得了部分胜利，但当时已接近年末，一些工人要回家，有的则急于置办棉衣。一些煽动者在工人中活动，劝说他们有了钱就先回家过年。工人们看到工作推进很费力，急于离去，斗争就此结束。②

海克铁路土木工人斗争　1933年12月初，一大批从事修建海克铁路（海伦至克山段）路基的土木工人抵达哈尔滨，向“大仓组”资本家要求支付工资。这些工人寄宿在道外五道至七道街的客栈。日本占领东北后，迫切地想要修建铁路，而海克铁路是其首要建设的重点之一。铁路的土建路基被委托给了日本

① 《滨江时报》1932年11月26日。

② 黑龙江省总工会政策研究室编著：《中国工会运动史料全书 黑龙江卷》，黑龙江省总工会政策研究室2000年版，第15—16页。

资本家“大仓组”，工人称之为“大始”，又被分包给了众多中国承包商，工人称之为“二柜”。这些承包商在春天从关内招募上千工人和农民（主要是农民），来到这里修路。承诺每天一元的工资，包括路费和劳动用具。工人认为在这里工作一年后还能有一些结余，因此纷纷报名。这些承包商在日本军队的保护下，将工人强行运输到海伦至北安一线进行强迫劳动，同时受到日军的监视。然而，锹、镐、箩筐等工具都在工人工资中扣除，原先承诺的条件基本没有兑现，半年多的工作只发了几次两三元的零用钱，而未发放工资。工人不断遭到日军的打骂，途中有些工人逃跑，有些工人罢工，最终在寒冷的季节中停工。

《滨江时报》的一名记者撰写了一篇文章，详细描述了“大仓组”拒绝支付工人工资的情况，社会上的人们对这一事件感到气愤。王景侠同志曾说：“工人最终只得到很少的钱，心情无奈地都回了家。”这是日本侵略者残酷剥削、欺压工人的罪行之一。[①] 这一时期无论是工人自发组织的罢工，还是在工会领导下的讨要工资罢工都相对零散，没有形成体系和呼应。一方面，由于日本侵略之后，对哈尔滨乃至黑龙江地区工会运动和工人阶级进行了残酷打压，破坏了工会组织，削弱了工会对于工人阶级的领导。另一方面，这一阶段工人阶级还不够成熟，很容易被资本主义所裹挟欺骗，因此很多罢工和斗争只取得了部分成果，并没有取得预想中的结果。

动员工农兵开展反日斗争　1932 年初，斗争形势日益严峻，中共满洲省委机关迁到哈尔滨进行重组。哈尔滨成为当时黑龙江地区乃至东北地区抗日斗争的策源地。这一时期，中国共产党对黑龙江地区的工农革命运动给予了更多关注。因此黑龙江工农兵在党的领导下也开展了一系列革命斗争。在中共满洲省委的统一领导下，东北各地党组织相继建立了以工人、农民为骨干的各类爱国群众性组织，并吸纳了反日会、户籍会等抗日组织。城市、企业和工厂都成立了分会，这些分会成为动员工农兵开展反日斗争的先锋队。1932 年春，黑龙江地区抗日组织仅哈尔滨就有 20 多个，拥有会员超过 200 人，到了 1933 年，哈尔滨民众反日会组织在原有的基础之上得到了进一步发展，数量为原来的三倍。

① 王守贤：《哈尔滨党史资料》第一辑，中共哈尔滨市委党史工作委员会出版 1987 年版，第 197—198 页。

其他地区在党的领导下，如鹤岗、珠河、汤原、穆棱、宁安以及中东路、呼海路沿线也成立了反日会组织，仅宁安就有反日会员5000余人。

随着抗日力量的汇集和增长，以哈尔滨为中心开展了广泛的抗日斗争。1932年松花江水灾后，很多民众流离失所，在哈尔滨难民收容所的失业工人中，党组织就吸纳了七八百人工会会员，并在工会的领导下，失业难民包围了反动当局，与当局展开斗争。1932年农历八月中秋节前，哈尔滨老兴王皮鞋厂100多名工人讨要欠薪遭到拒绝后多人被工厂主打伤，而后这些工人与工厂主针对拖欠工资展开了斗争。1933年12月，为了纪念广州起义六周年，黑龙江各地在党团和工会组织的领导下，广大工人与社会各界纷纷走上街头游行，发表演说、散发传单，同时还成立了标语队，通过走街串巷的形式书写反动标语，宣传爱国主义思想。

三、黑龙江工人阶级的武装抗日斗争

在中华民族处于生死存亡的危急关头，中国共产党以国家、民族和人民的利益为重，在九一八事变的第二天即发出反对日本帝国主义野蛮侵略中国的宣言，号召民众团结起来，共同抵御外敌的入侵。由东北军爱国官兵和各阶层人士组成的东北抗日义勇军，最早以武力投入反击日本侵略的斗争中，中国共产党积极给予支持和帮助。同时，黑龙江广大工人阶级也自发地投入武装抗日斗争之中。在中国共产党领导下，黑龙江工人阶级武装力量纷纷崛起，这些武装力量既有单独作战的，也有与抗联部队共同作战成为抗日根据地开辟和巩固的重要参与力量的。

铁路工人游击队的抗日斗争　1931年12月，在共产党员李延青的组织下，中东铁路东线的亚布力车站的大量铁路工人，缴获了当地护路警察的武器，成立了铁道工人游击队，这一支游击队是黑龙江工人第一支抗日武装力量。在李延青的带领下，这支80多人的工人武装力量积极配合抗联部队堵截日本列车，对铁路沿线进行破坏，与日本侵略者展开了灵活多样的游击战争。铁路工人游击队成立后，与抗联部队始终保持紧密联系。1932年3月，李延禄率部在镜泊湖一带与日军展开激战，李延青带领铁路工人游击队在高岭子一带设伏并拔掉铁轨上的道钉。1932年3月26日，日本天野部队在通过高岭子地区时，车辆倾覆，铁道工人游击队凭借地理优势向车中的日军狂轰滥炸。在这场伏击战中，日本死伤200多人，剩余的不足百人落荒而逃，日本少将天野也在战斗中被击毙。

护矿队的武装抗日斗争 位于小兴安岭东北侧的黑金河、格金河、亮子河三个金矿，靠近三江平原，战略地位十分重要，中共党组织很早就注意这里的工人工作，有的党员就在这里安家落户。1932年1月8日，中共汤原县委组织的化装宣传队，在格金河进行了抗日救国宣传，受到矿工的热烈欢迎。此后，汤原县委先后派共产党员宋瀛洲、裴敬天等到这里以工人的身份，做金矿局的上层工作，为党领导工人创造了条件。

1932年下半年，松花江下游两岸的焦旅、屠旅，老五团等东北军余部，在日本关东军打拉政策之下先后投降。有爱国思想的下级军官和士兵，形成了数十股大小不同的抗日义勇军。格金河经理刘纪三也组织了十余人的护矿队，刘纪三当年24岁，年轻有为，热爱东北的白山黑水，有民族气节，抗日坚决。刘纪三团结队内的抗日志士，为维护民族尊严和金矿的开采权，以汤旺河、小兴安岭为天然屏障与日伪军兜圈子，展开拉锯战。

1933年，日本关东军和伪军开始向汤原各个金矿进攻。黑金河和亮子河先后被日伪军占领，唯独格金河金矿经理刘纪三在共产党和工人的支持下，与日伪军进行多次战斗。①

红枪会的武装抗日斗争 在中东铁路东线，几乎所有工人都积极加入了反日的红枪会，这些红枪会的成员在平时从事农工劳动，但在对抗日本侵略时，他们便成为战斗队员。尤其值得注意的是中东铁路的工人，他们一方面从事本职工作，另一方面采用轮班的方式参与战斗，沿中东铁路的地区有两三万人参与其中。不久前，红枪会在一面坡附近的苇沙河与日本帝国主义的军队进行了多次激烈的战斗，结果是日本帝国主义损失了两旅人员，包括枪械、子弹车等

① 黑龙江省社会科学院地方党史研究所东北烈士纪念馆编：《东北抗日烈士传》第二辑，黑龙江人民出版社1981年版，第276页。

装备，而红枪会获得了5600余支步枪、12挺机关枪和2辆铁甲车。红枪会的战斗英勇无畏，令日本帝国主义难以应对。不久前，在东线的阿城，他们成功击败了日本军队。日本军队赶到时，他们使用斧头和铁锤对铁甲车进行攻击。尽管这些工人群众的成分比较杂，但爱国热情并不逊色，很多工人积极寻找共产党，要求共产党进行改编。[①] 红枪会成员的抗日斗争取得了一定的成效。

工人参加义勇军进行武装抗日斗争　在修建海克路的建筑工人中，日本资本家大仓组对工人漠视，拖欠工资且置工人的生死于不顾。面对这一情况，数百名工人在哈尔滨总工会的引导下，多次包围大仓组，强烈要求发放应有的工资。然而，日本资本家借助军警之力对工人进行残酷打压，进一步激化了工人的抵抗情绪，让他们认识到唯有武装自己，才能对抗日本帝国主义。于是，在哈尔滨总工会的领导下，他们组织了一支义勇军，迅速壮大至数千人，纷纷加入江北赤色游击队的行列。[②]

1933年6月，祁致中（时称祁宝堂）召集了六位密友，共同商讨成立“东北山林义勇军”的具体步骤。祁致中与赵喜儒等四人以天气转暖为由向工头请假。祁致中等人行进了两天，来到了赵喜儒的家，取出四两九钱的金子，卖掉并筹得12250吊钱。紧接着，他们委托人购得一支带五发子弹的狗牌步枪和一支带七发子弹的“七星子”手枪。获两支武器后，他们立即返回矿山。

第二天中午，趁着七名日本士兵整理枪械准备进餐时，祁致中和孙继武迅速掏出武器，先后击毙了日军班长三郎和机枪手。紧接着，众人一拥而上，夺取了敌人的武器，并击毙了剩下的五名日本士兵。此次行动共缴获一挺机枪、六支步枪、两支手枪，以及700多发子弹。祁致中带领这支队伍离开了驼腰子金矿，一路向北，行至40多里外的大梨树沟十二马架子屯休整。在此，他们正式组建了“东北山林义勇军”。由于祁致中在兄弟中最年轻，排行第七，凭借着聪明过人和勇猛无畏的品质，被众人推选为“首领”。当时他对革命思想尚不了解，也没有建立革命队伍的经验，因此取了一个名为“明山”的字号，队伍被

① 黑龙江省总工会政策研究室编著：《中国工会运动史料全书 黑龙江卷》，黑龙江省总工会政策研究室出版2000年版，第31—32页。

② 黑龙江省总工会政策研究室编著：《中国工会运动史料全书 黑龙江卷》，黑龙江省总工会政策研究室出版2000年版，第32页。

群众亲切地称为“明山队”。从那时起，祁致中率领这支队伍在桦川、依兰、勃利一带展开了抗日斗争，并不断取得战果。[1]

此外，中东铁路和穆棱煤矿及金矿工人也成群加入义勇军。1933 年 7 月和 8 月间，鹤立岗煤矿和金矿工人有几百人投入义勇军，哈尔滨也有上千土木工人要求加入义勇军。[2] 义勇军的队伍日益壮大。

抗战爆发后，黑龙江工人运动表现出以下特点：一是从 1933 年 5 月开始，黑龙江城市工人反日运动有了短暂的恢复。但日本侵略者加大了对工人运动的打击力度，自 1934 年上半年工人运动又开始转入低潮。这一时期，在中国共产党和工会的领导下，广大工人以经济斗争为主，这些斗争有些是自发的，有些是在工会领导下进行的。同时黑龙江地区相继成立了哈尔滨总工会、满洲总工会筹备处、鹤岗煤矿赤色工会等。这些工会成为反日活动的桥头堡，组织了大量抗日宣传活动，同时也积极组织工人进行罢工，动员工人参加各类武装斗争。二是黑龙江工运的重心从城市开始逐渐向周边小城镇和矿区延伸，在党的号召下，东北抗日游击战争在黑龙江地区蓬勃发展，这一时期，黑龙江工人斗争呈现出明显的地域性特征。

四、中共领导的哈尔滨总工会领导力量的加强

1931 年 9 月 22 日，哈尔滨总工会发表《告哈尔滨全体工友书》，号召各工厂的工友举行罢工、游行示威，反对日本帝国主义武装入侵东北。先后组织了铁路、电业、印刷、皮鞋、船业、码头、烟草等行业工人和各界群众示威游行，举行各种形式的反对日本帝国主义侵占东三省的活动。同时积极发动、组织群众支援抗日义勇军的武装抵抗，动员工人参加义勇军。其中，哈尔滨总工会扮演了重要角色。

哈尔滨总工会领导力量的构成　九一八事变后，赵一曼奉命来到东北，任

① 黑龙江省社会科学院地方党史研究所东北烈士纪念馆编：《东北抗日烈士传》第三辑，黑龙江人民出版社 1981 年版，第 331—332 页。

② 黑龙江省总工会政策研究室编著：《中国工会运动史料全书 黑龙江卷》，黑龙江省总工会政策研究室出版 2000 年版，第 33 页。

满洲总工会组织部部长、哈尔滨市总工会代理书记。[①] 1933 年，哈尔滨工会组织有很大发展，基层工会组织数成倍增长。总工会下属有电车工会、印刷工会、纺织工会、皮鞋工会、邮务工会、海员工会、船夫工会、车夫工会、成衣工会、火磨油坊工会、老巴夺卷烟厂工会、平民女子工厂工会、船厂工会、玻璃厂工会和东铁工会、呼海路工会、三十六棚工厂委员会等组织。哈尔滨总工会机关设组织部、宣传部、青工部、女工部。

据 7 月 20 日统计，哈尔滨总工会有电业工会会员 13 人，印刷 3 个小组 60 人，皮鞋工会 6 人，码头工会 8 人，木匠、织布、老巴夺卷烟厂、铁工厂 25 人，共有会员 122 人（《哈尔滨总工会工作报告》，1933 年 7 月 20 日）。

同年 10 月统计，哈尔滨工会有会员 96 人（《满洲省总工会筹备处 8、9 两月总结》）。11 月 22 日统计，在哈尔滨，电业工人工会拥有 45 名会员，其中有 20 余位党团同志，设有电业工会干事会。纺织厂拥有 8 个工会，包括工会小组和关系组，现有会员 20 余人，工会正大力发展中，并已成立纺织工会筹备会，即将正式成立纺织工会。海员工会在 4 艘船上有 8 名会员，印刷行业的 4 个厂有 19 名工会会员，皮鞋行业的 4 个厂有 17 名工会会员，火磨油坊 1 人，车夫 3 人。东铁工作相对滞后，原有会员 10 人，由于各种原因失去 6 人，正在发展中，已有 6 人，由党、团、工会共同组织的东铁工作委员会进行领导，目前已经着手工作。[②]

哈尔滨总工会的反日斗争　哈尔滨总工会的反日方针和任务都体现在具体的号召之中，如 1931 年 9 月 22 日的《哈尔滨总工会告哈尔滨全体工友书》，1932 年 1 月 1 日，哈总发表《为年关斗争告哈尔滨工友书》，1932 年 8 月 25 日《哈尔滨总工会宣言——号召各厂各业工人成立工人工会举行全哈工人第一次代表大会成立总工会》，1932 年 9 月 18 日《哈尔滨总工会为纪念“九一八”满洲事变告工人群众书》，1932 年 12 月 1 日《哈尔滨总工会关于满洲工人独立模范义勇军十大纲领》等。

① 王守贤：《哈尔滨党史资料》第一辑，中共哈尔滨市委党史工作委员会出版 1987 年版，第 182—184 页。

② 中央档案馆等编：《东北地区革命历史文件汇集》，1988 年内部印行，甲 16，第 154—155 页。

哈尔滨总工会是团结全哈尔滨各业工友向资本家斗争的领导者，工会是工人向资本家斗争的利器，要得到斗争的彻底胜利，就必须团结一致，组织自己的工会。哈尔滨总工会号召全哈各业工友为年关而斗争。[①] 按照总工会的号召，全体联合起来力量更大，各厂各业工人，马上选出自己的代表，举行工人第一次代表大会，成立和巩固全哈工人斗争的领导机关——哈尔滨总工会，一致反对日本强盗资本家的屠杀、压迫和剥削，提出自己的条件，举行斗争。[②]

哈尔滨总工会关于满洲工人独立模范义勇军十大纲领指出，武装工人，组织工人独立模范义勇军，夺取敌人的武装，反对日本及一切帝国主义进攻中国、瓜分中国，屠杀中国民众，反对日本帝国主义派遣飞机、大炮、兵舰、军队、毒瓦斯、坦克到中国来压迫中国革命，驱逐日本帝国主义的海陆空军出境，与日本帝国主义进行革命的民族战争。

联合满洲数十万工农义勇军，联合革命士兵，反对投降日本帝国主义的军阀长官及一切投机分子，枪毙和驱逐一切反革命分子，成立全满洲工农义勇军及革命士兵选举出来的革命军事委员会，统一反对日本帝国主义进行民族革命战争的领导，与日本帝国主义作战。领导农民抗租抗税吃大家分粮，实行土地革命。组织反日的游击队破坏敌人的后方，阻止敌人运兵运械去攻打义勇军和苏联，阻止和没收敌人的米粮枪炮给养到前方去，杀死敌人的侦探、岗警、便衣队，夺取敌人的武器，进行反日游击战争。

哈尔滨总工会的反日活动 哈尔滨总工会采取了多种措施，开展反日活动。首先，抓住日伪压迫残害人民的重大事件或革命纪念日进行宣传教育。在“五一”节、十月社会主义革命纪念日、日军占领哈尔滨的二五事件、九一八事变、电车工人罢工等重要时间节点，组织工人自行刻制蜡版，印刷、传送并散发宣传品。例如，1933 年 4 月，在哈尔滨火车站伪满纪念碑上，首先用油漆写下了“打倒日本帝国主义”八个大字，这引起了强烈共鸣，气愤的鬼子无法忍受，只好用白布罩住。其次，采取了飞行集会的方式。在人多的地方，如道外北市场、

---

① 黑龙江省总工会政策研究室编著：《中国工会运动史料全书 黑龙江卷》，黑龙江省总工会政策研究室出版 2000 年版，第 34—35 页。

② 中央档案馆等编：《东北地区革命历史文件汇集》，1988 年内部印行，甲 32，第 185—186 页。

五麻子膏药铺等地，利用中午 12 点的笛声作为信号，几位同志伪装成顾客向空中散发传单，高喊“打倒日本帝国主义”等口号，然后在人群中散开。最后，积极推动募捐运动，通过这种方式宣传抗日，所募得的财物经党组织送给抗日游击队。还发起了“募捐一架飞机送给工农红军”的活动，印制了大量反日会的募捐册，发放给会员进行募捐，数额不限，每人三分、五分、一角、两角皆可。通过各种途径宣传抗日，扩大反日会员规模。

其他地区工会组织的反日活动　在中共海伦地下党组织的领导下，工会参与的海克山路 200 余名修路工人为反对拖欠工资、克扣工资和打骂工人而罢工。1933 年 4 月 2 日，为抗议宪兵王文昌无理殴打电车车掌（司机的旧称）张鸿鱼，哈尔滨电车工人在电业党支部和市总工会的领导下举行罢工。市内电车全部停驶，交通断绝。罢工工人要求：给被打伤工人抚恤金 50 元；惩办肇事祸首；负责受伤者医药费；公开向工人赔礼道歉；保证以后不再发生类似事件。4 月 5 日，工人复工。4 月 3 日，伪哈尔滨航联局 100 余名被裁人员赴航联局要求局方解决失业工人生活上的困难，并推举广顺轮船大二航马益寿、王子良为工人的代表，面见执行部正、副经理交涉，迫使局方答应了工人的要求。4 月 8 日，中东铁路苏籍员工因封锁铁路举行罢工。6 月 27 日，哈尔滨中东铁路千余名工人在工会领导下，反对开除工人，实行大怠工。

自 1934 年初开始，由于敌人的严厉打击和破坏，黑龙江的工会工作和工人斗争受到了严重影响，哈尔滨皮鞋业工会、中东铁路工会相继被破坏。然而，工人的反抗仍在持续。据统计，1933 年至 1934 年期间，在黑龙江各地党的地下组织和工会的领导下，工人为反对日伪当局反动统治和残酷压迫、剥削，举行了多次罢工和怠工斗争，参与人数有数千人。①

第二节　抗战开始后黑龙江工人运动的曲折发展

随着辽、吉两省被日军侵占，伪政权相继建立。1931 年底，日军占领齐齐

① 中共黑龙江省委史志研究室著：《中国共产党黑龙江历史第一卷（1921—1949）》，中共党史出版社 2021 年版，第 211—212 页。

哈尔，伪黑龙江省政府成立，标志着辽、吉、黑三省伪政权全部建立。伪满前期黑龙江工人运动遭遇重大挫折，在曲折中发展。

一、伪满洲国成立和黑龙江工人运动受挫

伪满洲国成立 1932年2月16日，日本关东军在沈阳操纵控制下召开了伪满洲国“建国会议”。主要人物包括伪奉天省省长臧式毅、伪吉林省长官公署长官熙洽、伪黑龙江省省长张景惠以及得到日本支持的黑龙江省代主席兼军事总指挥马占山。2月17日，他们组成了过渡性的“东北行政委员会”，由张景惠担任委员长。同日，委员会发布宣言，宣布脱离国民政府，宣称“东北省区完全独立”[①]。随后，以政委会名义发布了日本关东军司令部策划的《新国家建国方案》。该方案将“新国家”定名为“满洲国”，任用清朝废帝溥仪为“执政”，并改年号为“大同”。此外，方案规定了“国旗”样式，将“首都”设在长春，并将长春更名为“新京”。于1932年3月1日举行“建国典礼”。同月9日，溥仪正式就任“满洲国执政”，而汉奸郑孝胥被任命为伪国务总理。

1932年9月15日，新任关东军司令官、日本驻伪满洲国特命全权大使武藤信义与伪国务总理郑孝胥签订《日满议定书》，确认日本在中国东北拥有“一切权利和利益”，承认日本关东军对“满洲”的实际统治。当天，日本政府正式承认伪满洲国。

《政府组织法》规定，伪满洲国实行立法、行政、司法、监察四权分立，设有国务院、法院、检察院三院以及民政、军政、财政、外交、实业、司法、交通等七部。在军事方面，根据1932年3月10日签订的《日满密约》，伪满军队成立，多由东北军投降者组成，且由日本关东军的军事顾问团负责操纵。此前，藤井等组织了“靖安军”，成为镇压东北抗日活动的武装力量。

在此过程中，中共满洲省委于1932年3月5日发布了《为反对满洲“独立政府”成立宣言》。该宣言明确指出，伪满洲国完全是日本帝国主义为统治满洲

① 陈觉编著、张德良等校订：《九一八事变后国难痛史》上卷，辽宁教育出版社1991年版，第695页。

的工具，满洲已成为日本的殖民地。唯有将日本帝国主义的一切政治、经济和军事势力从满洲彻底驱逐，满洲才能真正获得平等。[①] 宣言呼吁受压迫的满洲工农兵士和贫民，“自发武装起来，将日本帝国主义赶出满洲，推翻他们的新工具‘独立政府’”。1932 年 3 月 8 日，共产党员黄玉珍和青年团员赵尚云在上号平民女子工厂和老巴夺烟草公司散发传单，抗议伪满洲国的成立。3 月 9 日，在党团的领导下，中东铁路三十六棚总工厂工人、电车工人以及各大中学校的学生，在哈尔滨的街头分发传单，张贴标语，反对伪满政权的建立。3 月中旬，哈尔滨的反日自救会、反帝大同盟等民众团体相继召开集会，分发传单，发表演讲，反对伪政权的成立，并拒绝参加伪满洲国成立的庆祝大会。不久之后，哈尔滨市委动员三十六棚总工厂、电车厂等工人以及哈尔滨工业大学的学生召开了反对伪满洲国成立的大会，并进行了游行示威。

黑龙江工运严重受挫　黑龙江沦为日本帝国主义殖民地之后，日本侵略者无时无刻不对黑龙江人民的反抗进行压制。在统治过程中加强军事法西斯统治，在经济上也进行了全方位的剥夺，尤其对反日前列的东北工人阶级及其先锋队进行了残酷的镇压和摧毁，致使在中国共产党领导下的下属组织遭到了严重破坏。1932 年 10 月，中共汤原中心县委机关和基层党组织以及工人组织遭受破坏。1934 年，因共青团满洲省委宣传部部长杨安仁和书记刘明佛相继被捕叛变，向敌人泄露了党的组织，导致中国满洲省委、哈尔滨区委以及黑龙江各地党团和工会组织损失严重，有 40 多名主要干部被捕入狱。黑龙江工人反日斗争由此转入了低潮，并呈现出隐蔽状态。为扭转这一局面，在中国共产党领导下，组织各地工人深入矿区和农村，先后开辟了南满、东满、吉东和北满四大抗日游击区。这一时期东北工人运动的中心逐渐由城市向偏远的中心小城镇和矿区转移。

1936 年，根据中共驻共产国际代表团的指示，中共满洲省撤销。成立了中共南满省委、北满临时省委和吉东省委。三个省委对四大游击区和党领导的抗日武装开展相关工作。同时建立哈尔滨特委，负责领导哈尔滨等城市斗争。从

---

① 中央档案馆等编：《东北地区革命历史文件汇集》甲 10，《中共满洲省委为反对满洲“独立政府”成立宣言》（1932 年 3 月 5 日），第 22 页。

1937 年 4 月开始，日本侵略者对哈尔滨、滨绥、滨北铁路沿线的地下党组织进行秘密渗透和大肆搜捕。1937 年 10 月，被捕者就多达 700 余人，其中有 200 多人被日本侵略者秘密处决。这使哈尔滨特委、哈尔滨市委、哈东特委、海伦县委等党组织遭到了严重打击。1938 年 3 月起，敌人又对黑龙江地区的汤原、依兰、勃利等地进行了大搜捕，共抓捕了共产党员和抗日群众 300 多人。其中 100 多人被判刑，8 人被杀害。经过两次大搜捕，黑龙江地区党组织力量遭受了重大损失，同时也影响了黑龙江地区的工人抗日运动的开展。

这一时期日本侵略者对东北工人抗日运动除了武装镇压和大搜捕以外，还通过劳动统筹的办法侵害工人的合法权益。日本侵略黑龙江之后，对广大工人实行了残酷统治。1933 年 12 月，日本设置了劳动统治委员会。1934 年成立了大东公司，作为东北劳动者获得身份证明的主要机关。要想在黑龙江做工，就需要获得相应的身份证明，通过这一措施对黑龙江地区的工人进行了严格限制，强化了对东北工人的管制，进而达到防止工人反日运动发生的目的。

二、抗日游击区工运工作的开辟

抗日游击区工运工作的开展本身与抗日游击区建设息息相关，同时又接受中国共产党的领导，因此，相关工作开展情况散见于当时的文件和回信当中。同时各地工人也利用抗日游击区建立的有利契机，广泛开展工人运动。

中共绥宁中心县委工运工作的开展 1932 年，中共绥宁中心县委根据革命形势召集救国军中的共产党员李延禄、孟泾清等人举行紧急会议。在会上，主要领导对当时的抗日斗争形势进行了分析，并明确指出，在日本大举进攻下，要想与日本进行抗争，就必须组建自己的部队，这样才能够抵抗住日本的正面进攻。1932 年 12 月，日本集中兵力向集中地区展开围剿。1933 年 1 月 1 日，日本在飞机、重炮和装甲车的掩护下对抗日游击区和根据地进行了猛攻，在李延禄的沉稳指挥下，部队突出重围。同时召开会议，决定按照中共绥宁中心县委的指示精神，成立抗日游击队，脱离原来的救国军。中共绥宁中心县委非常重视抗日游击区的建立以及工运工作。其主要做法有以下几种：

高度重视工人的日常重要问题。引导工人反对裁员、反对降薪、反对加班、反对租金上涨、反对扣薪、反对待遇恶化，同时为失业工人争取工作和救济，并抵制不合理募捐和房租等问题，将工人的日常斗争与反抗日本帝国主义、支持苏联、支持红军的政治任务结合起来，将这些斗争逐步发展成为更大范围的经济和政治罢工。

在斗争中揭露黄色工会和国民党对群众斗争的欺骗和出卖政策，同时努力应用无产阶级民主制度，形成下层统一战线。广泛使用斗争委员会的形式，领导各个具体要求的斗争，如反对减薪委员会、反对裁员委员会、复工委员会、失业工人斗争委员会等，并在群众会议上以通俗的语言明确提出斗争的纲领，通过这些斗争巩固党和群众的联系，建立赤色工会。

建立和发展阶级工会。在穆棱煤矿、碾子沟、碱厂、金矿、林木工人、小手工业工人和乡村工人中建立赤色工会组织，中东路职工会应在各站建立自己的小组，并利用各种公开可能性建立多个附属组织，如工人互助会、弟兄团、同乡会、俱乐部、读书班、体育团等。为了巩固和发展赤色工会，必须面向群众，真正保护他们的经济利益（这是工会的基本任务），并确保对工人的职工教育和文化宣传。通过群众工作充实工会生活，使工会能够巩固成为牢固的组织。

汤原县工运工作的开展 汤原县群众基础好，抗日游击区工运工作取得了一些显著成绩。具体在工运工作开展过程中，围绕以下方面展开：

组织和领导鹤立岗金沟工人的斗争，组织煤矿工会、金矿工会、码头工会，建立起汤原的总工会，形成更为稳定的组织架构。领导失业工人的斗争，建立失业工人委员会，发动他们争取救济和讨回欠薪，特别是像鹤立岗煤矿工人欠薪 13 个月的情况需要得到解决。

指派专人负责下江的工作，确保他们的权益得到维护。在雇农和伐木工人中开展工作，建立雇农工会，领导他们的日常斗争，以确保他们的合法权益。坚决领导工人的罢工运动及其武装斗争，为工人争取更好的工作条件和生活待遇。

珠河县工运工作的开展 中共珠河中心县委自 1932 年 10 月改组以来，对工人群众的工作有了初步的调整，其中包括在亚布力林木工人和一面坡工人中进行一些工作。然而，在初步的调整中，县委未能巩固已取得的部分成绩。一面坡党支部解散后，工人的工作也随之中断。亚布力林木工人的工作由于一位同志被捕，也未能及时恢复。对于中东铁路工人的工作，一直被认为是困难的，甚至被认为是“不可能的”，这种错误的观念对党的工作开展和工人运动造成了不良影响。之后，珠河中心县委才提出了“谁能首先打开铁路工人的工作，谁就是模范党员”的口号。虽然针对如何开展工人工作提出了口号，但没有相应的详细计划，以至于口号提出之后两个星期内并没有取得实际成效，在此期间，工人运动和工人斗争仍然继续，如一面坡三四十个铁路工人要求发薪开展了工人斗争，但当时的工会并没有参与工人斗争之中，县委也没有动员自身力量对工人群众斗争进行领导，导致工人运动缺少领导主体。

而后，珠河中心县委对领导工人运动进行了经验总结，指出在开展工人运动过程中：首先，深刻理解工人运动在民族革命战争中的重要性和紧迫性，彻底打击一切对工运的机会主义。其次，深入了解工人的实际生活，制订切实可行的计划，并具体帮助支部开展工人工作。最后，积极努力恢复（如一面坡）并建立（如珠河街）中心城市的支部，以确保工人运动在各个方面都能够得到支持并通过形成工会组织的方式，加强对工人运动的领导。①

穆棱镇工运工作的开展 1933年以后，在党的领导下，穆棱（镇）—磨刀石铁路（以下简称穆棱铁路）成为抗日游击区。这是因为穆棱铁路的工人相对较为集中，觉悟较高，党的组织基础也相对较好。当时，穆棱铁路拥有十几个党支部，党员人数达30多人。在穆棱铁路工作的主要党活动分子包括潘寿廷（曾任党的穆棱县委书记）、赵青、斗玉山等同志。

穆棱铁路的工务段、房产段等地是工人较为集中的区域，党通过抗日救国会广泛组织工人，进行抗日活动。当时在穆棱铁路房产段工作的赵青（因擅长书法，工人通常称之为“赵先生”），通过组织“工人夜校”和发展抗日救国会员，深入进行抗日宣传教育工作。他将“工人夜校”作为党的第一号发展点，并领导了历时三个多月的“工人夜校”活动。有30多名工人参与学习。由于“工人夜校”取得了显著效果，党在工人中的影响不断扩大，工人的政治觉悟得

① 中央档案馆等编：《东北地区革命历史文件汇集》，1988年内部印行，甲37，第312—314页。

到提高。穆棱铁路工务段、房产段有50%以上的工人加入了抗日救国会（实际上是抗日工会），经过斗争考验的工人中有十余人加入了中国共产党。这一系列活动推动了抗日运动的开展，同时也为中国共产党在穆棱铁路的地区扎根打下了坚实基础。

三、满洲总工会筹备处的成立及斗争

1932年7月，中共满洲省委高度重视工人反日斗争，全国总工会上海执行局特派黄维新（巡视员）前往哈尔滨领导工人运动。黄维新同时担任中共满洲省委职运部长。针对黑龙江地区工人运动基础薄弱的实际情况，他首先整顿了哈尔滨总工会，加强对工会工作的领导。同时，他也非常重视建立基层工会、发展会员。

满洲总工会筹备处的成立　经过一年的努力，1933年，满洲地区工会组织和工人运动较前一年有了显著发展，其中哈尔滨和呼海铁路工会会员数量增加了近一倍。鉴于“赤色工会”的顺利发展，中共满洲省委认为建立全满洲工会领导机关的条件初步具备，于是决定在哈尔滨、沈阳、大连等3个城市和关键产业建立工会委员会。为了统一领导地方工会，首先成立了满洲总工会筹备处，做好前期的情况了解、联系工作，待基础夯实后再正式成立总工会。

1933年5月，经中共满洲省委和中华全国总工会同意，满洲省委职工部改组为满洲总工会筹备委员会（简称“满总筹备处”），由省委原职工部部长金伯阳任筹委会负责人。满洲总工会迅速组织起来，黄其青（老曹）、赵一曼等负责具体工会工作。满洲总工会筹备处成立后，迅速行动，派遣代表到中东铁路、呼海铁路以及穆棱、下江等地，开展工会工作，建立工会组织，扩大工会会员，并通过工人斗争推动工会进一步发展。在这一过程中，满洲总工会筹备处通过决议，领导和支持中东铁路工人反对减薪、反对日本帝国主义进攻苏联的罢工斗争，并通过斗争不断壮大工会组织规模、壮大组织力量。

满洲总工会成立之后，迅速派出工运干部深入厂区开展工人工作。在各地纷纷成立工会组织，团结广大会员，宣传中国共产党和工会的各项方针，积极组织工人参与到反日统一战线之中，并对吸收工人的标准进行了调整。只要工人赞同向资本家提出改善待遇的斗争要求，赞同赤色工会的纲领，都可以成为工会会员。可以说满洲总工会成立之后，通过对原来关门主义政策大刀阔斧地改革，扩大了工会组织和工人队伍。1933 年 10 月，满洲总工会对各地工会宗教室的群众路线进行了批评，认为介绍一个群众加入工会，要求对群众各方面进行严格考察，但实际上很多积极分子难以成为工会会员。在被满洲总工会批评之后，各地工会对原有的考察标准进行了调整，开始向工人宣传新的政策，只要支持反日统一战线就可以成为会员。在实施这一政策之后，很多具有宗教信仰或国民党党籍的工人都逐渐成了反日统一战线的成员。

满洲总工会筹备处的反日斗争 1933 年 7 月，满洲总工会筹备处在指示信中，对下江地区的佳木斯、鹤岗等地的工会工作提出明确要求：号召罢工，争取经济权益，反对日本帝国主义的压迫；扩大工会组织；动员失业工人加入反日义勇军；展开游击区内的工会工作。

在满洲总工会筹备处的组织下，1933 年 8 月和 9 月间，哈尔滨的皮鞋、印刷、电业以及中东铁路加油工人相继爆发罢工或示威斗争，取得了一些胜利。在下江地区，鹤岗煤矿数百名工人举行罢工，呼海铁路的工人斗争也在逐渐扩大。随后，筹备处于 9 月发布通知，要求各工会揭露日本侵略者在过去两年中对中国工人群众的屠杀和压迫，宣传反日代表大会的主张，并决定派出黑龙江工会代表 10 人参加反日代表大会。

满洲总工会筹备处报告统计显示，到 11 月，黑龙江地区有工会干部 9 人，包括哈尔滨、鹤岗、下江金矿、呼海铁路、东宁在内的赤色工会会员总计 243 人。同月，中共满洲省委作出决议，确定满洲总工会筹备处的任务是紧密开展工人反日反满的群众斗争，使工会成为工人群众的领导组织，着力开展三大城市、三大铁路和六大游击区的工会工作，积极动员和武装工人群众参与反日战争。然而，到了 1934 年 2 月，哈尔滨电业局工会遭叛徒出卖，导致省、市工会领导机关受到破坏，黄维新等多人被捕，其他领导人被迫分散转移。在此背景下，满洲总工会筹备处的组织部部长赵一曼被派往珠河游击区工作，满洲总工会筹备处因此停止了工作。

尽管这一时期的工会组织有所壮大，但黑龙江工人运动局势并没有从根本上得到扭转，其中最大阻力就是党员自身的观念问题。长期执行过火的工运策略，致使很多工运骨干成员暴露在敌人面前，工运干部损失惨重，这也使得黑龙江地区一般党员对于领导工人运动缺乏主动和信心。加之这一时期中共领导的东北抗日游击战争迅速发展，党组织对农村工作和游击战争给予了更多关注，对于工人运动支持力度不足，这也造成了工人运动活动少、干部消极的现实问题。

1933 年何成湘在报告中指出，虽然省委对满洲总工会的领导不断加强，但各地党部对于工运工作重视程度不足，部分地方党部的工作报告就没有工会工作报告一项。有的内容相对简单，由于领导机关对于工会工作重视程度不足，导致支部对于工会工作也相对敷衍。① 更有甚者，部分地区将本来就稀缺的供应干部调到党政机关，甚至常常各个部门因自身人手不足，发生抢夺工会干部的事件。这无疑对当时黑龙江工人运动造成了严重的掣肘，以致很多地区虽然拥有各类反日群众组织，却没有形成相对应的工会组织，部分工厂、矿山没有工会组织，也就没有工会成员。

四、黑龙江各地工人抗日组织的建立

抗日战争背景下，黑龙江各地工人积极响应抗日号召，纷纷建立起抗日组织，展现了坚定的民族意识和自我保卫的决心。工人们组成了各种形式的反日团体，为保护家园、对抗侵略者做出了巨大努力。工人们在艰苦工作之余，积极投身到抗日组织中，用实际行动表达了对祖国的热爱。

建立鹤岗煤矿工人、金矿工人、雇农工人的工会组织　在下江地区，鹤岗煤矿工人、金矿工人、雇农工人政治觉悟高，工会组织在工人中间有一定的群众基础，因此为工会组织建立提供了先决条件。

工会组织通过建立各种附属组织，如反日兄弟团、友谊会、同盟会等，拉近了工会与工人之间的距离。工会与各工厂企业的工会组织保持密切联系，通

① 中央档案馆、辽宁省档案馆、吉林省档案馆、黑龙江省档案馆编：《东北地区革命历史文件汇集》（甲第 16 辑）《中共满洲省委何成湘关于最近满洲工作报告》（1933 年 11 月 24 日），内部资料，1989 年版，第 368 页。

过宣讲、教育、培训，提升了工人的思想觉悟，培养了工人会员参加组织生活的习惯。这一系列的举措加强了工人的组织意识，使他们在工会的引领下主动参与到工会的罢工反日活动中，与日本帝国主义进行抗争。一方面，工会在各自的组织内选拔最积极的分子，专门负责武装工人的工作，通过实际行动，工人参与援助反日义勇军的工作，包括慰劳物资的募捐、组织侦察队进行情报收集等，为反日抗战提供实际支持。另一方面，工会组织积极组织工人群众和工会会员直接参与反日义勇军，建立纠察队、工人自卫队等组织。这些组织将成为反抗侵略的有力武装力量，通过与反日义勇军建立密切关系，工人能够将抗日意见和主张传达给反日义勇军，进一步强化了工人在反日运动中的政治影响力。

工会在工作中关注失业工人的权益，并提出了一系列反对失业、反对资本家剥削的口号和宣传口号。特别是在鹤岗矿山，工会致力于保障失业工人权益，包括即刻补发欠薪、恢复失业工人工作、反对开除工人等。同时，工会还通过发动失业工人包围资本家、示威斗争，与在业工人建立联合战线，形成了一致的斗争联盟。此外，工会在失业工人中组织建立失业委员会，领导他们的斗争。

截至 1933 年 12 月，工会会员鹤岗煤矿有 12 人、4 个金矿有 14 人、雇农 50 余人，总计 80 余人。雇农工人工会虽然包括在农民委员会组织内，但尚未形成独立组织。

建立满洲呼海铁路工会　满洲呼海铁路工会在建立过程中，着眼于中心地区，如海伦、绥化、松浦等地。一方面，要紧紧抓住工人的核心诉求，从加薪和反对工作时间增加入手，组织广大工人开展多种形式的斗争，使广大工人的诉求与斗争需要紧密结合，通过宣传手段解决工人面对的心理障碍，进一步提升广大工人的斗争热情和斗争决心。另一方面，将所有工会会员视为活动的骨干，充分发挥会员的骨干力量，开展兄弟团等组织活动。进一步拉近工会会员与工人和群众之间的联系。这样既能够增强内部凝聚力，也能够扩大组织覆盖范围，形成更广泛的工人联盟，在斗争过程中既要做好宣传教育工作，让工人了解到争取权益的重要性；也要紧密地团结在满洲呼海铁路工会的领导下，形成有组织的斗争活动。在满洲呼海铁路工会建设过程中，越来越多的站点有了工会小组和会员。截至 1933 年 12 月，全线 19 个站中，有 11 个站已经建立了工会小组，共有会员 58 人，另外雇农工会的会员有 6 人。

建立珠河游击队　在建立游击队的过程中，珠河中心县委始终坚持团结铁路工人和伐木工人，并在雇农群众中开展了广泛的宣传教育工作。借助各种组织形式如赤色工会、反日会、读报组、识字班等，有组织地团结广大工人群众。通过组织和引导工人斗争进一步增强了工会组织在工人中的权威性和地位，例如，中东铁路工人反对开除、反对卢布改国等斗争以及伐木工人反对白俄的斗争等，让广大工人群众看到了工会组织是一心为工人着想的。同时也凝聚了工人力量。为建立诸河县委及游击队奠定了群众基础。在宣传工作中，主要向工人群众介绍人民革命军、游击队以及国内红军所取得的一系列胜利消息和作战精神。让工人群众主动参与到人民革命军和游击队的各项活动之中，既在人力上保证人民革命军和游击队的数量，也在实际行动中通过捐款捐物的方式支持人民革命军和游击队。1933 年底，中共珠河中心县委和珠河游击队在珠河县南部的中心县委所在地建立了以三股流抗日游击根据地为中心的道南抗日游击区，包括乌吉密、四方顶子、苇塘沟、石头河子、二排、柳树河子、娄家窝棚、六道河子等地。

建立中共海伦特支　1933 年 4 月 1 日，经中共北满省委批准，中共海伦县党支部正式成立，直属中共北满省委。雷炎任党支部书记，孙余久负责组织和领导游击队工作，张显涛负责宣传工作。雷炎利用家里的两间房子办起了医院，因为是 1933 年创办，故取名“三三医院”。雷炎自任院长，张显涛担任医生，张显涛的妻子任护士，雷炎的妻子刘志敏负责联络和接待工作。在一片白色恐怖下，雷炎将三三医院作为党的秘密办公地点，卓有成效地开展对敌斗争。雷炎不仅将医院作为组织活动的场所，更是积极参与地方警备队，以司务长的身份深入接触官兵，改善他们的伙食条件。通过这些努力，雷炎成功地在警备队内部建立了士兵委员会，宣传抗日主张，为日后组建抗日武装奠定了基础。与此同时，雷炎还通过动员红枪会等绿林武装，积极参与抗日活动。他们在工人、农民、教师、伪满警察中培养积极分子，发展党员，为抗日斗争播下了革命的火种。这一过程中，工人朱同志发展了 20 个会员，大多数是过去的一些旧有基础，被分散在各地。在克站，经过特支负责同志的努力，李同志成为活跃的组织者，发展了7名工会会员，推动了克站的工作。到了1934年，赵一曼等也在海伦指导工会工作。

五、黑龙江工人的反日罢工浪潮

工人们的抗争不仅是对基本生活和温饱的追求，更是对民族尊严和正义的坚守，在日本残酷的统治下，黑龙江工人发起了一轮又一轮的反日罢工浪潮。

黑龙江邮务工人大罢工　1932年4月，在哈尔滨吉黑邮务工会的领导下举行了一次在东北境内多地联动的总同盟反日政治大罢工，这次罢工的主要内容是反对日伪当局对东北邮务的强制接管。哈尔滨吉黑邮务工会成立于1929年，是东北地区最大的黄色工会。九一八事变之后，日本帝国主义不仅镇压赤色工会，同时也打压黄色工会，在民族矛盾日益尖锐的背景下，吉黑邮务工会便义无反顾地担负起领导职责，为了罢工，抗日斗争的领导者带领数以千计的邮务工人与日本统治者进行了斗争。

1932年4月，在日本政治压力下，要求东北各地邮局将邮务财产交与伪政府。4月5日，东三省全体员工联合全国邮务总会和上海邮务工会发表通告，宣布停止东三省的一切邮务。罢工正式开始，各地邮务员工已经在抗争，反对伪政府的接管。从1932年5月到7月，日伪当局先后枪杀和逮捕了多名邮务人员。在武装强制镇压下，1932年7月，哈尔滨等地邮局先后被伪政府抢占。这一时期的哈尔滨吉黑邮务工会，一方面，广泛宣传斗争口号，发动邮务人员继续抗争；另一方面，积极奔走，为邮务员工办理进关证明，组织1000多名员工分别转移到天津和上海等地。随着大批员工撤离哈尔滨等地，没能进关的邮务人员仍然与日本侵略者及其伪政府抗争。

哈市电车工人大罢工　哈市电车工人曾经历过漫长的斗争，其中最激烈的包括反对长官公署、反对警备令部、反对白俄的斗争，而有组织的更激烈的斗争则以这次为最。在罢工之前，发生过要求一律发放三个月花红的斗争、反对关岳节不加薪、反对工贼谢家西扣工人工资送给科长等小规模的斗争。然而，由于动员和组织上的不足，以及领导上的错误，这些斗争未能发动起来。但在这一过程中，党、团、工会都进行了不少的组织和教育工作，总结出了许多经验教训，党员、团员们也纷纷加入了赤色工会，组成了电业赤色工会干事会。

罢工的直接原因在于，4 月 2 日，便衣宪兵不买车票，殴打售票工人，激起了群众的愤怒。车辆当即停止运营。一些最积极的团员、党员和工会会员迅速号召群众到总厂召开群众大会。群众情绪高涨，在大会上通过了一致同意罢工的决议，并当场组织了三个部门：宣传部、纠察部和组织部。参与宣传部的有 20 余人，纠察部的有 30 余人（第二天扩大到 70 余人）。他们连夜制作了 7 张宣传画报、200 余张标语口号，分别张贴在正阳街、车站、教堂街、新城大街、总厂、沿电车路和各大马路上。同时自发组织通讯队负责联络消息，并组织了一个突击队（4 人），以最擅长拳术的成员为队长。

第二天再次开展群众大会，参与人数比前一天更多。在五点钟到八点多钟的开会期间，副科长、总经理亲临会场，群众当场提出一系列条件，包括给予受伤者 50 元的恤金、撤换宪兵队长、交出凶手、赔偿受伤者医药费、电业局担保防止类似事件再次发生。总经理当场答应这些条件，甚至表示如果电业局不出钱，他自己也会拿出 50 元。虽然这些条件只是口头承诺，但当时群众均表示满意，并同意复工。没想到，晚上发生了通译殴打售票员的事件，导致再次罢工。群众情绪更加激昂，晚上再次召开群众大会。然而，电局采取调虎离山之计，通过司机控制局势，托言有其他事务不出面。第二天一早立即宣布总办召集工人训话，并调动了大批宪兵和保安队进行压迫。工人面对保安队，一致愤激地表示，“竟然用武力来威胁，我们决不退缩”。总办当场宣布逮捕六人，保安队巡官迅速向群众表示绝不会立即逮捕六人。随后，总办逃离现场，科长宣布将六人开除，群众一致高呼，“要开除就开除”。群众情绪极为激昂，但在此关键时刻，部分同志动摇了，第一名被开除者反向大家劝告，请求不再坚持，以免发生危险。最终，斗争在电局答应保障安全的条件下结束，未能坚持扩大到最后的胜利。尽管这一次斗争未能取得最终胜利，但工会同志们的斗争精神被点燃，极大地增强了工会在工人中的威信。群众自发发起捐款给被开除者，每人捐洋 3 元，并对被开除者进行了慰问。在这场斗争中，一般群众，甚至反动的新闻记者都对电车工人的英勇表示赞赏，称赞他们在日本“满洲国”统治下居然敢这样斗争，实属不易。

中共满洲省委对于这次罢工进行了专门讨论，并制定了决议。目前，以反对开除六人并立即恢复工作，以及全面执行工人提出的六个条件为中心，继续发动斗争，组织第二次的罢工。[①] 这次罢工影响很大，当时在党内刊物《斗争》上载文说：在日本“满洲国”统治下，敢这样，真正了不得![②] 哈尔滨电车工人的这次罢工，是在工会组织的领导之下，用自己的力量团结起来给日本帝国主义扶持的“满洲国”电业局沉痛一击。[③] 这次罢工后，张兰生等一批工人积极分子在党组织的安排下，奔赴珠河抗日游击根据地工作，有的参加了珠河反日游击队。

其他工人的反日罢工浪潮 1933年5月13日和6月21日，在工会组织领导下，500名煤矿工人为反对矿务局局长长期拖欠工资和工头克扣工资，举行两次罢工，并两次包围了矿务局，彰显了工人阶级的团结和抗争精神。1933年，在桦川县驼腰子金矿，工人祁致中与6名同事联合行动，于6月22日成功击毙了日军机枪手、采矿队班长及守矿日军，夺取了机枪1挺、步枪6支、手枪2支。工人们随即召集集会，决定组织抗日队伍，并号召更多的人加入，形成了“明山队”，由祁致中领导。这支抗日队伍后来成为抗联第十一军的前身，在武装斗争中不断壮大，为抗击侵略者立下了赫赫战功。

1933年6月27日和7月1日，哈尔滨中东铁路的1000余名工人在工会的领导下，为反对路局开除工人，举行两次罢工，导致铁路交通混乱。在工会领导下，呼兰50余名铁路工人为反对路局侵吞工资、强迫学日语举行罢工。7月，中东铁路下城子站50名工人在工会的组织下，为反击日伪当局认定工人“通匪”，举行罢工。

1933年9月，在鹤岗工会领导下，300余名煤矿工人为索取欠薪，展开为期两天的罢工，最终取得了胜利。10月，20余名海（伦）克（山）铁路工人夺取

---

① 中央档案馆等编：《东北地区革命历史文件汇集》，1988年内部印行，甲13，第304页。
② 中央档案馆等编：《东北地区革命历史文件汇集》，1988年内部印行，甲13，第306页。
③ 中央档案馆等编：《东北地区革命历史文件汇集》，1988年内部印行，甲13，第361页。

日军武器，参加抗日队伍。12 月 10 日，海伦 2000 名建筑工人要求发还欠薪，展开大罢工。

然而，自 1934 年初开始，由于敌人的镇压和破坏，黑龙江的工会工作和工人斗争遭受了巨大的摧残。哈尔滨皮鞋业工会、中东铁路工会相继被敌人破坏。根据满洲总工会 1934 年 2 月的统计，哈尔滨各个工会会员仅剩中东铁路 3 人、电业 40 人、皮鞋业 10 余人、海员 2 人、同记工厂 2 人，共 60 余人，较 1933 年减少了一半。尽管如此，工人斗争仍在继续。

1934 年 4 月反日大罢工之后，日本侵略者和伪政府人员对电车工人的革命活动非常重视，并派特务对罢工活动进行侦查，通过收买叛徒、强加迫害等手段对参与电车大罢工的工人进行了三次“大逮捕”。许多党团员和赤色工会成员以及工会积极分子被捕入狱。在形势危急之下，根据工会组织要求，部分优秀的电车工人被派往农村参与农村游击队，并通过武装斗争的形式继续践行抗日理想。这时，日本已经在哈尔滨地区实施了法西斯统治，对中国工人任何反抗斗争都进行残酷镇压。电车大罢工后，敌人开始对电车工人革命活动进行迫害。在这一背景下，如果工人继续在城市与日本进行斗争，显然会损失很大，而这一时期农村日本统治还相对薄弱，加之当时工人阶级的可靠同盟是农村的广大农民，因此当时工人阶级深入农村，发动农民并进行抗日游击战争显得尤为正确。

六、黑龙江工人支援东北抗联的斗争

黑龙江工人们积极参与支援东北抗联的斗争，他们自发组织起支援队伍，为东北抗联提供物资和人力支持。工人们深知团结的力量，不仅在工作中发挥了技术优势，还通过募捐、宣传等方式积极支持东北抗联的斗争。这段历史见证了黑龙江工人的爱国热情和无私奉献，为东北解放立下了汗马功劳。

工人配合抗联截获日军军列　1936 年 8 月 12 日上午，磨刀石站党支部接到了牡丹江站党支部打来的电话，获悉一列日军军需列车当天夜晚从牡丹江站出发，路经穆棱站开往密山。磨刀石站党支部书记王新文用电话通知新房子工区工长戴吉山，并转告给设在穆棱街的中东路职工部。中东铁路职工部书记赵采青和穆棱站党支部书记潘寿廷带人勘察了地形，选定了北林子站至新房子工区中间413公里处为堵袭地点。派戴吉山、刘学胜与活动在穆棱县境内的抗联第二军、第五军取得联系。第二军、第五军党委接到通知后，马上派二军五师参谋长陈翰章和四团长侯国忠率领二军五师四团，五军一师师长李荆璞率领五军一师部分队伍，张中华率领五军警卫营一、二连计500多人，迅速赶到伏击地点，利用铁路两侧的树林埋伏起来，两侧山头上布下了机枪，铁路工人为配合行动拔掉了道钉。

晚12时，由两个火车头牵引的满载军需品和200多个日本兵的一列火车飞驰而来。列车进入413公里处，火车前半部脱轨，日军在夜色中一片混乱，再加上抗联第二军和第五军的勇士们一起开火，打死打伤日军100多人，获得了大批粮食、被服、武器弹药。这次袭击日军军需列车的胜利，给中东铁路东部日军以严厉的惩罚，大涨了中东铁路线党组织和抗日联军的威风。这次行动的成功是抗联队伍与工人阶级密切配合的结果。

十多天后，日军采取了报复行动，先后逮捕了巡道员刘学胜和戴吉山。尽管敌人动用了严刑拷打的手段，但这些英勇的工人坚贞不屈，没有泄露任何消息。最终，戴吉山在敌人的残酷迫害下光荣牺牲，为民族解放事业献出了宝贵的生命。此后，日军为了镇压铁路党组织领导的工人运动，在穆棱站至磨刀石站之间增加了兵力，装甲车频繁巡逻，对这段铁路间的山洞、桥梁更是严加防守。

抗日联军第二军、第五军的将士们与其兄弟部队联合起来，在铁路党组织和铁路工人的紧密配合下，向日军开展大小战斗20多次，不断挫败日伪军的“讨伐”和“围剿”。同年9月12日晚9时，张中华率五军警卫营一、二连，与侯国忠团长领导的二军五师四团四、六、七连计520余人，联合部分反日山林队，在代马沟站附近小石砬子处，将铁轨扒掉虚放在原路基上，部队埋伏在铁道两侧，当满载150名日军、200名伪兵及战马、物资的军用列车行至路轨被破坏处脱轨，张中华和侯国忠指挥伏兵出击，经3个小时的激战，打死日伪军98人、打伤30余人、死伤战马60多匹、歼灭了日军的一个工兵连，缴获了大批枪支、弹药和其他军用物资。

建立兵工厂支援抗联　黑龙江抗日斗争的一个鲜明特点是在日本残酷的统治之下，虽然中国共产党创建了抗日游击区，并组织和建立了人民军队与敌人进行殊死抗争，但由于黑龙江自然条件决定了冬季漫长而严寒，加之后勤保障不足，很多抗联部队也缺衣少穿，造成了大量减员。特别是武器装备方面更是受到了外界的严密封锁，因此建立兵工厂成为解决黑龙江抗日游击战争的关键问题。抗联军队坚持自力更生原则，除了通过与敌人战斗缴获物资以外，十分重视根据地的兵工厂建设，并将其作为抗联部队发展的关键。

1936年5月20日，七星砬子兵工厂正式成立，由沈阳撤退的部分兵工厂工人与祁致中领导的东北抗日联军独立师的人员构成。这批工人不仅是武器制造的熟练工人，而且还携带了制造武器的部分工具。后来这些工人都成为兵工厂的骨干力量。在这座兵工厂中，依靠简陋的设备制造了大量的机枪、冲锋枪、手枪和手榴弹等装备，为抗联部队战胜日本侵略者作出了突出贡献。例如，1936年，兵工厂对原有的手榴弹进行了改进，生产出了瓜型手榴弹和100多支“匣撸子”手枪，这一手枪具有一定的创新性，属于因地制宜拼凑的武器，虽然制作简陋，但在当时的敌后战场也是比较好用的武器之一。

七星砬子兵工厂的工人在十分简陋的条件下并没有被环境所吓倒，他们通过关系购买一台机床，为武器制造创造了条件。1937年春天，厂长韩立中在与其他技师修理缴获的敌人机枪时，想到了三八式步枪子弹容易解决，于是就决定用缴获的敌人机枪零件制作一种使用三八式步枪子弹的直把子轻机枪。正是在这些技术人员的努力下，辽十七式6.5毫米直把子轻机枪被制作了出来。这一轻机枪参考了日本歪把子轻机枪，但对其瞄准基线和枪体进行了改善，使用起来更为顺手，在抗日战场上大放异彩。

1937年11月，七星砬子兵工厂在工人的共同努力下，为抗联部队生产了大量的武器弹药。但兵工厂被敌人发现后，被视为眼中钉、肉中刺。随后在1938年，3000多名日伪军集结向兵工厂发起了进攻，敌人希望通过摧毁兵工厂的方式，断绝抗联武器弹药的来源。当时工人和护厂的战士们用自己生产出来的武器与敌人进行搏斗，但由于敌众我寡，战至最后日军还向抗联战士和工人释放了化学毒气。最终，80多名抗日壮士除韩立中、关岫山、宋宝贵3人幸免于难外，其余全部牺牲！[1]

第三节　七七事变后的黑龙江工人运动

在七七事变爆发后，日本对中国发动了全面侵略战争，东北的抗日斗争成为民族抗战的重要组成部分。黑龙江作为日本统治的大后方，负责为前线提供资源、武器和各种装备。这一时期日本对黑龙江工人的压迫和剥削也更为严重，在这种极端恶劣的环境下，黑龙江工人始终顽强斗争。

一、日伪残酷统治下的“平顶树血案”

平顶树地理位置优越，靠近孙吴县城和日军司令部，地势丘陵起伏，灌木丛生，是修建军用机场的理想地点。关东军第四军第一百二十三师团进驻孙吴后，为了抓紧准备进攻苏联，日军强征了2000多名中国劳工来修建平顶树飞机场。1937年9月，修筑孙吴平顶树飞机场的一名中国劳工因没给日军哨兵敬礼，被日本兵活活打死。为此，2000余名中国劳工罢工，500余人集体逃跑。日本关东军将抓回来的200余人全部杀害，制造了“平顶树血案”。

这场血案发生在1937年农历八月，两名中国劳工无故被日军杀害，激起了劳工们的极大愤慨。日军未料到，劳工们利用这两起无辜劳工被害事件，发动了一场大规模罢工，以表达对侵略者的抗议。在侵略者无故杀害两名中国劳工的第五天早晨，寒风刺骨，劳工们颤抖着站在工地上，整个场地宛如死寂一般。就在这时，按照惯例，日军拉响了警报，催促劳工迅速返回工作。然而，首先到达工地的是被害劳工所在工棚的几十名劳工，他们躺在工棚里拒绝上工。少数几个工棚的劳工虽然拖拉着朝工地走去，但并没有要上工的意思。日军拉了几次警报，最后一次持续了十多分钟。尽管日军多次催促，但全工地的2000多名劳工大部分都不上工，已经走向工地的劳工看到这一幕后，也纷纷坐在那里

① 《文物参考资料》1958年第8期第48页。

拒绝干活。日军这时才意识到劳工们正在进行大罢工。于是，他们紧急调来大量军警，将机场和工棚围得水泄不通，强制所有劳工集合，以残酷手段，威胁劳工揭发此次大罢工的领导人。从上午八九点钟开始，一直忙碌到下午三四点钟，才从 2000 多名劳工中找出了六名被指控煽动罢工的人。

为了镇压劳工，阻止罢工继续，日军当着 2000 多名劳工的面，采取了极端手段，用刀刺死了四名劳工。日本侵略者又用两匹枣红色的大洋马将另外两名劳工绑在马鞍上，两名日本骑兵一齐上马，大洋马飞奔而去，两名劳工在被拖行的过程中身受重伤，最终被拖死。到了晚上，几十名首先罢工的劳工被调往其他工地，再也没有回来。

日本侵略者原以为通过这场血腥的打击，能使劳工彻底屈服，不再产生反抗，但就在血腥屠杀之后的几天，五六百名劳工趁着午休时间，带着行李集体逃离。当他们逃到逊别拉河边时，为了更方便逃跑，他们把行李都扔在河的右岸，然后渡河向西北方向逃窜。对此，日军感到措手不及，急忙调动兵力，一边命令驻扎在黑嫩线上的日军封锁线路，一边派出步兵和骑兵进行追捕。然而，逃离的五六百名劳工一过逊别拉河，就四散而去，各自寻找安全的地方。日军直到追至黑嫩线上的二站和北大岭之间才捉到了 200 多人，而其余劳工都已远走高飞。

对修建平顶树机场负责的日军而言，劳工的大规模逃离事件令他们震惊不已。对于被抓回的二三百名劳工，日军采取了残酷无情的集体屠杀。就在当晚，这二三百名劳工在平顶树山下，逊别拉河畔，含恨死在日军的屠刀下。日军原本急于修建的平顶树机场也因为劳工的集体逃离而陷入停工状态。

二、黑龙江工人的反日罢工浪潮

七七事变后，黑龙江工人抗日斗争进入了新阶段，掀起了一轮又一轮的反日罢工浪潮。其中在 1938 年和 1939 年以劳资纷争为主。根据统计，1938 年东北地区劳资纷争件数为 100 件，有 1 万多人参加，持续日数达到 623 天。而 1939 年又有所增加，案件数达到了 125 件，参加人数也达到了 12000 多人，持续日数达到了 421 天。相较于 1935 年和 1936 年增长了十倍有余。尽管这一时期工人所进行的斗争大多带有自卫性质，但这些斗争在工会的领导下沉重地打击了日本侵略者，是对日本侵略者对黑龙江地区经济掠夺的有力回击。面对侵略者的残酷压迫，工人们通过罢工等集体行动表达了对侵略者的不满和抗议。在不同地区掀起了一轮又一轮罢工浪潮。以 1938—1939 年为例，对黑龙江地区工人罢工和纠纷事件进行梳理。从中可以看出，工人反日罢工情绪高涨（见表 3-1、表 3-2）。

表 3-1　黑龙江地区工人罢工和纠纷事件列举（1938 年）

时间	事件	过程与结果
1 月 4 日至 9 日	东宁县土木工人的同盟罢工	东宁县大碱厂架桥工程工人因为某包工单位雇用的 82 名中国劳工要求改善待遇和支付工资，举行同盟罢工。经过双方协商，1 月 9 日，包工单位大体同意工人的要求，圆满解决了纠纷。
4 月 29 日至 5 月 15 日	虎林县（今黑龙江省虎林市）制材厂朝鲜族工人罢工	虎林县安乐镇的满拓制材公司朝鲜族制材工人 18 人，因一名日本监工在酒后失言，导致工人罢工。在所管警察署的调解下，于 5 月 15 日得以化解。
6 月 4 日	哈尔滨和四平街制棉工人罢工	哈尔滨道外第十四制棉厂的 320 名中国工人因物价上涨导致生活困难，要求计件工资每斤由匹分增加至七分，并发起同盟罢工。在所管警察署的调解下，双方妥协，决定每斤提高至六分。
6 月 27 日	双城县（今黑龙江省哈尔滨市双城区）酿酒工人罢工	双城县的一家由中国人经管的制酒厂雇用的 10 名酿酒工人，因物价上涨要求提高工资五成至十成，并发起罢工。在当地商工公会的调解下，成功增加了工资并于第二天解决了纠纷。
7 月 19 日	双城县制鞋工厂工人的纠纷	18 名工人以物价上涨为由，向厂方提出要求增加工资待遇。经过双方相持，翌日决定提高工资一成至两成，成功解决了问题。
7 月 15 日至 22 日	明水县制酒工厂同盟罢工	明水县管辖的三家制酒厂的 18 名工人，提出在农忙期间提高工资待遇的问题。由于业主方未同意，从 7 月 21 日开始，工人发起了同盟罢工。在 22 日的调解中，业主方决定在 6 月到 9 月的农忙期间，每人每月额外发放特别奖金五元，圆满解决了问题。

续表

时间	事件	过程与结果
11 月 20 日至 29 日	东宁县水道工程工人的纠纷	东宁县水道工程公司雇用 31 名工人，因公司未支付工资及其他不满事项而举行罢工。经过调解后，公司决定支付工资，并改善待遇等。
12 月 20 日	双城县马车夫同盟罢工	双城县的马车夫等，围绕粮栈业主突然降低运费的问题，发动同盟罢工。在双城县警务科的调解下，最终达成了恢复降价前运费标准的协议。

表 3-2　黑龙江地区工人罢工和纠纷事件列举（1939 年）

时间	事件	过程与结果
1 月 23 日	牡丹江市内公共汽车工作人员的纠纷	牡丹江市的公共汽车工作人员中包括朝鲜族司机 20 人和中国司机 5 人，因业主违反雇用合同一事，通过决议，果断实施了总罢工，以迫使业主改善他们的待遇。业主为防止公车停运，最终决定增加部分工资。
4 月 4 日至 12 日	肇东县（今黑龙江省肇东市）粮栈工人的纠纷	肇东县有 12 家粮栈，共雇用工人 365 人。由于物价上涨，工人们要求提高工资，从 4 月 4 日开始，每家粮栈工人选出一名代表，共 12 名代表与业主协商，全体工人一齐坚持同盟罢工。考虑到与其他地方粮栈的关系，在与工人方面达成妥协的基础上，决定提高一成工资，问题在 4 月 12 日得以圆满解决。
3 月 15 日至 5 月 17 日	哈尔滨市织袜工厂工人的纠纷	哈尔滨道外南三道街某中国人开设的织袜厂雇用了 31 名中国工人。由于物价上涨，对每织完一打（12 双）袜子的工资为二角四分感到不满，工人于 3 月 16 日开始罢工。在调查其他织袜厂工资状况后，厂方发现工资大致相同，于是决定提高至二角五分。5 月 17 日纠纷得以解决。
4 月 2 日	哈尔滨市毛笔制造工人的纠纷	哈尔滨道外第五毛笔制造厂的 51 名工人结成同盟，向业主提出要求，认为由于奉天市已提高毛笔制造工人的工资待遇，哈尔滨市也应该提高。虽然一度引发业主和工人之间的纠纷，但最终业主同意提高工人的工资，从原来的每日一元零六分提高到一元五角。
6 月 1 日	哈尔滨制糖厂工人的纠纷	哈尔滨的满洲制糖工厂为了强化企业管理，在 6 月 1 日颁布了一项新的厂规，并要求全厂工人遵守。然而，40 多名中国工人对其中规定的“凡出入工厂大门时，须向值班白俄警卫人员敬礼”表示反对。由于白俄担任门卫引起中国工人的反感，认为向白俄敬礼有损中国人的尊严，因此不予执行。为此，日方决定对 3 名主事者予以解雇处分，工人也恢复了正常上班。

续表

时间	事件	过程与结果
6月15日	木兰县码头装卸工人罢工	木兰县码头的“国际运输营业所”雇用了138名工人。因劳动工资账目漏记事件，工人从6月15日早晨起举行同盟罢工。营业所决定从工头开始，每人发给四元（计552元）慰劳金，纠纷得以平息，于当日午后开始复工。
6月26日	哈尔滨烟草公司一部分女工罢工	哈尔滨老巴夺烟草公司的100名中国女工，以物价上涨为由，要求提高工资并举行罢工。公司方面决定提高一成工资，问题于27日圆满解决，工人按时复工。
6月21日至29日	牡丹江市砖瓦工人同盟罢工	在牡丹江砖瓦制造贩卖同业公会雇用的3000名工人中，大约有2500人从6月21日端午节休假开始，因连续阴雨天气一直未复工。虽然表面上是因为物价上涨要求提高工资，但实际上是有工人带头串联争取利益。经过所在地警察署、宪兵队以及商工公会等相关部门的紧急协商和劝慰，工人逐渐复工。
7月31日至8月2日	牡丹江市内制砖瓦工人举行罢工	在牡丹江市，巴头益盛窑业的制砖工人80人，因发现他们的工资比其他同行要低，于是向业主提出提高工资的要求。为达到目的，工人从7月31日起一起罢工。由于一部分罢工主事者被逮捕，造成了恐慌，制砖工人从8月2日正午开始陆续复工，最终事件得以平息。
8月29日至31日	鹤立县土木工人的纠纷	在鹤立县长谷川工务所，土木工程工地上的大约500名工人于8月29日向事务所负责人提出借款要求。负责人表示由于目前缺乏现金，需过一两天答复。然而，次日这些工人再次罢工，并再次要求结清全部工资，引起了纠纷。警察署随即拘留了煽动工人的嫌疑人，8月31日复工。调解结果显示，工人提出的借款工资问题是合理的，决定每人借款十元，问题得以解决。
12月7日至11日	齐齐哈尔军事工程工人的争议	在齐齐哈尔市附近修筑军事工程的某包工组，在工程即将竣工时，故意拖欠从事该工程的56名工人的工资。工人多次催付工资，但包工单位无诚意，一直推拖不付。12月7日产生纠纷。鉴于此事件处理的困难，工人向当地警察署申诉，要求支付工资。警察署通过调解，指令包工单位尽快付清以前的工资。至于其他事项，在双方妥协的基础上，逐渐解决，最终于11日得到解决。

这一时期工人抗日斗争具有以下特点：

抗日斗争参与主体多，地域广泛。既有城市也有县镇，既有铁路工程施工人员，也有工矿区的工人，还有其他土木工程工地。东宁县的300名木工，为要求日本人监工按时发放工资而起来斗争。4 月 29 日，虎林县安乐镇满拓会社的 18 名朝鲜族锯木工人，为反对日本人监督而进行了怠工斗争。6 月 27 日，牡丹江砖瓦制造销售同业公会雇用的劳工 3000 人中的 2500 人，因为物价上涨，要求提高工资，举行了同盟罢工。可见，工人反抗斗争的浪潮不仅几乎遍及东北各地，而且有的罢工斗争已经具有了相当的规模和较强的组织领导工作。

虽然工人斗争具体原因和诉求不同，但反抗日本帝国主义贯穿其中成为主线。从 1937 年开始，日本侵略者对东北境内实施了“产业开发五年计划”，加剧了对黑龙江地区的经济掠夺和资源掠夺。为了适应战争需求，日本关东军又对上述五年计划进行了修改，提升了军需产品目标，同时对黑龙江地区经济掠夺和资源掠夺的力度也在加大，这导致了物价暴涨，黑龙江地区的工人生活水平进一步恶化。随着物价暴涨，工人对提高工资的要求越来越迫切，劳资纷争日益加剧，这些工人所进行的反满抗日运动是对日本产业开发和经济掠夺的有力回击。

三、黑龙江工人群众的抗日斗争

全国抗战爆发后，黑龙江各地群众抗日团体，面对日伪当局日益残暴的法西斯统治，团结一切爱国人士，不屈不挠地坚持开展秘密或半公开的反满抗日活动。

北满地区的工会组织与群众组织 七七事变之后，中国人民抗日战争成为一场关系中华民族生死存亡的民族解放战争，必须进行全民族的总动员，只有建立抗日民族统一战线，实现抗日力量联合一致对外，才能痛击日本侵略者。针对当时东北抗日力量武器装备落后和各自为战的现状，中共中央提出建立“全民族反帝统一战线”，作为党在东北的战斗任务和斗争策略，为东北率先建立抗日民族统一战线指明方向。在统一战线思想的指导下，东北抗联也迅速发展壮大。除了抗日联军，东北各地党组织在斗争中还广泛发动群众，建立农民协会、反帝同盟、工会、妇女会、互助会等群众反日团体。广大群众组织的反日会、农民委员会以及农民自卫队、青年义勇队等也都加入抗日统一战线之中。在民族抗战爆发后，黑龙江的抗日活动成为全民族抗战的一个重要组成部分。

在北满，中共北满省委十分重视地方工人运动与群众抗日组织的建立发展工作。对此，日伪资料记载：“北满省委倾注全力于群众工作。首先作为群众组织于各部落组成救国会员中革命意识浓厚者发展候补党员，企图以此作为补充北满党缺乏干部之措施，其次，另一方面对救国会进行总动员，以确保物资供应来源、侦察日满军情、补充抗日匪帮所需人员等从而决定一举三得之党的对策，于北安、龙江、滨江、兴安东各省内广泛开展工作。”① 北满地区成立诸多工会组织和群众性组织。

1939 年，在讷河县（今黑龙江省讷河市）委的领导下，讷河县和克山县的工人运动和群众抗日团体非常活跃。在讷河县的倭都台、三马架、九井村等地建立了抗日救国会组织，会员超过百人。同年 9 月，讷河县委组织的群众抗日武装讷河人民抗日先锋队在协助抗联第三路军攻打讷河县城的战斗中发挥了重要作用。当抗联第三支队和第九支队于 1940 年 9 月攻打克山县城时，该县的抗日救国会员积极协助，送水送饭，并提供武器，以防被敌人发现就让战士伪装成割地的农民以保护部队。

1940 年 4 月，龙江工委按照北满省委建立、扩大抗日救国会及其他抗日组织的指示，在肇州县朝阳村西土城子成立了抗日救国会。龙江工委根据中共北满省委的指示，利用宗教组织进行抗日宣传，组织抗日救国会和其他抗日团体，积极争取和发动群众进行抗日斗争。1940 年底，三肇地区建立了三肇抗日救国总会及 20 多个救国分会，有 300 多名会员，其中不少是工人。这些抗日救国会的会员不仅包括工农群众，还有伪警察、伪职员和伪村长等。在建立抗日救国会的同时，龙江工委还加强了对地方抗日武装的组建。三肇一带，曾是抗日义勇军李海青部活动的地区。李部溃散后，残部仍有几百人，在这一地区组成红枪会等绿林武装，继续抗日。中共龙江工委联络三肇地区的民间抗日武装，组成了“武术团”，与“双侠”“九山”等绿林武装取得联系，并达成了联合抗日的协议。到了 1940 年 9 月，共组织了近百人的队伍。

1940 年 9 月，抗联第三路军第十二支队抵达三肇地区时，抗日救国会员们积极为队伍提供支援，包括送给养、担任向导、充当内应，并积极动员群众参

---

① 吉林省档案馆编译：《东北抗日运动概况》（1938—1942），吉林文史出版社 1986 年版，第 187 页。

军参战。在短短数日内，仅肇源八家子、双龙屯等3个抗日救国分会就为部队筹集了500余发子弹以及棉布、鞋、帽等物资。

同年11月，在抗联第十二支队攻打肇源城的战斗中，抗日救国会员充当内应，配合作战，发挥了重要作用，救国会员中许多是工人群众。在1940年9月至11月的时间里，抗联第十二支队在三肇地区连续取得胜利，引起了日伪当局的巨大震动。11月，日伪军警宪特在三肇、青冈、兰西、安达等地展开了全面的大“讨伐”、大搜捕和大屠杀，导致了三肇惨案的发生。在这一过程中，三肇地区的抗日救国会组织遭到了严重破坏，许多抗日救国会员和抗日群众被逮捕和杀害。

其他地区的工会组织与群众组织　1940年初哈尔滨铁路总工厂中共地下党支部散发传单，号召工人采取消极怠工、破坏工具、制造停产事故，干扰和拖延工厂为日本侵略者制造进攻苏联100辆敞开货车和制作苏式货车挂钩生产计划的实施。1940年2月，哈尔滨抹灰工人李清茂与老巴夺卷烟厂工人廖春潮、伪国际运输公司雇员王洪达秘密成立“国际情报组”，向苏联驻哈领事馆提供日伪政治、军事、社会情报。1942年，情报组遭到破坏，李清茂、廖春潮、王洪达被捕。

1940年，进步青年徐连汉、常吉等人在齐齐哈尔建立了“读书小组”，通过“读书交友”来进行反满抗日宣传活动，以充实自己。在富拉尔基，小学教员潘忠纯联络进步青年梁毓清、任浩然，组成了“读书小组”，后来该小组的人员不断扩大。然而，1941年12月，日本宪兵队在全东北制造了“一二·三〇”事件，对东北青年自发组织和抗日爱国团体进行大规模逮捕，有40多人被监禁。

在敌人的残酷压迫下，尽管群众抗日团体屡遭破坏，但不甘做亡国奴的人民并未屈服。他们坚持开展秘密的反满抗日活动，期待着迎接民族解放之日的到来。

第四节　黑龙江工人的增加和面临的法西斯统治

在日伪统治时期，工人队伍的发展壮大再一次证明了中国共产党和工会组织领导的正确性。面对侵略者的残酷统治，工人们组成抗日团体，保护自身权益，反对压迫。各个工业区的工人队伍迅速扩大，成了抗击日本法西斯统治的重要力量。

一、日军为扩大战争和掠夺资源促使工人数量迅速增加

日伪统治时期是黑龙江历史上最黑暗的时期，在日本对黑龙江进行残酷的经济掠夺和殖民统治的过程中，工人人数迅速增加。

九一八事变之后，日本在黑龙江推行发展重工业和军事工业政策，因此扶植起来的伪政权也发布了所谓的“满洲经济统治根本方略”等经济声明，试图在黑龙江地区建立起殖民经济体系。之后日本又制定了“第一次产业开发五年计划”“第二次产业开发五年计划”，这使得黑龙江地区成为当时高度工业化的重要地区。而随着大量资本的引入，需要人力作为支撑，特别是工矿、交通等领域出现了畸形发展。以交通运输为例，日本侵略者为了扩大战争掠夺东北资源，非常重视铁路修建，仅 1934 年就新修铁路 4000 公里，成为日本在黑龙江侵略掠夺的重要工具，1936 年交通工人总人数达到了 97295 人。而到了 1942 年，这一数字迅猛增加，仅哈尔滨、牡丹江、齐齐哈尔三个铁路局的中国铁路工人就达到了 17.7 万人。这一时期黑龙江航运工人队伍也迅猛发展，1938 年达到了 4000 多人。

1937 年之前，日本在东北大规模经济还没有全面铺展开来，因此这一时期工矿工人的增速相对缓慢。相关数据显示，1935 年仅有 153 家工厂有 30 名以上工人，总人数为 9831 人，而到 1937 年之后，随着日本经济政策的不断推进，日本加快了对矿山资源的开采，煤矿工人由原来的 1000 多人迅速增长到 4.4 万人。其他金属采矿人数也达到了 4 万人。林业工人在 1940 年达到了 43.5 万人，虽然由于其他原因，伐木工人转入其他部门，但到 1944 年仍有 23 万人从事林业工作。

1939 年，在化工、纺织、金属、食品等行业拥有 30 名以上工人的工厂达到 1982 家，有 36321 人从事这些行业，而到 1945 年工厂数则增加到了 6470 家，工

人人数也达到了 107900 多人。这一时期，黑龙江的工人主要来自山东、河北等地，占到总工人数的一半以上。从黑龙江工人队伍发展的特点看，呈现出明显的阶段性特征，这与日本侵略者和伪满政府采取的移民策略和经济发展策略紧密相关。工人队伍不仅表现在数量上的增加，更体现在组织形式的多样性。在日伪统治时期，由于产业发展和工矿企业掠夺资源而需要工人。这既是产业推动的结果，也是日本帝国主义侵略者为了满足自身侵略需求，将普通群众和市民强制性转换成为劳动工人的结果，带有明显的压迫性。甚至在产业工人生产过程中对其进行了惨无人道的屠杀，因此日伪统治时期工人人数虽然不断增加，但却经历了最黑暗的时期。

铁路、公路、邮电等部门工人队伍的发展　据中东铁路局最新统计，截至 1932 年 7 月底，整个人员编制中，包括满籍职员 8717 名，满籍临时职员 270 名，加入伪满洲国籍的俄籍员工达 398 名，苏联籍职员为 6776 名，总计达到 16162 名。有趣的是，根据 6 月 1 日的数据，职员总额为 16472 人，而 5 月 1 日时为 15696 人。对比 2 个月的数据，6 月份增加了 776 人。在夏季收入减少的情况下，职员数量本应减少，但中东铁路不仅没有减少，反而出现增加，这一现象相当不寻常[①]。

1936 年黑龙江地区的交通工人已有 67628 人。分布情况如下：伪龙江省 25670 人，伪黑河省 1309 人，伪三江省 6690 人，伪滨江省 33959 人。1939 年，伪龙江省、伪黑河省、伪三江省、伪牡丹江省、伪滨江省的电信、电话、广播电台、铁道业、自动车运输业、运输取报业的“劳动者”总数增加到 20538 人。

1942 年，伪哈尔滨、伪牡丹江、伪齐齐哈尔三个铁路局所属各线的中国铁路工人总数达到 177000 多人。其中，在哈局各线的“作业者”有 91092 人，在牡局各线为 23123 人，在齐局各线为 26969 人。

1939—1944 年，鹤岗煤矿的矿工数量从伪康德六年至十一年之间，前后达到三万多人，其中许多人是被把头们花言巧语骗来的。在 1941 年 12 月，太平洋战争爆发后，由于对煤炭需求的增加，日本采取了残酷的劳工制度。在六个月的周期内，骗来了超过 20000 名工人，再加上一些思想犯、经济囚犯等，使得鹤

① 《滨江时报》1932 年 8 月 7 日。

岗煤矿的最高工人数量达到 80000 人。1942 年，煤矿的“常时工”已经发展到 44000 多人。采金及其他矿产部门的矿工人数至少也在 40000 人。

1939 年黑龙江地区的工场总数为 2565 家，工人总数 36261 人。1940 年工场总数为 4154 家，工人总数增至 65782 人。1939 年到 1941 年，有 249000 余人，被武装押送到日本在黑龙江地区经营的各类产业部门。1940 年日伪当局在滨江、牡丹江、东安、三江、龙江、北安、黑河等 7 个伪省区，“募集认可人员”总数达 188700 多人。

在日伪统治时期，黑龙江工人阶级的发展壮大，是日本对黑龙江经济残酷掠夺的结果，也是中国工人的血泪史和奴役史。同时黑龙江工人也奋起反抗，与日本帝国主义和伪满政府进行了殊死搏斗，在中国共产党的领导下，具有鲜明战斗品格和战斗精神的黑龙江工人阶级进行了成百上千次的罢工和暴动，抵抗日本侵略者。1933 年以后在林区、矿区和铁路部门的工人为了不受奴役，纷纷揭竿而起，有的拿起武器加入抗联队伍，有的成为游击队员，走上了武装抗日道路，他们与东北抗日联军一道，在白山黑水之间与日本侵略者战斗，为全民族抗日战争最后胜利作出了不可磨灭的贡献。

东北地方党组织的动员与宣传 东北地方党组织及其领导下的抗日武装是抵抗日本侵略的主力。在动员和宣传方面，通过抗日游击根据地的群团组织、工会组织进行日常宣传，面向民众宣传中国共产党的抵抗决心和政治主张，在宣传过程中主要体现在以下两方面：

第一，宣传党群、军民的鱼水情深。通过宣传，东北民众看到了中国共产党领导的抗日武装队伍取得的辉煌战果，同时抗日武装队伍与群众之间亲密无间、纪律严明，不拿群众一针一线，反而帮助群众，让群众深切地感受到中国共产党与人民群众是心连心的，这种鱼水情深也让广大黑龙江民众认识到了中国共产党是真心实意为人民服务的政党，基于中国共产党良好的表现，黑龙江民众对中国共产党领导的抗日队伍表示欢迎，并主动参与到各类后勤服务之中。同时对于中国共产党与民众之间的同欢同乐场景进行广泛宣传，提升了中国共产党在黑龙江民众中的地位。

第二，宣扬党领导下的抗日武装正面战绩。中国共产党领导下的抗日武装不断地与日本侵略者和伪政府军警进行斗争，在这一过程中保护了民众的生命财产安全，于是广大民众对于中国共产党领导的抗日武装所取得的一系列辉煌战果进行宣传。例如，1942 年，在富锦柳大林子住房的伪满军队，就经常听到当地民众传唱抗联的歌谣和故事，这些歌谣和故事主要讲述的是抗联战士与日本侵略者殊死搏斗，毫不畏惧数倍于己的敌人，敢于牺牲的作风。抗联战士不仅要经受东北天寒地冻的考验，还面临缺吃少穿的尴尬境地，但抗联战士依然乐观如故，与民众亲如一家。而这些故事和歌谣与伪满士兵对普通百姓的打骂和侮辱形成了鲜明对比，很多伪满士兵的“反日思想”也在这一时期出现萌芽，甚至出现了伪满士兵哗变的现象。伪满靖安军士兵国如阜、祁连生、周岩峰、孙学义等人秘密准备，于 1942 年 7 月 7 日，带领伪满靖安军步兵二团二营六连 71 人在新驻防地东安镇举行起义，哗变反日①，随后加入抗联教导旅，壮大了抗日武装力量。

通过工会组织、群团组织和民众组织的自发宣传，越来越多的民众认识到只有中国共产党领导下的抗日武装才能够救中国，中国共产党的抗日武装不仅政治目标明确，还具备严明的纪律和强大的战斗意志和战斗力。因此很多抗日武装纷纷与中国共产党领导的武装寻求合作，共同开展抗日斗争。

二、中国工人的累累白骨

在东北沦陷 14 年间，日本侵略者为了掠夺资源，实现其永久独霸东北的野心，驱使大批劳工修筑军事工程，在矿山、建筑、运输等部门服役。恶劣的条件，繁重的苦役，非人的折磨，使无数劳工悲惨死去。

修建军事要塞　1934 年 6 月，日军开始修建“虎头要塞”，至 1939 年基本完工，辅助性建筑持续至 1945 年，其规模是当时世界上最大的军事要塞。“要塞”规模庞大，结构复杂，设施齐全，筑垒面积 100 多平方公里，纵深 40~45 公里。日本关东军在 1934 年至 1939 年 6 年的时间里，每年抓中国劳工达 2000 多人。到 1940 年，共投入了 10 亿美金，动用了大批劳工和被俘士兵修建要塞，

① 孙邦主编：《伪满史料丛书：伪满军事》，吉林人民出版社 1993 年版，第 720—725 页。

日军为封闭机密，“要塞”完工后将其全部杀害。[①]

1936年至1937年，据东宁要塞幸存劳工萧秀云自述：我看见一些日本人用汽车拉来了9个人，手脚都绑着，像绑猪似的。那时是三九天，日本人在河上开了个窟窿，用大洋刀砍人，砍一个扔下冰窟窿一个，一共砍了8个，他们把剩下的一个人的铁丝解开，让他跑，跑过50米远的时候用轻机枪把他打死了。亲眼见过给日本人干活的劳工，死得一堆一堆的，在万鹿沟修2公里公路就死了800名劳工。我在北大桥干活的时候是十八九岁，在那儿死了一大片的劳工，有1000人。[②]

1937年至1940年，相继被押送到孙吴日军胜山要塞的劳工达5万余人，大部分在地下军事工程完工后，被日军集体屠杀。[③] 根据东宁要塞幸存劳工贾满顺回忆：在从东宁到老黑山的道台子，有个修路的组叫松浦组，康德五年（1938年）涨水，把松浦组的2万人全都冲跑了。之后他们还修过大桥，他说：我们修筑大桥的5000人，干了两年多的时间，最后桥修完时就只剩下1500人。[④]

1943年4月，哈尔滨亚麻厂退休工人王春昌，被强行摊派劳工从营口来到东宁。同行的劳工有1200人。他们在日军39部队干活，他亲眼看到和他一起干活的3名劳工被拉砖的汽车撞死。[⑤] 同年，日伪当局决定修建“满炭通神洞”铁路，同兴宁铁路（东宁至吉林汪清新兴）连接，分段承包给三个“柜头”，大肚川王吧脖子大桥至“满炭”之间承包给“西松”组，铁路桥由“竹建”组保修。三个组共有中国劳工1100人，至1945年5月竣工，生还者寥寥无几。[⑥]

1945年8月中旬，苏军进攻东宁日军阵地，日军为“防枪弹”，让在庙沟修要塞全部劳工进入各自工区，每隔一段填上3米多厚的砂石，在各自入口炸塌5

① 〔日〕冈崎哲夫著，肖炳龙译：《日苏虎头决战秘录》之《虎头要塞“二战最后终结地”》，哈尔滨工业大学出版社1993年版，黑龙江省图书馆馆藏。

② 宿伟东著：《侵华日军东宁要塞揭秘》，中国文史出版社2005年7月版，第167—169页。

③ 黑龙江抗损课题调研孙吴要塞专题。

④ 宋吉庆、毕玉芬、孙芹著：《东宁要塞阵地群》，黑龙江人民出版社2005年版，第161—162页、170页。

⑤ 张凤鸣，王敬荣主编：《残害劳工》，黑龙江人民出版社2000年版，第61—63页。

⑥ 中共牡丹江市委党史研究室编：《牡丹江抗日十四年》，黑龙江朝鲜民族出版社1999年版，第84页。

米多厚乱石，3000 名劳工被活埋，只有 30 人合力扒开乱石侥幸逃生。此即“庙沟惨案”。[①]

修建军用机场　1933 年至 1943 年，日本人在鸡东县修筑了平阳九〇高地机场、兴国东岗高田卒机场和新峰机场。10 年间，至少有 1600 名劳工死亡。[②] 1936 年，二道河子钓鱼台采伐木材和制材工人达 7000 人。根据幸存劳工徐景义回忆：日军在修筑东宁八里坪秘密军用仓库完工后，打死了参加修筑军用仓库的 1000 名劳工，而徐景义只因腹泻上厕所才幸免一死。[③] 同年，在爱辉西岗子为日军修建军事工程的天津劳工 1100 余人和沈阳劳工 600 余人全部死亡。从北安抓来的 1300 余名劳工死掉 600 人，余者均被集体枪杀。[④] 1937 年 9 月，日军修筑孙吴平顶树飞机场，个别中国劳工没给日军哨兵敬礼，被日军活活打死。为此，2000 多名中国劳工群起罢工，500 余人集体逃跑，日军将抓回的 200 余人，杀害在平顶树逊别拉河畔，制造了“平顶树血案”。[⑤]

1937 年 6 月至 1939 年秋，修筑从孙吴辰清至瑷珲山神府军用公路时，日本关东军通过伪满洲地方政权，以勤劳奉公队和勤劳报国队的名义，在东北各地征召 3600 名劳工，到公路完工时，劳工几乎全部死去。[⑥]

1938 年至 1943 年，日军在方正县境内修建 3 个军用飞机场、1 个固定炮阵地、2 个军用物资地下仓库。南天门陈家屯飞机场，修有 9 个飞机仓库，占用耕地面积 520 公顷，用石 2000 立方米，用劳工 2000 人。会发恒西海屯飞机场，占用耕地 336 公顷。方正西门外飞机场，修有飞机堡 5 个，占用耕地 430 公顷，拆毁民房 40 间，用劳工 720 人，工期 3 年。修军用秘密仓库用劳工 3000 余人，完工后劳工全部被秘密处死。[⑦]

1939 年修建孙吴曾家堡机场，有 300 多名劳工累死、饿死、病死或被秘密

---

① 东宁县政协编：《东宁文史资料》第二辑，1989 年内部印行，第 83—87 页。

② 鸡东县政协编：《鸡东文史资料》第一辑，1984 年内部印行，第 37 页。

③ 王宗仁著：《从旅顺到东宁》，中国文史出版社 2005 年版，第 227 页。

④ 东北沦陷十四年史丛书编纂委员会编：《日军暴行录》，中国大百科全书出版社 1995 年版，第 321 页。

⑤ 中共孙吴县委党史办公室编：《中共孙吴县历史大事记》，2003 年内部印行，第 6 页。

⑥ 杨柏林主编：《孙吴蒙尘岁月》，黑龙江人民出版社 2008 年版，第 129 页。

⑦ 方正人民革命斗争史编委会编：《方正人民革命斗争史》，2004 年内部印行，第 200 页。

杀害。在给日军建筑营房、仓库等设施过程中，累计死去的劳工有5000多人。当时曾家堡机场附近有个大水坑，坑里堆满了劳工的白骨，被当地人称为“万人坑”。[①] 同年，在黑河稗子沟日军地下军事工程修建中1800多名关内劳工死掉1300名，余者也在军事工程完工后惨遭屠杀。[②]

修建铁路、水利工程 1941年，日本关东军在修建孙吴逊别拉河大桥时，3000多名劳工在日军刺刀和棍棒的威逼下从事最繁重的劳动，因劳动强度过大，累死、饿死、病死的劳工有1000多人。[③] 1941年，东宁县大肚川的刘永财，随父亲来到东宁，他亲眼看见修路的劳工在冬天身穿麻袋片子和洋灰袋子，死了500人，被埋到大肚川河北的乱尸岗子。[④]

1942年日本关东军进驻距富锦城东南15公里的乌尔古力山，将该山划为“军事禁区”，并强征河北、辽宁、吉林等地劳工修筑盘山路、碉堡、暗道、山洞、军需库等，把乌尔古力山变成了北满边陲的陆上“航空母舰”。为严守军事机密，工程竣工后劳工均被处死，尸骨填积在叫“小河子”的地方，是名副其实的“万人坑”，劳工死亡共计19987人。[⑤]

1942年开始，青冈县每年抓劳工2500人以上，至1945年日本投降，日伪在青冈县抓劳工1万余名，其中死亡1023人。[⑥] 1942年至1945年间集贤县被抓劳工达1200人，因劳累饥饿死亡达800人。[⑦] 1944年1月，桦川县田禄村（今建国乡）修建排灌工程的天津劳工600余人，其中570人在工程中死亡，被扔进“万人坑”。[⑧] 同年9月，日本侵略军在穆（穆棱河）兴（兴凯湖）水路改修工

---

① 孙吴县腰屯乡腰屯村劳工关英华证言材料，孙吴县委党史研究室存，2008-11-06-01卷，第137—140页。

② 东北沦陷十四年史丛书编纂委员会编：《日军暴行录》，中国大百科全书出版社1995年版，第321页。

③ 孙吴县腰屯乡腰屯村劳工马永春证言材料，孙吴县委党史研究室存，2008-11-06-01卷，第152—157页。

④ 宿伟东著：《侵华日军东宁要塞揭秘》，中国文史出版社2005年版，第196—199页。

⑤ 富锦县政协编：《富锦文史资料》第2辑，1997年内部印行，第1页。

⑥ 青冈县志编纂委员会编：《青冈县志》，黑龙江人民出版社1987年版，第323页。

⑦ 集贤县志编纂委员会编：《集贤县志》，1985年内部印行，第570页。

⑧ 东北沦陷十四年史丛书编纂委员会编：《日军暴行录》，中国大百科全书出版社1995年版，第322页。

程中，使用劳工7000人，死亡1700人。[①]

同年，讷河县劳工2000余人被送往黑河服劳役，死亡36人，因逃跑被打死20人，翌年，在查哈阳修筑灌区工程时冻死40余人。日本关东军直辖工程——兴安岭王爷庙筑城工程，从各县征用约2万名劳工，其中死亡6000人。[②] 同年，日伪当局决定修建"满炭通神洞"铁路，与兴宁铁路（东宁至吉林汪清新兴）连接，分段承包给三个"柜头"，三个组共有中国劳工1100人，至1945年5月竣工，生还者无几。[③] 1945年，哈尔滨千余劳工被日本侵略军押到讷河县五岔沟修建军事工程，工程完工时，侵略军将剩下的800多名劳工赶进山洞，将洞口堵死，800多人全部闷死在洞内，仅有一人偷跑了出来，得以幸存。[④]

三、日本侵略者残害中国工人

日本侵略者以军事镇压占领东北后，不断抛出反动政治法令，大肆抓捕民众，设置秘密监狱，控制人民的思想舆论。早在1932年9月公布的《治安警察法》就禁止人民秘密结社、发表议论、张贴图画、散发传单。《保安矫正法》就是把认为有犯罪危险的人送进各地特设的矫正辅导院，进行"精神训练"，强迫其从事沉重的劳役。《思想矫正法》则是对可能犯有政治罪者实行"预防拘禁"，同时施以劳役。总之，只要百姓稍有不满，就会被扣上"反满抗日""思想犯"的罪名惨遭迫害。更毒辣的是日伪宪警特可以以"预防犯罪"为名，随意把任何人抓走，投入矫正辅导院。而进行"精神训练"与"矫正思想"的办法就是吊大挂、抽皮鞭、夹手指、烙铁烙、坐老虎凳等酷刑。

在警宪特的森严统治下，黑龙江"大逮捕"案、"大检举"案不胜枚举，无数爱国志士、知识分子、工农民众惨遭杀害。1936年6月13日，日本关东宪兵

① 东北沦陷十四年史丛书编纂委员会编：《日军暴行录》，中国大百科全书出版社1995年版，第322页。

② 同上。

③ 中共牡丹江市委党史研究室编：《牡丹江抗日十四年》，黑龙江朝鲜民族出版社1999年版，第84页。

④ 讷河县政协编：《讷河文史资料》第四辑，1991年内部印行，第47页。

队对北满地区共产党地下组织进行了一次有预谋、有计划的大规模逮捕和镇压。在齐齐哈尔、哈尔滨、海拉尔、牡丹江等地逮捕共产党员和爱国人士200余人。日伪当局对抓捕的爱国人士进行了长达一个多月的残酷刑讯，有的被活活折磨而死。[①] 1937年4月15日，伪哈尔滨宪兵队、伪滨江省公署警务厅、伪哈尔滨警察厅等在哈尔滨市及绥滨线、绥北线各铁路沿线同时进行搜捕，逮捕总人数达482名，其中85名被判处死刑。[②] 1943年初，伪满滨江省警务厅获得了巴彦、木兰、东兴3县抗日地下组织名单及活动计划，遂调集伪哈尔滨、宾县、双城等地军警，配合上述3县警察、特务，于3月7日和5月25日进行两次大逮捕。破坏3县抗日救国会14处，青年义勇队和农民武装13支，逮捕爱国群众1000余人。[③]

福民庄事件 日伪在黑龙江省牡丹江工场区福民街附近，原“劳工训练所”（今东四条路清福小学），建立了“牡丹江思想矫正辅导院”。然而，在这座院内，发生了一件骇人听闻的大屠杀事件，1943年10月的一天，70多名中国同胞悲惨地遭到杀害。

当日傍晚，一批衣衫褴褛、被绳索捆绑的人从绥芬河方向开来的火车下车。他们被押出站外，分批用汽车转送到矫正辅导院。日伪当局在大院周围布置了荷枪实弹的警卫，戒备森严。当天夜间，大院内冒着缕缕浓烟，弥漫着难闻的气味，伴随着隐隐约约的哭叫声。这引起了附近居民的注意，一些正义感十足的群众误以为发生火警，迅速赶到冒烟地点救火，却被戒备森严的警戒人员赶走。这异乎寻常的惨叫声，令人毛骨悚然。这便是“福民庄事件”。

为了压制中国人民的反满抗日活动，日伪当局采用了“思想矫正辅导院”的手段，以欺骗之名，实行愚弄百姓的政策。他们在市里四处抓捕“浮浪者”，一次逮捕两三百人，甚至五六百人，有时甚至出动警察、特务堵截，不分青红皂白，将大多数人强制送到东宁、绥芬河、绥阳等国境地带，从事繁重的劳役，

---

① 东北沦陷十四年史丛书编纂委员会编：《日军暴行录》，中国大百科全书出版社1996年版，第170—173页。

② 中央档案馆、中国第二历史档案馆、吉林省社会科学院：《日本帝国主义侵华档案资料选编——东北历次大惨案》，中华书局1989年版，第118页。

③ 哈尔滨市档案馆XZ2-1综合哈1-8-118。

修筑军事工程，多数人一去不返。

然而，将这些人活活折磨至死的原因在于东宁进行的一项重要军事工程，因担心修筑工事的人泄露机密，于是，日伪当局阴谋策划杀人灭口，用欺骗手段，假装将这批人送回牡丹江。而实际上，他们将这一批人关进事先用木炭生火的屋子里，一一熏倒。有的人喘不过气当场窒息身亡，有的口吐血沫在挣扎。一群凶狠的暴徒持木棒和枪托大打出手，逐一查点熏死的人，如有口气，就无情地用木棒打死。事后，他们将尸体连夜装运至朱家屯西北的“万人坑”掩埋，以掩盖罪行。

电网工人的悲惨命运 1931 年九一八事变后，日本资本家宗相金吾踏足鸡西，插手由哈尔滨资本家徐鹏志运营的黄泥河子裕边煤矿（今恒山煤矿老一井）。1938 年，宗相金吾吞并了裕边煤矿，并在 1939 年 4 月将其正式更名为鸡西炭矿。

为了奴役矿工、压制工人反抗并获取无偿劳动力，日本帝国主义在恒山、城子河、滴道等主要煤矿设立了“特殊工人训练所”。在这些所里，他们将从各地抓捕来的抗日战士、无辜百姓以及逃跑未遂的矿工，打上“政治犯”“思想犯”等罪名，关入电网内，进行残酷的迫害，并强迫他们进行无偿劳动。根据伪满鸡宁（现鸡西）宪兵中佐队长堀口正雄的供认，从 1942 年到 1943 年，总计逮捕了 460 多名我地下工作者和所谓“有政治问题”的矿工。其中，20 名无辜矿工在宪兵司令部的批准下，被送到哈尔滨日军 731 部队（石井细菌部队）作为细菌试验的牺牲品。到 1945 年春天，恒山煤矿工人宫化敏、伍元同、徐守密等因得罪把头，被指为“八路”，成为鸡西宪兵队抓捕的对象，经历水牢、老虎凳、辣椒水的拷打，最终被活活虐死。

所有进入特殊工人训练所的所谓“犯人”都被剃光眉毛、剥夺衣物，穿上囚衣，编上编号，不得相互称呼姓名，与外界失去联系。他们被关进四周设有炮楼的电网内，因此当时被称为“电网工人”。

1943 年 12 月 1 日，日伪正式颁布了《思想矫正辅导院令》。牡丹江当时将闲散人员、无业者视为“浮浪”，对这些人进行抓捕，并关进训练所。这些训练所表面上声称“有期训练”，实际上是毫无间断的苦役。每天，由武装矿警押送他们下井开采煤炭。对于矿工而言，下井如同“下地狱”，只有当他们被折磨致死，才算“升天堂”。据恒山矿老工人张明远回忆：“伪满时，我在山南电网的编号是7502号；原恒山矿工会主席李明同志的编号是九千多号。这说明满恒山煤矿山南电网至少关押过九千多人。这上万名矿工中，除了三百多人逃跑，到1945年‘八一五’光复时，电网里仅有百余人存活，其余的人都在酷刑中被活活摧毁。”

鹤岗矫正辅导院　1943年，日本帝国主义崩溃前夜，为了掠夺更多资源，对中国人民的残酷统治进一步升级。当时，伪满洲国司法部行刑司被改组为“司法矫正总局”，并颁布了“保安矫正法”。随后，于同年6月，在伪满洲国范围内设立了六个矫正局和十一个矫正辅导院。

鹤岗矫正辅导院建立于1944年5月，隶属牡丹江矫正局，位于鹤岗东山地区。由于关押“犯人”不断增加，以及越狱暴动事件屡次发生，同年11月，在鹤岗西山地区又增设了一处，合称为鹤岗矫正辅导院。院长由日本人担任。在1943年，伪满洲国各城市约有30万名失业者，被日本侵略者称为“浮浪”，并提出实施“保安拘禁制度”以“维护治安”。警察机关进行了突然搜捕，抓捕了许多“浮浪”，其中包括小商贩、临时工以及在娱乐场所、街头行走的群众，他们被迫在矫正辅导院中进行六个月至两年不等的强制劳役。

初期，鹤岗矫正辅导院关押了70多名“浮浪”，到同年8月已增至600多人，其中大多数是从长春、哈尔滨、牡丹江、佳木斯等地押送到鹤岗的。到1945年8月，被囚禁的“浮浪”数量达到了1190人。矫正辅导院的规模也扩大了，调来了大量看守人员，设有内部辅导课、作业课、医务课、庶务课等。在鹤岗的东山和兴山设有两个作业场。院长、课长、主任辅导士、候补主任辅导士、辅导士等共有242人。矫正辅导院与监狱性质相同，都是压制中国人民的工具。监舍四周设有电网、碉堡，有岗哨巡逻，日夜武装看守。被押送到矫正辅导院的人首先要进行登记，剥夺衣物，检查身体特征，并将这些特征绘制在人形卡片上以备“浮浪”逃跑后通缉。所有的衣物、现款和物品都会被收缴，发给一套单薄的衣服，每人一条毯子。他们吃的是发霉的高粱米饭团和杂合面（苞米面、橡子面混合）窝头。在劳动时，被强制集合站队，武装押送到作业场，每天劳动 12 小时。为了防止“犯人”逃跑，每个监舍晚上设有便桶，大小便全在室内。夏季，让“犯人”脱光衣服，赤身裸体排列在铺上。“犯人”在饥饿、劳累、蚊虫叮咬和空气污浊的恶劣条件下，难以入睡。由于肉体和精神受到摧残，劳动强度过重，生活条件极端恶劣，导致黄疸、浮肿、疥疮等疾病流行。患病者卧床不能劳动，就会被送进病号监房，吃粮减少一半，又无人照顾，进了病号监房就有去无回。因此，病患只要能动，就坚持上工，勉力维持生命。在夜间，监舍内经常发现已经死去的同伴，等到天亮才将死者抬出监舍，放到停尸场。在冬季，停尸场里死尸堆积如山，然后集中扔到东山坡上，任凭狼吃狗啃。从矫正院成立到 1945 年 8 月日军投降的一年多时间里，死亡人数超过 260 人。

矫正辅导院实行严格的“院规”，对于表现出思想反抗或不满的“犯人”，经常进行思想矫正。每天晚上，总有因违反“院规”或行为可疑而遭到严刑拷打的人。日本卫兵采用的酷刑手段包括：灌凉水，将“犯人”按在长凳上，头部下仰，然后用水壶盛凉水向鼻腔灌注；吊刑，将“犯人”衣物剥光，站在两块砖上，将两个拇指系上绳子吊在房梁上，再将砖头去掉，使“犯人”仅能用脚尖着地，然后用特制的皮带狠狠抽打；夹手指，将“犯人”的手指之间放上竹筷子，辅导人员紧握“犯人”手指，直到“犯人”流汗昏倒；跪砖头，让“犯人”跪在砖头上；举板凳，让“犯人”双手举着板凳一两个小时。

据统计，仅为修筑东宁要塞，抓来的劳工就高达 17 万人。随着工程的逐步完成，为了保密，侵略者以转移施工地点的名义，将数万名劳工分批集体杀害。在苏军攻打东宁要塞之际，侵略者走投无路，将最后一批 3000 多名劳工骗入地下要塞，接着将要塞分段封死，几千名劳工就这样永远埋葬在要塞深处。只有最后进入、离开口较近的 30 多个劳工，奋力扒开洞口，幸运地逃离。①

四、黑龙江矿区的“万人坑”

九一八事变之后，日本侵占东北占据 80 多处大小煤矿，从 1931 年至 1945

① 中共牡丹江市委党史研究室：《中共牡丹江地方史（1919—1949）》，黑龙江朝鲜民族出版社 2001 年版，第 101 页。

年，日本帝国主义在黑龙江 14 年残酷统治中共掠夺我国 4.1 亿吨煤，如果按照 1939 年美国煤价 2.1 美元 1 吨计算，我国就被日本侵略者掠夺了 8.8 亿美元的煤炭。为了保持日本战争机器的正常运转，日本在煤炭开采过程中推行“以人换煤”的“人肉开采”政策，给中国工人带来了无穷的灾难，在众多煤矿制造了白骨累累的“万人坑”，成了日本残杀中国矿工的铁证。

鸡西煤矿的“万人坑”　鸡西煤矿位于黑龙江省东南部，早在 1916 年就发现有煤炭存储，1918 年开始建立密西煤矿，但这一时期煤炭产量相对较少，1932 年日本正式占领鸡西矿区，在日本工程队的勘察下，发现丰富煤炭资源。1935 年 6 月正式成立满炭密山煤矿，正式对其煤日进行开发。1938 年日本吞并华资裕边煤矿，正式改称为鸡西炭矿。到 1941 年已经有滴道、恒山、城子河、麻山等 4 个煤矿出煤。1941 年 7 月增加到 290 万吨。在产量增加的背后，则是日本执行“人肉开采”的惨无人道政策，在鸡西修建了 10 个“死人仓库”，留下 7 处“万人坑”和 5 个“炼人炉”。在鸡西煤矿死亡的中国矿工达到 3 万多人。

1940 年，滴道矿老二坑内火药物爆炸，当时在井下作业的 300 多人被当场炸死。1932 年 6 月端午节，滴道矿河北老一坑瓦斯爆炸，当时在井下作业的 200 多人被日本以保护煤田为由堵死在坑井之中。1943 年 6 月滴道矿老二坑再次发生瓦斯爆炸，有 145 名矿工惨死。1943 年鸡西煤矿发生瘟疫，仅麻山矿就有 1700 多人因病致死。为此日本在滴道、恒山、城子河、麻山矿先后修建了 10 座存放矿工尸体的“死亡仓库”。开始这些尸体还有棺材往“万人坑”抬，后来由于死亡人数越来越多，只是用汽车和牛车往“万人坑”送。

1942 年到 1945 年，仅城子河煤矿就有 3 座“死人仓库”往“万人坑”送去 5000 多具尸体。滴道矿区有 4 座“死人仓库”。在“死人仓库”中，工人的尸体就像码柴火垛一样，不断地向上累加，冬天有的尸体被冻在一起，只能拿钎子撬开，导致尸体被撬得七零八散，之后又送到“万人坑”埋掉。日本侵略者在侵占鸡西煤矿期间，在恒山矿的山南沟里、滴道矿三坑的北沟里及城子河矿一井附近，都遗留下了“万人坑”“万人沟”。在滴道矿三坑的北沟里，日本挖了一个面积超过 81000 多平方米的“万人坑”，尸体层层叠叠，甚至有些矿工还没有咽气，就被埋到了“万人坑”里。

而这些死掉的工人多是日本用骗招、派劳工、抓“浮浪”的罪恶手段强行带到鸡西煤矿矿区工作的。这些工人被剃掉眉毛，关入电网之中，在没有任何安全措施的情况下下井工作，他们的食物只有豆饼、橡子面，穿的只有麻袋片，而且经常受到把头、警察、特务的殴打，一旦得病或不能工作，就会被矿区放弃。当时矿区尸横遍野，形成的“万人坑”让人触目惊心。

鹤岗煤矿的万人坑　鹤岗煤矿位于小兴安岭南麓。1918 年 11 月开始开采煤炭，1920 年成立鹤岗煤矿公司，1931 年鹤岗煤矿产煤 29.5 万吨，1932 年 8 月被日本侵略者占领，开始受日本侵略者管控。1934 年，成立鹤岗煤矿株式会社，当时有兴山、东山、南岗、陆镜、石头等 5 个煤矿。平均每年生产煤炭 267 万吨。到 1945 年，鹤岗煤矿共出产煤炭 1300 多万吨，在日本残酷统治之下，有 3 万多名矿工死亡，有两处“万人坑”。

东山“万人坑”是鹤岗煤矿较大的“万人坑”。在日本统治期间，东山就是日本丢弃尸体的乱尸岗子，野狗野狼遍地，1945 年 8 月，鹤岗煤矿光复后对当时死难的矿工进行了多次祭扫活动。1946 年 8 月 1 日，举办了死难矿工追悼会，8 月 20 日东山矿工会成立后就动员工人钉木箱去收敛矿工尸骨，工友们用 3 天时间将捡到的尸骨埋入了 7 个坑里，从此有了东山“万人坑”。1986 年对东山“万人坑”进行了挖掘，仅在长 10 米、宽 8 米、深 2.5 米的小坑内就挖掘出千余具死难矿工的遗骨。

鹤岗另一个较大的万人坑是大陆“万人坑”。1932 年日本在大陆煤仓对面建立了鹤岗刑务署，主要关押所谓的“国事犯”“政治犯”“思想犯”。这些“犯人”在监狱遭受了惨无人道的对待，衣不蔽体、食不果腹，还要在井下从事 12 个小时以上的挖煤工作，稍有不满意就会被棍棒相加、肉体体罚，甚至有的直接被活活打死。所有死人都被扔到大陆煤矿露天坑东面的下山岗。当时这一监狱关押有 3700 多人，到 1945 年 8 月，只有 1000 多人，剩下的基本被打死、饿死或病死。这些人基本都被扔到下山岗上，后来这片乱坟岗子被称为大陆“万人坑”。

鸡西、鹤岗“万人坑”，说明日本帝国主义在掠夺中国资源时完全不顾工人死活，成千上万吨的煤炭不断输送给日本侵略者，以累累白骨作为代价。这些“万人坑”是日本侵略者残害中国矿工的铁证。我们必须正视日本侵略者在鸡西和鹤岗犯下的滔天罪行和残杀中国矿工的血腥罪行，警醒自己只有奋发图强，才不会让悲剧再次发生。

第五节　战略反攻阶段的黑龙江工人运动

抗战后期及反攻开始前，黑龙江地区的工人积极参与抗日活动，展现了顽强的革命斗争精神。工人们通过组织地下党组织、开展宣传工作等方式，秘密抵抗日满势力。

一、抗战后期及反攻开始前黑龙江工人的抗日活动

在极端困难的条件下，工人们通过游击战、抢运物资等手段，对日军进行了层出不穷的打击，为最终的胜利打下了坚实的基础，展现了中国工人阶级不屈不挠的斗争意志。

各式各样的罢工运动　早在1936年，在三棵树地下党支部的领导下，三棵树机车厂工人就展开了反抗迫害斗争。当时，为了扩大侵略战争、为进攻苏联做准备，日本帝国主义曾委托三棵树机车厂执行一批改宽轨的任务。地下党支部通过宣传，呼吁工人采取消极怠工，破坏工具制造停产事故，干扰和拖延日本帝国主义的改轨任务，扰乱其侵略计划。在宣传工作方面，除了进行个别谈话外，还巧妙地将传单包裹在裤脚里，利用黑夜将传单用小土块压上，经由风吹，传单全被吹进厂内。第二天工人上班时就可以捡到传单。在地下党支部的领导下，反对改宽轨的抗争最终取得了胜利，使敌方的改轨任务未能按计划完成。

1940年，在兴山南二层，由于日寇“小野”无故拿工人取闹，引起全槽工人罢工三天，这次罢工共打死“小野”等七个鬼子，两人受伤，这次罢工后，

工人有数人被捕。

1941 年，兴山五井在地下党的组织下，利用过年休假空闲，火烧当时唯一出煤的五槽全井，影响鬼子半月生产，工人借此机会罢工五天，工资照发，取得胜利。1941 年兴山一井，由于日寇“田村”经常虐待工人，以纪成信等五人为首，痛打日本鬼子并罢工三天，后来把“田村”转走后，工人才复工。

1942 年 1 月，抗联地下工作人员安维民在溪机务段，组织铁路工人火烧日军 1000 多平方米的油脂材料仓库，烧毁大批机车零件和 300 多个油桶。

1943 年，鹤岗煤矿大陆五坑工人，为反对日寇无故殴打工人而举行为期五天的罢工，罢工中将日寇“华冈”“大田”打伤。这次罢工的领导者是艾广青。1943 年铁路工人为反对日寇无故倒班、延长工时剥削工人，工人罢工四天。

日本侵略者为了掠夺我国煤炭资源，解决煤矿工人劳动力不足问题，1940 年前后，开始将战争中俘获的军人、干部和抓到的普通老百姓送到煤矿进行挖煤工作，这部分人到黑龙江之后被集中起来，被称为“特殊工人”。除了一部分国民党军官以外，很多都是抗联战士以及被捕的抗日群众。他们有一定的文化背景，受过“抗日救国”教育，具备一定的军事素养，在残酷的全民族抗日战争中得到过锻炼。因此，这批“特殊工人”是煤矿工人中最有觉悟的，也最具有反抗精神的群体。在鸡西和鹤岗煤矿中，这些“特殊工人”有的成立了斗争小组，有的单独行动破坏生产工具，甚至通过逃跑和武装暴动的形式抵抗日本法西斯的残酷统治。日本侵略者采取残忍手段引发了“特殊工人”的强烈反抗。从矫正院成立到日本投降，发生多次逃跑和暴动事件。在 1944 年 9 月上旬的一天傍晚，正值“犯人”从兴山坑内作业场返回东山矫正院的途中，天降大雨。在接近矫正院的地方，一个名叫张光明的“犯人”突然高喊“大家快跑”，并用手中的工具击倒了看押的日本人，引发了整个队伍的暴动，他们朝东南方向奔逃。日本兵紧急集合看守人员，展开了追捕。这次暴动中，有 20 多人成功逃跑，但有 2 人当场被枪杀，5 人受伤，10 多人被抓回并送往日伪佳木斯法院。

1944 年末，在鹤岗西山地区刚刚成立的矫正院，夜间 12 点左右，15 名“犯人”集体越狱。越狱者使用棉衣覆盖在电网上进行逃脱。这次越狱中，有 1 人因触电死亡，4 人被捕回，但仍有 10 人成功逃离牢笼。

在1945年春季，兴山井下挖煤作业场有8人集体藏匿在空顶区，企图趁机逃跑。然而，导课长秋山（日本人）率领10名看守搜捕他们，双方在井下爆发了激烈的搏斗，导致2人受伤，其余全部被捕获。在经历了酷刑后，他们被送往日伪佳木斯法院。此外，也经常有个别越狱事件发生。

黑龙江煤矿的“特殊工人”就像随时引爆的炸弹一样，随时给日本侵略者以威胁和打击。也像革命火种一样，照亮革命前方，前赴后继地与日本侵略者作斗争，极大地鼓舞了当时的煤矿工人，推动煤矿工人反日反满运动向前发展。

灵活的工作策略——“磨洋工” 广大工人在工会的组织下，以谨慎而巧妙的方式与敌人进行各种形式的斗争。当时在工人中，有两句广为传诵的口号：“糊弄鬼子”“磨洋工”。

在日寇侵略下，工人们采取了一种灵活的工作策略：“磨洋工、磨洋工，拉屎撒尿三点钟。卷支烟、寻个火、找工具、领材料、东走西转，唠唠闲嗑、不知不觉就下工。”工人们灵活调整，协同合作，糊弄敌人。有些工人在上班后没有固定的工作岗位，便溜走了，中午吃饭时打个招呼，午后下班前再回来，这被称作“大溜号”。对于那些有固定岗位的工人，如果鬼子来巡视，他们会在岗位上假装工作，实际上这是在糊弄日本监工。还有的工人趁着“磨洋工”的时机，对机械故意破坏或偷取生产资料，以达到对抗日本统治者的目的。

故意损毁机台和偷窃生产原材料 工人以“磨洋工”为手段对抗日本侵略者的欺压。1937年11月15日，康德毛织厂就发生了火灾，大量纺织设备被烧毁，损失金额达到50万元。受火灾的影响，康德毛织厂不得不停产两年之久。直到日本投降，也没有查明失火原因。1941年12月，太平洋战争爆发，受到战争影响，康德毛织厂始终处于半倒闭状态，女工在工作中积极性也不高，经常“偷懒”，生产规模始终没有提上来，并没有为日本提供足够的布料和军服。

煤矿工人也在生产过程中不失时机地破坏生产工具，浪费原材料，有的工人在“磨洋工”过程中故意制造机械故障，力图影响日本的煤炭生产。1941年2月，鹤岗煤矿兴山五井工人就在党的领导下，主动寻找机会，利用春节放假契机，火烧五槽全井，春节放假回来之后，矿井也不能进行生产。还有的煤矿工人利用假冒顶使煤堆像小山一样卡住了出口，延迟敌人的煤炭生产计划。同时部分煤矿工人还利用小事故、停电等方式影响生产。这些小型灵活多样的斗争方式，不仅降低了煤矿的生产效率，也对敌人的煤炭生产计划产生了影响，这些斗争方式成为当时黑龙江工人抗日活动的重要形式。

怠工和故意拖延　1944 年冬天，由于值班的日本监工较少，工人们更容易进行怠工，铸造工人在工作中故意拖延到 9 点多钟，等日本监工离开后，他们点燃炉子，然后脱衣进入休息室，当火势不旺时，故意捅炉子，导致炼焦残骸落到地沟里越积越多。这些残骸烧焦了地下电缆，发出剧烈的爆炸声，造成了两座电炉停产，在怠工过程中也破坏了生产。

1945 年 8 月 12 日，三十六棚总工厂的工人得知日本殖民主义者要拆运机器设备，压延分厂工人先后组织起来，手持锤子、扳子、锉刀、铁棍等工具，从白天到夜里守卫在机器房。在驻厂日军和警护队持枪逼迫的情况下，工人们采取“磨洋工”的老战术，一台压延机，从 8 月 12 日晚上拆到 8 月 13 日晚上，实际上的完成率很低，使日本侵略者企图拆运机器设备的计划完全破产。

怠工斗争也是沦陷区煤矿工人采用的斗争方式，在斗争中他们采取“监工来了刨两下，监工一走镐躺下”的方式，尽量少产煤。这些煤矿工人深知每送出一吨煤，日本侵略者都会将其化作侵略中国的力量，由于煤矿工人怠工和故意拖延，煤炭产量不断下降。

二、日本投降前黑龙江工人护厂、护矿和维持社会秩序

1945 年 8 月，苏联红军进入东北后，迅速占领了广大地区，黑龙江各地工人们在党的领导下，通过建立自卫队、武装组织等形式，致力于保卫工厂和矿区的安全。在日本投降前这个关键时刻，发挥了重要作用，黑龙江工人采取各种手段收缴武器，整合资源，组建护厂队伍，以保障生产，维护社会秩序。

组织成立保卫工厂纠察队　1945 年 8 月 19 日，齐齐哈尔解放。在中国共产党的领导下，主动恢复社会秩序，建立人民政权，恢复生产。国民党反动派则在美国的支持下派兵进攻东北，并派“接收大员”和特务潜入解放区，拉拢反动势力，组织反动武装四处烧杀抢掠，祸害百姓。同时对铁路厂房进行恶意破

坏，妄想通过影响经济，重创刚刚建立起来的人民政权。

在这一背景下，急需壮大人民武装力量，以应对国民党反动派的袭击，保卫胜利果实和新生政权。为此，齐齐哈尔市成立了护路军司令部，护路军司令部由当时的齐齐哈尔市铁路局局长郭维城担任，成为当时保护铁路沿线和工厂设备的主力军。日本投降以后，为了防止国民党特务和其他反动势力对厂房和设施进行破坏，工人李文焕、萧祥林、杜广森、周振生和陈俊山等人在护路军的领导下，组织成立保卫工厂纠察队。他们白天巡逻，晚上站岗，最大限度地保护了厂房设备，同时为恢复生产作出了重要贡献。随着工人纠察队的成立，不仅鼓舞了工人士气，也有力地打击了反动派的嚣张气焰。

工人护厂护矿　鸡西麻山矿工人的护矿斗争中，工人们拿着红缨枪，自觉地保卫矿山，追歼逃散的日本兵。1945 年 8 月 15 日中午，矿机厂内的党员通过监视日本鬼子的行动向外报告：所有的日本人都聚在大账房里开会，窗帘拉得严严实实，门锁紧闭。第二日，矿机厂的日本人都没有出现。李麻子领着人打死了特务马祥高，连守口的特务也被绑了起来。特务韩行义和几个坏蛋自称是国民党的地下军、先遣队，携带几支枪从矿机厂被带出。在厂里一片混乱的情况下，党员李子政、李喜秀、房鸿利、马臣海挺身而出，维护秩序，收集了 20 多支枪，组成了护厂队。

工委以矿机场为基地，组织工人，成立了 300 多人的队伍，全副武装，包括步枪、手枪和轻机枪。工委决定将矿机厂的日本人集中在一栋大楼里，以便更好地管理。这一区域成为工委活动的中心，由赵孝文、路云等同志负责组织了两期政治训练班，有 40 多人参加了学习。通过组织护厂队，工厂设备并没有遭到破坏。

在鹤岗，受中共党组织和抗联影响的煤矿工人刘银喜等人，趁着苏联红军进攻日本节节败退的混乱之机，组织了 50 多人的手枪队配合苏联作战。1945 年 11 月，王其清代表三江人民自治军司令部接管了鹤岗煤矿，并成立了鹤岗矿务局。在手枪队的帮助下，王其清抓获了原来的矿井队头目刘介中。之后又成立鹤岗煤矿职工总会，组建了工人自卫队，有 325 名工人成为自卫队成员，这些成员在保卫矿山、恢复生产方面作出了重要贡献。

东北人民解放委员会的活动 1945年8月，在佳木斯林木厂，一群进步工人如赵子学、景田等人组织了曾经参与抗日活动的同志，共同成立了东北人民解放委员会，成员逐渐增加至200多人。为了壮大组织力量，东北人民解放委员会派遣了刘玉喜、赵玉池、吴秀峰、苏文清等14名干部前往依兰、宝清、富锦、集贤、罗北、通河、方正、饶河、鹤岗等12个县，成立了大同盟分会组织。

历史证明，无论在什么时期、什么年代、什么环境下，中国工人都是中国共产党领导中国人民实现伟大理想的忠实的阶级基础。全民族抗日战争时期，黑龙江地区的工人运动是黑龙江革命运动的重要组成部分。黑龙江地区的工人运动是对日本侵略者的经济压迫的抗争。日本占领期间，黑龙江成为日本帝国主义的资源开发和经济掠夺的目标。工人们在这一背景下积极参与抵制日本资本剥削的斗争。他们通过罢工、拒绝服从、反对强迫劳动、争取工资等形式，有力地反抗了日本侵略者对工人的经济压迫。黑龙江地区的工人运动是工人与其他社会阶层的广泛联合。工人阶级在全民族抗日战争时期积极与农民、知识分子、群众等形成紧密的联盟，形成全社会的抗日合力。工人与其他阶层的合作不仅在军事上具有重要意义，也在社会建设、抗日宣传等方面发挥了关键作用。这种联合促成了更加广泛、深入的抗日斗争。

黑龙江地区的工人运动是在党的领导下开展起来的。共产党在这一时期在黑龙江地区充分发挥了领导核心的作用，工人通过共产党组织参与抗日斗争，全民族抗日战争时期，黑龙江工人运动在多个方面都发挥了重要作用。

首先，黑龙江工人运动是世界反法西斯工人运动的重要组成部分。黑龙江工人积极参与反对日本侵略的工人运动，是世界反法西斯工人运动的重要组成部分。黑龙江工人的抗日斗争不仅是对日本法西斯主义的有力回击，也是国际反法西斯力量的重要组成部分。工人们通过罢工、示威、游击等方式，为国际反法西斯战线作出了积极贡献。

其次，黑龙江工人运动锻造了一大批工人干部，为未来革命斗争提供了人才保障。工人运动培养和锻炼了一大批具有政治觉悟和组织能力的工人干部，为未来的革命斗争提供了坚实的人才基础。在全民族抗日战争中，工人们逐渐形成了自己的组织和领导层，这些工人干部在动员、组织、领导工人群众方面积累了丰富的经验。这不仅有助于维护工人阶级的利益，也为中国共产党在黑龙江地区建立坚实的基层组织和领导力量奠定了基础。

最后，黑龙江工人运动是在中国共产党和工会领导下的革命斗争，具有鲜明的爱国属性，工人们在爱国主义的号召下，积极参与各种形式的抗日斗争，成为全民族抗日战争的中坚力量。工人们的爱国热情和坚决斗争精神，为全国各族人民树立了英勇抗日的典范。

第四章　解放战争时期的黑龙江工人运动

解放战争时期，为充分发动群众，建立巩固的东北根据地，发挥人民群众主体作用，党引导群众建立了工会等群众团体。工会组织是中国共产党联系工人群众的桥梁和纽带，致力于贯彻党的号召，在建立、巩固东北根据地的各项工作中发挥了重要作用。

第一节　第六次全国劳动大会和工会组织的恢复

一、第六次全国劳动大会在哈尔滨召开

1947 年下半年，在中国共产党的领导下，人民军队对国民党蒋介石集团发起了多面进攻，解放战争节节胜利，蒋介石集团已经在政治经济军事方面陷入了全面困境，这也正式标志着中国革命进入了新的阶段，解放战争在全国胜利已经出现曙光，鉴于革命形势的迅猛发展，对全国范围内的运动提出了新要求和新任务。要求工人阶级在新的革命形势下要发挥领导作用，联合全民族组成更广泛的统一战线。而要想领导全国范围内的工人运动，巩固统一战线，首先要团结自己，实现工人运动在全国范围内的团结统一。为了达成这一目标，实现解放区的工人运动，动员工人和人民群众主动参与到夺取全国伟大胜利的斗争之中。在这个关键节点党中央不失时机地召开了第六次全国劳动大会，并成

立全国总工会。这是在中国民主革命最后胜利前夜召开的重要会议，有助于促进全国工人阶级的团结统一。同时也能够解决工人在当时历史时期存在的领导问题、团结问题和动员问题。

1948年新年，中国解放区工联筹委会主任刘宁一受党中央的委托从巴黎到伦敦，通知中国劳动协会理事长朱学范到解放区，争取早日促成建立中国工人运动的统一战线。1月8日，朱学范在伦敦发表《对于目前时局的宣言》，表示只有彻底反对并击败魏德迈计划以及马歇尔计划，才能完成中国的独立、和平与民主，坚决拥护推翻蒋政权民主革命运动。2月28日，朱学范到达哈尔滨。次日，朱学范致电中共中央主席毛泽东和中共中央革命军事委员会副主席周恩来，表示要同共产党“并肩作战，在你们的领导下，斗争到底，获得最后的胜利”[①]。3月4日，党中央电复朱学范，对他“到哈尔滨，并决心与中国共产党合作”，表示热烈欢迎。

1948年3月5日，解放区职工联合会筹备委员会根据中共中央的指示发布通知，决定于6月10日在东北解放区首府哈尔滨举行全解放区职工代表大会，同时成立全解放区职工联合会。最初，党中央的计划是分两步实施，首先成立解放区工联，然后逐步将其扩展为全国工会组织，包括国民党统治区。然而，国民党试图通过提前召开国民党工会代表大会来控制和利用工会运动，以挽救其失败的前景，国民党工会代表大会于1948年4月18日至22日在南京举行，宣布成立“中华民国全国总工会”，但遭到了许多进步工会组织的反对和抵制。

鉴于斗争形势发生了变化，党中央决定调整策略，将原计划分两步建立工联与统一全国工会组织合并为一步，通过召开“六次劳动大会”的形式加以实现。为确保大会的成功，党中央指派李立三负责筹备工作，周恩来在西柏坡负责大会的主要决议草案的制定。李立三亲自起草了《中华全国总工会章程》（草案）、说明报告、开幕词以及其他决议草案。遵循党中央的指示，李立三与朱学范合作，通知香港的“劳协”派代表出席大会。同时，他还通知了国统区的大城市，包括上海、南京、武汉、天津、唐山、北京、广州等地的民主工会，邀

① 中共哈尔滨市委史志研究室编著：《哈尔滨一座为新中国建立贡献突出的城市》，黑龙江人民出版社2019年版，第131页。

请他们的代表参加大会。然而，由于当时解放战争仍在进行中，交通不便，许多代表必须经历国统区才能到达哈尔滨。为等待国统区代表的到来，大会推迟到7月31日才召开预备会议。在预备会议上，与会代表一致同意继承中国工人运动的光荣传统，为了统一全国职工运动的领导，以汇聚工人阶级力量与所有民主爱国阶级合作，更迅速地推翻国民党的卖国统治，将美帝国主义驱逐出中国。因此，决定将大会命名为“第六次全国劳动大会”，并决定成立全国组织，以中华全国总工会作为名称。

二、第六次全国劳动大会取得的重大成果

1948年8月1日至22日，在哈尔滨举行了第六次全国劳动大会，简称“六次劳大”。这次盛会的成功举行归功于中共中央的直接领导，它是全国工人阶级的代表大会，是团结全国工人阶级、争取解放战争最终胜利的一次重要会议。

1948年8月1日，第六次全国劳动大会在哈尔滨的兆麟电影院隆重开幕，共有518名代表参加了这一盛会。大会不仅包括各个解放区的职工代表，还有来自国统区各大城市民主工会以及海外华侨工会的代表。大会首先选举斯大林、毛泽东、朱德、世界工联主席赛扬以及苏联总工会主席库兹涅佐夫为名誉主席，同时选出了由陈云、李立三、蔡畅、刘宁一、朱学范等34人组成的主席团①。

第六次全国劳动大会在《国际歌》的激昂音乐中拉开帷幕，由李立三作了开幕词。他回顾了自1922年至1929年以来举行的前五次全国劳动大会，并分析了经历过“五次劳大”的工人运动在三个革命时期的发展状况。陈云同志随后作了《关于中国职工运动的当前任务》的报告，阐明了全国工人阶级及群众，包括解放区和国统区，当前的总任务是彻底推翻反动统治，建立新民主主义的中华人民共和国。报告还就国统区和解放区的不同情况，制定了各地区工人运动的方针政策。报告明确指出，在解放区，工会工作应遵循“发展生产、促进经济、公私兼顾、劳资共赢”的总方针，以团结全体职工，鼓励积极劳动，遵

① 中共哈尔滨市委史志研究室编著：《哈尔滨一座为新中国建立贡献突出的城市》，黑龙江人民出版社2019年版，第134页。

守纪律，保护职工的日常利益以及教育职工。

在这次会议期间，全体代表还听取了朱学范关于国民党统治区职工运动情况的报告，上海代表欧阳祖润的上海职工运动报告，哈尔滨市总工会主席张维桢的哈尔滨市工人运动情况报告以及刘宁一的国际职工运动工作报告。大会通过了有关中国职工运动当前任务的决议，并讨论了李立三提出的中华全国总工会章程报告。新的《中华全国总工会章程》也得到了一致通过。此外，代表们通过无记名投票选举产生了中华全国总工会第六届执行委员会的 81 名成员。8 月 22 日，第六次全国劳动大会在宣布中华全国总工会正式成立后圆满闭幕。朱学范在闭幕词中强调：“这次大会是充满胜利气氛的、团结一致的、前进迈进的大会，不仅在组织上实现了统一，而且在意志、思想、精神和行动上也实现了紧密统一。”

10 月 10 日，中华全国总工会六届执行委员会举行了首次会议，陈云当选为中华全国总工会主席，朱学范、李立三、刘宁一当选为副主席，同时设立了由 15 名正式常委和 6 名候补常委组成的常务委员会。

三、第六次全国劳动大会的历史意义

第六次全国劳动大会的召开以及中华全国总工会的恢复，对于组织全国工人阶级，与人民解放军协同配合对抗国民党反动政府，加速革命进程等方面都具有重要意义和深远影响。这一历史事件将永远铭刻在中国工人运动史册中。

首先，毛泽东在评价第六次全国劳动大会时曾指出，这次会议所决定的方针具有纲领性质，是正确的。第六次全国劳动大会的历史意义在于，它的召开和中华全国总工会的恢复，对动员和组织全国工人阶级与人民解放军协同配合对抗国民党军进行战略性的最终决战具有重要现实意义，加速了全国革命的胜利，同时也为新中国工会工作的展开奠定了坚实基础。

其次，这次大会与前五次大会相比的独特之处在于解决了两个具有深远历史意义的问题。

一是，它通过与会代表使全国工运战线的工作者明确了新的形势和任务。

二是，它制定了新的《工会章程》，并通过选举重新建立了全国工会的领导机构。这次大会还特别介绍了曾在哈尔滨市工人中讨论过，并由政府颁布的《战时暂时劳动法大纲》《战时工资标准暂行劳动保险条例》等法规。大会是在中国共产党直接领导和关怀下进行的。通过这次大会，中华全国总工会得到了恢复和发展，选举了新的中华全国总工会执委会，这也正式标志着中华全国总工会的发展进入了新的阶段。

再次，大会对新民主主义革命过程中国统区和解放区工人运动的历史经验和教训进行了系统总结。这次大会充分认识到了当时工人运动的艰巨性，同时也对全国工人运动和各个地区工人运动的具体任务进行了详细布置。大会明确指出，全国工人阶级的共同任务首先是要团结自己，只有工人阶级团结起来，才能够去团结广大农村群众、知识分子、自由职业者以及其他一切可以团结的分子，更好地帮助中国人民解放军推翻国民党反动派的统治，也能够彻底推翻美帝国主义在中国的压榨和摧残，建立符合人民需求的新民主主义的民主共和国。同时，本次会议还明确指出了在解放区工会的具体任务，要严格按照发展生产、繁荣经济、公私兼顾、劳资两利的经济指导方针，主动地参与到工业发展和经济建设之中，巩固解放区的经济发展成效，积极支援前线。在国统区工会要团结广大职工和全体人民参与美帝国主义斗争，配合人民解放军进攻，并在城市解放后与民主政府接洽，帮助民主政府接管城市。随着总任务和各地区具体任务的落实，不仅为当时的工人运动指明了方向，也为工人阶级参与夺取全国胜利提供了指引。这次大会的胜利召开，为全国解放后一个时期内的工会工作作了具体铺垫[①]。

最后，这次大会适时恢复了中华全国总工会。大会宣布中华全国总工会将作为世界工联的一部分，为全世界工人阶级反帝、反侵略、反压迫作出应有贡献。中国工人也成了世界民主阵线的一分子，进一步提升了中国工人阶级在国际上的政治地位和历史地位。也正是在中华全国总工会的领导下实现了国统区和解放区工人阶级的大联合大团结，肯定了中国共产党在全国各地工人运动的领导地位，加速推进了全国范围内的革命进程，为工人运动提供扎实的组织保障。同时这次大会还加强了解放区、国统区工人之间的互动交流。大会明确指

---

① 洪安琪，何布峰编著：《中国工人运动简史》，陕西人民教育出版社 1987 年版，第 179 页。

出，面对国统区对于广大工人的压迫，必须掀起新一轮的反压迫、反饥饿、争取自由、争取民主的斗争。对备受国民党反动派压榨统治的中国劳协、上海工协以及其他民主工会表示了慰问，对在反对国民党斗争中英勇牺牲的烈士表示了哀悼，积极支援国统区职工斗争，并号召解放区全体职工利用公休加工的一天所得工资以支援国统区的职工斗争，消息传开之后，东北地区率先响应，在大会闭幕时就立刻募捐基金几千万元①。

以哈尔滨为例，在第六次全国劳动大会召开前后，哈尔滨市总工会积极组织广大职工参与生产支前劳动竞赛。很多机电企业采取了创造性的举措，如进行“死机复活”、积极生产器材，包括枪炮和手榴弹。服装工人日夜不停地加工军用物资，如军被、军服、军帽和军鞋，而铁路工人以毛泽东机车号为榜样，提升运输速度。各行各业积极支援解放战争，涌现出众多劳动英雄和模范。市总工会组织职工代表联欢，向代表介绍哈尔滨的工业情况，请先进人物赵占勉等作报告。全市工人积极响应“六次劳大”号召，为蒋管区工人捐献一日工资。同时，全市广大工人积极参加企业管理，提合理化建议，使哈市的一些企业迅速得到恢复和发展。

总之，第六次全国劳动大会在中国工运史和中国革命史上具有重要历史地位，成为中国工运史上最重要的里程碑。这次大会真正开创了中国工运的新阶段，总结了新民主主义革命时期工运的历史经验，为无产阶级掌握全国政权后的工运提供了正确的指导思想，其深远影响在工运史上是前所未有的。

第二节　建立工会组织，壮大工人力量

一、哈尔滨总工会组织的建立

1946 年 4 月 28 日，哈尔滨市迎来了解放。为更好地引领职工运动，中共哈

① 洪安琪，何布峰编著：《中国工人运动简史》，陕西人民教育出版社 1987 年版，第 179—180 页。

尔滨市委决定建立哈尔滨市总工会。经过中共中央东北局的批准，哈尔滨市总工会筹备委员会于9月成立。随后，10月10日，在哈尔滨市举行了首届工人代表大会，宣布正式成立哈尔滨市职工总会。这次大会聚集了全市九万多名职工的代表，共295位代表出席。

大会主席团主席杨维致开幕词，哈尔滨市市长刘成栋也发表了讲话。中共中央东北局副书记彭真在会上致词，对大会的召开和市职工总会的成立表示祝贺。他强调各级工会干部要发扬无产阶级的斗争精神，密切联系职工，努力提高工会组织的质量，团结在人民政府周围，以打破国民党反动派的进攻。在经过认真讨论后，大会通过了《哈尔滨市职工会组织章程》《哈尔滨总工会工作纲领》等文件，并通过了五项决议，其中最重要的是在私营企业中实行劳资双方分红制度，适当提高工人工资，改善职工生活。此外，还提出了公营企业工人参与管理，恢复发展工商业，开办合作社和补习学校，提高工人店员的政治、文化和技术水平等任务。

哈尔滨市职工总会不断发展壮大，1948年5月1日举行了第二届职工代表大会。到会代表397人，代表全市6.8万名会员、10余万名职工。大会于13日结束。大会主席团主席张维桢致开幕词，李立三代表中共中央东北局、解放区职工总会筹委会，张平化、钟子云代表中共哈尔滨市委，朱其文代表哈尔滨市政府到会致贺词。常景林代表第一届委员会作工作报告，肯定工会一年多来的工作成绩，同时提出今后的工运方针：对国营和市政企业的管理体制进行改造，对私营企业实行“发展生产，繁荣经济，公私兼顾，劳资两利”的方针，使工人运动由经济第一转变到生产第一、战争第一；从“分红”为主转变到以工资为主；从孤立的职工运动转变到以工人为骨干联合各阶层的群众运动；从简单斗争方式转变到说理斗争方式。大会讨论并通过了《战时暂行劳动法大纲（草案）》《战时工资标准暂行办法》《哈尔滨职工总会章程》。大会确定哈尔滨市职工总会的工作任务是：发展生产，支援战争；拥护政府；参政议政；加强教育，提高觉悟；兴办福利，保证生活；扩大队伍，巩固组织。大会选举了出席第六次全国劳动大会的代表26人，哈尔滨市职工总会第一届委员会委员39人，候补委员4人。在会后召开的全体委员会议上，选出常务委员会委员11人。到了1949年5月，哈尔滨市划归松江省直辖，市职工总会正式成为市级工会。

为规范工会组织发展，哈尔滨总工会组织早在1946年10月颁布《哈尔滨总工会组织章程》，章程中明确了工会的宗旨、组织架构、会员管理制度等内容。哈尔滨总工会以团结哈市各业工人店员，争取实现分红制度、改善工人生活，推动双方共同努力，恢复与发展工商业，并提高工人店员政治文化水平与社会经济的地位，保护工人店员的利益，以及参加民主政治建设，争取独立和平实现为宗旨。按照章程的规定，凡各业工人店员团体，皆得为本会团体会员。全体代表大会每半年召开一次，由执委召集之。执委会每月召开一次，必要时可由常委临时召集之。常委每半月召开一次，必要时可由正副主任召集之。执行代表大会之一切指示与决议，宣传与实行本会宗旨，反映工人与店员之意见与要求，协助各业工人、店员改善生活，扩大工会组织，缴纳会费，凡团体会员、个人会员均应抽其每月薪金千分之五为会费。工会实行分红制，适当增加、改订工资等。在公营企业中，工人应参加生产管理，实行节约分红及部分实物供给制，开展劳动英雄与模范工作者运动。

二、各地工会组织的建立

在东北地区光复后，为了确立并巩固东北根据地，黑龙江地区各省工委（省委）充分利用工人的积极作用，在哈尔滨、齐齐哈尔、牡丹江、佳木斯等地建立了工会组织。各行业工会相继建立后，各界职工联合会也不断发展壮大。黑龙江地区的各级工会重视发挥工人在经济建设中的积极作用，贯彻了经营企业化和管理民主化的原则，确立了工人的主人翁地位。在工会组织的引领下，广大工人积极参与企业的经济核算，建立并完善各项管理和责任制度。他们努力削减生产成本，减少浪费，积极提出合理化建议，全力推动工厂和企业的高效运营。这一系列措施对于工厂和企业恢复和发展起到了重要作用。总的来说，黑龙江地区工会组织的建立和工人的积极参与为该地区的经济发展和工业复苏提供了重要支持。工人们的参与不仅提高了生产效率，也提升了工人在经济建设中的主导地位，为黑龙江地区的稳步发展奠定了坚实基础。

据统计，日伪时期黑龙江地区仅林业、矿山、铁路、公路、邮电的工人就有53万人之多，其中林业、土木工人曾达到396916人。解放初期哈尔滨有职工29万余人；牡丹江有职工10000余人；佳木斯有职工8000余人；齐齐哈尔有职工5000余人（不包括铁路），鸡西矿区有工人9763名。①

表4–1 各地各行业工会成立情况列举（部分）

工会名称	成立时间	人员构成
鹤岗职工总会	1946年3月8日	共11名委员，张元任主席，张克勤任副主席。
牡丹江市职工联合总会	1946年3月15日	会议选举刘泰、古海亭、杨华等15名执行委员。
勃利职工总会	1946年7月8日	到会百余人，选出执行委员15人，常委7人。
哈尔滨市市府工友工会	1946年8月17日	在大会上产生常委7名，2名候补委员。
双合盛皮革工人工会	1946年8月	双合盛皮革工人。
哈尔滨市澡塘业工人工会	1946年8月	哈尔滨市澡塘子工人。②
松花江航务局职工会	1946年7月27日	刘保田当选为会长，邢殿立为副会长。黄家荫、吴景春、刘惠田、陈乐三等人为执行委员及各部部长。③
哈尔滨市理发工人联合会	1946年9月	会上推选刘士英、高鸿宾等5人为工会会员，并通过经工人代表讨论的理发业之新制度。④
哈尔滨市店员联合会	1946年9月17日	经民主选举孙成林、张大生、宁远显等11人为执行委员。⑤

① 《哈尔滨市工人运动大事记》《佳市工运大事记》《鸡西工人运动大事记》《牡丹江市工人运动大事记》征集资料，黑龙江省工会1989年征集，现存省工会资料室。

② 黑龙江省总工会政策研究室编著：《中国工会运动史料全书 黑龙江卷》，黑龙江省总工会政策研究室出版2000年版，第301—302页。

③ 黑龙江省总工会政策研究室编著：《中国工会运动史料全书 黑龙江卷》，黑龙江省总工会政策研究室出版2000年版，第302页。

④ 同上。

⑤ 《东北日报》1946年9月17日第二版。

续表

工会名称	成立时间	人员构成
哈尔滨市同业工人联合会	1946 年 10 月	包括火磨工人联合会、印刷工人联合会、铁工厂工人联合会、油坊工人联合会及店员联合总会，共计会员6000 余人。①
佳木斯市总工会	1946 年 9 月 21 日	选出了刘照富、李荣春、廖德安等 25 名执行委员，并选出了刘照富、李荣春为佳木斯市总工会首届正副主任。②
哈尔滨市酱油业成立工人联合会	1946 年 9 月 18 日	会中选出赵树贵、修永开、张福鸿、郝建刚等 11 名分担正副主任。③

除了各地各行业成立工会以外，黑龙江省、松江省和合江省也相继成立省（市）级工会。

黑龙江省职工总会　1948 年 6 月，黑龙江省举行了第一届职工代表大会，宣告成立了黑龙江省职工总会。之前于 1948 年 4 月 29 日，黑龙江省第一届职工代表大会筹备委员会在北安县正式成立，决定在 6 月初召开全省职工代表大会。1948 年 6 月 2 日，黑龙江省第一届职工代表大会在北安县召开，共有 215 名代表出席，代表了全省 7 万名职工中的 3. 5 万名会员。这次大会历时 10 天，于 6 月 12 日顺利闭幕④。

大会筹委会由省财政厅厅长倪伟代表介绍了筹备过程，大会主席团主席何志宏在开幕词中明确提出了本次大会的目的，即动员全省职工，发展生产，促进经济繁荣，支援战争，争取早日解放整个东北地区。省委书记王鹤寿在大会上作了对过去两年工运的总结报告，他肯定了全省工人在生产支前方面取得的成就。大会确立了工运方针："发展生产，支援战争，公私兼顾，劳资两利。"大会还就工资问题作出了具体决策，全省公营企业将实行工薪分制，同时私营企业也需要解决工资过高等问题。除此之外，大会还决定通过增加生产来解决

① 《东北日报》1946 年 10 月 5 日第二版。

② 黑龙江省总工会政策研究室编著：《中国工会运动史料全书 黑龙江卷》，黑龙江省总工会政策研究室出版 2000 年版，第 303 页。

③ 《东北日报》1946 年 10 月 20 日第二版。

④ 黑龙江省地方志编纂委员会：《黑龙江省志·工会志》，黑龙江人民出版社 1999 年版，第 40 页。

职工福利问题，并要求各县在可能的情况下设立消费合作社。

1949 年 5 月，黑龙江省和嫩江两省合并，两省的职工总会合并为黑龙江省总工会①。

松江省职工总会 1948 年 10 月，松江省举行了第一届职工代表大会，正式宣告了松江省职工总会的成立。大会于 1948 年 10 月 20 日在阿城县（今黑龙江省哈尔滨市阿城区）举行，共有 200 余名代表出席，代表了全省的 59130 名职工，包括 3633 名会员。这次盛会在 10 月 28 日圆满结束。

大会由筹委会副主任陈达致开幕词，松江省政府主席冯仲云和全国总工会代表唐韵超也在会上致词，祝贺了省职工总会的成立和首届职工代表大会的成功召开，并强调了这次大会是在全国各条战线及解放军获得空前胜利的形势下召开的。他们号召全省职工团结一致，发扬新的劳动精神，积极生产，为支援全国解放战争贡献力量。

中共松江省委书记张策向大会作了政治报告，详细介绍了中国革命运动取得的空前胜利，同时提出了松江省职工生产支前的重大任务。省委常委、城市工作部部长以及大会筹委会主任金铁群向大会传达了中共中央有关中国职工运动当前任务的精神。

大会代表讨论了多个问题，包括发展生产、促进经济繁荣、支援解放战争、开展生产立功竞赛以及战时劳动保险，等等。此外，大会还通过了《松江省职工总会章程草案》和《松江省战时劳动条例草案》。

1949 年 11 月，松江省职工总会迁往牡丹江市，与牡丹江市职工总会合署办公。不久之后，松江省和合江两省合并，两省的职工总会也合并为松江省总工会。总工会的办公地址迁回哈尔滨市。

合江省职工总会 1948 年 9 月，中共合江省委成立职工运动委员会，并决定筹建合江省职工总会。12 月 15 日，合江省召开了第一次职工代表大会，正式宣告合江省职工总会的成立。共有 156 名代表参加，代表了全省 46000 名职工，包括 23180 名会员。大会在 12 月 22 日成功闭幕②。

---

① 黑龙江省地方志编纂委员会：《黑龙江省志·工会志》，黑龙江人民出版社 1999 年版，第 40 页。

② 黑龙江省地方志编纂委员会：《黑龙江省志·工会志》，黑龙江人民出版社 1999 年版，第 48 页。

1949 年 5 月，合江省和松江两个省份合并为松江省，而两省的职工总会也合并为松江省总工会。合江省职工总会只存在了半年。

为了积极推动经济建设和促进工业发展，工会组织坚决贯彻党的方针，即“发展生产、促进经济、照顾公有制和私有制、维护劳资关系”的工业建设和工运方针。从 1948 年 10 月到 1949 年 5 月，包括黑龙江、合江、松江、嫩江各省，以及哈尔滨市相继召开了职工代表大会，对工会章程进行了修订，选举产生了各省总工会，并普遍加强了对各工厂和企业工会的统一领导。随着各省总工会的成立，各市、县和企业的工会工作也逐渐展开。

根据松江省于 1949 年 9 月的统计数据，全省的职工总数达到了 27 万人，其中有 15 万人已经加入工会，占到了职工总数的 61%。在工会的组织下，职工积极参与了国有工业企业中的立功竞赛、创造生产新纪录、争做劳动模范以及劳动英雄等运动。职工表现出高度的生产热情，成功地完成了生产任务，甚至有的企业超额完成任务。例如，哈尔滨自来水厂在 1949 年 1 月至 6 月的送水量超过原计划的 131%。在生产中，各工厂和企业涌现出了许多劳动模范、劳动英雄以及先进生产者，为经济建设和工业发展作出了杰出的贡献。

三、黑龙江工人踊跃参军报国

中共七大制定的政治路线和指导工人运动的方针政策，推动了工人阶级投入夺取抗战最后胜利的斗争。解放区工人在“一切为了前线，为了战争胜利”的战斗口号下，掀起大规模的生产突击竞赛。工人们自觉地延长劳动时间，千方百计多生产，以提前和超额完成生产任务，同时主动参军报国，参加了驱逐日本帝国主义的最后一战。

在北安地区，1945 年 9 月王钧组成以失业工人为主的保安队，后改编为保安团。在嫩江地区，成立了以工人为骨干的护路军，保证滨洲铁路的安全畅通。各地工人武装队伍，先后成批编入了正规军或地方部队，同时支援国统区工人的斗争。

据统计，解放战争初期，东北各地建立的工人武装队伍有 20000 多人，对保卫东北起到了重要的作用。通过以上工作，中国共产党在东北地区很快打下深厚的群众基础，使党中央关于建立巩固的东北根据地的指示得到落实，对阻止国民党占据东北及以后支援人民解放军胜利反攻都有重要意义。

1945 年 11 月—1946 年 5 月，东北民主联军先后撤出沈阳、四平、长春。根据中共中央《建立巩固东北根据地》指示，把东北工作重点转移到北满、东满、西满建立巩固的军事政治根据地，准备长期斗争。各地工会组织和工人武装则转入地下或撤到郊区，开展各种形式的斗争。同时部分大城市和矿区，如哈尔滨市、齐齐哈尔市、佳木斯市、鸡西、鹤岗等矿区，工人组织的主要任务是恢复生产，支援前线战场，组织武装工作团，到农村支持土地改革。

1946 年 4 月中旬，国民党军主力配备了全新的武器装备，向四平发动了猛烈的进攻。在伤亡惨重的情况下，东北民主联军被迫撤出四平。这是东北民主联军遇到的最为困难的时刻。

为了抵制敌人的侵略和反击他们的进攻，东北民主联军的主力部队急需大量的新兵补充。因此，黑龙江地区各省、市、县党委积极动员广大青年加入军队，参与自卫战争，以保卫革命胜利果实。这一过程包括通过基层干部和积极分子对适龄青年进行个别动员，发动工会、青年联盟、妇联、农会等群众组织和学校来协助动员，还通过召开各种群众大会来引起广泛的动员活动。这一系列宣传和动员工作使广大青年认识到，参军是一项非常光荣的任务，他们参军是为了保卫民主和和平，保卫已经获得的胜利果实。很快，各省组织了许多年轻人参军，为主力部队提供了补充。例如，松江省在短短十几天内，完成了两次紧急扩军任务，松江省委和各级党委积极动员和组织了大批青年，很多都是工人，很快为主力部队增添了 3000 多名杰出的战士①。

1947 年 6 月 5 日，钟子云在市委系统党员干部会上指出："前方有几十万军队在打仗，需要大量的军需生产、人员补充和物资供应"；"集中一切力量支援解放战争，是市委本年的具体任务之一"；"我们首先应当帮助在哈尔滨的后勤机关进行军需生产"。根据市委的部署，市工商局与东北民主联军军需部门建立了经

① 中共黑龙江省委史志研究室著：《中国共产党黑龙江历史》第一卷，中共党史出版社 2021 年版，第 679 页。

常性的协同工作关系。7 月 1 日，钟子云在庆祝中国共产党成立 26 周年纪念会上讲话，进一步提出："在今天的情况下，一切为了战争的胜利，不光农村要支援前线，城市也要支援前线。要以很大的力量来克服困难，争取战争的胜利。如果不争取战争的胜利，一切都是空的。" 7 月 5 日，市长刘成栋指出，在不影响公私企业生产的原则下，调动公私企业力量，组织人员建立担架队救护伤员。

7 月 7 日，哈尔滨市各界集会纪念全民族抗日战争爆发十周年，掀起了参军、参战、劳军的热潮。320 余名青年主动参军入伍，这不仅是一种对国家责任的担当，更是对抗战事业的积极响应。之后在"劳军运动周"提出了"有力出力，有钱出钱"的口号，动员更广泛的工人阶级支援人民自卫战争。在全市范围内，1000 余人积极参军，3000 名民夫奔赴前线。7 月 14 日，由工人、店员、市民组成的 3300 人的哈尔滨市担架队成立并投入前线，展示了城市居民在面临战争危机时的自发性和组织能力，也体现了工人积极参与抗战的决心和信心。

7 月 28 日，各界欢送本市 2000 名新入伍战士。同时，新阳区组织民夫 500 人投入前线，这种动员不仅仅是军事层面的，更是城市全体力量的动员，彰显了全社会的抗战决心。10 月 17 日，工人、店员第二批工作团开赴前线。12 月 12 日，各区参军动员大会召开，进一步调动了广大工人和青年的参军热情。1947 年，哈尔滨全年参军人数达 1.02 万人。

解放战争时期，哈尔滨市的广大工人、农民和学生在中共哈尔滨市委、市政府的组织动员下，共有 23000 人（不包括零散招募的）自愿参军，其中参加哈尔滨市保安总队的有 7500 人，参加哈尔滨市公安总队的有 1500 人，参加三五九旅和松江、黑龙江省各部队的有 3800 人，参加卫戍区、松江独立团和各军校的有 10200 人。有 285 人成为人民功臣和模范，有 1684 人成为革命烈士。从 1946 年末到 1948 年，哈尔滨市总工会、区工会、产业工会配合战勤部门，动员了 3800 名工人、店员及其他劳动者参加东北民主联军和地方武装部队。黑龙江鹤岗煤矿一个曾在关内受过八路军影响的群众，组织了一支 20 多人的手枪队，到佳木斯迎接人民政府派人接管鹤岗煤矿，协助八路军缴了伪矿警队的枪。后编入三江人民自治军。

黑龙江地区工人参军热潮的兴起，及时为前线提供了充足的兵源，保障了战争的胜利，工人阶级之所以愿意到前线，正是因为他们通过党的教育，提高了阶级觉悟，认识到大局与个人、战争与和平、参军与保卫胜利果实之间的紧密联系。这是一个逐步深化的过程，也正是广大工人一方面参与生产，一方面主动参军才保住了胜利果实，并取得了最终胜利。

四、合江省第一届职工代表大会

1948 年 12 月 15 日至 22 日，在佳木斯市举行了合江省第一次职工代表大会，共有 156 名代表出席，代表着全省范围内的 2180 名工会会员、4.6 万名职工。

合江省职工总会筹委会主任周叔康致开幕词，合江省政府主席李延禄以及中共合江省委城工部长李常青分别向大会致贺词①。大会指出："中国共产党首先是工人阶级的仆人，是全国人民的仆人。党和工人阶级之间存在着血肉联系，永不可分割。"在大会上，合江省政府副主席李范五作了关于行政与工会关系的报告。他指出，在过去三年中，全省职工为支援战争作出了巨大贡献，显示出广大职工的政治觉悟。他也批评了一些行政官员对工会工作的忽视，甚至采取了压制态度，以及一些企业管理不够民主的现象。

周叔康作的关于合江职工运动当前任务报告，详细讨论了一系列问题，包括公有制企业职工参与行政管理、提高工人的劳动热情和技术能力、强化工会组织、工会领导层的民主作风以及私营企业工会工作。大会通过了这份报告，并制定了合江职工运动当前任务的决议。

大会通过了《合江职工总会章程》和《合江职工总会会员资格暂行条例》，并发布了《告全省职工书》，号召全省的工人阶级团结起来，统一组织，统一步调，牢记中国共产党和民主政府的正确领导，贯彻中华全国总工会和东总的指示和决议，为确保完成生产任务，全力支援内地战争，努力建设强大的工业，推翻国民党反动派，为建立新中国和新的合江而努力奋斗。

---

① 黑龙江省地方志编纂委员会：《黑龙江省志・工会志》，黑龙江人民出版社 1999 年版，第 48 页。

大会选举产生了合江省职工总会第一届执行委员会的25名委员，并在首次执委会上选举产生了11名常务委员会委员，标志着合江省职工运动进入了新起点。

大会号召全体会员必须爱护自己的职工会，必须参加职工会的活动，紧紧地团结在职工会的周围，只有这样职工会才有力量，才能在集体力量之下作出各种有益于职工目前利益与长远利益的决策和行动。在中国共产党与民主政府的正确领导下，贯彻中华全国总工会和北总工会各项指示、决议，为保证生产任务的完成，全力支援关内战争，建设强大的工业，打倒国民党反动派，建设新中国、新合江而奋斗。

五、工会组织建设与会员情况

工会组织与广大职工群众密切相关，工会组织是在各个历史时期全面贯彻和实施工会代表大会所确定的方针和奋斗计划，发动和引导职工群众积极参与政治和生产活动，以实现党的各个历史时期总体任务和总目标的基本单元。工会是在中国共产党领导下的工人阶级组织，它具有广泛的群众性，最大限度地吸收广大职工群众加入自己的组织，努力提高工人阶级的组织程度，将职工群众紧密团结在党的周围，充分发挥工人阶级在社会主义建设中的主力军作用。工会组织的会员吸纳、教育、管理工作是由其组织章程所规定的。[①]

工会组织发展概况 1945年8月15日，随着日本帝国主义的投降，黑龙江成为全国解放最早的地区。在中国共产党的领导下，黑龙江的工人阶级率先建立了自己的工人组织，即工会。

黑龙江地区的基层工会建立始于大中城市。黑龙江、嫩江、松江、合江等省份，以及哈尔滨市、牡丹江市、西满铁路局等党组织，派遣大批干部深入职工中，通过民主选举在主要城市和铁路、矿山以及大型企业中动员职工，组织职工，建立基层工会。最早成立的基层工会包括鹤岗兴山矿山工会、牡丹江电

① 黑龙江省地方志编纂委员会：《黑龙江省志·工会志》，黑龙江人民出版社1999年版，第480页。

厂工会、北满铁路总工会、哈尔滨电员工会、佳木斯电厂工会、齐齐哈尔德增盛火磨工会、阿城县城关工会、铁木工会、克山县铁工工会等。

截至1945年12月，统计数据显示，牡丹江市共有14个基层工会，会员人数达到2289人，同时开始筹备成立市职工联合总会筹备委员会；而哈尔滨市的基层工会建设进展更为迅速，1945年10月15日的统计数据显示，已有72个基层工会，并成立了9个联合会，会员人数超过5万人。

随着1946年4月24日齐齐哈尔市的解放，西满铁路局也迁至齐齐哈尔市，在该地的20多个单位成立了工会，而且于7月成立了西满铁路总工会。哈尔滨中长铁路也建立了20个分工会，发展了8000余名会员，占铁路员工的2/3。至1946年6月，牡丹江铁路局也建立了12个分工会，拥有1500名会员。

通过1947年和1948年的工会改革，特别是1948年8月的第六次全国劳动大会，黑龙江地区的基层工会建设工作迅速扩展。例如，1946年2月，鹤岗矿务局有6个基层工会，拥有7915名职工，发展了5000名会员。到了1948年12月，基层工会增至26个，职工达到11379人，拥有7624名会员。

1948年，黑龙江省有179个基层工会，合江省有218个，松江省有55个，嫩江省则在1949年5月的统计数据中有67个基层工会。

在此背景下，黑龙江地区创立了最早的省级工会组织，即哈尔滨市总工会于1946年10月正式成立。在第六次全国劳动大会之前，黑龙江地区已经建立了哈尔滨市总工会、松江省总工会、合江省总工会、黑龙江省总工会和嫩江省总工会。在各省工会的领导下，各级工会组织得以快速发展。

工会职工与会员情况　1947年7月，黑龙江省的28个县（不包括全省七大国营企业职工）的会员已达到23744人，占职工总数的62.21%。随着第六次全国劳动大会的召开，黑龙江省开始普遍建立工会组织。

表 4-2　几个主要地区职工与工会及会员情况统计表

<table>
<tr><th rowspan="2">地区</th><th colspan="5">职工数（人）</th><th colspan="4">基层工会数（个）</th><th rowspan="2">工会成立时职工总数</th><th rowspan="2">工会成立时会员总数</th></tr>
<tr><th>年代</th><th>产业工人</th><th>手工业工人</th><th>店员</th><th>其他</th><th>分会</th><th>联合会</th><th>办事处</th><th>会员数</th></tr>
<tr><td rowspan="4">齐齐哈尔</td><td>1946</td><td></td><td></td><td></td><td></td><td></td><td></td><td></td><td></td><td rowspan="4">2 万人左右（包括铁路邮电业职工数）</td><td rowspan="4">6993 人</td></tr>
<tr><td>1947</td><td>904</td><td>1188</td><td>924</td><td></td><td>20</td><td></td><td></td><td>900</td></tr>
<tr><td>1948</td><td></td><td></td><td></td><td></td><td>75</td><td></td><td></td><td>11406</td></tr>
<tr><td>1949</td><td></td><td></td><td></td><td></td><td></td><td></td><td></td><td>12342</td></tr>
<tr><td rowspan="4">鸡西</td><td>1946</td><td></td><td></td><td></td><td></td><td></td><td></td><td></td><td></td><td rowspan="4">14685 人</td><td rowspan="4">8212 人</td></tr>
<tr><td>1947</td><td>9768</td><td></td><td></td><td></td><td>13</td><td></td><td>6</td><td>2583</td></tr>
<tr><td>1948</td><td>14685</td><td></td><td></td><td></td><td>13</td><td></td><td>6</td><td>8212</td></tr>
<tr><td>1949</td><td>19209</td><td></td><td></td><td></td><td>13</td><td></td><td>6</td><td>11825</td></tr>
<tr><td rowspan="4">哈铁</td><td>1946</td><td></td><td></td><td></td><td></td><td></td><td></td><td></td><td></td><td rowspan="4"></td><td rowspan="4"></td></tr>
<tr><td>1947</td><td></td><td></td><td></td><td></td><td></td><td></td><td></td><td></td></tr>
<tr><td>1948</td><td>55800</td><td></td><td></td><td></td><td></td><td></td><td></td><td>36755</td></tr>
<tr><td>1949</td><td></td><td></td><td></td><td></td><td></td><td></td><td></td><td></td></tr>
<tr><td rowspan="4">牡丹江</td><td>1946</td><td>1771</td><td>173</td><td></td><td>14</td><td></td><td></td><td>2289</td><td></td><td rowspan="4">8000—10000 人</td><td rowspan="4">2289 人（1946 年 1 月）</td></tr>
<tr><td>1947</td><td>3709</td><td>325</td><td></td><td></td><td>2</td><td></td><td></td><td></td></tr>
<tr><td>1948</td><td>19000</td><td></td><td></td><td></td><td></td><td>1</td><td></td><td>7400</td></tr>
<tr><td>1949</td><td>9692</td><td>2671</td><td>17313</td><td>100</td><td>9</td><td></td><td></td><td></td></tr>
<tr><td rowspan="4">鹤岗</td><td>1946</td><td>7475</td><td></td><td></td><td></td><td>6</td><td></td><td></td><td>5000</td><td rowspan="4">7475 人</td><td rowspan="4">5000 多人</td></tr>
<tr><td>1947</td><td>8804</td><td></td><td></td><td></td><td>4</td><td></td><td></td><td>6353</td></tr>
<tr><td>1948</td><td>10713</td><td></td><td></td><td></td><td>5</td><td></td><td></td><td>9771</td></tr>
<tr><td>1949</td><td>10480</td><td></td><td></td><td></td><td>6</td><td></td><td></td><td>9294</td></tr>
</table>

注：《解放战争时期工人运动基本情况统计》1984 年 9 月省工会手抄件，现存省工会资料室。

从黑龙江产业结构角度划分，可以看到不同产业职工数量存在明显差别，相应的工会组织建设和会员发展情况也存在着不同。

煤炭工业职工　黑龙江煤矿工人较早出现在 1918 年的鸡西恒山矿，当时仅有 50 名工人。随后，鸡西滴道、鹤岗、双鸭山等矿区相继建立，煤矿工人的数量逐渐增加。到了 1925 年，仅鸡西穆棱煤矿就已有 800 名工人。在日本帝国主义入侵东北后，为了大规模掠夺煤炭资源，他们强行征集了大量劳工和战俘到鸡西、鹤岗、双鸭山等煤矿从事煤炭生产，因此煤炭工业职工人数一度大幅增加。[①] 为了开发黑龙江省的煤炭资源，从河南、河北、山东等地调集了大批民工参与矿区建设，同时在省内也吸纳了煤矿工人。到了 1949 年，煤炭工业职工总数已达到 3.1 万人。

石油化学工业职工　在新中国成立前，黑龙江地区的化学工业基础非常薄弱，1949 年只有 110 家化工企业，其中 94%属于私营小型手工业，职工人数仅有 2000 多人。

机械工业职工　在新中国成立前，黑龙江地区的机械工业相对不发达，只有一些从事采煤、伐木、机车车辆修理等小型修配厂，以及为粮油加工服务的铁木手工业作坊，分布分散。1949 年，机械工业职工总数仅有 1.8 万人。

电力工业职工　1905 年，中东铁路总工厂的发电厂建成，出现了黑龙江地区最早的电力工业工人，共 179 人。随后，哈尔滨、齐齐哈尔、绥化、黑河等地陆续建立了小型发电厂，电力工人逐渐增加。然而，全省电力工业的发展仍然非常缓慢，到了 1949 年底，黑龙江地区的电力工业职工总数仅有 3800 多人[②]。

轻纺工业职工　轻纺工业在黑龙江地区发展较早，各个行业通常拥有 60 多年的历史，但其基础仍然非常薄弱。到了 1949 年底，黑龙江地区拥有多个民族轻纺工业领域，包括酿酒、造纸、火柴、玻璃、印刷、陶瓷、皮革、食品、制糖、服装、鞋帽、棉纺、针织等。这些行业的职工总人数约为 2.4 万人，其中食品工业占了轻纺工业总人数的 60.5%。

冶金工业职工　黑龙江省的冶金工业拥有悠久的历史。1888 年，漠河金矿局设立，出现了黑龙江地区最早的一批产业工人，总数超过 2000 人。从 1905 年到 1945 年，沙俄和日本帝国主义对黑龙江矿藏进行掠夺式的开采，导致金属矿产遭受极大破坏，因此冶金工业发展一直落后[③]。1949 年，黑龙江地区的冶金工业仅有职工 2000 多人。

国营农场职工　1947 年 11 月，黑龙江省赵光农场成立，是黑龙江地区也是

---

① 黑龙江省地方志编纂委员会：《黑龙江省志·工会志》，黑龙江人民出版社 1999 年版，第 18 页。
② 黑龙江省地方志编纂委员会：《黑龙江省志·工会志》，黑龙江人民出版社 1999 年版，第 19 页。
③ 黑龙江省地方志编纂委员会：《黑龙江省志·工会志》，黑龙江人民出版社 1999 年版，第 20 页。

全国最早建立的国营农场之一。1948 年 6 月，部队调往前线，农场由黑龙江省建设厅接管，更名为赵光机械农场。最初，该农场仅有 15 名职工，但随着时间的推移，农场规模逐渐扩大，国营农场职工人数也在不断增加。

森林工业职工 自 1898 年以来，黑龙江地区就开始了森林的工业性采伐，形成了第一批林业工人。在沙俄和日本帝国主义对中国东北森林资源进行掠夺的过程中，黑龙江地区的森林工业在一定程度上有所发展。到了 1949 年，黑龙江林区的林业职工总数达到了 116522 人。

基本建设职工 黑龙江省的基本建设队伍是在解放后才逐渐建立起来的。在新中国成立前，黑龙江地区没有正规的建筑企业，建筑工人数量稀少，且受到封建势力的控制。中华人民共和国成立后，黑龙江地区相继成立了 5 个国营建筑公司和近百家私营建筑公司，截至 1949 年，建筑行业的职工总数达到 1. 74 万人。①

交通运输和邮电职工 黑龙江交通运输工人是全省较早形成的产业工人之一。1903 年，中东铁路建成通车。1906 年呼兰轮船公司成立，设立邮局，从而培育了黑龙江的铁路、内河航运和邮电工人。然而，20 世纪前半叶，黑龙江地区的交通运输和邮电行业发展较为缓慢。随着中华人民共和国的成立，黑龙江地区的经济迅速崛起，带动了运输和邮电行业的快速发展。到了 1949 年，交通运输及邮电部门的职工总数已经达到 6. 8 万人。

表 4-3　黑龙江地区铁路系统基层工会统计表　（单位：个、人）

	1946 年			1948 年			1949 年		
	基层工会	职工	会员	基层工会	职工	会员	基层工会	职工	会员
哈尔滨	22	12000	8000	128	15841	12793	129	39400	33728
齐齐哈尔	20	9553		123	16292	12299	179	25000	
牡丹江	12		1500	222	14040	12058	308		
合计	54			473	46173	37150	616		

注：此表基层工会指局属分工会或分总工会、办事处和基层单位工会。

① 黑龙江省地方志编纂委员会：《黑龙江省志·工会志》，黑龙江人民出版社 1999 年版，第 22 页。

第三节　组织职工参加根据地建设

1945年日本侵略者宣布无条件投降后，中国共产党迅速派遣大批干部和军队前往东北各地，领导和动员群众，组织工人，建立民主政权。解放的黑龙江人民渴望消除敌伪残余和推翻封建势力的统治，重获和平自由的生活。为了满足人民的愿望，黑龙江地区各级党组织和军队配合苏联红军解放了黑龙江、嫩江、松江、牡丹江、合江等省，立即着手动员工人、农民和各界人民群众，摧毁反动势力，建立人民自己的政权。

一、建立地方武装维持地方秩序

东北抗联部队配合苏联红军对日作战，使日军在苏联红军的强大攻势下，于1945年8月投降。这一时期，东北抗日联军在配合苏联红军摧毁敌伪势力、维持地方秩序的同时，争取并组织广大群众，重建东北各地党组织，组织工人，建立工会，建立人民武装，迎接党中央和八路军派遣的干部军队到东北，为建立巩固的东北根据地做好准备。为实现这一目标，330名抗联干部前往东满、南满、北满等50多个县积极开展活动，号召动员群众，组织工人，组成武装部队，收缴溃散的日军武装，维持地方秩序。

同时，党中央派遣的干部和部队迅速在东北建立地方党组织，扩大人民武装，组织和动员群众进行反敌斗争。1945年9月，李兆麟率领抗联人员进入哈尔滨市，彭施鲁带领抗联人员前往佳木斯，王明贵率领抗联人员抵达齐齐哈尔市，金光侠带领抗联人员来到牡丹江市。抗联部队到达各地后，充分利用与苏联红军协同作战的有利条件，迅速占领关键战略要地，积极恢复和建立党组织、人民军队和革命政权等。很快建立了中国共产党在松江、黑龙江、嫩江、合江、牡丹江等省的工委组织，以及各地的市工委和县工委等组织。东北抗联部队到达各地后，十分重视建军工作，在北满的哈尔滨、牡丹江、佳木斯、齐齐哈尔、北安、海伦、绥化等地建立了一些保安武装，在保安武装中很多成员都是来自工人群体。工人群体也成为地方武装力量的重要来源。

随着日本的投降，一些汉奸、卖国贼、伪警、特务等人打着“国民党地下工作者”的招牌，纷纷活跃在各地，组织“解放同盟”和“地产清理委员会”等组织。中共党组织积极指导各地保安武装，发动和组织人民，解散了反动的“解放同盟”，逮捕那些充当“地下军”的特务，迅速控制了各地的“公安队”并进行了重新组建。

哈尔滨市的保安总队 1945 年 8 月 23 日，李兆麟到达哈尔滨市，立即开始在各地展开武装活动。李兆麟担任松江省临时政府的副主席，他在筹建民主政权的同时，在哈尔滨市组建了三个保安大队，保安大队人员复杂，有之前的保安人员、工人和青年群众，总人数约 4000 人。党中央于 1945 年 8 月下旬从延安派遣一部分干部到哈尔滨，其中王友（钟子云）被任命为松江省工委书记，刘子奇担任哈尔滨市公安总队总队长，王建忠担任政委。1945 年 10 月 14 日，李兆麟代表松江省政府正式宣布成立哈尔滨保安总队，总部设在伪第四军管区的旧址（现为哈尔滨市第三中学）。该总队编制了 5 个大队，总人数超过 3500 人。总队长是王建忠，政委是王友，政治处主任是刘铁男。同年 11 月 22 日，保安总队撤至肇东，被重新划分为哈西军分区。

松江省的保安武装 1945 年 8 月，王景侠和马克正在阿城和一面坡组织了 3000 名保安武装。与此同时，宾县、珠河（今尚志）、延寿、方正、呼兰、木兰、兰西、青冈、通河、双城、五常、安达等县也在党的领导下，建立了规模不等的保安武装。①

1945 年 9 月 13 日，抗联干部王钧等抵达了黑龙江省北安地区，首先夺取了北安等重要据点，随后扩大到通北、拜泉等地。10 月初，王钧将北安地区的百余名无家可归工人组成了保安队，在短短三四天内，队伍规模扩大到了 400 人。陈雷在绥化地区组织了一个拥有 500 余人的保安队。在海伦，由张光迪组织的保安队人数达到了 200 余人。随后，于 10 月 3 日，东北局派遣王堃骋、陈大凡等

① 中共黑龙江省委史志研究室著：《中国共产党黑龙江历史》第一卷，中共党史出版社 2021 年版，第 530 页。

干部到北安开展工作。于 11 月 13 日，王钧在北安组建的保安队改组成了保安团，规模达到 600 人。

嫩江省的保安武装 1945 年“八一五”后，根据党组安排，王明贵率领 15 名抗联干部到齐齐哈尔市成立了警备司令部。同年 10 月，建立了嫩江人民自卫军司令部，组织工人群众参加革命队伍，队伍扩展到 600 人。此外，王化一率领一个步兵连前来齐齐哈尔市，他被任命为嫩江人民自卫军司令部的参谋长。为建立齐齐哈尔市人民自己的武装，他们将伪齐齐哈尔保安大队改组成自卫大队，党组织派民主大同盟的王增生担任大队长，柏绍武为副大队长，大队总人数达到 350 人。同时在齐齐哈尔市成立了一个护路大队，护路大队成员多是铁路工人。

绥宁省保安武装 1945 年 8 月 25 日，随苏联红军进入牡丹江的抗日联军干部金光侠、陶雨峰等，经苏军同意，参加苏联红军牡丹江市卫戍司令部。9 月，牡丹江市动员 70 多名朝鲜族青年组成警察队，后改为警卫连。陶雨峰还在失业的铁路工人中发展了 400 余人，编成了一个营。①

合江省保安武装 1945 年 9 月 3 日，抗联七军一师政治部主任彭施鲁带领 42 人，从苏联远东营地抵达佳木斯市，开辟党的工作，同时，成立自卫队。10 月，孙靖宇到达东北，东北民主联军总部由南满万毅部队拨给一个连，在沈阳扩大到 300 余人，这些人员很多都是产业工人，之后和抗联干部戴鸿宾到达佳木斯。②

1945 年 11 月初，党领导的哈尔滨市保安总队和市公安局配合苏军，首先逮捕了以王万里为首的“松江省保安队”的几个头目，尔后，保安总队又在其集结点，道外区一个大院内，将 300 余名匪徒缴了械。经教育，有的编入保安总队。1945 年 5 月 15 日夜，国民党第八支队匪首王介俘、姜学镕，勾结八达沟付邦俊、王小丁匪部 300 余人，包围了牡丹江省政府和保安处大楼，企图一举夺城。保安处干部、保安队同驻地各机关部队协同作战，奋力抵抗，击退了敌人的进攻，粉碎了敌人夺城阴谋，打死匪徒 30 余名，活捉匪首王小丁等 200 人，

---

① 中共黑龙江省委史志研究室著：《中国共产党黑龙江历史》第一卷，中共党史出版社 2021 年版，第 533 页。

② 中共黑龙江省委史志研究室著：《中国共产党黑龙江历史》第一卷，中共党史出版社 2021 年版，第 532 页。

缴获轻机枪7挺、步枪300支。同年7月，穆棱县公安局局长于忠友带领60多名战士配合驻军50多人组成清剿队伍，由李奎文、刘大嘴做向导，夜袭兴源镇猴石沟，一战打死“付老窝”（土匪代号）以下50多名胡子，缴获小炮1门、步枪50多支、子弹700多发。东宁县保安大队长白醒亚带领县大队配合主力部队在白刀山西南部活捉了匪首“战老二”以下15人，缴获手枪4支、步枪15支。

与此同时，哈尔滨、牡丹江、齐齐哈尔以及其他地区的反动报纸纷纷遭到查封。与“解放同盟”等组织一道，对这些报刊进行了整肃，由党领导的革命组织取而代之。各地的保安武装，虽然在与苏军的合作中时间有限，却在复杂而困难的环境中进行了艰苦卓绝的斗争，并做了大量工作，发挥了积极的作用。许多同志为了革命事业献出了自己的生命。他们的英勇斗争对保卫抗战的胜利成果，对迎接八路军和新四军进入东北，以及创建稳固的东北根据地都具有重要的意义。

1945年9月和10月，为了巩固党领导的部队，根据中共东北局的统一指挥，对新老部队进行了合并和重新编制，各地建立了军区和军分区。1945年10月末，以金光侠和陶雨峰等领导的两支部队为基础，扩建为十四团和十五团。这两支部队其中很多都是工人出身，表现出较高的觉悟和强烈的斗志，在后来形势紧张、收编的部队出现叛变的情况下，坚定不移地进行了英勇斗争，对于剿灭土匪、稳定牡丹江局势发挥了重要作用。

1945年11月初，东北局派遣刘锡五等15名同志到嫩江省。1945年12月28日，为避免在不利条件下与国民党军进行决战，嫩江省委根据党中央的指示，即“让开大路，占领两厢”和“工作重点是群众工作”的精神，决定主动撤离齐齐哈尔市，以达胡店为中心基地，继续发动群众。12月31日，齐齐哈尔市公安大队缩编为50人的警卫队，负责保卫省会任务，而其余300人被编入新四军警备二旅。同时，东北局分配关内来的李范五、吕清等60余名干部到达佳木斯，在佳木斯建立了三江军区。吕清等人前往鹤岗和鹤立地区扩充了一些新兵，这些新兵多数是煤矿工人，后来成为部队的中坚力量。

二、恢复发展工业生产

全民族抗日战争胜利后，为恢复黑龙江地区的地方工业，适应解放战争需要，东北局于 1946 年提出“发展农业、手工业及恢复必要的与力量条件可能的机器工业”的经济发展方针，确定“矿山以恢复煤矿为主，工厂是以军工和供给工矿的发电厂与机械所为主”[①] 的指导思想。黑龙江地区的各省政权成立后，立即采取行动来恢复和建立军需民用工业。从 1945 年 11 月开始，一系列工业企业在黑龙江地区开始了收归公有的进程，包括鹤岗煤矿，鸡西煤矿，驼腰子、八面通、五河林等金矿以及森林工业、电力企业等，这些企业在伪满时期由日伪占领经营。随着这些企业被收归公有，成为地方的基础工业，各省开始对它们进行管理和整治。

各省围绕全局工作重点，同时根据地方实际情况，也积极恢复和发展地方工业。当时，黑龙江地区有一些大型工厂，包括哈尔滨、牡丹江、齐齐哈尔三个铁路修理工厂，阿城、哈尔滨两个糖厂，哈尔滨造纸厂，老巴夺烟厂，哈尔滨电车厂，嫩江火柴厂等十几家工厂。各省陆续接管了日伪留下的一些大型工厂。在恢复生产的过程中，各省市克服了诸多困难，如人员不足、技术和设备短缺等问题，积极组织人力，及时修复各种受损的设施。

1946 年 7 月 18 日，国民党占领吉林并切断了小丰满水电站向哈尔滨供电的电力线路。为了解决哈尔滨市的用电问题，哈尔滨发电厂的老工人刘英源领导工人们，奋战十几个昼夜，修复了被敌人破坏的发电设备，初步解决了全市的电力供应问题。到 1947 年“五一”节前，哈尔滨发电厂的发电能力达到了 1. 8 万千瓦，超过了历史最高发电量，基本缓解了哈尔滨市电力紧张的状况[②]。

合江省在恢复和发展地方工业方面，汇聚了各方的力量，将之前由日伪和恶霸经营的佳木斯发电厂、东北木材厂、三江米厂等工业企业全部收归公有，

---

① 东北解放区财政经济史编写组：《东北解放区财政经济史资料选编》第 2 辑，《关于东北工矿业一些材料的汇集报告》（1947 年 3 月），黑龙江人民出版社 1987 年版，第 21 页。

② 中共黑龙江省委史志研究室著：《中国共产党黑龙江历史》第一卷，中共党史出版社 2021 年版，第 655 页。

并积极推动恢复生产，取得显著的成就。鉴于工业基础相对薄弱和落后的现状，合江省委和省政府决定在佳木斯市建立工业基地，成立了公营工业企业，其中合江工业机械厂成了一个重要组成部分。1947 年初，合江工业机械厂正式开始了生产工作。在解放战争期间，该工厂完成了全省工业恢复和生产、生活所需的多种机械设备的研发和制造，包括水利机械、矿山机械、制糖机械、船舶机械、林业机械、化工机械以及油、酒、米、面加工设备等。从一家只能进行常规机械维修的企业，逐渐发展成为能够自主设计和制造大型机械设备的重要企业。到 1949 年，佳木斯市涌现了多家大规模的企业，包括发电厂、制材厂、纺织厂、制粉厂、制油厂、机械厂等，工业总产值达到 1824 万元，其中轻工业占 45. 3%，重工业占 54. 7%。①

东北地区光复后，齐齐哈尔市委和市政府开始没收和接管日伪反动势力、官僚资本和日伪垄断资本经营的工业企业，并将其纳入公有制中，接着迅速恢复了生产，满足了军民需求。同时，部分接管和没收的官僚资本企业被组建为地方公营工业企业，其中包括嫩江火柴公司、聚源涌酒厂、汽车公司等。西满分局、嫩江省委省政府机关、军队和其他组织也积极投入兴办各种企业。从 1946 年下半年到 1949 年，相继创办和扩大了粮米加工厂、纺织厂、制烟厂、制材厂、铁工厂、制鞋厂、无线电修配厂、印刷厂、冰果厂、肥皂厂、制砖厂等多家企业。这些公营企业在党的领导和工人的共同努力下，快速恢复和发展，比如，制粉厂工人克服了众多困难，于 1946 年 9 月恢复了停产一年多的工厂生产，为嫩江省的财政收入和军民用品供给作出了重要贡献。②

在这段时间里，黑龙江地区的各省市工业取得了令人瞩目的成绩。通过两年多的努力，该地区的煤炭、电力、黄金、军工、轻纺、机械、森林等各个工业领域都得以快速复苏和发展。1948 年，鸡西、鹤岗和双鸭山等三个煤矿共产煤 373. 3 万吨，电力工业已经恢复了 5 个电业局、7 个发电厂以及 10 个发电所，总发电量超过 1 亿度。军工企业的生产能力也基本满足了前线军队的需求，包

① 中共黑龙江省委史志研究室著：《中国共产党黑龙江历史》第一卷，中共党史出版社 2021 年版，第 656 页。

② 中共黑龙江省委史志研究室著：《中国共产党黑龙江历史》第一卷，中共党史出版社 2021 年版，第 656 页。

括枪炮弹药和军用被服等方面。

随着形势的变化，工业生产的重心逐渐从军工生产向基础工业的建设和发展以及建立健全企业管理体系转移。1948 年 7 月，东北局在第一次城市工作会议上强调了发展城市的生产力和工业的重要性。党的七届二中全会后，黑龙江地区各省逐渐将城市工作的关注点转向了工业生产的发展。1949 年 3 月 22 日，合江省委发布了《关于继续推进企业管理民主化的指导方针》。这一指导方针强调了关注工人的实际需求，教育工人学习和掌握技术，建立企业管理委员会，发挥工人的主人翁作用，同时强调将企业化经营和民主化管理两者结合起来。在适应大规模生产的需求下，一些企业逐渐建立了经营管理制度，实行成本核算、生产专责制、劳动力组织、产品标准、工时标准、计件超额奖励等各种经营管理制度。一些工业企业开始建立工厂管理委员会，并定期召开职工代表会议。这些措施大大提高了劳动生产效率和企业管理水平。各省市不断加强对工业的领导，推动了黑龙江地区工业的大规模发展。① 到 1949 年底，黑龙江和松江两个省拥有 550 多家国有企业，涵盖冶金、机械、化工、轻纺等领域，森林采伐达到 292 万立方米，鹤岗、鸡西、穆棱和双鸭山等四座煤矿共产煤 460 万吨，仅松江省的黄金产量就达到了 8177 两。工业的发展和产品的增加不仅满足了民众和前线军队的需求，还为未来的工业发展奠定了坚实的基础。

三、发展交通运输业

在解放战争时期，中国共产党首先接管了哈尔滨铁路，该铁路系统包括齐齐哈尔铁路、哈尔滨铁路和牡丹江铁路三个部分。这些铁路纵横交错地穿越西满、北满等广大地区，总长度超过 5000 公里，约占当时整个东北铁路总长度的一半。系统内有 30 多条干线和支线，连接广阔的农业地区、工业城市、矿山和森林区，构成了完善的运输网络。两条重要的干线，图佳线和平齐线，从东向西穿越南满，起到支援辽沈前线军事行动运输线的作用；而滨绥线和滨州线连

① 中共黑龙江省委史志研究室著：《中国共产党黑龙江历史》第一卷，中共党史出版社 2021 年版，第 657 页。

接了绥芬河和满洲里这两个国境口岸，负责执行东北解放区的大部分外贸运输任务。

早在 1945 年 11 月，嫩江省工委和省政府就派遣代表接收了齐齐哈尔铁路局。随后，黑龙江省政府成立了北安铁路局，省主席陈大凡兼任局长。1946 年 1 月，西满分局在郑家屯成立了西满铁路管理局。1946 年 5 月，北满分局在哈尔滨设立了北满铁路管理局。[①] 同年春季，合江省在佳木斯建立了合江铁路局（后来改名为佳图铁路局），绥宁省在宁安组建了宁图铁路局。这些铁路局各自独立，管辖的线路相对较短，只能在固定地区内完成军事运输任务。

为了实现对东北解放区铁路的集中和统一管理，提高铁路运输效率，更好地完成支援解放区的建设和满足东北解放战争的重要运输任务，1946 年 7 月，东北局作出了重要决定，在哈尔滨成立了东北铁路管理总局，陈云兼任总局局长。随后，东北局派遣了七八十位干部参与铁路管理工作，投入 2 亿元（以东北地方流通券计）资金，立即着手进行铁路的恢复和建设，并对各地分散设立的铁路局进行了整顿。1947 年 1 月，在哈尔滨铁路管理总局管辖范围内，成立了齐齐哈尔、哈尔滨和牡丹江三个铁路局以及三个铁路工厂。直至 1948 年 8 月牡丹江铁路局撤销前，哈尔滨铁路系统占据了东北解放区铁路系统的大部分。

在日本投降前后，东北铁路的设施，包括铁路线路、桥梁、机车、车辆以及车站等设备，都受到了严重破坏。哈尔滨铁路设施几乎完全陷于瘫痪状态。绥宁、黑嫩、北黑和宁嫩铁路遭到了日军和苏军的破坏，其中机车遭到损坏的比例高达总数的 79. 8%。停放在支线和专用线上的车辆有些被日军焚毁，有些零部件丢失殆尽，有些被苏军带走作为“战利品”，车站建筑损坏率高达 20%，机车库损毁率高达 50%，办公场所也有 50%受损。[②] 此外，铁路附属的工厂也遭受了严重的破坏，特别是牡丹江机车修理工厂几乎被夷为平地。苏军进驻东北时，中长铁路经过紧急修复，只能维持军事运输，正常的客货运输仍然停滞不前。

---

① 中共黑龙江省委史志研究室著：《中国共产党黑龙江历史》第一卷，中共党史出版社 2021 年版，第 663 页。

② 中共黑龙江省委史志研究室著：《中国共产党黑龙江历史》第一卷，中共党史出版社 2021 年版，第 664 页。

为了支援解放战争，满足军队和民众的需求，黑龙江地区各地的铁路员工积极响应党的号召，日夜奋战，积极参与机车和铁路设备的紧急修复工作，以便恢复铁路运输。陈云亲自到哈尔滨铁路工厂，关心职工的生活，解决工人们实际生活中的问题，全力推动铁路运输的恢复工作。各站段的军事代表深入工人中，进行思想工作，使工人们感受到党的关怀和温暖，激发了工人们的积极性。工人们投身辛勤工作之中，在短短几个月的时间内，就成功恢复了滨洲、滨绥、滨北和绥佳线的客货运输。为了尽快修复通往产粮区、煤矿和林区的铁路，铁路员工和他们的家属发起了铁路设备捐赠运动。昂昂溪铁路分局的各站段在短短三天内，收集了8300多颗铁道钉和2000多个螺丝。为了尽早修复宁嫩线铁路，齐齐哈尔铁路局的工程师们在农民的大力支持下，克服诸多困难，很快就完成了修复工作。佳木斯铁路桥也在铁路工人的不懈努力下，迅速修复完毕，加强了与其他地区的联系。截至1947年底，北满地区的佳富、宁嫩、汤林线以及拉滨线的五常至拉法段，滨绥线的大龙沟林业专线，长图线的拉法至二道沟段，平齐线的双岗至郑家屯段，总共929公里的铁路都得到了修复并重新通车。①

在铁路运输的恢复过程中，紧急修复机车和车辆是至关重要的任务。刚成立的东北铁路总局一开始面临机车和车辆的严重短缺。为了快速修复这些机车和车辆，铁路系统发起了“死机复活”和“废件翻身”运动，通过从废弃物堆里寻找可用的材料，对机器设备进行修复。

哈尔滨机务段的工人们经过夜以继日的努力，成功修复了两台严重受损的机车，分别为304号机车和1191号机车。这两台机车在1946年10月30日正式被命名为“毛泽东号”和“朱德号”，为支援前线和铁路运营的恢复作出了杰出的贡献，成为人民铁路的象征。哈尔滨铁路工厂在克服物资和技术人员不足等多重困难的情况下，成功使工厂重新投入生产。在1947年，他们修复了51辆机车、51辆客车以及62辆货车，生产能力逐渐恢复。从1946年夏到1947年3月，哈尔滨铁路系统的机车总数从最初的100台增加到了380台。同样，在1946年10月到1947年3月期间，铁路系统的货车总数也从3789辆增加到9677辆（包

① 《东北日报》1948年1月19日。

括 1267 辆受损的车辆），客车总数达到了 950 辆。①

在推动铁路修复和建设的过程中，哈尔滨铁路系统工人在各大工厂企业中，率先开展了“劳模运动”和“立功运动”。他们召开了西满和绥化两次群英会，以表彰恢复铁路运输过程中涌现的众多杰出工作者和劳动模范。

1946 年冬，哈尔滨、齐齐哈尔、牡丹江等大城市燃料短缺，寒冷天气威胁到了人民的生活。与此同时，东北解放区的广大群众急需生活必需品。铁路运输在这一时刻发挥了关键作用。哈尔滨铁路局机务段的工人们在面临燃料短缺的情况下，创造性地寻找解决方案，通过烧木柴等方法启动机车。在东北民主联军护路军的掩护下，他们成功抵御了国民党的袭击，源源不断地将煤炭、生产和生活用品运送到哈尔滨等大城市。同时，他们还完成了大量的外贸运输任务，为解放区带来了布匹、食盐以及各种工业产品。

随着北满根据地铁路的逐渐修复和解放区经济的快速增长，在铁路工人的积极努力下，哈尔滨铁路系统的客货运输量持续增加。从 1946 年 10 月的 14.5 万吨，增加到了 1947 年 3 月的 70.6 万吨，仅用了 5 个月时间，运输量就增加了近 4 倍。到了 1947 年 7 月，黑龙江地区新修复的铁路线路总长度达到 1483 公里，整个铁路系统的总里程达到了 4694 公里，占东北铁路总长度的 49.5%。为解放区的发展和恢复提供了坚实的铁路运输基础。1948 年 10 月 24 日，中长铁路松花江大桥修复通车，陈云参加典礼并讲话，指出：“松花江桥的修复通车是一次伟大的胜利。它有重大军事、经济、政治的意义，它将加速东北人民的军事、经济、政治的胜利。”② 1948 年 11 月，随着东北地区的全部解放，哈尔滨铁路局迅速组织铁路职工，积极修复被国民党摧毁的通往内地的铁路干线。截至 1948 年底，东北地区恢复了 50 多条铁路线路。到了 1949 年，黑龙江省和松江省的铁路运行总里程已达到 5124.9 公里，拥有机车 555 台、客车 722 辆，年运货量达到 22 亿吨。③

① 吕正操：《东北解放区工作报告》（1947 年 3 月 31 日），现存中共黑龙江省委史志研究室。

② 中共中央文献研究室编：《陈云文集》第 1 卷，中央文献出版社 2005 年 6 月版，第 650 页。

③ 中共黑龙江省委史志研究室著：《中国共产党黑龙江历史》第一卷，中共党史出版社 2021 年版，第 665 页。

在解放战争初期，黑龙江地区的公路中，有超过70%的线路无法通车。为满足前线运输的紧急需求，一些临时的公路、桥梁和涵洞开始修建。这些道路主要是砂石路，主要的运输工具包括人力车和畜力车。1946 年 4 月，黑龙江省成立了克山汽车队，这是该地区第一个公营运输企业。随后，嫩江、松江、绥宁、合江等省份也相继建立了运输公司。这些运输企业在满足前线运输和人民生产、生活物资运输方面发挥了关键作用。

随着整个东北地区的解放，人民政府将公路建设提升为一项重要议程。东北公路总局应运成立，下设各省公路管理局和各级工程委员会，主要负责兴修和养护公路。1949 年 2 月，根据东北交通部的决定，对哈绥线、哈长线、北黑线、牡敦线和富勃线的部分路段进行了修复和整治，使公路通车总里程达到 5912 公里。公路的发展使得战略物资能够及时运送到前线，为战争胜利提供了重要保障。

黑龙江地区的航运业在抗战胜利后面临着极为严峻的挑战。经过长时间的战火摧残，许多码头受损，航标损毁，航道淤塞，船只减少，航运陷入了瘫痪状态。哈尔滨船务局仅剩下 6 艘轮船和 3 艘拖船，只能在松花江上维持哈尔滨到通河一段的运输。为重建人民的航运事业，在党和人民政府的领导下，黑龙江地区的船员们积极投入工作，他们打捞沉船、修复港口、整治航道，并承担支援战争运输的任务。到了 1948 年，已经有 10 艘轮船、17 艘汽船和 36 艘拖船恢复运营。1949 年 2 月，东北航政局成立，为黑龙江地区成立了哈尔滨航政局，负责发展和管理松花江、黑龙江和乌苏里江流域的航运，航运逐渐得以恢复并得到统一管理。不久，年运输能力便达到 40 万吨[①]。其间，广大船运工人发挥了重要作用，在党和工会的领导下，主动地投身到航运事业之中，为恢复航运作出了卓越贡献。

四、参加清奸反霸诉苦运动

中共中央和东北局于 1945 年 10 月明确提出了，反汉奸和清算的重要任务。

---

① 中共黑龙江省委史志研究室著：《中国共产党黑龙江历史》第一卷，中共党史出版社 2021 年版，第 666 页。

在《关于顽军登陆及我军任务的指示》中，东北局强调要“迅速接收尚未接收的各级政权，开展群众反对汉奸特务运动，实行政权的初步民选”。中共中央也于1945年11月7日发布《减租和生产是保卫解放区的两大任务》，党内指示，强调要想战胜一切敌人，首先必须发动广大群众，做好群众工作，而那时的主要工作包括“发动人民进行清算汉奸的斗争，减租和增加工资运动，以及生产运动”。1945年12月24日，东北局在《发动群众是各项工作的决定一环》指示中再次强调“反对汉奸、特务、警宪的控告与算账运动，仍然是最容易发动群众的口号……有的地方只需要一两个星期就可以初步发动群众。”“只要一处群众开始惩治汉奸、特务，收回赃款，获得实际的经济或政治利益，一传十，十传百，运动会很快展开”。在中共中央和东北局的指导下，黑龙江地区的各省工委将反汉奸和清算斗争作为一项重要任务来推进。黑龙江地区的各省工委和牡丹江地委分别展开了反汉奸和清算运动。这场运动的主要对象是在日伪统治时期，压迫和欺凌群众，让人民深恶痛绝的伪官吏、汉奸、特务和恶霸分子。在城市中，运动主要是通过召开群众大会来揭露和控告恶霸、汉奸、特务、警宪以及大配给店的经理等，然后根据他们的罪行予以惩罚，没收他们的财产，并通过清算委员会或工作队将运动的成果交给群众处理，其中很多工作都是通过广大工人来进行。工人阶级在城市反汉奸、反恶霸斗争中扮演着重要角色。工人作为社会中的生产骨干，其参与清奸反霸运动旨在揭露和制止当时一些地方上滋生的“官商勾结”、压榨劳动力的不正之风。工会在这一过程中充当了组织者和领导者的角色，为工人提供了方向指引。运动的推进遵循着依靠基本群众、兼顾各个阶层的群众利益、将政治斗争与经济清算相结合的原则，取得了显著成就。从1946年初到同年7月，各省市县一系列反汉奸、恶霸的斗争，初步动员了各个阶层的群众。[①]

1945年11月22日，北满分局迁至宾县。在此期间，陈云根据党中央东北局的指示，积极要求各省工委发动贫苦群众，实施减租减息政策，鼓励贫苦群众积极参与清算大汉奸、大地主、大恶霸的斗争。为了成功推动这一工作，北

① 中共黑龙江省委史志研究室著：《中国共产党黑龙江历史》第一卷，中共党史出版社2021年版，第584页。

满分局决定派遣曾任新四军军法处科长、江苏射阳县委书记的马斌（又名马宾）担任宾县县委书记。马斌领导着武装工作队，深入农村发动群众，武装群众。他首先展开了经济斗争，逐步掌握了武装群众的力量，然后继续推进，打倒地主，扩大经济斗争，逐渐增加武装力量。马斌率领工作队到每个地方时，都住在最贫苦的农户家里，与农民同吃同住同劳动，深入了解农民的困苦，通过倾听他们的抱怨，了解了农民疾苦。通过粮食和财产的分配，让广大群众直接受益，满足了农民迫切需求，促使贫苦大众团结起来，参与斗争。组织农民来搜查地主的武器，组成了自卫团，通过斗争培养和发现积极分子，带领农民到新建的村庄中开展工作，使斗争很快从一个村庄扩展到多个村庄，从一个地点发展到更大范围。陈云抓住了马斌工作队这个典型案例，并总结出一个公式："经济—武装—再经济"，即组织工作队下乡，通过经济斗争来武装农民，然后通过武装农民来巩固和扩大经济成果，工作的扩张始于一个村庄，不断向外扩展。陈云总结的马斌工作队的经验在北满地区得到广泛推广，对创建东北根据地发挥了重要的指导作用。

1946 年 4 月，哈尔滨解放后，哈尔滨市委组织了民运工作队，深入工厂、街道、学校等地，充分发动群众，掀起了反汉奸清算斗争的高潮，以工人和城市贫民为主体，通过清奸反霸诉苦运动，工人阶级不仅是在争取自身权益，更是在为解放战争提供社会基础和动员力量。工会的组织和协调作用在这一过程中显得尤为关键，为更广泛的社会层面参与斗争，提供了坚实的基础。

1946 年 5 月 26 日，根据东北局和松江省委的决定，为深入开展反奸霸斗争，哈尔滨市集中了各部队和市公安大队的全体干警，在全市范围内开展了一场大规模搜捕行动。这次行动成功逮捕了大批日伪汉奸、恶霸和特务，消除了他们对民众的威胁。在被逮捕的人中包括国民党哈尔滨市党部书记刘立权等 40 多人，还有"中央先遣军第五战区"总指挥曹兴武等 60 多人。此外，还有备受人们痛恨的汉奸恶霸姚锡九、李九鹏等人，以及国民党特务和建军骨干成员。姚锡九被认为是一位大汉奸，他在日伪统治时期制造了几十副每个重 15—18 公斤的大铁链，并刻有"姚锡九敬赠"字样，送给了日本宪兵队，用于残害爱国志士。[①] 而在修建松花江大桥时，他故意制造了木圈漏水事件，导致50名工人被淹死，然后索取了2.5万元的抚恤金。

松江省在哈尔滨市道外省立第二中学操场召开群众大会，公开审判了勾结日伪残害人民的罪犯姚锡九、李九鹏等人。松江省主席冯仲云宣布了姚锡九、李九鹏等罪犯的死刑判决。群众纷纷鼓掌称赞："敢杀'九爷'的是共产党！""共产党铲除暴恶分子，代表老百姓发声，我们的救星来了！"在反奸清算斗争中，哈尔滨市还对配给店进行了清算。据统计，仅1946年上半年，哈尔滨的三十棚地包分区群众共清算配给账达230多万元，贫困户平均每户分得300元。在此期间，松江省的宾县、通河、木兰、方正、阿城、肇东等地也广泛开展反奸清算运动。从1946年3月至5月，宾县举行了192次斗争会，其中反奸清算斗争会占了76%。有些斗争会的参加人数超过了千人。可以说，黑龙江省在反奸清算运动方面起步较早，取得了显著的成就，其中工人的参与起到了重要作用。1945年12月，黑龙江省工委提出了"发动群众，扩大武装，改造政权，肃清反动"的反奸清算总方针，结合研究了几个县的群众工作具体情况，制定了切实可行的措施。首先，他们明确了"发动群众"的中心任务，目前是反汉奸，制裁那些汉奸、特务，以及曾经压迫群众的汉奸爪牙。其次，提出了要开展发动群众反奸运动，制造群众运动的高潮，削弱国民党进攻的社会基础，确保广大人民群众在保卫和平民主事业方面得到真正支持和援助。最后，强调了要从城市走到乡村。在广大农村地区，如北安、绥化、海伦、克山、拜泉、庆安等县，组织专门的农村工作队下乡，动员农民参与反奸清算工作，让农民了解其背后的重要意义。例如，绥化县在1946年2月至6月开展了56次清算斗争，有数千人参与其中，取得了丰富的斗争成果，包括粮食428石、土地425亩、布匹330匹，以及超过400万元的现款。这些斗争有助于壮大群众组织，有超过5.4万人加入了工会、农会、青年会、妇女会等组织，以共同应对汉奸、特务等威胁。

在反奸清算斗争中，嫩江省政府多次对罪大恶极分子进行清算，召开了公审大会，对汉奸和特务进行公开审判。例如，1946年5月，齐齐哈尔市地方法

① 中共黑龙江省委史志研究室著：《中国共产党黑龙江历史》第一卷，中共党史出版社2021年版，第585页。

院公审了“国民党光复军”旅长张百藩、“挺进军”师长卢兴周、侦缉队长袁大成等人，判处他们死刑并立即执行。嫩江省工委，针对城市财富集中、土地主要归属地主和富农的特点，制订了全省的反奸清算和减租减息工作计划。在齐齐哈尔，经过积极发动，广大工人和市民自觉地投身到清算和复仇运动中。从1946年4月到6月，全市举行了99次清算大会，有超过12万人参与，占全市人口的三分之二以上。这些斗争取得了显著成果，总共清算物资相当于82.4万斤粮食。市工委组织群众不仅没收敌伪汉奸的房产，超过1万间，并分发给没有住房的贫农，还没收了71.34万斤粮食分发给贫农和铁路员工。此外，还无偿分发了2.5万套衣服和300多匹布给城市的贫困居民，受益者达到全市人口的89.4%。[①] 在反奸清算斗争之后，全市有超过5000人加入了工会和农会等组织。

1946年5月，中共哈尔滨市委派出民运工作队深入各个工商企业和街道，积极发动工人和贫民，旨在反奸清算、巩固民主政权，以及恢复生产。在这一进程中，哈尔滨铁路总工厂、电车厂等国有企业成立了工会组织，而铁工业、商业、服务业等私营企业的职工则组成了行业联合会，总计有超过12600人加入了工会组织。民运工作队还组织了三期工人训练班，共培训了600余名工人干部。

1946年5月17日，哈尔滨铁路总工厂的工人和街道上的贫民，总计2万多人聚集在工部小学，召开了清算斗争大会。他们严厉控诉伪满配给店老板穆景文（绰号穆小鬼）和范春阳（绰号范小店）克扣配给粮、欺压群众的行为。同月22日和23日，老巴夺烟草公司和大同酒精公司的工人分别召开了清算斗争大会，揭发资本家欺压和剥削工人的罪行。

随后的7月10日，市内约10万群众齐聚省立第二中学操场，针对汉奸恶霸姚锡九和李九鹏进行了公审，他们因效忠日伪、欺压群众以及迫害工人等罪行而备受群众控诉。次日，按照法律规定，这两名罪大恶极的分子被处以死刑。到了1947年初，清算斗争进一步深入，双合盛火磨工人揭发了经理杨云程窝藏伪满警佐叶永年、破坏劳资合作的罪行。铁业工人也挖出混入市参议会的伪满

---

① 中共黑龙江省委史志研究室著：《中国共产党黑龙江历史》第一卷，中共党史出版社2021年版，第586页。

西傅家区区长启新铁和工厂经理汉奸肖星三等人，于7月21日在道外公司召开公审大会，并根据法律规定对其执行了死刑。

在反奸清算斗争中，仅在哈尔滨市新阳区，就成功斗倒了汉奸恶霸的“四大明星”等共计55人。一些隐藏在车辆厂和电厂的日伪特务，如曲海峰、石光、吴彦喜，以及街道上的特务和恶霸，如王耀庭，还有隐藏在铁路局的日本特务徐小辫、宋大马棒，以及其他36名逃亡地主，也在反奸清算斗争中被群众挖出。到了1947年8月，参加街道反奸清算的工人纷纷回到工厂继续生产，斗争基本告一段落。

反奸清算斗争取得了显著的成果。首先，它成功打击了反动势力，震慑了潜藏的敌对残余分子，维护了解放区社会的稳定，恢复了当地群众的生活秩序。其次，通过清算斗争，工人群众获得了一些切实的经济利益，改善了生活状况，初步激发了工人群众的觉悟，扩大了党的影响。

第四节　工会保护工人合法权利

工会在多个领域积极开展工作，包括维护职工权益、改善劳动条件、职工教育以及提高职工福利待遇，通过大量卓有成效的工作，让广大工人看到了工会是真正维护工人利益的组织，并愿意参加工作，接受工会的领导，真正成为工会的一分子。

一、关心贫苦工人的生活　凝聚社会力量

在1947年5月1日至3日，齐齐哈尔市举行了第一届工人代表大会，中共西满分局书记李富春、西满军区政治部主任陈沂、黑嫩省政府主席杨英杰、黑嫩省参议会议长于天放等领导同志出席了会议。这些领导分别发表了重要讲话，强调了中国共产党与工人阶级的紧密联系，指出中国共产党是从工人阶级中产生的，也是为工人阶级的解放事业而不懈奋斗的组织。李富春在讲话中着重强

调了齐齐哈尔市的工人运动，认为虽然相较于关内其他地区，齐齐哈尔的工人运动稍显滞后，但由于共产党的领导和民主政府的支持，工人阶级有望迎头赶上其他地区。他提到应该在适当的情况下改善工人的生活，同时确保资本家也能够受益，以发展工商业，加强生产，支援前线，为自卫战争的胜利作出贡献。①

在这次大会上，齐齐哈尔市总工会正式成立，并通过了6条工会纲领。这些纲领的主要内容包括：第一，坚决支持中国共产党和毛主席的领导；第二，坚决反对美蒋反动政府，为实现新民主主义而斗争；第三，积极参与生产，支援前线，促进工商业的繁荣，为建设新齐齐哈尔做出努力；第四，加强工会组织，改善工人的生活条件，争取工人的福利；第五，积极学习，提高政治、文化和技术水平；第六，反对宗派主义和落后思想，坚决与特务破坏分子作斗争，加强工人的团结。齐齐哈尔市总工会的成立标志着齐齐哈尔的工人运动迈入了崭新的发展阶段。

齐齐哈尔市采取了一系列措施来教育和提高工人的整体素质。成立了“青年学园”，在其中设立了工人班，开办了为期一个月的工人学校，已经培训出100名工人干部。此外，不定期举办夜校，动员了27名教员，深入18个工厂中开展夜校教育，吸引了1500多名工人积极参加。这一学习计划包括多个方面的内容，如打破传统观念、反对美帝国主义、拥护苏联、明确时局、加强党与工人阶级的联系等。特别是在《土地法大纲》颁布后，还增加了土地改革和反封建的教育，以帮助工人更好地理解共产党是工人阶级政党的事实。工会是关心工人的组织，在工会的帮助下，广大工人的思想素质得到了显著提升。

为了提高工人的文化水平，工会还设立了夜校，聘请中小学教员和工会干部来教授文化课程、机械制图，同时进行政治教育，提高工人的文化水平、技术水平，以及政治觉悟。此外，为了确保工人的身体健康，牡丹江市兴建了一个可同时容纳1000人的职工疗养院，为工人提供必要的医疗和康复服务。

齐齐哈尔市总工会采取措施适当改善了工人的生活。它们根据不同行业的

---

① 中共齐齐哈尔市委党史研究室，中共齐齐哈尔市委党校编著：《丰碑——中国共产党齐齐哈尔史》，吉林人民出版社2003年版，第471页。

情况，适度提高了工人的工资，建立了分红制度，还将工资支付方式改为实物计算（以高粱米/斤为单位），以减少物价波动对工人生活的影响。①

齐齐哈尔市总工会领导工人进行了多次反对私营企业不良经理的斗争，主要是反对对工人学徒、店员等实施封建性的残酷剥削和虐待。这些斗争使工人得到了教育，提高了工人的社会地位和阶级觉悟。总工会成立后，一名工人因公负伤去世时，中共齐齐哈尔市委书记朱光和市长朱新阳亲自参加了葬礼并致辞，广大工人深受感动，这些措施不仅提高了工人的社会地位，也凝聚了工人力量。

引导工人参加生产合作社是齐齐哈尔市总工会为提高职工福祉和解决职工生活困难问题的一大举措。工会通过动员单位使用斗争中获得的机器和资本，成立了 11 个工人合作社，包括被服厂、德增盛合作社、三合盛职工合作社、纺织合作社等。这些合作社为职工提供了一系列优惠政策，如购买食品（大米、面粉、食用油、盐等）按成本价计算，日常用品享受九折优惠。对于那些有工会证明的困难职工，合作社还提供赊账购物和信用贷款等救济措施。此外，它们还无息推销职工生活剩余产品和家庭副业产品。这一做法很快在黑龙江地区其他县市和工厂矿山传播开来，各地和工厂矿山纷纷设立合作社，以满足职工的基本生活需求。例如，牡丹江市总工会直接创办了职工合作总社，通过购买国有企业多余的工薪粮食，销售给南满洲和内地地区，从南满洲和内地购买布匹和各种日用品，并以低价提供给职工。这些举措满足了职工的需求，尤其是城市工人的需求。

齐齐哈尔市总工会采取措施解决失业工人的就业问题。② 1948 年 6 月成立了职工介绍所，对全市的失业工人进行登记，并有计划地将他们介绍到各个机关、工厂、商务局、林务局、矿山和铁路局等地，帮助他们重新找到工作。这一措施为超过 1240 名失业工人提供了新的工作岗位，充分体现了齐齐哈尔市总工会关注职工生产生活。

---

① 中共齐齐哈尔市委党史研究室，中共齐齐哈尔市委党校编著：《丰碑——中国共产党齐齐哈尔史》，吉林人民出版社 2003 年版，第 473 页。

② 中共齐齐哈尔市委党史研究室，中共齐齐哈尔市委党校编著：《丰碑——中国共产党齐齐哈尔史》，吉林人民出版社 2003 年版，第 474 页。

在私营企业中，各地的工会组织主要依据党的政策开展工作，引导职工认识到发展生产，既符合工人阶级的当前利益，也符合长远利益。工会积极贯彻实施劳资双赢原则，不过分追求高额分红，同时要照顾资方的一定权益。工会还肩负着监督资本家不当行为的责任，以确保职工在政治上和经济上得到平等对待，劳动条件和生活条件得以改善。

齐齐哈尔市总工会积极组织工人参政，部分工人代表被选为市参议员，参与遣送日本人回国，分配日伪物资、房屋等活动。工人们欣然表示："民主联军和共产党真是伟大，他们成立了工会，提高了我们的工资，改善了待遇，还能让工人成为参议员，分到了房子和日本人的财产。"广大工人通过亲身经历认识到，共产党真正是工人阶级的政党，而工会是他们的温暖家园①。这一经验使工人们更加坚定地支持党的领导，感受到了党和工会的关怀，同时也强化了他们的阶级觉悟。

二、《战时暂行劳动法（草案）》保证工人的福利

《战时暂行劳动法（草案）》是哈尔滨解放后最早颁布的地方性劳动法规，旨在改善工人的劳动条件、保障工人的福利以及提高工人战时的劳动积极性。这一法律的制定源于多方面的考虑，包括促进生产发展、经济繁荣、调动劳资双方的积极性，以及支援解放战争。

1948 年 1 月 20 日，中共哈尔滨特别市委员会制定了《战时暂行劳动法（草案）》。该草案在接下来的第二届哈尔滨职工代表大会以及东北职工代表大会上得到广泛讨论。随后，东北局将该草案呈报给中共中央。中共中央于 1948 年 7 月 17 日来电指示，要求东北局和哈尔滨市委根据新民主主义的基本原则对草案进行修改。最终，该草案于 1948 年 8 月在哈尔滨召开的第六次全国劳动大会上讨论通过，正式命名为《哈尔滨特别市战时暂行劳动条例》（以下简称《条例》）。

① 中共齐齐哈尔市委党史研究室，中共齐齐哈尔市委党校编著：《丰碑——中国共产党齐齐哈尔史》，吉林人民出版社 2003 年版，第 474 页。

《条例》主要分为总则、分则和附则三个部分，共包括十章四十六条，内容涉及立法原则、劳动者的权利与义务、工作时间与工资、集体合同、劳动保险以及劳动争议等多个方面。《条例》的基本指导方针即主要依据新民主主义经济之既定方针："发展生产，繁荣经济，公私兼顾，劳资两利。"《条例》立法目的是："支援战争，发扬工人、职员之劳动热忱，规定正确劳资关系，改善劳动条件和废除半封建的超经济剥削。"《条例》规定劳动者享有一切自由权利并承担一定义务。职工会为劳动者利益的代表，公营企业中劳动者有参加管理之权利。工人要遵守"工厂内部规则""维护劳动纪律"；"在私营企业中劳资双方均对生产负有责任"；"工人、职员对私营企业有监督义务"。

1948 年 2 月 3 日的《哈尔滨日报》曾发表了题为《哈尔滨特别市暂行劳动法的意义及应有认识》的社论，说明了该劳动法制定的现实基础。"我们能不能把劳动条件比劳动法上规定的改善更多些，提得更高一些呢？我们应该说再不能了。仅仅主观的愿望是不能解决问题的，我们必须认识客观的可能。我们今天是处在自卫战争的情况下，面对战争的消耗是很大的。我们必须首先争取战争的胜利否则一切都说不上。"① 所以《条例》的有关规定是由战时的客观条件决定的，其对劳资关系的调整是以保障战时需要为前提的，体现了共产党政权一切从实际出发的一贯思想，也是符合中国革命的具体实际的。

哈尔滨在解放战争时期是重要的后方基地，承担了促进经济发展和支援前线的重要使命。因此，激发资方和工人的积极性，同时确保两者之间的利益关系保持适度平衡，是劳动法亟待解决的问题。截至 1947 年底，哈尔滨市商业企业总共有 10277 家，总资本达到 23 亿元，雇用了 31270 名职工。工业企业则有 12482 家，总资本高达 556 亿元，职工总数达到 59684 人。② 哈尔滨由于工商业迅猛发展和众多职工的庞大队伍，成为东北地区的工业中心，肩负着确保南下大军和提供物资支援的重要使命。因此，哈尔滨必须制定符合当地实际需要的劳动法规，涵盖劳动时间、工资待遇和劳动保险等多个方面，切实保障广大工

① 《哈尔滨日报》1948 年 2 月 8 日第一版。

② 哈尔滨市人民政府办公厅史志办：《哈尔滨市人民政府施政纪略》，哈尔滨市人民政府办公厅史志办 1994 年版，第 25 页。

人的利益。《战时暂行劳动法》的制定改变了解放区时期劳资双方的生产态度，为促进哈尔滨经济的繁荣和支援前线提供了法律依据。更为重要的是，哈尔滨劳动法在平衡劳资关系以满足实际需求方面提供了宝贵的经验，为新中国劳动法的科学理念确立提供了范例。

三、严格执行劳保制度、条例、保险等规定

1948 年 12 月，东北行政委员会颁布了《东北公有企业战时暂行劳动保险条例》，规定实行劳动保险的企业应成立劳动保险委员会，其中委员会主席由工会主席兼任，日常工作由工会劳动部门负责。工厂和企业的劳保委员会受到产业工会劳保委员会和东北总工会的指导。劳保委员会的职责包括讨论本厂可以决定的劳保事项，审议批准职工享受劳保待遇的问题，以及组织、检查和报告劳保工作情况。

1948 年 8 月，在第六次全国劳动大会上，这一法规的大纲公布，引起了与会代表的广泛讨论，很多代表认为这是中国历史上第一个旨在保护劳动人民权益的法规。哈尔滨市总工会积极贯彻执行这一法规，要求职工与资方签订劳资合同，合法处理了多起公有企业管理层与私营企业资本家侵犯职工权益的案件，捍卫了法规的权威和职工的权益。1949 年 9 月，私营企业中少数较大的企业以厂为单位，劳资双方也签订了集体合同。多数小而分散的私营企业，则由市总工会会同市工商联合会按行业分期分批地组织签订了劳资集体合同，内容基本与公营企业合同相同。

为了有效贯彻《条例》，东北行政委员会随后于 1949 年 2 月 28 日发布了《东北公营企业战时暂行劳动保险条例试行细则》。该条例是新中国成立前首次在较大范围的地区内实施的社会保险制度，在我国社会保险制度发展史上具有重要地位。从 1949 年 4 月 1 日开始，该制度率先在东北地区的铁路、邮电、煤矿、兵工、军需、纺织、电气等七个大型国营行业试行。一年后，劳动保险制度已经显露出了明显价值。在实施劳保制度后，劳动生产率普遍提高。以抚顺矿业的煤炭生产为例，1949 年，第一季度平均每月产量为 10.1 万吨，而第二季

度平均每月产量提高到了16.6万吨。

军工领域也取得了显著的进展，某工厂的翻砂股产量从每天几百箱提高到了1000箱，某车间的车工邬奎林车件的最高产量从451个提高到了561个。纺织厂织布机的日均产量从第一季度的32.88码增至第二季度的每日每台平均37.12码。军需工厂的4个被服工厂生产量增加了5%。这些都是各个企业中普遍发生的情况，提高了工人的觉悟和积极性。

截至1949年7月，全市内登记实施劳动保险的工厂和企业已达36家，登记的职工总数达到7107人，另外还有7553名直系亲属供养。同时，企业工会设立劳保基金审核委员会，负责审查劳保基金的收支情况。

四、实施劳资合作合理分红制度

分红制度是在解决清算斗争后引入的。解放初期，黑龙江百业待兴，劳资矛盾尖锐，资方对企业经营漠不关心，劳方却无事可做，工厂和商店处于半停滞状态。因此，如何紧密结合企业生产与劳资双方的利益，激发双方的积极性，推动经济复苏和生产发展成为当务之急。于是，1946年7月19日，哈尔滨市临时参议会通过了《哈尔滨施政纲领》，提出“在劳资自愿原则下，实行分红制度，以促进劳资合作，促进生产发展”。

在此之前，已有一家名为“同记商场”的股份公司实行分红制度。然而，在劳资双方讨论签订劳资合同时，店员和工友认为现行的分红方案忽视了劳方的利益，特别是底层的店员和工友。因此，他们提出了新的分红建议，并通过劳资代表的协商，签署了新的《劳资分红合同》。根据合同规定，每年的红利中先提出20%作为公积金，然后将剩下的红利按照东5西5的比例平均分配。西部股份取消了职员、店员和工友之间的差异，所有人都按照个人工资的额度进行分配。

老巴夺烟厂未实行分红制之前，工厂的利润全部归资本家独有。在讨论签订劳资分红合同时，劳方提出了要求，资方作出了妥协，同意按成品产量进行分红，用分红取代工资，并签署了《劳资分红合同》。合同规定，资方占成品产量的95%，劳方占5%。劳方按照等级将这5%的红利分配给职工。

随后，市总工会决定将当前的工人运动重点从“清算”转移到“分红”。《哈尔滨总工会工作纲领》提出“实行分红制，适度提高并修订工资”。在此背景下，1948年10月19日，《东北日报》发表了题为《把分红制普遍化》的文章，强调在私营工厂、商店和服务行业要广泛实行劳资分红制度，以促进经济复苏和生产发展。各行各业的工人和店员在工会的引领下，迅速组织代表，与资本家协商签署劳资分红合同的具体内容和比例，使分红制度很快在全市的私营企业中推广开来。例如，有61家粮米企业的工人和店员与资方签署了对半分红合同。

根据《东北日报》报道，哈尔滨市在工会的组织下，全市有400多名理发工人聚集在道外区的亚洲电影院，他们要求理发同业公会长洪福山和伪满理发业公会长蔡竹玻与业主达成对半分红的共识，以保护工人的权益，在工会的领导下，最终达成了共识。之后，中兴百货店、元丰商场、世一堂药店等21家商店的劳资双方签订了对半分红合同。11月9日，《东北日报》刊登了一篇题为《火热的十四天》的评论，称赞双合盛面粉厂采用的分红制度是一项“新制度和新创造”，提升了生产效率。此外，道外饭馆业店员联合会与资方代表签署了四六分红合同。

市总工会确定了以分红代替清算和工资评定的政策，作为私营企业工人运动的重要方向，发挥了引领性作用。在面粉、油坊、烧锅等行业签署劳资分红合同后，资方采取了积极措施，购买原材料或外出承揽加工订货，促使工厂恢复生产；工人的劳动积极性有所提高，扩大了生产规模，提升了生产效率，增加了产能，为工厂创造了更多利润。商店领域的劳资双方签署分红合同后，合作经营迅速好转，一些濒临倒闭的商店也开始逐渐复苏。

在劳资双方的共同努力下，服务业兴旺，市场繁荣。劳资分红合同为资本家的盈利提供了保障，同时根据盈利情况，工人和店员的收入也有了不同程度的提高。一般企业的工人和店员的年度分红相当于他们三个月的工资，而对于盈利较高的企业，工人的分红甚至可以相当于他们一年的工资。到了1947年末，全市有8个行业的305家私营工厂的工人与资方签署了分红合同，有4042名职工根据合同分享了盈余。而在其他 3 个行业中，包括烧锅、酱菜和皮革，共有 58 家工厂的 331 名职工借了两个月的工资来分红。

随着分红制度的推广，工会组织也得到了新的发展，吸收了 7000 多名新会员。然而，随着分红制度的广泛实施，一些工人和店员养成了片面的分红观点，提出了“有红分红，无红借红”的口号。与此同时，资本家方面也出现了一些问题，包括虚报账目、逃税漏税、资金挪用等违法行为，这导致了与职工之间的紧张关系，职工称这是资本家的“绕脖子”行为。因此，“反绕脖子”运动开始兴起，劳资之间产生了新的矛盾。

1948 年，新华社发表了《二七》社论，纠正了工人运动中的“左”倾倾向，劳资矛盾得到了缓解。市总工会与相关方面进行协商后，逐渐将分红制度改为年底双薪制，即在 12 月份发放两个月的工资。

五、哈尔滨市工人运动的开展

哈尔滨解放后，中共哈尔滨市委贯彻党中央关于依靠工人阶级发展生产的指示精神，积极依靠工人阶级，以“发展生产，保障供给，支援战争”为中心任务，推动工人运动的发展，成立民运工作队，派往各个工厂和企业，鼓励工人群众建立工会组织。很快，铁路、电业、市政、私营铁工、木材印刷、面粉等行业建立了工人联合会和店员联合会。1946 年 10 月，哈尔滨市举行了首届工人代表大会，东北局书记彭真和市委书记钟子云出席并发表讲话。大会通过了《哈尔滨市职工工会组织简章》，并选举产生了哈尔滨总工会的第一届执行委员会。

市总工会的主要任务包括恢复和促进生产，关心职工的生活，提高职工的阶级觉悟，支援前线，确保职工在政治和经济上真正获得解放。为实现这些目标，根据市委的整体计划，工会采取措施，在私营工商领域，根据“公私兼顾，劳资两利”的政策，率先在同记商场和老巴夺烟厂等企业实行了分红制度。1946 年底，那些参加工会的私营企业工人和店员都分享了盈余，即使一些企业没有红利，也多给了员工两个月的工资。此外，工会广泛组织职工参加联合夜校和工人联合集体宿舍。工会组织学习、讨论和诉苦等活动，以启发职工群众的阶级觉悟。工人联合集体宿舍既是工人的学校，也是他们的俱乐部和自卫队的总部。在业余时间，工人和干部们会聚集在这里，进行各种活动，如演戏、唱歌、跳舞、听政治课和诉苦等，这对团结教育职工产生了积极的影响。特别值得一提的是，彭真、李立三等，也亲自深入工人群众中，发表演讲，宣传群众，组织群众，为哈尔滨工人运动作出了卓越贡献。

由于实施分红制度，职工的生活得到改善，极大地激发了他们的生产积极性。根据市总工会当时的调查，实施分红制度后，双合盛面粉厂在 14 天内产量增加了 1870 袋面粉，而老巴夺卷烟厂的香烟产量从 110 万支增加到 180 万支，消耗降低了 15%。

哈尔滨市总工会为了贯彻毛主席的指示和《二七》社论的精神，在全市的私营企业中积极推动劳资双方签订劳资合同，明确规定了双方的责任和义务。根据合同，职工需积极参与生产，爱护机器和工具，节约原材料，遵守企业管理制度；而资方则需要改善劳动条件，确保职工在战时获得必要的生活保障，尊重职工的政治和社会权利，以及职工的生产管理建议。此外，市总工会积极鼓励并组织了全市公、私企职工之间的劳动立功竞赛，这极大地激发了职工的生产积极性，也鼓舞了资本家积极参与经营，为解放战争提供了有力支持。在 3 月到 6 月期间，全市涌现出超过 2 万余家新开业的工商企业，为逾 6000 名就业人员提供了工作机会。私营铁工厂的数量从 1946 年的 114 家增长到 1948 年的 403 家。铁路和邮电领域的职工积极提出，无论战争发展到何地，他们都将确保火车和电信通达到那里。哈尔滨车辆厂以及私营铁工业工人，在简陋且分散的厂房内，利用陈旧设备，采用分户包件、协作配套、综合组装等方法，生产出六〇炮、掷弹筒、各种炮弹、枪弹、手榴弹、马刀、马车、碾米机、汽车修理等物品。轻工业和食品工业的职工不辞辛劳，夜以继日地积极生产军用被服、器具等物品，以确保前线的军需供应。同时，医护人员、文艺工作者、汽车司机等也纷纷报名奔赴前线，为前线提供服务，充分展现了工人阶级的政治觉悟之高和无私奉献的精神。

第五节 组织职工支援前线

1946年7月20日，毛泽东在为中共中央起草的党内指示中，要求“全党同志和全解放区军民，必须团结一致，彻底粉碎蒋介石的进攻，建立独立、和平、民主的新中国”[①]。黑龙江地区广大职工在解放战争中肩负着重要的战勤支前任务。他们组成了担架队和大车队，前往战场抢救伤员、运送弹药、修筑工事、清理战场，并与野战军一起参加战斗，为解放战争的胜利作出了显著的贡献，创造了伟大的英雄业绩。

一、组织战勤保证军需供应

黑龙江地区的战勤支前工作始于1946年6月，之后根据战争形势和前线需要，不断调整策略和方式。解放区工会响应党的召唤，积极动员职工参与“积极生产，武装自卫，巩固后方，支援前线，为争取自卫战争的完全胜利”而贡献力量。

从1946年7月到10月，在东北新解放区的哈尔滨车辆工厂，广大职工在“一切为了前线，一切为了解放战争”的口号下，积极参与各项工作，包括修造枪炮、抢修大桥、参军参战等任务。

保证军需供应，包括武器弹药的供应也是非常重要的。为此，党在哈尔滨、佳木斯、牡丹江、齐齐哈尔各地建立了各类军工厂，并在条件艰苦和设备简陋的情况下昼夜奋战，生产了大批枪支、弹药，为解放战争的胜利提供了有力保障。在军工生产高峰期，仅哈尔滨市就有336家公私军工企业，工人2950人，机器629台，共制造六〇炮1523门、六〇炮弹20.5万发、掷弹筒256个、掷弹筒弹4万发、爆破筒4000支、马刀3000把、信号枪1000多支，有力地保证了作战需要。

---

① 毛泽东：《以自卫战争粉碎蒋介石的进攻》，《毛泽东逸集》1967年一卷本，第1084页。

解放战争时期，军服供应比较紧张。特别是战争初期，军服主要靠从敌人那里缴获，补充十分困难。哈尔滨解放后，黑龙江各级党和政府组织大批妇女参加军用服装的加工制作。解放战争后期，全市有大小3000多家生产军需品的工厂，还有3万多个体手工业者参加军需品生产。齐齐哈尔、牡丹江、佳木斯等城市和许多县镇也在党组织的领导下，组织被服厂女工为部队加工制作军衣、军鞋、军帽和棉被。根据资料统计：齐齐哈尔市到1948年，全市妇女共做军服40多万套、军鞋3万双。1947年8月，牡丹江市工商界献军鞋5000双。哈尔滨从1947年至1948年冬共生产单服50万套、棉服60万套、棉大衣46万件、鞋63万双、棉鞋40万双、棉布袜子35万双、手套30万副。东北野战军打过长江后，这些军需物品仍然源源不断地从黑龙江地区各省运输到前线，为解放战争的胜利提供了有力的物质支持。

解放战争时期，为了全面支援前线，保卫新生政权，黑龙江地区各省各阶层人民群众大力开展拥军和优属活动。1947年春节，黑龙江、嫩江、松江、合江、牡丹江等省的各界人士迅速掀起捐款、捐物高潮。哈尔滨仅在农历正月，就筹得捐款4000多万元（旧人民币，下同），并组织60多个秧歌队到双城、拉林、三岔河等地慰劳军队。佳木斯铁路员工通过增产节约，一个月捐款2000多万元。同年5月，合江省组织前线慰问团，带着捐款2500万元、锦旗58面和大量慰劳品、慰问信到前线慰问。齐齐哈尔市教育界还发起了一封信运动，共写了3000多封慰问信送到前线。1948年春节期间，黑龙江、嫩江、合江三省人民又捐款1亿多元，捐赠肥猪4000多头、肉类24万斤和米面等大批物品。辽沈战役胜利后，黑龙江地区各省又捐款5.2亿元和大批实物。

在“一切为前线”的思想指导下，广大人民群众把做好拥戴军属的工作，作为支援前线的重要内容。各地为了使军属生活愉快，节日里组织群众、学生给军属送礼品，进行慰问；学生还经常为军属抬水、扫院子、打柴、拣粪，使军属安心在后方生活并鼓励亲人在前方放心打仗。

黑龙江地区有30余万户军属，除地方政府给予扶持外，主要靠当地群众照顾，在农村，群众为军属代耕土地。据1948年统计，黑龙江省有军属9.1万户，群众代耕土地9万多垧。嫩江省有军属9万多户，群众代耕土地10多万垧。松江省群众为军属代耕土地9.6万垧。在城市主要是通过办军属合作社、军属工厂等办法，安排军属就业，解除参军者的后顾之忧。为了接待和安置在战争中伤残的荣誉军人，黑龙江地区各省还成立了荣军管理委员会，建立了一批荣军学校、荣军休养所，对所接收的荣军，根据伤残情况分别安置，使其各得其所。安排的原则是，对于有条件工作的积极安排其从事力所能及的工作；不能工作的根据伤残程度分别安置在荣校、休养所，安排好他们的治疗与生活；愿意回家的帮助送回家乡。

通过拥军优属活动，既使军属更加放心送自己的亲人去前线保卫胜利果实，也使前方的战士们无后顾之忧地奋勇杀敌；既为解放战争的兵源提供了保障，也为黑龙江地区根据地的建设提供了催化剂和稳定剂。

解放区广大人民群众的大力支援，是人民解放战争迅速取得胜利的可靠保障。在三年的时间里，黑龙江地区作为东北解放区的大后方，在“一切为了前线，全力支援前线”的口号下，各省军民集中了大量人力、物力、财力，不畏艰难险阻，不怕流血牺牲，为东北的解放乃至全国的解放作出了不可磨灭的贡献。

二、组建护厂队、自卫队和纠察队

抗战胜利后，为保护工厂的机器设备和其他财产免受敌人破坏，工人们展开了反对破坏的斗争，他们提出了口号：“保护工厂，迎接解放”，强调“保住工厂就是保住了生命线”。在解放战争期间，解放区的工会组织迅速行动，号召工人积极响应党的号召，提出口号：“积极生产，武装自卫，巩固后方，支援前线。”广大工人在这一口号的激励下，努力提高生产，增加产量。为争取时间，抢速度，工人们奋不顾身地劳动。在黑龙江等地，工人普遍组建工人纠察队，坚持生产的同时，积极支援解放军打击敌人技工。这些工人纠察队不仅在生产中娴熟有序，而且在参军和支前方面表现出模范的作风，他们荣立战功，得到了部队的嘉奖和表扬。

在生产和支前方面，工人纠察队秉持“一手拿枪，一手拿锤”的原则，同时在生产方面也展现出榜样的作风。由于广大工人的努力，军需工厂的工人以巨大的热情和毅力，加工突击，忘我劳动，保障了前线各种物资的供应，为抵挡国民党的进攻立下了汗马功劳。解放区的工人群众还以各种方式积极支援解放战争，自发开展支援解放战争的捐献运动，同时开展锄奸防特、保卫工厂等工作。

三、铁路工人密切配合土地改革，开展“挖浮堵洞”运动

1946 年 5 月下旬，中共中央北满分局在哈尔滨召开省委书记联席会议，讨论了中共中央的指示，决定立即执行“五四指示”，将反奸清算运动与解决农民土地问题相结合，实施土地改革，以在经济和政治方面彻底摧毁封建统治。会议后，各省纷纷开展了清算和土地分配的运动。土改运动中铁路工人配合土改开展了“挖浮堵洞”运动。

黑龙江省是贯彻“五四指示”的早期地区之一。1946 年 5 月 31 日至 6 月 4 日，黑龙江省工委在北安召开县委书记县长联席会议，结合该省的具体情况，研究了贯彻执行“五四指示”和北满分局会议精神，制定了四项决定。第一，采取“剥笋政策”，即首先在政治上削弱封建大地主的封建统治，在经济上满足农民的土地需求，实行“耕者有其田”。第二，将清算与土地问题结合起来，通过清算来实现土地归农民。第三，反对“清官断”，克服包办和恩赐的观点，真正走群众路线。第四，采取“蝗虫政策”，广泛动员群众，以老干部带领土改积极分子的方式，有计划地组织工作队下乡，推动清算和土地改革工作。

会后，除黑河地区外，全省各县迅速贯彻“五四指示”，派遣了 1000 余名干部，组成 35 个工作队，深入农村地区，如克东、克山、德都、北安等县，开展了清算和土地分配斗争。工作队的基本做法是：工作队与农民一起劳动，培养积极分子，进行酝酿。然后，讨论清算方法，召开斗争会议，设立清算委员会，分配果实。在斗争过程中，省工委根据群众的觉悟程度采取推广海伦群众斗争的经验，即“大清算，破产还债”的方式，将清算与土地问题解决结合起来，通过清算的方法实现土地归农民。各地的农村合作社、民兵自卫队等群众

组织也相继建立起来。最重要的是，农民分得了土地。据统计，仅克山县就在短短20天内分配了3000块土地，拜泉县分配了1万块土地，明水县分配了5000块土地。

松江省在北满分局省委书记联席会议后，迅速着手贯彻“五四指示”，从6月初开始了清算和土地分配的斗争，直至7月掀起了清算和土地分配的高潮。省工委将“五四指示”分发给各县，要求各级党委深刻认识土地改革的重要性，积极展开清算和土地分配的斗争。到了6月底，松江省委发布了《关于土地改革与创造根据地的指示》，分析了松江省在前线战斗形势下的情况，强调了土地改革对于建立根据地的重要性，并提出了清算和土地分配斗争的具体任务。省委组织党政军机关干部为下乡工作队，前往延寿县进行土地改革工作，然后又组织工作团前往五常县（今黑龙江省五常市）分配全县土地。其他各县也在积累经验后，快速展开了土地改革的斗争。

嫩江省委在6月上旬召开了一次群众工作会议，学习了“五四指示”。会议决定将清算和分配土地的斗争作为工作中心，动员90%的干部前往农村，发动群众。

合江省因匪患严重，土匪不断骚扰，清算和土地分配斗争直到8月初才普遍展开。在5月，张闻天历经艰辛前往了合江省。6月中旬，合江省工委改为合江省委，张闻天成为省委书记。他与其他领导一同研究和分析了全省的形势，并明确提出了“一个中心，三项任务”，即以发动群众改革封建土地制度为中心，完成剿匪、支援前线、发展生产三项任务。在张闻天的领导下，全省在集中力量清剿土匪的同时，组织工作团下乡发动群众。勃利、桦川、富锦、汤原、依兰、鹤立（现属汤原）等地组织了400多名干部，分别组成工作团，深入农村发动群众。到了7月上旬，一些地区开始取得初步成果，群众自发联系工作团要求清算伪屯长；而有些地区，由于土匪骚扰，只能在城镇内进行反奸清算，还未能下乡分地。

在哈尔滨市，截至1946年7月初，已在该市的48个自然屯中（占郊区自然屯总数的20.28%）展开了清算和土地分配运动。

总之，黑龙江地区各省在贯彻“五四指示”时，正处于国共两党激烈斗争和两军激烈交战的状态，各地在贯彻“五四指示”方面取得了不同程度的进展，但进展不均衡。有些地方只在城镇内进行了反奸清算等发动群众的工作，尚未下乡；有些地方虽然已经开始下乡，但进展缓慢，尚未找到“突破点”，局势尚未真正打开；而有些地方则进展迅速，已经取得了本地区工作的初步成功。

党的第七次代表大会提出了争取东北的任务。抗战胜利不久后，毛泽东主席亲自起草了《建立巩固的东北根据地》的指示。在这个时期，位于黑龙江省的大部分铁路地区成为我国最早实现解放的地区之一。党中央高度重视铁路工作，1948 年，中共中央东北局发布了《关于铁路工作的指示》，强调：“我们已经控制了东北地区 5544 公里的铁路，占东北现有铁路总长的 60.7%。在长期的反复斗争中，维护铁路的控制至关重要。必须在铁路领域准备好与国民党进行长期斗争，为战争和建设服务。铁路干部必须下决心学习如何管理铁路，这是根据地建设中的关键课程之一。”此外，大批党员干部被派往铁路工作岗位。在党的领导下，广大铁路职工积极开展了反奸清算运动，增强了工人阶级的觉悟。他们还积极参与了农村的土地改革运动，同时在铁路内部推动“挖浮堵洞”运动，即清理地主藏匿财产的行为。通过一系列的政治教育和政治斗争，广大铁路职工的政治觉悟得到显著提高，一大批高度积极的分子涌现出来，他们不仅为土改运动作出了贡献，也展现了铁路职工的高度政治觉醒和高尚的精神面貌。在东北根据地的建设过程中，铁路职工和广大党员积极分子的革命热情达到了前所未有的高度。尽管生活艰苦，不论干部还是工人，每个人每月只有有限的口粮，但他们坚决响应党和工会的号召，积极参与立功运动，捐献器材，修复铁路，为了共同的目标：“打倒蒋介石，保卫胜利果实，解放全中国。”

四、开展群众性的生产立功和劳动竞赛运动

为激励解放区的工人群众积极建设根据地，1947 年 2 月 7 日，《解放日报》刊登了一篇社论，题为《中国工人阶级今天的任务》。社论强调，为了应对中国革命的新高潮，实现对国民党反动派的大规模反攻，解放区的工人今天面临的核心任务是完成自己在自卫战争中的责任。那些直接或间接参与兵工生产的工

人应该积极展开一场新的英雄主义竞赛，努力生产更多的炮弹、枪弹、手榴弹和地雷。铁路工人和各类运输工人应该更加高效地完成他们的工作。手工业工人和雇工应该有组织地增加生产，以确保人民解放军有足够的食物和衣物，增强解放区各个方面的力量。

1947 年 7 月，哈尔滨铁路局绥化机务段的铁路工人用了 2110 个工时和超过 400 个小时的业余时间，成功修复了一台严重受损的机车，并命名它为“解放型 96 号”。杜先扬及其车组成员以高度的劳动热情，将学习先进经验与建立常规化工作制度相结合，创立了三锹制度、乘务员暗号记录法以及 11 项包车组工作规范。同时，他们也抛弃了旧的保守思想，倡导技术公开，鼓励全组同志共同提高。到了 1949 年 2 月 14 日，这台机车已经安全行驶了超过 10.6 万公里，成为东北铁路第一台延长两个甲检期的机车（当时规定每 3.5 万公里进行一次甲检），共计节省各种费用 1 亿多元（以东北币计算）[①]。为了表彰 96 号机车组的杰出贡献，绥化机务段在 1949 年 2 月 15 日举行的庆功大会上，将 96 号机车命名为“铁牛号”机车。3 月 15 日，东北行政委员会铁道部颁布通令，表彰铁牛号机车组，为机车组全体成员授予特等功 1 次，并呼吁全路范围内的人们向铁牛号机车组学习。在 1949 年 5 月 1 日，东北铁路举办了首届职工代表大会，同时举行全路劳动模范大会，会议决定在东北铁路推广绥化机务段铁牛号机车组的成功经验。从 1949 年 2 月发起铁牛号活动到 8 月，全局范围内涌现出了 28.2%的铁牛队员机车，到了 9 月，这一比例增加到 35%，再到 10 月则达到 48%。在 8 月到 10 月期间，平均每台机车的甲检公里数较 1 月至 6 月期间增加了 15%，运转事故减少了 55.8%，相较于 1 月至 7 月期间的情况有了明显的改善。

劳动竞赛 劳动竞赛以创造生产新纪录为核心内容，在黑龙江地区开展较早。1949 年 5 月，黑龙江省总工会组织了全省工人阶级，启动了第一届红旗竞赛，其目标是创下生产纪录。截至 9 月，全省的 1 个市和 11 个县在创纪录竞赛中创造的总价值达 21.72 亿元，节省了 34 亿元（以东北币计算）的成本。例

① 黑龙江省地方志编纂委员会：《黑龙江省志 · 工会志》，黑龙江人民出版社 1999 年版，第 104 页。

如，北安麻袋厂的工人张守堂，在竞赛前每天织麻袋 11 条，而在竞赛期间，他成功提高到每天织 31 条。[①] 在齐齐哈尔的三合盛火磨厂，通过 40 天的竞赛运动，小米的产量不断增加，20 小时内的生产量从 1.7 万斤增加到 2.6 万斤。这个竞赛大大激发了全省的生产热情。在短短五个月内，全省涌现出 84 名一等劳动模范、751 名二等劳动模范和 161 名三等劳动模范。全省的 14 个县和 1 个农场一共奖励了创造生产纪录的先进生产者 8035 万元（以东北币计算）的奖金。

加强军工生产　为了支援前线的战争努力，黑龙江地区的城市，如哈尔滨、齐齐哈尔、牡丹江、鸡西、佳木斯、兴山（鹤岗）等，成立了 14 家军工工厂，以满足前线军队对武器、弹药等军需物资的紧急需求。

在解放战争中，武器和弹药的供应一直是一个重要问题。在四平保卫战中，东北民主联军主要依赖缴获的日伪军装备来补充武器。1947 年 9 月，东北局在哈尔滨召开了一次军工会议，任命何长工为军工部部长，负责军工生产。11 月 13 日，毛泽东主席通过电报告诉林彪和东北局，希望东北局全力加强军工工业的建设，以支援全国的战斗。毛泽东的这一指示引起了东北局领导的高度重视。

为了有效管理军工生产，东北局的军工部在哈尔滨、齐齐哈尔、牡丹江、鸡西、兴山、东安（密山）等地设立了办事处。军工企业的分布包括：兴山有子弹厂、手榴弹厂和炼钢厂，鸡西有手榴弹厂、迫击炮厂和小机械厂，东安有化学厂和电器材料厂，齐齐哈尔有六〇炮厂，牡丹江有修炮厂，哈尔滨有炮弹厂等。这些军工企业按照东北局军工会议的生产计划进行生产。

在东北解放战争期间，由党领导的军工企业从无到有，逐渐由分散的生产发展为规模化的生产，并取得了显著成就。1948 年，黑龙江地区各省的军工部门都纳入了东北局军工部的领导，军工生产逐渐实现了统一。当年的军工生产任务包括：鸡西负责生产 25 万发掷弹筒弹；齐齐哈尔负责生产 15 万发六〇炮弹，鸡西生产 10 万发，哈尔滨生产 25 万发，总计 50 万发；鸡西生产 10 万发迫击炮弹，兴山、鸡西、石砚、辽东四厂合计生产 200 万枚手榴弹；子弹厂自制 2000 万发子弹和 300 万个弹壳。为确保前线的武器弹药供应，哈尔滨、齐齐哈

① 黑龙江省地方志编纂委员会：《黑龙江省志・工会志》，黑龙江人民出版社 1999 年版，第 106 页。

尔、牡丹江、佳木斯、鸡西、兴山、东安等地建立或扩建了各类军工工厂。尽管面临艰苦的生产条件和简陋的设备，广大工人们毫不畏难，昼夜努力工作，生产了大量枪支、弹药，以满足前线的需求，为提高军队的战斗力作出了重要贡献。在军工生产的高峰时期，哈尔滨市共有 336 家公私工厂参与生产军工用品。从 1947 年到 1948 年 8 月，全市总共生产了 1523 门六〇炮、256 个掷弹筒、4 万发掷弹筒弹、20.5 万发六〇炮弹、1 万发八一弹、3000 把马刀、1054 支信号枪以及 4000 支爆破筒等。[①] 齐齐哈尔、牡丹江、佳木斯、鸡西、兴山、东安等地的军工厂都按计划生产了大量武器、弹药。黑龙江地区各地军工厂为东北解放战争的胜利、支援全国解放战争作出重要贡献。

五、参加劳军捐献活动支援解放战争

为了捍卫新生的人民政权，扩大东北民主联军的胜利战果，以激励前线战士的英勇作战精神，黑龙江地区各省的职工们积极参与了劳军捐献活动。

在积极生产、支援前线的同时，黑龙江地区的人民群众还组织了多种形式的前线战士慰问活动。为表达后方根据地人民对在前线英勇战斗的士兵的关心，各省分别组织了有工人代表参加的前线慰问团、战地服务团、慰劳队，分期分批地前往前线进行慰问。

合江省的前线慰问团由省政府主席李延禄领导，携带了价值 2500 万元的慰劳金、58 面锦旗以及鸡蛋、军鞋、慰问信和其他物资，前往前线进行慰问。从三下江南开始到 1947 年 4 月末，哈尔滨市组织了 20 多个团体，总计 6900 多人次参加的慰问队，对前线官兵和伤病员进行了 156 次慰问，送去了总值 1 亿多元的劳军款和 83 种慰问品。黑龙江省的前线慰问团由省政府、参议会、教育联盟、铁路局等组成，总共 84 人，他们携带了大量慰问品和慰问信，前往战地进行慰问。嫩江省也组织了战勤慰劳团，携带了大量手套、肥皂、毛巾等物资和 100 万元现金，前往前线慰问战勤人员。齐齐哈尔市的教育界号召人们为前线将士写慰问信，共写了 3000 多封慰问信寄到前线。齐齐哈尔市的联中学生还组织了战

① 黑龙江省档案馆编：《支援前线》，1984 年内部印行，第 206 页。

勤服务团，共有500多人报名参与，通过扭秧歌、演出、活报剧等文艺表演，以及举办战地画展和提供战场流动图书借阅等多种方式，为前线士兵提供服务。

在哈尔滨解放后，民主政府已经把危机重重的哈尔滨工商业引入稳定发展轨道。政府以没收敌伪企业建立起的国营企业，在哈尔滨经济活动中发挥了巨大作用；同时，以加工订货、代购代销为主要形式，将大批私营工商企业纳入战时经济轨道，使哈尔滨市作为东北解放区的后方基地，在组织军需生产支援解放战争中，发挥了重要作用。

1946年5月，哈尔滨解放的第一个月，工商界开展劳军、慰问伤兵活动，募集捐款2.5亿元（红军票），并代购军鞋10万双、服装5000套、被子5000条。1946年11月末，哈尔滨市开始战勤动员工作。12月6日，哈尔滨邮政职工召开大会献金支援前线，当场献金7720元，并致电慰问前线将士。12月末，哈尔滨铁路总工厂成立军工部，修枪造炮，支援解放战争。1946年，哈尔滨市在“三下江南”和冬季攻势中，参加战勤的有民工2107人、马车1819辆、车夫3418人。

1947年初，东北局和东北行政委员会发出指示，要求哈尔滨市大力组织军工生产，支援人民解放战争。此后，东北民主联军总司令部、总军工部陆续抽调干部到哈尔滨安排军工生产。1月，哈尔滨市委书记钟子云在《关于形势与任务的报告》中指出：“支援前线是党的主要工作，全党的工作，每个同志的工作”；“政府里还要减人，要自己提茶壶，轮流值班，工作人员都能住到机关里，警卫人员也能叫他做一部分工作。我们要一个人顶两个人工作”。不久，哈尔滨市委决定把1947年农历正月定为“拥军拥政月”。1947年2月，为庆祝解放后的第一个春节，哈尔滨工商界积极响应市政府“拥优月”的号召，开展拥军优属活动，踊跃捐献钱物。105个同业公会共捐出现款200157亿元，罐头同业公会11家工厂捐献罐头365箱。3月，哈尔滨市医务界组织250人的医疗工作队，分期出发，支援前线。3月8日，哈尔滨各界妇女踊跃给前方战士写慰问信、送慰问金和慰问品。

1948年2月，市政府号召社会各界开展拥军优属活动，组织全市工商界106个行业的1000余名职工上街游行，并将19车慰问品（包括肥猪220只、罐头

200 箱、纸烟 10 箱、肥皂 100 箱）及 2. 49 亿元的现款送到市政府，表示哈尔滨工商界对前方将士和后方军属的慰问。1948 年 9 月，哈尔滨工商界为表示对哈尔滨城市建设的支持，全市工商业中的 32 个行业共捐款 7. 32 亿元，由市工商联交给社会事业协会。1948 年 11 月，随着沈阳解放，东北全境解放，哈尔滨市各界和全市人民欢呼胜利，为此开展劳军运动，在全市募集劳军费 12 亿元。在整个东北解放战争中，哈尔滨工商界直接捐献了 20 多亿元（东北币）和大量实物，有力地支援了东北解放战争。

哈尔滨市广大职工和群众共制作军服、军鞋 2115070 件（套、双）。其中，单军服 607400 套，棉军服 366099 套，棉大衣 466135 件，棉帽 342507 顶，军鞋 332929 双。为了赶制军服、军鞋，及时支援前线，在工业基础薄弱的情况下，把全市私营被服、鞋帽、皮革业和有缝纫机的街道居民组织起来，上至年逾古稀的老大娘，下至十几岁的小姑娘，以学校的教室、礼堂，单位的俱乐部、仓库为临时加工场进行生产。各级妇联组织还发动街道妇女在家里制作军鞋。为了满足前线枪支弹药需要，哈尔滨市共生产六〇炮弹、掷弹筒弹、爆破筒 28400 发（支），六〇炮 2337 门。此外，还制造了大批的手榴弹、刺刀、马刀等武器。为了赶制军械弹药，将私营群力、祥泰等 200 多家铁工厂组成“联合工厂”，投入各种机器设备 1235 台，组织技术工人 2540 人，昼夜奋战。为了保证军粮供应，哈尔滨市政府将双合盛、天兴福、和聚公、协昌仁等 17 家私营火磨厂、油坊和 147 家私营制米厂组织起来，夜以继日地加工军粮，大量的米面粮油源源不断送往前方，保证了部队的需要。

据统计，黑龙江各地送到前线的慰劳金总值超过百亿元，送出的慰问袋多达上万个，寄送的慰问信达数万封，还有大量的猪肉、羊肉等肉食，以及大量的蔬菜、日用品等物资，这里都有黑龙江广大职工的贡献。1948 年春节期间，黑龙江、嫩江、合江三省的人民捐款总计超过 1 亿元，捐赠了 4000 多头肥猪、24 万斤肉和大米、面等物资。此外，11 月份，为确保前线的士兵能够有足够的蔬菜供应，三省的人民还共同献出 371 万斤干菜。辽沈战役胜利后，各省还纷纷捐款 52 亿元以及大量实物物资。①

---

① 黑龙江省地方志编纂委员会：《黑龙江省志・共产党志》，黑龙江人民出版社 1996 年版，第 139 页。

黑龙江地区的各省，不仅积极参与了前线战勤服务，还承担了后方战勤工作，特别是在铁路沿线的绥化、肇东、安达、海伦等县，他们负责转运民工、运送伤员，以及伤员的护理等任务。

安达县政府组织了400多名民工为前线伤员做饭，并出动了2970名民工送饭，还调集了120名医护人员为伤员提供治疗，全县2770名妇女参与招待和慰问伤员的工作。绥化位于滨北和绥佳两条铁路干线的交会点，因此承担了大量伤员的过往和转运工作，使后方战勤任务更加繁重。这些任务主要由城区的群众来承担。从1948年1月至6月，绥化城区出动了11468人，包括9426名民户担架队和2042名商户担架队，他们辛勤工作，有的将伤员转送到佳木斯，有的转送到北安。从1948年1月至4月，绥化城区还有59632名男女零工，其中42757名是女工，她们为部队制作被服、鞋袜，为伤员缝制洗涤衣物，以及协助部队医院修缮建筑等工作。

在1946年下半年，为了增强后方医疗基础，东北民主联军在绥化县建立了东北民主联军第六军医院，该院院长为张学哲，政委为韩静，全院下设了5个所和1个卫生学校，总共拥有800多名医护人员和800多张床位。为了妥善接收和治疗伤员，伤员联络处成立，由绥化县政府、兵站、六纵队、第六军医院和警备局共同组成，负责伤员的接收、护送和安置。自1946年6月5日至1948年，共接收了6308名伤员入院治疗。辽沈战役结束后，第六军医院随军南下。

为了接收和治疗伤病员，东北民主联军在1946年成立了第十后方医院和传染病医院。随着伤病员的增多，合江军区建立了直属卫生所、军区医院和第十三后方医院。在这些医疗机构，医护人员积极为伤病员提供服务，同时成立了伤兵管理委员会。汤原县的各机关、团体以及商民代表共同组成了伤员接待委员会，负责为过路伤员提供接待服务。在医务人员的精心照顾和治疗下，许多伤病员恢复健康，重返前线。

广大职工通过各种方式表达对子弟兵的深厚感情，为战士提供慰劳，积极支援前线工作，推动了后方建设各项工作的顺利开展。

第二编

社会主义革命和建设时期的黑龙江工人运动（1949—1978）

中华人民共和国成立后,我国进入从新民主主义社会向社会主义社会过渡的重要历史时期，这一时期，黑龙江地区工人运动和工会活动也进入了新的历史发展时期。

从1949年10月开始，黑龙江、松江省两省职工联合会，积极贯彻落实第六次全国劳动大会所确定的以“发展生产、繁荣经济”为中心的工人运动方针，带领两省广大职工坚持开展劳动竞赛，加强班组建设。涌现出了“最美奋斗者”马恒昌及马恒昌小组等优秀的劳动者和班组。在各类建设工作中，贯彻过渡时期总路线，进行大规模经济建设。开展以22项重点工程为主的大规模工业建设，经济上超额完成了“一五”计划。

黑龙江工人尤其是石油工人的贡献彰显出来，这在新中国的历史上是具有特殊意义的事情，大庆油田的开发建设，标志着我国石油工业的落后状况从此开始迅速改变，创造了“两参一改三结合”的经验。在军工制造、森林资源利用、煤炭开采、机电、锅炉工业建设等方面，建立了完整的工业体系。“文化大革命”开始后，黑龙江的工人运动一度遭到破坏，全省广大职工顶住各种干扰和压力搞生产，在“抓革命、促生产”的指导口号下，取得了好的成效。

第五章　国民经济恢复时期的黑龙江工人运动

从 1949 年 10 月中华人民共和国成立到 1956 年基本完成社会主义改造，是中国共产党领导全国各族人民实现从新民主主义向社会主义过渡的时期。新中国成立初期的黑龙江地区各级工会组织领导广大职工，在中国共产党的领导下，历经艰难困苦，积极作为，奋发图强，不断为新中国的建设和发展贡献着自己的力量。

第一节　毛泽东视察黑龙江

新中国成立初期，毛泽东来到黑龙江地区[①]进行调研和视察，为黑龙江地区经济和社会发展指明了方向。毛泽东在黑龙江视察时，对黑龙江地区工业的发展，寄予了深深的厚望，对黑龙江地区的工人表示深切关怀。

1949 年 12 月 6 日，毛泽东离开北京访问苏联。2 月 26 日，离苏回国，途经哈尔滨市[②]，并对哈尔滨进行了视察。这是新中国成立后毛泽东第一次也是唯一一次视察黑龙江。

1950 年 2 月 27 日，毛泽东到达哈尔滨市，并视察了哈尔滨机车车辆厂。当

① 新中国成立之初，黑龙江地区为黑龙江、松江两省。1954 年 8 月两省合并为黑龙江省，省会为哈尔滨市。

② 1949 年 5 月，松江省与合江省、牡丹江省合并为松江省，省会为哈尔滨市。1954 年 8 月，松江省与黑龙江省合并，省会为哈尔滨市。

时陪同毛泽东视察的有中央人民政府政务院总理周恩来，随行人员有陈伯达、师哲、王兴东、欧阳钦等人。在哈尔滨市南岗区颐园街1号住地（现革命领袖视察黑龙江纪念馆），毛泽东等人稍作休息后，便听取了松江省委第一书记张策和哈尔滨市委第一副书记、市长饶斌的汇报。当毛泽东得知哈尔滨机车车辆厂是哈尔滨市最大的工厂且历史悠久时，不顾旅途劳顿便提议去哈尔滨机车车辆厂看看。

哈尔滨机车车辆厂现称哈尔滨车辆工厂，是当时哈尔滨最大的工厂。它的前身是中东铁路哈尔滨总工厂，旧称“三十六棚”，是1898年沙俄为侵华而建立的铁路附属工厂。

1950年2月27日15时30分，在周恩来、滕代远，以及张策、饶斌等人陪同下，毛泽东一行人驱车前往哈尔滨机车车辆厂。

在途中，毛泽东看到街道的广告牌上有很多外国字，便问：“过去的宣传画为什么还未涂掉？”又对市长饶斌说，“我们应当学会管理城市和改造城市”。

16时许，载有毛泽东等人的车辆缓缓驶进厂区，停在厂部办公楼前。时任哈尔滨机车车辆厂的负责人费立人、苏方厂长赫旦盖维奇负责接待。后来费立人回忆说：“我们接到通知说，让我们准备迎接首长视察，但并没有说领导是谁，当时我们见到是毛泽东主席，我们非常激动。”在办公楼前毛泽东与费立人、赫里盖维奇等人亲切握手，并向他们问候。

到了车辆厂，了解到这个工厂有5000工人，工厂建得早，设备陈旧等情况后，毛泽东说：“设备虽然陈旧，但很重要。你们要保护好、管理好这个工厂。越是大工厂，越要管理好，发挥好作用。哈尔滨市是全国解放最早的城市，这个厂是全市最大的厂子，所以应给全国做出样子。”①

在锻冶分厂参观时，毛泽东在重达五吨的汽锤前停下脚步。此时的汽锤正在锻造一根被烧得通红的车轮大轴，毛泽东在震耳欲聋的汽锤声中，饶有兴趣地观看工人的操作。

在视察过程中，费立人向毛泽东汇报了工厂的情况，当他听说工厂内老工

① 中共中央文献研究室编：《毛泽东年谱（1949—1976）》（第1卷），中央文献出版社2013年版，第96页。

人多时，他说："老工人多好哇，我们不懂，就要靠老工人来管工厂，同时培养新工人也很重要的，这样由老工人带新工人，我们的事业才会后继有人。"

在哈尔滨视察期间，毛泽东还为松江省委题写了"不要沾染官僚主义作风""学习""奋斗"，为哈尔滨市委题写了"发展生产"，为正在召开的哈尔滨市第二次团代会题写了"学习马列主义"五幅题词。

1950 年 5 月，哈尔滨市委召开了第二次党员代表会议。会议以毛泽东到哈尔滨视察时的重要指示为指导，确定了"按照规定的发展方向，改变哈尔滨的工业面貌"的方针，加强了对工业建设的领导，提出全市要把面向生产、依靠工人阶级完成生产计划和改善领导作风，把"出机器、出干部、出经验、出技术工人"作为中心工作来抓。会议强调要把毛泽东视察精神宣传落实到实际工作中去。黑龙江、松江两省委根据毛泽东视察哈尔滨时的指示精神，努力抓紧工农业生产，转变工作作风，把广大人民群众所焕发出来的革命积极性和创造性引导到恢复和发展国民经济上来。①

第二节　参加抗美援朝运动

1950 年 6 月，以美国为首的联合国军入侵朝鲜半岛，并把战火烧到了中朝边境。同年，10 月 19 日，中国人民志愿军入朝作战。与此同时，全国也掀起了声势浩大的抗美援朝运动，广大工人阶级作为中国人民的重要组成部分，也纷纷加入了这场运动中。

一、参加和平签名和抗美援朝宣传运动

1950 年 3 月 19 日，世界拥护和平大会在瑞典斯德哥尔摩举行第三次会议，这次会议通过了《斯德哥尔摩宣言》，宣言提出，要无条件地禁止使用原子武

① 中共黑龙江省委史志研究室编：《中国共产党黑龙江历史》第二卷，中共党史出版社 2022 年版，第 13 页。

器，并建立严格的国际管制来保证这个决议的执行。会议号召全世界人民一切善良的人们在这个宣言上签名。《斯德哥尔摩宣言》得到了全世界爱好和平的人民的热烈响应和拥护。

1950年5月9日，中央人民政府政务院下达关于展开保卫世界和平签名运动的指示。同月15日，在“世界保卫和平大会”中国分支机构的号召下，工、青、妇、学联等群众团体联合发出通知要求在各地展开和平签名运动。

为积极响应世界和平大会的宣言。1950年5月23日中共中央发出《中共中央关于保卫世界和平运动的指示》，指出：“签名运动的时间暂定六、七、八三个月，人数以三千万为目标，步骤是由大城市而中小城市而乡村，由有组织群众（工厂、部队、学校、农协）而无组织群众。方式由各地按具体情况自行选择，但必须在事前事后研究群众的思想动向，决定宣传内容，防止特务造谣，严禁强迫命令。”① 随后，中国保卫世界和平大会委员会（即后来的抗美援朝总会）发出通告，号召全国人民积极行动起来，响应世界和平大会的正义号召，组织开展广泛的和平签名运动，粉碎帝国主义的一切侵略战争的阴谋。

5月24日，中国保卫世界和平大会委员会黑龙江省分会举行保卫世界和平签名运动干部动员大会，号召全省人民坚决反对战争，在和平呼吁书上签名，黑龙江地区人民纷纷响应，“东北地区自5月15日开始到6月20日止，各地签名人数已达7739503人。其中松江省有2245612人，哈尔滨有420179人”。

1950年6月25日，朝鲜内战爆发。6月28日，周恩来代表中国政府发表声明，强烈谴责美国侵略朝鲜、驻军台湾及干涉亚洲事务的罪行。同时，中共中央在军事上采取了一系列应变措施，迅速调集20万人的野战军组成东北边防军，以备不测。在美国发动对朝鲜的全面战争、美军第七舰队入侵台湾海峡后，黑龙江、松江两省人民就分别成立中国人民反对美帝国主义侵略台湾、朝鲜运动委员会分会，同全国人民一道向美帝国主义的侵略行径发出强烈的警告。6月下旬，禁止使用原子弹的和平签名运动转为反对美帝国主义侵略的签名运动。②

黑龙江、松江两省继续开展反对美帝国主义侵略朝鲜和台湾的运动，参加

---

① 《建国以来重要文献选编》（第一册），中央文献出版社1991年版，第213页。

② 《中国共产党黑龙江历史》第二卷（1949—1978），中共党史出版社2021年版，第39页。

和平签名运动的人数倍增。至 1950 年 5 月 25 日，松江省已经有 333.6 万人参加了和平签名运动，占全省人口总数的三分之二。其中，哈尔滨市签名人数达 72 万人，占全市人口总数的 90%以上。至 1950 年 12 月 24 日，黑龙江省参加和平签名人数达 421.95 万人。[①]

1950 年 7 月 16 日，《东北日报》援引新华社北京 14 日电的内容，刊发《中国人民反对美国侵略台湾朝鲜运动委员会关于全国各地举行运动周的通知》，通知指出，“美帝国主义直接进攻朝鲜人民、侵略我国领土台湾、干涉越南和菲律宾人民解放斗争的无耻罪行，已引起全世界人民的愤怒和普遍反对。世界工人联合会号召全世界工人阶级支援朝鲜人民解放战争。我们中国人民应当坚决拥护世界工人联合会的号召……为了使这一运动在宣传工作上有充分的准备，我们号召全国各地自七月十七日（在准备不及的地方可改为七月二十三日）举行‘反对美国侵略台湾朝鲜运动周’”[②]，通知还进一步对宣传的内容、要点和办法都进行了说明。1950 年 7 月 18 日，松江省总工会、青年团松江省工作委员会等七个单位联合发表《松江省总工会号召开展反美侵略台湾及朝鲜运动周》的通知，通知指出，“七月二十日到七月二十六日为松江省各地人民反对美国侵略台湾朝鲜宣传周”，希望各市县群众和团体积极按照《东北日报》通知的宣传内容、方式方法和要点等贯彻落实。

1950 年 8 月 4 日，中共中央发布《关于继续进行和平签名运动的指示》中所言：“开展和平签名运动……在政治上和组织上都有极重大的意义。”其政治意义在于“使全国城乡各阶层男女老少”“无例外地上一次大课”，“使他们懂得目前世界大势”；其组织意义在于“使全党由此发现各阶层人民与无数爱祖国爱正义的积极分子，并由此准备建立一经常的普及全国深入群众的强大的宣传网”。

参加和平签名和反对美帝国主义侵略签名运动，表明黑龙江、松江两省人民热爱和平、反对侵略的强烈愿望和对美帝国主义的无比愤恨，也激发了两省

---

① 中共黑龙江省委宣传部：《我省一年来宣传工作的简要总结及一九五一年工作计划意见报告》（1950 年 12 月 24 日）。

② 《东北日报》1950 年 7 月 16 日，总第一六二二期，第一版。

人民战胜侵略者的决心。

在抗美宣传上，中国人民志愿军入朝后，中共中央和中华人民共和国中央人民政府在国内开展了轰轰烈烈的抗美援朝运动。11 月 4 日，中国共产党、中国国民党革命委员会、中国民主同盟等民主党派发表联合宣言，宣言指出："以美帝国主义为首的帝国主义者侵略朝鲜的行动正在严重地威胁着中国的安全。全国人民早已集中注视美国侵略者在朝鲜的行动以及中国领土领空领海上的行动。"宣言号召全国人民积极行动起来，反对美帝国主义，支持抗美援朝运动。由此，全国范围内的抗美援朝宣传运动迅速展开。

根据中共中央的要求，黑龙江、松江两省，也迅速掀起了抗美援朝运动宣传教育的高潮。1950 年 10 月 26 日，中共中央发出《关于时事宣传的指示》，指出"为了使全体人民正确地认识当前形势，确定胜利信心，消灭恐美心理，各地应立即展开关于目前时事的宣传运动"。①

1950 年 11 月 3 日，黑龙江、松江两省省委分别发出《关于加强干部、群众时事教育的通知》，要求党政机关以及人民团体的抗美援朝分会利用广播、报纸等多种形式，广泛开展时事宣传教育活动。

黑龙江、松江两省在抗美援朝宣传教育运动中，按照中共中央的指示精神，东北局召开关于抗美援朝宣传工作会议，会议指出，首先从对干部教育动员入手，然后在城市群众中也需要组织时事宣传。

在时事宣传中，黑龙江省委于 11 月 10 日印发了《关于齐齐哈尔市时事宣传方法经验介绍》的参考文件，指出"在反美援朝保家卫国的时事宣传中，齐市公营企业普遍组织了时事讲演比赛会，用以教育职工。全市国/公营企业 24 个单位，18 个单位举行了时事讲演比赛会，参加讲演职工 152 人，群众有 4500 余名。市职工会和青年团还共同举行了一次全市职工时事讲演比赛会，参加比赛的 12 个单位，17 名职工，都是各厂演讲中选出来的能手，群众近 1000 名"。文件还指出，"时事讲演比赛会是启发职工爱国热情，调动职工生产积极性的很好方式"，许多职工在讲演中大大启发了职工的爱国热情，对美帝侵略的痛恨，各

① 《建国以来重要文献选编》（第一册），中共中央关于在全国进行时事宣传的指示，中央文献出版社 1991 年版，第 378 页。

处讲演会上，群众情绪激昂，时事讲演比赛会成了最有力的反美侵略动员大会，同时指出，“时事讲演比赛是职工自我教育的很好方式”。

在抗美援朝宣传教育运动中，工会干部积极参与到抗美援朝运动中，同其他机关干部、教员、学生等组成宣传员队伍，分头划区域到街组中进行宣传。工会、青团、妇联等各群团组织也配合进行宣传工作，宣传受众面不断扩大。

黑龙江、松江两省广大企业职工等都积极参加抗美援朝宣传运动。

1950 年 11 月 10 日，《松江日报》在第一版刊登了题为《面对豺狼不能不打哈市各界人民签名立誓抗美援朝》的报道。文中介绍了当时哈尔滨市各界人民通过签名、立决心书等方式积极要求参加抗美援朝斗争的情况。在报道中，工业大学政治教员崔中屏在志愿书中说：“我愿把自己的生命献给祖国，保卫祖国神圣不可侵犯的边疆，这是我们这一代青年的权利和义务。”哈尔滨水泥厂、制烟厂、农具厂等工厂的工人们纷纷表示：在国家需要自己的时候，绝不怕流血牺牲。

1951 年 4 月 28 日，中华全国总工会发出动员全国工人、职员参加“五一”反对美帝，保卫世界和平大示威的号召。5 月 1 日，黑龙江、松江两省各有 90% 以上的职工和各界人民共同参加了大示威。1951 年 4 月，在世界和平理事会发出的“签订五大国和平公约”的签名运动中，黑龙江、松江两省分别有 9 万名、32 万名职工参加了签名。

二、开展爱国主义劳动竞赛

1950 年 10 月，沈阳第三机器厂车工赵国有向全东北的工人阶级提出进行友谊战斗劳动竞争挑战，并提出提高产品质量，严守技术操作规程、厉行节俭等五项保证条件。10 月 26 日，东北总工会发出开展爱国主义劳动竞赛的号召，要求全东北的工人、技术人员、职员等广大劳动者，立即结合时事学习，讨论赵国有的保证条件，提出参加竞赛的计划，开展个人与个人的、车间与车间的、厂与厂的爱国主义劳动竞赛。这一号召，得到黑龙江地区两省职工的热烈响应。

10 月 29 日，黑龙江省总工会发出《关于开展爱国主义竞赛的通知》。10 月

31日，松江省总工会也发出全面开展爱国主义劳动竞赛的具体指示，并在哈尔滨、牡丹江、佳木斯三市分别召开县工会主席会议并进行部署。为了开展爱国主义劳动竞赛，黑龙江省总工会还抽调干部组成工作组深入工厂企业，向职工广泛进行时事教育，激发广大职工爱国主义觉悟和劳动热情。松江省在开展爱国主义劳动竞赛的1个多月里，有5.4万名工人、技术人员、职员、医务和机关工作者及店员参加了竞赛运动，占全省工厂、矿山、机关、商店1/3以上的单位，共有399个单位组织了竞赛。据1950年12月统计，全省104个工厂，产量提高1%—20%的有55个工厂，提高20%—30%的有8个工厂，提高30%的有6个工厂；质量提高1%—20%的有25个工厂，提高20%—30%的有3个工厂，提高30%的有1个工厂；减少伤亡事故的有26个工厂；提高出勤率的有74个工厂。佳木斯松江制药厂工人王景、于深提出改进工艺的建议，提高产量8倍，节约2.4亿元（东北币）①；富锦县制粉厂由每小时生产面粉2262公斤提高到2652公斤。

黑龙江省开展爱国主义劳动竞赛空前热烈。仅前3个月就有287个公营工厂、商店，10个私营工厂、2个农场共3万多人参加了竞赛运动。嫩江玻璃厂到11月12日完成全年生产计划，洮南制酒厂1个月超额完成生产计划的49%。嫩江火柴公司职工11月生产火柴2503箱，超过计划的4%。

1950年12月11日，松江省总工会发出召开中国教育工会的第一次工作会议的通知，会议于12月18日至21日召开，共4天，到会28个市、县，29名代表。会议着重探讨了四项重点内容，其中一项就是“怎样开展爱国主义劳动竞赛”。

1951年，黑龙江、松江两省继续开展爱国主义劳动竞赛。松江省通过爱国主义时事教育和其他一些政治运动的教育，提高了广大职工的政治觉悟。职工学习技术、研究技术活动在各厂矿企业普遍开展，职工技术水平不断提高。在竞赛中，技术革新活动发挥了重要作用。哈尔滨被服二厂职工学习先进经验，

---

① 东北币是解放战争时期东北地区流动的一种货币，是由中国人民银行总行设计，采用东北解放区与关内统一货币的方案，在东北地区发行的一套人民币，对于中华人民共和国成立初期稳定东北地区的经济，促进经济发展和人民生活改善起到了积极的作用。

第一季度创造 18 种工具，改进 4 种操作方法，提高了效率和产品质量，全厂超额 9.6%完成首季生产计划。佳木斯电工六厂改进工具，使产品质量合格率由 95%提高到 100%。松江省国营、公营厂矿企业在劳动竞赛中，涌现了先进生产者 5121 人。

1953 年上半年，为支援抗美援朝战争，迎接“五一”国际劳动节和中国工会第七次全国代表大会，黑龙江、松江两省工会又先后部署爱国主义劳动竞赛。松江省到“五一”前夕，已有 158 个厂矿的 13.8 万余名职工参加竞赛。牡丹江橡胶一厂、发电厂、哈尔滨水泥厂等工厂企业通过竞赛，提高产品质量，降低消耗，超过了生产定额。黑龙江省工会在“五一”前夕召开劳动竞赛广播大会，全省基本建设 18 个单位，齐齐哈尔、北安等市县的 61 个国营和地方国营企业都参加了竞赛。在竞赛中，各单位都以推广先进经验为中心，通过改进技术与操作方法提高劳动效率。建工局七队在 47 天中推广 13 种先进经验、53 种先进工具，使各工种都超过定额。木、瓦工超定额 18%，钢筋超 29%，架子工超 46%。第二机床厂马恒昌小组和铁路机车车辆厂推广苏联科列索夫车刀法，每台车床提高效率 1 倍至 10 倍。

在 1953 年的竞赛中，两省工会推广了一系列先进经验、先进技术，其中主要有平行流水作业和混凝土真空作业法、苏长有砌砖法、高速切削、多刀多刃切削法、杨宇训翻砂造型法、李川江制油法和牛树海制酒法等。这些先进经验和技术，多数是黑龙江地区职工在劳动竞赛中的发明创造。

三、参军参战，支援前线

在轰轰烈烈的抗美援朝运动中，通过爱国主义宣传教育，黑龙江、松江两省人民保家卫国的热情空前高涨，在“一切为战争服务”“一切为了争取抗美援朝、保家卫国，反对美帝侵略战争胜利”的号召下，黑龙江地区人民掀起参军参战，支援前线热潮。

开展爱国参军运动　1950 年 10 月 24 日，中共中央东北局向黑龙江、松江两省下达了分别扩兵 1.3 万人的指示。两省委接到东北局这一指示后，根据完成任务的时限，确定从接到指示之日起到11月25日前完成动员任务。11月1日，黑龙江、松江两省委分别作出了《关于扩兵工作的指示》，并成立了扩兵委员会。为了做好征兵工作，各级党政机关、人民团体运用各种宣传工具，充分做好政治动员工作。一时间，两省人民掀起了积极参军的热潮。

黑龙江省人民政府动员干部参加新兵训练工作需动员25人，报名的有378人；省行政干校需动员42人，报名的有290人。松江省双城县在1950年11月16日至18日这三天的时间里，就有520名青壮年报名参加了志愿军。在参军热潮中，两省的广大工人也积极参与其中，松江省双城县新生纺织厂女工张霞劝丈夫参军；哈尔滨水泥厂孔老太太动员儿子参军报名；鹤岗矿区矿务局机电处所属各工厂的广大工人纷纷报名参军，要求上朝鲜前线；齐齐哈尔铁路局、中昌铁路公司抽调4000多名员工奔赴朝鲜同中国人民志愿军协同作战。

据统计，黑龙江省第一期检查合格入伍人员达1.75万人，松江省检查合格入伍人员达1.97万人，两省共征兵3.72万人。为了保证抗美援朝前线的兵员质量，按照东北军区指示，黑龙江、松江两省分别在各地组织了二线兵团——整训团。1950年11月12日，东北军区下达命令，要求黑龙江、松江两省军事部分别组建5个整训团。经过两个月的军政训练，两省第一期新兵3万余人于1951年2月下旬编入中国人民志愿军开赴朝鲜前线。第二期征兵动员从1951年4月开始，黑龙江省任务为3000人，实际征兵4916人；松江省任务为2100人，实际征兵2176人，两省共征兵7092人。两期合计征兵4.43万人。在扩兵工作中，广大党、团员率先垂范，带头报名，各行各业广大职工踊跃参与，使征兵任务超额完成。

战勤支援　1950年12月16日，东北人民政府颁发了《东北地区战勤动员暂行办法》，拉开了黑龙江地区抗美援朝战勤动员工作的帷幕。黑龙江地区的人民群众积极响应党和政府的号召，黑龙江地区掀起了踊跃支援前线的高潮。黑龙江、松江两省的广大工人、农民、医生等纷纷出战勤，组成各种战勤服务队、汽车队、医疗队，奔赴抗美援朝前线。黑龙江省从1950年10月志愿军出国作战至1950年底，共出动三批担架队，计2500副，担架队员和干部1.84万人，赴朝参加兵站、医院工作的干部1634人，汽车司机300人。松江省在1950年10

月至 11 月初，仅用半个月时间超额完成战勤民工动员任务，共出担架 3015 副、担架队员 1.95 万人、脱产干部 517 人，出动汽车司机和技术工人等 1387 人、汽车 30 台、大车 97 台赴朝参战。1951 年，黑龙江、松江两省又多次完成东北人民政府下达的组织担架团和工程技术人员的战勤任务。

在支援前线中，哈尔滨市成立了为前线培养司机的汽车驾驶学校，分批为前线输送驾驶员；工程技术人员、铁路员工组成各种战勤服务队奔赴前线；医科大学教职工出动医疗干部，奔赴朝鲜各兵站及战地医院。齐齐哈尔市参与到朝鲜战场的战勤服务有 672 名民工、664 名技术工人、227 名勤杂工等；参加机场建设和部队医院后勤服务的共 6.4 万名民工、542 名技术工人。[①] 据统计，从 1950 年 11 月至 1953 年 7 月朝鲜战争签订停战协定，黑龙江、松江两省先后派出战勤担架民工 9.63 万人（其中战勤干部 6675 人），运输营民工 4.04 万人，汽车司机、技术工人、厨师、医务人员、翻译等 1.11 万人，共计 14.78 万人。[②]

松江省抗美援朝战勤动员工作是遵照 1950 年 12 月 16 日东北人民政府颁发的《东北地区战勤动员暂行办法》和 1953 年 4 月 6 日东北行政委员会颁发的《东北区有关战勤动员的几项暂行规定》所确定的基本原则进行的。文件规定："凡国民年龄在 17 岁至 50 岁之男子，18 岁至 45 岁之妇女，以及有运输能力之车马交通工具等，均有应征服勤之义务。"战勤动员的范围包括"有关战时之抢修机场、铁路、公路、桥梁、仓库、电讯设备等；有关组织动员担架、抢救与抬送伤病员；有关战时转送弹药、粮秣、被服、医药器材等军用物资；有关战勤的各种技术人员及其他战争勤务"。

在战勤动员工作中，松江省政府传达中央人民政府的各项命令，向各市县分配任务。1950 年 12 月 5 日，松江省政府将《吉林省战勤工作偏向的报告》转发给各市县，以便克服本省在战勤工作中出现类似的错误，并且提出："战勤动员与生产供销工作应该密切配合进行，不可偏废。我们应该而且必须以极大的努力来做好战勤工作，但如果生产及供销搞不好，战勤动员就失去了物质基础。"省政府认为吉林省关于战勤必须结合生产供销工作的经验非常值得参考，

---

① 齐齐哈尔市志编审委员会编：《齐齐哈尔市志：政治卷》，黄山书社 1999 年版，第 31—32 页。

② 黑龙江省地方志编纂委员会编：《黑龙江省志・民政志》，黑龙江人民出版社 1993 年版，第 149 页。

并希望各地借鉴研究出一套符合本地区、本单位的切实可行的办法与措施。同时，要求各地注意及时解决战勤民工中存在的问题。曾经制发专门文件，要求有关领导做好民工的土地代耕工作，加强县、区、村与工地之间的联系，并规定慰问工作由省里统一进行。这些都为后来的战勤动员工作打下了良好的基础。此外，各级政府在进行战勤动员的同时，全部开展了广泛的时事形势的宣传，并针对少数私心严重，想逃避战勤任务的人作了大量细致耐心的思想工作，极大地提高了人民群众的思想觉悟，这也是保证战勤动员工作顺利进行的一个重要条件。

从1950年7月10日抗美援朝战争开始，至1954年8月1日松江省人民政府撤销，抗美援朝战争战勤动员工作始终都是全省的一项十分重要的工作。在这四年多的时间里，全省的战勤动员工作取得了以下可喜成绩：1950年战勤动员总人数为55100人，其中包括新兵担架队员、汽车司机、助手和学员，西餐厨师及学员、民工、采石工人等。此外，还动员了担架1015副、汽车30辆、大车97辆。1951年战勤动员总人数为15750人。

随着战争形势的发展和变化，1952年以后，战勤工作由直接支援抗美援朝战争向主要为国防建设服务转变。为完成国防工程建设，从1950年10月到1953年7月，黑龙江、松江两省共动员民工27.49万人（含车夫）。1952年，为了修建飞机场动员民工17850人，此外，有零工65000人、胶轮车1703辆。1953年，松江省为13个国防建设项目动员了民工25603人。为加快工程进度，保证工作质量，广大民工和技术工人不畏严寒酷暑、顶风冒雪，肩挑土篮、手凿岩石，修铁路、铺轨道，提前超额完成了修建任务。

广大工人在赴朝参战期间，出色完成了战勤任务，表现出了工人阶级勇敢顽强、机智果敢的精神品质。在1951年，黑龙江地区就涌现出功臣模范1882人。抗美援朝铁路职工有九人被评为劳模代表。1951年10月17日，昂昂溪机务段司机王吉魁等人分两组分别到齐齐哈尔铁路局和中长铁路局，汇报铁路职工的英勇事迹。

在抗美援朝运动中，黑龙江、松江两省广大工人表现出来的爱国主义精神和艰苦奋斗、不怕牺牲的精神，为祖国、为和平建立了不朽的功勋。

四、开展爱国捐献、反细菌战和拥军优属活动

在全国各地普及开展了各种形式的抗美援朝运动，支援前线战争时，黑龙江地区在党的领导下，广泛宣传动员社会各界，开展大规模的爱国捐献和拥军优属活动，为抗美援朝战争的胜利作出了巨大贡献。

开展爱国捐献运动　为支援朝鲜战场，1951 年 6 月 1 日，中国人民抗美援朝总会向全国人民发出《关于推行爱国公约，捐献飞机大炮和优待烈军属的号召》。黑龙江、松江两省积极响应，展开了轰轰烈烈的爱国捐赠活动。

黑龙江地区工人用提高产品质量、增加生产的实际行动开展“爱国主义捐献飞机、大炮运动”支援抗美援朝。工人提出“工厂就是战场，机器就是枪炮”的口号。

在工矿企业中，进一步发挥工人群众的生产积极性，争取超额完成国家生产任务。在工人中，把捐献飞机大炮与提高和改进生产技术结合，来增加收入，把这些新收入中的一部分或全部捐出来购买武器。黑龙江、松江两省职工在这次运动中共计捐款献工金额达 376. 9 亿元（旧人民币）。

1951 年 6 月 13 日，哈尔滨市总工会召开全市职工代表大会，决定捐献“哈尔滨职工号”飞机 3 架。6 月 15 日，哈尔滨市著名劳动模范迟桂珍、满树山、辛兰等 3 人联名写信给全松江省职工，要求全省职工积极响应中国抗美援朝总会号召，发起捐献“松江工人号”飞机的运动。哈尔滨双合盛制粉厂捐献“双合盛”号飞机一架；哈尔滨市文教局文艺工作团为捐献“鲁迅号”飞机举行义演；东傅家区理发业第一基层委员会决定把每月的一个公休日定为抗美援朝日，将这一天的收入全部捐出用于购买“哈尔滨职工号”飞机；哈尔滨市税务局全体职工将工资的 7%—10%捐出用于购买武器。至 1951 年 10 月，全市的实际捐款可购买 2 架飞机；到 1952 年 1 月 2 日，实际捐献战斗机 6 架，超原计划 1 倍。截至 1952 年 5 月，松江省完成捐款 1018. 57 亿元，黑龙江省完成捐款 934. 72 亿元，以每架飞机 15 亿元计算，两省捐款可购买飞机 130 架。

当时，捐款也是爱国捐献运动的重要形式。1951 年 9 月，广大市民积极响

应黑龙江省委的号召，向朝鲜战场捐赠东北流通券[①] 20.7 亿元、战斗机 5 架、大炮 1 门。12 月，累计捐款东北地方流通券 84 亿元，使“龙江号”战斗机大编队能够“飞到祖国最需要的前线”。

爱国捐献运动极大地激发了全国人民的爱国热忱，使志愿军的武器装备得到明显改善和加强，同时也减轻了国家的财政负担。黑龙江地区广大工人阶级在这次捐献运动中，争先恐后地贡献自己的力量，充分表现了工人爱国主义和国际主义的伟大精神。

开展反细菌和爱国卫生运动 1952 年 2 月，在朝鲜战场上，美国不顾国际公约，悍然发起了细菌战。除在朝鲜战场撒播细菌外，美国空军还对我国东北地区部分领空实施轰炸，并撒布大量传播细菌的昆虫，以削弱志愿军后方的支援力量，黑龙江地区成为受害地区之一。为防御细菌战，黑龙江人民在党的坚强领导下，开展了轰轰烈烈的反细菌战。

《黑龙江日报》于 1952 年 3 月刊载《美国侵略者竟在我东北疯狂撒布细菌》一文，对美军向我国东北地区撒布细菌进行报道。文章指出，1952 年 2 月 29 日至 3 月 5 日，美军飞机先后侵入我国东北领空共计 68 次、448 架次，先后在抚顺、新民、安东、宽甸、临江等地撒布大量传播细菌的毒虫，并对临江、长甸河口地区实施轰炸、扫射。据新华社报道，1952 年 3 月 17 日，美机首次向黑龙江区域撒布细菌。3 月 17 日至 26 日，共有 4 批 9 架美军飞机侵入齐齐哈尔市上空，此后便于该地区发现带菌毒虫，包括苍蝇、蚊子、象鼻虫、蜘蛛等，部分地区还发现了鸡毛、鹅毛、海绵质体等。3 月 17 日至 19 日，美军飞机同时侵入黑龙江铁力、讷河、绥棱、北安等县，次日在这些地区均发现大批蚊子、苍蝇、跳蚤、蜘蛛等毒虫及大量羽毛。

美帝国主义的细菌投毒行为严重威胁了黑龙江各地人民的生命安全，造成 1952 年春季的疫病流行。

针对美帝国主义挑起细菌战的卑劣行为，中共黑龙江省委于 1952 年 3 月 8 日发布了关于加强防疫工作领导的指示对卫生防疫工作进行部署。中共黑龙江

---

① 东北地方流通券流通于 1945 年 11 月 5 日至 1951 年底，9.5 元兑换旧人币 1 元。旧人民币指中国人民银行于 1948 年 12 月 1 日开始发行的第一版人民币，一直使用到 1955 年 2 月。

省委宣传部于1952年3月26日发文，号召各市、区、县防疫委员会摄拍美帝国主义撒布细菌的五类实物证件。

1952年4月4日午夜，美国飞机把染有鼠疫的小田鼠投在黑龙江省甘南县第十区新民、民众、公议、工农四个行政村，次日清晨这一举动被居民陆续发现，居民及时向区、县、省和东北人民政府报告。黑龙江省人民政府立即组成防疫大队于当日赶到现场，展开灭蚤、杀鼠及消毒工作。

在进行灭蚤、杀鼠、消毒、注射、宣传等工作的同时，黑龙江地区人民积极响应中共中央号召，组织开展了群众性爱国卫生运动。巴彦县组织医生、护士等50余人，每天早晨学习两小时“细菌战防御”知识，晚间由医生负责给护理员做防疫培训。龙江县、富拉尔基、朱家坎、碾子山和兰西长德村，都举办了爱国防疫卫生展览会，十天共吸引观众13000多人。

在这场爱国卫生防疫运动中工人表现积极，1952年2月26日起，哈尔滨市15万名公私营企业职工、齐齐哈尔市各界3.5万余人举行示威游行，抗议美军发动细菌战。3月10日，《东北日报》刊登东北工业劳模马恒昌、姜万寿、刘景贵、佟俊山、王兆达、杜先扬联名写给东北全体职工的信，信中号召东北职工以实际行动反对美帝国主义在东北境内撒布细菌毒品的罪行。

这场反细菌和爱国卫生运动给城市和乡村带来了新的面貌，出现了许多移风易俗的重大改革。

开展拥军优属活动　入朝作战的志愿军指战员为保家卫国舍生忘死、浴血奋战，后方的军属烈属普遍受到人们的尊敬和优待。在“先军属，后自己”的口号下，全国各地普遍进行优待革命烈士家属、革命军人家属的工作。各地政府和群众对烈属军属以由衷的敬意给予无微不至的关怀。为积极响应全国人民支援抗美援朝运动，鼓励企业广大职工，给中国人民志愿军写慰问信活动。1950年12月3日松江省总工会发出《关于发动职工给朝鲜人民军及中国人民志愿部队慰问信的通知》。

黑龙江地区各级政府均成立了优抚委员会，切实组织领导优抚工作，社会各界积极参与，掀起拥军优属热潮。在城市，积极贯彻“组织生产、介绍就业、物质补助”方针，保证烈属军属就业和生活得以改善；在农村，普遍实行包耕、助耕、代耕、包粮等办法，提高烈属军属生活水平；每逢新年、春节、“八一”等重要节日，各地便组织帮助劳动、赠送物资和颁发光荣牌等活动。拥军优属活动的开展，使志愿军指战员受到极大鼓舞，为国而战、为人民而战的决心和意志进一步增强。

东北地区的拥军优属活动得到中共中央领导的支持与鼓励，1951 年 3 月 10 日，《东北日报》登载了周恩来总理亲笔为东北烈属军属模范及拥军优属代表大会的题字：“努力生产支援前线，优待烈属军属，为保家卫国争取抗美援朝的彻底胜利而奋斗。”1951 年 3 月 14 日，《东北日报》登载了《东北区烈属、军属爱国公约》和《东北区拥军优属公约》。

黑龙江、松江两省人民还多次组织慰问团，携带慰问品、慰问信赴前线慰问志愿军指战员和战勤担架队的民工，给志愿军和担架队以极大的精神鼓舞，激发了他们的战斗意志。黑龙江、松江两省人民政府分别在铁路沿线建立了 24 处招待站，招待站均配备干部和民工，负责保证过往部队和伤病员的饮食供应。哈尔滨招待站对每次过往的军队卫生列车，都组织慰问队登车为伤病员读报、唱歌，并向伤病员赠送慰问品。每逢节日各界人民对驻地陆军医院和后方医院的伤病员及荣军学校的荣誉军人进行慰问。

拥军优属政策，解决了军人的后顾之忧，让广大青年安心参军，前线的志愿军安心作战。据统计，黑龙江省在 1950 年至 1951 年 2 月期间，优抚军属 20 多万户，代耕土地 9 万多垧。松江省 1952 年共有烈属军属及战勤人员家属 11.86 万户，接受包耕或助耕的有 7.56 万户，占总户数 64%左右。

五、发展生产，支援前线

1951 年 10 月 23 日，毛泽东在全国人民政协第一届全国委员会第三次会议上提出，“增加生产，厉行节约，以支持中国人民志愿军”的任务。由此，一场声势浩大发展生产，支持前线的运动在中国大地上拉开序幕。当时黑龙江、松江两省积极响应国家号召，开展增产节约运动，后方工业全力生产保障补给。

开展增产节约运动 1951 年 12 月 1 日，中共中央作出《关于实行精兵简政、增产节约、反对贪污、反对浪费和反对官僚主义的决定》。

增产节约运动分两个阶段：第一个阶段是1950年至1951年底，主要是民众自发的劳动竞赛和生产捐献。这一阶段的特点是群众性强、自发性高、形式多样、内容广泛。各行各业都掀起了增产节约的热潮，工人、农民、知识分子、学生、商人、军人等都积极参与。其中，广大工人阶级是这场增产节约运动的主要力量，广大工人提出"工厂就是战场，机器就是枪炮"的口号。他们通过提高劳动效率、降低成本、节约物资、捐献财物等方式，为国家增加收入、减少支出。

东北总工会召开先进生产组代表会，总结推广马恒昌小组经验。

齐齐哈尔市总工会为了动员组织工人进一步开展增产节约运动，在1951年10月11日和12日这两天，召开齐齐哈尔市第二届小组长代表会议。会上广泛地交流了在增产节约运动中的经验，有20多个小组作了典型发言。①

第二个阶段是1952年初至1953年底，主要是政府自上而下号召有组织的增产节约运动。这一阶段的特点是规模大、目标明确、措施具体、效果显著。

政府制定了《关于增产节约运动的指示》，明确提出了增产节约运动的总目标和具体任务，并采取了一系列措施来推进运动的开展。

1952年7月8日，中共中央发出《关于目前开展增产节约运动中应注意的问题的指示》，要求各厂矿企业在增产节约运动中，不仅要努力完成生产计划和增产节约计划，而且要努力改善经营管理。

1952年6月，松江省人民政府工业厅出台《增产节约奖励暂行办法》。

随后，黑龙江省、松江省两省各地区纷纷贯彻省地方工业会议精神召开工作会议，传达省地方工业会议内容和积极制订节约增产计划。

"讷河（现讷河市）、海伦两县为贯彻省地方工业会议精神，在10月先后召开了县地方工业会议，两县制定出了增产节约16150吨粮食的奋斗目标。"② 讷河县在10月8日至10日，召开工业会议，制订出了全县增产节约10000吨粮食

① 《交流增产节约经验 研究发掘潜在力量 齐市先进生产小组长代表会闭幕》，《黑龙江日报》1951年12月20日第1版。

② 《讷河、海伦贯彻省地方工业会议精神，确定增产节约计划》，《黑龙江日报》1951年7月。

的计划，省营厂7000吨、县营厂2000吨、合作社1000吨。永茂长火磨依靠工人阶级，发挥职工生产积极性，提出合理化建议，改进了工具和机器设备，产量每天生产由108袋提高到113袋，出勤率全厂平均达到了95%。海伦县在10月18—19日，召开工业会议，会上由丁克传达了省地方工业会议精神，然后各组展开讨论，提出从提高质量、节省原材料、减少浪费等方面增产节约，通过这些办法，每月多出5000斤酒，三个月能增产1200吨粮食，火磨原计划336吨，后来发动工人讨论研究，又提出增产节约6150吨粮食的计划。

在增产节约运动中，首先领导干部学习报告传达到车间小组，并组织职工深入讨论，民主制订计划，小组个人都有计划，修订爱国公约，发动公约推广先进经验，发动职工潜在力量，完成增产节约计划。

黑龙江省工业厅在《关于省营工厂增产节约运动情况报告》指出：10月厅召开厂长、生产科（股）长会议及先进生产者座谈会，将运动推动了一步。到11月上旬止，增产节约运动已展开，并可获得初步成绩。据当时报上来的13个工厂的计划即达八六、九八一吨，超过指标35%。有的工厂发挥了职工的积极性，提高了技术，改造了工具，加强了劳动组织，使产量、质量有显著的提高。比如，罐头厂王技师修好了真空捲蹄机，使产量由日产4500罐提高到7200罐，该厂第二车间楣松兴小组每人每天焊盒由4000个提高到9000个，质量由95%提高到99%，废品减少了3%；皮革厂缝乌拉车间，由日产319双提高到368双，质量由85%提高到95%；黑皮部推广了梁洪志搓刀法（即受不利刀，皮子不离案子）的先进经验，产量提高了60%。省营机械厂改进25种工具，如李忠普改进了“木把搯铁台”，原计划日产300个，现在日产1014个，每日增产714个；徐绍先组织修理剪板机（用机械剪铁）代替人工成功后，开数一小时相当于一个人工作10天的效率；严忠相小组（三人）安装铲蹚机由日产6台提高到24台；陶瓷厂李华春小组发挥机器潜在力量，每天多幌9500斤原料；嫩江纺织厂张宝山小组改变了劳动组织，提高机械开动率，使每小时平均产量由42码提高到45码；玻璃厂压制墨水瓶的压力组改造了机器，使废品率由50%降低到20%并节省一缸料。①

① 黑龙江省工业厅在《关于省营工厂增产节约运动情况报告》中指出的。

黑龙江省地区的增产节约运动，不仅为支援抗美援朝战争奠定了物质基础，而且有力地加速了黑龙江地区国民经济的恢复和发展，为即将到来的国家工业化建设和黑龙江地区积累了大量的资金和经验。

全力生产保障补给　后方的有力支援为抗美援朝战争的胜利提供了重要保障。黑龙江地区重工业发展较早，成为抗美援朝战争的重要补给基地，为前线志愿军提供了军需品、武器装备等大量物资，为战争的胜利提供了坚强保障。为了解决志愿军冬季作战饮食方面的困难，黑龙江、松江两省动员农民晾晒干菜，发动城市机关和学校的干部职工赶制炒面，为了争分夺秒尽快补给，他们不分昼夜地加工，将炒面源源不断地送到前线，仅哈尔滨市就加工了300多万斤炒面并及时运往朝鲜战场。齐齐哈尔市组成413个炒面小组，在1950年11月至12月期间，市委三次动员党、团员为志愿军炒面，共计保质保量支援、供给前线88.5万公斤炒面、9500公斤焙烤面包、432.6万斤军用面粉。同时，齐齐哈尔市百姓自发缝制19.2万件单棉军服、6000件军被、14.9万副手套袜子、3.8万顶军帽、4.9万个背包和子弹袋。哈尔滨市还组织动员了3000多絮绗女工和1600多名技术工人，集中1800台缝纫机，成立了25个临时军服加工厂，在较短时间内完成了单军服35.1万件、棉军服10.6万件、棉大衣22.6万件、棉被37万床的生产任务，为抗美援朝前线提供了有力的物资支援。

黑龙江、松江两省各工厂还承担了武器弹药、战争装备的生产任务，“前线需要什么，我们就生产什么；前线什么时候要，我们就什么时间给”。位于北安的庆华工具厂在抗美援朝期间共生产35万支50式冲锋枪。50式冲锋枪凭借可靠的性能、强大的火力，配合志愿军擅长打近战、打夜战的战术特点，在抗美援朝战场上立下了赫赫战功，志愿军官兵们称之为“功勋枪”，战士们还自编了赞美50式冲锋枪的歌曲在战场上广为流传，“五零冲锋枪，我的好战友。打近战、打夜战，杀敌是能手”“五零冲锋枪，真是本领强，连打三十发，赛过机关枪。祖国人民造，跟我上战场，冲锋陷阵把敌杀，一起保家乡”。为了让志愿军更好地作战，庆华工具厂还派遣技术人员深入战场前线，询问武器需求，真正做到了“前线需要什么，我们就生产什么”。1952年，朱德在视察庆华工具厂时说：“你们是抗美援朝的幕后英雄，你们生产出来的冲锋枪，在朝鲜战场上重创敌人，是名扬战场的好枪!”

黑龙江省齐齐哈尔机械十五厂为供应前线急需的军锹和军镐，紧急生产出军锹2.5万把，还完成了战斗机副油箱、信号枪、汽车防滑链的制造任务。哈尔滨第一机器制造厂承担前线坦克修理任务，为前线修复了大量苏式坦克、自行火炮。哈尔滨车辆厂先后选派了三批共计60名干部、技术工人和司机奔赴朝鲜前线，留守厂内的职工则以车间为战场，以机器为刀枪，以提前完成生产和支前任务的实际行动支援前线战斗。佳木斯莲江口油库为抗美援朝转运了大量油料，佳木斯木材综合加工厂军工车间工人们加班加点，为前线生产铁路枕木、弹药箱等，有力地支援了前线战事。

第三节　参加镇压反革命运动和“三反”“五反”运动

镇压反革命运动是中国人民保卫革命成果、巩固人民民主政权而进行的一场伟大斗争。国民党败逃台湾时在大陆遗留下一批反革命分子以及土匪、黑恶势力，他们不甘心自己的失败，对新政权进行各种破坏和捣乱活动。为巩固新生政权，镇压一切反革命活动，全国范围内各地纷纷掀起了参加镇压反革命和“三反”“五反”运动。黑龙江地区各市（地）纷纷响应号召，积极动员广大工人投身镇压反革命运动和“三反”“五反”运动。

一、参加镇压反革命运动

朝鲜战争爆发后，国民党反动派的反动气焰更加嚣张，严重影响了当时社会的团结与稳定。根据《共同纲领》“中华人民共和国必须镇压一切反革命活动，严厉惩罚一切勾结帝国主义、背叛祖国、反对人民民主事业的反革命战争罪犯和其他怙恶不悛的反革命分子”的规定，中国共产党于1950年10月发出了《关于镇压反革命活动的指示》，在全国范围大张旗鼓地开展镇压反革命运动。1951年2月，中央人民政府又颁布了《中华人民共和国惩治反革命条例》，为镇反斗争提供了法律依据和量刑标准，使镇反运动达到了高潮。黑龙江省各地市纷纷响应号召，积极动员广大工人投身镇压反革命运动。黑龙江全省工会组织一致拥护和支持。《中华人民共和国惩治反革命条例》颁布后不久，黑龙江省工会组织，表示坚决拥护，并号召全体会员提高警惕，为坚决镇压反革命、巩固人民民主专政而斗争。黑龙江工人阶级结合抗美援朝保家卫国运动、土改运动，通过教育广大群众、依靠广大群众来一起进行。

二、参加“三反”“五反”运动

1951 年 12 月 1 日，中共中央作出《关于实行精兵简政、增产节约、反对贪污、反对浪费和反对官僚主义的决定》。1951 年 12 月 8 日，《中共中央关于“三反”斗争必须大张旗鼓进行的指示》中指出，“应把反贪污、反浪费、反官僚主义的斗争看作如同镇压反革命的斗争一样的重要，一样的发动广大群众包括民主党派及社会各界人士去进行，一样的大张旗鼓去进行……”1952 年元旦，毛泽东在中央人民政府举行团拜会，发表重要讲话时号召：“我国全体人民和一切工作人员一致起来，大张旗鼓地，雷厉风行地，开展一个大规模的反对贪污、反对浪费、反对官僚主义的斗争。”

“三反”和“五反”运动既是中国共产党在执政的情况下保持党内干部和国家干部廉洁、抵制资产阶级思想腐蚀侵袭的斗争，是新中国成立初期工人阶级向不法资本家一次大规模的斗争，也是对资产阶级一次集中的改造运动。

中华人民共和国成立后，国家遵照《共同纲领》，保护私营工商业的合法经营和适当发展，但是资本家中的不法分子用向国家干部行贿、偷税漏税、偷工减料等违法手段牟取暴利，严重破坏国家经济的正常发展。面对不法资本家的猖狂进攻，党和政府毅然决定在党政机关工作人员中开展一场反对贪污、反对浪费、反对官僚主义的“三反”运动；在私营工商业者中开展一场反对行贿、反对偷税漏税、反对偷工减料、反对盗骗国家财产和反对盗窃国家经济情报的“五反”运动。

1952 年 1 月 4 日，中共中央下达《中共中央关于立即抓紧“三反”斗争的指示》，要求各地“立即抓紧‘三反’斗争，缩短学文件时间，召开干部会，限期展开斗争”①。黑龙江、松江两省按照中共中央的指示，各地纷纷开展“三反”运动。1月8日，黑龙江省委发出《关于在区级机关和干部中进行“三反”运动的指示》，要求在全省干部中开展“三反”整风学习运动。1月18日，黑龙江省召开省市机关工作人员2000余人参加的动员大会。会后，各级领导干部深入机关、企事业单位积极动员，召开座谈会，发动群众检查、检举问题，积极参加“三反”运动。从1月24日后，黑龙江省“三反”运动达到了高潮。

1月17日，松江省委召开省直机关、中长铁路管理局科以上负责干部及各县委书记、县长大会。会上，时任松江省委书记的张策作了开展“三反”运动动员的报告。1月19日，松江省人民政府发出《关于继续深入地普遍地开展反贪污、反浪费、反官僚主义运动的指示》，1月20日和21日松江省委又召开紧急会议，进行深入动员并在会上宣布处理一批贪污违法等分子。

为配合党和国家机关的反对贪污、反对浪费、反对官僚主义的“三反”运动，1952年1月26日，中共中央发出《关于首先在大中城市开展“五反”斗争的指示》，要求“在全国一切城市，首先在城市和中等城市中，依靠工人阶级、团结守法的资产阶级及其他市民，向着违法的资产阶级开展一个大规模的坚决的彻底的反对行贿、反对偷税漏税、反对盗骗国家财产、反对偷工减料和反对盗窃国家经济情报的斗争，以配合党政军民内部的反对贪污、反对浪费、反对官僚主义的斗争”。②

按照中共中央的指示精神，黑龙江、松江两省的“五反”运动首先在哈尔滨、齐齐哈尔、牡丹江、佳木斯等城市和一些县城展开。1952年1月18日，哈尔滨市总工会抽调200余名干部，组成12个工作组，在全市私营企业中开展“五反”运动。2月20日，哈尔滨市召开全市私营企业职工誓师大会，通过《全市私营企业职工店员打“老虎”（指企事业中有经济犯罪行为的人）行动决议》。到4月，全市5万多名职工店员检举不法资本家案件达1.3万件。

---

① 中共中央文献研究室编：《建国以来重要文献选编》第三册，中央文献出版社1992年6月版，第7页。

② 中共中央文献研究室编：《新中国成立以来重要文献选编》（第三册），中央文献出版社1992年版，第53页。

3 月 25 日，按照东北总工会发出的《关于“五反”运动中必须整顿私营企业工会组织的通知》，要求各级总工会必须有专人负责领导私营企业工会整顿工作；整顿工作要与“五反”运动相结合，健全劳资协商会议；扩大私营企业工会组织，积极发展会员，培养工会干部和积极分子。在“五反”运动中，黑龙江省在 1 市 42 县建立私营工会组织 287 个，有职工 21891 人、会员 16203 人。

第四节　参加国民经济恢复和建设工作

新中国成立后，黑龙江地区工人积极参加国民经济恢复和建设工作。1952 年 3 月 25 日，松江省首届人民代表大会召开，有 69 名工人代表参加会议；黑龙江省首届人民代表大会召开，有 46 名职工代表参加会议。①

中华人民共和国成立初期，黑龙江、松江两省工业生产基础还十分薄弱，两省的大工厂和企业主要是没收日伪时期的资产，集中在哈尔滨、齐齐哈尔、牡丹江、佳木斯等地。各县主要是私营制酒厂（烧锅）及三坊五铺（磨坊、碾坊、油坊，皮匠铺、木匠铺、铁匠铺、成衣铺、酱菜铺）等一些不具有现代意义的工业企业。

一、依靠工人阶级发展工业生产

依靠工人阶级发展工业生产是党在公营企业中发展生产的根本指导思想，但当时在一些工厂中很难全面贯彻执行。为了使依靠工人阶级发展生产的思想在各企业中真正贯彻下去，1950 年 5 月，黑龙江省召开了公营企业厂长经理联席会议，强调要依靠工人阶级管理好工厂，发展生产。会议指出，要加强思想政治工作，使工人树立当家作主的主人翁思想。同时在已经建立工厂管理委员会（以下简称“工管会”）的企业，对工管会进行整顿，克服工作中存在的缺

① 黑龙江省总工会工运史志研究室编：《黑龙江工运大事记》，黑龙江人民出版社 1989 年版，第 186 页。

点错误，使工管会真正发挥管理工厂的作用，成为发动工人参加工厂生产管理的组织。未建立工管会的，要在充分宣传酝酿的基础上，组织建立起来。同时企业的党支部书记、工会主任也从工人中选。让那些被工人信任的党支部书记与工会主任继续当选，不被工人信任的要进行改选。

在私营工业企业中，处理好劳资关系是促进生产发展的重要因素。黑龙江、松江两省为发挥私营工业企业中工人的生产积极性和私营企业主发展生产的积极性，本着“劳资两利”的原则，既要保障工人利益，又要使私营企业主获得利润，及时调整劳资关系。为了正确系统地解决劳资纠纷，达到“劳资两利，发展生产”的目的，要求先在私营企业的主要行业中订立劳资集体合同，明确劳资双方职责和义务。当时，订立劳资集体合同是一个新事物。开始时资方思想上存在不少顾虑，主要有怕归大堆，怕树大招风，认为大点不如小点好；多雇徒弟、亲戚朋友，少雇或是不雇工人；不多买原料，不作长期打算，暂时维持，应付门面。还有的大吃大喝或是转移资金。甚至有的资方业主认为，订合同是人民政府的法令，订也得订，不订也得订。为了解决这些问题，各地党组织和工会在订合同中反复对资方业主和工人进行教育，讲清政策。经过宣传解释，特别是订了合同以后，资方认为对自己有利，从而打消了顾虑，激发了他们组织生产的积极性。工人在签订合同以后，感觉到工作有了保障，生产热情明显提高。由于订立劳资集体合同得到双方的认可，使得企业产品数量增加，质量也有了很大提高。

在订立劳资集体合同中，许多地方进行了整建党、团支部工作，在私营企业中发展了党员、团员，并且整建了工会组织，发展了工会会员。到 1950 年 2 月，黑龙江省在 25 个县 23 个行业中订立了劳资集体合同。松江省也在各私营企业中订立了劳资合同。劳资集体合同的订立，保证了私营企业工人的合法权益，有力地提高了劳资双方的生产积极性。

二、加强企业民主化管理

建立生产责任制　为促进工业的恢复和发展，黑龙江、松江两省针对当时工业企业普遍存在的“大家负责，无人负责；单纯生产，不计成本；强调供给制，不讲经济核算”的现象，以及把厂长负责制与工管会、职工代表会对立起来的倾向。1950 年上半年，两省委分别召开了工业整风工作会议。会议强调，企业管理民主化是新民主主义企业的一项重要制度，其中心是建立工管会和职工代表会。只有建立起工管会和职工代表会，才能促使工人群众和技术人员发挥积极性和创造性，从而集中他们的正确意见，解决工厂企业的重大问题，反对和克服领导工作中的官僚主义。为此，黑龙江、松江两省在国营企业中建立由厂长、党支部书记、工会主任、工人代表组成的工管会，在各工厂企业普遍开展了群众性的清理资产、检查浪费活动。各级工管会注重加强经济核算，搞好经营管理。各工厂企业在工管会的监督下，逐步建立起生产责任制。当时，生产责任制的主要内容是“五定一查”，即定员、定额、定质量、定时间、定原料和督促检查。生产责任制的建立，增强了职工的生产责任心，并能集中工人群众和技术人员的正确意见，减少和避免了工厂管理工作中的官僚主义行为。

增强生产工作计划性　黑龙江、松江两省委把工作重心转移到经济建设上来之后，为更好地发展生产，选派了大批干部充实和加强到经济工作部门。两省结合实际，分别制订了本省 1950 年工业生产计划，强调加强整体观念，加强地方经济与全国经济的联系和结合，强调统一性和计划性。通过一系列批评盲目性、倡导计划性的举措，使一些领导干部的“游击习气”逐渐有所克服，对各地经济的恢复和发展起到了很好的推动作用。

实行经济核算制　经济核算制是工业管理中的一个根本性问题。1949 年 10 月，黑龙江、松江两省根据东北局指示精神，提出要贯彻经济核算制，推动管理民主化。当时，企业生产在不断提高，但在资金管理与运用、固定资产作价、成本计算、成品推销、成品质量上还存在着一定的问题。许多资金积压在物资成品上，严重影响资金周转，形成浪费。同时，在成本管理上也不精确，质量、规格检查不严，废品多。

1950 年 9 月，为总结工业战线开展民主化管理的经验，黑龙江、松江两省委贯彻落实东北局召开的工业会议精神，分别召开本省工业工作会议，总结工业战线开展民主化管理的经验，提出要进一步深入开展民主化管理活动。会后，各工业企业把建立生产责任制、增强生产工作计划性、加强经济核算、实行民主化管理作为提高工业生产的重要环节。

三、投入“南厂北迁”安置建厂工作

1950年朝鲜战争爆发后，辽宁省许多工厂企业受到战火威胁。为保存工业实力，中央军委和东北局提出疏散南满工厂企业向战略后方黑龙江省、松江两省搬迁，并适当集中北满工厂的战略方针。从同年9月开始，东北人民政府组织沈阳、丹东、营口、瓦房店等地29个军工、机械、造纸、纺织、橡胶等较大规模企业北迁。北迁工厂主要落户于哈尔滨、齐齐哈尔、牡丹江、佳木斯、鹤岗、北安、阿城、嫩江八个市县。

其中，迁入哈尔滨市的有15个：沈阳军工五三厂改建为哈尔滨龙江电工厂，沈阳军工五一厂改建为哈尔滨松江电机厂，沈阳军工五二厂改建为哈尔滨第一机器制造厂，东北军区军工部材料所附属厂二二五厂改建为哈尔滨建成机械厂，辽宁瓦房店滚珠轴承厂改建为哈尔滨轴承厂，沈阳工具厂改建为哈尔滨第一工具厂，东北工业部电器管理局五厂改建为哈尔滨电机厂，沈阳电线厂改建为哈尔滨电缆厂，沈阳电工八厂电池车间改建为哈尔滨电池厂，沈阳针织厂改建为哈尔滨针织厂，沈阳橡胶厂改建为松江橡胶厂，沈阳制桶厂改建为哈尔滨制桶厂，沈阳东北石油公司石油厂改建为哈尔滨石油设备厂，沈阳东北花纱布公司染料厂迁入哈尔滨后于1952年又迁往大连，吉林绝缘材料厂改建为哈尔滨绝缘材料厂。

迁入齐齐哈尔市的有五个：沈阳军工五一厂一部分改建为齐齐哈尔和平机械厂，沈阳军工三二三厂改建为齐齐哈尔华安机械厂，沈阳东北第一机械厂改建为齐齐哈尔第一机床厂，沈阳东北机器五厂改建为齐齐哈尔第二机床厂，沈阳皇姑屯机车车辆厂与齐齐哈尔车辆厂合并建成齐齐哈尔铁路车辆厂。

迁入牡丹江市的有三个：辽宁瓦房店纺织厂改建成牡丹江针织厂，辽宁丹东六和成纸厂改建为牡丹江造纸厂，沈阳橡胶一厂、二厂和辽阳橡胶九厂合并改建为桦林橡胶厂。

迁入佳木斯市的有两个：沈阳东北电器管理局六厂改建为佳木斯电机厂，辽宁瓦房店纺织厂改建为佳木斯纺织印染厂。

迁入鹤岗市的有一个：沈阳军工五六厂改建为鹤岗矿务局四厂。

迁入北安县的有一个：沈阳军工五一厂一部分改建为庆华工具厂。

迁入阿城县的有一个：沈阳电工一厂改建为阿城继电器厂。

迁入嫩江县的有一个：辽宁开原县亚麻厂和棉织厂合并改建为齐齐哈尔纺织厂。

“南厂北迁”并不是一个工厂整体的搬迁，而是迁来一部分设备和一部分骨干，原来的工厂照常生产，新建的厂子陆续发展。到1952年末，这些工厂全部迁完，在搬迁过程中，这些工厂普遍采取了边搬迁、边建设、边安装设备、边试制、边投产的办法，既保存了原有的军事工业实力，也在搬迁中逐渐发展壮大。

“南厂北迁”是东北工业史上一次最大规模的战略迁移，是黑龙江、松江两省工业发展史上的重要里程碑。几万名职工、十几万名家属、大批机器设备，几乎同时涌入黑龙江、松江两省。1950年12月26日，松江省委向东北局作《安厂工作报告》，报告中总结了自10月中旬以来，由沈阳、安东等地相继迁来松江省13个工厂，7377名职工，电工局系统之一、五、六、七厂，职工1880人；机械局系统之工具、滚珠厂，职工922人；第五十三厂，职工100人；森林工业之车辆厂，职工545人；橡胶厂，职工1800人；安纺三厂，职工980人；纺织试验厂，职工210人；安东造纸厂，职工290人；沈阳针织厂，职工650人。

北迁工厂在短期内迅速得到安置并形成生产能力，很多工厂当年建厂、当年投产。1951年4月5日，经过5个多月艰苦奋战，哈尔滨轴承厂建成并顺利开工，当年就生产工业轴承37.1万套，创产值660万元。齐齐哈尔车辆厂与沈阳皇姑屯机车车辆厂合并后，在短短半个月时间里，上千台设备运抵齐齐哈尔，当年年底生产制造新货车1200辆。在“南厂北迁”过程中，许多工厂职工加班加点，边建厂边修车，不讲条件，不计报酬，连续作业，很快完成了迁建厂的繁重任务。

“南厂北迁”不仅大大提高了两省重工业的比重和工业制造技术水平，填补了工业领域的一些空白，还使哈尔滨、齐齐哈尔等一些城市的功能、产业结构发生了深刻变化，特别是生产资料的生产与消费资料生产的比例发生巨大变化。以哈尔滨市为例，1951 年，全市工业总产值中，生产资料的产值占 26.3%。到 1952 年，全市工业总产值中，生产资料的产值占到 40.2%。哈尔滨市的城市主体功能发生巨大变化，在很短的时间内实现了由单一的商埠消费城市向综合工业型城市转变。“南厂北迁”中，大批大中型企业的迁入和建成，带动了黑龙江、松江两省基本建设的发展，加快了两省工业化发展进程。

“南厂北迁”扩大了东北地区的工业生产能力。哈尔滨、齐齐哈尔、牡丹江、佳木斯、鹤岗、北安等城市的工业基础、城市布局和人口数量、经济格局也都发生了翻天覆地的变化。在“南厂北迁”之前，哈尔滨、齐齐哈尔等主要城市均为消费型城市，除了少数水平低下的近代小型工业企业外，只有少量日伪时期服务于军事目的的重工业企业。

“南厂北迁”彻底改变了黑龙江地区这种落后的经济局面。由于“南厂北迁”，齐齐哈尔市区人口增加约 14 万人，1952 年工业产值比 1949 年增长四倍多；哈尔滨 1951 年工业产值比 1950 年增长六成多。到 1952 年，黑龙江省工业产值超过农业产值，已经初步形成了一个工业省份，为抗美援朝前线生产大量急需物资。

第五节　黑龙江工会组织的建立和全省职工运动的发展

中华人民共和国建立后，由于黑龙江地区工业迅速发展，工业系统内的职工人数不断增加，黑龙江地区的工会在早期工会组织的基础上，又组织和建立了各级工会组织并不断发展，并在救济失业工人帮助职工解决生活困难上发挥了重要作用。

一、工人数量随生产恢复而增加

新中国成立后，中国工业、农业发展不断恢复，尤其是在东北地区，新建、扩建的工厂不断涌现，此时黑龙江地区工人的数量也随着生产的恢复而不断壮大。全地区在三年国民经济恢复时期增加职工 43.6 万人，到 1952 年底黑龙江、松江两省职工人数达 83 万人。在第一个五年计划期间，职工增加 49.5 万人，公私合营后集体所有制有职工 17.4 万人，到 1957 年黑龙江地区职工人数达 148.9 万人。1958 年随着全民大办工业，全省职工三年内人数增长 185.2 万人，到 1960 年底全省职工人数已达 364.8 万人。[①]

根据《新中国六十年统计资料汇编》和国家统计局的数据统计，1953 年约 101.3 万人，1954 年约 104.2 万人，1955 年有 96.5 万人，1956 年有 137.7 万人，到 1960 年约有 364.8 万人。

女职工的人数逐渐增多。黑龙江地区解放后，广大妇女的社会地位有了根本改善。在中国共产党的领导和各级人民政府的组织下，大批妇女走出家门，参加工业生产和其他企事业部门的工作，成为职工队伍的重要组成部分。1951 年，黑龙江地区有女职工 3.4 万人，占职工总数的 5.34%。1953 年，开始执行发展国民经济的第一个五年计划，职工队伍迅速发展。1954 年，黑龙江省有女职工 8.3 万人，占职工总数的 7.97%；到 1957 年为 14.54 万人，占职工总数的 9.76%。1958 年，广大家庭妇女走上社会，参加生产和工作，女职工队伍进一步扩大。1959 年，全省女职工为 49.4 万人，占职工总数 16.05%。[②]

在不断增长的职工中，有工业（煤炭、石油化学、机械、电力、轻纺、冶金等行业）、农业、林业（国营农场、森林工业）、基本建设和资源勘探、交通运输和邮电、财贸、城市、科教文卫事业等行业职工和各类所有制职工（全民所有制、集体所有制和公私合营和个人所有制等）。新中国成立后，国家开发黑

---

① 黑龙江省地方志编纂委员会编：《黑龙江省志 · 工会志》，黑龙江省人民出版社 1999 年版，第 13—14 页。

② 黑龙江省地方志编纂委员会编：《黑龙江省志 · 工会志》，黑龙江省人民出版社 1999 年版，第 14 页。

龙江省煤炭资源，先后从各省调派和招募煤矿工人，到 1958 年末，全省煤炭战线职工有 13. 2 万人，主要分布在鸡西、鹤岗、双鸭山、七台河四个煤矿区。黑龙江地区机械工业职工在新中国成立时仅有 1. 8 万人。第一个五年计划期间，机械工业成为黑龙江省工业发展的重点，机械工业职工队伍又不断发展壮大，1952 年全省机械工业职工总数约 7. 2 万人，到 1957 年底，发展到 14. 9 万人。新中国成立之前黑龙江地区电力工业职工数量增长缓慢，新中国成立之后，黑龙江地区电力工业得到快速发展，形成鸡西、牡丹江、佳木斯、齐齐哈尔、富锦、安达、北安、哈尔滨等地四大电力网，1957 年电力工业职工约有 0. 9 万人。轻纺工业职工数量也得到了极大增长，到 1957 年轻纺工业职工达 9. 8 万人。黑龙江冶金工业历史悠久，但到 1949 年底，黑龙江地区冶金工业职工仅有 2000 余人，第一个五年计划期间，全国 156 项重点建设工程，冶金占三项，由此冶金工业职工队伍得以迅速发展，到 1958 年全省冶金工人达 16458 人。1958 年全省开展大炼钢铁运动，年底冶金工人增加到 94897 人。1961 年后，工业开始调整，全省冶金工业职工降为 25971 人。

1950 年至 1952 年，黑龙江地区扩大了国营农场的建设规模，使国营农场的职工队伍人数达到 2. 2 万人。随着国营农场的不断建设和发展，到 1960 年全省国营农场职工已由 1955 年的 2. 5 万人，增加到 30. 9 万人，提高了约 11. 4 倍。[①] 林业工业职工队伍也随着林业的发展，不断发展壮大。1949 年末，有林业职工 11. 6 万人，到 1958 年有 3. 2 万名山东支边青年来到黑龙江参加林业生产建设，同时黑龙江省内还建立起了大批森林工业，到 1960 年又开发建设大兴安岭林区，这时，林业职工增加到了 31. 6 万人。

新中国成立后，全民所有制职工人数大量增加。到 1953 年，全民所有制职工达 100. 3 万人，1958 年达 209. 9 万人，1960 年达 316. 6 万人。1956 年，随着资本主义工商业社会主义改造的基本完成，黑龙江省集体所有制职工由 1955 年末的 2. 9 万人发展到 1956 年末的 16. 2 万人，之后由 1957 年末的 17. 4 万人发展到 1960 年末的 48. 2 万人，增加了 30. 8 万人。

---

① 黑龙江省地方志编纂委员会编：《黑龙江省志・工会志》，黑龙江省人民出版社 1999 年版，第 21 页。

二、全省工会组织的建立和发展

黑龙江地区前期工会大多数是工人自发成立的，分散在各个工厂企业中。1946 年以后，黑龙江地区在中国共产党领导下有五个省级职工总会。到 1954 年，随着黑龙江省和松江省合并为黑龙江省，黑龙江省工会组织统一为黑龙江省工会联合会。1959 年，省工会联合会改称省工会。

1946 年 10 月，哈尔滨市职工总会成立，标志着黑龙江地区省级工会的诞生。1948 年 6 月至 1949 年 5 月，黑龙江、松江、合江、嫩江四省职工总会相继成立。1949 年 5 月 7 日，松江、合江两省合并为松江省。5 月 15 日，黑龙江、嫩江两省合并为黑龙江省。四省职工总会随之合并为松江省职工总会、黑龙江省职工总会。中华人民共和国成立后，随着行政区划的变动，1954 年 8 月，黑龙江、松江两省合并为黑龙江省，两省工会相应合并为黑龙江省工会联合会。

自 1946 年至 1954 年，在黑龙江地区先后成立的省级工会如下。

黑龙江省职工总会。1948 年 6 月，黑龙江省召开第一届职工代表大会，宣布黑龙江省职工总会建立。1949 年 5 月，黑龙江省与嫩江省合并。6 月，两省职工总会合并为黑龙江省职工总会。1953 年 6 月，黑龙江省职工总会改称黑龙江省工会联合会。1954 年 8 月，黑龙江省和松江省合并，两省工会联合会随即合并为新的黑龙江省工会联合会，至此，黑龙江地区各省工会组织统一为一个省工会组织。

松江省职工总会。1948 年 10 月，松江省第一届职工代表大会在阿城县召开，宣布松江省职工总会成立。会议通过的《松江省工会章程（草案）》对工会的名称、宗旨、会员、组织、经费等进行规定，草案指明："凡在各种企业及机关学校中工作以劳动收入为主要生活来源者，不分民族、性别、宗教、信仰，赞成本会章程，自愿加入者，均得加入本会所属之各种工会为会员……"[①] 1949 年 5 月，松江省和合江省两省合并，两省职工总会合并为松江省职工总会。1953 年 6 月，松江省职工总会改称松江省工会联合会。1954 年 8 月，与黑龙江省工

① 中华全国总工会编：《工会章程汇集》，1949 年 1 月 1 日版，第 172 页。

会联合会合并为新的黑龙江省工会联合会。

合江省职工总会。1948 年 9 月，中共合江省委成立职工运动委员会，决定筹建合江省职工总会。12 月 15 日，合江省第一次职工代表大会在佳木斯市召开，宣布合江省职工总会成立。1949 年 5 月，与松江省职工总会合并为新的松江省职工总会。

嫩江省职工总会。1949 年 5 月 3 日，嫩江省第一次职工代表大会在齐齐哈尔召开，到会代表 201 人，代表嫩江省 227828 名职工，大会宣布嫩江省职工总会成立，大会通过了《嫩江省职工工会章程》共七章三十三条。大会选举出嫩江省职工总会第一届执行委员会委员 21 人，候补委员 10 人。嫩江省职工总会成立后就与黑龙江省职工总会合并为新的黑龙江省职工总会，因此并未开展工作。

黑龙江地区，各市也都建立了自己的总工会。1946 年 4 月 28 日，中共哈尔滨市委决定筹建哈尔滨市总工会。9 月，经中共中央东北局批准，哈尔滨市总工会筹备委员会成立。10 月 10 日，哈尔滨市首届工人代表大会召开，宣布成立哈尔滨市职工总会。1949 年 5 月，哈尔滨市划归松江省直辖，市职工总会成为市级工会。1953 年 7 月至 1954 年 8 月，哈尔滨市划归为中央所属的直辖市，在此期间，市工会联合会亦一度成为省级工会。

哈尔滨市总工会。1946 年哈尔滨市总工会成立后，各行业工会组织也迅速发展，到年末建立 273 个企业工会、8 个行业工会联合会。1947 年，私营企业在 1493 家厂店组建了 19 个行业工会、407 个分会。公营企业有 14 个企业建立了工会，占公营企业的 28%。1948 年，哈尔滨市第二届职工代表大会开会前夕，全市公营企业、政府机关、中小学校和部分公立医院都建立工会组织。私营企业 63 个行业、2678 家厂店建立了 549 个分会。中华人民共和国成立后，哈尔滨市工会组织迅速扩大，在国营、合作企业建起 61 个分会、55 个支会、1119 个工会小组。1953 年，大规模经济建设开始，现代化的大型国营企业相继建起，工会基层组织发展到 1266 个。1956 年，完成对资本主义工商业的社会主义改造，市总工会对基层工会组织作了相应调整，按合营后的行政机构重新组建了基层工会，在工业总厂、商业总店设 72 个基层工会，在商业区店、中心店设 42 个支会，在门市部设523个工会小组。全市基层工会减少到1069个。

齐齐哈尔市总工会。1947年4月齐齐哈尔市总工会成立，5月召开第一届职工代表大会。

牡丹江市职工联合总会。1946年3月，牡丹江市召开第一次工会会员代表大会，宣布牡丹江市职工联合总会成立。

佳木斯市总工会。1946年5月，佳木斯市总工会成立。

这一时期，鸡西、鹤岗、双鸭山、大庆、伊春等地的总工会及其下辖的县级总工会也相继成立。同时，工会基层组织也建立起来。

工会基层组织是工会密切联系群众、开展工会各项工作的基础，在工会发展中具有重要的作用。黑龙江省地区省级和市级工会组织建立时，基层工会组织不断发展和壮大。黑龙江地区是全国解放较早的地区，黑龙江工人阶级在中国共产党的领导下，首先建立起自己的群众组织工会。黑龙江地区基层工会的建立是在大中城市开始的。黑龙江地区各城市，如哈尔滨、牡丹江等党组织派大批干部深入职工中，在中心城市和铁路、矿山及大企业中发动职工，组织群众，通过民主选举组建基层工会。到1948年，据统计，黑龙江省有基层工会179个；合江省有基层工会218人；松江省有基层工会55个。1949年5月统计，嫩江省有基层工会67个。1949年底，黑龙江地区两省共建立基层工会1448个。

中华人民共和国成立后，黑龙江地区基层工会得到进一步巩固和全面发展。1950年5月，黑龙江、松江两省分别召开工会第二次代表大会时，基层工会总数已较1949年有了成倍的增长。据黑龙江省不完全统计，1949年12月，全省除铁路、军工外，有基层工会970个。1950年12月，全省除铁路、林业、军工外，已有基层工会1164个。[①] 1951年为1814个。[②] 到1953年4月召开黑龙江省工会第三次代表大会时，全省基层工会则已达2618个。1953年底统计，黑龙

① 黑龙江省总工会组织部1951年1月7日《一年来组织工作情况报告》，中央档案馆，东总档24卷。

② 1951年12月《黑龙江省总工会组织部基层组织统计年报表》，省档案馆212·1·14。

江、松江两省共有基层工会6092个，是1949年的4.2倍。[①] 到1959年底，据统计，全省有基层工会7629个，其中包括铁路系统562个，与1956年的6848个比较，实现新发展的基层工会仅219个。

三、救济失业工人，帮助职工解决生活困难

1950年5月19日，政务院第三十三次政务会议通过《关于救济失业工人的指示》，6月17日劳动部颁发《救济失业工人暂行办法》。在《关于救济失业工人的指示》中针对救济办法明确提出六条方针："救济失业工人，应以以工代赈为主，同时采取生产自救、转业训练、帮助回乡生产及发放救济金等办法。"并提出了以工代赈、生产自救、转业训练等具体做法。1950年11月21日，中央财经委员会对《救济失业工人暂行办法》做了补充办法，要求："凡举办救济失业工人和失业知识分子的城市中，所有公营、私营、公私合营企业，如工厂、矿产、报馆、医院、商店、作坊、银行、影剧院、邮电、交通、运输事业及雇佣性质之搬运事业的行政和资方，均须按月缴纳所付实际工资总额百分之一的救济基金。"[②]

黑龙江地区工会组织积极贯彻落实政务院、劳动部和全国总工会关于救济失业工人的指示。1950年，黑龙江、松江两省对城市失业工人给予临时性生活救济。大中城市失业工人每人每月救济东北币5万元到6万元（家属每人1.5万元到2万元）。还通过以工代赈，有计划地安置失业人员投身到城市建设中。1950年7月，哈尔滨市动员1000失业人员去南岔林业局从事采伐生产，每月工薪最高450分，最低300分，实行计件工薪制。另外还组织油坊淡月停产工人和搬运工人500名，以工代赈名义参加市政道路修筑工程，减轻淡月资方的部分经

① 黑龙江省地方志编纂委员会：《黑龙江省志 第七十二卷工会志》，黑龙江省人民出版社1999年版，第96页。

② 中国社会科学院，中央档案馆合编：《1949—1952中华人民共和国经济档案资料选编（劳动工资和职工福利卷）》，中国社会科学出版社1994年版，第174页。

济负担，适当解决这些失业工人生活困难的问题。[①]

1950年，松江省各工会组织普遍开展职工救助工作，据24个市县1月至6月份的统计，全省总共支出困难补助款320486269元（旧人民币），共救济困难职工1748人。牡丹江市共支出74295250元（旧人民币），救济困难职工387人。[②]

1952年9月末和10月初，牡丹江市救济失业人员148户、446人，发高粱米和小米9054公斤，救济现金124万元。黑龙江省1952年发放城镇救济款11.44亿元[③]。1954年全省发放城镇救济费14.8亿元（折新人民币14.8万元），救济城镇贫民67912人次、失业工人1557人次，平均每人次救济2.13万元。[④]

在救济失业工人帮助困难职工上，工会发挥了重要的作用。除会员困难补助费外，各基层工会的办公费剩余、提取企业奖励基金的单位的救济金，均可用于困难补助，此外，市、县工会及厂矿工会组织，如不能解决少数特殊困难会员时，由省总工会酌情解决。工会对困难职工进行的积极救助，保证了职工的最低生活，减轻了职工的生活困难程度，激发了职工的劳动积极性，保证了社会秩序的稳定。

四、工会在基本建设中的作用

在新中国成立之初，中央人民政府颁布的第一批法令就有《工会法》，确立了工会的社会地位，保障了工会的合法权利。《工会法》指出，工会代表职工群众，维护职工群众的政治、经济、文化权益。国家有关职工劳动、工资、奖励、文化教育、生活福利、劳动保险和劳动保护等方面的政策、法令都有工会参加制定，并根据国家的政策、法令维护职工群众的利益。在国家和集体所有制的

---

① 黑龙江省地方志编纂委员会编：《黑龙江省志·劳动志》，黑龙江人民出版社1995年版，第268页。

② 黑龙江省地方志编纂委员会编：《黑龙江省志·工会志》，黑龙江省人民出版社1999年版，第354页。

③ 黑龙江省地方编纂委员会编：《黑龙江省志·民政志》，黑龙江人民出版社1993年版，第275页。

④ 黑龙江省地方编纂委员会编：《黑龙江省志·民政志》，黑龙江人民出版社1993年版，第276页。

企事业中，凡是同工人群众切身利益有关的问题，都要通过职工代表大会讨论确定，由工会代表职工同企事业行政签订集体合同，监督保证集体合同的实行。

组织并代表参加国家和社会生活重大问题的讨论和决策。黑龙江省总工会党组检查泰康县工会工作后，给黑龙江省委的报告中指出，努力为职工群众说话办事，在充分了解职工群众意愿的基础上，工会在对待社会利益群体之间的利益、权利调整、企业利益分配以及整个国家的利益分配等问题上，应当在“坚持维护国家整体利益的前提下，坚决维护职工的具体利益”。参与国家和地方有关职工利益的立法工作，在社会主义初级阶段，有关企业经营、利润分配以及工资、就业、福利和企业破产等法律都已经或正在制定。工会应真实反映职工的各种状况，站在广大职工的立场提出意见，在立法工作完成后，又要大力向职工宣传，教育广大职工遵纪守法。

代表职工参与各种经济计划和社会福利的制定工作。工会在充分调查研究的基础上，应向党和政府反映情况，如进行物价改革前，工会应通过自己的渠道，及时了解职工的承受能力，并在参与讨论的过程中如实提出。工会的作用就是要使党和政府在充分考虑职工群众生活等方面切身利益的基础上制订经济计划。在社会福利中，如劳动、物价、住房、社会保障、安全生活等方面，工会除了参与计划制订，还要积极从事一些具体工作，如主持企业住房分配、建立职工生活保障机构等，使职工亲身感受到党和工会对他们的关心。

不断健全民主监督等工作。当前主要应搞好职工民主管理、民主监督等工作。各企事业应健全职工代表大会制度，反对官僚主义和家长制的工作作风，使广大职工真正发挥主人翁作用。

五、黑龙江地区第一、二届职工代表大会召开

黑龙江省第一届职工代表大会召开　1948 年 4 月 29 日，黑龙江省第一届职工代表大会筹备委员会在北安县成立，决定于 6 月初召开全省职工代表大会。1948 年 6 月 2 日，黑龙江省第一届职工代表大会在北安县召开。会议代表 215 人，代表全省 7 万名职工、3.5 万名会员。大会于 10 日结束。省财政厅厅长倪

伟代表大会筹委会介绍了筹备过程。大会主席团主席何志宏在开幕词中指出："大会的目的，就是动员全省职工，发展生产，繁荣经济，支援战争，争取早日解放全东北。"

省委书记王鹤寿在大会上作了两年来的工运总结报告。报告肯定了全省工人生产支前的成绩，指出在私营企业工作中的缺点，主要是工资过高，影响了私营工商业的发展。大会确定了"发展生产，支援战争，公私兼顾，劳资两利"的工运方针。对于工资问题，大会决定在全省范围内对公营企业实行工薪分制，对私营企业要解决工资过高等问题。大会还决定以增加生产解决职工福利问题，要求各县在可能情况下设立消费合作社。

大会选举了省职工总会第一届委员会，委员 17 人，还选举出参加第六次全国劳动大会的代表 28 人。在随后举行的一届一次委员会上选举出常务委员会委员 5 人。

黑龙江省第二届职工代表大会　1950 年 5 月 1 日，黑龙江省第二次职工代表大会在齐齐哈尔市召开。到会代表 223 人，代表全省职工 10.4 万人，会员 3.721 万人。大会于 6 日结束。中共黑龙江省委书记赵德尊、省人民政府主席于毅夫，省委副书记、副省长杨英杰出席大会并讲话，主管工会工作的中共黑龙江省委秘书长陈雷代表上届执委会作工会工作总结和今后工作任务的报告。

大会通过关于当前任务、关于管理民主化、劳资协商会议、改进工作安全卫生设备、援助上海失业工人等 5 项决议，通过工会章程、选举办法。大会经过讨论，批准陈雷的工作报告，进一步明确了今后的工作任务。大会指出：工会工作首先应面向生产，努力完成生产任务，要在工厂企业中开展创纪录的生产竞赛。同时要积极发动工人，协助行政搞好工厂的民主管理；改进工会工作作风，加强工会组织的群众化、民主化建设。大会选出省总工会第二届委员会执行委员 21 人。在二届一次委员会上，选举常务委员会委员 9 人。

松江省第一届职工代表大会　1948 年 10 月 20 日，松江省第一届职工代表大会在阿城县召开，到会代表 200 余人，代表全省职工 59130 人、会员 36533 人。大会于 28 日结束。

大会筹委会副主任陈达致开幕词。松江省政府主席冯仲云、全国总工会代表唐韵超到会讲话，对省职工总会的成立和首届职代会的召开表示祝贺，指出此次大会是在全国各条战线及解放军获得空前胜利的形势下召开的，号召全省职工团结起来，发扬新的劳动态度，加紧生产，支援全国解放战争。

中共松江省委书记张策向大会作了政治报告，他详细说明了中国革命运动空前胜利的形势，提出了松江省职工生产支前的重大任务。省委常委、城市工作部部长、大会筹委会主任金铁群向大会传达中共中央关于中国职工运动当前任务的精神。

大会代表讨论了发展生产、繁荣经济、支援战争、开展生产立功竞赛及战时劳动保险等问题，通过了《松江省职工总会章程草案》和《松江省战时劳动条例草案》。

大会选举松江省职工总会第一届执行委员会委员 19 人，候补委员 10 人。①

松江省工会第二次工人代表大会　1950 年 5 月 20 日，松江省工会第二次工人代表大会在哈尔滨市召开。到会代表 249 人，代表全省 28 万名职工、18 万名会员。大会于 25 日结束。省总工会副主席张兆美致开幕词，省人民政府主席冯仲云致贺词，指出：摆在全省工人阶级面前的任务是全力发展生产，发展工业，发动与组织全体职工，为完成和超额完成 1950 年的工业生产计划而奋斗。

中共松江省委书记、省总工会主席张策就目前形势与今后任务、工人运动今后的任务以及工会和行政在管理生产上的关系问题、对工人教育的问题向大会作报告，号召松江省工人阶级开展生产运动，努力完成国营工矿企业的生产任务，以新的劳动态度，实现企业的民主管理；在私营企业中要发挥职工的生产积极性，搞好生产。他指出：工会工作应更进一步面向生产，只有搞好生产才能确保工人阶级的利益，工人生活、福利设施只有在生产发展的基础上才能不断改善与提高。

张兆美代表省总工会一届委员会向大会作一年来工会工作报告，总结成绩，指出缺点，并对今后工作如依靠工人、管理民主化、加强基层组织以及提高工人文化、技术等问题，提出了具体意见。大会通过了这一报告。大会通过了《松江省工会暂行章程》（修正稿），并通过了《贯彻民主管理的决议》《关于公

① 1948 年 11 月 3 日《东北日报》：“松江工代大会闭幕，通过劳动条例大纲草案及成立工会。”

营企业工会与行政签订集体合同的决议》《关于在私营企业工会与行政签订集体合同的决议》和《关于在私营企业中建立劳资协商会议的决定》。大会还表彰了一等劳模30人，二等劳模54人。大会选举出省总工会第二届执行委员37人，候补委员9人。在二届一次执委会上选出常务委员会委员11人。

第六节　关心职工生活，保障职工劳动福利

关心职工生活，维护职工合法权益，保障职工福利是工会生活工作最基本的内容。新中国成立后，工会的经常任务是协助、监督行政办好职工食堂、宿舍、托幼园所、浴池、医务室（或医院）等生活福利事业，不断改善职工饮食、居住、卫生和生活条件；开展互助互济活动，搞好职工生活困难补助。

一、贯彻《中华人民共和国工会法》《劳动保险条例》

1950年6月29日，新中国的第一部工会法《中华人民共和国工会法》（以下简称《工会法》）颁布。1950年8月1日，松江省总工会发出《关于加强各级工会干部学习工会法的通知》，通知指出，《工会法》应成为各市、县工会组织主要干部整风学习文件之一，以《工会法》做标绳，联系实际检查，对过去工作作出总结，并订出具体实施工会法办法。工会干部学校、短训班等应把工会法作为必修课程，并在全体工人中，利用工人大会、工会讲座、工人夜校等广泛宣传教育，使《工会法》在广大工人群众中展开讨论，使工会法成为广大工人群众所拥护而认真执行的国法。通知中还进一步要求，各市、县、厂、矿、各产业工会组织，应以召开干部、积极分子、代表会议方式，组织全体干部学习与讨论工会法，并联系实际加强教育，使之了解、体会其具体作用。《工会法》也成为各市、县工会组织主要干部整风学习文件之一，以工会法为准绳，联系实际检查，对过去工作作出报告并制定具体实施工会法办法。[①]

① 《松江省一九五零年工作索编》第56—58页。

1950年8月31日，松江省总工会发出《关于坚决贯彻执行〈工会法〉的联合通知》：凡我省属各机关与企业单位，所领导之工厂、矿厂、农场、商店、合作社、机关、学校等应已有工会组织的生产单位与行政单位，按照《工会法》第二十四条作出规定。

为了解《工会法》颁发后，在全国各地的执行情况、发生的问题，1950年11月21日，劳动部函告松江省总工会《为了解工会法颁布后各地执行情况的联合通知》。

在贯彻《中华人民共和国劳动保险条例》方面，1951年5月1日，松江省批准在百人以上的国营、公、私营企业里实行《中华人民共和国劳动保险条例》。为开展这项工作，省总工会与省劳动局共同组成四个工作组在省内开展劳动保险卡片登记工作。1953年9月，黑龙江省总工会召开了全省工厂企业及基本建设单位劳动保险集体福利事业会议。会上，省总工会要求全省各级工会特别是基层企业工会要根据需要和可能的原则，进一步发展全省劳动保险集体福利事业。

1954年6月，黑龙江省工会联合会为办好基层、集体劳动保险事业，特制定《黑龙江省基层集体劳动保险事业暂行办法（草案）》。规定各工人业余疗养所一般应接收不需要专门入院治疗尚能继续工作，但患有慢性病、职业病或病伤经治疗后需在本企业不脱产继续疗养的职工，经过营养、药物治疗在短期之内恢复他们的健康。为提高床位的周转率和提高疗养效果，疗养期限定为30天到40天。但在疗养期间，经医生检查确认无继续疗养之必要者，可缩短疗养期提前出所。如确需有延长之必要者，可酌情延长疗养期。劳动模范、工作模范及转入本企业的战斗英雄享受优先疗养权。该暂行办法还就基层集体劳动保险事业的伙食费标准、经费来源、工作人员配备原则作了具体规定。

在劳动保险方面，1949年10月至11月根据全国工会工作会议精神，为在私营企业中贯彻“发展生产，劳资两利”的政策，松江省和黑龙江省工会组织先后在哈尔滨、牡丹江、佳木斯、齐齐哈尔等市县主要行业中的私营企业开展订立劳资集体合同的工作。按照国家劳动保险条例规定，及时支付各项劳动保险待遇，举办劳动保险集体事业，建成4座省属工人疗养院，使每年疗养职工可达 1.2 万人，举办 4 座工人养老院，使 400 多名退休职工安度晚年。

二、稳定工人物质生活

1951 年 6 月下旬至 8 月初，黑龙江省开展工资调整工作。这次调整工资，比上年工资总水平提高 15%左右。同年 7 月 3 日，松江省人民政府发出《调整全省职工工薪的命令》，提出 1951 年职工工资总额在 1950 年工资基础上提高 15%。

1952 年 6 月，齐齐哈尔市工会配合市生产转业委员会介绍 632 名职工调转行业，解决部分失业工人的就业问题，并拨款 1.3 亿元（东北地方流通券）救济贫困职工。

1952 年 9 月 20 日，黑龙江省正式成立劳动就业委员会，陈雷任主任委员。本会自 9 月 15 日起开始工作，至 11 月 25 日在齐齐哈尔市共登记失业人员 2217 人，介绍 732 人就业。

1952 年 12 月 15 日，哈尔滨市总工会和劳动局等有关部门成立联合工作组，专门处理私营企业拖欠工人工资的问题。哈尔滨市有 435 户私营企业拖欠 2600 多名工人的工资，总额达 22.549 亿元（旧人民币），严重影响职工生活。1953 年 2 月，私营企业拖欠工人工资的问题基本得到解决。

三、提高职工思想文化水平

举办短期技术培训班。技术培训班是各级工会组织采用的一种对职工进行技术培训的有效方式。1950 年 3 月 28 日，哈尔滨市工会举办市工人业余技术学校，来自全市 64 个工厂的 210 名职工参加技术学习。1950 年 4 月 10 日，齐齐哈尔市黑龙江铁工厂工会在党、政配合下正式开办了技术学习班，对厂内工人进行技术培训。1951 年第一季度，据黑龙江省 1 市 22 县不完全统计，各级工会共组织了 67 个技术研究班和 21 个技术研究会，共有 3321 名职工参加技术学习。

扫盲教育。黑龙江地区工会从 1948 年就开始通过开办夜校和短训班的形式，在进行政治教育的同时，开展包括扫盲在内的文化教育。1950年6月，中央人民政府政务院发布《关于开展职工业余教育的指示》，确定职工业余教育由教育部门领导，依靠工会和有关方面协力进行的原则，黑龙江地区各级工会明确了职工教育工作的责任，开始把职工教育工作的重点放在扫除文盲教育工作上。同月，松江省文教厅和总工会召开职工业余教育会议，提出在全省开展群众性识字运动，争取在三年内基本消灭职工中的文盲。7月，黑龙江省成立职工业余教育委员会，也提出要在两三年内消灭全省职工中的文盲。

1951年，黑龙江、松江省工会抓职工业余文化教育，以扫除文盲为主。1951年6月，松江省成立了由省委宣传部、省工会、省教育厅、工业厅、劳动局等部门组成的职工业余教育委员会，并于9月份召开委员会会议，讨论通过了《松江省四年扫除现有职工中文盲的计划》。黑龙江省12个县成立职工教育委员会，制订了扫除文盲的计划。到1951年底，松江省已办职工识字班196个。经过半年的学习，参加学习的工人一般能识200个字，最多达500个。黑龙江省职工中的文盲入学率达到95%。齐齐哈尔铁路局办职工识字班223个，入学职工占文盲总数的78%。该局从1948年到1951年底，共扫除文盲6185人。

1952年，两省工会在职工业余教育工作上突出了扫盲教育。5月，松江省省委书记李长青挂帅，成立扫除文盲委员会，并召开第一次推行速成识字法干部会议。6月，黑龙江省召开加速推广速成识字法干部会议。

黑龙江、松江两省召开会议后，两省各市、县厂矿、铁路、矿山、林业系统立即着手进行推广速成识字法的宣传、试点和培训教师工作。各地在党委统一领导下，从9月份以后，成立扫盲委员会办公室，加强对扫盲工作的领导，及时解决办学中出现的各种问题。一些厂矿新建校舍，配置教学设备，下拨专项资金。各地通过各种宣传形式，大造舆论，宣传速成识字法。双城、勃利等县开展速成识字法宣传周活动。佳木斯纺织厂一名50岁的老工人经过速成识字法教育，已达到能写出2000字自传的文化程度，各工厂纷纷请他亲自过来宣传速成识字法的作用，激发了广大职工群众扫盲学文化的积极性。

松江省教育主管部门和工会组织利用脱产培训方式对2145名专职扫盲教师进行集训；黑龙江省也用同样方法培训了332名专兼职教师。中长铁路区工会采取脱产训练、实地教学和见习相结合的办法培训了 1700 名知识分子参加扫盲教学活动。1952 年 8 月和 9 月，松江省、黑龙江省、齐齐哈尔铁路、哈尔滨局全面推行扫盲识字教育。松江省成立厂校、联校 372 所，开班 863 个，参加学习的学员 53642 人。中长铁路开办速成识字班 1049 个，29459 名职工参加学习。经过 250 个小时到 300 个小时的学习，有 1560 名学员识字 1200 个，达到扫除文盲的标准，被准予毕业。

1952 年推广速成识字法，使扫盲运动在黑龙江地区全面展开。其影响所及，职工中的绝大多数文盲被卷入这场运动中，民众开始重视文化教育，并认真参加识字活动。但是，由于某些领导对职工文化教育缺乏经验，工作上急于求成，忽视了职工扫盲工作的艰巨性，对工人记忆力较差的特点缺乏了解，以致制订的扫盲计划脱离实际，指标过高难于实现。专兼职教师素质较差，在教学中片面追求速成，使大批学员在学习上掉队，影响了速成识字法的效果。

1953 年 1 月 7 日，松江省总工会发出《在工人中进行政治教育的几项决定》，要求各厂矿有职工 500 名可配 1 名专职政治教员，以便进行系统的政治教育，提高工人群众的政治觉悟，适应大规模经济建设的需要。同年，两省教育部门和工会组织根据 3 月份召开的全国扫盲工作会议精神，对职工扫盲教育进行整顿和巩固工作，撤并一部分条件较差、效果不好的班级和学校，同时也根据需要和职工的要求发展和开办一部分班级，使参加学习的职工人数虽有所减少，学习效果却有所提高。松江省到 12 月底，共有速成识字班 295 个，学员 11362 名；普通班 85 个，学员 3020 名。1954 年，两省合并后的全省职工扫盲教育，在党委统一领导下，政府和工会分工负责，继续贯彻“整顿巩固，重点发展，提高质量，稳步前进”的总方针，重新制订职工业余文化教育计划。在扫盲工作中，研究推广了扫盲班单元识字教学法和通常教学法，摆脱机械搬用速成识字法，编选了扫盲班写读教材，教学质量明显提高。松江省在基本建设工地举办吸收 1000 名工人参加常年业余学习班。黑龙江省扫盲委员会和省总工会利用冬训时间在基本建设工人中组织了第一批扫盲试点，吸收 138 名技术工人、施工员和脱产干部参加，经过 346 个小时的课堂教学，76%的学员达到扫盲标准。学员学会了拼音，学会了 3000 余字，结业劳动时能读报，能写一般的应用文。这批学员结业前向毛泽东、中共黑龙江省委和本单位党组织写了184封信，汇报自己的学习成绩，表达在今后的学习和生产上作贡献的决心。

据统计，1954年全省职工中的文盲人数为191185人，占职工总数的54%。全年开办的职工扫盲班为893个，参加扫盲学习的职工为35482人，占职工文盲总数的18%；全年达到扫盲标准的职工为14729人。1955年的全省职工扫盲教育，在职工业余文化教育已成为国民教育的重要组成部分被列入第一个五年计划情况下继续发展。到1955年底，全省参加扫盲班学习的职工为42237人。

四、提高职工劳保福利

中华人民共和国成立后，黑龙江地区工会组织对职工工作十分关心，在经济恢复时期，各工矿企业逐渐建立了劳动保护工作，不断提高职工福利待遇。

签订劳动保护协议 1953年以后，随着我国经济建设大规模展开，各企业逐步建立起了劳动保护意识。1953年1月22日至26日，松江省总工会和劳动局召开建筑工人劳动保险工作会议，决定在百人以上的建筑工地中必须建立健全劳动保险组织，并于2月1日前完成劳动保险卡片登记工作。劳动保护协议在组织上，企业和工会逐步建立健全安全技术和劳动保护。但一些基层工会对劳动保护的认识还不够清晰，认为劳动保护主要是行政工作，对基层劳动保护工作也缺乏具体指导和帮助，因此全省伤亡事故不断发生。1955年以后，全省各级工会与工厂企业行政签订安全生产和工业卫生的劳动保护协议书，协议书规定企业在安全管理、设备改进和卫生保健条件改善等方面的措施以及工会协助工作、监督劳动保护资金的使用等方面的保证条件。1955年12月，省总工会和省工业厅发出《为在我省地方工业企业开展签订劳动保护协议书的指示》，要求凡是制订了安全技术劳动保护措施计划的厂矿企业，都要认真签订劳动保护协议书。1956年，全省铁路、林业、煤矿等产业已有252个工矿企业签订了劳动保护协议书。

哈尔滨第二工具厂工会，根据上级主管部门批准劳动保护经费和项目，1957年与工厂行政签订了劳动保护协议书。经群众广泛讨论，修改补充后报局批准。劳动保护协议书签订后，工会通过劳动保护工作委员会监督协议书实现。主要根据协议书中的各项具体规定，主动提高督促有关部门纳入工作计划，按期实现，并经常检查具体情况，发现问题向基层工会反映解决。锯条车间淬火组的排烟罩由于设备科拖拉，督促几次也不抓紧解决，工人仍在浓烟中操作，危害了职工健康，工会将情况向厂长反映后，厂长亲自批评并按协议要求予以解决。至 1957 年，协议书规定的项目已全部按照要求完成。1956 年下半年，哈尔滨第二工具厂工会帮助一车间实行劳动保护建议簿解决车间中群众建议不能及时为行政采纳的问题。一车间试点后，取得较好效果。全车间职工到年底共提出改进劳动保护设施的建议 28 项，其中有 27 项是因行政工作拖拉长期未能解决的，在试行建议簿之后已经全部实现。其中改装空气锤起动器等项目就是在采纳职工建议后实现的。全厂其他车间推广这一经验后，从 11 月到 12 月，实现群众建议 11 项。佳木斯纺织厂、国营橡胶厂等都积极加强与劳动保护工作委员联系，不断加强劳动保护。在 1953 年到 1957 年的第一个五年计划期间，黑龙江省各级工会逐步配备了专、兼职的劳动保护干部，建立了劳动保护机构，有效保证了广大职工的劳动权益。

在不断提高广大职工待遇方面，黑龙江省地区除了建立劳动保险，还不断增加用于改善职工物质生活的福利事业，如住房、食堂、幼儿园等服务项目，疗养院休养所等职工保险福利项目等。

解决职工住房问题　职工住房是长期困扰工会职工福利工作的重要问题之一，全省各级工会逐步探索国家投资建房和自建公助①等形式加快职工住房建设。1954—1955 年，齐齐哈尔铁路管理局、鹤岗矿区、哈尔滨铁路局等都采取自建公助的办法为职工解决住房问题。

1954 年，齐齐哈尔铁路管理局有组织、有计划地在全局范围帮助职工修建简易房屋。该局随着运输任务的增长，基建、大修员工的增加，职工无房户占全局职工的 58%。为此，全局从企业奖励基金中拨出 40 亿元（旧人民币），贷给缺房职工自建住宅。从 1954 年 8 月 15 日开工至 11 月 15 日，全局共修建 1954

① 自建公助就是职工维修、翻建、扩建、新建私有住房时，资金、材料、人力等主要靠自筹，单位根据实际情况，给予一些必要的帮助。

户住宅（其中有不贷款自建的75户），修建面积合计为66298平方米，实际贷款为36.8亿元（旧人民币）。平均每户贷款1960500元（旧人民币），初步解决了部分职工无房居住的困难。他们的修建办法是，职工有劳动力，利用休班和家属一起动手修建工程，建筑部门职工用换工的办法修建，多数部门行政和工会组织集体包工修建。

1955年，鹤岗矿区贷款45万元，在年内建职工住宅2300户。到9月末完成公助自建2150户。

1955年，哈尔滨铁路局也采取相同的方法，为527户职工解决住房问题。

职工疗养　20世纪50年代初，黑龙江地区工业生产不断恢复和发展，工人队伍不断壮大，实行劳动保险的职工人数也不断增加，集体福利事业不断扩大，工人业余疗养所、休养所和疗养院应运而生。根据统计，从1951年4月到1952年10月，松江省共建立疗（休）养所21所，床位892张，工作人员145人，参加疗休养的职工为5998人。[①] 此外，全省邮电、煤矿、纺织等产业还有近50所工人业余疗养所。与之前黑龙江省这一时期的疗养所相比发展相对缓慢，1951年上半年，全省仅有1所业余疗养所，床位20张，到1954年全省共有工人疗养院、休养所34所，床位1129张，收纳疗养员1992人。1954年6月，黑龙江省工会联合会为办好基层、集体劳动保险事业，特制定《黑龙江省基层集体劳动保险事业暂行办法（草案）》。规定各工人业余疗养所应接收不需要专门入院治疗尚能继续工作，但患有慢性病、职业病或病伤经治疗后需在本企业不脱产继续疗养的职工，经过营养、药物治疗在短期之内恢复他们的健康。

黑龙江、松江两省合并后，工人疗养院经过调整合并，到1955年底，全省共保留疗养院、休养所11所，其中包括产业8所、地方3所，床位总数已达到1266张，比1954年增加533张。[②]

其他服务项目。为方便广大职工全身心投入工业生产，保障工人福利，黑龙江地区各级工会组织在党委的领导下，协助行政认真办好职工食堂、幼儿园

---

① 黑龙江省地方志编纂委员会编：《黑龙江省志·工会志》，黑龙江省人民出版社1999年版，第386页。

② 黑龙江省地方志编纂委员会编：《黑龙江省志·工会志》，黑龙江省人民出版社1999年版，第390页。

建设等工作。

1951 年以前，黑龙江地区的黑龙江、松江两省的基层企业大多数设立职工食堂，为职工服务，解决了一部分工人的吃饭问题。为了加强对职工食堂工作的领导，改善职工伙食状况，松江省和黑龙江省工会先后采取措施，改进食堂工作。1951 年 7 月，松江省总工会联合省劳动局召开全省职工食堂工作会议，会议听取省总工会主席张修竹所作的《搞好增产节约必须注意职工福利，搞好食堂工作》的报告，与会者充分交流，获得了各地搞好食堂工作的经验。1952 年，为了提高炊事人员觉悟，改进食堂工作，松江省组织国营与地方国营单位开展食堂竞赛运动。

1952 年 8 月，黑龙江省总工会召开全省各厂矿企业、商业、建筑行业食堂工作会议。会后，又向省政府工业厅、计委、劳动局发出《建议加强对食堂工作的领导，统一解决食堂工作中的问题》的函件。函件指出，食堂工作直接关系职工身体健康和增产节约运动的开展，行政领导要重视、研究和改进食堂工作。

1954 年以后，根据中共中央有关指示，黑龙江省企业职工食堂先后实行企业化或半企业化管理。实行这一制度后，全省仅有少数办得较好的职工食堂实现自给自足，大多数食堂则增加了职工负担。1956 年 5 月，黑龙江省工会联合会根据黑龙江省职工食堂实行企业化管理出现的问题，向全国总工会提出《关于食堂企业化情况及解决企业化问题的意见》，经全国总工会劳动保险、生活住宅工作会议研究确认，从 1956 年下半年开始，黑龙江省职工食堂停止实行企业化管理。取消企业化管理后，哈尔滨、齐齐哈尔、牡丹江、佳木斯等市伙食成本平均下降了 8%—20%，每个职工每月支出伙食费 2—4 元。

在托儿所、幼儿园建设上，1950 年，为了认真贯彻《劳动保险条例》，向黑龙江省各级政府发出通知，为照顾女工的工作便利，要求在女工多的工厂内，解决托儿所的问题。同年，松江省共建立托儿所 15 所，入托儿童 330 名。托儿所的建立，解决了女职工有孩子的牵累以及因有孩子而失业的痛苦，给了女职工很大的鼓励，提高了她们的劳动积极性。从 20 世纪 50 年代到 60 年代中期，黑龙江省地区基层企事业单位托儿所、幼儿园事业不断发展。1954 年，全省基层单位建立的托儿所为374所。1964年，全省已有1287所托儿所、幼儿园，其中托儿所1157所，幼儿园130所。入托儿童总数由1954年的7958人发展到1964年的48048人。此外，全省基层单位还建有645所哺乳室，哺乳婴儿9082人。①

第七节　组织劳动竞赛，带领广大职工投身社会主义建设

劳动竞赛是在社会生产过程中人与人、集体与集体之间的比赛，是以提高经济效益和提高产品质量为目标，以降低能源及原材料消耗，提高劳动生产率，提高职工生产技能与素质为中心任务，由各级工会负责组织，联合党政及有关行业部门共同开展的活动。竞赛形式有统一的生产运动，也有厂际及同工种竞赛、生产班组竞赛。黑龙江地区曾先后开展各种类型的生产竞赛运动。

一、开展铁牛运动和五百公里运动

铁牛运动和五百公里运动是全国铁路系统于1949年和1950年分别开展的劳动竞赛。这两次竞赛都是由哈尔滨铁路局工人首创发起的。

铁牛运动　1947年7月，哈尔滨铁路局绥化机务段的铁路工人利用2110个工时和400多个小时的业余时间，修复1台破损机车，命名“解放型96号”。8月14日，司机长杜先扬包下这台机车。杜先扬和他的包车组以高度的劳动热情，把学习先进经验同建立包车组经常性制度结合起来，建立了三锹制、乘务员暗号记录法和11种包车组工作制度，同时革除旧的保守思想，实行技术公开，带领全组同志共同进步。到1949年2月14日，这台机车安全走行10.6万多公里，成为东北铁路第一台延长两个甲检期的机车（当时规定3.5万公里为一个甲检期），共节省各项费用一亿多元（东北币）。为表彰96号机车组的功绩，绥化机

① 黑龙江省地方志编纂委员会编：《黑龙江省志·工会志》，黑龙江省人民出版社1999年版，第382页。

务段在 1949 年 2 月 15 日召开的庆功大会上，将 96 号机车命名为“铁牛号”机车。3 月 15 日，东北行政委员会铁道部通令嘉奖铁牛号机车组，给机车组全体记特等功一次，并号召全路向铁牛号学习。

1949 年 5 月 1 日，东北铁路首届职工代表暨全路劳动模范大会作出决定，在东北铁路推广绥化机务段铁牛号机车组的经验。10 月 14 日，东北铁路总工会召开工作会议，讨论通过《关于广泛开展铁牛运动的决议》。从此，东北铁路 15 万名员工轰轰烈烈地开展以铁牛号为旗帜、以杜先扬为旗手的生产竞赛运动。

1949 年 12 月 15 日，哈尔滨铁路局召开首次机车铁牛队代表会议，总结开展铁牛运动的成绩和经验。这次会议分三个档次表彰了 34 台基干铁牛队机车组，65 台铁牛队机车组和 106 台预备队机车组。会上成立了铁牛机车大队，选举特等劳模杜先扬为大队长。

从 1949 年 2 月开展铁牛运动到 8 月份，全局涌现的铁牛队员机车已达全部机车的 28. 2%，9 月份增加到 35%，10 月份达 48%。8 月到 10 月，平均甲检公里比 1 月到 6 月增加 15%，运转事故比 1 月到 7 月减少 55. 8%。

1950 年 4 月 25 日中长铁路局成立后，哈尔滨铁路局的劳动竞赛形式改为五百公里运动。

五百公里运动　1950 年 5 月 2 日，哈尔滨铁路局昂昂溪机务段 1195 号机车司机长王吉奎在昂昂溪到安达区段以每小时 53. 3 公里的速度，首创日行车 918. 1 公里的成绩，安全、正点、节煤。在王吉奎的倡议下，全段开展五百公里竞赛运动。在竞赛中，全段每天审查机车运行计划，加强调度联系，实行机车循环运转制。6 月份，全段日行车平均达到 521 公里。

8 月 17 日，中长铁路理事会讨论了王吉奎机车组的创举，作出《关于开展五百公里运动的决议》。8 月 18 日，铁路局局长发出在全局开展五百公里运动的命令。在竞赛中，全局运输效率提高，当月完成 500 公里的机车，占运行机车的 14. 8%，9 月份上升到 21. 4%，日行车公里比原标准提高 24. 5%。

在五百公里运动中，沈阳苏家屯机务段 105 号包车组司机长郑锡坤采取超轴牵引，11 月 16 日 1 次行车超轴 465 吨，并首创安全正点纪录。

1951 年 6 月，在车辆少、货物积压的情况下，哈尔滨火车站主任司磅员杨茂林为提高货车载重量，创造了分类码垛、固定货位、压缩容积、按不同车型分装货物等方法，实行满载装车，使零担货物载重量由15—16吨提高到27吨，车辆停留时间由1小时20分缩短到1小时。

8月15日，中共中长区委会作出决定，号召全局职工开展竞赛运动，保证完成国家计划。全局8万多名职工积极投入满载、超载、五百公里竞赛运动。1951年第四季度，全局达到500公里的机车有4521台，比1950年同期增加3841台，超轴18424次，多运365.9万吨货物，等于少编1200趟列车。1951年末，完成装车计划的107.2%，每天装车比1950年末提高16.2%。1952年3月，铁道部召开电话会议，动员全国铁路职工开展满载、超轴、五百公里运动。中长铁路局继续开展满载、超载、五百公里运动。4月份超轴2405次，6月份超轴3809次；日行车公里数，4月份平均为452.9公里，7月份提高到504.4公里；达到500公里的机车，占运行机车的61.3%；装载量5月份平均为28.1吨，7月份提高到29.5吨。1952年末，全局超轴吨数比1951年增加3倍，由于提高静载重节约3.8万辆货车，运输效率比1951年提高59.8%。

二、开展创造生产新纪录运动

1949年10月，中共中央东北局和东北人民政府工业部号召东北工人阶级掀起群众性的创造生产新纪录运动，迎接全国经济建设新高潮。10月10日，工业部下达了东北局《关于开展群众性创造生产新纪录的决定》后，一场如火如荼的创造生产新纪录运动在东北蓬勃展开。

以创造生产新纪录为中心内容的劳动竞赛，在黑龙江地区开展较早。在1949年5月，黑龙江省总工会就组织全省工人阶级，开展了第一期创生产纪录的红旗竞赛。到9月，全省1市、11县在创纪录的竞赛中创造价值21.72亿元，节约34亿元（东北币）。北安麻袋厂工人张守堂竞赛前每天织麻袋11条，竞赛中提高到31条；齐齐哈尔三合盛火磨在40天竞赛运动中，产量不断提高，20小时生产小米由1.7万斤增加到2.6万斤。全省通过生产竞赛，涌现了大批先进生产者。5个月全省共产生一等劳模84人，二等劳模751人，三等劳模161人。全省14个县1个农场，共奖励创造生产纪录的先进生产者奖金8035万元（东北币）。《关于开展群众性创造生产新纪录的决定》，要求工业部门各个厂矿在生产效率、产品质量、减少废品、节约原料、提高回收率、提高设备安全运用率和降低成本、消灭事故等方面，创造新的生产纪录，并决定对创造新纪录的职工给予物质奖励。1949年10月7日，松江省总工会作出决定，号召全省国营、公营企业都要抓紧动员与组织职工开展群众性的创造生产新纪录运动，要求工会组织配合行政制订出具体计划，并选择重点厂矿进行工作，取得经验，推动全局发展。

黑龙江地区职工创造的新纪录主要是发明创造，指在生产活动中创造和发明新产品、工艺和生产工具，提高生产力；技术改进，指通过改革生产技术与设备，提高产品质量、产量，降低成本；合理化建议，指提出生产环节中有价值的改进意见，经采用后能够促进生产；突破生产定额，指通过提高技术与劳动热情，在生产中超过原定额。东北工业部发出关于创造生产新纪录运动的指示后，松江省工人率先响应。

1949年9月，鹤岗矿务局煤矿工人李庆萱在总结推广先进采煤经验的基础上，制造出药壶式掏槽钎子，提高掘进效率1倍，每掘进1米节约火药、雷管等物资达645元（东北币）。他的这一发明受到东北工业部的通令嘉奖。12月，东北工业部要求全东北所有煤矿迅速推广李庆萱的发明创造。据鹤岗煤矿局统计，1950年，全矿推广李庆萱的新技术，煤炭产量和掘进尺都提高了1倍，全年为国家节约147亿元（东北币）。在李庆萱创造生产新纪录事迹的鼓舞下，1949年后3个月，松江省有194个公营企业开展了创造生产新纪录运动，共创造出1223项新纪录，创造经济效益达134.22亿元（东北币）。

1950年初，黑龙江、松江两省分别召开创造新纪录运动动员大会。1950年1月10日至15日，黑龙江省总工会在齐齐哈尔市召开全省创造新纪录运动动员大会。赵德尊、于毅夫、王梓木、陈雷等领导到会讲话，号召在工矿企业中开展创新纪录运动。2月9日，省政府发出《关于开展群众性创造生产新纪录运动》的指示。会后，创造新纪录运动广泛开展起来。为保证创造新纪录运动的开展，各市、县党组织采取多种形式进行宣传鼓动，号召广大党员要不断熟悉生产知识，精通业务，积极投身创造新纪录运动中。这一运动开展后，广大生产者的积极性被充分调动起来，工作效率和产品质量有了明显提高，生产纪录纷纷被打破。至1950年5月，据黑龙江省198个工厂的统计，共创造生产新纪录713项；省、县营企业有1922人参加创造新纪录运动，创造产值230万元。

在开展创造生产新纪录运动中，黑龙江地区涌现出邹奎文、王维本、初登高、辛桂兰等先进生产者2440人，邹奎文是哈尔滨电车厂计划室副主任。他研究出电气升降机和吊车，分别提高效率16倍和20倍。王维本是哈尔滨电报电话局的报务员，工作中创造出1年零7个月抄拍电报3.57万份无差错的新纪录。他们和李庆萱都出席了1950年9月在北京召开的全国工农兵劳动模范代表会议，成为黑龙江地区第一批全国劳动模范。初登高是阿城糖厂工人。他创造了结晶操作法，每天增产糖0.831吨，一个制糖期150天为国家增产砂糖124.65吨。辛桂兰是哈尔滨东北毛织厂女工。在创新纪录运动中，她注意总结经验，改进工作方法，创造9小时织毛呢29.10米的新纪录，超过定额1倍多。

松江省工会对开展创造新纪录竞赛十分重视。佳木斯和牡丹江市总工会除了召开各企业工会干部短期训练班，还组织干部深入企业，进行开展创纪录运动的试点。

黑龙江省从1950年5月开始在全省范围内开展以创生产新纪录为中心的第二期红旗竞赛运动，全省有8646人参加了这一运动。到11月份，全省共创造新纪录835项。利民纺织厂1月至3月未完成生产任务。开展竞赛后，第二季度完成2835匹布，比第一季度提高产量12.3%。拉哈火磨20天完成28天的生产任务，超产29.9万斤稻米。查哈阳农场王士成、王士林小组，建立上下班检查机器和分工负责制度，由1天耙地13垧提高到127垧；海伦水磨厂唐礼胜改造双桶、麸溜子，平均一年多出1645万斤面粉。

在创造新纪录运动中，黑龙江地区涌现出很多创新纪录。如齐齐哈尔中长铁路昂昂溪机务段1008号青年包乘组，在1095天中，安全行驶352871.2公里，创全国机车安全行驶最高纪录。1952年4月，哈尔滨工程处苏长有瓦工小组采用“双手挤浆法”，创全组人均日砌砖600万块的全国新纪录。黑龙江省嫩江县火柴厂日产量达到15.4箱，比此前最高纪录11.5箱多3.9箱。北安造纸厂技工蔡连仲改进了卷纸法，从每班废品 70 斤降到 11 斤，产量由 5000 张提高到 8000 张。1952 年 6 月 8 日，鹤岗市制油厂以每百斤大豆出油 14.58 斤的成绩，打破吉林省四平胜利制油厂李川江以百斤大豆出油 13.83 斤的全国纪录。此后，该厂又连续以每百斤大豆出油 15.28 斤、15.5 斤的成绩，再次打破全国纪录。1952 年 6 月 14 日至 15 日松江省召开全省制酒专业会议，介绍尚志县一面坡曲酒厂牛树海小组以出酒率达 55.2%（按酒精含量 50 度计）的成绩创全东北用糠烧酒的新纪录。松江省东北第二纺织厂女工孙维良操作精纺机 3 台、1320 锭，没有一个锭子的线断头和起毛，创造了提高工作效率 2 倍的新纪录。这也是全国精纺行业的新纪录。

在创造新纪录运动中，东北第五机器厂马恒昌小组创造了将劳动热情与钻研技术相结合、技术公开、团结互助等先进经验，从而既保证了产品的优秀质量，又提前或超额完成了国家下达的生产任务。1951 年 1 月 5 日，东北第五机械厂（现为齐齐哈尔第二机床厂）马恒昌小组提出 5 项竞赛条件，向全国工人提出竞赛挑战。1 月 17 日，《工人日报》全文发表马恒昌小组的挑战书，并发评论，号召全国工人阶级积极响应马恒昌小组的挑战。在马恒昌小组的带动下，全国有 1.8 万余个生产小组应战，200 多万名工人参加竞赛。

在创造新纪录运动中，职工们以主人翁的姿态，发扬了高度的劳动热忱，创造了极大的经济效益，提高了工业生产力。同时，使企业职工充分认识到，劳动是光荣的，职工发明创造的信心更强了，技术上的保守思想进一步破除，企业的工业生产水平有了很大提高。

三、表彰劳动模范

表彰劳动模范和先进集体是各级人民政府根据国家宪法的规定，对人民群众在社会主义建设事业中的突出贡献予以认定和奖励的一种法律行为。

1950 年 9 月 25 日至 10 月 2 日，全国工农兵劳动模范代表会议在北京召开，毛泽东在开幕式致词中强调：劳动模范是“全中华民族的模范人物，是推动各方面人民事业胜利前进的骨干，是人民政府的可靠支柱和人民政府联系广大群众的桥梁”，高度评价了劳动模范的重要作用。此次会议共表彰了360名全国劳动模范。此后，各省市也相继开展了劳动模范评选和表彰工作。

早在解放战争时期，黑龙江地区就涌现出众多“支前劳模”和“工业劳模”，极大地带动了广大劳动群众的生产积极性。1947年5月1日，哈尔滨召开公用企业群英大会，表彰了在生产竞赛中表现突出的先进模范人物83名，并号召继续开展劳模运动，加紧生产，支援前线。① 同年6月，鹤岗煤矿相继召开英模大会，“3个模范小组，103名区级英雄，24名矿级英雄。孙好清被推为全矿特等英雄状元”。②

1949年3月15日，东北职工总会为“响应东北局大力恢复和建设工业支援全国解放战争的伟大号召”，发动和组织东北公营企业开展生产竞赛运动，颁布了《东北职工总会关于组织生产竞赛运动的指示》文件，指出该运动最重要的目的之一就是“发现与培养劳动模范，加强工人阶级的阶级教育、发挥全体职工新的劳动态度与创造精神”。③ 并规定“竞赛成绩特别优良者给予劳动模范的荣誉称号，由各工厂企业行政及职工工会发给奖状，……由产业或地区职工总工会所设的竞赛委员会负责，在已选出劳动模范中选出特等劳动模范（五百人以下的厂只能有一个，五百人以上每增加五百人可以多选出一个），将其劳动成绩报告东北职工总会批准后，由东北职工总会发给劳动模范章”。由此，黑龙江地区积极组织劳动竞赛表彰劳动模范活动。

黑龙江地区从1949年全国劳动模范大会后，召开多次劳动模范表彰大会，对具有突出贡献的劳动者给予鼓励和表彰。

1950年2月，黑龙江省第二届劳模大会在齐齐哈尔市召开。会议表彰农业特等劳模14人，一等劳模316人（此次大会未表彰职工劳模）。

1950年5月，松江省第二届工人代表大会在哈尔滨市召开。大会于5月25

---

① 辽宁省、吉林、黑龙江总工会工运史志研究室编：《东北工人运动大事记（1860—1954）》，沈阳有色冶金设计研究院印刷厂1988年版，第349页。

② 辽宁省、吉林、黑龙江总工会工运史志研究室编：《东北工人运动大事记（1860—1954）》，沈阳有色冶金设计研究院印刷厂1988年版，第354页。

③ 周正本，朱珠，花实：《中国近代工人阶级和工人运动（第14册）》，中共中央党校出版社2002年版，第1019—1020页。

日表彰松江省工业一等劳模 29 人，二等劳模 56 人，先进集体 9 个。

1951 年 1 月 18 日至 24 日，黑龙江省第三届劳模大会在齐齐哈尔市召开。会议表彰工业劳模小组 2 个，工业特等劳模 23 人，劳模 188 人；农业特等劳模 14 人，劳模 253 人。

1951 年 9 月，松江省暨哈尔滨市劳模代表会议在哈尔滨市召开，会议表彰工业劳模 250 人（名单已佚）。

1952 年 1 月，黑龙江省第四届劳模大会在齐齐哈尔市召开，会议表彰工业特等劳模 40 人，劳模 207 人；先进集体 16 个；农场特等劳模 5 人，劳模 5 人；农业特等劳模 34 人，劳模 394 人。

1953 年 1 月，黑龙江省第五届劳模大会在齐齐哈尔市召开。会议表彰工业特等劳模 34 人，模范 322 人；先进集体 88 人；商业劳模 323 人；农场特等劳模 8 人，劳模 60 人；农业特等劳模 78 人，劳模 827 人。

1953 年 7 月 13 日，黑龙江省工会发出《关于加强劳动模范的培养与管理的意见》的通知，要求各级工会组织要指定专人负责劳模管理工作。

自 1954 年黑龙江、松江两省合并，到 1985 年，全省召开 5 次劳动模范代表大会，初步统计共有 1850 名先进集体、6460 名先进生产者、150 名省特等劳动模范。

劳动模范始终是我国工人阶级中一个闪光的群体。他们是在无数劳动者大军中脱颖而出者。可以说，他们是优秀劳动者的代表。在时代洪流中，他们始终忠于党和人民，忠于社会主义事业；他们脚踏实地、埋头苦干、无私奉献的优良作风，形成了“爱岗敬业、争创一流，艰苦奋斗、勇于创新，淡泊名利、甘于奉献”的劳模精神，并激励着一代又一代劳动者为祖国的建设和发展不断拼搏奋进。

第八节　树立先进典型，发挥模范引领作用

马恒昌（1907—1985），男，辽宁省辽阳人，是全国著名劳动模范，中国工

运活动家，是全国著名先进班组马恒昌小组和职工民主管理的创始人，曾先后13次受到毛泽东的亲切接见。新中国成立前马恒昌是沈阳第五机械厂的一名工人，后历任齐齐哈尔第二机床厂车间主任、总机械师，党委副书记、顾问。

一、获得“生产竞赛模范班”的红旗

1949年初春，马恒昌带领车工一组向全厂工友发出了开展“迎接红五月劳动竞赛”的倡议，得到了全厂50多个班组的热烈响应。竞赛中，马恒昌启发大家靠技术革新实现竞赛目标，带头成功革新了斜度板胎具，将工作效率提高了3.1倍。他所在的小组在生产中改进了十多种工具，创造了连干37天不出废品的新纪录，使全厂废品率由5%降到1.5%。

1949年4月28日，马恒昌所在的沈阳第五机械厂召开了竞赛表彰大会，车工一组获得“生产竞赛模范班”的红旗，工厂党组织还以“马恒昌”的名字为小组命名。仅6个月时间马恒昌小组就改造工卡具18种，工效提高1—3倍，10名组员8个月内先后加入了中国共产党。

在创造新纪录生产运动中，该小组在组长马恒昌的带领下，发扬工人阶级主人翁精神，采取组成三人技术互助小组、中午技术研究会、检查头一件活等办法，保证产品质量。同时，组内建立严格的机器保护和交接班制度，加强劳动纪律，使小组在创纪录运动中脱颖而出。

解放战争时期，他带领马恒昌小组，不顾敌军狂轰滥炸，冒着生命危险坚持生产，顺利完成军工生产任务；抗美援朝时期，为支援战争、贡献自己的力量，向全国班组和工人兄弟们发出了开展爱国主义劳动竞赛的倡议，并掀起东北地区捐献运动。

1950年，第一次全国劳动模范会议授予马恒昌“全国劳动模范”荣誉称号。

二、实现技术革新创造新纪录

齐齐哈尔第二机床厂马恒昌小组在劳动实践中不断地研究新方法，弘扬和发展了劳动竞赛好传统，在竞赛中始终将当日优质高产红旗作为目标，不断地与竞争对手比质量、比速度，也使生产纪录不断刷新。

1951 年 1 月 5 日，沈阳第五机械厂（现为齐齐哈尔第二机床厂）马恒昌小组提出 5 项竞赛条件，向全国工人提出竞赛挑战。全国有 1.8 万余个生产小组应战。1 月 30 日，全国总工会发出通知，要求各地工会组织对已经开展的马恒昌小组竞赛运动，切实加以组织和领导，把这一运动开展成为普遍的全国性爱国竞赛运动，长久坚持下去。在全国总工会的号召下，到 3 月底，全国有 1.8 万个生产小组向马恒昌小组应战。为了进一步开展班组竞赛，黑龙江、松江两省的工会组织分别在省内召开全省的先进小组代表会议，布置学习推广马恒昌小组经验的计划。当时开展挑应战成为推动班组竞赛的普遍办法。崔广轩小组、田玉朴小组、铁力森工局马永顺伐木小组，在分别向马恒昌小组应战后又分别向全省或同行业生产小组提出挑战。主要挑战内容是，加强组内团结和劳动纪律，努力学习和研究技术，提高产品质量，保证完成和提前完成生产任务。

为推动各地生产班组竞赛活动的开展，黑龙江、松江两省总工会分别召开了先进小组代表会议。1951 年 3 月 9 日至 13 日，松江省召开先进生产小组代表会议。会议号召全省职工广泛开展创造先进小组竞赛运动。先进小组代表会议树立 108 个产业、商业、教育系统的先进小组，田玉朴、满树山等 13 个先进小组介绍了他们在班组竞赛中取得优异成绩的经验。会议认为，松江省爱国主义竞赛运动已由个人竞赛形式向小组竞赛形式发展。会议提出，开展先进班组竞赛，必须发挥先进小组的先锋带头作用，各级工会要同党政配合，帮助和扶持先进小组的成长进步。1951 年 6 月，黑龙江省召开第二次先进小组代表会议，总结 1950 年 10 月全省第一次先进小组代表会议以来推广马恒昌小组经验的进展情况，有 16 个先进小组在大会上作了典型发言。会议对全省先进小组竞赛的形势作了估计，认为在全省各行各业涌现的 713 个先进小组中，一部分小组在学习马恒昌小组先进经验方面有新的发展，齐齐哈尔铁路工厂张德本小组把马恒昌小组检查头一个活、三人互助组的经验发展为“三检三守”和“三大互助”；火碱厂吴郁文小组在保质保量的前提下实现安全生产 18 个月未出事故。会议重点讨论了在班组竞赛中如何让先进班组保持先进的问题，提出先进小组要善于发现与学习先进经验，使之具体化，并要加强技术学习，注意团结技术人员，在保持先进的同时推动其他小组的进一步发展。

1958年以后，随着国民经济恢复任务的完成和大规模经济建设的到来，黑龙江政区合并，在中共黑龙江省委的统一领导和省总工会的组织下，全省开展以完成和超额完成国家生产计划为目标的“比学赶帮超”班组竞赛。全省3万多个班组以马恒昌小组为旗帜，向马恒昌小组学习，促进班组管理，不断地扩大先进班组队伍。在先进班组竞赛中，全省涌现出马恒昌小组、马永顺小组、邢守文小组、崔国山快速掘进队、614采煤队和中苏友谊小组等5个先进班组的典型。

在第一个五年计划期间，齐齐哈尔第二机床厂马恒昌小组，5年完成了14年的工作量（以1953年的平均定额为基数），产品质量比国家计划提高1.66%。1958年到1960年，在全面确保产品质量的前提下，又完成了6年零3个月的工作量。到1962年，10余年间，全小组节约钢材50余吨，各种刀具1500多件，油料3000多斤。10余年间，马恒昌小组成员调出130多人，组长换了10余任，但小组的先进红旗不倒，始终保持了先进班组的传统。

第六章　贯彻过渡时期总路线和实现第一个五年计划时期的黑龙江工人运动

伴随工业、手工业、资本主义工商业的社会主义改造进程加快，工人运动的发展也取得显著进展。在党的过渡时期总路线、总方针的指导下，各级工人组织、职工代表积极开展各类活动。

在经济建设工作中，贯彻过渡时期总路线，进行大规模经济建设。开展以22项重点工程为主的大规模工业建设，开展技术革新、技术革命和合理化建议运动，先进生产者运动，学习苏联先进生产经验，通过一系列的工人运动，有力地促进了工人思想认识、素质和能力等的提升。此外，积极参加和推动社会主义改造，加强对农业、手工业和资本主义工商业的社会主义改造，面向职工进行工农联盟教育，推动农业合作化发展。

在工会组织建设方面，成立黑龙江省工会第一次代表大会，大会选举产生黑龙江省总工会新的领导机关，确立了工会组织建设的基本方向，表达了贯彻党的方针政策的决心，致力于提高工会组织的监督作用，加强群众文化技术教育工作，并发挥工会在农业、手工业、资本主义工商业改造中的作用。同时，加强基层工会与积极分子队伍建设。实践中，组织工人学习“五三”工厂经验，加强基层工会和县镇工会建设，注重对积极分子的培养和训练。“一五”时期，全面开展职工政治思想教育工作和文化技术教育工作，加强工会组织的劳动保险、生活福利、劳动保护、女职工及职工家属等权益的维护。

第一节　贯彻过渡时期总路线和进行大规模经济建设

1953 年，党中央正式提出了过渡时期总路线，黑龙江和松江两省省委领导人民群众认真贯彻过渡时期总路线，组织工人开展大规模经济建设活动，黑龙江省结合自身实际，明确了 22 项重点工程，有序推进工业发展，扩大工业建设规模。实际工作中，开展技术革新、技术革命、合理化建议运动等，开展先进生产者运动，同时为提升工人队伍的整体水平，引进苏联先进技术，组织工人学习先进经验，并创造性地将其运用到实际工作中，为经济发展作出积极贡献。

一、组织工人学习贯彻过渡时期总路线

1953 年 6 月，党中央从我国发展实际出发，正式提出过渡时期总路线。即“从中华人民共和国成立，到社会主义改造基本完成，这是一个过渡时期。党在这个过渡时期的总路线和总任务，是要在一个相当长的时期内，基本上实现国家工业化和对农业、手工业、资本主义工商业的社会主义改造”①。随着过渡时期总路线的提出，各地纷纷响应，黑龙江和松江两省广泛开展过渡时期总路线学习宣传工作，组织工人有计划、有目标、有步骤、有组织地学习。

1953 年 10 月，中共黑龙江省委专门召开全体委员会，对学习和落实过渡时期总路线进行讨论和部署。1953 年 11 月 5 日，中共黑龙江省委发布《关于结合联共（布）党史学习中国在过渡时期党的总路线与总任务的指示》，其中明确指出，在思想上重视总路线方针学习，正确领会过渡时期总路线和总任务的科学内涵，做好相应部署工作。根据黑龙江省委的指示要求，黑龙江省各地国营工厂、森林系统、铁路系统等开始组织工人系统学习过渡时期总路线、总方针。遵循“自上而下，从内到外”的宣传思路，面向工人讲解报告原文，通过学习讨论和形象宣传的方式加深工人对过渡时期总路线的理解。以齐齐哈尔市为例，

① 中央党史和文献研究院编：《中国共产党的一百年》，中共党史出版社 2022 年版。

先由齐齐哈尔市委分期、分批召开工厂和车间级干部大会，然后再邀请省委、市委主要领导面向干部作报告，随后组织省委、市委委员、部长和厅局长以及其他人民团体和组织的主要负责人和全体报告员利用分厂包干的办法，逐级向工人作工作报告，详细讲解过渡时期总路线的具体内容。

1953 年 11 月，松江省召开市县厂矿党委书记会议，对党中央在过渡时期作出的总路线和总任务相关内容进行细致传达，并进行了专题讨论。1953 年 12 月 17 日，松江省委召开常委会议学习和传达了东北局《关于进一步加强学习和宣传党在过渡时期总路线和总任务，提高各级党委领导水平的指示》，按照这一指示精神要求开展更大范围更深入的过渡时期总路线学习。

在松江省委的统一领导下，各厂矿开始通过召开各种会议组织广大职工学习过渡时期的总路线和总任务内容，并取得了阶段性成果。以牡丹江市为例，按照松江省委要求，借助职工代表大会、职工大会、私营企业职工代表大会等多种形式，传达过渡时期总路线的要求。在大会召开后，又组织广大工人开展小型座谈会，鼓励与会人员畅所欲言，对相关过渡时期路线和任务进行交流。通过学习和交流使绝大多数职工对国家在过渡时期的总路线和总任务有了初步的认知，并将学习到的过渡时期总路线和总任务思想运用到实际工作之中。

据 1953 年 11 月 29 日《松江日报》报道，松江省在加强学习和宣传党在过渡时期总路线和总任务宣讲过程中培养了 2505 名各级报告员，这些报告员成为向广大干部、工人和群众宣传的主力军。其中还培养了 84000 多名宣传员，他们深入广大工人和群众中间，进一步开展宣传工作，松江省大约有 10 万名干部职工接受了国家在过渡时期的总路线和总任务宣讲和教育，激发了广大工人的学习热情和工作热情。

黑龙江省各工厂也按照省委要求，开始积极组织各级工人学习和宣传过渡时期总路线活动，掀起新一轮工人学习过渡时期总路线热潮。在基本建设领域，有超过 24000 名基建职工参加了黑龙江省委号召的过渡时期总路线冬训学习，基建职工的政治觉悟不断提升，将“百年大计，质量第一”的观念融入工作中。在正确的思想指引下，基建职工技术水平也不断提高，将“好、省、快、安全”工作方针融入了建设领域，高质量完成 1954 年基建工程任务。

随着广大工人对于过渡时期总路线学习的不断深入，黑龙江和松江两省开始按照国家经济发展的具体思路，制订本省第一个五年计划，按照五年计划随即开展了以工业化为中心的经济建设，掀起了广大工人的新一轮建设热情。同时对农业、手工业和资本主义工商业进行了大刀阔斧的社会主义改造，并取得阶段性成效。

二、开展以22项重点工程为主的大规模工业建设

黑龙江是新中国成立后最早进行工业布局的地区之一。一方面，黑龙江拥有扎实的工业基础；另一方面，黑龙江距离苏联较近，更容易获得援助。第一个五年计划建设时期，苏联援建的156个项目中有22个落户在黑龙江，黑龙江工业基本建设总投资占全国的10.3%，投资总额为25.7亿元，居全国各省的第二位。在工业建设方面，工业投资以机械工业为重点，机械工业投资占全部工业投资总额的35.4%，占全国机械工业投资总额的23.7%。其中，苏联援建中国的22项重点工程项目包括哈尔滨电机厂、哈尔滨汽轮机厂、哈尔滨锅炉厂、哈尔滨轴承厂、哈尔滨伟建机器厂、哈尔滨东安机械厂、哈尔滨东北轻合金加工厂、哈尔滨量具刃具厂、哈尔滨电碳厂、哈尔滨电表仪器厂、佳木斯造纸厂、中国第一重型机器厂、富拉尔基热电厂、齐齐哈尔钢厂、鹤岗兴安台10号立井、鹤岗东山1号立井、鹤岗兴安台洗煤厂、鸡西城子河洗煤厂、鸡西城子河9号立井、鹤岗兴安台2号立井、双鸭山洗煤厂、友谊农场等。黑龙江成为当时国家工业建设的“大后方”和“根据地”。在这一时期，代表着工业化最高水平的重工业和军工事业以及关系到国计民生的基础工业都集中在黑龙江。“一五”期间共新建和改建315户工业企业，按照时间测算，平均每六天就有一座新厂矿投入生产。随着苏联援建的22项重点工程的落户，在黑龙江诞生了被誉为“共和国国宝”的第一重型机械厂和“共和国掌上明珠”的北满特钢以及“三大动力”和“十大军工”等一系列关系到国家经济命脉的战略产业和骨干企业。在这一时期，黑龙江形成了以能源、原材料和装备制造业为代表的新的工业体系，随着重化工业体系的不断完善，工业基本框架更加完整。

哈尔滨成立了动力工业新区，形成了以锅炉、汽轮机和电机三大动力厂为特色的工业区。哈尔滨热电厂在广大工人的共同努力下成为我国第一座自行设计、自行制造、自行施工建设的热电厂，为我国热电厂新建和发展作出了不可磨灭的贡献。哈尔滨锅炉厂是当时全国最大的电站锅炉制造企业，为全国各地输送了大量锅炉设施。哈尔滨“三大动力”工业区的建立就是我国发电设备行业及装备制造业发展的真实缩影。在齐齐哈尔有三个重点建设项目，1953 年中国第一重型机械厂开始筹建，1956 年正式破土动工，1957 年正式投产，其生产的 1150 初轧机标志着中国能够正式生产成套重型机器。1953 年富拉尔基热电厂正式破土动工，经过两年建设，富拉尔基热电厂成为我国第一座高温高压热电厂。1954 年齐齐哈尔钢厂正式破土动工，经过两年建设，1956 年 8 月正式投入生产，结束了黑龙江省无钢的历史。同时，齐齐哈尔钢厂也是中国第一个现代化的大型特种钢生产企业。“一五”期间，鹤岗、双鸭山有 4 个重点建设项目。1950 年 9 月，鹤岗东山 1 号立井正式破土动工，1955 年 9 月正式投产。这标志着我国拥有了第一座大型竖井。1952 年 8 月，鹤岗兴安台 10 号立井开始建设，1956 年 7 月正式投产。1956 年 3 月，双鸭山矿务局选煤场开工建设。这些企业在当时都属于工艺设备和技术装备比较先进的企业，代表了黑龙江在当时煤炭领域的最高水平。黑龙江地区作为我国最早的工业基地，为国家经济建设作出了巨大贡献，是中国工业史上的红色记忆，也是黑龙江广大工人初心使命的历史见证。

随着 22 项重点工程的不断推进，产业工人开始进行大规模的工业建设。除哈尔滨以外，齐齐哈尔、鹤岗、双鸭山、鸡西等地也成了重要的工业城市，涌现出了大批的产业工人。哈尔滨飞机制造公司制造了我国第一架直升机和轰炸机。在苏联的援建下，哈尔滨亚麻厂成为当时亚洲最大的亚麻纺织印染企业。“一五”期间在黑龙江工人的努力下，黑龙江省累计向国家提供 1/2 的原油，大型水电机组占国产装机总量的 1/2，铁路货车和大量机械装备以及国防军事装备占到了 1/2 以上，煤气机组占国产装机总量的 1/3，重型燃气轮机占国内的 1/3，为国家输送了 1/3 的木材和电站成套设备，为国家提供了 1/7 的商品粮和 1/10 的煤炭。在取得巨大成绩的背后，无不体现着产业工人的努力和汗水。

三、开展技术革新、技术革命和合理化建议运动

在搞好22项重点工程的同时，黑龙江和松江两省对本地区的工业体系进行了一系列整顿。一方面，积极贯彻国家关于增加生产，厉行节约的相关指示精神，在民主讨论的基础之上实施定额管理，反对铺张浪费。另一方面，加强技术管理，明确了生产操作流程和质量规格，严格贯彻检查制度。同时落实在技术、生产、安全、销售等多个环节责任制，有效地解决了生产成本过高、质量偏低的问题。此外，还充分重视了职工的创造性和主动性，通过阶级教育和自我教育的方式开展不同形式的劳动竞赛运动。

“一五”计划期间，工会的主要任务就是组织和动员职工保质保量超额完成国家规定的各项生产任务和计划。从1953年开始，各级工会就开始加强工人生产工作，动员广大职工广泛地参与到不同形式的增产节约运动中。1953年9月15日，全国总工会下发了《关于进一步开展增产节约劳动竞赛，保证全面地完成国家计划的紧急通知》。1953年11月，全国总工会下发了《关于把劳动竞赛向前推进一步的决议》。1954年4月20日，全国总工会召开七届五次主席团会议，会议通过了在全国范围内开展技术革新运动的决定，要求各级工会组织要组织广大职工迅速掀起提高技术、改进技术、学习和掌握新技术的热潮。

随着技术革新运动的深入，取得了阶段性成就，既增强了广大工人的劳动热情，也提升了广大工人学习、改进、提高生产技术的积极性和主动性。技术革新运动在黑龙江广大职工中掀起了新的学习新技术热潮，涌现出了一批具有代表性的技术革新、技术革命能手。在提升生产技术水平的同时，也创造了精神文明的丰硕成果。

在黑龙江部分产业和城市就出现了厂际间的竞赛，这些竞赛在职工中引起了强烈反响，形成了“比学赶帮超”的良性风气，通过互助学习、先进帮后进等多种方式在提升企业生产水平的同时，也使工人对于技术革新和技术革命有了更深刻的认识。这一时期，劳动竞赛主要围绕企业技术改进、企业管理和职

工合理化建议登记等方面。相关数据显示，1953 年，全国职工共提出合理化建议 73.8 万件，被采纳 35.7 万件。1956 年，全国职工提出合理化建议 183.1 万件，被采纳 75.7 万件。其中，黑龙江省作为共和国工业的一面旗帜，工人更是围绕企业管理、企业技术改革等诸多方面提出了大量合理化建议。

这一时期的劳动竞赛、合理化建议活动极大地调动了广大职工的创造热情和活力，也使黑龙江的经济建设取得了丰硕成果。通过员工合理化建议，使生产成本降低，发扬了勤俭节约的劳动美德。合理化建议运动是劳动模范和广大职工发挥主人翁责任感的重要途径，也是从生产角度通过群策群力的方式，提升生产效率的重要形式。通过开展合理化建议，一方面，在领导的鼓励和支持下，员工参与工业生产，工人阶级的觉悟得到提升。另一方面，在实际工作开展过程中，很多建议都得到了企业的采纳，不仅节约了成本，提升了生产效率，而且切实发挥了发扬民主、依靠群众管理企业的价值和作用。

四、开展先进生产者运动

第一个五年计划建设时期，全国各条战线涌现出了大批的劳动模范、技术革新能手和先进工作者，也正是千千万万的广大工人在平凡工作岗位上的努力奋斗，才撑起了新中国工业脊梁。1956 年 2 月 9 日，全国总工会通过了关于开展先进生产者劳动的决议。随后各条战线在普通工作岗位上作出突出贡献的广大工人成为先进生产者的代表，不仅成为广大工人的学习对象，而且走向了领奖台，被人们熟知。

在黑龙江省，“一五”期间先进生产者运动始终没有停息，在机械产业、轻工业、纺织业、煤炭行业和铁路行业等多个行业的广大职工都参加了运动。1956 年在黑龙江仅 15 类产业中就涌现出了 26000 多名先进生产者。在先进生产者运动中，各行各业职工学习先进经验，提高生产技术，推广先进生产方法。[①] 在松江机械厂，技术更新成为提升企业生产效率的重要影响因素，随文风小组

① 姚启荣：《第一个五年计划建设时期召开的全国先进生产者代表会议》，《工会信息》2018 年 8 月，第 36 页。

提出的“大走刀切削法”，大幅提升了阀门的生产效率，使阀门生产从原来的16个小时缩减到9个小时。

1956年2月29日，在哈尔滨正式召开了第二届劳动模范和先进生产者表彰大会，共评选出422名劳动模范，同时还有132个先进集体受到了表扬。在第二届劳动模范和先进生产者表彰大会上向全市职工发表了倡议书。会上，哈尔滨机务段1191号机车乘组司机长王振起作了表态发言，他表示1191号机车乘组将继续采取先进焚火法，推广小组经济核算制，确保全组提前完成第一个五年计划指标，使全组1956年成本再降低两万元。哈尔滨机车修理厂铣工苏广铭提出要在第一个五年计划内完成八年的工作量。[①] 第一个五年计划建设时期，在工业化建设过程中黑龙江省的广大职工一马当先，在生产一线个个奋勇向前，“比先进，找差距”，始终坚持“多、快、好、省”的建设总方针，推动技术革新，教育培训广大职工掌握新技术，开展社会主义竞赛，使黑龙江工业生产建设取得了一个又一个新成就，不仅超额完成了“一五”计划宏伟目标，而且进一步奠定了黑龙江省在全国工业中的地位。

1956年4月，国家召开了第二次劳模大会，共有6156名先进生产者、先进工作者和先进单位代表受到了表彰。这次劳模大会也是全国先进生产者代表大会，在5月6日的经验交流会上，哈尔滨代表王振起和北京丰台机务段机车司机长岳尚武针对如何相互帮助和学习问题展开了讨论，决定通过每季度通信的方式彼此交流经验，包括交流技术和思想工作方面的经验，向群众学习方面的经验，等等。实现“相互学习、相互帮助、取长补短、共同提高”的目的。[②] 同时，参加交流会的还有哈尔滨森林工业管理局铁骊森林工业局伐木工马永顺、黑龙江双鸭山矿务局岭东矿康拜因司机宋继武和伊春森林工业局拖拉机手李小学等代表，都结合各自经验作了演讲，并得到了与会者的掌声和称赞。到1956年9月底，黑龙江省国营工业总产值已经完成1957年计划要求的96.6%，其中有111个工厂已经提前完成计划指标。

---

① 《哈尔滨市劳动模范和先进集体代表大会热烈响应全国总工会号召》，《工人日报》1956年3月3日第1版。

② 姚启荣：《第一个五年计划建设时期召开的全国先进生产者代表会议》，《工会信息》2018年8月，第36页。

五、学习苏联先进技术和建设经验

“一五”时期，东北很多项目都由苏联援建，苏联在工业建设方面具有先进技术和丰富经验，因此学习苏联先进技术和建设经验对于黑龙江省工业建设和重大项目建设都具有重要意义，这一时期广大工人围绕各自领域向苏联专家和其他技术人员广泛学习先进技术和建设经验，并将其运用到黑龙江省各个项目建设中。

黑龙江省鸡西矿务局麻山煤矿在采煤过程中就学习了苏联“一班采煤”的先进经验，大幅提升了采煤效率，哈尔滨的苏广铭、张执贵本身就是拥有几十年工龄的优秀技术工人，他们在工作中谦虚谨慎，善于学习和掌握新技术、新技能，并将这些技术总结经验加以推广，成为哈尔滨学习先进的典型，两人在哈尔滨机车车辆修理厂带头学习和推广苏联的快速切削、多机台管理等先进技术和经验，这些先进技术不仅大幅提升了哈尔滨机车车辆修理厂的工作效率，而且节省了大量时间成本，缩短了辅助工时经验，也正是由于各条战线上涌现出的很多像苏广铭、张执贵这样的先进生产者，善于虚心地向苏联先进技术学习，并将这些技术在实际工作中加以推广，才能够圆满并超额完成“一五”时期的各项工作任务。

为了学习苏联先进经验和技术，很多单位都成立了专门的组织机构和工作制度。不少单位领导经常深入一线组织，围绕此项工作对全体职工进行思想政治教育，使广大职工认识到学习苏联先进科学技术的重要性。很多职工在苏联专家的帮助下，开展了更广泛的技术革新运动。齐齐哈尔市各工厂、企业和基本建设单位，在学习苏联先进经验和技术的同时，还广泛听取了苏联专家提出的很多宝贵意见。齐齐哈尔机车车辆制造厂学习和借鉴苏联35种管理方法，将其运用在企业管理和实践操作之上，提升了企业的整体管理质量。黑龙江省森林工业部门也在苏联专家的帮助下，采伐作业水平得到了明显提升。通过留母树、保健幼苗、清理林场等多种方式，进一步提升了采伐的科学性和合理性。各森林工业局在学习苏联经验的基础上，采取了更为合理的计划管理方式，通过落实作业计划和调度制度，大大减少了木材浪费，提升了林业资源的利用价值。在农业方面，采用了苏联更先进的耕作技术和各种农机具，进一步提升了田间管理水平，直接提升了粮食产量。在学习熟练经验过程中，黑龙江、松江两省的广大工人将学到的很多苏联经验大胆地运用到生产实践中，总结出了自己的生产经验并进行了大胆的技术创新，使生产效率得到了极大提升。

第二节　积极参加和推动社会主义改造

组织工人参与社会主义改造，通过社会主义改造和一系列工人运动，为经济社会发展奠定物质基础。各地工人企业职工积极参与社会主义改造工作。黑龙江、松江两省属于重要的农业生产基地，而农民的生产和生活资料来源于手工业，发展手工业合作组织中的工会组织，为手工业合作化运动创造有利条件。同时为推动农业合作化进程，提升农业生产效率，积极开展工农联盟教育，深入农村对新型农机具如何操作维护进行示范，不仅提升了人们对农业合作化的认识，也为人们参与生产和劳动提供了技术上的指导。

一、促进对资本主义工商业的社会主义改造

1953 年春，中央统战部部长李维汉率统战部调查组赴武汉、南京、西安等地调研，并向党中央和毛泽东递交了《资本主义工业中的公私关系问题》的报告。李维汉在报告指出：“国家资本主义的各种形式（其中一部分将由低级向高级发展），是我们利用和限制工业资本主义的主要形式，是我们将资本主义工业逐步纳入国家计划轨道的主要形式，是我们改造资本主义工业使它逐步过渡到社会主义的主要形式，是我们利用资本主义工业来训练干部，并改造资产阶级分子的主要环节，也是我们同资产阶级进行统一战线工作的主要形式。”[①] 1953 年 7 月 13 日，国家正式出台了《关于加强市场管理和改造私营商业的指示》，

① 李维汉：《统一战线问题与民族问题》，中共党史出版社 2016 年版，第 109 页。

其中明确规定了对私营批发商的改造方针。1954 年 9 月，国家又出台了《公私合营工业企业暂行条例》，进一步细化了公私合营工业企业的管理方式。1955 年 11 月，国家正式召开了关于资本主义工商业社会主义改造问题的专项会议。认为有必要对现存的资本主义工商业生产关系进行调整，使其更符合社会主义发展实际需要，计划用两年时间，分批次地实现全行业的公私合营。随着会议结束，各地适应企业职工积极支持并参与到了公私合营中。

这一时期，党和国家对资本主义工商业采用了“利用、限制和改造”的方针。各地工矿企业职工按照国家的号召，积极参与到社会主义改造工作中，争取早日实现公私合营。广大国企职工也广泛参与对企业的改造工作。1953 年 8 月，全国总工会作出了《关于加强资本主义工业中的工会工作》的指示，对相关要求进行说明。1954 年 3 月，专门召开全国私营企业工会工作座谈会，讨论私营企业工作问题。1956 年 1 月，通过了《关于加强资本主义工商业社会主义改造中工会工作的决议》，这些会议和决议的落实为黑龙江地区工会组织参与资本主义工商业社会主义改造提供了政策依据，也在一定程度上激发了广大职工参与对资本主义工商业社会主义改造的主动性。1953 年底以前，是以加工订单为主的初级和中级国家资本主义形式，1954 年之后采取的是公私合营的高级形式。

实际上，早在 1953 年，松江省、黑龙江省国营工业就展现出了独特优势，并超额完成了中共中央布置的各项任务，进一步提升了社会主义工业化比重。1953 年，全省实际完成计划 108. 21%，其中省直营 26 个工厂完成 102. 09%，市营企业 30 个单位实际完成 116. 01%，省直企业 260 亿元，市直企业 1566 亿元，1953 年比 1952 年上升 3. 59%。[①] 1953 年，省地方国营工业建筑材料的生产计划基本概况：石灰、红石比 1952 年提高 29. 81%。为满足人们日益增长的物质、文化生活需要，工业厅各种生活用品计划：火柴、胶鞋、被服、面粉、白砂糖、球拍、风琴、油印机、复印纸等，计划产量比 1952 年提高 36. 3%。[②] 为满足农业生产，工业厅生产新式农具计划：铲蹚械计划增加 146. 55%；镇压器计划增

---

① 《1953 年松江省工业厅工作基本总结》（1954 年 1 月 26 日），黑龙江省档案馆，第 1—7 页。

② 同上。

加141.58%；播种机计划生产1421台。[①] 随着公私合营后企业生产效率不升反降，私股分得的红利更多，使得更多的私营企业要求参与到公私合营中，这也进一步加快了改造私营工业的步伐。

黑龙江省通过对资本主义工商业的社会主义改造，基本上实现了资本主义私有制变为社会主义公有制。社会主义经济制度在哈尔滨、齐齐哈尔及鹤岗等城市中已经基本建立起来。通过社会主义改造，极大地解放了生产力，激发了广大职工群众的生产积极性。通过公私合营之后，原来私营企业的职工生产积极性被调动起来。部分工厂还成立了青年突击队，组织广大青年参与到劳动竞赛中，使整个国民经济发展呈现出向好态势。1956年全国工业生产总值相较于1955年增加了28.2%。同时在社会主义改造中，工人阶级队伍得到了极大的教育，提升了广大职工的思想觉悟，并锻炼培养了大量工人骨干和很多优秀分子走上了领导岗位，工人干部的迅速成长进一步巩固了工人阶级在经济社会发展中的领导地位。

二、促进手工业的社会主义改造

黑龙江、松江两省属于重要的农业生产基地，农民的生产资料小部分由国营工业供应，农民的生产资料和生活资料很大一部分是手工业产品。因此，手工业对于黑龙江、松江两省的农民生活和农业发展起着重要作用。在过渡时期，国家主要将精力放在重工业上，手工业在支持工业化方面发挥了重要作用。但由于当时手工业生产工艺落后，生产相对分散，往往出现旺季忙、淡季闲的问题。在原材料购买以及成品交易方面又受到中间商的剥削，手工业在发展过程中既没有内在动力，也缺乏规模化经营，因此需要对手工业进行社会主义改造。

黑龙江、松江两省按照中共中央的指示精神，开始积极推进手工业合作组织建设，初期主要围绕铁木、农具、建筑材料和编织等行业推进手工业合作组织。截至1953年底，黑龙江、松江两省共办手工业合作社、组193家，参加合

---

① 《1953年松江省工业厅工作基本总结》(1954年1月26日)，黑龙江省档案馆，第1—7页。

作社、组的社员共有 9253 人。193 家合作社、组拥有固定资产 100.6 万元，1953 年共完成产值 3347.7 万元。[①] 1954 年初，黑龙江和松江两省开始从供销入手，由分散到集中、由小到大、由低级到高级，有计划、有步骤地逐步发展手工业生产合作组织。按照中共中央关于手工业社会主义改造工作的指示精神，通过召开手工业代表会议，加大对广大手工业者的宣传教育，讲清政策，明确方向，同时还发展手工业合作组织中的工会组织，为手工业合作化运动创造了有利条件。

截至 1954 年底，黑龙江省手工业生产合作社、组发展到了 497 个，有 1.57 万人参加了手工业生产合作社，占到全省手工业总人数的 11.75%，生产总值达到 4506 万元，达到手工业生产总值的 15.22%[②]。1955 年 5 月，黑龙江省在对全省手工业充分调研基础之上，要求各市县要将手工业改造工作作为重点工作加以落实。截至 1955 年 3 月底，黑龙江省已经有 545 个手工业生产合作组织，社员和组员占到手工业总人数的 11.98%。1955 年末，全省手工业生产合作社组已经达到 1171 个，相较于 1952 年增长了 9 倍，产值比 1952 年增加了 2.8 倍。全省手工业生产合作组拥有的职工达 2.74 万人，占到全省工业总人数的 28.8%。全省除了个别县份，多数地区手工业合作组织产、供、销方面恢复了正常的发展，手工业合作化稳步前进。[③]

1956 年初，随着工商业全行业公私合营浪潮的不断推动，手工业社会主义改造也进入了快速阶段。1956 年 1 月 11 日，北京市宣布手工业实现了合作化。在这一背景下，黑龙江各城市也纷纷学习北京经验，采取了全市按行业将手工业全部组织起来的方式，积极推进合作化。1956 年 1 月 20 日，哈尔滨市召开大会，宣布有 3.32 万名个体手工业者加入手工业生产合作社、组，占到哈尔滨市手工业人数的 93.9%，哈尔滨市已经基本完成了对手工业社会主义改造。1956 年 1 月 20 日，齐齐哈尔市 8543 名手工业者也加入了手工业生产合作社、组，完成了手工业社会主义改造。1 月 21 日，佳木斯市 2400 名手工业者加入了手工业生产合作总社，完成了手工业合作化。1 月 22 日，牡丹江市手工业者全部实现

---

① 黑龙江省地方志编纂委员会编：《黑龙江省志 · 手工业志》，黑龙江人民出版社 1999 年版，第 5 页。

② 黑龙江省地方志编纂委员会编：《黑龙江省志 · 手工业志》，黑龙江人民出版社 1999 年版，第 6 页。

③ 同上。

合作化。截至1956年2月2日，黑龙江省已建立1345个手工业生产合作社，236个手工业生产小组，全省92.4%的手工业者参加了不同形式的手工业生产合作组织，这标志着黑龙江省基本完成了手工业社会主义改造。

同时，根据中共中央指示精神，黑龙江省对手工业改造过程中存在的一些问题进行了调整。在手工业社会主义改造过程中，一些盲目合并的手工业合作社改成了合作小组。同时从管理体制入手，对手工业合作组的供产销实施行业归口管理。随着对手工业改造过程中一些问题的纠正，进一步调动了手工业者生产的积极性。手工业生产合作社组员收入普遍增加，充分发挥了集体经济优势，展现出了社会主义制度的优越性。黑龙江省进行的手工业社会主义改造，一方面，对小手工业主进行改造；另一方面，组织广大个体手工业者走上了合作化道路。通过对手工业进行社会主义改造，有助于引导手工业者走集体合作发展道路，增强手工业者内生发展动力，支持工业建设，巩固功能联盟。随着手工业社会主义改造的完成，实现了由个体所有制向社会主义集体所有制转变。

三、向职工进行工农联盟教育支援农业合作化

1955年7月，毛泽东《关于农业合作化问题》以及党的七届六中全会通过的《关于农业合作化问题》的决议，为我国农业合作化运动提供了政策依据，也极大地鼓舞了全国职工建设社会主义的劳动热情，为了向职工进行工农联盟教育资源农业合作化建设。1955年10月至12月，《工人日报》先后发表了《全体职工同志们支援农民的社会主义群众活动》《加强对农民的领导，抵制资产阶级对农民的影响》《积极地支援农民兄弟走合作化的道路》以及《积极支援农业合作化的场地劳动竞赛合同》等重要文章。同时，全国总工会要求各级工会组织要教育发动全体职工主动地参与到农业合作化运动之中，既要在思想上重视，也要将其作为一项重要的、光荣的政治任务加以落实。

1954年8月，黑龙江和松江两省正式合并，成立新的黑龙江省，此时黑龙江省初级农业生产合作社已经超过6000个。到1954年底，黑龙江又新增了1.56

万个新社，共有2.16万个初级农业合作社，涉及农户57.8万户，占到总农户的34.6%[①]。1955年1月10日，国家下发了《关于整顿和巩固农业生产合作社的通知》，指出部分地区新建合作社垮台、散伙和社员退社现象时有发生，要求各地要根据本地实际情况采取不同措施，由发展阶段进入巩固阶段。1955年1月15日，黑龙江省根据上级指示精神要求各地农业生产合作社要认真学习国家的相关政策，进一步提升社员的社会主义思想觉悟，办好现有的农业生产合作社。1955年1月19日，黑龙江省委决定对现有合作社进行整顿，在整顿过程中将合作社的生产管理与合理建议问题作为重点，通过采取分季、分级劳动定额试行标准等措施办法，进一步调动了农业合作社社员的积极性。截至1955年12月中旬，有95%以上的行政村和80%以上的农户加入了初级社，基本完成了半社会主义性质的农业合作化。[②]

1956年，全国总工会通过了《关于动员职工资源农业合作化和农业生产的决议》，要求全国职工要加快工业化速度，围绕农业生产出更多的工业产品，满足农民对于工业必需品的需求。同时，要求教育和组织广大职工利用业余时间主动帮助农民修理农机具，讲解农业技术，提高农民文化水平。在各级工会的动员下，各地各厂区职工纷纷响应，采取互相访问、帮助农民开展文化娱乐活动、帮助农民修理农机具等多种形式，密切了工人同农民之间的联系，对于推动农业合作化发展起到了重要的促进作用。特别是很多机械厂开展了更广泛的场地劳动竞赛，很多工人和工程技术人员参与到竞赛之中。同时还选配优秀工人下乡广泛宣传新式农机具的好处，传授农民新式农机具的使用、修理和保养办法。商业战线的职工结合农民生活实际需要，将所涉及的生活消费品和生产工具主动送到农民手中，各地农业技术站在技术推广过程中，在工会的组织领导下，对增产增收的相关经验进行了总结，并形成专题报告，对优化工作技术起到了重要的促进作用，同时还培养了大批农业技术能手。

1955年7月20日至8月10日，黑龙江省召开了农业工作会议，组织检查本

① 中共黑龙江省委史志研究室编：《中国共产党黑龙江历史》第二卷，中共党史出版社2022年版，第188页。

② 中共黑龙江省委史志研究室编：《中国共产党黑龙江历史》第二卷，中共党史出版社2022年版，第191页。

省农业合作化情况，并提出了“一面巩固、一面发展，不同地区、不同要求”的具体方针。为了更好地帮助合作社发展，黑龙江省抽调了4500多名干部，分两批次下乡开展农业合作化工作，[①] 其中很多工厂工人和技术人员参与到了支援农业合作化实际行动中，体现了工人阶级支持农民、走社会主义道路、巩固工农联盟的强烈愿望，并取得了实际效果。

1955年12月，黑龙江省委高度重视农业合作化问题，并对29个高级社的经验进行了总结。明确指出，1956年要对全省初级合作社进行升级，预计到年底完成3000—4000个高级合作社建设。但由于此时全国农业合作化运动进入高潮期，全省很多初级合作社都在积极准备向高级合作社过渡。截至1955年12月29日，黑龙江省有1800个初级合作社转入了高级合作社。1956年1月14日，黑龙江省委发出了关于发展高级农业合作社的通知，随后各地开始积极推进初级合作社向高级合作社转型，全省掀起高级合作社建设浪潮。1956年1月20日，哈尔滨市郊区471个初级合作社向36个高级合作社转变，齐齐哈尔市就有1053户农民成为高级合作社社员。1月21日，佳木斯市郊区成立了10个高级农业生产合作社；1月22日，牡丹江市成立了12个高级农业合作社[②]。到2月25日，全省参加高级社的户数达到总农户的96.1%，170万农户组织在8280个高级生产合作社中。至此，黑龙江省农村几乎全部实现了全社会主义的农业合作化。

高级农业生产合作化的快速完成，带来了许多问题，出现了发展过快、一哄而起，背离了“积极领导，稳步前进”的方针等问题。1956年3月4日，《人民日报》发表《普遍整顿合作社，开展春耕生产》的社论。按照中共中央关于整顿巩固合作社的指示精神，黑龙江省委对各地建立起来的高级农业生产合作社进行了初步整顿和巩固。

1956年5月18日，黑龙江省委传达了关于勤俭办社的指示，强调在高级合作社办事过程中，要严格按照示范规章进行，要确保农业高级合作社实现90%

---

① 中共黑龙江省委史志研究室编：《中国共产党黑龙江历史》第二卷，中共党史出版社2022年版，第190页。

② 中共黑龙江省委史志研究室编：《中国共产党黑龙江历史》第二卷，中共党史出版社2022年版，第193页。

的社增加生产和90%的社员每年都增加收入的要求。各地合作社要充分利用现有的生产资料、人力资源、物力和财力，实施多种经营，不断提升高级合作社的生产水平，“为了积累建设资金，全国人民必须艰苦奋斗，勤俭节约，服从国家建设的长远根本利益，而对眼前生活改善的幅度作必要的限制”①。黑龙江省各地按照上级要求，结合本地农业发展实际，采取多种措施，不断巩固集体经济。同时对农业合作社进行规范化管理，经过初步总结对农业合作社组织架构逐渐完善，组织机构不断健全，组织经营走上正轨，为黑龙江省农业发展奠定了坚实基础。农业社会化改造的完成，在广大农村建立起劳动群众的农村社会主义集体所有制经济，使广大农民成为农业合作社的重要一员，摆脱了土地私有制的限制，在集体经济基础上，农业水利设施不断完善，农业生产条件得到有效改善，为农业未来发展奠定了坚实的物质条件。黑龙江省农业合作化得到了广大职工的广泛支持，广大职工不仅围绕农业生产资料进行了竞赛式生产，同时还深入广大农村对新型农机具如何操作维护进行了现场指导，为农业合作化建设贡献了积极力量。

第三节　黑龙江省工会联合会第一次代表大会

在中国共产党领导下，中国社会主义事业在20世纪50年代进入全面建设时期，工人阶级和农民是社会主义建设的主力军。因此，工会运动在这一时期显得尤为重要。黑龙江省工会联合会第一次代表大会于1955年召开，正值中国社会主义事业发展的关键时刻，此次大会的召开旨在总结过去工会工作的经验，明确未来工会工作的任务，为全省工人阶级的发展提供指导和支持。

一、黑龙江省工会联合会第一次代表大会基本情况

新中国成立后，黑龙江、松江两省省委高度重视工会工作，加强对工会的

① 胡绳主编：《中国共产党的七十年》第六章，中共党史出版社1991年版，第353页。

组织领导，从而使工会在社会主义革命和社会主义建设时期发挥了重要作用。相关数据显示，1949 年 10 月，黑龙江、松江两省共有职工 39.4 万人。随着社会主义建设的不断推进，工人阶级规模不断扩大，使工会会员也大量增加，1954 年黑龙江、松江两省合并后，黑龙江会员达到了 86 万人，占到当时职工总人数的 82.5%，相较于 1949 年总会员数增加了 3.5 倍[①]。1954 年 8 月，黑龙江、松江两省工会联合会正式合并为黑龙江省工会联合会。黑龙江省工会联合会第一次代表大会于 1955 年 11 月 17 日在哈尔滨市开幕，20 日闭幕，出席大会的正式代表有 264 人，特邀代表 113 人[②]。此次大会的任务是，讨论通过关于两年来的工会工作和今后工作任务的报告、财务工作和经费审查委员会的工作报告，选举省总工会第一届执行委员会。

中共黑龙江省委第一书记欧阳钦、韩光和王一伦、李剑白等省委领导出席大会，王一伦代表省委在大会上讲话。黑龙江省工会联合会副主席常一彬在大会上作《加强工会建设，改进思想作风，为保证完成我省在实现国家第一个五年计划中所担负的光荣任务而奋斗》的工作报告。

为庆祝黑龙江省工会第一次代表大会召开，全国总工会给黑龙江省工会第一次代表大会发来贺信。贺信肯定了黑龙江省广大职工两年来的工作成绩。

报告中对完成国民经济的第一个五年计划黑龙江省各级工会现阶段的根本目标进行了部署。主要从贯彻全面节约精神，把劳动竞赛推向新的高潮；在发展生产的基础上，逐步改善职工物质文化生活；加强群众文化技术教育工作；发挥工会在对农业、手工业、资本主义工商业改造中的作用；加强工会建设改进思想作风等六大方面要求，全体职工在党的领导下，顺利完成第一个五年计划。

大会还听取了省总工会所作的《关于两年来财务工作报告》《关于经费审查委员会工作报告》。省委农村工作部和省计划委员会负责人在会上作了关于第一个五年计划和农业合作化问题的专题报告。大会通过了《关于加强工会建设、

---

① 黑龙江省地方志编纂委员会编：《黑龙江省志·工会志》，黑龙江人民出版社 1999 年版，第 481 页。

② 中共黑龙江省委史志研究室编：《中国共产党黑龙江历史》第二卷，中共党史出版社 2022 年版，第 241 页。

改进思想作风，为保证完成与超额完成第一个五年计划中担负的光荣任务而奋斗决议》和《关于省工会财务工作报告的决议》，还通过了《关于支援农业合作化运动的倡议书》。

11 月 19 日，大会代表袁恒代表 14 位大会代表，向大会提出了一份支援农业合作化运动的倡议书，受到了全体代表的热烈响应和拥护。

袁恒等 14 位代表学习了毛泽东的《关于农业合作化问题》的报告及其他有关文件并感到自己的工作与农业生产的紧密联系，在大会的空隙时间进行了充分、认真的讨论之后，提出了支援农业合作化运动倡议书。这一行动对推进我省农业合作化运动和进一步巩固工农联盟有着重大意义。各地必须重视这个倡议，发动全体职工热烈地响应这一倡议，从各种工作岗位上积极支援农业合作化运动。

最后，黑龙江省工会联合会副主席薛允鹏在大会上作闭幕词。

黑龙江省工会联合会第一届正式代表参会 264 人，特邀代表 113 人。

张兆美当选主席，常一彬、薛允鹏、于雄飞当选副主席。常务委员会委员 20 人。

黑龙江省工会联合会第一届执行委员和候补委员 57 名；候补执行委员 9 名。

黑龙江省工会联合会第一届经费审查委员会委员 7 人；候补经费审查委员 2 人。[①]

二、黑龙江省工会联合会第一次代表大会的精神及意义

黑龙江省工会联合会第一次代表大会的召开，标志着中国工会运动的发展和黑龙江省工会的重要转折点。

这是黑龙江地区合省后第一次工人代表大会，大会充分表达了贯彻党的方针政策的决心。会上，中共黑龙江省委领导出席并发表讲话，强调工会工作必须紧密围绕党的领导，全面贯彻党的方针政策，为实现国家第一个五年计划中的光荣任务而努力奋斗。大会强调了工会组织的重要性。工会不仅要关注工人

① 省档案馆，省工会永久卷 212、1、55；212、1、32。

阶级的权益，还要致力于提高工会组织的监督作用、加强群众文化技术教育工作，并发挥工会在农业、手工业、资本主义工商业改造中的作用。工作报告中也坦诚地指出了工会工作中存在的问题，如工会工作的薄弱性以及领导层官僚主义的问题。大会明确了全省工会的任务，即深入动员与组织全省职工，保证完成和争取提前完成第一个五年计划。

大会通过了多项决议，包括关于加强工会建设、改进思想作风的决议，关于省总工会财务工作报告的决议，以及支援农业合作化运动的倡议书。这些决议强调了工会在不同领域的职责和作用，为工会的今后工作提供了明确的指导。大会还进一步强调了工会组织建设的必要性。

工作报告明确了全省工会组织的根本目标，即深入动员和组织全省职工，保证完成和争取提前完成第一个五年计划。工会报告反映了当时中国政府对农村经济建设的迫切需求，也强调了工会在这一过程中的责任。总的来说，黑龙江省工会联合会第一次代表大会是中国工会运动和农村改革发展的重要历史事件。大会强调工农团结、社会主义建设和工会组织建设，为中国社会主义事业的顺利推进提供了重要支持。此次大会的精神和意义延续至今，仍对中国工会运动和农村发展产生积极影响。

第四节　加强基层工会与积极分子队伍建设

基层工会与积极分子队伍建设是第一个五年计划时期工会组织建设的重点，为提高队伍建设水平，提高队伍的整体凝聚力，工会组织工人学习“五三”工厂经验，注重基层工会和县镇工会的组织与管理，重视工会积极分子的培养和训练，通过组织一系列教育培训活动，召开黑龙江省工会首届积极分子代表大会等，推动了工会的规范化管理，为工会组织发展和工人队伍建设培养了一批积极分子队伍。

一、学习“五三”工厂经验

“五三”工厂即沈阳的三二一国防工厂，由于保密需要被称为“五三”工厂。“一五”时期工会工作就是要加强基层工作，并围绕基层形成一套行之有效的工作理论，进而更好地指导实践，迎接国家大规模经济建设的迫切需要。“五三”工厂的经验恰恰是当时形势下做好工会基层工作成功经验的典范。1952年12月《全总党组关于工会基层工作会议总结报告》指出，“五三”工厂经验主要包含三个方面。一是要实现政治工作与经济工作相结合，要依靠广大工人阶级，在党的统一领导下，完善学习制度，实现政治、理论、业务学习的有机统筹。同时接到新任务后，要根据上级指示和本厂的具体情况开展学习，领会党政思想，抓住主要问题，教育广大干部工人要有步骤、有思路地完成任务。二是要在思想一致的基础上实现党政工团明确分工，工会工作主要是组织群众开展生产竞赛，进行群众教育和具体的群众物质生活和文化生活。同时要与其他部门密切配合，确保工会工作取得实效，确保各项制度稳步落实，确保各项工作有条不紊地推进。三是要充分发扬批评与自我批评精神。党政工团要养成批评与自我批评习惯，并形成完善制度，将其作为加强团结、推动工作的重要手段。

为进一步提升基层工会的工作水平，1952年11月20日，全国总工会召开了工会基层工作会议，对“五三”工厂经验进行了系统介绍和推广，会上很多代表都认为“五三”工厂经验很实际、很生动，在具体问题解决过程中有思路、有办法，完全可以成为可借鉴、可学习的经验，全国总工会要求各地工会组织一定要将“五三”工厂的经验学到手，主动运用到实践工作中。为此，还提出了七条推广意见，为确保此项工作稳步扎实地落实，《工人日报》还对基层工会工作会议闭幕发表的社论进行了大篇幅介绍，明确指出，要把工会基层工作做好，就要明确以生产为中心的生产、教育、生活三位一体的工会基本任务。

同时，中共中央对全国总工会关于此次会议的报告进行了批准，对学习“五三”工厂经验给予了充分肯定，并指出“五三”工厂经验是完全可复制成功的经验。各工矿企业党政工团领导干部要对“五三”工厂经验进行系统研究和学习，结合自身实际找出本行业工作存在的参照问题，并参照“五三”工厂经验，进行有针对性的解决。在这一背景下，全国各省、市、自治区都开始认真学习和推广“五三”工厂经验。通过组织干部学习开展培训班等方式落实中共中央批示精神和相关要求。实践证明，“五三”工厂经验确实有其独到优势，很多工矿企业在学习“五三”工厂经验之后都取得了很好的效果。一方面，进一步明确了办好工厂要依靠工人阶级的基本思想。另一方面，明确了搞好生产是党政工团共同的责任，对割裂式的工作思路进行了批判。此外，进一步明确了办好工厂必须改变领导作风，领导要深入一线，通过充分调查研究，了解工人阶级的所思所想，进而抓住问题关键，推动问题解决。

1954 年 5 月，松江省工会联合会召开全省基层工会会议，会议重点探讨了如何将劳动竞赛向前推一步，更好地在基层整队建立工会，同时还介绍了穆棱煤矿和哈尔滨机车车辆修理工厂组织劳动竞赛和建立正常秩序的相关经验。穆棱煤矿工会认真学习了“五三”工厂工会工作经验，并结合本厂实际探索出了一套较为系统的劳动竞赛经验，使工会活动与竞赛活动相结合，并形成了相对紧密的组织计划，劳动竞赛基本实现了经常化、群众化、制度化和秩序化，成为劳动生产计划的重要方法。[①] 哈尔滨机车车辆修理工厂工会在竞赛活动开展过程中，也学习了“五三”工厂工会的先进工作经验，在竞赛活动中不断地完善组织架构，加强小组工作，对工作方法和工作态度进行优化，取得了初步经验。

黑龙江、松江省工会合并之后，黑龙江省工会举办了以哈尔滨机车车辆修理工厂工会工作经验为主要内容的两期干部培训，参加培训的基层工会主席和组织委员达 530 余人。同时也学习了“五三”工厂的工作经验，要求各级工会组织要认真学习贯彻相关工作经验，逐步恢复工会的正常秩序。黑龙江省工会对全省建立基层工会正常秩序情况进行了摸底。根据调查结果显示，全省工会建立正常秩序情况良好，多数基层工会都能够严格按照学习相关要求，主动划分工会的具体职责，整顿组织架构，将主要精力转向生产，在建立竞赛秩序的同时，工会能够根据生产实际需要加强工作计划，从而为生产竞赛提供扎实的

① 黑龙江省地方志编纂委员会编：《黑龙江省志·工会志》，黑龙江人民出版社 1999 年版，第 469 页。

组织保障。根据调查结果显示，工会对 68 个厂矿进行了调查统计，有 46 个厂矿已经摆脱或正在摆脱行政事务，34 个齐齐哈尔市的工厂有一半以上的工厂、企业工会摆脱了行政事务。佳木斯五个工厂由于学习了“五三”工厂和木林矿的经验，建立开展竞赛正常秩序，通过开展竞赛，第二季度比第一季度生产产量提高了 21%。

二、加强基层工会和县镇工会建设

新中国成立后，基层工会发展较快，到 1953 年 4 月召开黑龙江省工会第三次代表大会时，全省基层工会已达 2618 个。1953 年底统计，黑龙江、松江两省共有基层工会 6092 个，是 1949 年的 4.2 倍。1954 年 8 月，黑龙江、松江两省工会联合会合并，黑龙江省各级工会组织在统一领导下，加强了对产业工会的建设和调整，坚持产业和地区相结合的组织原则，全省基层工会不断巩固，稳步发展。据 1956 年底全省按产业统计，共计有基层工会 6848 个。其中，包括基层工会委员会 5083 个，工会车间委员会 3965 个，工会小组 73180 个。以上数字尚未将铁路、第二机械工会统计在内。①

1956 年初，全国总工会发布了关于工会基层组织总结与选举的规定，要求全国各级工会要在 1956 年进行一次民主改选运动，切实落实工会章程规定的民主制度，通过工会基层组织建设，更好地发挥工会的组织引导作用。黑龙江省各级工会按照全国总工会的要求，1956 年开展了基层组织民主选举工作，不少工会的领导架构得到优化，领导作风有所改善，很多领导干部深入基层帮助研究改选工作，基层工会在民主选举中对工会干部和积极分子进行了全方位的鉴定，对优秀干部和积极分子进行了表扬，对于一些错误做法及时进行了总结和批评，有效地打击了原来工会中存在的官僚主义，工会干部的思想作风得到了整顿。黑龙江省基层工会建设得到了加强，县工会建设取得了初步成效。根据相关数据显示，1956 年 6 月末，黑龙江省 21 个市县已经完成了 1402 个基层工会的改选工作，占到了基层总工会应该改选总数的 72.28%。其中哈尔滨市第一机

---

① 黑龙江省地方志编纂委员会编：《黑龙江省志・工会志》，黑龙江人民出版社 1999 年版，第 96 页。

械、市政运输、轻工业、建筑和商业等六个产业所属的162个基层工会，有112个完成了改选。佳木斯市应该改选的112个基层工会，完成了109个改选工作。哈尔滨市商业系统63个基层工会原来只有六个工作委员会，改选之后增加到29个工作委员会。齐齐哈尔市商业系统原有64个工作委员会，改选之后增加到198个，工作委员会这些工作委员会主要集中在基层，工会积极分子也由1955年的1058人增加到1668人。

三、抓好工会积极分子的培养和训练工作

根据工会的性质和任务，工会基层组织应当有20%左右的成员不脱离生产和工作岗位，有各自专长的会员应成为基层工会委员会或各种工作委员会和工作小组成员，组成工会积极分子队伍。在经济体制改革实施厂长负责制后，积极分子队伍还要重视吸纳工程技术人员、青年职工和经营管理人员，通过民主选举或工会委员会聘请方式让其发挥特长，进而提升工会工作质量，工会积极分子培养和训练工作已成为一项工会的长期性工作。从1948年至1954年，黑龙江地区工会积极分子培养工作非常活跃，全省各基层工会都能够根据工作实际需要设置包含家属子女、组织、劳动保护、劳动保险、教育生活、宣传、生产财务等方面的工作委员会或委员，通过委员会可以将会员中优秀的、学有专长的积极分子组织起来，充分调动这些人员的积极性和创造性，并依托他们在各自工作岗位上把工作做实做透，将工会繁重、多方面的群众工作引向深入，黑龙江省各基层工会在积极分子教育培养方面主要从四个层面入手。首先，正确地选拔配备积极分子。其次，有计划、有目的地培养和训练积极分子。再次，各级工会热心地关心积极分子。最后，建立必要的积极分子管理制度。从选拔和配备积极分子角度看，对于在历次政治运动和实际工作中表现突出的会员，工会组织会将其吸纳到工会工作，建立一支由老工人和先进职工为骨干的积极分子队伍。对于基层车间工会委员或工会组长则选择一些生产积极性高、思想观念好、热心为群众服务且有一定工作能力的会员担任，并将其作为骨干积极分子培养。

据统计，1953 年黑龙江省工会积极分子有 79736 人，包含黑龙江、松江两省，占工会会员总数的 11%左右①。从 1953 年至 1954 年，黑龙江地区的两省，在各级党委的领导下，结合生产需要培养了大批工会积极分子，培养方式主要包含实际工作、培养业务、座谈会、业务训练班，等等。根据不完全统计，黑龙江地区共举办 166 期培训班，有 8032 名积极分子参加了培训。通过系统培训，进一步提升了积极分子的思想觉悟和政治觉悟，业务能力和业务水平也得到了提升。同时也扩大了干部来源，为党的其他工作输送了大批优秀干部，对于工会各项工作的开展以及高质量完成国家计划起到了关键性作用。1955 年 4 月，黑龙江省工会联合会下发文件，要求全省各级工会必须在各级党委的领导下，对工会积极分子培养和训练工作给予更多重视。

1955 年 8 月 10 日，全国总工会通过了《关于加强积极分子工作的决定》。黑龙江省各级工会坚决贯彻了全国总工会关于加强工会积极分子工作的决定，组织各级工会干部认真贯彻学习并将积极分子工作与工会改选、组织机构整顿、整编相关工作相结合。齐齐哈尔机车车辆制造厂工会原有专职干部 30 人，超过《工会法》规定专职干部数量的 4 倍，在整顿过程中作出了撤销车间专职工会主席以发挥积极分子作用的决定，通过培训、培养、选拔等多种方式，有 106 名财务委员和劳动保护委员走上了工作岗位，随着工会改革的推进以及积极分子培养工作的落实，齐齐哈尔机车车辆制造厂工作效率有了极大提升。1955 年 8 月，黑龙江省工会就齐齐哈尔机车车辆制造厂的经验进行了通报，要求各地工会要加大整顿整编力度，充分发挥积极分子作用。全省基层工会逐步完善了生产、工资、宣传、劳动保护、生活、女工家属工作委员会和互助储金会、体育协会俱乐部管理委员会。还有部分工会小组设立了文化干事、女工代表、劳动保险干事和劳动保护检查员等岗位，有力地维护了广大职工的切身利益。工会积极分子队伍逐年扩大。1954 年黑龙江省工会积极分子已经达到了 123518 人，占到工会会员总人数的 19.03%。1955 年则达到了 150139 人，占到工会会员总人数的 22.89%。1956 年黑龙江省工会积极分子规模达到了 170540 人，占到工会会

① 黑龙江省地方志编纂委员会编：《黑龙江省志·工会志》，黑龙江人民出版社 1999 年版，第 486 页。

员总人数的24.28%[1]。

1956年，黑龙江省工会按照全国总工会三次执委会的要求，建立各种必需的工作委员会，吸收并依靠积极分子进行工作的指示精神。对基层工会又进行了整顿和优化，黑龙江省各基层工会共建立了424个群众生产委员会、418个工资工作委员会、430个合理化建议工作委员会、701个组织工作委员会、566个宣传教育工作委员会、501个劳动保险工作委员会、445个劳动保护工作委员会、279个生活住宅工作委员会、470个女工工作委员会、682个财务工作委员会，有459名统计委员或干事，吸收大批积极分子参加工会工作[2]。

1954年至1956年，黑龙江省将工会积极分子训练工作作为重要事项来抓，1955年共有33842人参加了黑龙江省积极分子训练，1956年达到了64812人，但这一数字只占到全省工会积极分子的30%左右[3]。随着全省工会基层组织总结改选的不断推进，大量新的积极分子开始参与到工会的实际工作中，在工会监督、民主管理等方面发挥了重大作用。为此，黑龙江省工会要求各级工会要充分发挥训练工作的作用，对全省工会积极分子进行有计划、有步骤的培训训练。在培训训练过程中要采取多元方式，诸如专题训练班、工会基层组织训练班、专业知识训练班、临时性业务学习、在工作中培养，等等。同时还要求市县与产业工会要加大对基层工会的指导帮助力度，妥善地解决基层工会在训练工作中的教研、教材和实践问题，进一步提升训练质量。

第五节　“一五”时期工会业务工作的全面发展

“一五”时期，工会业务工作不仅仅局限于工人的组织和培养，为完成这一时期经济发展的任务，工会组织职工开展思想教育、文化、技术教育等工作。一方面，为提高工人队伍的认识，提升工会组织的领导力和执行力奠定思想基

① 黑龙江省地方志编纂委员会编：《黑龙江省志·工会志》，黑龙江人民出版社1999年版，第487页。
② 同上。
③ 同上。

础。另一方面，致力于提高工会的业务水平，尤其是在文化学习和技术学习方面，组织开展常态化教育活动，发挥榜样的示范功能，推动工会业务工作的全面发展和整体提升。

一、加强职工政治思想教育工作和文化技术教育工作

“一五”时期，黑龙江工会组织就非常重视对职工的思想政治教育。从教育内容看，包含形势政策教育、社会主义精神文明建设、教育和理论学习，等等。党在过渡时期的总路线和总任务要求在相当长的时期内完成国家工业化。同时还要对农业、手工业、资本主义、工商业进行社会主义改造，进而为总路线和总任务目标完成创造条件。

1953 年 12 月，中共中央批准中央宣传部制发《为动员一切力量把我国建设成为一个伟大的社会主义国家而奋斗——关于党在过渡时期总路线的学习和宣传提纲》。黑龙江省各级工会立即展开学习宣传贯彻总路线、总方针的各项要求，1954 年 1 月，中共黑龙江省委要求全省在一个月内要掀起学习和宣传党的过渡时期总路线高潮。松江省委也将其作为当年的工作要点，要将总路线、总任务宣传作为一项政治工作压实、压稳。全面完成国家经济建设任务，黑龙江和松江两省总工会根据省委指示开始组织力量深入基层，采取不同形式对于总路线的基本内容、实质以及社会主义的途径步骤进行系统学习，使广大职工对国家性质以及总路线、总方针的具体内容有了更全方位的了解。让广大职工看到了社会主义的美好前景，认识到了工人阶级在第一个五年计划中的历史使命。根据相关数据统计，哈尔滨、齐齐哈尔、牡丹江、佳木斯等市有超过 92% 的职工都参加了总路线宣传活动，并进行了系统学习和讨论[①]。黑龙江和松江省工会合并之后，更加强调了对工农联盟教育，各层级工会通过工人农民互访的方式，加强彼此之联系。

1955 年春节期间黑龙江省 3 市 12 县共组织了 25 个工人代表团，深入农村与广大农民群众进行联谊活动。代表团成员有来自地方国营工厂、合作社、私

① 黑龙江省地方志编纂委员会编：《黑龙江省志 · 工会志》，黑龙江人民出版社 1999 年版，第 404 页。

人企业的劳动模范、工会积极分子、先进工作者和业余演员以及领导干部。共计209人深入农村，通过访问、交谈、放电影、赠礼品、研究报告、联欢等多种形式，与广大农民群众一起过祥和春节。工人代表共深入27个村、10个农业生产合作社与1.9万名农民朋友建立了亲密联系①。为配合对总路线宣传学习，省总工会还以工人出版社编写了《共产主义和共产党》一书作为学习教材，要求全省工矿企业职工每周要保证一个半小时的学习时间，这一教材使广大职工对于马克思主义基本原理有了更为清晰的认知，充分认识到了工人阶级、共产党和共产主义之间的联系，进一步增强了工人阶级对于完成总路线的决心。

在文化技术教育方面，工会始终将提升职工队伍的文化技术素质作为工会的重要任务加以落实。先后不间断地在职工中开展小文盲、初级、中级和高等文化技术教育。1953年黑龙江、松江两省教育部门和工会部门根据国家扫盲工作会议精神，对职工扫盲教育进行了深入推动，撤并了一部分条件差、效果不好的学校和班级。同时结合职工的需求开办了新的班级，虽然参加学习的人数有所减少，但切实提升了学习成效。根据相关数据显示，截至1953年12月，松江省共办速成识字班295个，参加学习的学员达到11362名，开设普通班85个，参加学习的学员达到3020名②。黑龙江省共设置扫盲班249个，参加学习的学员达到10015名。同时黑龙江、松江两省还对在扫盲计划中的冒进思想和不切实际问题进行了整顿，削减了专职教师编制，取消了兼职教师的国家补贴，在教学方式上进行了优化，提倡根据工人特点和职工扫盲的教育规律改变教学方法，避免了职工学习与工作之间的冲突。整顿后，松江省专职教师共有457人。黑龙江省专职教师为138人，精减教师31人③。1954年，黑龙江和松江两省合并后，全省职工教育扫盲工作仍然继续深入推进，将“整顿巩固，重点发展，提高质量，稳步前进”作为指导方针，对职工业余文化教育计划进行了重新修订。同时在具体工作推进过程中，对扫盲班单元识字教学法和通常教学法进行了推广，并选编了扫盲班写读教材，使整个教学质量得到了大幅度提升。

---

① 黑龙江省地方志编纂委员会编：《黑龙江省志·工会志》，黑龙江人民出版社1999年版，第404页。
② 黑龙江省地方志编纂委员会编：《黑龙江省志·工会志》，黑龙江人民出版社1999年版，第418页。
③ 黑龙江省地方志编纂委员会编：《黑龙江省志·工会志》，黑龙江人民出版社1999年版，第419页。

松江省在基本建设工地举办常年业余学习班，共有1000余名工人参加了黑龙江省扫盲委员会和省总工会在基本建设工地利用冬训时间开展扫盲试点工作。共吸纳了138名学员参加，其中有技术工人、施工员和脱产干部，经过346个小时的集中学习，有76%的学员达到了扫盲标准，学会了3000余个汉字，并掌握了拼音，结业时能够写一篇应用文，能够正常读报，这批学员结业前向毛主席、中共黑龙江省委和本单位总共写了184封信，汇报学习成果，表达了在今后学习方面的决心。根据相关数据统计，1954年，黑龙江省职工中文盲人数为191185人，占全省职工总人数的54%。1954年，开办职工扫盲班893个，有35482人参加了扫盲学习班，有14729人达到了扫盲标准。1955年，黑龙江省职工扫盲教育继续开展，并将职工业余文化教育作为国民教育的重要组成部分。截至1955年底，黑龙江省参加扫盲班学员职工达到42237人。1956年2月，省总工会通过了《关于在两年内扫除全省职工中的文盲的决定》，其中明确指出，黑龙江省职工半文盲、文盲占比仍然有50%左右，这与社会主义建设迅猛发展是极不相适应的。因此，在实现社会主义工业化进程中，应将职工扫除文盲工作作为重要一项，黑龙江省职工扫盲工作开展得早，并取得阶段性成果，培养了大批扫盲专职教师和干部。同时，广大职工对于提高自身文化素养也有积极要求。因此决定要求全省各级工会要加大扫盲工作力度，在两年内扫除全省职工中的文盲。1956年3月以前要将全省职工中的文盲全部组织起来进行学习，1957年底，争取重工业、出版印刷、第一机械、商业、煤炭、海运、纺织、市政等产业完成全部扫盲工作；1958年，公路运输、建筑、轻工业、农业、水利、林业等产业要完成扫盲工作；1959年，职工家属要完成全部扫盲工作。同时各级工会要主动协同相关部门做好职工扫盲工作与生产工作的协调，并制订具体计划和进度。对于组织起来的全省10万户职工家属中的10万名文盲，争取在1959年前完成扫盲工作。[①] 黑龙江省各级工会开始积极主动采取措施，成立扫盲工作队，为各行业和工会增加1—3名扫盲干部，在全省组织10万名扫盲大军包教包学。1957年2月，全省已有31个工厂、19个车间基本完成扫盲任务，但由于省总工会提出的扫盲计划要求过高，加之受到整风和反右派运动的影响，省总工

① 黑龙江省地方志编纂委员会编：《黑龙江省志·工会志》，黑龙江人民出版社1999年版，第420页。

会的决定并没有全部实现，还有部分扫盲工作没有完成。1958 年 5 月，省总工会召开职工教育工作会议，提出要在 1958 年 10 月 1 日前完成对青壮年职工的扫盲工作。1958 年 9 月 9 日，省总工会召开第二次扫盲积极分子代表大会，宣布已经完成对黑龙江省青壮年文盲的扫盲工作。职工非文盲比例从 1952 年的 35% 已经上升到 85.2%，可见全省职工扫盲工作成绩斐然。

二、推动劳动保险和生活福利工作

1951 年 2 月 26 日，政务院颁布了《中华人民共和国劳动保险条例》（以下简称《劳动保险条例》），全国总工会为全国劳动保险事业的最高领导机关，地方工会和产业工会是劳动保险事业的执行机构。按照这一要求，黑龙江省积极落实《劳动保险条例》的相关要求，哈尔滨市实施劳动保险的单位有 78 个，有 32983 人享受职工待遇。

1953 年 11 月，政务院对《劳动保险条例》又做出了若干修改，不仅提升了待遇，而且扩大了实施范围。1954 年，政务院要求全国总工会对劳动保险工作进行统一管理，由劳动部涉及的劳保业务要移交给全国总工会。1954 年 7 月，黑龙江省劳动部涉及的劳保业务也移交给了黑龙江省总工会，有关劳动保险工作的相关事宜统一到工会办理。同时还召开专门会议对相关移交工作以及新的业务流程进行宣讲，对涉及的新的劳动保险工作内容和劳保条例举办了干部培训班进行系统学习，进一步明确了劳动保险是为生产服务，为群众服务的根本方针。1954 年末，哈尔滨市共有 112 个单位实施了劳动保险，有 124130 人享受到了劳动保险福利待遇，企业共拨出劳动保险金 152 亿元（旧人民币）。由企业直接支付的劳保费用为 350 亿元（旧人民币），其中包含福利事业经费 18 亿元（旧人民币），产假、工资、病、伤等 82 亿元旧人民币，医药费 250 亿元（旧人民币），为广大职工及其供养的直系亲属提供了生、老、病、死、伤残等各种服务 15 万人次。1956 年，经国务院批准，对劳动保险的覆盖范围又进行了扩大，水利、石油、粮食、外贸、商业等行业职工被纳入了劳动保险覆盖范围，哈尔滨市实施《劳动保险的条例》单位增加至 213 个，有 141032 人享受到了劳动保险福利待遇。

从职工生活福利看，职工群众住宅是影响职工生活福利的重要方面，但由于国家单独投资建房，很难满足所有职工的住房需求，因此，从 20 世纪 50 年代中期开始，黑龙江省各级工会开始将解决困扰工会职工生活的住宅问题作为一项重要工作加以研究，并尝试探索出两条腿走路的办法。一方面，继续坚持国家投资建房；另一方面，采取自建的工作方式加快职工住房建设力度，这种工作方式主要适用于大城市以外的林区、煤矿以及中小城市和郊区工厂群众，建房工作最早起源于煤炭行业。

1950 年，鹤岗煤矿就发动职工搞自建公住家庭住宅，这一年共有 582 户职工修建住房，解决了困扰已久的住宅问题。其具体做法是鹤岗煤矿矿务局成立了自建公住委员会，由局长、工会主席和相关部门负责人担任主要成员，经职工申请工会小组讨论、批准的方式，通过行政贷款的方式为职工自建住房提供资金支持。行政贷款最多不超过 150 万元（旧人民币），要求在十个月内偿还[①]。1954 年，齐齐哈尔铁路管理局也开始有组织、有计划地帮助职工修建简易房屋，由于该局随着运输任务的不断增加，员工人数也越来越多，现有的职工住宅很难满足职工需求，职工无房人数占到全局职工人数的 58%。为此，齐齐哈尔铁路管理局拨出 40 亿元旧人民币，为缺房职工自建住宅提供贷款。

从 1954 年 8 月 15 日开工到 11 月 15 日，全局共修建 1954 户住宅，其中有 75 户没有申请贷款，实际贷款为 36. 8 亿元（旧人民币）。整个建筑面积达到 66298 平方米，有效地解决了职工无房居住的现实困境。在具体修建过程中，职工与家属一起动工修建，还有工程建筑部门职工用换工的方式进行修建，多数住房最多的是行政与工会组织集体包工修建。1955 年，鹤岗矿区计划年内修建职工住宅 2300 户，为职工提供 45 万元贷款（旧人民币），到 9 月末完成公住自建 2150 户，哈尔滨铁路局为 527 户职工解决了住房问题[②]。

职工食堂也是职工生活福利的重要方面。黑龙江省工会在党委的领导下，协助行政部门在厂矿企业积极建设职工食堂，为加强对职工食堂领导，改善职

① 黑龙江省地方志编纂委员会编：《黑龙江省志 · 工会志》，黑龙江人民出版社 1999 年版，第 369 页。
② 同上。

工伙食，黑龙江省和松江省工会先后采取措施，提升食堂工作质量。1956 年 5 月，黑龙江省工会结合本省职工食堂具体情况以及存在的问题向全国总工会提出《关于食堂企业化情况及解决企业化问题的意见》，其中明确指出，从 1956 年下半年开始，黑龙江省职工食堂停止企业化管理。职工食堂取消企业化管理之后，伙食成本不断下降。哈尔滨、牡丹江、齐齐哈尔、佳木斯等各市企业食堂伙食成本下降了 8%—20%不等，每个职工每月支出伙食费 2—4 元，哈尔滨某纺织厂原来伙食费占到工人工资的 37. 5%，随着食堂停止实施企业化管理，下降到 24%，每名职工每人每月少支出伙食费 13. 33 元。1957 年，黑龙江省和哈尔滨市人民委员会针对职工食堂问题，出台了改进与加强职工食堂管理的决定，要求全市职工食堂要开展以提高质量、降低成本、降低卫生和增加营养为中心的竞赛运动。共有 342 个食堂、3262 名食堂工作人员参加了社会主义竞赛和先进生产者运动，通过竞赛运动进一步提升了食堂菜品质量，降低了食堂伙食成本①。

职工浴池也与职工生活福利息息相关，职工浴池最早出现在煤炭领域。1952 年，鸡西各矿为解决职工洗澡问题，扩建职工浴池 7 个，修建 16 所更衣干燥室。1955 年，鸡西矿区新建 16 个坑口浴池，并结合工作实际设置硫黄浴和淋浴。鹤岗煤矿在 1953 年新建了 1000 平方米的浴池，为南山矿工人提供了洗浴服务，同时能够满足 1000 名矿工洗浴更衣需求。

1954 年 10 月，黑龙江省工会联合会就困难职工补助问题发出指示，并就可使用的困难补助金范围作了具体规定。

1955 年 8 月，黑龙江省工会联合会向全省各级工会组织发出《关于改进职工生活困难补助工作的通知》。通知分析全省工会困难补助工作的状况，认为全省有相当一部分工会组织，对职工生活困难补助工作不够关心。为了改进工作，省工会规定基层工会组织应与行政协商，将企业奖励基金中 5%部分专户管理，不准挪用，切实用于解决职工困难问题，并与工会会费中 20%会员困难补助费合并使用。私营或公私合营企业工会可从福利金中提出部分或大部分，与会员困难补助费合并使用。实行劳动保险的企业单位，如奖励基金 5%和会员困难补

① 黑龙江省地方志编纂委员会编：《黑龙江省志・工会志》，黑龙江人民出版社 1999 年版，第 377 页。

助费确实不足以解决本单位职工困难，可由劳动保险基金中拨出一部分作为职工困难补助费。没有实行劳动保险也没有提取企业奖励基金的单位，可将企业行政拨出其2.5%的福利金和会员困难补助费合并使用。省工会联合会还根据全国总工会要求各级工会组织进行一次工人生活调查的精神，部署了全省职工生活状况调查工作。全省五个市、八个县和五个省产业工会、三个矿区工会按照省工会联合会的部署，组成临时机构开始进行工作。哈尔滨、齐齐哈尔、牡丹江、佳木斯市，克山、北安、绥化县和邮电、林业工会的调查工作进行得全面细致，取得了职工生活状况的第一手材料。省邮电工会在对全省69个基层邮电部门、城市及工矿等邮电部门的调查中了解到，未能达到规定最低生活标准，即平均每人每月6—9元收入的职工占困难职工的2/3，平均每人每月3—6元的占困难职工的1/3。1956年4月，省邮电工会根据这一调查，针对少数职工生活标准特低，只靠基层工会困难补助解决不了长期困难问题的状况，同省邮电局行政商定，由局长基金5%的救济金中解决平均生活费6元以下职工的长期补助。1956年1月至9月，全省享受长期补助的邮电职工有133人，补助金额4227元。

三、参与工资改革

工资是职工生活的主要来源，要想充分调动广大职工的工作积极性和主动性就必须在工资上有所体现，就必须解决广大职工的后顾之忧。工资收入多少对职工的生活质量产生直接影响，同时也是广大职工最关心的问题。工会在工作开展过程中，如果将职工对于工资的关系转化为对劳动成果的关心，生产效率将会得到极大提升。因此，党和国家非常重视广大职工的工资政策制定问题，坚持工资与生产相结合的原则，制定了更具有调动性的工资政策，充分发挥了工资在提高生产和改善职工生活方面的作用。同时，工资也是职工利益与国家利益相结合的关键点，如果在工资问题上没有给予足够的关注，就难以充分发挥群众的创造力和主动性。

1953年至1956年，工会积极贯彻党和国家关于各项工资相关政策，组织各项工资政策执行和落实，并在1956年协助政府工资改革，在其中工会扮演了重要角色，也发挥了自身价值。黑龙江省各级工会组织从工资改革的实际需要出发，做了大量卓有成效的工作。一是工会主动参与到工资改革方案的制定和研究工作中，成为收集广大职工意见的重要主体，为工资改革方案的制定提供了大量宝贵意见。二是围绕工资工作培养了大量积极分子，建立了工作委员会，在工会组织设立了工资委员，为工资改革相关工作落实提供了组织保障。三是对工资改革的方针政策进行了全面、完整、系统的宣传，进一步加深了广大职工对于工资改革工作的理解。四是解决了职工关于工资的思想问题，让广大职工认识到了工资与自身生活改善以及生产效率提升之间关系。充分认清了工资多少是根据“按劳分酬”的原则制定的，是根据国家当前基本国情制定的。1956年，工资改革废除了原有的工资分制度，通过货币化工资形式，进一步调动了广大职工的工作积极性。同时，在工资等级制定上还充分考量了不同产业的特点，使职工工资得到了普遍提升，生活质量得到了有效改善。从全国范围看，1956年职工工资要比1952年提高了37%，具体到黑龙江，由于当时黑龙江省作为全国工业化大省，随着生产力的不断发展，就业人数大量增加，工资总额数量更大。在基本工资发放的同时，还针对生活困难职工给予了额外的生活补助，有效解决了生活困难职工的生活问题。1956年，国家又出台了《互助储金组织通则》《职工生活困难补助办法》两个文件。为职工生活改善又提供了相应的政策保障，充分发挥了工会对于工人阶级的关爱之情，进一步调动了职工群众的工作积极性和主动性。

四、重视劳动保护工作

黑龙江地区工会组织对职工劳动安全非常重视。特别是在经济恢复时期，各工矿企业逐渐建立起了劳动保护工作机制，工会成为劳动保护工作开展重要主体，通过保安大检查，对干部职工进行劳动政策教育宣传，发动职工改善企业不安全、不卫生等一系列活动，维护了广大职工的生命安全。同时，部分厂矿企业行政和工人也开始制定安全生产相关制度机制，成立安全技术劳动保护组织。

1953 年，随着国家经济建设不断加快，企业管理工作得到进一步加强，相应企业对于劳动保护工作也给予了足够重视。一方面，开展技术革新运动为劳动保护工作创造有利条件，在技术革新过程中对于危害职工生命安全的关键性问题进行了改进，使劳动保护工作得到了有效提升。各级工会通过安全教育和安全检查，对不重视人、重生产、重机器、轻视职工生命安全的官僚作风进行了批判，对职工中听天由命的落后思想进行了教育，通过摆事实、讲道理的方式深刻教育了广大职工群众，使广大职工也有了安全生产意识，为劳动保护工作开展创造有利条件。同时，企业与工会建立健全了安全技术与劳动保护组织，为加强安全生产监督，许多厂矿工会在车间和小组建立了劳动保护委员会和公共检查员，充分发挥了群众的监督作用，保证了安全生产。

1956 年，黑龙江省煤矿、林业、铁路、哈尔滨和齐齐哈尔等地有 252 个工矿企业签订了劳动保护协议书①。1955 年底，国营橡胶一厂车间开始试行劳动保护建议簿，职工群众可以在上面提意见，这些意见建议能够真正地向上传达。很多隐藏在事故之前的问题被发现解决，哈尔滨第二工具厂工会根据省总工会的相关要求，与行政签订了劳动保护协议书。同时广泛征求群众意见，对劳动保护协议书相关内容进行了修改和补充。

到 1957 年，协议书规定的项目全部达成。从 1956 年下半年采用劳动保护建议簿之后，全车间共提出改进劳动保护设施建议 28 项，并全部实现。佳木斯纺织厂针对 4 班生产特点，为加大对劳动工人保护力度，在车间还建立了留言簿。1956 年 8 月，后纺车间甲班劳保委员发现 25 号车出现安全隐患。但由于时间问题没有得到解决，随后在留言簿上建议乙班委员继续监督解决，使安全隐患得到了尽快排除②。诸如此类事项还有很多。1953 年至 1957 年，黑龙江省各级工会成立了劳动保护机构，成为工人劳动保护的重要实施主体，很多工矿企业都建立了群众安全监督网。结合生产对安全技术和劳动保护措施进行制定和完善，对职工的劳动条件进行改善，为广大职工生命安全编织了更为紧密的监督网络。

① 黑龙江省地方志编纂委员会编：《黑龙江省志·工会志》，黑龙江人民出版社 1999 年版，第 171 页。
② 同上。

五、做好女职工、职工家属工作

一直以来，党和国家都非常重视女职工的权益保护，黑龙江省工会也非常重视女职工的劳动保护和职工家属工作。从女职工的工作角度看，国家为保护女职工切实利益出台了一系列政策法规，1953 年国家颁布了《劳动保险条例实施细则修正案》，1955 年 4 月颁布了《关于女工作人员生产假期的通知》，“女职工产前产后给假 45 天，3 个月以下小产给假 15 天，3 个月以上者，给假 30 天，并发给实际工资。乳儿哺乳每 4 小时一次，每次 15 分钟至 20 分钟。哺乳期以一周岁为限”，1956 年 5 月通过了《工厂安全卫生规程》。

通过制定和完善法律法规，使女职工享受到了除宪法及其他法律赋予公民的权益，还享受到了国家对于妇女规定的其他权益，包含文化教育权益、政治权利、劳动权益、财产和婚姻家庭权益以及人身权利等。通过对女职工在劳动过程中的特别保护，充分调动了女职工参与工作的积极性和主动性。同时，工会还重视对女干部、女代表的培养和选拔，要求各级工会代表要有适当比例，充分维护女职工的政治权利。为女职工参政议政创造条件，为女职工参加事务管理和民主管理提供平台。女职工的文化教育权益是指女职工依法享有接受教育的权利，女职工能够从事技术、科学、文学、艺术等多方面的文化活动，为女职工提供学习培训教育机会，让女职工也有接受文化教育的基础条件。

从职工家属工作角度看，由于黑龙江地区职工收入偏低，平均家庭人数偏多，因此很多职工生活水平并不高，而且困难职工较多。特别是每年秋冬季节，由于温度下降，很多职工群众的家属都因病、多子女或自然灾害等问题造成生活困难，为了减轻职工的生活困难，做好职工家属工作，省总工会每年都有组织、有领导地进行职工家庭生活调查，并在此基础上解决有特殊困难职工的缺粮、缺医、缺资金问题，通过补助经费支援困难家庭。基层工会解决不了的，由上级工会从结余经费中适当给予补助，尽量免除困难家庭的后顾之忧，使职工家属能够有更高质量的生活条件。

1954 年，哈尔滨市有 138 个单位工会针对困难职工家庭进行了救济补助，有6525人接受了补助，补助金额达到1784851305元（旧人民币）。[①] 1954年10月，黑龙江省工会还对困难职工补助问题专门作出指示，要求各级工会组织必须对本单位的职工困难情况全面掌握，集中统一使用各种用于补助的经费和物资，既要做到心中有数，也要做到公平公正，防止因不公开透明造成麻烦。一方面，要克服认为钱少不能解决问题，因而不敢进行补助的错误观念。另一方面，要避免不按群众困难需要无据乱发钱的倾向，既要避免平均主义，也要根据职工的具体困难情况，有重点地对职工家属进行帮扶。工会组织在帮扶补助过程中要利用多种形式，广泛地向群众宣传党和国家对于工人阶级以及家属群众的关怀。通过补助工作，真正地解决少数职工的家庭困难，进一步提升广大职工的思想觉悟，调动职工的生产积极性，进而为劳动竞赛的开展创造有利条件。同时，黑龙江省工会还对困难补助资金的使用范围作出明确规定，各基层工会的办公经费剩余、提取企业奖励基金的救济金均可用于困难补助，此外，各级工会将可用于补助的各项经费全部使用之后，仍有不能解决的特殊困难会员，由该市、县工会组织将各单位困难职工数、家庭具体情况和所需要的经费进行上报，由省总工会酌情解决，减轻了基层工会的帮扶压力。1955年8月，黑龙江省工会联合会下发了《关于改进职工生活困难补助工作的通知》，进一步明确了困难职工补助的具体事项。

① 黑龙江省地方志编纂委员会编：《黑龙江省志·工会志》，黑龙江人民出版社1999年版，第355页。

第七章　全面建设社会主义时期的黑龙江工人运动

从1956年9月党的第八次全国代表大会召开到1966年5月“文化大革命”开始，是党领导人民开启全面建设社会主义历史时期。这十年，黑龙江省委带领全省人民开展了全面的大规模的社会主义建设。此期间，黑龙江省广大职工在开发建设北大荒、大庆油田和大小兴安岭林区中，为新中国的社会主义建设事业作出了巨大贡献。

黑龙江省委领导全省人民在全面进行社会主义建设过程中，也遭受过挫折，特别是由于急于求成、不切实际地追求公有化，开展了“大跃进”、人民公社化运动，加上当时的自然灾害，使国民经济在1959年末到1961年发生严重困难。党觉察失误后，作了纠正“左”倾错误的努力。在党的领导下，黑龙江省广大职工认真贯彻落实“调整、巩固、充实、提高”的八字方针，参与到国民经济调整中，不失时机地采取有效措施，解决了自身经济发展中出现的一系列问题，使各项事业取得了很大的成就。

第一节　贯彻党的八大精神，超额完成“一五”计划

1956年上半年，在全国共同努力下，我国绝大部分地区完成了对私有制的社会主义改造。“一五”期间黑龙江省把保障国家重点工程建设，超额完成“一五”计划。深入贯彻党的八大精神，黑龙江省主要城市得到了长足发展，涌现

出了一批新兴工业城市。伴随社会主义改造的完成，黑龙江省经济逐步恢复并逐渐走上了健康发展的道路，在其中，工人队伍发挥了积极的作用。

一、贯彻党的八大精神

1956年9月15日至27日，中国共产党在北京召开第八次全国代表大会。党的八大明确指出："我们国内的主要矛盾，已经是人民对于建立先进的工业国的要求同落后的农业国的现实之间的矛盾、人民对于经济文化迅速发展的需要同当前经济文化不能满足人民需要的状况之间的矛盾。""党和全国人民当前的主要任务，就是要集中力量解决这个矛盾，把我国尽快地从落后的农业国变为先进的工业国。"逐步满足人民日益增长的物质生活和文化生活需要。党的八大路线是正确的，为中国共产党人努力探索和开辟一条适合中国情况的建设社会主义的道路创造了一个良好的开端。

中共八大是中国共产党取得执政党地位之后召开的具备全国性质的一次代表大会，标志着我国社会主义进入新的建设阶段。中共八大的召开，是中国共产党领导全国各族人民进行社会主义道路建设探索的历史起点。可以说，中共八大对于中国发展具有战略性的历史意义。当时中共八大主要从民主法治建设、科学文艺和党建理论等方面进行了制度性总结，并为下一阶段社会主义建设描绘了第一个蓝图。黑龙江省参加八大代表有正式代表36人，候补代表4人。其中就有省工会主席常一彬，以及来自各行各业、各条战线的代表人物。[①] 例如，哈尔滨四二七厂施工科科长宋世发，哈尔滨一二厂副总机械师邹奎文等。

党的八大召开之后，黑龙江省工会认真学习了党的八大精神，明确了工会的工作重点，八大提出的关于全面建设社会主义的一系列政策方针，极大地提升了工会干部的前进信心。为了更好地贯彻八大路线，黑龙江省委增设了领导经济工作机构，在黑龙江大地上开始了大规模的社会主义建设，形成了以工、农、林业生产为中心的主体发展思路，结合中共中央精神对农业、工业等部门之间的关系进行调整，使黑龙江经济逐步恢复并走上了健康发展道路。

---

① 魏地春，王均伟：《铸造历史——中共历次全国代表大会纪实》，江西人民出版社1997年版。

开展大规模增产节约运动 根据党的八大关于开展增产节约运动的号召，黑龙江省在全省范围内开展了增产节约运动。为了确保此项工作的顺利进行，1957年3月黑龙江省发出了《关于1957年在全省开展增产节约运动的方案》。在黑龙江省工会的领导下，在全省的工业、交通、农业等各条战线开展了增产节约运动。在增产方面，工业战线首先完成了上半年的生产计划，同时在直流发电机、大型水轮发电机等方面也取得了巨大的成就。相较于1956年，1957年黑龙江省农业耕地面积增长了104.6%。全省养猪数量增加了22%，进一步凸显了黑龙江省农业地位，在厉行节约方面黑龙江省除了在机关、企事业单位进行机构精简和缩编，还要求基础建设战线要对各个环节进行增产节约运动。全省各条供应业战线和基本建设战线在木材使用、钢材使用等方面节省了大量物资。

1957年，黑龙江省全年财政收入完成4.74亿元，为预算的103.77%；财政支出为4.35亿元，为预算的95.27%。收支抵销的基础之上还略有结余。相应地，也保证了各条战线的资金使用需求。1956年，黑龙江省在工业线上新建、扩建46个大中型企业。同时拿出了1.45亿元用于农业、林业、水利投资，进一步提升了黑龙江省农业机械化水平，为水利化和林业资源优化提供了充足的资金支持。

加强企业管理 按照党的八大指示精神，要加强对工业领导，对工业内部的各方面关系进行调整，为全省工业合理有序发展创造条件。要求工会要充分发挥其自身职能和作用，要经常深入一线了解员工的具体情况，掌握工人阶级的思想动态。通过深入实际、调查研究等方式加强对职工的政治思想教育。将广大职工群众经验和意见集中起来，然后有针对性地对工会工作进行优化和完善。同时，省委明确提出，要求各地各企业党组织应在工会的配合下，积极采取群众路线方式方法对企业管理工作经验进行实事求是的总结，并根据企业的生产情况进行增产节约运动，对有利于生产的经验要进行推广，对管理制度要进行合理改革，加强经济核算工作。工会要定期组织召开职工大会和代表大会，发挥好广大职工的积极性、创造性和主人翁责任感。各企业要将工人作为企业发展的安身立命之本，要吸收工人参加企业管理工作，充分引导职工对企业领导工作开展批评，对企业管理工作提出建设性意见。同时，按照中共中央的指示精神，黑龙江省在国营工业企业中还进行了常任制职工代表大会的试点工作，成为新中国探索企业民主化管理的先行军。

二、超额完成“一五”计划

“一五”期间黑龙江省把保障国家重点工程建设，特别是将重工业和国防工业建设作为首要任务。[①] 在省委、省政府的正确领导下，在广大工人的艰苦努力下，黑龙江省工业化建设发展迅猛，黑龙江省出现了一大批新型企业，这些企业的诞生不仅迅速改变了黑龙江省工业落后面貌，而且使黑龙江省在国家所处的工业地位日益增强。同时，在企业管理方面工会扮演的角色越来越重要，工会关于企业管理的一些好经验、好办法，成为后续国家在企业制度改革方面的重要参考。党的八大召开之后，黑龙江省利用短短几个月深入贯彻党的八大精神，在八大路线正确指引下，黑龙江省经济社会发展取得了巨大成就，各条战线欣欣向荣，超额完成了“一五”计划。

与1952年相比，黑龙江省工农业总产值增长了57.92%。提前完成了业务计划设定的增长42.97%的任务，工农业总产值达到58.92亿元。社会总产值达到73.5亿元，国民收入总额达到37.77亿元，相较于1952年分别增长了38.7%和47.09%。“一五”期间，黑龙江省工业建设迅猛发展，1957年工业总产值比1952年增长了107.9%。超额完成了“一五”计划所设定的增长84.2%的目标。工业总产值规模达到35.03亿元，工业总产值在工农业总值比重也达到59.5%，重工业在工业总产值所占比重由1952年的60.1%上涨为70.5%，工业基本建设投资规模达到25.7亿元，占到1957年全国总规模的10.3%。五年来，黑龙江省共建成2400多项工程项目，苏联援建中国的156项工程，在黑龙江省落地的就有22项，其中19项为重点工程。新建和改建工业企业达到315个[②]。黑龙江省在“一五”期间平均每个月就有一座新厂矿投入生产。在一大批大中型企业的

---

① 张玉乔：《新中国工业化的奠基——第一个五年计划的建设成就与经验》，《生产力研究》2005年第7期，第131—133页。

② 张向凌主编：《黑龙江四十年》，黑龙江人民出版社1986年版。

支持下，黑龙江省经济规模不断扩大。其中哈尔滨量具刃具厂、中国第一重型机械厂、哈尔滨锅炉厂、哈尔滨电机厂、哈尔滨电表仪器厂、齐齐哈尔钢厂、齐齐哈尔第一机床厂等，成为当时中国工业的集中代表，也为当时全国经济社会发展作出了重要贡献。

1956年11月15日，经国家验收委员会批准，哈尔滨电机厂正式投入生产，作为我国第一座规模宏大的电机厂，该厂在投产后一个月之后就试制成功我国当时最大的15万千瓦水轮发电机组。此外，佳木斯发电厂、富拉尔基热电厂、齐齐哈尔造纸厂、佳木斯造纸厂、佳木斯纺织厂、牡丹江纺织厂、齐齐哈尔糖厂等相继投产，更为顺利完成“一五”计划提供了保障。同时，各企业在“一五”期间共试制成功771种新产品，其中滚珠轴承、大中型发电机、精密量具刃具、高中压锅炉以及各种电器表、联合采煤机、新式切削机床等都是国家的重要产品，为我国经济建设作出了重要贡献。

煤炭生产改变了传统落后的手工业生产方式，新建现代化的鹤岗东山竖井、兴安台竖井、双鸭山岭西竖井、鸡西小恒山竖井等九座新型竖井。同时还成立了鸡西矿山机械厂，黑龙江煤炭产量在1957年达到1326万吨，相较于1952年增长了115.6%。此外，1957年黑龙江省木材生产为747万立方米，相较于1952年增长了67.5%。

经过“一五”期间的经济建设，黑龙江省主要城市得到了长足发展，哈尔滨、齐齐哈尔、佳木斯、牡丹江及鹤岗等城市成为新兴的工业城市。特别是哈尔滨市，在机械制造和动力设备制造方面成为国家的重要基地，齐齐哈尔市在重型机械和机车车辆方面成立了工业区，佳木斯和牡丹江市成为轻工业区，鸡西、鹤岗、双鸭山成为我国重要煤矿产区。这一时期，黑龙江省在机械工业、森林工业、煤炭工业等领域，成为东北地区乃至全国的重要工业基地。

在农、林、牧、副、渔生产方面，黑龙江省“一五”期间取得较大发展。相较于1952年，1957年黑龙江省农业生产总值达到23.89亿元。五年中，黑龙江省新建、扩建39个农牧场。水田面积由1952年的13.5万公顷增长至1957年的29.4万公顷。拥有各类大中型拖拉机3136台，增长了468.1%。造林面积

42.2万亩，相较于1952年，猪牛羊肉产量为7.2万吨，增长了111.8%[①]。

在交通运输、邮电事业和商业贸易方面，“一五”期间，在广大生产者的共同努力之下，各项工作稳步推进，交通运输无论是货运量还是客运量都有所增长，邮电事业快速发展，商业贸易规模不断扩大。从交通运输方面看，在广大工人的共同努力下，“一五”期间铁路货运量增长了78.3%，货运量规模达到3673万吨。客运量增长了83.4%。客运规模达到2916万人。相较于1952年，1957年黑龙江省公路货运量规模达到1928万吨，增长了59.3倍。客运量也增长了7.3倍。“一五”期间，黑龙江省在广大铁路工人的共同努力下，新增铁路通车里程71公里。同时在公路建设方面，新增通车里程7973公里。“一五”期间，在邮政工人和工会的大力推动下，黑龙江省邮政电信建设总投资1024万元。截至1957年底，黑龙江省全省邮电所达到906处，全省邮路总长度达到8.3万公里，相较于1952年分别增长了42.5%和97.3%。报刊发行数超过了127万份，相较于1952年增长了76.4%。全社会商品零售总额达到20.1亿元，相较于1952年增长了73.28%。

“一五”期间，随着黑龙江省工业现代化建设以及农业的发展，人民群众的文化生活水平不断提升，城镇职工工资到1957年达到785元，相较于1952年增长了42.7%。城乡居民储蓄存款余额由1952年的600万元达到1957年的6800万元，五年间增长了十倍有余。“一五”期间在国家大力支持下，黑龙江省重点建设项目相继投产，黑龙江省经济实力越来越强，成为支援全国的重要保障基地。“一五”期间，黑龙江省净流出国民收入10.9亿元，占到全省国民收入总额的6.4%，地方财政净上缴17.8亿元，超额完成了“一五”计划的各项任务。

第二节　工会在正确处理人民内部矛盾中的活动

工会在正确处理人民内部矛盾过程中同样发挥了积极的作用，在具体做法上，如推行职工代表大会制度，参加整风运动。在整风运动中，重点识别部分

① 柳随年，吴群敢：《恢复时期的国民经济》，黑龙江人民出版社1984年版。

干部和职工的保守主义思想，针对这一思想问题，工会组织对个别分子进行针对性教育，同时开展群众监督，多措并举，保守思想的现象有所减少。

一、推行职工代表大会制度

1956年9月，在中共第八次全国代表大会上，党中央明确指出，要坚持群众路线方法，要在国营企业进行试点工作，坚决执行党委领导下的厂长负责制。为此，中共中央在1957年3月发布了《关于处理罢工罢课问题的指示》，1957年4月，又出台了《关于研究有关工人阶级的几个重要问题的通知》，其中明确指出，要坚决执行党委领导下的厂长负责制，同时对由工会主持的职工代表大会进行改革，通过完善职工代表大会制度，扩大了职工代表大会的权利，并将其作为群众参与企业管理和监督行政的重要权力机关。职工代表大会由工会负责筹备召开，并对职工代表大会关于生产行政工作的决议进行执行和监督。中共中央针对职工代表大会职权做了四方面规定：一是听取和讨论厂长的工作报告，审查和讨论企业的生产计划、财务计划、技术计划、劳动工资计划和实现这些计划的重要措施，定期检查计划执行情况。二是审查和讨论企业奖励基金、福利费、医药费、劳动保护拨款、工会经费以及其他有关职工生活福利的经费开支；在不违反上级机关指示、命令的条件下，可以就上述范围作出决议，交企业行政部门或其他有关方面执行。三是必要时可向上级主管机关提出撤换某些企业领导人员的建议。四是对上级机关的规定有不同意见时，可向上级管理机关提出建议，但是如果上级管理机关经过研究仍坚持原有决定的时候，必须贯彻执行。

从1957年开始，黑龙江省根据党的八大会议精神，组织本行业、本系统进行职工代表大会试点工作，主要集中在林业、煤矿业和建筑业等行业。在市建筑公司工程处两个单位进行试点工作。其中一个单位不设常设机构，工会仍然是职工代表大会的主要组织者和贯彻者；另一个则设立民主管理委员会，作为大会闭幕期间的常设机构。1957年3月，林业部门组织部、哈尔滨管理局和哈尔滨区工会成立工作组，于3月初在森工、制材、营林系统选择了不同类型的八个单位，即世环镇、双子河两个森工局、大海林森工局贮木场、桦南森工局森林铁路、铁力森工局平安伐木场、上甘岭森工局第五伐木场、南岔第一制材厂、伊春局三股流经营所等进行了召开职工代表大会和职工大会的试点工作，在工作中不断对经验进行总结，形成了较好的工作办法。中共齐齐哈尔市委、市总工会也非常重视试点工作。从 2 月开始，在陶瓷、纺织、针织和服装四个厂进行试点工作。其中两个厂实行一套机构，即会员代表大会和职工代表大会合二为一，成为监督机关。这一机关既是群众监督机关，又是基层工会的最高权力机关，并不设常设机构，由工会负责具体工作。另外两个厂设置常设机构，纺织厂设置管理委员会，针织厂则成立生产生活两个委员会。虽然在机构上名称不同，但发挥的职能相同。哈尔滨市总工会从 1 月开始在哈尔滨机车车辆修理厂、哈尔滨电机厂、哈尔滨毛织厂和东北建设三公司二处四个单位也开始推进试点工作。贯彻落实阶段工作非常踏实，各单位结合实际起草了职工代表大会的选举办法和相关组织条例，对职工代表大会的相关原则性问题进行了统一。在选举收集和体验阶段，单位广大职工充分发挥了主人翁作用，十分重视自身的民主权利，把受自己拥护的人选为了代表，这些代表也非常负责，对职工的意见建议进行了收集，车辆职工共提案 946 件，经过仔细斟酌，合并为 503 件，其中有 210 件提案关于生产和劳动保护；59 件关于领导作风；186 件关于职工生活，还有其他方面的 41 件。按照相关规定，各单位都按照程序召开了职工代表大会，职工代表大会真正做到了充分民主。代表们围绕企业各项问题畅所欲言，所作出的决定也与企业息息相关，各项工作开展顺利。国营一二二厂于 1957 年 1 月召开第一次职工代表大会，对 1956 年执行集体合同的情况进行了检查，并对 1957 年的生产任务进行了布置。工厂下属各单位共选取了 568 名代表，邀请了其中 237 名代表参加了大会。在 237 名代表中，有 44. 8%是工人，有 31. 8%是工程技术人员。工人及以上干部占到总人数的 23. 4%，群众占到总人数的 26. 7%，党团员占到总人数的 73. 3%。广大代表在职工代表大会上积极发言，开展了广泛的批评建议活动。在大会上共整理出 652 条意见，职工代表所提出的意见相较于历年工会会员代表所提出的意见有较大提升。其中 60%以上的意见关于工厂生产管理，35%涉及职工的生活福利，这使得工厂领导更加坚定了依靠群众、发动群众来管理企业的信心。工厂领导也充分认识到职工代表大会反映出职工劳动生活条件问题的严重性，将改善车间劳动条件作为大会的重要决议，并限期实现。

在职工代表大会试点阶段，多数试点单位在推行民主管理制度时都取得了较好效果。通过对林业部门八个试点单位推行职工代表大会制度的经验总结，可以看到比原来职工代表会议制度更加完善。具体而言，第一，使企业更加民主。通过实施职工代表大会，各级领导开始深入群众，解决群众在实际工作中的实际问题。对于面临的子女就业、教育、住宅、医疗、奖金分配问题在召开职工代表大会之前，通过深入了解情况和周密调研，提出了具体可行的解决办法，并向代表作出说明，使这些问题得到了初步解决，改变了很长一段时间对群众生活关心不够的现象，也进一步提振了广大职工的信心。第二，在群众的监督下，干部的工作作风有所改进，开始注重说服教育，对于群众提出的意见建议也给予了充分重视，不少单位对群众意见都能够及时处理，不能及时解决的也作出了说明，取得了群众谅解。第三，进一步提升了职工群众的主人翁意识，在试点工作中职工所提出的意见多与生产管理相关，很多问题都直指要害，生活福利的问题只占少部分，群众的积极觉悟逐渐觉醒。

1957 年 6 月，召开第一次职工代表大会时，很多职工对工资方面提出了意见建议，工会在处置这方面问题时，指定工资委员会深入职工调查了解并形成书面材料。这一段时间里，该段工人利用废旧材料加工生产，但行政方面却没有形成鼓励节约利废的定额规定，按规定使用了 3 寸原料，定额 24 分钟。而工人为了积极响应增产节约，利用 4 寸到 5 寸废料增加一道工序，超过定额 6 分钟，却为国家节省了 1.4 元①。按计件工资，工人并没有得到多少报酬，这在一定程度上影响了职工参与增产节约的积极性，使一部分工人在工序上过于简化，对质量重视程度不足。该段工会公司委员会配合行政部门在第二次职工代表大会期间对原来定额的 529 项内容进行了修订，对当时定额不适应生产的问题进行了妥善解决。在实行职工代表大会制度过程中，以佳木斯铁路机务段为例的各

① 黑龙江省档案馆编：《黑龙江革命历史档案史料丛编——土地改革运动》（上册），内部发行，1983 年。

种创新方式方法在企业管理中得到了广泛应用。

1958 年，黑龙江省已经有部分工矿企业建立了职工代表大会，充分发挥了职工代表大会的作用。部分单位在建立职工代表大会以后，充分发挥了基层工会的工作委员会作用，解决了职工代表大会基层面临的很多新情况、新问题。佳木斯铁路机务段工会在建立职工代表大会之后，对当时的工作制度和工作方法进行了重点改进，并对各工作委员会工作经验进行了总结。

1958 年以后，由于政治上的“左”倾思想，工会组织在生产、教育、生活方面的职能不断弱化，对企业民主管理领导也逐渐松动。职工代表大会制度在部分单位并没有真正推行下去，一些建立了职工代表大会制度的单位也逐渐趋于形式化，发挥的作用有限。

二、参加整风运动

1957 年 4 月 27 日，中共中央发布了《关于整风运动的指示》。决定在全党开展一次以正确处理人民内部矛盾为主题，以反对官僚主义、宗派主义和主观主义为内容的整风运动。[①] 充分动员广大人民群众对党提出批评建议。随着整风运动的不断深入，极少数资产阶级右派分子试图通过运动诋毁党和社会主义。这一阶段对极少数资产阶级右派分子进行反击是完全正确的，但反右派斗争在持续过程中被不断扩大，对于工人阶级和工会而言，反右斗争的扩大化造成了严重后果。一方面，中断了正在进行的工会理论问题的探讨，党内的“左”倾思想不断蔓延。另一方面，也使得工会的正常工作停滞，陷入了被动。

1957 年 5 月 10 日，全国总工会按照中共中央的整风运动，召开了党员干部大会。会议指出，工会工作最根本的问题是工会与群众的关系问题，要将解决脱离群众这一根本性问题作为工会工作的重点，同时强调工会要充分发挥在人民内部矛盾中的调节作用。[②] 工会要积极支持广大职工群众提出合理化建议，同

---

① 王明高：《中国共产党整党整风的历史经验及其当代启示》，《湖南社会科学》2002 年第 4 期，第 130—131 页。

② 王一帆，陈明显：《中国共产党历次整党整风》，黑龙江人民出版社 1985 年版。

时群众由于不了解全面情况，可能提出的建议不正确、不合理，有的要求难以办到，工会对这样的意见要求要进行说服教育，拉近领导干部与群众之间的距离。

1957年5月13日，黑龙江省委发布了《关于执行中央“关于整风运动的指示”的计划》。黑龙江省工会以及各地各部门工会也主动参与到整风运动中，并积极贯彻整风和工作生产两不误原则，将整风与工作相统一，使整风同生产和工作相结合，解决工作和生产中的各种矛盾，做到“边学习、边检查、边改进”，使整风进行中工作和生产都得到相应的提高。各级工会和领导干部通过召开座谈会、小组会、个别谈话等方式广泛征求意见，同时对自身存在的问题进行主动检查。工会主动发动群众批评揭露干部存在的问题，旨在帮助领导干部更好、更深入地开展整风。

1957年10月，全省工业企业整风进入大鸣大放阶段。到1957年11月，全省50余万名职工通过小组会、大字报、座谈会、设置意见箱等多种形式收集367万条意见，这些意见是广大基层职工的真实反映，也使企业领导看到企业在其中存在的问题，推动了企业领导干部转变作风。也是在同年11月，省委召开了直属机关党员干部大会。省委直属机关党员、省人大、哈尔滨和齐齐哈尔市领导干部共1900多人参加了会议。此次会议对整风运动开展的必要性和重要性进行了强调，要求全省党员干部要学习好毛泽东的讲话精神。根据中共中央指示，黑龙江省决定首先在哈尔滨市国营企业开展整风运动，其他地方企业在国庆节后陆续开展整风运动，在企业整风运动中要将思想工作贯穿工作始终，要始终坚持群众路线，做到整风与生产两不误。全省企业整风分两批次进行，第一批次有666个工交基建企业，50余万名职工参加，于1957年9月底正式开始。第二批于1958年1月开始，共有20余万名职工参加。

此后，黑龙江省企业整风进入整改阶段，在整改过程中依靠广大职工进行了大刀阔斧的整改。例如，哈尔滨毛织厂整改开始时依靠少数领导来解决职工问题，五天只解决了22件，后来企业管理层和工会组织广大职工一起整改，一天就解决了36件。齐齐哈尔铁路分局货车段在整改问题过程中对问题进行了分类，开展了群众献策运动，通过方式方法创新，提升了问题整改效率。1958年2

月，黑龙江省企业整风运动进入反浪费反保守阶段，这一阶段主要通过大辩论的方式进行，在整改过程中打掉了干部身上的“三风”“五气”，解决了广大职工自身存在的问题。到1958年3月，全省工业企业反浪费反保守运动达到了高潮。[①] 工厂企业在整风运动过程中充分发挥了工会的组织带动作用，引导广大职工进行了资本主义思想批判。在整改过程中，各工厂陆续批判所谓右倾保守思想，结合企业生产实际制订生产计划，并通过大辩论的方式，使广大职工鼓足干劲，掀起了一轮又一轮的生产高潮。在企业整改过程中齐齐哈尔市国营建华机械厂探索出了工人参加企业管理的工作方法。

整风运动期间，地方工会组织也积累了一些经验，探索形成了一些有益的做法。齐齐哈尔市国营建华机械厂在参加整风学习中，实现整风学习与企业管理同步进行，并创造了工人参加管理经验。这一经验经《人民日报》报道闻名全国。黑龙江省齐齐哈尔市建华机械厂职工在整风运动中不断提升阶级觉悟，主动参与到企业经营管理和建设中，树立了共产主义风格。在总结经验的基础上，形成了无人售饭菜食堂、无人发放工资、无人管理工具库、无人管理图书馆、无人管理游艺室、无人收会费、无人收售电影票、无人收售洗澡票等“八无”新气象。建华机械厂在整风运动中，工人参加管理，干部参加劳动，对现有的规章制度进行大胆改革，全厂职工上下一心，形成了“人人政治挂帅，人人做思想工作，人人要求进步，人人以厂为家”的良好厂风厂气，食堂管理人员经党组织启发，首先推行了无人售饭菜制度。职工们凭借自觉自己交钱，自己拿饭，不仅使当时的食堂管理工作面貌焕然一新，而且实现了群众、食堂管理人员和厂领导在食堂工作中皆大欢喜的局面。同时在党委的领导下，还实行了无人发放工资制度。具体是在月末开支或月中借支时，由小组核算员从车间会计处领取本组应得的集体工资，连同工资计算表一起放在指定地点，每个人可以利用休息时间根据工资计算表将应得工资从中取出，并在工资计算表上盖章，标注收到，每人自觉交纳工会会费，还欠款。而无人管理工具库制度，则是按照谁用工具，谁去工具库挂牌领取的做法，用完之后，立即归

① 黑龙江省档案馆编：《黑龙江革命历史档案史料丛编——土地改革运动》（下册），内部发行，1984年。

还。建华机械厂的这些做法实现了整风运动与工厂管理的深度结合，不仅减少了很多中间手续，而且提升了生产和工作效率，使企业管理出现了新气象，也减轻了相关工作人员的负担。例如，原来每次发工资时，会计都需要请两三个人帮忙，在工作中还经常出错，而实施无人发放工资制度之后，每个人都自觉领取工资，每个人都对集体负责，差错不断减少，甚至从根本上得到了消除。实施新制度之后，工人们发扬了共产主义精神，提升了觉悟，原来在使用工具时，部分人常搞“个人仓库”，但实施无人管理工具库之后，工人们的集体观念增强了，在工具库使用过程中，“小仓库”逐渐消失了，使工具使用更加井然有序。

在整风运动中，首先遇到的问题是部分干部和职工存在保守主义思想，部分职工在整风运动中对新事物接受和支持不够大胆。部分人在政策和制度实施过程中还存在“占便宜”思想。但经过厂组织对个别人的教育和开导，开展群众性相互监督的办法之后，这些现象逐渐减少。随着实施细节的不断改进，建华机械厂实施的“八无”新制度，深受全厂职工的欢迎，市总工会先后在建化机械厂召开两次现场会议，对他们的经验进行了推广。

三、反右派斗争扩大化对工会工作的影响

在整风运动中，特别是大鸣大放后期，极少数资产阶级右派分子对当时的形势进行了错误估计，将共产党开展的整风以及要求党外人士帮助整风，对经济社会发展和人民群众方面的矛盾和问题进行揭露和批评，对政府工作的错误和缺点进行指正，看成了“天下即将大乱”。他们散布谣言，说“共产党已经进退失措”“局势已经一触即发”“共产党应退出机关、学校”“公方代表应退出合营企业”“要求轮流坐庄”。这些人的言行表明他们并不是为共产党执政提意见，而是不要中国共产党领导，也不要社会主义制度，在这些人的鼓动、煽动和蒙蔽下，部分群众没有看清方向，部分地区出现了少量工人罢工，而且有蔓延之势。

在这一背景下，开展反右派斗争是极其有必要的。通过斗争使一些被蒙蔽

的人看清时局，澄清一些人的错误认知，进而使这些人能够更好地认识中国共产党的领导以及社会主义制度。黑龙江省在反右派斗争中也出现了严重的扩大化问题，被划分为右派分子的人中有的只是向党的工作和干部提出批评意见，这些批评意见于企业发展和工会工作而言是正确的，仅是用词比较尖锐或提出的意见建议对工会工作开展相对片面，就被认为是反党、反社会主义。还有一些工人对社会主义现实和理论提出了一些想法，即便是有错误，也属于人民内部矛盾，但也被当作敌我矛盾进行了处置。还有些企业工会在斗争指导中采取的措施过于着急，急躁粗暴的态度使斗争界限不清，将部分好人也划分成了右派。虽然省委和省总工会多次强调在反右派斗争中要划清界限，但在反右派疾风暴雨式的群众运动中，并没有真正地实现。

1957 年 6 月 14 日，黑龙江省委员会发布了《关于加强对工业生产领导的指示》，明确指出必须坚持以生产为中心，绝不能为社会上的大鸣大放所波动。各级党委需切实履行职责，积极推行增产节约运动，加强职工的思想政治教育，改善工作态度，并有计划地推进企业实行常任的职工代表大会制度，同时对所取得的成就进行宣传报道。1957 年 6 月 27 日，省委决定在工矿企业全体工人中开展反击右派分子的斗争教育。1957 年上半年，工会在维护工人权益方面的职能有所减弱。随着反右派斗争的扩大，工会在争取合理工资待遇、改善劳动条件等方面的工作力度明显减弱。省内发生了 60 余起工人请愿罢工事件，涉及人数超过 7000 人。这些事件主要由工资、生活及工作分配等问题引发，但经过努力，这些问题基本得到了妥善处理。1957 年 7 月 5 日，哈尔滨市委举行了反右派动员大会，与会职工人数达到 3 万余人。1957 年 10 月 8 日，《黑龙江日报》发表了题为《要引导职工把大鸣大放向深度发展》的社论，要求全省迅速跟上全国形势的发展，确保整风运动与生产活动两不误。1957 年 10 月 31 日至 11 月 8 日，中共黑龙江省工会党组举行了扩大会议，会议结束了反右派斗争。检查了本省工会干部对工会组织在社会主义建设时期工会工作的方针、任务、作用等根本性问题的认识。

当时，反右派斗争虽然没有影响到工人阶级的主体地位，但对以后的工人阶级事业造成不利的影响。在反右派斗争中，省委规定右派分子比例控制在职工总数的3%。但实际上在这场运动中，全省共有1.36万人被认定为右派分子，其中他们绝大多数都是被错划为右派分子，真正反党反社会的右派分子只是极少数。这些人中许多都是真心为党工作的干部和工人。

反右派斗争的严重扩大化，使党探索中国社会主义建设道路的良好开端遭受挫折。在党的建设方面，同毛泽东发动整风运动以造成生动活泼的政治局面的主观愿望相反，给党内政治生活带来消极影响。在经济生活方面，一些适合当时农村生产力情况的有益探索遭到严厉批判；重新放开一些私营经济的新设想被弃置。在政治思想和文化生活、社会主义民主与法治建设方面，“百花齐放、百家争鸣”和“长期共存、互相监督”这两大方针，受到极大损害。

第三节　农场职工开发建设北大荒

1947年，按照党中央“关于建立巩固的东北根据地”的重要指示，一批来自延安等革命根据地的“拓荒者”来到黑龙江，拉开了开发建设北大荒的序幕。农场职工开发建设北大荒，起到了榜样示范的作用。黑龙江省农垦系统职工是一支庞大的农业产业大军，是构成农垦工会的基本群众和组织基础。在艰苦的环境下，发挥了艰苦创业的精神，培育并铸就了北大荒精神。

一、农场工人大规模开发建设国营农场

1947年，黑龙江地区的合江、松江、牡丹江、黑龙江、嫩江等省试办省营机械农场，用机械开垦荒地。1947年12月，通北机械农场（现赵光农场）派人到哈尔滨招收一批汽车司机，作为机械开荒的骨干力量。不久，接收了从前线缴获来的几台拖拉机，又从烂泥塘里挖出日伪开拓团遗弃的“火犁”。1948年4月，第一批从苏联进口的“纳齐”（12台）运到通北。汽车司机将机车一台台开回农场。他们采取“吃白菜心”的战术，挑高岗地开荒，当年开荒1.3万亩。1947年建立的宁安农场（当时为松江省营第一农场），也从哈尔滨市招收10余

名技术工人，作为开荒建场的技术力量。从俄籍侨民开设的小工厂买了两台四铧沙克犁，两台圆盘耙。又从外县接收日伪开拓团遗留下来的“汉诺玛克”“卡特彼勒”“苦麻兹”3台旧机车。8月12日正式试犁开荒，因事先未经勘测，开荒不到百垧就无地可开，只得转移新址。1948年迁到宁安，8月组成60多人、10台机车的开荒队，当年开荒23520亩。

据有关资料统计，1947年至1949年末，东北人民政府机械农场管理处所属机械农场和省属农场，共开垦荒地40.6万亩。1949年至1952年，东北荣军复员工作委员会的荣军学校和“解放团”，分别在松嫩平原和三江平原上建立机械农场。1950年4月17日，伊拉哈荣军农场在总场部马家窝棚（现九三管理局所在地），隆重举行开荒誓师大会。荒原上数百名荣军牵着套上各种农具的战马，驾驶着10台挂着开荒犁具的“纳齐”拖拉机，赴开荒现场，当年共开荒3万余亩。至1950年，共创建农场19个，掀起垦区第一次开荒高潮，当年开荒49.7万亩，超过前三年开荒面积的总和。1953年至1955年，省内建立一批劳改农场，大多以人畜力开荒为主，逐步发展为以机械开垦为主，机、马、牛相结合的耕作体系。1955年创建劳改农场23个，占全省38个劳改农场总数的60%。当年开垦荒地100万亩，拥有拖拉机200台。1955年9月建立的七星泡农场，当年畜力开荒15亩，人拉犁开荒157亩。翌年春，进9台拖拉机，加上役马、役牛、人拉犁，共开荒4.33万亩。①

1955年，友谊农场和克山农场的机械化开荒，在规模和规范化以及农机技术上，进入新阶段。友谊农场于1954年12月在哈尔滨王岗举办一期拖拉机手学习班，参加学习的农机工人、生产队长共268人。学习课程有拖拉机驾驶农机构造与修理、机务管理与技术保养等，全部由苏联专家讲授。学期3个月，到1955年3月结业。同年5月2日，农场举行开荒典礼，各分场拖拉机代表队的10台机车同时启动，开赴荒原。从5月2日到6月9日，全场完成了开荒任务，共开荒30.3万亩，党中央和农业部先后发来电报，表示庆贺。7月1日，农场在兴隆镇举行开荒祝捷总结大会，大会奖励14名开荒模范、61名先进生产者、10个先进包车组，其中有女拖拉机手刘瑛、董延兰等。全场当年开荒合计35万

---

① 黑龙江省地方志编纂委员会：《黑龙江省志·农场志》，黑龙江人民出版社1992年版，第39页。

亩，开荒亩成本 1.95 元，清荒开荒亩成本 3.45 元。1956 年，铁道兵二、三、四、五、六、九、十一师复转官兵，共 17400 多人先后在密山、虎林、宝清、饶河地区组建一批以铁道兵番号命名的“八”字头农场，当时铁道兵农垦局用集训、外送和实际锻炼的方法，培养拖拉机手和农具手 1250 名，开荒面积达 308.7 万亩，形成了垦区第二次垦荒高潮。由于采取“边开荒、边建场、边生产”的方针，分区布点过快，加上地势低洼、农田水利措施未跟上，造成垦建脱节和开荒生产上的盲目性。[①]

1958 年，10 万名转业官兵进军北大荒，在东部和西部平原扩建和新建一批国营农场。当年开荒达 345.7 万亩，形成了垦区第三次垦荒高潮。此后，每年以垦荒 150 万亩至 200 万亩的进度，持续到 20 世纪 60 年代初期。

二、农场工会组织的建立

黑龙江省农垦系统有职工 3274.3 万人，是一支庞大的农业产业大军，是构成农垦工会的基本群众和组织基础。这支队伍来自祖国各地，使农垦工人具有中华民族的美德和艰苦创业、勇于开拓、顾全大局、无私奉献的崇高精神。

当时农场职工由转业军人、支边青年及移民、大中专毕业生、城市下乡青年等组成。

黑龙江垦区创建以来，成批接收复转官兵共有 7 批，其中以 1956 年组建铁道兵农垦局和 1958 年“十万官兵”规模较大。在 20 世纪 70 年代中期，全垦区复转官兵总数高达 14 万人。截至 1987 年，留在垦区的尚有 7.1 万人。

1955 年春，哈尔滨、河北、天津、山东等地青年 2500 多人先后到达。当年秋季，山东又有 5 万多名支边青年奔赴黑龙江垦区。与此同时，国家还从山东、河北、四川等省动员一批移民，先后来到“北大荒”落户，这部分职工共有 8 万多人。

早在 1949 年，就有东北大学 40 名学生，自愿报名来到垦区参加建设。1955 年东北农学院附属农机学校 50 名学生，响应号召，提前毕业。分配来垦区参加

---

① 黑龙江省地方志编纂委员会：《黑龙江省志·农场志》，黑龙江人民出版社 1992 年版，第 40 页。

友谊农场建设。20 世纪 60 年代又有几批农业、农机院校的学生来到垦区。进入 20 世纪 80 年代，每年都接纳一批大中专毕业生，而且人数逐年增多，截至 1987 年，总数达 4.5 万人。

1963 年后，京、津、沪、浙、哈尔滨等大中城市，先后组织大批青年来参加生产建设。仅 1968 年至 1972 年四年间，就接收安置城市青年 45 万多人。

黑龙江农垦事业是从 1947 年创办第一批国营机械农场发展起来的。最早创建的农场，初期虽没有组建工会，但随着企业的发展、职工人数的增加以及全国第六次劳动大会的召开，农场的职工委员会相继诞生。

1948 年 3 月永安机械农场成立了职工委员会，1948 年 7 月通北机械农场、萨尔图畜牧场职工委员会建立，1949 年宁安、桦南、二龙山、查哈阳等农场也相继建立了工会组织。建会初期同全国其他工会一样，多称为“职工委员会”；归属不一，一般受所在地的市、县职工总会领导，个别农场直接受省职工总会领导。

1954 年 8 月，省总工会成立了国营农场产业工会。从此，各农场工会业务统归省国营农场工会领导。这个阶段，农垦工会组织机构比较健全，干部较齐备，素质较好，会员和积极分子队伍发展较快，正常的工作秩序逐步形成。据 1955 年省工会联合会统计，全省农垦有基层工会委员会 166 个，工会小组 2819 个，工会会员 2.2 万人，占职工总数的 77.5%，工会积极分子 2491 人，占会员总数的 11%，有专、兼职工会正副主席、委员 2062 人，其中专职干部 71 人。

1958 年 9 月，根据全国总工会党组第三次扩大会议精神和《工人日报》发表的批判工团主义、经济主义、行会主义的社论，省总工会撤销了农场产业工会。1961 年，中共中央批转全国总工会党组《关于加强工会工作意见》的报告之后，省总工会加强了对农场工会工作的领导。农垦各级工会进行了组织调整、健全组织、加强力量、充实干部等工作，工会工作又得以重新发展。

三、把北大荒变成北大仓

黑龙江地区的垦荒活动最早始于 1947 年。在嫩江垦区，农作物以查哈阳灌区水稻生产为主，占播种面积的 68.1%；小麦面积占 11.9%，玉米、大豆、谷子、杂粮等占20%。到1959年旱作农场增多，小麦面积大幅度上升，从1955年的42449亩，增至1956年的258252亩，提高了5.08倍；1957年增加到467681亩，又比1956年提高0.81倍。与此同时，大豆作物面积也急剧增加。[①]

据统计，嫩江垦区1949年土地开发74220亩，播种面积约76740亩，农业产值61万元，农业生产收入172.6万元，到1954年农业产值10475万元，农业收入102.9万元。到1960年江垦区已经发展到9个农牧场，拥有耕地140.2万亩，[②] 农业产值1295.3万元，农业收入1277万元。[③]

在开发建设北大荒时期，在自然环境恶劣和各种严峻的困难面前，国营农场的广大干部职工群众没有向困难低头，在党的坚强领导下，同困难进行了顽强的斗争。在与广袤荒原的斗争中，他们发挥了艰苦创业的精神，铸就了北大荒精神。

北大荒精神概括表述为四句话16个字："自力更生，艰苦创业，勇于开拓，甘于奉献。"艰苦创业是北大荒精神的精髓。在不同的历史发展时期，北大荒精神与时俱进，不断被赋予新的内涵。

从20世纪50年代开始，在黑龙江的开发建设中，以十万名复转官兵为主体，以科技人员、支边青年、知识青年为骨干的拓荒者，在北大荒建起了全国耕地面积最大的国有农场群，成为国家重要的商品粮基地和粮食战略后备基地，创造并发展了北大荒精神。北大荒精神是垦区人民的根，是共同的规范和共同的精神追求，到任何时候都不能放弃这种传统美德，并要靠广大干部带头示范，靠全体职工去认真执行。

一部北大荒开拓史，也是北大荒精神的创造史、发展史和弘扬史。[④] 70多年来，北大荒精神是北大荒人在创造巨大物质财富的同时，创造的具有黑龙江农垦特色的精神产品。北大荒精神是北大荒人强大的精神支柱，同时也丰富了中华民族几千年文明发展史的宝库。

---

① 黑龙江省嫩江国营农场管理局史志编审委员会编：《嫩江农垦志（1948—1985）》，第43页

② 黑龙江省嫩江国营农场管理局史志编审委员会编：《嫩江农垦志（1948—1985）》，第17页。

③ 黑龙江省嫩江国营农场管理局史志编审委员会编：《嫩江农垦志（1948—1985）》，第45页。

④ 《北大荒全书·简史卷》编纂委员会编：《北大荒全书·简史卷》，黑龙江人民出版社2007年版，第627—628页。

北大荒精神的思想，渊源于具有悠久历史的中华文明，体现了中华民族勤劳勇敢、奋发向上、高瞻远瞩、胸怀宽广的传统美德；它继承中国共产党及其领导的人民军队的光荣传统，发扬了长征精神、延安精神、南泥湾精神，融汇了艰苦奋斗、勇于开拓的中国农垦精神，它是北大荒人在特定的自然环境和历史条件下，继往开来、与时俱进所创造的极具黑龙江农垦特色的精神财富。

第四节 妇女能顶半边天——新中国第一位女拖拉机手梁军

梁军作为新中国第一位女拖拉机手，深刻认识到农业机械化是一个开放性大系统工程，要提升农业机械化水平和效益，必须构建完善的农业机械化体系，必须改变此前片面局部推进、零散作战的局面。梁军身体力行，50 年来始终把实现农业机械现代化作为自己的人生理想，并为之努力奋斗。作为新中国第一个女拖拉机手，梁军已成为中国农民和农机事业现代化的标志性人物。

梁军，生于 1930 年，出身黑龙江省明水县的一个贫苦农家。早年的艰辛生活锻造了她敢于挑战、不畏艰辛的性格。1945 年，随着黑龙江的解放，梁军得以摆脱童养媳的命运。在解放区充满激情的政治运动中，她开始接受党的教育，探寻着通往光明未来的道路。

1947 年，随着东北战场形势的好转，中国共产党着手恢复经济的重要战略。为了实现东北农垦的机械化，一批拖拉机从苏联进口，为北大荒的开发做好了准备。在此期间，黑龙江省委在德都县创立了一所特殊的乡村师范学校——萌芽学校，旨在培养半农半读的新型农民。说服家人后，17 岁的梁军前往德都萌芽乡村师范学校接受教育。在这里，她接触到了一部苏联电影《巾帼英雄》，其中的女主角安格林娜的形象深深地吸引了她。电影中所展现的革命英雄主义激发了梁军内心深处的激情，特别是安格林娜作为女拖拉机手的形象，深深地触动了她的心灵。看完电影后，梁军记录下了自己的心情，写下了一篇日记《向英雄安格林娜学习》，初次萌生了成为女拖拉机手的愿望。

1948年2月，黑龙江省委决定在北安开设拖拉机手培训班，德都萌芽乡村师范学校争取到了三个培训名额。在众多学员中，梁军因其勤奋好学、吃苦耐劳的品质备受同学推崇。最终，她幸运地成为参加培训班的唯一女学员。

尽管面对70多名男同学的关注，培训班没有专门的女生宿舍，梁军却毫不畏惧，决心坚持完成学习任务。她坚定地向党保证，无论多么艰苦，她都会毫不退缩。梁军的坚定态度感动了培训班的领导，尽管极端条件下的学习环境十分艰难，但他们还是决定接收这位女学员。

白天，梁军和男同学们一样在拖拉机上接受训练，晚上则用小油灯整理笔记。尽管教学设备匮乏，仅有一台德国“兰茨”轮式拖拉机且教材极为有限，但梁军克服了重重困难，成功获得了驾驶实习资格。

在校外驾驶实习时，梁军引起了路人的注意，大家惊讶地议论道：“时代变了，女人也能开火犁（当时俗称拖拉机为火犁）？”梁军因此声名鹊起。经过两个多月的培训，省委拨给萌芽学校的三台拖拉机终于到货了。这个消息让梁军和她的同学们欢欣鼓舞，因为他们可以驾驶这些拖拉机返回学校了①。然而，梁军并没有着急出发，而是提出了一个让人意外的建议：拖拉机是新的，需要进行磨合，不能开得太快，以免损坏机器。因此，她主张在回家的50公里路上，利用这次机会进行一次试运转，让拖拉机充分磨合。

一路上，梁军谨慎地从低速挡起步，逐步升挡加速，让拖拉机缓慢而稳定地行驶。直到傍晚才抵达德都。这一消息迅速传播开来，十里八乡的百姓都涌来围观。农民们第一次见到拖拉机，感到十分新奇，更令他们惊讶的是，拖拉机竟然是由一位年轻女性驾驶。这个消息很快成了当地的头条新闻。尽管拖拉机手这一职业在当时备受瞩目，但其背后的辛劳与挑战却是常人难以想象的。回顾历史，当时学校开荒的规模之大可谓令人惊叹，而梁军作为其中的一员，从这片广袤的荒野中开始了她拓荒梦想的实践。

在那个年代，为了提高作业效率，梁军不得不与男同志们一样昼夜不停地进行连续作业，每天长达12个小时以上。为了争取节气，增加工作进度，他们

① 王诚宏，陶艳芬：《天下谁人不识“军”——访新中国第一位女拖拉机手梁军》，《世纪桥》2010年第2期，第8—13页。

甚至不得不放弃休息，一日三餐吃在田间地头。后来，他们索性在荒野上搭建起简陋的草窝棚，生活条件艰苦到了极点，食物匮乏，只能以咸菜、野菜为生，甚至连饮用水都只能从荒地的水沟中获得。梁军及其同伴们不仅要应对严苛的自然条件，还要面对地里众多的蚊虫叮咬，他们身上的大包成了常态。与此同时，梁军还不得不克服妇女生理周期带来的不适，即使在月经期间，她也毫不退缩地坚持驾驶拖拉机进行作业。

在困难面前，梁军始终展现出了非凡的勇气和毅力。凭借着顽强的意志和不懈的努力，她取得了令人瞩目的成绩，赢得了男拖拉机手们的敬重和赞扬。回忆起当年的艰辛岁月，梁军曾言道："那个时候，我们以苦为乐，以苦为荣，从未图过什么名与利。我们最大的光荣，就是用自己的双手支持了祖国的经济建设和抗美援朝的战斗。"

1949 年 10 月，梁军光荣地加入了中国共产党。随后，作为中国妇女代表，她参加了在北京举办的亚洲妇女大会，踏上了她向往已久的新中国首都——北京。在天安门城楼庄严肃穆的氛围下，她心潮澎湃，流下了激动的泪水。

1950 年 6 月 3 日，对于梁军和她的女拖拉机手团队来说，是一个不平凡的日子。萌芽学校举行了一场既简朴又隆重的仪式，宣布中国第一支女子拖拉机队正式成立，取名为"梁军女子拖拉机队"①。站在庄严的国旗和毛主席像前，梁军深感肩上的责任重大，她的激动之情溢于言表，热泪盈眶。她和其他五名女队员举起右手，郑重宣誓：要团结广大妇女投身社会主义建设，以实际行动为中国妇女争光！在庄严肃穆的氛围中，她们驾驶着三台拖拉机，带着神圣的使命，向着新的开荒点驶去。

"梁军女子拖拉机队"的精神迅速传播，激励了全国各地有志妇女。北京的刘瑛和刘木芝向梁军学习开拖拉机，北大荒则热情地接纳了她们。内蒙古自治区妇联主席乌兰派遣了两名蒙古族姑娘——萨仁和索耀尔玛加入女子拖拉机队学习，她们的加入使队伍更加活跃。

在梁军的悉心指导下，这两位蒙古族姑娘很快掌握了驾驶技术，为女子拖拉机队增添了力量。艰苦的生活锻炼了梁军和她的队员们的坚强意志，她们以

---

① 石海芹，梁军：《新中国第一位女拖拉机手》，《工会博览》2020 年第 6 期，第 13 页。

惊人的毅力，整整苦战了一年零八个月，开垦出了北大荒的一片新土地。

梁军女队在生产战线上取得了卓越成绩，多次被评为先进集体。她们的先进事迹和生产场景不断在各种报刊上报道和刊登，如《东北画报》《黑龙江日报》等。1950 年 7 月，《人民画报》创刊，第二期的封面就以梁军和她的助手驾驶拖拉机的场景为主题。

1950 年 9 月，梁军作为劳动模范代表参加了新中国第一届全国工农兵劳动模范代表会议，受到了国家领导人的高度重视。[①] 毛泽东主席在会上对劳动模范们的历史功绩进行了充分肯定，并提出了对代表们的新要求。他强调，劳动模范要在社会主义建设中发挥骨干、带头和桥梁的作用。梁军将毛主席的重要讲话牢记在心，并将其视为自己的行动指南，继续为国家的建设事业努力奋斗。大会期间，梁军被选为农业战线劳模的代表，接受毛主席的接见，这是她的一次难得的机会。然而，在见到毛主席时，梁军由于激动而忘记了学校领导的叮嘱，错失了向毛主席汇报并请他题写校名的机会。

梁军深感懊悔，彻夜难眠后，她决定用书面汇报来弥补自己的过失。她连夜起草了材料，并将其交给了时任全国总工会主席的李立三。李立三看完材料后，对梁军的机智给予了肯定，并提出了修改意见，认为字要写大点，以便毛主席看清楚。在李立三的帮助下，梁军完成了第二稿，并交给了李立三。几天后，李立三将毛主席亲笔题写的校名交给了梁军，这对她来说是莫大的荣幸和喜悦。

李立三告诉梁军，至今毛主席亲笔题写校名的只有两所学校，一所是毛主席的母校长沙第一师范学校，另一所就是梁军所在的萌芽学校。这使梁军感到十分荣幸，她立即将这份喜悦和幸福分享给了全校师生。

1950 年 10 月 1 日，正值共和国的第二个国庆日，梁军与其他全国英模大会的代表们共同登上了天安门城楼的观礼台，目睹了国庆阅兵与游行盛况。[②] 在这个历史性的时刻，来自各条战线的英雄模范们受到了党和人民的最高礼遇，场

---

① 史桂霞：《巴莎梦——记新中国第一支女拖拉机队队长梁军》，《黑龙江史志》2005 年第 3 期，第 43—44 页。

② 胡铁华：《新中国第一个女拖拉机手——梁军》，《党史文苑》2013 年第 23 期，第 22—27 页。

面热烈而壮观。而对于梁军来说，这一刻更加坚定了她的信念：她的一切都是党给予的，她愿意将自己的一切献给党，这表达了她对党的无限忠诚与热爱。

国庆过后，梁军又被选为中国青年访苏代表团成员，前往苏联参加十月革命节的庆祝活动。在这次访苏期间，梁军不仅参加了盛大的庆祝活动，还对苏联的国营农场和集体农庄拖拉机站进行了详细的考察。这次考察为她以后从事农机事业提供了宝贵的经验。梁军不仅增长了见识，而且进一步明确了自己的责任与使命，决心为党和人民的事业贡献自己的力量。

1951 年 10 月，根据党的政策，梁军被上级党组织保送去农业部创办的北京农业机械专科学校学习。在临行前，她满含热泪地表示，决不会辜负党和人民的期望，学成后必定回来，将所学知识奉献给祖国的农机事业。1952 年，我国成立了北京农业机械化学院，农业机械专科学校的部分学生通过考试合格者可升入本科学习。鉴于梁军的文化程度，学校安排教师为她和其他两名劳动模范补习高中数理化课程。梁军以优异成绩通过考试，实现了升大学的梦想。

从 1948 年开始，梁军就投身于农机工作，积累了丰富的机务工作经验。通过后来的本科学习，她又为自己打下了坚实的理论基础。这一过程，让梁军逐渐完成了从一个拖拉机手向农机专家的转变。

回到黑龙江后，梁军长期负责黑龙江省及哈尔滨市的农机技术工作，制定了技术管理规程，编制了地方的农机发展规划。在开发新技术、应用现代管理科学新方法等高级技术方面，她也取得了卓越成就。多年来，她一直站在农机科技的前沿，引领着省、市农机工作的发展方向。

在工作之余，梁军也未忘理论研究，她主编的《国外农业机械化》《机务管理规章制度》等著作陆续问世，对哈尔滨市、黑龙江省甚至全国农机工作的发展和进步起到了重要推动作用。然而，正当她踌躇满志，准备大展宏图之时，“文化大革命”的阴影笼罩了她。她被污名化为“苏修特务”“反动权威”，遭受到了迫害，被下放到基层企业接受“改造”。对于热爱农机事业的她来说，到车间农田参加劳动，并不感到痛苦，反而视之为从实际中学习更多知识的机会。

1970 年，梁军在潜心研究水田机械的过程中，突然接到命令，前往哈尔滨市农机局担任副局长。后来，她放弃了行政职务，转任专职总工程师，在 1990

年离休前，更是晋升为教授级高级工程师。她不仅是新中国首批全国劳动模范之一，还四次当选为全国人大代表，被全国总工会称为“新中国成立以来最具影响力的60名劳动模范”之一。

在20世纪80年代，她根据农机事业发展的需要，以现代管理科学为指导，经过数年努力，在哈尔滨市基本建立了管、供、修、造、科研、学校的农机体系。

梁军在农机领导和技术岗位上展现了卓越的事业心和责任心。面对困难，她从不退缩，从不推诿责任。在组建农机公司、农机研究所和农机学校等过程中，她面临着筹资、申请编制、选址征地等一系列难题，需要与省市有关部门和领导协调解决，她总是亲自出马解决问题。每个新机构和企业成立后，内部建设都有许多细节需要处理，而梁军总是不厌其烦地给予指导。她被人们誉为“不知疲倦的铁人”，但她却谦虚地称自己是“北大荒人的性格，天冷心里热”。

梁军的故事不仅是一个女拖拉机手的传奇，更是中国农机事业发展的生动写照。她的奋斗精神和无私奉献激励着一代又一代的人们，成为新中国农业现代化进程中的一颗璀璨的明星。

1949年至1953年，经教育部审批，她的事迹被写入小学课本，成为广大学生学习的榜样。2003年，温家宝在接见老劳动模范时亲切地握着梁军的手，对她的贡献表示感激和尊敬，这一幕深深感动了梁军，也表明了党和国家一直牢记并珍视她的贡献。

第五节　林业职工开发建设大兴安岭林区

大兴安岭地区是我国国家重点国有林区和天然林主要分布区之一，针对林区经济发展和建设的需要，加强林业职工队伍管理是一项重要工作。建立专门的林业职工、农场职工工会组织，提升了林区组织管理的规范性。发挥工会组织的带头作用，为大兴安岭林区的林产工业奠定了基础。

为了衡量中华人民共和国成立前后的森林资源变化和各历史时期森林资源

消长情况，林业部于1985年发布《关于搞好前期森林资源整理分析》的通知，由黑龙江省林业勘察设计院承担《大兴安岭地区的资源数据整理分析工作》。经查阅《伪满洲国年鉴》《伪满铁路调查资料》《鬈原东北林务总局计划处统计资料》《呼玛县志》等历史档案，经分析、核对，提出了可供使用的大兴安岭林区森林资源数据材料，作为中华人民共和国成立之后的大兴安岭林区第一笔森林资源数。

大兴安岭林区经营总面积为8369432公顷，其中林业用地7634142公顷，林业用地中的有林地5930363公顷。森林覆盖率为71.52%。大兴安岭林区经营范围隶属黑龙江省和内蒙古自治区两省区的版图。其中，属于黑龙江省版图的面积为6478828公顷，属于内蒙古自治区版图的面积为1890604公顷。

据大兴安岭地区行政公署官方数据显示，2021年末，大兴安岭林区总面积为8351216公顷，林业施业区为大兴安岭山脉东北部林区，北为国境界江；东南与黑龙江省嫩江县国营林场管理局施业区毗邻；西南与内蒙古大杨树林业局施业区毗邻；西与内蒙古阿里河林业局、满归林业局施业区毗邻；东与黑龙江省黑河市国营林场管理局施业区毗邻。大兴安岭地区自然植被类型为泛北极植物区系欧亚森林植物亚区寒温带针叶、落叶林区域。有木本植物100种，其中乔木28种。全区已普查出维管束野生植物92科、371属、900多种。野生经济植物占60%。其中药用植物有85科、192属、342种；纤维植物有27种；单宁植物有49种；芳香油植物有29种；油料植物有28种；食用植物有42种；农药植物有8种。①

一、初次开发大兴安岭林区

大兴安岭林区开发建设过程，大体可分为三个阶段。

1955年5月，大兴安岭伊陵古鲁河流域发生了一场特大森林火灾，造成严重的森林资源损失，为了加强森林防火管控，减少森林火灾损失，黑龙江省委、省政府决定对大兴安岭林区进行营林性开发，拉开了进军大兴安岭的序幕。

---

① 大兴安岭地区行政公署官方网站http：//dxal.gov.cn/dxal/c100011/tydp.shtml。

1955 年 7 月 12 日，黑龙江省政府在黑河设立大兴安岭建设委员会（以下简称“大建”），并在呼玛县设置“大建”办公室及相关工作机构，决定对大兴安岭进行综合性营林事业建设。黑河地区行署副专员俞树田兼任大建主任，省林业厅经营局局长张海龙、呼玛县县长曹奎芳、黑河专署林业处长陈海波担任副主任，并成立“大建”党支部委员会，张海龙任书记，曹奎芳任副书记。“大建”隶属省林业厅和黑河地区双重领导，下设呼玛、开库康、额木尔、漠河 4 个林管区，并在呼玛镇、兴隆镇等地建立了隶属“大建”领导的公路建设大队、电话架设大队和运输大队。

在组建“大建”领导班子的同时，省里又抽调铁道兵五师和林业工程三师 1500 名转业官兵、伊春等林区 600 名干部和 1000 多名工人，在呼兰、巴彦、双城、阿城、爱辉[①]等地招募民工 3335 人，迅速组成了 6000 余人的营林建设队伍。

建设队伍分两批从佳木斯乘江轮溯黑龙江向大兴安岭北坡林区挺进。当时，大建的主要任务为：一是建设 4 个林管区；二是在大兴安岭腹地建设 43 个森林经营所，其中 25 个建在资源较好、有开垦农田条件、防火位置重要的地方，18 个建在“黄金驿道”十二站至二十九站“每站一个”；三是修建 1200 公里林区简易公路，架设和修复 1200 杆程公里的电话线路。为了保护大兴安岭开发建设的物资供应，“大建”还沿黑龙江设置 11 个物资供应站，组建 7 个马驮子运输队和 4 个大车运输队。

大兴安岭北坡“综合性营林事业”建设，按照 1955 年筹备，1956 年全面展开，经过两年共建了 1000 余公里的简易道路和经营所基础设施，架设电话线路 2658 杆程公里，配备了近 800 名护林员并建立若干防火检查站，制定了相关的规章制度和岗位责任制，落实责任区，定期进山检查，有效地控制了火灾发生。

1956 年在岭南开始筹建奎勒河、多布库尔河经营局，最后两局合并，集中建设加格达奇林业局。因高寒、缺乏水井等基本生活设施，1956 年底陆续停止开发，但为日后大兴安岭的建设提供了初步保障，并积累了开发经验。

---

① 今黑龙江省黑河市爱辉区，清朝时称“瑷珲”，1956 年改名“爱辉”。

二、第二次开发大兴安岭

1958年5月，全国各地掀起了“大跃进”运动的高潮。在“大跃进”运动的驱动下，为了满足社会主义建设对木材的需要，中共黑龙江省委作出依靠本省力量，开发建设大兴安岭北坡林区的决定，并把它作为一项战略任务，要求全省各个方面给予大力支持。1958年7月15日至24日，省委林业工作部在伊春带岭召开了有1200人参加的全省林业技术革命誓师与生产跃进大会，具体部署了开发建设大兴安岭林区的任务。当时决定开发进军的路线选择在大兴安岭北坡，在黑河作为林区开发指挥中心，在那里建立了林业管理局。随后，省林业厅召开全省林业局领导干部参加的大兴安岭建局筹备会议，确定采取“鸡抱蛋”的方法，由老局包建新局，在大兴安岭新建呼南、西尔根、敖尔青、跃进、干部河、富拉根、乌鲁克、曼拉开、大乌苏、西里尼、塔源等11个林业局，要求“一年包建，两年断奶，三年离怀”。由此，大兴安岭林区的再度开发建设全面展开。

9月11日，从全省各个林业局抽调的800多名开发建设新林区的先遣队员向大兴安岭进军。由于没有公路，先遣队在佳木斯乘船经过13个昼夜，行程1551公里，于23日到达呼玛县的三合站码头，之后，又开始向预建局点进军。从三合站码头到各预建局点地址路途很远，并且是林密兽多、山高水险，无路无桥无房住。先遣队员向各预建局点行进途中，爬山越岭穿密林、蹚水渡河过沼泽，历经艰辛跋涉，克服诸多困难，才到达建局地点。不久，又有两万多人先后来到大兴安岭北区，参加开发建设。

为了加强对开发建设大兴安岭的领导，省委抽调得力干部到黑河，重点抓大兴安岭林业开发建设工作，并在塔河建立了由省林业厅直接领导的大兴安岭建局筹备处，在其领导下，建设队伍上山后，在呼玛河上游和塔河流域，从十八站到伊勒呼里山顶，共新建了8个林业局。同时，把1955年初次开发建设的沿黑龙江的呼玛、开库康、额木尔、漠河4个林管区扩成林业局，使大兴安岭北坡的开发建设全面铺开。

在开发建设大兴安岭中，各新建局按照省委提出的“边生产、边建设、边设计、边施工”的方针，迎着困难上，顶着艰苦干，冒着零下50多摄氏度的严寒，砍道影、清泥沼、铲塔头、截冰河，通过艰苦奋斗、奋发图强、自力更生，克服了新林区开发建设中难以克服的困难，使该区的开发建设从小到大有了一定的发展。从1958年到1962年，大兴安岭北坡林区，以塔河为中心，在森林腹部建立了12个林业局、64个林场。兴建24万多平方米永久性和半永久性房舍，盖起10栋楼房。除解决自用木材外，生产木材33万立方米，支援了国家建设。林区职工队伍由建局初期的800余人，增长到35000人（包括职工家属）。修筑了嫩江至十八站、三合站至塔源两条丁字形公路，使730多公里的原始林区通了汽车，架设了电话线路，使林区通了电话；创建了塔河镇、加格达奇镇等落脚点，使原始林区深处有了政治、经济和文化中心。

1961年，全省经济处于严重困难时期，开发建设大兴安岭林区需要的资金和物资得不到保障。1962年2月，省委召开黑河地区林业领导干部会议，根据中共中央国民经济调整方针和国家林业部的要求，决定大兴安岭北坡林区开发建设下马撤转。历时四年的大兴安岭林区第二次开发建设以下马撤转、待机开发而结束。

三、第三次开发建设大兴安岭

1963年，中国国民经济调整取得明显成效，出现一个社会主义建设的新局面，但这时木材生产仍然是一个薄弱环节，满足不了国民经济建设的需要。为了补齐这一短板，全面开发建设大兴安岭林区的任务，被提到国家重点建设项目上来。1964年1月27日，林业部和铁道部联合向国家经委并中央书记处上报了《关于开发大兴安岭林区的报告》，提出：“采用石油部建设大庆的经验，集中力量在大兴安岭的北坡、东坡打一个歼灭战。”报告呈送后，党中央、国务院很快于2月10日正式批转了林业部和铁道部《关于开发大兴安岭林区的报告》，并指示：“开发大兴安岭林区是发展我国国民经济的一项极为重要的任务，也是一项十分艰巨的工作。鉴于过去几次试图开发，进去都没有站住脚。这次既然我们下定决心进去，就一定要站住脚，一定要取得全胜。”为确保开发建设的成功，中共中央决定成立大兴安岭林区会战指挥部和会战指挥部党委，指挥部由林业部直接领导，同时接受黑龙江省委和内蒙古自治区党委领导。与此同时，党中央、国务院及中央军委组织了铁道兵八万名官兵和来自全国各地的160多个地区和单位的铁路、林业职工两万多人，投入第三次开发建设大兴安岭林区的会战中。

为落实中共中央“一定要站住脚，一定要取得全胜”的指示精神，第三次开发建设大兴安岭林区，吸取了1955年、1958年黑龙江省两次开发大兴安岭的经验教训，把修建铁路、公路作为开发建设大兴安岭林区的先决条件，摆到重要位置。党中央、国务院决定由铁道兵担任开路先锋，成立铁道兵指挥所，抽调精兵强将，修筑嫩江到古莲的嫩林铁路。

1964年7月，铁道兵第三、六、九师的八万名官兵奉命从小兴安岭、长白山、科尔沁草原等地，向大兴安岭林区进军。他们日夜兼程，先后赶到嫩江、加格达奇、大杨树、西里尼安营扎寨，采取“分段施工、齐头并进”的办法，开始了嫩林铁路的建设。

嫩江到林海沿线，除嫩江到加格达奇180多里有三个鄂伦春居民点外，其他地段都是无人区。进入林区后，铁道兵指战员响应党中央的号召，尽力克服夏天蚊虫叮咬，冬天严寒的恶劣自然环境，勇敢地挑战衣食住行等方面的生活困难。以“热血横扫满天雪，汗水化透千层冰”的大无畏气概，在“原始林区”创造了一个又一个生产、生活奇迹，确保了铁路建设的质量和进度。1966年10月，加格达奇至塔河段铁路铺轨通车，打通了岭南和岭北的交通要道，使牙（科石）林（海）线直达森林腹地。1967年6月，嫩江至加格达奇段铺轨通车，打通了绿色宝库的大门，大大缩短了从内地到大兴安岭林区的路程。大量木材开始源源不断地运往祖国各地，有力地支援了国家建设。

第六节　艰苦创业组织石油大会战

新中国成立之初，石油工业基础薄弱，“一五”期间经济建设和工业化的发展等对石油的需求量大大增加。我国石油工业发展主要面临三个挑战与困难：一是以美国为首的帝国主义对我国实行经济制裁、封锁，中苏关系逐渐走向破裂，依靠外国援助发展中国石油工业是根本不可能的，独立开发中国油田成为必然的选择；二是“中国贫油论”在国内外甚嚣尘上，中国急需摆脱对“洋油”的依赖，必须从石油勘探上实现新的突破；三是年轻的共和国国民经济正处于困难时期，缺乏足够的资金、设备和劳动力。面对复杂的形势，党中央在科学勘探的基础上作出“战略东移”的重要决策，带领石油工人在亘古荒原上艰苦创业，建成了我国最大的石油生产基地，创造了石油生产的奇迹。

一、靠“两论”起家开发大庆油田

由于中国石油工业的落后，且国外对中国石油进行封锁，使中国的石油事业举步维艰，国家经济和民族尊严都受到严重威胁。为此，实现石油工业快速发展，突破整个国家经济发展“瓶颈”，结束中国依赖“洋油”过日子的时代，打破针对中国的封锁和孤立，是一项十分紧迫的战略任务。但由于长期受“中国贫油论”影响，人们对我国石油发展的前景有着不同的估测。为了查明地下石油资源，毛泽东等党中央领导人多次作出指示。

1955 年 2 月 26 日，毛泽东等党中央领导人在听取石油工业部部长李聚奎和副部长康世恩汇报时作出了重要指示，指出要在全国范围广泛开展石油勘探，并鼓舞石油战线广大职工发扬革命加拼命精神，不怕困难、艰苦奋斗，甩掉我国石油工业落后的帽子。1958 年 2 月 27 日至 28 日，国务院副总理邓小平在中南海怀仁堂，听取石油工业部部长李聚奎关于工业的总形势和基本情况的汇报时指出，石油勘探工作，应当从战略方面来考虑问题，战略、战役、战术总是三者结合的，把真正有希望的地方，如东北、苏北和四川这三块搞出来就很好。邓小平的讲话，从战略的高度深刻阐明了我国石油工业的发展道路，制定了我国石油勘探战略重点东移的重大决策。从此，开始了中国石油工业史上著名的石油勘探由西部向东部的大转移。3 月 3 日，余秋里就任石油工业部部长。4 月，石油部成立松辽石油勘探大队。17 日，在吉林省前郭旗达里巴南 17 井底岩芯中发现含油砂。这一重要发现，证明了松辽盆地白垩纪松花江群地层有石油形成的过程。5月，成立了松辽石油勘探处。6月，成立了松辽石油勘探局。

黑龙江省的石油工业是从1959年发现大庆油田而起步的。20世纪50年代初期，国家地质部、石油工业部根据“陆相生油”的理论，先后在松辽盆地勘探石油。1959年9月26日，在庆祝中华人民共和国成立十周年大庆前夕，位于肇州县大同镇的一口探井——松基三号喷出了工业油流，为庆祝松基三号出油，省委将大同改为大庆镇，将油田命名为大庆油田。1959年12月，国务院副总理余秋里在哈尔滨参加东北协作区会议期间，向主持会议的国务院总理周恩来汇报了准备在松辽开展石油大会战的问题。周恩来指出：“要用毛泽东思想指导大会战。用辩证唯物主义的立场、观点和方法去分析解决会战中可能遇到的各种问题。”

1960年大庆油田建设开始，全国各地支援大庆人员达五万多人，大多数是军队转业干部和部队集体转业官兵。如何组织这支队伍，动员这支队伍把大庆油田迅速开发起来，是摆在当时会战指挥部面前的重要课题。根据党中央、国务院和中央军委的指示，石油部要求在短期内组织五万多名工人、解放军官兵、科技人员集中于大庆草原上，限期探明油田，开采出石油。会战领导小组采取“会战”形式，把军事上的集中兵力、速战速决的方法运用在大庆油田建设上，以求迅速摆脱困难局面，把职工的最大劳动热情和奉献精神发挥出来。当年在萨尔图油田就组织了勘探会战、钻井会战、基建会战和“干打垒”会战，使几万名职工在大庆站住脚，建成了100万吨的原油生产能力，产油97万吨，取得第一个会战成果。会战由此成为生产管理的一个重要方法，“会战”一词也就成为集中统一管理的同义词。各种军事术语在大庆也广泛流行开来，诸如“会师大庆”“挥师北上”“集中优势兵力打歼灭战”等。

在极端困难和艰苦的条件下，开发建设大庆油田在中国史无前例，缺乏经验。1960年2月22日，党中央决定集中力量在黑龙江省大庆地区进行石油勘探开发大会战。从全国石油系统抽调几十个优秀钻井队和2000多名科学技术人员，加上转业、退伍的转业官兵以及中央机关和黑龙江省抽调的干部和工人，共计四万多人，设备达40万吨。会战是在极其艰苦的条件下进行的，会战地区草原一片，人烟稀少，又正值国家三年严重困难时期，粮食极端困难，副食蔬菜十分缺乏，特别是冬天，冒着零下40多摄氏度的严寒，各种条件更加严酷。参加会战人员本着要甩掉中国石油落后的帽子，要高速度、高水平拿下大油田，赶超世界先进水平，为国争光的志气，发扬不怕苦、不怕死、不为名、不为利的精神，工作不讲条件好坏，不计时间长短，不讲报酬多少，不分职务高低，不分分内分外，不分前线后方的精神，面对滴水成冰的严冬，喊出“不怕地冻九尺雪成山，石油工人无冬天”的战斗口号，克服亘重困难，取得了会战的胜利。

从会战开始，黑龙江省就担负起支持大庆石油会战的繁重任务，1960年2月，省委成立了以强晓初为组长的支持石油会战小组，确定对石油会战要“全力以赴，全力支持”的方针。在省委、省人民委员会的领导下，全省各条战线抽调大批干部和职工，组成公路、铁路、水源、电力、建筑、邮电等方面的建设大军，参加油田的基础设施建设。与此同时，机械加工、文教、卫生、科学研究、公安保卫等部门也都为开发大庆油田作出了贡献。

1960年4月10日，石油工业部机关党委作出《关于学习毛泽东同志所著〈实践论〉和〈矛盾论〉的决定》，号召全体干部职工用这两部著作的立场、观点、方法来组织大会战的全部工作。广大干部职工迅速掀起了学习热潮。职工把“两论”带在身边，随时学习。晚上没有电，就围着篝火学；老工人不识字，就请文化高的同志帮助学；干部不仅自己学，还经常给基层的职工辅导。

参加会战的领导干部、工程技术人员和广大石油工人，冲破重重困难，发出“有条件要上，没有条件创造条件也要上”“宁肯少活二十年，拼命也要拿下大庆油田”的豪言壮语，闯出了一条符合中国实际的石油勘探、开发的道路，高速度、高水平拿下了大庆油田。他们在实践中总结的“两论起家”、“三老四严”、岗位责任制以及“工农结合，城乡结合，有利生产，方便生活”的新型矿区建设的成功经验，对全国各条战线均有指导意义。在石油大会战中，锻炼和培养了一支有一定技术素质、组织严密、纪律严明、吃苦耐劳、能打硬仗的石油工业队伍，涌现出大批无私奉献、忘我劳动的英雄和模范，铁人王进喜就是这支队伍的优秀代表。

在党中央统一领导和黑龙江省人民大力支持下，大庆油田开发工作进展迅速。1960年已完成钻井340口，钻进总尺39.7万米，相当于中国1907年至1949年42年总进尺的5.6倍；探清油田面积520平方公里。同时也在外围展开了勘探，并发现新的工业油流。油田的各项附属工程建设也取得了可喜的成绩。原油日产达3000吨，月产达10万吨。这相当于当时经过几十年开发的玉门油田的生产水平。1960年6月1日，第一列满载大庆原油的列车开出了萨尔图站，这一喜讯极大地鼓舞了全国人民。到1960年底，共生产原油98.5万吨，有57万吨运往全国各地，此后原油产量继续上升。到1963年底，大庆油田初具规模，当年产原油493万多吨，占全国石油产量的67.8%，累计原油产量1166万吨，国家投资已全部收回，并开始为国家积累资金。从此，结束了中国人民使用“洋油”的历史。

从第一口井出油，到算出可靠的油田面积和储量，大庆油田仅用了一年零三个月。这个速度在世界石油勘探史上是绝无仅有的，被世人称为“大庆速度”。“大庆速度”的形成，来自“石油大会战”中的齐心协力、为国争气的精神。20世纪60年代初期，在党的领导下，来自全国各地石油战线的干部职工和解放军官兵，在极其困难的条件下，下定为祖国争光、为人民争气的决心，发愤图强，以“两论”起家，开展石油大会战，大体经历了广泛勘探、生产试验、油田建设三个阶段，建成了具有世界先进水平的大庆油田，为我国社会主义经济建设提供了大量石油和石油产品，积累了大量资金，从而真正改变了中国石油工业的落后面貌。大庆油田的开发和建设，使中国石油工业步入了石油产品自给自足的新时期。

大庆油田的开发，结束了黑龙江省无油的历史，改变了中国石油工业落后的面貌，同时，由于在会战中创造出成功的建设经验，使其成为中国工业战线一面红旗。

1964年12月，周恩来总理在第三届全国人民代表大会第一次会议上所作的《政府工作报告》中指出：大庆油田的建设是学习运用毛泽东思想的典范。用他们自己的话说，是“两论”起家，就是通过大学《实践论》和《矛盾论》，用辩证唯物主义的观点，去分析、研究、解决建设中的一系列问题。

二、在执行制度中培养“三老四严、四个一样”作风

1962 年，大庆油田的开发建设初步具有一定生产规模。由于生产的发展，工作的重点也从探明油田转到开发建设油田、确保原油生产计划完成上来。油田的迅速发展和生产管理相对薄弱的矛盾在此期间日趋突出。在基层管理工作中，由于生产制度不够健全，大批干部、工人刚从部队转业，技术素质较差，缺乏油田管理经验，职责不明，工作上顾此失彼，各类事故时有发生。1962 年 5 月 8 日晨，油田中区一号注水站失火，损失达 160 余万元。会战工委吸取中一注水站火灾事故教训，分析基层管理上存在的问题，认识到全面管理好油田已成为亟待解决的重大课题。决定在全油田发动群众，建立生产管理制度，并强调指出，制度必须来自群众实践，必须符合油田生产实际。

1962 年 6 月，油田会战指挥部以生产办公室为主，组织生产管理和工程技术干部 167 人组成工作组，分别深入 10 个不同生产类型的基层单位调查研究。会战指挥部领导亲自到北二注水站抓试点，从查物点数弄清家底做起，着手规章制度的建立。总结基层职工分岗位、分区域，划清职责范围的经验，拟定了岗位责任制；根据老工人在交班时认真询问情况和仔细检查要害部位的做法，拟定了交接班制；总结工人在值班时，定时定点按一定路线检查设备运转情况的经验，拟定了巡回检查制；总结吸取各种设备发生事故的教训，拟定了设备维修保养制；针对施工、检验、抽查样品没有明确质量标准的问题，拟定了质量负责制；学习兄弟企业的做法，拟定了班组经济核算制。同时，在钻井队、采油队、施工队和机修车间等试点单位分别根据自己生产作业的特点，拟定了各项制度。在试点的基础上，会战指挥部明确提出全油田基层生产管理必须建立岗位责任制度、交接班制度、巡回检查制度、质量负责制度、设备维修保养制度和班组经济核算制度。

1962 年 8 月，在试点单位相继建立和完善了岗位责任制之后，会战指挥部组织试点单位进行典型示范和现场观摩，使同工种岗位责任制统一定型，不同工种岗位责任制配套成龙，在油田全面推行岗位责任制度。到 1962 年 9 月，全

油田的所有基层单位，普遍建立了生产岗位责任制度。随后又建立了基层干部和机关干部岗位责任制。

在贯彻执行岗位责任制过程中，会战指挥部坚持从难从严要求，在总结推广李天照井组的经验时，坚持把“三老四严”“四个一样”和执行岗位责任制结合起来，树立严细认真、一丝不苟的油建十一中队为榜样。

“三老四严”，即对待革命事业，要当老实人，说老实话，办老实事；对待工作，要有严格的要求、严密的组织、严肃的态度、严明的纪律。是大庆石油职工在会战实践中形成的优良作风。“三老四严”的提法，最早出现于 1962 年，到 1963 年就形成了完整的表述。这一好作风来自实践，是在大庆领导的反复倡导和精心培养下，通过实际工作的磨炼，在职工队伍中逐渐形成的。搞石油工业地下作业多、隐蔽工程多、间接获取资料多；同时，大会战是几万人，150 多个工种，分散在上千平方公里的草原上，班组作战，单兵顶岗，昼夜施工，四季不断，又要协同配合，必须有高度的集中统一和对各方面的严格要求。当时会战队伍来自四面八方，虽然有革命干劲，但也带来了一些旧习惯和坏毛病，不适应大规模的石油会战。因此，会战一开始，大庆领导就提出培养革命作风强调严格要求，首先从领导严起。在平时的工作中，事事讲作风，时时讲作风，处处讲作风，人人讲作风。凡是好作风，就大力表扬和提倡。对于常见的、大量的、具体的低标准、老毛病，如“一粗、二松、三不狠”，“马虎、凑合、不在乎”，则反复进行批评教育，加以纠正。经过大庆会战时期的培养和实际工作中的磨炼，使“三老四严”在几万人的职工队伍中形成了风气。这一作风是大庆人高度的主人翁责任感和科学求实精神的具体表现，它增强了队伍的组织性和纪律性、生产中的主动性和科学性、执行制度的自觉性和严肃性，起到了单靠领导工作和生产管理制度不能完全起到的作用。

“四个一样”，即对待革命工作要做到：黑天和白天一个样；坏天气和好天气一个样；领导不在场和领导在场一个样；没有人检查和有人检查一个样。是大庆石油职工在会战实践中形成的优良作风。“四个一样”是大庆职工把党的优良作风和解放军的“三大纪律八项注意”同油田会战具体实践结合起来的产物。1962 年 3 月，大庆油田建立和推行岗位责任制后，会战工会结合生产实际，开展树立岗位责任心的思想教育，增强了广大职工的主人翁责任感和执行制度的自觉性，涌现出以李天照井组为代表的一大批先进单位和个人。李天照井组管的是一个1961年7月投产、地处油田边缘的油井。自投产以来，未发生过一次事故；井场设备863个焊口和170多个阀门，没有一个漏油漏气；使用的大小工具无一损坏丢失；记录的上万个产量和压力等数据，经反复检查无一差错；油井长期安全生产，月月超额完成原油生产任务。其基本经验是能自觉从严，做到了“四个一样”。大庆会战工委大力总结推广他们的先进经验，使“四个一样”逐步成为大庆职工队伍的优良作风。这一优良作风建立在广大职工的主人翁思想基础之上，其实质是一种高度的自律精神。职工队伍有了这种好作风，各项制度就能切实贯彻，各项工作就能扎实开展，一个小队、一个班组、一个人即使单独执行任务，也能信得过，干出来的事情也能过硬。

在执行岗位责任制的过程中，也把岗位责任制大检查作为企业管理的一项重要内容。基层单位每天三次交接班就是三次互相检查，基层干部昼夜值班实行上岗检查，各公司组织同工种交叉检查。从1962年6月建立制度以来，会战指挥部每月组织一次全油田的岗位责任制大检查，到1966年底，共进行了50次。1962年7月组织第二次大检查，确立了按执行制度好坏不同情况划分一、二、三类等级；1963年7月的第12次大检查，把执行制度的标准评比与基层评选先进、评分计奖结合起来；1963年12月的第17次大检查，结合年终总结评比，进行了树立标兵、总结经验、对照先进找差距的活动。

1963年，会战指挥部提出，加强以岗位责任制为中心的基础工作。基础工作包括五项内容：一是取全取准生产中的原始资料，时刻掌握油田生产动态；二是一切工程建设，立足于优良的工程质量；三是以岗位练兵为主，开展基本功训练；四是精心管好设备，做到台台完好；五是建立健全岗位责任制，做到人人有专责，事事有人管。由于加强了以岗位责任制为中心的基础工作，使全油田生产管理面貌越来越好，生产任务月月超额完成，油井管理、设备管理和工程质量逐步升级。五好油水井、五好设备的比例越来越高，油田建设工程质量全部合格，生产安全状况也不断改善。

三、抓生产从思想入手，抓思想从生产出发

1964 年，石油工业部政治部在《关于加强基层建设，健全经常性政治工作的 12 条基本经验》中，将大庆油田在思想政治工作上创造的这些经验，概括为“抓生产从思想入手，抓思想从生产出发”。

“抓生产从思想入手，抓思想从生产出发”是大庆油田思想政治工作的优良传统，是在创业时期形成并一直延续至今的正确处理思想政治工作与经济工作关系的基本原则，也是大庆思想政治工作的一条基本经验。抓生产从思想入手，就是坚持思想领先，抓生产首先要抓住人的思想政治教育，注重解决生产过程中遇到的各种思想问题，把思想工作做到前头。抓思想从生产出发，就是思想政治工作必须围绕经济建设这个中心进行，根据经济工作实际，确定思想政治工作任务，把思想政治工作贯穿生产建设的全过程，保证生产建设任务的完成和经济效益的提高。

大庆油田的思想政治工作，始终坚持“抓生产从思想入手，抓思想从生产出发”的原则。无论是针对队伍中存在的倾向性、普遍性问题进行集中教育，还是针对不同对象，进行大量的、具体的一人一事思想工作；无论是阶段性的工作动员和讲评，还是每年一度的评比选树活动，都始终围绕生产经营这个中心，下功夫提高职工的综合素质。

铁人王进喜在这方面就是一个典型的例子。他把“两抓”叫作既抓钻头，又抓人头。坚持做好思想政治工作。抓生产抓钻头，在铁人身上体现得淋漓尽致，“人拉肩扛运钻机”“破冰端水保开钻”“勇跳泥浆池制服井喷”……这些故事大家都耳熟能详，铁人还带领二大队打下大庆的第一口冰上井。

“一个钻工的转变”则体现的是他“抓人头”的方面。高中毕业生张志秀从玉门调到大庆，到 1205 钻井队当钻工，面对艰苦的生活情绪低落，就在自己的本子上写了三句话：“望草原唉声叹气，当钻工有啥出息，论前途更成问题。”队上的党员找他谈心，劝他好好改造思想，他一听更想不通。他想，父亲给地主当一辈子长工，哥哥给资本家干杂活儿，祖祖辈辈都受苦，自己一个高中生

来当个钻工就够先进了，还改造什么呢？这时，大队长王进喜到1205钻井队找他谈心，和他一起学“两论”。师徒俩来到值班房外，坐在地上唠嗑。问清家庭、工作情况后，王进喜从挎包里掏出一本《矛盾论》，意味深长地说：“你有条件读了十几年书，多幸福啊，我没读过书，连学习毛主席著作都有困难，来帮我念一段。”说罢，两人一起学习《矛盾论》第一段“两种宇宙观”，边学边议论。在这里，毛主席讲了关于宇宙发展的两种见解，论述唯心主义和唯物辩证法的对立。老工人王进喜有一种朴素的感情，按自己的理解将其直接引到人对事物的思想态度上，他诚恳地对张志秀说：“两种对立的宇宙观是什么意思？我理解，有的人情愿站在钻台上艰苦奋斗一辈子，有的人光想在暖房屋子里舒舒服服一辈子，这就是两种对立的宇宙观，你说是不是？”聪明的张志秀一下子就理解了老队长的用心，脸马上红了。铁人见青年人触动了思想，就给他讲了出身好不一定自然先进，有文化不一定就能保证是好工人，还需要在实践中锻炼改造的道理。他翻着《矛盾论》说：“毛主席说，外因是变化的条件，内因是变化的依据，外因是通过内因起作用的。你有文化，这是优势，要在井队干得好，自己一定要努力呀！”

这次学习和谈心，把张志秀从十字路口引上了正道。他在党支部教育下转变了思想，工作表现很积极，心情也十分愉快。他又在笔记本上写了几句话：“望草原欢天喜地，当钻工真了不起，论前途光明远大，为革命奋斗到底。”——这就是一个钻工的“转变”。

“两抓”是一个极其重要的优良传统。其不仅已经为实践所证实，并继续在新时期油田生产中发挥作用。在未来的思想政治工作与生产实践中，我们每一名大庆石油人还要通过自己的努力，让它在实践中不断丰富完善和发展！

在铁人精神的影响下，树立起这一时期的“五面红旗”，即王进喜、马德仁、段兴枝、薛国邦、朱洪昌。以他们为典型代表，广大会战职工的战斗作风更加顽强，成为一支打不烂、拖不垮、战无不胜、攻无不克、经得起严峻考验的战斗队伍，硬是在荒凉的松嫩平原上建起一个大庆油田，一举改变了我国石油工业落后的面貌，实现石油产品基本自给，逐步结束了中国人只能依靠“洋油”的时代，促进了我国石油工业的全面发展。大庆石油人不仅创造了石油生产史上的奇迹，而且树立了中国石油工人“石油工人一声吼，地球也要抖三抖”的顶天立地的光辉形象。会战作风是广大会战职工高尚品质和良好思想的集中体现，是广大会战职工通过艰苦实践用生命、汗水和鲜血换取的宝贵精神财富，是大庆精神、铁人精神形成和发展的重要活水源头。

四、大庆精神（铁人精神）叫响全国

大庆精神（铁人精神）形成于20世纪60年代初我国石油会战的特殊历史时期，是大庆石油工人在极端艰苦的条件下，开发和建设大油田的产物，是铁人王进喜等英雄人物的理想、信念、情感、意志的集中展现。因而它具有鲜明的民族特色，蕴含着自强不息的刚健精神和勤劳俭朴的品格。大庆精神（铁人精神）集中体现了新中国石油工人阶级的崇高思想、优良品质、精神风貌，是我们党和人民的宝贵精神财富，是中华民族的宝贵精神财富，更是我们在实现中华民族伟大复兴中强大的精神力量。

大庆油田发现后，就在准备开发之时，国际形势和中国的对外关系都发生了重大变化，帝国主义对我国实行经济制裁、封锁，中苏关系日趋紧张，依靠国外援助开发大庆油田是根本不可能的。尤其是我国又发生重大自然灾害，国民经济正处于困难时期，国家急需石油进行经济建设，拿不出足够的资金、设备和劳动力，只有把有限的人力、物力、财力集中起来，才能使全局的劣势变为优势，才能以最快的速度、最高的水平，早日拿下大油田。

大庆石油会战伊始，广大石油战线职工以满腔热忱和大无畏的英雄气概，迅速投入开发大庆石油的会战之中。早春的东北，天寒地冻，几万人来到茫茫的大草原上，大批转业官兵和工程技术人员一无房屋、二无床铺、三缺乏大批的生活用品和必要的机械设备。他们就住在帐篷、活动板房、牛棚、马厩里，甚至住在毫无遮挡的野外。不久，男女老少齐上阵，建起30多万平方米的“干打垒”住房。粮食、蔬菜供应不上，他们就打草籽、挖野菜充饥，发动职工家属开荒种地、养猪等，以解决生活困难。当时，工作条件也极为恶劣，汽车、吊车数量不足，供水、供电设备缺乏，大量的设备不齐全、不配套。这里又没有公路，只有临时修建的砂石路也泥泞难行。就是在这样艰苦条件下，广大石油职工不畏生活艰苦、不怕条件困难、不计报酬、不计时间、不分工种、不分职务高低，自力更生，艰苦奋斗，克服重重困难，硬是在荒凉的松嫩平原上开发出来一个大油田。

经过三年多艰苦的会战，大庆油田取得了辉煌成绩。不仅拿下了一个大油田，创造了油田勘探史上的世界奇迹，而且建成了年产原油600万吨生产能力的油田和大型炼油厂第一期工程，除全部投资被收回，还为国家积累资金3.5亿元。1963年12月4日，周恩来总理在《第二届全国人民代表大会第四次会议新闻公报》中宣布：我国需要的石油，过去绝大部分依靠进口，现在已经基本可以自给了。大庆石油会战的胜利，从根本上改变了中国石油工业落后的面貌，促进了中国石油工业的全面发展。

在这次大会战中，广大会战职工不仅创造了良好的经济效益，而且还形成了一整套良好的传统和作风，主要表现为：通过“两论”起家，即《实践论》和《矛盾论》，用辩证唯物主义观点去分析、研究、解决建设中的一系列问题；“人拉肩扛精神，干打垒精神，五把铁锹闹革命精神，缝补厂精神，回收队精神，修旧利废精神”的“六个传家宝”；“一要甩掉我国石油落后的帽子，二要高速度、高水平地拿下大油田，三要赶超世界先进水平和不怕苦、不怕死、不为名、不为利、不讲工作条件好坏、不讲工作时间长短、不讲报酬多少、不分职务高低、不分分内分外、不分前线后方”的“三要十不”；“不为名、不为利、不怕苦、不怕死，一心为会战”的“四不一为”；“当老实人、说老实话、办老实事”和“严格要求、严肃态度、严格纪律、严密组织”的“三老四严”；“人人对待革命工作都是黑天和白天一个样，坏天气和好天气一个样，领导在场和领导不在场一个样，没有人检查和有人检查一个样”的“四个一样”会战作风。这个会战作风是广大会战职工高尚品质和良好思想的集中体现，是广大会战职工通过艰苦实践用生命、汗水和鲜血换取的宝贵精神财富，是大庆精神形成和发展的重要源头。

1964年1月7日，毛泽东在听取全国工业交通情况汇报时指出，要学习解放军、学习石油部，在会上表扬了石油部经验和“铁人”王进喜。2月9日，中共中央发出《关于传达石油工业部关于石油大庆会战情况的报告的通知》，要求全国各条战线学习大庆经验。2月13日，在北京人民大会堂的春节联欢会上，毛泽东发出号召，要学习解放军、学习大庆。此后，全国工业交通战线掀起了学习大庆经验的运动高潮。4月19日，《人民日报》头版头条发表了新华社记者袁木、范荣康撰写的长篇通讯《大庆精神 大庆人》，报道了大庆人吃苦耐劳、忘我拼搏、为国争光的感人事迹。同时，《人民日报》编后语指出："大庆精神就是无产阶级精神。大庆人，是特种材料制成的人，就是用无产阶级革命精神武装起来的人。这种精神、这种人，正是我们学习的崇高榜样。"12月，周恩来总理在第三届全国人大第一次会议上的《政府工作报告》中，向全国人民发出了"工业学大庆、农业学大寨、全国学解放军"的号召。

1965年5月，毛泽东在杭州会议讲话中指出："工业靠大庆，农业靠大寨。"12月，国家经委在人民大会堂召开工业学大庆会议，王进喜在会上作了重要报告。

1966年3月，刘少奇在全国工业交通工作会议和中央工业交通政治工作会议上，对大庆经验给予了高度评价，大庆精神在全国工业战线得到大力弘扬。4月，国家经委、全国总工会等四部委，在大庆联合举办了第一期大庆经验学习班，学员达1185人。同期，《人民日报》《光明日报》等各大报纸都纷纷发表社论、短评、文章、编者按等，多次讨论有关学大庆经验问题。

第七节　新中国石油工人的代表——"铁人"王进喜

王进喜，甘肃玉门人，中共党员，是新中国第一批石油钻探工人，全国著名劳动模范，石油会战初期"五面红旗"之一。1958年9月，他率领的钻井队月进尺创当时全国最高纪录，荣获钢铁钻井队称号。1959年9月，王进喜被评为全国劳动模范，出席了全国群英会。

一、率领1205钻井队打出了大庆第一口油井

王进喜，1923年9月出生在甘肃省玉门赤金村的一个贫农家庭。6岁开始讨

饭，10 岁给地主放牛，14 岁被抓到玉门油矿做苦工，直到玉门油矿解放。

1938 年，15 岁的王进喜进入玉门石油公司当工人。1949 年 9 月，中国人民解放军解放了玉门油矿，王进喜成为国家的主人。不久，担任了司钻，在党的教育和培养下迅速成长，1956 年 6 月，他光荣地加入了中国共产党，并担任钻井队队长职务。1958 年 7 月，石油部在玉门油矿召开全国石油工业现场会，王进喜队提出“月上千（米），年上万（米），玉门关上立标杆”的奋斗目标。同年 9 月，他带领 1205 钻井队艰苦奋战 1 个月创造了月钻井进尺 5009 米的当时最高纪录。为了保证钻井速度和质量，他和全队工人一道大胆革新，创出钻机“整体搬家”的新路，摸索出一套优质快速打井的新经验。

1959 年 9 月，王进喜被评为全国劳动模范，出席全国群英会，参加了新中国成立 10 周年的国庆观礼。在北京他看到大街上的公共汽车，车顶上背个大气包刺痛了他。王进喜后来说：“北京汽车上的煤气包，把我压醒了，真真切切地感到国家的压力、民族的压力，呼地一下子都落到了自己肩上。”他曾多次向工友们说：“一个人没有血液，心脏就会停止跳动。国家没有石油，天上飞的，地上跑的，海上行的，都要瘫痪。没有石油，国家有压力，我们要自觉地替国家承担这个压力，这是我们石油工人的责任啊！”同年 9 月 26 日，松基三井喷出了工业油流，宣告大庆油田正式发现，一场规模空前的石油大会战随即在大庆展开。

1960 年 3 月 19 日，王进喜被批准率领 1262 钻井队（后改名为 1205 队），由玉门出发到萨尔图参加大庆石油会战。一到大庆，呈现在王进喜面前的是许多难以想象的困难：没有公路，车辆不足，吃住都成问题。但王进喜和他的同事下定决心，有天大的困难也要高速度、高水平地拿下大油田。当时全队 33 人住在马家窑的一间旧马棚里。3 月下旬，因钻机未到，王进喜就带领全队工人到火车站帮助铁路工人义务装卸货物。4 月 2 日，从玉门发来的钻机运到萨尔图。当时由于吊车、拖拉机短缺，王进喜说：“咱们一刻也不能等，就是人拉肩扛也要把钻机运到井场。有条件要上，没有条件创造条件也要上。”他们用滚杠加撬杠，靠双手和肩膀，迎着寒风奋战三天三夜，把 38 米高、22 吨重的井架竖立在荒原上。这就是会战史上著名的“人拉肩扛运钻机”。要开钻了，可水管还没有接通，王进喜振臂一呼，带领工人到附近水泡子里破冰取水，硬是用脸盆、水桶，一盆盆、一桶桶地往井场端了50吨水。经过艰苦奋战，仅用五天零四个小时就钻完了大庆油田的第一口生产井，创造了全国钻井的最高纪录。大庆第一口油井的诞生，结束了中国“贫油国”的历史，在中国社会主义经济建设发展史上，具有重要纪念意义。

二、“宁可少活二十年，拼命也要拿下大油田”

第一口井打完后，王进喜在指挥放第二口井架的过程中，被钻杆砸伤了大腿，血渗透了裤腿和鞋袜，他昏倒在井场。当他苏醒过来，看到指导员在给自己包扎止血，同志们围在身旁，有的流下眼泪，而井架还没有放倒，他着急地对指导员说：“你是带兵打过仗的人，打仗时伤了人，你当指导员的搞抢救，同志们哭，这仗还打不打了？”他猛地坐起来，举起双手继续指挥：“放井架。”

第二口井开钻，王进喜的腿伤还没好，领导和同志们送他到医院，他几次偷偷地溜回队里，拄着双拐在现场来回指挥。有一天，他突然发现有井喷的迹象，必须加大泥浆的比重来压井，而井上没有重晶石粉，他立即决定用水泥加土拌和泥浆压井。水泥和土倒进泥浆池后，由于没有搅拌设备，单靠泥浆泵循环，水泥和土大部分沉底。见此情况，王进喜把双拐一甩，纵身跳进泥浆池，用胳膊、身体、腿脚搅拌水泥和土。他和同志们奋战了两个多小时，终于避免了井喷事故，同志们把他拉上来后，身上已被碱性很强的水泥烧出许多血疱，受伤的腿和脚都肿得老高。可他还坚持指挥井队工人往泥浆里加清水，替换泥浆，继续钻进。他说：“我们吃点苦算什么？宁可少活二十年，拼命也要拿下大油田！”

在艰苦紧张的会战初期，王进喜就是这样整日整夜地奋战在井场，饿了啃几口冻干粮；困了就躺在成排的钻杆上，枕着钻头睡一会儿。房东赵大娘心疼地说：“王队长，你可真是铁人啊！”从此王“铁人”的名字不胫而走，传遍了整个大庆油田。这一情况被当时在大庆指挥石油会战的领导——石油工业部部长余秋里知晓，他认为王进喜的这种思想和行为体现了石油职工高度的主人翁责任感，具有为国分忧、为民争气的强烈愿望和对待创业困难的正确态度。在会战工委的领导下，全油田开展了“向铁人王进喜学习”“人人做铁人”活动。

1960年4月29日，由国家石油工业部部长余秋里同志主持，在萨尔图广场（现大庆一中）召开了石油大会战万人誓师大会，大会提出，“千困难、万困难，国家缺石油是第一困难”，要发扬革命精神，知难而进。“铁人”王进喜发出的“宁肯少活二十年，拼命也要拿下大油田”的誓言，成为大会的共同决心和坚定意志。

第八节　参加工业生产“大跃进”

为了尽快改变中国贫穷落后的面貌，1958年5月5日至23日，中共中央召开八大二次会议，提出了“鼓足干劲、力争上游、多快好省地建设社会主义”的总路线，会后，“大跃进”和人民公社化运动在全国范围内从各方面开展起来。建设社会主义总路线提出后，按照党中央的部署，黑龙江省也开始了宣传总路线，开展了工农业生产“大跃进”，及各条战线的“大跃进”。同时开展了人民公社化运动。这些运动虽然取得了一定的成果，但由于忽视了社会主义建设客观经济规律，经济建设和社会发展遭受重大挫折。

在全国上下掀起“大跃进”的高潮，“大跃进”运动在生产发展上追求高速度，以实现工农业生产高指标为目标。在这个阶段，黑龙江工人创造了“两参一改三结合”经验，推动工人参加企业管理。

一、开展社会主义劳动竞赛，掀起社会主义建设新高潮

新中国成立初期，黑龙江广大职工为了医治战争创伤，迅速恢复国民经济，开展了以清查仓库、献纳器材、修复机器、恢复生产为内容的生产运动。在“一五”计划的鼓舞下，全国人民迅速形成参加和支援国家工业化建设的高潮。作为工业化建设主力军的工人阶级，以热火朝天的劳动竞赛和技术革新，积极投身于国家建设之中。1953年8月，中共中央发出《关于增加生产、增加收入、

厉行节约、紧缩开支、平衡国家预算的紧急通知》，一个群众性的增产节约运动高潮迅速在全国掀起。1956 年 2 月，在中共中央和国务院倡导下，全国总工会通过了《关于开展先进生产者运动的决议》，对开展先进生产者运动的指导思想、原则及评定授予荣誉称号等问题，提出了具体意见。同年 5 月 11 日，《人民日报》发表《持久深入地开展先进生产者运动》社论。此后，一个波澜壮阔的先进生产者运动在全国范围内蓬勃兴起。

黑龙江地区开展的劳动竞赛形式有统一的生产运动，也有厂际及同工种竞赛、生产班组竞赛。生产运动是黑龙江地区劳动竞赛的主要形式，竞赛项目包括改进生产工具、操作工艺及劳动组织，推广先进技术与经验，提高劳动生产率及产品质量，节约原材料，降低产品成本等。

厂际竞赛和同工种竞赛，主要是各级党委、行政及工会将一些条件大致相同并具有一定可比性的局、厂、矿或工种组织起来，开展竞赛，使其互相学习、交流经验，达到促进生产的目的。局、厂、矿际的竞赛主要以企业为单位，竞赛内容比较全面，除了完成生产指标、提高经济效益外，一些竞赛甚至还包括了企业管理的内容。同工种竞赛主要是在几个企业某一相同的工种或在较小的行业中开展的竞赛。

1958 年以后，随着国民经济恢复任务的完成和大规模经济建设的到来，在中共黑龙江省委的统一领导和省工会的组织下，全省开展以完成和超额完成国家生产计划为目标的比学赶帮超班组竞赛。全省三万多个班组以马恒昌小组为旗帜，向马恒昌小组学习，促进班组管理，不断扩大先进班组队伍。在先进班组竞赛中，全省涌现出马恒昌小组、马永顺小组、邢守文小组、崔国山快速掘进队、614 采煤队和中苏友谊小组等多个先进班组的典型。

二、“两参一改三结合”的创举

在 1958 年的社会主义建设高潮中，黑龙江省的三家兵工企业建华机械厂、华安机械厂和庆华工具厂创造了工人参加管理、干部参加劳动、改革不合理规章制度三项经验，又在总结长春第一汽车制造厂技术人员、工人、干部三结合的基础上，形成了“两参一改三结合”。1958年春，庆华工具厂党委向黑龙江省委作了报告，得到省委的高度重视，并立即派时任省工业部部长的陈雷率工作组先行进驻、调研考察，同时，协助工厂对这一经验进行认真总结。3月22日至25日，在庆华工具厂召开全省工业领导干部现场会议，会上介绍了“两参一改”的经验。4月1日，省委发出了《关于认真学习和推广两参一改经验的通知》，要求各级党委，尤其是工矿企业党委要结合各自的实际情况，加以认真推广。4月5日，《黑龙江日报》以《领导作风上的革命、企业管理上的大改革》为题发表社论。4月25日，《人民日报》刊发了庆华工具厂“两参一改”的经验，并加了编者按，指出：“中共黑龙江省委庆华工具厂委员会关于干部参加生产，工人参加管理和业务改革的经验，是一项具有重大意义的创举，是在整风运动中干部和工人群众的共产主义精神大为高涨之后，对于企业管理的一项重大改革的提高，是完全符合社会主义企业管理原则的。这一经验在全国一切具有条件的工业企业中都应当推行。”5月7日，《黑龙江日报》又以《改革企业管理工作的重大创举》为题，发表社论，高度评价了这一历史意义。与此同时，《工人日报》也以《新的管理制度，新的管理方法》为题发表社论，从而使“两参一改”经验在全国范围内推广开来。

“两参一改”经验的出现，受到党中央、毛主席的极大关注。1958年5月，党中央召开八届二中全会。5月9日，庆华工具厂党委书记马彪代表工厂党委向全会汇报了“两参一改”的经验。长春一汽在推广这一经验的同时，创造了技术人员、工人、干部三结合的经验。从而使“两参一改”更加丰富和完善，形成了“两参一改三结合”的完整经验。这一经验的形成，被毛主席于1960年3月纳入“鞍钢宪法”。1960年6月13日至17日，黑龙江省委又一次在庆华工具厂召开全省工业现场会，并向党中央作出了《巩固发展“两参一改三结合”全面提高企业管理水平的报告》。1960年10月4日，党中央就黑龙江省委的这个报告作出批示，指出：“几年来我国社会主义企业的工作，在毛泽东思想的指导下，批判了‘一长制’，坚持执行了党的领导和群众路线，政治挂帅与物质奖励相结合的原则，并且根据这些原则建立了党委领导下的厂长负责制，职工代表大会制和‘两参一改三结合’等一套新型的社会主义企业管理制度，这就是民主集中制在工业企业中的具体运用。”

“两参一改三结合”的实践推广证明，这一经验不仅符合社会主义企业管理制度，而且具有中国社会主义企业管理的特色。因此，在中共十一届六中全会通过的《中国共产党中央委员会关于建国以来党的若干历史问题的决议》中，把“两参一改三结合”作为毛泽东丰富和发展马克思列宁主义的一个组成部分，给予了高度评价和肯定。

三、加强劳动保护和安全生产工作

1958 年 9 月，在全国总工会第三次党组扩大会议“左”的错误影响下，省工会决定撤销劳动保护部，调出劳动保护专业干部，在全省范围内停止执行对职工伤亡事故的处理工作及其他有关劳动保护方面的工作。由于指导上的失误，工会削弱了劳动保护工作，削弱了在安全生产和工业卫生方面的监督作用，加上在经济建设工作中违背科学规律，忽视安全生产和劳动保护，使职工伤亡事故一度大幅度上升。在三年“大跃进”的最后一年即 1960 年，黑龙江省工伤死亡职工 1311 人，教训十分深刻。

1962 年，由于劳动保护工作和群众监督工作逐步恢复，各种规章制度逐步健全，强调按客观规律办事，伤亡事故又有所下降。

四、工业交通“大跃进”

1956 年，是实施“一五”计划的第四年。黑龙江省根据前三年经济建设发展的状况，省委提出全省要提前一年完成“一五”计划。1956 年元旦，《黑龙江日报》发表《全省人民动员起来，为争取四年完成五年计划而奋斗》的社论。为了充分发挥群众的积极性与创造性，把提前完成“一五”计划的要求落到实处，省委作出《关于在企业、机关、学校广泛、深入、持久地开展先进生产者运动的指示》。要求各级党组织在生产和工作中支持先进，调动各方面的积极因素，把少数先进分子的水平变为广大职工群众的水平，具体有效地推广那些解决生产关键问题的经验；各级党组织必须把开展先进生产者运动作为领导的中心工作，每个党员不仅要自己成为先进生产者，并且要用自己的模范行动，积极影响群众、带动群众。全省范围的先进生产者运动开展起来后，广大职工的劳动热情空前高涨，先进人物大量涌现，过去的劳动定额一再被突破，出现了许多新的纪录。到第一季度末，全省工业战线已涌现出 8.3 万多名先进生产者和 5619 个先进集体。全国著名的齐齐哈尔第二机床厂马恒昌小组提前一年零 11 个月完成了第一个五年计划。哈尔滨机车车辆制造厂铣工苏广铭在 1956 年 1 月 26 日已经做完计划 1957 年完成的最后一个加工件。牡丹江市国营和地方国营工厂及铁路运输部门，有 38 名工人到 3 月中旬已完成了五年计划的工作量。到 3 月末，哈尔滨工具厂和卷烟厂、齐齐哈尔机车车辆制造厂和牡丹江国营第一橡胶厂（桦林橡胶厂）等单位，先后提前完成“一五”计划的任务。到 1956 年底，全省工业生产完成全年总产值计划的 101.8%，除煤矿等系统外，四年完成五年计划的要求大部分已实现。在基本建设方面，又有 14 项重点工程完工，并部分投入生产。黑龙江省已成为一个拥有机械、煤炭、电力、轻纺等大型工业的省份，为实现社会主义工业化奠定了初步基础。

随着工业建设的发展，“一五”期间交通运输业也有很大发展。五年内，改建和恢复公路 1600 多公里，营业线路增加 3416 公里，达到一万多公里。1957 年公路运输货物周转量是 1952 年的两倍，旅客周转量是 1952 年的三倍，两项均超过了五年计划规定的指标。

表 7-1　“一五”期间社会总产值统计表　　单位：亿元

年份	社会总产值	农业	工业	建筑业	运输业	商业
1953	55.17	18.28	25.10	4.00	2.94	4.85
1954	60.79	20.25	28.23	4.60	2.92	4.79
1955	62.26	22.42	26.87	4.64	3.23	5.10
1956	70.50	24.42	31.33	5.31	3.59	5.85
1957	73.54	23.89	35.03	4.44	3.87	6.31

注：本表按当年价格计算，村及村以下工业净产值包括在工业部门中。

五、加强职工文化技术教育

1956年到1958年，全省职工业余教育发展较快。职工扫盲教育已不再是文化教育的重点，初等、中等教育已形成体系，高等教育也正在尝试阶段，1958年，全省145万名青壮年职工中有80余万人入学。1960年，全省职工业余教育达到高潮。据统计，当年全省工矿企业举办业余学校7193所，148万名职工参加学习，其中中小学学员1418652人、中专学校学员35244人。1961年，由于自然灾害等因素的影响，全省职工业余教育的出席率和开学率大幅度下降。1962年以后，根据全省企业调整、职工精简的实际情况，中共黑龙江省委和省总工会对职工业余教育的办学形式、办学规模、领导体制和规章制度进行了调整。随着国民经济的恢复发展，职工业余教育也逐步恢复发展。1964年，全省职工参加业余学习的人数为26.9万人，1965年为29.5万人。1965年入学人数中包括参加技术班学习的9万人。参加学习的职工占应参加学习职工的30%，入学率仍然很低，干部、师资不足，职工业余教育还未能从1961年的整顿中完全恢复元气。

第九节　在“左”的思想影响下的黑龙江工会工作

1958年5月26日，中华全国总工会党组第三次扩大会议在北京召开，历时71天。会议原定任务是根据中共中央《关于工会组织问题的意见》，研究解决工会体制问题。但是在中共八大二次会议开过之后，为了贯彻会议精神，根据中共中央的指示，就将原定会议内容改为开展工会工作中的敌我斗争和两条路线斗争，插红旗、拔白旗：检查总结几年来的工会工作，肯定成绩，纠正错误，彻底解决工会与党的关系问题；讨论和解决工会工作如何为总路线服务。

1958年9月1日至30日，黑龙江省工会党组召开第二次扩大会议。会议根据中华全国总工会党组第三次扩大会议精神和6月27日《工人日报》发表的批判工团主义、经济主义、行会主义的社论，错误地批判了中华全国总工会原主席赖若愚，并针对工会工作提出意见：省工会的任务是根据省委指示，调查研究，反映情况，取消垂直领导，不再下发指示、决议和布置工作；将省、市、县工会联合会改名为省、市、县总工会，编制机构由同级党委决定；在各专区建立地区工会工作委员会，在地区党委的统一领导下进行工作；撤销或合并省内各产业工会，成立四个工作委员会，保留一个产业（铁路）工会；停止执行对职工伤亡事故的处理工作及其他有关劳动保护方面的工作，全省的工会工作遭受严重影响。10 月 31 日，中共黑龙江省委批转了这个意见，提出工会工作是党的群众工作的一部分，工会在政治上、组织上、业务上都必须完全地、绝对地接受党的领导。省工会党组第二次扩大会议后，省总工会机构有所调整，劳动保险、劳动保护、工资部撤销，工作并入生活部；财务部、办公室、行政处撤销，工作并入办公室；县镇工作部撤销；女工部撤销，改为女工委员会。

1958 年 8 月，中共中央政治局扩大会议通过了《关于在农村建立人民公社问题的决议》。该决议指出，人民公社是建成社会主义和逐步向共产主义过渡的最好的组织形式，该决议强调，人民公社是形势发展的必然趋势，不可阻挡。该决议下达后，人民公社运动迅即被推向高潮。与之相联系，所谓“工会消亡”的问题也被提出，并在工运领域形成了以“取消县工会”为主要内容的“工会消亡”风。9 月 24 日，中华全国总工会领导在中华全国总工会机关内部整风总结会上，正式提出了“为工会消亡而奋斗”的口号。12 月 4 日，中华全国总工会党组正式向中共中央呈报《关于县级工会处理的意见》。该意见提出，人民公社在我国农村已普遍建立起来，县和县属工会工作，将会逐渐被公社工作所代替，从总的趋势来看，县级工会将首先随着人民公社的更加完善而自然消亡。

1959 年 2 月 4 日，中共黑龙江省委批转省委组织部《关于乡人民公社、县联社党委、行政、群团组织机构设置的意见》，认为人民公社将逐步代替工会工作，一般非生产部门的工会组织可以先消亡，乡人民公社和县联社新建立的企业停止发展会员和建立工会组织。2 月 20 日至 28 日，黑龙江省总工会党组召开第三次扩大会议（工会代表会议）。会议主要解决城市人民公社建立后工会工作的问题，决定省级产业工会除铁路工会外一律撤销，省工会设立四个产业系统工作委员会；省内各专区设立地区工作委员会，作为省工会的派出机构；省工会联合会改称为黑龙江省总工会，增选温溶洗为黑龙江省总工会副主席。会议还对县级及县属工会逐步过渡到人民公社提出处理意见，提出“县级工会将首先自然消亡，由人民公社逐步取代”的错误主张，使全省工会组织建设受到挫折和削弱。省工会合并机构，精简编制，由担任重要社会职能向单一从事调查研究方向转变。4 月 9 日，中共黑龙江省委批转省工会关于县工会处理意见的报告。工会“纳入城市人民公社”是“工会消亡”风的继续，也是中华全国总工会党组第三次扩大会议错误的延续和发展。它对于大中城市、大企业工会的冲击远比第一次刮起的“工会消亡”风更为严重。工会组织在整个社会主义历史时期都负有重要的历史使命，它的存在具有客观的必然性、运动有其内在的规律性。人为地取消它，就违背了工会这一客观事物的发展规律，造成了危害和消极的后果。7 月底，黑龙江省总工会召开地、市、铁路工会主席会议，研究讨论如何看待“大跃进”问题。中共黑龙江省委书记、省长李范五到会讲话，指出省总工会第三次党组扩大会议以后，在精简机构的问题上有过火行为，并进一步明确指出，党的中心工作就是工会的中心工作。

1960 年下半年，我国的国民经济出现严重困难，国家和人民都遭受了重大损失，形势变得更为严峻，这使得党和党的领导人开始从较深的层面认真思考和纠正“大跃进”以来的一系列“左”倾错误，于是重启工人运动和工会工作的纠“左”进程、调整和发展工会各项工作。1960 年 11 月，中共中央发出《关于农村人民公社当前政策问题的紧急指示信》，同时发出《关于贯彻执行“紧急指示信”的指示》，这两个指示的主旨就是要求全党用最大的努力来坚决纠正农村人民公社的“共产风”，同时要求提高干部的思想，提高他们的经济理论水平和政策水平。

中共中央决定恢复全国总工会和地方工会体制之后，黑龙江省各级工会才又回到以做好群众生产、生活、宣传教育工作为主要职能的体制上。

第十节　暂时经济困难和国民经济调整时期的工人运动

1961 年 1 月，中共八届九中全会召开，提出对国民经济实行“调整、巩固、充实、提高”的八字方针，要求国民经济实现综合平衡，按比例发展。1961年3月和9月，中共中央先后制定和发布了《农村人民公社工作条例（草案）》（简称“农业六十条”）和《国营工业企业工作条例（草案）》（简称“工业七十条”）。前者的实施取消了农村部分供给制和公共食堂，将人民公社的基本核算单位下放到相当于原来的初级社规模的生产队；后者的实行则在总结经验教训的基础上建立健全和完善了我国国营企业的一系列规章制度，促进了工业的调整。

一、贯彻国民经济调整的八字方针

1960年11月28日，省总工会召开全省县工会主席会议，要求县工会工作要以支援农业为中心，以直接支援农业“四化”（机械化、水利化、化学化、电气化）的工厂企业为重点。全省各级工会回到以做好群众生产、生活、宣传教育工作为主要职能的体制上。在国民经济三年困难时期，全省贯彻党中央“调整、巩固、充实、提高”方针，调整工业结构，压缩下放职工。

1961年11月和12月，省总工会分别召开地、市工会主席会议和县工会主席会议。会议认为，全省工会工作在城市人民公社化以后，由于受“工会消亡”风的影响，把工会工作纳入人民公社出现了一些混乱现象，使工会工作受到不同程度的影响。为集中力量做好工会工作，建议把各地、市、县有关人民公社的调查研究任务交给同级党委的政策研究部门承担。工会的主要任务是组织全体职工开展增产节约劳动竞赛，搞好职工生活，对职工进行当前形势与任务的宣传教育。

二、关心职工生活、帮助职工渡过难关

20世纪50年代初，黑龙江地区职工收入较低，平均家庭人口较多，而家庭妇女参加工作的人数较少，许多职工生活水平不高，困难职工多。为了减轻职工的生活困难，消除部分职工因生活困难造成的思想负担，两省工会组织每年

都要有领导、有组织地进行职工生活调查工作，并在此基础上救济一部分冬天穿不上棉衣、缺粮和因疾病有特殊困难的职工。补助经费的来源，主要由工会会员困难补助费、厂长基金的救济款部分解决。

1958 年，许多职工家属走出家门参加生产和工作，职工生活有所改善。1959 年，全省共补助困难职工 91124 人，总金额 2233682 元。

1960 年至 1962 年三年困难时期，党和政府对职工群众生活十分关心。1961 年 3 月中华全国总工会召开了 19 省、市、自治区总工会，七个省属工会，11 个基层单位负责生活的干部座谈会。会议的中心议题是职工生活工作，研究贯彻中共中央关于工会侧重抓职工生活工作的指示。会议交流了在职工生活工作中加强思想政治工作，切实抓好食堂、住房调整，搞好农副业生产，开展防病治病，搞好女工保护等方面的经验。研究了如何安排好职工生活的有效而可行的办法。黑龙江省总工会按照省委要求工会侧重抓好群众生活工作的指示，于 1961 年 9 月 13 日召开地、市生活部长座谈会，根据各地在职工生活方面反映的问题，向中共黑龙江省委提出《加强职工生活困难补助工作的意见》的报告，就普遍开展职工生活状况调查，加强职工困难补助工作提出具体建议。

1962 年 8 月 8 日至 10 日，中共黑龙江省委召开城市职工生活会议，布置职工越冬工作。为解决全省职工越冬困难补助问题。同年秋，又重点调整了职工工种粮食定量，并拿出 200 万斤麸子面补助缺粮职工。

截至 1963 年一季度，全省共支出困难补助费 3389 万元，其中国家拨款为 1450 万元，企业自筹为 1939 万元，共补助 844110 人次，平均补助面为职工总数的 10.5%。补助布 436.8 万米、棉花 114 万市斤、卫生衣裤 113500 打，补助面约为职工总数的 30%。1963 年下半年，为了帮助职工搞好换季，全省下拨各地城乡困难补助物资有棉布、亚麻布、棉麻混纺、人造哔叽等 216 万米，毛毯 5.8 万条，卫生衣裤 11.38 万打。为了集中安排好职工过冬生活，全省又将中共中央下拨的二、三季度困难补助费，于 9 月份一次下拨各地 1100 万元。

1964 年，全省接受困难补助的职工为 361667 人，补助总金额为 1439 万多元。“文化大革命”开始后，困难补助工作改由行政管理，工会组织不再负责管理。

三、深入开展比学赶帮超的增产节约运动和社会主义劳动竞赛

1962 年 12 月，黑龙江省总工会在牡丹江市召开社会主义劳动竞赛座谈会。会议认为工会群众生产工作的重要任务是：进一步动员工业战线全体职工继续开展以支援农业、增产日用工业品和增产原材料为中心的增产节约运动。

1963 年 4 月 12 日，省总工会党组在向中共黑龙江省委书记任仲夷（当时省委设第一书记、书记）汇报工作时提到：这次增产节约运动，各级工会组织向工人进行“发扬一厘钱精神”的节约教育，全省职工有 85%投入增产节约运动中。为继续抓好这项工作，省总工会决定抓住重点，推动全面，每个市都要抓一个点，省总工会直接在哈尔滨、齐齐哈尔、佳木斯三个市各抓一个点。4 月 19 日，中共黑龙江省委召开地、市委工业书记、部长会议，确定把“对指标、找差距、反浪费、挖潜力、比学赶帮”作为全省工业增产节约运动的口号。在开展这次增产节约运动的同时，全省职工还积极响应中共中央提出的反对铺张浪费的号召。据哈尔滨、齐齐哈尔、牡丹江、佳木斯四个市 107 个企业统计，这些企业职工群众共提出 40 多万条针对严重损失浪费现象的整改意见。为了深入开展增产节约运动，哈尔滨铁路工会组织 141 名工会干部和工会积极分子，组成增产节约宣传工会经验交流小组，到下属各站段介绍增产节约运动经验。

1964 年，全省开展以“五好”为目标的比学赶帮增产节约运动。此后，增产节约运动被“五好”运动取代。

1958 年至 1965 年黑龙江省工业生产取得了巨大的进展，见表 7-2。

表 7-2　1958—1965 年黑龙江省社会总产值和主要工业产品产量情况

年份	社会总产值（亿元）	工农业总产值（亿元）	工业总产值（亿元）	钢（万吨）	原煤（万吨）	原油（万吨）	发电量（亿度）	木材（万立方米）	水泥（万吨）	食糖（万吨）
1958	108.3	84.76	61.81	34.5	2126	0.3	16.6	1072	68.6	10.1
1959	139.3	112.52	89.68	61.14	3063	0.8	23.5	1352	78.2	14.3
1960	155.8	125.24	107.33	61.14	3078	98.5	30	1273	78.6	6.1

续表

年份	社会总产值（亿元）	工农业总产值（亿元）	工业总产值（亿元）	钢（万吨）	原煤（万吨）	原油（万吨）	发电量（亿度）	木材（万立方米）	水泥（万吨）	食糖（万吨）
1961	101.6	80.8	62.2	19.49	2145	274.5	23.7	639	40	2.7
1962	90.2	72.04	49.69	21.23	1915	355.5	23.4	754	46.3	0.6
1963	97.9	79.48	55.47	21.7	1941	439.5	25.5	821	53	1.1
1964	116.5	93.33	69.91	26.25	1985	625.1	28.2	930	61	4.7
1965	139.7	113.47	88.54	32.33	2049	834.2	33.3	1302	65.4	12
合计	949.3	761.64	584.63	277.78	18302	2628.4	204.2	8143	491.1	51.6

本表制作数据来源：张向凌主编：《黑龙江历史编年》（修订本），黑龙江人民出版社 1989 年 8 月版，第 851—918 页。

四、调整工会指导思想发挥工会组织作用

1961 年春，中共中央政治局委员李富春要求中华全国总工会注意发挥工会的组织作用。根据李富春的意见，5 月，中华全国总工会党组在经过调研的基础上拟定并经中共中央批转了《关于改进基层工会工作的报告》。报告针对当时许多基层工会没有或者没有很好发挥作用，要求迅速改变这个状况，并强调基层工会的主要任务是在企业党委领导下，配合企业行政、共青团，从关心群众、关心群众生活福利着手，加强思想政治教育，提高职工生产积极性。黑龙江省总工会和部分市工会于 5 月至 6 月间，在中华全国总工会工作组的直接帮助指导下，对全省基层工作状况进行调查研究。从是否服从党的领导，工作是否积极主动，中心工作和日常工作是否有全面安排，工会组织和工作制度是否健全，依靠群众和积极分子状况如何，工会和有关方面关系如何等五个方面进行调查研究。

1961 年 11 月、12 月间，省总工会先后召开地市和县工会主席会议，总结自 1958 年以来三年间全省工会工作的经验和教训。这次会议仍坚持在调查报告中

的对全省基层工会情况的分析，但强调：三年来，工会组织有很大的削弱，各级组织不够健全，干部精简过多，放松了积极分子工作，民主生活不活跃，工会业务工作放松，工会的正常工作秩序有些混乱。1961 年 12 月，中共中央同意并批转全国总工会《关于调整、充实基层工会干部问题的请示》，提出大中型企业基层工会主席，由相当于企业党委副书记或副厂长的干部担任。凡不符合这一条件的，请企业党委逐步予以调整。文件下达后，不少企业调整、充实了基层工会干部。12 月，省总工会根据中共中央批转中华全国总工会党组《关于调整、充实基层工会干部问题的请示》精神，组织着手解决基层工会干部队伍薄弱和领导核心不健全的问题，责成各市工会对大中企业工会干部进行调查摸底，提出调整意见，经各市党委批转各企业执行。这次调整为基层工会充实了大批领导骨干，初步解决了基层工会干部中存在的问题。1963 年 2 月，省总工会就全省基层工会干部调整问题向省委常委会议作了汇报。省委常委决定，加强工会干部的培养配备工作，各厂矿都要派能力较强的干部做工会工作，要注意从工人中选拔干部，并责成省委组织部和省总工会研究解决工会干部的政治待遇问题。

第十一节　黑龙江省工会第二次代表大会

黑龙江省工会第二次代表大会于 1963 年 12 月 3 日在哈尔滨市开幕，14 日闭幕。参加会议的正式代表 494 人，特邀代表 6 人，173 人列席会议。

大会的议程是，讨论通过黑龙江省总工会第一届执行委员会工作报告，讨论通过黑龙江省总工会第一届执行委员会财务工作报告，选举省总工会第二届执行委员会。

中共黑龙江省委第一书记欧阳钦出席大会并会见全体代表。省总工会主席常一彬代表省总工会第一届执行委员会向大会作《高举毛泽东思想旗帜，动员全省职工，深入开展增产节约运动，争取社会主义新胜利》的工作报告。报告提出，全省工会组织的主要任务是在党的领导下，全面贯彻执行党的工作方针，紧紧围绕增产节约和“五反”运动，继续加强对职工的社会主义教育，不断提高职工的阶级觉悟，充分调动广大职工的积极性和创造性，广泛深入地开展增产节约运动，保证完成和超额完成国家生产建设计划，积极支援农业，为争取国民经济的进一步全面好转，为争取社会主义建设的新胜利而奋斗。

报告分别就加强社会主义教育、培养坚强的工人阶级队伍，广泛深入地开展增产节约运动，保证全面地完成国家计划，切实关心职工生活，认真做好生活工作和进一步加强工会建设，充分发挥工会组织作用等问题作了专门阐述。

省总工会副主席李琛光向大会作《关于工会财务工作的报告》。参加大会的代表经过认真讨论，一致同意并批准省总工会一届执委会的两个报告，并通过大会决议。决议号召全省广大职工和工会组织，认清自己的光荣职责，积极响应第二届全国人民代表大会第四次会议发出的“奋发图强，自力更生，建设祖国”的伟大号召，在党的领导下，团结全省人民，高举毛泽东思想旗帜，树雄心，立壮志，积极投入阶级斗争、生产斗争和科学实验三项伟大的革命运动，不断提高社会主义觉悟，鼓足革命干劲，广泛深入地开展增产节约运动，保证与超额完成国家生产建设计划，大力支援农业、加速全省的社会主义建设。

大会选举出黑龙江省总工会第二届执行委员会委员 67 人、候补委员 21 人。

大会闭幕后召开的省总工会第二届执行委员会第一次全体委员会议上，选举省总工会第二届执行委员会常务委员会委员 13 人。

黑龙江省总工会第二届委员会机构设有办公室、生产部、组织部、宣传部、教育部、女工部、生活部、财务部和第二办公室。

第十二节　组织工人广泛开展学理论和学先进活动

1958 年，黑龙江省总工会开始组织职工群众学习马克思主义理论著作、学习毛泽东著作。职工群众的政治理论学习以开展振兴中华读书活动的形式出现，由单一的马列主义理论经典著作的学习发展为以阅读政治、历史、哲学方面的优秀著作为中心的读书活动。在毛泽东“破除迷信、解放思想”的号召下，在上海工人学习毛主席著作的影响下，黑龙江省职工破除对马列理论著作的神秘感，首先从学习毛主席哲学著作入手，开展了群众性的学理论、用理论、讲理论的学习活动。

一、倡导工人群众学习理论

1958年5月5日，哈尔滨市第七百货公司售货员魏淑琴、王洪华等17人组织营业员自学哲学小组，受到中共哈尔滨市委书记任仲夷、副书记郑依平等人的重视。在党组织的培养帮助下，该小组学习了毛主席的《实践论》《矛盾论》和《关于正确处理人民内部矛盾的问题》以及列宁的哲学著作。与此同时，牡丹江水泥厂职工和家属也在破除对哲学著作的神秘感，组织了由623名工人和家属参加的53个毛主席著作学习小组。在这两个先进典型的带动下，全省职工很快掀起学习毛主席著作、学习哲学著作的热潮。哈尔滨市工人不到一个月就组织了近2000个学理论小组，参加学习的工人达1.5万余人。这些小组基本上是以毛主席的《实践论》《矛盾论》和《关于正确处理人民内部矛盾的问题》以及艾思奇的《辩证唯物主义》为教材。他们坚持理论联系实际、学以致用的原则，口号是“自学、讲解、辩论并重，学了就用”，用学到的一些基本观点和基础理论解决思想和工作上的问题，指导生产和工作的实践，对于活跃职工思想、把马列主义基本理论普及职工群众中起到了推动作用。

1958年7月15日，省工会联合会转发哈尔滨市工会《关于组织工人学习哲学的情况报告》，要求全省各级工会组织在同级党委的统一领导和部署下，在开展群众性读书运动中，积极主动地做好宣传动员和组织教育工作。根据对哈尔滨、齐齐哈尔、牡丹江、鸡西等市的197个企业统计，至年底，这些企业成立工人学习毛主席著作小组4532个，参加学习的职工人数为65467人。

1959年，中共黑龙江省委进一步加强对工人群众学习理论工作的领导，并注意总结工人群众学理论的经验。省委第一书记欧阳钦和其他领导人赞扬和支持群众的理论学习，深入理论学习小组，和职工共同学习，并进行辅导。在省委的倡导下，县以上各级党委相继表彰了群众学习理论积极分子、优秀辅导员和先进学习小组。哈尔滨市群众学理论的标兵魏淑琴，把学到的哲学观点运用到售货工作中，通过研究消费的变化规律，了解顾客需要和购买力的变化。魏淑琴通过学哲学、用哲学，不仅提高了服务质量，而且使自己的理论水平有了很大提高，成为职工学习理论的突出代表。

1960 年 4 月 10 日至 20 日，全国总工会和团中央、教育部在哈尔滨市召开全国青年学习马列主义、学习毛泽东著作黑龙江现场会。团中央书记胡克实在总结报告中，充分肯定并赞扬了黑龙江省群众学习理论同政治斗争、生产斗争、思想改造相结合的经验。

二、开展工业学大庆运动

1964 年，毛泽东发出“工业学大庆”的号召。在调整国民经济期间，各级工会积极组织广大职工群众投入学大庆运动。1963 年 12 月，中华全国总工会召开的八届五次执委会议着重研究了如何学习大庆油田的经验，并就工会工作方针提出，认真贯彻自力更生、奋发图强、艰苦奋斗、勤俭建国的方针，坚持勤俭办一切企业，逐步地在广大职工群众中树立起勤俭节约的风气。黑龙江省总工会倡导和组织广大职工群众，学习大庆人“一不怕苦、二不怕死”的革命精神，学习大庆人艰苦创业、立志改变祖国落后面貌的爱国主义精神，掀起建设社会主义的生产热潮。

三、发动职工参加社会主义教育（“四清”）运动

1963 年 2 月，中共中央决定在农村开展以“四清”（清理联目、清理仓库、清理财物、清理分工）为主要内容的社会主义教育运动。1963 年至 1966 年春，根据中共八届十中全会大抓阶级斗争的精神，党在部分农村和少数城市、大型企业开展了社会主义教育运动。

1965 年 1 月之后，根据《二十三条》规定，全省城市“五反”运动改称“四清”运动。第二批城市“四清”运动从 1965 年 9 月起，在 926 个单位、

53.2万名职工和街道居民中进行。城乡社会主义教育运动，虽然在解决干部作风和经营管理等方面起了一定作用，但由于对社会上阶级斗争形势估计过于严重，把工作中的某些缺点和问题不加区别地都认为是阶级斗争，或阶级斗争在党内的反映。这样，就使不少基层干部受到不应有的打击和错误处理，而且使阶级斗争扩大化的理论进一步升级，在党内和整个社会造成了一种十分紧张的气氛。“文化大革命”开始后，城市“四清”运动中止。

四、开展群众性学英模活动

在全国广泛深入开展的增产节约和技术革新、技术革命运动中，广大职工发扬工人阶级的光荣传统和优良作风，掀起“比先进、学先进、赶先进、帮后进”热潮，各行各业都涌现出许多英雄模范人物和先进生产集体，创造了许多可歌可泣的英雄业绩。为了表彰在国家建设中作出重大贡献的先进集体和先进个人，总结推广他们的先进经验，推动增产节约和技术革新、技术革命运动及社会主义劳动竞赛的深入开展，中共中央、国务院接受全国总工会的建议，决定在1959年第四季度召开表彰大会，并为此于同年3月下发《关于召开全国工业、交通运输、基本建设、财贸方面社会主义建设先进集体和先进生产者代表会议的通知》，全国总工会发出了《告全国职工书》，各级工会都积极参与了总结典型、宣传典型和评选等工作。1959年10月25日至11月8日，全国工业、交通、基本建设、财贸等方面社会主义建设先进集体和先进生产者代表会议（即工业“群英会”）在北京召开。他们代表了全国30万个先进集体和300多万名先进生产者，全国著名齐齐哈尔第二机床厂马恒昌小组、哈尔滨机车车辆修理工厂苏广铭等人参加了大会，而且涌现出大量新的先进典型，如王进喜等人。这次“群英会”在鼓舞全国职工建设社会主义的劳动热情，深入开展增产节约、技术革新、技术革命和劳动竞赛，提高群众觉悟，推动国家建设等方面，发挥了十分重要的作用。全国工业“群英会”闭幕以后，随着大会精神的贯彻落实，增产节约运动进一步突出了“学先进、帮后进”的内容，使“见困难就上，见荣誉就让，见先进就学，见后进就帮”的口号成为广大职工的新风尚。

1959年8月26日至27日，省总工会召开全省部分劳动模范、先进集体代表座谈会，向全省职工提出倡议，号召全省每个职工都争取提前10天或更多一些时间完成第三季度计划，迎接国庆十周年；力争20天或更多一些时间完成全年计划。会后，省总工会发出通知，要求全省180万名职工热烈响应这一倡议，迅速掀起学先进、赶先进、超先进竞赛热潮。10月8日，省总工会发出通知，号召全省职工大战第四季度，迎接全国群英大会召开。11月，黑龙江省参加全国群英大会的代表回省后，积极贯彻会议精神。据省内8市12县的统计，他们共组织2000余次千人以上参加的报告会，220多次有线广播大会和3万余次座谈会，有77万多名职工听了传达。11月17日，中共哈尔滨市委、市人委召开“学习苏广铭，提前跨进1960年”动员大会。

1960年1月17日至24日，全国机械工业机械化、自动化黑龙江现场会议在哈尔滨召开，会议主要介绍黑龙江省在技术革命的群众运动中，实现全面技术改造的经验。会议代表向全国机械工业职工提出《在全国机械工业中普遍实现机械化，向自动化进军的倡议书》。国家第一机械工业部部长饶斌出席会议。2月5日至14日，全国林业木材生产技术革新、技术革命黑龙江现场会在穆棱林业局召开。会议主要介绍穆棱林业局自1958年以来，创造出100多种木材生产工具，实现机械化、半机械化连续常年作业的经验。同时总结出5种37项先进经验加以推广，并对穆棱等10个林业局进行表彰。2月6日至13日，全省财贸系统先进集体、先进工作者代表大会在哈尔滨召开。有359个先进集体、289名先进工作者受到表彰。2月18日至28日，全省工业、交通先进集体和先进生产者代表大会在哈尔滨市召开，到会代表2315人。会议表彰903个先进集体、1459名先进生产者，同时对有显著贡献的5个大专院校和科研部门授予红旗。会议全体代表向全省职工发出倡议，要把以生产运动会为主要形式，以机械化、自动化为中心的技术革命运动推向新高峰。4月26日至5月5日，全省文教战线社会主义建设先进单位和先进工作者代表大会在哈尔滨召开，有427个先进单位、381名先进工作者受到表彰。选出170名代表出席全国文教群英会。9月23日，省总工会、团省委作出决定，要求全省职工和青年学习沈关根先进事迹，掀起大搞科学研究活动的新高潮。沈关根是新风加工厂的钳工，自1958年以来创造并革新了10余项重大技术项目，被哈尔滨市科学技术协会聘为理事。自此，在社会主义建设中，全省工业、财贸、教育、文化、卫生、体育等战线的广大职工广泛开展了学英模活动，同样涌现出许多先进集体和先进个人，于各条战线的各个方面都树立了一批先进典型，调动了广大群众的积极性，对于全省各项事业的发展具有积极作用。

第八章 “文化大革命”时期的黑龙江工人运动

1966年，正当广大党员干部和人民群众积极生产，开始执行发展国民经济的第三个五年计划时，“文化大革命”发生了。

在这场运动中，黑龙江省同全国其他省一样，各级党委和政府遭到破坏，正常经济秩序和社会秩序被扰乱，给全省人民带来严重灾难。工会组织和工作遭到冲击和破坏。在“文化大革命”时期，广大党员干部和人民群众对“左”倾错误和极左思潮进行了不同程度、不同形式的抵制和抗争，使“文化大革命”的破坏受到了一定程度的限制，全省国民经济虽然受到巨大损失，但仍然取得了进展。

第一节 “文化大革命”初期工会遭到的冲击及破坏

1966年“文化大革命”开始后，黑龙江省工会组织受到冲击。1967年2月，省总工会和全省各级工会组织被“造反派”接管，原工会领导人被迫停止工作，工会组织停止活动。

一、“文化大革命”的开始和工人的抗争

“文化大革命”的导火索是《文汇报》发表的《评新编历史剧〈海瑞罢

官〉》。1966年5月4日至26日，中共中央政治局扩大会议在北京召开。会议期间于5月16日通过了《中国共产党中央委员会通知》（简称“五一六通知”）。召开的中共中央政治局扩大会议，是“文化大革命”正式发动的标志，“五一六通知”是“文化大革命”的纲领性文件。5月18日，黑龙江省委书记处召开会议，决定由黑龙江省委第一书记潘复生任省委文化革命领导小组组长。5月29日，中共黑龙江省委召开常委会议，贯彻“五一六通知”，提出要“高举无产阶级文化革命的大旗，彻底揭露那些反党反社会主义的所谓‘学术权威’的资产阶级反动立场，彻底批判学术界、教育界、新闻界、文艺界、出版界的资产阶级反动思想，夺取在这些文化领域中的领导权”。6月9日，黑龙江省委召开常委会议，决定各级党委成立“文化革命小组”。确定“文化大革命”的对象主要是“资产阶级黑线”“资产阶级反动权威”和“党内资产阶级代理人”。全省的重点是省直和哈尔滨市，部门的重点是学术界、教育界、新闻界、文艺界和出版界，即所谓“小五界”，并明确要求搞运动不能停课、停产和停业。

8月7日，中共八届十一中全会印发毛泽东主席写的《炮打司令部——我的一张大字报》。8月16日，哈军工“造反派”一些人冲进省委大院，贴出大字报，并在院内演讲，使省委不能正常工作。当天晚上，省委召开书记处会议，由省委第二书记、省长李范五，省委书记处书记王一伦、陈雷，候补书记谭云鹤主持起草，通过了一项开展“省委是不是革命的”大辩论的通知，并在当夜通过有线广播播出。通知发出后，社会各界反映不一。第二天清晨数万名干部、工人、学生集结到省委，支持省委的做法，高呼“拥护省委、保卫省委”的口号。各院校“造反派”则持相反的态度，声称这是省委搞的大阴谋，要求撤销这一通知。在这关键时刻，潘复生站出来表态，支持学生的“造反”活动，宣布“省委那个开展辩论的通知是错误的”，并在事后召开的省委常委会上说：“拥护省委的现象要赶快制止，如不立刻纠正，省委就得解散。”8月18日，北方大厦门前召开的“毛泽东主义红卫兵”成立大会，潘复生再一次公开支持“造反”学生炮打省委的行动，宣布“八·一六”通知是错误的，予以收回。会后还戴上“红卫兵”袖标参加了游行。“八·一六”事件以后，“造反”学生更加有恃无恐。8月22日至23日，哈军工、哈工大等49个单位的“造反团”在省委门前联合发起“火烧省委大会”，要求揪出省委内的资产阶级代表人物，提出罢免李范五和王一伦的官，还把李范五从台上拖到台下，开了黑龙江省揪斗领导干部的先例。8 月 31 日，黑龙江省总工会接到全国总工会紧急电报通知，各级工会负责人凡称“主席”的，一律改为“主任”。

“造反派”的这些做法，引起了许多干部和群众的不满。9 月 7 日，哈尔滨第一工具厂和第二工具厂的 2000 多名工人聚集到省委门前，向省委提出了保证省委领导人安全和制止“造反派”武斗的五条意见，并要求潘复生接见。潘复生没有接见提意见的工人，却在第二天召开的省委常委会上说：“当前的运动形势好得很，不是糟得很。运动中发生的某些打人、戴高帽游街等问题，是激流中的浪花，绝不是主流。”9 月 9 日下午，工人们再次聚集起来，准备到花园邨宾馆去要回被关押的几位省委领导。杨易辰闻讯后赶到，经反复劝阻，才防止了一场冲突的发生。

二、“造反派”夺权

1967 年 1 月 1 日，《人民日报》、《红旗》杂志共同发表题为《把无产阶级文化大革命进行到底》的元旦社论，号召“向党内一小撮走资本主义道路的当权派和社会上的牛鬼蛇神，展开总攻击”。

1967 年 1 月 16 日，哈尔滨的 32 个单位的“造反团”宣布成立“哈尔滨红色造反者联合总部”，发表《红色造反者联合接管省、市党政财文大权的公告》，迫使工厂企业中工人组成的“赤卫队”“红旗军”等组织解散。1 月 31 日，全省红色造反者召开声势浩大的“黑龙江省红色造反者大联合大夺权誓师大会”，宣告成立了黑龙江省红色造反者革命委员会，发出《黑龙江省红色造反者革命委员会第一号通告》[①]，通告宣告，黑龙江省委、省人委的党、政、财、文等一切大权，自即日起，归黑龙江省红色造反者革命委员会。停止黑龙江省委、省人委的一切领导权。

2 月 1 日，黑龙江省红色造反者革命委员会“勤务组”召开会议，决定由哈

---

① 《黑龙江日报》1967 年 2 月 1 日。

尔滨师范学院学生“造反派”头头为“勤务组”班长，哈尔滨军事工程学院学生“造反派”头头和哈尔滨石油配件厂工人“造反派”头头为副班长，潘复生、汪家道为顾问。2月2日，《人民日报》发表题为《东北的新曙光》的社论，对黑龙江省的夺权行动表示支持。

黑龙江省红色造反者革命委员会由17名委员（将来再增多一些）组成，设班长一人，副班长二人。在这17名委员中，由五人组成勤务组，许多重大问题，革命委员会的全体委员未讨论决定之前，先由勤务组考虑提出意见。在革命委员会下面，设立三个委员会，即“政治委员会”“生产委员会”“群众工作委员会”，一个“办公室”。

2月10日，《人民日报》又发表了《无产阶级革命派夺权斗争的一个好范例》的社论和《黑龙江省红色造反者夺权斗争的基本经验》等文章，向全国推广黑龙江省“造反派”夺权后建立“军、干、群”三结合，党政一元化的“革命委员会”的“经验”。

2月17日，哈尔滨铁路87个造反派组织在哈尔滨人民大厦门前广场，四万多名红色造反者举行大联合、大夺权誓师大会。大会宣告：哈尔滨铁路红色造反者革命委员会正式成立，接管了哈尔滨铁路局党、政、财、文等一切大权。

三、省总工会被砸烂

1967年3月，黑龙江省红色造反者革命委员会改为黑龙江省革命委员会，中共中央批准潘复生为主任，汪家道为副主任。黑龙江省革命委员会群众工作委员会接管原黑龙江省总工会。群众工作委员会设置工会组于1967年9月5日启用公章。

群众工作委员会工会组称原黑龙江省总工会组织“以生产为中心，生产、生活、教育三位一体”的工运方针，是修正主义的。多年来，在这个方针的指导下，在工作中，没有高举毛泽东思想伟大红旗，不突出政治，不以阶级斗争和两条道路斗争为纲，而是大搞经济主义，大办福利事业，提倡物质刺激，把“共产主义的学校”“阶级斗争的工具”，演变成了“福利工会”。因此，必须彻底砸碎修正主义的工运方针，把工会办成毛泽东思想大学校。

群众工作委员会工会组领导工会组织的基本任务，第一，高举毛泽东思想伟大红旗，把组织职工活学活用毛主席著作，破“私”立“公”，实现人的思想革命化，放在一切工作的首位。第二，坚持开展两个阶级、两条路线斗争，把坚持毛主席的无产阶级革命路线，批判资产阶级反动路线，作为非常重要的任务，自觉地树立毛泽东思想的绝对权威。充分发挥群众对各级革命委员会和党政领导干部的监督作用，认真贯彻民主集中制，同修正主义、官僚主义和一切违法乱纪现象进行不调和的斗争。第三，抓革命、促生产，组织广大职工深入开展五好运动。第四，工会干部要经常深入基层，围绕党的中心任务进行调查研究，及时反映群众各方面的意见要求。第五，加强各级工会组织的思想建设和组织建设，把各级工会组织办成毛泽东思想大学校。

群众工作委员会工会组领导工会组织的体制发生了变化。原黑龙江省总工会机关设有办公室、组织部、生产部、生活部、宣传部、教育部、财务部、女工部等七部一办；有煤矿、交通运输、电业、轻化工业、农业、林业、财贸、建筑、教育医务等九个产业工会。撤销四个部和取消在省总工会内设的九个产业工会。设宣传组、组织组、生产组、综合组。根据上述工作任务，初步意见需 40 人。

原黑龙江省总工会劳动保险、养老院，统交社会服务组管理；疗养院（改为以治为主的慢性病或职业病院），交给文教卫生部门负责；职工业余教育，过去是工会管城市企业，教育厅管农村，这样分别管理浪费人力，今后统归文教部门负责；财务管理，交财政部门统一负责，工会户头不变，暂实行专款专用；工会、共青团、妇联干校、统战部管的社会主义政治学校，由群众工作委员会统一安排，进行合办。

根据黑龙江省革命委员会的指示精神，决定从 6 月 1 日起，将原黑龙江省总工会管理的工会经费、劳保基金，原民政厅管理的抚恤支出、社会救济和福利支出费，一律归省革命委员会群众工作委员会统一管理。其中，各市、县革命委员会，可按此精神接管上述费用和基金，并指定专人负责管理。市、县革命委员会，对负责原工会经费、劳保基金、抚恤支出、社会救济和福利支出、团费等工作部门的费用和基金收支情况，进行一次检查。凡应向省上缴的工会经费、劳保基金、团费，仍按原规定上缴给省革命委员会群众工作委员会办公室。

第二节　职工各派组织大联合，成立“革命职工代表大会”

1967 年 3 月 19 日，中共中央发出《关于停止全国大串连的通知》，通知指出：目前正在实现无产阶级革命派大联合，建立“三结合”的临时权力机构。黑龙江省立即响应，开展了职工各派组织大联合。

一、职工各派组织大联合

1967 年 3 月以后，哈尔滨铁路局在大批判中不断发展革命大联合，牡丹江全市发起围剿派性的总攻击，哈尔滨市革命大联合出现新高潮，齐齐哈尔市两大派组织实现大联合，佳木斯市基层单位全部实现革命大联合。1968 年 5 月 31 日，哈尔滨市革命职工代表会议在哈尔滨工人文化宫召开。1968 年 9 月 25 日，齐齐哈尔市工人造反组织联合召开齐齐哈尔市第一次革命职工代表大会，成立了“革命职工代表大会”。

1968 年 12 月 7 日，黑龙江省革命工人首届代表大会召开，会议通过章程，选举省“工代会”委员会。

在“造反派”夺权过程中，各造反派组织之间，围绕“权力”展开了激烈的争斗。

为了稳定局势，中共中央、中央军委、国务院、中央“文革”小组还发布一系列指示，要求学校师生停止大串联、复课闹革命；要求厂矿企业、农村生产队坚持业余闹革命，抓革命、促生产；要求维护一些重要部门和单位的安全和秩序等。毛泽东还决定派人民解放军执行支左、支工、支农，军管、军训的“三支两军”任务。根据上述精神，黑龙江省革命委员会也相应作出一些决定和通知。但中共中央和省里的这些要求，对那些在极左思潮影响下的“造反派”

来说，很少收到实效，武斗事件在全省各地仍然不断发生。黑龙江省“造反派”之间的武斗，以“捍联总”和“炮轰派”之间的武斗规模最大，持续的时间最长，伤亡最严重。其中，1967 年 8 月 4 日至 9 月 6 日，“捍联总”与“炮轰派”在哈尔滨第一机器厂发生多起武斗。双方不仅使用了棍棒、铁矛，还动用了冲锋枪、机枪、手榴弹和炸药等武器，甚至出动了坦克、装甲车，造成 8 人死亡，数十人受伤，第一机器厂部分厂房被毁。8 月 12 日，哈尔滨港区局“炮轰派”组织工人上街游行，路经哈尔滨工业大学，与哈尔滨工业大学“捍联总”出动的数百人，发生武斗，打死 3 人，打伤 100 多人。

哈尔滨铁路局全局 211 个单位，已有 80%在大联合的基础上，成立了“三结合”的革命委员会或生产领导班子。全局革命和生产形势一派大好，以革命带动生产，革命搞得轰轰烈烈，生产搞得蒸蒸日上。自夺权以来，运输生产没有中断过，4000 公里运输线畅通无阻。使煤、木、粮等主要物资，迅速运出，不仅消灭了“落地煤”，而且把原来落地的 43 万吨煤，也全部抢运出去，国家建设物资和民用物资，随来随运，一车不积压，有力地支援了社会主义建设。客货车的正点率，始终稳定在 90%以上。①

二、各地“工代会”的成立

1968 年 5 月 31 日，哈尔滨市革命职工代表会议在哈尔滨工人文化宫召开。大会向全市广大革命职工发出战斗的号召：更高地举起毛泽东思想伟大红旗，以解放军为榜样，以“五七指示”为奋斗目标，把活学活用毛主席著作的群众运动推向新的阶段，把各行各业都办成毛泽东思想的大学校；出席大会的代表共计 2587 人，正式代表 2407 人，列席代表 180 人。

会议宣布，在全市革命职工代表大会召开以前，哈尔滨市革命职工代表会议是全市革命职工组织的最高权力机构。在会议闭幕期间设立常设委员会，代行革命职工代表会议的职权。

1967 年 9 月 25 日，齐齐哈尔市工人造反组织联合召开齐齐哈尔市第一次革

---

① 《黑龙江日报》1967 年 9 月 24 日。

命职工代表大会，成立了“革命职工代表大会”。

三、成立黑龙江首届“工代会”

1968年6月5日，黑龙江省革命委员会群众工作委员会发布《省革委会群众工作委员会关于选派工人代表筹备黑龙江省革命工人代表会议筹备委员会的通知》，省革命委员会决定，选派少数革命工人优秀代表，于本月内组成省“工代会”筹委会。

省“工代会”筹委会是革命委员会动员与组织全省工人阶级对阶级敌人进行战斗的指挥部。其任务一是在省革命委员会领导下，高举毛泽东思想伟大红旗，紧跟毛主席的伟大战略部署，团结和带领广大群众，以门合同志为榜样，活学活用毛泽东思想，全面落实毛主席最新指示，把“工代会”筹委会办成学习、执行、宣传、捍卫毛泽东思想的大学校，实现人的思想革命化。二是团结和带领广大工人群众牢牢掌握斗争大方向，持久、深入地开展革命的大批判。对中国赫鲁晓夫及其代理人在旧公会中所推行的“三会一团”反革命修正主义工运路线，要批深批透，彻底肃清其毒瘤和影响。反对右倾机会主义、右倾分裂主义、右倾投降主义，彻底粉碎右倾翻案妖风，深挖特务、叛徒及一切反革命分子，不停顿地向阶级敌人猛烈进攻。三是坚决贯彻毛主席“抓革命、促生产、促工作、促备战”的伟大方针。四是搞好基层“工代会”的建设。基层“工代会”必须坚定不移地走政治建“工代会”的道路，要始终不渝地狠抓毛泽东思想的灌输工作，狠抓阶级斗争和路线斗争，加强群众监督，爱护和支持新生的革命委员会。组织建设要结合大革命的批判，深挖阶级敌人，清理阶级队伍。使“工代会”成为用毛泽东思想武装起来的、具有高度阶级斗争和斗争路线觉悟、非常无产阶级化的领导班子。五是本着毛主席“革命的根本问题是政权问题”的教导，选拔优秀工人代表参加各级新政权的工作。六是起草省“工代会”章程（草案）。根据筹备工作的进展情况，适时召开省“工代会”代表大会。

1968年12月6日至16日，省革命工人首届代表大会在哈尔滨市召开。在这次大会召开之前，黑龙江省82个地区、市、县已相继成立了革命委员会和

“工代会”，“文化大革命”运动正式进入“斗、批、改”阶段。大会的任务是成立省“工代会”，总结在“文化大革命”中全省工人运动的经验，搞好工厂企业的斗、批、改。到会代表1346人，其中产业工人占91.8%；女代表占19.7%；共产党员567名，共青团员309名；北京国庆观礼代表132名，出席市、地、县活学活用毛主席著作积极分子331名，工人毛泽东思想宣传队员63名。省革命委员会、省军区和驻军、哈尔滨市革命委员会负责人等出席大会的开幕式和闭幕式。贫下中农、解放军、革命工人家属和红卫兵代表也应邀出席了这次大会。会上，省革命委员会、省军区和驻军、哈尔滨市革命委员会、省贫协筹委会，哈尔滨市大专院校红代会等分别向大会致贺词。省革命委员会主任潘复生在大会开幕式和闭幕式上发表《在毛主席革命路线指引下胜利前进》和《深入开展两条路线斗争把无产阶级文化大革命进行到底》两篇讲话。省革命委员会常委、省“工代会”筹委会主任聂士荣作《高举毛泽东思想伟大红旗，为实现工人阶级的伟大历史任务而奋斗》的报告。大会以“无产阶级专政下继续革命”的理论为武器，以两条路线斗争为纲，强调发挥工人阶级领导一切的作用，把“工代会”办成在党的领导下，以产业工人为主体，吸收非产业工人参加的具有鲜明阶级性和群众性的毛泽东思想大学校。大会讨论并通过了聂士荣所作的报告、《黑龙江省工代会试行章程》和《黑龙江省革命工人首届代表大会决议》。大会选举产生了黑龙江省革命工人首届代表大会委员会。

省“工代会”随后召开第一次委员（扩大）会议，通过常务委员会委员和主任、副主任的人选名单。

1972年8月，省“工代会”解散。

四、知识青年“上山下乡”

知识青年“上山下乡”是动员、组织城市知识青年到农村参加生产劳动，接受再教育的运动。从20世纪50年代便被倡导，至20世纪60年代而展开，20世纪70年代末结束。

“上山下乡”一词最早见于1956年10月25日中共中央政治局关于《1956

年到1967年全国农业发展纲要（修正草案）》，该纲要中“提高农村青年的社会主义积极性”中提出，城市的中小学毕业的青年，除了能够在城市升学、就业的以外，应当积极响应国家的号召，“上山下乡”去参加农业生产，参加社会主义农业建设的伟大事业。我国人口85%在农村，农业如果不发展，工业不可能单独发展。到农村去工作是非常必要的和极其光荣的。文件中，第一次提出知识青年“上山下乡”的这个概念，这也成了知青“上山下乡”开始的标志。

1955年第一个五年计划提出要开荒3868万亩，要完成这个任务，除农民和一些国营农场外，必须另外组织力量去完成。这个任务交给共青团中央，团中央就组建青年志愿垦荒队。中国共产主义青年团中央在黑龙江省萝北县（现今黑龙江农垦共青农场）开垦出1200亩荒地，第二年生产了13.5万公斤粮食、30万公斤蔬菜，还盖起了宿舍和食堂。随后北京第二批、第三批青年志愿垦荒队以及河北、山东的2000多名青年，也以志愿垦荒队员的身份来到黑龙江垦区。

1968年12月22日，《人民日报》头版头条的按语转引了毛泽东的最新指示：“知识青年到农村去，接受贫下中农再教育，很有必要。要说服城里干部和其他人，把自己初中、高中、大学毕业的子女送到乡下去，来一个动员，各地农村的同志应当欢迎他们去。”1968年，当年在校的初中和高中生（1966年、1967年、1968年三届学生，后来被称为“老三届”），全部前往农村。“上山下乡”运动由此大规模展开。“文化大革命”中“上山下乡”的知识青年总人数达到1600多万人，1/10的城市人口来到了乡村。

从1968年到1969年，主要是将大部分“老三届”毕业生分配到农村、边疆。从1969年初到1970年，原有的“黑龙江生产建设兵团”大规模扩大建制，全国共有12个“生产建设兵团”及3个农垦师。

1968年6月15日，首批1200多名北京知识青年到黑龙江省参加边疆建设。中共黑龙江省委、省革委在哈尔滨站召开欢迎大会。8月11日，上海知识青年800余人参加边疆建设，到达黑龙江。同年，黑龙江生产建设兵团成立，将省内国营农场系统25.5万名职工编入中国人民解放军序列。全国各地近20万名城市知识青年被安置到国营农场、兵团劳动，知识青年“上山下乡”改变了国营农场、兵团职工队伍结构。截至1969年底，省内国营农场和生产建设兵团共接收全国各地的城市下乡知识青年 23.5 万人，其中京、津、沪、浙四省市知识青年 17.6 万人。截至 1970 年底，全省国营农场和生产建设兵团共接收全国各地的城市下乡知识青年 45 万人，其中生产建设兵团接收了 31 万人。截至 1975 年底，全省国营农场和生产建设兵团先后安置各地知识青年职工 611443 人。黑龙江省有 100 多万名知青，其中有 15 万多人成为生产建设兵团战士（即农场工人），他们为北大荒的开发作出了卓越贡献。知识青年“上山下乡”是在特定时期、特定环境下的工人运动。

第三节　贯彻中共中央关于整顿健全工会组织的文件精神

一、召开黑龙江省工会第三次代表大会

1971 年九一三事件后，周恩来在毛泽东的支持下主持中共中央日常工作，工人运动出现转机，工会组织工作逐步恢复。中共黑龙江省委组织黑龙江省工会第三次代表大会筹备工作会议与黑龙江省工会第三次代表大会的召开，选举产生委员会主任、副主任，常务委员会委员，委员会委员。勇于实践，联系群众，努力完成党交给的各项任务，苦干、实干加巧干，大干快上，努力增产，厉行节约，掀起社会主义建设的新高潮。

二、贯彻中共中央关于整顿健全工会组织的文件精神

1971 年 9 月 13 日，林彪阴谋武装政变未遂，叛国外逃，摔死在蒙古温都尔汗，称为九一三事件。中共中央决定自上而下向各级党员、干部传达，随即在全国开展了“批林整风”运动。12 月 11 日后，中共中央陆续批发三批《粉碎林陈反党集团反革命政变的斗争》材料。黑龙江省委按要求逐级向下转发，要求各级党组织迅速向广大干部群众传达，并以座谈会、批判会等形式，揭发林彪、陈伯达的罪行。对同林彪反革命集团有牵连的人和事进行了清查，解放干部和

知识分子，把在“文化大革命”初期被打倒的王一伦、任仲夷、杨易辰等原省委领导，先后从“牛棚”里解放出来，结合到省一级领导班子中来，并为在“反右倾”中受到错误打击的部分干部平反；为加强省委一元化领导，撤销了黑龙江省驻军三支两军领导小组并采取一些整顿措施，使全省的农业、工业、财贸以及文化、教育和科技事业的发展出现了转机。工人干部和群众开始从个人崇拜的狂潮中觉醒，并对“文化大革命”的合法性和合理性产生更大的怀疑。“文化大革命”造成的混乱局面得到一定程度的扭转。

1971 年 12 月 16 日至 1972 年 2 月 12 日，全国计划会议在北京举行。会议纪要强调加强统一计划，整顿企业管理，落实党对干部、工人、技术人员的政策，反对无政府主义，把产品质量放在第一位。在企业管理上，明确规定要恢复和健全岗位责任、考勤、技术操作规程、质量检验、设备管理和维修、安全生产、经济核算七项制度，要抓好产量、品种、质量、原材料燃烧动力消耗、劳动生产率、成本、利润七项指标。随后，开展与物质奖励结合的劳动竞赛在生产领域比产量、比质量、比出勤、比安全、比消耗等。1972 年 10 月 12 日至 11 月 10 日，国家计委等部门在京召开加强经济核算、扭转企业亏损会议，重新肯定“政治要挂到业务上，挂到生产上，政治工作要结合经济工作一道去做”的原则，并且拟定了整顿企业管理、扭亏增盈的措施。

1973 年 1 月 1 日，《人民日报》、《红旗》杂志、《解放军报》联合发表《新年献词》，明确工会等群众团体，要经过整顿逐步健全起来的要求。4 月 11 日，中共中央向全国批转北京市委和上海市委关于召开工会代表大会的请示报告，指出整顿工会要以基层为重点，在基本上实现革命大联合等条件具备时，首先召开省、自治区、直辖市和工业集中的大中城市的工会代表大会。将省、自治区、直辖市和工业集中的大中城市的工会组织建立起来。工会组织的整顿和健全工作相继开展。

1973 年 2 月 26 日，周恩来在国务院业务组会议上听取国家计委《关于坚持统一计划、加强经济管理的规定》起草情况汇报，尖锐批评无政府主义给国民经济带来的严重后果，为消除这种破坏性后果，就必须使军民一致清楚“整顿的方针”，要贯彻按劳分配的原则，克服平均主义倾向，实行必要的奖励制度。

随后，该文件明确提出加强统一计划和整顿企业管理的十条规定：加强国家统一计划，搞好综合平衡，反对地方各行其是；严格控制基本建设规模，不许乱上建设项目；职工总数、工资总额、主要产品物价等管理权集中在中共中央，各地区、各部门无权擅自决定；中共中央下放的大中型企业，由省、自治区、直辖市和少数省辖市管理，不得层层下放；企业实行党委领导下的厂长负责制，建立强有力的生产指挥系统；坚持社会主义按劳分配原则，广泛推行计时工资加奖励，少数重体力劳动可实行计件工资等。工业生产得到恢复与发展。

三、召开黑龙江省工会第三次代表大会筹备工作会议

1973 年 5 月 14 日至 17 日，中共黑龙江省委组织黑龙江省工会第三次代表大会筹备工作会议。会议号召全省广大工人群众，以批修整风的新胜利和多快好省地建设社会主义的优异成绩，迎接黑龙江省工会第三次代表大会的召开。参加这次筹备工作会议的有筹建黑龙江省工会第三次代表大会筹备委员会委员和各地（盟）、市委和工会负责同志，省直有关部、局的同志，共 80 多人。中共黑龙江省委书记任仲夷同志主持会议并讲话。会上，大家认真学习了马克思、列宁和毛泽东对工人运动和工会工作的论述，学习了中共中央有关指示，提高了认识，进一步明确了工会的性质、任务和作用，了解了工人运动两条路线斗争的历史，划清了正确路线与错误路线的界限，增强了执行毛泽东革命路线的自觉性，大家一致表示，一定要把各级工会组织整顿好，把代表大会的筹备工作做好。

会议还讨论通过了《黑龙江省工会第三次代表大会代表名额分配方案》和《黑龙江省总工会第三届委员会委员候选人名额分配方案》。这次会议，为搞好代表大会的筹备工作，打下了思想基础。会后，各地、市党委和工会组织，认真地进行了传达贯彻，根据省委的指示精神，积极进行了省工会代表大会的筹备工作。广大职工群众纷纷用抓革命、促生产的新成绩，来迎接这次代表大会的召开。

四、省工会第三次代表大会的召开

1973年6月27日至7月1日，黑龙江省工会第三次代表大会在哈尔滨召开。中共黑龙江省委书记于洪亮在大会上作了题为《坚持党的基本路线，为加速社会主义建设，巩固无产阶级专政而斗争》[①] 的报告。参会正式代表1538人，特邀代表41人、列席代表158人。

该报告指出，黑龙江省同全国一样，形势大好。随着批林整风运动深入发展，各项无产阶级政策进一步落实，广大干部和人民群众的路线斗争觉悟不断提高，建设社会主义积极性日益高涨。农业生产连续几年获得丰收，去年虽然灾多灾重，粮食产量仍然接近200亿斤。本年又战胜了低温内涝，春耕、夏锄生产的质量大部分地区好于往年。工业生产发展很快。去年全省工业总产值超额完成了国家计划，超过了历史最高水平，比1965年增长了74.5%。本年以来，生产蒸蒸日上，全省前五个月的工业总产值，比去年同期又有增长。市场繁荣，购销两旺。文教、卫生、科技等方面的工作都取得了很大成绩。战备工作有了加强，军民团结，边防巩固。

几年来，全省有3.7万余名优秀工人光荣地加入了中国共产党，7.6万余名青年工人参加了共青团，一大批工人新干部参加了各级领导班子，朝气蓬勃地为党工作。

根据省委三届四次全委（扩大）会议的精神和黑龙江省工人运动的实际情况，当前各级工会组织应该着重做好以下工作：进一步发动和组织广大职工参加批林整风运动，深入进行思想和政治路线教育。当前正在深入开展的批林整风运动，是全党全军全国人民的头等大事，也是工会各项工作的总纲。

黑龙江省地处反修第一线，农业、工业、林业生产，在全国都占很重要的位置。去年，国家又提出在黑龙江省建设商品粮基地和石油化工基地。这就要求我们加快经济建设步伐。全省广大工人群众，一定要认清形势，明确任务，

---

① 黑龙江省总工会编：《黑龙江省工会第三次代表大会文件汇编》（原件）存黑龙江省总工会档案室，1973年7月，第7—25页。

更好地贯彻执行党的鼓足干劲、力争上游、多快好省地建设社会主义总路线，认真落实毛主席提出的“备战、备荒、为人民”和“深挖洞，广积粮，不称霸”的伟大战略方针，在建设边疆、保卫边疆的斗争中，充分发挥主力军的作用，为支援国家的社会主义建设贡献更大的力量。

黑龙江省工会第三次代表大会选举产生黑龙江省工会第三次代表大会委员会主任委员1人，副主任委员9人，常务委员会委员23人，委员会委员121人。[①]

黑龙江省总工会第三届委员会委员共121人，其中工人62名，营业员16名，工程技术人员、教师、医务工作者、文艺工作者9名，干部34名。

黑龙江省工会第三次代表大会整顿与健全了工会组织，客观上使工人运动的混乱局面有所好转，使“文化大革命”以来遭到破坏和撤销的工会组织重新出现在职工群众的面前，维护职工利益。以批林整风为纲，深入开展“工业学大庆”的群众运动。坚持政治挂帅、思想领先的原则，发扬自力更生、艰苦奋斗的革命精神，鼓足干劲、力争上游，苦干、实干加巧干，大干快上，努力增产，厉行节约，掀起社会主义建设的新高潮。

第四节　全省工会组织的恢复和部分工作的开展

根据中共中央十七号文件规定的工会工作任务，黑龙江省总工会机构恢复。1973年7月3日，黑龙江省总工会常务委员会举行了第一次会议，主要讨论了省总工会机构设置、自身建设和下半年工作安排问题。9月28日，黑龙江省总工会常务委员会举行了第二次（扩大）会议。具体讨论了在党委的统一领导下，工会组织如何发动群众贯彻落实中共十大精神的问题，对工会工作的认识问题、基层工会建设问题、工会经费问题、领导问题作了部署。为加强工人理论队伍建设，1973年10月，黑龙江省总工会召开工人理论学习座谈会。12月黑龙江省总工会召开全省工人理论教育工作会。12月20日，黑龙江省总工会召开省总工

① 黑龙江省总工会编：《黑龙江省工会第三次代表大会文件汇编》（原件）存黑龙江省总工会档案室，1973年7月，第248—250页。

会地、市、县工会主任会议，省总工会主任于洪亮作了题为《深入贯彻十大精神，组织工人认真看书学习，广泛开展党的基本路线教育》的报告。1974 年 6 月 28 日，全省工人理论队伍建设经验交流会召开。

一、省总工会机构的恢复

黑龙江省工会第三次代表大会是黑龙江省工会组织整顿与恢复的标志。根据中共中央十七号文件规定的工会工作任务，本着精兵简政的原则，汲取过去工会工作的经验，会议讨论初步意见，省总工会内部机构设一室六部，即办公室、组织部、宣传部、生产部、生活部、青工部、女工部。待报请省委批准后，按照编制逐步地把人员配齐。

1973 年 7 月 3 日，黑龙江省总工会常务委员会举行了第一次会议①，主要讨论了省总工会机构设置、自身建设和下半年工作安排问题。

关于省总工会机构设置和自身建设问题。会议对常委会今后的工作方法和自身革命化建设问题，进行了认真的讨论。在 23 名常委中，除于洪亮同志和 9 名专职干部外，在基层的 13 名同志基本上不脱产。为了发挥全体常委的作用，实行集体领导，使不脱产的常委既不脱产，又能参加省工会的领导工作，初步确定采取以下措施：

实行例会制。除每半年开一次全体委员会议外，常委会每季度开一次，学习中共中央、省委的有关指示，检查总结工作，讨论和研究工会工作中一些重要问题。每次会前要认真做好准备。

轮流到上面参加一部分工作。为了使不脱产的常委，能够多了解一些全面情况，参加一部分省总工会的工作，确定每年轮流到上面工作三个月。经讨论决定本年第一批到上面工作的有马江林、高金颖、田立荣、贾桂金、倪秀莲、马中兴六名同志。

加强联系，经常互通消息。为了使在基层工作不脱产的常委能经常了解全面工作情况，由办公室负责及时把省总工会形成的文件、资料、简报等，发送

① 黑龙江省档案馆：全宗号 212 目录号 1 案卷号 329。

给他们。不脱产的常委可通过各种形式经常反映下面的情况和工作意见，加强联系。

经常了解和掌握本地区的工会工作情况。凡是有省总工会常委的地方，所在的地、市、县工会应经常同他们保持联系，及时送给他们一些文件资料，并请他们参加一些重要的会议，使他们了解本地工会的工作情况。

把所在单位作为自己工作的基点。每个不脱产的常委，要把本单位作为自己的“试验田”，经常搞一些调查研究，总结一些典型经验，帮助基层做好工作，以点带面。

1973 年 9 月 28 日，黑龙江省总工会常务委员会举行了第二次（扩大）会议①。黑龙江省总工会副主任肖杰作了总结发言。这次常委扩大会议开了三天，认真学习了中共十大文件，具体讨论了在党委的统一领导下，工会组织如何发动群众贯彻落实中共十大精神的问题，并通过了一个决议。经过学习、讨论。黑龙江省总工会常委委员交流了前一段时间工会工作的情况，就工会工作中遇到的一些问题交换了意见，有的问题得到了解决，有的问题有待于进一步调查研究，有的问题需请示省委和中共中央。

关于基层工会建设问题。各地在基层工会组织整顿中，遇到不少政策性的问题。其中，有些问题属于中共中央统一定的，地方不宜解决；有的问题过去中共中央有规定，只是如何理解和执行的问题；有的问题，在党的政策原则下，可以根据本地的实际情况研究解决。

关于集体所有制企业建立工会组织的问题。各地做法不一致，有的按北京三条原则办，有的全部手工业厂、社都建立了工会，还有的等上边拿办法。关于集体所有制的企业建不建工会的问题，可参照北京的三条原则办，即产供销基本上纳入国家计划；不是本厂、社自负盈亏；职工实行工资制度。凡具备这三条的可以建立工会，但是，职工的劳保待遇不变。对于有些集体所有制企业，“文化大革命”前有工会组织，现在群众又迫切要求恢复，虽不具备上述三条原则，经请示上级同意，可经过整顿，重新把工会建立起来。那些目前既不具备上述三条原则，原来又没有工会组织的集体所有制企业，暂时不要建立工会

① 黑龙江省档案馆：全宗号 212 目录号 1 案卷号 330。

组织。

关于吸收会员的政策界限问题。凡已经整建完工会组织的基层单位，大多数职工都加入了工会，未入会的只是少数。但是，这部分尚未入会的人的情况比较复杂，需要慎重对待。严格区分和正确处理两类不同性质的矛盾，“坚持工会的阶级性，同时坚持它的群众性”，“既要反对关门主义的倾向，又要谨防阶级敌人混入工人阶级的组织”，这是吸收会员整顿组织的政策原则，但对每个人的情况要作具体分析，区别对待，地、富、反、坏、右和资本家，无论戴不戴帽，均不能入会；凡定为敌我矛盾，按人民内部矛盾处理的，不能加入工会；小业主，原则上不能加入工会；刑满释放、解除劳动教养的，原则上不能加入工会。但对一般违法犯罪的刑满释放人员，如汽车司机由于一时不慎违章驾驶造成人身伤亡的刑事犯罪或一般的经济犯罪，释放或解除教养后，经过一段时间考察，表现好的，经会员讨论同意，可以加入工会；受留厂察看处分的职工，在察看期间不能加入工会；因流氓、盗窃等行为破坏社会秩序和国家财产被拘留过的职工，要根据其情节和实际悔改表现，区别对待。情节较轻、悔改表现较好的，经会员讨论同意，可以加入工会。在发展会员方面，还有许多政策性问题，希望各地认真进行调查研究，严格区分两类不同性质的矛盾，搞清政策界限。一时搞不准、搞不清的，不要草率处理。上面讲的几种人的情况，大家还可以研究。关于国营农、林、牧场知识青年入会的问题，需请示中共中央统一解决。

关于会员缴纳会费标准问题。各地对收不收会费和收多少会费的问题做法也不一致。有的收缴会费，有的不收缴；有的收的标准高，有的收的标准低。有些单位规定徒工会员每人每月缴纳五分，其他会员每人每月一律缴纳一角；有的单位凡是工会会员每人每月缴纳基本工资的0.5%；有的单位则规定每个会员每月一律缴纳三角。鉴于上述情况，在全国总工会未作统一规定之前，可执行原省总工会1966年10月14日《关于改变工会会员缴纳会费标准的通知》的规定。具体办法是：工会会员缴纳会费标准，徒工每人每月缴纳五分，其他会员每人每月一律缴纳一角。会员所交的会费全部留在基层使用。

关于会员证的问题。基层工会建立后，都要求发放新的会员证。因为工会会员系中华全国总工会的组成成员，搞不搞会员证，以及会员证的样式，应由中华全国总工会统一规定。所以，暂不制作新的会员证，待以后按中华全国总工会统一规定办理。

关于工会经费问题。根据各地的要求、反映，省总工会对现行工会经费的来源问题做了调查。从全省情况看，县以上工会的经费，大体有两种情况：一种是只有干部的工资和办公费，没有活动经费。如宣传、文体活动由于没有经费而不能开展，俱乐部（文化宫）搞得好的可以自负盈亏，有的是借钱花。另一种是除工会干部的工资和办公费外，根据需要还拨给一些活动经费。这种情况并不太多。至于基层工会的经费来源情况就更复杂一些。对于如何解决工会经费问题，现在有三种意见：一是恢复“文化大革命”前中央财政部和中华全国总工会的规定，工会经费仍从企业中按工资总额一定比例提取；二是对工会经费实行专款专用，每年由工会编制预算，提请党委审批后，由财政部门一次拨款，年终决算；三是在中共中央没有新的规定之前，先把过去工会上缴的存款仍退回工会使用。

关于领导问题。要进一步增强党的观念，自觉地接受党的一元化领导。这是做好工会工作，少犯错误的一个关键所在。

关于工会干部配备的问题，在中共中央没有统一规定之前，按各地党委决定的编制进行配备。在干部配备上，一是要注意老、中、青三结合的原则，现在有些地方和单位工会领导班子中青年干部、妇女干部少，要注意解决；二是要坚持五条标准，注意质量，以适应工作的需要；三是工会干部也要注意相对稳定，不要轻易变动；四是要加强工会干部的培养训练，各地、市和有条件的大企业，应有计划地通过干校和办学习班，加强对工会干部的培养训练。省总工会拟请示省委在五七干校或通过办训练班的办法，培训各级工会的领导骨干，以便不断提高各级工会干部的政治思想水平和工作能力。今后，各地、市、县工会内应有专人负责对所属工会干部经常性地进行考察了解，向党委反映情况和提出使用安排意见，协助党委组织部门管好工会干部。

二、加强工人理论队伍建设

1973年12月8日，黑龙江省总工会发出《关于召开全省工人理论教育工作会议的通知》[1] 落实到各地（盟）、市、县（旗）总工会，哈、齐铁路局工会，省地质局、商业局工会。为了推动黑龙江省广大职工深入学好中共十大文件，进一步贯彻中共中央十七号文件精神，认真抓好全省工人的理论学习，推动广大工人群众学习马列主义、毛泽东思想的群众运动深入发展，决定于12月18日召开全省工人理论教育工作会议，讨论研究如何进一步抓好工人理论学习问题。会期五天左右。

1973年12月20日，黑龙江省总工会主任于洪亮同志在省总工会地、市、县工会主任会议上作了题为《深入贯彻十大精神，组织工人认真看书学习，广泛开展党的基本路线教育》[2] 的报告。根据省委的部署，为了深入贯彻落实中共十大精神，继续搞好批林整风，深入进行党的基本路线教育，会议的中心任务是着重解决在党委的领导下，工会组织如何抓好工人学习理论、开展党的基本路线教育的问题。会议认真学习了中共中央、省委的有关文件，交流了典型经验，并进行了座谈、讨论，对于以下情况进行了深入讨论研究。

全省工人学习马列著作和毛泽东著作出现了一个新高潮。据17个地、市和两个铁路局的不完全统计，厂矿企业办起业余政治学校1929所，工人业余学理论小组64971个，参加学马列和毛主席著作的人数达1124539人，占职工总数70%左右。

大庆工人通过刻苦学习马克思、列宁和毛泽东的有关著作，干劲倍增，斗志更加旺盛，本年原油产量将比1969年翻一番。全省工业总产值1月份至11月份已完成全年计划的91.4%，比去年同期增长7.6%。现在已有一批厂矿企业提前一至两个月全面超额完成了本年国家计划。

关于学习组织形式问题。组织工人学习理论，不仅要解决学什么的问题，

---

① 黑龙江省档案馆：全宗号212目录号1案卷号331。

② 同上。

还要解决采取什么组织形式和怎样学的问题。经验证明，采用实际有效的学习组织形式，是引导和组织工人学好革命理论的重要手段。在这方面，各地、各单位都摸索和创造了一些好的学习组织形式，积累了一些经验。由于各地区、各部门、各单位的情况不同，不能强求一律，都用一种组织形式。必须从本地区、本单位的实际情况出发，因地制宜，采取多种形式，把工人组织起来，使有条件参加学习的工人都积极参加理论学习。目前，各地组织工人学习的形式、办法很多，而较为普遍的、大量使用的有如下三种形式：

“五七”政治学校。遵照毛泽东的“五七”指示：“工人以工为主，也要兼学军事、政治、文化。也要搞社会主义教育运动，也要批判资产阶级”。不少企业单位都办起了业余“五七”政治学校，实践证明，这是组织工人群众进行学习的一种十分有效、便于坚持的组织形式。

这种组织形式的好处很多：一是使毛泽东的光辉“五七”指示在厂矿企业里从思想上、组织上得到了具体落实；二是以政治理论学习为主，把工人的政治、文化、技术和军事学习统一安排，有机地结合起来；三是把工厂工人业余学习同每个时期的政治运动结合起来，使它成为对工人群众进行思想和政治路线教育、批判资产阶级的重要阵地；四是业余政治学校一般是以厂为校，以车间为课堂，以班组为基础，把工人学习组织固定起来，便于进行组织工作和思想工作。这种“五七”政治学校，大厂能办，小厂也可以办，还可以按系统办，或几个单位联办。

组织工人自学小组。这种组织形式，主要是根据工人生产、居住条件或文化、理论水平的具体情况组织起来的。有的是以班组为单位组织的工人业余理论自学小组，有的是以独身宿舍青年工人为主组成的，也有根据居住区域，按片组织的自学小组。他们都是坚持在集体学习和活动以外的时间进行学习。一些常年坚持的好的自学小组的主要经验：每个自学小组都有几名学习骨干，“滚雪球”式地由少到多，逐步扩大；根据实际需要安排学习计划，采用机动灵活的方法进行学习；领导给予必要的支持和帮助。参加这些自学小组的工人，大多数是学习骨干力量，如果抓好自学小组，充分发挥他们的骨干作用，就可以把广大工人群众的学习带起来。

办读书班。一种是脱产读书班，另一种是业余读书班。这就是有计划地采取分期轮训的方法，抽调生产工人参加学习。一次读一本书或解决一两个理论问题，学后就回生产岗位。办这种读书班，主要是训练理论学习辅导员、学习积极分子、劳动模范和先进生产者。

关于辅导材料问题，要善于利用一些现成的辅导材料，如《红旗》杂志和各种报刊上登载的一些重要理论文章，书店供工农群众学理论的通俗小册子，供我们作学习辅导之用。此外，各地、市和一些大厂，也自己汇编了一些学习辅导资料。省总工会由宣传部编辑一些学习参考材料，供各地参考。

关于组织领导问题。许多单位的经验证明，搞好工人理论学习的关键在于领导各地和基层企业党委对工人理论学习十分重视，抓得比较紧，在组织领导工人理论学习方面，有不少好的经验。根据中共中央十七号文件和省委的要求，在党的领导下，在党委宣传部门的具体指导下，各级工会组织同行政、共青团、妇联等有关部门密切配合，积极主动地抓好工人理论学习，加强工人群众的理论教育工作。根据党委对工人理论学习的统一规划安排，工会组织做好日常的具体组织工作和思想工作。各级工会根据加强工人理论学习的实际需求，配备一定数量的理论工作干部。各市（铁路局工会）应设立工人理论学习室，配备相当数量的理论工作人员；各地、县也应有专职理论工作干部。这些专职干部，主要是从事理论研究，编选学习资料，培养辅导力量，总结典型经验，加强工人理论学习的指导。

1974 年 6 月 28 日，黑龙江省委书记（当时设第一书记）任仲夷在全省工人理论队伍建设经验交流会上的讲话[①]：全省工人理论队伍建设经验交流会对于加强工人马克思主义理论队伍的建设，对于批林批孔斗争和学习马列主义、毛泽东思想关于群众运动的深入发展，必将起到很大的推动作用。

三、工农兵学员和业余“五七”政治学校

“文化大革命”开始后，黑龙江省高等院校停止招生和毕业工作，“停课闹

① 黑龙江省档案馆：全宗号 212 目录号 1 案卷号 331。

革命”长达四年。绝大多数院校领导被打倒，教师受批判，校舍、教学设备和图书资料遭到严重破坏。1969 年 12 月 27 日，黑龙江省革命委员会批转省教育局《关于黑龙江省中、小学教育革命中几个问题及今后意见的报告》，要求农村公办小学要下放到大队办，城市中小学由工厂或街道管理。1970 年 1 月 1 日，黑龙江省革命委员会发出通知，要求城里的大专院校一律搬到农村去，在农村办学，导致了黑龙江省大专院校的大迁大并。如东北农学院被迁往香兰，东北林学院被迁往带岭，黑龙江工学院、哈尔滨电工学院被并入哈尔滨工业大学，等等。同年 11 月，黑龙江省革委会制定的《黑龙江省发展国民经济第四个五年计划设想及 1971 年计划安排（草案）》提出：一切大、中、小学都要坚决贯彻执行毛主席的“五七指示”，走上海机床厂的道路，实行厂办校、校办厂，厂校挂钩，有条件的县要积极创办由贫下中农管理的、社来社去的“五七”大学和中等专业学校。在这种思想指导下，全省大、中、小学普遍实行了“开门办学”，随意缩短学制，更改课程，强调学生参加阶级斗争和生产劳动，忽视文化课的教学，教学质量普遍下降。1970 年 6 月 27 日，中共中央批转北京大学、清华大学招生试点请示报告，根据毛泽东关于“要从有实践经验的工人农民中间选拔学生，到学校学几年以后，又回到生产实践中去”的指示，决定在部分高等学校进行试点，恢复招生。并明令废除历来实行的统一考试、择优录取的招生办法，改为“实行群众推荐、领导批准和学校复审相结合”的办法招生。用这种办法招收的学生被称作“工农兵学员”。学制缩短为两年至三年。工农兵学员上学的任务，是所谓“上大学，管大学，用毛泽东思想改造大学”。此后，省内部分院校，如黑龙江大学、佳木斯医学院等经基层推荐，招收了部分“社来社去”的“教育革命”试点班学员。从 1972 年起，全省高校开始普遍招收“工农兵学员”。招收对象规定为“具有 2 年以上实践经验的优秀工农兵”，不招收应届高中毕业生；文化条件规定为“具有相当于初中以上的实际文化程度”。到 1976 年，全省共招收五届“工农兵学员”，计 32021 人。这种“教育改革”将教师置于受改造的地位，使其很难在教学中发挥主导作用，正常的师生关系和教学秩序被打乱；学员入学时很大一部分文化程度太低，学习过程中业务、文化课程又过少，教学质量受到严重影响；招生制度使“走后门”上大学成风，学员质量也得不到保证。虽然在当时条件下，大多数教师还是恪尽职守，许多“工农兵学员”也能努力学习，但总的说来，长时期的“停课闹革命”和这种所谓“教育改革”，贻误了一代青少年的成长，给黑龙江省的工人人才建设带来了严重后果。大学不招生，工厂不招工，造成全省城市初、高中毕业生既不能升学，也无法就业。到1968年，仅哈尔滨市就积压下初、高中毕业生和社会青年11万人需要安置。1968年12月，毛泽东发出“知识青年到农村去，接受贫下中农的再教育，很有必要”的号召，立即在全国掀起知识青年“上山下乡”的高潮。黑龙江省因特殊的地理环境成为全国接收和安置知识青年最多的地区，获得大量青年劳动力，但造成了人才的断层，给国家建设带来长远困难。国家和企事业单位为安置知识青年支出巨额经费，知识青年家长和安置点的农民也为此加重了负担。

“文化大革命”期间，由于黑龙江省大批干部被打倒或“靠边站”，如何处理和安置这些干部，就成了各级党、政组织的重要课题。干部下放劳动就是首先为解决这一问题而开展起来的。1968年3月13日，黑龙江省革命委员会发出《关于组织机关干部和城（镇）知识青年下乡上山建设社会主义新农村的指示》，要求组织一批干部到农村生产队和国营农场参加生产劳动。规定干部“下乡上山”一律带原工资，并根据干部情况，分为长期在农村安家落户和定期轮换两种。4月13日，省革委会召开欢送省直机关首批干部“下乡上山”建设社会主义新农村大会，欢送省公安机关军管会干部、工人、家属和知识青年280余人到农村安家落户。4月8日，省革委会决定在位于庆安县柳河地区的原省委机关农场办一所干部学校，作为大批没有被结合进革委会的干部和待分配的干部下放劳动的场所。为了体现毛泽东“五七指示”的精神，省革委会将这所干部学校定名为柳河“五七”干校。5月6日，首批140多名省直党政机关干部作为学员进入柳河“五七”干校。10月5日，《人民日报》发表题为《柳河五七干校为机关革命化提供了新鲜经验》的文章。在为文章所加的编者按语中传达了毛泽东的指示：“广大干部下放劳动，这对干部是一种重新学习的极好机会，除老弱病残者外都应这样做。在职干部也应下放劳动。”从此，参加“五七”干校就成了黑龙江省干部下放劳动的主要形式。根据这个精神，省革委会要求柳河“五七”

干校抓紧建设，做好接收3000名学员的准备。为此，干校组织学员冒着三九严寒进行大会战，伐木采石，修建校舍，还兴建了木丝板厂和农副产品加工厂等。入春后又让学员开荒种地，从事繁重的农业劳动。由于建校之初人员激增，后勤保障跟不上，所以生活条件十分艰苦。干校学员以劳动为主，学习活动主要在农闲和工余时间进行，选学一些毛泽东著作、语录和报刊文章等。干校还要求学员“吃小米，爬大山，路线分析解剖世界观”，开展“一言一行一对照，一事一议一飞跃”活动，进行所谓“忆史划线”“摆事分线”和“斗私批修”“狠斗私字一闪念”，从而解决所谓“三个正确对待”（正确对待“文化大革命”、正确对待群众、正确对待自己），以达到改造世界观的目的。1969年7月，省革委会作出《关于进一步办好“五七”干校的决定》，提出采取长期和短期两种方式，分期分批轮训在职干部的要求。从1969年9月至1972年1月，柳河“五七”干校举办了两期时间为一年的在职干部长期班。学员对象为省革委会直属机关和县革命委员会常委以上的省管干部。在轮训干部的同时，柳河“五七”干校还接受了监管改造“死不改悔的走资派”“三反分子”“叛徒”“特务”“黑帮”和接收安置“上山下乡”知识青年的任务。1969年11月初，王一伦、杨易辰、李剑白、谭云鹤、李瑞、王操犁、陈冰岩、骆子程、汪洋等二三十个原省委书记、部长到柳河“五七”干校。在一年多的时间里，他们不仅天天从事拉车、伐木、割草、盖房子等繁重体力劳动，进行“劳动改造”，还经常被作为“反面教材”让“五七战士”和知青小将进行批判。

柳河“五七”干校建立不久，黑龙江省革委会又在通河县办起了清河“五七”干校。从此，全省各地也都陆续开办了“五七”干校。到1970年6月，全省各级“五七”干校已发展到3160所。6月7日，省革委会批转政治部《关于进一步办好“五七”干校的报告》，要求对现有“五七”干校进行整顿。经过几年的整顿，全省“五七”干校减至162所。1972年1月，中共黑龙江省委批转了省革委会政治部《关于进一步办好柳河“五七”干校的报告》。此后，各级“五七”干校改为以轮训在职干部为主，并且在劳动与读书的关系上作了调整，规定长期班读书学习的时间不少于整个轮训时间的1/2。到1976年5月，全省“五七”干校共轮训了23万多名各级干部和6.4万多名理论骨干。

第五节　职工群众在“文化大革命”中坚持生产

“文化大革命”初期，黑龙江省职工落实《中共中央关于抓革命促生产的通知》尽力坚持生产，能源工业发展取得突出成绩。贯彻中共中央把国民经济搞上去的指示，1975 年 5 月 16 日，黑龙江省总工会三届二次全委扩大会议深入贯彻落实中共中央九号文件精神，促进安定团结，把国民经济搞上去。发动工人群众，工业学大庆，农业学大寨。贯彻落实毛主席的“五七指示”，组织职工和家属从事农副业生产，走亦工亦农的道路；要以大寨精神搞好工会自身建设，在大办农业、普及大寨县革命运动中充分发挥战斗作用。工人阶级为生产建设作出了不可磨灭的努力和贡献。

一、“文化大革命”初期职工坚持生产

“文化大革命”开始后，国民经济陷入全面混乱，遭到严重破坏。领导机关陷于瘫痪，正确的方针政策和规章制度遭到批判，经济工作处于无计划、无政府状态，工农业生产水平迅速下降。1967 年的工农业总产值比 1966 年下降 9.6%，1968 年又比 1967 年下降 4.1%，仅 1967 年、1968 年两年损失的工农业总产值就达 1100 亿元。产业结构畸形发展，全国原材料工业特别是能源工业发展缓慢，经济效益全面下降。[①] 在“全面夺权”中，经济工作的指挥、调度和管理系统陷于瘫痪或半瘫痪状态，使经济工作的运行失去了控制。企业内部许多行之有效的规章制度，三年调整时期制定并实行得比较完备的具体方针政策，也被当作“修正主义”的“管、卡、压”而遭到践踏，甚至把党委领导下的厂长负责制、按劳分配原则、利润指标等也当作资产阶级的东西加以批判和摒弃。结果导致企业管理混乱、产品质量下降、成本上升、劳动纪律松弛，工伤事故增多。加上许多工人离开生产岗位，交通运输阻塞，物资供应困难，协作关系

① 李定选主编：《现代中国经济概论》，辽宁大学出版社 1989 年版，第 66—68 页。

中断，社会治安不好等原因，全省大批工矿交通企业处于停产或半停产状态。由此造成1967年和1968年连续两年生产大幅度下降。1967年全省工业总产值97.39亿元，比1966年减少10.96亿元；1968年93.62亿元，比1967年又减少3.77亿元，降低3.9%。虽然1967年由于多年的农业开发，加上“文化大革命”对农村的冲击还不大，创造了黑龙江省粮食生产的最高水平，农业总产值达到36.3亿元，比1966年增加4亿元，但1967年工农业总产值还是比1966年减少7亿元。[①]

“文化大革命”初期，黑龙江省职工落实《中共中央关于抓革命促生产的通知》，通知要求工业、农业、交通、财贸部门立即加强或组成各级生产业务指挥机构，已经开展“文化大革命”的，在党委领导下迅速组成抓革命和抓生产、抓业务等两个班子，职工应当坚守岗位，外出串连的迅速返回，积极参加本单位的“革命”和生产，职工的文化革命放在业余时间去搞；未开展“文化大革命”而生产任务又重的单位，“文化大革命”可以推迟进行；工矿企业与科研单位在“文化大革命”中对领导干部的撤换由上级党委主动调整；县以下的“文化大革命”仍按原“四清”的部署结合进行，尽力坚持生产，能源工业发展取得突出成绩。但是时隔不久，红卫兵运动开始后，内乱升级，工农业生产无法正常进行。

同一时期，大庆人勇攀高峰创世界钻井技术新水平；[②] 佳木斯发电厂生产达到历史最高水平，[③]“文化大革命”以来，月月超额完成国家计划，技术经济指标达到了历史最高水平。4月至8月，多发电1391万度；发电煤耗率突破了“五百克”大关，比去年同期降低28克，节约煤10236吨；厂用电率大幅度下降，比去年同期节省电195万度；哈尔滨电机厂制成大型十万千瓦水轮发电机组，[④] 发扬敢想、敢干、敢闯、敢创的无产阶级革命精神，高速度、高质量地设计制造成功我国第一批10万千瓦水轮发电机组，其中的两套机组已经安装并且投入生产。几个月来的运转结果表明，国家水轮发电机组的质量很好，性能和

---

① 《当代黑龙江简史》编委会编：《当代黑龙江简史》，黑龙江人民出版社2007年版，第310页。
② 《黑龙江日报》1966年9月14日。
③ 《黑龙江日报》1966年10月6日。
④ 《黑龙江日报》1966年10月8日。

参数超过了外国进口的同类机组。

我国第一台百吨矿山铁路用自翻车在哈制成。[①] 我国第一台百吨矿山铁路用的自翻车，最近在铁道部哈尔滨车辆厂试制成功。这是这个厂的无产阶级革命派和广大革命群众认真贯彻毛主席“抓革命、促生产”的伟大方针取得的成果，是毛泽东思想的胜利。

双鸭山矿区煤炭产量一跃再跃。[②] 双鸭山煤矿的无产阶级革命派和广大革命职工，发扬国家主人翁的高度责任感，坚守生产岗位，煤炭产量一跃再跃。8 月份提前三天完成原煤生产计划，8 月下旬日产量超过历史最高水平。

我国第一台“单联自动包本机”试制成功。[③] 一个一无专门技术人员、二无精密设备、三无厂房的哈尔滨五金机械厂革命职工，经过无产阶级“文化大革命”的锤炼，进一步掌握了战无不胜的毛泽东思想，发扬了敢想、敢干、敢说、敢闯、敢革命的无产阶级大无畏的革命精神，试制成功了我国第一台“单联自动包本机”，经国家有关科研部门鉴定，质量完全合乎要求。

牡丹江造纸厂抓革命促生产取得新成就。[④] 牡丹江造纸厂的无产阶级革命派和广大革命群众，满怀壮志豪情，迎接国庆节。截至 9 月 20 日，前 9 个月的国家计划已经提前超额完成，产量比去年同期增加 1.3%，产值超过去年同期 25%。

佳木斯电机厂生产出多种新型防爆电机。[⑤] 他们在毛主席“抓革命、促生产”的号召下，在短短两年多时间里，自行设计制造了多种新型防爆电机，有的具有国内先进水平，有的赶上或超过国外先进水平，为社会主义祖国作出了卓越贡献。

二、贯彻中共中央全面整顿的指示

1975 年 1 月，周恩来总理病重住院。在毛泽东的支持下，邓小平主持中共

① 《黑龙江日报》1967 年 7 月 27 日。
② 《黑龙江日报》1967 年 8 月 30 日。
③ 《黑龙江日报》1968 年 9 月 19 日。
④ 《黑龙江日报》1967 年 9 月 30 日。
⑤ 《黑龙江日报》1968 年 10 月 28 日。

中央、国务院和中央军委的日常工作。根据毛泽东提出的要安定团结、把国民经济搞上去和“军队要整顿，地方要整顿”的指示精神，邓小平着手对领导班子等许多方面的工作进行整顿。

邓小平主持中共中央日常工作。邓小平强调指出：全国各方面都要整顿。工业、农业、文教、科技、军队都要整顿，核心是党的整顿，关键是领导班子。要坚决同派性作斗争，搞好安定团结，努力发展社会主义经济，还提出科学技术是生产力的马克思主义的重要观点，要求搞好科学技术工作。

1975 年 2 月 25 日，中共中央召开全国工业书记会议，集中解决全国铁路运输问题。3 月 5 日，中共中央发出《关于加强铁路工作的决定》。中共黑龙江省委于 3 月 11 日、3 月 16 日和 4 月 8 日，分别召开省委常委会议，全省地、盟、市委工业书记会议和全省电话会议，贯彻毛泽东关于理论问题、关于安定团结和关于把国民经济搞上去的“三项指示”，传达全国工业书记会议精神，学习中共中央《关于加强铁路工作的决定》。要求全省不仅铁路部门，所有的厂矿、企业都要认真整顿，把生产搞上去。会后，全省铁路、厂矿、企业等各个部门都在学习的基础上，结合生产实际，建立和完善各种规章制度，加强岗位责任制，掀起了生产热潮。许多部门和单位还在学习讨论中，大摆派性的危害，决心提高认识，克服派性，增强党性。铁路部门还调整了各级领导班子，逮捕了破坏铁路运输的坏头头，使整顿工作迅速收到显著效果。全省铁路、厂矿、企业等部门的生产秩序明显好转，生产纪律明显加强，职工出勤率、生产积极性普遍提高。哈尔滨铁路局日装卸车总数量创造了历史最高纪录，生产事故明显减少，列车正点率大大提高。

1975 年，大庆油田原油产量达到 4625. 9 万吨，比 1974 年增加 520. 3 万吨。黑龙江省广播事业管理局研制成功了 10 千瓦中波脉宽调制—调幅广播发射机，把中国该项技术提高到 20 世纪 70 年代国际先进水平。哈尔滨市解放以来最大的电力工程——哈尔滨市热电厂第三期 10 万千瓦机组扩建工程也在这年建成发电，使全市发电能力增加 72%。1975 年 11 月 9 日，中共黑龙江省委批转省工交办《关于全省工交战线整顿和加强企业管理工作座谈会纪要》，总结和推广了整顿过程中的一些经验。

1975年5月12日至16日，黑龙江省总工会三届二次全委扩大会议[①]深入贯彻落实中共中央九号文件精神，促进安定团结，把国民经济搞上去。各级工会组织深入贯彻中共中央九号文件，积极促进安定团结，充分调动广大工人群众大干社会主义的积极性，坚决把国民经济搞上去，为实现我国发展国民经济两步设想的宏伟目标，进一步巩固人民民主专政，增添更加雄厚的物质基础。

在广大工人群众中提倡讲大局、讲路线、讲团结、讲党性、讲纪律，一切言论和行动都要有利于安定、有利于团结。对工人阶级内部的问题，坚持“团结——批评——团结”的原则，做耐心细致的思想教育工作，总结经验教训。要从巩固无产阶级专政的高度，深刻认识资产阶级派性的危害性，自觉地增强无产阶级党性，克服资产阶级派性，促进安定团结。真正团结95%以上的干部和群众，团结一切可以团结的力量，调动一切积极因素，组成浩浩荡荡的革命大军，狠抓革命，猛促生产，大干快上。

会议要求，工业学大庆，农业学大寨，以大庆为榜样，充分发动广大工人群众，坚持贯彻“鞍钢宪法”，广泛深入地开展“工业学大庆”群众运动。抓“工业学大庆”是全党的任务，也是工会的一项基本任务。因此，在“工业学大庆”群众运动中，不断加强思想政治工作，组织工人群众学习马列著作和毛泽东著作，用无产阶级专政的理论武装工人头脑，学大庆工人阶级的共产主义思想、共产主义风格、共产主义的劳动态度，自觉地抵制资产阶级思想的侵袭和腐蚀。组织工人群众积极参加以办大庆式企业、做“铁人”式工人为目标的社会主义竞赛，抓好典型，树立标兵，表扬先进，总结推广先进经验，做好总结检查和宣传鼓动工作，鼓舞工人群众抓革命、促生产，大干社会主义的斗志。

在“工业学大庆”群众运动中，认真做好工人群众的思想政治工作和组织工作，把群众中蕴藏着的社会主义积极性充分调动起来，使学“铁人”精神、走大庆道路、办大庆式企业，变成广大工人群众的自觉行动，掀起社会主义建设新高潮，努力完成本年工业生产建设计划，积极做好财贸工作，大力支援农业，把国民经济搞上去。

---

① 黑龙江省档案馆：全宗号212目录号1案卷号335。

1975年7月21日，黑龙江省“七二一”工人大学教育经验交流会在哈尔滨召开。全省“七二一”工人大学已发展到330多所，毕业学员5700多人，在校学生1.78万人。7月25日，哈尔滨市总工会组织工人支农技术服务队，深入农村开展技术服务，著名劳动模范苏广铭①、沈关根②参加抗旱小分队，到新发、动力郊区参加抗旱活动。

1975年8月18日，国务院公布《关于加快工业发展的若干问题》（简称《工业二十条》）提出一系列关于发展工业的重大理论和方针政策，“工业的发展速度问题，是一个重大的尖锐的政治问题”，“决不能把革命统帅下搞好生产，当作‘唯生产力论’和‘业务挂帅’来批判”。规定要整顿企业，建立强有力的能独立工作的生产管理指挥系统，“调整那些没有得到改造的小知识分子和‘勇敢分子’当权的领导班子”，“把坏人篡夺了的权力夺回来”；“生产管理和规章制度，什么时候都需要”；要引进国外的先进技术，加快国民经济的发展；“限制资产阶级法权，决不能脱离现阶段的物质条件和精神条件，否定按劳分配”。

三、深入开展工业学大庆和支援农业的群众运动

“文化大革命”期间，林彪、“四人帮”反革命集团极力歪曲和否定大庆的

---

① 苏广铭，男，汉族，1913年11月出生于山东省平原县，1946年6月参加革命工作，1956年3月加入中国共产党，历任哈尔滨车辆厂工人、工程师，黑龙江省总工会副主席、黑龙江省职工技术协作委员会主任等职。苏广铭同志从1953年至1977年一直被评为哈尔滨市劳动模范、模范标兵；连续五次被评为省劳模、省特等劳模、劳动英雄；1956年、1959年两次被授予全国劳动模范荣誉称号；被选为中共黑龙江省第四、第五届委员会委员；第二、第三、第四、第五届全国人民代表大会代表；13次见到毛泽东主席。在哈尔滨车辆厂的车间里、机床旁为年轻的共和国完成了300多项技术革新，最多一项提高工效88倍。“一五”期间，他利用两年零三个月完成五年工作量；“二五”期间，他提前四年半完成五年工作量；他发明了“玉米铣刀”“错齿片铣刀”，1965年创下四分钟加工一块轴瓦的全国最高纪录。

② 沈关根，男（1934—2017），上海市人，中共党员，1953年参加工作。1963年至1973年哈尔滨市特等劳动模范，1964年、1972年黑龙江省特等劳动模范，1959年被评为全国先进生产者。高级工程师。毕业于哈尔滨工业大学。曾有多项发明创造，荣获全国青年标兵和全国劳动模范称号。主要贡献：高效透明节能电热膜，热效率高，可节能40%以上；1962年，在德国进口设备上研制成功“自动行星切管机”，使无缝轧管生产全部自动化，提高工效60多倍；1964年，研究成功用于核工业的特殊工艺部件，并自行设计生产流水线，获得了国家科技银质奖；1993年，研制成功“高效透明节能电热膜技术”；1995年，研究成功震撼车界的革命性的新产品“极限360°火花塞”，获得中国专利十年成就展金奖；1997年，从事绿色食品长寿果的研究。

基本经验，使工业学大庆运动受到干扰和破坏。1974年8月，大庆召开劳动模范大会，提出“大干社会主义有理，大干社会主义有功，大干社会主义光荣，大干了还要大干”的口号，顶住“四人帮”反革命集团对开发大庆油田的干扰和破坏，保持了原油产量的逐年增长。9月，中共黑龙江省委召开全省工业学大庆经验交流会议，要求全省工交战线提高学大庆的自觉性，奋战两三年，做出显著成绩。11月，大庆组成经验报告团，在全省30个地、市、县共做巡回报告236场，有91万名干部、职工收听报告，推动了全省工业学大庆运动的深入发展。工业学大庆运动促进了全省工业生产迅速发展，1974年工业总产值比历史上最好的1973年增长了5.8%。

四、坚持生产取得的成就

作为中国能源建设重要支柱的黑龙江省大庆油田，“文化大革命”开始后也受到严重干扰。但大庆广大干部群众排除干扰，顽强抗争，不仅一天没有停，而且大幅度提高了原油产量，对全省乃至全国国民经济在大动乱中仍能取得进展起了重要作用。1966年生产原油1060.8万吨，为1965年的1.27倍。在这期间，广大科学技术人员在不断被围攻和批判的情况下，顶住压力，坚持进行科学研究和开发设计。在科技人员和油田工人的密切合作下，1966年大庆1205钻井队和1202钻井队在11个月零5天的时间里，分别突破钻井10万米大关。不仅大大高于苏联一个钻井队一年钻井40816米的最高水平，也超过了美国创造的一个钻井队一年钻井90325米的世界最高纪录。1974年，在“批林批孔”运动中，大庆广大职工与江青一伙鼓吹的“不为错误路线生产”的谬论针锋相对，喊出了“大干社会主义有理，大干社会主义有功，大干社会主义光荣，大干了还要大干”的响亮口号，形成了大干社会主义的热潮，该年的原油产量比1973年增长了40%，1975年达到年产4625.9万吨，为实现1976年以后“高产上五千，稳产十年”的宏伟目标打下坚实的基础。为保证原油外运，1970年8月中国第一条“地下大动脉”——大庆至秦皇岛输油管道工程开始施工。这项工程北起黑龙江，纵贯吉林、辽宁，到河北北部，全长1152公里，是中国自行设计、自己提供设备、自己施工建设的第一条大口径、长距离输油管道。至 1973 年国庆节前完工投产后，月月超额完成输油计划，表明工程质量良好、输油安全平稳。大庆原油通过这条输油管道源源不断地流进山海关，运往全国各地。在此之后，1974 年 9 月 29 日，纵贯松嫩平原的大运河——黑龙江北部引嫩（江）第一期工程建成通水，第二期也在顺利进展中。这一工程全长 250 公里，投资 1.59 亿元。工程建成后，不仅为大庆油田提供了充足的水源，而且对改变松嫩平原的自然面貌，解决沿线数万人民的生活用水，也将起到重大的作用。在石油高产的带动下，黑龙江省的石油化学工业也得到迅速发展，相继建设了黑龙江省石油化工厂，大庆石油化工总厂炼油厂和化肥厂、化纤厂，林源炼油厂、哈尔滨炼油厂等。

1970 年 3 月 22 日，齐齐哈尔车辆厂试制成功我国第一台百万吨内燃液力轨道起重机。4 月 28 日，齐齐哈尔汽车制造厂第一批龙江牌 7.5 吨载重汽车试验成功，结束了我国不能制造汽车的历史。1971 年上半年，哈尔滨第一机床厂广大职工坚持抓生产，磨床产量逐年上升。1970 年比 1969 年增长 103%，上半年比上年同期增长 34.8%，完成国家计划 125%。同年，鸡西矿区广大职工在开展工业学大庆运动中，坚持自力更生、艰苦奋斗精神，扭转了年初生产被动局面，煤炭生产上升。第二季度超额 8 万吨完成了国家煤炭生产计划。全市上半年实现了 200 多项重大技术革新。北安庆华工具厂狠抓安全教育，进行安全大检查和专业性的安全技术检查，解决了各种不安全问题，一般事故下降 27%。佳木斯第二机床厂加强青年工人的纪律教育，全厂出现了自觉遵守纪律、团结互助的好形势，提前一个月完成全年生产计划和上缴利润计划。哈尔滨铁路局牡丹江分局洗马养路工区职工和家属，艰苦奋斗，创造出曲线养护路经验，26 年未发生行车事故，被哈尔滨铁路局和国家交通部授予先进班组称号。1972 年 11 月 29 日，哈尔滨汽轮机厂自行设计、制造的中国第一台 20 万千瓦汽轮机试验成功；12 月 31 日，哈尔滨电机厂制造的我国第一台 20 万千瓦汽轮发电机试验成功。1974 年，哈尔滨油漆颜料总厂坚持抓革命、促生产，深入开展工业学大庆运动，提前超额完成上半年国家计划，工业生产总值完成全年计划的 51.1%，比去年同期提高 32.1%；7 月 11 日，齐齐哈尔车辆厂制成全国第一台载重 370 吨大型双联平车；同年11月，哈尔滨橡胶厂开展会战，依靠工人群众迅速改变落后面貌，经过三个月奋战，全厂已由欠产85万元，转变为超产44万元，生产的轮胎质量显著提高。全省林业战线职工提前完成生产计划。木材产量超过历史最高水平，更新造林超额12.5%完成计划，林产工业、木材调运都有新发展。1975年，全省煤炭战线广大职工，深入开展学大庆、赶开滦的群众运动，到11月末，全省原煤总产量和掘进分别提前一个月和两个月零六天超额完成了全年国家计划。1976年11月末，黑龙江省1900多个工矿企业提前完成全年国家计划。全省完成全年工业总产值的89.8%，比去年同期增长4.7%。原油、原煤、木材、发电量、水泥、金属切削机床、化肥、卷烟等主要产品产量比去年同期均有较大幅度增长。

黑龙江省还取得其他一些重大工程项目和科技项目成果。位于黑龙江省高寒地区的嫩林铁路于1973年完成铺轨任务，1974年交付运营。经过艰苦开发，大兴安岭部分林场开始木材生产。工业和科研战线的科技人员和广大工人相结合，研制成功了20万千瓦双水内冷汽轮发电机、800吨到1000吨取料机，填补了我国相应领域空白。大庆化工总厂甲苯热脱甲基制苯装置1975年投入生产。尚志县研制的石英钟，第一台产品即被中央广播电台用作报时的标准钟。

第九章　在徘徊中前进的黑龙江工人运动

粉碎“四人帮”后，按照中共中央的部署，省委领导全省人民开展了揭发批判“四人帮”反革命集团罪行，清查反革命帮派体系，彻底肃清其流毒和影响的斗争。在这场斗争中，按照中共中央的统一部署，全省开展了揭批查斗争，进行了平反冤假错案，落实党的各项政策工作，并为解决由于江青反革命集团破坏造成的党内思想、作风和组织不纯的问题，开展了整党整风运动。

第一节　工人阶级参加揭批“四人帮”罪行

1976 年 10 月 12 日至 17 日，中共黑龙江省委先后召开书记碰头会、常委会议和地、盟、市及省直部、委、办、局负责人会议，传达党中央领导同志在粉碎江青反革命集团打招呼会议上的讲话。与会人员对党中央粉碎“四人帮”的果断措施表示衷心拥护。

一、揭批查“四人帮”

1976 年 10 月 18 日，中共中央发出《关于王洪文、张春桥、江青、姚文元反党集团事件的通知》。10 月 21 日和 23 日，黑龙江省暨哈尔滨市先后两次举行分别有 70 万名和 80 万名军民参加的声势浩大的游行，庆祝粉碎江青反革命集团篡党夺权阴谋的伟大胜利。10 月 25 日，全省参加庆祝游行的达到 1600 多万人。

黑龙江省的揭批查运动，首先是从经济工作指导思想上的拨乱反正开始的。

1976 年 10 月 27 日，黑龙江省总工会、哈尔滨总工会召开有线广播大会，“愤怒声讨王洪文、张春桥、江青、姚文元反党集团篡党夺权的罪行。大会中心会场设在哈尔滨市工人文化宫，另设 87 个分会场，共 12 万人参加大会。6 位工人代表会上发言，以大量事实揭露了‘四人帮’篡党夺权的反革命的阴谋活动”[①]。从 1976 年 10 月下旬起，《黑龙江日报》发表了一系列揭批“四人帮”的文章。1977 年 1 月 11 日，《黑龙江日报》报道《哈尔滨水泥厂深揭狠批“四人帮”，大干社会主义》[②]。全厂职工大批修正主义，大批资本主义，大干社会主义，排除“四人帮”的干扰破坏，推动工业学大庆运动不断深入，促进了生产发展，全厂提前 36 天全面超额完成国家生产计划，新矿建设和老厂改造也取得了可喜成果。1977 年 1 月 12 日，《黑龙江日报》报道《齐齐哈尔钢铁厂工人狠批“四人帮”，形势大好》[③]，齐齐哈尔钢厂，是我国重要的钢铁企业之一。1973 年，在批林整风的推动下，全厂钢和钢材分别提前 35 天和 36 天完成了全年计划，各项经济指标都 100%地完成了任务，受到党中央领导同志的表扬。《人民日报》、新华社和《黑龙江日报》报道了齐钢的经验，齐钢广大干部和工人欢欣鼓舞，斗志昂扬。

1977 年 1 月，中共黑龙江省委召开全省有线广播大会，传达中共中央关于召开全国工业学大庆会议的通知，号召全省工人阶级行动起来，狠批“四人帮”，掀起工业学大庆运动的新高潮。3 月，全省工业学大庆会议在大庆召开，中共黑龙江省委书记杨易辰在省工业学大庆会议上的报告[④]中，指出紧密联系工交战线实际，深揭狠批“四人帮”。深入揭批“四人帮”，是 1977 年的中心任务，也是当前一切工作的纲。工业学大庆，必须紧紧抓住这个纲。4 月，全国工业学大庆会议在北京召开。5 月，出席全国工业学大庆会议的代表，分别在全省

---

① 黑龙江省总工会工运史志研究室编：《黑龙江工运大事记》，黑龙江人民出版社 1989 年版，第 327 页。

② 《黑龙江日报》1977 年 1 月 11 日。

③ 同上。

④ 《黑龙江日报》1977 年 3 月 28 日。

各地传达大会盛况和会议精神，全省迅速掀起学习、宣传、落实全国工业学大庆会议精神的高潮。一个以普及大庆式企业、创办大庆式企业为目标的社会主义劳动竞赛，又在全省开展起来。1978 年 5 月，中共黑龙江省委、黑龙江省革命委员会召开工业学大庆会议，向 1977 年以来产生的 155 个大庆式企业、75 名劳动英雄和 124 名劳动模范颁发奖章证书，并向全省职工发出深入开展工业学大庆、普及大庆式企业的群众运动，加快工业发展速度，为实现新时期的总任务作出贡献的号召。

1977 年上半年，全国工业学大庆会议在大庆和北京召开。这期间，黑龙江省也相继召开了工业学大庆、农业学大寨、财贸战线学大庆学大寨等会议。理直气壮地提出“大干社会主义有理，大干社会主义有功，大干社会主义光荣”的口号。

在揭批查运动中，工会系统从领导机关到基层单位，从领导干部到广大职工，都以严肃的态度和极大的热情投入其中。各地各级工会在党委领导下，联系本地本基层工运实际，组织职工和工会干部揭发批判“四人帮”利用工会充当篡党夺权工具的罪行和他们分裂工人阶级队伍、砸烂工会组织、迫害工会干部、劳动模范、老工人的罪行。

邓小平提出全面整顿的初期，1975 年 3 月 1 日，中共黑龙江省委、黑龙江省革命委员会就在巴彦县召开了全省学大寨会议。省委主要负责人刘光涛传达了中共中央有关指示精神和全国春耕和农田基本建设会议精神，按照整顿的要求部署了全省工作和农业生产任务。9 月 15 日至 10 月 15 日，全国农业学大寨会议在山西省昔阳县召开。邓小平在会上发表的重要讲话中强调指出，整顿农业，实现农业现代化是实现第四届全国人大提出的中国四个现代化的关键。10 月 28 日，中共黑龙江省委召开省直机关、省军区、驻军部队负责人会议，传达全国农业学大寨会议精神。11 月 11 日至 17 日，中共黑龙江省委又在呼兰县召开省直部、办、委、局负责人会议，进一步学习贯彻全国学大寨会议文件，提出了今后五年全省普及大寨县，基本实现农业机械化的决议。12 月 5 日，黑龙江省总工会三届三次全委扩大会议上，省总工会主任于洪亮指出：“普及大寨县这场伟大革命运动和我们工人阶级的关系。大家知道，工人阶级是革命的领导阶级，在（中国）工人阶级先锋队中国共产党的领导下担负着彻底推翻资产阶级和一切剥削阶级，用无产阶级专政代替资产阶级专政，用社会主义战胜资本主义，最终实现共产主义的伟大历史使命。目前，正在全国兴起的大办农业，普及大寨县的伟大革命群众运动，就是实现本世纪内把我国建设成为现代农业、现代工业、现代国防和现代科学技术的社会主义强国的重大步骤，普及大寨县、实现农业机械化，用现代技术武装和建设社会主义大农业，不是与工人阶级无关，而是关系极大，不是分外的事，而是义不容辞的责任。因此，我们必须使广大职工认识到，大办农业，普及大寨县，是我们工人阶级的一项伟大战斗任务。我们工会组织，必须广泛深入地发动工人群众，以战斗的姿态，紧张地行动起来，为大办农业、普及大寨县而奋斗。”

根据毛泽东制定的“以农业为基础、工业为主导”发展国民经济总方针和全国农业学大寨会议精神，省委提出了黑龙江省五年普及大寨县和基本实现农业机械化的奋斗目标。各行各业的广大职工，都要把做好本职工作同大办农业、普及大寨县紧密地联系起来，胸怀全局，立足本职，深入开展工业学大庆的群众运动，积极参加以办大庆式企业、做“铁人”式工人为目标的社会主义竞赛。发扬自力更生、艰苦奋斗的革命精神，大搞技术革新、技术改造，加强企业管理，充分挖掘潜力，努力增产节约，增加产量，提高质量，降低成本，搞好安全生产，全面完成和超额完成国家计划。

决议指出，贯彻落实毛泽东的“五七指示”，组织职工和家属从事农副业生产，走亦工亦农的道路。毛泽东在光辉的“五七指示”中指出：“以工人为主”，“在有条件的地方，也要从事农副业生产，例如大庆油田那样”。

各单位都召开了党委扩大会，围绕油田上两条路线斗争的大是大非问题进行了对比。大庆党委重点抓了采油一部和大庆机关的路线对比，大庆党委常委一连三天参加了大庆政治部的路线对比、深入揭批“四人帮”的大会。

截至 1977 年 7 月，全省城市 80% 的工矿企业和农村 60% 的社队都开展了“三大讲”活动。通过“三大讲”，使全省广大干部群众对“四人帮”在本地区、本单位流毒最广、影响最大、危害最深的路线问题基本分清了是非；增强了领导班子的团结；恢复和发扬了党的优良传统和作风；边整边改，推动了各项工作。

二、整顿思想和组织增强基层工会的活力

“文化大革命”时期，黑龙江省基层工会组织和工会干部遭到空前摧残。各地方工会被“工代会”代替。1973 年中共中央发出“工会组织应当整顿，逐步地建立起来”的指示以后，中共黑龙江省委作出“加强党对群众组织的领导，要建立和健全工会组织，也是广大职工群众的迫切愿望，各级党委要把工会组织的整顿、健全工作纳入议事日程，切实地把工会组织整顿好，建设好”的决议。从省到各市（地）、县开始重新整顿和恢复工会组织。

整顿思想　1977 年 8 月召开的中国共产党第十一次全国代表大会指出：要加强党对工会、共青团、妇联等群众组织的领导，把这些组织整顿好、建设好，充分发挥它们应有的作用。根据中共中央的部署，1978 年 4 月 22 日至 24 日，中华全国总工会在北京召开第八届第七次执委扩大会议。出席会议的有中华全国总工会负责人、执委、候补执委和各省、市、自治区工会负责人，共 190 多人。会议总结了一年多来系统揭批“四人帮”的成果，强调要将“四人帮”反革命纲领和极左路线在工运领域的表现和危害集中起来，引导各级工会和职工群众继续深入系统地进行批判。要通过批判分清工运领域的思想、理论是非，为开好中国工会九大做思想、理论上的准备。

1978 年 8 月 11 日至 18 日，省总工会三届四次委员（扩大）会议在哈尔滨召开，省委书记李力安作了重要讲话。会议强调，加强工会建设，就是为了拨乱反正，自下而上地把工会组织整顿和健全起来。会议集中研究解决县以上各级工会领导机关和基层工会的整顿问题，要求全省工会组织从地方工会到基层工会，要把资产阶级帮派人物和打砸抢分子从各级工会领导班子中彻底清除出去，基层工会主席要选配相当于党政副职的干部担任，以便能够参加党委的领导核心，直接领会党委的意图。这次会议，打开了调整和恢复组建工会组织的被动和停滞不前的局面。

恢复和组建工会组织，增加基层活力　1978 年 10 月，中华全国总工会召开

第九次全国代表大会，确定新时期工人运动的任务和工作的基本方针。11 月 10 日，落实中国工会第九次全国代表大会精神，黑龙江省革命委员会文教办公室、黑龙江省科学技术委员会、黑龙江省总工会发布《关于在文教、卫生、科技等部门恢复和组建工会组织的意见》①，意见指出，黑龙江省文教、卫生、科技等部门有近 40 万名职工。这些职工是我国工人阶级队伍中的一个组成部分，是我国在 20 世纪内实现四个现代化的一支重要力量。工会组织在各级党委的直接领导下，发动和组织广大职工，积极参加历次政治运动，开展各项业务活动，努力发展我国的科学、文化、教育、卫生等事业，为我国的社会主义革命和社会主义建设作出了重要贡献。

1978 年 11 月 11 日，中共黑龙江省国营农场总局委员会、黑龙江省总工会发出《关于在国营农场系统恢复和组建工会组织的通知》②，通知指出，农场职工是工人阶级队伍中一个组成部分，是实现四化的一支重要力量，农场现有职工 89.9 万人，要尽快恢复和建立工会组织，把工会干部配齐。同月，哈尔滨轴承厂、东安机械厂、正阳河木材加工厂、佳木斯造纸厂、电视机厂、牡丹江北方工具厂、第五化工厂、北安庆华工具厂等企业，积极试行民主选举车间主任的工作。1978 年 12 月 30 日，黑龙江省总工会向省计委提出《关于新建工会干部学校的报告》③，指出工会九大以后，黑龙江省工会工作正在全面发展。同年 11 月，党中央批示的全国总工会关于各级工会干部编制的请示报告，要求各级工会干部编制暂恢复到“文化大革命”以前的数额。省委和各地党委正在陆续配备。

1979 年初，省总工会按照工会九大关于加强工会基层建设的精神，作出了《关于基层工会组织整顿的意见》，要求各基层工会抓好五个方面的整顿：一是搞好工会领导班子的整顿，通过民主程序，做好基层工会领导班子的调整工作；二是抓好工会小组的整顿，建立健全工会小组各项制度；三是搞好积极分子队伍的整顿，充分发挥积极分子的作用；四是搞好工会作风整顿，实现群众组织

① 黑龙江省总工会：《黑龙江省总工会文件》，存黑龙江省总工会档案室，1978 年，第 2—18 册。
② 同上。
③ 同上。

群众化；五是搞好工作程序整顿，增强计划性，克服盲目性。各市、地、县工会及产业工会经过一年多抓基层工会的整顿建设工作，成果比较显著。据 1979 年底统计，全省应建立工会组织的企业原有 24072 个（不包括铁路系统），已建工会的单位 22372 个，占应建工会数的 93%，未建工会的单位尚有 1700 个。在已建工会的单位中，已经整顿的有 20383 个，占已建工会总数的 91%，未进行整顿的尚有 1989 个。在已经整顿的单位中，达到或基本达到中华全国总工会指出的工会组织整顿 5 条要求的有 15739 个单位，占已整顿总数的 77.2%；未达到 5 条要求的有 4644 个单位，占已整顿总数的 22.8%（见表 9-1）。未达到 5 条要求的单位主要问题是：整顿中单纯抓了组织整顿，而忽略了思想整顿，因而有的工会干部和会员路线是非不清，对工会组织在“四化”建设中的地位、作用缺乏足够认识；有的工会领导班子不齐不力，干部配备上存在老、弱、病干部多的现象；有的单位工会积极分子队伍尚未形成，有的虽已形成，但未充分发挥其应有的作用；有的会员队伍未进行认真整顿，按条件应入会的职工尚未入会，会员比例较少；有的基层工会组织作用发挥不好，工会工作不够活跃，甚至流于形式。

表 9-1　1979 年全省基层工会组织整顿建设情况统计表　　单位：个

市、地区和部门 项目	应建工会企、事业单位数	已建工会企、事业单位数	未建工会企、事业单位数	在已建工会单位中		已整顿的单位数	
				已整顿的单位数	未整顿的单位数	达到 5 条要求的单位数	未达到 5 条要求的单位数
合计	24072	22372	1700	20383	1989	15739	4644
哈尔滨市	2218	1988	230	994	994	695	299
齐齐哈尔市	910	888	22	888		710	178
牡丹江市	579	512	67	512		358	154
佳木斯市	637	587	50	410	177	332	78
双鸭山市	367	330	37	231	99	125	106
鸡西市	1026	1026		1026		1013	13
鹤岗市	75	62	13	62		57	3
大庆市	3155	3011	144	2974	37	2098	876

续表

市、地区和部门项目	应建工会企、事业单位数	已建工会企、事业单位数	未建工会企、事业单位数	在已建工会单位中		已整顿的单位数	
				已整顿的单位数	未整顿的单位数	达到5条要求的单位数	未达到5条要求的单位数
绥化地区	3518	3174	344	3174		2884	290
松花江地区	3334	3111	223	3067	44	2152	915
黑河地区	657	647	10	618	29	504	114
合江地区	2492	1904	143	1904	1523	381	
牡丹江地区	1802	1666	136	1400	266	1090	310
大兴安岭地区	358	312	46	224	88	46	178
伊春市	586	550	36	531	19	520	11
省农场总局	179	174	5	174		160	14
省邮电局	100	100		89		80	9
省地质局	21	20	1	20		9	11
省航运局	11	11		8	3	3	5

本表制作数据来源：《黑龙江省志、群团志、工会编》，现存黑龙江省总工会档案室，第594页。

恢复和组建工会组织，增加基层活力，并就当时最为深入揭批“四人帮”和加快恢复发展国民经济两项任务作出部署，以及为召开工会九大所做的准备工作，都是工运领域的重要拨乱反正，是工会和工人阶级为推动实现根本历史性转变作出的重大努力，因此这次执委扩大会议对于正处在恢复中的工会和工人运动具有重要意义。

三、冤假错案的平反

黑龙江省的平反冤、假、错案工作，首先是从平反纯属反对江青反革命集团案件开始的。1976年12月，中共中央指出：“凡纯属反对‘四人帮’的人和案件应给予彻底的平反。”1977年6月，中共黑龙江省委发出《关于进一步做好重新处理纯属反对“四人帮”案件工作的通知》。同年11月，省委为“1·31

反革命案件”平反。黑龙江省在“文化大革命”期间的冤假错案有8万多起，涉及11万多人。例如，1970年3月经黑龙江省革命委员会批准，哈尔滨703研究所职工于勇被判处死刑。于勇在1964年曾因提出事物是“一分为三”的哲学观点，在“清理阶级队伍”时被清查过，“文化大革命”期间又因参加过炮轰派组织，被定为反革命分子，他所参加的组织也被定为反革命集团。受此事件牵连的职工群众达100多人，成为黑龙江省有名的冤案。同年12月，黑龙江省革命委员会在哈尔滨车辆厂召开落实政策现场会。哈尔滨车辆厂的职工在“文化大革命”清理阶级队伍中，有500多人被打成“不穿军装的国民党”“反革命翻案集团成员”“破坏集团成员”，送进“管教队”或监狱。

1978年，落实各项政策，对原工商业者除平反冤假错案、退还查抄存款、补发扣减工资外，宣布他们为劳动者，并明确了小商、小贩、小手工业者“三小”的劳动者成分。对农村中地主、富农、反革命分子和坏分子（简称四类分子）摘掉帽子，给予农村人民公社社员待遇。截至1979年6月，全省共给43519名四类分子摘掉帽子，复查并纠正了过去错定的3354名四类分子。对于地主富农家庭出身的农村人民公社社员，他们的成分一律定为公社社员。

第二节　工人阶级为恢复国民经济作贡献

1978年，黑龙江省深入开展工业学大庆群众运动，进一步加强企业管理，整顿企业，严格执行合理的规章制度，搞好计划、财务、劳动、设备四大管理，开展社会主义劳动竞赛，掀起抓革命促生产新高潮，恢复劳动模范、先进生产者评选，根据工会九大精神，进一步全面落实老劳模、老工人政策，充分发挥、调动他们的积极性，为加快四个现代化贡献力量。1978年9月，邓小平视察黑龙江指示发展农业机械化和农场工业化问题，国民经济得到恢复与发展。

一、开展劳动竞赛与评选劳模

1977年1月11日，《黑龙江日报》报道《哈尔滨水泥厂深揭狠批“四人帮”，大干社会主义》深入开展工业学大庆群众运动，遵照毛泽东关于“管理也是社教”的指示，进一步加强企业管理，整顿企业，严格执行合理的规章制度，搞好计划、财务、劳动、设备四大管理，开展社会主义劳动竞赛，掀起抓革命促生产新高潮。

1977年7月2日，黑龙江省总工会关于召开贯彻工业学大庆会议精神座谈会情况的报告①。在省委的关怀和直接领导下，6月23日至27日，省总工会召开了由各地、盟、市和部分县、基层企业以及省直有关局工会负责人参加的贯彻全国工业学大庆会议精神的座谈会。会议提出认真组织和广泛开展以普及大庆式企业为目标的社会主义劳动竞赛。

1977年11月，哈尔滨制冷机厂在家底薄、设备旧、技术水平低的情况下，在工业学大庆运动和社会主义劳动竞赛中，坚持自力更生方针，走革新、改造、挖潜的道路，广泛地开展群众性小改小革活动，改造旧设备，制造新设备，实现技术革新210项，试制五种新产品，形成了两种系列化氨压机的生产能力。

哈尔滨汽轮机厂是第一个五年计划期间兴建的，经过大搞群众运动，只用两年八个月时间便完成了五年建厂计划。在建厂期间，工人群众以极大的革命干劲，认真贯彻边基建边生产的方针，在工厂投入生产之前，就试制成功了2.5万千瓦汽轮机，正式移交生产不到一年，又生产出具有国际水平的单台容量达20万千瓦的高压巨型汽轮机。这些事实雄辩地说明，工会组织在社会主义建设中，发动和组织工人群众开展社会主义劳动竞赛取得了突出的成绩。

1978年4月8日，哈尔滨市总工会党组呈交中共哈尔滨市委《关于我市工业学大庆模范标兵 开展“两创两飞跨”“百日红”竞赛情况的报告》②，在市工业学大庆会议上，出席会议的先进集体标兵和先进生产（工作）者标兵响应市委提出的“迈大步、争上游、多贡献”的号召，向全市工业、交通、基建、城建战线广大职工发出了在社会主义劳动竞赛中开展“创先进班组，创优质、低耗、高效率新纪录能手”活动和“5月超半年，10月跨入79年”飞跨活动的倡

---

① 黑龙江省总工会编：《黑龙江省总工会文件》，存黑龙江省总工会档案室，1977年，第3—16册。

② 哈尔滨市总工会编：《哈尔滨工会志（文献篇）》（内部发行），1991年版，第144—147页。

议。这个倡议首先在全市先进生产（工作）者、先进集体中开展起来。特别是省委提出开展“百日红”竞赛，有力地推动了“两创两飞跨”活动。

“百日红”竞赛和“两创两飞跨”活动开端良好。为把“百日红”竞赛和“两创两飞跨”活动变为广大群众大干社会主义的实际行动，把社会主义劳动竞赛推向一个新的阶段，中共哈尔滨市委提出：第一，把“百日红”竞赛和“两创两飞跨”活动作为落实五届人大提出的各项战斗任务的一项具体措施。各工厂企业要在组织群众认真学习五届人大会议精神的基础上，发动每个班组和职工联系实际，根据“百日红”竞赛和“两创两飞跨”活动的要求，修订原来的规划，提出具体的措施，并且在竞赛中狠抓落实。第二，在“百日红”竞赛和“两创两飞跨”活动中，要切实加强班组工作。加强班组建设，抓好后进班组升级，搞好班组核算，开展班组经济活动分析，把班组竞赛扎扎实实地开展起来。第三，在“百日红”竞赛和“两创两飞跨”活动中，要引导广大职工针对生产关键和薄弱环节，有计划地开展技术革新和技术革命。要积极组织工人学政治、学科学、学技术、学文化，大搞岗位练兵和技术表演，不断提高产品质量，降低消耗，提高生产效率。第四，充分发挥先进班组和模范人物的榜样作用。要大张旗鼓地宣传先进典型的事迹，深入开展比学赶帮超，营造一个先进更先进、后进变先进的局面。对先进班组和模范人物在“百日红”竞赛和“两创两飞跨”活动中的新经验、新创造，要认真总结，及时推广，把少数人的经验变为广大职工的行动。第五，加强对“百日红”竞赛和“两创两飞跨”活动的领导，把社会主义劳动竞赛和工业学大庆群众运动深入开展起来。各级工会要紧紧依靠党委领导，积极会同有关部门把“百日红”竞赛和“两创两飞跨”活动组织好。

1978 年 5 月 16 日，黑龙江省委书记李力安在省工会工作会议上的讲话中进一步明确工会组织的任务和作用，工会的根本任务就是为实现党的总路线和总任务而斗争，动员全体工人阶级积极开展劳动竞赛，不断提高劳动生产率，高速度地发展社会主义生产力，是新社会的主要建设者。1978 年 8 月 11 日至 18 日，黑龙江省总工会三届四次委员扩大会议在哈尔滨市召开。会议还强调，为适应新时期、新形势、新任务的需要，结合揭批“四人帮”的斗争，要着重抓好各级工会领导班子的思想、组织和作风建设，要深入发动全省广大职工群众，坚决响应党中央，努力把生产搞得更好，广泛开展质量月活动，在全省范围内迅速掀起社会主义劳动竞赛新高潮，创造优异成绩，迎接中国工会九大的召开。

劳动模范是工人阶级的一面旗帜，是时代精神的载体。黑龙江省是东北老工业基地，工人阶级基础好，劳动模范奋斗事迹突出。1973 年 3 月，黑龙江省社会主义先进集体、劳动模范代表大会在哈尔滨市召开（此次会议由省革委政治部组织，列入第四届）。会议表彰了社会主义先进集体标兵 102 个、劳动模范标兵 67 名（其中农民 12 人）、先进集体 396 个、劳动模范 1616 名（其中农民 365 人）。

1978 年 5 月，省工业学大庆会议在哈尔滨市召开，省委、省政府评选马德仁等 35 人为省劳动英雄、124 人为省劳动模范，同时命名 155 个大庆式企业、75 个学大庆先进集体。

1977 年 4 月至 5 月，全国工业学大庆会议先在大庆后在北京召开。黑龙江省有 55 个企业、单位被评为全国大庆式企业、单位，30 个企业、单位被评为全国先进企业、单位，8 个班组被评为全国先进集体，12 名个人被授予全国先进生产（工作）者称号。1977 年全国先进生产者为“全玉萍、顾凯、刘才、刘宝海、李景荣、蒋成龙、阎增林、魏兴正、吴全清、刘清海”[①]。其中刘清海兼全国劳动模范。

1978 年 6 月，全国财贸学大庆学大寨会议在北京市召开。党中央、国务院对全国财贸战线上的先进单位和个人进行了表彰。黑龙江省有 68 个单位被评为全国大庆大寨式企业，7 个单位（集体）被评为全国先进企业（单位和集体），有 23 名个人被评为全国劳动模范。

1978 年 9 月，国务院表彰工业、交通、基本建设战线全国先进企业和全国劳动模范大会在北京市召开。会上，党中央和国务院对全国先进企业和个人进行了命名表彰。黑龙江省有 7 个企业、14 名个人分别被命名为全国先进企业和全国劳动模范。

1978 年“全国先进科技工作者为徐大懋、朱寿祺、徐文倬、郭其安、安圣

① 田鹏颖，李正鸿：《东北老工业基地劳模人物传（黑龙江卷）》，社会科学文献出版社 2018 年版，第 1787 页。

究、李学成、郭福民、蔡复礼、徐乐澜、赵光吾、吴克贤、徐绍新、于凤柯、李光中、王致录、陈大钦、申尊茂、王素新、于维汉、杨衔晋、阴贵生。全国先进生产者为魏淑琴、李树梧、张太义、崔景堂、刘发、牟秋平、李文财、高敬贤、王锡武、郭四喜、兰希斌、侯良琴、王喜才、王维廉、王海廷、王金陵、肖步阳、姚永令、华子元。全国劳动模范为魏淑琴、李凤祥”[①]。其中魏淑琴既是全国劳动模范，又是全国先进生产者。

1978 年 9 月 26 日，黑龙江省总工会、省财政局、省银行联合发出《关于社会主义劳动竞赛奖励若干问题的通知》，强调要理直气壮地奖励先进集体、先进人物和劳模。通知规定，执行按工资总额 11%提取福利基金的企业单位，可以从福利基金中提出工资总额的 3%作为奖金。

1978 年 11 月 17 日，黑龙江省总工会《关于召开落实党的政策发挥老劳模老工人作用调查汇报会的通知》[②]，通知要求，根据中国工会九大精神，为了进一步全面落实老劳模、老工人政策，充分发挥、调动他们的积极性，为加快实现四个现代化贡献力量，要普遍检查本年 4 月召开的全省落实党的政策，发挥老工人作用座谈会的贯彻落实情况，决定于 12 月份召开一次各地、市和部分县、厂矿、企业工会主任参加的座谈会。同日，黑龙江省总工会制定出《关于落实老劳模、老工人政策的检查提纲》[③]。

二、为恢复国民经济作贡献

粉碎“四人帮”后，工人阶级和全国人民被压抑的生产积极性得到了解放，他们以极大的热情投入各项建设工作中。

1977 年 11 月，宾县广播器材厂研制的“5ZA”型噪声发生器，成功地运用于我国向太平洋发射的运载火箭上，中共中央、国务院和中央军委特发来嘉奖电报。1977 年 12 月，黑龙江省电力战线职工，深入开展工业学大庆群众运动，

---

① 田鹏颖，李正鸿：《东北老工业基地劳模人物传（黑龙江卷）》，社会科学文献出版社 2018 年版，第 1787 页。

② 黑龙江省总工会编：《黑龙江省总工会文件》，存黑龙江省总工会档案室，1978 年，第 2—18 册。

③ 同上。

提前23天全面完成国家计划，发电煤耗率和厂用电率两项主要指标创历史最好成绩。

1978年4月20日，中共中央颁发《关于加快工业发展若干问题的决定（草案）》。这个文件是在1975年起草的《关于加快工业发展的若干问题》基础上修订而成的。文件对企业整顿提出了具体标准，明确规定：企业要以生产为中心，理直气壮搞好生产；坚持以责任制为核心的各项规章制度，大力提高企业管理水平。经济理论界也从1977年2月起开展了关于按劳分配和“资产阶级法权”等问题的讨论。该讨论在4月以后逐步扩大规模。在讨论中，批判了把按劳分配说成是“产生资产阶级法权的经济基础”，把发展生产说成是所谓“唯生产力论”等谬论。在按劳分配问题讨论的推动下，1978年5月7日，国务院发出通知，要求贯彻逐步改善职工生活的方针，有条件有步骤地实行奖励和计件工资制度。9月，国务院要求有关部门尽快提出改革工资制度、奖励制度和劳保福利制度的具体意见。11月25日，国务院批转财政部《关于国营企业试行企业基金的规定》，允许完成国家计划的企业提取一定数量的利润作为企业基金，用于举办集体福利事业和奖励职工，把企业经营成果同企业和职工切身利益联系起来，以改变企业办好办坏一个样的现象。同年下半年，全国有不少企业和单位恢复了计件工资和奖金制度。国家政策的调整，对调动企业和职工的生产积极性起到了重要的促进和保证作用。

在恢复发展生产的过程中，广大职工群众决心把“四人帮”耽误的时间夺回来，把“四人帮”造成的损失补回来。他们以大庆人“大干社会主义有理，大干社会主义有功，大干社会主义光荣”作为自己的豪迈誓言，在全国范围内迅速掀起社会主义劳动竞赛的热潮。经过广大职工的努力奋斗，全国工业总产值从1977年3月起逐月增加，遭受“文化大革命”严重破坏的工业生产已经得到初步恢复和发展。工业的恢复和发展，又带动了整个国民经济的恢复和发展，工人阶级发挥了主力军作用，作出了巨大贡献。

1966年至1978年，黑龙江省的工人阶级，在推动黑龙江工业的发展中，倾尽全力，顶住压力，奋力工作，取得了重大成果。见表9-2。

表 9-2　1966—1978 年黑龙江省社会总产值和主要产品产量情况

年份	社会总产值（亿元）	工农业总产值（亿元）	工业总产值（亿元）	钢（亿吨）	原煤（亿吨）	原油（万吨）	发电量（亿度）	木材（万立方米）	水泥（万吨）	食糖（万吨）
1966	170.9	140.71	108.35	37.37	2147	1060.9	38.6	1310	72.4	16.2
1967	161.4	133.69	97.36	27.11	1584	1032	37.5	1159	60.6	16.9
1968	154.9	128.56	93.62	24.07	1868	1151	36.4	967	53.2	16.8
1969	184.3	142.41	108.7	37.18	2265	1381	45	1161	72	13.1
1970	207.1	171.81	136.44	41.31	2630	2118.4	50.9	1176	92	10.9
1971	217.7	180.94	130.06	37.9	2515	2669.1	53.6	1256	100.3	11.8
1972	214.6	180.06	136.42	46.61	2401	3051.3	58.6	1493	109	13.7
1973	229.2	194.8	146.9	49.44	2485	3365.1	63.9	1501	114.5	14.2
1974	246.3	209.36	157.39	44.18	2656	4105.7	71.8	1535	122	14.2
1975	271.1	232.41	175.06	43.93	2933	4626	77.8	1560	156	14.5
1976	272	234.9	184.6	37.57	3137	5030	87.8	1551	171.1	14.6
1977	289.5	251.82	200.57	42.83	3160	5031	98.5	1576	187.7	18.2
1978	317.2	273.04	209.43	54.74	3710	5037.5	107.7	1561	212.7	14.7
合计	2936.2	2474.51	1884.9	524.24	33491	39659	828.1	17806	1523.5	189.8

本表制作数据来源：张向凌主编：《黑龙江历史编年》（修订本），黑龙江人民出版社 1989 年 8 月版，第 932—1020 页。

第三节　邓小平视察黑龙江

1978 年 9 月，邓小平率领中国党政代表团参加朝鲜民主主义人民共和国成立 30 周年庆祝活动，回国后到东北地区视察。这是他第六次[①]到黑龙江视察。9 月 14 日，邓小平第一站就到达了大庆。在火车上详细询问了大庆油田的开发情

① 1958 年、1959 年、1960 年、1961 年、1964 年、1978 年和 1983 年邓小平七次视察黑龙江，对黑龙江的社会主义建设和改革开放事业作出了重要指示。

况。当听说大庆能高产到5000万吨，稳产到1985年时，非常高兴。邓小平在大庆逗留了10个小时，参观了9个地方，会见了许多干部群众。在接见大庆劳动英雄耿玉亭时，因耿玉亭失去双臂不能握手，邓小平专门同他的妻子握手以弥补这一缺憾。9月15日，邓小平在哈尔滨会见黑龙江省党政军主要负责人，听取了省委工作汇报并作重要讲话。邓小平视察黑龙江的时候，黑龙江省通过深入开展“揭批查”运动，省内与“四人帮”及其死党有牵连的人和事大部分已经查清。在真理标准问题讨论中，中共黑龙江省委在全国各省、自治区、直辖市中第一个表态，明确支持真理标准问题的讨论，并提出：“文化大革命”前的省委是“红”的，不是“黑”的，在省内引起很大的反响。邓小平对黑龙江省的“揭批查”运动及真理标准问题的讨论引起的反响很关心，并对黑龙江省委的做法给予肯定。邓小平还强调了农业机械化和农场工业化问题。邓小平在黑龙江的谈话，系统地阐述了坚持实事求是的原则；把党的工作重点转移到经济建设上来；选拔年富力强的干部；解决了党的思想路线、政治路线、组织路线的问题。他还系统阐述了中国进行现代化建设中的体制改革，对外开放，用先进的技术和管理方法改造企业，把农业放在第一位，按劳分配等问题。这些谈话，包括后来收入《邓小平文选》第二卷的《高举毛泽东思想旗帜，坚持实事求是的原则》《用先进的技术和管理方法改造企业》等文章，为此后即将召开的党的十一届三中全会作了重要的舆论准备。

第三编

改革开放和社会主义现代化建设新时期的黑龙江工人运动（1978—2012）

1978年，党的十一届三中全会作出改革开放的重大决策，开创了中国特色社会主义事业，实现了伟大的历史性转折，中国工运事业也进入历史新阶段。在这改革奋进的大潮中，工人阶级坚定地走在前列，在市场经济的炉火中淬炼成长，成为党和国家事业发展的坚强脊梁。黑龙江工会组织团结带领广大职工积极投身现代化建设主战场，以聪明才智和忘我劳动为龙江经济社会发展作出巨大贡献；同时，引导职工正确对待改革中的利益关系调整，积极支持、参加和推动改革。广大职工发扬工人阶级识大体、顾大局的优良传统，勇于担当、甘于奉献，成为改革、发展、稳定的中流砥柱。

第十章　伟大转折和成功开创中国特色社会主义时期的黑龙江工人运动

1978年12月，党的十一届三中全会召开，会议作出把全党工作重点转移到社会主义现代化建设上来、实行改革开放的历史性决策，实现了新中国成立以来党的历史上具有深远意义的伟大转折，开启了改革开放和社会主义现代化建设新时期。同时，中华总工会也召开第九次全国代表大会，给黑龙江省做好工会工作提供了明确的指引，黑龙江省的工人运动进入了关键时期。黑龙江省工会四大在新时期召开，省总工会积极落实党的十一届三中全会的部署，全省工人运动走上健康发展的轨道。

第一节　贯彻党的十一届三中全会精神和中国工会九大精神

党的十一届三中全会召开，这是党和国家一次非常重要的会议，为中国未来发展指明了方向。中华总工会也召开第九次全国代表大会，为全国各地如何做好工会工作提供了明确的指引。黑龙江省工会积极贯彻落实党的十一届三中全会精神和中国工会九大精神，黑龙江省的工人运动进入了关键时期。

一、贯彻党的十一届三中全会精神

党的十一届三中全会召开 1978年12月18日至22日，中国共产党第十一届中央委员会第三次全体会议在北京举行。出席会议的中央委员169人，候补中央委员112人。全会冲破长期“左”的错误和严亘束缚，彻底否定“两个凡是”的错误方针，高度评价关于真理标准问题的讨论，重新确立了党的实事求是的思想路线。全会停止使用“以阶级斗争为纲”的口号，决定将全党的工作重点和全国人民的注意力转移到社会主义现代化建设上来，提出了改革开放的任务。全会指出，实现四个现代化是一场广泛、深刻的革命，要采取一系列新的重大经济措施，对经济管理体制和经营管理方法进行认真改革，在自力更生的基础上积极发展同世界各国平等互利的经济合作。全会强调要充分发扬民主，健全全党的民主集中制，健全党规党纪，正确对待毛泽东的历史地位和毛泽东思想的科学体系。全会增选了中央领导机构成员，邓小平实际上成为党的中央领导集体的核心。

落实党的十一届三中全会精神 1979年1月，中共黑龙江省第四次代表大会在哈尔滨召开。贯彻党的十一届三中全会精神，总结社会主义革命建设历史经验，决定把全省工作重点转移到社会主义现代化建设上来。广泛开展坚持四项基本原则宣传教育。贯彻党中央对国民经济实行“调整、改革、整顿、提高”方针，确立把黑龙江建成国家商品粮生产基地。根据中共中央对工人运动的指示和工会工作新方针，结合十一届三中全会的部署，新时期黑龙江省总工会确定的全省工会工作方针：以经济建设为中心，坚持四项基本原则，坚持改革开放，在维护全国人民全体利益的同时，更好地表达和维护职工群众的具体利益，增强基层工会的活力，实现工会组织的群众化、民主化，努力推进社会主义现代化建设。

建立群众性活动组织 1981年3月，省总工会和省体育运动委员会联合行文，转发全国总工会、国家体委《关于下发基层厂矿、企业、事业、机关体育协会章程（试行）的通知》，要求各市、地、县，各产业工会、体委按通知精神，1981 年在 1/3 以上厂矿企业、事业机关建立群众体育组织，广泛吸引和组织广大职工群众经常参加体育锻炼，提高健康水平，活跃文化生活。1981 年 3 月，省体委、省总工会等部门发出通知，要求各地开展一个包括广播体操、田径、球类、游泳、打拳等五项内容的群众体育活动，并把煤矿工人操、纺织工人操、太极拳等纳入医疗保健体育内容。

加强体育锻炼　1981 年 8 月，国家体委发布第六套广播体操。全省各级工会组织接到省总工会等部门的通知后，积极行动，加强领导，认真组织培训领操员，厂矿、企业把推行第六套广播体操作为体育活动的一项重要内容，普遍开展了班前操活动，长年坚持。有些厂矿、企业开运动会，还把团体操比赛列为保留项目。全省坚持做广播体操的职工群众达 60%。

1981 年 11 月，省总工会、省体委联合下发《关于开展百万职工参加冬季体育锻炼的通知》，要求广大职工群众积极参加冬季体育锻炼活动，组织职工坚持广播体操锻炼，组织患慢性病的职工开展医疗体育活动。

1982 年，全省动员了 1000 万人参加五项活动。五项活动中又以第六套广播体操和田径为重点，广泛开展起来。城镇的开展面占各单位总数的 60%，60%以上的职工达到每人参加一项以上活动。各级工会还支持厂矿、企业、机关、学校自办运动队，自办竞赛，自建体育场馆，自办体育组织。

从 1982 年到 1985 年，全省职工参加体育活动的人数迅速增加。据 1985 年底统计，全省经常参加体育活动的职工比 1981 年增加一倍左右。开展群众性体育活动的重点是青年职工，他们从青年的特点出发，在田径、球类、体操、游泳、武术、滑冰等体育活动中大显身手，成为职工体育活动的主力。

二、贯彻中国工会九大精神

中国工会九大召开　1978 年 10 月 11 日至 21 日，中国工会第九次全国代表大会在北京召开。到会代表 1967 人，代表全国 5000 多万名工会会员。马纯古致开幕词，邓小平代表中共中央、国务院致词，为工会工作指明方向。从此，工会工作全面恢复，中国工会工作进入了新的阶段。“工会九大”对中国工会的地位、性质、任务作了重新定位，明确了“工会是党的助手，要努力贯彻执行党的路线、方针和政策，围绕党的政治任务安排自己的活动，加强对工人群众的思想政治工作”。工会的各项职能必须紧紧围绕实现社会主义四个现代化展开，这是党的中心任务。工会作为党的助手，要不断提高工人阶级的政治觉悟，使工人阶级认识到自身是实现社会主义四个现代化的主力军，要在革命和建设事业中发挥模范带头作用。

贯彻中国工会九大精神　黑龙江省工会为贯彻中国工会九大精神做出了积极努力。在会费收缴管理、推行职工代表大会制、恢复和加强职工疗养事业、开展民主选举企业领导干部、加强工会基层建设、积极开展职工文化活动等方面取得了显著成果，为推动企业改革和发展，保障职工权益发挥了积极作用。

会费收缴管理　1978 年 11 月 17 日，黑龙江省总工会转发中华全国总工会《关于收缴工会会费的通知》，要求各级工会组织在贯彻落实中国工会九大精神的过程中，要组织广大工会会员，认真学习《中国工会章程》，深入进行会员的义务和权利的教育，增强组织观念，自觉地按时缴纳会费。各基层工会要制定出具体的会费收缴制度，加强会费管理，从严掌握，节约使用。

推行职工代表大会制　黑龙江省恢复和建立职工代表大会制的工作，依据邓小平在中国工会九大致词中提出的要求，首先在省内一些大中型企业逐步进行。1979 年 11 月，省委、省政府作出《关于扩大国营工业企业经营管理自主权若干问题的规定》以后，国营企业普遍试行利润分成和亏损包干的办法，职工代表大会制的推行工作较前有了更快的发展。到 1980 年 2 月，据哈尔滨、齐齐哈尔、牡丹江、佳木斯、伊春 5 市的调查统计，在 107 个直属工业企业中，已有 90 个工业企业召开了职工代表大会，占直属工业企业的 84%。

恢复和加强职工疗养事业　1979 年 5 月，省总工会、省卫生局、省医药管理局联合发出通知，转发全国总工会和卫生部、国家医药管理总局《关于恢复与加强职工疗养事业管理工作的通知》。省总工会等三家的联合通知指出：“粉碎‘四人帮’之后，遵照工会九大精神，黑龙江省工人疗养事业大部分由工会收回并已恢复工作。恢复和整顿好工人疗养事业，是加速‘四化’建设的需要。尚未恢复或未完全恢复的疗养院，应尽快恢复。”

开展民主选举企业领导干部　黑龙江省开展民主选举企业领导干部的工作。一批工矿企业，根据邓小平中国工会九大致词精神，在恢复和建立职工代表大会的基础上，结合企业整顿，积极推进民主选举车间主任、工段长和班组长工作。有的企业搞了民主选举“三长”的试点。据1979年末统计，哈尔滨、齐齐哈尔、牡丹江、佳木斯、鸡西、鹤岗、伊春7个市和嫩江、松花江两个地区，共计在55个县团级企业的159个车间，进行民主选举“三长”工作。由工人选举的车间正副主任370人，工段长460人，班组长3789人。在200多个小型企业中，也进行了民主选举“三长”工作，选出车间主任655人，班组长1150人。其中10个单位还选举出正副厂长27人。伊春大丰林业局在选举“三长”的基础上，还民主选举了局长。

加强工会基层建设　1979年初，省总工会按中国工会九大关于加强工会基层建设的精神，作出《关于基层工会组织整顿的意见》，要求各基层工会抓好5个方面的整顿：一是搞好工会领导班子的整顿，通过民主程序，做好基层工会领导班子的调整工作。二是抓好工会小组的整顿，建立健全工会小组各项制度。三是搞好积极分子队伍的整顿，充分发挥积极分子的作用。四是搞好工会作风整顿，实现群众组织群众化。五是搞好工会程序整顿，增强计划性，克服盲目性。各市、地、县工会及产业工会经过一年多抓基层工会的整顿建设工作，成果比较显著。据1979年底统计，全省应建立工会组织的企业有24072个（不包括铁路系统），已建工会的单位22372个，占应建工会数的93%。

积极开展职工文化活动　1981年11月，为了深入学习和贯彻中共中央关于关心人民群众文化生活的指示，进一步繁荣职工文艺创作和各项活动，省总工会在佳木斯市召开全省职工文化工作会议。国营建成机械厂工会、哈尔滨市工人文化宫等单位在会上介绍了开展职工文艺创作和各种文化活动的经验。

1982年，国营农场总局职工创作的近百幅版画在北京中国美术馆展出，受到北京美术界和观众的欢迎，3万多人次观看展出。中国美协、中国美术馆、《美术》杂志社编辑部组织3次专题座谈会，《人民日报》《工人日报》等20余家报刊发表评论员文章，中国美术馆收购了其中19件作品作为国家永久性收藏品。中共中央政治局委员胡乔木，著名艺术家江丰、华君武、刘开渠、丁玲、艾青、胡絜青、尹瘦石等观看了展出，给予高度评价。

第二节　黑龙江省工会第四次代表大会

黑龙江省工会第四次代表大会是改革开放后召开的第一次全省工会代表会议，为全面贯彻中共中央的决策部署和全国总工会的精神进行系统的谋划，更是全省工人阶级开展新时期工会工作的行动指南。

一、省工会第四次代表大会召开前全省职工结构基本情况

黑龙江省工会第四次代表大会召开前，省总工会积极落实党的十一届三中全会的部署，1979 年以后全省经济工作重新走上健康发展的轨道，由于调整城市知识青年“上山下乡”政策，城镇就业问题基本得到解决。全省职工结构发生变化，其主要数据如下。

1978 年人口总数 3129.6 万人，职工总数 595.0 万人，职工占人口的 19.01%；1979 年人口总数 3168.7 万人，职工总数 607.3 万人，职工占人口的 19.17%；1980 年人口总数 3203.8 万人，职工总数 629.9 万人，职工占人口的 19.66%；1981 年人口总数 3239.3 万人，职工总数 672.0 万人，职工占人口的 20.75%。

具体分析这几年的职工人口总数。1978 年职工总数 595.0 万人，女职工数 141.4 万人，女职工占职工总数 23.76%；1980 年职工总数 629.9 万人，女职工数 232.20 万人，女职工占职工总数 36.86%。1978 年妇女人口总数 1633.7 万人，女职工数 141.4 万人，女职工在妇女人口中的比例为 8.66%；1980 年妇女人口总数 1561.4 万人，女职工数 232.2 万人，女职工在妇女人口中的比例为 14.87%。①

① 黑龙江省地方志编纂委员会编：《黑龙江省志·工会志》，黑龙江人民出版社 1995 年版，第 17 页。

二、省工会四大选举出新的省工会领导机构

1979 年 3 月 10 日，省工会四大选举出黑龙江省总工会第四届委员会委员 101 人。选举黑龙江省总工会第四届委员会候补委员 28 人。

1979 年 3 月 12 日至 13 日，省总工会第四届委员会召开第一次会议，选出常委 15 人。

大会选举产生新的工作机构。

黑龙江总工会第四届委员会设立办公室、组织部、民主管理办公室、宣传部、教育部、生产部、生活部、劳动保护部、技术协作办公室、财务部、女工部、财贸工委、建筑工委、教育工委、国防工委、林业工委、轻化工委。1979 年 3 月，省总工会设秘书长和办公室、生产部、组织部、宣传部、女工部。1979 年 9 月，设立技术协作办公室。1980 年 8 月，设立劳动保护部。1981 年 4 月，设立民主管理办公室；5 月，林业工委改林业工会。1982 年 7 月，教育工委改教育工会。

大会的召开深入贯彻了全国工会第九次代表大会和省第四次党代会精神，紧跟全党工作重点的伟大战略转移，总结交流新时期全省工人运动和工会工作经验，进一步动员工人阶级，胸怀全局，献身四化，奋发图强，为建设社会主义现代化强国而奋斗。

省工会四大的召开对于推动全省工人运动和工会工作发展具有重大意义，有助于进一步提高职工的政治觉悟、技术业务水平，推动社会主义现代化建设和增产节约运动。大会强调了工会组织在职工群众中的重要地位，为广大职工提供更好的服务，努力实现工人阶级的利益。

第三节　紧跟全党工作重心转移，投身四个现代化建设

党的十一届三中全会以后，黑龙江省工人运动，围绕全党工作重心的转移，

积极投身到社会主义现代化建设，工会各项工作恢复和发展，进行了一系列的活动，包括开展增产节约活动，推动企业建立职工代表大会制度、恢复和加强职工教育、开展“五讲四美”教育、恢复和加强劳动保护工作、恢复和改善职工生活福利工作等。

一、工会各项工作恢复和发展

中共十一届三中全会以后，全省工人运动和工会工作步入了新的历史发展时期。从1979年起，全省各级工会围绕经济建设这一中心任务，动员广大职工，广泛深入开展“为四化立功”和“双增双节”竞赛活动，并根据新时期特点，对竞赛方式方法进行改革，更加重视产品质量、产品开发、经营管理、科技进步和市场效应，进一步促进生产力的发展。

1979年7月，省职工技术协作委员会的成立，标志着有组织、有领导的职工技术协作活动在全省范围内全面展开。由省总工会牵头组织的省先进技术服务队深入12个城市，以交流、攻关为主要形式，解决技术关键447项，实现技术革新365项，为全省工业的发展特别是轻工业的发展作出贡献。

1981年，全省企业民主管理工作出现新局面。全省70%以上的企业建立了职工代表大会制。1982年8月，中共中央和国务院先后颁发《国营工业企业职工代表大会暂行条例》（以下简称《暂行条例》）等条例。1983年6月，全省有10个市地工交、基本建设、农林、财贸等系统的基层企事业单位推行职工代表大会制，占全部企事业单位的92%。建立厂、车间、班组三级民主管理体制的企业已达65.4%。与此同时，全省民主评议选举企业领导干部的工作也在各地普遍开展起来。1983年底，全省有35.6%的企业民主评议企业领导干部，8.4%的企业民主选举厂长。通过民主评议和民主选举，企业领导班子素质有所提高，职工同干部的关系得到改善。

在改革开放的新时期，对全省职工生活福利事业进行了较大改革。1981年，齐齐哈尔铁路局和宁安、海伦等地的基层工会和产业工会，把一部分困难补助费用来扶持有条件的困难职工发展家庭养殖业、种植业和商业服务业，从事生产自救。全省工会组织抓住并推广这一新鲜经验，对如何帮助生活贫困职工脱贫致富，改革群众生活工作进行及时大胆的探讨，受到中共黑龙江省委、省政府和全国总工会的充分肯定。从1981年到1984年，全省各级工会组织，以贷款扶贫为主要形式，开发贫困职工家庭劳动力资源，同时创造庭院经济扶贫和基地辐射扶贫等方式，4年间有2万名职工通过工会组织多门路、多渠道地帮助实现脱贫，有的初步富裕起来。职工扶贫工作，密切了工会同职工群众的联系，稳定了职工队伍，提高了工会组织在职工中的威信。

二、开展增产节约劳动竞赛

增产节约运动 早在1978年8月18日，中共黑龙江省总工会党组给省委《关于当前开展社会主义劳动竞赛若干问题的意见》中指出："我们组织社会主义劳动竞赛，要以创办大庆式企业为目标，以增产节约为主要内容，以实现国家八项经济技术指标为条件，全面超额完成国家计划，努力赶超国内外先进水平。"该意见建议各级工会在竞赛中协同行政研究制订竞赛方案；发动职工群众讨论修订规划，制定竞赛条件及保证措施；发动组织职工群众开展比、学、赶、帮、超活动，积极推广先进经验；定期搞好检查、评比、奖励活动，总结经验，推动劳动竞赛持久、健康地向前发展。9月13日，中共黑龙江省委批转这个意见，指出："各级党委要加强对劳动竞赛的领导，充分发挥工会在组织劳动竞赛中的作用，使社会主义劳动竞赛广泛、持久、健康地向前发展。"

从1979年起，全省各级工会围绕经济建设这一中心任务，动员广大职工，广泛深入开展"为四化立功"和"双增双节"竞赛活动，并根据新时期特点，对竞赛方式方法进行改革，更加重视产品质量、产品开发、经营管理、科技进步和市场效应，进一步促进生产力的发展。

1979年3月10日，黑龙江省工会第四次代表大会作出《全省广大职工空前紧张地行动起来，广泛深入地开展增产节约运动》的决议，提出："增产节约，厉行节约，是我们党和国家进行社会主义建设的一项基本方针。"决议还指出："实现增产节约的一个有效方法，就是动员与组织广大职工，广泛深入地开展以增产节约为中心内容的社会主义劳动竞赛。各地区、各系统、各单位，都应从实际情况出发，确定增产节约的主攻方向和目标。发动职工群众，制订出切实可行的增产和节约计划，并使它和劳动竞赛的条件统一起来，开展同工种、同行业、同业务和单项指标等灵活多样的增产节约竞赛。”

技术革新运动 1978 年，全省工会组织恢复以后，群众性的技术革新活动有新的发展。特别是中共十一届三中全会召开以后，全省工作重点转移，工会组织可以无所顾忌地发动职工群众大搞技术革新、技术革命，发展生产力。1979 年 2 月，哈尔滨市工会第十一届代表大会作出《关于动员广大职工，大搞技术革新和技术革命的决议》，要求在一年内全市职工提 10 万条合理化建议，实现 5 万项技术革新，推广 1000 项先进经验。全市工业、交通、基建、财贸系统广大职工积极参加这一活动，取得很大成绩。据年末统计，全年全市职工共提合理化建议 9439 项，实现技术革新 2991 项，学习和推广先进经验 1745 项，增产节约价值达 4739 万元。哈尔滨电机厂结合工厂实际制定《创造发明技术改造合理化建议奖励办法》，全厂全年奖励重大合理化建议 702 项，共发奖金 9780 元。

1979 年，全省各地技术革新成绩显著。牡丹江造纸厂 3 个月实现技术革新 32 项，解决了纸浆跑冒漏问题，全年节约纸浆 40 吨。鸡西矿务局小恒山煤矿二区职工 1 年实现 28 项技术革新，试制十几台新设备，提前 36 天和 63 天完成全年煤炭生产和掘进计划。

进入 20 世纪 80 年代，全省工业企业、交通运输、建筑、财贸等企事业部门都面临着转换经营机制、面向市场、试销对路产品、扩大生产经营范围、提高效率、降低亏损、增加盈利等大问题，职工技术革新要围绕企业增加效益的中心环节开展活动。1981 年，哈尔滨轴承厂 11 车间经过 3 年技术革新、技术改造，共实现技术革新 369 项，包括自制设备 10 台、改进设备 52 台、较大的装备和工艺改革 24 项，年产能力由 1500 万组轴承保持架提高到 2400 万组。节约钢材 764 吨、有色金属 40 吨。全车间自动化程度由 1977 年的 40%提高到 70%。1981 年牡丹江工业交通企业职工共提出合理化建议 28879 件，实现 6783 件，为国家创造经济效益 124 万元。大庆油田职工从 1980 年到 1985 年在开展技术革新活动中共提出合理化建议 102928 件，实现 33459 件，创效益 16413 万元；实现技术革新 5639 项，创效益 6147 万元。[①]

四化立功运动　1980 年 4 月 5 日，中华全国总工会召开九届常委第四次（扩大）会议，通过《关于动员职工为四化立功，深入开展增产节约运动，迎接党的十二大召开的决议》。决议指出：“当前，工会组织的重要任务，就是要在党的领导下，适应四化建设的需要，支持群众首创精神，积极开展为四化立功的群众活动。”

1980 年 5 月，在黑龙江省第五届职工劳动模范代表大会上，中共黑龙江省委书记、省长陈雷代表省委、省政府和向省职工发出号召，立即开展一个以“四化”为目标，以增产节约、增收节支为内容，以社会主义劳动竞赛为主要形式的为“四化”立功活动。

5 月，省总工会召开四届七次常委扩大会议，研究动员和组织各条战线职工开展为“四化”立功活动的问题。11 月。省总工会在牡丹江市召开全省工会群众生产工作座谈会，总结交流开展为“四化”立功活动的经验。会上有 20 个单位介绍了开展群众性为“四化”立功活动的经验。省总工会副主席李敏在会议总结时指出，各地在组织职工开展为“四化”立功中，总结了一些好经验，其特点：一是以实行小指标竞赛为基础，以科学、严密的方法同企业经营管理相结合；二是紧紧围绕各自企业生产的中心任务和技术关键，确定各自主攻方向，开展小型灵活多样竞赛活动；三是因地、因厂、因车间制宜，从实际出发制定切实可行的立功标准，不搞一刀切；四是从实际出发把立功奖励同企业现行奖励统一起来，不搞重复奖励，使立功活动生动活泼，富有生机。

同工种竞赛　1979 年，哈尔滨市总工会在全市范围内开展车工、铸钢、铸铁、锅炉房、全优工号、电汽车优质服务包车组、饭店、服装经营等 10 条战线同工种、同业务、同行业劳动竞赛。全市工业、交通、基本建设、财贸等战线的 22 个局（公司）、323 个工厂、20 个商品、429 家饭店、151 个车间（科室）、352 个施工工号、1990 个班组、644 个公共汽车包车组，共 7 万多名职工参加这

---

① 黑龙江省地方志编纂委员会编：《黑龙江省志・工会志》，黑龙江人民出版社 1995 年版，第 119 页。

次竞赛。[1] 1979 年，省总工会松花江地区办事处会同有关部门，在全地区开展了以高产、优质、低消耗为主要内容的同行业、同班组、同工种竞赛。竞赛共分农机修理、纺织、印刷、鞋帽、粮油加工、锅炉、基建创全优工号等 7 个行业。

班组竞赛 生产班组是企业最基层的生产组织。搞好班组的生产竞赛，可直接促进企业的生产发展。因此，黑龙江地区各级工会组织，始终把班组竞赛作为群众生产工作的一个重要组成部分。

1979 年 4 月 25 日，马恒昌小组成立 30 周年，省总工会、省经委在齐齐哈尔市召开全省先进班组经验交流会。工业交通、基建、农林、财贸系统的 180 多名先进班组代表出席交流会，马恒昌小组等 15 个先进班组在会上介绍了经验。省革命委员会在会上授予齐齐哈尔第二机床厂马恒昌小组、大庆油田 1202 钻井队等 105 个班组黑龙江省“先进班组标兵”称号。中共黑龙江省委书记陈剑飞在《切实加强班组建设，进一步提高企业管理水平》的报告中肯定了开展学习马恒昌小组竞赛取得的成绩，强调要解决班组建设的重点和方向，主要是抓好思想建设，技术基础建设、制度建设、组织建设，加强政治工作、技术教育、班组核算和生产组长、工会组长的培养训练。

三、推动企业建立职工代表大会制度

1981 年，全省 70%以上的企业建立了职工代表大会制。1982 年 8 月，中共中央和国务院先后颁发《国营工业企业职工代表大会暂行条例》（以下简称《暂行条例》）等条例。随后中共黑龙江省委在全省企业民主管理经验交流会上，提出完善职工代表大会制的 6 条标准，省总工会同省委工交政治部等部门共同起草《关于全省目前企业民主管理若干问题的意见》，对《暂行条例》的具体落实起到促进作用，推动职工代表大会制在全省各地不断巩固提高。

关于全面行使职工代表大会职权问题 《暂行条例》规定：凡是应该由职工代表大会审议、通过的问题，诸如生产建设计划、财务预决算，企业整顿和

---

① 黑龙江省地方志编纂委员会：《黑龙江省志 · 工会志》，黑龙江人民出版社 1995 年版，第 134 页。

经济责任制方案等，一定要提交职工代表大会审议、通过；未经职工代表大会讨论通过的，党委和上级主管部门不予认可，从民主程序、审批制度上加以监督。

企业三项基金的分配使用，特别是企业劳动保护措施资金的使用，以及加强劳动纪律、建立厂规厂法等重大问题，必须提交职工代表大会讨论决定，并严格检查、监督。

加强对企业各级领导干部和工作人员的民主监督。通过职工代表大会审议厂长的工作报告、组织职工代表组成的各专门工作委员会检查贯彻执行职工代表大会的决议和处理职工提案的情况，有组织地进行质询，以及在职工代表大会上进行表扬批评等方式，逐步建立和实行定期或不定期的民主评议、监督企业各级领导干部的制度。

要积极创造条件，在上级主管部门统一部署下，有领导有步骤地实行对企业领导人员的民主选举。

要正确处理职工民主管理和厂长统一指挥的关系。要注意严格按《暂行条例》的规定行使职权，又要注意发挥行政集中统一指挥作用，把两个条例统一起来贯彻实施。对职工代表大会作出的各项决议、决定，应由企业行政领导负责组织实施，并将贯彻执行的情况向职工代表大会报告。

关于职工代表大会主席团问题　《暂行条例》规定：主席团的性质和职责。职工代表大会主席团，是由职工代表选举产生，负责主持职工代表大会的常任组织机构。按照《暂行条例》规定，主席团实行常任制，但它不是职工代表大会常设的执行权力机构，不能代行职工代表大会的职权。其主要职责是审议提请职工代表大会通过的大会议题，主持开好会议；大会闭会期间，召集职工代表团（组）长和有关职工代表参加的会议、处理需要临时解决的重要问题；主持职工代表大会专门工作委员会或小组的工作、活动；主持任期内职工代表大会的筹备工作及职工代表大会委托的其他事项。

几种组织形式。目前，黑龙江省多数企业实行主席团常任制，职工代表大会闭会期间，由主席团负责主持职工代表大会和各专门工作委员会的活动。也有一些企业实行常务代表制，常务代表由职工代表选举产生，负责主持大会闭会期间的各种活动，处理临时需要解决的重要问题。有的实行代表会议制，在代表大会闭会期间，需要临时解决的重要问题，召开代表会议进行处理。在组织形式上也可不求一律，各种形式都可以在实践中试验总结经验。

主席团的组成。主席团的组成，应体现《暂行条例》规定的两条主要原则："主席团成员应包括工人、科技人员、管理人员、党政工团的主要领导干部。""工人一般应占多数"。当前一些企业存在的问题：一是工人代表没有占主席团的多数；二是企业领导干部占主席团的比重过大。不利于充分调动职工群众当家作主的积极性。主席团的名额要适当，要根据企业规模，代表数量具体确实。要力求精干，以便于活动。注意防止单纯为增加领导干部的名额，而使主席团变得庞大。

执行主席。常任主席团设不设执行主席、副主席，如何设，目前大体分为两种类型。一种是由主席团推选出若干人，担任执行主席、副主席，或组成常务主席小组，主持主席团的日常工作。另一种是不推选某几个人固定担任常务主席，而是把主席团成员划分为若干执行主席小组，轮换主持主席团工作，每个执行主席小组里既有领导干部代表又有工人代表。

关于专门工作委员会（小组）问题　《暂行条例》规定：专门工作委员会（小组）性质和任务。专门工作委员会（小组）是职工代表大会根据需要组织的为职工代表大会行使职权服务的检查监督组织。它不是权力机构，因此不能代行职工代表大会职权。除职工代表大会交办的某些问题外，一般没有决定权。它们的主要任务应按《暂行条例》规定执行。

专门工作委员会（小组）的设置。职工代表大会设哪些专门工作委员会（小组），可根据工作需要设置，一般以设立生产技术、经营管理、生活福利、提案审查四个为宜。

这期间，全省建立职工代表大会制的企业在84%以上。这标志着黑龙江省企业职工民主管理进入了以提高和完善职工代表大会制为重点的新的发展阶段。

四、恢复和加强职工教育

这一时期，中共中央、国务院发出了《关于加强职工教育工作的决定》，从顶层设计上对加强职工教育的重要性、迫切性给出了明确的阐释。

执行中共中央《关于加强职工教育工作的决定》 1981 年 3 月 9 日，黑龙江省总工会关于转发中华全国总工会《关于贯彻执行中共中央、国务院〈关于加强职工教育工作的决定〉的几点意见》的通知，并明确指出中共中央决定职工教育领导体制的改革，并不能减轻我们做好职工教育工作的政治责任，这仍是工会组织的一项重要任务。

1981 年 9 月 18 日至 22 日，在齐齐哈尔市召开了各市、地工会教育部和工人业余大学负责人参加的汇报会。主要检查贯彻落实中央八号文件，中华全国总工会和省职工教育工作会议的情况，汇报交流工人业余大学检查情况，并对如何深入贯彻落实中央八号文件，切实办好职工教育的问题进行了座谈。

1981 年以来，在中央一、二号文件精神指导下，省委对职工教育工作十分重视，抓得很紧。2 月，省委亲自听取了哈尔滨市抓职工教育经验的汇报，提出一手抓调整，一手抓职工教育，开展全员培训。3 月，中共中央、国务院《关于加强职工教育工作的决定》下达和全国职工教育工作会议召开后，黑龙江省于 5 月中旬正式召开了全省职工教育工作会议。紧接着，为了贯彻中华全国总工会和省职工教育工作会议精神，省总工会又召开了全省工会系统职工教育工作会议。

职工教育不断恢复和发展 充实健全了工农教育委员会，建立专管职工教育的办事机构。全省各市、地、县较普遍地充实了工农教育委员会，并建立职工教育办公室，确定了人员编制，配备了力量专管职工教育工作。哈尔滨、齐齐哈尔市职工教育办公室，确定配 25 至 30 名专职干部；一般市都配 10 至 15 人左右；县职工教育办配 3 至 5 人。人员在原有的工农教育处、科的基础上，进一步有了充实和加强。不少市、县职工教育工作由原来工会主管转到行政主管，各地工业、交通、基建、财贸等单位也都建立了专管职工教育的机构，分别管理本系统的职工教育工作。

开展补习初中文化和初级技术的“双补”教育。1979 年 11 月，省总工会发出通知，要求各级工会根据全国职工业余教育座谈会精神，在 3 年内有目标、有计划地普及初中文化和初级技术……据 1980 年底统计，全省青壮年职工有 86. 5

万人参加“双补”学习，占“双补”职工的60%。

大力举办职工学校。1980年末，全省64个县（市），有47个县（市）总工会办起了职工学校，还有区、镇职工学校14所，办学面达到73%。1981年2月，中共中央、国务院下发了《关于加强职工教育工作的决定》，要求工会搞好自身办学。5月，省总工会召开全省工会系统职工教育工作会议，会议通过《关于加强市、县自身办学的意见》，要求市、县总工会办学要从实际出发，量力而行，态度积极，稳步发展。

1982年8月，省总工会在泰来县召开职工学校工作座谈会，泰来、林口县职工学校，呼兰、集贤县工会，牡丹江地区工委，鸡西城子河区办事处工会等单位做了典型经验介绍，会议重点讨论了对地方工会的认识和办学方向、任务、教学、管理及加强领导等问题，这次会议后，省总工会公布了《市、县工会举办的职工学校暂行条例》。

哈尔滨市职工参加学习的人数由1980年末31万人，至1981年6月发展到34万人，其中脱产学习的职工达4.2万人，入学率达到48%。专用教室由原来2万平方米增加到4万平方米。专职教师由800人增到1000多人。鸡西市61个基层单位办的业校，参加学习8.4万多人，比去年增加1万多人。齐齐哈尔市有的厂试行了“七·一”制、“六·二”制，半脱产、脱产学习的人数逐渐增加，教育质量比过去提高。

五、开展“五讲四美”教育

1981年2月25日，全国总工会和8家社会团体联合发出倡议，在全国人民中开展“五讲四美”文明礼貌活动。28日，中共中央宣传部等5个单位也联合发出《关于开展文明礼貌活动的倡议》。

省总工会的部署要求 下发通知。为贯彻中共中央上述精神，黑龙江省总工会发出了《关于在全省职工中进行建设社会主义精神文明宣传教育的通知》，仅半年多，全省就有8个市、3个地区的工会召开了经验交流会，4个市工会组织了巡回报告团，使职工受教育面达90%以上。省总工会将各地制订的公约和守则汇编成书，下发全省基层企事业单位，推动了“五讲四美”活动的广泛深入开展。

开展文明礼貌月活动。1982 年 3 月，全省工会组织根据中共中央、国务院建议开展第一个全民文明礼貌月的精神，积极动员和组织职工参与其中。全省各大城市的工会组织纷纷召开开展全民文明礼貌月活动动员大会。各基层工会组织劳动模范、先进工作者和党、政、工干部，利用星期日，和广大职工一道清扫街道，疏通排水沟，清除垃圾，整修道路，通过无偿义务劳动为改变城市卫生面貌作出贡献。其间，自 1982 年到 1985 年送温暖活动全省各地广泛深入地开展起来，取得显著效果。

市地工会的活动开展　哈尔滨市总工会。1982 年春节期间，在全民文明礼貌月活动中，哈尔滨市总工会发动各级工会干部和工会积极分子广泛开展送温暖活动，对鳏、寡、孤独和长期患病的职工、老干部、老工程技术人员进行访问，帮助他们解决困难，取得良好的效果。哈尔滨电机厂工会组织职工代表建立 180 个送温暖小组，访问 325 户职工。据 4 个局、2 个区和 22 个单位的统计，仅 2 月 4 日 1 天就有 9120 名工会干部和工会积极分子访问 5847 户职工。亚麻厂工会通过走访，摸清底数，确定长期定包 16 户，不定期包 30 户。参加包户的人员 300 余人，分工负责，实行轮流服务。据 7 个区粮管处的统计，各基层工会在活动月中给 625 户职工送粮 25525 斤，收到表扬信 149 件。[①]

牡丹江市总工会。牡丹江市总工会于 1982 年 10 月组织全市工会干部和积极分子，广泛开展“学雷锋、送温暖、树新风、做群众贴心人”的大规模群众性活动。仅两个多月，就由北方工具厂、市电子局、牡丹江纺织厂等少数单位发展到工矿企业、财贸文教、城乡街道的各个单位，受到广大职工群众和各级党政领导的欢迎。在送温暖活动中，全市成立各种送温暖服务队 1355 个，18960 人参加了送温暖活动。他们送菜 28427 车，送柴 4339 车，护理病人 3450 人次，拆洗被褥、缝补衣物 8720 件。他们还在广泛走访的基础上，对 9588 个困难户进行补助，共支付补助费 384479 元。很多单位转变作风，把补助款亲自送到困难

① 黑龙江省地方志编纂委员会编：《黑龙江省志 · 工会志》，黑龙江人民出版社 1995 年版，第 352 页。

户手中。

佳木斯总工会。佳木斯市总工会在1983年春节前组织17960名各级工会干部和工会积极分子开展走百家访千户送温暖活动，10天时间走访35900户，帮助7184户解决了各种生活困难，受到职工群众的欢迎。市工会主席和党组成员带领机关全体干部，分6个走访组，深入工交、基建、财贸、文教、科研、卫生等系统的中小企业中访问老工人、老模范、知识分子、退休职工、生活有特殊困难的职工、死亡职工遗属等近100户，并从工会活动经费中拿出一部分资金，直接补助35户生活有困难的职工。

六、恢复和加强劳动保护工作

1978年10月，中共中央和中国工会第九次全国代表大会把恢复群众劳动保护工作列入新时期工会的重要内容。明确要求工会组织要保护工人利益。要认真注意劳动保护和安全生产，注意劳逸结合，督促和帮助行政努力改善劳动条件，使广大职工的劳动积极性能够持久。中共中央发出了《关于认真做好劳动保护工作的通知》，明确指出："各级工会要加强群众劳动保护工作，加强安全生产教育，协助行政贯彻劳动保护的各项规定"。当时黑龙江省的职工伤亡事故仍然很严重，1977年伤亡人数高于1976年，1978年1月至10月高于去年同期，其中，煤矿事故最为突出，严重地影响职工的生命安全和生产任务的完成。对此，各级工会应引起高度的重视，切实做好群众性的劳动保护工作。

安全生产宣传培训　进行安全技术宣传。全省各级工会充分利用宣传手段，广泛开展以贯彻落实各项劳动保护方针政策和普及安全生产、文明生产的科学知识为中心的劳动保护宣传教育。佳木斯市456个厂矿企业工会组织，在1980年开展安全月活动中，和各有关部门配合，共召开各种安全工作会议2287次，印发安全工作文件和总结材料1191份，自动出安全简报57期，出各种版报704期，播出广播稿件915份。佳木斯电机厂、造纸厂、联合收割机厂等13个俱乐部在每场放电影之前先放映劳动保护科教影片，先后放映96场，受教育职工达100万人次。1980年全市出现生产伤亡事故比1979年下降27%的好形势。

1983 年，全省 4 个统配煤矿的矿务局工会，充分利用广播站、文化宫、俱乐部、劳动保护教育室等活动场所，通过放幻灯、专题广播、板报专栏、漫画、展览、文艺节目等形式，广泛进行了有关劳动保护的方针政策、法令规范和安全生产重要性、工伤事故和职业病的可防性，以及安全技术、工业卫生知识等方面的宣传教育。

举办劳动安全保护学习班。为了加强专兼职劳动保护干部和积极分子的责任心，提高他们的政策水平和业务水平，进一步发挥各级劳动保护组织和积极分子的作用，1980 年以后，各级工会组织普遍开展了培训工作。

省总工会于 1980 年 11 月举办第一期劳动保护干部学习班，重点学习党中央、国务院有关劳动保护工作的方针、政策法规和指示，学习搞好劳动保护工作必要的专业技术知识、工会群众劳动保护工作任务的方法，以及搞好工伤事故处理、环境保护、女工劳动保护的政策和方法。经过培训的 147 名保护干部，成为各地开展培训的主要力量。在他们的带动下，各级工会组织因地制宜，层层开展培训工作。1981 年，据 8 个地方和 5 个产业统计，基层工会举共办 1639 期劳动保护干部和积极分子训练班以及专业技术训练班，培训劳动保护干部、积极分子和检查员共 90492 人次。1981 年，全省共培训劳动保护干部和积极分子 113520 人次。其中小组劳动保护检查员 72381 人，超过全国总工会下达给黑龙江省 6 万名积极分子训练任务的 20.6%。1982 年，哈尔滨市各级工会组织，共举办各种劳动保护学习班 2943 次，培训劳动保护积极分子 41783 人次。

到 1985 年 10 月，全省所有监督检查委员会成员和群众检查员都已普遍接受了劳动保护业务知识的培训。全年培训达 6.9 万多人次。对领取证件的 1.51 万名群众检查员，也在发证之前培训完毕。经过培训，大多数群众检查员和监督委员会成员学到了开展工作的方法，明确了任务，发挥作用的人数比整顿前有明显增加。1985 年，经全省工会群众劳动保护干部和积极分子查出的安全隐患 9 万多件，重大隐患 1120 起，避免人身伤亡事故 280 多起，使 700 多名职工免遭伤亡。

安全生产监督 第一，要加强群众性的劳动保护监督。自 1980 年起，全省各级工会建立劳动保护部，配备专职干部。1980 年底，省总工会和 10 个市、4

个地区、11 个产业工会共有劳动保护专职干部 112 人。各级工会还按照全国总工会文件精神，在基层工会和车间工会建立劳动保护委员会，工会小组选配劳动保护检查员。1980 年底，全省已建立基层劳动保护委员会 2668 个，工会小组劳动保护检查员 33803 人，形成三级劳动保护网。由于工会劳动保护工作的恢复和群众监督的加强，从 1981 年开始，全省因工伤亡事故逐年下降，1983 年比 1980 年死亡人数下降 14%、重伤人数下降 41%。防尘防毒和职工劳动条件也有所改善。

第二，强化安全监督责任。1984 年 6 月，全省城市和重点产业劳动保护部长座谈会提出，各级工会专兼职劳动保护干部和安全检查员应在群众安全监督工作中尽到以下各项责任：

因安全教育流于形式以致同类事故重复发生，要追究工会干部在安全教育上的失职责任。行政部门没有按规定对特殊工种和新工人培训，工人在独立操作和上岗后发生伤亡事故的，要追究工作负责人和劳动保护干部监督不力的责任。安全检查工作不细，没有及时发现重大事故隐患而导致发生重大伤亡事故的，按事故的性质和情节的轻重，追究工会专兼职劳动保护工作人员的责任。工会组织由于责任心不强、监督不力，导致发生伤亡事故的，除追究行政责任外，也要追究工会主席和劳动保护干部的责任。对煤炭系统按规定应划拨经费用于安全防护和改善劳动条件，而被截留挪作他用的单位，一旦发生伤亡事故和职业中毒，除加重追究行政上的责任外，也要加重追究工会主席失职的责任。工会系统的群众安全检查员、安全网员出现漏岗而造成伤亡事故的，应根据事故的性质和责任的轻重追究失职的责任。一个地区和一个部门，在一年内，伤亡严重，事故频繁，在追究行政负责人过失的同时，也要追究工会主席的责任。

第三，明确安全监督任务。这次座谈会还以纪要形式确定全省各级工会组织监督行政执行党中央和国务院及省政府制定的有关劳动保护、工业卫生、职业病防治、安全生产规程、伤亡事故的调查处理等方面的任务，共 14 条。1985 年，在处理重大伤亡事故时，省总工会在追究有关党政领导责任的同时，也注意追查工会组织在安全生产上监督不力的责任。1985 年 9 月，青冈县烟花厂发生火药爆炸事故，职工死 3 人，伤 2 人，该厂的厂长和工会主席被撤销职务。大庆市经过半年努力，1985年下半年伤亡事故比1984年同期下降了20%。铁路系统1985年伤亡事故比1984年下降57.1%。省农场总局1985年伤亡事故比1984年下降15.7%。绥化地区1985年伤亡事故比1984年下降28.6%。1985年下半年，全省各级工会按照省总工会提出的对劳动保护组织、机构、人员进行整顿的要求，完成劳动保护组织和队伍的整顿和重建工作。调整后的全省各级劳动保护监督检查委员会共8512个，其中基层工会的委员会8035个；工会小组劳动保护检查员172634人，其中基层检查员168974人。

安全大检查 1979年，省总工会同有关部门联合参与煤炭、化工等8次全国性安全大检查。在各市、地，以及基层工会，也开展了各种形式的安全检查活动。1980年，遵照国务院指示，省政府确定5月份为安全月。哈尔滨市各级工会发动群众进行安全大检查，共揭露出安全生产和劳动保护方面的问题28673件，经过企业行政和职工群众的共同努力，有19544件落实解决。全省煤炭系统通过开展安全月大检查活动，与1979年同期比，死亡人数下降36.1%，重伤人数下降28.6%，轻伤人数下降22.8%。1980年上半年，全省职工因工伤事故死亡434人，比1979年同期下降4.8%，其中煤炭、铁路、交通、林业、商业等都有较大幅度的下降。1981年到1985年，全省各级工会组织参加安全检查已形成制度，不管是安全月，还是季节性的安全检查活动，工会组织都积极参与。

全省各级煤矿工会组织还经常组织工会进行安全检查和安全上岗活动。牡丹江、齐齐哈尔、鸡西、佳木斯等市，在1984年3次安全大检查中，主动向有关部门提出检查方案，帮助和敦促存在安全隐患的单位，及时避免可能发生的伤亡事故。

1985年，为加强防尘防毒工作，省总工会会同省劳动局、省经委、省卫生厅等部门，联合组织检查组，先后对哈尔滨、牡丹江、佳木斯、双鸭山、齐齐哈尔5个市，宁安、穆棱、龙江3个县27个企业主管部门和42个企业的尘毒危害和治理情况进行调查，并将调查情况向省委、省政府作了报告。

参与安全管理立法 1979年，工会恢复正常工作之后，把积极参与全省的劳动保护管理工作和安全与卫生法规的制定，作为工会组织维护和关心职工的安全与健康的重要工作来抓。

1983年上半年，省总工会就安全生产情况向省六届人大常委会第三次会议作了详细报告。省人大常委会作出《关于切实加强安全生产工作的决议》。省总工会建议制定《黑龙江省劳动安全条例》，使全省安全工作走上依法管理的轨道。省人大常委会采纳了这一建议。1983年，省总工会积极参与省劳动局制定《黑龙江省工厂企业安全检查考核评定标准》，并组织全省各市、地和产业的工会劳动保护干部进行讨论修改，为这一具有一定法规效能的文件早日实施，做了大量工作。

全省各市、地工会也积极参与各种地方性劳动保护法规和规章制度的制定与完善工作。1983年，哈尔滨市总工会组织建筑系统工会进行制定哈尔滨市《建筑企业龙门架式垂直升降机安全技术管理规定》的讨论修改。这项管理规定颁布实施后，又动员建筑行业职工贯彻执行。1984年，鸡西市总工会参与鸡西市人民政府《关于违反〈矿山安全条例〉经济处罚暂行办法》的制定。同年松花江地区工委参与行署《关于松花江地区劳动安全监察暂行规定》的制定工作。省林业工会参与制定了《黑龙江省森林工业劳动安全监督条例》。

1985年5月，省总工会会同省劳动局、卫生厅制定颁布了《黑龙江省工业基本建设和技术改造项目劳动保护设施“三同时”审批验收程序》。决定从1985年起对全省工矿企业新建、扩建和技术改造工程项目实行劳动保护设施与主体工程同时设计、同时施工、同时验收投产。1985年，齐齐哈尔市总工会参与市政府关于《劳动保护安全监察规定》和《违反劳动保护安全法规经济处罚暂行规定》的制定工作；牡丹江市总工会参与市政府关于《牡丹江劳动保护安全暂行条例》的制定工作。

省总工会建议尽快实行从省长到基层企业负责人的各级干部安全生产责任制，同时把安全生产作为评选先进企业和个人的重要条件。工会在评选“职工之家”时，也要把安全生产作为重要条件。上述建议，已被省委、省政府领导采纳，并在省委、省政府下发的文件中作出明确规定。1985年10月以后，省总工会协助省政府有关部门就全省煤炭安全生产和工业卫生尘毒危害问题，进行了为期半月的调查研究，并写出调查报告，为省委、省政府制定全省各级干部安全责任制、三建项目的审查验收、伤亡事故处理暂行办法、环境保护暂行规定等地方性法规，提供了依据。

参与伤亡事故处理　黑龙江省是国家重要原材料生产基地，煤炭、木材、石油、粮食生产在国民经济中居于重要地位，工业生产中危险作业多、伤亡事故不断。自1977年以来一直居全国伤亡人数的前几位（详见表10-1）。

表10-1　全省工业伤亡情况统计（1977—1985年）

年份	死亡		重伤人数（人）	轻伤人数（人）	经济损失（万元）
	人数（人）	在各省的排名			
1977	1035	3	1968	64692	77
1978	1061	2	1817	68077	101.9
1979	946	3	1773	57238	47.6
1980	975	2	1908	57041	—
1981	899	2	1773	51505	314
1982	842	1	1560	48283	657
1983	833	1	1115	22689	200
1984	828	2	1069	17362	118.7
1985	856	2	940	15628	429.1

1980年6月，省总工会成立劳动保护部以后，充分行使党和国家赋予工会的职责和权力，积极同有关部门配合，同全省各级工会一道，参与对重大伤亡事故的处理。

1980年8月，在省总工会召开的全省劳动保护工作会议上，省总工会副主席王靖作总结报告，指出：工会组织是职工群众的重要代表，工矿企业发生伤亡事故，工会要根据1956年国务院颁布的三大规程和批转《关于在工业交通企业加强法制教育严格依法处理职工伤亡事故的报告》精神，积极参与对伤亡事故的调查处理。对情节严重的责任人，要依照《中华人民共和国刑法》进行严肃处理。在处理过程中，坚持事故原因查不出来不放过，责任人与群众不受教育不放过，不采取防范措施不放过。这一年，全省发生重大伤亡事故19起，省总工会参与处理了11起。

1980年，省总工会在处理11起重大伤亡事故中，两位副主席亲自参与调查工作，为各地领导参与处理伤亡事故作出榜样。同年，各市、地工会的领导也都参加本地区所发生的重大伤亡事故的调查处理工作。牡丹江市总工会配合有关部门对处理不当、群众有意见的9起死亡事故进行认真复查，纠正了以往出事故对工人处理严、对干部处理宽的错误做法，对7名处分不严肃的当事领导干部，做了重新处理，受到广大职工的欢迎和赞扬。

表10-2　1980年省总工会参与处理的伤亡事故统计

企业	月/日	死亡人数（人）	重伤人数（人）	事故类别
鹤岗矿务局兴山三井	5.2	3		冒顶
伊春朗乡林业局	7.11	3	1	车祸
鸡西小恒山矿井拓区	8.15	6	2	坍塌
克山县陶瓷厂	8.17	4		坍塌
抚远农场	9.14	8		沉溺
齐铁机务段服务队	9.24	3	5	火药爆炸
七台河矿水电厂煤矿	10.25	3		透水
宝泉岭昔阳农场	12.4	3	2	车祸
大海林二浪河林场	12.6	4	2	中毒
七台河新立矿	12.12	4	1	冒顶
牡丹江军马厂13队	12.28	15	5	火药爆炸

表10-3　1981年省总工会参与处理的伤亡事故统计

企业	月/日	死亡人数（人）	重伤人数（人）	事故类别
绥化铁路机务段	1.12	3		列车颠覆
鹤岗高力矿2井	1.12	11		冒顶
大庆钻井指挥部服务队	1.17	3	27	火灾引起爆炸
鸡西张新矿竖井	1.17	20		透水
大庆采油6厂工程大队	4.15	3		锅炉爆炸

续表

企业	月/日	死亡人数（人）	重伤人数（人）	事故类别
哈尔滨铁路局	4.21	4	4	冒进行驶
鸡西碱场煤矿1井	5.5	24	3	瓦斯爆炸
富拉尔基重型厂	6.7	3		爆炸
齐齐哈尔华安厂	6.16	3	1	爆炸
鹤岗南山区煤矿	6.30	5		透水
伊春铁力森铁工务段	7.4	4		机车相撞
伊春南岔水解厂	7.6	10		容器爆炸
鸡西穆棱矿油库	7.10	3		中毒
绥滨县发电厂	7.18	3	5	车祸
鸡西正阳矿	8.1	5	1	瓦斯爆炸
岗苏园打石场	8.13	3		坍塌
双城石人沟水库	9.15	10		翻船
佳木斯化工厂六六六车间	9.21	3	2	爆炸
林口县青山煤矿	9.27	6		瓦斯爆炸
双城蔡家沟工区	9.29	3	1	车祸
方正煤矿	10.10	3		冒顶
勃利县青山煤矿	11.7	17		瓦斯爆炸
鹤岗峻德煤矿	12.20	4		机械伤害
建三江红卫农场	12.21	4		沉溺

1982年，全省发生1次死亡3人以上的重大事故20起，省总工会参与处理了其中的14起，占全部重大事故的70%。1983年，全省发生1次死亡3人以上的重大事故16起。[①] 事故发生率虽然呈下降趋势，但死亡和重伤的绝对数仍属全国较多的省份之一。省总工会参与了其中6起重大事故的处理。其中1月29

① 黑龙江省地方志编纂委员会编：《黑龙江省志·工会志》，黑龙江人民出版社1995年版，第191页。

日鸡西穆棱煤矿的瓦斯爆炸事件，死亡23人，重伤2人，轻伤4人，是仅次于1981年鸡西碱场煤矿瓦斯爆炸的又一起特大恶性事故。

七、恢复和改善职工生活福利

在改革开放的新时期，全省职工生活福利事业进行了较大改革。省总工会多方面、多渠道对黑龙江广大职工关注的工人疗养、食堂建设、困难职工补助、托幼、扶贫贷款等问题进行规划，逐步恢复和改善职工的生活福利。

恢复工人疗养 根据省委常委三十三次会议关于“工人疗养的问题要搞个规划。原则上‘文化大革命’前的工人疗养所都要恢复。再新建工人疗养院不要都建在大城市里，可以在城郊风景环境好的地方建。伊春、大兴安岭、牡丹江地区可以考虑各建一个林业工人疗养院”的指示精神，以及中国工会通知中“对工人疗养院等集体福利事业进行整顿”的要求，黑龙江省总工会在调研的基础上开始着手进行工人疗养院的建设。

已有的疗养院状况。省管的有五个工人疗养院。分别是哈尔滨、齐齐哈尔、牡丹江、伊春、鹤岗五个综合性的工人疗养院，从1953年到1963年，共有床位2300张（其中夏季休养床位300张）。各院针对黑龙江省广大职工患有常见病、慢性病的特点，分设了循环系统、呼吸系统、消化系统、神经系统等科。对一些特殊病症，每年与外省疗养院签订200张床位。这样全省每年将近8000多名患有各种慢性疾病的职工得到疗养。对恢复职工健康，发展生产，起到了积极的作用。从1967年以来，五处工人疗养院先后均被砸乱。目前已恢复三个工人疗养院（哈尔滨、齐齐哈尔、鹤岗），由于经费不足，这三个疗养院只开设床位950张，占原有床位的41.3%。

新建疗养院。分别在黑河地区五大连池、牡丹江地区镜泊湖、呼盟地区鄂内湖新建了三个疗养院，设计床位1300张，总建筑面积2.298万平方米。

解决职工食堂问题 1979年4月，省总工会在牡丹江市召开地、盟、市工会和铁路总工会生活部长及部分厂矿工会主席座谈会，提出要把厂际食堂竞赛活动引向深入，今后全省职工食堂工作要解决好以下六个方面的问题。总工会要求各市、县工会组织配合有关部门，要把食堂竞赛搞起来，把职工生活搞上去；各级工会要向广大炊事服务人员进行教育，使之安心工作；要加强炊事服务人员的技术培训工作，进一步提高技术水平；各地食堂放手发动群众，结合实际，首先在那些劳动强度大、用人多的工序上把机械化搞起来；各单位在食堂竞赛中，除了要加强管理、健全制度、堵塞漏洞、减少损失浪费，有条件的单位还要积极建立农副产品基地，发展养猪、养鸡、养羊、养鱼事业，以补食堂副食之不足；各级领导要切实关心食堂工作人员的疾苦，注意解决一些实际困难。

做好困难职工生活补助工作　1980 年 2 月 7 日，黑龙江省总工会发出《黑龙江省总工会关于做好职工生活困难补助工作的通知》，指出经省委、省人民政府同意，省总工会《关于提高企业职工困难补助标准和进一步做好职工生活困难补助工作的报告》已批转各地。各级工会组织按文件要求精神，组织所属基层认真贯彻执行。

关于职工困难补助标准。根据各地测算情况综合：城市职工（包括家属）可掌握在 15 元至 17 元，县镇职工（包括家属）可掌握在 13 元至 15 元，作为内部掌握的依据。

关于职工家庭经济收入计算问题。拟定职工（包括家属）各项收入：工资，基本工资、保留工资、附加工资、计件超额工资等；奖金，各种奖金计算三分之一；其他收入。退职、退休费，病休劳保费，各种津贴（不包括保健津贴），煤、粮、副食提价补贴，参加社会服务、社会劳动的临时收入和家庭副业收入。

关于家庭人口计算问题。计算平均生活费的人口，是指与职工同居、本市有正式户口（吃商品粮）的家庭成员（大、专住校生可按家庭成员计算，但助学金应算收入）。按照省革委会颁发的《黑龙江省计划生育暂行规定》五个部门补充通知精神，从 1979 年 9 月 10 日起，计划外生育的子女，不列为困难补助人口之中。家属居住农村需要困难补助时，其生活费可按低于当地一般社员生活水平计算，家属参加劳动者，要计算劳动收入。

关于困难补助申请问题。困难补助的申请，应由家庭年长的一方提出，双职工则由男方提出申请。男方如已退职、退休、去世者，由其爱人或接替工作的长子女提出申请。退职、退休职工的爱人无工作，又无在职子女者，由退职、退休本人向本企业提出申请。

配合行政积极抓好托幼工作 全省各市、地、县普遍成立了儿童保教委员会，各企业基层单位都由主管生活的领导分管托幼工作，工会组织也主动配合行政，积极抓好托幼工作，扭转了托幼工作无人问津的现象，使托幼工作逐步走向健康发展的轨道。

开展托幼工作竞赛。1979 年以后，哈尔滨、齐齐哈尔、佳木斯、牡丹江等市总工会女工部配合有关部门狠抓了托幼工作竞赛，取得了比较明显的效果。先进园所数量逐年扩大，后进园所也在不断地改变面貌。齐齐哈尔市 1978 年评出先进园所 31 个，1979 年上升到 43 个；牡丹江市 1979 年评出先进园所 23 个，1980 年上半年上升到 34 个。在 1980 年“六一”儿童节前夕，省儿童保教委员会表彰的一批先进园所中，工矿企业园所被评为省先进园所的就有 88 个，占整个评比面的 41.9%。

在扩大收托率上下功夫。做法：一是新建或扩建园所；二是按系统办园所；三是就近找单位园所或街办园所寄托，单位拨管理费；四是企业单位和街办园所挂钩，解决子女寄托问题，单位拨管理费。由于采取了上述做法，园所数量增加，收托率不断扩大。齐齐哈尔市厂矿企、事业托儿所自 1979 年到 1980 年，由 454 所增加到 538 所，幼儿园由 4 所发展到 8 所；入托率由去年的 84%上升到 95%。国营 13 个大厂已入托儿童 6634 名，解决了全部女职工孩子的入托问题。牡丹江市在一年时间里，园所由 265 个发展到 335 个，应入托儿童 15294 人，已入托 11986 人，占应入托儿童数的 80%左右。佳木斯市工厂企事业单位 1980 年有托儿所 303 处，幼儿园 8 处，共收托儿童 16449 人，占应入托儿童数的 73.9%。哈尔滨、齐齐哈尔、牡丹江、佳木斯 4 个市统计基层单位儿童平均入托率达 78%。

县镇的托幼工作也有了新发展。据牡丹江地工会的统计，全区县镇 1980 年有托儿所、幼儿园 559 个，入托儿童 13030 名。仅 1979 年下半年以来，新建托儿所、幼儿园 53 所，新增加入托儿童 1741 名。安达县 1980 年已办起幼儿园、托儿所104所，全县应入托儿童4410人，已入托3680人，入托率为83%①，是县镇中入托率较高的一个县。

加强保教队伍的建设。东北轻合金加工厂、哈尔滨第一机器厂、哈建成机械厂等单位通过考试择优录取的办法，从待业女青年中招考保育员，更新了保育员队伍。各基层单位采取办培训班、专业训练班、到外地参观学习、内部观摩教学等灵活多样的方式对保教人员进行培训。佳木斯市工会配合市卫生局培训了托儿所长、保健员、保育员2540人次，1980年上半年又举办了4期保教人员学习班，参加人员500人，有力地推动了儿童保健工作的开展。

各基层单位的多数园所设立了专、兼职保健医生、保健员，按城市集居儿童保健常规的要求开展业务活动。在安排合理的生活制度、防病、治病、营养、锻炼等方面取得了可喜成绩。佳木斯市已有56个园所配备了专、兼职保健人员，建立了儿童健康卡片，定期体检，发现常见病、多发病及时治疗。

普遍开展了教育教学活动。一些基础较好的园所开展了儿童心理学和儿童早期教育的研究工作。有些大中型工矿企业办的园所利用幻灯、录音机等开展了电化教学，使教学质量有了很大提高。教养员亲自画幻灯片，自制形象化教具，利用直观教具对孩子们进行生动形象的教学，指导孩子们做游戏，启发和培育儿童智力的发展。

贷款扶贫工作取得初步成果 扶贫致富是对工会困难补助工作的一项改革。其办法是工会提取部分困难补助经费或其他资金，以一定期限的无息贷款方式贷给生活困难职工，通过其家属发展各种形式的家庭副业或从事其他社会服务，以解决生活上的困难。这项工作是黑龙江省工会组织在改革开放时期对救济贫困职工工作的一项重大改革。开展这项工作以来，已有相当一部分生活困难的职工开始脱贫，在党的富民政策的指引下，向勤劳致富的方向转变。

贷款扶贫工作率先试点成功开展。在经济体制改革大潮的推动下，1981年1月，哈尔滨铁路局总工会破除因循守旧思想，一改过去困难补助的老办法，在党的富民政策的指引下，依靠群众自己动手谋福利。他们把困难补助费的一部

① 黑龙江省地方志编纂委员会编：《黑龙江省志·工会志》，黑龙江人民出版社1995年版，第384页。

分作为扶贫贷款，贷给工务段特困职工鞠洪礼的家属赵玉娥，帮助他们发展家庭副业，这一事件成为全省职工扶贫工作的开端。齐齐哈尔紧随其后，后来居上，取得了非常好的成绩。齐铁总工会通过对全局普查，了解到全局有 10 多万名职工，每年需要补助的有 1.4 万人至 1.5 万人。局工会帮助基层干部对申请贷款的职工进行生产自救的条件进行评估，帮助职工选准生产门路。经过实地调查后，再坐下来研究经营方向，确定贷款数目，商定还款计划，筹定还款合同。局工会还教育生活困难的职工发扬自力更生、艰苦奋斗精神，积极参加生产自救活动，铲除依赖思想，不要躺在国家身上，治穷先治懒，要依靠自己勤劳的双手致富。

1982 年，齐齐哈尔铁路局工会在贷款扶贫工作试点取得成功之后，认真总结经验，及时在全局推广。这一年又贷款给困难职工 138 户，总金额 2.84 万元。贷款扶贫全局重点对生活困难户贷款扶贫户的调查，年收入 300 元以上的有 79 户，其中收入超千元的有 19 户。他们当中，盖新房的 9 户，买收录机的 6 户、买电视机的 4 户、买洗衣机的 6 户、买缝纫机的 9 户、买自行车的 7 户，添置新衣服 223 件、新被褥 27 套。1983 年已有 19 户职工提前还清贷款，共还贷款 7150 元。齐齐哈尔工务段的长期困难补助户由过去的 13 户减少到 1 户；临时困难补助户由过去的 161 户减少到 105 户。困难职工的生活显著变化，鼓舞了职工的工作热情，1982 年全段职工的出勤率达到 96%，比 1981 年提高 21%[①]；安全生产达到 1000 多天，其中生产自救户都成了班组骨干。许多生活困难职工家属在搞起家庭副业以后，同志关系改善了。

积极在全省推广先进经验。中共黑龙江省委和省总工会对齐齐哈尔铁路局创建的贷款扶贫工作的新鲜经验十分重视。1983 年 1 月，新华社《内参》登载了《齐齐哈尔铁路局工会把救济款贷给困难户发展家庭副业效果好》的经验，中共黑龙江省委书记杨易辰阅后作了批示："应当看到这是城市工矿企业中不可忽视的一项党的工作，应当以工会为主，把这项工作做好，一定要做出成绩来。"1 月 18 日，省委办公厅转发了这篇《内参》上的齐齐哈尔铁路局工会贷款

---

① 黑龙江省地方志编纂委员会编：《黑龙江省志·工会志》，黑龙江人民出版社 1995 年版，第 361 页。

扶贫经验并传达了省委领导的指示。1983 年 3 月，省总工会在齐齐哈尔铁路局召开现场经验交流会，会议充分肯定了齐铁工会的经验和做法。

1984 年底，全省工会贷款扶贫工作取得初步成果。全省贫困职工 10 万户，已有 2 万户脱贫。据全省 7 个市、43 个县、4 个产业的不完全统计，两年间共扶贫 21389 户，基本脱贫 15063 户，初步富裕起来的有 1370 户①。

① 黑龙江省地方志编纂委员会编：《黑龙江省志 · 工会志》，黑龙江人民出版社 1995 年版，第 364 页。

第十一章　开创社会主义建设新局面时期的黑龙江工人运动

这一时期，党的十二大召开，党和国家事业发展进入了新时期，开创了中国特色社会主义建设的新局面。同时，中华全国总工会也召开了第十次全国代表大会，给黑龙江省做好新时期工会工作提供了明确的指引，黑龙江省工会第五次代表大会随后召开，黑龙江省的工人运动蓬勃发展。

第一节　贯彻党的十二大精神和中国工会十大精神

1982 年，党的十二大召开，这是我们党和国家事业发展中的一件大事。同时，中华全国总工会也召开了第十次全国代表大会，黑龙江省工会贯彻党的十二大精神和中国工会十大的精神，有声有色地开展黑龙江的工会工作。

一、贯彻落实党的十二大精神

1982 年 9 月 1 日至 11 日，中国共产党召开第十二次全国代表大会。邓小平在大会开幕词中明确提出："把马克思主义的普遍真理同我国的具体实际结合起来，走自己的道路，建设有中国特色的社会主义。"大会确定党在新的历史时期的总任务是：团结全国各族人民，自力更生，艰苦奋斗，逐步实现工业、农业、国防和科学技术的现代化，把我国建设成为高度文明、高度民主的社会主义国家。大会提出，从1981年到20世纪末，我国经济建设总的奋斗目标是，在不断提高经济效益的前提下，力争使全国工农业的年总产值翻两番，使人民的物质文化生活可以达到小康水平的奋斗目标。党的十二大树立了建设有中国特色的社会主义旗帜，提出党在新时期的总任务和进行全面改革的纲领，开创了中国社会主义现代化建设的新局面。

1982年10月5日至23日，为进一步贯彻落实党的十二大精神，省委召开四届六次全委（扩大）会议。会上，省委书记侯捷①作了《关于黑龙江省到本世纪末实现工农业年总产值翻两番的设想和意见》的报告。报告强调指出，要贯彻把农业这个基础搞上去，决不放松粮食生产，积极开展多种经营的方针，到2000年全省粮食总产量要达到450亿斤，争取500亿斤。同时，要围绕资源优势，在“原”字号上做文章，对粮食、石油、木材进行深加工，力争使全省工农业总产值到2000年达到1500亿元的奋斗目标。为实现这个奋斗目标，第一步，即前10年主要是打基础，发展速度每年平均递增6.5%；第二步，即后10年要进入一个新的经济振兴时期，初步设想以每年平均递增9%的速度发展。到2000年，全省工农业总产值要比1980年增长近3.5倍，即翻两番还多一些；人民的物质文化生活将达到小康水平。这次会议还印发了《关于全省工业总产值实现翻两番的规划设想》《黑龙江省农业总产值实现翻两番的初步规划方案》等讨论稿。会上，省委第一书记杨易辰作了总结报告，强调要把认真组织全省党员、干部和群众学习十二大文件作为头等大事来抓。要以“全国翻两番，我们怎么办?”“全国五年实现三个根本好转，我们怎么办?”为题，通过群众性的大讨论，制定切实可行的规划。他还要求全省党员干部要深刻理解在建设社会主

---

① 当时设省委第一书记。新中国成立后，地方党委从省、自治区、直辖市到地、县和乡镇各级党委以至党支部，一段时期曾设置了“第一书记”（以及“第二书记”“第三书记”“第四书记”）的职务。各省委主要领导都被称为第一书记。黑龙江省委第一书记分别为：欧阳钦、潘复生、汪家道、刘光涛、杨易辰。

1982年9月，中共第十二次全国代表大会通过的《中国共产党章程》第一次完整地规定了党的领导原则，党中央不再设主席，只设总书记。大会决定设立中央顾问委员会。各级地方党委常委组成由第一书记、第二书记、常务书记、书记等及副书记、常委，改为书记、副书记及常委。黑龙江省改于1983年7月，李力安任书记，陈雷、陈俊生、侯捷任副书记。

义物质文明的同时建设社会主义精神文明的重大意义，切实把建设社会主义精神文明摆到各级领导工作的重要位置上来，确保全省各项工作沿着十二大确定的正确轨道胜利前进。

省委四届六次全委（扩大）会议后，全省城乡职工迅速掀起学习、宣传和贯彻十二大精神的热潮。各级党委都召开扩大会议，并组织科级以上干部学习文件精神。各地还分期分批举办干部培训班，由党组织负责人或专职教员做学习辅导，并按照省委要求，结合本地实际情况，制定经济发展长远规划和工作纲要，确定到2000年的具体工作目标。通过学习贯彻党的十二大精神，全省人民把思想统一到建设有中国特色的社会主义道路上来，坚定了开创社会主义现代化建设新局面的信心。许多单位组织职工学习党的十二大文件，开展社会主义优越性的大讨论，系统地进行四项基本原则教育、形势任务教育和“三史”教育，使广大职工对党的十一届三中全会以来的路线、方针和政策加深了理解，增强了对党的信赖和社会主义现代化建设的信心。

二、贯彻落实中国工会十大精神

1983年10月，中国工会召开第十次全国代表大会。大会提出，为了实现党的十二大确定的开创社会主义现代化建设新局面的宏伟目标，工会组织必须以改革的精神，密切联系群众，从思想上、工作方法和工作作风上、组织上认真加强工会建设。

省第五次党代表大会，根据新时期总任务，提出要加速建设农业、轻工业、能源、化工、重工业五个基地，把黑龙江省建设成为民族团结、边防巩固、经济繁荣、人民幸福的边疆。鉴于目前黑龙江省经济面临着严峻挑战的新形势，省委确定明后两年把提高经济效益、扭亏增盈作为经济工作的头等重要任务，胜利实现“六五”计划，力争黑龙江省经济形势有个根本性的好转，跨入全国先进行列。这是摆在全省工人阶级面前的战斗任务。重任在肩，光荣艰巨，义不容辞，必须全力以赴，为之奋斗。

根据中国工会十大提出的“以‘四化’建设为中心，为职工说话、办事，维护职工的合法权益，加强对职工的思想政治教育和文化技术教育，建设一支有理想、有道德、有文化、守纪律的职工队伍，充分发挥工人阶级在社会主义物质文明和精神文明建设中的主力军作用”的新时期工会工作方针，黑龙江省工会工作提出，必须紧紧围绕“四化”建设这个中心，突出抓住职工民主管理工作这个重点，坚决维护职工的合法权益，努力提高职工的思想政治和科学文化素质，充分发挥工人阶级主力军作用，为开创黑龙江省工人运动和社会主义现代化建设新局面而奋斗，要从多个方面推进。

坚持不懈地对职工进行思想政治教育，不断提高职工队伍的政治素质　倪志福同志在工会十大报告中明确指出：“工人阶级的觉悟高不高，技术强不强，劳动好不好，纪律严不严，决定着四化建设的成败。”经过长期实践的检验，黑龙江省广大职工对社会主义建设所作出的重要贡献必须充分给予肯定，但是由于职工队伍新老交替和结构的变化，青年职工已占职工总数的60%以上。在实行对外开放，对内搞活经济政策的新形势下，对职工思想教育工作没有跟上，各级工会必须加强职工思想政治工作，不断提高职工队伍的思想政治素质。

一是组织广大职工认真学习工会十大文件，深刻领会其精神实质，使每个职工进一步增强主人翁责任感。二是坚决贯彻执行《国营工业企业思想政治工作纲要（试行）》，以青工为重点，加强职工的思想政治工作，分层次、多形式地对职工进行系统教育，争取在两三年内把青工普遍轮训一遍。三是广泛发动职工进行群众性的自我教育。注意发现、总结、宣传闪耀共产主义思想光辉的先进典型，充分利用工人文化宫、俱乐部、图书馆、体育场等阵地，开展各种文化体育活动。四是认真贯彻《企业职工奖惩条例》和《全国职工守则》。每个班组都要建立政治工作责任制和小组民主生活会制度，在职工中开展批评与自我批评，互相帮助，共同进步。五是继续开展“五讲四美三热爱”活动，宣传“文明工厂”“文明商店”“文明岗位”等精神文明先进典型，影响和促进社会风气的根本好转。

通过上述活动，在全省广大职工中，提倡和发扬“铁人”精神；树立热爱祖国，忘我劳动，不计报酬，献身“四化”的共产主义劳动态度；发扬当老实人、说老实话、办老实事的优良传统；坚持自力更生，爱护国家财产，厉行节约，艰苦创业的高贵品质；大兴关心集体，团结友爱，助人为乐的共产主义风格。

更广泛地开展先进生产者和先进集体活动，促进黑龙江省国民经济迅速发展 邓小平同志指出，八十年代我们要做的“三件大事”的核心是现代化建设。工人阶级是社会主义现代化建设的主力军，肩负着重要责任。当前，在经济建设中最突出的问题是提高经济效益。黑龙江省的经济效益不论同外省比，还是同我们曾达到的水平比，都有很大差距。在这种严峻挑战形势面前要努力实现省委提出的目标，即1984年除国家规定的政策性亏损外，所有企业都要坚决消灭经营性亏损，政策性亏损要压到最低限度。使全省实现盈亏相抵后无亏损市县的奋斗目标，为振兴黑龙江省经济作出贡献。

各级工会组织要有组织地、更大规模地开展先进生产者和先进集体活动。为此，一是所有企业工会组织，开展“对指标，找差距，长志气，赶先进”的活动，并把经济责任制真正落实到车间、班组，使增产节约，提高效益，成为每个职工发扬主人翁精神的自觉行动。二是组织职工开展创优质，节能源，降消耗，保安全，提高劳动生产率，提高经济效益的同工种、同班组、同行业的社会主义劳动竞赛，开展亏损企业之间的扭亏增盈竞赛。三是开展群众性合理化建议和技术革新、技术协作、技术比赛、技术攻关活动，吸引更多的工程技术人员和管理人员参加到竞赛中来。四是抓好班组建设，开展创建先进班组活动。在班组中，开展“一类岗”“标准机台”红旗竞赛，推动后进班组升级。

充分发挥职工当家作主的积极性，进一步提高企业民主管理水平 职工代表大会制在黑龙江省企业中已基本普及，并已发挥了重要作用。职工代表大会把提高经济效益、扭亏增盈列为职工代表大会的主要议题。发动群众，摆原因，想措施，千方百计地开辟新的生产途径。广大职工参加企业管理的民主权利，最基本的内容：一是体现对企业的生产、经营、组织等重大问题的决策权；二是对企业领导人员的监督和选举权。各部门、各企业都应结合企业整顿，有领导、有计划地开展民主选举的工作。所有企业都要实行民主评议干部，每年评议一至两次，并形成制度。

组织职工刻苦地学文化学技术学科学，不断提高科学文化素质 工会十大提出，在提高广大职工的思想政治素质的同时，必须大力提高职工的科学文化素质。按照中共中央、国务院《关于加强职工教育工作的决定》的要求，主动协助行政搞好职工教育，坚决维护职工的学习权利，特别抓好青壮年职工的文化技术的“双补”学习。切实按照全省职工业余教育的规划要求，到 1985 年使现在 35 岁以下的青年职工，有 70%达到初中文化程度，实际技术等级提高一级；现在已具有初中文化程度的，有 50%达到高中水平，其他学历的也要不断提升。各基层工会组织，配合行政把抓好职工系统的正规文化技术教育，同日常开展岗位练兵活动结合起来，同技术表演活动结合起来，同开展“名师带高徒”活动结合起来，充分发挥老工人的传、帮、带作用。使每个职工都能成为精通本行业务的技术内行与能手，有一套过硬的本领。

在发展生产的基础上，认真搞好劳动保护，逐步改善职工生活　加强劳动保护工作，是工会的一项经常性的重要任务。坚决贯彻“安全第一，预防为主，群防群治，防治结合”的群众劳动保护工作方针，切实监督行政认真执行党和国家有关安全生产、工业卫生和环境保护的法律、法令和条例的贯彻实施。加强安全技术措施，不断改善职工的劳动条件。

工会协同企业行政，本着三者利益兼顾的原则，妥善安排职工生活。采取自筹自建、自建公助和互助自建的办法，逐步解决职工住房紧张的问题。通过职代会实行民主分房，坚决抵制建房分房中的不正之风。在物价部门的支持下，进一步搞好群众性的物价监督活动。在经济改革中，注意维护职工正当的劳动保险和生活福利待遇。加强离退休职工的管理工作。保护女职工的合法权益，在企事业单位的后勤部门中，积极开展以食堂为中心的竞赛活动，办好职工集体福利事业。加强对疗养事业的管理，不断提高医疗水平。本着就地、就近的原则，组织好劳动模范先进人物的休养活动。大力开展群众生活互助互济活动，积极推广齐齐哈尔铁路工会创造的贷款扶贫、勤劳致富的经验，改变那些贫困职工的生活。从各个方面保证广大职工，以充沛的精力和十足的干劲，为社会主义现代化建设的伟大事业作出贡献。

第二节　黑龙江省工会第五次代表大会

黑龙江省工会第五次代表大会在改革开放后再次召开，这次会议时间是在党的十二大和中国工会十大之后，此次会议全面贯彻党中央决策部署和全国总工会的精神，对黑龙江工会事业的发展进行了系统谋划，鼓励大家团结奋进，为把黑龙江省建设成繁荣、昌盛、先进、文明的边疆，作出新的更大的贡献。

黑龙江省工会第五次代表大会于1983年12月11日在哈尔滨市开幕，18日闭幕。出席大会的正式代表1200人，特邀代表206人。这次大会的议程是，审议并通过省总工会第四届委员会工作报告、财务工作报告，选举产生省总工会第五届委员会委员。中共黑龙江省委、省人大、省政府、省政协领导同志李力安、陈俊生、王斐、王耀臣、李根深等出席大会。

省委书记李力安代表省委在大会上讲话，肯定五年来全省工人运动和工会工作的成绩，指出了新时期工人阶级肩负的历史使命和工会的重要职责。各级工会组织和工会干部，一定要认清自己肩负的光荣使命，以开拓、进取、创业精神，积极开展各项群众活动，团结和带动职工群众在建设社会主义强国的斗争中发挥应有作用。省军区副政委鲁平、省科协副主席张洪恩、团省委副书记宋桂枝、省妇联主任梁维玲到会致词，对省工会五大的召开表示热烈祝贺。

12月12日，省总工会主席陈有义代表省总工会第四届委员会在会上作《发扬工人阶级主人翁精神，为开创黑龙江省社会主义现代化建设新局面而奋斗》的工作报告。

报告回顾了过去五年黑龙江省工人运动和工会工作恢复发展不断前进的具体情况　1982年黑龙江省工农业总产值达到364亿元，比1978年增长19.7%，平均每年递增4.6%。其中工业总产值增长了34.6%，平均每年递增5%。本年的形势也很好，工业生产到10月末就已经超过年初提出的“保四争五”的奋斗目标。交通运输、城市建设、商业、服务行业、科学、文化、教育、卫生等各项事业都有很大发展，取得了重大成就。五年来，全省广大职工、各级工会干部和工会积极分子，在党的领导下，坚持不懈，辛勤努力，为社会主义物质文明和精神文明建设作出了巨大贡献，涌现出一大批英雄模范人物和先进集体。被国务院命名表彰的劳动模范 539 名，省级劳动模范由过去的 3204 名，增加到 5813 名，其中有为国家作出特殊贡献的特等劳动模范 150 名。

报告根据中国工会第十次全国代表大会提出的新时期工会工作方针和省第五次党代表大会提出的要求，结合省内工人运动的实际情况，确定全省今后一个时期工人运动和工会工作的主要任务是：紧紧围绕“四化”建设这个中心，突出抓住职工民主管理工作这个重点，坚决维护职工的合法权益，努力提高职工的思想政治和科学文化素质，充分发挥工人阶级主力军作用，为开创全省工人运动和工会工作新局面，为建设繁荣昌盛先进文明的黑龙江而奋斗。

报告提出为完成这个任务各级工会要抓好的几项工作　一是坚持不懈地对职工进行思想政治教育，不断提高职工队伍的政治素质。二是更广泛地开展先进生产者和先进集体活动，促进全省国民经济迅速发展。三是充分发挥职工当家作主的积极性，进一步提高企业民主管理水平。四是组织职工刻苦地学习文化、科学技术，不断提高科学文化素质。五是在发展生产的基础上，认真搞好劳动保护，逐步改善职工生活。

同时加强工会建设，提高工会工作水平　要胜利地完成团结和带领全省各条战线广大职工，以工人阶级主人翁精神，积极进行社会主义物质文明和精神文明建设，充分发挥联结党和职工群众的桥梁纽带作用，开创黑龙江省工人运动和工会工作新局面的光荣任务，必须从思想上、组织上、工作方法和工作作风上，以改革的精神，加强工会建设。

12 月 18 日，总工会作了关于财务工作的报告。报告回顾了五年来工会经费的收支情况：根据工会财务工作“统一领导，分级管理”的原则，黑龙江省各级工会经费留用的比例大体是，基层工会 60%，市、县和产业工会 25% 至 30%，省总工会 5% 至 10%，上缴中华全国总工会 5%。从报告反映的支出情况看，恢复工会独立管理经费 5 年来，省总工会的经费主要用在市、县总工会新建和维修各类活动场所，扩大工会活动阵地上，其方向是正确的。报告还对 5 年来工会财务工作的基本估计，并对进一步加强工会财务工作提出了意见：一是继续把收好工会经费作为工会财务工作的首要任务；二是突出为职工群众服务的思想，合理有效地用好工会经费；三是搞好基层工会和工会所属事业单位财务工作的整顿建设；四是执行财务制度，严肃财务纪律；五是切实加强对工会财务工作的领导。

大会经过分组讨论，一致通过关于第四届委员会工作和财务工作报告的决议，表示同意这两个报告，号召全省职工行动起来，为把黑龙江省建设成繁荣、昌盛、先进、文明的边疆，作出新贡献。

1983 年 12 月 17 日，召开的省总工会第五届委员会第一次会议上选举出黑龙江省总工会新的领导班子。

黑龙江省总工会第五届委员会委员共 109 人、候补委员共 28 人。

黑龙江省工会第五次代表大会，是在全省各条战线深入贯彻党的十二届二中全会和省委五届二次全委（扩大）会议精神的大好形势下召开的。这次大会的主要任务是，以党的十二大和工会十大精神为指针，总结省工会第四次代表大会以来的工作，确定今后全省工人运动和工会工作的任务，选举产生省总工会新的领导机构。这次大会，对于动员全省广大职工，努力实现工会十大提出的奋斗纲领，加速黑龙江省的社会主义现代化建设，具有重要意义。

第三节　民主管理和民主参与工作

为了深入贯彻党的十二大精神，落实工会十大精神和省工会相关工作要点，黑龙江省召开了关于企业民主管理工作汇报会，采取了一系列的举措，黑龙江省民主管理和民主参与工作飞速发展，企业民主管理越发规范。

一、贯彻执行“三个条例”和企业法

1981 年 7 月，中共中央、国务院颁发《国营工业企业职工代表大会暂行条例》，以这部条例为起点，标志着黑龙江省职工代表大会制度进入一个新阶段。

《国营工业企业职工代表大会暂行条例》第二条规定：“职工代表大会（职工大会）是企业实行民主管理的基本形式，是职工群众参加决策和管理、监督干部的权力机构。”1982 年 1 月，中共中央、国务院发布《国营工厂厂长工作暂行条例》。1982 年 3 月，中共中央又颁布了《中国共产党工业企业基层组织工作暂行条例》，这三个条例共同遵循的原则是党委集体领导，职工民主管理，厂长行政指挥。这是根据多年来的经验，对我国工业企业内部领导制度和民主管理制度所作出的新概括。此后，黑龙江省的企业民主管理工作就在贯彻三个条例的过程中逐步提高完善。

召开全省企业民主管理经验交流会　1982 年 8 月，为全面贯彻党中央颁布的三个条例，提高全省企业民主管理工作，中共黑龙江省委在阿城县召开全省企业民主管理经验交流会。全省各地、市和部分县委主管工业的书记、组织部部长、经委主任、工会主席等 400 多人出席了大会。省委第二书记李力安，书记陈剑飞、陈俊生参加会议并讲话。

陈剑飞在讲话中总结了全省企业民主管理工作取得的成绩和经验，对下一步全省职工民主管理如何搞，如何深入发展，提出了具体要求：1. 进一步提高思想认识，增强依靠职工群众办好社会主义企业的自觉性。2. 职工代表大会要以提高经济效益为中心，在创办“六好”企业上下功夫。3. 积极改善企业党委的领导，健全和完善企业领导制度。4. 在整顿中立足发挥职工代表大会的作用，进一步提高企业民主管理水平。

陈剑飞还就如何完善职工代表大会制度，提高民主管理水平，提出了验收的 6 条标准：1. 按期召开职工代表大会，逐步落实三个条例规定给职工代表大会的各项职权。2. 紧紧围绕企业的中心任务搞好职工代表大会的各项工作。3. 建立健全职工代表大会组织机构和工作制度，坚持开展经常的有效的民主监督活动。4. 建立一支具有主人翁责任感、懂政策、会管理、纪律严、作风好，密切联系群众的职工代表队伍。5. 在重点搞好工厂企业职工代表大会制度的基础上，建立健全车间、班组民主管理制度，逐步在企业内部建立起民主管理体系。6. 搞好民主评议和选举企业行政领导干部。

省委召开全省民主管理经验交流会后，全省民主管理工作进一步发展。

1982年底，全省新建立职工代表大会制度的单位达4319个，主要分布在财贸、教育和小型工业企业中。加上1981年以前建立职工代表大会制度的单位，全省已有15675个单位建立职工代表大会制度，占应建职代会的单位总数的86%。

把贯彻三个条例同企业整顿工作和经济体制改革结合起来 1983年，全省企业民主管理工作在各级党委的重视和具体领导下，又有了长足的进展。许多地方和企业都把贯彻三个条例同企业整顿工作和经济体制改革结合起来，民主管理的普及和质量水准都有了新的进展提高。哈尔滨、伊春、大庆市和大兴安岭地区等10个市地的工交、基本建设、农林、财贸系统，推行职工代表大会的企业由1982年召开全省经验交流会的80%上升到1983年6月的92%。全省大部分地区注意在企业整顿和改革中进一步贯彻落实职工代表大会条例，健全和完善职代会制度，发挥职工代表大会作用。一些企业对企业整顿方案、管理体制改革、领导班子调整、劳动组织整顿、经济责任制和各项规章制度的建立等重大问题，都发动职工群众几上几下展开讨论，反复征求意见，修改方案，提交职工代表大会民主审议通过。通过整顿，企业逐步建立了从工厂到车间、班组的三级民主管理体系。

学习贯彻三个条例的工作内容 1983年上半年，松花江、绥化地区二十几个县，以党校干校为阵地，组织2.7万多名党政工领导参加学习班，学习民主管理，学习贯彻三个条例的工作内容。齐齐哈尔、鸡西市组织部、经委、工会也分别举办学习班，有4.2万名党政干部受到训练。松花江地区还从11个县中抽调处、科级干部和一般干部265人组成工作组，深入47个基层企业，试点企业民主管理工作。绥化地区抽设77名干部到23个基层企业抓点，摸索经验。各地通过试点，又涌现了一批民主管理工作的新典型，如齐齐哈尔油毡纸厂、佳木斯制粉厂、牡丹江纺织厂、伊春南岔水解厂、鸡西小恒山煤矿等单位，都结合本企业实际情况，分别制定了贯彻三个条例的实施细则，从组织机构、职责范围、干部调整和规章制度上，建立健全企业党政工系统，使企业出现了新面貌。

1986年9月15日，中共中央、国务院下发《关于颁发全民所有制工业企业职工代表大会条例、全民所有制工业企业厂长工作条例、中国共产党全民所有制工业企业基层组织条例的通知》（以下简称“三个条例”），11月又发了补充通知。为贯彻执行“三个条例”，中央宣传部、中央组织部、全国总工会联合发出了一个宣传提纲。根据中共中央、国务院通知精神，黑龙江省各级工会采取各种措施，运用多种形式，在广大职工中开展“三个条例”的宣传和企业领导制度改革的思想教育活动，取得很显著的成绩。

落实了《中共中央关于经济体制改革的决定》和《中华人民共和国全民所有制工业企业法》草案精神　1984 年 10 月，党的十二届三中全会通过了《中共中央关于经济体制改革的决定》。《决定》明确提出要实行厂长（经理）负责制。1988 年召开的七届人大一次会议上，通过了《中华人民共和国全民所有制工业企业法》，对厂长（经理）负责制作了更加明确的法律规定，这部至今还影响着未经改制的国有独资企业的法律，相当大地强化了厂长（经理）的权利和责任。法律规定：企业实行厂长（经理）负责制，厂长是企业的法定代表人。企业建立以厂长为首的生产经营管理系统，厂长在企业中处于中心地位，对企业负全面责任。这部法律也对党委和职工的民主管理作了原则规定：中国共产党在企业中的基层组织，对党和国家的方针政策在本企业的贯彻执行实行保证监督。企业通过职工代表大会和其他形式实行民主管理。企业工会代表维护职工利益，依法独立自主地开展工作。企业工会组织职工参加民主管理和民主监督。

学习宣传中共中央精神，黑龙江省企业领导体制改革是从 1984 年 7 月开始的。当时，按照《中共中央关于认真搞好国营工业企业领导体制改革试点工作的通知》和《国营工业企业法》（草案）精神，在 144 个企业（包括各市的试点企业）进行试点。10 月，党的十二届三中全会通过的《中共中央关于经济体制改革的决定》发表以后，黑龙江省工业交通、基本建设、农林和财贸系统的企业，大部分都实行（试行）了厂长负责制新体制。

着重解决了“三个问题”，实现了“三个转变”。在改革的实践中，按照《决定》和《企业法》（草案）精神，从研究探索如何理顺党、政、工及其和职工代表大会的关系入手，对企业内部各组织的职能、权限逐步明确起来，着重解决了“三个问题”，实现了“三个转变”。

一是解决了党政分工问题。明确划清了企业党组织和行政各自的性质、任务和职责。党委从对企业实行全面领导、对生产经营管理工作行使决策权和指挥权，向对企业思想政治工作实行统一领导、对生产经营和行政管理实行保证监督方面转变。二是解决了厂长责权统一问题。厂长由责权分离，向责权统一，对生产经营实行集中统一指挥的方面转变。齐齐哈尔钢厂等许多企业建立起以厂长为首的对生产经营实行集中统一指挥的经济工作体系，加强了厂长的集中统一指挥。三是解决了实行厂长负责制必须加强民主管理的问题。许多企业通过试点，制定了厂长负责制。职工代表大会制定实施细则，明确了各自的权限及相互关系，即厂长对生产经营重大问题上的决策权与职工代表大会行使审议权的关系；厂长对生产指挥和经营管理工作统一领导，全权负责与职工民主监督的关系；维护厂长集中统一指挥与维护职工合法权益的关系。进而明确了实行厂长负责制，同健全职工代表大会制度和其他民主管理制度是统一的，相辅相成的。

全省工交、基建、农林、财贸系统90%建立职工代表大会的企业，都不同程度地健全完善了职工代表大会制度，较好地发挥了“审议、监督、维护”作用，职工代表大会流于形式、不起作用的，由过去的30%左右下降到20%左右。总之，实行厂长负责制以来，黑龙江省企业民主管理是加强了，而不是削弱了；是前进了，而不是后退了，是向着纵深方向发展的趋势。

实行厂长负责制与健全职工代表大会制度同步贯彻　全省企业民主管理有了新进展，出现了新变化。民主管理的重点，由生活领域转向生产经营领域，在审议企业重大决策，增强企业活力上发挥作用。黑龙江省自1979年恢复职工代表大会制度以来，民主管理工作多是讨论解决职工生活福利方面的问题，在维护职工合法权益上发挥了很好的作用。随着改革的深入发展，企业生产经营自主权的扩大，很多干部和职工群众对民主管理的作用、目的逐步有了全面理解，职代会的各项职权得到了进一步落实。现在，一些企业召开职工代表大会，都把重点放在讨论改革方案，审议生产经营方针、目标的决策，讨论通过经济责任制方案等重大问题上，在推进改革、搞活企业上发挥作用。普遍建立了民主评议干部制度，加强了对行政领导的监督，帮助厂长掌好权。许多企业都结合年终检查总结工作，开展了民主评议干部活动，并形成了厂、车间两级评议制度，定期评议，发挥了职工民主监督的权利和作用，促进了干部队伍建设。据对全省工交、基建、农林、财贸等系统已建立职代会的企业统计，目前，建立起民主评议干部制度的企业达到70%以上，比1983年增加了40%左右。实行民主评议干部的单位，都积累了一些好的经验，取得了显著效果。

二、民主参与民主管理工作

1978年以后，根据中共中央和国务院指示，黑龙江省逐步开展对企业行政领导干部的民主选举和民主评议工作。推行这两项工作是为了使企业领导干部更好地接受职工群众的监督，使企业民主管理不断发展。

民主选举企业领导干部制度　1979年，中共黑龙江省委下发的文件规定："本年内扩大自主权的企业和大庆式企业，应积极进行民主选举车间主任、工段长和班组长的工作，通过民主选举和群众监督，把生产第一线的骨干力量先配好，这是企业民主管理的一项重大措施，是一项政策性很强的工作，要加强领导，搞好试点，总结经验，逐步推广。"黑龙江省开展民主选举企业领导干部的工作，始于1978年工会九大以后。一批工矿企业，根据邓小平中国工会九大致辞精神，在恢复和建立职工代表大会的基础上，结合企业整顿，积极推进民主选举车间主任、工段长和班组长工作。有的企业搞了民主选举"三长"的试点。

据1979年底统计，哈尔滨、齐齐哈尔、牡丹江、佳木斯、鸡西、鹤岗、伊春7个市和嫩江、松花江两个地区，共计在55个县团级企业的159个车间，进行民主选举"三长"工作。由工人选举的车间正副主任370人，工段长460人，班组长3789人。在200多个小型企业中，也进行民主选举"三长"工作，选出车间主任655人，班组长1150人。其中10个单位还选举出正、副厂长27人。哈尔滨东安机械厂通过民主选举，选出车间主任94人，其中15人是新当选的车间主任，占当选总数的15.9%。伊春大丰林业局在选举"三长"的基础上，还民主选举了局长。

在1980年9月由中共黑龙江省委工交政治部、省经委、省林业总局、省总工会在伊春召开的全省企业民主管理经验交流会上，省委书记陈剑飞的报告总结了全省开展企业民主选举“三长”工作的初步经验，并提出从1980年冬到1981年上半年，全省各大中型企业都应分期分批地进行民主选举“三长”的试点，争取在1981年下半年全面铺开。报告强调指出：今后所有企业民主选举“三长”要形成制度。这样既可以保持企业生产第一线领导干部的相对稳定，又能使企业的基层干部队伍不断地得到更新。

全省企业民主管理经验交流会后，各地、市、县委和企业党委，按照中共中央和黑龙江省委的部署，结合企业整顿改革，把民主选举“三长”、健全企业领导制度工作纳入议程，作为一项重要任务来抓。齐齐哈尔、佳木斯、鸡西、鹤岗、伊春、绥化、松花江等市、地委相继成立健全企业领导制度的领导小组。加强了这项工作的组织领导。中共绥化市委从组织部、市经委、市总工会等有关部门抽调15名干部，成立专门班子，在市委领导下，具体负责指导在全市各企业民主选举“三长”。

1980年，全省实行民主选举企业领导人的基层单位只有45家，实行民主选举车间主任、副主任的基层单位仅有706家，实行民主选举班组长和工段长的基层单位3777家。1981年，全省实行民主选举厂长（经理）的基层单位已有1434家，民主选举车间主任、副主任的基层单位达2058家，民主选举班组长和工段长的基层单位则有4109家。

1982年至1983年，全省多数地、市、县的党委和企业党委在贯彻实施三个条例、健全企业领导制度的过程中，从本地区、本企业实际情况出发，积极推行民主选举企业领导干部制度，取得很大成绩，积累了经验。其中佳木斯、伊春、绥化3市的经验尤为突出。

1983年1月5日，中共黑龙江省委组织部、省经济委员会、省总工会向省委作了《关于全省民主评议、选举企业领导干部情况和意见的报告》，在总结了全省民主评议选举企业领导干部工作所取得的效果，企业发生的新变化和存在的问题之后，根据党中央和国务院颁发的三个条例和全国健全企业领导制度经验交流会议精神，结合省内实际情况，对民主选举企业领导干部工作提出总的要求：“民主选举企业行政领导人员，除中直企业按上级主管部门统一部署进行以外，省内的各级企业，在全面整顿过程中，或在整顿的基础上，只要建立健全了各项经济责任制，党的领导健全，实行了党政分工，职工队伍团结，职代会制度健全，都要实行民主选举厂长（经理）和车间主任，争取在一两年内，全省大部分企业实行民主选举企业行政领导人员的制度。”报告对下一步工作，提出5条具体意见：第一，加强思想教育，提高干部群众对民主评议选举工作重要性的认识。第二，要把民主评议、选举干部、建设一支坚强有力的领导班子，作为企业整顿的一项核心内容。第三，认真发动群众，充分发扬民主，把组织考核与群众评议推荐结合起来。第四，注意总结经验，认真解决有关政策和实际问题。第五，加强组织领导，发挥各部门作用，各级党委纳入议事日程，加强思想政治引领，结合企业整顿，制定方案，作出部署。

1983年11月16日，中共黑龙江省委办公厅、省人民政府办公厅转发由省委组织部、省经济委员会、省总工会制定的《关于全省国营工业企业实行民主选举行政领导人员若干问题的意见》。省委、省政府办公厅转批的文件指出：“有领导有步骤地实行民主选举企业行政领导人员，并逐步形成制度，对提高企业领导班子的素质，促进党风好转，发扬社会主义民主，调动广大职工主人翁的积极性，办好社会主义企业有极其重要的意义。各地要在实践中不断总结经验，切实解决工作中遇到的问题，使这项工作逐步由点到面地推广开来，把企业的民主管理和经营管理提高到一个新水平。”

省委组织部和省经委、省总工会的意见共有以下6条。

一是民主选举干部的目的和要求。意见指出：实行由职工代表大会民主选举企业行政领导人员，是党在新的历史时期坚定地依靠工人阶级，加强企业领导班子建设和领导制度改革的一项重要内容，对于建设社会主义高度民主，进一步健全社会主义企业内部的民主生活，加快实现干部制度的改革，建设革命化、年轻化、知识化、专业化的干部队伍，办好社会主义企业，有着重要作用。各级领导干部对这一新事物，思想要明确，态度要坚定，以破旧创新的精神，搞好民主选举企业行政领导人员的工作，开创企业政治民主新局面。意见要求省内各级所属企业都要结合企业整顿，有领导、有计划地实行民主选举企业行政领导人员。

二是民主选举干部的企业应具备的条件和选举干部的范围。有关选举干部的范围，意见指出，工厂企业厂长（经理）由企业职工代表大会选举，报主管机关审批任命。车间主任由车间职工民主大会或职工代表大会选举，厂长任命。当选的厂长（经理）和大中型企业车间主任每届任期一般为4年。企业规模较小、人员较少的，可实行群众推荐，厂长、车间主任提名，组织考核相结合的办法产生。

三是民主选拔干部的标准。意见认为：选拔干部要认真坚持革命化、年轻化、知识化、专业化的标准，要特别注意选拔那些掌握马列主义、毛泽东思想的基本理论，坚持四项基本原则，坚持执行党的路线、方针、政策，有强烈的革命事业心和政治责任感，全心全意为人民服务，深入实际、联系群众、艰苦奋斗、作风正派、不谋私利、敢于同不良倾向作斗争的人。

四是民主选举干部的方法步骤，主要是调查摸底，制定选举方案，报上级主管部门批准；组织干部深入学习，提高认识，统一思想；发扬民主，酝酿确定候选人，经过几上几下，反复比较，严格筛选，举贤荐能，在民主推荐、组织考察的基础上，确定候选人，经职工代表大会审议通过；召开职工代表大会，进行正式选举，要严格遵循选举的基本原则和规定，采取等额选举，无记名投票方式。

五是民主选举干部的几个政策问题：①凡本企业正式职工，只要具备条件，均有权当选为企业各级行政领导人员。②选举产生的厂长（经理）和车间主任，要按干部管理权限履行正式任命手续，按同级干部管理、享受同级干部待遇。③从一般干部或工人选上来的领导人员，应体现责、权、利结合的原则，工资较低的在任职期间可报请主管部门批准，给予适当职务补贴或向上浮动一至二级工资。④任期已满未获连任的原则上回原岗位，按原职务管理，恢复原待遇。但也要视具体情况，区别对待。⑤民主选举产生的领导干部，要保持相对稳定，以便积累经验，提高领导水平。⑥对年老体弱的不适宜继续在原岗位留任的领导干部，在选举之前就要进行适当调整。

六是加强对这项工作领导的问题。民主选举企业领导干部工作到1983年底又取得新进展。据1983年底统计，哈尔滨、齐齐哈尔、佳木斯、大庆、绥化等13个地、市，已有13%的企业实行了民主选举企业行政领导人员；民主选举干部工作进展迅速的伊春市，已有45%的企业，民主选举厂（局）长；有90%的企业，民主选举“三长”。全省64个县开始抓这项工作，其中青冈、铁力、通河等县，民主评议、选举干部的企业已达到全部企业的60.7%。

1984年，全省民主选举企业行政领导干部的单位有6818个，占应实行选举单位总数的39%。1985年，企业选举行政领导干部工作进展较快，到1985年底，全省各地、市、县3000人以下的中小型企业，已有37.5%的单位进行了职工民主选举企业行政领导干部工作，集体所有制企业则达到16.5%以上。

民主评议企业领导干部制度　黑龙江省民主评议基层企业行政领导干部的工作，是从1978年以后逐步开展起来的。1978年10月，中国工会第九次全国代表大会召开以后，黑龙江省一批工矿企业，按照中共中央关于进行民主选举企业车间主任、工段长和班组长工作的精神，进行民主选举“三长”的试点。大部分试点企业在民主选举之前，首先进行了民主评议工作，并把民主评议同民主选举结合起来。

1982年，全省多数地、市、县和企业党委在实施三个条例、健全企业领导制度过程中，按照本地的实际情况，在实行民主选举的同时，积极推行民主评议制度。一些市、地党委组织部、总工会等部门认真研究进行民主评议工作的具体方案，形成文件下发。各企业在整顿中紧紧结合民主评议，调整领导班子，改进领导班子结构，取得显著效果。在某些大中型企业中，民主评议的效果尤其明显。哈尔滨轴承厂和齐齐哈尔第一重型机器厂在民主评议厂领导的工作中，通过进一步落实职工代表大会职权，组织发动职工监督干部，振奋干部的革命精神，调动职工当家作主的积极性，取得了民主评议工厂领导干部工作的初步成效。

齐齐哈尔重型厂通过民主评议厂长，进一步提高了全厂干部和职工群众对民主管理的认识，推动了全厂民主管理工作的深入发展，全厂出现了干部群众共商工厂大计，上下同为企业分忧的可喜局面。在这次评议干部工作结束后，全厂企业的生产发展和管理都得到加强，7月全厂超额完成国家计划，与1982年同时期相比，工业总产值增长52.5%，商品产值增长107.7%，机器产品产量增长194.5%。[①] 哈尔滨轴承厂通过民主评议干部，促进了干部作风的转变，密切了干群关系，党委书记把群众评议中提出的批评意见，作为整党自我批评的主要内容，在党委扩大会议上作自我检讨，并努力改进工作，受到群众的赞扬。党委还转变作风，作出不批房子，不批工资、奖金，不批子女安置等规定，领导干部的表率作用促进全厂党风的转变。民主评议干部工作使职工感到自己在企业中地位提高了，该厂上半年各项经济指标比去年同期都有大幅度增长，实现了时间过半，完成任务过半，并有3种产品获得国家银质奖。1983年9月，中共黑龙江省委组织部、省经委、省总工会在佳木斯召开全省民主评议选举企业领导干部工作座谈会。会议交流了各地开展民主评议企业领导干部工作的经验。据1983年末统计，哈尔滨、齐齐哈尔、佳木斯、大庆、绥化等13个地、市，已有5%的企业进行了民主评议企业领导干部工作；民主评议干部工作进展迅速的伊春市，已有90%的企业，民主评议厂长。全省64个县开始抓这项工作，其中林口、青冈、铁力、通河等县，民主评议、选举干部的企业已达到全部企业的60.7%。

1983年10月5日，中共黑龙江省委组织部、省经济委员会、省总工会在给省委的《关于全省民主评议、选举企业领导干部情况和意见的报告》中提出："凡是建立职工代表大会制度的企业，都要对企业各级领导干部进行民主评议，至少每年评议一次，并形成制度，坚持下去。"据统计，全省在1983年已有5881个基层单位民主评议了厂长（经理），有5687个单位民主评议了车间主任。

1984年，全省基层企业职工民主管理工作继续发展，企业领导制度的改革不断深化。各地进行民主评议企业行政领导干部的单位不断增加。1984年底统计，全省17470个建立职工代表大会的基层企事业单位中，已有11061个单位实行了民主评议企业行政领导干部，占应实行民主评议的单位总数的63.3%。

1985年9月10日，中共黑龙江省委组织部、省经委、省总工会提出《关于加强民主评议企业行政领导干部的意见》，并批转各市、地、县委组织部、经委、总工会，各产业工会和省直有关厅局。意见集中谈了5个问题：一是关于民

① 黑龙江省地方志编纂委员会编：《黑龙江省志·工会志》，黑龙江人民出版社1995年版，第338页。

主评议干部的指导思想。二是关于民主评议干部的对象，主要是评议厂级、车间级的行政领导干部。三是关于民主评议干部的内容，重点为下列各项：是否坚持贯彻执行党的十一届三中全会以来的路线、方针、政策，坚持党的四项基本原则，在思想政治上同党中央保持完全一致；是否积极参加经济改革，大胆开拓，勇于创新，善于支持新生事物，具有高度的事业心和责任感，敢于管理，善于管理，决策有方，指挥得当，不断提高企业素质和经济效益；是否认真尊重和支持职工的正当民主权益，尊重和支持职工代表大会行使合法职权，贯彻执行职工代表大会在职权范围内作出的决定、决议，坚持群众路线，虚心倾听群众意见，自觉接受群众监督，关心群众生活疾苦；是否自觉遵守《关于党内政治生产的若干准则》，坚持原则，廉洁奉公，端正党风，不谋私利。四是关于民主评议干部的一般程序，可先由企业行政领导干部在职工代表大会上做自我总结发言，职工代表大会进行民主评议，经民主评议委员会归纳整理，向主席团报告，并将综合评议材料转给被评议本人，由被评议者根据群众意见提出改进措施，并和职工代表见面，最后，由职工代表大会讨论提出对干部奖励、提职、晋级或批评、处分、撤换、罢免等建议，上报企业主管部门。五是关于民主评议干部材料存档，可将自我总结、发言记录和归纳整理的材料、改进措施及奖惩建议统交职工代表大会的民主评议委员会或工会的组织部门存档，并及时转给组织人事部门，作为考核干部的依据之一。

1985 年企业评议行政领导干部工作进展较快。1985 年末统计，全省各地、市、县大中型以上企业普遍进行了民主评议行政领导干部，全省工交、基建、财贸等系统建立职代会的企业，实行民主评议干部的单位已占 70%。

1986 年 12 月 1 日，省委组织部、省经委、省总工会联合下发《关于民主评议企业领导干部制度化、规范化的几点意见》的通知。该通知对全省民主评议、选举企业领导干部工作进行了认真的总结，同时对新时期民主评议、选举企业领导干部的范围与对象、内容与程序、步骤与方法，提出新的要求。这个文件下发后，引起各市（地）和产业工会的高度重视，使全省民主评议、选举企业领导干部工作又有新的发展。1988 年至 1990 年三年，全省实行民主评议各级领导干部的企业已有 13810 个，占 78%。评议、监督和建议奖惩、任免权进一步落实。这些企业共评议 6909 名领导干部，其中受到表彰奖励的有 5506 人，被免职、降职的有 986 人，在 3000 人以下的中小型企业中，有 32.5%的单位实行了民主评议各级领导干部。

有些承包、租赁经营的企业，职工代表参与了推荐、选聘承包、租赁人的工作。伊春、双鸭山等市有些企业，在坚持每年通过职代会集中搞一次民主评议干部的基础上，还结合反腐败，抓廉政建设，进一步建立以职工代表为监督员，民主管理小组为监督岗，职代会或基层工会为监督站的群众性监督网络，加强对违法违纪干部的举报和监督。

三、劳动关系调节机制的发展

1980 年以后，黑龙江省各地工矿企业签订的集体合同，从内容到形式都与 20 世纪四五十年代的国、公营企业集体合同没有根本的不同。新签订的集体合同重点内容是行政与工会双方的保证条件，人们称之为双保合同，用以区别 20 世纪 50 年代之前的集体合同。

党中央要求签订集体合同　1980 年 7 月，全国总工会党组给党中央的《关于当前工会工作中若干问题的汇报提纲》中进一步提出："集体合同是发展生产与改善生活紧密结合的好形式，也是工会为工人说话，替工人办事，协同企业在搞好生产的基础上不断改善职工生活的重要手段，进一步体现了国家、集体、个人利益的三者关系，建议在企业中普遍推行。"根据中华全国总工会的建议，签订集体合同工作被写进 1981 年 7 月由中共中央、国务院批转的《国营工业企业职工代表大会暂行条例》。条例指出：在职工代表大会上，可由厂长代表行政，工会主席代表职工签订集体合同或共同协议，为企业发展的共同目标，互相承担义务，保证贯彻执行。

哈尔滨市推行集体合同工作　黑龙江省最早恢复推行集体合同工作的是哈尔滨市。早在 20 世纪 50 年代初，哈尔滨车辆厂、哈尔滨毛织厂就推行了集体合同，曾在全国多次介绍过经验，受到过表扬。50 年代中期以后，这项工作中断了 20 多年。中共十一届三中全会以后，随着调整、改革、整顿、提高方针的贯彻执行和经济工作中长期存在的“左”的错误不断被清除，集体合同在哈尔滨市部分企业又恢复起来。1980 年哈尔滨轴承厂、哈尔滨亚麻厂首先恢复了集体合同制度，并把集体合同改为双保合同。从此双保合同工作在哈尔滨一些企业中逐步推开。到 1982 年，双保合同在哈尔滨市有了新发展。实行的单位由原来的 2 个企业增加到 70 多个企业，中共中央、省和市直工厂达到 23 个，占这类企业的 54%。实行的范围由大企业扩展到小企业，由工业企业扩展到基建、财贸，由国营企业扩展到集体企业。合同的内容也逐步充实和完善，从初期的生产指标、为职工办实事、行政和工会的保证条件，发展到完成关系企业长远发展的重点项目。同时规定了对厂长、直接责任者、职工的奖罚条件，成为企业一个比较完整的年度奋斗目标和检验企业好坏的衡量标准。除了签订双保合同外，有些企业还根据自己的实际情况，实行了厂长向职工代表大会交责任书，职工代表大会给厂长订立奖惩条件，或者由厂长同职工代表大会签订经济承包书等。这些形式，也起到了契约作用，受到暂不具备签订双保合同条件的企业，特别是小型企业的欢迎。

双保合同是企业内部的经济契约，不仅有法规的约束力，人人要遵守，而且是建立在自觉遵守的基础上，成为大家的行动规范。同时，还要按双保合同的兑现好坏予以奖罚。哈尔滨轴承厂是较早签订双保合同并取得较好效果的单位之一。到 1984 年，这个厂已连续 5 年签订双保合同。全厂职工心中有合同，在生产中学经验、提建议、搞革新，1984 年全年实现技术革新 1005 项，提出合理化建议 2950 条，创造价值 102 万元。

全省推广双保合同　1984 年以后，省总工会多次推广哈尔滨市推行双保合同的工作经验，对全省推行这项工作进行部署，提出了一系列具体要求，并把这项工作作为企业深化民主管理的一项重要标志，引起了各市、地区的重视，各市、地区根据省总工会的统一部署，下发文件，召开会议，认真推广哈尔滨市的经验。

伊春市总工会召开推行双保合同问题研究讨论会，从理论与实践结合方面提高基层工会干部对双保合同的认识。牡丹江、齐齐哈尔等市也召开了类似会议。牡丹江市总工会为加快推行双保合同工作的步伐，选择了几个不同类型的企业，进行试点，以便总结经验在全市推广。一些大城市都把推行双保合同工作作为工会企业民主管理“四优先”比赛活动的重要条件。松花江、绥化地区、鸡西市等地还组织基层工会干部到哈尔滨市学习推行双保合同的经验。在省总工会的精心指导下，经过全省工会干部的共同努力，双保合同逐步在全省范围推广。

1985 年 7 月，省总工会转发哈尔滨市总工会《关于适应经济体制改革形势，积极推行双保合同的情况报告》，要求各级工会组织积极推行双保合同，促进企业民主管理，调动职工的积极性、创造性，提高经济效益，实现责、权、利的统一。到 1985 年底，全省推行双保合同工作正处于高潮之中。牡丹江市 12 家大型企业已有 10 家签订了双保合同，占 83.3%，全市和所属县镇的小型企业，推行双保合同面已达 25%；齐齐哈尔、伊春、双鸭山、大庆市、绥化、松花江地区推行双保合同面也已达 15%以上。哈尔滨市在全省普遍推行双保合同形势推动下，工作步伐加快，推行双保合同的企业成倍增长。1985 年末，全市机械、冶金、电子、仪表、化工、纺织、轻工、交通、建材、建筑、商业、服务、副食等行业，大中小 3 种类型，全民、集体两种所有制的 849 家企业签订了双保合同，占全市实行职工代表大会制度的企业的 41.2%。

表 11-1　1985 年黑龙江省建立职工代表大会制度情况统计

类别	基层工会数（个）	已建职代会单位数（家）			尚未建立职代会的单位数（家）		
		总数	全民所有制	集体所有制	总数	全民所有制	集体所有制
工业企业	6358	5578	3471	2107	780	407	373
交通、运输邮电	1199	931	677	254	268	118	150
基本建设	1287	1018	747	271	269	179	90
地质	49	41	40	1	8	3	5
财贸	6415	5568	4190	1378	847	562	285
农场、林场、渔场	1519	1254	1177	77	265	225	40
教育	3508	2762	2706	56	746	728	18

续表

类别	基层工会数（个）	已建职代会单位数（家）			尚未建立职代会的单位数（家）		
		总数	全民所有制	集体所有制	总数	全民所有制	集体所有制
文化、科研、卫生	1982	1363	1261	102	619	580	39
其他	1888	1084	903	181	804	711	93
总计	24205	19599	15172	4427	4606	3513	1093

四、推动企业民主管理规范化和法制化

全面推行职工代表大会制度 1981 年 3 月，在省总工会四届三次委员（扩大）会议上，中共黑龙江省委第一书记杨易辰就全省如何贯彻党中央指示，全面推行职工代表大会制度、加强民主管理的问题作了重要讲话。杨易辰讲话印发以后，在全省引起强烈反响。全省企业民主管理工作在各级党委的领导下，又有了新的进展。到 1981 年 6 月，全省建立职工代表大会制度的县团级以上工交、基建系统企业已由 1980 年 9 月的 37.8%上升到 70%，其中工业较为集中的哈尔滨、齐齐哈尔、牡丹江、佳木斯 4 市已达到 89%，各地小型企业包括乡镇企业已由 2 月末的 28%上升到 45%。齐齐哈尔铁路和省邮电、航运部门所属企业都已达 80%以上。全省 64 个县普遍开始推行职工代表大会制度，其中黑龙江、通河、望奎、双城、延寿、巴彦等县镇工业企业已达到 90%以上。农林、商业、服务、供销、粮食系统企事业也都开始积极推行职工代表大会制度。

1981 年 6 月以后，全省各地相继传达了全国企业民主管理座谈会精神。7 月，中共中央、国务院转发的《国营工业企业职工代表大会暂行条例》，受到广大职工和各级干部的欢迎。大家普遍反映，企业民主管理有了法规，群众当家作主有了保障。中共哈尔滨市委召开企业干部会议传达党中央文件，学习条例，讨论落实规划。齐齐哈尔、牡丹江、佳木斯、鹤岗、双鸭山、合江、绥化、松花江、嫩江、大兴安岭等市、地工会在组织干部学习的基础上进一步检查落实推行职代会的具体规划。有的企业联系实际，制定了实施细则。

召开全省企业民主管理工作座谈会 1983年6月，省总工会在绥化市召开全省企业民主管理工作座谈会。出席这次会议的有各地、市和部分产业工会及管（组织）部长共计30余人。这次会议以中央书记处对工会工作指示为指针，总结交流了省委阿城会议以后各地民主管理工作和经验，讨论研究了在企业进行全面整顿和改革中，如何进一步提高企业民主管理水平问题。

1984年，全省企业民主管理继续发展，全年新建立职工代表大会制度的单位达1824个，全省建立职工代表大会制度的单位已超过1982年全省应建职工代表大会制度的单位总数。

1984年12月20日，中共中央作出《关于经济体制改革的决定》，明确指出："在实行厂长负责制的同时，必须建立职工代表大会制度和各项民主管理制度，充分发挥工会组织和职工代表在审议企业重大决策，行使监督领导干部和维护职工合法权益等方面的权力和作用，体现工人阶级的主人翁地位，这是社会主义企业性质决定的，绝对不允许有任何忽视和削弱。"决定还指出："企业活力的源泉，在于脑力劳动者与体力劳动者的积极性、智慧和创造力。"

1985年5月13日至27日，省总工会先后召开城市和县镇两次企业民主管理研究讨论会。通过学习和讨论，与会同志一致认为，企业在实行厂长负责制的同时，必须健全职工代表大会制度和各项民主管理制度，应毫不动摇，坚定不移地在经济体制改革中，把健全职工代表大会制度，加强职工民主管理放到十分重要的位置上，真正做到实行厂长负责制与健全职工代表大会制度同步进行，保证广大职工和他们的代表，参加企业民主管理的权利。会议结束时，省总工会副主席焦谭就企业实行厂长负责制，为什么要加强职工民主管理，在经济体制改革中，如何加强职工民主管理等问题，从理论与实践两个方面进行了探讨，对统一大家的思想起了很好的作用。

召开全省企业民主管理经验交流会 为了交流企业实行厂长负责制后加强民主管理的新经验，省总工会于1985年9月18日至22日召开全省企业民主管理经验交流会。这次会议主要是传达贯彻中华全国总工会十届六次主席团扩大会议精神，总结交流企业领导制度改革试点的经验，讨论研究如何推进改革，把职工民主管理引向新阶段的问题。会议期间，大兴安岭地区工会、国营华安机械厂工会、中共佳木斯造纸厂党委、海伦县浸油厂等几十个单位，分别介绍了企业党委是怎样支持和领导职工当家作主、企业实行厂长负责制是怎样加强职工民主管理、工会和职工代表大会是怎样理顺关系的经验和做法。大兴安岭地区总工会从1985年初，试行职工代表大会与工会会员代表大会结合，职代会常任主席团与工会委员会结合，职代会下设的各专门委员会与工会下设的工作委员会结合，职工代表与工会小组长结合的管理体制。这样做有利于进一步理顺企业内部党、政、工三者的关系，促进企业领导制度的改革，实现了三加强；有利于提高工会的地位和作用，理顺了工会与职代会的关系，加强了民主管理，带动了全盘工作；有利于落实职工代表大会的职权，提高职工代表的议政能力。哈尔滨毛织厂厂长在会上介绍了尊重和支持职工当家作主、全心全意地依靠职代会办好社会主义企业的经验，他的具体做法是：依靠职代会，修正和完善厂长对企业重大问题的决策；依靠职代会，保证厂长生产经营权畅通无阻；依靠职代会，正确地识别、考核和使用干部；依靠职代会，办好社会主义企业。

全省企业民主管理工作有突破性进展　企业民主管理的重点转向生产经营领域。1985年全省企业民主管理工作，在党中央决定的指导下，经过全省广大工会干部的努力，有了突破性的进展。主要标志是：企业民主管理的重点转向生产经营领域，在审议重大决策，提高经济效益，增强企业活力上发挥了作用。这是企业民主管理水平提高的一个重要标志。

进一步健全、完善了职工代表大会的组织体系和工作制度，形成了纵横交错的民主管理网络。为了适应经营体制改革的需要，许多企业，在纵向上，建立了厂、车间、班组三级民主管理体系。据齐齐哈尔市调查，全市有95%的企业，82%的车间，80%的班组建立了民主管理制度。为了有效地行使职代会职权，提高职代会的工作质量和开展经常性的活动，各企业在横向上还建立了生产经营、生活福利、评议监督、提案审查等各种专门委员会或小组，形成了与行政的主要经营管理机构相对应的民主管理机制。鸡西矿务局、大庆石油管理局、哈尔滨铁路局等大型企业，在加强矿、厂分局一级企业民主管理的基础上，建立管理局一级的职工代表大会制度，组织吸引了职工向着参加全系统、全行业民主管理的方向发展。在商业、服务等小单位，也创建了民主管理小组、民主管理委员会等多种灵活的民主管理形式，使之与经营形式变革相适应。

全省积极进行工会的组织机构与职代会相融合的探索。大兴安岭地区、桃山林业局、牡丹江工商局工会，都较好地发挥工会组织和职工代表在审议企业重大决策、监督行政领导和维护职工合法权益等方面的权力和作用，积极尝试工会组织与职代会组织实行“四结合”，即职工与工会会员代表大会结合，职代会常任主席团与工会委员会结合，职代会下设的各专门委员会与工会下设的工作委员会结合，职工代表与工会小组长结合，避免了职工代表与工会会员代表、民主管理机构和工会机构的重复，既有利于发挥职代会的作用，又有利于发挥工会组织的作用，使企业民主管理得到进一步加强。

进一步强化工会领导班子。企业民主管理工作的加强，有效地带动整个工会工作，工会的领导班子进一步强化。据调查，全省工交、基建、农林、财贸系统 16438 个企业基层工会中，已按党中央规定选配同级党政副职级工会主席的有 13644 个企业工会，县属百人以上的企业，大部分也按省委要求，选配了专职工会主席。伊春市总工会全面开展了民主管理竞赛，黑河地区在企业干部中搞民主管理知识答辩，庆华工具厂成立了民主管理研究会，哈尔滨、牡丹江市等地还召开了民主管理研究讨论会，都有力地促进了企业民主管理的进展。许多基层工会都把民主管理同建设职工之家有机结合起来，使工会的地位和作用有了明显提高。到 1985 年底，全省基层单位实行职工代表大会制度的单位有 19599 个。

第四节　动员职工完成“六五”国民经济计划

1980 年 2 月，国务院决定重新制定中长期计划，酝酿编制“六五”计划。1982 年 12 月五届全国人大五次会议正式批准“六五”计划。“六五”计划是继“一五”计划后的一个比较完备的五年计划，是在调整中使国民经济走上稳步发展的健康轨道的五年计划。“六五”计划的基本任务是：继续贯彻执行“调整、改革、整顿、提高”的方针，进一步解决过去遗留下来的阻碍经济发展的各种问题，取得实现财政经济状况根本好转的决定性胜利，并且为第七个五年计划期间的国民经济和社会发展奠定更好的基础，创造更好的条件。黑龙江省总工会为动员职工完成“六五”国民经济计划进行了各种各样的活动安排。

一、开展多种形式的竞赛活动

开展增产节约运动　1984 年，双鸭山市总工会发动职工开展增收百元竞赛活动，全市有 8.8 万多名职工参加，增收额达 150 万元。哈尔滨市开展节约超百元活动，全市有 11.4 万多名职工达到节约超百元的指标。

技术革新运动　第五届代表大会后，黑龙江省工会继续开展技术革新运动，全省参与合理化建议活动的职工逐年增多，所提建议件数呈上升发展趋势。其中大部分建议是针对企业技术革新、技术改造和发明创造项目。这些建议和技术革新活动，为提高企业经济效益，改善生产和经营管理发挥了重大作用。

表 11-2　全省职工技术革新合理化建议情况统计表（1980—1985 年）①

年份	总件数	已采纳件数	已执行件数	创造价值（元）
1980	110960	62860	45769	126377435
1981	127851	65142	49570	303345528
1982	133579	69162	51958	—
1983	178028	90977	64892	—
1984	322482	120611	—	—
1985	494854	215507	130355	—

厂际竞赛　1983 年，黑龙江省工交系统出现亏损企业 525 户，亏损额 1.77 亿元。其中亏损额达 50 万元以上的有 92 户，亏损额达 1.3 亿元，占全部亏损额的 73%。为实现这些企业的扭亏增盈，提高全省经济效益，省总工会提出把帮助企业扭亏增盈作为全省工会组织参与经济工作的重点。1984 年 3 月，省经委

①　黑龙江省地方志编纂委员会编：《黑龙江省志·工会志》，黑龙江人民出版社 1995 年版，第 120 页。

和省总工会联合发出关于开展厂际竞赛的文件，提出在全省开展亏损50万元以上和盈利100万元以上企业扭亏增盈厂际竞赛，并成立领导小组，制定出竞赛方案。领导小组组长由省经委副主任许广全、省总工会副主席陈世军、省经委副秘书长刘堑担任。1985年，领导小组改由安振东副省长和陈世军担任正副组长。办公室设在省总工会，负责具体日常工作。全省各地也相应成立了由政府和工会主要领导参加的领导小组。这次竞赛由省总工会统一指挥，将92个亏损大户和152个盈利大户按地区、按行业分为15个赛区，层层落实扭亏增盈保证条件。省总工会直接帮助5个企业扭亏；哈尔滨、齐齐哈尔、牡丹江、佳木斯、大庆5个市总工会直接各帮助3个企业扭亏；其他市、县各帮助1个企业扭亏。全省县以上工会共选定了13个企业帮助扭亏。到1984年底，全省92个亏损大户有50个企业当年实现扭亏为盈，其中有7个企业跨入盈利百万元企业的行列；152个盈利大户盈利73376万元，比1983年增长2752万元；244个企业扭亏增盈总额相当于全省工会企业当年减亏总额的61.2%。到1985年上半年，在50万元以上的亏损大户中，又有8户扭亏为盈。

1985年，省总工会与省经委，在全省组织盈利100万元和亏损50万元以上企业开展扭亏增盈厂际竞赛，取得明显经济效果。全省原有盈利百万元以上企业177户共缴利税14080万元，比1984年提高5.1%；同时又有21户企业新跨入盈利百万元的行列。全省原有亏损50万元以上的企业49户，有10户扭亏为盈，21户实现减亏目标，占亏损大户总数的63.3%。为表彰在扭亏增盈竞赛中作出突出贡献的企业和个人，经省人民政府同意，1986年3月，授予和平糖厂等7个企业为“扭亏增盈先进企业”称号，授予哈尔滨变压器厂等25个企业为“增盈先进企业”称号。

班组竞赛 1983年市总工会下发班组升级赛方案，把竞赛考核内容确定为全面完成生产任务，不但完成项目多，每项指标超额的也多，还有核心团结政治工作好、班组管理好、经济效益高、群众技术活动好、文化技术学习好、互助互济好、安全生产文明生产好。到1985年，全市共评出优胜班组12028个，占班组总数的45%；先进班组5523个，占班组总数的22%；标兵班组46个，占班组总数的1.7%。这一活动，有力地促进了牡丹江市班组建设工作的发展。

1986年7月，省总工会在齐齐哈尔市召开全省班组建设工作经验交流会。会议期间听取齐齐哈尔市总工会、齐齐哈尔第二机床厂马恒昌小组、牡丹江木工机械厂安太俊小组等9个单位和班组的经验介绍。主要经验有：一是多种形式的班组竞赛蓬勃发展，促进班组建设水平不断提高。齐齐哈尔市总工会组织开展红旗班组竞赛，长年不断，年年表彰，已经形成制度。牡丹江市总工会从1979年起就一直组织开展班组升级赛。二是推行“三全”管理制度，使班组管理朝着科学化方向发展。据对哈、齐、牡、佳四市不完全统计，实行全员目标管理，全员经济核算、全员质量管理的国营企业已经达到班组总数的50%。三是班组骨干队伍培训日益加强，并朝着全员培训方面发展。四是岗位练兵活动越来越广泛，促进班组素质的提高。五是班组思想政治工作不断加强，加快了“四有”职工队伍建设的步伐。

从1987年开始，省总工会在全省开展班组升级赛活动，即在企业内部开展合格班组、信得过班组和先进班组升级赛活动。哈尔滨、齐齐哈尔、牡丹江、佳木斯、鸡西等市都以市总工会和市经委联合名义制定下发创“三组”升级赛的通知和方案。制定“三组”升级的考核标准和竞赛评比办法。加强班组升级的领导，保证班组升级活动的健康发展。哈尔滨机联机械厂通过抓班组升级竞赛，全厂59个班组，有44个班组“双增双节”人均达到或超过1500元，全厂工人平均每人实现200元。哈尔滨量具刃具厂开展班组升级活动，推动工厂班组建设。全厂先进班组由过去的20%提高到40%，班组建设的加强，促进了企业管理水平的提高，1988年工厂晋升为国家二级企业。

增产节约、增收节支运动　1986年是实施“七五”计划第一年，全省各级工会组织从本地区实际情况出发，组织广大职工开展多种形式的劳动竞赛活动。牡丹江市开展“查、比、算”活动。即：查企业生产潜力和损失浪费现象，比与同行业先进水平的差距，算不利因素和增收节支效益账。齐齐哈尔市开展“对指标、找差距、长志气、赶先进”竞赛，大庆市开展“双文明”（物质文明、精神文明）竞赛。佳木斯市开展“五个一”活动，即质量提高一个档次、库存资金占用减少十分之一、总成本降低百分之一、流动资金占用缩短十分之一、百产值利润增加一元。双鸭山市开展“人增百元”活动，伊春市开展“为搞活企业献计献策”竞赛等都取得很显著的成绩。

1987年2月6日，中华全国总工会发出《关于动员广大职工群众广泛开展增产节约、增收节支运动的通知》。该通知指出：党中央、国务院决定在全国范围内，在各行各业中广泛开展增产节约、增收节支运动。全国广大职工和各级工会组织要认识自己的重大责任，立即行动起来，热烈响应这一号召。省总工会根据中华全国总工会通知精神，动员全省职工广泛开展增产节约、增收节支运动，为振兴龙江经济建功立业。省总工会与省经委共同组织，以省委、省政府名义召开“全省深入开展增产节约、增收节支运动广播电视动员大会”。省直各单位的主要负责人出席大会。会上，省长侯捷代表省委、省政府作《深入开展增产节约、增收节支运动》的报告，提出全省“双增双节”运动各项目标和措施。省总工会副主席陈世军代表全省各级工会组织和全省职工在大会上发言，提出当年全省职工人均增百元，实现全省职工共创实际经济效益7个亿的目标。为落实省委、省政府广播电视大会精神，哈尔滨、齐齐哈尔、牡丹江、佳木斯、大庆等10个城市都以市委、市政府名义召开全市“双增双节”运动动员大会，市委、市政府主要领导作动员报告。绥化、松花江等4个地区及产业工会都以文件形式下发通知。从而，在全省职工中迅速掀起开展“双增双节”运动的热潮。

10月，省总工会为把全省职工“双增双节”运动不断引向深入，对牡丹江市“双增双节”运动开展情况进行调研，并以省总工会文件转发《关于对牡丹江市各级工会组织职工开展“双增双节”运动情况的调查报告》，在全省推广牡丹江市总工会组织职工开展“双增双节”运动的经验。其主要经验是：一要摆正位置，体现特点，充分发挥工会组织的优势；二要广泛发动，群策群力，充分调动职工群众的积极性；三要充分发挥先进模范人物的骨干带头作用；四要突出重点，注重创新，充分发扬求真务实的精神；五要深化改革，完善措施，不断增强企业的活力；六要兑现政策，奖励先进，充分体现按劳分配原则。

围绕开展“双增双节”运动，省总工会在全省职工中开展“振兴龙江人增百元”活动。发动职工开展每人参加一项改革实践、提一条合理化建议、实现一项小改小革、练好一门基本功、增收节支一百元“五个一”活动，努力实现全省职工通过“双增双节”争创7亿元的目标。省总工会特别强调对职工人均增百元的考核，制定《全省职工“双增双节”人均增百元考核统计办法》。强调全省各级工会组织都要建立自下而上考核体系。反对弄虚作假和搞形式主义，真正做到让企业行政认可，企业财务认账，实现从利润计划基础上体现的增收成果。

各市（地）和产业工会，从工会组织的特点出发，针对本地区、本行业的实际，围绕“双增双节”目标的实现，开展多种形式的竞赛活动。哈尔滨市组织全市企业和职工开展“增产节约，增收节支大奖赛”，设10个竞赛项目。齐齐哈尔市针对全市亏损企业多，亏损面大的特点，在全市企业中开展扭亏增盈厂际竞赛。大兴安岭地区在全管区范围内开展“百、千、万”群众性增产节约、增收节支立功竞赛活动。佳木斯纺织厂工会组织全厂职工开展“十路进财”竞赛活动等，都取得较好的效果。据统计，当年全省职工“双增双节”运动创造价值14.56亿元，人均增收节支184.14元。

二、开展群众性技术比武、技术革新活动

先进生产者运动　1982年12月，省总工会在桃山召开生产部长会议，集中讨论研究如何组织全省职工开展先进生产者运动的问题。在大规模的先进生产者运动中，各地都要树立本地区、本部门、本单位的先进旗帜。选树工作要结合年终评比，树立思想先进、事迹突出、贡献卓著、群众信服、具有时代特色的先进模范人物，大张旗鼓地宣传他们的先进思想、先进事迹和先进经验，在职工群众中造成一个学先进、赶先进、以先进为荣、奋发向上的新的社会风气，促进先进生产者运动的健康发展。

在这次先进生产者运动中，齐齐哈尔市总工会组织全市职工开展创红旗班组，争当各种能手、劳动模范，开展直属厂（局）际竞赛、劳动模范竞赛和单项攻关赛的一创二争三赛活动，掀起“对指标，找差距，长志气，赶先进”的竞赛热潮。哈尔滨市总工会以产品质量要提高一个档次，主要原材料和燃料消耗在原节约计划基础上再降低2%，每个职工多增产节约价值100元为先进生产者运动的具体目标，围绕该目标在全市开展4大类70多种小型多样的竞赛，并

选树哈尔滨轴承厂车工王继文为全市各条战线职工的学习榜样。王继文以6年时间完成17年工作量，实现技术革新109项。佳木斯市在全市职工中开展每个职工增产节约、增收节支100元，每个职工提1项合理化建议，每个班组实现1项技术革新的“三个一”活动，1983年上半年全市增产节约、增收节支达1000万元。

1983年9月，省总工会在《关于全省开展先进生产者运动情况的报告》中总结这次先进生产者运动的5个特点：1. 这次运动是以党的十二大精神和爱国主义教育、共产主义教育为强大的政治动力，为实现社会主义现代化强国的宏伟目标而开展的。2. 这次运动是以提高经济效益为中心内容。改变过去单纯赛产值、产量，不考核经济效益的现象。3. 这次运动以发动职工群众进行技术革新、技术改造和推广先进技术为重点。4. 这次运动以建设一支有理想、有文化、有道德、守纪律的职工队伍为基础，在抓物质文明的同时抓精神文明建设，使先进生产者运动真正成为教育职工的共产主义大课堂。5. 这次运动是以创先进个人、先进集体、办六好企业为目标，使先进生产者运动同企业的整顿和改革有机地结合起来，有力地促进了整个企业面貌的变化。

加强技术交流 技术市场通过难题招标、技术转让、信息交流、新产品试销、企业诊断等形式，进行技术交流活动。1981年9月，省总工会技术协作办公室会同省经委等部门举办全省工交系统首届应用技术交流协作会，是为技术市场首创。全省有关单位1000余人参加协作会，有近万人次参与交流协作活动。这次协作会共投入1390项科技成果，科研单位与生产部门达成交易协议104项，另有594项形成双方协作关系。协作会密切了科研与生产的关系，沟通了技术交流渠道。

1982年9月，全省工交系统第二届应用技术交流协作大会在哈尔滨市举办。省内国防、机械、轻工、化工、电工、冶金、社队企业等7个系统派代表参加协作会。1985年上半年，为开展职工群众性技术交易活动，依兰、齐齐哈尔、佳木斯、牡丹江、宁安、肇东等市、县进行举办职工群众技术市场的试点活动，获得成功。7月，省职工技术协作委员会在哈尔滨市工业先进技术交流馆举办首届职工技术市场。省内27个市、县选出1200多个技术项目参加市场交易，其中转让的新技术400多项，推广的新技术600多项，大部分是各地职工技协组织科研生产单位开发的。省内外2万余人前往参观，达成交易176项，金额达195万元。市场开办期间，人民日报、中央人民广播电台和省内新闻单位对这次技术市场的举办作了大量报道。

生产运动会　1979年，全省各级工会普遍建立了技术协作组织，生产运动会成为职工技术协作组织开展技术交流活动的重要方式。1980年，牡丹江市、齐齐哈尔市、虎林县工会就曾组织职工技术比赛。到1983年，全省已有近50个市、县组织了职工技术比赛。从市、县到厂、矿，定期进行技术比赛已基本实现制度化。在此形势下全省各级工会纷纷提出建议，希望组织全省的职工技术比赛活动。

1984年9月，省总工会、省经委、省科协、省劳动局、省交通厅、省机械厅、省商业厅在哈尔滨市联合举办黑龙江省第一届职工生产技术运动会，进行汽车驾驶、车削加工、电焊3个工种的比赛。为了参加这次比赛，全省各级工会都成立专门班子进行组织。在全省15个市、6个地区、63个县中，95%以上都举办了技术比赛和生产运动会，全省大约有200万名职工参加了这一活动。这次比赛从3月份开始选拔，全省11.7万名汽车司机、车工、电焊工参加地市一级的选拔赛。最后选拔出153名选手参加省生产技术运动会。这些选手经生产运动会的理论考试和操作比赛，有48名选手被评为黑龙江省职工技术能手。①

三、进一步加强班组建设

全省班组建设工作情况　黑龙江省班组建设工作有着优良的传统。党的十一届三中全会以来，随着工作重点的转移，在企业整顿和建设职工之家的过程中，特别是在经济体制改革的过程中，全省各级工会进一步加强了班组建设工作的领导，并不断探索新的历史时期班组建设面临的新形势、新任务、新特点，创造性地抓班组建设工作，推动了全省班组建设朝着革命化、科学化、制度化

① 黑龙江省地方志编纂委员会编：《黑龙江省志·工会志》，黑龙江人民出版社1995年版，第160页。

的方向发展，促进了全省两个文明建设各项事业的前进。

一是多种形式的班组竞赛蓬勃开展，促进了班组建设水平的不断提高。近两年来，全省各地开展班组竞赛的形式层出不穷。如哈尔滨市总工会与市经委联合开展了“文明班组”竞赛，佳木斯市总工会组织开展的“六好班组”竞赛，大庆市总工会组织开展的“双文明”班组竞赛，鹤岗市总工会曾两次到齐市学习班组建设的经验，也组织开展了红旗班组竞赛等。通过班组竞赛活动的开展，有力地推动了基层班组建设，各种类型的先进班纽不断涌现。1985 年全省共涌现出基层企业以上的先进班组 62863 个，占全省班组总数的 15%。

二是推行“三全”管理制度，使班组管理朝着科学化的方向发展。据对哈、齐、牡、佳四市不完全统计，实行全员目标管理、全员经济核算、全员质量管理的国营企业已经达到了班组总数的一半左右。西林钢铁厂供应科送料组，在实行经济承包的基础上，实现了由生产管理到生产经营管理方面的转变，经济效益迅速提高，从三个人、三台手推车的单纯生产服务型班组，发展到现在拥有价值 22 万的固定资产、三年来上缴利润 28 万元的服务经营型先进班组。

三是班组骨干队伍的培训日益加强，并朝着全员培训的方面发展。齐齐哈尔市总工会三年来直接为企业培训青年班组长 5000 多名。佳木斯市去年以来已经举办了四期班组长培训班，共培训了 10347 名班组长，占全市班组长总数的 48.3%。

四是岗位练兵活动越来越广泛，促进了班组素质的提高。尤其是 1984 年全省第一届职工技术运动会的召开，形成了全省百万职工大练兵的新局面。鹤岗矿务局几年来坚持一年一度的全员岗位练兵，培训面已达 80%。佳木斯食品厂通过建立经济承包责任制，签订了岗位练兵的包保合同，并让青年工人每周换一次岗位，使他们掌握整个生产过程，大大提高了职工的技术操作水平。

五是班组思想政治工作不断加强，加快了“四有”职工队伍建设的步伐。全省各级工会在抓创建职工之家的过程中都把班组建设，特别是思想建设作为一项重要内容，并改变了过去那种就事论事的简单方法，把思想政治工作渗透到班组各项工作的各个环节中去，促进了职工思想政治觉悟的提高，促进了后进职工的转化，调动了职工的积极性。闻名全国的马恒昌小组等许多先进班组，在“四有”职工队伍建设中，为全省树立了榜样。

党的十一届三中全会以来，黑龙江全省班组建设工作，在继承和发扬了建国以来优良传统的基础上，又积累了许多新的经验。就全省工会组织抓班组建设来说，其主要经验，大体可归纳为以下几点：第一，班组建设工作必须适应改革的新形势，才能有新的发展。第二，只有把民主管理与采用现代化管理方法紧密结合起来，才能把班组建设工作不断提高到一个新的水平。第三，只有始终坚持把提高职工素质放在首位，才能使班组建设不断取得新的成效。第四，在班组建设工作中，必须坚持“两个文明”一起抓的方针，才能使班组建设工作保持正确方向。第五，只有积极主动，加强组织领导，才能把班组工作抓到实处。

适应改革的新形势，把班组建设提高到新水平　随着以城市为重点的全面经济体制改革的深入发展，各行各业、各个方面都在发生着越来越深刻的变化。形势的发展为抓前沿、抓基础，加强班组建设提出了一系列新的课题。特别是我国已从产品经济转变为有计划的社会主义商品经济，这就客观地要求我们在班组建设工作中，实现一系列必要的转变，才能适应形势发展的需要。

从工会组织的性质、地位、作用和特点出发，把发扬优良传统和改革创新紧密结合起来，坚持“两个文明”建设一起抓，把建设适应商品经济充分发展的新型班组，作为工会抓基层的重点，以各种形式的班组竞赛为主要手段，把工会工作做到生产、流通等各个领域第一线去，促进和推动全省班组建设继续朝着革命化、科学化、制度化的方面发展，为搞活企业，实现“七五”计划和党的十二大确定的宏伟目标打下坚实的基础。为此，要努力抓好以下几个方面的工作：

抓思想认识，增强自觉性。各级工会组织和干部务必充分认识新时期加强班组建设的必要性和迫切性，增强抓好班组建设的自觉性。首先，认真总结中华人民共和国成立以来班组建设工作的经验教训，发扬工会抓班组建设的优良传统。班组是企业的细胞，是企业一切工作的出发点和落脚点。其次，从分析经济体制改革的新形势入手，认清加强班组建设是保证改革顺利进行的需要，是增强企业活力的根本保障。哈尔滨市总工会最近提出了“让企业五万个细胞活起来”的口号。这个提法寓意深刻，对我们很有启示。这就需要把班组建设提高到现代化的水平。最后，从工会组织在新时期的性质、地位、作用和特点出发，明确加强新时期班组建设是工会组织责无旁贷的急迫任务。工会抓班组，是工会组织的性质、地位所决定的，也是我们转变作风、把工会工作做到基层职工群众中去，防止和克服“官办”工会倾向的重要标志。

抓调查研究，层层制订规划。在调查研究中，一要掌握本地区、本系统、本企业班组的基本情况；二要把研究新情况、新问题，总结新经验作为重点；三要分行业、分类型深入解剖一些典型，善于抓住不同行业、不同类型班组的个性，以便分类指导。各级工会要在调查研究的基础上，发动群众，结合企业各项配套改革和工会组织的各种竞赛，以及创建职工之家等活动层层制订班组建设工作的规划，使工会组织抓班组同搞活企业一致起来，形成制度化、规范化、经常化，切实改变时紧时松的状况。在制订规划的过程中既要依据中华全国总工会提出的总体目标方案，又不能搞一个模式；既要实行目标管理，又不能片面追求指标，不讲实效；既要从实际出发，又要有争一流的雄心壮志。

抓班组升级赛，表彰推广先进。在这项活动中，首先，做好竞赛的组织工作，做到精心组织，精心指导。竞赛的形式可以多种多样，不拘一格；竞赛的内容，根据不同行业、不同类型班组的特点来决定；表彰评比先进要有切实可行的标准；先进经验的推广要分行业、分类型进行，增强有效性和针对性。县以上先进班组的表彰由各总工会牵头负责；典型经验的交流推广最好由产业工会侧重抓。其次，制定好竞赛方案。最后，在做好日常检查、考核工作的基础上，搞好评比表彰和推广先进的工作，并形成必要的制度。

抓组织领导，加强理论研究。这是把全省班组建设提高到一个新水平的关键。一方面，班组建设水平的提高需要党政工团的综合努力。工会抓班组，应在配合行政做好班组的生产经营管理和职工队伍培训等项工作的同时，侧重抓好班组竞赛、评比表彰先进、民主管理、岗位练兵、生活互助，以及工会小组建设等项工作。另一方面，工会抓班组需要各部门密切配合，共同努力。

第五节　加强职工教育、建设“四有”职工队伍

工会重要的职能之一就是加强职工教育，教育是长期系统工程，教育广大职工成为有理想、有道德、有文化、有纪律的公民，是中共中央宣传部和团中央共同提出来的。黑龙江省工会围绕这一目标，积极采取各项措施，黑龙江职工教育蓬勃发展。

一、全省工人阶级队伍状况发生显著变化

自省工会四大以来，全省工会组织恢复发展较快。基层工会组织由1979年的198004个，发展到1982年底的22873个。工会会员由3064000人增加到4700984人，工会积极分子队伍由44万人，增加到65万多人。几年来，先后召开四次工会积极分子工作座谈会、经验交流会，去年还召开了全省工会积极分子代表大会，表彰树立了1355名工会积极分子。这些工会积极分子，对推动全省工会工作起了重要作用。在中国工会第十次代表大会上黑龙江省受到表彰的有哈尔滨轴承厂、国营和平机械制造厂、国营第一重型机器厂、国营北方工具厂、桃山林业局、克山农场等六个先进基层工会，52个先进工会小组和宋圣斌、王怀兰、魏秀峰、王胜国等554名工会工作者和积极分子，他们都是值得学习的好榜样。

各级工会领导班子，经过调整和充实，革命化、年轻化、知识化、专业化程度有了很大提高。在全省929个县团级企业的工会组织中，配上相当于同级党政副职的工会主席已占50%以上。不少市县对200人以下的小型企业，也配备了专职工会干部。仅省总工会采取各种形式，就培训工会干部2470人，各级工会培训工会积极分子40多万人。经过学习和培训，广大工会干部精神面貌发生明显变化，他们精神振奋，团结向上，信心百倍，决心为振兴工运事业积极贡献力量。

各级工会还加强了财务管理，注意收好、管好、用好工会经费，对做好工会工作起到了物质保障作用。多年来，在政府的支持下，集中财力兴办了工会的各项事业，为市县工会新建扩建工人文化宫、俱乐部46处，恢复和新建职工学校52所，新建技术协作交流馆5处，翻建新建工人疗养院33处。

二、加强职工思想政治教育

开展“四有”教育 教育各族人民成为有理想、有道德、有文化、有纪律的人民，是中共中央宣传部和团中央于1982年5月《深入持久地开展“五讲四美”活动争取社会主义精神文明建设的新胜利》，即《全民文明礼貌月活动总结会议纪要》中首先提出来的。1985年3月，邓小平在全国科技工作会议上的讲话中再一次强调“要教育全国人民做到有理想、有道德、有文化、有纪律”。在广大职工中进行“四有”教育，建设一支“四有”职工队伍，是1985年下半年黑龙江省各级工会开展的一项社会主义精神文明建设活动。

1985年8月，省总工会批转大庆市总工会《关于在职工中开展理想纪律教育的情况报告》，充分肯定大庆市各级工会在学习邓小平讲话精神，开展理想纪律教育活动中取得的经验。

在贯彻党中央指示，建设“四有”职工队伍工作中，大庆市各级工会把理想和纪律教育作为加强职工思想政治工作的一项重要措施来抓。在进行理想纪律教育中，工会组织全油田职工开展坚持和发扬大庆优良传统的大讨论，并组织职工参观大庆会战时期打出的第一口油井和铁人王进喜的事迹展览，收听王进喜生前的讲话录音，观看松辽油田会战的纪录电影，宣讲参加会战的大庆职工的先进事迹，激发广大职工艰苦奋斗、为石油工业献身的革命精神。他们还邀请东北烈士纪念馆英烈事迹报告小分队为全市54个单位近两万名职工作报告，使广大职工受到了生动的爱国主义、社会主义和共产主义再教育，增强了理想纪律观念。1985年9月，省总工会在大庆市召开全省职工理想纪律教育座谈会，推广大庆市总工会开展理想纪律教育的经验，研究讨论了把理想纪律教育进一步在全省普及和开展起来的问题。在这次座谈会上，各市、地工会交流了在职工中开展理想纪律教育采取的做法和取得的经验，大庆和鸡西市职工理想报告团的部分成员还在会上作了专题讲演。

开展青年工人政治轮训　1979 年后，大批青年工人走上生产工作岗位，他们不了解工人阶级，不了解工人阶级的历史使命、光荣传统，政治素质较差，不能适应社会主义现代化建设的需要。哈尔滨铁路总工会从 1983 年 1 月起，在齐齐哈尔房产段、牡丹江火车站、哈尔滨工程处等单位进行筹建职工政治学校的试点，首先对青年工人进行《中国近代史》《科学社会主义常识》《中国工人阶级》的学习教育。

1983 年 7 月，中共中央批发由全国职工思想政治工作研究会制定的《国营企业职工思想政治工作纲要》以后，全省各级工会陆续创建了职工政治学校。据 1983 年下半年统计，全省共举办职工政治学校 29 所，青年工人脱产政治轮训班 125 个，组织 124 期业余政治讲座。还有 500 多个单位在职工补习文化技术中增加了政治课内容，按照党中央纲要精神，学习《中国近代史》《科学社会主义常识》《中国工人阶级》3 本书，进行系统的共产主义教育。

1983 年 8 月，省总工会召开各市、地工会宣传部长汇报会，哈尔滨、佳木斯、牡丹江等 9 个市、地交流了开展青年工人政治轮训的经验。9 月，省总工会下发《关于贯彻落实〈国营企业职工思想政治工作纲要〉的意见》，要求全省各级工会把职工思想政治工作当作一件大事来抓，制订切实可行的职工思想政治教育规划，扩大职工理论学习队伍，开办职工政治学校，轮训青年工人。

哈尔滨市各级工会对轮训青年职工工作抓得紧，进度快。1983 年已有 48 个大中型企业办起了各种类型的职工政治学校和轮训班。全市共轮训 28958 人，占青年工人总数的 18.8%。经过轮训的青年职工思想有很大提高。一些青年工人自动组织起自学小组，利用业余时间坚持学习马列主义基本理论。大多数青年工人通过轮训，对人生的目的、意义有了正确认识。据哈尔滨市 16 个举办脱产轮训班的单位情况反映，参加轮训的 916 名后进的失足青年，80%的人思想有了明显进步，组织纪律性较轮训前大为增强。

大庆市青年工人脱产轮训从 1983 年的试点转向 1984 年全面推开。石油管理局参加轮训的 79171 名青年工人，经过系统的政治思想和理论学习，政治觉悟提高很快。有5714人向党组织写了入党申请书，8526人写了入团申请书。开展青年工人政治轮训工作较好的哈尔滨铁路局，1983年末，已有360个办学单位建立政治学校，举办政治训练班。全年轮训青年工人36835人。各办学单位从铁路部门线长点多、活动分散、班次复杂、不间断运输的实际出发，在实践中摸索出几种有效的办学途径，他们根据运输和生产周期，充分利用空闲时间抽人轮训；调整劳动组织，改变班次抽人轮训；利用机车压火或大中修轮训，以及其他办法抢时间、挤时间开展轮训。各单位运用脱产、半脱产、业余等办学形式，解决了办学与生产的矛盾，提高了办学效率。在办学过程中，各单位采取知识性、系统性、思想性和趣味性融为一体的教学方法，保证了教学质量。不少单位组织青年工人搞社会调查，参观烈士陵园，请老干部、老党员、老工人讲党史、工运史，讲本单位先进职工事迹，向青年工人进行有理想、有道德、有文化、有纪律教育。通过系统教育，有80%的青年工人克服“政治是虚的，理想是空的，技术是硬的，金钱是实的”错误思想，坚定了共产主义信念。1985年已轮训的55678名青年工人中，就有10355人提出申请入党，其中入党的有1564人；有12896人提出申请入团，其中入团的有5030人。到1985年底，全局共举办各类青年工人政治轮训班4196期，其中包括1985年举办的1739期，先后轮训青年工人109407人，占青年职工总数的92.16%。到1985年底，全省各级工会组织基本完成了对青年工人的政治轮训。

三、开展读书活动、鼓励自学成才

开展读书活动 1978年中共十一届三中全会以后，全省职工特别是青年工人理论学习的热情空前高涨。为组织好职工的理论学习，各级工会大力倡导各种读书活动。哈尔滨市开展一心奔四化读书活动，牡丹江市开展推荐一本好书活动，大庆市开展读好书、唱好歌、做好事活动。许多基层工会的理论学习小组、读书小组都逐渐恢复建立起来。

1983年6月，全国总工会在上海召开全国职工读书活动经验交流会后，向中共中央作出《关于在全国职工中开展读书活动的报告》。中共中央在批复报告时指出：上海工人首倡并正在向许多省、市、自治区展开的振兴中华职工读书活动，是群众进行自我教育，掌握政治理论和科学文化知识的好形式。9 月，全国总工会正式下发决定，在全国职工中开展振兴中华的读书活动。全国总工会决定下发后，读书活动在黑龙江省职工中普遍展开。

从 1983 年下半年到 1984 年 6 月，在不到一年的时间里，全省从城市到县镇，从工厂到职工家庭，参加读书活动的职工由十几万人增加到几百万人，全省范围的有组织的职工群众读书活动高潮已经形成。1984 年 5 月，由中共黑龙江省委宣传部、省总工会、省妇联、团省委、省工农教育办等部门联合组成的省职工青年读书活动指导委员会成立。在委员会领导下，全省各地建立了读书活动的指导机构。哈尔滨市在市级读书指导委员会之下，建立了区、局和直属企业、县团级单位读书指导委员会，车间建立读书指导小组，班组建立读书小组，形成 4 级读书活动指导网。各读书小组都是坚持自愿原则，有计划、有活动、有制度、有检查。为了检查读书活动的效果，指导委员会还进行了定期或不定期的考核。在开展读书活动中，全省大多数单位都把读书同对职工进行系统的政治教育结合起来，把读书同帮助教育落后和失足青年职工的活动结合起来，把读书同精神文明建设和向英雄人物学习的活动结合起来。在形式上，全省各地也是多种多样的。许多地方都举行读书讲演会，全省参加讲演的职工有 3 万人次，哈尔滨市于 1984 年 3 月至 5 月，共有 6600 名职工登台讲演。哈尔滨铁路局举办 529 次讲演会，2900 多名职工讲演，收听的职工达 14 万人。省总工会、团省委、省妇联和黑龙江日报社共同举办的“我爱读的一本书”征文活动共收到征文 800 多篇，90%以上是职工群众写的。此外，一些基层企业还举办了读书知识竞赛，使全省读书活动开展得有声有色、生动活泼。

1984 年 5 月，省总工会下发《关于组织职工群众积极参加读书活动知识竞赛的通知》。通知传达了全国总工会、工人日报和各省、市、自治区总工会为庆祝中华人民共和国成立三十五周年，于 5 月至 9 月联合举办振兴中华职工读书活动知识竞赛的决定，要求各级工会组织广大职工和青年工人认真读书，刻苦钻研，踊跃参加竞赛，使这届知识竞赛对全省职工读书活动真正起到引导、促进、检验成果的作用。通知要求各级工会为职工参加竞赛创造条件。各级工人文化宫、俱乐部、图书馆要充分为职工读书和参加竞赛提供服务，要延长开放时间，做好书目推荐指导工作，吸引更多的职工参加竞赛活动，并对开展读书活动的先进集体和个人及时进行表彰。

1984年6月，省职工青年读书指导委员会举行会议，审定向职工和青年推荐的读书目录，讨论如何把全省职工青年读书活动引向深入的问题。会议决定在10月之前开展全省范围的群众性祖国颂演讲比赛，以地方为主，层层演讲、层层选拔，同时表彰涌现出来的读书活动积极分子。全省职工特别是青年工人的读书活动取得丰硕成果。通过读书活动，全省各地培养和造就了一批有才能的理论宣讲员、学习辅导员，涌现出大量的读书活动积极分子。他们成为思想战线上的先锋力量。

在读书活动中，哈尔滨铁路局形成由3000名宣讲员、600名故事员、1200名辅导员组成的宣传队伍。哈尔滨汽轮机厂工人郝东升在读书活动中成长为一名优秀的理论宣传干部。他宣讲的共产主义必胜与共产主义信念、正确人生观与青年成才等专题讲座，在省内外共演讲400多场，收听的职工达30多万人。1984年3月，郝东升和其他11人被省委宣传部、省经委政治部、省总工会授予全省优秀宣讲员、优秀辅导员和优秀读书积极分子。1984年7月，全省参加1984年振兴中华职工读书竞赛答卷活动的职工已有3万多人。10月，哈尔滨量具刃具厂刘传刚等4人荣获全国总工会颁发的1984年全国振兴中华职工读书活动知识竞赛特别优秀奖。获一级优秀奖的有41人，二级特别奖的168人，鼓励奖的6538人。

鼓励自学成才 职工自学成才是职工文化技术教育的一种重要补充，它兴起于80年代初。黑龙江省职工自学成才活动是结合振兴中华读书活动开展起来的。黑龙江省是全国开展这项活动较好的省份之一。1981年2月，中共中央、国务院做好《关于加强职工教育工作的规定》。5月，中共黑龙江省委、省政府召开全省职工教育工作会议，进一步学习贯彻党中央和国务院的决定以及全省职工教育工作会议精神，总结交流全省职工教育工作经验，讨论修订1981年至1985年职工教育计划，部署今后职工教育工作。按照省委指示，省总工会在抓职工教育工作中，把自学成才开始作为重点工作来抓，把组织职工自学，鼓励和帮助职工自学成才，作为省总工会职工教育工作的重要内容。1983 年 10 月，李先念在中国工会十大致词中指出，“要积极为职工的自学创造条件，鼓励他们自学成才”。这一时期，黑龙江省主要开展读书活动，其形式是：读书演讲、知识竞赛、读书征文和书评。通过读书活动，激发起广大职工自学的热情，许多职工开始坚持长期自学。

1984 年 2 月 25 日，省总工会下发了《关于对职工自学情况进行调查的通知》。要求各市、地、县、产业工会组织人力，进行认真地调查。1984 年 3 月至 4 月，省总工会教育部同哈尔滨市总工会宣教部对哈尔滨量具刃具厂、亚麻厂、轴承厂、市二轻局、锁厂等一批单位职工自学情况进行了详细调查，并形成调查报告。1984 年 5 月 22 日，黑龙江省职工青年读书活动指导委员会成立。委员会的主要任务是：贯彻中共中央有关读书活动的指示精神，了解掌握全省读书活动开展情况。深入调查研究，及时发现与解决读书活动中的问题，加强具体指导。确定和推荐年度读书目录。总结推广典型经验，表彰先进，组织开展读书辅导活动。

1984 年 6 月，省总工会在齐齐哈尔召开全省职工自学成才经验交流会。会议树立表彰一批职工自学成才典型，总结交流经验，部署下段工会开展这项活动的具体要求。省总工会副主席侯旭宇在讲话中要求各级工会站在加速工人阶级队伍知识化的高度，把自学成才工作全面开展起来。会议根据省总工会决定，授予哈尔滨电影机械厂工程师杨永升等 12 名同志为黑龙江省职工自学成才标兵光荣称号。授予孙亚杰等 15 名职工为黑龙江省职工自学成才优秀积极分子光荣称号。这是省总工会首次为自学成才职工授予荣誉称号。这次会议，省内各新闻单位给予广泛的宣传报道。《黑龙江日报》在 6 月 21 日头版报道会议、省总工会授予杨永升等 12 人职工自学成才标兵称号的决定，配发短评《大家都来支持职工自学成才》，并陆续刊载 12 名标兵的简要事迹。

在这次会议的推动下，各级工会组织纷纷行动起来，在调查摸底的基础上，召开各级经验交流会或表彰奖励大会。全省 14 个市、地和 6 个产业工会，召开了经验交流或表彰奖励大会，共树立自学成才先进个人 1275 名，全省各县、系统、基层单位表彰先进个人 12700 余名。1984 年 8 月至 9 月，据省总工会和各地的调查，全省参加自学活动的职工有 80 万人，占全省职工总数的 11%，齐齐哈尔市总工会对 37 个市直单位调查，自学职工有 3900 余人，占这些单位职工总数的 19.3%。

1984 年 10 月，全国总工会宣教部教育处领导专程来黑龙江省考察职工自学活动情况，传达中华全国总工会领导的意见，认为黑龙江省组织职工自学，是工会抓职工教育的一个突破。中华全国总工会调查组先后听取哈尔滨、牡丹江、大庆、伊春、鸡西、佳木斯、鹤岗、双鸭山等 8 个市总工会的教育部部长和基层工会干部的汇报，接触各级工会会员 37 人，党政领导 15 人，自学成才者 28 人，与 30 名自学小组成员谈话，希望齐齐哈尔能为 1985 年召开全国职工读书自学活动经验交流会提供经验。1984 年 10 月 27 日，《工人日报》头版发表了黑龙江省各级工会积极创造条件，鼓励职工读书早成才的报道，并配发《工会要大力支持和鼓励职工自学成才》的评论。1984 年 12 月，省总工会决定在齐齐哈尔市几个企业，搞企业内部自学成才职称认定工作，对自学成才者进行考核评定，授予相应职称，享受相应待遇。此后，哈尔滨、牡丹江、齐齐哈尔、佳木斯、大庆、伊春、鸡西、双鸭山等市、地总工会开展了职称评定工作。全省共有 1.3 万余自学成才的职工评上了各级各类技术业务职称。

1985 年 3 月，省总工会教育部与中华全国总工会宣教部共同对黑龙江省职工自学成才活动进行调查，据 47 个市、县的调查统计，共有自学职工 81.6 万余人，占这些市、县职工总数的 10.88%，共有自学小组 1.3 万余个，建立各类组织机构 4100 余个。从调查中发现，齐齐哈尔市开展活动的声势大，效果比较显著，典型经验多。全市、县团级单位开展活动的比例为 70%。哈尔滨、佳木斯、大庆、伊春、鸡西和松花江地区开展得也比较好。

1985 年 5 月，省读书活动指导委员会召开第二次会议，根据省委指示，将原省职工青年读书活动指导委员会改为省读书自学活动指导委员会，并对部分成员进行调整。1985 年 6 月，全国总工会在黑龙江省召开全国职工读书、自学活动经验交流会。会议 4 天，4 日在哈尔滨市开幕，11 日在齐齐哈尔市闭幕，参加会议的有来自全国各地读书自学的先进个人和集体代表，各省、市、区总工会和民航、铁路工会教育、宣传的负责人。中华全国总工会书记处书记刘实在会上作了报告，全国职工教育管理委员会副主任浦通修、中共黑龙江省委副书记刘成果到会讲话。会议向全国 50 名职工授予自学成才奖。黑龙江省齐齐哈尔建华机械厂工程师贾凤林、哈尔滨市第一医院检验师马军、齐齐哈尔华安机械厂工程师王永和获奖。会议表彰了 245 名读书自学积极分子。黑龙江省高秋丽等 10 名职工被授予读书自学积极分子称号。哈尔滨量具刃具厂工会、齐齐哈尔钢厂工会被评为全国职工读书自学活动先进单位，鸡西机床厂青年科技自学小组被评为全国职工读书自学活动先进小组，鸡西市二轻局工会被评为全国工会职工教育先进单位。

1985 年 7 月，中共黑龙江省委在批转省总工会《关于全省职工自学成才活动情况和今后意见的报告》中指出：组织职工自学，是发展职工教育事业，多快好省地为四化建设培养人才的一条重要途径。要克服那种单纯重正规学校学习，轻业余自学的倾向，树立起看文凭，但不唯文凭，重在有无真才实学的用人观点，鼓励广大职工走自学成才的道路。

1985 年 8 月，省读书自学活动指导委员会下发文件，对全省职工读书自学活动作出 10 项规定，要求各地认真贯彻中共中央有关读书自学活动的指示精神，及时了解全面掌握全省读书自学活动开展情况。在省读书自学活动指导委员会的指导下，各市、地、县，各产业和基层都相应地建立了读书自学指导委员会或领导小组，承担起对这项活动的指导或领导责任。1985 年，全省有自学者协会 155 个，有自学小组 30724 个，参加读书自学活动的职工达 120 多万人，占全省职工总数的 15%。全省共表彰职工读书自学先进个人 12700 名，全部自学成才先进个人 1275 名。有 1300 多名自学成才者获得了各类技术业务职称。黑龙江省职工读书自学成才活动得到全国总工会的充分肯定。1985 年 6 月，全国总工会在黑龙江召开全国职工读书自学成才活动经验交流会。会议号召各省、市总工会要认真学习黑龙江的经验，把职工读书自学成才活动，在全国各地广泛开展起来，为四个现代化建设作贡献。

1985 年底，全省职工自学成才活动正在全面展开，全省开展自学活动的基层单位，80%都不同程度地抓助学工作：举办各种短期辅导班和专题讲座，对自学中的普遍性问题进行集中讲解，学习的整体效果比较好；有针对性地进行个别辅导，提供咨询，聘请和组织了一批由工程技术人员、教师、干部、有经验的老工人组成的辅导队伍，对自学者提供个别辅导和咨询；为自学职工解决图书资料少的困难。这项工作受到较偏僻单位职工的欢迎。全省有自学者协会 155 个，集中在齐齐哈尔、佳木斯、大庆、鸡西、绥化地区等市、区的基层企业。

为进一步推动黑龙江省职工读书自学活动的广泛开展，省总工会于 1986 年 7 月，在哈尔滨召开全省职工读书自学活动经验交流会。全国总工会副主席章瑞英出席会议并讲话，对黑龙江省职工读书自学活动给予充分肯定。

为把职工自学活动更卓有成效地抓下去，提高到一个新的水平，各地还开展了丰富多彩、形式多样的读书演讲、知识竞赛、征文、书评、小发明、小革新等兴趣活动。把知识与兴趣、工作实际融为一体，激发职工读书自学的积极性。哈尔滨市 1987 年有 50000 多名职工登台演讲。大庆市组织知识竞赛 1000 多次，参加人数达 56000 多人。

1987 年 9 月，省总工会在鸡西市召开全省职工岗位自学现场经验交流会，有 32 个市、县、基层单位介绍经验。从此，黑龙江省职工读书自学活动转入岗位自学、岗位成才的轨道。各市、地、县和基层单位从实际出发，把职工岗位培训、岗位自学、岗位成才结合起来；把职工自学理论与实践结合起来；把职工成才者的奉献精神与社会和企业的发展结合起来，并不断丰富职工自学活动内容，在方法上有所创新。鸡西市总工会在全市开展职工岗位自学签订合同证书活动，全市有 7000 多名职工与企业签订岗位自学合同。市总工会抓产业，产业抓企业，企业抓车间、班组，收到很好的效果。

除此之外，各地还开展多种形式的活动，吸引广大职工参加自学。1987 年末，全省自学成才者参加技术练兵、技术表演、技术考核的人数达到 135 万人次，举办各种形式的岗位技术表演达 10 万余次，提出合理化建议 34000 多条，取得大小科研成果 8800 多项，创造经济价值 2 亿多元。有 3500 名岗位成才者成为各级各类拔尖人才和劳动模范。同时，各地还开展形式多样的促学活动。据 1987 年底统计，全省举行职工自学报告会、讲演会、各种成果发布会、成果展览会共 4230 次，参加活动的职工达 180 余万人。广大成才者把学到的理论技术应用在工作和生产上，为社会主义现代化建设作出积极的贡献。

四、各级职工学校的恢复与发展

1980 年末，全省 64 个县（市），有 47 个县（市）总工会办起了职工学校，还有区、镇职工学校 14 所，办学面达到 73%。1981 年 2 月，中共中央、国务院下发了《关于加强职工教育工作的决定》，要求工会搞好自身办学。5 月，省总工会召开全省工会系统职工教育工作会议，会议通过《关于加强市、县自身办学的意见》，要求市、县总工会办学要从实际出发，量力而行，态度积极，稳步发展。

1982 年 8 月，省总工会在泰来县召开职工学校工作座谈会，泰来、林口县职工学校，呼兰、集贤县工会，牡丹江地区工委，鸡西城子河区办事处工会等单位做了典型经验介绍，会议重点讨论了对地方工会的认识和办学方向、任务、教学、管理及加强领导等问题，这次会议后，省总工会公布了《市、县工会举办的职工学校暂行条例》。

恢复技术培训 “文化大革命”中，职工技术培训班停止活动。1979 年，黑龙江省职工技术协作办公室成立后，职工技术培训活动逐步恢复，并从 1983 年起恢复技术培训班。1983 年 2 月，黑龙江省总工会技术协作办公室在牡丹江市举办缩短混凝土养护周期、快速推定混凝土强度新技术培训班，培训建筑工程技术人员、试验人员和技术工人 283 人。3 月，在牡丹江市举办建筑外饰面彩色弹涂新技术培训班，培训 650 人。5 月，与省科协、省机械研究所联合举办金属涂废新技术巡回培训班，组成技术小分队先后在齐齐哈尔、大庆、佳木斯、鹤岗、双鸭山、鸡西、伊春、绥化等市巡回讲课、表演。6 月，在齐齐哈尔市举办科技情报资料交流工作短训班，省内有 50 多名科技人员参加学习。7 月，在牡丹江市举办尺寸链跟踪计算新方法培训班。11 月，在鸡西、伊春、合江等市、地区分别举办先进刀具技术培训班，主要学习强力挑蜗杆和细长轴车削刀具，共培训了 100 多名技术工人。

1983 年至 1985 年全省各地工会技术协作办公室也举办了多次职工技术培训班：哈尔滨市 1983 年至 1984 年共举办 64 个培训班，培训技术工人 3700 多人。

齐齐哈尔市在1983年至1985年间，共举办技术培训班和新技术讲座会130次，参加学习和听讲人数1.3万余人。牡丹江市在1983年至1985年间，共举办各类培训班80多期，培训技术人员4800余人。佳木斯市1983年在市总工会技术交流馆举办各类技术培训班35期，培训各企业的技术骨干1500多人。

开办职工技术学校 1980年6月14日，省人民政府根据国务院文件规定，批准哈尔滨市工人业余大学为教育部备案的职工高等院校，国家承认其毕业生的学历。1981年后，学校逐步由以大学专科教育为主，转移到以发展岗位培训为主的轨道上，为哈尔滨市培养了大批的工程技术及管理人才，其中工程技术人员1548人，工厂企业的管理人员（副厂长、副经理以上）144人，有50余人实现技术革新并获得市级以上的科技成果奖。全国著名劳动模范苏广铭、孙茂松、梁彦德等老技术工人都曾在哈尔滨市工人业余大学学习过，使自己的生产技能同专业技术理论相结合，为社会主义建设创造了巨大财富。

1980年以后，鉴于青年职工数量剧增，而这些职工受“文化大革命”影响，文化程度低，不能适应新时期生产建设的需要，省总工会要求各级工会要把对青年职工初中文化、初级技术补课工作作为职工业余中等教育的重点。为此，省总工会在这年2月下发的工作要点中把职工业余教育重点放在20岁到45岁之间的青壮年工人上，要求到1981年，全省应参加学习的工人入学率，大中城市达到50%，县镇达到40%。

1980年底统计，全省青壮年职工有86.5万参加“双补”学习，占“双补”职工的60%。哈尔滨有“双补”职工18万人，其中脱产半脱产3.5万人，占“双补”职工的19%。鸡西市“双补”学习职工有5.2万人，占“双补”职工的65.5%。到1980年末，全省64个县（市），其中有47个县（市）的总工会办起了职工学校，还有区、镇职工学校14所，办学面达到73%。

1981年2月，中共中央、国务院下发《关于加强职工教育工作的决定》，要求工会搞好自身办学。5月，省总工会召开全省工会系统职工教育工作会议。会议通过《关于加强市、县工会自身办学的意见》，要求市、县总工会办学要从实际出发，量力而行，态度积极，稳步发展。

1981年9月，省总工会对全省县工会举办的职工业余学校情况进行调查，重点调查学校的经费来源情况。调查的结果是：1. 从基层工会职工业余教育经费中提取，如五常、青冈等县，比例是基层留用经费的15%，这类学校经费来源可靠。2. 县财政补贴，如双城、讷河等县每年补贴5000元至1万元。3. 收缴学费，不足部分县工会补贴，这类学校有39所。据统计，1980年收缴学费7635元，工会补贴13.5万元，采取这种方法县总工会负担比较重。1981年12月末，省总工会四届四次执委会重点强调要把职工业余学校坚持办下去，而且一定要办好，办出成效来。

1982年2月至5月，省总工会对松花江、牡丹江、嫩江、合江地区，还有伊春市所属地方工会举办的职工学校进行调查，对泰来、呼兰、集贤、讷河、嫩江、双城、通河、林口8个县职工学校进行了重点调查，目的是在本年内实现一县一校。

8月，省总工会在泰来县召开职工学校工作座谈会。泰来、林口县职工学校，呼兰、集贤县工会，牡丹江地区工委，鸡西市城子河区办事处工会等单位做了典型经验介绍，会议重点讨论了对地方工会办学的认识和办学方向、任务、教学、管理及加强领导等问题。这次会议后，省总工会公布了《市、县工会举办的职工学校暂行条例》。条例分5章26条，对办学宗旨、培养学员目标、办学条件、规模、教学、教师、学员、领导、管理等作了明确规定。条例确定，职工学校教师队伍要以专职教师为主，同时聘用相当数量的兼职教师。学校专职人员可按学员100名配备1名，大县5—7名，中小县3—5名，列入县总工会事业编制。按照条例规定，全省市、县工会举办的职工学校应配备教职员128名。1983年初，省总工会对市、县举办的职工学校进行调整，使这些学校学员增加，办学条件有了明显的改善。

1983年4月，经地区工农教育办同意，地工委批准，省总工会审查批准泰来、集贤、林口、密山、穆棱、肇东、克山、讷河、龙江、东宁、海林、富裕、安达、肇源、宁安、通河、巴彦、双城、五常、呼兰、海伦、绥化、绥棱、庆安、望奎、阿城、鸡东、虎林、嫩江、克东、甘南、宾县、尚志、方正、延寿、汤原等36所职工学校立案。

1983年6月，省总工会在集贤县召开工会系统“双补”教育经验交流会。

会议听取集贤、密山、东宁、泰来等县职工学校开展职工文化技术补课工作后，研究了如何进行进一步搞好“双补”教育的问题。1983 年 9 月，省总工会召开全省职工学校工作会议。会议传达了全国总工会职工教育工作会议精神，由呼兰县、集贤县职工学校介绍经验。会后，各市、县总工会根据本地情况，积极办学，争取尽快实现一县一校，一市一校，为地方经济建设培养人才。

1984 年，黑龙江省工会系统职工学校有了较快的发展，主要表现在：一批职工学校条件已经具备办职工中专学校。1984 年 5 月，省教委批准省总工会申报的泰来、密山、虎林、东宁、林口、穆棱县和安达、双鸭山市职工中专学校。

1985 年又批准了海林职工中专学校。全省共有 9 所职工中专学校。1985 年 12 月初，省总工会在林口县召开全省工会系统职工中专学校工作会议。会上有 6 所职工中专学校介绍经验。省总工会副主席侯旭宇出席会议并讲话。会议提出，职工中专要坚持为企业发展服务，为地方经济发展服务，为工会自身建设服务。到 1985 年末，9 所职工中专开设工业企业管理、商业企业管理、工业会计、商业会计、统计、机械、制造、工业企业自动化、工业与民用建筑、采暖、家用电器、财会 12 个专业。在校学员达 1750 人。9 所职工中专有专职教师 107 名，校舍面积 5600 平方米。教育经费来源：一是地方财政补贴；二是从基层工会职工教育经费中提取一定比例或市、县总工会补贴；三是收缴学费。

到 1985 年底，全省“双补”教育基本结束。全省应参加“双补”的职工中，86%初中补课合格，总数为 152 万人；87%初级技术补课合格，总数为 107 万人。①

工人业余大学 1980 年 6 月，全国总工会在哈尔滨工人业余大学召开了现场会，参加这次现场会的有全国各省、市、自治区和全国铁路总工会教育部的部长，哈尔滨、沈阳、石家庄、重庆、武汉、南京、青岛等 7 个城市总工会教育部部长和 48 所职工业余大学校长。哈尔滨工人业余大学介绍了努力办好工人业余大学，加速培养四化建设人才的经验。据会议反映的情况，黑龙江省市级工

① 黑龙江省地方志编纂委员会编：《黑龙江省志·工会志》，黑龙江人民出版社 1995 年版，第 426 页。

会创建的6所工人业余大学正向正规化工人业余大学方向发展。这些学校加强领导，充实了教师队伍。佳木斯市职工大学配备了专职副校长及教务处主任、办公室主任、基础部主任。牡丹江工人业余大学原是“七二一”大学，这次会后改名牡丹江职工大学。齐齐哈尔职工业余大学增加10名教职工编制。鸡西市委决定增加7名编制。到1980年末，这些学校的大学本科和专科有学员3500余名，各种专修班和单科班、预备班有学员11500余名。6所职工大学办学条件有所改善，建筑面积达到1.8万余平方米，增设专业13个、实验室8个、图书馆3个。这6所大学的特点，一是办学方向明确，为地方中小企业培养技术人才。哈尔滨业大到1980年为止，培养1418名本科毕业生，来自企业的占90%以上。二是办学形式灵活多样，有长班、短班、业余、函授、进修班、专科班、本科班。牡丹江、佳木斯、鸡西职工业余大学先后开设机械设计、液压传动、数控、晶体管线路、机床电器、钢铁分析、科技外语、工业企业管理专业。

1981年4月，省总工会要求各职工大学要严格按照国家教育部门规定办学。职工大学做到定组织领导、定专业、定教学计划和大纲、定教师、定教学场所、定经费来源。1981年9月，省总工会对职工大学“六定”进行检查。参加检查的有6个市总工会教育部部长、6个业大校长等20人。这次检查采取听、看、查的办法，对业大办学指导思想和方向、专业设置、办学形式、师资队伍、教学质量、学校管理和领导班子进行全面考核。1981年9月18日至22日，省总工会在齐齐哈尔市召开检查总结会议，互通情况，交流经验，推动了职工高等教育的发展。1981年12月，省总工会下发《关于职工大学和职工业余大学建校审批工作及毕业生学历等若干问题的意见》，要求以国务院和教育部文件为依据，对地方工会举办的职工业余大学进行一次检查，包括办学方向、专业设置、培养目标、办学规模、学生来源、师资力量、经费等项目，通过检查调整，使职工大学向正规化方向发展。这次调整的收效，一是把部分本科班下调为专科班。二是压缩大专班招生指标。三是撤销某些专业。哈尔滨市工人业余大学1983年招生226名，毕业445名，大专班学员由1552名下降到1333名。四是调整专业，增设经济管理、中文、政治专业，发展了短期技术业务班，佳木斯市职工大学与市商业局联合举办制冷专业短训班，受到企业的欢迎，扩大了学校的社会影响。调整后，到1983年12月末，全省6所职工大学在校学员达到1.6万名，其中大学专科学员2825名，各种单科、短训进修13200名。各市总工会前后为6所职工大学投资165万元，省总工会拨款61万元，中华全国总工会补助93万元。这些经费，用于职工大学修建校舍，添置设备。其中哈尔滨、牡丹江、鸡西、伊春4所业大有了自己的校舍。哈尔滨工人业余大学5920平方米，牡丹江市业大3000平方米，鸡西市业余大学2660平方米，伊春市职工业余大学2000平方米。齐齐哈尔职工大学和佳木斯职工大学分别在市工人文化宫和敬老院解决1200平方米和1100平方米专用教室和办公室。6所大学校级领导由12名增加到18名，专职教师由103名增加到139名，其中副教授2名，教师和工程师58名。全省基层企事业单位职工大学，自1982年以后，经过整顿，朝正规化办学方向发展。1983年，全省基层企事业单位主办的职工大学和大专班为168所，在校学员19497人。

1984年全省6所职工大学加强教师队伍建设，根据《地方工会举办的职工业余大学暂行工作条例》第8条规定，职工业余大学的教师实行专职教师与兼职教师相结合的办法，以专职教师为主，同时聘任能胜任教学要求的兼职教师，并且强调按30名学员配备1名专职工作人员，学校编制列入地方工会事业编制。6所业大教职工发展到315名，专职教师156名，专业设置达到23个，包括政治、企管、工业会计、商业会计、自控、机械制造、中文、财经、自动化、金融、机电、化工、日语、生物、医学工程、文秘、林机、电子、微机、化学分析、有机合成、劳动保护等专业。根据中华全国总工会《地方工会举办的职工业余大学暂行工作条例》第14条规定，办学经费来源，采取地方政府拨款，市总工会拨款，收缴学费的办法，6所职工大学的经费基本上得到保证。中华全国总工会给哈尔滨业大和牡丹江职工大学拨款累计93万元，省总工会给6所大学拨款72万元，使学校有较快的发展。学校的校舍扩大，总面积达到1.5万平方米，实验设备价值156万元，藏书6.4万余册。根据《地方工会举办的职工业余大学暂行工作条例》第15条规定：为加强职工大学的领导，保证学校的各项工作的正常进行，应建立必要的教学组织和行政组织，配备专职的校（院）长或副校（院）长，教学工作负责人及其他的必要专职干部。6所职工大学配备校级领导 21 名，其中大专学历 17 名，占 18%。

1985 年 5 月，中共中央、国务院发表《关于教育体制改革的决定》。根据决定精神，6 所大学在搞好大专学历教育的同时，发展岗位职务培训。佳木斯职工大学举办全国统考培训班两期，200 余人毕业。6 所职工大学举办各类短期班，包括无线电、财会、机械制图、机械设计等达 5000 余人次，改革教学内容和教学方法。伊春市职工大学各专业增加现代科技课，加强横向联合办学。牡丹江市职工大学受驻军委托，为培养军地两用人才举办企业管理班，培训学员 71 人。截至 1985 年 12 月末，全省市级工会主办 6 所职工大学共有教职工 572 名，专职教师 306 名，校舍 26600 平方米，培养各方面人才 112305 名，其中大专毕业生 5220 名，各类专业技术、业务班和文化班毕业结业 107085 名，学员毕业后，被选拔到各级领导岗位上。哈尔滨业大 1985 年对 1592 名大专毕业生的调查，提拔为局级干部 6 名，处级干部 86 名，厂级干部 149 名，科级干部 678 名，一般技术干部 154 名，提拔率在 67%。牡丹江市职工大学对 45 名学员的跟踪调查表明，有 20 名被提升处级干部。1985 年，全省基层企事业单位职工大学和大专班共有学员 32949 人。自 1980 年至 1985 年，累计毕业学员 31256 人。

加强地方工会办学 1986 年 2 月 3 日，省总工会转发省总教育部《关于加强地方工会办学的意见》的通知，提出关于加强地方工会办学的意见。

黑龙江省各级工会认真贯彻中共中央、国务院《关于加强职工教育工作的决定》和中国工会十大精神，把提高职工队伍素质作为工会工作的一项重要职责，举办各类职工学校，为四化建设培养了一批有文化、懂技术、会管理的专门人才和技术工人。黑龙江省有 56 个市、县工会办学，办学面达 71%。共举办各类职工学校 59 所，其中职工大学 6 所，职工中专 10 所，职工学校 43 所，在校学员 30200 多人。在办学过程中，学校领导力量、管理工作不断加强，教师队伍不断充实，办学条件不断改善，教学质量不断提高，学校正在向正规化、制度化方向发展。

第六节　健全、改革工会管理制度

1984年3月28日，省总工会常委在整党学习中，重温了1983年3月14日中共中央书记处对工会工作的重要指示，并结合《工人日报》关于浙江省海盐衬衫总厂厂长步鑫生改革创新精神的报道，联系黑龙江省实际情况，就工会工作如何服从于、服务于党的奋斗目标，搞好“维护国家、集体利益和职工切身利益”的问题，进行了讨论研究。自从贯彻党中央指示和工会十大精神以来，全省各级工会组织，在党的领导下，遵循正确处理国家、集体、个人三者利益一致的原则，在维护职工合法权益方面，取得了良好的效果。

一、参与劳动工资和社会保障制度的改革

扶贫解困工作是在党的领导和政府的支持下，动员企业职工和社会各界力量，群策群力，互助互济，为困难企业和困难职工，解难事、办实事、做好事，构建社会主义和谐社会，促进改革、发展、稳定的一项系统工程。

帮扶贫困职工　1981年，齐齐哈尔铁路局采取用职工困难补助费的一部分，作为无息贷款扶持有条件的贫困职工，发展家庭养殖业、种植业和商业服务业，搞好生产自救。1983年3月，省总工会在齐齐哈尔铁路局召开扶贫工作现场经验交流会。在这次会议推动下，全省扶贫解困工作由点到面，普遍开展起来。到1985年底，全省已有9300个基层单位开展了扶贫活动，被扶贫职工84380人，已有49728人脱贫。全国铁路、邮电、教育等产业工会先后在黑龙江省召开全国产业系统职工扶贫现场经验交流会。

1986年1月27日，省委办公厅、省政府办公厅联合下发《关于补助部分生活困难职工的通知》。该通知要求各级党委、政府和工会组织，要高度重视，加强领导，把关心部分困难职工作为一件大事来抓，抓好抓细抓出成效来，促进职工队伍和社会的稳定，保证改革顺利进行。两办通知下发后，各地、市委、

市政府和工会采取措施，认真贯彻落实。黑河地委召开会议研究部署，全区五天之内就集资26万元；鸡西市委、市政府连续召开三次会议，决定从财政借款20万元，银行贷款30万元，从燃料公司借款58万元，税务退税和企业主管单位解决资金20万元，共筹资金121万元，给8646人补发了工资；齐齐哈尔市通过财政退库、税务减税、退税、行政福利费、系统自筹、工会拨款渠道集资近71万元；牡丹江市由税务局从减免税中每人补助40元，补助3596人，对国营企业连续六个月不开支的职工，经审核批准，由财政库存每人补助40元，补助1586人，对有偿还能力的企业由银行贷款21万元，补发拖欠职工的工资。在此基础上，全省共组织慰问团2365个，走访慰问18万余户困难职工家庭。牡丹江市走访困难职工、离退休职工、停薪减薪放假职工、鳏寡孤独和五保户3万多人，把43万元送到6425名困难职工手里，并为五保户办好事5600多件。绥化市各级工会组织178个慰问团，走访2万多户，发放救济金88万多元。松花江地区组织1827个慰问团，5981人参加，走访19723户，把65万多元送到8943名职工家里。

全省通过财政退库、税务减税、银行贷款、企业协调、工会拨款、职工捐赠等渠道，共筹集资金1532万元，补发拖欠职工工资和补助困难职工，共计204004人，补助金额为1032万元。补助停薪减薪放假职工36114人，补助金额137万元。补助遭受洪涝灾害职工69432人，补助金额291万元。补助退休职工5164人，补助金额20万元。其他2398人，补助金额9万元。

加强职工物价监督　黑龙江省职工物价监督检查工作，起步较早，基础较好。早在1981年，哈尔滨、牡丹江、齐齐哈尔、佳木斯、鸡西、尚志等市、县相继建立了职工物价监督组织。1985年，省总工会与省物价局密切配合，建立了省职工物价监督总站。到1986年，全省共建立职工物价监督站1176个，有物价监督员6439人，建立信息网点2618个，有信息员14639人。全省共组织物价检查517171户次，处理违价案件125862起，收缴罚没退还消费者187521元。

1986年初，中共中央办公厅、国务院办公厅联合下发《关于转发国家计委、全国总工会〈关于进一步加强职工物价监督工作的报告〉的通知》，为贯彻“两办”文件精神，省总工会与省物价局，联合下发《关于进一步加强全省职工物价监督检查工作意见的通知》。该通知指出：组织职工开展义务物价监督检查活动，是职工参政议政的好形式。职工物价监督队伍是社会监督价格的重要力量，是协助政府物价部门管理价格的重要手段。要求各市（地）、县和基层单位，都要建立职工物价监督组织，配合物价部门，搞好物价监督检查工作。

搞好职工疗养 1988年以前，黑龙江省总工会建立哈尔滨、牡丹江、齐齐哈尔、五大连池、伊春、鹤岗等6座工人疗养院，全国总工会核定补贴床位2100张。

1986年，由全国总工会、省总工会投资800万元，在五大连池建立黑龙江省五大连池工人疗养院。1986年卖掉没有资源和前途的鹤岗工人疗养院。1987年5月，全国总工会投资48万元，省总工会投资118万元，哈尔滨市总工会投资40万元，在北戴河海滨创建黑龙江省北戴河劳模休养所，床位100张。1987年2月，经全国总工会批准，由全国总工会投资230万元，省总工会投资55万元，牡丹江市总工会投资27.5万元，牡丹江市政府投资27.5万元，易地重建牡丹江工人疗养院。新院有标准床位450张、建筑面积6500平方米。经过上述布局调整，黑龙江省疗养院分布趋于合理，疗（休）养环境得到相应改善，为疗养事业的发展奠定了基础。

五大连池工人疗养院，始建于1986年，占地面积15万平方米，建筑面积1.5万平方米。由中华全国总工会投资兴建，隶属黑龙江省总工会。省编委确定为县团级事业单位，设置床位500张，人员编制198人。五大连池工人疗养院，从1988年开始实行改革，引进企业的经营管理机制和竞争机制。打破“铁饭碗”，实行人员竞聘上岗，推行经济技术承包责任制，收入按员工对疗养院事业发展的相对价值进行分配，机构根据疗养院事业发展的需要进行增减。疗养院以疗养、康复、医疗为主，旅游服务并行，开发矿泉资源多元化的经营模式，坚持国内、国际两个市场同步开发战略，走出了一条自我完善、自我发展的路子，经济效益逐年递增，知名度和吸引力日益提高。为更好地服务广大职工和劳动模范，省总工会于1986年12月29日，建立黑龙江省北戴河劳模休养所，按处级单位管理，核定事业编制30名。

二、学习、讨论《工会法》，维护职工的合法权益

1984年，中华全国总工会发出《关于征求对〈工会法〉（草案）的意见》的通知，黑龙江省总工会分别召开了部分基层工会主席座谈会，部分产业工会负责人座谈会，部分市、地工会（工委）负责人座谈会和省总常委扩大会，对《工会法》（草案）进行了认真学习和讨论：《工会法》（草案）与一九五〇年的《工会法》、一九八四年的《工会法》（修改草案）相比，有了很大变化和进步。一是对中国工会的性质和应有的地位，有了更加准确的表述。在总则里第一次明确地规定了中国工会是："工人阶级群众性的社会政治团体。"这和过去的"群众团体"的提法相比有重大进步。这样规定是完全符合中国工会组织的特点和实际的。《工会法》（草案）中还规定："国家保护工会的法律地位不受侵犯"，"工会独立自主地开展工作"。这些规定使工会的地位、工会的各项活动得到了法律的确认和保障。工会组织也将在国家的政治、经济和社会生活中发挥出更大的作用。二是《工会法》（草案）注重从工会政治团体的性质出发，突出了"参政议政"的作用。在工会的权利和义务一章里，以大量的条款，明确规定工会组织可以从不同层次、不同方面，通过多种渠道向国家机关提出意见和建议，参加管理国家事务，管理经济和文化事务。规定"工会对各种法律、法规的草案，有提出意见和建议的权力。"大家感到，突出这方面的内容是非常必要的。这就拓宽了工会工作的领域，使工会工作从活动型转变为议政型，从根本上有效地维护广大职工群众的利益。三是《工会法》（草案）具有鲜明的时代精神，适应了当前经济体制改革的需要。规定了"工会对国家的劳动就业制度实行社会监督""参加劳动争议的调解仲裁机构"等，使工会组织在改革中充分发挥作用。四是《工会法》（草案）较好地维护了工会的利益。多年来，各地工会的场地、房产被侵占的情况屡有发生。《工会法》（草案）第四十二条明确规定："工会的房屋、场地、设备和举办各种事业的设施，属于工会财产。任何组织和个人不得侵占工会财产。"这就从法律上保护了工会的利益。另外，还对工会组织的办公、开展活动的房屋、设备和工作人员的住宅等，由各级人民政府

和企事业主管部门以及企事业行政方面负责，作了明确规定。这就使一些地方长期得不到解决的难题，得到了法律保障。

《工会法》（草案）是一个政治性很强的法规，文字简洁，结构严谨，有一定的政治高度和理论高度，是党的十一届三中全会以来，经过拨乱反正，肃清“左”的影响，认真总结历史和现实的经验教训，吸取其他社会主义国家的经验写成的。但是，大家也一致认为，《工会法》（草案）还存在一些不足，有必要进行认真补充和修改，使之达到“不低于其他社会主义国家《工会法》水平”的要求。

第一，关于人事管理权问题。工会干部的管理，是多年来没有解决好的老问题。1980 年中央组织部下发了关于工会协助党委管理好工会干部的文件。而后，各省、市、县也都根据党中央精神下发了协管文件，对如何协管做了具体规定。《工会法》（草案）中，对这一问题也作了比较明确的规定，基本上没有超出过去所发文件的规定范围。多年的实践雄辩地证明：协管干部基本上不适应工会组织所承担的任务的要求。在实际工作中，经常出现各地工会干部的任免调动很少征求上级工会意见的情况，往往流于形式。工会既然是工人阶级群众性的社会政治团体，具有自己的特点和独立性，就应当自己管理自己的干部。《工会法》（草案）中赋予工会的重要任务是监督行政领导干部，维护职工合法权益，替职工说话办事，同官僚主义做斗争，如果工会不自己管理干部，则无法完成这一历史使命，而工会干部遭受打击报复的现象也难以完全避免。建议把自管干部写进《工会法》。在第五条末尾，加上“管理自己的干部”。在第四十三条的末尾，加上“各级工会专职工作人员，由上一级工会管理”。第四十四条中第一自然段的最末一句改为“对工会主席、副主席的调动或纪律处分，必须由上一级工会审批”。

第二，关于工会经费问题。在座谈讨论中，各级工会都强烈反映工会经费不足，难以保证开展必要的职工群众活动。1950 年公布实施的《工会法》规定，从企业单位工资总额提出 2%作为工会活动经费。这在 20 世纪 50 年代是适用的，在 36 年后的今天情况就不同了。固然随着经济的发展，就业面的增加，提取的经费有了较大幅度的提高。但由于工作领域拓宽，活动内容更加广泛，物价较当时上涨较多，各方面开支的增长速度都大大超过收入的速度。希望适当增加工会经费。一是由原来的2%增加到3%。二是尽量减少工会开支。第四十七条规定“工会基层组织脱离生产的委员的工资由工会经费开支。”建议对《工会法》（草案）作如下具体修改：（1）第二十三条，在“文化”的后边加上“科技交流”，在这条末尾加上“政府和有关部门应在经济上给予必要的支持”。（2）第四十七条，将“工会基层组织脱离生产的委员的工资由工会经费开支”删去，或者改为“由行政开支”。（3）第四十八条，关于基层以上各级工会离退休人员的工资福利待遇问题，在末尾要明确“其费用由企事业单位和政府支付”。

第三，关于工会财产问题，《工会法》（草案）第四十六条规定得很好：“各级人民政府和企业、事业主管部门以及企业、事业行政方面，应为相应的工会组织提供或拨款兴建用于办公和开展活动的房屋、设备（包括水、电、家具、取暖、交通工具等）和专职工作人员（包括离、退休人员）的住宅，并负担其房屋、设备的维修费用。”新《工会法》颁布之后，对这个问题应采取相应的行政措施，促其实现。

第四，对于个别条款，在文字上应作适当修改：（1）第十二条中，在“有提出意见和建议的权利”之后加上“对国家法律、法规的实施，实行社会监督的权利”。在本条的中间段落句末加上“并有权监督实施”。（2）第十五条的开头“工会直接参加制定和执行”，在“执行”前面加上“监督”两字。（3）第十九条：“工会协助并监督劳动保险法律”中，劳动保险的提法与《中华人民共和国宪法》第四十五条的提法不一致，应改为“社会保险”。（4）第二十条的最末一句应将怠工事件发生的“行政领导人”，改为“有关方面领导人”。（5）第三十一条将第二行改成：“组织职工评议监督企业、事业各级领导干部”。（6）第四十四条，第二自然段的最末一句应改为：“所在单位应同行政方面一样，妥善安排其工作”。另外，还有的地方的提法与现行政策不完全一致。如第二十八条到第三十一条中，特别明显的是第三十五条：“开除职工，必须征得基层工会同意。”这与《关于辞退违纪职工暂行规定》中第三条中规定“企业辞退职工应征求本企业工会意见”是有区别的。因此同意《工会法》（草案）的提法。

三、工会财务制度的改革

单位缴纳经费 1986年1月2日，黑龙江省财政厅、省统计局、省总工会联合印发《关于重申按工资总额组成规定计提工会经费的联合通知》。主要内容：1. 从1986年1月起，各单位必须按国家统计局1985年《劳动工资统计主要指标解释》，关于工资总额的解释部分计拨工会经费。2. 在经济改革中，实行各种形式经济承包责任制的单位，实行集体承包的，不论是实行计件工资、提成工资、浮动工资，均按其职工所得全部报酬为基数，计提工会经费；个人承包的由发包单位从职工上交的费用中，按本单位职工平均工资额，计提工会经费。如果出包时未包括工会经费，应补充进去。3. 所有建立工会组织的单位，都必须严格执行《工会法》和财政部、人民银行总行及中华全国总工会的有关规定，按月向工会拨缴工会经费。凡逾期没拨缴的，应从该月的16日起按欠缴金额每日5‰增缴滞纳金。经屡催不交的，由工会以文件形式通知其开户行，由银行从其存款中扣交和扣收滞纳金。各级人民政府的补助按照1986年9月12日，国务院办公厅转发《中华全国总工会关于县以上各级工会所需房屋仍由同级政府解决报告的通知》，要求各省、自治区、直辖市人民政府贯彻执行：一是各级政府和企事业单位应按照《工会法》等法规、通知和规定，解决工会及其所举办的事业单位用房问题；二是县以上各级工会及其所属事业单位干部宿舍，包括离退休干部的住房，请当地政府在建设投资（包括地方机动财力安排的自筹资金）内统筹解决；三是新建城市、港口，要同时建设工会办公、职工文化福利设施，包括国际海员俱乐部和相应的职工宿舍。

1985年11月，黑龙江省总工会、省计经委、省财政厅、省商业厅、省工商行政管理局、省旅游局联合转发中华全国总工会、国家经委等6个单位联合下发的《关于工会举办为职工服务的第三产业的联合通知》，为工会兴办经济事业提供了政策依据。各级工会解放思想，转变观念、放开了手脚，兴办的事业发展很快。据1986年统计，10个城市的文化宫比上年增收节支1495680元，55个县的俱乐部3项经费补贴又减少9.5万元。全省有条件的65个市、县中，有58

个兴办事业 116 项，收支相抵净剩 473911 元。1987 年纯收入达 120 多万元，不仅拓宽了为职工服务领域，密切了与群众联系，扩大了工会影响，而且对于缓解经费不足起到积极的作用。全省工会文化事业财务改革工作进展较快，文化宫、俱乐部通过推行预算包干、定项补贴、定额补贴等办法，有效地调动了事业单位和职工的积极性，社会效益和经济效益明显提高。1987 年与 1984 年相比活动项目增加 172 项，参与活动群众增加 129 万人次，收入增加 88 万元，减少补贴 94 万元。在用的 66 个文化宫、俱乐部有 36 个达到 3 项经费自给有余，占 55.4%，向以事业养事业迈出了一步。

管好事业单位收入　1986 年 1 月，省总工会财务部参加中华全国总工会财务部对省级工会实行的"核定上解定额，超收回拨"的经费收解管理办法和财务工作竞赛活动，并签订上解经费责任书。由于当年改革步子较大，管理措施得力，各级工会积极努力，在机械、军工、纺织等行业自己找米下锅的突变情况下，经费收入比上年增加 213 万余元，中华全国总工会经费增长率达到 20% 以上，被中华全国总工会授予"第一名奖牌"，跻身于全国工会财务工作的先进行列。

黑龙江省属老工业地区，工厂设备陈旧，改革重组起步较缓，经营不景气，停产半停产企业较多，资金匮竭，更有些企业跨年度拖欠职工工资，经费收缴难度大。但是工会经费收入仍年年有所增长。

省总工会提出用好经费原则：一是量入为出。支出预算不能超越自身财力，有多少钱办多少事，不能寄托于上级补助。二是统筹安排。就是突出重点，兼顾一般，区分轻重缓急。要尽量压缩行政费用，扩大事业费。三是勤俭节约。使用经费要精打细算，反对铺张浪费。既要讲究经济效益，又要讲究社会效益。四是发扬民主。经费收支要采取一定形式，听取群众的意见和要求，接受监督。五是坚持执行开支标准。凡是国家、地方政府有明文规定的标准，如工资、奖金、办公费、差旅费、会议费等标准，就应按照规定执行。凡是国家、地方政府统一标准，如文体活动的补助标准、奖励标准等，可根据有关方针政策，结合工会工作实际和物价浮动情况规定。

1986 年 7 月，省总工会根据中华全国总工会的规定，对基层工会经费的使用原则、开支范围作如下具体规定。工会经费使用原则：要贯彻“为工会建设服务，为群众服务，为‘两个文明’建设服务的方针”，做到统筹兼顾，用得适当，不得浪费，群众满意。工会经费开支范围：（1）会员活动费；（2）业余教育经费；（3）宣传鼓励费；（4）文艺活动费；（5）体育活动费；（6）工会建设费；（7）工会行政费。按照《工会法》的规定，专门从事工会工作的专职人员的工资、津贴、办公费、差旅费和市内交通费等。

财务管理 1985年2月，省总工会、人民银行、工商银行、农业银行联合下发《关于加强工会经费收缴工作的通知》。该通知要求各级银行和工会组织尽职尽责，做好收缴工作。要互相合作、互相支持，对无故拖缴、欠缴的由银行每日加收5‰滞纳金，不搞“下不为例”。要把拨缴工会经费纳入银行和工会组织岗位责任制和竞赛评比内容，对于有显著成绩的给予表彰和奖励，对于工作失职的要给予严肃批评。1986年3月，省总工会组织开展财务工作竞赛活动。竞赛主要是为了充分发挥各级工会和财务人员的积极性，认真贯彻执行工会财务工作方针、政策和制度，进一步搞好财务工作整顿和建设，切实收好、管好、用好工会经费，加强文化事业单位财务管理、减少经费补贴、举办第三产业，增加经费收入，为开创工会工作新局面提供物质保证。1987年继续开展以经费收缴好、遵制守纪节支好、财务管理好、事业单位管理好和举办第三产业开源节流好为内容的工会财务工作“五好百分赛”活动。

11月15日，省总工会作出《关于加强省总工会机关及事业单位财务管理的规定》。提出11项具体要求：严禁私设小金库；严格控制往来款项；严格执行开支范围和开支标准；严格履行开支审批手续；控制生活福利方面的开支；认真执行国务院的《事业单位奖金税暂行规定》，严格控制奖金发放数额；不准用公款到外地旅游；严格控制招待费；加强财务管理；事业单位要规定分配利润；建立固定资产折旧制度。同时，对加强财务监督和加强财务工作领导方面提出具体要求。

1986年，省总工会财务部按照国务院财税大检查的要求，抽出一半人力并从地（市）、县借调16名财务干部，对省总工会机关和事业单位的财务工作进行认真检查，同时部署和指导各级工会进行自查，提出加强财务管理的意见，进一步完善各项规章制度，促进和加强财务管理工作。同时，针对拨多少就收多少，心中无数的问题，实行“三核、两建、一定”。三核（核职工人数、核工资总额、核应收经费）、两建（建统计台账、建上解经费台账）、一定（定上解经费数），下达预测指标的改革办法，实现经费收缴上解目标考核数据化，使经费收缴和上解逐步走上按时足额的正常轨道，实现科学管理。当年经费收入1300多万元，比1985年增长19.6%。

1987年1月，省总工会按照全部职工工资总额的2%拨缴和收好工会经费，与会计学会制发“计算提取工会经费的职工范围和工资总额组成一览表”，发到基层工会和行政财务部门，作为行政拨缴经费和工会检查收好经费的依据，为各级工会和财务人员以及基层行政财务人员提供工作方便，以减少漏提欠缴的问题。

为促进全省工会组建率，改革实行了市总工会按全部职工工资总额80%计算，县和产业工会的增长率按10%计算，下达上解经费的分成指标和争取实现的目标。这一年经费收入1519万元，比1986年增加217万多元。如以改革的两年平均增长率与过去7年相比较提高了8.5%，迈出了两大步。

经费审查 1987年1月3日，省总工会转发中华全国总工会颁布的《工会各级经费审查委员会组织通则》。对全省各级工会贯彻落实该通则，加强对工会经费审查工作的领导等作出具体规定：协助和督促各省辖市总工会（包括大兴安岭地区总工会），抓好市总工会经审委员会建立办事机构和配备专职工作人员工作。先后有哈尔滨、齐齐哈尔、牡丹江、佳木斯、鸡西、伊春、双鸭山7个市总工会经审委员会设专门机构或配备专职工作人员。同时协助各地区工委建立地区工委经费审查小组。还针对多数工会经审组织不健全和作用发挥得不好，并有将近2/3的市、县工会改选换届的实际情况，对各级工会经审组织建设提出具体要求。

省总工会为加强经费审查工作，省总工会经费审查委员会建立办事机构，配备专职人员。根据通则规定，经审委员会办公室的职责任务是在省总工会经费审查委员会的直接领导下处理日常工作。

省总工会经审委员会加强自身建设。在制度建设上，健全并坚持了委员会例会制度。全体委员会议由过去每年1次改为每年2次，加强对省总工会经费工作的审查和监督。根据通则规定和工作实践，制定《省总工会经费审查委员会工作制度》，确定经审委员会办公室的工作范围和职能，制定经审工作人员岗位责任制，等等。

四、兴办经济实体

省职工技术协作委员会成立后，于1981年6月和1984年7月举办两期技术协作研究班，研究如何改革技协工作。第二期研究班提出，职工技协工作重点应转向中小城市和县镇企业；应创办经济实体，为企业引进新技术、新产品、新设备和投资服务，增加技协积极分子中的知识分子比重，开展有偿协作。

省总工会在组织职工开展群众性技术协作活动方面，根据经济体制改革新形势的需要和全国总工会的指示精神，于1984年10月成立一个独立经营、自负盈亏、属于民间技术市场性质的经济实体机构——黑龙江省技术协作服务中心。

1984年至1985年，全省各级工会以贷款扶贫为主要形式，在开展贫困职工劳动力资源、创造庭院经济扶贫和基地辐射扶贫等形式的同时，积极为贫困职工家属和待业职工创造就业门路，开展以兴办第三产业和各类经济实体为特征的群体扶贫。1985年全省有9300个基层企事业单位开展集体扶贫活动，被扶贫职工人数达到84380人，全年脱贫49728人。通过扶贫，全省贫困职工的生活水平普遍有所提高，国家和企业负担有所减轻。1983年至1985年，全省职工困难补助费减少支出5000万元①。

五、开展"建家"活动

根据中华全国总工会组织工作会议部署和中华全国总工会《关于整顿工会基层组织，开展建设"职工之家"活动的决定》，在省委领导下，经过逐级传达

① 黑龙江省地方志编纂委员会编：《黑龙江省志·工会志》，黑龙江人民出版社1995年版，第365页。

贯彻，自五月初在全省范围内，普遍开展了整顿基层工会组织，建设“职工之家”的活动。

全国总工会关于建立“职工之家”的要求　1984年5月1日，全国总工会作出《关于整顿工会组织，开展建设职工之家活动的决定》。决定要求，从1984年下半年开始，用3年左右时间，对全国基层工会普遍进行一次整顿工作，逐步把基层工会建成名副其实的职工之家。该决定提出建成职工之家的6条标准：建设一个符合四化要求，密切联系群众的领导班子和一支热心为“四化”出力、为群众服务的工会积极分子队伍；教育和动员职工站在改革前列，努力促进技术进步，提高经济效益和社会效益，保证完成国家交给的各项任务；组织动员职工学习政治、文化、科学和管理知识，提高思想政治素质和科学文化素质，在建设一支有理想、有道德、有文化、守纪律的职工队伍中发挥应有的作用；推进企事业民主管理，承担起职工代表大会工作机构的任务，在办好社会主义企事业中充分发挥作用；保障职工利益，维护职工合法权益，为职工说话办事，为职工排忧解难；健全工会组织，加强小组建设，不断完善工会民主生活和民主制度，做民主的模范。

省总工会的部署　省总工会在贯彻落实中华全国总工会决定的工作中，采取三个步骤：一是在省总工会领导机关进行传达贯彻，提高广大干部对开展整顿建家活动的认识，制定切实可行的规划和实施细则。二是层层落实，分类指导，抓典型搞试点，以点带面，全面推开。三是从严求实，搞好检查验收。1984年10月6日，省总工会在充分调查研究的基础上，发出《关于全省整顿基层工会组织开展建设职工之家活动的情况和今后意见的报告》。报告提出黑龙江省整顿建家工作的规划：用3年左右时间有计划、有步骤、分期分批进行整顿建家工作，在3年内分三批对全省2.3万个基层工会进行整顿，把90%左右的基层工会建成名副其实的职工之家。全省开展整顿建家的活动自1984年5月开始。年底，省总工会对这项活动开展情况进行摸底调查。

“建家”工作的开展　全省共有6个地区、10个省辖市、5个地辖市、17个产业和64个县工会（工委），共有23000多个基层工会。整建活动开展比较好的有松花江地区、绥化地区、哈尔滨市、齐齐哈尔市、鸡西市、牡丹江市、省林业工会、省邮电工会、河通县、海伦县、虎林县、东北轻合金加工厂、哈尔滨轴承厂、齐齐哈尔重型机器厂和和平机器厂等单位，占全省各级工会和基层工会组织的50%左右。1984年底，全省的基层工会有70%已进入调整工会领导班子的阶段。在半年多的时间里，全省各级工会干部对开展这项活动认识高、行动快、工作面广；规划具体，有实现的目标、验收的具体标准和工作方法步骤；采取以点带面的方法进行指导。哈尔滨市总工会以东北轻合金加工厂、哈尔滨轴承厂工会为试点，齐齐哈尔市总工会以重型机器厂、和平机器厂工会为试点，鸡西市总工会以小恒山矿工会为试点，松花江地区工委以通县为试点，在试点上下功夫，花力气培养典型。松花江和绥化地区工委抽调80%的干部，坚持用1/2至2/3的时间深入试点工作，召开现场会、试点验收会，推动活动的开展。各级党委、行政有关部门也对开展这一活动给予高度重视和大力支持。鸡西市总工会在1984年下半年按照规划命名14个基层工会为合格的职工之家。他们创造的经验是：坚持标准，分类指导；搞好评议，层层把关；统一管理，分级验收；狠抓关键，打牢基础。

1984年10月，省总工会在哈尔滨市、佳木斯市和齐齐哈尔市同时召开整顿建家经验交流会，分析全省开展整顿建家活动的形势，交流了10个典型经验，并对继续开展这项活动的方法、步骤和任务要求作了全面部署，推动这项活动不断深入发展。

1985年初，省总工会对全省整顿建家工作进行大检查。通过检查，总结一批在改革中通过开展整顿建家活动加强工会自身建设、开创工会工作新局面的典型经验。推动全省这项活动的深入发展。在已经验收合格的基层工会组织中，200人以下的小型企事业单位只占45%，而这些小型企事业单位工会却占全省基层工会总数的60%以上，整顿建家工作的薄弱环节在于基础较差的小型企事业工会组织。8月，省总工会在绥化市召开全省小型企事业工会整顿建家座谈会。会上有7个单位介绍开展这项工作的经验。

建家工作的成果 1985年底，全省整顿建家工作的基本情况和成果是：全省已验收合格的职工之家15629个[①]，占全省25308个基层工会的61.7%。通过1年多的整顿建家工作，使全省基层工会产生如下变化：基层工会领导班子切实得到加强。各级党委和工会组织根据党中央有关文件指示精神，按建设职工之家6条标准的要求，调整、充实了基层工会领导班子。各地都把一大批年富力强、精力充沛、有开拓精神、文化知识较高的同志，充实到基层工会组织领导岗位上来。工会干部队伍出现从未有过的良好结构和最佳状态。整顿建家前，全省基层工会配同级党政副职的工会主席，约占基层总数的45%，到1985年底，已提高到85%左右，比建家前增加40%。在全省63个县的百人以上企事业单位中，有90%的单位在建家时就配上了专职工会主席。整顿建家活动，充分调动了广大工会干部和工会积极分子的积极性、创造性，促使其精神状态发生深刻变化。全省“四有”职工队伍基本形成，涌现双文明单位1208个，文明班组5025个，文明先进个人49820人。职工代表大会制度不断健全和完善，企业民主管理向新阶段迈进。在建家中，许多小企事业单位各自从实际情况出发，抓好食堂、托儿所、医疗所、理发室、裁剪店、浴池和倒班宿舍建设，方便了职工生活。全省扶贫工作有了突破性进展，有近7万户脱贫，有的走上致富道路。进一步密切了工会组织同职工群众的联系。各级工会组织都把密切同职工群众的关系作为工会有无生机和活力的大事来抓，使工会干部的思想作风和工作作风有了明显转变。工会干部改变了过去依靠会议和文件指导工作的机关作风，实行面对面的指导工作。许多地、市、县工会的主要负责同志利用1/2以上的时间，深入各区、县、局、系统和企事业单位，进行调查研究，倾听群众的意见和呼声，针对问题，摸清情况，帮助基层解决实际问题，有力地指导基层工会工作的开展，涌现出一批被职工誉为“贴心人”“职工之友”的先进典型。各地基层工会组织恢复工会小组民主生活制度，整顿工作秩序，建立各项制度和岗位责任制，实行了工会工作的目标管理。全省基层工会通过整顿建家，进一步发展壮大。1985年底，发展到25310个，比1984年增加5.6%。

1986年6月6日，省总工会在大庆市召开黑龙江省工会整顿建家工作经验

① 黑龙江省地方志编纂委员会编：《黑龙江省志·工会志》，黑龙江人民出版社1995年版，第9页。

交流会。这次会议是在1984年5月全省开展整顿建家活动以来，全省召开规模最大的一次经验交流会。会议中心议题是：传达贯彻全国工会组织工作会议精神，总结交流两年来全省各级工会整顿建家工作经验，研究确定下一步工作任务，把全省工会整顿建家活动引向深入。哈尔滨轴承厂工会等13个单位介绍经验。至1985年底，全省200人以下的小型企事业单位，已验收合格的“职工之家”有3272个，占小企事业单位总数的30%。发展健全了工会组织，完善工作制度，确保全省工会整顿建家任务的完成。

1986年6月16日，省总工会印发《评选先进职工之家试行办法》。该办法主要规定评选“先进职工之家”条件，“先进职工之家”评选及命名办法和几点要求。提出在已验收合格的“职工之家”中，评选“先进职工之家”。到年底，各级工会组织自身建设得到加强，使工会工作展现新局面。全省复查验收的“职工之家”已占基层单位的80.42%，同时还评比验收了1300个“先进职工之家”，占基层工会总数的50%。全省基层工会主席配备同级党政副职的已达到85%。在63个县100人以上的企事业单位中，有90%的单位配上专职工会主席。民主选举基层工会主席的工作有了新突破。伊春市总工会在全市范围内推行由会员直接选举基层工会主席的工作，破除了实际存在的委派制，进一步密切了广大职工与工会组织的联系。

1987年，全省工会建家工作全面铺开，并在已有85%的单位建成合格“职工之家”的基础上，省总工会组织开展争创先进和模范“职工之家”，争当模范“职工之友”的“百、千、万”活动。即评选100个先进基层工会，1000个先进工会小组，10000名优秀“职工之友”，从而把建家工作引向纵深发展。在“百、千、万”活动中，齐齐哈尔市总工会作出在全市工会小组中开展“建小家”活动的决定。全市出现既抓“建大家”，又抓“建小家”的新局面。截至4月份，全市建家合格率已达60%，有25%的工会小组建成合格的“小家”。按中华全国总工会规定的建家6条标准，年底全省建成合格“职工之家”24458个，占全省基层工会的96.6%。其中，荣获省“先进职工之家”2343个，占“合格职工之家”的9.8%。荣获省级模范车间工会242个，模范工会小组739个，“模范职工之友”9910名。

六、维护女职工特殊的利益

搞好女职工住房分配　黑龙江省总工会受省宣传执行宪法法律维护妇女儿童合法权益活动领导小组的委托，对哈尔滨、齐齐哈尔、佳木斯、鸡西等4个城市99个单位的女职工住房分配情况进行了调查了解。

自1981年全国总工会、国家城建总局《关于做好厂矿企业职工住房分配工作的通知》下发以后，特别是“维护妇女儿童合法权益宣传月”开展以来，许多单位在分配住房中，改变了过去“以男为主”的不合理做法，贯彻了男女平等的政策，男女职工同有申请住房的权利。这样的单位有20个，占调查单位数的20.2%。比较多的单位是分房以男为主，有特殊情况的女职工可以享有同男职工一样的分房权利。这样的单位有79个，占调查单位数的79.8%。

规定男女职工均有申请住房的权利，并能在职工代表大会的监督下，进行合理分配。哈尔滨五金交电公司有35名职工得到了新房，其中女职工解决了19户，占这次分房数目的54%。松花江百货大楼也很快修改了分房方案，取消了分房以男为主的条文。有些单位还从本单位的实际情况出发，优先解决最困难户。东北轻合金加工厂，自1982年以来共为女职工解决住房111户，其中52户是按评分条件分得的，其余59户是工厂按分配原则根据女职工存在的特殊困难给予照顾解决的。

解决好女性生育休假问题　根据中华全国总工会女工工作委员会工作要点要求，1984年7月，省总工会女工部将女职工生育休假问题作为调查，研究改革给女职工带来的新变化、新情况的课题之一向各市、县工会女工部门作了部署。9月，会同省妇联组成小型调查组用9天的时间在哈尔滨市的五厂二院一校一社一店进行了专题调查，调查结果及齐齐哈尔、牡丹江、大庆三市，龙江等四个县情况汇报如下。

第一，女工生育休假现状。调查的10个单位是哈尔滨汽轮机厂，哈尔滨亚麻厂、毛纺厂、二工具厂、造纸厂，南岗区红十字医院，省林业设计研究院、第125中学，松花江百货商店及松花江旅社。这10个单位共有职工29983人，其中女职工13177人，占职工总数的43.9%。在女职工中，怀孕和有三岁以内孩子的2173人，占女职工总数16.5%。从这10个单位看，没有为女职工规定分娩前休假时间，但纺织、机械系统，对那些在生产一线的，妊娠满七个月的孕妇，执行过去《女工劳动保护条例》（草案）七个月下机台的规定，分配她们干些力所能及的辅助活。关于产后休假时间长短这10个单位各有不同。大体有四种情况：正常产假休56天，难产72天，如是晚育，各加计划生育假1个月，即休86天或102天，还有产后休6个月和3个月的。在休假期间的工资福利待遇上，除汽轮机厂外，其他9个单位，都是照发基本工资，不发奖金，其他福利待遇不变。从10个单位调查情况看，女职工较集中的轻纺、财贸、文教、卫、科研单位休产假一般比较短，而机械行业女职工比例小，休产假的时间就比较长。

第二，女职工及有关方面对放长假的反映。对女职工生育放长假，不同行业、不同工种、岗位的女职工反映不尽相同，各单位领导态度也各异。一般说来，在生产一线、劳动强度大、工作紧张、居住离单位远的女职工要求产假放长些的呼声比较强烈，但绝大多数同志认为3年太长，但现行产假时间较短，多数认为1年或18个月最为理想。

第三，几点建议：1. 有利于母婴的身体健康。有关医学资料告诉我们，妇女分娩所造成的身体损失，一般要一年以上时间才能趋于恢复，而婴儿一岁也应断母乳，身体的抵抗力增强了也比较好带。而休假时间太短则不然。2. 有利于生产和工作。因现行产假过短，母婴体质较弱，上了班，表面看出勤人多了，是个力量，其实不尽然。南岗区红十字医院共有职工208人，其中有3岁以内孩子的女职工14人，这个单位是事业单位，生育假是3个月，但上班后，由于孩子生病和自身的原因，病事假交替进行，诊断书接踵而来，闹得领导无法安排她们工作，非常挠头，还影响其他同志工作情绪。3. 有利于职工家庭生产水平的提高。当前，我们国家还是低工资，多就业，如果女职工休假时间过长，势必会影响她们的家庭生活。

提高女职工的卫浴条件　1978年中共十一届三中全会以后，工会组织恢复了职工集体福利工作，职工浴池的建设重新引起各级工会的重视。1979年，鸡西市职工浴池共有116个，鹤岗矿区有职工浴池13个。

随着经济和职工福利事业的发展，各级工会十分重视浴池卫生条件的改善。阿城纺织印染厂女职工多，长期共用浴池洗澡，90%的女职工得了传染病。工会为保护女职工的健康，建议将浴池改为淋浴，并在车间设立了冲洗卫生间，改善了女工的健康状况。

各地积极利用现有条件，兴办浴池，解决职工洗澡难的问题。佳木斯中心医院工会和院行政协作，自建两处浴池，使全院 900 多名职工每周可洗上两次澡。齐齐哈尔富拉尔基煤炭商店兴建了一个 150 平方米的职工浴池，男女浴室各设浴池、淋浴，女浴池还设卫生间、冲洗室，每周可使用 3 次。省第四公路工程处工会协助行政为职工修建了一个 300 平方米的职工浴池，男女职工每周都可洗上一次澡。

1983 年 9 月，哈尔滨市总工会为解决全市 2700 多名区属环卫职工洗澡难问题，召集了部分有职工浴池的企事业单位后勤负责人和工会主席会议，提议有条件的单位应以优惠的待遇，向环卫职工开放，得到有关单位的响应。哈尔滨第一工具厂、汽轮机厂、电机厂、东安厂、龙江电工厂以及中共松花江地委、部队等 29 个单位决定接受 1670 多名环卫工人同本单位职工一样享受洗澡待遇，使动力、太平、平房三区环卫工人洗澡难的问题，基本得到解决。据省总工会统计，1983 年，全省基层企事业单位共有职工浴池 3377 个。

从 1980 年开始，为保护女职工健康，省总工会女工部倡议各基层企事业单位利用现有条件，为女工建立妇女冲洗室，得到全省各基层工会的响应。1981 年以后，全省女工冲洗室逐年增加。据统计，1981 年全省妇女冲洗室为 783 个，1982 年为 910 个，1983 年为 1250 个，1984 年为 1250 个，1985 年达到 2025 个。

多方面为女职工提供权益保障　出台相关制度。1985 年 8 月 1 日，中华全国总工会书记处第七次办公会议通过了《基层工会女工工作委员会条例》。根据条例规定，省总工会做了如下工作：做好女职工思想政治工作；为女职工提高文化技术素质创造条件；维护女职工合法权益；监督、协助行政贯彻执行有关女职工劳动保护的政策法令、规定；协助行政搞好托幼工作；关心女劳动模范、女先进工作者。

召开经验交流会　1986 年 3 月 19 日，省总工会在哈尔滨市召开全省工会女工工作经验交流会。齐齐哈尔制药厂工会、牡丹江市交通局工会等 20 个单位介绍经验。主要经验是：以“四化”建设为中心，服务于改革的大局，开创新时期女职工工作新局面的前提；提高女职工的政治素质和文化科学技术素质，维护女职工合法权益的基础；深入基层，调查研究，及时总结典型经验，做好女职工工作的重要途径；提高女工干部的素质，建设一支过硬的女工干部队伍是新时期做好女工工作的根本保证。

各级女职工组织发挥作用 1987 年，全省各级女职工组织和女职工群众在“双增双节”活动中发挥了应有作用。鸡西市各级女职工组织掀起了“超双千夺双万，创业立功竞赛”热潮，全市有 13 万名女职工参加竞赛活动，占女职工总数的 85%。齐齐哈尔市华安厂女职工委员会发动全厂女职工从点滴入手，挖潜利废，人均节约 442 元。哈尔滨量具刃具厂仅一次女职工合理化建议征集活动就提出合理化建议 250 条，增收 2400 万元。哈尔滨轴承厂女工委员会组织 2414 名女工，利用业余时间拣料头、修复仪器等，为工厂节约资金 159500 元。大庆采油二厂女工委员会组织女工修旧利废，共节约资金 77245 元。

同年，全省各级工会女工组织在维权方面都做了大量工作。哈尔滨市总工会开展两次大型的维权方面的调查，同时提交市人大讨论，并制定出解决问题的意见。还通过普法教育，让女职工学会用法律武器保护自己的合法权益，使承包中取消女职工劳动保护待遇等问题得到及时解决。大兴安岭地区总工会女工部，会同妇联对住房分配中男女不平等问题作了调查，并给地委写了报告。牡丹江市总工会发挥各级女工委员的法律监督权力和调解委员的作用，调解各类纠纷 2336 起，使 1767 对夫妻破镜重圆，接待处理上访案件 158 起。鹤岗市总工会女工部当年共接待处理女职工来信来访 16 件。

第十二章　深化改革、扩大开放时期的黑龙江工人运动

1986 年至 2005 年 20 年间，全省广大职工，在推进改革发展，稳定大局，促进经济社会发展中发挥了重要作用。这一时期，黑龙江省各级工会组织克服困难砥砺革新，全省工运事业在党的领导下蓬勃发展，取得了显著的成就，为黑龙江的经济发展和社会进步作出了贡献。20 年来，全省各级工会组织和广大工会干部，在各级党委和上级工会的正确领导下，在各级政府的大力支持下，以邓小平理论和“三个代表”重要思想为指导，深入贯彻落实科学发展观，坚持“组织起来，切实维权”的工作方针，围绕改革发展稳定的大局，拓展工作思路，完善工作机制，创新工作载体，使基础性工作取得新进展，重点工作实现新突破，整体工作迈上新台阶。到 2005 年末，全省有企事业单位 25099 个，89%建立和完善了以职工代表大会为基本形式的民主管理、民主监督制度，并坚持重大问题申请职工代表大会审议。全省有 9698 户企业建立了平等协商和签订集体合同制度；全省实行民主评议中层以上领导干部的企业 11657 个，占总数约 96%；全省建立现代企业制度的企业 2567 个，进入董事会的职工代表 2565 人；全省建立职工监事制度的企业 2390 个，进入监事会的职工代表为 2842 人；全省实行厂务公开制度的企事业单位 20523 个，占总数约 82%。

第一节　学习贯彻党的十三大精神和中国工会十一大精神

中共十三大系统阐述了社会主义初级阶段理论，明确概括了党在社会主义初级阶段的基本路线。学习贯彻党的十三大精神，有助于深刻理解和把握当时中国所处的历史阶段、发展目标和主要任务，为各项工作的开展提供重要指引。

中国工会十一大强调了工会在维护职工权益、推动经济发展、促进社会稳定等方面的重要作用。贯彻中国工会十一大精神，对于加强工会组织建设、提升工会工作水平、更好地服务广大职工群众具有重要意义。

一、学习贯彻党的十三大精神

中国共产党第十三次全国代表大会于1987年10月25日至11月1日在北京举行。

大会第一次提出并系统阐述了社会主义初级阶段理论，并指出我国正处在社会主义初级阶段，制定了党在社会主义初级阶段的基本路线。这次大会的中心任务是加快和深化改革，制定了“三步走”发展战略和各项改革任务。大会通过了《关于十二届中央委员会报告的决议》《关于〈中国共产党章程部分条文修正案〉的决议》《关于中央顾问委员会工作报告的决议》和《关于中央纪律检查委员会工作报告的决议》。

提出了党在社会主义初级阶段的基本路线，就是领导和团结全国各族人民，以经济建设为中心，坚持四项基本原则，坚持改革开放，自力更生，艰苦创业，为把我国建设成为富强、民主、文明的社会主义现代化国家而奋斗。据此，报告分别提出了发展经济战略、经济体制改革、政治体制改革、改革开放中的党的建设、坚持和发展马克思主义等方面的基本方针。此外，报告还规定了6个方面的长远性指导方针。

在学习贯彻党的十三大精神上，黑龙江省总工会突出的做法是，根据党的十三大关于加强经济监督和调解的精神，结合黑龙江省工会、财务工作和各项事业迅速发展的实际情况，在县以上各级工会建立了工会内部的财经审计制度，它的日常工作在同级工会经费审查委员会的领导下，与工会的经费民主审查监督结合起来去进行，从而在工会内部形成了一个有群众民主基础的、有一定审查监督制度和权力的工会经费审查监督体系。

党的十三大报告指出，工会要“把工作重点放到基层”。按照这个指示，黑龙江省工会改革的重点放在了基层。本着“群众事情由群众自己依法去办”的精神，进行基层工会的改革，使基层工会能够根据实际情况和职工群众的意愿，实现干部自选、工作自主、机构自设、经费自管，独立自主地开展各种工作。

二、学习贯彻中国工会十一大精神

1988 年 10 月 22 日至 28 日，中国工会第十一次全国代表大会在北京举行。大会明确提出要把以经济建设为中心，在维护全国人民总体利益的同时，更好地表达和维护职工群众的具体利益，作为中国工人运动和工会工作的一项基本指导原则。

中国工会十一大提出了中国工会具有四项社会职能，即被工会系统公认的简略称为维护职能、建设职能、参与职能、教育职能。工会四项职能的提出，是一大进步。

按照中国工会十一大《工会章程》要求，黑龙江省总工会作出决定，定期召开会员大会或会员代表大会，报告工作，听取民主评议和批评意见，建立会员直接评议工会干部制度，接受会员群众监督，防止和克服工会自身的官僚主义、不正之风等脱离群众的现象发生。工会重大问题的决定都交会员群众讨论，充分听取意见，坚持民主集中制的原则，严格民主程序，充分发挥委员会的集体领导作用。充分依靠会员群众办工会，组织吸引职工群众和社会力量参加工会各方面的工作，增强吸引力、凝聚力和开放度。

第二节　黑龙江省工会第六次代表大会

黑龙江省工会第六次代表大会，于1988年8月25日至28日在哈尔滨召开。出席会议的正式代表802人，特邀代表62人，列席代表16人。这次代表大会的主要任务：传达贯彻党的十三届二中全会和七届人大会议精神，总结上一次代表大会以来的工会工作，讨论确定今后的工作任务，动员全省广大职工坚持执行党在社会主义初级阶段的基本路线，进一步解放思想，在深化和加快改革中，为全省工作再上新台阶作出更大的贡献；选举产生黑龙江省总工会新的领导机构；选举黑龙江省出席中国工会十一大代表。

一、省工会六大的主要议程和主要任务

根据《中国工会章程》的有关规定和中华全国总工会相关文件，省总工会五届六次委员会（扩大）会议决定，于1988年8月25日至29日，在哈尔滨召开黑龙江省工会第六次代表大会。代表大会的议程是：听取和审议省总工会第五届委员会工作报告和财务工作报告；听取和审议省总工会第五届经费审查委员会工作报告；选举省总工会第六届委员会；选举省总工会第六届经费审查委员会；选举黑龙江省出席中国工会十一大代表。

代表大会的主要任务　以党的十三大精神为指针，总结上一次代表大会以来的工会工作，讨论确定今后的任务，动员全省广大职工坚持执行党在社会主义初级阶段的基本路线，进一步解放思想，为全省深化改革，加快经济建设步伐作出更大的贡献。

二、省工会六大的工作报告

省总工会主席倪志荣在会上作题为《解放思想，促进改革，团结全省职工

为振兴黑龙江而奋斗》的工作报告。报告指出：省工会第五次代表大会到现在已经五年了。五年来，全省各级工会组织，在全国总工会和省委的领导下，认真贯彻中国工会制定的十大新时期工运方针，动员和组织广大职工积极投身改革，在四化建设中发挥主力军作用，取得了显著成绩。在谈到今后任务时，他指出，今后五年全省工会工作总的任务是：在党的基本路线指引下，以经济建设为中心，在维护国家总体利益的同时，代表和维护职工群众的具体利益，建设"四有"职工队伍，发动职工群众以主人翁精神，投身改革和建设，努力实现工会组织的群众化、民主化，独立自主地开展工作，建设一个强有力的工会，为建设富裕、文明的黑龙江作出新贡献。为实现这一任务，报告又提出五项重点工作：一是动员职工积极投身改革和建设，努力实现全省经济和社会发展目标；二是代表和维护职工的具体利益，保护职工群众社会主义积极性；三是加强企业民主管理和民主参与工作，推进社会主义政治建设；四是提高职工素质，建设"四有"职工队伍；五是积极兴办工会经济实业，为职工谋利益。

会议经过审议，一致批准省总工会五届委员会的工作报告、经费审查委员会工作报告、省总工会财务工作报告，并分别作出相应的决议。

大会以无记名投票方式，采用先差额预选，后等额选举的办法，选举出省总工会第六届委员会委员 91 名。本届常委会设 19 人，主席、副主席 6 人。六届委员会召开了第一次全体委员会议，选举产生了黑龙江省总工会第六届常务委员会委员 17 人（暂空 2 人），主席、副主席 5 人（暂空 1 人）。

本次大会在省委和全国总工会的直接领导下，经过与会代表的积极努力，圆满地完成了各项任务。这次大会是一次承前启后、改革务实、开拓进取的大会，是一次全省工会组织实现新老交替与合作的大会，也是一次全省工人阶级同心同德、团结奋斗的大会。

第三节　支持工人搞好民主参与和企业管理工作

在新的历史时期，全省工会经济技术工作紧紧围绕全党工作大局，坚持以经济建设为中心，积极参与和大力支持经济体制改革，逐渐从计划经济向社会主义市场经济发展轨道上转变。动员组织广大职工开展多种形式的社会主义劳动竞赛，大力推进企业民主管理，建立健全相应制度。既保证职工参与企业决策、管理和监督权利的有效实现，又保证企事业单位经营决策运营的科学性和可持续性发展，和谐稳定劳动关系，促进黑龙江省经济和社会的全面发展。全省各级工会技协组织在市场经济条件下，认真落实省委、省政府“科技兴省”的战略方针。紧紧围绕提高职工技术素质，推动企业科技进步，促进科技成果向现实生产力转化和技术服务这条主线，始终坚持开展新技术推广、技术比赛、技术扶贫、技协有偿服务活动，为全面建设小康社会献计出力。

一、制度建设

1992 年 6 月 10 日，省总工会会同省委组织部、省体改委、省经委联合下发关于印发《黑龙江省城镇集体所有制企业职工（代表）大会实施细则》的通知。通知指出，为贯彻执行《中华人民共和国城镇集体所有制企业条例》（以下简称《条例》），保证集体企业职工的主人翁地位和民主权利，发挥职工积极性、智慧和创造力，办好集体企业，发展社会主义经济，根据《条例》规定的原则，结合黑龙江省实际，制定本细则。细则共有 7 章 35 条。

1993 年 6 月 27 日，省总工会下发关于印发《关于加强股份制试点企业职工民主管理工作意见》的通知。《意见》提出五点要求：股份制企业应当坚持职工代表大会制度，实行职工民主管理；注意理顺股东会、董事会和职代会的关系，健全和完善企业管理制度；拓宽职工民主管理渠道，推选职工代表参加股东会、董事会、监事会；股份合作制企业，要继续贯彻《城镇集体所有制企业条例》，加强民主管理；加强股份制企业工会建设，充分发挥工会组织的应有作用。

1994 年 8 月 8 日，省总工会下发《关于在深化企业改革中，依法坚持和完善职工民主管理制度的通知》。

这几个文件下发后，在全省引起强烈反响，各地和基层企业采取各种措施，运用各种形式认真贯彻落实，全省职工民主管理又有新的提高和发展，主要标志是：自上而下地形成了职工民主管理组织体系。全省有9266个企业建立起厂、车间、班组三级民主管理制度，占企业总数的64.5%。庆华工具厂、哈尔滨轴承厂、齐齐哈尔和平机器厂、牡丹江纺织厂、佳木斯造纸厂、伊春桃山林业局等一些大型企业，在健全、完善厂级职代会制度的同时，还抓了车间、班组民主管理制度的建立健全，职工民主管理形成了体系化、网络化。

民主评议企业领导干部工作有了突破性的进展。为贯彻中央4号文件精神，省总工会十一次常委会提出了“抓两点，带全局”的工作思路，把民主评议企业领导干部作为职代会的重要职权和内容，认真抓好落实。到1996年，全省已有11个市、地与党政有关部门联合下发文件，对评议的范围、内容、方法、步骤和组织领导作了详细的规定，并特别强调要将评议结果与干部任用结合起来。各级工会组织参与国有企业领导班子考核建设工作，到1997年底，已完成6187户国有企业领导班子民主评议和测评，占应评议和测评企业的83.5%；评议、测评29641人；经评议、测评，共调整企业领导干部2766人，其中获表彰奖励的1609人，被降、免职的1861人。

民主管理对尽快建立企业利益共同体起到了积极的促进作用。到1996年末，全省建立平等协商制度的企业4000个，占企业的31%，签订集体合同的企业有2600个，占企业的17.9%。1997年，省总工会按照全国总工会的统一部署，共开办四期师资培训班，培训两项制度的师资567人。到1997年末，全省签订集体合同的单位达4780个，占应签订合同的37%。这些单位较好地处理了企业内部利益分配关系。一些企业工会和职代会还在企业二轮承包确定之后，积极帮助企业行政搞好内部用工制度、人事制度、分配制度、奖惩制度、劳动保险制度，以及内部机构设置等配套改革，经过职工代表大会审议通过或决定这些改革方案，从而协调各方关系，兼顾各种利益，缓解各类矛盾。

企业民主管理正在向行业（系统）高层次发展。有些行业由基层企业民主管理发展到全系统实行民主管理，例如哈尔滨铁路局、省电力局、大庆石油管理局、鸡西矿务局等都建立全系统定期召开职工代表大会制度，请基层职工代表上来审议整个系统的发展规划、经营战略、工资改革方案、承包经营方案和职工福利等重大问题。职工群众由参加本企业的管理，发展到整个行业系统的宏观经济民主管理。这是职工参加企业管理的一个新发展。

1997年以后，全省有些企业出现了职工群众依法参加民主管理和民主监督的权利受到不同程度的侵犯，忽视群众的作用，使企业改革方案的制定和实施缺乏群众基础，在一定程度上影响了企业的改革、发展和稳定。为解决这些问题，中共黑龙江省委于1998年4月13日下发《中共黑龙江省委关于全心全意依靠职工群众办企业和充分发挥工会组织作用的意见》。《意见》从五个方面提出18条具体意见：

这个意见非常具体，特别是第5条，对董事会、监事会中的职工代表比例规定得更加详细。规定指出，董事会中的职工代表比例一般应不少于1/3。监事会中，职工代表的比例一般应不少于1/2。

省委5号文件的下发，是省委深入贯彻“依靠”方针的重大举措，也是落实江泽民强调的“政治上保证，制度上落实，素质上提高，权益上维护”的具体体现，对黑龙江省工运事业和工会工作产生重大深远的政治影响。全省各级工会及时抓住有利时机，以贯彻省委5号文件为依托，全面推动“依靠”方针的贯彻落实。1999年初，省总工会专门成立检查组，对全省落实5号文件精神情况进行检查。各市（地）都结合当地实际，制定本地依靠工人阶级和发挥工会组织作用的具体规定。到1999年末，全省已有6个市（地）以市委名义召开工会工作会议，有13个市（地）和8个产业以党委名义下发相关文件，推进了企业民主管理进一步加强，重新修订和制定了《职工代表大会实施细则》和《职工代表大会评议企业领导干部暂行办法》，使职工民主管理更加规范化。积极推进厂务公开的试点工作，全省有10个市（地）、7个产业、2个县（市）成立了厂务公开工作领导小组，并下发有关文件，对厂务公开工作的指导思想、公开的内容、形式、程序、监督措施和组织领导都作出明确规定。有21个市（地）和产业还召开推进厂务公开工作会议。

2000年12月25日，省委组织部、省委企业工作委员会、省经济贸易委员会、省总工会联合下发《关于表彰全省企业民主管理工作先进单位和优秀个人的决定》。《决定》指出，在贯彻落实省委5号文件中，全省涌现出一大批民主管理先进单位和优秀个人。为表彰先进，推动全省基层民主政治建设的深入发展，授予哈尔滨飞机工业集团有限责任公司等96个单位“全省企业民主管理先进单位”称号；授予须桐兴等84人“全省企业民主管理优秀党委书记”称号；授予王化国等99人“全省企业民主管理优秀厂长（经理）”称号；授予张泽仁等104人“全省企业民主管理优秀工会主席”称号，并向他们颁发奖牌和证书。

2001年4月27日，省委组织部、省企业工委、省经贸委、省总工会联合下发《关于建立健全国有独资公司和国有控股公司职工董事和职工监事制度的暂行规定》的通知。《规定》对职工董事、监事的任职条件和比例，选举办法和罢免程序，权利与义务，工作制度都作出明确的规定，保证工作的开展。到2001年末，全省建立工会的公司制企业有2039家，建立职代会的公司制企业有1932家，设职工董事会的有1686家，工会主席进董事会的有1458家，设职工监事会的有1587家，职工监事有1632人，工会主席进监事会的公司制企业有1406家。

2001年12月，省总工会召开全省非公有制企业推行职代会制度哈尔滨市现场会。哈尔滨市和其他一些系统介绍在非公有制企业建立职工代表大会制度的办法和经验。大会报告指出，非公有制企业的职工同样是国家的主人，他们参与的民主权利同样需要依法得到尊重和保护。各级工会组织和广大工会干部要以“三个代表”的重要思想为指导，充分认识在非公有制企业建立职工代表大会制度的重要性和必要性。要解放思想，积极探索，旗帜鲜明地依据有关法律法规，在非公有制企业大力推进企业民主管理、逐步建立职代会制度，保证职工的合法权益。这次会议之后，各地工会以江泽民“七一”重要讲话精神为指导，把非公有制企业职工民主管理摆上了重要的议事日程，积极探索非公有制企业职工民主管理的体制和方法，以点带面推动非公有制企业民主管理工作。到2002年末，全省已有2232户非公有制企业建立了职代会制度，545户非公有制企业推行了厂务公开。同时，外商投资企业、私营企业、乡镇企业建立平等协商制度分别达到建会企业的74.1%、34.4%、40.4%。集体合同覆盖面达到建会职工总数的50%。非公有制企业的民主管理有效地提高了企业的整体管理水平，维护了职工的合法权益，促进了劳动关系的和谐稳定。

2002年1月9日，省经贸委、省劳动和社会保障厅、省企业工委、省总工会联合下发《关于黑龙江省加强企业职工民主管理工作的意见》。《意见》提出八点要求：一是充分认识建立和完善企业民主管理制度的重要性；二是要坚持和完善国有、集体、股份合作制企业职工代表大会制度；三是非公有制企业要坚持和完善职工民主管理、民主监督，实行职工代表大会制度；四是健全职工代表大会的组织制度；五是完善职工代表大会的工作制度；六是切实加强组织领导，保证职工代表大会制度落到实处；七是提高职工代表素质，加强企业民主管理建设；八是实行企业化管理的事业单位，也要按照此《意见》，结合实际，制定具体的实施办法，抓好落实。文件下发后，对强化全省民主管理工作的机制建设，规范以职代会为基本形式的企业民主管理工作起到了很大的推进作用。到2002年底，全省共有10983个企业实行了职工代表大会制度，占全省企业的87%。实行业务招待费向职代会报告的公有制企业8536个；全省共有11181家企业推行厂务公开，占应推行厂务公开企业的98%，其中，国有控股企业7938家，推行面达97%，规范化达85%；集体及集体资产控股企业3142户，推行面达96%；3395户事业单位推行了厂务公开，占应推行厂务公开总数的48%。全省有9191户公有制企业职代会开展了民主评议领导干部工作。有9698家企业建立了平等协商和签订集体合同制度，覆盖职工459.3万人。区域性、行业性单位分别签订集体合同51个和26个，涉及企业1124家，覆盖职工8695万人。

2003年12月1日，省委组织部、省委企业工委、省经贸委、省总工会联合下发《关于表彰全省企业民主管理工作先进单位和优秀个人的决定》，《决定》授予哈尔滨汽轮机有限责任公司等100个单位“全省企业民主管理工作先进单位”称号；授予李卓奇等100人“全省企业民主管理工作优秀党委书记”称号；授予王再山等100人“全省企业民主管理工作优秀厂长（经理）”称号；授予孙德刚等100人“全省企业民主管理工作优秀工会主席”称号，并向他们颁发了奖牌和证书。

2005年6月1日，省委组织部、省工商行政管理局、省劳动和社会保障厅、省工商业联合会、省企业管理协会、省总工会联合下发《关于加强非公有制企业职工民主管理工作的意见》。《意见》就加强非公有制企业职工民主管理的重要性，非公有制企业职工民主管理的内容、形式和组织领导等问题，提出24条意见。文件下发后，引起了各级政府、工会组织，特别是非公有制企业的高度重视，采取有力措施，积极贯彻落实，取得了显著成果。到2005年末，全省改制企业有1.1万余家，建立职代会制度的有7500余家，占69%。全省有8900余户非公有制企业实行厂务公开。

二、在社会主义劳动竞赛和合理化建议中发挥作用

全国总工会强调指出："地方工会和产业工会可会同政府有关部门建立劳动竞赛领导机构，工会作为劳动竞赛机构的日常工作机构。"全国已有21个省、市建立了劳动竞赛组织，普遍收到了明显的效果，有力地推动了社会主义劳动竞赛的开展。

黑龙江省社会主义劳动竞赛委员会的主要职责：1. 根据全省的形势任务，确定开展社会主义劳动竞赛的内容和目标；2. 组织和审批全省性劳动竞赛活动；3. 制定竞赛管理办法和实施方案；4. 审议竞赛经费和表彰奖励先进；5. 负责全面竞赛活动的指导和协调；6. 总结交流劳动竞赛的经验。

为了认真贯彻党的十三届三中全会确定的治理经济环境、整顿经济秩序，全面深化改革的方针，保证省委、省政府提出在全省组织开展实施"383工程"立功竞赛，以党的十三届三中全会精神为指针，紧紧围绕经济调整、深化改革这个中心，认真贯彻省委、省政府关于"繁荣市场、控制物价、保农业、保教育、注意发展后劲"的指示精神，把增加市场有效供给、控制物价作为政府的首要工作，以市场为导向，以提高经济效益为中心内容，广泛动员职工开展增产节约、增收节支运动，推动两个文明建设，全面完成"383工程"各项指标，使黑龙江省经济保持稳定、协调地发展。

开展实施"383工程"立功竞赛活动，主要是在有效供给、物价调控子系统中开展。参赛范围：负责实施"383工程"，担负有效供给、物价调控工作的省直各单位，各行署，市、县人民政府。参加对象：专员、副专员，市长、副市长，县长、副县长，省直正副厅（局）长。对各行署，市、县人民政府各职能部门及担负"383工程"的有效供给、物价调控任务的企业、单位和个人，分别

由各行署，市、县人民政府负责组织开展竞赛。

全省“383 工程”立功竞赛，坚持精神鼓励与物质鼓励相结合的原则。1. 对评选为省“383 工程”先进单位的，以省人民政府的名义，授予“省 383 工程先进单位”荣誉称号，并颁发奖旗。获奖单位可给参与“383 工程”工作的同志一定的物质奖励。2. 对评选为省“383 工程”立功个人的，以省人民政府名义，授予“省 383 工程记大功一次”荣誉称号，颁发荣誉证书，给予一次性物质奖励，作为今后评选省劳动模范、全国五一劳动奖章的主要依据。3. 对各行署，市、县人民政府各职能部门及担负“383 工程”的有效供给、物价调控任务的企业、单位和个人的表彰奖励，可由各地自行决定。

省成立实施“383 工程”立功竞赛领导小组。由省政府“383 工程”领导小组总负责人、省计划委员会主任孙魁文同志任组长。省政府“383 工程”领导小组办公室主任、省政府副秘书长杨德彬，省计划委员会副主任陈岩，省总工会副主席唐景文任副组长。成员有省计委、省商业厅、省物价局等省直各有关单位和省“383 工程”办公室，省总工会经济部负责同志参加。办公室设在省总工会，负责日常竞赛指导工作。

党的十一届三中全会以来，在党中央、国务院倡导下，黑龙江省合理化建议和技术改进活动有了新的发展，取得了显著成绩。为进一步加强对这项活动的组织领导，省总工会、省生产调度局决定成立全省合理化建议和技术改进活动领导小组，下设办公室（设在省总经济部）。办公室的任务是政府指导、信息交流、调查研究、总结经验、表彰先进、宣传报道，以及组织人员或项目参加全省、全国交流等。

三、新技术推广与培训

新技术推广　1986 年 3 月，黑龙江省政府与省总工会在哈尔滨市首次创办职工技术市场，大力推广新技术，推动了经济技术交流。全省共有 24 个市县、130 多个厂家参加，成交额 195 万元。哈尔滨、齐齐哈尔、牡丹江、佳木斯市和依兰、肇东、宁安等市县也相继举办了职工技术市场，展出项目 3000 多个，总计成交额近500万元。还会同有关部门和厅局，在全省推广新技术25项。其中锅炉除渣、除垢一项，可为国家节约资金2.5亿元，被省人民政府评为省新技术推广一等奖。12月末，全省技协组织完成新技术推广6120项，创造经济效益达6.2亿元。

1987—1990年，全省职工推广新技术工作，在全省经济工作面临较大困难的情况下继续稳步发展，推广新技术工作的成效日益显著，经济效益十分可观，标志着全省职工技协推广新技术工作又上了新台阶。

表12-1　1987—1990年黑龙江省技协推广新技术情况统计表

年度	项目	项数	效益（万元）
1987	总计	5660	11200
	省	5	80
	市县	158	320
	基层	5497	10800
1988	总计	5339	9678
	省	1	0.3
	市县	423	1051.7
	基层	4915	8626
1989	总计	4935	13689
	省	2	1.2
	市县	253	763.8
	基层	4680	12924
1990	总计	4121	22254
	省	2	1.5
	市县	324	648.5
	基层	3795	21604

1989年8月，省职工技术协会在省职工技术交流馆举办科技协作和新技术推广交易会，这次交易会共征集摊位120个，项目482个。来自省内和陕西、河南、安徽、山西、山东、浙江等省、市近200个企业、事业单位，通过5天的交易活动，正

式签订技术合同12项，成交额308659元；意向成交37项，成交额429万元。

1991年，黑龙江省总工会与省经济委员会、省交通厅、省石油化工销售总公司、省公安交通管理局联合下发《黑龙江省推广汽车驾驶安全节油“十二字”操作法实施方案》。汽车安全节油“十二字”操作法是“预温、调正、脚轻、手快、多滑、少带”安全节油操作法，简称“十二字”操作法。这是一项不投资、不对汽车改装、好学易懂、见效快，有显著经济效益和社会效益的科学经验。截至1992年末，全省共培训汽车教练员1642名，汽车驾驶员67251人次，汽车用油量均比以前低5%，最多达23%。推广应用这项新技术的6.4万台车，共节约汽、柴油1152万升，价值达2000万元以上。

1992年3月，省职工技术协会为更有效地推广先进切削刀具，录制一套5分钟的录像带。收录了10种刀具的构造、原理及使用方法，先后在全省13个市（地）和6个产业进行推广使用。4月，省技协还推广国家“八五”新技术推广项目，丙烷切割新技术当年就在全省100家企业进行推广应用。8月，省技协邀请株洲硬质合金厂来黑龙江省进行为期一个月的先进刀具交流推广攻关活动，在这项活动中，省技协先后在5个市地进行实地推广表演活动，为14个工厂企业解决30余项生产技术难题。1992年全省共推广新技术3670项，创造经济效益1.5亿元。

1994年4月，省职工技术协会联合省科学技术协会、省刀具技术协会在全省推广使用“可转位刀具”。“可转位刀具”是国家科委和机电部“八五”科技成果重点推广项目，全省13个市（地），6个产业的260余家企业的技术人员参加产品推广会。

表12-2　1993—1998年黑龙江省技协推广新技术情况统计表

年度	项目	项数	效益（万元）
1993	总计	3611	24142.5
	省	2	25
	市县	315	5985
	基层	3294	18132.5

续表

年度	项目	项数	效益（万元）
1994	总计	3720	19123
	省	2	3.2
	市县	298	523
	基层	3420	18596.8
1995	总计	3798	20756
	省	2	1.2
	市县	268	497.5
	基层	3528	20357.3
1996	总计	2699	17652
	省	1	2.4
	市县	255	463
	基层	2443	17186.6
1997	总计	2453	15768
	省	1	2.6
	市县	208	398.4
	基层	2244	15367
1998	总计	2354	15227
	省	1	1.3
	市县	198	367.1
	基层	2155	14858

1999—2004年，由于全省各级技协组织机构的调整，使推广新技术工作受到一定的影响。据统计，6年来，全省共推广新技术1380项，创造经济效益9000余万元。

技术培训 1986年，黑龙江省总工会技协办和黑河地区工委聘请哈尔滨焊接研究所举办焊接培训班，95名焊接工人初步掌握了铸铁冷焊工艺。同年，鸡西市技协办举办电刷镀、空压机无油润滑、电子自动漏电选盘装置、井下电工、汽车节油5个专业班，培训学员175人。

1989年3月22日，哈尔滨市总工会职工技协办在哈尔滨电影机厂举办了市车工先进刀具学习班，有 30 个企业 65 名车工参加学习。1990 年，牡丹江市各级工会技协办共举办培训班 4545 期，培训人数达 37800 人。

1988—1990 年，哈尔滨市总工会技协办为个体劳动者举办各种专业技术培训班 107 期，培训职工 1294 人。其中，服装 34 期，学员 210 人；照相班 5 期，学员 190 人。1990 年全省开展职工技术培训 20133 次，培训职工 38.1 万人。

1992 年，以省总工会为主推广汽车驾驶“预温、调整、脚轻、手快、多滑、少带”十二字操作法列为省政府节能和综合利用推广项目。到 9 月份，共有 4.7 万名驾驶员经过培训学会“十二字”操作法。

1994 年，省技协举办先进刀具（可转位刀具）表演、展览、交流推广会。

1995 年，省总工会技协办先后举办 4 期赴南方发达省市学习培训班，主要学习技协如何适应社会主义市场经济的需要，向发达省市学习职工技协培训工作经验。据统计，全省各级职工技协全年共举办 1865 期各类培训班，培训职工 9.6 万人。

1996 年，省技协与省科委、省科协共同发起“科技下乡”“科技扶贫”活动，组织全省科技工作者、技协会员近百人开展送“科技下乡”和“科技大集”活动，省技协在活动中向农民无偿发放科技培训手册 1000 余册，受到全省广大农民朋友的欢迎。当年，全省各级技协组织通过各种形式开展职工培训 2038 期，共培训职工 11.3 万人。

1999 年，为配合举办省第五届职工技术运动会，全省各级技协组织广泛开展岗位练兵、技能比武、技能培训工作，把培训与练兵相结合。截至 12 月 31 日，全省技协组织共举办各类培训班 1689 期，有近 30 万名职工参加学习培训。

2000—2005 年，全省各级技协组织为深入贯彻落实中华全国总工会《关于在职工中开展普及计算机操作技能的活动》文件精神，各地相应成立由工会主管领导和经济（生产）技术部等有关部门参加的培训领导小组，建立培训制度，制定培训实施方案，做到脱产学习、定期办班、统一教材、统一考试。5 年来，全省各地技协组织建立培训基地 320 个，举办技术培训 4115 期，参加技术培训的职工为 129 万人。

四、职工技术协作组织

黑龙江省职工技术协作委员会是全省职工群众开展新技术推广、技术比赛、技术扶贫、技协有偿服务活动的群众团体，在省总工会领导下开展工作。1989年正式更名为黑龙江省职工技术协会。

1987年1月15日至16日，黑龙江省第三届职工技协代表会议在哈尔滨市召开，出席会议的有省技协二届委员，各市（地）、产业工会技协工作负责人。选举产生由76人组成的省第三届职工技术协作委员会领导机构。陈世军当选为主任，迟学志、夏奎耀、司玉璞、奚兴德、邬泰东为副主任。选举产生何大全、廉凤桐、王桂丹等17名常务委员会委员，委员53名。吕景波为秘书长，聘请工军、李敏、苏广铭为顾问，下设省职工技术协作办公室。

1994年9月16日至17日，黑龙江省第四届职工技协代表会在北戴河召开。出席会议的有省技协三届委员，各市（地）、产业工会技协工作负责人。选举产生由74人组成的省第四届职工技术协会领导机构。

黑龙江省职工技术交流馆于1986年秋在哈尔滨市南岗区东大直街195号处动工，1988年3月竣工交付使用。总面积达3900平方米。历任馆长：奚兴德、于广和，1993年后由实业部代管。

哈尔滨市职工技术协会　1990年4月，在哈尔滨市工业先进技术交流馆召开市职工技术协作委员会会议。选举产生市第七届职工技术协作委员会。

1996年3月，在市工人疗养院召开市职工技术协作委员会会议。大会根据1994年《中国职工技术协会章程》的规定，将哈尔滨市职工技术协作委员会更名为哈尔滨市职工技术协会。大会选举第八届职工技术协会新的领导班子。

哈尔滨市职工技术交流馆原是市总工会办公楼，总面积为5000平方米。1995年市总工会党组决定倒出机关办公楼，率先解决职工活动场地。当时叫市工业先进交流馆。

齐齐哈尔市职工技术协会　1989年7月，齐齐哈尔市职工技术协会召开第六届代表大会。

齐齐哈尔市职工技术交流馆于1982年动工，1983年开始使用，总面积为2500平方米。

牡丹江市职工技术协会 1986年，牡丹江市职工技术协作委员会召开第五届代表大会。

1990年10月，牡丹江市职工技术协会召开第六届代表大会。

牡丹江市职工技术交流馆于1981年动工，1983年竣工，总面积为5500平方米。

佳木斯市职工技术协会 1990年，佳木斯市职工技术协会召开第四届代表大会。

佳木斯市职工技术交流馆始建于1960年3月，面积为500平方米，到1981年新建交流馆2000平方米。

鸡西市职工技术协会 1986年4月，鸡西市职工技术协作委员会召开三届一次会议。

1990年10月，鸡西市职工技术协会召开四届一次会议。1997年12月，鸡西市职工技术协会召开五届一次会议。

大庆市职工技术协会 1991年，大庆市职工技术协会召开三届一次会议。

1996年，大庆市职工技术协会召开四届一次会议。2001年，大庆市职工技术协会召开五届一次会议。

鹤岗市职工技术协会 1990年，鹤岗市职工技术协会召开二届一次会议。

1995年，鹤岗市职工技术协会召开三届一次会议。

伊春市职工技术协会 1986年12月，伊春市职工技术协作委员会召开第二次代表大会。

1991年4月，伊春市职工技术协会召开第三次代表大会。

绥化市职工技术协会 1991年，绥化[①]职工技术协会召开二届一次会议。

1996年，协会召开三届一次会议。

大兴安岭地区职工技术协会 1987年8月，大兴安岭地区职工技术协作委员会召开三届一次会议。

---

① 1999年，绥化撤地建市。

哈尔滨铁路局工会职工技术协会　1988 年，哈尔滨铁路局工会职工技术协作委员会召开一届一次会议。

1991 年，哈尔滨铁路局工会职工技术协会召开二届一次会议。1997 年，哈尔滨铁路局工会职工技术协会召开三届一次会议。2001 年，哈尔滨铁路局工会职工技术协会召开四届一次会议。2004 年，哈尔滨铁路局工会职工技术协会召开五届一次会议。

黑龙江省农垦职工技术协会　1986 年，黑龙江省农垦职工技术协作委员会召开第一届代表大会。

1991 年，黑龙江省农垦职工技术协会召开第二届代表大会。1996 年，黑龙江省农垦职工技术协会召开第三届代表大会。

黑龙江电力职工技术协会　1990 年，黑龙江电力职工技术协会召开第一届代表大会。

1997 年，黑龙江电力职工技术协会召开第二届代表大会。

第四节　在改革中维护职工的切身利益

维护职工合法权益是工会的基本职责，职工生活保障和劳动安全保障工作是工会基础工作的重要组成部分，它不仅关系到提高职工生活水平和生活质量，也关系到改革发展稳定的大局。在这个时期，全省工会认真落实劳动保护工作，全面贯彻“安全第一，预防为主”的重要方针，按照“企业负责、行政管理、国家监察和群众监督”安全管理体制的要求，全面履行监督、维护教育、参与的职责，认真实施工会劳动保护工作的法规，为保障职工安全和健康，为老工业基地振兴创造良好的安全生产环境。全省各级工会组织和广大工会干部，一直把职工生活工作作为维护职工合法权益的大事来抓。同时，早在 1983 年黑龙江省离退休职工管理服务工作就已经开始，很多基层企业建立了离退休职工管理服务组织，配备专人，负责离退休职工的学习和生活。

一、解决停产、半停产职工生活困难

1989年，随着治理整顿的深入，产业结构调整以及紧缩银根，各地、各行业陆续出现一批停产半停产企业和停工待工职工。同时出现了缓发、减发或停发职工工资和放长假等情况，致使部分职工生活出现不同程度的困难，并波及部分离退休职工。这一事态的出现，影响职工的思想情绪，波及千家万户，是社会稳定的一大不利因素。中共中央和省委、省政府对此十分关注。省政府办公厅12月15日发出了《关于妥善处理企业停工待工有关问题的通知》（特急电报），对各级政府和有关部门提出了明确要求，为搞好这类企业和职工的生活困难问题，缓解矛盾，稳定大局，省政府成立了处理困难企业职工生活问题工作小组和办公室。

为了及时了解和掌握停产半停产企业发生、发展情况，尤其是停工待工职工的思想动态和社会反映，防止和避免出现突发事件，为省领导指导工作提供依据，根据省政府领导的要求，工作小组研究确定，建立停产、半停产企业和停工待工职工动态信息联络网。各地、各单位汇集的有关停产半停产企业和停工待工职工的情况、动态，及时反映给"省处理困难企业职工生活问题工作办公室"，以便综合分析，向省委、省政府报告。除各新闻单位外，各地区、各部门指定联系人和联系电话，还设省处理困难企业职工生活问题工作办公室。除国家和省规定的定期报表外，各渠道每周以文字或电话方式与本办沟通一次情况。遇有紧急情况应随时通报。各地、各部门所反映的情况，必须经部门领导人批准，以示负责。

为解决黑龙江省企业部分特困职工生活的实际困难，使特困职工尽快摆脱贫困。根据陈云林副省长的批示以及特困职工生活中需要解决的实际问题，拟定了《关于解决企业特困职工生活问题的若干办法》，办法中涉及了省直有关厅局的业务管理。《办法》为解决黑龙江省企业部分特困职工生活的实际困难，使其尽快摆脱贫困，从政策上给予相应的扶持，体现了党和政府对黑龙江省特困职工的关怀及政策扶持。

二、工会对安全生产的监督

1991 年，为搞好黑龙江省的安全生产工作，黑龙江省总工会起草了《给全省职工的一封信》，号召全省职工积极行动起来，为确保安全生产而努力奋斗。信中写道：

多年来，在省委、省政府的重视和领导下，经过广大职工的积极努力，黑龙江省安全生产工作取得了一定的成绩，对于保证生产发展、社会稳定、促进经济建设起到了很大的作用。

党和国家历来十分重视安全生产工作，非常关心职工的安全和健康，始终把安全生产摆在国民经济建设和企业管理的重要位置。实践证明，一个地方，只有搞好安全生产，才能保证社会的稳定和经济建设的顺利发展；一个企业，只有实现安全生产，才能维护正常的生产秩序，保持职工旺盛的生产积极性，使企业取得良好的经济效益；对于一个职工来说，只有做到安全生产，才能切实保障自身的安全和健康，然后，才能有生活的改善和全家的幸福。因此，搞好安全生产既是社会主义企业的基本政策，也是广大职工殷切的希望和迫切的要求；既是政府和行政的事，也是我们每个职工自己的事。安全生产，人人有责。

人人都要努力学习安全生产知识，提高安全意识和自我防护能力。要达到对本岗位操作规程的应知应会，并做到会使用个人防护用具，切实掌握几手在灾害面前的自保本领。现代化的群体生产活动，往往由于个体的不安全行为造成群体的灾害，这就要求每个人必须具有高度的集体责任感和社会责任感，只有人人注意安全，才能确保安全生产。

向违章指挥、违章作业和违反劳动纪律的行为作斗争，增强抵制“三违”的自觉性。安全生产的规章制度是生产活动顺利进行的可靠保证，是人们在生产实践中用鲜血和生命换来的，违反了就要受到惩罚。事实证明，“三违”是事故发生的直接的和重要的原因，消灭“三违”是杜绝生产事故的最重要、最有效的措施。党和国家赋予每个职工参与企业民主管理的权利，因此任何人都有权抵制“三违”。每个生产企业都要形成人人、处处、时时向“三违”现象作斗争，确保安全生产的制度和具体措施。要形成一种遵章守纪光荣，违章违纪可耻的风气。由于制止“三违”而避免重大危害发生的有功人员应受到表彰和奖励，由于“三违”而造成责任事故的人都应受到惩处。各级工会劳动保护干部和广大群检员要站在反“三违”的前列，起模范带头作用，遇到危及人身安全的生产环境，要督促企业立即整改。必要时，职工有权拒绝操作，工会组织有权组织职工撤离现场。

开展合理化建议活动，为安全生产人人献计献策。要大力提倡和开展为确保安全生产“出一招、露一手”活动，依靠职工群众自己的智慧和力量，对事故隐患进行整改。事故隐患不管大小都不可等闲视之，任何一个微小的隐患都有可能导致一场特大恶性事故的发生，生产一线职工必须保持高度的警惕。要人人动手去查找隐患，人人提解决问题的合理化建议，立足于本单位、本车间、本岗位进行小改小革，逐步改善劳动条件，创造安全、卫生、舒适的劳动环境。

担当各级领导职务的干部是职工队伍的重要组成部分，在安全生产工作中负有重要职责。领导干部“安全第一”的思想树得牢不牢是能否实现安全生产的关键。这就要求企业的各级领导干部要把安全生产问题提高到对工人阶级感情深不深的高度来认识，特别是企业一线的领导干部，更要时时刻刻想着职工的安危，像关心自己的亲人一样关心职工的安全，时时刻刻把安全放在首位。要摆正生产任务、经济效益与安全生产的关系，在生产和安全发生矛盾时，必须坚持“安全第一”“不安全不生产”。要认真加强安全生产管理，在贯彻执行规章制度上突出一个“严”字，在贯彻落实上突出一个“实”字，无论在什么情况下，安全才能生产是铁的纪律，不能动摇。工程技术人员在安全生产中起着重要作用，要运用所拥有的知识为确保安全生产、消除不安全因素尽职尽责，出谋出力。

1991 年 9 月 14 日，省总工会、省劳动局在发布关于全省矿山企业职工伤亡事故处理结果情况进行复查的通知中指出，为了认真贯彻实施国务院第七十五号令发布的《企业职工伤亡事故报告和处理规定》，及时报告、统计、调查和处理企业职工伤亡事故，吸取事故教训，积极采取预防措施，防止伤亡事故发生，省总工会、省劳动局决定在九月下旬对黑龙江省今年以来矿山企业职工伤亡事故处理结案情况进行一次复查。复查内容包括伤亡事故报告、统计情况；事故处理程序；事故调查过程中提出的事故原因和责任者分析及处理的客观、真实、公正性；事故结案情况；落实防范措施情况；对落实较好的单位，将以各种形式进行表扬；对落实差的单位与有关人员，将按《黑龙江省劳动安全条例》规定进行处理。

1993 年 9 月 25 日，省总工会在贯彻中华全国总工会《关于加强群众监督、搞好安全生产的通知》的情况报告中写道，自中华全国总工会内部传真电报《关于加强群众监督、搞好安全生产的通知》下发后，省总工会迅速将《通知》转发全省各市、地及各产业工会，并于 9 月 15 日召开有全省 11 个市、3 个地区和 16 个产业工会劳动保护部部长会议，专门汇报了贯彻中华全国总工会通知情况。全省企业 1—8 月份伤亡事故统计，全省工业企业发生伤亡事故 336 起，死亡 439 人，重伤 175 人。其中 1 次 3 人以上伤亡事故 22 起，死亡 130 人，与去年同期相比分别下降 83. 33% 和 42. 80%。1—8 月份市、（地）级以上工会参加“三同时”审查验收 89 次，提出整改建议 254 条。

自全国“6・16”安全生产电话会议后，黑龙江省各级工会组织普遍传达了国务院副总理邹家华同志的讲话，并把贯彻“6・16”会议精神作为工会劳动保护工作的重点，并针对黑龙江省安全生产形势严峻的实际，组织广大职工进行分析事故案例，吸取血的教训，群防群治，坚决把伤亡事故降下来，控制重大事故的发生。

各级领导高度重视，把贯彻“两个通知”作为一项重要工作来抓，切实履行工会群众监督的职责。在贯彻“两个通知”中，为了切实履行工会群众监督的职责，发挥工会群众的监督作用，哈尔滨市总工会在全市开展班组安全建设达标活动。工会劳动保护监督检查体系形成网络，推进企业安全生产工作的开展。为了进一步提高广大职工的自我防护意识，真正形成人人讲安全、人人注意安全、人人保证安全的良好企业环境，各市、地和产业工会广泛深入开展了安全宣传教育工作，加强业务培训。为了贯彻国家“安全第一，预防为主”的方针，按照中华全国总工会的要求，黑龙江省总工会于 1993 年 6 月下发了《关于开展事故隐患和职工危害作业点建档跟踪监督整改工作的意见》的通知。通知下发后，引起了各级工会组织的重视，在广大职工中广泛开展“查隐患、堵漏洞”活动。

省总工会会同政府部门开展全省安全大检查活动，1993 年 7 月 26 日至 8 月 6 日，省安全检查团先后对部分市、地、县及企业进行了安全检查。省总工会领导所到之处，代表政府听取市、地有关领导汇报，对检查中发现的隐患提出意见，限期整改，检查中不走过场，不留尾巴，受到了各市、地领导的赞扬，并在企业中树立了工会组织的威信。检查结束后，检查团及时将工作中发现的问题，如一些市、地领导在认识上还有一定差距；安全宣传教育还有死角、法制观念淡薄；安全生产工作发展不平衡，事故隐患较多；安全欠账多，资金严重不足；企业实行自主权后，很大一部分安全机构受到冲击；大部分市、地及企业不重视职业危害和尘毒治理工作等一系列问题，提出建议报省政府，引起了省政府主管领导的高度重视。

坚持“三不放过”的原则，严肃伤亡事故的调查处理。黑龙江省各级工会在参加企业伤亡事故处理中，始终坚持“三不放过”的原则，在事故调查中，认真了解情况，亲自到现场掌握第一手材料，在事故分析与定性中，敢于代表企业和职工的利益说话、办事。由于工会的工作扎实，作风正派秉公办事，在各市、地有关部门中树立了较高的工作威信，工会的意见已在事故处理中占有很重要的位置。此外，检查团还注意发挥工会组织监督职能，对于行政部门回避的如伤亡事故隐瞒不报等问题敢于反映，使问题最终得以解决。

三、开展职工扶贫工作，参与企业分配制度改革

为使黑龙江省职工扶贫工作制度化、规范化，切实解决贫困职工生活问题，稳定职工队伍，1990 年 6 月 22 日，黑龙江省总工会特发布《黑龙江省职工扶贫工作暂行办法》。

黑龙江省总工会于 1991 年 9 月 25 日至 27 日在哈尔滨和平邨宾馆召开全省工会扶贫开发工作暨抗洪救灾表彰会议。会议议题总结黑龙江省职工扶贫十年

来的工作；表彰奖励在职工扶贫工作中成绩突出的先进单位及先进个人；交流哈尔滨市总工会创办“职工解困贸易市场”经验和全省教师扶贫工作经验；奖励表彰全省各级工会抗洪救灾先进集体及抗洪救灾模范人物。各市、地工会（工委）主管主席（主任）、生活部长；各市、地教育工会主席；哈铁、林业、农垦、电力、邮电、地质、交通、海员、建设、劳改等产业工会主管主席、生活部长，省委、省政府机关工委；省总工会研究室、办公室、宣传部、经济部、技协办、教育工会、财贸工委负责人，参加会议。

1992 年 1 月 30 日，黑龙江省总工会发布《关于工会组织要积极参与劳动工资分配制度改革工作的通知》。《通知》中提到为了继续稳步推进企业内部经营机制的转换，做好企业内部劳动工资分配制度改革工作，促进黑龙江省经济的发展，各级工会组织在深化企业劳动分配制度的各项改革过程中，做好思想政治工作，增强职工的改革意识。各级工会组织通过宣传教育和深入细致的思想政治工作，使职工明确改革劳动、工资制度是克服旧体制的弊端，给企业注入生机和活力，提高劳动生产率的重要途径。这些改革既是搞好企业、提高效益的客观要求，也符合职工的切身利益，最终受益的是广大职工群众。

积极主动地参与劳动、工资制度改革的领导工作。工会组织作为职工民主参与的渠道，按照党和国家的要求，分层次参加地方政府和企业改革劳动、工资制度领导机构和工作机构，并在机构中代表职工群众更好地发挥参政议政作用。

深入实际，搞好超前调查研究工作。各级工会组织在劳动、工资制度改革政策措施出台前，做好定性、定量的调查与分析工作，为参政议政提供可靠依据。改革政策措施出台后，及时了解职工的思想反映，把职工的愿望、建议，及时、准确、完整地反映到党和政府及企业的决策机构，为实现国家、企业和职工三者利益最佳结合提供可靠的决策依据。

在改革劳动、工资制度中，加强企业民主管理和民主监督工作。企业在改革内部工资分配制度、用工制度以及推行优化劳动组合和进行岗位技能工资制试点时，其方案必须经职工代表大会讨论通过后，方可实施。

企业内部分配资金的来源、分配办法和分配结果，公开和职工见面；企业领导者晋级、奖励工作，除按国家有关规定执行外，都应该征求职工代表大会的意见。

劳动、工资分配制度改革与提高职工整体素质相结合，提倡对企业富余人员实行动态管理。在劳动工资制度改革中，企业把改革用工制度与提高职工素质紧密结合起来，部分精减下来的富余人员经培训、考核合格后，可重新上岗，顶替一部分在岗人员参加培训，以此不断提高职工的整体素质。

坚持按劳分配原则，克服平均主义，正确处理企业内部分配关系。处理好经营者和生产者之间的分配关系，两者差距不能过大，经营者的收入，一般不应超过职工工资、奖金平均收入的两倍；处理好生产一线职工和二、三线职工的分配关系。在工资、奖金的分配上，坚持生产一线人员要高于二、三线人员，苦、脏、累、险岗位上的人员要高于一般生产人员的原则。特别是向贡献突出的生产、技术“拔尖”人员倾斜，使他们获得相对较高的收入。

各级工会组织协助企业建立和完善劳动、工资分配的自我约束机制。逐步建立起合理的用工、招工制度，废弃“一面倒”的劳动合同；在处理企业同职工利益关系上，建立起“双保合同”；在工资分配上，建立起工资储备金制度，努力做到“以丰补歉”；在工资增长方面，使工资总额的增长不超过经济效益的增长幅度，职工收入的增长不超过劳动生产率的增长幅度，把国家、企业、职工的利益有机地结合起来，不断完善企业内部的自我约束机制。

四、推动职工疗（休）养事业的改革，加强退休职工的管理

推动职工疗（休）养事业的改革　1990 年 7 月 6 日，黑龙江省总工会向哈尔滨、齐齐哈尔、牡丹江、伊春市总工会并工人疗养院，五大连池工人疗养院，北戴河劳模疗养院，发出关于 1990 年疗养事业经费包干分配的通知。根据中华全国总工会《关于核定 1990 年疗养事业定额包干补助经费指标的通知》要求，黑龙江省本年疗（休）养事业包干经费分配意见通知如下：

本年中华全国总工会下拨的定额包干补助经费包括疗（休）养事业在职职工调整工资的经费，不再核拨各地专项款。疗（休）养事业离退休职工增加的

工资仍另拨。中华全国总工会要求对定额包干补助经费专款专用，主要用于疗（休）养院所更新改造和配套建设，不得挪用。

根据中华全国总工会疗（休）养事业改革工作会议精神和《职工疗（休）养事业深化改革几个问题的决定》的通知精神，各级工会加强了对疗（休）养事业的领导，积极争取国家和当地政府对职工疗（休）养事业的支持，将疗（休）养院所的建设纳入当地社会发展计划。因此，除中华全国总工会正常经费拨款外，还应积极争取多渠道资金的支持。有财力的主管工会，可尽自己的力量，为疗（休）养事业解决一些困难，和其他主管的事业一样对待。

各疗养院都应树立勤俭办院的思想，发扬艰苦奋斗的精神，抓好增收节支工作。充分调动全体职工的积极性，挖掘潜力，拓宽服务领域，提高床位利用率，加强财务计划和经济管理，压缩人员编制，不断提高工作效率。

省总工会对本年疗养事业经费分配的办法是，按中华全国总工会规定的“定额包干补贴，超支不补，节余留用”的原则，结合黑龙江省的实际，为了鼓励先进，鞭策后进，仍按疗（休）养院床位利用率来核准，同时省总工会提取部分经费调剂使用，主要用于当年奖励和科研培训。

1991 年 10 月 25 日，为了更好地贯彻执行黑工联字（1991）2 号《关于加强和改进职工疗（休）养管理工作的通知》，黑龙江省总工会、省财政厅、省审计局向各市、地工会（工委）、财政局、审计局，省直各产业工会（工委），发布关于加强和改进职工疗（休）养管理工作的补充通知，补充如下：

为了严格控制职工出省疗（休）养，进一步完善审批手续及财务报销制度，今后凡是出省疗（休）养，必须使用黑龙江省财政厅统一印制的“行政事业单位往来结算票据”，同时要加盖黑龙江省总工会出省疗（休）养审批专用章方可报销。否则各级财务部门及财务人员有权拒绝报销。

各地审计、财政、工会要加强对各单位疗（休）养费用支付情况的管理和审计监督，发现问题要及时纠正和改进。对贯彻执行《通知》好的单位和个人要给予表扬。

各地要严格控制在外省建立疗（休）养机构，已经建立的要到省总工会疗（休）养事业指导中心重新登记备案，每年第四季度申报下一年度疗（休）养计划。今后各地在外省建立疗（休）养点、所，一律经省总工会疗养事业指导中心批准。

出省疗（休）养报销票据，各市、地、产业工会及有关单位一律到省总工会疗养事业指导中心领购。

加强退休职工的管理　1989 年 11 月 20 日，为了进一步加强黑龙江省企业退休职工管理服务工作，贯彻落实全国总工会、劳动部相关文件精神，经黑龙江省政府领导同志同意，省总工会、省劳动局向各行署，市、县政府，劳动局，省政府各直属单位；各市、地、县总工会（工委），各产业工会，发布《关于加强黑龙江省企业退休职工管理服务工作的通知》。根据《通知》要求，做了如下工作。

各级政府加强了对企业退休职工管理服务工作的领导。建立企业退休职工管理委员会。省、市、地、县企业退休职工管理委员会，由主管劳动工作的政府领导同志任主任，工会、劳动部门的领导同志任副主任，吸收其他有关部门的领导同志为委员。管理委员会下设办公室，负责日常工作，办事机构设在各级总工会。各基层企业单位，由行政和工会共同组织退休职工管理委员会，下设办事机构。为了稳定基层退休职工管理服务工作，原隶属企业行政的办事机构可暂不作变动，接受上级退休职工管理委员会及其办事机构的组织指导。已经建立退管组织的市、地、县，其办事机构设在政府劳动部门的，应由劳动部门与同级工会认真做好交接工作。在交接工作中要交接清楚业务资料、财产、经济账目，交接双方领导同志要亲自参加交接工作，要遵守有关法纪。各级退管组织的办事机构，本着机构精干、省人省钱的原则，配备少量的专职工作人员，人力不足的，聘用部分退休职工积极分子。市、地、县退管办机构的建立和人员编制，由工会、劳动部门同当地编委协商解决。

退休职工管理委员会的主要任务是：贯彻执行党和政府有关退休职工管理服务工作的方针、政策，指示、研究、决定有关管理服务方面的重大事宜，向当地党委和政府报告工作。

企业退休职工管理委员会办公室的主要任务是：（1）按照上级和本单位退休职工管理委员会的要求开展管理服务工作，经常对退休职工进行党在各个时期的方针、政策、形势和任务的宣传教育；（2）负责发放退休职工的各种保险福利费，关心照顾退休职工的生活，经常走访慰问，帮助他们解决实际困难；（3）经常组织退休职工开展适应老年人特点的文体娱乐活动；（4）积极兴办并管好各种老年事业，并积极组织退休职工参加一些力所能及的工作，发挥他们的余热，继续为两个文明建设作出贡献；（5）接受并完成上级退管组织决定的事宜和交办的任务，并在同级行政、工会组织的领导下进行工作；（6）搞好调查研究，注意总结工作经验，及时研究解决工作中出现的新情况、新问题。

省退休职工管理委员会办公室的活动经费，主要由工会调剂解决，如有困难，请省财政给予适当补助；各市、县退管组织活动的经费，可参照上述办法，由市、县政府酌定。基层企业退管组织的活动经费，可仍维持原开支渠道。

退休职工管理活动经费主要用于工作人员（不包括在职人员）的开支，开展老年活动，召开会议，兴办老年事业，购置所需备品。活动经费必须专款专用，不得挪作他用。

鼓励退休职工积极参加各种社会公益活动，组织退休职工发挥各自的专长，开展技术咨询和技术服务，兴办各种老年事业。财政、工商、税务部门对兴办的老年事业积极扶持，在国家政策规定范围内报批减免所得税。

第五节　进一步抓好工会基层工作

加强基层组织建设和工会干部队伍建设对充分发挥工会作用至关重要。基层工会直接联系和服务职工群众，是工会全部工作和凝聚力、创造力的基础，充分发挥基层工会作用，不断扩大工会工作覆盖面、增强工会组织凝聚力，是加强工会自身建设，提高工会服务经济社会发展、服务职工群众的能力，推动工运事业创新发展的根本性要求。基层工会的组织建设得怎么样、工作开展得如何、作用发挥得好不好、对职工群众的吸引力强不强，既是衡量基层工会建设的重要标志，也是检验工会落实扩大覆盖面、增强凝聚力要求的一项重要标准。工会干部是落实工会各项工作的组织者、推动者和实践者。1986—2005 年，全省各级工会积极贯彻落实党的全心全意依靠工人阶级的指导方针，执行党中央关于扩大工会组织覆盖的要求，独立自主开展工作，重视基层、面向基层、服务基层，把基层工会建设和工会干部队伍建设放在更加突出的位置，做到工作重心下移、维权关口前移，努力把工会工作做到基层职工中去，巩固工会组织基础，为开创新形势下工会工作新局面奠定更加坚实的基础。

一、加强企业班组建设

1989年4月27日，黑龙江省总工会在齐齐哈尔市召开“黑龙江省班组建设经验交流与表彰会议”，会期2天。先进班组标兵组长，各市工会、地工委，部分省产业工会生产部长参加会议。

1989年5月15日，省总工会、省体改委印发《关于加强工业企业班组建设的意见》。自1986年全省班组建设经验交流会以来，随着改革的深入，黑龙江省班组建设有了进一步加强，同时也提出了新的更高的要求。为了更好地贯彻中华全国总工会、国家经委《关于加强工业企业班组建设的意见》，推进班组建设，搞好“抓管理、上等级、全面提高素质”，促进企业升级，进一步发挥班组在两个文明建设中的作用，根据黑龙江省班组建设当前的情况，对加强全省工业企业班组建设提出如下意见：

围绕提高职工素质，提高产品质量、降低物质消耗和增加效益为中心内容，搞好班组基础建设。建立健全班组各项责任制度与管理制度，实行全员目标管理。全面质量管理和全面经济核算等，积极推行现代管理方法和手段，认真做好各种原始记录和信息反馈等工作。注意总结班组建设的经验，进一步建立健全班组各项管理制度和簿册、台账等；同时也要注意防止流于形式，根据班组成员，既是生产者又是管理者的特点做到适用、简便、可行。

加强职工培训，不断提高职工队伍素质　加强包括工会组长在内的“两长”的培训，企业每年至少要对三分之一的“两长”进行一次培训，做到三年全部轮训一遍。

明确班组长的权限与工会组长的职责。

建立与完善班组激励机制　行政班组长的选拔要实行民主选举与行政任命相结合；工会组长则要由会员直接选举产生。班组长实行任期制，可连选连任。每年至少要对班组长进行一次民主评议。班组长既是生产劳动者，又是指挥管理者，处于兵头将尾。工厂除付给他们同一般工人一样的生产劳动报酬，还应给予他们一定的岗位津贴，津贴多少企业可根据情况自行决定，一般至少不低于五元。达到升级的班组，企业也应该给予组员一定的物质奖励。企业从工人中培养、选拔干部，应首先从“两长”中挑选。

加强班组民主管理　班组民主管理要体现人人参与管理的原则，其基本形式是班组民主会。班组民主会每月至少召开一次，由工会组长主持。制定班组民主会制度，使班组民主会制度化、程序化、规范化。

加强班组思想政治工作　注意结合职工的思想实际，依靠班组骨干开展群众互帮互学的自我教育活动，努力培养和建设一支“四有”职工队伍。根据班组的人数和特点，每月至少要召开一次班组民主生活会，交流思想，互相帮助，造成一个团结和谐的集体。

认真搞好班组升级活动　根据企业升级考核的内容，制定班组升级的标准。由低而高可统称：合格班组、优秀班组和先进班组。班组升级竞赛，形式要多种多样，可以采取全面竞赛与单项竞赛相结合；长赛与短赛相结合，做到常赛常新，群众欢迎。

加强班组建设的领导　坚持以行政为主，厂长（经理）对班组建设负有全面责任，每年至少要有两次到三次专门讨论研究班组建设，总结经验，解决问题，不断推进班组工作。工厂企管部门负责日常班组建设工作。工会在班组建设上负有一定的责任。如班组民主管理、班组竞赛、工会小组工作等，其内容涉及各方面。

1989 年 9 月 23 日，黑龙江省总转发了中华全国总工会、国家经委联合下发的《关于印发〈中华全国总工会、国家经济委员会工业企业班组安全建设意见纲要〉的通知》和《张富有同志在全国工业企业班组安全建设现场会上的讲话》，之后，又下发了《关于对〈工业企业班组安全建设意见纲要〉落实情况进行检查的通知》，要求各市地工会、经委（计委）根据本地实际情况，制定贯彻落实《纲要》计划并注意积累总结典型经验。

各地各级工会、经委（计委）在抓班组安全建设上做了大量工作，在具体贯彻落实上有很多好的做法，积累了不少好的经验，对加强企业班组建设，强化企业管理，搞好安全生产，减少各类伤亡事故的发生，起到了很好作用。

为了进一步推动《工业企业班组安全建设意见纲要》贯彻落实工作向深广方向发展，确保班组安全生产由制度化向安全作业标准化、规范化、科学化迈进，更好地落实国务院提出的“抓管理、上等级、全面提高素质”的要求，黑龙江省总工会和省计委决定于11月上旬召开全省工业企业班组安全建设经验交流会。

二、深入开展建设“职工之家”活动

1984年5月1日，中华全国总工会作出《关于整顿工会组织，开展建设职工之家活动的决定》（以下简称《决定》）。《决定》要求，从1984年下半年开始，用3年左右时间，对全国基层工会普遍进行一次整顿，逐步把基层工会建成名副其实的职工之家。《决定》提出建成职工之家六条标准。一是建设一个符合“四化”要求，密切联系群众的领导班子和一支热心为“四化”出力，为群众服务的工会积极分子队伍；二是教育和动员职工站在改革前列，努力促进技术进步，提高经济效益和社会效益，保证完成国家交给的各项任务；三是组织动员职工学政治、文化、科学和管理知识，提高思想政治素质和科学文化素质，在建设一支有理想、有道德、有文化、守纪律的职工队伍中发挥应有的作用；四是推进企事业民主管理，承担起职工代表大会工作机构的任务，在办好社会主义企事业中充分发挥作用；五是保障职工利益，维护职工合法权益，为职工说话办事，为职工排忧解难；六是健全工会组织，加强小组建设，不断完善工会民主生活和民主制度，做民主的模范。全省各级工会组织按照中华全国总工会的统一部署，广泛深入地开展了建设职工之家活动。这一活动的开展成为全面加强工会建设，增强基层工会活力，推进工会工作全面上水平的有效载体。

1986年6月6日，省总工会在大庆市召开了黑龙江省工会整顿建家工作经验交流会。这次会议是自 1984 年 5 月全省开展整顿建家活动以来，全省召开规模最大的一次经验交流会。会议传达贯彻全国工会组织工作会议精神，总结交流两年来全省各级工会整顿建家工作经验，研究确定下一步工作任务，把全省工会整顿建家活动引向深入发展。

大会上，哈尔滨轴承厂工会等 13 个单位介绍了经验。主要经验：一是基层工会领导班子切实得到加强。按建设“职工之家”六条标准的要求，调整、充实基层工会领导班子。二是促进工会各项工作的开展。把民主管理作为整顿建家的重要内容，有效地推动职工代表大会制度的健全和完善。三是进一步密切工会组织同职工群众的关系。涌现出许多被职工群众誉为“贴心人”“好劳保”“职工之友”的先进典型。全省有 15 名工会干部被评为省劳动模范，并获得全国“五一劳动奖章”。四是小型企事业单位的工会工作有了新突破。据 1985 年底统计，全省 200 人以下的小型企事业单位，已验收合格“职工之家”的有 3272 个，占小企事业单位总数的 30%。五是发展健全工会组织，完善工作制度，确保全省工会整顿建家任务的完成。

会上，省总工会主席陈有义作题为《总结经验、继续努力，把整顿建家活动不断引向深入》的讲话。在讲话中总结全省工会开展整顿建家工作，对所取得的成绩给予充分肯定。对全省下一步整顿建家工作提出四点要求：一是进一步提高认识，加强领导，以建家促工作，以工作保建家；二是分级负责分类指导，以大帮小，以好帮差，加快进度；三是突出重点，从坚持标准中保质量，要实效；四是积极主动取得党政支持，依靠群众共建“职工之家”。这次会议的召开，为巩固整顿建家成果，促进已建成的“职工之家”向高档次发展，更好地为改革服务，为四化建设服务，开创了工会工作新局面。

6 月 16 日，省总工会印发《评选先进职工之家试行办法》。该办法主要规定了“先进职工之家”评选及命名办法等，提出在已验收合格的“职工之家”中，评选“先进职工之家”。到年底，各级工会组织的自身建设得到加强，使工会工作展现新局面。全省复查验收的“职工之家”已占基层单位的 80. 42%，同时还评比验收了 1300 个“先进职工之家”，占基层工会总数的 50%。全省基层工会主席配备同级党政副职的已达到 85%。在 63 个县 100 人以上的企事业单位中，有90%的单位配上专职工会主席。民主选举基层工会主席的工作有了新突破。伊春市总工会在全市范围内推行由会员直接选举基层工会主席的工作，破除了实际存在的委派制，进一步密切了广大职工与工会组织的关系。

1987年，全省工会建家工作全面铺开，并在已有85%的单位建成合格“职工之家”的基础上，省总工会组织开展争创先进和模范“职工之家”，争当模范“职工之友”的“百、千、万”活动。即评选100个先进基层工会，1000个先进工会小组，10000名优秀“职工之友”，从而把建家工作引向纵深发展。在“百、千、万”活动中，齐齐哈尔市总工会作出在全市工会小组中开展“建小家”活动的决定。全市出现既抓“建大家”又抓“建小家”的新局面。截至4月份，全市建家合格率已达60%，有25%的工会小组建成合格的“小家”。按中华全国总工会规定的建家六条标准，到年底全省建成合格“职工之家”24458个，占全省基层工会的96.6%。其中，荣获省“先进职工之家”2343个，占“合格职工之家”的9.8%。荣获省级模范车间工会242个，模范工会小组739个，“模范职工之友”9910名。

1988年，全省在建设“职工之家”活动中，基层工会发展到25828个，比1983年提高了10%，工会会员增加到560万人，比1983年增加8%。科教文卫系统和党政机关普遍建立工会组织，增加了新的力量。在工会工作中涌现出工会积极分子近100万人。

1989年，全省各级工会组织根据中国工会十一次代表大会通过的《工会改革的基本设想》的要求，深入开展建设“职工之家”活动，积极稳妥地进行以增强基层工会组织活力为重点的工会改革，促进了工会民主化和群众化建设。在工会改革中，各级工会组织普遍实行了民主选举工会干部的制度。据统计，全省直接差额选举基层工会主席的单位，约占换届单位的75%，改变了工会干部委派制的局面，密切了干群关系。哈尔滨市通过开展“工会优秀成果竞赛”活动，加强了对基层工会工作的指导。齐齐哈尔市、佳木斯市开展“基层工会创优”活动，牡丹江市开展“职工信得过工会”活动，对工会的群众化和民主化建设有了很大促进。大兴安岭和绥化地区坚持开展“先进职工之家”和“模范职工之家”评选活动，做到年初有部署，年中有检查，年末有总结表彰，推动基层建设。

1990 年 5 月 3 日，中华全国总工会书记处第十七次会议通过了《中华全国总工会关于继续深入开展建设职工之家活动的决定》。决定指出：继续深入开展建设职工之家活动。在推进基层单位的建设和改革中，增强基层工会的活力，提出建设职工之家的基本要求：1. 坚持以经济建设为中心，吸引和团结全体职工，深入开展以增产节约、增收节支为主要内容的社会主义劳动竞赛。2. 在维护全国人民总体利益的同时，更好地表达和维护职工的具体利益。3. 把民主管理作为工作重点，健全完善以职代会为基本形式的民主管理制度。4. 动员和组织职工学习政治、文化、科学技术和经营管理知识，提高思想政治素质和科学文化素质，努力建设一支“四有”职工队伍。5. 坚持党的领导，按照《中国工会章程》独立自主地开展工作。按照群众化、民主化的方向，积极稳步地推进工会的建设和改革。6. 坚持干部四化标准，通过会员民主选举，建设一个密切联系群众、全心全意为职工群众服务的基层工会领导班子。

1991 年 1 月，省总工会印发《关于加强工会小组建设若干问题的意见》。提出工会小组任务：1. 定期召开小组会议，讨论小组工作；2. 宣传国内外大事和党的路线、方针、政策，组织职工学政治、学文化、学技术、学业务，开展思想互助活动；3. 协同行政生产（工作）班（组）长组织和发动职工开展技术互助、工作互助，完成班组生产工作任务；4. 搞好班组的民主管理工作，并发动组织职工积极参加企业（单位）民主管理，依法维护职工的合法权益；5. 关心职工生活，广泛开展生活互助，帮助职工解决生活、工作等方面的困难，开展文体活动，活跃职工生活；6. 做好发展新会员和按时收缴会费的工作。

三、加强工会干部教育和职工教育工作

加强干部教育。1991 年 6 月 8 日，为贯彻落实相关文件和全国工会干部教育工作会议精神，省总工会召开了全省工会干部教育工作会议。这次会议的主题是按照国务院和中华全国总工会的要求，交流总结自 1989 年以来，全省工会干部教育工作的成绩和经验，进一步明确今后一个时期黑龙江省工会干部教育

工作的指导思想和任务，进而把黑龙江省以规范化岗位培训为重点的工会干部教育工作推向一个稳步发展的新阶段。

主要成绩。1989 年 8 月，为了贯彻落实国务院批转的《国家教育委员会关于改革和发展成人教育的决定》和全国总工会《关于进一步加强和改革工会干部教育工作的意见》，省总工会在鸡西召开了全省工会干部教育工作会议。在这次会上，省总工会明确提出，工会干部教育工作要在继续抓好专业培训、学历教育和各种适应性短期培训的同时，切实把工作重点转移到以规范化岗位培训为主的轨道上来，以不断提高工会干部的整体素质和实际工作能力，更加直接、更加有效地为工会的改革和建设服务。两年来，各市、地、县和产业工会，坚持从实际出发，积极努力，大胆探索，克服困难，开拓前进，使黑龙江省以规范化岗位培训为重点的工会干部教育工作，有了较快的发展，取得了可喜的成绩。

一是规范化岗位培训，经过两年有计划、有步骤的试点工作，形成了初具规模的办学网络。截至本年 5 月底，全省已有 13 个市、地，10 个产业系统和 26 个县级工会建立了 63 个岗位培训点。两年间，省总及各级工会共举办岗位培训班 105 期，培训专职工会干部 7049 人。已有 4574 名工会干部学完规定的 6 门课程，经过考试、考核，获得了按中华全国总工会统一要求制定的《工会干部岗位培训合格证书》。到本年底，全省参加培训的专职工会干部预计达到 10000 人。

二是学历教育保持了适度发展。自 1988 年以来，根据省总工会的决定，省工会干校开设《工会学》《劳动经济》《劳动法学》等专业，先后举办了总计 12 个班次的两年制脱产大专班，三年制函授大专班和三年制业余大专班，并根据实际需要，在阿城市设立了财会、经济管理大专班分校，在省工会干校、加格达奇、佳木斯、双鸭山、方正、海伦，设立了函授辅导站。根据国家教委关于成人教育的有关规定，哈尔滨市工会干校、鸡西市职工业余大学等，都开展了工会干部的学历教育。全省接受学历教育的各级工会干部总计 700 余人。其中，已有 60 人学完规定的专业课程，获得了大专层次的学历证书。

三是适应性短期培训在各级工会普遍开展，并成为工会干校，职工学校开展干部教育工作的重要形式。据不完全统计，1990 年，全省有 10287 个工会组织开办了适应性工会业务短期培训班，共培训专职工会干部 52244 人次。在重点抓好规范化岗位培训的同时，1990 年，全省 6 所工会干校（干训部），以适应性短期培训的形式，共培训工会干部 1650 人。其中，参加培训的基层以上专职工会干部 600 人，车间工会专职干部 543 人，工会积极分子 507 人。这种“短、频、快”的培训形式，应急性强，灵活有效，对于及时传授工会干部在现实工作中所必需的专业知识和保证工会干部在政治上、思想上适应改革和建设不断发展变化的新形势，起到了非常积极的作用。

四是专业证书教育在整顿办学中，严格审批程序，加强教育管理，保证了办学质量。根据国家教委、人事部《关于成人高等教育试行〈专业证书〉制度的若干规定》和中华全国总工会《关于在工会干部教育系统试行成人高等教育、中等专业教育〈专业证书〉制度的若干规定》，自 1988 年以来，省总工会先后委托鸡西市、齐齐哈尔市、伊春市等职工大学开办了大专层次的《工会学》专业证书班。省工会干校和哈尔滨市总工会还分别委托中国工运学院、哈尔滨业余大学开办了大专层次的《工会学》专业证书班。在开展专业证书教育的过程中，为了确保教育质量，根据中华全国总工会相关文件精神，于 1989 年下半年，对全省工会干部专业证书教育的办学情况进行了一次普遍的认真检查，从而整顿了办学秩序，严格了教学管理。全省参加专业证书学习的 704 名工会干部，已有 173 人经过系统学习，获得了大专层次的专业证书。

五是以岗位培训为重点，多形式干部教育工作的开展，进一步改变了黑龙江省工会干部队伍的文化结构和各类专业人才的构成，使工会干部的政治思想水平、政策理论水平、工会专业知识水平有了明显提高，经济管理、参政议政、独立开展工作、依法维护职工合法权益和开展调查研究，分析问题、解决问题的能力有了明显增强。干部队伍整体素质的提高，不仅给基层工会工作注入了新的生机和活力，而且为黑龙江省工运事业的发展奠定了人才基础。

加强职工职业教育。1990 年 2 月 2 日，黑龙江省总工会《关于加强全省工会系统职工大学、职工中专学校工作的意见》指出，到目前为止，黑龙江省工会系统创办的，经省教委批准、国家教委备案的职工大学有 6 所，省教委批准的职工中专学校有 13 所（含 4 个中专部）。

多年来，这些学校培养出一大批人才，为提高职工队伍素质、发展地方经济作出了积极贡献。从这些学校毕业的学员，已经成为各行各业的骨干力量。为了贯彻党的十三届四中、五中全会和党中央相关文件精神，加强学校的全面管理，提高教学质量，从实际出发，把现有的职工大学和职工中专学校办活办好，更好地适应治理整顿和深化改革的需要，对加强职工大学和职工中专学校工作提出以下意见：

教育要面向现代化，面向世界，面向未来。这个发展教育的长期战略思想，就是职工大学和职工中专的办学指导思想，要坚持社会主义的办学方向。即：坚持为社会主义经济建设服务；坚持为企业生产和提高职工群众两个素质服务；坚持为工会自身建设服务。

职工大学和职工中专要以学历教育为基本任务。同时，以开展职工岗位培训教育为重点。大学以大专教育的高层次为主，全面搞好职工专业技术教育，工会干部培训教育。

加强思想政治工作。根据党中央、国务院《关于加强职工教育工作的决定》中提出的培养“一大批又红又专的专门人才”的要求精神，职工大学和职工中专要认真抓好思想政治工作，解决好两手抓的问题，一手抓思想政治教育，一手抓科技文化知识教育，二者不能偏废，要相互促进。

充分发挥职工大学的中心辐射作用。全省有6所职工大学，应当有分工：哈尔滨市职工大学向松花江、绥化地区辐射；齐齐哈尔市职工大学向黑龙江省西部地区辐射；牡丹江职工大学和鸡西职工大学向东部地区辐射；佳木斯职工大学和伊春职工大学向北部地区辐射。这个分工不是绝对的，必要时可以跨地区。这种体系的建立，可以把全省43所职工学校和9所职工中专的办学全面搞活引向深入，以带来新的生机和活力。

进一步搞好学校的改革和建设。提高教学质量。学校的教学计划，教育大纲、教材必须适应经济建设需要，并要灵活地不断变化。在适当时机可组织专家学者编写专业教材，使教学更加符合实际。加强教育理论研究，成立教育研究会。加强学校领导班子建设，选配德才兼备的领导干部担任学校的主要领导。建设一支具有高智能的教师队伍。建立一支相对稳定，结构合理、水平高、品德高尚的兼职教师队伍。搞好学校管理。包括领导制度、财务制度、后勤管理制度、行政管理制度、学习制度、学员制度等，使学校的各项管理工作都有章可循，增强事业心和责任感，把学校建设好、管理好。

增加教育投入。争取政府投资。牡丹江市所属的6所职工中专学校和安达市职工中专学校，经过努力争取，地方政府已将每年定额补贴拨款纳入财政预算。伊春市职工大学等采取同样办法，使政府投资纳入财政预算。工会给予投资。过去10年里，工会在办学上给予大量投资，使职工教育有了较快发展，各市、地、县总工会（工委）的财务部门要继续贯彻执行中华全国总工会相关文件的规定。在此基础上，逐步增加教育投入，发展职工教育事业。积极办学创收增加投资。几年来职工大学和中专，采取联合办学等多种形式，进行创收，为学校增加收入，为学校的巩固和发展奠定了基础。

1990年4月20日，黑龙江省总印发关于《黑龙江省工会职工自学成才奖励暂行条例》的通知，主要为鼓励职工奋发学习，立足岗位自学成才，提高职工队伍素质，促进改革开放和社会主义现代化建设事业的发展。

第六节　黑龙江省工会第七次代表大会

一、省工会七大的主要议程和主要任务

黑龙江省工会第七次代表大会，于1993年8月14日至16日在哈尔滨召开。出席大会的正式代表487人，特邀代表7人。

这次大会的主要议程是：审议和批准省总工会第六届委员会的工作报告；审议和批准省总工会财务工作报告和经费审查委员会的工作报告；选举黑龙江省总工会第七届委员会和经费审查委员会；选举黑龙江省出席中国工会第十二次全国代表大会的代表。

省委、省人大、省政府、省政协、省纪委领导孙维木、侯捷、马国良、戚贵元、谢勇、李敏等出席大会。省军区、团省委、省妇联的领导到会致辞，对

会议的召开表示祝贺。

本次代表大会的主要任务：审议和批准黑龙江省总工会第六届委员会的工作报告；审议和批准黑龙江省总工会的财务工作报告和经费审查委员会的经费审查报告；同时选举黑龙江省总工会第七届委员会和经费审查委员会；选举出席中国工会第十二次全国代表大会的代表。大会主要以党的十四大精神为指针，认真总结上一次代表大会以来的工会工作，确定今后一个时期的工作任务，选举产生省总工会七届委员会和经费审查委员会。

二、省工会七大的工作报告

中共黑龙江省委副书记马国良代表省委在会上作题为《全心全意依靠工人阶级，推动全省经济更快更好地登上新台阶》的讲话：五年来，在党的领导下，全省工人阶级坚定不移地贯彻党的基本路线，积极投身于改革开放和现代化建设的各项事业，充分发挥工人阶级主力军作用。在龙江经济发展的关键时期，全省800万名职工表现出与党中央保持一致的政治坚定性和振兴黑龙江的拼搏奉献精神，为推动黑龙江经济发展和社会的全面进步作出巨大贡献。在肯定全省工会工作的同时，又明确指出今后一个时期工人阶级肩负的历史使命和工会的重要任务和职责。

省总工会主席倪志荣在会上作题为《解放思想，务实创新，团结和动员全省职工为黑龙江经济登上新台阶而奋斗》的工作报告。报告根据中共十四大和省委第七次党代会精神，结合全省工会工作的实际，提出今后五年全省工人运动和工会工作的五项具体工作：一是以建设有中国特色社会主义理论为指南，做好职工解放思想换脑筋工作，坚定全省职工建立和完善社会主义市场经济体制的信念；二是以落实全心全意依靠工人阶级指导方针为主线，发挥工会民主渠道作用，保障和落实职工群众的主人翁地位；三是以促进经济体制改革为牵引，大力推进国有企业经营机制的转换，使企业增强参与市场竞争的能力；四是以促进社会稳定为目的，加大参与协调劳动关系的力度，维护职工群众的合法权益；五是以推进企业科技进步为导向，搞好职工文化、技术、业务培训，提高职工队伍素质。

大会期间，与会代表经过反复酝酿协商，在充分体现和尊重选举人意志的基础上，选举产生了黑龙江省总工会第七届委员会和第七届经费审查委员会。其中，省总工会第七届委员会委员 97 名（暂空名额 4 名）；省总工会第七届经费审查委员会委员 21 名。

1993 年 8 月 16 日，黑龙江省总工会七届委员会和经费审查委员会召开了一次全体会议，两会委员以无记名投票的方式，选举产生了黑龙江省总工会第七届常务委员会委员 19 名，省总工会第七届委员会主席 1 名、副主席 5 名；省总工会第七届经费审查委员会主任 1 名、副主任 2 名。

省工会七大的召开，为坚持以经济建设为中心，促进改革开放，推动社会主义市场经济体制的建立和完善作出了具体的部署；对全省工人运动的深入开展，工会工作认真履行各项社会职能，加大维护职工合法权益的力度，加强自身改革和建设具有重要的指导意义；是进一步解放思想、务实创新，团结和动员全省职工为开创黑龙江省工会工作新局面，为实现全省经济登上新台阶而奋斗的指南。

第七节　加强工会财务、审计、女工工作

全省各级工会经费审查委员会组织，按照中华全国总工会和黑龙江省总工会的工作部署，紧紧围绕改革、发展、稳定大局和工会工作全局，认真贯彻经费工作“抓基层、打基础、抓实务、上水平”的工作方针，积极开展组织建设、制度建设、实务审计等方面的工作。

全省各级工会女职工组织和广大女职工解放思想、与时俱进、不断创新，在维护女职工合法权益和特殊利益，开展“女职工双文明建功立业”活动，加强女职工自身建设等各项工作中都取得很大成绩，为振兴东北老工业基地，全面建设小康社会充分发挥了“半边天”的作用。

一、开展工会系统的内部审计工作

1989年3月，为调动各级工会的积极性，落实经济责任制，促进增收节支，管好用活工会经费，更好地适应工会自身改革和工运事业发展需要，黑龙江省总工会印发《工会财务工作八项改革办法》，办法内容如下：

把县工会的财务管理工作下放给市地工会 1. 从1989年1月起，县工会应上解的10%经费直接交到所在市工会。其中5%应上解中华全国总工会部分，由市地工会按季统一上缴省总工会；5%原省总工会留成部分，直接放在市地工会，作为省总工会对县工会的正常补助，由市地工会掌握调剂使用。2. 今后县工会正常经费省总工会不再补助。房屋维修费原则上请当地政府解决，如市地掌握的5%调剂经费有余亦可适当补助，但不能超过总投资的三分之一。3. 县工会的财务竞赛评比工作从1989年起由市地工会负责，具体方案由市地工会制定，其奖励范围标准仍参照省总工会原规定执行，奖金从超收留成经费中解决。

实行经费超收回拨和提成奖励办法 1. 从1989年起，省总工会对省属市和产业工会（包括大兴安岭地区）实行定额上解，超收回拨并提成奖励办法。2. 回拨办法是，依据工资总额和近三年经费收缴的实际情况核定上解指标，超解部分扣除中华全国总工会5%外，实行倒四六分成。3. 提成奖励办法是，将超收回拨经费的40%作为事业发展基金，60%作为奖励和集体福利基金。4. 县工会的超收回拨，由市地工会参照省总工会办法执行。

聘用专兼职经费催缴员和取得有关部门协助，加强工会经费收缴工作 1. 鉴于工会经费收缴工作难度大任务重，财务干部力量有限的实际情况，各级工会可以根据需要设若干经费催缴员，其人员可以从现有离退休职工人员中聘请，所需费用从超收经费中解决。2. 可以聘请银行有关工作人员为兼职经费收缴员，作为工会财务积极分子，按其对经费收缴工作的贡献大小给予奖励。3. 对经费收缴难度较大的单位，可以请审计、税务等部门协助解决，其所收经费可参照有关规定给对方提成。

对下补助经费实行拨改贷办法 1. 为了用活工会经费，促进工运事业发展，今后省总原则上不再向下无偿补助，各级工会需要省总解决的各项经费均实行低息贷款办法。2. 省总每年提供的贷款主要是用于兴办第三产业和事业单位为提高经济效益所需要的设备购置或流动资金。3. 县工会所需的贷款省总工会不直接拨给，由所在市地工会统一办理贷款手续。如贷款逾期不能偿还，从市地工会的经费中扣回。

控制基本建设，提高现有活动场所的利用率 1. 从现在开始，县以上工会活动阵地的新建项目一律不开。要立足于对现有场所的巩固、完善，提高其竞争能力和利用率。2. 现有文化宫、俱乐部以及职工学校等，如果不适用，经济效益很差，可以有计划地进行改造、转项。确属没有改造价值的可以经省总工会批准后进行有偿转让或拍卖处理。

县以上工会机关行政经费实行核定指标办法 1. 县以上工会机关行政费（不包括大型维修和设备购置），由上一级工会按人员编制和统一标准核定年度指数，不准随便开支。2. 按核定指标超过部分不予解决，节余部分可以实行五五分成，建立专项基金，即 50%作为事业发展基金，50%作为奖励和集体福利基金。

事业单位经费实行分类包干办法 1. 文化宫、俱乐部、体育馆、职工学校的正常经费（包括房屋正常维修和设备更新）一律要求自给，工会主要负责房屋大修和新建场所必要的设备购置。2. 工会干校实行定额补贴，超支不补、节余留用的包干办法，其自己组织的收入，一部分抵顶预算拨款，一部分用于改善办学条件，一部分用于奖励和集体福利。3. 技协办的行政费由工会参照机关标准拨给，活动费通过组织有偿服务的收入解决。4. 职工技术交流馆和其他经济实体一律实行企业化管理。除向主管工会上交一部分收入外，还应按规定提取固定资产折旧基金。

实行工会财务工作科技成果奖励办法 1. 工会财务干部或工会其他工作人员，在财务收支管理等方面凡写出有价值的论文，提出切实可行的建议，总结出有推广意义的经验，以及提出各种改革设想等，均根据其应用价值给予奖励。2. 此项工作由省工会会计学会具体承担。3. 奖励费从省工会会计学会收入中解决。

1989 年 12 月 5 日，黑龙江省总工会经审会决定在佳木斯市，召开全省工会经费审查工作经验交流会，会期三天，会议上传达了全国工会经审工作经验交流会精神，研究今后经审工作。

1991 年 1 月 17 日，黑龙江省总工会印发《黑龙江省工会经费审查、内部审计工作竞赛方案》，方案为加强工会经费审查、内部审计工作的组织建设和业务建设，推动工会经审、内审工作的经常化、制度化和规范化进程，充分发挥民主监督与审计监督相结合的职能作用，协助和促进各级工会收、管、用好工会经费，特制定黑龙江省工会经费审查、内部审计工作竞赛方案。

二、推进女职工工作

根据中华全国总工会关于在改革中大力加强女职工工作、建立女职工委员会的指示精神，为改进黑龙江省女职工工作的组织机制和活动方式，建立健全与改革相适应的女职工工作运行机制，经省总工会主席办公会议决定，于 1989 年 3 月 1 日至 3 月 2 日召开黑龙江省工会首届女职工委员会成立大会。会议在黑龙江省职工技术交流馆（哈尔滨市东大直街 39 号）召开。

1992 年 2 月 25 日，黑龙江省总工会印发《关于进一步加强工会女职工工作的意见》，意见内容如下：

加强对工会干部进行马克思主义妇女观教育 女职工是工人阶级不可分割的一部分。黑龙江省女职工占职工总数的 40%，各级工会组织应从维护工人阶级整体性、坚持四项基本原则的高度，充分认识做好女职工工作的意义。各级工会要利用各种形式、各种机会对工会干部进行女职工工作重要性、特殊性的教育，在工作上始终把女职工工作放到工会全局去考虑，把女职工工作作为全会必不可少的重要工作，定期研究部署，根据每个时期的实际，突出重点抓紧抓好抓实。

加强工会对女职工工作的领导 把女职工工作真正摆上议事日程。首先摆上主要领导议事日程，主要领导经常过问女职工工作，了解掌握情况，帮助解决工作中的困难和问题，积极向当地党政领导宣传女职工工作；其次摆上常委会的会议议程，常委会每年讨论一二次女职工工作；最后要摆上全会议程，全会的报告以及形成的有关文件，给女职工工作适当的位置，从而保证女职工工作在工会全局中的地位。

重视发挥女职工组织在社会上和工会内部的参与作用，市、地、县工会支持同级工会女职工委员会代表女职工参与社会事务的管理，特别是涉及女职工合法权益和特殊利益问题，应听取女职工组织的意见。

把培训女职工干部列入工会干部规范化岗位培训内容，采取各种方式强化对女职工干部的培训，提高女职工干部的政治素质和业务能力。省总工会计划利用2年的时间，对市、地、县、产业女职工干部轮训一遍。

把女职工组织建设和女职工工作列入建设“职工之家”的考核内容，在验收“职工之家”时，凡女职工组织不健全，人员配备明显不适应需要，女职工组织发挥作用不好，企业女职工委员会代表没有进入企管会的，不能评为合格、先进、模范“职工之家”。工会领导人不能被评为先进工作者。

对女职工工作要给一些必要的倾斜政策。各级工会在编制、干部配备、经费及工作条件上多为女职工委员会制定一些倾斜政策，创造良性循环的条件。省总三年表彰一次行业女状元，先进女职工工作者，先进女职工委员会，优秀女职工之友。

加强工会女职工委员会建设　按照工会章程，继续建立健全各级工会女职工委员会，1992年底完成各级工会女职工委员会的组建工作。

加强工会女职工委员会的工作机构建设。市、地及有女职工万人以上的产业（农、林、铁、煤等做家属工作的产业同时要考虑家属人数）和大型企业事业工会都有独立的女职工部。县以下各级工会及中小型企事业工会有专人负责女职工工作。

配齐配强女职工干部，把认真执行党的路线、方针、政策，密切联系群众，熟悉业务，有较强工作能力，热心女职工工作的女干部充实到女职工委员会的办事机构。

深入贯彻落实相关规定，扎扎实实做好企业女职工工作，企业中已重复建立其他妇女组织的，提请并协助党委按中办25号函的有关规定予以妥善解决。

企业工会应通过县或县以上工会接受妇联的业务指导。

切实加强科教文卫等事业单位和党政机关的女职工工作。各级工会按照中华全国总工会十一届三次执委会精神和中华全国总工会五年规划的要求，凡建立工会组织的单位都建立工会女职工委员会，配齐、配好女职工工作干部，针对女知识分子的特点开展工作。

帮助工会女职工委员会理顺与妇联的关系。各级工会组织根据中华全国总工会意见，结合本地实际情况，认真贯彻中共中央相关精神，从有利于维护女职工合法权益，有利于发挥女职工作用，有利于减轻基层负担，有利于“精简高效”的原则出发，在同级党委领导下，团结合作，相互支持，共同做好女职工工作。

协调工会女职工委员会与同级工会各部门的关系。做好女职工工作不仅是女职工部门的事情，更是全会各部门的共同任务。各级工会指导工会内部各部门从自己的职责范围出发，从不同角度关心和做好女职工工作。各级工会还为女职工委员会督促、检查、指导工会各业务部门做好女职工工作创造条件。

第十三章　改革开放新阶段和建立社会主义市场经济时期的黑龙江工人运动

改革开放以来，黑龙江工人运动在党的领导下，紧紧围绕经济建设中心，积极参与改革开放和社会主义现代化建设，为推动黑龙江的经济发展和社会进步作出了重要贡献。这一时期，黑龙江省外商投资企业、私营企业、乡镇企业异军突起。为尽快把这些企业的职工组织到工会中来，团结在党的周围，黑龙江省总工会加快新经济组织的工会组建工作，根据哪里有职工群众，就把工会建到哪里的精神，有计划、有组织、有步骤地加快非公企业工会的组建步伐。20年来，省总工会会同省直有关部门，多次下发文件，以政策进行指导；深入基层实行检查督促；总结经验，用典型引导等多形式、多办法多渠道推进。经过多年的不懈努力，黑龙江省新经济工会组建工作有了突破性的进展。到2005年末，全省外商投资企业建会率达79.5%，职工入会率达77.9%；私营企业建会率达67%，职工入会率达67.28%；乡镇企业建会率达84.4%，职工入会率达87.9%；街道工会组建率达到94%。同时，全省有44.7万农民工等进城务工人员加入了工会组织，各级工会积极开展依法维护工作。省总工会运用各种宣传工具和宣传阵地，采用群众喜闻乐见的形式，在全省职工群众中广泛开展改革开放和爱党、爱国、爱社会主义等系列教育活动，使广大职工明辨是非、坚定理想信念，树立科学的世界观、人生观和价值观，自觉为振兴黑龙江、建设黑龙江、发展黑龙江作贡献。

第一节　工会在建立和发展社会主义市场经济体制中发挥积极作用

党的十四大以后，省总工会以经济建设为中心，牢牢把握“改革、发展、稳定”大局，弘扬主旋律。通过组织开展职工文化、体育活动，丰富和活跃职工文化生活，提高职工群众的健康水平，培养社会主义道德品质和集体主义精神，提升职工群众的劳动热情，更好地为四个现代化建设服务。

一、继续深入开展建设职工之家活动

1995 年 12 月，省总工会印发《关于在发展社会主义市场经济条件下深入开展建设职工之家活动的意见》（以下简称《意见》）。《意见》提出：为继续深入开展建设职工之家活动，今后一个时期，要重点抓好以下五个方面的工作：1. 坚持和完善国有企业、城镇集体企业的职工代表大会制度，积极探索公司制企业职工民主管理的实现形式，努力推进非国有企业的职工民主管理工作；2. 根据中华全国总工会制定的工会参加平等协商和签订集体合同、工会参与劳动争议处理、工会劳动法律监督三个“试行方法”，逐步建立工会与行政平等协商、签订集体合同制度；3. 要坚持两个维护的统一，强化维护的建设性功能，以维护为主要手段服务于经济发展，通过促进经济发展实现从根本上的维护；4. 增强工会保障职工切身利益的经济实力，与职工群众建立紧密的物质利益关系，各基层工会，特别是困难企业工会，要积极实施“送温暖工程”和职工“再就业工程”；5. 适应协调劳动关系的需要，加强工会自身建设和改革，要围绕突出和强化维护职能、调整、设置基层工会的组织机构。

《意见》还提出职工之家的评选和管理办法。评定命名职工之家的地方、产业工会，要采取适当方式，对获得职工之家称号单位的建家工作进行认真的复检验收。基层工会没有提出保持职工之家荣誉申请或经复检验收不合格的，要

撤销其荣誉称号。要结合开展建设职工之家活动，评选和表彰在建家活动中作出突出贡献的优秀工会干部和优秀工会积极分子。对不是省级模范职工之家单位的党、政、工领导，原则上不能被评为“五一劳动奖章”获得者和市、地级以上劳动模范。

1996 年末至 1997 年初，省总工会组织实施了省级模范职工之家的复查验收工作。这次复查验收的基本条件，是按《关于在发展社会主义市场经济条件下深入开展建设职工之家活动的意见》确定的重点抓好五个方面的工作和验收省级模范职工之家的八项否决条件进行的。复查验收工作采取自下而上，上下结合的方法。基层工会自检自查，市（地）、产业工会复查验收和省总工会选定单位抽查。各市（地）、产业工会根据省总工会的要求，精心组织，周密安排，分管主席具体负责，保证了这项工作的顺利进行。这次复查验收的省级模范职工之家 604 个，经几上几下慎重核实和审查，继续保持省级模范职工之家称号的单位 470 个；被撤销省级模范职工之家称号的单位 59 个；因没有建立平等协商、签订集体合同制度限期整改的单位 76 个。

1997 年 11 月，省总工会对限期整改的 76 个单位又进行了复查。经复查，76 个限期整改单位中，61 个单位在规定的期限内达到了标准。有 15 个单位仍未达到标准。这些单位属原单位解体的 3 个，属发生重大伤亡事故的 1 个，属未签订集体合同、两年不召开职代会的 11 个。经省总工会主席办公会研究决定，对在限期整改时间内达到省级模范职工之家标准的 61 个单位保留其荣誉称号，对未达到标准的 15 个单位取消其省级模范职工之家称号。

1998 年，省总工会在全国率先对模范职工之家实行了动态管理，经复查验收，撤销 74 个不合格的省级模范职工之家称号。

1999 年 7 月 8 日，为了更好地推进全省建设职工之家活动，省总工会制定《黑龙江省建设职工之家管理办法（暂行）》（以下简称《办法》）。《办法》提出建设职工之家的总体要求：基层工会能够自觉坚持党的基本理论、基本路线和基本方针，坚持全心全意依靠工人阶级的根本指导方针，在进一步突出维护职能的同时全面履行工会职能，依照法律和工会章程独立自主地开展工作，初步建立起适应社会主义市场经济体制要求的工会工作运行机制和工作格局，在维护职工合法权益，协调劳动关系，推动本单位改革、发展、稳定中发挥重要作用，受到广大职工的拥护和信赖。《办法》规定了合格职工之家由直接领导基层工会的地方工会或产业工会确认；合格职工小家由基层工会确认；市总工会和省级产业工会原则上每两年评选命名一次先进职工之家、先进职工小家；省总工会原则上每三年评选命名一次模范职工之家、模范职工小家、模范职工之家标兵、模范职工小家标兵；县（市）、区总工会可以从实际出发，评选命名本级先进职工之家和先进职工小家。

2002 年 7 月，中华全国总工会对黑龙江省 91 个全国模范职工之家单位进行了复查验收，确定黑龙江省双鸭山矿务局双阳煤矿工会委员会和七台河矿业精煤（集团）有限责任公司新建煤矿工会委员会因发生安全事故被撤销“全国模范职工之家”称号。同时，中华全国总工会书记处决定，黑龙江省哈尔滨东安发动机（集团）有限公司工会等 86 个单位，符合全国模范职工之家条件，继续保留“全国模范职工之家”称号。

12 月 30 日，省总工会为进一步巩固新建企业工会组建成果，印发《关于全省新建企业工会组织深入开展建设职工之家活动的意见（试行）》。该《意见》提出三个方面九条意见。主要提出要结合新建企业劳动关系特点，不断丰富深入开展建设职工之家活动的内容：一要围绕切实加强工会组织建设开展建家活动；二要围绕贯彻《中华人民共和国劳动法》《中华人民共和国工会法》（后文简称《劳动法》《工会法》）和推行激励机制和约束机制开展建家活动，突出履行维护职能，全面推行平等协商、签订集体合同制度；三要围绕全面开展工会各项工作开展建家活动；四要突出职工群众的主体地位开展建家活动，职工和会员满意率低于 80%的，不能被评为省模范职工之家；五要切实加强对新建企业工会组织深入开展建设职工之家活动的领导，要建立健全建家活动的考核机制，力争用 3 年左右的时间，使全省 80%以上的新建企业工会达到“合格职工之家”，50%以上的新建企业工会达到“先进职工之家”，30%以上的新建企业工会达到“模范职工之家”的标准。

2005 年 7 月 22 日，省总工会在省农垦总局宝泉岭分局召开了全省工会基层组织建设会议。会议总结交流了宝泉岭分局党委、垦区工会以及下属新华、普阳、绥滨、军川四个农场工会基层组织建设方面的经验。主要经验是：分局党政领导对工会工作高度重视，注意配齐配强各级工会领导班子，建立了党委例会制；垦区工会按照“组织起来，切实维权”的工作方针，紧紧围绕垦区的中心工作，注意服务大局，在新建企业建会、外来务工人员入会等工会组织建设方面进行了积极的探索和大胆的实践。省总工会主席王悦华全程参加会议并讲话。对下步工作进行了全面的安排和部署。提出4点要求：充分认识新形势下进一步加强工会基层组织建设的重要意义，不断增强工作的责任感和使命感；依法进行工会组建工作，为加快工会组织建设奠定坚实基础；加大对基层工会的指导和服务力度，不断提高基层工会整体工作水平；加强组织领导，切实把加强工会基层组织建设的各项工作落实到位。会后还现场参观考察了基层组织建设情况。8月后，省林业工会和绥化、齐齐哈尔等市（地）、产业工会也相继召开工会基层组织建设经验交流或现场会议，有力地推动了全省基层工会组织建设工作。

二、开展“树、创、做”竞赛活动

1997年，黑龙江省总工会、省委宣传部、省经贸委、团省委，为贯彻落实党的十四届六中全会决议精神，决定在全省职工中开展“树行业新风、创一流业绩、做文明职工”职业道德建设活动。1998年，省总工会根据全国总工会的统一部署和要求，结合全省职业道德建设实际，在全省上下广泛开展职业道德建设“双十佳”创建评选活动。

为搞好这次活动，省总工会、省委宣传部、省经贸委、团省委联合下发《关于在全省职工中开展“树、创、做”职业道德建设活动的意见》，对这次活动的指导思想、内容、方法提出了明确要求。文件下发后，全省各级工会组织采取有效措施，积极地把这项活动开展起来。哈尔滨市有2600家企业事业单位，80万名职工参加了“树、创、做”活动，共选树118名于明祥式好工人，在《哈尔滨日报》设专栏进行系列报道。大庆市总工会在全市职工中开展“建文明班组、创文明岗位、做文明职工”活动，在行业中开展塑造职业形象、展示行业风采活动。牡丹江市总工会开展“爱党、爱祖国、爱家乡、爱企业、爱岗位”为内容的“五爱”系列活动。佳木斯市总工会在全市开展“学、树、做、创”活动；伊春市开展“林城杯”职业道德创建系列活动。此外各地工会还举办职业道德建设知识竞赛、征文比赛等活动，使职业道德建设活动在广大职工中深入人心，收到明显的社会效果。

其主要标志有：广大职工职业道德意识明显增强。通过学习六中全会决议精神，广大职工普遍认识到加强职业道德建设是提高全民族整体素质、振兴企业的重大举措，并把这种意识带到各自的工作岗位之中，立足本职，努力奉献。广大职工说：现在“窗口”单位笑容多了，杠杆部门架子小了。许多行业、企业部门都把优质服务摆在第一位，职工职业道德意识明显增强。在1000份调查问卷中，回答职业道德是以“为人民服务为宗旨”的占85%，大庆、鸡西、哈尔滨等市许多职工提出“在岗一分钟，奉献60秒”的口号。

广大职工职业道德行为进一步规范。各地结合实际，从帮助企业整章建制入手，普遍制定出本行业、本企业、本岗位职业道德建设标准，许多窗口单位实行“承诺”制，在职工中产生强烈反响。在千份问卷中“您清楚自己的职业道德要求吗?”回答“清楚”的占80%。哈尔滨秋林公司、七台河建设银行、鸡西交警支队等单位制定职工行为规范，有的企业每个岗位都有细则，使职工说话有标准、行为有规范，为全省开展职业道德建设工作作出了示范作用。

职业道德创建活动丰富多彩，职工参与意识明显增强。各市地开展“四有”达标活动，“五爱”系列活动，评选职业道德“百十佳”活动，争当再就业明星活动，“树行业新风，做文明职工”演讲活动，职工文艺会演活动等，广大职工都表现出极大的参与热情。这些活动既丰富了职工生活，又陶冶了职工情操，增强和培养了职工的职业道德责任感。

社会环境得到净化。全省在职业道德建设中，涌现出哈一百（百贸商店）、牡丹江心血管病医院、哈尔滨铁路局等全国职业道德建设先进单位，其中牡丹江心血管医院荣获1997年度全国职工职业道德建设“十佳”单位。这些模范集体和个人，引领带动了全省职工职业道德建设的开展。企业增强了市场经济意识，产品质量、服务质量明显提高，行业风气明显好转，吃拿卡现象得到了有效遏制。仅据鸡西市 1997 年抽样调查，市民对窗口行业满意率达 96%以上。全省职业道德建设成为振兴企业、发展企业不可缺少的动力源泉，从而推动了职工队伍稳定，促进了经济发展和社会进步。

三、开展“双十佳”创建活动

为加强对这一活动的领导，由省委宣传部、省经贸委、省文明办、省总工会四家单位组成黑龙江职工职业道德建设指导协调小组，下发《黑龙江省职工职业道德建设“双十佳”及模范班组评选方案》。全省各市（地）、产业工会，严格按照评选要求，精心组织，使这项活动开展得扎扎实实，卓有成效。哈尔滨市总工会组织职工参与职业道德“双十佳”评选活动的人数达 90 万人，覆盖国有、集体、外资、民营、股份制等所有制企业，全市有 56 个窗口行业、1963 个岗位建立职业道德规范和岗位职业道德守则，并把加强职业道德建设与精神文明建设、作风建设和干部廉政建设有机结合起来整体推进。牡丹江市总工会找准薄弱环节，抓道德自律、道德示范、道德法制，瞄准热点，突出重点，突破难点，集中解决机关作风问题，成效显著。大庆石油管理局供水公司开展以人为本，以德筑基，倾心筑就育人工程、民心工程、文明工程和形象工程，赢得用户和社会的尊重和信任。齐齐哈尔火车站不断创新，挑战自我，实施“道德明星”服务、“货运窗口”革命以及“亲情加文化”“零距离”等特色服务，实现职业道德建设新超越。绥化市地方税务局在创建“双十佳”活动中，强化领导、完善机制，狠抓教育、优化服务、公开办税，树立地税干部良好形象，推动全局职工职业道德建设进一步发展。

1998 年到 2003 年，全省开展四届评选活动，对这些单位和个人，进行大张旗鼓的表彰和奖励。

1998 年 3 月 20 日，省总工会下发《关于表彰第一届全省职工职业道德建设“双十佳”单位和个人的决定》，授予大庆石化总厂左成玉等 10 人“全省职工职业道德建设十佳标兵”荣誉称号；授予双鸭山殡葬管理所等 10 个集体“全省职工职业道德建设十佳单位”荣誉称号；授予哈尔滨汽轮机厂王庆奎等 23 人“全省职工职业道德建设先进个人”荣誉称号：授予牡丹江市公共汽车公司等 29 个单位“全省职工职业道德建设十佳先进集体”荣誉称号。

1999 年，省委宣传部、省经贸委、省文明办、省总工会联合表彰第二届全省职业道德建设“双十佳”单位和个人。授予东北农业大学等 10 个单位“全省职工职业道德建设十佳单位”荣誉称号；授予黑龙江省双丰林业局福民经营所副所长孙海军等 10 人“全省职工职业道德建设十佳个人”荣誉称号；授予鹤岗电业局等 30 个单位“全省职工职业道德建设先进单位”荣誉称号；授予牡丹江市百货大楼营业员张桂荣等 29 人“全省职工职业道德建设先进个人”荣誉称号；授予黑龙江省铁力林业局卫东林场马永顺工组等 10 个单位“全省职工职业道德建设先进班组”荣誉称号。

2001 年 1 月 8 日，省委宣传部、省经贸委、省文明办、省总工会联合表彰第三届全省职业道德建设“双十佳”及先进单位、先进个人和模范、先进班组。授予哈尔滨市政公用建设管理局市政 110 指挥中心等 10 个单位“全省职工职业道德建设十佳单位”荣誉称号；授予哈尔滨铁路局海拉尔铁路分局客运公司列车长王春霞等 10 人“全省职工职业道德建设十佳标兵”荣誉称号；授予伊春市自来水公司等 10 个单位“全省职工职业道德建设先进单位”荣誉称号；授予大兴安岭加格达奇区市政建设管理处下水清掏工陈齐光等 16 人“全省职工职业道德建设先进个人”荣誉称号；授予哈尔滨铁路局哈铁分局火车站等 30 个班组“全省职工职业道德建设模范、先进班组”荣誉称号。

2003 年 10 月 9 日，省委宣传部、省经贸委、省文明办、省总工会联合下发《关于表彰第四届全省职业道德建设“双十佳”、模范班组和先进单位、先进个人的决定》，授予哈尔滨自来水集团公司南岗供水公司等 10 个单位“全省职工职业道德建设十佳单位”荣誉称号；授予黑龙江省医院南岗分院感染科主任魏今波等 10 人“全省职工职业道德建设十佳标兵”荣誉称号；授予哈尔滨电业局客户服务中心李庆长共产党员服务队等 16 个单位“全省职工职业道德建设模范班组”荣誉称号；授予牡丹江第一人民医院等 38 个单位“全省职工职业道德建设先进单位”荣誉称号；授予哈尔滨市第 69 中学教师高秀萍等 37 人“全省职工职业道德建设先进个人”荣誉称号；授予哈尔滨市公共汽车总公司第一营运部二队等23个班组“全省职工职业道德建设先进班组”荣誉称号。

为提高全国职工思想道德素质，全国总工会从1994年开始，在全国开展职工职业道德建设“双十佳”创建活动。到2005年，一共开展了九届评选表彰活动。黑龙江省朱莲香等6人荣获“全国职工职业建设十佳标兵”荣誉称号；哈尔滨市电业局等16个单位荣获“全国职工职业道德建设十佳单位”荣誉称号；陈树安等22人荣获“全国职工职业道德建设先进个人”荣誉称号；哈尔滨第一百货商店股份有限公司等20个单位荣获“全国职工职业道德建设先进单位”荣誉称号；佳木斯农业银行西城支行等22个班组荣获“全国职工职业道德建设百佳班组”荣誉称号。

从1998年到2003年，省总工会已经在全省开展四届职业道德建设“双十佳”评选活动，对推动全省职工职业道德建设，起到很好作用。为推动全省“职工素质工程”的实施，进一步提高职工队伍职业道德素质，省总工会决定，2005年在全省广大职工中继续开展职业道德建设“双十佳”创建评选活动。

为搞好这次评选表彰活动，省总工会下发《关于开展第五届全省职工职业道德建设“双十佳”及模范班组评选表彰活动的通知》。文件下发后，各市（地）总工会、产业工会对职工职业道德“双十佳”创建活动情况进行认真总结；对历届评选表彰的全省职工职业道德标兵单位、先进个人、先进班组进行认真复查；对本地、本战线新涌现出来的职业道德建设先进单位、个人和班组进行深入挖掘。通过“三对”的形式，进一步提升这项活动的质量。

在这一活动中，全省涌现出一大批先进单位和个人。为总结经验，表彰先进，吸引更多的职工参与到这一活动中来，省委宣传部、省国资委、省文明办、省财政厅、省科技厅、省劳动和社会保障厅、省总工会于2006年2月20日，联合下发《关于表彰全省职工职业道德建设“双十佳”、模范班组及先进单位、先进个人和先进班组的决定》。授予哈尔滨市道里区新发红十字医院院长战胜军等10人为“全省职工职业道德建设十佳标兵”；授予哈尔滨工商行政管理局南岗分局等10个单位为“全省职工职业道德建设十佳单位”；授予鸡西立新煤矿机电科等10个单位为“全省职工职业道德建设模范班组”；授予哈尔滨市通信分公司支撑共享中心经理吴淑珍等49人为“全省职工职业道德建设先进个人”；授予齐齐哈尔第一医院等 41 个单位为“全省职工职业道德建设先进单位”；授予大庆实验中学外语教研组等 36 个单位为“全省职工职业道德建设先进班组”。这些先进单位、集体和个人，以创新的精神和高标准的职业道德规范，充分展现社会主义市场经济条件下职工职业道德建设的时代特色，反映出新时期的进步精神和道德力量。

四、推进工会组织的建设与改革，加快外商投资企业、乡镇企业和私营企业的工会组织建设

基层工会是工会组织的基础，增强基层工会的活力，是工会改革的关键和落脚点。基层工会改革的目标是使基层工会能够根据实际情况和职工群众的意愿，独立自主地开展工作和活动，逐步实现工作自主、机构自定、干部自选、经费自管。

改革开放以来，特别是党的十五大以后，黑龙江省外商投资企业、私营企业、乡镇企业迅速发展。非公有制经济已成为工会工作的重要领域。对此，全省各级工会组织把新建企业工会组建工作作为一项重要任务来抓，形成了“党委领导、政府支持、工会主抓、多方配合”的建会工作格局，在实践中取得很大实效。

1994 年 7 月 25 日，为明确本省外商投资企业工会的法律地位，保障其依法行使权利和履行义务，发挥其在企业中的积极作用，省第八届人民代表大会常务委员会第十次会议通过了《黑龙江省外商投资企业工会条例》（以下简称《条例》）。《条例》作出五章 40 条规定。在《条例》中规定，外商投资企业职工有权依法建立工会组织，开展工会活动。外商投资企业工会是中国工会的基层组织，是职工权益的代表；具备法人条件的外商投资企业工会是社团法人，工会主席为法定代表人；外商投资企业工会开展工作的基本原则是：依据法律、法规维护职工的合法权益，为职工服务，尊重投资者的合法利益，与外商合作共事，支持企业依法搞好经营管理，促进企业的发展；外商投资企业应尊重工会的合法权益，支持工会依法开展工作。《条例》规定外商投资企业在筹建时即

应为职工组建工会准备必要的条件，企业正式开业后，工会组织即应成立。本《条例》颁布前未建立工会组织的外商投资企业，在本《条例》颁布后即应成立工会组织。外商投资企业职工在25人以上的，建立基层工会委员会，不足25人的，选兼职主席1人，主持工会工作。会员（代表）大会每年至少召开一次，行使《中国工会章程》规定的职权。《条例》还规定外商投资企业工会的权利和义务等。

1995年7月、8月两个月，省总工会为进一步推动外商投资、乡镇、私营企业工会组建工作的开展，集中领导、集中时间，由省总工会6位正、副主席和1名党组成员、经审委员会主任带队，从省总工会办公室、政研室、组织部等部门抽调14名干部，组成7个检查组，对全省外商投资、乡镇、私营企业工会组建工作进行一次检查。检查组先后深入全省14个市（地），25个县（区），47个乡镇，58个企业。各地各级党委对组建工会工作十分重视和支持。召开组建工会会议，多数党委书记到会并讲话。哈尔滨、齐齐哈尔、大兴安岭、鹤岗等市、地委常委会认真讨论加强外商投资、乡镇、私营企业工会工作问题。安达、望奎、鸡东等20多个县（市），以县（市）委名义召开外商投资、乡镇、私营企业工会组建工作会议。虎林、尚志等县（市）委，以县委文件转发县（市）总工会关于外商投资、乡镇、私营企业组建工会的意见，虎林县委还提出1995年为组建工会年。

据调查统计，到1995年6月底全省外商投资企业工会已达538个，占具备建会条件外商投资企业总数的68%；发展会员53759人，占建会企业职工数的89%。全省乡镇企业共建立工会1171个，占具备建会条件乡镇企业数的59%；发展会员62810人，占建会企业职工数的88.5%。全省私营企业组建工会虽然起步较晚，但一年多来已组建私营企业工会67个，占具备建会条件私营企业数的40%；发展会员8167人，占建会企业职工数的87.7%。

1995年，省总工会为适应发展市场经济要求，把外商投资企业、乡镇企业、私营企业组建工会作为全会的重点工作来抓，加大了外商投资、乡镇、私营企业组建工会工作力度。通过采取确定组建目标、召开现场会、开展“三建”工作大检查等措施，使此项工作取得突破性进展。截至1995年底，全省外商投资企业组建工会649个，乡镇企业组建工会1530个，私营企业组建工会97个，分别占具备建会条件企业总数的78.6%、76.6%和55.7%。

1996年1—3月，全省各地按照中华全国总工会、省总工会的要求，以贯彻实施《劳动法》为契机和突破口，加大工作力度，使外商投资、私营、乡镇企业工会组建工作取得了较大的进展。截至3月底，全省外商投资、私营、乡镇企业约6.8万个开始运营，符合建会条件的有3214个，已建立工会组织的有2803个，占开业企业数的4%，占应建工会企业数的87%；发展会员约14万人，入会率为93%。从第一季度统计数字看，外商投资、私营、乡镇企业组建工会占应建工会企业比例在80%以上的有：齐齐哈尔、牡丹江、佳木斯、大庆、伊春、鸡西、绥化、双鸭山等市（地）；组建数超过20个的有：哈尔滨、齐齐哈尔、佳木斯、七台河市。哈尔滨市组建外商投资、私营、乡镇企业工会149个，落实4—12月组建任务228个，增幅最大，居全省首位。

1996年6月3日，省总工会印发《关于加强外商投资企业、私营企业、乡镇企业工会组建工作的意见》。要求：对已运营的外商投资企业，以及凡具备建会条件而尚未建立工会组织的私营企业、乡镇企业，到1996年末必须全部建立工会。对已建立工会的，要健全工会组织机构，建立工作制度，按《工会法》和《工会章程》积极开展工作，各地工会应积极参与，认真督促有关部门落实《黑龙江省外商投资企业工会条例》有关规定。今后凡在黑龙江省兴办的外商投资企业应做到“两个同时”，即筹建企业的同时准备成立工会，企业正式运营时工会同时挂牌成立。对已经建立工会组织的私营企业、乡镇企业，各地要进行一次认真的复查验收，使工会组织的巩固率在90%以上。

同月，为了切实落实《工会法》《黑龙江省实施〈工会法〉条例》和《黑龙江省外商投资企业工会条例》。在省人大的组织领导下，对全省贯彻落实“一法两例”情况进行了为时3个月的大检查，引起了各级人大和政府的高度重视，对推进完善各地工会组织建设，维护工会的合法权益，抵制某些借改革之机削弱甚至取消工会的违法现象起到积极作用，使外商投资企业、乡镇企业、私营企业组建工会的速度加快。截至第三季度，全省外商投资企业组建工会有806个，占具备条件企业的91.9%；乡镇企业组建工会的有1889个，占具备条件企业的90.8%；私营企业组建工会的有230个，占具备条件企业的89.7%。

1997年全省各级工会进一步开展新经济组织工会工作。截至10月末，外商投资企业组建工会724个，占应建工会的98%；私营企业组建工会277个，占应建工会的87%；乡镇企业组建工会724个，占应建工会的97%。全省、县区以上已建立私营企业工会联合会21个。

1998年，全省各级工会组织按照省总工会提出《关于加强外商企业、私营企业、乡镇企业工会组建工作的意见》要求，加大了新经济组织工会工作的力度，各项工作指标均有了较大提高。

全省外商投资企业累计建会885个，比上年增加了111个，占投产开业数的69.8%；工会会员累计60332人，占已建工会企业职工数的93.6%。全省累计有204个外商投资企业签订了集体合同，占已建工会企业数的24.4%；有185个建立了协商谈判制度，占已建工会企业数的22.2%；有221个建立了劳动争议调解委员会，占已建工会企业数的26.5%。

全省私营企业累计建会456个，比上年增加了213个。工会会员累计18790人，占已建工会企业职工数的92.1%。

全省有乡镇企业1240个，已建工会890个，比上年增加了12个，占乡镇企业总数的71.8%；有专职工会干部38人，兼职工会干部1031人。全省有262个乡镇集体企业签订了集体合同，比上年增加了87个，占已建工会企业数的13.2%；有257个建立了协商谈判制度，比上年增加78个，占已建工会企业数的12.9%；有530个企业建立了劳动争议调解委员会，比上年增加173个，占已建工会企业数的26.6%。

全省13个市（地）有街道581个，已建工会330个，比上年增加150个，占街道总数的56.8%；有专职工会干部25人，兼职工会干部332人。

1999年8月26日，省总工会、省经济体制改革委员会、省经济贸易委员会、省工商行政管理局、省劳动和社会保障厅、省外资管理局依据有关法律、法规，为加强新经济组织工会工作，促进企业健康发展，联合印发了《关于加强新经济组织工会工作的意见》。主要提出：1. 按照《工会法》和《工会章程》规定，凡在中国境内注册登记、取得营业执照，生产经营活动比较正常，职工队伍相对稳定的外商投资企业、私营企业、乡镇企业等经济组织都应依法建立工会组织。2. 新经济组织组建工会应认真履行民主程序，工会委员会和工会经费审查委员会要在会员（代表）大会上民主选举产生。3. 企业工会自成立之日起，其资产依法归属工会所有，支配和处置，任何个人或组织不许非法侵占。4. 企业应按照《工会法》的规定，每月按企业全部职工工资总额的2%向工会拨缴经费。任何企业都不得以任何理由拒拨、拒缴工会经费。5. 企业工会要依法维护职工合法权益。要指导和帮助职工与企业签订劳动合同，并监督劳动合同的执行。要依法对企业遵守劳动法规情况进行监督。6. 新经济组织要按照有关规定，建立集体协商谈判制度。7. 新经济组织工会要结合企业特点，全面履行维护、建设、参与、教育等社会职能。8. 各市（地）、县（市、区）总工会（工委）要及时主动向同级党委和政府及有关部门汇报、通报新经济组织工会工作情况和存在的问题，争取党组织的领导和政府的支持。9. 各级体改委、经贸委、劳动部门、工商管理部门和外资管理部门要重视、关心和支持新经济组织工会工作，为组建工会和开展工会工作创造良好的外部环境。10. 外商投资企业、私营企业比较集中的地方，应成立市（地）、县（市、区）的外商投资企业工会联合会和私营企业工会联合会，协助同级总工会（工委）指导外商投资企业、私营企业组建工会和开展工会工作。

2000年5月，全省各级工会适应改革的新形势，按照中华全国总工会要求，把新建企业工会组建工作作为全会工作的重中之重来抓，取得了明显效果。省总工会专门召开常委（扩大）会议研究部署这项工作，在深入调查研究的基础上，制定了新建企业工会组建工作3年规划，明确了阶段性工作，成立了由省总工会6名党组成员带队的6个推进组，推进新建企业工会组建工作。截至第三季度，全省已累计建立新建企业工会9904个，覆盖职工近24万人，发展会员22.8万人。

6月13日，省总工会根据中华全国总工会十三届二次执委会提出的新建企业工会组建工作要取得突破性进展的工作及有关具体要求，经省总工会八届四次常委会研究，提出了《关于大力推进新建企业工会组建工作的意见》。主要提出：1. 各级工会组织要把新建企业组建工会工作，作为当前和今后3年中全省工会工作的突出任务来抓，形成“一把手”亲自抓、班子成员共同抓、组织部门具体抓、其他部门协同抓的工作格局。2. 按照中华全国总工会的要求，确定了全省新建企业3年建会。到2000年底，新建企业的建会率要达到50%以上，职工覆盖率要达到55%以上，职工入会率要达到95%以上；到2001年底，新建企业的建会率要达到95%以上；到2002年底，新建企业的建会率、职工覆盖率和职工入会率要力争达到100%。3. 省总工会成立新建企业建会工作领导小组，综合办公室设在省总工会组织部。领导小组下设6个推进指导组，由省总工会机关各部门抽调人员组成，每年集中用1个月左右的时间对全省新建企业组建工会工作的情况进行检查指导。

省委对加强新建企业工会组建工作十分重视。2000年9月28日，省委印发《中共黑龙江省委关于加强新建企业工会组建工作的意见》。对加强新建企业工会组建工作提出8点意见：1. 各级党委和政府要充分认识新建企业工会组建工作的重要性和紧迫性；2. 各级党委要切实加强对新建企业工会组建工作的领导；3. 各级政府有关部门要重视并积极支持新建企业工会组建工作；4. 各级人大和政府要加强对新建企业执行《劳动法》《工会法》等有关法律、法规情况的检查和监督，对于严重侵犯职工合法权益的重大事件，要依法严肃处理；5. 各级地方工会和有关产业工会要承担起新建企业建会工作的职责，与党政有关部门通力合作，密切配合，积极主动地开展工作；6. 凡在黑龙江省境内注册登记的新建企业都应按照《工会法》和《工会章程》的有关规定，在筹建企业时，同时依法筹建工会组织，最迟在投产开业一年内建立工会组织；7. 各县（市）、区要建立私营企业工会联合会；8. 新建企业工会组建工作要形成“党委领导、政府支持、工会主抓、各方配合”的领导体制和工作格局。

2001年3月7日，经省委常委八届九十一次会议研究决定，成立了省新建企业工会组建工作领导小组。4月17日，省委为了加强全省新建企业工会组建工作，召开了八届二十三次常委办公会议。会议由省委副书记杨光洪主持。会议议题：传达全国新建企业工会组建工作会议精神，讨论贯彻意见。会议提出工作和要求：1. 在新建企业组建工会要坚持“两个不论”，即不论企业大小，人数多少，都要坚持组建工会；不论职工工作时间长短，做什么工作，都可以参加工会。2. 要尽快在新建企业完成组建工会工作，不只是要完成建会率、入会率，更重要的是如何让工会组织真正发挥好作用。3. 要及时研究解决新建企业工会组建工作中遇到的各种困难和问题，坚持做到以党的基层组织建设带动工会的组织建设，通过工建为党建创造条件，打下群众基础。会议确定：同意在适当时机召开全省新建企业工会组建工作会议。

为贯彻落实全国新建企业工会组建工作会议和省委八届二十三次常委办公会议精神，进一步推动全省新建企业工会组建工作的开展，省新建企业工会组建工作领导小组决定，对全省新建企业工会组建工作实行管理。5 月 31 日，制定下发了《全省新建企业工会组建工作管理百分考核方案》。规定考核内容：1. 认真学习全国新建企业工会组建工作会议精神，能够以“三个代表”重要思想为指导，充分认识新建企业工会组建工作的重要性、必要性和紧迫性；2. 切实形成“党委领导、政府支持、工会主抓、各方配合”的工作格局，领导小组下设新建企业工会组建工作办公室；3. 建立健全新建企业工会组建工作的目标责任制，建立健全定期检查通报、考核评比、表彰奖励等相应的制度；4. 制定新建企业工会组建工作两年规划，确保工作和保证措施明确、具体；5. 能够完成省新建企业工会组建工作领导小组下达的新建企业工会组建工作指标，并努力实现在 2002 年底前把绝大多数新建企业工会建立起来，把绝大多数职工组织到工会中来的目标。

12 月 15 日，黑龙江省第九届人民代表大会常务委员会第二十六次会议通过了《黑龙江省私营企业工会条例》。《条例》规定：私营企业工会依法代表和维护职工合法权益。私营企业职工有权依法组建工会，任何单位和个人不得阻挠。私营企业应当支持职工组建工会。私营企业有工会会员 25 人以上的，应当建立工会委员会。不足 25 人的可以选举工会主席 1 人，主持工会工作；也可以由两个以上单位的会员联合建立基层工会委员会。私营企业的工会委员会成员和工会主席的选举和罢免，按照《中国工会章程》的规定执行，并报上一级地方工会或产业工会批准。私营企业应当依法经营，不得侵犯职工合法权益。

2001 年，省总工会按照中华全国总工会的要求，分解落实建会目标，与各市（地）和有关产业工会签订目标责任状，有效地巩固了建会成果。到 10 月底，全省新建企业工会已累计建立 13740 个，发展会员 34.3 万人，比上年净增 3872 个和 11.5 万人，建会数和会员数达到中华全国总工会下达任务的 68.4%和 80.9%；改制企业建会率达 93.4%；乡镇、街道建会率达 85%以上；建立各类工会联合会 350 余个。与此同时，加强新建企业工会女职工委员会的组建工作，扩大了工会组织的覆盖面，基层工会组织建设“纵向到底，横向到边”的组织网络初步形成。

2002 年 4—6 月，省总工会组成 6 个新建企业工会组建工作检查验收组，由省总工会领导带队，对全省 13 个市（地）和省农垦工会，2001 年新建企业工会组建工作目标的完成情况进行检查验收。全省新建企业工会组建工作取得突破性进展。截至一季度，全省共有 21297 个新建企业组建了工会，发展会员 48.1 万人，分别比原定目标超额 2396 个和 11.8 万人，圆满完成了省总工会确定的建会任务。

7 月，经检查评比，省总工会作出决定：哈尔滨市和七台河市总工会为 2001 年度新建企业建会工作达标先进单位；齐齐哈尔、牡丹江、佳木斯、大庆、伊春、鸡西、双鸭山、绥化、大兴安岭、黑河等 10 个市（地）总工会和省农垦工会为 2001 年度新建企业建会工作达标单位，并分别给予表彰奖励。

2002—2005 年，各市（地）和有关产业进一步加强建会工作措施的落实，加大工作力度，使全省新建企业工会组建工作出现良好态势。通过 4 年来的努力，全省在新建企业组建工会方面取得较明显成果，已超额完成中华全国总工会下达给黑龙江省的建会任务。详见表 13-1。

表 13-1　2002—2005 年外商投资企业、私营企业、乡镇企业工会组建情况统计表

企业类别	年度	企业数（家）	建会数（家）	建会率（%）	职工数（人）	会员数（人）	入会率（%）	专职干部（人）
外商投资企业	2002	1044	1032	98.9%	55942	51000	91.2%	175
	2003	421	417	99%	49241	47419	96.2%	108
	2004	525	470	89.5%	46475	45107	97%	148
	2005	528	420	79.5%	44942	35015	77.9%	137

续表

企业类别	年度	企业数（家）	建会数（家）	建会率（%）	职工数（人）	会员数（人）	入会率（%）	专职干部（人）
私营企业	2002	20347	20254	99.5%	442539	433481	98%	2002
	2003	23263	23207	99.7%	465752	350676	75.2%	1736
	2004	24286	16560	68.2%	460806	421327	91.4%	2065
	2005	22700	15212	67.01%	644779	433789	67.28%	1680
乡镇企业	2002	6433	5764	89.6%	121798	119736	98.3%	466
	2003	3036	3057	99.3%	102217	100838	98.6%	332
	2004	4530	3694	81.5%	95467	91238	95.5%	276
	2005	5092	4298	84.4%	134321	118079	87.9%	300

2004年8月10日，省总工会提出《关于加强农民工等进城务工人员加入工会和依法维权工作的意见》。提出4点意见：1. 统一思想，提高认识，进一步明确做好进城务工人员入会和维权工作的重要性和紧迫性。进城务工人员在一定程度上还面临着用人单位不与他们签订劳动合同，被随意克扣和拖欠工资，劳动强度大，劳动安全和保护条件差，养老、医疗、工伤等基本社会保障缺失以及子女就学难等问题。因此，各级工会组织要站在贯彻落实“三个代表”重要思想的高度，深刻认识到做好进城务工人员入会和维权工作是时代赋予工会组织的历史使命，是改善黑龙江省经济发展环境，实现振兴老工业基地战略的重要保证。2. 因地制宜，积极探索，最大限度地把广大进城务工人员组织到工会中来。凡在本省行政区域内的企事业单位从事生产、劳动、管理等工作的进城务工人员，已经与用人单位建立劳动关系，不论户籍在何地和工作时间长短，都有依法参加和组织工会的权利，任何组织和个人不得阻挠和限制。3. 健全机制，强化监督，切实维护进城务工人员合法权益。各级工会组织要做好维护进城务工人员合法权益的工作，逐步建立健全各项维权机制。各级职工法律援助中心应主动为进城务工人员提供法律咨询服务，在用人单位因违反法律、法规，侵害进城务工人员合法权益而引起劳动争议时，主动为进城务工人员提供法律服务和援助。4. 加强领导，形成合力，努力推动进城务工人员入会和维权工作

取得新进展。各级工会组织应积极争取党委的重视和支持，形成“党委领导，政府支持，工会主抓，各方配合”的工作格局。力争在三年至五年内，把绝大部分进城务工人员吸纳到工会组织中来，切实维护好他们的合法权益。

2004年，省总工会把组建工会和发展会员作为全会的重点工作。实行目标责任制度，层层签订责任状，形成了一级抓一级，一级对一级负责的工作机制。强化了改制、重组、合资、兼并企业的工会组织的巩固和重建工作。截至年底统计，全省职工总数为648万人，会员总数为466万人，占职工总数的72%，比全国高出12个百分点；已建基层工会29471个，同比增加9983个；乡镇、街道工会组建率分别达到98%、94.6%；改制企业建会率达到75%。工会组织建会和会员发展都有大幅度增加。农民工等进城务工人员入会工作取得了可喜成绩，到2004年底，全省共吸收了15万余名农民工加入工会组织。

2005年，全省各级工会认真贯彻“组织起来，切实维权”的工作方针，积极落实《中华全国总工会关于进一步加强基层工会工作的决定》，突出抓好组建工会和发展会员工作。截至11月底，全省会员总数达到513万人，比上年同期增加59万人，增长率为13%。职工入会率和已建工会单位职工入会率分别达到87%和94%，工会基层组织达到38418个，增长率为22%。全省外商投资企业、私营企业、乡镇企业建会达29290个，建会率达92%，发展会员55.4万人，入会率达97%。全省共有44.7万农民工等进城务工人员加入工会组织，全面超额完成了中华全国总工会下达黑龙江省的目标任务。黑龙江省总工会荣获全国组建工会和发展会员工作一等奖。

第二节 工人阶级在推动建立社会主义市场经济体制中的重大贡献

振兴老工业基地，为全面建成小康社会作贡献，不是一句空洞的口号，而要充分体现在每一位职工的岗位工作和日常生活中。振兴黑龙江省老工业基地、全面建设小康社会，是全省全体职工的共同责任，每一个职工都有义务在这一改革发展的重要时期作出自己应有的贡献。各级工会积极引导广大职工适应形势发展的新要求，发奋学习，提高素质，立足本职，从自己做起，从一点一滴做起，把对祖国、对黑龙江深情的爱，把个人的理想和抱负，化作励志图强、为全省老工业基地振兴和全面建设小康社会作贡献的实际行动。

一、积极参与支持企业改革

1989年，为了交流经验，树立典型、表彰先进，研究在贯彻《企业法》过程中民主管理工作存在的实际问题，进一步推进《企业法》和党中央相关文件精神的贯彻实施，经省委领导同意，省总工会定于12月上旬召开全省贯彻《企业法》深化企业民主管理工作经验交流会。各市、地（工委）、县工会主席，各产业工会主席，各市、地和部分产业工会民管（组织）部长参加会议。

本次会议以党的十三届四中全会提出的全心全意依靠工人阶级思想为指导，深入宣传贯彻《企业法》和中共中央相关文件，探索在促进安定团结和经济调整的新形势下企业民主管理的新经验、新问题和新发展。深化基层的民主制度建设，调动广大职工的积极性，在治理、整顿和深化改革中发挥主人翁作用。会议重点是解决厂长的中心地位、中心作用与职工的主人翁地位、主力军作用如何有机结合和统一，正确处理经营者与生产者的关系和全面落实好职代会职权，建立起企业自我完善、自我调节、自我约束机制，推动企业在新形势下健康发展。

1989年12月，为了进一步贯彻社会主义按劳分配的原则，推进企业内部分配制度改革，搞好企业内部分配工作，制定《关于在企业内部分配工作中加强职工民主参与和民主监督的意见》，省总工会、省体改委、省劳动局向各市、地、县总工会（工委），各产业工会，各市、地、县体改委，各市、地、县劳动局，各企业主管部门发布《关于在企业内部分配工作中加强职工民主参与和民主监督的意见》，以充分调动职工群众的积极性，促进企业经济效益的提高，为进一步治理整顿和深化改革作出贡献。

自实行以承包经营为主要内容的经济责任制以来，大大激发了企业经营者和生产者的积极性，增强了企业的活力，促进了企业生产的发展。但是，由于承包经营责任制还不完善，一些企业里出现了工资奖金分配不公开、不民主、不合理的现象。部分企业领导者和职工收入差距过大，影响了职工的情绪。也有些企业领导人，在分配上以权谋私、中饱私囊，严重侵害了职工的合法权益，挫伤了广大职工尤其是一线职工的生产积极性。

为了深化企业内部分配制度改革，强化企业内部分配工作的自我约束机制，充分调动广大职工在生产中的主动性、积极性，深入贯彻《企业法》和国家有关规定，切实发挥职工代表大会在企业内部分配工作中的民主参与作用，使企业职工参与和监督企业内部分配工作做到经常化、制度化，特提出如下意见：

1. 企业及其主管部门设立的有关企业工资、奖金分配制度改革，领导机构要吸收工会主管主席参与。在讨论和确定企业工资形式、奖金分配等内部分配方案时，要吸收企业职工代表大会的工作机构及其有关专门工作委员会（小组）主要负责人参加，并认真听取他们的意见。

2. 企业内部的分配方案要广泛征求广大职工群众的意见，由职工大会或职工代表大会讨论通过后方可实施。在实施过程中，如有重大变更，也要提交职工代表大会讨论通过后，方可改动。大型企业的车间（分厂）、工段内部分配方案，也应按此程序产生。班组职工直接参加工资、奖金等具体分配办法的制定。

3. 职工代表大会及其工作机构有对企业分配制度的实施进行民主监督的权力，并应及时向职工代表大会报告监督执行情况。对违反国家有关政策及违背企业职工代表大会决议的行为，可提出批评监督纠正，也可提请上级主管部门或上级工会协助处理。对有严重私分或贪占职工应得报酬的行为，可向有关部门举报，或代表职工向法律部门提起诉讼。

4. 企业、车间（分厂）、工段、班组的分配方案执行情况及结果，要按层次分别定期公布，增强工资、奖金分配的透明度，以便于职工监督。

5. 实行承包经营、租赁经营的企业，其经营收入，以及工资、奖金、罚金等均应纳入承包、租赁经营合同。正在执行的合同中，经营者和职工收入比例没有明确规定，没有按国家政策规定的标准和比例核定收入总额的，要进行核定修改，并经企业职工代表大会审议通过后执行。

6. 企业经营者收入总额按相关文件规定执行，分档次兑现。

7. 企业工会要在党组织统一领导下，与行政密切协作，搞好内部分配工作，积极引导职工支持企业分配制度的改革，组织职工在发展生产、提高经济效益上下功夫，克服盲目的攀比思想和平均主义倾向。同时，对企业内部分配工作中的不良现象及侵犯职工合法权益的行为，要敢于斗争，切实维护职工利益。

8. 本意见适用于全民所有制工矿、交通、建筑、财贸、农林等企业和建立了工会组织的集体所有制企业，其他企业也可参照执行。

1990 年 5 月，省总工会、省委组织部、省体改委向各市、地、县体改委，组织部，各厅（局）生产（经营）处，组织（人事）处，各市、地、县总工会（工委），各产业工会印发《黑龙江省贯彻实施（企业法）加强企业民主管理的若干规定》。

为了贯彻落实全心全意依靠工人阶级的根本方针，在深化企业改革，完善厂长负责制和承包经营制的过程中，进一步健全完善以职工代表大会为基本形式的企业民主管理制度，充分发挥广大职工群众在建设、改革和维护社会安定团结中的主力军作用，促进黑龙江省经济持续、稳定、协调地发展，根据党的十三届六中全会和中共中央相关文件精神，遵照《中华人民共和国全民所有制工业企业法》和有关工业企业条例规定的原则，针对黑龙江省企业民主管理发展进程中存在的问题，就进一步贯彻实施《企业法》，加强企业民主管理问题，作了如下 12 项规定：牢固树立全心全意依靠工人阶级办企业的思想，在深化企业领导体制改革中同步加强民主管理；健全完善职工代表大会制度；认真落实职工代表大会的各项职权，充分发挥民主管理作用，畅通民主渠道；健全职工代表大会程序和工作制度，保证有效地行使职权；坚持民主评议干部制度，促进干部队伍建设；加强承包、租赁经营企业的民主管理，维护职工的合法权益；坚持按民主程序搞好企业内部工资、奖金分配；健全企业管理委员会，发挥各方面的民主参与作用；企业厂长（经理）要尊重职工的主人翁地位和民主权利，保证职工代表大会行使职权；企业工会要切实承担起职工代表大会工作机构任务；企业党组织要加强对职工民主管理的领导；政府主管部门应认真贯彻执行《企业法》的有关规定，支持、指导企业民主管理健康发展。

本规定适用于全民所有制工业、交通、建筑、财贸、农林企业。集体所有制企业和文教、科研、卫生等事业单位参照执行。

1990年7月，黑龙江省总工会印发《关于贯彻落实国发文件积极主动搞好民主参与和企业民主管理工作的通知》，此国发文件批转了国家体改委《关于在治理整顿中深化企业改革强化企业管理的意见》。贯彻落实这一文件，对于稳定经济大局，克服当前困难，实现治理整顿和深化改革的目标，具有重要意义。为要求各级工会组织密切配合各级政府和企业行政，贯彻落实好国发文件，积极主动地搞好民主参与，加强企业民主管理工作，特提出以下意见：

1. 认真学习文件，领会精神实质。全省各级工会要抓住时机，采取多种有效形式，分层次组织工会干部、职工代表以及职工群众，认认真真学习国发文件。通过学习，明确企业管理是一项系统工程，它包括行政管理、专业管理和民主管理，三个部分相辅相成，缺一不可。搞好企业管理，工会责无旁贷；明确民主管理要紧紧围绕企业生产经营这一中心展开，要把发展企业生产，提高经济效益作为企业民主管理的出发点和归宿。

2. 积极参与完善企业承包经营责任制。目前，黑龙江省已有70%以上企业承包到期。要抓住时机，在这两轮承包交替时期，按照国家、省的有关规定，有准备有作为地及时参与进去。企业承包形式和期限的确定，企业资产的审核和承包基数的确定，以及企业承包经营者的选择，都要经企业职工代表大会讨论、审议或通过。对在第一轮承包中出现的问题，都要在第二轮承包时加以改进，要大力推行全员承包。

3. 积极参与深化企业内部配套改革。在企业承包之后，要积极帮助企业行政搞好内部分配制度、用工制度、人事制度、奖惩制度、劳动保险制度、内部机构设置等配套改革，这些改革方案都要经过职工代表大会审议通过或决定，进而协调各方关系，兼顾各种利益，缓解各类矛盾。

4. 认真落实职代会各项职权。各地要认真贯彻执行最近由省委组织部、省体改委、省总工会联合下发的《黑龙江省贯彻实施〈企业法〉加强企业民主管理的若干规定》，通过健全和完善制度，保证落实职代会的各项职权，使职代会行使职权程序化、制度化。要进一步建立健全三级民主管理网络，抓好车间、班组的民主管理，充分发挥职工当家作主的积极性，使职代会工作经常化，为强化企业管理打好基础。

5. 大力开展群众性的合理化建议和发明创造活动，把职工民主管理的积极性引导到发展企业生产、提高经济效益上来。各级工会组织要认真落实省总工会《关于进一步开展合理化建议和发明创造活动的通知》精神，广泛开展“国家有困难，企业怎么办？企业有困难，职工怎么办？”的大讨论，充分发动职工群众，挖掘企业内部潜力，提高产品质量，增加适销对路产品，改进各行各业的服务工作，提高工作质量，群策群力提高企业素质和管理水平。

6. 继续推行签订集体合同制度。签订集体合同是协调和保证国家与企业、经营者与生产者各自利益关系的有效形式，目前，要根据企业改革的实际情况，对合同内容不断加以丰富和发展。同时，要制订相应措施，保证集体合同实施，以调动企业整体积极性，办好企业。

各地、各系统要结合实际，认真研究落实国发〔1990〕33号文件精神。县以上工会要深入实际，搞好调查研究，注意研究新情况，解决新问题，总结新经验。

二、“创建学习型组织，争做知识型职工”活动

为有效实施全省“职工素质工程”，在全省全面开展“创建学习型组织，争做知识型职工”创争活动。这项活动是职工读书自学活动的延伸和提升，也是一项有利于国家、有利于企业、有利于职工的德政工程。

为加强对“创争”活动的工作指导，2005年，黑龙江省职工素质工程推进工作指导协调小组相继制定下发《黑龙江省“创建学习型组织标兵单位和争做知识型职工”活动考核评价指标体系实施办法（试行）》《黑龙江省学习型组织、知识型职工标兵评选表彰办法》《黑龙江省学习型组织、知识型职工、学习型班组（科室）奖励办法》。全省13个市地和相关企业领导高度重视，都建立了“创争”活动领导机构，提出了明确的任务，制定了具体措施，形成了党委统一领导、行政主要负责、工会组织实施、各方协调配合的工作格局。哈尔滨、

大庆、邮政、铁路、农垦等市地和产业工会，相继举办“创争”活动学习培训班，培训一大批骨干力量。同时，省总工会组织全省10万余名职工，参加全国“创学习型组织，争做知识型职工”知识竞赛活动。全省共有23个市地和基层企业工会受到表彰，省总工会获得最佳优秀组织奖。

各市地、产业坚持用科学发展观统领“创争”活动，在实施范围上，从国有企业到合资、独资、民营等非公有制经济组织，从生产型、服务型企业到高科技、现代服务型企业和科教文卫系统，从一线职工到科技人员、管理人员、进城务工人员，“创争”活动的覆盖面和参与面不断扩大。到2005年末，全省已有近百万名职工直接参与“创争”活动。同时，还培训高技能人才4.8万人，其中，技师、高级技师1.7万人，职工队伍科学文化和职业技能素质显著提高。

伊春市开展了学习型城市创建活动，包括创建学习型系统、学习型机关、学习型企业、学习型社区、学习型林场、学习型村屯、学习型家庭。创建活动规定：党员干部，学习政治、市场经济理论；企业员工，学专业技术、生产技能；农民群众，学农业科技、文化知识。同时规定：集中学，每周保证半天时间，每季度座谈讨论一次，每半年研讨交流一次。个人学，每天保证1小时以上，要有学习笔记、体会文章。伊春伊敏河林场在场区建立一处党报阅报栏，使职工群众了解国家大事和省情、市情，开阔视野；建起60平方米的图书阅览室，购置图书4500余册，电子图书10000余册、报刊20余种，并配备电脑、影碟机和录放机；恢复中断多年的职工夜校，聘请老师，邀请能人，为职工群众讲解生产经营中遇到的难题。到2005年底，全场有兴趣学习小组42个，自学活动小组57个，有800余个家庭，利用所学知识落实致富项目。2005年，林场职工自营经济实现增加值1819万元，人均纯收入15886元，比开展学习型城市创建活动之前分别增长123%、184%。

在开展“创争”活动中全省涌现出一大批先进单位和个人。为表彰先进，进一步推动“创争”活动深入开展，省总工会、省委宣传部、省精神文明办、省人事厅、省财政厅、省科学技术厅、省劳动和社会保障厅、省国资委于2006年5月26日，联合下发《关于表彰2005年度全省学习型组织、知识型职工的决定》。该决定授予大庆石油管理局电力集团等10家单位“全省学习型组织标兵单位”称号，授予哈尔滨轴承集团公司高级技师吴铁岩等10人“全省知识型职工标兵”称号，授予齐齐哈尔铁路车辆（集团）有限责任公司等10家单位“全省学习型组织优秀单位”称号，授予双鸭山煤炭工业管理局工程师林显玉等10人“全省知识型职工优秀个人”称号，授予哈尔滨铁路局牡丹江机务段等26家单位“全省学习型组织先进单位”称号，授予牡丹江恒丰纸业集团公司高级技师邱童敏等27人“全省知识型职工先进个人”称号。

三、广泛开展群众性经济技术创新活动

1999年12月15日，中华全国总工会十三届二次执委会议作出《关于在全国亿万职工中广泛深入地开展群众性经济技术创新工程的决议》，把群众性经济技术活动推上新的台阶。

2000年4月，全省职工在实施群众性经济技术创新工程中，组织职工参加全国“迎接新世纪全国职工计算机知识普及、应用大奖赛”。省总工会、省经贸委、省科委、省劳动厅联合下发《关于在全省职工中开展计算机知识普及、应用大奖赛的通知》，并制定实施方案。成立大奖赛组委会，主任由副省长马淑洁担任。办公室设在省总工会经济工作部。

6月6日，省总工会作出《关于组织职工实施经济技术创新工程暨颁发黑龙江省“五一劳动奖章”、“五一劳动奖状”的决定》，要求各级工会组织应以职工经济技术创新工程为载体，以创新为宗旨，最大限度地吸引和组织职工开展以技术创新、管理创新、制度创新、服务创新为主要内容的群众性经济技术创新活动。为推动以经济技术创新工程为主体的职工建功立业活动，省总工会决定，从2001年开始颁发黑龙江省“五一劳动奖章”“五一劳动奖状”。

10月18日，中华全国总工会印发《关于实施群众性经济技术创新工程的意见》。在该《意见》中提出4点意见：充分认识实施“创新工程”的重要意义；实施“创新工程”的总体要求；实施“创新工程”要坚持的几个原则；实施“创新工程”需要采取的主要措施。还提出在全国职工中广泛开展“争当新型劳动者”系列活动。鼓励职工争当“创新能手”，鼓励班组争创“创新工程示范

岗”，为“创新工程”注入活力。

11月1日至2日，黑龙江省职工计算机知识普及应用大奖赛在省计算机中心举行。有28个代表队，84名选手参赛。比赛以笔试和上机操作两种形式进行。通过比赛选出30名“黑龙江省职工计算机操作能手”。省职工计算机知识普及应用大奖赛组织委员会决定：授予白允东等30人“黑龙江省职工计算机操作能手”称号；授予哈尔滨市等6个单位“黑龙江省职工计算机知识大奖赛优胜集体”称号；授予哈尔滨市等15个单位“黑龙江省职工计算机知识大奖赛优秀组织单位”称号；授予李国荣等15人“黑龙江省职工计算机知识大奖赛优秀组织者”称号。选拔出白允东、张翠霞、陈永红、张发民、王丹华5位选手代表黑龙江省参加12月中旬在北京举行的“迎接新世纪全国职工计算机知识普及、应用大奖赛”。张发民获优秀个人二等奖，黑龙江省代表队获评优秀代表队。这项大奖赛持续开展到2002年。

12月15日，省总工会为贯彻落实中华全国总工会《关于在全国亿万职工中广泛深入开展群众性经济技术创新工程的决议》，与省经贸委、省科技厅、省劳动和社会保障厅联合下发《关于在全省企（事）业中开展“创新杯”竞赛活动的通知》。同时下发竞赛方案，参赛范围是：全省在各市（地）推荐的基础上拟选择100个企（事）业单位参加“创新杯”竞赛。竞赛的目标：2001年力争实现创出10种名牌产品，创造或推广100项先进操作法、管理法、工作法，创出1000项经济技术创新成果。按照“创新杯”竞赛内容和条件，每年评选100个班组，授予“创新工程示范岗”称号。每年拟评1000名经济技术创新能手，对创新活动优胜组织单位和优秀组织者进行表彰。省成立竞赛活动领导小组，组长由省总工会主席侯旭宇担任，副组长由省有关单位主管领导担任。办公室设在省总工会经济工作部。

12月26日，省总工会为指导全省各级工会实施经济技术创新工程，印发《关于实施群众性经济技术创新工程的意见》，提出5点意见，确定实施群众性创新工程的总体要求及目标。提出实施群众性创新工程，以推进技术创新、管理创新、制度创新、服务创新为主要内容，着重做好六项工作：1. 教育引导广大职工进一步解放思想，树立开拓进取、勇攀高峰的创新意识。2. 督促企事业单位实现群众性创新活动制度化，强化职工岗位技能和经济技术创新培训，努力造就一支富有经济技术创新能力的知识型职工队伍。3. 组织职工开展多种形式的群众性创新活动，推进企业经济技术创新。4. 继续开展“学邯钢”活动，努力推进企业管理创新。5. 发动职工参与制度改革，促进企业制度创新。6. 拓宽创新领域，提高社会管理和服务水平。

2000 年，全省群众性经济技术创新工程工作发展较快，各市（地）总工会都把创新工程作为重点工作。尤其是国有大中型企业工会通过抓创新工程活动，推动了企业用高新技术和先进适用技术，改造提升传统产业，实现企业体制创新、技术创新和管理创新，提高了企业整体水平。同时也极大地调动了职工群众的积极性、创造性。据统计，全省职工提出创新方案 6231 项，实施 2421 项，创经济效益 1.6 亿元。攻克技术难关 1000 余项，创经济效益 1.1 亿元。

2001 年 4 月 28 日，在省总工会颁发全国“五一劳动奖状”和全国“五一劳动奖章”大会上，第一次为哈尔滨市邮政局等 21 个单位（班组）颁发黑龙江省“五一劳动奖状”；为杨迪林等 103 名个人颁发黑龙江省“五一劳动奖章”。

12 月 22 日，省总工会在哈尔滨市召开全省群众性经济技术创新工程暨职工合理化建议优秀成果表彰大会，总结交流各地实施群众性经济技术创新工程和开展“创新杯”活动的经验，表彰全省职工合理化建议优秀成果。会上，省总工会副主席侯纯禄讲话，对全省实施经济创新工程所取得的经验及创新成果给予充分肯定。截至 2001 年底，全省职工提出创新方案 16231 项，实施 12426 项，创经济效益 17.6 亿元。这次表彰的 312 项合理化建议优秀成果共创经济效益达 40 亿元。

2001 年，全省各级工会大力推进经济技术创新工程，组织引导广大职工为实现全省“十五”计划建功立业。以推动企业改革攻坚和加快发展为目标，以增强企业发展能力、市场竞争能力和抗御风险能力为重点，积极组织职工开展以“经济技术创新工程”为载体的科技创新攻关解难建功立业活动。在建功立业活动中，涌现出以孙海军、李庆长为代表的先进模范人物。

2002 年 11 月，省总工会与省经贸委、省科技厅、省劳动和社会保障厅联合作出《关于表彰全省“创新杯”竞赛优秀成果的决定》。授予哈尔滨市总工会等

34个市（地）和产业工会为全省“创新杯”竞赛优秀组织单位；费德军等40人为优秀组织者；黑龙江斯达造纸有限公司等138个单位为优胜单位；鸡西矿业集团正阳煤矿303综掘队等162个岗位为“创新示范岗”；李恩瑞等1041人为“创新能手”；松花江系列微型汽车等17个产品为名牌产品，“孙宪东栽培法”等112个“三法”为先进工作法、先进操作法、先进管理法；剑杆织机剑头耐磨性能改造等658项创新成果，获省“创新杯”优秀成果称号。

2003年1月3日，省总工会作出《关于在全省企（事）业中继续深入开展“创新杯”竞赛的意见》。提出七点意见：1. 要以实现国有企业改革和发展目标为主要内容，最大限度地吸引和组织广大职工围绕技术创新、管理创新和制度创新，广泛开展经济技术创新活动。2. 要突出群众性特色，充分调动和发掘广大职工群众的积极性和内在动力。动员广大职工群众积极投身到各项经济技术创新活动中来。3. 要面向企业、立足基层，注重实效。4. 要充分发挥劳动模范的作用。5. 要充分发挥职工技协组织的作用。6. 要千方百计加大宣传的力度，广泛宣传在“创新杯”竞赛中涌现出来的先进典型和创新成果。7. 各级工会要不断总结和探索实施群众性经济技术创新工程的经验和途径，逐步实现这项活动的制度化、规范化、经常化。

当年，全省各级工会组织和广大职工，紧紧围绕振兴老工业基地和“努力快发展、全面建小康”的奋斗，广泛实施经济技术创新工程，在全省各行各业、各条战线全面铺开。围绕提高劳动效率、推进科技进步、增强职业技能、优化发展环境等开展各种形式的劳动竞赛，如开展以体制创新、管理创新、技术创新等为主要内容的“创新杯”竞赛活动，取得了一大批创新成果。全省评选出王伟东等423名创新能手，354项创新成果，65个“创新杯”优胜单位，97个创新示范岗。

2004年，省委、省政府确定为“招商引资年”，省总工会决定开展“为招商引资作贡献”活动。招商引资立足工会实际，体现工会组织特色，年初制定《黑龙江省总工会动员和组织职工为招商引资作贡献工作方案》。要求各级工会在全省职工中广泛开展为招商引资提一条合理化建议，向海外亲友发出一封信，为招商引资提供一条有价值的线索，推销一批地方产品，引进一笔资金或介绍一个项目的“五个一”竞赛活动。各市（地）、产业工会分别采取不同形式动员职工为招商引资作贡献。

4月29日，省总工会在北京“中国职工之家”召开黑龙江省招商引资推介会，全国11个省70多位企业家劳动模范参加会议。省总工会向与会企业家们详细介绍黑龙江省的资源优势、政策、投资环境及招商意向等，真诚地邀请各位企业家到龙江交流考察，发掘商机，参与黑龙江省老工业基地改造。

5月8日，省委书记宋法棠在省总工会在北京召开招商引资推介会情况的报告上批示：“很好！”5月11日，省长张左己作出批示：“看了报告很高兴，2004年是黑龙江省招商引资年，省总工会充分发挥自身优势，抓住‘五一’劳动节期间全国劳模企业家和著名民营企业家集聚北京的有利时机，通过召开招商引资推介会，大力宣传黑龙江省资源优势、优惠政策和投资机遇，为更多的企业家了解黑龙江、参与老工业基地调整改造搭建了一个平台，引起了参会企业家到黑龙江投资的兴趣和愿望，为招商引资年添上了浓重的一笔，有力地推动了全省招商引资工作的开展。希望你们再接再厉，充分发挥民主参与和民主监督的作用，积极联系、吸引国内外企业家来黑龙江投资，大力促进改善黑龙江经济发展环境，为黑龙江省老工业基地的振兴作出更大的贡献。”

省总工会在第十五届哈尔滨国际经济洽谈会期间，共向全国22个省（市）总工会、112家企业寄发哈尔滨国际经济洽谈会宣传册、招商引资项目册等相关资料1235件（册）。国内参会的25个省市中有13个省市接到了工会不同方式的邀请，参会中的800多名客商收到了当地工会提供的信息。

哈尔滨市总工会聘请50名企业家劳动模范为招商引资顾问。全市各级工会干部及企业家劳动模范共引进项目42个，引资额达5.1亿余元。全国“五一劳动奖章”获得者、中国航空空气动力研究院于涛引资3000万元。齐齐哈尔市总工会组织30余名企业家劳动模范参加哈洽会，共签订招商引资项目四个，金额达3.1亿元。鹤岗市总工会以帮助企业招商引资献计出力为出发点，把市政府确定的十个项目整理成册寄往发达省份，宣传招商引资政策。双鸭山市总工会为集贤制药厂引资150万元。伊春市总工会开展写一封信、发一条短信、打一个电话、发一个电子邮件、提供一条信息、联系一个客户、为外来投资者办一件好事“七个一”活动，引进资金1.3亿元。据不完全统计，当年通过全省工会组织招商引资达6.7亿元，签订意向性协议近3.6亿元。

2005年4月，省总工会、省科技厅联合在科技活动周期间举办的全省非公有制企业职工计算机知识大奖赛，在各市（地）、有关产业的共同努力和广大非公有制企业职工的积极参与下，取得显著成效。为表彰先进，进一步激励广大职工学习新技术、掌握新技能的积极性，决定授予刘彦玺等10人“黑龙江省技术能手”、齐齐哈尔市代表队等6个代表队“优胜代表队”、哈尔滨市总工会等13个单位“优秀组织单位”、赵秋明等15人“优秀组织者”称号。

2005年，省总工会围绕振兴老工业基地和全面建设小康社会的任务和目标，深入实施“新世纪主人翁行动工程”“群众性经济技术创新工程”和“职工素质工程”。各市（地）和产业工会都组织开展各具特色的劳动竞赛。通过竞赛促进经济发展，解决生产过程中的难题，培养造就一批先进模范人物。据统计，本年度共有145万余人次参加劳动竞赛和技术比武。职工提合理化建议11万余条，创造或节约价值折算金额9.7亿元；技术革新8082项，创造或节约价值折算金额10.2亿元；59万余人参加职业技能培训，74万余人次参加技术培训，共有3.5万余人取得中级以上职业资格。

四、开展“安康杯”竞赛活动

按照中华全国总工会和国家经济贸易委员会统一部署，1999年4月21日，黑龙江省总工会、省经济贸易委员会、省安全生产委员会办公室、省劳动厅联合下发《关于在国有企业中开展“安康杯”竞赛的通知》（以下简称《通知》）。《通知》指出：为促进全省安全生产形势进一步好转，决定在全省100个大中型国有企业中开展以安全生产为主要内容的“安康杯”竞赛活动。参赛单位：竞赛以100个大中型国有企业为主，重点是煤炭、石化、化工、建筑、军工等事故多发、危险行业及职业危害严重的行业。成立省竞赛活动组织委员会，主任曹震（省政府副秘书长），副主任由省有关部门主管领导组成。竞赛办公室设在省总工会劳动保护部。

2000年1月，省“安康杯”竞赛组委会召开全省“安康杯”竞赛总结表彰大会。副省长王东华到会讲话，提出三点意见：1. 正确认识全省安全生产的基本形势和存在的主要问题；2. 全面深入地开展“安康杯”竞赛活动；3. 牢固树立群众观点，充分调动和发挥广大职工群众的积极性。会上，省总工会主席侯旭宇在讲话中对1999年在100个大中型国有企业开展“安康杯”竞赛活动中所取得的成绩给予了充分肯定。参赛企业的事故起数、死亡人数和经济损失，与上年同期相比分别下降56.52%、75%和82.61%，创历史同期最好成绩。省“安康杯”竞赛组委会表彰了先进单位和个人。授予哈尔滨炼油厂、七台河新立煤矿等30个单位1999年度省“安康杯”竞赛优胜单位称号；授予哈尔滨市“安康杯”竞赛办公室、省安装工程公司等20个单位1999年度省“安康杯”竞赛优秀组织单位称号；授予张翰涛、金乃岩等150人1999年度省“安康杯”竞赛先进个人称号。

2000年2月23日，中华全国总工会、国家经济贸易委员会，对在1999年度全国“安康杯”竞赛活动中作出优异成绩的先进单位进行表彰。黑龙江省有哈尔滨制药厂等12个企业被评为全国“安康杯”竞赛优胜企业。黑龙江省总工会、哈尔滨市总工会、牡丹江市总工会三个单位获全国“安康杯”竞赛优秀组织奖。

2月29日，黑龙江省总工会、省经济贸易委员会、省安全生产委员会办公室、省劳动厅联合下发《关于在全省工业企业中开展“安康杯”竞赛的通知》。竞赛主题：我要安全，我会安全，从我做起，保证安全。参赛范围：全省工业企业，重点是煤炭、石化、建筑、军工等事故多发、危险行业及职业危害严重的行业。省竞赛活动组织委员会主任由省人民政府副省长王东华担任。

2000年7月8日，省竞赛活动组委会在齐齐哈尔华安工业（集团）公司召开全省“安康杯”竞赛现场会。8月3日，在佳木斯第二发电厂召开全省职业危害尘毒治理现场会。9月3日，在北戴河召开全省“安康杯”竞赛经验交流会。这些会议的召开，对指导竞赛活动健康深入地开展起到了积极作用。

2000年，参赛企业的各项安全指标均创历史同期最好成绩，事故起数、死亡人数、经济损失与上年同比分别下降了54.13%、64.31%、76.79%。为表彰先进单位和个人，省“安康杯”竞赛组委会决定：授予七台河市“安康杯”竞赛组委会等21个单位2000年度省“安康杯”竞赛优秀组织单位称号；授予华安工业集团公司等80个参赛企业2000年度省“安康杯”竞赛优胜企业称号；授予赵连柱等100人2000年度省“安康杯”竞赛先进个人称号。

2000年，黑龙江省有黑龙江省九三油脂化工厂等18个企业被评为全国“安康杯”竞赛优胜企业。黑龙江省“安康杯”竞赛组委会、哈尔滨市“安康杯”竞赛组委会、伊春市总工会、牡丹江市“安康杯”竞赛组委会、北钢集团有限责任公司五个单位获全国“安康杯”竞赛优秀组织奖。

2001年4月15日，黑龙江省总工会、省经济贸易委员会、省安全生产委员会办公室、黑龙江煤矿安全监察局联合下发《关于在全省工业企业中全面开展“安康杯”竞赛活动的通知》。竞赛主题是：我要安全、我懂安全、人人尽责、确保安全。参赛范围是：全省所有的国有工业企业和不少于15%的其他经济类型的工业企业，重点是煤炭、石化、化工、建筑、电力、军工、轻工等事故多发、危险性较大和职业危害严重的行业。省“安康杯”竞赛组委会主任由省人民政府副省长石忠信担任。

2001年在“安康杯”竞赛活动中，全省各级工会广泛开展“十个一”活动。即：读一本安全生产书、提一条安全生产合理化建议、查一起事故隐患或一起违章行为、写一点安全生产体会、做一件预防事故的实事、看一部安全生产宣传教育片、接受一次安全生产培训、忆一次事故教训、当一天安全检查员、搞一次安全生产签名活动。各参赛企业也积极采取各种方式，开展多种多样的活动。竞赛期间，组织“安康杯”竞赛知识答卷214621人次，举办各类培训班8657期，全省职工受教育面达到90%。在“安全生产周”期间，组织各类活动13246次，参加活动约30万人次。据不完全统计，仅5月14日一天就出板报2.4万多块、出动宣传车2230多台次、放安全电视录像2400多场次，参加职工人数约20万人。2001年与上年参赛的2566个企业各项安全指标（事故起数、死亡人数、经济损失）同比分别下降57.4%、63.9%、76.7%，企业的安全管理水平和职工的安全素质均有较大提高，安全生产形势明显好转。

2001年，黑龙江省有哈尔滨电机厂有限责任公司等21个企业获全国“安康杯”竞赛优胜企业奖。黑龙江省“安康杯”竞赛组委会、哈尔滨市“安康杯”竞赛组委会、七台河市“安康杯”竞赛组委会、伊春市总工会四个单位获全国“安康杯”竞赛优秀组织奖。

2002 年 3 月 8 日，省“安康杯”竞赛组委会在哈尔滨铁路文化宫召开 2001 年总结表彰暨 2002 年动员大会。对 2001 年度全省“安康杯”竞赛活动中取得优异成绩的单位和个人进行了表彰。授予东北轻合金有限责任公司等 80 个单位 2001 年度省“安康杯”竞赛优胜企业称号；授予哈尔滨市“安康杯”竞赛组委会等 20 个单位 2001 年度省“安康杯”竞赛优秀组织单位称号；授予刘建荣等 100 人 2001 年度省“安康杯”竞赛先进个人称号；同时授予杨军等 100 人省职工安全生产知识学习标兵称号。

2002 年，在全省继续开展“安康杯”竞赛活动，总体目标是：力争 2002 年伤亡事故较 2001 年有所下降，重大、特大事故得到控制。企业目标是：实现“二零零零二”，即两个提高：提高企业经营管理者安全生产技术知识和管理水平，提高企业职工安全生产知识水平和自我保护能力；三个零：死亡事故为零，重伤事故为零，职业病新发生起数为零；两个加强：加强企业安全管理，加强工会群众监督。竞赛主题是：加强宣传培训，促进安全生产。参赛范围是：全省行政区域内的所有企业。省“安康杯”竞赛组委会主任由省人民政府副省长张成义担任。

2002 年，在“安康杯”竞赛活动中，全省各市（地）、产业和企业利用会议、文件、简报、电视、广播、安全检查、安全演讲、知识竞赛、文艺会演等多种形式加大了“安康杯”竞赛的宣传教育和活动开展的力度，营造了较为浓厚的安全生产气氛，极大地提高了企业和职工参赛的积极性和竞赛效果。据不完全统计，全省各参赛单位在竞赛期间，共举办各类安全培训班 8657 期，参加“安康杯”竞赛知识答卷 614621 人次，组织专项安全检查 75362 次，查出安全隐患 387760 处，纠正违章 40 余万人次，下发整改通知单 9670 份，投入整改资金超 1.68 亿元，极大地提高了企业的安全性，参赛的 2566 个企业安全生产形势明显好转。

2002 年的“安康杯”竞赛活动取得显著成绩，与上年参赛的 4252 个企业各项安全指标（事故起数、死亡人数、经济损失）同比分别下降 18%、21.4%、9.6%。为表彰在“安康杯”竞赛活动中取得优异成绩的先进单位和个人，经省政府领导同意，省“安康杯”竞赛组委会决定，授予黑龙江省农垦工会等 20 个单位 2002 年度省“安康杯”竞赛优秀组织单位称号；授予黑龙江省地方铁路局嫩江分局等 108 个单位 2002 年度省“安康杯”竞赛优胜企业称号；授予丁省元等 125 人 2002 年度省“安康杯”竞赛先进个人称号。

当年，黑龙江省有哈尔滨铁路局哈尔滨分局等 23 个企业荣获全国“安康杯”竞赛优胜企业奖。黑龙江煤矿监察局、伊春市“安康杯”竞赛组委会、齐齐哈尔市总工会、佳木斯“安康杯”竞赛组委会、大庆市“安康杯”竞赛组委会 5 个单位获全国“安康杯”竞赛优秀组织奖。

2003 年，“安康杯”竞赛目标是：全省安全生产状况明显好转，工业企业一次死亡十人以上特大事故比 2002 年力争降低 10%，三人以上重大伤亡事故比 2002 年力争降低 10%，重点行业和领域安全状况应有明显改善，参赛企业努力实现“二零零零二”。参赛范围：黑龙江省行政区域内的各类生产经营单位和具有生产经营性质的事业单位。省“安康杯”竞赛组委会主任由省人民政府副省长刘海生担任。通过开展“安康杯”竞赛活动，参赛企业的安全生产形势明显好转，2003 年事故起数、死亡人数、经济损失与上年同比分别下降 21%、15%、12.3%。参赛企业由 2002 年的 4252 个，发展到 4464 个，受到各级政府、企业和职工的好评。

2003 年，黑龙江省有哈尔滨市热力公司等 28 个企业获全国“安康杯”竞赛优胜企业奖。黑龙江省“安康杯”竞赛组委会、黑龙江煤矿安全监察局、哈尔滨市总工会、伊春市总工会、富锦市总工会等 5 个单位获全国“安康杯”竞赛优秀组织奖。王峰等 10 人获全国“安康杯”竞赛先进个人称号。

2004 年，“安康杯”竞赛主题是：突出企业主体责任，强化教育培训，构建安全生产长效机制。参赛范围：黑龙江省行政区域内的所有企事业单位。在全省“安康杯”竞赛活动中，针对全省煤矿事故多发的特点，把预防和减少煤矿事故作为“安康杯”竞赛活动的一个侧重点。省竞赛组委会同黑龙江煤矿安全监察局联合制定《黑龙江省煤矿企业“安康杯”竞赛考核办法》，对煤矿企业实行重点指导和管理，严格进行考评和奖罚，各产煤市（地）和各矿务局也都制定了相应的考核奖罚办法，通过专项考核、奖罚，调动了各方面开展安全生产活动的积极性、主动性、对促进全省煤矿安全生产形势稳定好转起到极大的推动作用。2004 年，在煤炭增产 1250 万吨的情况下，事故起数同比减少 14 起，下降 15.2%；死亡人数在 2003 年减少 200 人的基础上，又减少 37 人，下降 17.2%。

2004 年，各级竞赛组委会不断创新宣传方式和手段，在充分运用各种宣传工具大力宣传“安康杯”竞赛活动的同时，探索许多新颖独特、职工群众喜闻乐见的宣传教育活动。如哈尔滨市通过大张旗鼓地表彰先进，做到“报纸上有名、广播里有声、电视上有影”，使以往默默无闻的安全工作者从幕后走到前台，在全社会营造出“重视安全生产工作、尊重安全管理干部”的氛围。七台河煤矿集团开展全方位、多角度的宣传活动，各大煤矿的班前学习室、井下巷道、车间、班组等凡是职工能到的地方都成为“安康杯”竞赛活动的宣传阵地，提醒职工时时、处处、事事注意安全，营造人人重视安全生产的舆论氛围。

2004 年 4 月 9 日，省总工会、省安全生产监督管理局决定授予哈尔滨长城建筑集团股份有限公司等 108 个企业 2003 年度省“安康杯”竞赛优胜企业称号；授予佳木斯市总工会等 21 个单位 2003 年度省“安康杯”竞赛优秀组织单位称号；授予韩耀明等 107 人 2003 年度省“安康杯”竞赛先进个人称号。

2005 年 4 月 29 日，在哈尔滨市召开全省“安康杯”竞赛活动 2004 年度总结表彰暨 2005 年动员大会。这次会议主要是总结 2004 年全省“安康杯”竞赛活动开展情况，交流推广在竞赛活动中的好经验、好做法，表彰先进单位和先进个人，并根据全国竞赛组委会的统一要求，结合全省安全生产工作实际，研究部署 2005 年全省开展“安康杯”竞赛活动。会上，省总工会、省安全生产监督管理局对 2004 年度全省“安康杯”竞赛优胜企业、优秀组织单位、优秀班组和先进个人进行表彰。授予哈尔滨热电厂等 98 个企业 2004 年度省“安康杯”竞赛优胜企业称号；授予牡丹江市总工会等 20 个单位 2004 年度省“安康杯”竞赛优秀组织单位称号；授予齐车集团电炉二组等 49 个班组 2004 年度省“安康杯”竞赛活动优秀班组称号；授予孙雷等 117 人 2004 年度全省“安康杯”竞赛先进个人称号。会上，省总工会、省安全生产监督管理局、黑龙江煤矿企业安全监察局联合下发《关于2005年开展“安康杯”竞赛活动的通知》，提出竞赛总体要求。竞赛主题：全面树立以人为本的思想，切实加强安全生产知识的教育培训。参赛范围：黑龙江省行政区域内的生产经营单位。

2004年，黑龙江省有哈尔滨市热力公司等35家企业获得全国“安康杯”竞赛优胜企业称号，黑龙江省“安康杯”竞赛组委会、哈尔滨市“安康杯”竞赛组委会、齐齐哈尔市总工会、七台河市总工会、哈尔滨市南岗区“安康杯”竞赛组委会五个单位获全国“安康杯”竞赛优秀组织奖。东北轻合金有限责任公司动力分厂煤气车间司炉丁班、齐齐哈尔铁路车辆（集团）有限责任公司铸钢分厂电炉二组、大庆石油化工总厂化工厂苯乙烯车间获得全国“安康杯”竞赛优秀班组称号；王素芳、赵凌福、张玉君等8人获得全国“安康杯”竞赛优秀组织者称号。

2005年，在全省深入开展“安康杯”竞赛活动，重点参赛企业已发展到5000余个，形成对安全生产党政工齐抓共管，职工群策群力的工作格局。积极协助政府和企业开展职工安全生产知识普及教育活动，督促企业严格执行国家劳动安全卫生法律、法规和标准，积极推广“职代会保安全”工作模式，取得较好效果。参赛企业事故起数、死亡人数和经济损失与上年同比均有所下降。为表彰先进单位和个人，省“安康杯”竞赛组委会决定，授予大庆油田、省电力集团等95个企业2005年度省“安康杯”竞赛优胜企业称号；授予齐齐哈尔市总工会等24个单位2005年度省“安康杯”竞赛优秀组织单位称号；授予北满特殊钢有限责任公司中信公司起重组等60个班组2005年度省“安康杯”竞赛优秀班组称号；授予徐瑞秩等103人2005年度省“安康杯”竞赛先进个人称号。

2005年，黑龙江省有哈尔滨市市郊农村电气化局等34家企业获得全国“安康杯”竞赛优胜企业称号；齐齐哈尔建华工业有限责任公司化工二厂十工段、中国石油大庆石化公司化工二厂丁辛醇车间、鹤岗矿业集团公司兴安煤矿三采区260采煤队获得全国“安康杯”竞赛优秀班组称号；黑龙江省安全生产监督管理局、哈尔滨市总工会、牡丹江市“安康杯”竞赛组委会、佳木斯市总工会、大庆市“安康杯”竞赛组委会、鹤岗矿区工会六个单位获全国“安康杯”竞赛优秀组织奖；韩跃明等8名同志获全国“安康杯”竞赛优秀组织者称号。

五、办好报纸杂志发挥舆论阵地的作用

为宣传贯彻党的工运路线方针和政策，交流全省工会工作的经验，扩大工会的社会影响和反映职工群众的呼声，自20世纪80年代以来，省总工会先后成立职工电化教育中心和创办《黑龙江工人报》、《北方人》杂志、《黑龙江工运研究》、《黑龙江工会通讯》等报刊。省职工电化教育中心和工人报刊，是省总工会指导工会工作的重要思想舆论阵地，是各级工会组织掌握政策法规、学习工运理论、传递工运信息的重要工具。它们的创办，对于推动全省工会工作和工人运动，发挥了积极作用。

《黑龙江工运研究》　为交流学术成果，黑龙江省工人运动研究会于1986年创办了杂志《黑龙江工运研究》（以下简称《工运研究》）。到2005年，共出刊99期。

20年来，《工运研究》为宣传党的工运路线、方针和政策，交流和传播全省工会工作的新鲜经验，发布广大会员撰写的论文、研究成果、调查报告，共同探讨工人运动和工会工作的新路子，发挥了重要作用。特别是2003年以后，《工运研究》改版为国际流行大16开本，容量和质量大为提升。在原有内容的基础上，又新开辟“借鉴与参考”“工运视野”“论点摘编”三个专栏，使《工运研究》的内容更加丰富。同时，《工运研究》还热情为广大会员、读者服务，为开展学术交流活动和探讨全省工人运动理论的研究提供丰富的土壤，并与全国除西藏外三十多个省、市、自治区总工会开展交流活动。

从《工运研究》创办以来，李荫成、唐景文、田永江、安新民、古世民先后任总编辑。

《黑龙江工会通讯》　创办于1988年，是省总工会机关的内部刊物。到2005年，共出刊217期。

20年来，《黑龙江工会通讯》为积极宣传党的工运路线方针和政策，传达全

国总工会、省委、省总工会领导讲话，报道全省工会工作的新鲜经验和先进人物事迹，为推动全省工人运动和工会工作的开展发挥了积极作用。展来印、李永顺、田永江、慈敬元、毕广民先后任总编辑。

《黑龙江工人报》 是黑龙江省总工会的机关报，创刊于1985年1月1日。《黑龙江工人报》的办报宗旨是：坚持马列主义、毛泽东思想，坚持四项基本原则，推动社会主义物质文明和精神文明建设，指导工人运动和工会工作，替职工说话，为职工服务，维护职工的合法权益。

时任黑龙江省省长陈雷为《黑龙江工人报》题写报名。

1987年10月，省总工会决定，从1988年1月1日起，《黑龙江工人报》停止发行，与《工人日报》共同创办《工人日报（黑龙江地方版）》，每周二《工人日报》拿下一个版面专门报道黑龙江的新闻，在黑龙江地域发行。

1988年1月12日，《工人日报（黑龙江地方版）》正式与读者见面。到1991年末，《工人日报（黑龙江地方版）》共出版204期。

1992年1月2日，《工人日报（黑龙江地方版）》停止出版，将原《黑龙江工人报》更名为《现代职工报》并正式创刊出版，为对开四版；同时，《现代职工报》由《黑龙江工人报》时的周报变为周三刊，即每周二、四、六出版。

1995年11月，《北方人》杂志社与现代职工报社合并，成立黑龙江省工人报刊社。

1998年1月1日，更名、改版的《黑龙江工人报》正式与读者见面。改版后的《黑龙江工人报》一版为要闻版，二版为工会新闻，三版为生活时空，四版为文体娱乐城。

2001年1月6日，《黑龙江工人报》周末版由对开四版变为四开八版。

2001年6月5日，《黑龙江工人报》周二、周四报纸由对开四版变为四开八版。

2002年12月24日，《黑龙江工人报》对报纸进行了重新调整。周二报纸定名为“新闻周刊”八版，周四报纸定名为“维权周刊”八版，周末版又恢复为“蓝色星期五”。

从《黑龙江工人报》成立到2005年，杨贵有、郭万忠、刘继章、李拙、丛春华、张宏先后任总编辑。

《北方工人》 1988年1月，经新闻出版署批准，《北方工人》杂志正式创刊。创刊之初，《北方工人》为正常16开本，铅版印刷，由著名书法家杨角题写刊名。

1994年1月，《北方工人》杂志更名为《北方人》杂志，并改为大16开本。到2005年，共出刊216期。

从《北方工人》杂志创刊到2005年，展来印、李拙、韩朝阁、丛春华、张宏先后任总编辑。

第三节　推动党的全心全意依靠工人阶级的方针落实到基层

职工生活保障是工会工作的重要组成部分，它不仅关系到提高职工生活水平和生活质量，也关系到改革发展稳定的大局。1986年至2005年，全省各级工会组织和广大工会干部，一直把职工生活工作作为维护职工合法权益的大事来抓。扶贫解困工作是在党的领导和政府的支持下，动员企业职工和社会各界力量，群策群力，互助互济，为困难企业和困难职工，解难事、办实事、做好事，构建社会主义和谐社会，促进改革、发展、稳定的一项系统工程。

一、推动实施“再就业工程”

黑龙江省职工就业与再就业工作，是随着全省扶贫解困工作的开展而逐步发展起来的。1996年，省政府根据国务院的要求，下发《黑龙江省人民政府印发关于深入实施“再就业工程”意见的通知》。各级政府和工会组织把失业人员和下岗职工安置，作为维护职工合法权益重要工作来抓，取得了明显的成果。到1997年末，全省各级工会组织已建立职业介绍机构63家，介绍失业、下岗职工再就业53601人；工会兴办各种经济实体226处，创办扶贫解困市场76处，安置下岗职工3.3万人；创办扶贫基地150处，安置下岗职工7.7万人；举办各种类型培训班1426期，培训职工5.6万人次，直接帮助13.3万人再就业。

1998年初，随着产业机构调整和企业改革力度的不断加大，全省下岗职工人数迅速增加，全省下岗职工已达105.8万人，其中进入再就业服务中的人数为52.9万人，签订基本生活保障和再就业协议人数为50.2万人，已成为党和政府及广大职工共同关注的热点。根据这一情况，省总工会于1998年5月25日，下发《黑龙江省工会推进再就业工程实施方案》（以下简称《方案》）。《方案》对送温暖工程资金的筹措、建立职业介绍机构、职业培训、建档立卡、信息统计等提出了明确要求。为深入贯彻中共中央、国务院“全国国有企业下岗职工基本生活保障和再就业工作会议精神”，根据全国总工会和黑龙江省政府的部署，结合全省工会工作的实际，省总工会又下发《黑龙江省总工会关于贯彻落实全国国有企业下岗职工基本生活保障和再就业工程会议精神的意见》。要求各级工会干部，特别是主要领导干部要提高认识，切实把促进国有企业下岗职工生活保障和再就业摆在重要位置，作为一件大事来抓；加大工作力度，千方百计推进下岗职工再就业；加大维权力度，促进国有企业下岗职工基本生活保障和再就业的政策、法规、法律的落实；积极做好职工的思想政治工作；以贯彻中共中央、国务院国有企业下岗职工基本生活保障和再就业工作会议精神为契机，进一步推动工会工作。

加强职业技能培训，提高下岗职工的文化技术素质。鉴于下岗失业职工中技术单一或无技术专长职工多的实际，全省各级工会组织采取多形式、多渠道培训下岗待业职工。1999年，牡丹江市总工会利用职工大学和职业介绍所等阵地，先后与劳动局培训中心联合举办三期下岗职工技能培训班，使500多名下岗失业职工实现再就业。哈尔滨市总工会投资50万元，成立职工再就业培训中心，并抽调十名干部专门负责下岗职工再就业培训工作。1999年，有5000名下岗职工分别参加了微机、财会、裁剪、烹饪等就业技能培训。为提高培训质量，使接受培训的人员尽可能上岗就业，全市各级工会主动与用人单位联系，根据用工的实际需要，举办各类定向培训班，直接输送培训过的下岗职工，收到很好的效果。友谊农场根据市场需求，为失业下岗职工开办种植、养殖等方面的培训班100多期，开展电视讲座120多次，全场近万名下岗职工靠自营经济重新就业，使农场“五荒”变成商品和资金。职工自营经济总收入1.86亿元，纯收入8340万元。鸡西市总工会结合实际开展适合女职工特点的岗位培训，先后举办培训班38期，有4000余人参加培训，其中1704名女职工通过培训重新上岗。

全力抓安置，促进下岗职工再就业。为促进下岗职工就业与再就业，全省各级工会采取多渠道、多层次、全方位地帮助下岗职工就业与再就业，取得了很大成绩。

兴办经济实体吸纳就业。哈尔滨市总工会投资48万元，将2万平方米的工人体育馆广场开辟为职工自救市场，设600多个摊位。到1999年，这里已发展成为东北最大的鞋市。佳木斯市各级工会组织充分利用企业闲置厂房、设施兴办小工业实体，利用企业附近的水面、荒地搞种植、养殖开发。全市创建经济发展基地103个，安置下岗职工10073人，创经济效益800多万元。全省工会系统创建种植、养殖基地，三产服务基地，小工业基地等经济实体达1000多个。

举办第三产业分流就业。各级工会组织充分发挥自身优势，组织下岗职工从事第三产业，解决职工就业。2000年，齐齐哈尔市各级工会组织积极协调政府引导分流富余人员转变择业观念，充分发挥企业分流人员和停产放假职工个人专长，形成新的第三产业经济生长点。市针织厂三名停产放假职工组建起来的金龙制衣有限公司，与港商联营后，引进先进的管理机制和工业设备，生产针织内衣，近销到国内的一些大中城市，远销到俄罗斯等国家，年外销量达200万元。五大连池市工会积极协助党政组织，帮助下岗职工从事多种经营。全市3000多名下岗职工已有60%的人从事第三产业和种植、养殖业，生活得到了基本保证。

发展家庭自营经济就地就业。大兴安岭地区总工会组织职工发展家庭自营经济，扶持职工增强自我造血功能。到1999年末，全区职工自营经济户数已发展到5万户，从业人员达6.8万人，每年累计使6000多下岗困难户脱贫，为企业消化下岗富余人员4000多人。全省农垦、林业系统从事家庭经济职工达40万人，产值近50亿元。

联手献爱心，扶持“充电”再就业。哈尔滨市总工会和《新晚报》倡议并组织的“心连心解困工程”，以组织社会力量捐资订购《新晚报》，组织下岗特困职工售报开展生产自救。由被捐助的200名来自全市各企业的下岗特困职工走上街头和公共场所售报，人均月收入达360元，为这部分下岗职工找到一条再就业之路。继这项工程之后，他们又针对许多职工没有特长和技术，不具备上岗条件的实际，联合推出“下岗再就业教练工程”，动员和邀请有传授能力的单位和个人自愿加盟，义务向下岗职工传授驾驶、经商、微机、打字、裁剪、烹饪、维修、装潢、家政服务等方面的技能，联手为下岗职工“充电”再就业。这项工程推出后，有百余个单位和个人加盟传授技术，自愿为下岗职工“充电”再就业服务。牡丹江市总工会大力实施“金桥”工程，在下岗职工和非国有企业间架起一座再就业的金桥。在黑宝药业集团、劳动职业技术培训学校、小雨点集团等六个私企大户建立下岗职工再就业基地，有1500名下岗待业职工实现再就业。与非公有制企业签订用工协议32户，安置下岗失业人员5000人。

兴办职业介绍机构，推荐再就业。开设各类劳务市场，为下岗人员牵线搭桥，做好职业咨询、职业介绍、劳务输出、就业指导和信息交流，对特困职工减免费用为其服务。到1999年，全省工会系统共创建职业介绍机构482个，接受登记19.5万人次，累计成功介绍失业下岗职工再就业5.3万人次。

建立扶贫解困市场安排就业。到2000年，全省建立扶贫解困市场284处，累计有37822名困难职工进入市场经营，其中有16381人实现脱贫。绥化地区下辖十个县，有八个县已创立职工扶贫解困市场。大兴安岭地区发展家庭职工经济户数已发展到5.5万户，从业人员达7.7万人，产值达3亿元，纯收入达1亿元。

2002年10月25日，省总工会下发《关于贯彻中华全国总工会十三届三次主席团（扩大）会议及全省再就业工作会议精神的意见》（以下简称《意见》）。《意见》共有17条，对加强再就业工作的重要意义、主要任务、组织领导、应保尽保、社会监督、职业培训等问题，作出了明确的规定，提出了具体要求。为落实全省再就业会议精神，省总工会决定从2003年到2005年，在全省开展“三个五万”活动。即：三年内全省各级工会组织要实现对5万名下岗失业人员开展职业培训，为5万名下岗失业人员提供职业介绍服务，帮助5万名下岗失业人员实现创业与再就业。经过全省各级工会组织的不懈努力，到2005年底，全省各级工会培训下岗失业人员 6. 6 万人次；为 8. 3 万名下岗失业人员提供了职业介绍，帮助 6. 2 万名下岗失业人员实现了再就业。

2003 年，省总工会为贯彻落实中共黑龙江省委、黑龙江省人民政府关于贯彻落实《中共中央、国务院关于进一步做好下岗失业人员再就业工作的通知》的实施意见精神，做好全省下岗职工的创业与再就业工作，省总工会决定，2003 年在全省上下开展“十万行动”活动。即：到 2003 年底，帮助十万名下岗失业人员实现再就业。全省各级工会组织和广大工会干部，积极响应省总工会的号召，上下一心，团结一致，不断拓展工作领域和空间。牡丹江市总工会启动“金桥工程”，大力开发了非公有制企业吸纳就业的空间；齐齐哈尔市总工会在机关干部和工商界启动了“万人帮万户”“一带一”活动，借助社会力量帮扶特困的下岗失业人员再就业；大兴安岭地区开展“帮扶万人上岗行动”；双鸭山紧紧围绕中心工作，全市上下开展大鹅养殖工程。经过一年的不懈努力，取得显著成效。到 2003 年末，全省共建立再就业基地、扶贫市场共计 483 个，安置下岗失业人员和家属 5 万人；工会系统通过自办三产等经济实体安置和分流下岗职工 2. 78 万人；举办各类培训班 2022 期，累计培训下岗失业人员 7. 9 万余人，其中有 3. 5 万人实现再就业。

2005 年，为落实劳动和社会保障部、全国总工会、中华全国工商联“关于联合举办民营企业招聘周活动的通知”要求，省总工会同省劳动和社会保障厅、省工商联共同组织了“民营企业招聘周”活动。这次活动以哈尔滨、齐齐哈尔、牡丹江、佳木斯、大庆五市的劳动部门、工会、工商联组织为主体，采用室内、室外等灵活招聘场地，本市与外地用工企业信息等多渠道招聘方式，实现招聘活动效果的最大化。全省有近 2078 家民营企业与劳动者面对面地洽谈招聘事宜，提供空岗信息 40390 个，有 11260 名下岗失业人员实现了再就业。

二、大力实施送温暖工程

为使全省困难职工过好春节，从 1990 年起，每年在全省开展一次大规模的“进万家门、知万家情、解万家难、暖万家心”的送温暖活动。

1990年，全省共组织有党政领导参加的新年春节慰问团（组）15600个，慰问30万户困难职工家庭，送去2700万元慰问金。

1991年元旦、春节期间，全省共组织64000个慰问团（组）走访慰问42.4万户困难职工家庭，为他们送去5376万元慰问金。

1992年元旦、春节期间，全省共组织27000个慰问组，共慰问25万户困难职工家庭，送去慰问金4000万元。

1994年春节期间，全省成立了有党政工会领导参加的2500个慰问团（组），一共走访48万户困难家庭，送去慰问金8287万元。

1996年元旦、春节期间，全省组织由党政工领导参加的33218个慰问团（组），走访慰问474165个职工困难户，为他们送去慰问金9363.6万元。

1997年，全省共组织64000多个慰问团（组），慰问42万多个困难户，为他们送去慰问金5376万元。

1998年，全省组织了元旦、春节慰问团（组）31390个，共走访慰问313886户困难职工家庭，为他们送去价值8906万元的慰问品。

1999年元旦、春节期间，全省共组织慰问团（组）30013个，走访慰问困难职工318823户，为困难职工办好事110088件，直接解决职工生活问题18757件。

2000年，全省共组织有领导干部参加的慰问团（组）13000个，慰问34万个职工困难户，为他们送去慰问金9354万多元。

2001年，全省共组织有108375名领导干部参加的26557个走访慰问团（组），走访慰问困难职工353325户，送去慰问金8084.92万元。

2002年元旦、春节期间，全省共组织13000个慰问团（组），走访慰问34万个困难户，为他们送去慰问金10300万元。

2003年，全省又组织17000个慰问团（组），慰问困难户15万多户，为他们送去5175万元慰问金。

2004年元旦、春节期间，全省共组织5239个慰问团（组），走访慰问237375户职工贫困家庭，送去慰问金9035.4万元。

2005年，全省共走访困难职工2856户，慰问困难企业618家，为他们送去

10043 万元慰问金。

这项活动的开展，不仅解决了广大困难职工的燃眉之急，而且在社会上产生了很好的影响。困难职工一致反映：每年元旦、春节期间，各级领导都十分牵挂着生活有困难的人民群众，亲自到家嘘寒问暖，帮助解决实际问题，还是共产党好。

三、开展扶贫解困工作

扶贫解困工作是在党的领导和政府的支持下，动员企业职工和社会各界力量，群策群力，互助互济，为困难企业和困难职工，解难事、办实事、做好事，构建社会主义和谐社会，促进改革、发展、稳定的一项系统工程。

改革开放以来，随着计划经济向市场经济转变，特别是中国加入世贸组织后，大批外资、外企（零售商）的涌入，国内市场加速了国有企业的重组、兼并、破产，市县地方国营（包括集体）工业、商业、供销、饮食、服务行业几乎全部退出市场，民营私企出现了迅猛发展的趋势，在“国退民进”的形势下，企业中下岗、放假、待业职工和失业人员逐年增多，许多单位职工长期开不出工资，一部分职工家庭出现了吃饭难、就医难、子女上学难等问题。针对这一问题，全省各级工会组织广泛开展帮扶活动，为保障职工群众的基本生活，促进经济发展和社会稳定，作出积极贡献。

帮扶困难职工　1981 年，齐齐哈尔铁路局采用职工困难补助费的一部分作为无息贷款，扶持有条件的贫困职工发展家庭养殖业、种植业和商业服务业，搞好生产自救。1983 年 3 月，省总工会在齐齐哈尔铁路局召开扶贫工作现场经验交流会。在这次会议推动下，全省扶贫解困工作由点到面，普遍开展起来。到 1985 年底，全省已有 9300 个基层单位开展了扶贫活动，帮扶职工 84380 人，已有 49728 人脱贫。全国铁路、邮电、教育等产业工会先后在黑龙江召开全国产业系统职工扶贫现场经验交流会。

1986 年 1 月 27 日，省委办公厅、省政府办公厅联合下发《关于补助部分生活困难职工的通知》（以下简称《通知》）。《通知》要求各级党委、政府和工会组织，要高度重视，加强领导，把关心部分困难职工纳入日程，作为一件大事来抓，抓好抓细抓出成效来，促进职工队伍和社会的稳定，保证改革顺利进行。两办通知下发后，各地市委、市政府和工会采取措施，认真贯彻落实。黑河地委召开会议研究部署，全区五天之内集资 26 万元；鸡西市委、市政府连续召开三次会议，决定从财政借款 20 万元，银行贷款 30 万元，从燃料公司借款 58 万元，税务退税和企业主管单位解决资金 20 万元，共筹资金 120 万元，给 8646 人补发了工资；齐齐哈尔市通过财政退库、税务减税、退税、行政福利费、系统自筹、工会拨款渠道集资近 71 万元；牡丹江市由税务局从减免税中每人补助 40 元，补助 3596 人，对国营企业连续六个月不开工资的职工，经审核批准，由财政库存每人补助 40 元，补助 1586 人，对有偿还能力的企业由银行贷款 21 万元，补发拖欠职工的工资。在此基础上，全省共组织慰问团 2365 个，走访慰问 18 万多户困难职工家庭。牡丹江市走访困难职工、离退休职工、停薪减薪放假职工、鳏寡孤独和五保户共计 3 万多人，把 43 万元送到 6425 名困难职工手里，为五保户办好事 5600 多件。绥化市各级工会组织 178 个慰问团，走访 2 万多户，发放救济金 88 万多元。松花江地区组织 1827 个慰问团，5981 人参加，走访 19723 户，把 65 万多元送到 8943 名职工家里。

全省通过财政退库、税务减税、银行贷款、企业协调、工会拨款、职工捐赠等渠道，共筹集资金 1532 万元，补发拖欠职工工资和补助困难职工，共计 204004 人，补助金额为 1032 万元。补助停减薪放假职工 36114 人，补助金额 137 万元。补助遭受洪涝灾害职工 69432 人，补助金额 291 万元。补助退休职工 5164 人，补助金额 20 万元。其他人员 2398 人，补助金额 9 万元。

1987 年 10 月 20 日至 22 日，省总工会在哈尔滨召开全省扶贫工作会议。会上表彰扶贫工作先进单位 66 个，扶贫工作先进个人 50 名，勤劳致富先进个人 259 名。牡丹江市委、哈尔滨市总工会和农民企业家李荣等 14 个单位和个人介绍经验。会议期间还组织与会人员观看哈尔滨铁路局扶贫致富图片展览、录像片，参观哈尔滨飞机制造公司先进脱贫户事迹展。这些经验比较全面地反映全省几年来职工扶贫工作的基本情况和基本经验；反映全省各级工会干部在扶贫工作中，解放思想，积极改革，开拓进取，不辞劳苦为职工办好事、办实事的全心全意为人民服务的精神；反映勤劳致富的先进人物，自己富了不忘国家、集体和他人的高尚风格。

在这次会议的推动下，全省扶贫工作又有新的提高和发展。仅用半年时间，全省又有127000户贫困职工家庭摆脱贫困，安置待业青年、职工家属和企业富余人员20多万人，减少困难补助费支出3000万元。

为贯彻全省扶贫工作会议精神，做强做大扶贫解困工作，从1988年开始，全省各级工会组织和广大工会干部，在全省上下深入开展扶贫解困工作。到年底，筹集资金1580万元，补发了拖欠职工工资，并对生活困难的职工进行补助。牡丹江市开展“送温暖”活动，财政拨款55万元，税务退款9.7万元，对困难职工进行补助；劳动部门为贫困职工家庭子女安排就业1148人；公安部门为1100户困难职工家庭办理“农转非”，解决了吃高价粮问题；商业部门为60多户困难职工家属从事个体经营办理营业执照，给予减免税费的优惠政策；房产部门为4675户困难职工调换解决了住房；建设部门通过行政拨款建立了扶贫周转金。过去一些因各种原因而无法解决的问题，得到解决，受到广大职工的欢迎。

全省各地职工生活仍存在许多问题。据1990年统计，全省“双停”企业1781家，涉及职工39.5万人，放假职工13.4万人，停减发工资职工56万人，严重影响职工生活。6月，省总工会印发《黑龙江省职工扶贫工作暂行办法》，明确规定扶贫工作的任务、范围、途径和扶贫资金的来源与管理。全省各级工会从1990年10月开始，在全省范围内广泛开展以安排“双停”企业职工生活为主要内容，以解决特困职工生活为重点的“送温暖”活动。据1991年2月末对全省14个地市的不完全统计，通过各种渠道筹措资金5376万元（其中工会组织筹集2642万元）送到困难职工家中；全省共组织党政干部和工会积极分子9.6万人，组成6.4万个“送温暖”活动团（组），走访困难职工家庭42.4万户，慰问退休职工5万人。建立互助互济为形式的各种生活服务小组10万个，为19.9万个家庭做好事、办实事15万件。广大干部和工会积极分子走千家、访万户，送去党的温暖，激励百万人，在社会上产生良好的影响。

1991年，各市、地和产业工会，在贯彻落实《黑龙江省职工扶贫工作暂行办法》中，总结了不少经验。1991 年，绥化市根据本地实际情况，制定“十个字”的措施：贷退免投调放清帮保送。贷：市工商银行为困难企业贷款 885 万元，解决一批困难企业生产急需问题；退：市财政先后为预算内企业退库总计 950 万元；免：税务部门按有关规定为企业免税 43 万元；投：劳动部门和财政局为企业投放生产资金 11.9 万元；调：劳动部门为困难企业调剂出放假职工 1200 人；放：为困难职工放宽政策，允许他们到市场上经销商品减免各种税费；清：清理积压产品和陈欠款，仅建筑一公司就清理陈欠款 22 万元；帮：企业工会组织生产自救和互助互济活动，帮助困难职工过好春节；保：通过各种渠道，保证困难企业职工春节前领到一个月工资；送：党、政、工、青干部为职工“送温暖”。

1991 年夏季，黑龙江省大部分地区遭受历史上罕见的洪涝灾害。据统计，受害涉及全省 59 个市县和 76 个国营农场，因受灾造成停产、半停产企业 377 家，受灾职工达 40 余万人。在大灾面前，全省各级工会发动广大职工群众捐款捐物，支援受灾地区职工。截至 8 月末，全省职工个人捐款 1391 万元，其中交国家 480 万元，给各级政府部门 583.2 万元，给灾情严重的大兴安岭地区 156.4 万元（含价值 30 万元物资），各地用于自救 171.4 万元。除此之外，各级工会共拨经费 90 万元用于救灾。8 月中旬，省总工会与 34 家单位联合举办“情系黑土地”赈灾义演，共收到捐款捐物达 1571 万元，全部用于救灾。大兴安岭地区广大职工，在大灾面前发扬社会主义风尚，从 6 月 30 日至 7 月 10 日，全区共出动 500 多名工会干部，1000 多名工会积极分子，转移疏散群众 6 万多人，发放被褥 2 万多套，制止哄抬物价和干扰社会治安事件 120 余起，为抗洪救灾作出了贡献。通过捐款救灾活动，把社会主义大家庭的温暖及时送给灾区职工，使他们充分感受到共产党好，社会主义好。灾害过后，各级工会组织把恢复生产、重建家园当作压倒一切的中心任务来抓，积极配合各级党政，努力安排好职工生活，帮助职工建房修屋，帮助企业恢复生产，组织职工开展劳动竞赛，用增产节约来提高效益，弥补造成的损失，受到各级党政和广大职工群众的高度赞扬。

1992 年末，全省 21 个市、县工会共投资 200 万元，创办职工集贸市场 24

个，设摊位17047个，为3万多名困难职工和企业富余人员办理从业许可证。全省工会系统兴办经济实体3640个，年产值达6亿元，年利税达4760万元，为10万多名下岗职工提供了就业机会。同时，全省建立包户服务小组12万个，为困难职工解决生活问题10万件。

1993年，伊春市推广桃山局、朗乡局、乌马河区等单位的用锯末培育吊袋木耳、黄蘑、猴头菇等技术，收到变废为宝、投入少、效益高、风险小、周期短、当年见效的效果。全市发展吊袋木耳近256万袋，每年节约木材23400多立方米，折合人民币1170多万元。桃山林业局奋斗林场动员贫困职工自费造林，共包植林地80公顷，每公顷缴占地费300元，然后谁植归谁。据预测，杨树15年后一公顷可收入9万元，落叶松20年后一公顷收入可达12万元。政策上的扶持，大大激发了职工脱贫致富的积极性。

1994年，为贯彻落实全国总工会《关于实施送温暖工程的通知》精神，经省委、省政府同意，成立黑龙江省送温暖工程领导小组。组长王建功，副组长王振川、王锡禄。成员单位有省委办公厅、省政府办公厅、省劳动厅、省总工会、省财政厅、省地税局、省工商局、省国防工办、省人民银行、省经贸委、省体改委、省计委、省建委、省教委、省民政厅、省森工总局、省煤炭局、省公安厅、省卫生厅、省轻工厅、省纺织总会。送温暖工程领导小组下设办公室，设在省总工会，负责日常工作。

1994年4月25日，省委办公厅、省政府办公厅批转省总工会制定的《解决企业特困职工生活问题的若干办法》。

两办通知下发后，全省14个地、市和10个产业工会结合本地实际，细化本级“送温暖工程”实施方案，统筹规划，制定具体实施办法。哈尔滨市总工会建立职业中介，专业培训、跟踪服务为一体的职业介绍服务中心，各区县（市）总工会建立了职业介绍服务所，各公司和大中型企业建立劳动登记服务站，上下对接，形成联网，共同对贫困职工和企业富余人员实行免费登记、免费中介、免费服务。先后为2000多名富余人员和贫困职工安排临时、计时、合同、长期等不同形式的工作岗位，缓解他们的生活困境。黑河市建立职工扶贫市场六个，向特困职工发放特困证1186个，有80%特困职工进入职工扶贫市场，享受到了优惠待遇。鸡西矿务局综合运用政策扶持手段，具体制定相关政策规定，职工下岗后，工转民、工转牧人员原本身份不变。矿务局一次性为工转农职工提供3000元无息贷款，为工转牧职工提供5000元无息贷款，为扶持贫困职工和企业富余人员拓宽了新的就业门路。全局已有2819名下岗职工从事农牧生产。大兴安岭地区各级工会组织积极发动困难职工、特困职工、下岗职工从事发展自营经济，在物资上，全区上下共为828户困难职工提供房舍6.14万平方米，建材2177立方米。在技术上，全区举办实用技术培训班82期，培训4736人。

1995年，全省有40多个县，9600多个企事业单位已建立“特困职工档案”，比较准确地掌握了特困职工的数量、结构、分布和困难程度。全省建立扶贫基金组织2045个，基金总额达6500万元，兴办解困市场96个，投入扶贫资金2010万元，设摊位3万多个，为6万多名特困职工发特困证。全省共创办职工互助补充保险组织149个，参加职工达52.2万余人，储蓄金额达4200多万元，有很多职工开始受益。全省通过各种途径安置企业富余人员129486人。

1996年，全省各级工会组织和广大工会干部积极响应省委关于开辟经济发展第二战场的号召，发挥和利用工会组织的自身优势和有利条件，积极开辟经济发展第二战场，取得明显成效。佳木斯市各级工会创建经济发展第二战场基地103个，安置下岗职工10073人，创经济效益800万元。伊春市用足用好扶贫政策，开辟经济发展第二战场，取得了显著成果。全市职工家庭经济自营户达到95610户，总人数217480人。1996年与1992年相比，职工家庭经济总规模（一、二产业产值和第三产业收入）四年翻了四番多，达到9.69亿元。其中养殖业产值12455.56万元，占总规模的12.8%；种植采集业产值15974.66万元，占总规模的16.5%；加工业产值13745.16万元，占总规模的14.1%；商服业收入28438.39万元，占总规模的29.3%。到1996年底，职工家庭经济总规模超千万元的区局级单位已达到21个，其中超5000万元的单位达到5个，最多的达到8000万元；总规模超百万元的林场、经营所、基层单位达到219个，有的已接近千万元。同时，各级工会为职工发展家庭经济提供各种有用信息3278条，举办各类技术培训班770期，参加职工35906人次，组织技术服务队到各地巡回指导3600多人次，为职工免费提供各种技术书刊资料3万余册。

1997年，省总工会在鸡西市召开全省实施“送温暖”工程现场经验交流会。各市、地和产业工会主管主席和生活部部长80人出席会议。会上，鸡西市总工会全面介绍从抓“三难”入手，把“送温暖”工程引向经常化；从建立保障机制抓起，把“送温暖”工程引向制度化；从开展活动抓起，把“送温暖”工程引向社会化的经验。哈尔滨市总工会介绍加大“送温暖”工程力度，把“联百家、帮万户、献爱心”活动落到实处的经验。省总工会副主席万桂梅出席会议，并在会上作《认真实施“送温暖”工作，把全省职工帮扶工作提高到新水平》的工作报告。省总工会主席候旭宇出席会议并讲话。

工会不仅关心困难职工生活，同时也牵挂着劳动模范的事。

1999年，省总工会向省委呈报《关于全省全国劳模面临的新问题，新困难的调查报告》（以下简称《报告》）。《报告》重点谈到省级以上劳动模范面临的四个问题：一是下岗无人管。全省共有42名劳动模范下岗，生活均不同程度地陷入困境。二是工资无法正常开。全省有390多名在岗劳动模范不能正常开工资，1230多名退休劳动模范经常被拖欠工资，最长的达24个月。50多名劳动模范无处领取工资。三是大病难病无钱医。全省有5000多名劳动模范（退休劳动模范）不能按规定报销医疗费，270多名劳动模范患有重病、大病无钱治疗。四是劳动模范有困难无处诉苦。

1999年9月16日，省政府秘书长滕昭祥召集省总工会、省财政厅、省劳动局领导参加会议，听取省总工会关于全省省级劳动模范面临的新问题，新困难的情况汇报，进行认真讨论和研究。会议确定：一是由财政厅拨款24万元，由省总工会发给生活困难的全国劳动模范，每人2000元；二是由省总工会牵头，省财政厅、省劳动局、省民政厅抽调人员组成联合调查组，对黑龙江省全国劳动模范生活问题进行调查，调查后由省委办公厅、省政府办公厅联合发文，作出具体规定，从根本上解决全国劳动模范面临的生活待遇问题。

2000年10月，省委办公厅、省政府办公厅联合下发《关于认真解决省级以上劳动模范实际困难的通知》（以下简称《通知》）。《通知》要求：一是各企事业单位必须首先确保省级以上劳动模范正常开工资，领取退休金，发当届在岗荣誉津贴和离退休荣誉津贴，办理一次性补充养老保险，定期体检及报销医疗费；二是在企业实施下岗分流、改制、重组、兼并、拍卖、破产和事业单位进行改革过程中，省级以上劳动模范不能下岗或自然失岗；三是企业改制或事业单位改革，都必须保证省级以上劳动模范退休金的发放；四是各级政府和企事业单位，在制定医疗政策时，对省级以上劳动模范实行优惠政策；五是市、地政府应支持总工会创办劳动模范协会，并尽可能给予一定的资金支持。

2001 年，全国总工会拨款 16. 5 万元，资助黑龙江省全国劳动模范 55 人。

2002 年 11 月 14 日，省政府与省总工会召开的第一次联席会议决定，拨款 214 万元，用于解决 85 名全国劳动模范被拖欠的工资、退休金和医疗费。2003 年，全国总工会拨款 45 万元，资助 166 名生活困难全国劳动模范、118 名困难全国“五一劳动奖章”获得者。

近四年的时间内，省政府共拨付用于省级以上劳模困难补助金达 300 余万元。省总工会在每年的送温暖资金中累计划拨 100 多万元，用于慰问困难劳模。

从 2005 年起，省总工会根据全国总工会的统一部署和要求，每年秋季，为帮助困难职工和困难农民工子女上大学完成学业，对九年义务教育范围内困难职工子女提供帮助，在全省集中开展“金秋助学”活动，收到了较好的效果。在 2005 年开展的“金秋助学”活动中，全省 13 个市（地）共筹集资金 1933. 55 万元，其中，各级党政资助 549. 26 万元，企业赞助 411. 46 万元，各级工会投入 227. 54 万元，其他方面筹集 254. 87 万元。共发放助学款 1046. 3 万元，其中，义务教育助学款 490. 75 万元，高中和中等职业教育 144. 54 万元，大专以上 421. 68 万元。共资助困难职工子女 26608 人，其中，义务教育 18145 人，高中和中等教育 3132 人，大专以上 3354 人。本次助学活动单位或者个人与困难职工子女达成结对帮扶 10689 对，通过工会帮助落实了减免学杂费政策的困难职工子女有 910 人，通过工会帮助得到捐赠书籍和学习用具的困难职工子女有 6011 人，通过工会帮助得到义务家教的困难职工子女有 1667 人。

开展“双联”活动　从 1994 年起，为进一步推动帮扶工作的深入开展，提高到一个新的水平，全省又组织和开展领导干部联系困难职工和联系困难企业的“双联”活动，收到较好的效果。

1994 年，鸡西市针对当时部分煤矿职工家庭吃饭难、就医难、子女上学难的情况，由市总工会牵线搭桥开展以市委、市政府五大班子领导与困难职工结成“亲戚”活动，当年24名市级领导干部与困难职工结成“亲戚”。在市委领导带动下，全市1500名副处级以上干部与3000多名困难职工结成“帮扶对子”，全市6200名党政工干部与困难职工交上了“穷朋友”。望奎县建立三级领导帮扶困难户组织，县六大班子主要领导，政府各部门、系统的领导和各级工会主席及企事业厂长、经理共1993名干部参加帮扶活动，落实了帮扶对象和措施，全县形成上下结合的综合帮扶体系。1994年末，仅211名工会主席帮扶的特困职工，就有91人实现脱贫。

鹤岗市共组织200多个单位的5000多名机关干部和700多名优秀私营企业经营者参与这项活动，得到帮扶的困难职工达到5000余人。除679名帮扶对象无劳动能力外，其余4310名特困职工实现脱贫。

1995年8月，哈尔滨市总工会在全市开展“联百家、帮万户、献爱心”活动，这一活动的目标是“联系百家困难企业、帮扶万户困难职工”。为搞好这项活动，哈尔滨市总工会采取五项具体措施，一是为有劳动能力的困难户家属子女解决就业问题；二是为困难户解决治病问题；三是为老弱病残户办实事；四是开展技术培训帮扶；五是调整工种帮扶。到年底，全市就签订联系困难企业目标责任书388份，帮扶困难职工责任书11300份。全市广大工会专兼职干部向困难职工捐赠资金180余万元，捐献衣物13000余件，安置就业510余人，帮助178户困难职工办起了家庭副业，帮助困难企业承揽加工任务32项，协调解决贷款340万元，为困难企业办实事、做好事13000多件。

1995年，牡丹江市总工会制定《全市机关事业单位副处级以上领导干部帮扶特困职工方案》和《百户企业结对子帮扶方案》，市政府以文件转发了这两个方案。根据这一规定，从市委、市政府领导做起，全市4000多名机关事业单位副处级领导干部，都与一名特困职工结成帮扶对子，实行定向定期帮扶，被帮扶的特困职工在“三有四无”（平时有饭吃、换季有衣穿、年节有改善，无冻饿、无乞讨、无失学子女、无轻生）基础上脱贫。

1996年，全省各级工会制定了积极帮扶工作目标、措施，建立各级领导帮扶困难职工制度，到年底已有近4万名各级领导帮扶4.6万多名特困职工。从

1994 年到 1996 年，共有 10 万多名特困职工脱贫，有一部分还走上致富之路。

1997 年，由于各种原因的影响，全省部分企业亏损较为严重，一部分企业破产，使困难职工数量增加，困难状况加重。截至 1997 年 10 月，据不完全统计，全省企业拖欠职工工资总额已达 49. 9 亿元，涉及职工 182. 9 万人；拖欠离退休金 11. 6 亿元，涉及离退休人员 53. 6 万人；造成全省困难职工 77 万多人，下岗职工 108. 8 万人。针对这种情况，省总工会于 1998 年，先后建立《解困与“送温暖工程”工作责任制》《扶贫救济基金管理、使用制度》《建立特困职工档案制度》《党政领导干部帮扶特困职工制度》，用制度保证“送温暖”工程更广泛、更持久、更有效地实施下去。各市（地）、县（市）普遍成立扶贫解困送温暖工程领导小组，建立领导干部帮扶制度，党政一把手亲自带头。2000 年，全省参加联贫干部近 8. 3 万人，帮扶困难职工 14. 3 万人。2001 年，全省有 12 个市地建立了送温暖工程基金，13 个市地及所属县均建立特困职工档案，共发放特困证 11 万个，已有 9 万名特困职工享受优惠待遇。全省工会兴办职业介绍机构 130 个，介绍上岗 16. 8 万人次；举办下岗职工培训班 5865 期，培训下岗职工 18 万人次；建立扶贫解困市场 273 个，建立扶贫解困基地 356 个，安置困难职工 5. 5 万人。全省已有 12 个市地、36 个县、7 个省直产业启动了职工互助保险工作，参保职工 32 万人，保险总金额 8000 余万元。职工消费合作社发展到 732 个，让利职工近 700 万元，安置分流职工 23000 余人。2002 年初，全省有 14. 4 万帮扶干部与 13. 9 万特困职工结成帮扶对子，到年底，有 6. 2 万名职工通过帮扶脱贫，并出现年收入超万元的致富典型 525 万户，实现产值 3 亿多元。

技术帮扶困难企业　1990 年起，在全省上下开展对困难企业帮扶活动，到 1992 年底，已使全省 556 家企业摆脱困境，三年中增加利税和补发工资，偿还欠款 1. 5 亿元，为促进全省工业生产的发展，财政好转和社会稳定作出一定的贡献。

1991 年 3 月 19 日，省总工会、省经委、省财政厅联合下发《关于表彰 90 年度帮扶困难企业先进单位和个人的决定》（以下简称《决定》）。《决定》授予哈尔滨市总工会等 11 个单位为帮扶困难企业先进单位，授予徐奎等 120 人为帮扶困难先进个人，并向他们颁发奖牌和证书。

1993年，齐齐哈尔市对困难企业采取帮带扶贫的办法，效果显著。一是对困难企业采取帮贷款，帮技术，帮物资，启动生产，增加效益。全市有41家企业起死回生，4000多名职工开满工资，摆脱困境。二是帮助困难企业搞横向联合，调整产品结构，加强管理，使37家企业启动生产，3000名职工保障正常生活需要。三是组建劳务扶贫集团和技术联合体，以技术为主，确定大、强、富厂为龙头，帮带小、弱、穷厂，使134家企业活化，5400多名职工解决生活困难问题。讷河市金融工会，为困难企业牵线搭桥，发挥人民、建设、工商、农业银行和保险公司的优势，与14家经济危困企业签订合同。一改金融部门“嫌贫爱富”的做法，增加贷款投放，采取让利、逾期贷款不收罚金，帮助企业清欠贷款和推销产品的办法，使14家企业扭亏为盈，创利185万元。

1993年3月20日，省总工会、省经委、省财政厅联合下发文件，授予周文等15人在1990—1992年度连续三年帮扶困难企业作出突出成绩的立功人员荣誉称号；授予陈兴等248人1992年度帮扶困难企业作出优异成绩有功人员的荣誉称号，并向他们颁发奖状。

为使困难企业尽快走出困境，省总工会、省科委、省财政厅分别于1996年、1998年、1999年在全省范围内开展“普及科学技术，推广科学成果百、千、万技术帮扶解困活动”，即用新技术扶持和培育100个新经济增长点，传播推广1000项（次）科技成果，组织10000项（次）技术攻关、技术革新和技术比赛。

1996年，全省各级工会共签订技术帮扶解困责任状215份，年末检查验收并被企业认可取得明显实效的有166家企业，共创综合经济效益1144.5万元，其中减亏358.2万元，增盈786.3万元。全省各级工会共培育新经济增长点641个。同时，农垦总局工会、伊春市、大兴安岭地区总工会抓职工庭院经济又上新台阶，1996年新扶持9.1万户职工进入种、采、养、加、服等“第二战场”。全省各级工会职工技协共组织九次大型送科技成果下乡（厂、矿）活动。举办技术培训班2038期，传播推广了3358项实用技术。全省各级工会职工技协共组织13106项（次）技术攻关和技术革新活动。其中被市（地）、产业认定并被企业认可的较大攻关和革新项目就有641项。

1998 年，帮扶企业并被帮扶单位经认定取得明显成效的有 162 家，培养新经济增长点 544 个，举办各种技术培训班（讲座）6722 期，传播推广实用技术 7693 项（次），并产生较大的社会效益。共完成技术攻关、技术革新、技术比赛 13066 项（次），其中由市、地协调并被企业认可的项目 1197 项。在这次活动中，涌现出哈尔滨市总工会、省科委、省财政厅等 11 个先进单位，万朝顺、陈兴等 62 名优秀组织者。

1999 年，全年共签订技术帮扶解困责任状 338 件，经被帮扶单位认定取得明显实效的有 133 件；举办各种培训班 4069 期，培训 49.9 万人次；传播推广实用技术 2869 项（次）；完成技术攻关、技术革新、技术比赛 17988 项（次），其中由市地直接组织跨行业的攻关 66 项（次）。在这次活动中，涌现出齐齐哈尔市总工会、科委、财政厅等九个"百、千、万"技术扶贫活动先进单位，曹振德等 51 名先进个人，并对他们进行表彰奖励。

第四节　黑龙江省工会第八次代表大会

黑龙江省工会第八次代表大会，于 1998 年 7 月 14—16 日在哈尔滨召开。出席大会的正式代表 289 人，特邀代表 3 人。大会选举产生黑龙江省出席中国工会第十三次代表大会的代表；号召全省广大职工保持和发扬工人阶级的光荣传统，进一步解放思想、开拓进取，积极投身"二次创业"，为实现"富民强省"的宏伟目标而努力奋斗。这次大会对于推动黑龙江省工会工作的发展，维护职工权益，促进经济社会的进步起到了积极的作用。

一、省工会八大的主要议程和主要任务

这次大会的主要议程：审议批准省总工会第七届委员会的工作报告、省总工会第七届经费审查委员会的工作报告、省总工会财务工作报告。选举产生黑龙江省总工会第八届委员会和经费审查委员会，选举产生黑龙江省出席中国工

会第十三次代表大会的代表。

中共黑龙江省委、省人大、省政府、省政协、省军区的领导周文华、杨光洪、于景常、唐宪强、刘东辉、单荣范、王东华、李希明等到会祝贺。

中共黑龙江省委书记、省人大常委会主任徐有芳从外地发来贺电，对大会召开表示祝贺。

团省委、省妇联等群众组织负责人也出席了这次大会。团省委书记高士杰代表省群团组织致辞，对省工会第八次代表大会表示祝贺。

大会经过认真讨论，批准了省总工会七届委员会的工作报告；批准了省总工会七届经费审查委员会的工作报告；批准了省总工会财务工作报告，并作出相应的决议。

二、省工会八大的工作报告

省总工会主席侯旭宇代表省总工会第七届委员会在会上作题为《坚持依靠方针，突出维护职责，团结动员全省职工为"搞好二次创业，实现富民强省"而努力奋斗》的工作报告。报告指出，省工会七大以来的五年，在邓小平建设有中国特色的社会主义理论指引下，在省委的正确领导和省政府的大力支持下，各级工会组织引导和带领全省职工积极投身改革开放和社会主义现代化建设，解放思想、开拓进取、无私奉献，围绕搞好国有企业，实现两个根本性转变，创建社会主义精神文明，为社会稳定、繁荣和发展作出了突出贡献，充分发挥工人阶级在两个文明建设中的主力军作用。在肯定五年工会工作的基础上，明确指出今后一个时期全省工会工作的指导思想是：高举邓小平理论伟大旗帜，深入贯彻落实党的十五大和省第八次党代会精神，坚持全心全意依靠工人阶级的方针，坚持和发展工会工作总体思路，立足全局、突出维护、依法治会，团结和带领全省职工为"搞好二次创业，实现富民强省"的跨世纪宏伟目标团结奋斗。根据这一总的指导思想，今后五年全省工会的主要任务是：一是坚持以促进改革和经济发展为中心，团结和动员广大职工为实现"二次创业，富民强省"的宏伟目标建功立业；二是坚持以落实全心全意依靠工人阶级的根本方针为宗旨，健全与完善保障职工民主权利的有效机制；三是坚持依法治会，加大维护职工合法权益的力度，推进稳定协调劳动关系保障体系的建立；四是坚持以实施送温暖工程为载体，积极推进下岗职工再就业，尽力为职工排忧解难办实事；五是以提高职工思想道德和科学文化技术素质为重点，努力建设跨世纪的“四有”职工队伍；六是坚持以建立完善科学高效的运行机制和组织体制为目标，大力推进工会改革和建设。

1998 年 7 月 17 日，举行黑龙江省总工会八届一次全委会议，会议选举产生黑龙江省总工会第八届委员会成员。

大会经过认真讨论，批准了黑龙江省总工会七届委员会的工作报告；批准了省总工会七届经费审查委员会的工作报告；批准了省总工会财务工作报告，并作出相应的决议。

出席黑龙江省工会第八次代表大会的全体代表，向全省广大职工发出倡议：以高度的主人翁责任感和顾全大局的精神，作支持改革、促进改革的表率。以强烈的开拓进取意识和求真务实的精神，作解放思想、勇于实践的表率。以忘我的劳动热情和艰苦创业的精神，作奋发拼搏、敢打硬仗的表率。以良好的职业道德和爱岗敬业的精神，作勤于钻研、弘扬正气的表率。

大会号召全省各级工会组织，高举邓小平理论伟大旗帜，用党的十五大精神统揽全局，在省委和各级党委的领导下，充分调动全省广大职工的积极性、创造性，解放思想、抢抓机遇、团结奋斗、开拓前进，为“搞好二次创业，实现富民强省”的宏伟目标作出更大的贡献。

第五节　发挥工会干部队伍作用

改革开放以来，特别是党的十五大以后，黑龙江省外商投资企业、私营企业、乡镇企业迅速发展，非公有制经济已成为工会工作的重要领域。对此，全省各级工会组织把新建企业工会组建工作作为一项重要任务来抓，形成了“党委领导、政府支持、工会主抓、多方配合”的建会工作格局，在实践中取得很大实效。

一、工会干部管理

1980年以后，对工会干部的管理，实行以地方党委为主，工会协助党委进行管理的体制。

1991年8月12日，中共黑龙江省委作出《关于深入贯彻中共中央〔1989〕12号文件精神，进一步加强和改善党对工青妇工作领导若干问题的决定》。《决定》指出："市（地）工会主席（主任）具备任职条件，市委常委、（地）委委员职数允许的，可以进市、地委领导班子；经济发达、职工人数多的中心城市的工会主席，因常委职数已满，进不了党委领导班子的，可以进人大或政协领导班子；工矿城市的工会主席（主任），不能进入党委、人大、政协领导班子的，可以配备副市（地）级干部。"按照省委决定，工会干部协管工作取得了突破性进展。截至2004年末，全省已有5个市（地）、11个省级产业、17个县（市）工会主席按同级副职配备。其中，七台河、牡丹江、鸡西、伊春、大兴安岭所属县（市）总工会主席全部为副处级。

二、工会干部培训

1989年8月10日，省总工会在鸡西市召开了黑龙江省工会干部教育工作会议。会议讨论了《1989—1992年全省工会干部教育规划》，制定了改革和加强工会干部教育工作措施。会议交流了鸡西市、黑河地区工委、海林县、省工会干校、省海员工会等九个典型经验。主要经验是：一是从教育组织上看，由主要依靠阵地集中办学，向阵地办学与全会办学相结合的方向发展；二是从教育内容上看，由主要学习一般的文化知识，向既学习文化，又学习政治、业务的方向发展，突出了工会专业教育的特色；三是从教育对象上看，由主要是培训工会专职干部，向培训专、兼职工会干部和工会积极分子的全方位教育发展；四是从办学形式上看，由主要是一个单位的单独办学，向联合办学的方向发展，使工会干部教育充满活力。会上，省总工会副主席侯旭宇作题为《坚持改革、突出特色，大力加强工会干部教育工作》的讲话。在讲话中总结了十年来全省工会干部教育工作所取得的成绩和存在的主要问题，提出了今后全省工会干部教育的工作方针和任务。

1991 年 6 月 27 日，省总工会按照全国工会干部教育工作会议精神，提出了《关于进一步加强工会干部教育工作的意见》。该《意见》要求：当前和今后一个时期，工会干部教育工作的指导思想是：坚持以马列主义、毛泽东思想为指导，以岗位教育为重点，遵循理论联系实际的原则，培养德才兼备的工会干部，为社会主义建设服务，为工会工作服务，为基层工会服务。提出全省工会干部教育工作任务：1. 认真抓好规范化岗位培训。1991 年要达到省总工会《1990—1993 年黑龙江省工会干部教育规划（试行）》中所要求应培训人数的 50%，1992 年达到 90%，1993 年达到 100%，1994 年进行检查验收。2. 认真抓好学历教育。各级工会组织要把 45 岁以下具有高中、中专及以下文化程度的中青年干部作为学历教育的主要对象，到 1993 年，全省接受学历教育的工会干部在现有基础上要增加到 1000 人左右。3. 认真抓好劳动模范及先进工作者的培养和教育。从 1992 年起，省工会干校要按照先试点，后扩大，逐步完善提高的原则，陆续开办以国家级及省、市级劳动模范和先进工作者为培养对象的文化补习班和经济管理等专业大专学历班。4. 认真抓好适应性短期岗位培训。培训对象是专职、兼职工会干部，工会积极分子。组织工会干部认真学好党的各项方针、政策和重要理论、重大决策，更加有效地为现实的工会工作服务，为改革开放和社会主义现代化建设服务。黑龙江省工会干部学校于 1981 年正式建校，学校占地面积 44008 平方米，建筑面积 14771 平方米。1997 年 7 月更名为黑龙江省工会干部学院，成为全省工会干部培训中心和工会理论研究基地。全校有教职员工 73 人。其中，专职教师 24 人，兼职教师 16 人，党政干部 17 人，工人 15 人。从教师的专业技术职称来看，有正高职 2 人，副高职 19 人，中级职称 11 人，初级职称 8 人。

全省工会干部教育工作大体可分为三个发展阶段。

第一阶段是 1993 年及其前四年，以规范化岗位培训为重点的干部教育阶段。这一阶段按照中华全国总工会的安排部署和省工会六大确定的人才培养战略，有步骤地实施《1990—1993 年黑龙江省工会干部教育规划（试行）》，开展以规范化岗位培训为主的工会干部培训工作。四年中，共培训专、兼职工会干部31335人，实现90%以上专职工会干部持证上岗的预定工作目标。

第二阶段是1994年至1995年，以适应性岗位培训为重点的工会干部教育阶段。这一阶段，根据全国工会干部教育工作成都会议精神，认真实施省总工会确定的两年工会干部教育规划，开展多种形式并举，以适应性岗位培训为重点的工会干部教育工作。两年中，全省各级工会因地制宜，共培训专职工会干部4000多人，兼职工会干部5万多人。同时，800多名工会干部参加了省工会干部学院大专班学历教育。

第三阶段是从1996年起，全省工会干部教育工作推向以专业化培训为重点的新发展阶段。这一阶段制定并实施了《1996—1998年黑龙江省工会干部教育规划》，共培训各类法律专业人才33132人；上岗资格培训13050人；适应性岗位培训51474人次。

1996年至2001年，“九五”期间，全省工会干部教育培训工作，依据工会工作重点实现工会干部培训重点内容的突破，1996年省总工会举办市（地）、产业工会领导干部研讨班三期，培训98人次。举办县工会主席研讨班五期，培训286人次。举办全省工会青年干部培训班1次，培训68人。为不断提高省总工会机关干部业务水平，每年要进行一次适应性培训，并且把微机培训作为一项培训的重点内容。1997年在省工会干部学院举办了六期国有大中型企业工会主席工商管理培训班，培训293人，参加省经贸委举办的培训班247人。1998年共培训律师和工会法律工作者189人；劳动争议兼职仲裁员431人；劳动争议调解员17481人；工会法律监督员15650人。

1999年，全省共有1468名专、兼职工会干部参加各层次的上岗资格培训。有31426人参加适应性岗位培训，有196名大中型企业工会主席参加了工商管理培训，干部素质得到了一定程度的提高。1999年至2000年，培训工会法律专业人才21300人；平等协商签订集体合同相关专业培训30000人；国有大中型企业工会主席工商管理500人；工会劳动工资、社会保险专业人才730人；工会财会、经审、劳动保护1150人。

2001年3月5日，省总工会印发了《关于认真贯彻落实中华全国总工会关于加强新建企业工会干部培训工作的意见》。提出四点意见：充分认识对新建企业工会干部进行全面轮训的重要性和紧迫性，加强领导，把新建企业工会干部培训纳入本地区、本系统今后五年工会干部培训规划，纳入新建企业工会组建工作总体目标，设立新建企业工会干部专项培训经费，列入年度预算计划，专款专用；要抓紧做好本地区、本系统新建企业工会专、兼职工会干部状况的调查摸底和统计工作，制订切实可行的2001年至2002年新建企业工会干部培训规划和年度培训计划；要从实际出发，以全国总工会组织部组织编写的《新建企业工会干部培训实用教材》作为基本教材，在培训内容和培训方式上有所侧重，多形式、多渠道、多层次地开展培训；各市（地）、产业工会要在每年年底前将培训工作情况报省总工会组织部。省总工会适时对各地培训工作的开展情况和效果进行检查验收。

10月10日，中华全国总工会作出《关于表彰全国工会干部教育培训工作先进集体和先进个人的决定》。黑龙江省受表彰的有：黑龙江省总工会、哈尔滨市总工会、齐齐哈尔市总工会、林口县总工会、汤原县总工会、黑龙江省工会干部学院、黑龙江省电力工会、大庆石油管理局工会等200个单位获“全国工会干部教育培训工作先进集体”称号；常连升、刘立民、许俊章等100人获“全国工会干部教育培训工作先进个人”称号。

2002年3月，省总工会为进一步推动全省工会干部教育培训工作深入开展，根据中华全国总工会和省委关于干部教育培训工作的部署，制定了《2001—2005年全省工会干部教育培训规划》，规定了指导思想和总体目标。总体目标是：“十五”期间，对全省工会专、兼职干部普遍进行一次轮训。进度要求是：到2002年底完成培训任务的25%；2003年完成30%；2004年完成25%；2005年全部完成轮训任务。“十五”期间，各级工会干部主要学习“理论基础”“工会理论与业务”“政策法规”和“经济知识”四个方面内容。“十五”期间，要具体抓好五个方面的培训：1. 工会干部轮训。2. 新建企业工会干部培训。3. 工会专业人才和中青年干部培训。4. 适应性岗位培训和领导干部培训。5. 有计划地开展学历教育。

1984年至2004年，省工会干部学院在大专学历教育中，开设了工会学、经济学、法律、经济管理、财会、中文、成人高等教育等专业学历教育培训班，共招收了21届大专班学员和两届成人高等教育专业证书班学员。毕业学员共5169人，为全省各级工会培养了一大批工会专业科班出身的干部，推动了工会工作的开展。1992年至2002年，共举办了11届省级和市级劳动模范脱产（二年）大专班，共毕业劳动模范学员318人。这是省总工会在推动党的全心全意依靠工人阶级指导方针的一项重要成果。

三、表彰优秀工会工作者

省优秀工会干部 1986年至2005年，省总工会共七次表彰13116名省优秀工会干部。

1986年1月，省总工会授予武淑贤等9910人“模范职工之友”称号；1993年2月，省总工会授予韩萍等1133人“优秀工会工作者”称号；授予吴香远等239人重视、支持工会工作“优秀党政领导干部”称号；1995年5月，省总工会授予袁刚名等1631人“省优秀工会干部”称号；1997年4月，省总工会授予高今等8人“省模范工会干部”称号；2000年6月，省总工会授予张继昌等213人“省优秀工会干部”称号；2003年11月，省总工会授予庞建等100人“省优秀工会干部”称号；2005年12月，省总工会授予原峰等121人“省优秀工会干部”称号。

全国优秀工会工作者 1988年至2003年，中华全国总工会共五次表彰了全国优秀工会工作者。黑龙江省共有157人荣获“全国优秀工会工作者”荣誉称号。

第十四章　全面建设小康社会、坚持和发展中国特色社会主义时期的黑龙江工人运动

中国共产党自成立以来始终把工人阶级作为自己最坚实最可靠的阶级基础；坚持全心全意依靠工人阶级方针，关系到巩固党的阶级基础和执政地位，也关系到中国工运事业的未来发展。全面建设小康社会期间，黑龙江省总工会始终坚持政治上保证、制度上落实、素质上提高、权益上维护，保证工人阶级主人翁地位，充分发挥工人阶级主力军作用，不断发展工人运动，深入推进产业工人队伍建设改革，不断增强工人阶级的先进性，通过工会扎实有效的工作把坚持党的领导落实到广大职工群众中去，生根发芽，落地开花，把职工群众最广泛最紧密地团结在党的周围。

第一节　黑龙江工人队伍发展基本情况

按照中华全国总工会相关文件的要求及具体部署，黑龙江省总工会于 2007 年 5 月至 8 月成立了调查组，采取问卷调查、典型调查、个案访谈、综合分析等方式，针对黑龙江省职工队伍的总体状况和构成演变、职工劳动经济权益实现情况、职工民主政治权利实现情况、职工思想道德观念与文化技术素质的现状以及当前企业劳动关系发展变化及劳动关系调整机制建设情况在 13 个市（地）进行了广泛深入的调查了解，对黑龙江省职工队伍的基本状况和主力军作用发

挥情况有了更加深入的了解。

一、黑龙江省职工队伍的基本状况

黑龙江省职工队伍的总量和发展变化 根据黑龙江省统计局统计，截至2006年末，黑龙江省职工人数为496.5万人①。黑龙江省职工队伍的总量经过数年递减，2006年明显上升，与2005年相比增加了41.1万人，与2002年基本持平。

职工队伍的分布及发展变化情况 从地区分布看，哈尔滨职工人数占29.9%、农垦占12.3%、大庆占10.4%，占黑龙江省职工人数半数以上。

从不同产业的分布看，第一产业90.5万人，占18.23%；第二产业199.5万人，占40.18%；第三产业206.5万人，占41.59%。与2002年相比，黑龙江省第一产业职工人数比例上升了9.23%，第二产业与第三产业分别下降了7.32%、1.91%。从不同类型经济组织中的分布看，国有单位313.6万人，集体企业36.5万人，其他类型单位146.4万人。

从企业、事业单位和机关团体的分布看，企业372.3万人，占74.9%；事业单位89.6万人，占18.1%；机关团体34.6万人，占7.0%。

黑龙江省职工队伍的自然特征 黑龙江省职工队伍中，男性职工约占职工总数的64.8%，女性职工约占职工总数的35.2%，女职工比例与2002年相比下降了1.4%。

职工队伍的内部群体结构及发展变化特点与趋势 黑龙江省整个社会结构和工人阶级内部结构发生了巨大变化。这种变化既包括年龄和知识结构的变化，也包括利益群体的分化。根据职工就业类型和收入的显著差异，可把职工队伍大体分为六个利益群体，即普通工人群体、经营管理者群体、公务员群体、专

---

① 黑龙江省统计局对职工的定义是指在国有、城镇集体、联营股份制、外商和港、澳、台投资、其他单位附属机构工作，并由其支付工资的各类人员。不包括下列人员：（1）乡镇企业就业人员；（2）私营就业人员；（3）城镇个体劳动者；（4）离休、退休、退职人员；（5）再就业的离、退休人员；（6）民师；（7）在城镇单位工作中的外方及港、澳、台人员；（8）其他按有关规定不列入职工统计范围的人员。

业技术人员群体、困难职工群体和农民工群体。

公务员群体、经营管理者群体、专业技术人员群体在国家政治生活中有较高的地位。这是因为，他们掌握着权利资源、文化资源、科技资源、资本和财富资源，具有强烈的参与社会管理的意识，对自身的职业发展有着明确的设想，所创造的社会价值非常巨大，已经成为职工队伍整体发展方向和对社会有影响力的最主要力量，是我们这个社会的强势群体。一般情况下，他们的各项合法权益都能得以实现，而各项权益受到侵害的事情很少发生。工会组织在这些群体中的工作，不是强调如何突出维护，而是通过各种形式和手段，来激励、调动他们的积极性和创造性。

职工队伍中普通工人群体、困难职工群体、农民工群体相对属于弱势群体，虽然在职工总数中占据大部分的比例，但由于自身素质和所处环境的局限，缺乏其他群体所拥有的优势资源，在就业选择、权益维护等方面处于被动地位，自我维权的意识较弱，工资收入较低，缺乏竞争意识和创新意识，是需要加以关注和扶持的群体。

这六大群体使黑龙江省职工队伍演化出不同的阶层，而这不同阶层之间又相互融合。这种阶层的出现，对职工队伍产生了深刻的影响，主要体现在各阶层之间在认知上既有共性，又有差异性和排斥性。差异性表现在政治、经济和教育领域。由于普通工人社会政治经济地位较低，存在否定和排斥自身，他们想游离于本阶层而攀升到其他阶层内，更不希望自己的子女成为“接班人”，步入普通工人阶层。由于各阶层的进一步融合和攀升，他们相互间的矛盾将会逐渐减小，而表现更多的是兼容性。

农民工队伍的基本状况　黑龙江省当时有农民工 310 万人，占农村劳动力总数的 33%，其中在省内务工的 188 万人，到省外务工的 108 万人，到国外务工的 14 万人。在黑龙江省城镇务工的省内外农民工共有 263 万人，主要集中在哈尔滨、齐齐哈尔、大庆、牡丹江等地及四个煤矿城市，约占全省农民工的 50% 以上，工会会员 83. 9 万人。行业分布大体为：建筑业占 32%，制造业占 28%，批发零售业占 14%，住宿餐饮业占 16%，商贸居民服务娱乐业占 10%。农民工群体以青壮年劳动力为主，男性居多，文化素质偏低，务工目的单一，工资收入水平相对较低。他们比较关心自身权益的实现问题而非腐败、分配不公等社会焦点问题。农民工群体的社会保障、民主权利实现状况较差，组织文化程度较低，需要健全更加有效的工作机制和保障体系。

黑龙江省广大职工在构建社会主义和谐社会中地位、作用的整体评价 我国是以工人阶级为领导的，以工农联盟为基础的人民民主专政的社会主义国家，这就从根本上决定了工人阶级也就是职工的领导地位。但是，从现实生活中看，个别职工合法权益不能得到有效维护的问题还时有发生，合法权益受到侵害的绝大部分弱势群体的社会地位有所下降。一线职工从广大职工在构建社会主义和谐社会中的作用来看，新时期职工队伍为构建和谐社会发挥了两个大的作用，即促进经济社会发展和维护社会稳定。2002 年以来，黑龙江省经济社会得到快速发展，城乡面貌发生根本变化，各项社会事业全面进步，人民生活水平明显提高，社会大局保持稳定，政府职能转变进一步加快。这些成绩的取得，都是广大职工团结奋斗，努力工作的成果。实践证明，黑龙江省广大职工群众在黑龙江省发展建设中能不断增强主人翁责任感，倍加珍惜安定团结的政治局面，努力维护稳定和谐的社会环境，发扬识大体、顾大局的优良传统，正确对待改革过程中的利益关系的调整，把市场竞争的压力转化为奋发有为的动力，不断用科学发展观武装头脑。指导实践，是推动先进生产力发展和社会全面进步的根本力量，是维护社会安定团结的中流砥柱，在构建和谐龙江建设中充分发挥着主力军作用。

二、黑龙江省职工劳动经济权益实现情况

职工劳动就业权利的实现和保障情况 2007 年 1 月至 6 月，全省城镇新增就业 43.8 万人，下岗失业人员实现再就业 31.6 万人，城镇登记失业率为 4.39%，有力地促进了经济发展，维护了社会稳定。随着产业结构的调整，国企改革的深化，城乡一体化进程的加快，农村劳动力向城市的流动，不可避免地出现了劳动力资源供大于求的现实矛盾，2006 年黑龙江省登记失业人员 31.2 万人，就业压力仍然很大，形势十分严峻。

部分下岗职工就业稳定性较差，更换工作较频繁。以双鸭山市调查数据为例，一直从事一种工作的下岗职工仅占1/3，其中在一个工作岗位工作时间在三个月以内的高达80%。下岗职工中，更换过一种工作的占30%，更换过两种工作的占20%，最多的在一年时间里更换工作达五次之多。原因主要是用人单位缺乏社会保障，不缴纳失业、养老等保险，不给报销医疗费用等问题普遍存在，加上有些单位用工行为不规范，随意解雇职工，下岗职工存在很大的后顾之忧。

择业观念。一是受社会环境和传统就业观念影响，一些人苦、脏、累活不愿干，而高技术活又没能力干，造成了“高不成、低不就”。一些人热衷于找“铁饭碗”，不愿意到中小企业、私营企业、个体就业，更不屑于临时就业、阶段就业，丧失了很多就业机会，直接导致了“许多人没事干，许多事没人干”的矛盾。二是一些人宁可享受“低保”而不愿就业。目前，大多数就业岗位的收入一般还不高，一些企业不愿为从业人员支付社会养老保险费用，使一些从业人员就业获得的收入和享受低保的收入相差不大。这样，一旦在这类岗位就业，就不能享受与最低生活保障相衔接的一些政策，因此一部分人宁愿拿低保也不愿就业，甚至出现了低保养懒汉的个别现象。

黑龙江省职工收入分配权利的实现和保障情况 1. 工资收入的有关情况。据黑龙江省统计局统计，2006年黑龙江省在岗职工的工资总额为753.1亿元，与2002年相比增加了263.7亿元。国民生产总值为6188.9亿元，所占比重为12.17%。在岗职工平均劳动报酬为16505元，与2002年相比增长了6579元，增幅为66.3%。企业现行工资制度大体分为三种，一是岗位工资；二是结构工资：由基础工资、职位（岗位）工资、工龄工资、各种津贴等构成；三是计件工资，一般是在加工业采取这种方式。大多数企业以效益工资作为工资分配制度。2. 最低工资保障。2006年5月1日全省最低工资标准如下：大庆市区为620元/月，哈尔滨市区为590元/月，齐齐哈尔、牡丹江（含绥芬河市）、佳木斯、黑河市区为475元/月，鸡西、鹤岗、双鸭山、七台河市区为450元/月，大兴安岭地区、绥化市区为420元/月，伊春、县级市区为400元/月，其他各县为380元/月。全省平均为461元/月，比2004年实行的最低工资标准增长162元/月，增幅为54%。3. 工资支付情况。黑龙江省大部分企业工资发放情况较好，能够按时足额发放工资。截至 2006 年 9 月 30 日，黑龙江省的欠薪情况是：已建工会单位拖欠工资涉及职工 34.4 万人，拖欠工资金额 15.19 亿元。4. 低收入职工群体工资收入特点。到 2006 年 9 月末，黑龙江省工会所在单位月工资水平低于当地最低工资标准的职工达到 6.1 万人。这部分职工有如下特点：（1）工资水平低，工资增长缓慢甚至被长期拖欠是低收入职工群体的一个突出特点，同时也是低收入职工群体形成的一个主要原因。（2）部分停产半停产企业的下岗、失业、待岗、并轨职工构成了低收入职工群体的主体部分。（3）低收入职工群体的形成给社会发展带来了非常不利的影响。低收入职工由于收入低，普遍生活困难，心理压力和生活压力加大，已经影响到职工队伍和社会的稳定。（4）低收入职工群体基本分布有着鲜明行业特征。与行业收入差距相对应，表现为行业性工资水平偏低，部分职工生活困难，特困职工也相对集中。从年龄和受教育程度来看，低收入职工普遍文化程度较低，年龄偏大。

职工社会保障权益的实现和保障情况 黑龙江省的社会保障工作主要以养老保险、医疗保险、工伤保险、生育保险和城市居民最低生活保障等为主要内容，多渠道筹集保障资金，管理服务逐步趋向社会化的社会保障体系和制度已初步建立完善。1. 职工参加社会保险情况。截至 2006 年 9 月，全省工会所在单位在职职工参加医疗保险的人数为 218.6 万人，参加工伤养老保险职工人数为 216.6 万人，参加工伤保险职工人数为 136.8 万人，参加失业保险职工人数为 179.7 万人，参加职工生育保险职工人数为 86.1 万人。黑龙江省开展了工会职工互助活动的基层工会 1139 个，参与人数 28.5 万人。2. 困难职工群体的社会救助情况。针对特殊的困难群体职工，省委、省政府给予了高度的重视。坚持常年始终如一的“一帮一”扶贫解困工程、“送温暖”工程、扶贫助学工程等，有效地缓解了他们的困难程度，切实解决了一些实际问题，被广大职工誉为“民心工程”和“德政工程”。各级工会组织也积极地为困难职工办好事、办实事，成立“困难职工帮扶中心”，解决困难职工的应急问题，较好地维护了职工权益。

职工劳动安全卫生权益的实现和保障情况 1. 黑龙江省大部分国有改制企业注重安全投入，职业安全卫生工作基础扎实，机制健全，管理到位，能够扎扎实实地开展劳动保护工作。2. 部分非公有制中小企业，由于尚处于资本原始积累阶段，重生产、轻安全，忽视劳动者安全健康权益，企业劳动保护状况较差。一是一些小型非公有制企业设备陈旧，条件落后，安全生产基础薄弱。有些业主为追求利润的最大化，有意降低、减少甚至取消安全卫生基础设施的投入，使职工安全健康缺乏保障。二是个别中小企业，为降低生产成本，随意减免国家明文规定的劳动防护用品；一些企业即使发放安全卫生防护用品，也存在着以次充好，不按期更换等问题。三是部分非公企业实行计件工资制，变相强迫工人加班加点，工作时间经常达到十小时以上；很多非公企业几乎没有休息日、节假日，即便休息日、节假日加班，绝大多数非公有制企业也不能按《劳动法》规定的标准支付加班工资。3. 一些非公有制企业，为降低成本，削减安全教育经费。由于企业不按国家有关规定对农民工实施安全教育培训，致使农民工普遍缺乏安全生产观念、自我保护意识、安全操作技术和应对突发事件的能力。4. 所调查的各单位女职工的特殊权益都保障得较好，“四期”保护基本落到实处，维护了女职工的身心健康。

工会在维护职工劳动权益方面发挥作用的情况　1. 加大源头参与力度，从宏观上维护职工的劳动经济权益。要求各级工会在企业改制过程中要切实履行职责，有效维护职工的合法权益。2. 各级工会坚持把平等协商、集体合同制度作为维护职工经济利益、协调劳动关系的最主要手段。对此项工作实行目标管理，强化通报和履约情况监督检查制度，使平等协商、集体合同制度始终保持良好的发展势头。3. 加大劳动关系协调力度。一是建立工会与同级政府和有关部门的联席制度，以及劳动关系三方协商制度，并规范化开展工作；二是深入开展劳动关系和谐企业创建活动；三是建立健全劳动关系矛盾预警和调处机制。4. 加强监督检查工作力度。一是对《劳动法》《工会法》等法律法规的执行情况进行检查；二是以“安康杯”竞赛为载体，充分发挥群众性安全生产监督的作用，切实把各项法律法规落实到位。5. 建立健全职工权益保障机制，促进下岗职工再就业。以信息服务、就业安置、技能培训、创业培训、开发基地、依靠能人、劳务输出、宣传政策等活动为载体，全力促进再就业。通过举办“春季劳动用工洽谈会”“民营企业招聘周”“零就业家庭子女援助工程”等活动，帮助下岗职工重新就业。6. 加强困难职工帮扶救助工作，建立困难职工档案，坚持送温暖工程、困难职工帮扶中心和城市“一帮一”扶贫解困工程工作。2006年，黑龙江省困难职工帮扶中心帮扶职工12.6万人，包括生活救助、医疗援助、资助困难职工子女上学、小额借款、职业介绍、就业培训、政策咨询、法律援助等，帮扶金额为3304万元。黑龙江省城市“一帮一”扶贫解困工程的实施是“送温暖”活动的深入和创新，截至2006年9月，全省累计有16505个单位的34.1万名党员干部和社会各界人士分别与31.2万名特困职工结成了帮扶对子，累计立项203408个，启动实施270625个，累计筹集资金82893.7万元，投入启动项目资金517408万元，经营产值达103798.5万元。经过六年的帮扶，已经有36.4万名被帮扶特困职工实现了再就业，有27.9万户特困职工家庭摆脱了贫困，并出现了34767户月收入超千元、年收入超万元的致富户。

三、黑龙江省职工民主政治权利实现状况

职工在基层组织中民主权利的实现情况 职工代表大会制度、厂务公开制度在黑龙江省不断完善和发展，职工董事、职工监事制度初步建立。当时，黑龙江省工会所在单位中，有11324家企业事业单位建立了职代会制度、一线职工在职代会中的比例在50%以上，厂务公开制度所涵盖的单位达到9269家、涵盖职工308万人，748家企业建立了职工董事制度，591家企业建立了职工监事制度。

企业实行改组、改制、兼并、破产、出售等重大改革方案和职工工资、资金分配方案、职工下岗、分流和再就业等方案，能够提交职代会审议。厂务公开在国有、集体及其控投企业中普遍推行。企业一般都能够将企业经营管理的重大事项向职工群众公开，让职工群众了解企业的情况，参与决策和管理，接受职工群众的监督，有效地防止和减少了暗箱操作和个人或少数人决定重大问题的现象发生。国有、国有控股的公司，通过职代会选举职工代表参加公司董事会、监事会，从源头上参与公司决策并进行监督，使职工代表进入公司最高层次的决策领域。

非公有制企业职工民主政治权利的实现和保障在探索中发展。伴随着《劳动法》、新修改的《工会法》的颁布实施，特别是近年来大力开展的工会组建和实行厂务公开制度，使职工民主管理工作在非公有制企业逐步开展起来，成为企业发展的助推器，同时，职工的民主政治权利也在企业的发展壮大中有一定程度的实现。

调查中也发现，职工民主管理制度作为工会基本的维权机制和工作抓手，其运行质量距充分发挥效能还有一定差距。一些事业单位职工民主管理制度还不是很健全，特别是一部分非公企业，还没有建立职工民主管理制度；一些国有、集体及其控股企业因改制，职工民主管理制度受到了极大的冲击，个别的甚至没有建立职代会制度，即便建立了职代会制度，有的也流于形式，在这样的形势下，尊重和保障职工民主政治权利在一些地方、一些企业也就仅停留在了理论和口头上。

一线职工和工会代表在人大、政协中的比例和作用发挥情况　黑龙江省第十届人民代表大会代表571名，其中工人61名，占代表总数的10.68%；第九届政协委员会代表747名，其中工会干部与企业职工11名，占总数的1.47%。这些代表不仅在不同岗位上发挥着先锋模范作用，而且起着代表职工心声和底层职工心愿的作用。他们建言献策，反映大众疾苦。两会召开前夕，他们走访职工群众，就职工群众最直接最关心的问题形成提案。

工会代表职工参与立法情况、工会与同级政府联席会议制定建立和运行情况。2006年，黑龙江省基层以上工会参与制定地方法规两件，其中一件涉及职工权益；与同级政府开过联席（联系）会议的工会75个。

黑龙江省各级工会根据有关文件，逐步建立了工会与同级政府联席会议制度，政府讨论研究涉及职工群众利益的重大决策、决定时，要邀请工会列席会议，认真听取工会方面的意见和建议，重大问题、重大事件、重要情况及时沟通、解决，拓宽了政府与职工群众联系渠道，使联席会议成为体现双方意愿和要求的最佳结合点。

四、黑龙江省职工队伍的思想道德观念、文化技术素质状况

职工的思想道德和价值观念 调查显示，黑龙江省职工队伍道德价值取向趋于理性，主流意识积极向上，坚持党的领导和社会主义信念增强，普遍支持改革，更加关注企业的长远发展，把企业发展与员工利益、命运联系在了一起。就业观念逐步更新、竞争意识不断增强，职工精神文化需求日益增长，日常文化生活比较丰富。

仅以鹤岗市问卷调查结果为例，调查职工中对中国特色社会主义的发展前景充满信心的占64%；认为道路坎坷，前途光明的占23%；73%的职工支持我国继续深化企业改革，认为势在必行且利大于弊。职工工作目的和态度方面，认为是实现自身价值的占46%，谋生手段的占42%，努力工作主要是为了尽快提高个人生活水平的占64%，57%的职工在自己的工作岗位上能做到刻苦耐劳，主动加班，不计报酬，34%的职工基本能做到，认为企业的发展和个人的生活息息相关的占91%，对目前的工作岗位满意、希望继续干下去的占86%，在调查中我们发现43%的职工愿意从事生产技术岗位，30%的职工比较想从事机关管理岗位，认为人生的意义是为社会作出自己应有贡献的占69%，近期的奋斗目标为全面提高业务技能、适应竞争需要的占52%，尽可能多挣钱的占33%。在国家、集体和个人利益发生冲突时，把国家和集体利益放在首位的占65%。在当今形势下，62%的职工认为知识是改变命运的唯一出路，23%的职工认为基本是这样的。47%的职工能够做到参与健康有益的文化娱乐活动，不嗜烟、不赌博，46%的职工回答是基本能做到。当个人利益与集体利益发生矛盾时，81%的职工能做到牺牲个人利益，自觉维护集体利益，先考虑个人利益的只占10%。认为现在的社会道德状况总体上与以前相比进步的占68%。

职工的技术技能状况 在知识经济时代的推动下和就业压力、竞争压力日益增加下，广大职工学习的积极性空前高涨，全省职工科学文化素质和技术技能状况呈逐年提高的趋势。1. 黑龙江省职工技术技能变化情况。2006年，黑龙江省已建工会企业事业单位技术工人人数为66.8万人，其中高级工21.8万人，

技师6.2万人，高级技师1万余人。2. 职工职业教育培训权益的实现情况。与五年前相比，黑龙江省职工教育逐步走向规范化管理，建立了职工教育培训组织机构，有专人负责，均制定了培训规划、考核检查等措施，工会组织协助并参与、指导职工培训工作，职工学习能力和技术水平得到了普遍提高。各级工会独立兴办的职工教育机构总数达到156所，包括职工高等院校3所、职工中专2所、职工（业余）学校8所、培训中心2所、再就业培训基地11所、农民工业余学校127所、技能人才实训基地3所，2006年度职工教育机构在校学习人数为1.9万人。参加职业技能培训的工会所在单位职工65.1万人，取得高级及以上职业资格3.7万人。在培训方式上，除采取自学、请进来、走出去等方法，现在有的单位又利用高科技手段开展了视频培训，使职工足不出户就可直接聆听教授的讲座，促使职工自身技能的提高。

职工的精神文化生活状况　随着大部分职工生活水平的不断提高，职工的精神文化需求日益增长，文化生活方式呈现出多样化的特点，文化生活内容比较丰富，部分职工正逐步向较高层次的精神文化需求转变。以绥化市问卷调查结果为例，79%的职工对党的方针、政策非常关心或者比较关心，职工了解党和国家大政方针的主要途径是报纸杂志和电视广播（84%）、互联网和手机短信（6%）、会议文件（6%）、学习培训（4%）。

劳动模范作用发挥的情况　2006年度黑龙江省有省（部）级劳动模范（先进工作者）469名，市（地）级劳动模范（先进工作者）2259名。几年来，各级工会组织致力于让劳动模范“政治上香起来，经济上硬起来，生活上富起来，社会上爱起来”的宗旨，以充分发挥劳动模范这一品牌效应为主线，在职工技能比武、创新成果展示等竞赛活动中有劳动模范的身影，在报刊、简报及书籍、画册上有劳动模范的事迹，在职务晋升、招聘公示和光荣榜上有劳动模范的名字，从而在全省营造人人学劳动模范、争当劳动模范的风气，形成争先的良好氛围。在劳动模范的选树培优上，注重向一线员工倾斜，向年轻员工倾斜，向善于接受新思想、新观念并不断创新工作的员工倾斜；在劳动模范先进的推荐培养上，从原来的苦干、“黄牛”型，转变成知识、专家型，注重劳动模范先进的时代感、先进性。目前，企业在职的劳动模范中，有的已走上中、高级管理岗位，有的一线劳动模范已列入高级管理人员储备库。

五、企业劳动关系发展变化及劳动关系调整机制建设状况

黑龙江省企业劳动关系基本状况、发展变化及其特点 调查表明，劳动合同制度已逐渐深入人心，劳动关系基本进入了以《劳动法》规范调整的轨道，形成了以劳动合同确定权利义务并遵守履行的劳动关系新机制。目前黑龙江省劳动关系主体呈多元化，就业形式呈多样化。传统的就业模式被打破，顺应用人单位灵活用工和劳动者自主择业的要求，产生了多种有别于传统全日制就业的灵活就业方式，使劳动关系突破了传统的单一状态，表现出灵活、弹性、多样的特点。与此同时，随着产业结构的调整，企业新建、破产、兼并、合并、联合、转让也经常发生，使劳动关系处于不稳定状态。同时，黑龙江省劳动力市场总体呈现供大于求的状况，导致了普通劳动者在劳动关系中处于从属、被支配的弱者地位，劳动关系双方力量失衡，一些用人单位在内部结构调整中，压缩人工成本，减人增效，企业内部难以形成适应市场化需求的劳动关系协调机制。

不同类型企业职工与企业关系的现状 1. 传统的国有企业。这类企业中，大部分发展比较稳定，职工的工资、福利待遇、各种社会保险都能较好确保，职工的企业认同、归属感也比较高，劳动关系相对处于和谐稳定的发展状态。部分企业由于效益不好，职工的工资及各种社会保险待遇已经不能足额发放或交纳，问题严峻。2. 改制企业。通过改制程序，企业的产权在一定程度上实现了民营化，管理方式也基本实现了公司法人治理，在劳动关系上随之带来的是职工原有的全民所有制职工身份自动消失。一方面，通过给予一定的经济补偿金和安置费，企业与部分职工有偿解除了劳动关系；另一方面，根据改制改组后企业的用工需求和尊重职工个人意愿的原则由改制改组后企业与职工重新签订劳动合同，统称企业员工，将双方的关系确定下来。这类企业相对来讲计划经济的色彩淡一些，效益良好，员工的各项劳动经济权益能较好得到实现。3. 民营、外资企业。这类企业的劳动关系在较大程度上是按照市场经济的原则

来加以确立的，企业与职工间的关系，基本是由按照《劳动法》的规定签订的劳动合同来确定的，有部分民营企业劳动用工很不规范，招用的大量农民工与企业仅存在事实劳动关系。究其根本，在于员工与企业间基本不签劳动合同。人员的流动性很大、管理也比较混乱，侵害职工权益的现象时有发生，由于纠纷解决机制的缺位，往往得不到及时有效的救济。

建立健全劳动合同制度、平等协商和集体合同制度　1. 黑龙江省各级工会都坚持把平等协商、集体合同制度作为维护职工经济利益、协调劳动关系的最主要手段，通过实行目标管理、强化通报和履约情况监督检查制度等措施，使平等协商、集体合同制度始终保持良好的发展势头。2006 年度，黑龙江省工会区域签订劳动合同的企业数是 9628 户，签订劳动合同的职工数为 237. 1 万人，签订劳动合同的进城务工人员为 19 万人；签订综合集体合同 12551 份，覆盖企业 13048 家，覆盖职工 348. 2 万人；签订工资专项集体合同 2598 份，女职工权益专项集体合同 2 份；各级工会建立集体协商队伍 505 个，集体协商指导员 1003 人。2. 黑龙江省工会开展法律监督情况。2006 年，黑龙江省工会所在单位建立劳动关系预警机制的工会为 160 个，建立工会劳动法律监督组织的工会为 281 个，劳动法律监督员 898 名，受理案件 738 起，本组织处理案件 264 起，提请劳动监察部门处理案件 345 起。

劳动争议调处情况　调查结果显示，黑龙江省普通劳动争议案件数量呈上升趋势，集体争议案件数量逐年下降。2006 年，黑龙江省工会所在单位劳动争议协调委员会受理劳动争议案件 14202 起，其中集体劳动争议案件 75 起。劳动争议案件引发的主要原因：变更、安全卫生（7. 1%），解除、终止、续订劳动合同（43. 6%），开除、除名、辞退职工（15. 4%）。

截至 2006 年 9 月末，黑龙江省建立劳动争议协调委员会 21713 个，其中职工代表 11228 名。全省各级劳动争议调解组织和仲裁委员会在处理争议过程中均严格按照《中华人民共和国劳动争议处理条例》和《劳动争议仲裁委员会办案规则》等有关程序性规定处理争议。部分市（地）建立了劳动争议电子数据库，对劳动争议调解的组织建立、工作开展、劳动争议发生情况等进行动态掌握。

黑龙江省工会开展法律援助工作情况。截至 2006 年 9 月，黑龙江省建有工会法律援助服务机构151家，工作人员469名，取得律师资格的工会干部43人，2006年度受理案件1390起，处理案件1029起，提供咨询、代书1845次。

开展创建劳动关系和谐企业的进展情况 黑龙江省各市（地）积极开展创建劳动关系和谐企业活动，成立了领导小组，制定了活动方案，广泛开展宣传动员，深入企业进行现场指导，并对申报创建和谐劳动关系企业进行审核评估。活动中重点抓了三个关键环节：一是保障环节，首先在和谐企业建立健全劳动合同制度，确立较规范的用工行为，培养典型，发挥典型的示范引领作用，以点带面，推动劳动合同制度的全面实施。同时，进一步建立工资决定和增长机制，增加职工收入，重视劳动保护工作，积极推进职工养老、失业、工伤、社会保险工作。二是民主环节，一方面，加大工会组建和会员发展力度，采取独立组建、联合组建、统筹组建的方式，扩大工会组织覆盖面。另一方面，加大厂务公开民主管理力度，重点在企业经营管理及涉及职工群众切身利益的关键环节上推行公开。三是维权环节，进一步加强劳动争议调解组织建设，及时解决劳动争议，加大女职工和未成年工合法权益和特殊权益的保护力度。

活动中也存在一些问题。如部分私营业主和职工思想认识还不够到位，部分私营企业因建会难而影响创建和谐企业活动的开展；部分职工的工作时间较长、工资偏低、各项福利待遇还比较少，企业还不够和谐等。

工会组建和发挥作用情况 1. 黑龙江省建立工会和发展会员情况，截至2006年9月，黑龙江省共有基层工会29346个，会员人数达574.1万人。建立了工会女职工组织的基层工会16518个，应建女职工组织建会率83.3%。2. 职工对工会的认同度、满意度及希望和要求，经调查，黑龙江省大部分职工和会员对工会的认识程度很高，能够把工会当作维护工人阶级利益的组织，能够以工会组织来维护自身的合法权益。广大职工希望工会组织履行维权职能的工作力度更大一些，措施更得力一些，更好地维护广大职工的合法权益。希望工会把协调劳动关系作为重点，推动就业和再就业工作，维护好职工群众在收入分配、社会保障和劳动安全卫生等方面的权益，为困难职工和劳动模范排忧解难。3. 黑龙江省工会组建和维权工作面临的困难和问题。工会目前在建会和维权工作中最主要的困难是缺乏强有力的法律支撑。由于不是执法主体，工会在组建或者开展维权活动过程中主要依靠的是法律武器，但目前工会所依据的法律对违法行为缺乏有效的制裁，因此有法不依的现象屡见不鲜，工会工作的实效性很难得到体现。4. 基层工会对上级工会的希望和要求。5. 工会发挥作用的有效载体和途径是推行平等协商和集体合同制度工作。通过推行集体合同制度，将调整劳动关系纳入法制化和规范化的轨道，把企业和职工之间发生的无序的冲突变为有序的、合法的协调行为，使各种劳动关系矛盾解决在萌芽状态。

第二节　坚持中国特色社会主义工会发展道路

在中国工会十五大期间（2008 年 10 月 17 日至 21 日），胡锦涛发表重要讲话，习近平代表党中央致祝词，都强调指出中国特色社会主义工会发展道路是中国特色社会主义道路的重要组成部分，明确要求全面把握这条道路的精神实质，努力使中国特色社会主义工会发展道路越走越宽广。这对于我们坚定不移地走中国特色社会主义工会发展道路，开创工会工作新局面，具有十分重要的意义。

一、深刻认识中国特色社会主义工会发展道路

走什么样的工会发展道路、建设什么样的工会，事关党的工运事业全局，事关工人阶级的根本利益，事关中国工会的前途命运。随着改革开放的深入推进和社会主义市场经济的不断发展，中国工会如何立足国情会情，把握时代特点，遵循客观规律，坚持正确方向，是新的历史条件下面临的重大课题。坚持走中国特色社会主义工会发展道路，就是对这一时代课题的科学回答。

中国特色社会主义工会发展道路，创造性地回答了“走什么样的工会发展道路、建设什么样的工会”这一重大时代课题，体现了共产主义远大理想与中国特色社会主义共同理想的统一，体现了时代要求与中国国情的统一，体现了工人阶级长远利益与当前利益的统一，丰富和发展了新时期的中国工运理论，使我们对改革开放和社会主义市场经济条件下工会工作特点和规律的认识达到

了一个新高度。

二、努力使中国特色社会主义工会发展道路越走越宽广

理论的价值在于推动实践。胡锦涛强调，要全面把握中国特色社会主义工会发展道路的精神实质，把坚决按照工会章程和有关法律法规独立自主开展工作同自觉接受党的领导紧密结合起来，把维护职工群众具体利益同维护全国人民根本利益紧密结合起来，把服务职工、维护职工合法权益同组织职工、教育引导职工紧密结合起来，不断提高为职工群众服务的能力和水平。我们要认真学习、深刻领会胡锦涛的重要讲话精神，在理论研究和实践探索中努力贯彻落实。坚持走中国特色社会主义工会发展道路，要注重处理好几个重大关系。

第一，要处理好自觉接受党的领导与独立自主创造性地开展工作的关系。工会作为党领导的群众组织，必须把自觉接受党的领导和依照法律和章程独立自主创造性地开展工作有机结合起来。要充分认识中国共产党是中国特色社会主义事业的领导核心，进一步增强接受党的领导的自觉性和坚定性，在思想上、政治上、行动上同党中央保持高度一致。坚持接受同级党委和上级工会双重领导、以同级党委领导为主，重大问题及时向党委请示汇报。特别是要通过富有特色的创造性工作，把对党负责和对职工群众负责统一起来，把党的要求和职工群众的愿望统一起来，把执行党的政策的坚定性与为职工服务的实效性统一起来。党组织要注意照顾工会组织的特点，进一步加强和改善对工会的领导，定期研究工会工作重大问题，为工会工作创造更好的环境和条件。

第二，要处理好争取政府支持与工会主动发挥作用的关系。我国政府是人民的政府。在发展社会生产力，构建社会主义和谐社会，维护工人阶级和人民群众利益，巩固社会主义国家政权的目标上，政府与工会是完全一致的。工会要组织和动员职工依法参与管理国家事务和社会事务、管理经济和文化事业，参与有关立法和政策的制定，推动建立健全工会与政府联席（联系）会议制度和劳动关系三方协商机制。教育职工群众遵守政府法令，维护政府权威，响应政府号召，努力做好工作。引导职工理性合法地表达利益诉求，维护职工队伍

和社会稳定，巩固社会主义国家政权的群众基础。政府要依靠工会联系和组织广大职工，把那些党政所急、职工所盼、工会所能的事情，更多地交给工会组织去做。

第三，要处理好促进企业发展与维护职工权益的关系。我国社会主义劳动关系双方是矛盾统一体和利益共同体。离开了企业的发展，职工的利益就会受到影响；离开了职工的创造性劳动，企业发展就会失去动力。工会必须始终遵循“促进企业发展、维护职工权益”的原则，把两者有机统一起来。一方面，要引导职工热爱企业，在本职岗位上创造一流业绩，为搞好企业积极献计出力；另一方面，要督促经营管理者关心和关爱职工，尊重职工的主体地位，保障职工的合法权益，积极履行社会责任，巩固发展和谐劳动关系。当前正在开展的工会与企业、职工的“共同约定行动”，多种形式的劳动竞赛，创建“工人先锋号”，“同舟共济保增长、建功立业促发展”活动等，都是工会把促进企业发展和维护职工权益相统一的具体实践与有益尝试，要结合时代特点和企业实际更好地加以推进。

第四，要处理好服务职工与依靠职工的关系。工会是职工群众自己的组织，职工群众是工会组织的力量源泉，密切联系职工是工会的最大优势，脱离职工是工会的最大危险。这就决定了工会既要竭诚为职工群众服务，又要真心依靠职工群众办会，不断增强工会对职工群众的吸引力和凝聚力。要真心服务职工，按照以人为本、关注民生、促进和谐的要求，加大维权和帮扶力度，促进党和政府主导的维护职工权益机制的建设，推进“千万农民工援助行动”，开展送温暖工程、困难职工帮扶中心建设、职工书屋建设、金秋助学行动等各项帮扶活动，加强对下岗失业职工、零就业家庭、困难职工大学生子女、农民工的就业服务，推动实现体面劳动。要真正依靠职工，充分体现工会组织的群众性，充分调动职工群众参与工会活动、推动工会建设的主动性，走专职工会干部、兼职工会干部、工会积极分子“专兼群”三结合的路子，使广大职工群众真正成为工会服务的主体和工会工作的主体。

第五，要处理好学习借鉴国外工会有益经验与坚持中国工会特色的关系。随着我国改革开放的不断深化，中国工会与世界各国工会和国际工会组织的联系日益紧密，工会组织之间的相互影响不断增强。坚持走中国特色社会主义工会发展道路，必须以开放的姿态和宽广的胸怀，增进与各国工会的对话交流，创建更多载体，创新工作方式，健全对话机制，提高交往层次，拓展交往内容。同时也要清醒认识各国历史文化、社会制度和工会发展道路的不同，从中国的实际出发，牢牢把握中国工会的本质特征，始终坚持走自己的路，决不照搬西方工会的发展模式，努力发挥自己的特点和优势，为营造促进我国发展的良好国际环境作出应有的贡献。

第三节　黑龙江省工会第九次代表大会

黑龙江省工会第九次代表大会召开时期正处于我国进一步完善社会主义市场经济体制，加速社会主义现代化建设的重要战略机遇期，及黑龙江省深入贯彻党的十六大和十六届三中全会精神，全面振兴老工业基地、加快国有企业改革，推进各项事业发展，实现“努力快发展、全面建小康”奋斗目标的重要时期。工会组织面临的任务艰巨而光荣，责任重大而神圣。必须进一步增强政治责任感和历史使命感，解放思想，开拓创新，锐意进取，恪尽职守，勤奋工作，真抓实干，不辜负党和人民的重托，不辜负全体代表和广大职工的期望，努力把工会建设成为坚持党的领导、实践“三个代表”、服务工作大局、切实履行职责、职工群众信赖的工人阶级群众组织。

一、省工会九大的主要议程和主要任务

黑龙江省工会第九次代表大会，于 2003 年 11 月 6 日至 8 日在哈尔滨召开。到会代表 531 人，特邀代表 23 人。

这次大会的主要议程：审议并通过省总工会第八届委员会工作报告、省总工会委员会工作报告、省总工会财务工作报告；选举省总工会第九届委员会和省总工会第九届经费审查委员会；表彰黑龙江省模范职工之家标兵、模范职工

小家标兵、模范职工之家、模范职工小家、优秀工会干部、优秀工会积极分子。

省工会第八次代表大会以来的五年，在党中央正确领导下，全省广大职工群众高举邓小平理论伟大旗帜，以“三个代表”重要思想为指导，以奋进的精神状态、博大的全局胸怀和高度的主人翁精神，积极投身改革开放和现代化建设的伟大实践，围绕中心、服务大局、艰苦奋斗、无私奉献，为黑龙江省的改革、发展、稳定作出了巨大贡献。五年来，各级工会组织在党的领导下，紧紧围绕经济建设这个中心，服务全省工作大局，在组织职工建功立业、维护职工合法权益、加强工会自身建设等方面，做了大量卓有成效的工作。实践证明，工人阶级不愧为国家的领导阶级，不愧为先进生产力的代表，不愧为社会主义现代化建设事业的主力军。实践也同时证明，各级工会组织不愧为党联系职工群众的桥梁和纽带。

二、省工会九大的工作报告

省总工会主席代表省总工会第八届委员会在大会上作题为《动员组织全省职工在“努力快发展，全面建小康”的宏伟事业中发挥主力军作用》的工作报告。报告指出，五年来，全省各级工会在省委和全国总工会的正确领导下，围绕中心、勇于探索、与时俱进、开拓创新，各项工作取得可喜的成绩。一是围绕中心、服务大局，团结动员广大职工为全省经济发展和社会进步作出积极贡献；二是工会基层组织进一步加强，巩固了党的阶级基础，扩大了党的群众基础；三是协调劳动关系机制建设取得新进展，工会民主管理、源头参与工作取得新成效；四是积极开展对困难职工群众的帮扶工作，努力为广大职工做好事、办实事，对维护社会稳定起到重要作用；五是自身建设进一步加强，各项工作都有新的进展。报告指出，完成新时期党和人民赋予我们的繁重而艰巨的任务，必须突出做好以下八项工作。一是着眼于新的实践和发展，认真学习贯彻“三个代表”重要思想；二是以组织实施“三大工程”为载体，团结和动员全省职工为振兴老工业基地和全面建设小康社会作出新的贡献；三是坚持不懈地加强基层组织建设，不断增强工会组织的吸引力和凝聚力；四是积极推进协调劳动关系机制建设，依法保障职工群众的合法权益；五是大力推进职代会和厂务公开制度建设，积极探索扩大基层民主和保障职工民主权利的有效途径；六是全力做好实施第二轮城市“一帮一”扶贫解困工程和困难职工帮扶中心工作，真心实意为职工办实事；七是加大立法参与、政策参与的力度，努力加快工会工作法制化进程；八是以改革和创新精神，加强工会组织自身建设。报告最后要求，全省各级工会组织和广大工会干部，要在省委和各级党委的领导下，开拓进取、勇于创新、励精图治、扎实工作，团结和带领全省广大职工，为再创黑龙江省老工业基地的辉煌、实现全面建小康的宏伟目标而努力奋斗。

2003 年 11 月 8 日，大会采用差额选举办法，以无记名投票的方式，选举 119 名委员，组成黑龙江省总工会第九届委员会。

会议采取等额选举的办法，以无记名投票的方式，选举产生黑龙江省总工会第九届经费审查委员会。

本次大会还决定，授予哈尔滨气化厂工会等 40 个单位“省模范职工之家”标兵称号；授予哈尔滨轻型车厂焊装车间工会等 39 个单位“省模范职工小家”标兵称号；授予哈药集团三精制药有限公司工会等 83 个单位“省模范职工之家”称号；授予中国石油天然气股份有限公司哈尔滨石化分公司电站车间工会等 76 个单位“省模范职工小家”称号；授予庞建等 100 名个人“省优秀工会干部”称号；授予姜荣等 92 名个人“省优秀工会积极分子”称号。

2003 年 11 月 9 日，举行黑龙江省总工会九届一次全委会议，会议选出黑龙江省总工会第九届委员会主席、副主席、常委。

黑龙江省工会第九次代表大会，是进入 21 世纪黑龙江省工人阶级的第一次盛会，是全省广大职工群众政治生活中的一件大事。这次大会，对于深入贯彻党的十六大、十六届三中全会精神，团结和动员全省工人阶级充分发挥主力军作用，推动“努力快发展、全面建小康”进程，开创黑龙江省工会事业和工会工作新局面，必将产生深远的影响。

第四节　推动劳动立法，落实“组织起来，切实维权”工会工作方针

维护职工合法权益、竭诚服务职工群众，是工会赢得职工群众信赖和支持的关键所在。习近平总书记强调，工会要坚持以职工为中心的工作导向，抓住职工群众最关心最直接最现实的利益问题，认真履行维护职工合法权益、竭诚服务职工群众的基本职责，把群众观念牢牢根植于心中，哪里的职工合法权益受到侵害，哪里的工会就要站出来说话。黑龙江省总工会坚持以职工为中心的工作导向，主动作为、善于作为，抓住职工群众最关心最直接最现实的利益问题，健全劳动关系协调机制，及时正确处理劳动关系矛盾，帮助职工群众通过正常途径依法表达利益诉求，解决职工的“急难愁盼”问题，打通联系服务职工群众的“最后一公里”，让职工群众真正感受到工会是“职工之家”，工会干部是最可信赖的“娘家人”、贴心人。

一、逐步推进健全各项劳动立法工作

2005 年，黑龙江省召开贯彻全国厂务公开民主管理经验交流会精神和《黑龙江省企业事业单位公开管理条例》会议。会议要求：第一，进一步加强厂务公开民主管理的制度化、规范化、程序化建设。各地要结合实际，研究制定切实可行的推行计划和工作安排；巩固和完善保障职工民主权利的有效机制，进一步规范职代会制度，建立健全落实职代会各项职权的制度体系，并按照新的形势、新的任务创新民主管理工作手段。第二，把厂务公开民主管理融入国有企业改制重组的全过程，重点落实好职工代表大会的职权，依法保护职工的合法权益，维护职工队伍和社会稳定。第三，大力推进非公有制企业的厂务公开民主管理工作。非公有制企业实行厂务公开，建立职工代表大会制度，要从企业实际出发，因企制宜，重点推进企业规章制度公开。第四，切实抓好事业单

位的事务公开民主管理工作。2005 年，事业单位要大力推行公开招聘制度，通过公开，做到公正、公平，确保事业单位改革平稳推进。

自 2004 年 10 月 1 日省人大常委会审议通过的《黑龙江省企业事业单位公开管理条例》（以下简称《条例》）颁布实施后，市、县两级厂务公开领导小组及办公室建设进行了重新调整和加强。并组织市、县两级厂务公开领导小组成员单位和领导干部集中学习《条例》，首先解决了领导层面对《条例》的认识问题。在此基础上，市、县两级厂务公开领导小组通过把强化舆论宣传和基层举办培训班相结合的办法，使《条例》精神进一步深入人心。除市里举办了培训班外，各市（县）区及各基层单位也都采取了多种形式举办了学习贯彻《条例》培训班。全市各基层共举办此类培训班 28 期，培训骨干 1985 人次。

二、联席会议制度

更好地发挥政府和工会联席会议制度作用，实现改革发展与职工群众共享成果的双赢，是工会助力全面深化改革的重要抓手。2014 年 5 月 4 日，全国总工会下发《关于进一步推动完善政府和工会联席会议制度的意见》（以下简称《意见》），就完善县级以上地方政府和同级工会联席会议制度提出工作意见。

联席会议是政府与工会为促进改革发展、构建和谐劳动关系、维护职工合法权益、协商解决共同关注的重大事项和问题而召开的专门会议。经过多年探索，这一制度安排已成为许多地方工会源头参与协调劳动关系、反映职工需求的有效形式，也是各级政府听取职工群众意见的重要途径。完善联席会议制度，有利于把政府安排部署与职工的期望有机结合。

基于此，中华全国总工会特下发《意见》，要求各地工会充分认识联席会议制度的重要意义，准确把握推动完善这一制度的三项原则，即坚持党的领导，坚持服务党和政府的中心工作，切实维护职工群众合法权益。

《意见》进一步明确，把全面深化改革、促进科学发展、维护社会稳定中涉及广大职工群众切身利益的热点、难点问题等作为联席会议的重点议题，反映好表达好职工群众最关心最直接最现实的利益问题和面临的最困难最操心最忧虑的实际问题。其主要内容包括通报当地国民经济和社会发展计划、政府工作中涉及职工利益的行政措施；研究动员和组织广大职工群众建功立业和解决涉及职工群众切身利益的突出问题；对构建和谐劳动关系作出总体部署和规划；研究解决工会工作中需要政府支持帮助的问题；等等。

《意见》要求地方工会积极推动政府将联席会议制度建设摆上重要位置，健全相关配套制度；推动各级人大健全完善相关立法，使联席会议制度逐步法制化、规范化。同时，将完善联席会议制度工作作为对地方工会考核的重要内容，要求各级产业工会结合实际推动建立和完善相关联席会议制度，并建议有条件的乡镇（街道）、开发区（工业园区）也应积极探索建立联席会议制度。

《意见》还对提出联席会议议题草案、筹备会议、形成纪要、督促议定事项落实等作出详细安排，并要求各地工会主动与政府沟通协作，保证联席会议每年至少召开一次。

黑龙江省委、省政府高度重视联席会议工作。省委对每次联席会议的召开都给予关注和指导，历届联席会议均由省长主持，副省长、秘书长和议题涉及的十余个厅局主要负责人参会。省政府办公厅先后印发《黑龙江省人民政府、黑龙江省总工会联席会议制度》《关于建立健全县级以上人民政府与同级工会联席会议制度的意见》，从顶层设计方面为联席会议的召开提供有效的制度保障。

通过联席会议平台，一系列职工利好政策也相应出台：黑龙江省财政每年支持3000万元帮扶救助困难职工；成立“全省劳动和技能竞赛委员会”，共同培育、联合表彰“龙江工匠”；将户外劳动者服务站点纳入市政建设“大盘子”；推广“人教岗”模式，畅通技术工人成长成才通道……

省级层面的联席会议，为市县的相关工作“打了样”。除了将省级联席会议的重点选题在基层落地外，市县级的联席会议还有针对性地结合自身工作开展。

通过联席会议平台，工会可以更好地融入全省经济发展大局，也能更准确、更及时地关注职工的切身利益，从而更好地履行工会职责。目前，黑龙江省政府与工会联席会议已经实现了常态化制度化。

三、依法推动企业普遍建立工会组织

工会组建和发展会员工作在工会全局工作中至关重要，是工会一切工作的基础和前提。加强工会组建是发展和谐劳动关系，推动解决职工群众最关心、最直接、最现实的利益问题的迫切需要；是做深做细做实党的群众工作，密切党同职工群众的血肉联系的迫切需要。

做好工会工作，发展和谐稳定的劳动关系，必须推动企业普遍建立工会组织，不断扩大工会组织覆盖面，切实发挥工会作为职工利益代表者和维护者的重要作用。建立健全企业工会工作的各项制度和机制，加强上级工会的指导，健全完善企业工会主席民主选举机制，选好配强工会主席，确保选出来的工会主席能代表职工，能为职工说话办事，依法维护职工权益。在涉及企业职工合法权益的维护上，工会敢于维权、善于维权，旗帜要更鲜明，声音要更响亮，措施要更有力，努力帮助职工群众解决实际问题。必须依法推动企业普遍开展工资集体协商，国有企业更起了带头作用，通过工资集体协商，科学合理地确定劳动定额、工资标准，保证企业职工工资通过劳动关系双方来确定，切实提高了职工的工资收入。

切实提高职工思想工作的针对性、实效性，大力发展健康向上的企业文化、职工文化，注意加强对青年职工和新生代农民工的思想工作，使他们树立艰苦奋斗、依靠诚实劳动创造美好生活的理念，形成团结友爱、乐观进取的精神状态。从群众组织的性质和特点出发，大力推进工会工作改革创新，改进作风、深入职工群众，把工会真正建设成为职工群众信赖的组织。

四、依法推动企业普遍开展工资集体协商

工资集体协商是市场经济国家解决企业工资问题的通行做法，也是发展社会主义市场经济的内在规律性要求。开展工资集体协商，是维护职工劳动经济权益、发展和谐劳动关系的重要举措，是保护调动职工积极性、促进企业可持

续发展的有效手段，更是改革收入分配制度、推动加快转变经济发展方式的重要内容。开展工资集体协商对于维护职工核心利益、促进企业发展发挥了重要作用，同时，也提高了工会对职工的吸引力和凝聚力。

一是维护了职工依法获得劳动报酬的权益，促进了职工工资收入随着企业发展逐步提高。凡是开展工资集体协商的地区和单位，企业劳动标准普遍有所提升，职工收入普遍增加。在一些城市，实行工资集体协商的企业，职工工资普遍比同行业未实行工资集体协商的企业高10%至15%。如黑龙江省哈尔滨市道外区开展工资集体协商的186家企业中，有80%的企业提高了企业经济效益，有85%的企业职工增加了收入。

二是促进了企业可持续发展，初步形成了“劳资双赢、共谋发展”的良好局面。开展工资集体协商，激发了职工的积极性和创造性，特别是面对国际金融危机冲击，全国80%的企业和职工参加了“同舟共济保增长、建功立业促发展”竞赛活动。

三是促进了企业劳动争议率下降，维护了社会和谐稳定，赢得了企业、职工和社会的普遍认可。特别是开展行业性工资集体协商对行业内各工种的工时工价、工资标准、浮动范围都作了明确规定，从而加强了企业自律，防止了无序竞争，不仅增加了职工工资，而且为企业创造了稳定的劳动力市场，实现了劳资双赢。

四是增强了基层工会的活力，提高了企业工会对职工的吸引力、凝聚力。随着集体协商的深入开展，工会对职工的吸引力、凝聚力在不断增强。工会通过代表职工与企业开展工资集体协商，维护了职工最关心的劳动报酬权益，赢得了职工信任。70%以上的职工对工资集体协商表示欢迎和拥护，希望能够发挥更大作用。一些企业经营管理者也感到解决与职工的利益关系矛盾离不开协商，因而在处理涉及职工切身利益的重大问题时，都主动要求与工会开展协商。

推进工资集体协商制度建设是协调劳动关系机制建设的重要内容，也是协调劳动关系三方的共同责任。国家协调劳动关系三方已经确定了发展目标，从2010年起用三年时间，到2012年底基本实现集体协商制度覆盖已建工会企业，在集体协商制度覆盖面不断扩大的同时实效性明显增强。

第五节　黑龙江省工会第十次代表大会

一、省工会十大主要任务和主要议程

2009 年 11 月 26 日，黑龙江省工会第十次代表大会在哈尔滨国际会议中心环球剧场举行。我国正处于进一步发展的重要战略机遇期，这对各级工会组织提出了新的更高要求，也为工人阶级施展抱负、发挥才能提供了广阔舞台。全省广大职工和工会组织认清历史使命，勇担时代重任，坚定信念，提高素质，永葆先进，开拓进取，努力在黑龙江更好更快发展的伟大实践中有新的作为。

会议的主要议程：宣布开幕，奏国歌；为省劳动模范代表颁奖；人民团体致贺词；全国总工会代表讲话；中共黑龙江省委代表讲话；省总工会主席作工作报告；财务工作报告（书面报告）；经审工作报告（书面报告）；选举省总工会第十届领导机构。

二、省工会十大的工作报告

省总工会主席代表黑龙江省总工会第九届委员会向大会作工作报告。

过去五年，是黑龙江省经济和社会各项事业发展较快的五年；是全省工人阶级艰苦奋斗、扎实苦干，为黑龙江省老工业基地全面振兴建功立业的五年；是全省工会组织找准定位、发挥优势，团结动员广大职工为实现全省经济社会又好又快发展作出突出贡献的五年。

五年来，在省委和中华全国总工会的领导下，全省各级工会组织以科学发展观为统领，围绕黑龙江省经济社会发展大局，按照“扩大覆盖面，增强凝聚力”的基本要求，深入贯彻“组织起来，切实维权”的工作方针，坚定不移地走中国特色社会主义工会发展道路，不断推进理论创新和实践创新，披荆斩棘，

不畏艰难，创造了一些在全国具有示范引领作用的工作模式，破解了许多制约工会工作发展的深层次矛盾，展现了黑龙江省工会组织和广大工会干部勇于开拓、与时俱进的时代形象，获得了全国总工会和省委、省政府40多项殊荣。工会组织覆盖面不断扩大，凝聚力显著增强，维权机制逐步完善，服务职工能力和水平明显提高，是改革开放以来黑龙江省工运事业发展的最好时期之一。

服务大局，工人阶级主力军作用得到充分发挥。各级工会把推进改革、促进发展，作为工会工作的第一要务，紧紧围绕黑龙江省老工业基地振兴发展战略，引导职工广泛开展“当好主力军、建功‘十一五’、和谐奔小康”劳动竞赛、创建“工人先锋号”等竞赛活动，充分展现了工会组织在经济建设主战场中的新风貌。自主创新、节能减排、技术练兵、技术比武等活动蓬勃开展，经济技术创新活动效果突出。五年来，全省职工累计提出合理化建议62万件，被采纳实施25万件，实施技术革新项目6万项，技术发明79万项，创造了可观的经济效益。群众性安全生产活动更加广泛深入，“安康杯”竞赛率先在全国实现了规范化，“平安龙煤”竞赛活动促进了煤矿安全生产形势的根本好转。应对国际金融危机，各级工会广泛开展“同舟共济保增长，建功立业促发展”竞赛和“同约定行动”，为保持黑龙江省经济平稳较快发展作出了积极贡献。大力弘扬劳动模范精神，唱响了劳动光荣、知识崇高、人才宝贵、创造伟大的时代赞歌。

强基固本，工会组织建设实现重大突破。积极推动以沃尔玛为代表的外资企业建会工作，跨国公司建会难的问题得到了解决。改制企业工会组织的整顿重建同步跟进，非公有制企业工会组建工作成绩喜人。较早地开展工会进村，项目工会建设和乡镇总工会试点工作，实现了工会组建形式的创新。坚持把农民工作为职工队伍的新生力量，会员队伍不断发展壮大。五年来，全省新增基层工会组织1.7万个，新增工会会员243万人。截至2008年底，全省共有基层工会组织3.9万个，工会会员697万人，入会率达到98%。省总工会连续四年荣获全国组建工会和发展会员工作一等奖，被授予全国工会组建工作先进单位。

强化培训，职工素质明显提升。适应全面建设小康社会的新要求，各级工会把提高职工素质作为发展工人阶级先进性的基础工作和战略任务，全面实施职工素质工程，全省有百余万职工参加了“创建学习型组织、争做知识型职工”

活动。积极举办多层次、多渠道的职业技能培训，不断深化企业文化建设和职工文化建设，全国学习型班组研讨会和全国工会企业文化建设现场会相继在黑龙江省召开。开展“职工书屋”建设活动，全省已建成全国工会“职工书屋”示范点70个、省级“职工书屋”658个，为职工学习知识、获取信息、提高素质搭建了新的平台。

源头参与，维权工作法律环境进一步优化。五年来，各级工会参与制定了地方性法规41部。省总工会推动出台了《黑龙江省实施〈工会法〉条例》等三部地方性法规，参与修订了《黑龙江省劳动模范评选和管理规定》，配合省人大两次开展《工会法》和《黑龙江省实施〈工会法〉条例》执法检查。县以上地方工会普遍建立了向党委汇报工作制度、工会与政府联席会议制度、三方协商机制，工会社会化维权工作格局基本建立。

维护权益，促进了劳动关系和谐与社会稳定。各级工会坚持以职工为本，把建立和谐稳定的新型劳动关系作为促进和谐社会建设的切入点，工会组织领导下的维权机制进一步完善。全过程参与了企业改制、分流和社保试点工作。国有企事业单位职代会制度普遍建立，厂务公开民主管理工作深入发展。大力推行平等协商集体合同、工资集体协商、女职工专项集体合同制度。目前，全省国有、集体及其控股企业职代会、厂务公开建制率分别达到85%和94%。认真贯彻落实农民工维权“十项工作机制”，开展“农民工援助专项行动”，评选全省首届“十大杰出农民工”，维护农民工合法权益已经成为工会组织促进社会和谐的重要举措。

扶贫济困，工会帮扶工作成效显著。各级工会以高度的责任感，探索形成了具有黑龙江特点的工会帮扶工作模式，城市“一帮一”扶贫解困工程，成为全国工会帮扶工作的典范，得到了党中央领导和省领导的高度评价。实施城市“一帮一”扶贫解困工程，共结成帮扶对子15万对，脱贫率达99.5%。全省县级以上工会全部建立了困难职工帮扶中心，帮扶资金纳入地方财政预算，困难职工帮扶中心已经成为党和政府关心帮助困难职工的重要窗口。深入开展送温暖和“金秋助学”活动。五年来，筹集帮扶救助资金3.6亿元，筹集助学资金近9000万元，累计争取专项资金9055万元，有效地解决了困难职工和劳模的实际问题。

五年来，工会其他各项工作全面发展。积极开展学习实践科学发展观活动，工会领导机关建设大大加强、机关风气根本转变、机关面貌焕然一新，工会干部服务科学发展、服务职工群众的能力和水平显著提升。县级工会标准化建设全面展开，职工之家建设取得丰硕成果。建立地税代征工会经费和建会筹备金制度，工会经费收缴方式实现重大变革，经费收缴年均增幅达24%。工会经费审查监督力度加大，工会资产规模不断扩大。女职工组织进一步健全。产业工会工作成效突出。工会工作信息化水平逐步提高，干部培训、新闻宣传、统计信息、工会对外交流等工作都有了长足发展。

五年来，各级工会组织还在新农村建设、抗击南方雨雪冰冻灾害、参与奥运和支援四川地震灾区重建中发挥了积极作用。

五年来的实践，使我们积累了宝贵的经验：一是必须以党的领导为根本，坚持工会工作的正确方向；二是必须以科学发展观为指导，围绕中心、服务大局；三是必须以改革创新为动力，推进工会工作跨越式发展；四是必须以职工为本，始终保持与职工群众的密切联系；五是必须以发展和谐劳动关系为主线，主动依法科学维权；六是必须以强化自身建设为保证，永葆工会组织的生机与活力。

抓住机遇，迎接挑战，准确把握今后五年工会工作面临的形势、指导思想和奋斗目标。全省工会工作的基本思路是，围绕一个中心——以推动全省经济社会更好更快发展为中心；坚持两个维护——维护全省人民总体利益和维护职工具体利益；实现三个全覆盖——工会组建全覆盖，经费收缴全覆盖，困难职工帮扶全覆盖；发挥四个作用——组织职工、引导职工、服务职工和维护职工合法权益作用；坚持五个着力——着力加强工会“大学校”建设，着力弘扬劳模精神，着力发展和谐劳动关系，着力激发基层工会活力，着力促进工会资产保值增值；唱响“六大工作品牌”——创建“龙江工人先锋号”，深化城市“一帮一”扶贫解困工程，争创厂务公开和民主管理规范化示范点，实施“安康工程”，“争做铁人式职工”，建设“五型”（学习型、服务型、创新型、廉洁型、和谐型）标准化工会。

根据《黑龙江省工会第十次代表大会代表产生办法和名额分配方案》要求，代表从全省各行各业、各条战线中产生，具有广泛性和代表性。

大会组织筹备组经过全面审查认为，各选举单位选举工作和选举产生的528名代表，符合《中国工会章程》《工会基层组织选举工作暂行条例》及《黑龙江省工会第十次代表大会代表产生办法和名额分配方案》的规定，符合代表条件和代表的构成要求。

黑龙江省总工会第十届委员会选举出主席1人、副主席7人，常务委员会委员18人。黑龙江省总工会第十届委员会委员（127名），黑龙江省总工会第十届经费审查委员会委员（25名）。

黑龙江省工会第十次代表大会，是在全省建设“八大经济区”、实施“十大工程”战略部署进入关键时期召开的一次重要会议。全面贯彻党的十七大、中国工会十五大和省委全会精神，深入贯彻落实科学发展观，坚持走中国特色社会主义工会发展道路，开拓进取，奋发有为，团结动员广大职工为推动黑龙江省经济社会更好更快发展建功立业。

第六节　工人阶级为构建和谐社会作贡献

广大职工群众奋战在社会各行各业第一线，他们默默无闻地创造社会财富，践行先进文化，维护社会稳定，在构建和谐社会、迈向民族复兴的伟大进程中站在时代前列，发挥主力军作用，谱写中国工人阶级的新辉煌。在共建共享和谐社会的过程中，我国工人阶级承担着光荣的使命和重大的责任。实践证明，工人阶级始终是推动我国先进生产力发展和社会全面进步的根本力量。面对新的形势和任务，广大职工充分认识自身的主体地位，始终站在时代发展的最前列，不断增强主动性、发挥创造性、发展先进性，最大限度地焕发劳动热情和创造活力，在推动经济发展和社会全面进步的进程中充分发挥主力军作用，努力实现在共建中共享，在共享中共建。

一、发挥工人在加快老工业基地调整改造中的作用

2003年，哈尔滨市总工会在全市开展为振兴老工业基地“献良策、攻难关、创伟业”主力军风采活动以后，哈尔滨建成集团老劳动模范武永合主动找到厂领导，提出了建立焊接实验室和培养焊接后备人才的建议。用他的话说：“振兴老工业基地，咱们工人要义不容辞地为工厂献策分忧。”

为调动广大工人的积极性，哈尔滨市总工会在全市范围内开展为振兴老工业基地“献良策、攻难关、创伟业”主力军风采活动。活动主要包括两方面的内容：一是征集合理化建议，让广大工人为老工业基地改造和企业的发展献计献策；二是鼓励工人进行经济技术创新，使企业的经济效益有更大的提高。

此项活动开展以来，受到了工人们的热烈欢迎。哈尔滨电机厂有限责任公司高级工程师王锡山主动带领工人进行技术攻关，在60万转子线圈通风孔的加工工艺中，用金刚石刀具代替了传统的硬质合金刀具，从而解决了使用传统刀具时需要每天更换、调试的难题，大大节约了产品的加工时间。哈尔滨市总工会开展的主力军风采活动一直持续到2006年，活动期间，市总工会定期组织有关专家对上报的项目进行论证、评选。对评选出来的获奖者给予精神和物质奖励。

东北地区老工业基地振兴战略实施以来，黑龙江省调整和改造基础设施项目建设步伐明显加快，固定资产投资增幅提高，以装备、石化、能源、食品、医药、森工六大基地为代表的老工业基地迈出了全面振兴的坚实步伐。

黑龙江省是我国国有经济比重较高的省份，国有企业冗员多、债务重、社会负担大、生产成本高，自我积累与自我发展能力明显不足。为尽快形成新的经济增长机制，多年来，黑龙江省充分利用国家给予的多项优惠政策，把国有企业产权制度改革作为老工业基地振兴的重要突破口，以大中型企业为重点，通过调整、招商、改制、改造，使一批企业建立了新的体制与机制。为加大助推力，黑龙江省还通过开展和参加一系列招商、经贸活动，逐步构筑起了与老工业基地振兴相适应的全方位、宽领域、多元化的招商引资格局。

二、积极参加八大经济区、十大工程建设

省委第十届七次全会正式批准了“八大经济区”建设规划，哈（哈尔滨）大（大庆）齐（齐齐哈尔）工业走廊建设区等八枚“棋子”落定，黑龙江又好又快发展的“路线图”清晰呈现。实现又好又快发展，关键在把丰厚的资源优势转化为实实在在的经济优势、竞争优势和发展优势。立足本省资源禀赋、经济基础与国家政策机遇，经过深入调研、科学论证和广泛征求意见，一个建设“八大经济区”的构想在省委班子的思维中日渐成熟。

哈大齐工业走廊建设区、东部煤电化基地建设区、东北亚经济贸易开发区、大小兴安岭生态功能保护区、两大平原（松嫩平原、三江平原）农业综合开发试验区、北国风光特色旅游开发区、哈（哈尔滨）牡（牡丹江）绥（绥芬河）东（东宁）对俄贸易加工区、高新科技产业集中开发区——规划放眼全国大局找黑龙江的定位，按经济发展方向和产业类别来优化资源配置，谋求与国家发展战略紧密对接。

与之相配套，省里又确定了“十大工程”的推进措施——千亿斤粮食产能工程、社会主义新农村建设工程、老工业基地改造工程、重点工业项目建设工程、现代交通网络建设工程、贸易旅游综合开发工程、科教人才强省富省工程、生态环境建设保护工程、创建“三优”文明城市工程及保障和改善人民生活工程——这“十大工程”既是应对危机的应急之举，又是固本强基的长远之策，与“八大经济区”规划共同编织成一个科学严谨而又高效可行的“政策网”。第二十届中国哈尔滨国际经济贸易洽谈会上，“八大经济区”即引来39个投资项目，占签约项目近六成。

调整结构转方式，改革创新促升级。地理信息产业园，是哈大齐高新技术产业发展的一个缩影。企业入驻率较高，投资较大，在政策撬动下，涉及石化、航空、汽车、服务外包等领域的22个高新技术园区如雨后春笋般茁壮成长。仅哈尔滨、大庆两个国家级高新区就实现工业总产值1780亿元，占全省工业总产值24%。

调结构，转方式，强创新，促升级，正是建设“八大经济区”、实施“十大工程”的深意所在。两大决策似时节好雨，引导电子信息、生物医药、航空航天、新材料等新兴产业集聚；又似快马加鞭，扶持装备、石化、能源等传统支柱产业站在产业链发展和全球化整合的高度，迅速提升自主创新能力和产业竞争力。

随着传统支柱产业链的增粗拉长和新兴产业群的蓬勃发展，人们对黑龙江传统产业“傻大黑粗”的印象正日渐淡去。

黑土地以粮为傲。黑龙江地区粮食总产连年创历史新高；但生产方式落后、基础设施薄弱、产业化水平低等劣势仍是绕不过的“坎”。提高农业综合生产能力、加快农业现代化和城乡经济社会发展一体化——两大平原农业综合开发试验区正是要从“根”上解决问题。通过代耕作业、整体承租等形式，黑龙江垦区近年不断把先进的生产技术、栽培模式和管理方式向区外辐射，本年全垦区跨区作业面积将超过2000万亩。随着全省最大的农机合作社在依安县落成，两大平原试验区正式启动。

资源节约快转型，环境友好可持续。新中国成立以来，黑龙江累计为国家提供了占全国1/2的原油、1/3的木材、1/7的商品粮、1/10的煤炭。然而，原粮、原油、原木、原煤——多年来“原字号”出省，不但过度消耗了资源，且造成“三高一低”（高投入、高消耗、高污染、低效益）问题突出，局部生态环境恶化严重。“要建设资源节约和环境友好型社会，必须坚持科学发展观，促进黑龙江尽快走上节约发展、清洁发展、安全发展和可持续发展之路”。以“合理开发资源，延长产业链条，发展接续产业”为方向，全省资源型城市正呈现一幅百舸争流的转型图景。“八大经济区”和“十大工程”强调资源深度开发和综合利用，突出节能减排和生态保护。在双鸭山市，已开工建设的中煤180万吨甲醇等51个煤电化项目，总投资已达到121.7亿元。项目全部达产后，该市的煤炭资源转化率将由35%提高到100%！

黑龙江地处东北亚腹地，与俄罗斯有3000多公里边境线、25个国家一类口岸。建设东北亚经济贸易开发区和哈牡绥东对俄贸易加工区，整合原有“各自为战”的开放资源，实施对俄、对韩、对日、对蒙古国经贸科技合作升级，潜力巨大。开放彰显魅力，合作提升实力。黑龙江对俄贸易已占到全国的20%，居全国首位。近年来仅对俄科技合作就实施了近300个项目，13个依托省内高等院校和科研院所建立的对俄合作中心，累计引进储备俄方各类项目1173项，孵化项目99项。国务院批准的第六家绥芬河综合保税区成立之后，估算每年将可提升黑龙江GDP 2%—5%。以绥芬河为轴打开东北亚这一“扇面”，俄远东地区丰富的自然资源以及轻工和劳动力市场、环日本海国家和地区资金及现代高新技术产业“图景”次第展开。

黑龙江“八大经济区”规划和“十大工程”紧扣党中央扩内需、保增长、促发展的政策“节拍”，呼应了人民群众的发展心声，扭住了龙江又好又快发展的“牛鼻子”。

三、林业职工积极参与林权制度改革

伊春市林业改革 黑龙江省伊春市作为全国唯一的国有林区林权制度改革试点地区，积极争取扩大试点，到2012年底伊春最终完成流转80万公顷，占伊春林区施业区面积的20.7%，占国有林地面积的25.8%。

伊春市林权改革模式是“远封近分、林木流转、发展民有林”，在保证林地用途和重点国有林区国有森林资源主体地位不变的前提下，对浅山区、林农交错、相对分散、零星分布、易于分户经营的部分国有商品林，按每户5至10公顷的规模，由林业职工家庭承包经营，承包经营期限为50年，林地的经营权、林木所有权可以自由流转。对大面积集中连片的公益林和远山区的商品林，仍由伊春林业管理局统一管理。

林权制度改革以来，伊春承包职工共完成自费更新造林10187公顷，成活率均在98%以上。到2009年底，承包经营林地的森林蓄积量增加到了561万立方米，净增了79万立方米。通过发展林下经济，涌现出一批木耳、香菇、药材等种植大户和狐、鹿、林蛙、野猪等特色养殖大户，户均年增收3500元以上。

哈尔滨林权改革 为认真贯彻落实《中共中央 国务院关于全面推进集体林权制度改革的意见》和《中共黑龙江省委 黑龙江省人民政府关于全面推进集体

林权制度改革的实施意见》精神，进一步深化农村改革，解放和发展林业生产力，促进生态文明建设和农民增收，哈尔滨制定了如下实施意见：

集体林权制度改革的主要任务：1. 明晰产权。在坚持集体林地所有权不变的前提下，依法将林地使用权和林木所有权落实到户，实行以家庭承包经营为主体、多种经营形式并存的集体林地经营管理体制，确立农民经营主体地位。2. 签订合同。产权明晰后，要严格依法签订书面承包合同，明确双方资源管护、造林育林、森林防火、病虫害防治等权利和义务。林地承包期限为 70 年，村级集体结合本地实际，依法经本集体经济组织成员同意，承包经营期限也可按照低于 70 年确定。承包期届满，可按照国家有关规定继续承包。县级林业主管部门和乡（镇）、村要加强对承包合同的规范管理。3. 勘界发证。县级人民政府在经营主体落实后要及时组织勘界认定，核实载明四至界线、林地面积、林种和树种等相关因子。对审查合格的，由县级以上人民政府（含县级）按照规定程序为林地承包经营权人核发或换发全国统一式样的林权证。要明确专门管理机构，规范林权证发证档案管理。4. 放活经营权。在确保不改变林地用途的前提下，林地承包经营权人可根据市场需求和自然规律，依法自主决定经营方向、经营模式和经营项目。鼓励综合利用森林资源，开展林下种植、养殖、采集和森林旅游等产业。鼓励采取联户经营、委托经营及股份合作经营等形式，促进林业生产要素的合理流动和森林资源的优化配置。5. 落实处置权。在不改变林地用途的前提下，林地承包经营权人可依法对拥有的林地承包经营权和林木所有权转包、出租、转让、入股、抵押或作为出资、合作条件，对其承包的林地、林木可依法合理开发利用，发展林业经济。林权发生转移的，县级以上人民政府（含县级）应当及时为林地承包经营权人依法履行变更登记手续，核发林权证。6. 保障收益权。林地经营收益归承包经营权人所有。征收集体所有的林地，要依法足额向林地承包经营权人支付相应经济补偿费用，安排被征林地承包经营权人的社会保障费用。承包林地划定为公益林的，应当给予林地承包经营权人森林生态效益补偿。严禁乱收费、乱摊派、乱罚款。

逐步完善集体林权制度改革的政策措施　1. 以区、县（市）为单位编制集体林采伐规划，确定年度采伐量，按山头地块落实到户，有序安排和实施集体林采伐。2. 在森林采伐限额使用期内和不突破总量的前提下，根据市场需求和林地承包经营权人的实际需要，可以区、县（市）为单位调串使用年度间采伐限额，对年度限额使用量实行备案制。3. 按照经济效益最大化的原则，集体商品林采伐年龄由林地承包经营权人自行确定，只控制消耗蓄积，不对出材数量进行控制。4. 按照生态效益和经济效益兼顾的原则，集体防护林更新采伐年龄按用材林的主伐年龄确定。5. 对于火烧木、病虫害木和风折木、雪折木、枯死木等灾害木的采伐清理，采伐限额单报单批。6. 集体林权制度改革后出现的森林经营大户，采伐限额单独编制、单独下达。7. 简化林木采伐审批程序，承包经营权人直接向区、县（市）林业主管部门申请采伐。

规范林地、林木流转，加强林业社会化服务，加大资金扶持力度，加强对集体林权制度改革的组织领导，落实责任。各级党委、政府要把集体林权制度改革作为一项事关林业发展和社会主义新农村建设大局的战略任务，摆上重要位置，精心组织、周密安排，因势利导、扎实推进。严肃纪律，确保稳定。各级领导干部要以身作则，决不允许借改革之机，为本人和亲友谋取私利。加强舆论引导，营造良好氛围。要充分利用新闻媒体，广泛宣传集体林权制度改革的重大意义、方针政策、法律法规，国家和省、市的决策部署，各地的成功做法和经验，努力营造有利于集体林权制度改革的社会氛围。

四、繁荣发展社会主义文化

代表先进文化是工人阶级先进性的思想来源。工人阶级掌握政权后，既要同旧的所有制关系实行最彻底的决裂，又要同旧的观念实行最彻底的决裂。建设社会主义正是先进文化取代落后文化的历史过程，在此过程中工人阶级发挥了先进文化创造者、传播者和践行者的重要作用。

工人阶级引领先进文化发展方向 坚持社会主义先进文化的前进方向，根本在于坚持马克思主义的指导地位。马克思和恩格斯吸收前人的优秀成果，推动了社会主义由空想向科学的转变，创立了马克思主义。马克思主义是指导工人阶级和劳动人民认识世界、改造世界、实现人类解放的先进理论。工人阶级引领先进文化发展方向体现在两个方面：一方面，先进理论需要先进阶级作为实践载体。经过不同思潮的反复较量，工人阶级最终选择了马克思主义，成为“马克思主义理论的第一块主要‘基石’”。另一方面，先进阶级需要先进理论作为思想武器。当先进理论的导向与先进文化的方向保持一致、融为一体时，工人阶级建设社会主义的实践才能扩展为全社会共同参与的运动，呈现源源不断的生命力。

工人阶级引领思想道德建设方向　在革命、建设和改革不同时期形成和发展起来的优秀品格，是工人阶级先进性的具体表现。从“铁人”王进喜、“两弹元勋”邓稼先到“新时期铁人”王启明、“蓝领专家”孔祥瑞，工人阶级不断涌现出辛勤劳动、诚实劳动、创新劳动的典范。在和平建设时期，工人阶级革命的坚定性和彻底性逐渐演变为社会主义现代化的劳动热情和创造活力，严格的组织性和纪律性逐渐成为识大体、顾大局的光荣传统，他们总是以先进思想、优秀品格和模范行为引领社会思潮，弘扬中国精神。

工人阶级引领科学文化发展方向　工人阶级的知识化推动了全民科学文化素质的提升。中华人民共和国成立初期，全国职工有80%是文盲，如今平均受教育年限为12.6年，专业技术人才队伍达5550.4万人，规模位居世界第一。国有企业的科技人员占职工总数的比例，由改革开放前的5.8%上升到2013年的约30%。在日趋激烈的国际竞争环境下，需要建设一支规模宏大的知识型、技术型、创新型高素质劳动者大军。工人阶级主动适应形势，积极参加各种学历教育和职业技能培训，学习新知识、掌握新技能、增长新本领，涌现出一批又一批一线工人出身的科学家和技术人才，工人阶级内部脑力劳动者、技术劳动者、管理劳动者和服务劳动者所占比重不断上升。

五、工人阶级为生态文明建设作贡献

多年来，工人阶级为构建科技含量高、资源消耗低、环境污染少的产业结构，推动绿色发展方式的形成作出了重大贡献。近年来，国内经济持续高速发展，逐渐发生资源消耗过大、环境污染加剧、生态系统退化、自然灾害频发等问题。生态问题不仅制约着经济社会可持续发展，而且孕育着不稳定因素，易引发群体性事件。在从事生产劳动的过程中，工人阶级直接受到环境污染的严重伤害，更能体会到生态问题的严重性，认识到经济社会发展与生态文明建设相协调的紧迫性。党的十八大报告首次设单篇论述“生态文明”，党的十八大修改通过的党章首次在总纲部分用一个自然段论述“生态文明”。从“四位一体”到“五位一体”总体布局，从“美丽中国”到“绿色发展”，表明中国工人阶级及其先锋队——中国共产党治国理政理念的创新和解决生态问题的决心。

党的十八大强调，转变经济发展方式要更多地依靠提高劳动者素质。工人阶级牢牢把握先进生产力的发展方向，是建设生态文明的主要力量。广大职工开展技术革新和发明创造活动，立足岗位提高效率，以昂扬的姿态屹立于科学技术进步、产业结构升级和发展方式转变的时代前沿。2011 年至 2014 年，全国职工提出合理化建议 4618.3 万件，实现职工技术革新 286.4 万项，发明创造 90.7 万项，获得专利 37.6 万项，总结推广先进操作法 63.9 万项。20 多万家企业，近 2000 万名职工参与了节能减排达标竞赛活动。全国已建工会规模以上企业劳动竞赛覆盖面达到 80.6%，职工参与率达到 81.2%。广大职工充分发挥职工民主管理在节能减排中的作用，积极参与新技术、新设备、新工艺的推广应用，积极参加节能减排义务监督员、节能减排达标竞赛、节能环保知识竞赛、节能减排先进典型评选等活动，努力提高能源资源使用效率，为构建科技含量高、资源消耗低、环境污染少的产业结构，推动绿色发展方式的形成作出了重要贡献。在新环境下，工人阶级依然要弘扬生态文明主流价值观，自觉履行环境保护义务，从自身做起，从身边的小事做起，带动全社会形成勤俭节约、绿色低碳、文明健康的生活方式和消费模式。

第七节　激励职工在经济社会发展中建功立业

在党中央坚强领导下，我国工人阶级在党和国家事业发展中发挥了主力军作用，工运事业取得历史性成就，工会工作实现全方位进步。广大职工群众与党同心、跟党奋斗，在经济建设、科技创新、抢险救灾等重大工作中，展现了敢打硬仗、勇挑重担的时代风采。全国总工会和黑龙江省总工会加强职工思想政治引领，推进产业工人队伍建设改革，保障劳动者权益，维护劳动领域政治安全，激励职工在经济社会发展中建功立业。

一、广泛开展经济技术创新工程

2006 年黑龙江省“三大工程”表彰大会在哈市召开，哈航集团杨登发等十名职工获得新能手标兵称号，哈尔滨汽轮机厂有限责任公司等单位获得十佳单位殊荣。

从 2003 年开始，省总工会在全省职工中开展实施“新世纪主人翁行动工程”“群众性经济技术创新工程”和“职工素质工程”活动的“三大工程”以来，为全省经济发展和社会进步作出了很大贡献，为全面建设小康社会培养了大批人才。据统计，3 年来全省职工提出合理化建议 38. 7 万条，实施 14. 7 万项、创经济效益 28. 36 亿元，开展技术革新 23. 5 万项、创经济效益 22. 42 亿元。

二、实施“一帮一”工程

2001 年前，黑龙江省鸡西市立新矿下岗职工李士文一家的生活还十分艰难——全家三口仅靠他打零工维持生活。在黑龙江省第二轮城市“一帮一”扶贫解困工程中，鸡西市检察院检察长傅鸿杰和李士文结成帮扶对子，为他担保贷款开办了采石场。李士文不仅年纯收入可达三四万元，还吸收了十名下岗职工。“一帮一”工程在营造和谐的党群干群关系的同时，也探索出一条扶贫解困的好路子。

在 20 世纪末国有企业改革过程中，黑龙江老工业基地出现了大量下岗分流人员，加之相当数量的国企连年亏损，全省仅国企中就有 15%以上职工处于生活最低保障线以下。面对社会保障能力一时难以覆盖的严峻现实，中共黑龙江省委于 2000 年 7 月决定，在全省实施城市“一帮一”扶贫解困工程——组织全省党员干部和社会各界人士，与城市特困职工结成帮扶对子，实行一对一帮扶，三年为一个周期。通过精神扶志、生活扶贫、能力扶技、经济扶业，帮助城市特困职工逐步走出困境。

黑龙江省委把全省城市“一帮一”扶贫解困工程领导小组办公室设立在省总工会，具体负责全省“一帮一”工程的协调、指导、政策咨询、跟踪问效，以及扶贫项目的立项、考核、批准等日常工作。黑龙江省各级工会组织积极发挥多年帮扶困难职工的经验和组织体系的作用，将“一帮一”工程与“送温暖工程”有机结合起来，深入调查摸底，为特困职工建立档案，纳入帮扶网络。一位参与“一帮一”工程的工会干部说：“‘一帮一’工程使多年来开展的‘送温暖’活动步入了社会化、制度化和经常化轨道；工会组织参与其中，使工会‘第一知情人、第一报告人、第一监督人’的职责得到很好的落实。”

在实施“一帮一”工程中，全省共有1.65万个单位的34万多名党员干部和社会各界人士分别与31万多名特困职工结成了帮扶对子，启动实施扶贫项目27万多个，累计筹集资金82893.7万元。有36万多名被帮扶特困职工及其家属实现了再就业，有27.8万户特困职工家庭摆脱了贫困。

“一帮一”工程的实施，营造了和谐的党群、干群关系，而基层的困难职工体会到了党和政府的关怀，该项工程是维护职工切身利益的务实创新之举。黑龙江省实施的“一帮一”扶贫解困工程取得了可喜的成绩，在维护职工群众切身利益方面进行了可贵的探索，迈出了成功的步伐。其实践经验对于新形势下密切党群、干群关系，深化“送温暖”活动，解决城市特困职工问题，维护社会稳定，都具有重大的现实意义。

构建社会主义和谐社会，必须切实尊重并保障不同群体的切身利益，必须从群众最关心、最直接、最现实的利益出发，为群众办实事。而城市特困职工最关心、最直接、最现实的利益，就是尽快走出生活困境，脱贫致富，和其他多数社会成员一样过上好日子。

“一帮一”扶贫解困工程大大拉近了党员干部和职工群众间的距离，让特困职工近距离感受到党和政府的真情关爱，成为新形势下密切党群、干群关系的重要契机和特殊载体。此举不仅有利于凝聚广大职工理解改革、支持改革之心，同时，也使参与帮扶活动的党员干部体验到一次深刻的国情教育、党性教育和宗旨教育，有利于增强党员干部的群众意识、服务意识和责任意识，牢固树立立党为公、执政为民的宗旨，促进以人为本、科学发展观的贯彻落实。

黑龙江省各级工会组织抓住有利契机，倾力而为，将“一帮一”工程与“送温暖”活动有机结合，努力探求“送温暖”活动社会化、制度化、经常化的新机制，使工会工作更好地服从、服务于当地发展大局，显示了工会组织联系职工群体的桥梁和纽带作用，展示了工会组织的活力和实力。

“一帮一”扶贫解困工程也是解决特困职工问题、维护社会稳定的富有成效的探索。黑龙江省为此建立统一组织、统一部署、统一实施、统一验收的工作模式，并列为考核党政机关和领导干部政绩及评先选优的重要内容，显示了对解决特困职工问题的高度重视和坚定信心。

三、参与汶川抗震救灾

2008 年 5 月 12 日，四川汶川等地强烈地震令全省 600 多万名职工揪心、牵挂。14 日、17 日，省总工会连续发出两个紧急通知，对黑龙江省工会组织开展支援抗震救灾工作进行全面部署。21 日，黑龙江省总工会发出倡议信，为灾区职工献爱心，号召全省工会干部和广大职工向灾区职工送温暖，献爱心。全省各级工会、会员捐款数额已达 800 万元，全省各地劳动模范及单位捐款 173 万元。全省各级工会组织立即行动起来，把抗震救灾作为当前工作的首要任务，全力组织开展送温暖献爱心活动，支援灾区抗震救灾。全省工会干部、广大职工踊跃向受灾地区职工捐款捐物，充分体现了“一方有难、八方支援”的精神和工人阶级互助互济的优良传统，充分表达了对灾区人民的深情关怀。

省总工会在倡议信中号召每一名工会干部和职工都要坚守岗位，维护社会正常秩序。同时再次向灾区职工群众献爱心，为血肉相连的同胞兄妹送去一份温暖。省总工会号召全省劳动模范和五一劳动奖章获得者积极行动起来，充分发挥模范带头作用，慷慨解囊、踊跃捐款。

全省各界群众捐款捐物源源不断。大庆油田干部员工捐款 1817.44 万元，黑龙江龙煤矿业集团捐款1382.51万元。很多企业不仅慷慨解囊，还加班加点生产灾区急需的药品、帐篷、衣物等。哈药集团捐赠灾区急需的消炎、抗菌、防病毒等方面的急救药品，总价值1800万元；秋林里道斯赶制价值16万元的4吨精品红肠运往灾区；珠海华丰食品有限公司哈尔滨分公司紧急生产价值60万元的2万箱方便面运往灾区。灾情紧紧牵动着黑龙江省广大干部群众的心，很多厅局、企事业单位及个人多次捐款，残疾人、农民工、保洁员等生活困难人员也纷纷加入奉献爱心的行列。

四、组织参加国庆60周年活动

2009年7月10日，为庆祝中华人民共和国成立60周年，全国总工会在全国范围开展了“时代领跑者——新中国成立以来最具影响的劳动模范”评选活动。此次活动最终将评选出60位最具影响力的劳动模范。黑龙江省共有5人获此殊荣。哈尔滨市新中国第一位女拖拉机手梁军就是其中之一。黑龙江省获此殊荣的其他4人分别为大庆市原大庆油田钻井指挥部副指挥、被誉为“铁人”的王进喜，原大庆油田有限责任公司副总地质师、被誉为新时期“铁人”的王启民，伊春市原伊春市铁力林业局工人、被誉为“林业采伐和植树造林英雄”的马永顺，齐齐哈尔市原齐齐哈尔第二机床厂总机械师马恒昌。

第八节　开展学习劳动模范活动

黑龙江省总工会深入学习贯彻党中央精神指示，深入践行劳模精神（劳动精神、工匠精神），爱岗敬业、辛勤劳动，埋头苦干、拼搏奉献，鼓励和表彰的广大干部职工优秀代表，是推动税收现代化建设的模范人物，他们在平凡的工作岗位上作出不平凡的业绩，是服务龙江全面振兴全方位振兴的先进典型，展现了广大工人阶级强烈的责任担当和良好的集体形象，为高质量推进龙江新发展作出积极贡献。

一、劳动模范表彰大会

2007 年 4 月 16 日，黑龙江省第十届劳动模范表彰大会在哈尔滨国际会展体育中心环球剧场隆重举行。省委书记、省人大常委会主任钱运录号召全省广大劳动群众向劳动模范们学习，增强机遇意识、发展意识、责任意识，万众一心、群策群力谋发展，为实现黑龙江的全面振兴而奋斗。

大会宣读了《黑龙江省人民政府关于表彰省劳动模范集体和省劳动模范的决定》：2002 年省第九届劳动模范表彰大会以来，各行各业、各条战线涌现出一大批业绩卓著、贡献突出的模范集体和个人，省政府决定授予 198 个单位省劳动模范集体称号，授予 792 名同志省劳动模范称号。

二、劳动模范队伍状况

黑龙江省作为全国老工业基地，从传统制造业转型，到航天、生物等高科技产业以及数字、冰雪等新经济形态的兴起，龙江大地的发展与时俱进，一日千里。站在新的发展起点上，面向新的发展机遇，人才队伍建设成为前进发展道路上必须解决的重要问题之一。如何为保障龙江经济社会发展做好人力资源的培养，如何让高素质的劳动者再为龙江的进步助力加速，如何通过凝聚起一支靠得住、冲得上、打得赢的职工队伍，让龙江的发展更有冲劲儿也更有后劲儿？十年来，由黑龙江省总工会牵头的产业工人队伍建设改革工作精准地回答了这个问题。从起步到成熟，从试验到推广，从量变到质变，从试点到典型，一步一个脚印，龙江工会人以钉钉子的精神，为黑土地铸就了一支发展铁军。

在黑龙江省委、省政府的关心、谋划、推动下，黑龙江全省各单位也积极参与支持，推动全省产业工人队伍建设走深、走实，开花、结果。龙江产业工人队伍的发展，用实际成绩证明：这支产业工人大军，是龙江的底气，是龙江的动力，是龙江的财富，是龙江的希望。

黑龙江省人社厅出台并施行职业技能等级认定办法，技能人才培养、评价、使用迈入新阶段。通过召开全省职业教育大会，黑龙江省教育厅出台推进新时代职业教育高质量发展的实施意见和职业教育“十四五”规划等文件。黑龙江省工信厅将“有城镇转移就业职工入驻优惠政策”作为省级小微企业创业创新基地奖补政策的加分条件，激励产业工人创新创业。黑龙江省住建厅出台加快培育新时代建筑产业工人队伍的实施意见，明确未来五年建成十个省级建筑产业工人劳务培训基地。省税务局落实职工教育经费和岗位津贴税前扣除等政策，支持企业落实产改政策。作为产业工人队伍改革的牵头单位，黑龙江省总工会也拿出真金白银，给予“龙江工匠”及竞赛和技能提升的奖励资金达到700万元，激励政策力度持续加大。

黑龙江省多地都在产业工人队伍建设过程中拿出真金白银，奖励高技能职工。牡丹江对获得省级以上称号的高技能人才，一次性给予1万元到30万元奖励；七台河市、鸡西市两家煤城的市总工会分别拿出了20万元、14.3万元作为全市劳动竞赛奖励资金，同时，七台河市还制定出台《进一步吸引集聚优秀人才新政三十条》，提高人才待遇标准，扩大政策适用范围，放宽选任资格条件，培养激励实用技能型人才，努力以高质量的人才工作为煤城转型振兴高质量发展提供人才保障和智力支持。对于一些正处于上升期的非“顶尖级”技术工人，各地工会也有考虑。大兴安岭地区总工会联合有关部门，为营林生产技能竞赛各工种决赛中获得前三名的选手破格晋升为技师，第四名到第十名晋级高级工。除了奖励个人之外，有的工会还提出对集体进行鼓励。佳木斯市专门设立资金，对劳动竞赛中表现突出的劳动模范、工匠、创新工作室进行奖励，对市级劳动模范和工匠人才创新工作室，每家给予5000元创新经费资助。

政策、资金、待遇……黑龙江全省各地因地制宜，根据当地特色和需求各自用手中的各项“工具”，通过多种方式的组合、搭配，让一线产业工人的获得感不断增强。

扩容、强壮的产业工人队伍，为龙江黑土注入了勃勃生机，积蓄了发展潜力。依托“五个百万”职工劳动和技能竞赛平台，龙江产业工人在实现自我价值的同时，也在不断助推龙江经济社会各项事业快速发展。全省工会组织围绕省重大战略、重大工程、重点项目、重点产业，将人才战略延伸至龙江经济社会发展各领域，2020年以来，全省各级工会共举办竞赛3.4万场，参赛企业3.6万家，参与职工1317.2万人次，产生创新成果17.6万项，力促人才、技术和经济成果持续叠加。

黑龙江省人社厅打造“龙江技能系列竞赛”，省级职业技能大赛27项，涉及92个职业（工种），省工信厅在航天航空、机器人等前沿科技行业，举办全国首次“创客中国”大中小企业融通创新创业大赛，一批优秀技术技能人才在经济建设主战场脱颖而出。通过大力实施“技能振兴龙江工程”，全省高技能人才达到78.6万人，占技能人才总量的31%，建成高技能人才培训基地98个、技能大师工作室155个。选拔认定第三批“首席技师”50名，表彰“龙江大工匠”20名和“龙江技术能手”100名。2021年，黑龙江省总工会设立485万元奖励资金，奖励全省职工十大科技创新能手、职工创新项目、劳动模范创新工作室等。全省三所院校被列为世界技能大赛国家集训基地，首个“建筑产业工人基地”落户绥化市。全省成立职业教育集团37个，培育省级产教融合型企业37家，校企共建19个现代产业学院，建设5个重点产业政校企技能人才培养联盟。全省第一批35家技工院校和6家企业评价机构开展职业技能等级认定，引导企业建立优化产业工人发展成长机制。

在此过程中，龙江产业工人的“主人翁”地位更加巩固。产业工人在黑龙江省工会十二大代表、委员人数中分别占比16.3%和10.4%，同比分别增长96%和62.5%。在刚刚公示的黑龙江省第十三届劳动模范建议人选中，“重点向产业工人倾斜”的特点更加凸显。在推荐人选中，职工770名，农民170名。其中，企业职工人选535名，占总名额的56.9%。一线工人和专业技术人员393名，规定不少于企业职工人选的60%，实际占比73.5%。

一直以来，黑龙江省总工会在第一时间找准工会工作和全省工作大局的结合点、切入点，明确工作任务、措施，确保省党代会精神转化为推动工会工作高质量发展的生动实践。其中，就有对产业工人队伍的重托和期待。黑龙江省总工会提出，未来要以更大的力度组织动员职工建功立业，围绕加快构建现代产业体系，大力开展“五个百万”职工劳动和技能竞赛，选树“龙江工匠”，建立发挥跨地区、跨行业的创新工作室联盟作用，集聚顶尖人才；主动融入全省人才振兴计划，深化产业工人队伍建设改革，推动改革往实里抓、往细处做，让产业工人队伍在龙江发展的新时期，取得更大的成就。

三、学习劳动模范活动

黑龙江省劳动模范表彰大会以来，全省工人阶级和劳动群众以高度的主人翁精神、卓越的劳动创造和忘我的拼搏奉献，在各自岗位上展示了奋斗者的风采，为龙江振兴发展作出了重要贡献。历次大会受到表彰的劳动模范就是其中的杰出代表，大家用实际行动和工作业绩，生动诠释了劳模精神（劳动精神、工匠精神）的真谛，不愧为龙江的功臣、龙江的骄傲，是全省人民学习的榜样。

各级党委坚定贯彻落实党中央决策部署，加强对工会工作的领导，把尊重劳动、尊重知识、尊重人才、尊重创造贯穿到经济社会发展各方面全过程。各级工会组织竭诚服务职工群众，做党和政府的有力臂膀。全社会要尊重劳动模范、关爱劳动模范，学习先进、见贤思齐，让劳动最光荣、劳动最崇高、劳动最伟大、劳动最美丽蔚然成风。各地各部门各级工会组织认真落实党中央重要讲话重要指示精神，大力弘扬劳模精神（劳动精神、工匠精神），激励广大劳动者积极干事创业。希望受表彰的劳动模范珍惜荣誉、再接再厉，踔厉奋发、攻坚克难，当好主人翁，建功新时代。

第四编

中国特色社会主义新时代的黑龙江工运事业（2012 年至今）

工会只有始终把党的纲领作为自己的纲领,把党的奋斗目标作为自己的奋斗目标，把自身的工作与党领导的伟大事业紧密联系在一起，团结动员职工群众为完成党的中心任务贡献力量，才能代表职工群众，充分发挥作用，成为推动历史前进的积极力量。进入新时代，习近平总书记指出，实现中华民族伟大复兴的中国梦，根本上要靠包括工人阶级在内的全体人民的劳动、创造、奉献。工会要牢牢抓住这个主题，建设知识型、技能型、创新型劳动者大军，在改革发展稳定第一线建功立业。新时代，我们要始终坚持用党的创新理论武装头脑、指导实践、推动工作，自觉把党的基本理论、基本路线、基本方略贯穿到工会工作各方面、全过程，使党的创新理论真正走近职工身边、走进职工心里，增强“四个意识”、坚定“四个自信”、做到“两个维护”，始终在思想上政治上行动上同以习近平同志为核心的党中央保持高度一致。新时代，我们要立足中华民族伟大复兴的战略全局和世界百年未有之大变局，心怀“国之大者”，准确把握新发展阶段，深入贯彻新发展理念，服务构建新发展格局，找准工作的结合点和着力点，团结引导广大职工为国家富强、民族复兴、人民幸福贡献智慧和力量。

第十五章　学习贯彻习近平总书记关于工人阶级和工会工作的重要论述，决胜全面建成小康社会

党的十八大以来，党中央关于工人阶级和工会工作重要论述集中体现为习近平总书记关于工人阶级和工会工作的重要论述，其内容十分丰富，思想极为深刻，是习近平新时代中国特色社会主义思想的重要组成部分，是新时代工运事业与工会工作创新发展的理论指导和行动指南。

第一节　学习贯彻习近平总书记关于工人阶级和工会工作的重要论述

党的十八大以来，习近平总书记对党的工运事业和工会工作高度重视，深刻阐明了工会工作的地位作用、目标任务、实践要求，科学回答了工人阶级和工会工作的一系列方向性、根本性、战略性重大问题，形成了习近平总书记关于工人阶级和工会工作的重要论述。

一、习近平总书记关于工人阶级和工会工作的“八个坚持”

坚持党对工会工作的领导　强调中国共产党领导是中国特色社会主义最本质特征，是中国特色社会主义制度的最大优势，党是领导一切的。做好群众工

作，保持党同人民群众的血肉联系，是全党重大而紧迫的政治任务。工会工作是党的群团工作、群众工作的重要组成部分，是党治国理政的一项经常性、基础性工作。各级党委要加强和改进对工会的领导，注重发挥工会组织的作用，加大对工会工作的支持保障力度，为工会工作创造更加有利的条件。这是做好工会工作的政治原则和根本保证。

坚持全心全意依靠工人阶级 强调工人阶级是我们党最坚实最可靠的阶级基础，是我国的领导阶级。坚持和发展中国特色社会主义，必须巩固工人阶级的领导阶级地位，充分发挥工人阶级的主力军作用。全心全意依靠工人阶级要贯彻到党和国家政策制定、工作推进全过程，落实到企业生产经营各方面，做到在政治上保证、制度上落实、素质上提高、权益上维护，更好地把广大职工群众紧紧团结在党和政府周围。这是党和国家始终坚持的根本方针。

坚持为实现中华民族伟大复兴的中国梦而奋斗 强调实现中华民族伟大复兴，是中华民族近代以来最伟大的梦想，根本上要靠包括工人阶级在内的全体人民的劳动、创造、奉献。工会要牢牢抓住这个主题，把推动科学发展、实现稳中求进作为发挥作用的主战场，建设知识型、技能型、创新型劳动者大军，在改革发展稳定第一线建功立业。这是我国工人运动的时代主题。

坚持中国特色社会主义工会发展道路 强调中国特色社会主义工会发展道路是中国特色社会主义道路的重要组成部分，深刻反映了中国工会的性质和特点，符合我国国情和历史发展趋势。要始终坚持这条道路，不断拓展这条道路，做到自觉接受党的领导、团结服务职工、依法依章程开展工作相统一，努力使这条道路越走越宽广。这是工运事业和工会工作发展的正确方向。

坚持弘扬劳模精神、劳动精神、工匠精神 强调要树立劳动最光荣、劳动最崇高、劳动最伟大、劳动最美丽的理念，倡导辛勤劳动、诚实劳动、创造性劳动，尊敬劳动模范，用劳模的干劲、闯劲、钻劲鼓舞更多的人，激励广大劳动群众争做新时代的奋斗者，营造劳动光荣的社会风尚和精益求精的敬业风气。这是引领教育广大职工的重要抓手。

坚持高举维护职工合法权益旗帜 强调保障职工权益是我国社会主义制度的根本要求，是党和国家的神圣职责，也是发挥广大职工群众积极性、主动性、创造性最重要最基础的工作。工会要坚决维护职工合法权益，把竭诚为职工群众服务作为一切工作的出发点和落脚点。要发挥好协调劳动关系的作用，健全劳动关系协调机制，及时正确处理劳动关系矛盾。这是工会组织的基本职责。

坚持增强政治性、先进性、群众性的工会改革方向　强调时代在发展，事业在创新，工会工作也要发展，也要创新。加强和改进新形势下工会工作，最重要的是保持和增强政治性、先进性、群众性。政治性是工会组织的灵魂，先进性是工会工作的重要着力点，群众性是工会组织的根本特点。在建机制、强功能、增实效上下功夫，创新组织体制、运行机制、活动方式、工作方法，让职工群众真正感受到工会是“职工之家”、工会干部是最可信赖的“娘家人”、贴心人，把工会组织建设得更加充满活力、更加坚强有力。这是推进工会工作创新发展的根本要求。

坚持加强基层工会建设　强调必须以职工为中心、让职工当主角，眼睛向下、面向基层，力量配备、服务资源向基层倾斜，着力扩大覆盖面、增强代表性，着力强化服务意识、提高维权能力，着力加强队伍建设、提升保障水平，切实增强工会组织的凝聚力。最大限度地把农民工吸收到工会组织中来，使他们成为工人阶级坚定可靠的新生力量。这是工会工作彰显活力的基础和关键。

二、习近平关于“团结动员亿万职工积极建功新时代　开创我国工运事业和工会工作新局面”的论述

2018 年 10 月 29 日，中共中央总书记、国家主席、中央军委主席习近平在中南海同中华全国总工会新一届领导班子成员集体谈话并发表重要讲话。习近平强调，我国工运事业是党的事业的重要组成部分，工会工作是党治国理政的一项经常性、基础性工作。要坚持党对工会工作的领导，团结动员亿万职工积极建功新时代，加强对职工的思想政治引领，加大对职工群众的维权服务力度，深入推进工会改革创新，勇于担当、锐意进取，积极作为、真抓实干，开创新时代我国工运事业和工会工作新局面。

关于“工会要忠诚党的事业”　习近平强调，工会要忠诚党的事业，通过

扎实有效的工作把坚持党的领导和我国社会主义制度落实到广大职工群众中。要认真落实新时代党的建设总要求，增强“四个意识”，坚定“四个自信”，坚决维护党中央权威和集中统一领导，始终在政治立场、政治方向、政治原则、政治道路上同党中央保持高度一致。要完善学习制度，深入开展新时代中国特色社会主义思想的学习培训，增强对党的基本理论、基本路线、基本方略的政治认同、思想认同、情感认同，不断提高运用马克思主义立场、观点、方法分析解决问题的能力和水平。要深刻领会党中央关于工人阶级和工会工作重要论述的精神实质，结合实际落实到工会工作全过程和各方面。要把执行党的意志的坚定性和为职工服务的实效性统一起来，把党的路线方针政策和决策部署落实到工会各项工作中去，把党的意志和主张落实到广大职工中去。

关于“必须充分发挥工人阶级主力军作用” 习近平指出，完成党的十九大提出的目标任务，必须充分发挥工人阶级主力军作用。我国广大职工要牢牢把握为实现中国梦而奋斗的时代主题，把自身前途命运同国家和民族前途命运紧紧联系在一起，把个人梦同中国梦紧密联系在一起，把实现党和国家确立的发展目标变成自己的自觉行动，爱岗敬业、争创一流，以不懈奋斗书写新时代华章，共同创造幸福生活和美好未来。要围绕树立新发展理念、推动高质量发展、建设现代化经济体系，引导职工以“当好主人翁、建功新时代”为主题，深入开展各类竞赛活动。要加强产业工人队伍建设，加快建设一支宏大的知识型、技能型、创新型产业工人大军。劳动模范是民族的精英、人民的楷模。大国工匠是职工队伍中的高技能人才。工会要协同各个方面为劳动模范、大国工匠发挥作用搭建平台、提供舞台，培养造就更多劳动模范、大国工匠。

关于“工会组织的政治责任” 习近平强调，引导职工群众听党话、跟党走，巩固党执政的阶级基础和群众基础，是工会组织的政治责任。时代变化了，但从群众中来、到群众中去的工作方法不能变。工会要适应新形势新任务，加强和改进职工思想政治工作，多做组织群众、宣传群众、教育群众、引导群众的工作，多做统一思想、凝聚人心、化解矛盾、增进感情、激发动力的工作，更好强信心、聚民心、暖人心，使广大职工在理想信念、价值理念、道德观念上紧紧团结在一起。要最大限度地把农民工吸收到工会中，使他们成为工人阶级坚定可靠的新生力量。要坚持以社会主义核心价值观引领职工，深化“中国梦·劳动美”主题教育，打造健康文明、昂扬向上、全员参与的职工文化。要把网上工作作为工会联系职工、服务职工的重要平台，增强传播力、引导力、影响力。

习近平指出，工会要坚持以职工为中心的工作导向，抓住职工群众最关心最直接最现实的利益问题，认真履行维护职工合法权益、竭诚服务职工群众的基本职责，把群众观念牢牢根植于心中，哪里的职工合法权益受到侵害，哪里的工会就要站出来说话。要做好城市困难职工解困脱困工作，及时做好因各种原因返贫致困职工的帮扶救助，为广大职工提供具有工会特点的普惠性、常态性、精准性服务。

习近平强调，工会改革是全面深化改革的重要组成部分。党的十九届三中全会对群团组织改革提出了新的要求，工会要认真贯彻落实，构建联系广泛、服务职工的工会工作体系。要树立大抓基层的鲜明导向，坚持眼睛向下、面向基层，把力量和资源向基层倾斜投放，把广大职工凝聚在党的周围。要加强对工会干部的教育、管理、监督，完善联系职工群众的制度机制，深入基层一线，加强调查研究，坚决防止“四风”特别是形式主义、官僚主义，让职工群众真正感受到工会是职工之家，工会干部是最可信赖的“娘家人”“贴心人”。

习近平指出，各级党委和政府要贯彻党的全心全意依靠工人阶级的方针，保证工人阶级的主人翁地位。要加强和改进党对工会工作的领导，研究解决工会工作中的重大问题，推动建设一支高素质专业化的工会干部队伍，支持工会依法依章程创造性开展工作。

第二节　贯彻落实党的十八大精神和中国工会十六大精神

黑龙江省总工会把学习贯彻党的十八大精神和中国工会十六大精神作为全省各级工会和广大职工首要的政治任务来抓，在大局下思考、在大局下行动，自觉服从大局、坚决维护大局，找准工作的结合点和着力点，团结动员职工群众为完成党的中心任务贡献力量，坚定不移走中国特色社会主义工会发展道路，保持战略定力，不断增强坚持和拓展这条道路的责任心和使命感，不为任何风险所惧、不为任何干扰所惑，在学深学透上下功夫，勇于实践、勇于创新，努力使这条道路越走越宽广。

一、贯彻落实党的十八大精神

黑龙江省总工会2012年11月22日召开会议，学习贯彻党的十八大和省委十一届二次全会精神。认真按照省委全会的安排部署，把学习贯彻党的十八大精神作为当前全省各级工会和广大职工首要的政治任务来抓，在学深学透上下功夫，在用好用实上下功夫，充分发挥工会组织和工人阶级在全面建成小康社会中的作用。

会议要求全省工会系统围绕经济持续健康发展和富裕龙江建设，组织引导广大职工建功立业；围绕推进民主和政治建设，推动落实全心全意依靠工人阶级根本方针；围绕文化强国和文明龙江建设，充分发挥工会大学校作用；围绕推进社会建设和幸福和谐龙江建设，大力发展和谐劳动关系；围绕生态文明建设和大美龙江建设，深入开展节能减排、节约环保竞赛活动等。

党的十八大提出的全面建成小康社会贯穿的是最广大人民的根本利益。代表最广大人民的根本利益，是我们党的本质特征．也是我们一切工作的出发点和落脚点，依法维护职工的合法权益，是工会组织的基本职能，也是贯彻落实党的十八大精神的具体体现。

党的十八大对党和国家各项事业作出新的战略部署，对工会工作也提出了新的任务和要求。工会组织把智慧和力量凝聚到落实党的十八大确定的重大战略部署上来。

用党的十八大精神统领工会工作，推动落实党的全心全意依靠工人阶级根本指导方针。工人阶级是党的阶级基础，是国家的领导阶级，是先进生产力和生产关系的代表，是建设和改革的最基本力量，是建设社会主义物质文明、政治文明和精神文明的主力军。全心全意依靠工人阶级是党的基本政治原则和根本指导方针。工会用党的十八大精神指导和推进工会工作，最根本的就是积极推进这一方针的落实。实践使我们体会到：坚定不移地贯彻落实党的全心全意依靠工人阶级的指导方针，就是要大力选树、宣传工人阶级的先进模范人物，弘扬工人阶级艰苦创业、无私奉献精神，在改革、发展、稳定中发挥主力军作用；就是要实现广大职工的经济权益，共同享受改革和经济发展成果，随着经济和社会的发展，不断提高他们的物质和精神生活水平；就是要落实广大职工群众的政治民主权利和主人翁地位，通过厂务公开和民主评议干部、企业职代会建设，创造民主决策、民主管理、民主监督的氛围和有效途径，使广大职工在企业改革和发展的各个环节与社会管理的各个层面得到广泛参与，并落实知情和审议的权利；就是要不断加强职工思想政治工作，努力提高职工队伍的思想道德和科学文化素质，适应时代进步和社会发展要求。

用党的十八大精神统领工会工作，强化工会的维护职能，大力抓好维护工作。为此，工会干部要自觉把党的十八大精神融入工会工作之中，进一步突出和履行工会的维护职能，切实担当起维护职工合法权益的神圣职责。工会干部要站在全面建成小康社会的高度，以深厚的感情和强烈的责任心关心职工的疾苦，倾听群众的呼声，反映职工的要求，实实在在为职工说话办事，排忧解难；要督促企业建立健全劳动用工制度，要协助政府不断扩大养老、失业、医疗等社会保障覆盖面，建立健全独立于企事业之外的社会保障体系；要深入实施送温暖工程，加强特困职工档案的动态管理，健全领导干部联系帮扶特困职工家庭制度，着重从组织领导机制、资金筹措管理、工作机制和网络等方面，推进送温暖活动正常化、制度化、社会化；要建立和完善维护职工合法权益的有效机制，广泛深入地推行平等协商和签订集体合同制度，切实维护职工的经济利益，努力保障职工的民主权利，不断满足职工精神文明的需要，带领广大职工奔小康。

用党的十八大精神统领工会工作，进一步提升服务职工的能力。习近平总书记曾强调："人民对美好生活的向往，就是我们的奋斗目标。"同时要求"我们一定要始终与人民心心相印、与人民同甘共苦、与人民团结奋斗，夙夜在公，勤勉工作，努力向历史、向人民交出一份合格的答卷"。党的十八大报告和习近平总书记的讲话，深入揭示了我们党的一切工作与人民群众血肉相连的密切关系，为我们进一步做好新形势下的群众工作，全面建成小康社会指明了前进的方向。工会是党领导下的工人阶级最广泛的群众组织，工会工作是党的群众工作的重要组成部分，工会的根基在职工，血脉在职工，力量在职工。学习贯彻党的十八大精神，就要始终把工会一切工作的出发点和落脚点放在广大职工群众身上，全心全意地为职工群众服务。只有不断提升工会的服务力，才能进一步增强工会的亲和力、凝聚力和向心力。

用党的十八大精神统领工会工作，加强工会组织的自身建设，充分发挥工会组织的作用。党的十八大精神既是新时期党的建设的根本指导思想，也是新时期加强工会自身建设的根本指导思想。在新的历史条件下加强工会自身建设，当务之急是从根本上扭转工会组织减少、会员流失以及基层组织软弱涣散的状况，针对这种情况，必须加大新建企业工会的组建工作力度，持之以恒地深入贯彻“两个普遍”的工作方针不动摇，最大限度地把广大职工组织到工会中，把他们的积极性和创造力激发出来。能否最大限度地把广大职工组织到工会中，关系到密切党与职工的联系，巩固党的阶级基础和执政地位；关系到落实党的全心全意依靠工人阶级的根本指导方针，保护、调动和发挥广大职工投入改革和建设的积极性、创造性；关系到建设稳定协调的劳动关系，维护职工队伍的团结统一和社会经济发展。各级工会组织必须把创建企业工会作为重中之重的大事来抓，力求新的突破。要大力推进“职工之家”建设，打造“工会之窗”，努力实现“工会亮牌子、主席和干部亮身份、工会亮家底、服务亮责任、社会亮形象”的五亮要求，使工会组织的覆盖面、影响力、作用力进一步扩大，形象进一步提升，使广大职工都能够感受到工会作为“职工之家”的温暖。

二、贯彻落实中国工会十六大精神

2013 年 10 月 18 日，中国工会十六大在北京隆重开幕，带着亿万职工群众和工会工作者的嘱托，1900 多名代表齐聚人民大会堂。中国工会第十六次全国代表大会，是在我国进入全面建成小康社会决定性阶段召开的一次十分重要的会议。大会的主题是高举中国特色社会主义伟大旗帜，以邓小平理论、“三个代表”重要思想、科学发展观为指导，深入贯彻党的十八大精神和习近平总书记系列重要讲话精神，坚定不移走中国特色社会主义工会发展道路，坚定信念、改革创新、埋头苦干，团结动员亿万职工在全面建成小康社会、实现中华民族伟大复兴的中国梦的历史进程中充分发挥工人阶级主力军作用。

《高举旗帜　改革创新　团结动员亿万职工在实现中国梦历史进程中充分发挥主力军作用——在中国工会第十六次全国代表大会上的报告》

我们的首要任务就是坚持用习近平新时代中国特色社会主义思想凝心铸魂，组织引导广大职工听党话、跟党走、感党恩。新征程上，我们要牢牢把握工会的政治属性，切实履行工会的政治责任，着力加强和改进新时代职工思想政治工作，巩固好广大职工团结奋斗的共同思想基础。

坚持以党的创新理论武装职工。全省各级工会要加强职工思想政治引领，把学习贯彻习近平新时代中国特色社会主义思想作为首要政治任务，建立全面学习、全面把握、全面落实长效机制。工会组织要紧紧围绕新时代新征程党的使命任务，深入开展劳模工匠、千万职工大宣讲大教育，推动党的创新理论进企业、进车间、进班组，引导广大职工深刻领悟“两个确立”的决定性意义，增强“四个意识”，坚定“四个自信”，做到“两个维护”，切实把广大职工群众的思想凝聚起来、力量汇聚起来、干劲鼓舞起来，引领广大职工群众心往一处想、劲往一处使，为建设现代化龙江不懈奋斗。

坚持以高尚精神塑造职工。要把广大职工群众紧密团结在党的周围，为实现党的中心任务而团结奋斗。要大力弘扬劳模精神、劳动精神、工匠精神，发挥好劳模工匠示范引领作用，激励广大职工在辛勤劳动、诚实劳动、创造性劳动中成就梦想。要以庆祝中华全国总工会成立100周年为契机，广泛宣传工人运动的光荣历史、奋斗历程、辉煌成就，宣传工人阶级在各个历史阶段发挥主力军作用的生动实践，持续命名发布全省职工爱国主义教育基地，激励千万职工在新征程上始终保持昂扬向上的精神风貌。要广泛开展社会主义核心价值观、“中国梦·劳动美”等主题宣传教育活动，加强以职业道德为重点的“四德”教育，选树宣传“最美职工”“最美职工志愿者”“最美职工志愿服务项目”，发挥职工志愿服务队作用，擦亮工会志愿服务品牌。

坚持以正确舆论教育引导职工。我们要深入宣传党的全心全意依靠工人阶级的根本方针，大力宣传习近平总书记和党中央对工人阶级和广大劳动群众的关心关爱。要认真贯彻落实习近平总书记视察龙江时重要讲话重要指示，精准聚焦省委、中华全国总工会重点工作任务，努力扩大劳模匠星等工会宣传品牌影响力。要着力落实意识形态工作责任制，加快推进工会融媒体建设，走好网上群众路线。要进一步加强与主流媒体的合作，持续壮大工会舆论宣传阵地。要进一步加强工会媒体特别是网站和短视频等新媒体的建设和管理，做好舆情监测、研判和应对工作，不断增强工会新闻宣传工作的引导力、亲和力、公信力和影响力。

坚持以先进文化感染职工。我们要大力推进企业文化职工文化建设，深入开展万场文化活动进基层，组织形式多样的职工文体活动，搭建职工群众便于参与、乐于展示的文体活动平台，打造健康文明、昂扬向上、全员参与的“工”字系列职工文化特色品牌，不断满足职工精神文化需求。要持续深入开展“网聚职工正能量，争做龙江好网民”主题活动，建好用好网络文明传播者队伍，营造清朗网络空间。

第三节　推动惠民政策的贯彻落实

坚持以有质量有效益的经济发展促进民生改善，共同富裕迈出坚实步伐，就业更加充分更有质量，城乡居民收入持续增长，教育质量显著提升，社会保障、卫生健康、养老托育服务体系健全完善，人民精神文化生活日益丰富，人民民主权利充分保障，公平正义更加彰显，安全保障更加有力，社会治理体系更加完善，治理效能持续优化，社会大局和谐稳定，人民幸福指数不断提升。

一、扎实开展服务职工活动

“面对面、心贴心、实打实服务职工在基层”活动是 2012 年全国总工会统一部署的一项长期任务、经常性工作。全省各级工会干部全员参与，带着任务下基层、拿出思路给基层、解决问题为基层，省、市、县区、局、大企业工会上下联动，自上而下逐级深入职工群众中开展调查研究、宣传政策法规、倾听职工诉求，帮助广大职工切实解决了很多实际问题，取得了显著成效。截至2012 年底，全省 13 个市（地），总工会及所属工会组织共成立工作组 1146 个，其中省总工会 5 个、市地总工会 75 个、县区总工会 591 个，全省有 23206 名工会干部参与活动，深入 8843 户企业，走访慰问职工 112307 人，召开各级各型座谈会 7550 场，发放调查问卷 160409 份，个案访谈 13167 人，发放宣传材料 241820 份，为 37328 名职工发放慰问补贴、金额共计 1861.96 万元，征集意见建议 6250 条。活动中，黑龙江省各市地、产业、基层工会创新工作载体，探索形成了一些特色鲜明、卓有成效的工会服务职工的长效工作机制。大庆市推行“工会干部一线工作法”，市、县（区）两级工会干部全员全年每周三天在基层一线，据统计，自深入基层活动开展以来，市、县（区）两级工会干部共深入基层单位 4000 余个，与 9000 余名基层工会干部进行了面对面交流，为职工提供各类服务、帮助解决困难共计 1400 余件，涉及职工 8000 余人，使广大职工真实感受到党和人民政府的温暖。双鸭山矿业集团开展“逢十”接待日活动，哈尔滨市开展“走基层、强服务、上水平”服务活动，伊春市总工会启动实施“双百计划”，佳木斯市总工会开展送岗位、送文化、送温暖、送技能、贴近基层、贴近职工“四送两贴近”活动，省农星工会开展“五到基层”活动等，都各具特色，扎实有效。

努力为职工办好事做实事。落实《关于进一步做好困难职工解困脱困工作的实施意见》，与同级民政部门联动，实现省、市、县三级数据比对，做到精准识别、精准帮扶。省总工会下拨 1.9 亿元专项帮扶资金，配合支持重点行业重点区域改革脱困，向龙煤和四煤城拨付 4866.9 万元，向林业城市和其他老工业城市拨付 1.04 亿元，向森工、农垦拨付 1886.6 万元。深化职工助困送温暖活动，2019 年“两节”期间，继续组织“万名工会干部进万家”走访慰问，全省工会共筹集发放资金 5.19 亿元，9.5 万人次干部共入户慰问困难职工（农民工）11.8 万户，慰问节日期间坚守岗位的一线职工、劳模、工匠、派驻挂职干部

52.16万人，资金发放量、慰问救助户数、参加干部人数均创历史新高。扎实开展金秋助学，省总工会设立1000万元专项资金，各级工会自筹、动员劳模企业家、爱心企业、有条件的工会会员筹集助学款4012万元，共资助困难职工子女2.6万人。积极推进职工互助保障工作，省总设立专项职工互助保障资金，在龙煤、森工等重点领域和行业先行试点，着力解决职工因病致困难题。扩大职工疗休养规模，配合省委人才战略，在以往组织劳模和一线职工疗休养的基础上，组织黑龙江省高端人才、各行各业和基层骨干人才、劳模、五一奖获得者、“双创”标兵等专项疗休养活动，发挥黑龙江省疗休养资源优势，扩大职工疗休养规模。2018年，共投入资金2500万元，组织2.7万人疗休养，其中苦脏累险和工伤残职工达50%以上。推动户外劳动者服务站点建设，设立1500万元资金，支持市、县工会建设户外劳动者服务站点。动员社会力量、社会资源参与服务站点建设和服务，全省工会已建服务站点2517个，省建行各营业部普遍辟建服务专区，为交警和环卫工人、农民工提供服务，受到广泛好评。推动市、县两级帮扶中心提档升级，下拨500万元困难职工帮扶中心（职工服务中心）建设资金，拓展困难职工帮扶中心功能。做好退役军人职工服务工作，落实省委书记张庆伟点题交办为退役军人做好竭诚服务的指示，在全国率先制定了《为退役军人提供竭诚服务的十条措施》，扎实开展退役军人职工服务工作。中华全国总工会王东明主席、李玉赋书记、张茂华书记作出重要批示并转发全国各省工会，张庆伟书记两次批示给予肯定并要求抓好落实工作。修订《黑龙江省基层工会经费收支管理实施办法》，提高职工正常福利待遇，受到基层和职工的广泛好评。

着力发展文化惠民工程。党的十八大以来，黑龙江省文艺活动坚持面向广大群众，着眼人民需求，依托社区文化艺术节、农民文化艺术节、“冰天雪地、美好生活”等群众性文化惠民活动，引导、培育、创作一批具有本省历史特色、民族特点、地域特征的群众文化活动和文化产品，先后打造公共文化服务品牌500多个，年均举办各类文化活动20多万场次，为人民群众提供精美的“地产”精神食粮。“黑龙江之冬”国际文化艺术节、“哈尔滨之夏”音乐会、“黑河文化大集”等大型文艺文化活动规模影响逐年扩大，品牌效应持续释放。同时，通过出台《黑龙江省文化强省建设规划（2020—2025 年）》，明确了全省文化建设的指导思想和发展思路。近年来，组织创作了音乐舞蹈史诗《黑龙江“四大精神颂”》、话剧《八百里高寒》、歌剧《铁人三重奏》、音乐剧《嘎丽娅》等一大批宣传黑龙江优秀精神、展示黑龙江文化的优秀作品，广播剧《刀锋逐梦》等 2 部作品获全国“五个一工程”奖。精心组织了“初心如磐　使命在肩”庆祝建党百年大型文艺演出，创作推出了《国之重器》《为你而生——刘永坦传》《铁人在非洲》等一批主题文艺精品。策划迎冬奥电影《我心飞扬》、电视剧《超越》《冰雪之名》、京剧《冰道》等龙江冰雪题材主题作品。推进电影《731》、电视剧《青山不墨》等影视剧的拍摄制作。电视剧《超越》登陆央视一套黄金档，国家广电总局给予充分肯定。《黑龙江“四大精神”颂》等 4 部作品入选“庆祝建党百年优秀舞台艺术作品展演”，歌剧《铁人三重奏》等 7 部作品入选“庆祝建党百年舞台艺术精品创作工程”，《候鸟的勇敢》荣获第十八届百花文学奖中篇小说奖，版画作品《金秋时代》获得第十三届全国美术作品展金奖，10 幅美术作品被中国共产党历史展览馆永久收藏，《中国饭碗》等 2 部图书入选中宣部主题出版重点项目。

同时，着眼文化惠民队伍建设，先后开展了“文化惠民大培训”等专项活动，全省各级群艺馆（文化馆）、图书馆、文艺院团院校培训基层文艺骨干 30 多万人次，培养文化能人近百万人，涌现出一大批优秀文化志愿服务团队和文化志愿者。截至 2022 年 9 月，全省文化志愿者发展到 12. 8 万人，文化志愿服务团队发展到 2406 个，比 2012 年翻了两番。通过结对帮扶和各种培训，基层群众文化活动水平明显提升，黑龙江省群众文化作品《一定要找到你》《红高粱》荣获了全国群众文化艺术最高奖项——“群星奖”。木兰县吉兴乡综合文化站站长王向东、密山市文化志愿者王萍分别获 2014 年度和 2016 年度“中国文化馆十大榜样人物”。开启实施文化志愿服务计划，探索实施公共数字文化惠民工程，建立了文艺创作展演联系点，推出 4900 余项“文化进万家”主题活动。伴随黑龙江省新博物馆、文学馆和版画博物馆建设的有序推进，全省“二二工程”内容建设和版本馆建设开始实施。为深化全民阅读，文化部门组织推进数字农家书屋阅读平台建设和农村电影放映工程，为农家书屋提供免费图书，在农村免费放映电影。文化基础设施不断完善，目前，全省共建成各类博物馆218个、图书馆103个、文化馆（群艺馆）141个、街道和乡镇文化站1254个、社区和村级文化活动室9918个、农村文化大院20000多个。哈尔滨大剧院、哈尔滨音乐厅、双鸭山文广大厦、五大连池国际文体交流中心等一大批地标性文化设施建成使用。在全国率先启动村级综合性文化服务中心建设工程，实现了全省中心村、贫困村文化活动广场全覆盖。创造性地开展了“边疆数字文化长廊建设”，在全省边境乡村建成数字服务点（文化驿站）1752个，实现了全省边疆数字文化服务全覆盖。

二、助推社会保障体系建设

积极维护职工合法权益。推动和谐劳动关系构建，落实《关于在推进供给侧结构性改革中充分发挥厂务公开民主管理作用的指导意见》和《关于厂办大集体改制中充分发挥厂务公开民主管理作用的意见》，在供给侧结构性改革、化解过剩产能中，积极维护职工就业、工资收入、社会保障等方面的劳动经济权益。开展全省工会“法治建设年”活动，联合省司法厅、省律师协会和有关高校开展“尊法守法·携手筑梦”服务农民工法律宣传行动和公益法律服务行动，协助有关部门帮助农民工追讨欠薪，评选了首届“黑龙江省维护职工权益杰出律师”。强化职工代表培训，提高参政议政履职能力，2018年，全省各级工会培训职工代表20.5万人。深化“安康杯”竞赛，深入开展群众性安全监督检查活动和职业病防治工作，推动安全生产隐患排查治理工作不断加强。稳步推进工会维稳工作，进一步完善维稳信息员队伍和职工舆情排查预警、应急处置机制，职工队伍保持基本稳定。

2016年，和谐劳动关系构建成效明显。以构建和谐劳动关系为主线，加大维稳工作力度。积极推进工资集体协商、签订集体合同制度，突出抓好行业集体协商。全省企业集体合同、工资集体协商建制率均达到90%以上。厂务公开民主管理工作有序推进，全省已建工会企业职代会建制率达到93%，厂务公开建制率达到92%。召开全省工会“七五”普法启动大会，实施了工会法制宣传

“百千万”工程，工会法律援助、劳动争议调解工作向纵深发展。“安康杯”竞赛、班组安全建设、安全生产隐患排查治理、职业病防治工作不断加强。配合人社、住建等部门对农民工欠薪情况进行督查，积极为农民工做好事、解难事。2017 年，积极构建和谐劳动关系。健全完善职工代表大会、厂务公开等民主管理制度，与省委组织部等联合出台《关于在推进供给侧结构性改革中充分发挥厂务公开民主管理重要作用的指导意见》。省总工会荣获全国推动厂务公开民主管理工作先进单位。扎实有效推进工会信访维稳工作，建立维稳信息报送、预警排查处置机制，维护职工队伍稳定。

2018 年，强化维权维稳，构建和谐劳动关系。深入推进企事业单位民主管理。推动落实《关于在推进供给侧结构性改革中充分发挥厂务公开民主管理重要作用的指导意见》和《关于厂办大集体改制中充分发挥厂务公开民主管理作用的意见》，确保改革改制平稳顺利实行。开展“农民工入会集中行动”。出台《黑龙江省总工会关于推进全省货车司机群体入会工作实施方案》，召开全省“八大群体”入会工作推进会暨大庆市行业工会联合会建会（农民工）入会观摩活动，最大限度地把农民工等灵活就业群体组织到工会中。做好职工维稳工作。建立健全工会维稳信息员队伍和职工舆情排查预警、应急处置机制，加强维稳信息报送、预警矛盾排查，及时化解影响稳定因素。

改善人民生活品质。按照党中央、国务院“把人民群众安危冷暖放在心上”的重要要求，省委、省政府努力改善人民生活品质，让改革发展成果惠及更多群众。十年来，全省城乡居民人均可支配收入分别增长 78.1%和 113.8%。扎实推进保障性安居工程建设，全省各类棚户区改造累计开工 171.74 万套，城镇老旧小区改造开工 143.4 万户，农危房改造 102 万户，居民居住条件明显改善。全力保障居民基本生活需求，新增集中供热面积 4.53 亿平方米、供热管网 1.18 万公里，更新改造老旧供热管网 1.33 万公里，改造二次供水泵站 1748 座、庭院内供水管网 3254 公里，市政基础设施承载能力明显提升。食品安全形势持续稳定向好，食品抽检合格率稳定在 98%以上，食品安全评议考核连续五年获得全国 A 级等次。

按照党中央、国务院“兜住兜牢民生底线”的重要要求，织密扎牢民生保障安全网，加强民生兜底保障和遇困群众救助，努力做到应保尽保、应助尽助。

逐步扩大保障范围、提高保障水平，截至 2022 年 9 月，全省城镇职工基本养老保险、城乡居民基本养老保险、失业保险、工伤保险参保人数分别达到 1492.2 万人、888.8 万人、332.7 万人、435.8 万人；全省企业退休人员基本养老金平均水平从 1430 元/月提高到 2799 元/月，失业保险金平均水平从 625 元/月提高到 1376 元/月，城乡居民基本医保人均财政补助标准从 240 元提高到 610 元。一批救命救急好药纳入医保目录，集中采购药品平均降幅超过 50%。用心用情帮助各类困难群众和特殊群体，全省城乡低保保障水平实现“十连增”，城市低保标准较 2012 年提高 122%，农村低保标准较 2012 年提高 208%，累计临时救助 143.1 万人次。落实困境儿童分类保障制度，将事实无人抚养儿童纳入儿童福利保障范围，与孤儿保障水平一致，集中供养孤儿和散居孤儿最低保障标准分别达到 1750 元/人・月和 1350 元/人・月。全面建立困难残疾人生活补贴和重度残疾人护理补贴制度，两项补贴共惠及残疾人 57 万人。

三、参与实施精准扶贫战略

切实做好维权帮扶工作。稳步推进城市“一帮一”扶贫解困工程，围绕继续实施“一帮一”工程第二年工作目标，通过检查式推进、通报式点评、树立典型推动工作深入开展。各帮扶主体单位采取多种方法途径，对开发的扶贫项目实施动态跟踪，及时了解情况、发现问题、解决问题。2012 年，全省被帮扶的困难家庭已有 7.67 万户实现脱贫，脱贫率达 81.2%，超额完成了年度脱贫任务。各级工会进一步加强困难职工帮扶中心建设，强化服务功能，中心作用发挥明显。2012 年省总工会争取中央财政帮扶资金 6516 万元，省级财政配套资金 1000 万元，帮扶困难职工 13.6 万人。积极开展“关爱农民工身心健康”活动，协助解决农民工欠薪问题，农民工权益得到有效维护。在全省范围内组织开展了“服务民生三十年、温暖和谐进万家”为主题的送温暖活动，共筹集帮扶资金 1.25 亿元，走访企业 4561 个，慰问困难职工家庭 20.7 万户，慰问困难劳模 6746 户，提供各类救助 17.5 万人次。“金秋助学”“阳光就业行动”深入开展，“金秋助学”共筹集资金 2742.1 万元，发放助学款 2604.4 万元，共资助困难职工和农民工子女 2.2 万人；共为困难职工家庭高校毕业生提供 2.7 万人次见习机会，提供技能培训 4292 人次。“阳光就业行动”共举办就业招聘会 399 场，提供就业岗位 49615 个，为困难职工家庭高校毕业生提供创业培训 1966 人次，提供小额担保贷款 168 人次，提供小额担保贷款 133.6 万元。

2013 年，各地工会积极推进“一帮一”扶贫解困工程，督促帮扶单位加大帮扶力度，各市（地）和 123 个厅局及龙煤集团共 13.8 万名党员干部与 9.4 万名困难职工结成帮扶对子，帮助困难家庭解决生活困难问题 16.3 万件，启动脱贫项目 7.2 万个，投入资金 6.2 亿元，经营产值达 10.2 亿元，再就业人数达 5.9 万人，实现了脱贫率 100%、致富率 20%的目标。着力推动困难职工帮扶中心向职工服务中心转型。全省争取中央财政帮扶资金 6797 万元、省级财政配套资金 1000 万元，帮扶困难职工 19.1 万人，筹集“送温暖”慰问款物 1.61 亿元，慰问困难职工家庭 21.1 万户。[①] 哈尔滨、绥化市委、市政府分别出台了《关于建立完善困难职工扶贫解困帮扶机制的意见》《关于加强困难职工帮扶中心建设、构建三级帮扶网络体系的意见》。牡丹江工会参与加强和创新社会管理，绥化开展“三个一百”服务职工活动，哈尔滨建立的“的哥食堂”“环卫爱心驿站”取得良好效果。哈尔滨铁路局“三线建设”成效显著。各级工会积极协助政府搞好农民工工资清欠工作，农民工权益得到有效维护。继续深化厂务公开民主管理示范单位创建工作，深入推行区域（行业）职代会制度建设，全省已建工会国有企业和非公企业职代会建制率分别达到 98%和 95%。省总工会被评为全国推进厂务公开民主管理工作先进单位。

2014 年，积极推进困难职工帮扶中心向职工服务中心转型，哈尔滨、绥化、七台河和大庆油田工会本级帮扶中心完成了转型。全省县级以上工会帮扶中心规范化建设进一步增强，企业帮扶站点达到 801 家。2014 年，全省工会共争取中央、省级财政帮扶资金 8028 万元，帮扶困难职工 15 万余人。省总工会对全省第三轮城市“一帮一”扶贫解困工程进行了检查验收和调查研究，为继续开展好此项工作奠定了基础。各级工会大力推进集体合同和工资集体协商工作，圆

---

① 中共黑龙江省党史研究室编：《中共黑龙江省委执政纪要》，黑龙江人民出版社 2014 年 11 月第 1 版，第 437 页。

满完成“三年规划”任务，深入落实职代会、厂务公开等各项民主管理制度，广泛开展职工代表培训，切实抓好“安康杯”竞赛，联合省安监局开展全省安全生产隐患排查治理，集中开展农民工工资清欠维权专项行动。省总工会及5个市（地）、县（区）工会获得全国集体协商工作先进集体。佳木斯、鸡西、七台河等市（地）开展律师法律援助职工活动，绥化、七台河、大兴安岭将职工维权帮扶、工资集体协商、劳动安全、就业保障等内容列入市（地）委工作重点和加强法治建设实施意见中。省总工会医院建立“职工绿色转诊通道”，有效解决了职工看病难、找专家难的实际问题。

2015年4月和11月，省总工会两次对龙煤四个矿业公司生产经营和职工状况进行专题调研，省委书记王宪魁、省长陆昊、省委副书记陈润儿等省委所有常委和省政府领导及省直有关单位负责人对调研报告分别作出批示，这在黑龙江省工会史上还是第一次，为龙煤集团的改革发展稳定提供了决策依据。2015年，省总工会争取中央和省级财政帮扶资金8260万元，帮助困难职工15万人；组织完成了全省城市“一帮一”扶贫解困工程调研，报告呈报省委建议适时启动新一轮城市“一帮一”扶贫解困工程；召开了全省产业工会哈尔滨铁路局现场会，推广了哈铁“三线”建设的经验。各地方、产业和基层工会大力推动构建和谐劳动关系，充分发挥困难职工帮扶（服务）中心作用，持续推进工资集体协商、签订集体合同和厂务公开民主管理工作，培训职工代表10万余人。深入落实2015“法治学习培训年”活动，广泛开展了“12·4”法律宣传活动。全省“安康杯”竞赛活动和农民工工资清欠维权行动成效明显，困难职工和农民工合法权益得到有效维护。

2016年，实施精准扶贫、重点帮扶。2016年以来，省总共拨付各项困难职工帮扶资金1.1亿元，并向老工业基地、资源型城市特别是四煤城倾斜，支持重点国企改革脱困，直接向龙煤四个矿业公司拨付帮扶资金1000万元。加大工会经费对下倾斜力度，增加对市（地）、县（市）工会经费回拨和专项补助。2016年，省总对下拨付项目补助、回拨补助、专项补助经费2810万元。为使工会经费更好地服务职工群众，保障职工群众正常福利，印发了《关于贯彻落实全国总工会〈关于加强基层工会经费收支管理的通知〉和〈补充通知〉有关问题的通知》，受到广大职工和社会各界的好评。紧扣龙江经济发展实际和职工需求，研究设立了扶持职工“双创”、职工疗休养和特殊人群应急救助 3 项资金，着力为三个层面的职工群体提供扶持服务。各级工会积极开展困难职工帮扶，全省在档困难职工同比减少 9.3 万人。广泛开展送温暖、“阳光就业”、“金秋助学”等活动，为 15.3 万户家庭送去了温暖，为 17.6 万人次提供了就业助学等服务。

2017 年，突出抓好职工助学助困送温暖工作。建立困难职工日常性救助、应急性救助和节日慰问长效机制。全年下拨各类帮扶资金 1.56 亿元，重点向龙煤、森工、农垦等领域和煤城、林区倾斜。开展龙煤集团工伤残职工状况调研，拨付 500 万元专项经费定向帮扶。设立了 2010 万元职工应急救助专项资金，用于职工大病、自然灾害、突发事件等救助。大规模开展困难职工帮扶和“金秋助学”活动，通过自筹和动员劳模、爱心企业等，筹集助学款 5115 万元，资助困难职工（农民工）子女 3.5 万人，资金筹集量、资助人数及参与人数创历史之最。做好“两节”送温暖工作，召开现场推进会，开展“万名工会干部进万家”大走访慰问活动，筹集 1.34 亿元，走访慰问困难职工 12.49 万户、困难农民工 4507 户、困难劳模 2218 户。

四、职工技能培训工作实现重大突破

2013 年 12 月，省总工会在安达市举行了全省职工技能培训启动仪式，下发了《2014—2016 年全省工会职工技能培训规划》，提出了全省工会三年培训 40 万名技术工人的目标任务，明确了责任分工、培训方式和保障措施，特别是充分发挥大专院校、职业学院的阵地作用，加强对职工的技能培训，得到了省委和全国总工会的充分肯定。开了黑龙江省工会史上大规模培训职工技能人才的先河。2014 年，按照省委的要求，全面实施全省“两大平原”现代农业综合配套改革试验职工（农民工）技能培训规划和全省工会职工技能培训规划，层层落实培训任务，保障培训资金，积极争取党政等有关部门的支持，工会各部门联合推进，采取多种有效措施开展培训。省总工会每年投入专项培训经费 200 万元，全省工会筹集培训及基地建设资金 4584 万元，省教育工会确定了哈工大等

20所院校为全省职工技能培训基地，建立了由200名教师、技师组成的“全省职工技能培训师资库”。2014年，全省工会培训“两大平原”现代农业职工（农民工）、农业经济带头人及农村转移劳动力6.08万人，培训其他职工25.4万人。省委高度重视这两项培训工作，2014年省委书记王宪魁、副书记陈润儿分别两次作出批示，给予了高度评价。

2015年，职工技能培训和素质提升取得新成果。各级工会深入落实《全省“两大平原”现代农业综合配套改革试验职工（农民工）技能培训规划》和《全省工会职工技能培训规划》，采取有力措施，扩大培训规模，提升培训效果。截至2015年底，全省工会培训职工、农民工23.9万人。获得劳动部门颁发职业技能证书的有2.19万人，开展创业培训3.39万人，家政服务培训2.47万人，经培训后就业的人数达6.84万人，省委、省政府高度重视职工素质提升工作，以两办文件下发了《黑龙江省职工素质建设工程五年规划（2015—2019年）》。各级工会以多种形式组织职工践行社会主义核心价值观，深入开展职工职业道德创建、“四德四好”、职工志愿服务和职工学历提升、职工读书活动。省总工会与省委宣传部联合开展了“龙江最美职工”评选活动。省教育工会联合省教育厅、省卫计委开展的“强师德、树医风、塑形象”活动，建立了长效化、常态化机制，活动实效不断显现，受到了省委、省政府领导和广大职工群众的好评。

2016年，贯彻习近平总书记“冰天雪地也是金山银山”的指示精神，在全省职工中开展了“热爱冰雪　积极行动·贡献龙江”主题系列活动，收到较好效果。为大力弘扬劳模精神、劳动精神、工匠精神，重点开展了“大国工匠”“龙江工匠”选树活动，省总工会选树10名首批“龙江工匠”在全省宣传推广。各地广泛开展了选树宣传活动，充分发挥劳模（职工）创新工作室示范引领作用。继续深入实施职工素质工程，着力抓好职工技能培训和“两大平原”现代农业综合配套改革试验职工（农民工）技能培训，省总工会投入1000万元职工技能培训资金，重点向化解过剩产能任务重、转岗分流人员较多的煤城、林区城市倾斜，增强了困难职工、转岗职工的“造血”功能。2016年，全省工会培训职工19.7万人，其中培训农民工2.2万人，获得劳动部门颁发职业技能证书的1.3万人。

第四节　黑龙江省工会第十一次代表大会

劳动托起梦想，劳动创造未来。黑龙江省工会第十一次代表大会召开，全省各级工会组织和广大职工群众深入学习贯彻落实习近平总书记的系列重要讲话精神，切实把思想和行动统一到中共中央和省委的重大决策部署上来，以主人翁的姿态担负起全面振兴的光荣使命，做坚定理想信念的中流砥柱、做推动全面振兴的时代先锋、做时代发展需要的劳动楷模、做联系职工群众牢固的桥梁和纽带，充分发挥主力军作用，彰显黑龙江省工人阶级的时代担当，在推动黑龙江全面振兴实践中建功立业。

一、省工会十一大的主要议程和主要任务

2016年7月27日上午，黑龙江省工会第十一次代表大会在哈尔滨市工人文化宫召开，500余名来自全省各地、各条战线的工会代表出席会议。开幕式上，中华全国总工会副主席、书记处书记江广平代表全国总工会为大会致辞。

黑龙江省总工会主席朱清文代表黑龙江省总工会第十届委员会向大会作工作报告。黑龙江省工会第十一次代表大会会期两天，选举产生省总工会十一届领导机构。

二、省工会十一大的工作报告

报告总结回顾了过去五年来全省工会事业取得的新进展、新经验，明确了今后五年全省工会工作总体要求和主要任务，号召全省广大职工围绕中心、服务大局、支持改革、积极投身创业创新实践，以工人阶级的优良素质和辛勤劳动，推动龙江经济社会又好又快发展，充分发挥工人阶级的主力军作用，继往开来、求真务实、开拓创新，为龙江全面振兴和全面建成小康社会作出新的、

更大的贡献。

省工会十大以来的主要工作成绩和基本经验 全省各级工会坚定不移地走中国特色社会主义工会发展道路，围绕中心、服务大局、切实维权，工会各项工作取得了优异成绩，打造了一批在全国有影响力的工作品牌，获得省委、省政府和全国总工会荣誉190项，其中省总工会获得46项，得到了各级党委的充分肯定和广大职工的高度评价，为全省经济社会发展作出了重要贡献，开创了具有时代特征和龙江特色的工会工作新局面。

“六大工作成绩” 1. 服务中心，广大职工劳动创造价值充分展示。组织动员广大职工投身经济建设主战场，围绕省委“五大规划”“十大重点产业”“龙江丝路带”战略，积极开展“当好主力军、建功‘十二五’”主题劳动竞赛、全省重点产业项目建设劳动竞赛、职工（农民工）技能培训和创业创新典型总结宣传工作，受到省委、省政府和社会各界的高度评价，省委王宪魁书记多次批示给予肯定和表扬。大力弘扬劳模精神、劳动精神，职工群众性经济技术创新活动广泛开展，劳模和职工创业创新等先进典型发挥了示范引领作用，劳模服务管理工作取得新进展。涌现出1233名全国和省劳动模范，1600名全国和省五一劳动奖章，525个全国和省五一劳动奖状。累计发放全国劳模“三金”5173万元、省劳模慰问金882万元。2. 强化引领，职工思想政治文化建设有力推进。深入学习贯彻习近平总书记系列重要讲话精神，特别是对黑龙江发表的重要讲话精神，积极开展争做全面深化改革的参与者、支持者活动，引导广大职工听党话、跟党走，凝聚了思想共识和精神力量。践行社会主义核心价值观、职工职业道德创建活动形式多样。“中国梦·劳动美”主题教育、“强师德、树医风、塑形象”“创建学习型组织、争做知识型职工”等活动深入开展，企业文化、职工文化建设逐步深化。3. 突出重点，职工（农民工）技能培训成效显著。制定并实施全省“两大平原”现代农业综合配套改革试验职工（农民工）技能培训规划和全省职工技能培训规划，确定了哈工大等20所院校为全省职工技能培训基地，建立了全省职工技能培训师资库。采取有效措施，层层落实培训任务，保障培训资金，培训职工（农民工）23.9万人，有2.2万人获得劳动部门颁发的职业技能证书，开了黑龙江省工会史上大规模培训职工技能人才的先河。

4. 落实机制，和谐劳动关系构建成果丰硕。牵头参与制定 470 余项涉及职工利益和工会工作的政策法规，配合人大、政府开展专项检查，工会工作法治环境日益优化。深入实施平等协商、集体合同制度，大力开展创建劳动关系和谐企业和工业园区活动，全省已建工会企业集体合同、工资集体协商建制率达 90% 以上。职代会、厂务公开民主管理规范化建设取得新成绩，全省已建工会企业职代会建制率达到 93%以上，厂务公开建制率达 92%以上。在企业改革改制中职代会作用得到有效发挥。深入开展“安康杯”竞赛、班组安全建设和安全生产隐患排查治理工作。工会法律宣传培训、劳动争议调解工作向纵深发展。省总工会先后三次对龙煤集团生产经营和职工状况进行调研，为省委、省政府和有关部门决策提供参考依据。5. 扶贫解困，帮扶服务职工水平持续提升。深入实施第三轮全省城市“一帮一”扶贫解困工程，被帮扶困难职工基本实现脱贫，致富率达到 23. 6%。实现了各市（地）专项帮扶资金全部纳入地方财政预算。各级困难职工帮扶中心作用发挥明显。集中开展农民工工资清欠维权专项行动，认真做好促进就业创业、送温暖等工作。各级工会困难职工帮扶中心累计发放帮扶资金 6. 06 亿元，帮扶救助困难职工 133 万人次。其中，争取中央和省级帮扶资金 4. 5 亿元。6. 夯实基础，工会自身建设全面加强。认真贯彻中共中央和省委党的群团工作会议精神，全面开展党的群众路线教育实践活动、“三严三实”专题教育和“两学一做”学习教育，工会党的建设和作风建设明显加强。深入推进基层工会组建和会员发展，大力实施农民工入会集中行动，广泛开展建设职工之家活动，实现建会数量与质量并重发展。全省建立基层工会 6. 6 万个，涵盖单位 12. 6 万个，发展会员 754. 4 万人，入会率 97. 7%，其中农民工会员 102. 1 万人。省总工会连续 10 年获得全国组建工会和发展会员工作一等奖。县区工会标准化建设取得明显成效。工会干部教育培训有序开展，全省培训专兼职工会干部 3. 9 万人。工会财务、经审、资产监管工作进一步加强，经费收管用规范科学，资产保值增值。工会女职工特殊权益得到有效维护。产业工会工作亮点纷呈。工会调查研究、信息化、对外交流等工作取得明显成绩。

“五个宝贵经验”　省工会十大以来，工会工作积累了宝贵的经验：一是必须始终坚持党的领导，坚定不移地听党话、跟党走，保持和增强工会组织的政治性、先进性、群众性；二是必须始终坚持围绕中心、服务大局，充分发挥工人阶级的主力军作用；三是必须始终坚持以职工为本，维护好职工的根本利益和合法权益；四是必须始终坚持改革创新，改进工作内容和方式方法；五是必须始终坚持加强工会自身建设，增强工会组织的凝聚力和影响力。

今后五年工会工作的总体要求和主要任务 今后五年，全省工会工作的总体要求是深入学习贯彻习近平总书记系列重要讲话精神和省委王宪魁书记重要讲话精神，落实省委、中华全国总工会的决策部署，牢牢抓住为实现中华民族伟大复兴的中国梦而奋斗这个我国工人运动的时代主题，坚定不移地走中国特色社会主义工会发展道路，把巩固党执政的阶级基础和群众基础作为政治任务，把全面建成小康社会、推动全面振兴作为发挥作用的主战场，把做好新形势下职工群众工作、调动职工群众积极性和创造性作为中心任务，在龙江全面振兴中，激发职工内生动力，充分发挥工人阶级主力军作用，服务中心、服务大局、服务职工、服务基层，实施“五大工程”，增强基层工会活力，激发职工创业创新的积极性，提升职工素质和技能，维护职工的根本利益和合法权益，加强工会自身建设，团结带领广大职工为黑龙江省全面建成小康社会贡献力量。

2016 年 7 月 28 日，黑龙江省总工会第十一届委员会第一次全体会议通过，选举领导机构及领导人主席朱清文及副主席 8 人，常务委员会委员 17 人。

黑龙江省工会第十一次代表大会，是在全省深入学习贯彻习近平总书记重要讲话精神、奋力走出龙江全面振兴新路子的关键时期召开的一次盛会。大会的主题是深入贯彻习近平总书记系列重要讲话精神和中共中央、省委、全国总工会的决策部署，开拓创新、奋发有为，团结动员全省广大职工充分发挥工人阶级主力军作用，为奋力走出龙江全面振兴新路子而努力奋斗。报告提出工会工作的总体要求和主要任务是“实施四大工程”即围绕龙江全面振兴，深入实施建功立业工程；强化教育引领，深入实施职工素质建设工程；促进和谐稳定，深入实施职工维权服务工程；坚持改革创新，深入实施固本强基工程。

第五节　扎实推进工会改革和建设

在开展新时代黑龙江工人运动、工会工作、推进工会改革中，坚持“首善标准”，自我加压、自我提升，力求做出更好的成绩；工会工作围绕新时代贯彻落实群团改革的决策部署和指示精神的要求，创新工作方式和服务方式，打造了特色工作品牌和服务亮点。以高站位、高标准、一流精神、一流作风完成党和国家交给的各项任务。

一、贯彻落实群团改革的决策部署和指示精神

2015 年 7 月，中央党的群团工作会议召开后，省总工会及时向省委常委会做了专题汇报。并在参与省委群团工作调研的基础上，积极配合省委有关部门筹备召开了省委党的群团工作会议，参与起草了《中共黑龙江省委关于加强和改进党的群团工作的实施意见》，提出的 17 条意见被省委采纳，解决了市（地）总工会主席同级副职、全国五一劳动奖章获得者享受省劳模待遇、职工技能培训纳入政府培训序列和人大代表、政协委员人选中一线职工、工会负责人的比例规定、提名推荐等政策问题。在省委党的群团工作会议上，省总工会做了典型发言。会后，全省各级工会积极行动，通过专题培训、研讨等多种方式，不断把学习贯彻活动引向深入。2015 年 8 月，省总工会召开了贯彻中央和省委党的群团工作会议精神专题学习交流会，省总工会领导同志和市（地）总工会、产业工会主席带头撰写学习体会文章，省总工会编印成文集，广泛赠阅，成为各级工会和工会干部的辅导教材。按照省委的要求，省总工会适时制定下发了《关于认真贯彻落实中共中央、省委、全国总工会关于加强和改进党的群团工作的实施意见》，各市（地）、产业工会迅速响应，积极争取同级党委出台贯彻意见。哈尔滨、齐齐哈尔、农垦、林业等 11 个市（地）、产业党委下发了贯彻实施意见。

二、制定和落实黑龙江工会改革方案

全面推进“两个普遍”工作。中华全国总工会提出“两个普遍”的具体目标，即“推动企业普遍建立工会组织，深入推进工资集体协商”。黑龙江省各级工会坚持上下“一盘棋”，扎实推进“两个普遍”工作，集中建会行动成效显著。经过共同努力，“两个普遍”三年目标任务全面完成，基层工会组织建设同步迈上新台阶。

为将“两个普遍”工作落到实处，2011 年，黑龙江省总工会成立了领导小组和工作机构，建立了奖惩机制、检查抽查机制和“一票否决”机制，通过两次召开工作推进会和现场会对“两个普遍”工作进行部署。先后出台《黑龙江省总工会 2011—2013 年推动企业普遍建立工会组织工作规划》和《关于工会组建工作百分考核办法》，把工会组建与工会评先选优、十佳标兵县、项目建设支持、经费回拨补助等工作结合起来，实行相应的奖惩措施。各市（地）、产业工会也积极争取党政支持，在全省上下形成了推进企业建会和发挥工会作用的强大合力。

黑龙江省总工会建会工作荣获全国优等奖；荣获 2013 年度全国组建工会和发展会员工作一等奖，同时荣获全国落实建会三年规划先进集体。

2012 年，认真贯彻落实全国总工会“依法推动企业普遍建立工会组织”和“依法推动企业普遍开展工资集体协商”的要求和部署，坚持全省“一盘棋”，扎实推进。省总工会投入 1185 万元对各地实施奖励，经过共同努力，2012 年，全省基层工会组织达到 6.93 万个，工会会员 834.9 万人，工会基层组织涵盖单位 14.3 万个，女职工组织组建率达 99%。[①] 建会工作荣获全国优等奖。积极开展“工会组织亮牌子、工会主席亮身份”活动，82%的企业、70%的非公企业开展了此项活动。大力推进工资集体协商工作，制定下发了《黑龙江省总工会推进集体合同、工资集体协商工作考核标准》。深入开展工资集体协商示范单位创

① 中共黑龙江省党史研究室编：《中共黑龙江省委执政纪要》，黑龙江人民出版社 2013 年 11 月第 1 版，第 386 页。

建活动，确定了 216 家企业为工资集体协商示范单位。着力推进行业性工资集体协商和开发区（工业园区）的工资集体协商工作。大力加强集体协商指导员队伍建设，完成工资集体协商专职指导员队伍的选聘工作，全省现有兼职工资集体协商指导员 440 人。2012 年，全省已建会企业集体合同、工资集体协商建制率达 98.6%。通过工资集体协商，全省增加工资的企业达 5.4 万户，惠及职工 250 多万人，平均工资增长 11.2%。

“两个普遍”三年目标任务全面完成　2013 年，集中建会行动取得新成果，黑龙江省新增基层工会组织 2.4 万个，新增工会会员 84.6 万人，全省基层工会组织达到 6.9 万个，工会会员达到 832.6 万人，工会基层组织涵盖单位 13.4 万个，建会率、入会率分别达到 97% 和 91%。已建工会的企业中，女职工组织覆盖率达到 99%，超额完成了中华全国总工会组建工作目标任务。工资集体协商规范化建设得到加强，行业性工资集体协商实现新突破，全省累计签订集体合同 2.95 万份，覆盖企业 8.97 万户，覆盖职工 506 万人，集体合同、工资集体协商建制率达到 97.7%。[①] 省总工会拨付 376 万元对全省“两个普通”工作进行兑标奖励、通报表彰。

截至 2014 年底，全省建立基层工会 6.78 万个，发展会员 793.7 万人。省总工会被评为 2013 年度全国组建工会和发展会员工作一等奖和全国落实建会三年规划先进集体。

2016 年，工会改革和自身建设有力推进。按照中共中央、省委的部署，主动对接中华全国总工会改革，积极与有关部门协调，在深入调研、借鉴部分省级工会改革的基础上，研究起草了《黑龙江省总工会改革方案》，明确了 9 个方面、37 条改革措施。着力做强基层，深入推进工会组建和发展会员工作，持续推进基层工会和社会化工会工作者队伍建设，广泛开展创建职工之家、做职工信赖的“娘家人”活动。全省基层工会达到 6.6 万个，涵盖单位 12.6 万个，会员达到 754.8 万人，入会率 97.3%，其中农民工会员 118.9 万人。着力推进“互联网+”工会普惠性服务职工工作，召开了全省“互联网+”工会工作创新论

① 中共黑龙江省党史研究室编：《中共黑龙江省委执政纪要》，黑龙江人民出版社 2014 年 11 月第 1 版，第 437 页。

坛，全省工会“互联网+”工会工作不断深化。

2017 年，推进工会系统改革。聚焦增强“三性”、去除“四化”，进一步精简机构、优化职能，83 项改革全部完成，并建立 29 项长效机制。指导和推动市(地)、产业工会改革及时跟进、有序进行；推进产业工人队伍建设改革。认真落实《新时期产业工人队伍建设改革方案》，牵头与省委组织部等 9 个部门联合调研，制定黑龙江省《新时期产业工人队伍建设改革的实施意见》，经省委深改组会议审议后，省委、省政府印发并公开发布。黑龙江省总工会改革实现了“五个突破”，在中华全国总工会专题会议上介绍了经验。

全省工会资产持续稳步增值 各地工会积极落实《黑龙江省总工会关于进一步加强工会建设的意见》，各级工会克服经费收缴困难，与地税部门密切配合，努力提高经费收缴率，确保了经费收缴稳步增长。调整经费分成比例，得到了基层的拥护和好评。工会经审工作不断加强，促进了工会经费合理使用和党风廉政建设。工会资产实现大幅增值，2008 年，全省工会行政资产、企事业资产账面总额分别为 11 亿元、4. 44 亿元，2013 年分别增加到 22. 5 亿元、18. 66 亿元，其中，企事业资产增长了 4 倍多。实现全省工会资产账面总额 41. 16 亿元，按现在市场价格评估至少增加了 3 倍，可达到 120 多亿元。2014 年，在经济下行压力增大的情况下，各级工会加大了工会经费收缴力度，不断强化工会经费审计监督，实现了经费收入稳步增长和安全稳健运行，全省工会资产稳步持续增长。

三、加大对职工和基层工会服务力度

大力实施职工素质建设工程。2012 年，深入开展“学习铁人精神、争做铁人式职工”活动。自 2010 年启动以来，共有 2 万余名职工参观了铁人纪念馆，3 万余人撰写了学习铁人的心得体会文章，参与“学做”活动的企业达到 60%以上；2013 年还选树表彰了 20 名全省首届“铁人式职工”，铁人精神和工人阶级伟大品格在新时期得到传承和发扬。积极开展职业道德建设“双十佳”评选表彰活动，职工职业道德素质得到进一步提高，职工文化体育活动丰富多彩。积极培育职工教育培训示范点，年内全省共有 34 个职工教育培训机构被授予“全国职工教育培训示范点”。大力开展职工提升学历教育工作，采取脱产教育、在职业余教育、网络教育、远程教育等多种措施，使全省 7 万余名职工提升了不同档次的学历水平。进一步加强“职工书屋”建设，对 2012 年度黑龙江省 30 家全国工会“职工书屋”示范点配送了百万元的图书，完成了示范点的标准化建设，带动全省各市地自建“职工书屋”300 多个。截至 2012 年，全省共有全国“职工书屋”示范点 165 个，省级“职工书屋”自建点 1794 个，为广大职工读书学习、提高素质创造了条件。实施“培训就业一体化”援助服务项目，实现培训机构与中介机构和用人单位的对接。在加大职业介绍和技能培训力度的同时开展小额信贷、创业培训和职业介绍一条龙服务，进一步健全就业服务平台。全年共有 260 家机构对 14.4 万人开展职业培训，培训就业一体化率达到了 73%，总体就业率达到 80%以上。

第六节　组织引领广大职工为新时代龙江建设作贡献

围绕中共中央、省委实施创新驱动发展战略和“大众创业、万众创新”战略部署，省总工会把职工“双创”活动作为重中之重的任务来抓，在加强工会与政府、企业协调协商参与机制上发力，构建和谐劳动关系、维护职工合法权益。

一、扎实推进职工“双创”活动

2016 年，省总工会重点推进职工创新创业活动。各级工会采取多种有效措施，在政策宣传、创业咨询、信息提供、项目技术推广、小额贷款、法律咨询等方面积极为职工提供“双创”扶持。一些市（地）通过建立“双创”孵化基地、创库等方式，积极推进此项工作，积累了很多好的经验。

召开了全省庆祝“五一”国际劳动节暨职工创业创新表彰大会，选树表彰了 300 名全省职工创新标兵、转岗职工创业标兵、农民工创业创新标兵，并组织先进代表巡回报告，引起社会各界强烈反响。

2017年，全省各级工会紧紧围绕黑龙江省供给侧结构性改革、新旧动能转换和国有企业改革，深入推进职工“大众创业、万众创新”工作。省总工会制定了《黑龙江省总工会关于深入开展全省职工“大众创业、万众创新”活动的实施意见》和《省总工会职工创业创新扶持资金管理办法》，2017年至2019年每年在省总工会本级经费预算中设立2000万元专项资金，通过贴息等方式，撬动商业银行为符合创新创业条件的职工贷款，扶持更多的职工创新创业。指导各级工会通过技能培训、建立“双创”孵化基地、创库、工创e家等方式和载体，促进职工创新创业。

2017年，撬动银行贷款1500万元，支持项目184个，实现就业5009人；建立创业孵化基地12个，提供创业机会325个，带动就业4522人。设立职工创新补助资金100万元，在省科技厅专家组评审的基础上，对劳模（职工）创新工作室申报的需要扶持的28个创新项目进行补助。创建市（地）级劳模创新工作室1272家，总结推广先进操作法3205项，职工合理化建议2.43万件，技术革新创效益8.3亿元。

2018年12月13日，省总工会召开全省劳模和创新工作室命名暨优秀职工创新项目表彰大会，对2018年度命名的50个省级劳模和工匠人才创新工作室以及32个优秀职工创新项目进行了表彰，并选树表彰了200名职工“双创”标兵。广泛开展“五小”群众性创新活动，与团省委联合举办黑龙江省首届青年职工“五小”创新大赛，全省13个市（地）的95个企事业单位的320个项目参赛。各级工会利用贴息资金撬动银行贷款1.46亿元，扶持职工创新、创业项目1253个，创建职工“双创”孵化基地27个、市（地）级以上劳模、职工创新工作室1272个，开展职工技能培训35.7万人次，实现增加就业1.9万人。进一步加强劳模和工匠人才创新工作室建设，设立500万元扶持资金，对省级、全国示范性劳模和工匠人才创新工作室及创新项目给予支持。

2019年，加大向中华全国总工会申报创新工作室力度，齐齐哈尔北方华安工业集团有限公司孟祥志、大庆油田采油四厂杨海波和采油二厂刘丽等3个职工创新项目，获中华全国总工会补助资金50万元。全省共创建工作室1641个，承担技术革新、科技攻关 9.6 万项，为企业增效创收提供助力。与团省委联合开展第二届全省青年职工“五小”创新大赛，大赛决赛共有 220 个项目参赛，参赛青年职工 800 余名，最终评选奖项 25 个。发挥哈工大等高校与科技系统人才优势，与省工信厅建立服务中小微企业专家学者库，首批吸纳专家 173 名。

二、构建和谐劳动关系维护职工合法权益

省总工会最大限度地把广大职工组织到工会中，把维护职工合法权益贯彻于推动改革、促进发展、积极参与、大力扶持的全过程，在改革发展稳定的大局中充分发挥工人阶级的主力军作用。

突出抓好职工维权服务。全省各级工会组织深刻认识我国社会主要矛盾发生转化对工会做好维护职工权益、服务职工群众工作提出的新要求，把维护服务职工工作做得更扎实更温暖。落实好职工群众解困脱困工作，协助党委和政府解决好职工普遍关心的就业安置、职业培训、工资报酬、安全生产等问题，更加精准有效地开展困难职工帮扶。积极参与构建和谐劳动关系，依法推进落实职代会的各项职权，进一步完善政府、工会、企业共同参与的劳动关系协调机制和集体合同制度建设，深入实践多种形式的职工民主管理，探索和创新职工民主管理形式，依法保障好职工的知情权、参与权、表达权、监督权。2016 年，构建和谐劳动关系工作取得新成效。省总工会与省委组织部等部门联合出台《关于在推进供给侧结构性改革中充分发挥厂务公开民主管理重要作用的指导意见》，召开哈尔滨铁路局现场会，深入推进厂务公开民主管理工作。全省已建工会企业职代会建制率达 97.6%，厂务公开建制率达 93.2%，培训职工代表 24 万余人。各级工会积极参与和谐劳动关系构建，特别是在供给侧结构性改革、化解过剩产能中，维护职工就业、工资收入、社会保障、安全等方面的劳动经济权益。全省企业集体合同、工资集体协商建制率均达88%以上。全省工会普法、职工法律服务“百千万”工程不断深化。工会信访维稳工作扎实有效，普遍建立了职工维稳信息报送、预警排查处置机制，发挥了重要作用。联系和引导劳动关系领域社会组织、“安康杯”竞赛、安全生产隐患排查治理等工作不断加强。

2017年，全省各级工会组织高度关注供给侧结构性改革、国有企业改革、淘汰落后产能、处置“僵尸企业”中的职工利益问题，积极参与企业改制重组、转岗安置、劳动关系处理等政策制定，引导职工群众依法表达合理诉求，维护合法权益。推动完善政府、工会、企业共同参与的劳动关系协调机制，落实县级以上人民政府同工会的联席会议制度和以职工代表大会为基本形式的民主管理制度，切实保障职工群众知情权、参与权、表达权、监督权。加大困难职工帮扶救助力度。建立健全扶困帮困长效机制，坚持普惠性、常态性、精准性服务，以一线职工、困难职工、农民工为重点，继续做好金秋助学、职工助困送温暖等品牌活动，帮助困难职工解困脱困，及时做好因各种原因返贫致困职工帮扶救助工作，把党和政府的关怀送到广大职工心坎上。健全服务职工体系。顺应职工对美好生活的新期待，围绕职工就业方式、生活方式的新特点，拓宽服务领域，创新方式方法，加强对新领域、新阶层、新群体的团结引领和联系引导，与时俱进做好服务职工工作。推动完善职工福利制度，做好职工互助保障工作，让工会组织成为名副其实的“职工之家”，工会干部成为职工群众信赖的“娘家人”“贴心人”。

第十六章　忠诚党的事业，始终坚持工会工作正确政治方向

中国工人运动只有在中国工人阶级的先锋队——中国共产党领导下，把党的理论和路线方针政策贯彻落实到工会工作各方面、全过程，工运事业才能牢牢把握正确的政治方向，才能生机勃勃向前发展。习近平总书记指出，工会是党联系职工群众的桥梁和纽带，工会工作是党的群团工作、群众工作的重要组成部分，是党治国理政的一项经常性、基础性工作。工会作为中国共产党领导的工人阶级群众组织，在坚持党的领导这个根本问题上必须头脑十分清醒、立场十分坚定、行动十分坚决，把党的领导落实到实际行动中，要始终在政治立场、政治方向、政治原则、政治道路上同以习近平同志为核心的党中央保持高度一致，旗帜鲜明地讲政治，自觉服从服务于党和国家工作大局。

第一节　贯彻落实党的十九大精神和中国工会十七大精神

认真学习贯彻习近平新时代中国特色社会主义思想和党的十九大精神、习近平总书记关于工人阶级和工会工作的重要论述、同中华全国总工会新一届领导班子成员集体谈话时的重要讲话和中国工会十七大精神，深入学习贯彻习近平总书记在东北振兴座谈会上的重要讲话和考察黑龙江时的重要指示精神、省委十二届四次全会精神，努力在学懂弄通做实上下功夫。

一、贯彻落实党的十九大精神

党的十九大召开后，黑龙江省总工会按照全国总工会有关会议的安排部署和省委工作要求，突出工作重点、加强组织领导，全力抓实抓好各项工作任务，推动产业工人队伍建设改革向纵深发展。各级工会组织围绕中心大局主动作为，认真贯彻落实省第十三次党代会精神，深化“五个百万”职工劳动和技能竞赛，打造“龙江工匠”品牌，精准做好招商引资项目职工就业等服务工作。以“能力作风建设年”活动为契机，强化基层组织建设，全面提升工作质效，切实担负新时代工会组织的职责使命，为龙江全面振兴全方位振兴贡献工会力量。

开展党的十九大精神“进企业、进车间、进班组”活动。持续深入学习贯彻习近平新时代中国特色社会主义思想和党的十九大精神。省总工会在学懂弄通做实上狠下功夫，层层落实责任，促进工会干部和广大职工真学真信真做，增强“四个意识”、坚定“四个自信”、做到“两个维护”。一是按照中共中央、省委和中华全国总工会部署，制定了学习宣传贯彻方案，分批举办了省总机关干部、县区工会主席、国有大中型企业工会主席、非公企业工会主席等多个层面的党的十九大专题培训班。二是广泛开展党的十九大精神“进企业、进车间、进环组”活动，省总班子成员带头深入一线宣讲，组织黑龙江省十九大全国劳模代表宣讲，发放党的十九大精神口袋书 13 万余册。三是落实中华全国总工会领导批示要求，组织各级工会和劳模认真学习习近平总书记给中国劳动关系学院劳模本科班学员回信重要精神，全省劳模和工会干部深受鼓舞。四是深入学习贯彻习近平总书记在东北振兴座谈会上的重要讲话和考察黑龙江的重要指示精神，制订《关于学习贯彻省委十二届四次全会精神和张庆伟书记讲话精神的实施方案》并推进落实。

以高度的政治自觉深入学习贯彻习近平总书记重要讲话和中国工会十七大精神，及时传达汇报。工会十七大闭幕后，省总立即召开了主席办公会议、党组（中心组学习）会议，专题传达学习，研究贯彻意见。及时将习近平总书记重要讲话和工会十七大精神向省委报告。召开全省工会学习贯彻中国工会十七大精神专题会议，迅速学习传达落实。党组带头学习。省总党组带头坚持学原文、悟原理、懂原意，全文学习传达、畅谈学习体会。各市（地）总工会党组迅速结合实际制订学习计划。全省市级工会举办党组专题学习会、讨论会等 58 次。研究制定落实方案。把习近平总书记重要讲话和工会十七大部署的目标任务认真分解，研究落实措施，制定《关于学习贯彻习近平总书记重要讲话和中国工会十七大精神实施方案》，建立推进落实领导责任制。

开展专题培训、宣传宣讲。2018 年 11 月 20 日至 30 日，省总举办市（地）、产业，县（区）和大企业工会主席 3 个层面、3 期工会干部培训班，省总主要领导带头作专题报告。各级工会举办培训班 36 期，培训 4000 多人次。组织劳模、工匠宣讲团；省总班子成员带头宣讲，推动习近平总书记重要讲话精神进企业、进车间、进班组，进基层、进职工群众头脑。市（地）工会组织演讲、知识竞赛 30 多场，进车间、班组宣讲 1000 多场。

二、贯彻落实中国工会十七大精神

中国工会第十七次全国代表大会。根据《中国工会章程》的规定，中国工会全国代表大会每五年举行一次。经党中央批准，2018 年 10 月 22 日至 26 日，中国工会第十七次全国代表大会在北京召开。大会回顾总结了中国工会十六大以来五年工会工作取得的成就，明确提出了今后五年工会工作的主要任务，修改了《中国工会章程》，选举产生了中华全国总工会新一届领导机构。王东明代表中华全国总工会第十六届执行委员会作了题为《以习近平新时代中国特色社会主义思想为指导　团结动员亿万职工为决胜全面建成小康社会　夺取新时代中国特色社会主义伟大胜利而奋斗》的报告。

大会提出“一个全面四个着力”的主要任务和六个方面具体工作。这些部署安排，思路清晰、措施具体、目标明确，贯彻了党中央对工运事业和工会工作的重要指示，回应了广大职工群众的愿望要求，反映了各级工会特别是基层工会的关切，体现了工会十六大以来工会的理论创新、实践创新、制度创新成果，具有很强的指导性、针对性和可操作性，将对推进新时代工运事业和工会工作发挥重要作用。

贯彻落实中国工会十七大精神具体措施让政策和精神落地见效 提高政治站位，增强政治性。举办了省总机关干部，市（地）、产业，县（区）和大企业工会、非公企业工会主席等多个层面的专题培训班。制定学习贯彻中国工会十七大精神和省委十二届四次全会精神实施方案，广泛开展党的十九大精神和中国工会十七大精神“进企业进车间进班组”活动，发放简便易懂的口袋书18万余册，省总班子成员带头深入一线宣讲，组织党的十九大代表中的职工劳模代表和党的十七大代表到各市地宣讲，引领各级工会和广大职工增强“四个意识”、坚定“四个自信”、做到“两个维护”，自觉同以习近平同志为核心的党中央保持高度一致，坚定不移听党话、跟党走。

组织引领广大职工在建功新时代中展现新作为 为贯彻落实中国工会十七大精神，在省委及省总工会领导下，全省各级工会组织紧紧围绕龙江经济社会发展大局，切实加强职工思想政治引领，大力开展“百大项目”建设劳动与技能竞赛，着力深化城市困难职工解困脱困，强力推进农民工暨“八大群体”（货车司机、快递员、护工护理员、家政服务员、商场信息员、网约送餐员、房产中介员、保安员）入会服务，牵头推进新时期产业工人队伍建设改革，全面完成省总事业单位改革，统筹做好工会系统及由工会组织牵头负责的疫情防控有关工作，充分展现了工会组织的新气象新担当新作为。

提高政治站位，加强理想信念教育 全省各级工会组织加强理想信念教育，坚定不移走中国特色社会主义群团发展道路，培育和践行社会主义核心价值观，深化“中国梦·劳动美”等主题宣传教育活动，团结带领全省广大职工坚定不移听党话、矢志不渝跟党走，成为党执政的坚实依靠力量、强大支持力量、深厚社会基础。

围绕中心服务大局 全省各级工会组织自觉把工会工作融入全省经济社会发展大局，贯彻新发展理念，落实高质量发展要求，推进新型产业工人大军在改革发展稳定第一线建功立业。积极投身经济建设主战场，充分激发产业工人大军内生动力，引领广大职工广泛参与“百大项目”建设劳动与技能竞赛，强化落实激励机制，最大限度提升职工的参与率和受益度，积极推进职工创业创新，鼓励企业大力开展“五小”（小发明、小创造、小革新、小设计、小建议）活动，提升产业工人技能等级，多出成果、出好成果，形成强大的社会带动力和持久影响力，持续深化产业工人队伍建设改革，大力弘扬劳模精神、劳动精神、工匠精神等方面，围绕贯彻落实中国工会十七大精神做好工作。

认真履行职责，尽心竭力做好维权服务工作　全省各级工会组织坚持以职工为中心的工作导向，顺应职工群众对美好生活的向往，健全完善产业工人劳动经济、民主政治和安全健康等权益保障和服务机制，把维护职工权益、服务职工工作做得更扎实更温暖。持续推动城市困难职工解困脱困；加强职工职业技能培训，深入开展“春风行动”“就业援助月”等活动；积极构建和谐劳动关系；进一步完善政府、工会、企业共同参与的协商协调机制；健全劳动领域风险监测、分析、预防和处置机制，引导职工依法理性表达诉求，确保社会大局和谐稳定；健全服务职工工作体系；加快智慧工会建设，推动工作上网、服务上网、活动上网，借助网络平台，精准服务职工群众。

深化改革创新，全面加强工会组织自身建设　工会改革是全面深化改革的重要组成部分，也是工会组织的重要任务。全省各级工会组织加大“八大群体”入会工作力度，推进会员实名制，提高建会普及率；强化工会干部队伍建设；进一步转变工作作风；管好、用好工会经费和资产，持之以恒推动工会系统党风廉政建设，营造工会系统风清气正的良好政治生态。

第二节　组织引领广大职工实施“六个强省”战略

建设“六个强省”，是黑龙江全面贯彻习近平总书记对黑龙江省重要讲话精神，坚持问题导向和目标导向，为奋力走出一条质量更高、效益更好、结构更优、优势充分释放的全面振兴发展新路子，提出的战略目标任务。黑龙江的工人阶级在新时代全面融入和积极参加到奋进新征程的伟大事业中。

一、“六个强省”战略的提出

2017 年 4 月，省第十二次党代会首次提出建设农业强省、工业强省、科教兴省、边疆文化大省、冰雪经济强省和争创国家生态文明试验区的目标任务。2018年10月，在省委十二届四次全会上，为贯彻落实习近平总书记提出的东北振兴“六大任务”，省委进一步明确提出努力建设工业强省、农业强省、科教强省、文化强省、生态强省、旅游强省目标任务。2019年4月，省委十二届五次全会召开，审议通过了《中共黑龙江省委关于贯彻“八字方针”深化改革创新推动经济高质量发展的意见》（以下简称《意见》）。《意见》对建设“六个强省”作出了部署，其核心就是向制造业、实施乡村振兴战略、培育壮大新动能、提升绿色优势、融合创新、打造两座“金山银山”要高质量发展，加快构建现代产业体系。

“六个强省”建设作为一个系统完备科学与时代特征鲜明的强省建设战略体系，是全面贯彻落实习近平总书记系列重要讲话重要指示批示精神，重塑环境、重振雄风，实现龙江全面振兴、全方位振兴的路线图与任务书。它贯穿了新理念，确立了新目标，明确了新要求，是符合龙江资源禀赋、产业基础与区位特色，符合国家对黑龙江维护国家“五大安全”的战略赋能定位从而形成对国家重大战略的坚强支撑，与建设现代化强国高度一致协同联动具有龙江特色的现代化经济体系。

加快“六个强省”建设，既是新形势下进一步巩固提升持续扩大已取得明显成效的振兴发展成果的坚强基础，也是更好履行维护国家“五大安全”责任的有力支撑，更是推进高质量发展实现全面振兴全方位振兴的根本保障。因而在《意见》中，一以贯之聚力“六个强省”建设，围绕坚持和完善社会主义基本经济制度，全力推进振兴发展、高质量发展，明确提出实施工业强省战略，加快推进农业强省建设，加快建设科教强省；围绕坚持和完善繁荣社会主义先进文化制度，努力打造文化强省，加快建设旅游强省；围绕坚持和完善生态文明制度体系，加快建设生态强省。这一系列完善和发展制度的目标任务与措施安排，具有鲜明的问题导向、目标导向和结果导向，必将为推动“六个强省”建设提供有力的制度体系、治理体系和治理能力保证。

二、以劳动竞赛投身百大项目建设

以当好主力军、建功“十二五”，和谐促发展为主题的劳动竞赛活动，形式多样、亮点纷呈。2012 年，全省大项目工程劳动竞赛和第二届职工技能大赛取得突破性进展，首届女职工六大项目岗位创新技能大赛效果明显。积极开展“五型”班组创建活动，班组建设取得丰硕成果。年初结合本省实际，印发了《2012 年全省劳动竞赛计划》。各市（地）、产业工会结合年度工作部署，全面开展“十二五”系列竞赛活动。开展了“‘强工’攻坚战进军世界五百强”劳动竞赛、启动了“黑龙江省国有林区生态保护与经济转型劳动竞赛”、继续深入开展中俄原油管道漠大线林区伴行路工程和“百万吨乙烯、千万吨炼油工程”建设劳动竞赛。第二届职工技能大赛、首届女职工六大项目岗位创新技能大赛取得了良好的效果。各级工会积极开展“五型”班组创建活动，深入开展“我为节能减排作贡献”活动，印发了《黑龙江省工会关于落实全省节能减排全民行动实施方案的计划（2012—2015 年）》，各地结合实际，开展了“我为节能减排作贡献”和“我为节能减排献一策”活动。2012 年，全省 3.92 万家企业开展了劳动竞赛，参与竞赛职工达 418 万人，职工提合理化建议 14.9 万件，共有节能减排义务监督员 1.65 万人。

全省重点产业项目建设劳动竞赛等建功立业活动深入推进。2013 年，省总工会根据省委经济发展思路，适时提出在全省 600 个重点产业项目中开展以“六比一创”为主要内容的劳动竞赛。5 月 27 日竞赛启动仪式后，各市（地）、产业工会及竞赛单位多措并举、稳步推进，竞赛形式多样、各具特色。开赛项目 313 个，参赛职工 24.78 万人，参与率达 86%。各级工会深入开展经济技术创新、职业技能比赛、班组建设、技术协作等活动，并取得了显著的成效。2014 年，围绕全省“五大规划”“十大重点产业”和 600 个重点产业项目，继续深入开展重点项目建设劳动竞赛等建功立业活动，突出新开工项目和非公企业劳动竞赛。开展省级重点项目建设劳动竞赛 477 个，参赛职工 22.8 万人，参与率达 84%，其中非公企业职工占总参赛职工的 78%。通过竞赛，促进了项目建设提前投产达效，缩短了建设工期、提高了建设质量、促进了安全生产，也使参赛职工的技能、工作效率、团队意识得到了提高，省总工会为 27 个重点项目建设劳动竞赛先进集体和先进个人颁发了省“五一”劳动奖状、奖章。与哈尔滨铁路局联合开展了“建设铁路新动脉，助力龙江大发展”建功立业竞赛活动。

2015 年，重点产业项目建设劳动竞赛等建功立业活动取得新成效。各级工会紧紧围绕省委“五大规划”“十大重点产业”和 300 个重点产业项目，深入开展劳动竞赛等建功立业活动。截至 2015 年底，省级重点项目建设已开赛 211 个，参赛职工 9.7 万人，参与率达 81%，推动了重点产业项目尽快建成和投产达效。2015 年 4 月 26 日，隆重召开了庆祝“五一”国际劳动节暨劳模先进事迹报告会，在全省 5 个市（地）6 所高校举办了“劳模先进事迹高校巡回报告会”。各级工会深入开展职工经济技术创新和技术协作活动，推进劳模和职工创新工作室建设不断晋档升级。

职工创新创业等建功立业活动再掀高潮。2016 年，围绕中共中央、省委实施创新驱动发展战略和“大众创业、万众创新”，召开了全省庆祝“五一”国际劳动节暨职工创业创新标兵表彰大会，选树表彰了 300 名全省职工创新标兵、转岗职工创业标兵、农民工创业创新标兵，组织先进代表巡回报告。各级工会多措并举积极扶持职工“双创”。部分市（地）通过建立“双创”孵化基地、创库等方式积极推进，积累了很多可推广的经验。围绕省委“五大规划”“十大重点产业”“龙江丝路带”战略，深入开展“践行新理念，建功‘十三五’”主题劳动竞赛，特别是大力推进全省 253 个重点产业项目建设劳动竞赛，铁路建设、中俄原油管道二线工程建设劳动竞赛效果明显。2016 年，全省参赛企事业单位 3.01 万家，参赛职工 161.9 万人，其中，重点产业项目建设参赛职工 18.1 万人。

2017 年，深入推进职工“双创”工作。制定职工“双创”活动实施意见和扶持资金管理办法，首次设立 2000 万元贴息资金，撬动银行贷款支持职工创业项目 184 个，实现就业 5009 人。召开全省工会“双创”牡丹江现场会交流推广先进经验。全省建立孵化基地 12 个，提供创业机会 325 个，带动就业 4522 人。广泛开展劳动技能竞赛等建功立业活动。“践行新理念，建功‘十三五’”主题劳动竞赛参与企事业单位 1.05 万家，参与职工 120.9 万人。

三、林业职工奋力筑牢国家生态安全屏障

党的十八大以来，黑龙江省林业发展和改革走过了辉煌的历程，谱写了可歌

可泣的壮丽诗篇，为守护祖国北方“生态安全”、区域生态文明建设和经济社会可持续发展作出了巨大贡献。

林业职工认真贯彻执行国家林业方针、政策，坚持以营造林为基础的方针，大力保护和发展森林资源，森林质量明显提高，生态系统整体功能持续增强，筑牢国家生态安全屏障。

保护森林资源建好龙江绿色家园。黑龙江省林区森林经营总面积 2617 万公顷，森林覆盖率 47. 21%。天然林面积 1808 万公顷，占有林地面积 84. 25%，蓄积 16. 92 亿立方米，占有林地蓄积 82. 14%。人工林面积 338 万公顷，占有林地面积 15. 75%，蓄积 3. 68 亿立方米，占有林地蓄积 17. 86%。截至 2018 年，全省累计生产木材 6. 41 亿立方米[①]，为国民经济建设作出了巨大贡献。

森林资源与新中国成立初期相比，森林面积由 1670. 7 万公顷，增加到 2018 年的 2146 万公顷，增加了 475. 3 万公顷，活立木蓄积由 19. 66 亿立方米，增加到 2018 年的 20. 98 亿立方米，增加了 1. 32 亿立方米，森林覆盖率由中华人民共和国成立初期的 36. 8%，增加到 2018 年的 47. 21%，增加了 10. 41 个百分点。人工造林成效显著，仅森工林区 40 个林业局人工更新造林保存面积就达 313. 7 万公顷，有 25 个林业局人工更新造林面积超百万亩。森林草原湿地保护成效显著，严守森林草原湿地生态保护红线，全面加大生态资源保护力度。据统计，2018 年黑龙江省草原鲜草总产量 1294. 9 万吨，如果以年产鲜草 1000 万吨计算，70 年来，黑龙江省草原为畜牧业提供了 7 亿吨鲜草。2018 年黑龙江森林面积 2145 万公顷，居全国第二位；森林覆盖率 47. 21%，居全国第九位。

三北防护林为大地系上“绿色丝带”。从 20 世纪 70 年代末开始，一条绿色丝带——三北防护林体系工程在北方大地上织就，黑龙江作为三北工程的东部起点，是工程实施主体之一。经过五个工程期建设，目前工程建设范围已扩至全省 12 个市、70 个县（市、区）、1056 个乡（镇），工程建设区域总面积 3283 万公顷，占全省土地总面积的 69. 4%。

从 1978 年以来，黑龙江省累计造林保存面积 4484. 12 万亩，其中人工造林 3695. 82 万亩，封山育林 788. 3 万亩。一个以防护林为基本框架，多林种、多树种

① 辉煌七十年建功新时代黑龙江林业草原改革发展纪实，https：//www. thepaper. cn。

并举，互为一体的综合防护林体系已基本形成。有了这个防护网，黑龙江省西部沙区八级以上大风次数已由工程实施前的年均28天减少到年均7天左右，气温提高0.8—1.9℃，相对湿度提高22%，蒸发量减少18%，有效降雨次数增加2—3次，杜绝风蚀造成的“风剥地、撸籽粒”的现象。松嫩平原坡耕地水土流失量减少77%，土壤肥力提高0.51%，土壤流失量每公顷减少9.4吨，农田林网内风速平均降低38.9%。

“天保工程”成效明显。1998年国家实施天然林保护工程，2014年4月1日起，占黑龙江省土地面积39%的1845万公顷面积内全面停止商业性采伐，标志着黑龙江省重点国有林区由以木材生产为主向以生态文明建设为主的历史性转变。实施“天保工程”以来黑龙江省森林面积、蓄积、覆被率“三增长”，加上大森林、大草原、大湿地的庇护，为黑龙江粮食总产量实现“十五连丰”立下功劳。过去罕见的东北虎、东北豹等珍贵野生动物再现黑龙江林区。

打造全国最大林产品生产基地。黑龙江林业是共和国林业战线的长子，有力地支撑了解放战争、抗美援朝战争和国家经济建设。据统计，1978年黑龙江省木材年产量最高达到1578.7万立方米，占当年全国木材产量的31.78%。黑龙江省依托森林草原湿地等生态资源优势，全面推进转型发展，大力发展种植养殖业、森林旅游业、绿色食品业和药业等绿色产业，林业产业产品结构发生了明显变化，独“木”支撑的格局已经改变，形成了具有市场竞争力的林草优势产业，“黑森”“林都”“北奇神”等品牌已成为黑龙江省的知名品牌。中国雪乡、亚布力、汤旺河石林、凤凰山等知名景区已成为全省旅游经济的重要支撑。

林业改革发展成效显著。黑龙江林业的发展历程本身就是改革创新的过程。在以木材生产为中心的开发初期，森工创造了“采育双包制”“营林村”等经验；在林业进入森林资源危机、企业经济危困的治危兴林时期，黑龙江林业创造了“以场自立、以户自立”“一改两管三分”“合江林业模式”等经验；在实施以生态文明建设为主的转型时期，黑龙江林业探索实施了“林业分类经营”“森林资源管护经营责任制”等经验。这些经验为全国林业改革发展探索了路径。

2018年，黑龙江省国有林场改革基本完成，重点国有林区组建了龙江森工集团有限公司和伊春森工集团有限公司，成立了黑龙江省林业和草原局，几十年来的“政企合一”体制被打破，理顺了林业和草原资源行政管理体制，森工集团按照现代企业制度规范运营，老林区焕发了青春活力，体制机制创新成为黑龙江林草事业高质量发展的动力。

艰苦奋斗树立精神文明建设丰碑。中华人民共和国成立初期直至 20 世纪六七十年代，林区生产生活条件异常艰苦，广大林业职工为开发林区、为社会主义建设作出了巨大的贡献。他们中有“咬定青山、矢志不渝、献身林业”的张子良，有“国家需要木材我是砍树劳模，国家需要生态我是植树英雄”的马永顺，有“全国最美职工”的朱彩琴等为代表的林业劳动英雄。他们诠释了黑龙江林草精神，即矢志不渝，造福后代的奉献精神；自力更生，顽强拼搏的自强精神；勇于探索，开拓创新的进取精神；与时俱进，追求卓越的时代精神；吃苦耐劳，艰苦奋斗的创业精神。

自然保护地树起安全屏障。改革开放以来，特别是党的十八大以来，黑龙江省立足省情实际，科学规划、合理布局，以松花江重点流域为“一条线”，以大小兴安岭重点生态功能区为“一个面”，以重要保护物种为“分布网”，进行设点。全省共有自然保护地 481 处，总面积 1156.77 万公顷，占全省土地面积的 24.46%。东北虎豹国家公园体制试点区域总面积 146.12 万公顷，其中黑龙江省境内 44.69 万公顷，占国家公园总面积的 30.59%；全省有各级自然保护区共 222 处 740.37 万公顷；全省有湿地公园 78 处，面积 22.17 万公顷；全省有森林公园 110 处，面积 247.68 万公顷；全省有地质公园 32 处，面积 101.86 公顷；全省共有风景名胜区 38 处。

黑龙江省通过出台一系列文件推进了保护区“一区一法”建设。扎龙等 9 处国家级自然保护区被列入“国际重要湿地名录”；丰林、五大连池、兴凯湖 3 处国家级自然保护区加入“世界人与生物圈”保护区网络。建立了兴凯湖、三江、洪河和八岔岛四个中俄跨界自然保护区。自然保护区的建立，使黑龙江省近 80%的珍稀濒危野生动植物资源得到了有效保护。

黑龙江省是全国率先出台草原保护管理地方性法规省区，先后制定了《黑龙江省草原管理条例》《黑龙江省实施〈中华人民共和国草原法〉条例》《黑龙江省草原条例》，并建立了配套制度。《黑龙江省草原生态保护修复规划（2018—2025

年）》为黑龙江省草原建设绘就美好蓝图。深入贯彻实施草原“一法一例”，在常规开展执法监督的同时，组织开展大美草原守护行动、绿卫2019林业草原执法专项行动等，严厉打击各类破坏草原违法行为。

以牧区县为重点，强化草原监管。建立健全草原审核审批制度和流程，从2014年起全部实行网络平台申报审批，全程公开办理，实现了办事不用跑。2016年以来，省级共批准申请占用草原项目310宗，占用草原面积3.16万亩。

大美湿地铺就龙江美丽底色。黑龙江省湿地面积556万公顷，居全国第四位。平原沼泽湿地面积全国最大，寒温带森林沼泽湿地资源独特，有国际重要湿地9处，数量为全国最多。中国最大的淡水界湖兴凯湖，松嫩、三江平原两大平原，与松花江共同筑起“一湖、两网、一带”的大美龙江湿地生态屏障。

通过自然保护区、湿地公园等保护形式，已初步形成覆盖全省的湿地保护网络。截至目前，全省已有国际重要湿地9处，湿地类型自然保护区110处，湿地公园78处，湿地保护小区11处，全省湿地保护率达到48%以上。建立了扎龙国际重要湿地长效补水机制，将湿地率、湿地保护率纳入全省地方经济社会发展指标考核体系、黑龙江省绿色发展指标体系和黑龙江省生态文明建设考核目标体系。

“十二五”以来，全省共实施139个湿地保护恢复项目，资金达73744.86万元。退耕还湿成效显著，争取资金41888.86万元，退耕还湿418888.6亩，有效扩大了湿地面积，扩展了濒危珍稀野生动植物栖息繁衍空间，充分发挥了湿地的生态效益。

黑龙江省紧紧围绕明晰集体林所有权、放活经营权、落实处置权、保障收益权等改革任务，集体林权得到明晰；新型林业经营主体健康成长，全省林业专业合作社由2012年的271家发展到目前的461家；林下经济得到迅速发展，林下经济面积达到257.62万亩，带动农民就业15万人，农民人均纯收入中，来自林业的收入为每年2820元，比林改之前有较大增幅，走上了一条“不砍树，也能致富”的发展道路。

第三节　坚持党的领导是做好工会工作的政治原则和根本保证

100 多年来，无论是在风雨如磐的革命年代、如火如荼的建设时期，还是在激越奋进的改革开放征程上，特别是进入新时代，中国工会作为党联系职工群众的桥梁纽带、社会主义国家政权的重要社会支柱、职工利益的代表者维护者，始终自觉接受党的领导，动员广大职工群众围绕党的纲领和不同历史时期确立的中心任务，前赴后继、奋勇拼搏，艰苦奋斗、建功立业，谱写了恢宏壮丽的篇章，坚持党的领导是做好工会工作的政治原则和根本保证。

一、自觉接受党的领导是中国工会的优良传统

坚持党的领导是工会工作、工运事业的最高政治原则和根本保证，必须长期坚持。

要永远保持自觉接受党的领导这一优良传统。习近平总书记指出，只有坚持党的领导，工会工作才能方向明确、不走偏路，才能做得有声有色、扎实有效。我国工人运动是在中国共产党的直接领导下发展壮大起来的，中国工会发展史就是一部中国共产党领导中国工会和工人运动的历史。党成立不到一个月，就成立了公开领导全国工人运动的中国劳动组合书记部。在党的二大到党的六大的大会文件中，都有关于“工会运动”“劳动运动”“职工运动”的决议案。在社会主义革命、建设和改革开放时期，党始终注重确立和保障工人阶级与工会组织在国家政治、经济和社会生活中的地位，对工运事业和工会工作大力支持。党的十八大以来，习近平总书记领导召开党的历史上第一次中央党的群团工作会议，部署产业工人队伍建设改革和工会改革，习近平总书记围绕工人阶级和工会工作多次发表重要讲话、作出重要指示，指引新时代工人运动砥砺前进、再铸辉煌。百年来，工会组织始终以党的旗帜为旗帜、以党的方向为方向、以党的意志为意志，团结动员亿万职工为完成党的中心任务贡献智慧力量。历

史反复证明，工会组织只有始终自觉接受党的领导，中国工人阶级才有地位、有力量，中国工运事业才有作为、有希望。

要把坚持党的领导作为政治原则和工作准则。习近平总书记强调，工会工作做得好不好、有没有取得明显成效，关键看有没有坚持正确政治方向。工会在坚持党的领导这个根本问题上必须头脑十分清醒、立场十分坚定、行动十分坚决，自觉维护党中央权威、坚决贯彻党的意志和主张，落实“第一议题”制度、严格向党中央请示报告重大事项，真正把拥护“两个确立”、做到“两个维护”体现在实际行动上。要认真落实新时代党的建设总要求，以党的政治建设为统领，强化模范政治机关建设，走好第一方阵，教育引导广大党员干部始终在思想上政治上行动上同以习近平同志为核心的党中央保持高度一致。要牢固树立全局观念和大局意识，把贯彻落实好党中央决策部署同谋划推进工会工作紧密结合起来，牢牢把握我国工人运动时代主题，坚定不移走中国特色社会主义工会发展道路，在强国建设、民族复兴伟业中发挥工人阶级主力军作用。

要担负起引导职工群众听党话、跟党走的政治责任。习近平总书记强调，引导职工群众听党话、跟党走，巩固党执政的阶级基础和群众基础，是工会组织的政治责任。要加强职工思想政治引领，坚持不懈用习近平新时代中国特色社会主义思想凝心铸魂，建立完善巩固发展主题教育成果长效机制，讲好新时代的原创性思想、变革性实践、突破性进展、标志性成果，引导广大职工增强对中国共产党领导和中国特色社会主义制度的高度认同。要坚持以职工为中心的工作导向，牢固树立职工利益无小事的理念，强化服务意识，提高维权能力，改进工作思路、运行机制、活动方式，通过扎实有效的工作把党的温暖送到职工心坎上，把亿万职工紧密团结凝聚在党的周围。

二、扎实开展工会系统党的建设

一直以来，工会系统各级党组织深入贯彻落实新时代党的建设总要求，贯彻全面从严治党决策部署，持续推动党的建设高质量发展，为新时代工运事业和工会工作高质量发展提供坚强保障。

党的政治建设是党的根本性建设，决定党的建设方向和效果。工会系统各级党组织将党的政治建设摆在首要位置，以党的政治建设统领党的各项建设，坚持以习近平新时代中国特色社会主义思想武装头脑，建立健全“第一议题”制度，深刻领悟“两个确立”的决定性意义，坚决做到“两个维护”，教育引导党员干部不断提高政治判断力、政治领悟力、政治执行力，切实承担起引导职工听党话跟党走的政治责任。

党的十八大、十九大胜利召开后，各级工会将学习宣传贯彻党的会议精神作为首要政治任务，全国总工会党组召开扩大会议及时传达学习，部署安排学习贯彻工作。随后，省总工会机关紧锣密鼓召开理论研讨会、劳模工匠座谈会、宣讲报告会以及举办专题学习班等，工会各级党组织组织集中学习研讨、专题辅导、知识答题等，迅速兴起学习宣传贯彻热潮。

党的十八大以来，全省工会系统着力强化党建工作，以一项项扎实举措不断推动提高党建工作质量。

压实压紧党建主体责任。制定实施全面从严治党主体责任清单，每年召开推进全面从严治党会议、党的工作和纪检工作会议，开展一把手述责述廉和集体谈话，并现场点评。同时，省总党组定期与派驻纪检监察组开展工作会商，研究部署全面从严治党工作。形成了省总党组书记履行主体责任、分管领导分工负责、机关党委推进落实、各单位主要负责同志和班子成员“一岗双责”的党建工作格局。

扎实开展党内集中学习教育。组织开展“不忘初心、牢记使命”主题教育、党史学习教育、学习贯彻习近平新时代中国特色社会主义思想主题教育等。结合不同主题教育，省总党组带头赴各市（区、县）开展调研，推动解决职工急难愁盼问题；创新形式载体，建设机关党建园地，制定涵盖“支部书记云党课”“大国工匠面对面”等丰富内容的直播计划，举办工会大讲堂，组织日常学习和交流分享。

扎实开展“忠诚党的事业、竭诚服务职工”模范政治机关创建工作，开展对党忠诚教育，组织讲专题党课、理论征文、党内法规知识竞赛等活动。机关各级党组织广泛开展重温入党誓词、过政治生日、讲述家风故事等活动，引导党员干部以立足本职、岗位奉献的具体行动诠释对党忠诚。

加强基层党组织建设。省总机关组织实施基层党组织建设质量提升三年行动计划，开展提高机关党建质量专题调研，全面推进党支部标准化规范化建设，广泛创建“四强”党支部，促进基层党组织全面进步全面过硬。

持之以恒正风肃纪反腐。严格落实“三会一课”、民主生活会、组织生活会等制度，深入开展纪律教育和警示教育，综合运用谈心谈话、走访调研、约谈提醒、督查检查、列席会议等方式做实做细日常监督。加强与派驻纪检监察组以及组织人事、财务、资产监督管理、经费审查等职能部门的沟通协调，推动形成监督整体合力。

完善体制机制。对标党内法规最新要求，对标《全国总工会机关党建述职评议考核办法（试行）》，及时健全党建实绩考核、理论学习、评比表彰、自身建设等制度机制，带动工会系统各级党组织进一步提高党建工作制度化科学化规范化水平。

第四节　引领工人阶级在龙江老工业基地转型升级中发挥先锋作用

习近平总书记强调，新形势下，党的群团工作只能加强、不能削弱，只能改进提高、不能停滞不前。要自觉运用改革精神谋划推进工会工作，创新组织体制、运行机制、活动方式、工作方法，推动工会工作再上新台阶。新时代，黑龙江省总工会引领工人在龙江老工业基地转型升级中发挥先锋模范作用，增强团结教育、维护权益、服务职工功能，切实把工会组织建设得更加充满活力、更加坚强有力。

一、实施“五大规划”做好“三篇大文章”

充分发挥工会组织作用团结带领广大职工共促龙江发展，省“十三五”发展规划提出了今后黑龙江省经济社会发展的指导思想、奋斗目标、总体要求和重大举措。作为党联系职工群众的桥梁纽带，紧紧围绕省委的战略部署，充分调动全省职工群众的主动性和积极性，发扬工人阶级的主人翁精神和主力军作用，为实现“十三五”规划目标贡献力量，是全省工会组织的重要职责。

紧紧围绕实施“五大规划”要求，广泛开展多种形式的创先争优建功立业活动。全省广大职工是黑龙江经济社会发展的实践者和推动者。工会组织要组织动员广大职工以高度的主人翁责任感和使命感，以实现“十三五”规划目标任务为己任，积极开展“践行新理念、建功‘十三五’”主题劳动竞赛活动，深化在高端装备制造业、资源精深加工业、服务业等“十大重点产业”的劳动竞赛活动，探索竞赛的新思路、新方式，丰富竞赛的新内涵、新载体，提高竞赛的针对性、实效性，切实增强竞赛对职工群众的感召力、吸引力和对经济社会发展的贡献力。深化“我为节能减排作贡献”等活动，发挥职工在改进工艺、优化操作等方面的积极作用，引导职工树立创新、协调、绿色、开放、共享的新发展理念，推动企业使用节能降耗、环境保护、安全生产等方面的先进技术，着力形成高附加值、低能耗、低排放的产业结构。深入开展创建“工人先锋号”活动，以创一流工作、一流服务、一流业绩、一流团队为内容，大力创建“工人先锋号”，在各条战线、各个领域，特别是在建设、交通、服务行业等窗口单位亮出“工人先锋号”牌子，充分发挥“工人先锋号”的示范、引领和激励作用。

大力弘扬工人阶级伟大品格和劳模精神，充分发挥先进模范的示范带头作用。中国工人阶级伟大品格和劳模精神，是激发广大职工为实现“十三五”规划目标任务建功立业的强大精神力量。要用劳模的先进事迹感召广大职工，引导职工群众以劳动模范为榜样，自觉践行社会主义核心价值观，坚定理想信念，学习劳模信念坚定、胸怀大局的崇高思想，艰苦奋斗、勇于奉献的高尚品质，求真务实、纪律严明的优良作风，开拓创新、自强不息的进取精神。要大张旗鼓地宣传劳模精神，进一步形成崇尚劳模、学习劳模、争当劳模、关爱劳模的良好社会氛围，用劳模的优秀品质引领社会风尚，引导职工争当锐意改革创新的先锋，争当推动科学发展的楷模，最大限度地把职工的智慧和力量凝聚到推动黑龙江经济社会发展上来。要全面贯彻落实尊重劳动、尊重知识、尊重人才、尊重创造的方针，真诚帮助劳模解决工作、学习、生活中的实际问题，为劳模发挥聪明才智、建功立业营造更好的环境和条件，通过发挥劳模的示范引领作用，激发工人阶级昂扬向上、奋发进取的精神，为“十三五”规划发展建功立业。

扎实推进职工技术创新，着力增强自主创新能力。科技进步和创新是加快转变经济发展方式的重要支撑，职工是技术创新的重要生力军。工会组织要组织动员广大职工广泛开展技术革新、技术协作、发明创造、合理化建议等活动，引导广大职工积极投身自主创新实践，争做“创新能手”，鼓励职工岗位成才，大力发展企业创新文化，培育创新团队，推动创新型班组、创新型企业建设。要加强职工技术创新的平台建设和机制建设，深入开展创建高技能人才创新工作室等活动，建立完善职工技术创新目标责任制及创新计划、实施、评价、表彰等各项规章制度，为职工群众开展技术革新、技术攻关、技术交流、技术协作、成果推广转化等群众性技术创新活动打造广阔平台和运行机制，有效发挥企业高技能人才的引领作用。要完善对职工技术创新的奖励激励机制，加大对技能水平高超、职业道德良好，在行业或领域中影响较大、得到广泛认可的创新人才的奖励力度；推广以职工名字命名先进操作法的做法，激发职工技术创新的荣誉感和使命感。

提升职工队伍整体素质，为“十三五”建设提供人力资源支持。高素质的职工队伍是推动发展方式转变，实现省“十三五”规划目标任务的重要力量。充分发挥工会“大学校”作用，努力培养和造就一支高素质的职工队伍。要引导职工自觉学习践行社会主义核心价值观，坚定理想信念，继承和发扬艰苦创业、拼搏奉献的光荣传统，为实现省“十三五”规划提出的宏伟蓝图努力奋斗。广泛开展岗位练兵、技能比赛、师徒帮教、技术培训、技术交流等活动，掀起职工学技术、比技能、创一流的热潮。扎实开展“创建学习型组织、争做知识型职工”活动，引导职工树立终身学习理念，养成终身学习习惯，形成浓厚学习风气，培育知识型职工和学习型组织。要广泛开展选树“金牌工人”“首席技师”等活动，建立技能人才、技术成果信息库，拓展职工技能晋级渠道，完善技能人才成长机制，提高技能人才福利待遇，充分发挥高技能人才培养的示范带动作用。加大舆论宣传力度，在全社会营造尊重劳动、崇尚技能、争当高技能人才的良好氛围，努力培养一支知识型、创新型职工队伍，为加快转变经济发展方式提供人才保障和智力支持。

深入发展社会主义和谐劳动关系，努力改善职工就业环境、促进社会和谐稳定。“十三五”规划的制定和实施，为全省工会组织发挥作用提供了良好的机遇和广阔舞台。工会组织要准确把握“十三五”时期全省经济社会发展的总体思路和目标任务，把思想认识统一到省委的战略部署上来，自觉主动融入党和政府工作大局。要始终把实现好、维护好、发展好职工群众利益作为工会工作的出发点和落脚点，大力推动党和政府保障和改善民生政策的落实，努力促进就业扶持创业，推动职工收入与经济发展同步增长，社会保障水平稳步提高，劳动安全卫生条件日趋改善。要以依法推动企业普遍建立工会组织、普遍开展工资集体协商为重要途径，促进企业与职工相互尊重、团结协作、共同发展，推动建立“规范有序、公正合理、互利共赢、和谐稳定”的社会主义新型劳动关系，努力把企业与职工建设成利益共同体、事业共同体、命运共同体，推动劳动关系和谐和社会和谐。要始终保持与职工群众的密切联系，满腔热情、尽心竭力地为职工群众服务，不断增强工会组织的吸引力和凝聚力，团结带领广大职工为实现“十三五”规划目标而努力奋斗。

同时，黑龙江正努力写好写实改造升级“老字号”、深度开发“原字号”、培育壮大“新字号”三篇大文章，一首无中生有、有中生优的“老与新的变奏曲”在黑土地上奏响。

“老字号”智能化转型走新路。“老”树发“新”枝。黑龙江用新理念、新机制、新技术让老企业焕发新活力，促进装备制造、能源、食品等传统产业向中高端迈进。近年来，黑龙江发挥中国一重、哈电、哈飞等企业对国家战略力量、战略安全的重要支撑作用，坚持扩量调结构、创新促升级，提升制造业核心竞争力。持续加大技术改造力度，通过设备换新、生产换线、机器换人等方式，推动制造业提档升级。“老字号”赋能增效既离不开新技术加持，又需要新理念、新机制支撑。

“原字号”开启精深加工之路。产业链短、附加值低，曾是黑龙江“原字号”企业发展的拦路石。依托资源富集优势，黑龙江推动产业链条向下游延伸，抓实“油头化尾、煤头电尾、煤头化尾、粮头食尾、农头工尾”，深度开发“原字号”，把优势潜力释放出来、把内生动力激发出来。近年来，黑龙江出台了《黑龙江省支持农产品精深加工业高质量发展政策措施》等文件，推动农产品加工业发展。目前全省规上农产品加工企业发展到1929家，加工能力超过1亿吨，农产品加工业已成为拉动经济增长的重要产业。

培育新兴产业壮大“新字号”。抢抓新一轮科技革命和产业变革新机遇，黑龙江根据资源禀赋谋定发展目标，主动服务和融入构建新发展格局，大力发展数字经济、生物经济、冰雪经济和创意设计等新兴产业，加快推进产业转型、动能转换、增长方式转变。黑龙江把数字经济作为全省发展的“一号工程”，出台了《黑龙江省“十四五”数字经济发展规划》等多项政策，积极布局数字经济新赛道。近年来，黑龙江举办了全国工商联主席高端峰会、世界5G大会等多项重要活动，与华为、百度、京东、腾讯、中兴等一批数字经济头部企业开展战略合作，签约总额超过6000亿元，新动能加速集聚。

二、优化发展营商环境

2019年1月18日黑龙江省第十三届人民代表大会第三次会议通过了新修订的《黑龙江省优化营商环境条例》（以下简称《条例》）。《条例》的颁布实施，是黑龙江省经济社会发展和法治建设中的一件大事，也是近期一项重要政治任务。这次修订主要围绕领导干部包联企业、振兴发展民营经济、解决历史遗留问题、打造高水平开放环境等内容，作了较大幅度的修改。

各级工会增强了政治觉悟、提高了政治站位，把作风整顿工作作为严肃的政治纪律、政治规矩来落实，以更高的标准、更严的要求切实抓好，急职工所盼、职工所求，切实发挥好工会组织的四个服务作用。各级工会组织和工会干部增强了责任意识、担当精神，省市县各级工会联动、落实责任，确保工会系统作风整顿每一项工作做到位，特别是工会主要领导要率先垂范、管好自己、带好队伍，统筹谋划整体推进，确保工会系统机关作风整顿取得实实在在的成效。

坚持精准发力，整治到位，针对工会系统存在的突出问题开展专项整治、对症下药，提升服务水平。各级工会要加强问题导向、明确工作重点，开展去除机关化、行政化、部门化、一般化、庸俗化、思想陈旧僵化等专项整治。

突出抓住“六个重点”，即做到“明暗”一起抓、“上下”一起抓、“内外”一起抓。坚持以基层工会、企业、职工群众是否满意为标准，完善评价方式，请服务对象参与，引入第三方机构独立开展问卷测评、上下互评，对服务对象有反映投诉并查实的，视情节对相关责任人给予问责，对作风问题典型案件进行通报、公开曝光，形成震慑。

三、发挥农垦职工引领作用优化大农业发展

加快实现农业现代化是促进农业高质量发展的必然要求，发展新质生产力是推动农业现代化的必由之路。黑龙江把发展现代化大农业作为主攻方向，优化农业生产要素组合，推动农业单产提升、生产提效、产品提质，统筹发展科技农业、绿色农业、质量农业、品牌农业，发挥农垦职工引领作用，优化大农业发展，当好国家粮食安全“压舱石”。

在发展现代化大农业进程中，黑龙江农垦红卫农场工会，为充分发挥科技典型示范户的作用，以现代农业科技示范园区为载体，全力推进党员百里示范带建设工作，以党员带头攻关、带头创新为主题，以研发一批新品种、集成一套新技术、推广一批新成果、培训一批新型农民为目标，引领现代农业发展，促进农业持续增效、农民稳步增收的目的。

近年来，农场工会始终把促进农业发展、增加农户收入作为工会工作的出发点和落脚点，创新方式，优化机制，充分发挥工会组织的作用，抓点建线、以线带面，扎实开展“发展现代农业百里示范带”创建服务活动，为农场跨越发展奠定坚实基础。

实施过程中，各农业生产单位将那些懂经营、会管理、讲诚信、重品行的

种植户确立为发展现代农业示范户，并指定一名管理人员与示范户结对子，指导他们促进农业生产提档升级，充分发挥辐射带动作用。

为使示范户真正发挥“点亮一盏灯、照亮一大片”的作用，红卫农场充分发挥广播、电视、报纸、网络等媒体宣传作用，大力宣传典型的先进事迹，还通过典型上台宣讲、组织观摩评比、专家点评等多种方法，营造良好氛围。同时，确立典型培养工作联席会议制度，组织专门力量帮助协调、解决，不断加快典型成长步伐，最大限度地发挥各类典型的示范辐射作用，带动广大职工群众共同富裕。

四、助推民营经济发展

为充分发挥工会组织在民营经济发展中的作用，黑龙江省总工会近年来因地制宜制定实施了很多真招实招，助推民营经济发展，实现劳资双赢。

一是开展技能培训，提升职工技能素质。利用有效资源帮助民营企业大力开展职工技能培训、技能竞赛、岗位练兵和名师带高徒等活动，全面提升职工的技能素质，助推民营企业科技人才和高技能职工队伍建设。

二是开展技术创新，打造企业产品品牌。以创建劳模创新工作室、员工创新工作室和争创工人先锋号、首席工人、首席技师等活动为载体，组织引导民营企业职工广泛深入开展技术创新、工艺创新、产品创新和创优质产品、名牌产品等竞赛活动，助推民营企业产品升级换代和科技进步。

三是开展技术交流，提高企业生产效能。省总工会同人社等部门联合举办职工技术创新成果评审活动等，对成绩突出，效果显著的职工进行表彰和奖励，并在适当时机举办职工发明创造成果展示会或交流会，推广交流职工发明创造成果，实现效益最大化。

四是开展劳动竞赛，推动企业经济建设。如在民营企业开展劳动竞赛活动。

五是健全完善机制，构建和谐劳动关系。近年来，职代会建制率、平等协商集体合同建制率和工资集体协商建制率稳步提升。

六是提升职工素质，推动企业文化建设。民营企业和职工“创争”活动参与率稳步提升。

七是开展普法教育，提供法律援助服务。积极开展普法活动，促进职工增强法律知识和法律意识，做懂法守法的模范；建立民营企业法律服务中心，民营企业建立职工诉求中心，为民营企业职工提供法律援助和服务。

八是开展安全监督，维护职工生命安全。建立健全民营企业职工安全生产监督检查机构，开展安全业务知识培训和安全生产检查，消除安全事故隐患，保护职工的生命安全。

九是开展帮扶救助，解决职工民生问题。民营企业困难职工建档率、特困职工救助率和创业再就业技能培训人数逐年上升。

十是创新活动载体，助推企业健康发展。组织引导民营企业大力开展爱心满意活动，建立企业关爱员工、员工心系企业的利益共同体，增强民营企业的凝聚力、向心力和鲜活力，推进民营企业经济健康发展。

五、推动高新产业快速发展

聚焦高质量发展，推动高新产业快速发展，团结动员广大职工为建设现代化龙江建功立业，黑龙江省总工会一直在以下几方面发力。

一是聚焦科技创新，锚定产业升级方向，谋划具有牵引性、撬动性的平台载体，助力龙江产业全面振兴。首先推动产业工人队伍建设改革向纵深发展。深入落实产业工人队伍建设工程，突出新型工业化、战略性新兴产业、数字经济等重点领域，梳理基层问题及需求，统筹各方资源，发挥产改机制作用。突出企业主体责任，发挥国有企业示范带动作用，推动非公企业产改工作扩面提质增效，激发专精特新企业产改动能。围绕“制造业数字化转型专项行动”、“智改数转”千企技改专项行动，聚焦智能设备更新、数字化工艺升级、数据赋能管理创新，加快培养一批“数字工匠”。积极推动市级和产业工匠学院建设，建设省级线上“工匠学院”。以常态化练兵、竞赛化提升为载体，培养造就更多工匠人才、技术能手。培育推广产业、企业、地域先进经验，进一步推动产改工作提质增效。

二是组织开展职工群众建功立业创新创造活动。重点围绕龙江支柱型、引领型、特色型产业集群，推动形成全产业全链条劳动竞赛和职业技能大赛新格局。深入实施职工“创新创造行动”，推动科研院所、高等院校与企业联合，探索建设高水平职工创新成果转化平台，开展“劳模工匠助企行”专项行动，深入企业开展技术帮扶、技能培训、“师带徒”等活动，助力企业提技能、解难题、促发展。做实做强创新工作室和工作室联盟品牌。推进22个重点产业劳模和工匠人才创新工作室全覆盖。持续推动相关企业与省内高校创建工作室联盟。构建“东北三省一区劳模工匠联盟”，促进创新工作室跨企业、跨行业、跨地区技术交流协作。围绕招商引资落地企业和重点项目，广泛开展技能培训、劳动和技能竞赛、建家服务等。

三是认真落实典型标杆的选树培育和示范推广建设工程。强化顶层设计，建立不同层级、不同产业劳模工匠培养培育、作用发挥、关心关爱工作体系。选树五一劳动奖、“龙江工匠”、“龙江最美职工”，营造崇尚劳动、尊重劳模的时代风尚。推动县（市、区）工会劳模工匠风采街（墙、屏）建设全覆盖，做出特色，做成精品，充分体现文化内涵和地域特色。以职业院校、技师学院等为重点开展“劳模工匠进校园”活动，激励广大青年走技能成才、技能报国之路，增强职业荣誉感。

六、发展冰雪旅游业

到冰雪旅游季，黑龙江省总工会在全省职工中开展主题冰雪活动，引导广大职工积极参与龙江冰雪产业发展实践，带动职工赏冰乐雪，助燃冰雪经济。2016年1月，在黑龙江省第十二届人民代表大会政府工作报告中明确提出大力发展旅游业，抓住北京成功申办2022年冬奥会的机遇培育冰雪产业，在继续巩固哈尔滨冰雪大世界—亚布力—雪乡第一梯队冬季旅游线路基础上，推出哈尔滨分别至大庆、齐齐哈尔，漠河至北极村，牡丹江镜泊湖，铁力至伊春4条第二梯队冬季旅游线路。

全省各级工会组织迅速行动起来，积极践行“冰天雪地也是金山银山”发展理念，落实“带动三亿人参与冰雪运动”的要求，举办职工冰雪运动会、联谊赛等职工冰雪竞技类赛事和趣味性赛事活动。钟情冰雪，释放对龙江大地的热能与激情。

为加速推动旅游产业发展的供给侧结构性改革，有序推进大庆旅游产业发展，助力城市经济转型，2017 年 12 月 20 日，大庆冬季旅游“赏百湖冰雪·乐雪地温泉”系列活动暨大庆市首届职工冰雪趣味娱乐大赛在黎明湖职工冰雪乐园正式启动。

大庆市“赏冰乐雪”活动在全市掀起“人人热爱冰雪、人人享冰雪活动”的热潮，共同打造大庆“百湖冰雪　百万职工　百场大赛”的冰雪文化旅游品牌，实现观赏冰雪美景+参与冰雪赛事+体验冰雪温泉新模式，让大庆人在冰雪游玩、娱乐、竞技中感受冰雪魅力，让更多外地人走进大庆爱上大庆。同时，打造冰雪乐园，举办冰雪趣味比赛，将进一步提升大庆冰雪产业的影响力和吸引力，促进冰雪旅游、冰雪文化、冰雪体育、冰雪教育等产业深度融合发展，努力将“冷资源”变成“热经济”、将“冰天雪地”变成“金山银山”，助力大庆冬季冰雪文化、冰雪旅游产业的新发展、快发展。

第五节　加强职工思想政治引领，巩固党执政的阶级基础和群众基础

黑龙江省委办公厅出台了《关于加强和改进新时代产业工人队伍思想政治工作的具体措施》文件。省总工会与各地市级工会共同组建劳模工匠宣讲团，劳模宣讲纳入省委宣讲体系，开展“沉浸式”“体验式”宣讲活动，辐射近 500 万名职工，助推党的创新理论直达车间、班组。万名职工思想政治引领骨干培训形成品牌，培养 2.3 万多名职工思政骨干，一批接地气、冒热气、聚人气的职工思想政治工作前沿阵地不断壮大，一支理论上清醒、政治上坚定、行动上自觉的新型产业工人大军正在崛起。

一、“两个普遍”筑牢基层组织堡垒

2010年7月召开的中华全国总工会十五届四次执委会议上，王兆国同志在代表党中央发表的重要讲话中提出“两个普遍”（依法推动企业普遍建立工会组织，依法推动企业普遍开展工资集体协商）。要求：（1）2011年至2013年，全国企业法人建会率达到90%以上。其中，10人以上外商、港澳台商投资企业、私营企业建会率达到95%以上。世界500强等跨国公司在华企业法人建会率达到95%以上。工会组建和发展会员总体目标。到2013年，全国法人单位建会总数达到600万家以上，全国工会会员达到27100万人以上，其中农民工会员达到10300万人以上。（2）要加大工会组建力度，提高工会组建质量，最广泛地把包括农民工、劳务派遣工在内的广大职工吸收到工会组织中，加强工会领导机关对企业工会的指导和服务，建立健全企业工会工作制度、机制，特别是工会主席民主产生机制和基层工会干部合法权益保护制度，充分激发企业工会活力，切实发挥企业工会作用。（3）从2011年起用3年时间，到2013年底已建工会组织的企业80%以上建立工资集体协商制度，基本实现已建工会企业普遍开展工资集体协商，其中实现世界500强在华企业全部建立工资集体协商制度。在提高工资集体协商制度覆盖面的同时，不断增强工作的实效性。（4）要推动建立健全企业职工工资协商共决机制、正常增长机制和支付保障机制，不断提高工资集体协商水平，努力实现保障职工合法权益与促进企业健康发展的和谐统一。

从保障职工合法权益、发展和谐劳动关系、维护职工队伍稳定的现实需要看，必须推动企业普遍建立工会组织，让职工群众有维护合法权益的代言人；必须推动企业普遍开展工资集体协商，切实发挥工会维护职工合法权益的作用，通过“两个普遍”，真正让工会组织组建起来、运转起来、活跃起来，否则，劳动关系矛盾就会缺乏一个正常的化解途径，甚至会出现劳动关系矛盾不断积累，企业内部问题外部化、经济问题社会化、局部问题扩大化的发展趋势，最终影响社会和谐稳定。

《中华人民共和国工会法》和《中国工会章程》都申明，工会的基本职责是依法维护职工的合法权益。改革开放以来，特别是建立社会主义市场经济体制改革的过程中，中华全国总工会及其领导下的各工会组织代表职工的利益，全面履行各项社会职能，突出维护职能，始终把依法维护职工的合法权益作为一切工作的出发点和落脚点，探索创新维护职工合法权益的方法和途径，形成了一套成熟的方式方法。比如说建设职工之家、开展集体协商、创建劳动关系和谐企业、推进厂务公开民主管理、困难职工帮扶、送温暖工程、职工素质工程、发挥工会“大学校”作用，等等，但这些方式方法之间有什么内在的逻辑关系？应该以哪种方法为主线？“两个普遍”对此给予了明确的回答。工资是职工经济权益的核心，将“普遍建立工会组织”和“普遍开展工资集体协商”相提并论，说明普遍建立工会组织是基础，而普遍开展工资集体协商是普遍建立工会组织的主要目的之一，也是工会工作的核心内容。新时期工会要履行维护职工合法权益的基本职责、切实发挥在促进经济社会发展中的独特作用，就应该以主动依法大力推动企业普遍开展工资集体协商为主线来统领工会各项维权工作。

2003 年，中华全国总工会十四届三次主席团（扩大）会议提出“组织起来，切实维权”的工会工作方针。2008 年，中国工会十五大提出了“坚持以职工为本，主动依法科学维权”的新时期维权观。如果说“主动依法科学维权”是对维权方式方法的新要求，那么，“依法推动企业普遍开展工资集体协商”则是对维权重点内容的新界定。“组织起来”就是要“依法推动企业普遍建立工会组织”，最大限度地组织职工加入工会；“切实维权”最主要的就是要“主动依法科学”地“推动企业普遍开展工资集体协商”，最大限度地发挥工会组织的作用，维护职工的核心经济利益。这样的理论发展和深化脉络，标志着中国特色社会主义工会维权观的理论体系进一步健全和完善，对维权的方式方法、重点内容的指向性越来越明确和具体，为各级工会更好地履行维权的基本职责提供了理论遵循。

“依法推动企业普遍建立工会组织”和“依法推动企业普遍开展工资集体协商”是辩证统一的关系，前者是后者的基础和前提，后者是前者的客观要求和主要目的。工会的基本职责是维护职工群众的合法权益，如果不通过建立工会把职工群众组织起来，就谈不上发挥工会桥梁纽带和支柱作用，也谈不上有力量去表达和维护。不能普遍建立起工会组织，缺乏一定程度的组织覆盖面，“依法推动企业普遍开展工资集体协商”，就会由于缺乏组织基础而成为无源之水、无本之木。工会组建是手段不是目的，工会组织建立起来之后，如果不能发挥应有的作用，那么，工会组织建立得再“普遍”，也不过是“挂牌工会”“空壳工会”。而且，如果不能推动企业普遍开展工资集体协商，维护职工的核心经济利益，充分发挥工会应有的作用，工会组织建立得越“普遍”，职工的认可度反而可能越低。这就要求必须全面客观把握“两个普遍”的辩证统一关系，既要通过普遍建立工会组织为开展工资集体协商奠定组织基础，又要通过开展工资集体协商来增强工会的凝聚力和吸引力，进一步促进工会的组建，只有这样，才能够在具体的工作实践中做到两者相辅相成、相得益彰。

二、开展“争创厂务公开、民主管理示范单位”工作

按照《关于开展创建厂务公开民主管理示范单位活动的通知》的要求，黑龙江省提前完成为期三年的创建厂务公开民主管理示范单位工作，此项工作2010年3月开始，截至2012年5月，全省完成省级示范单位达80个，市、县级示范661个。

黑龙江省对命名的示范单位实行动态管理，不搞“终身制”，这使创建工作充满活力，得以深入持久地开展。在操作过程中，注重实行分类指导，在国有企业采取“四规范、五完善、六必须”的工作思路，“四规范”是在时间上、内容上、程序上和管理上对职代会进行规范；“五完善”是创新和完善了职代会的竞选制、激励制、监督制、约束制和培训制；“六必须”则是指改革发展目标必须经职代会审议，重要规章制度必须经职代会讨论通过，职工的生活福利事业必须经职代会讨论决定，领导干部必须接受职代会的民主评议和监督，业务招待费的使用情况必须向职代会报告，集体合同的草拟、签订及履行情况必须经职代会讨论通过。

在创建工作中，黑龙江省将其与深化厂务公开民主管理工作有机结合，指导创建示范单位实行职代会党政工联审机制、奖励激励职工代表、点题公开、

总经理民主联系人制度，以及职工代表竞选制、职工代表津贴制、职工代表述职评议制、职工代表淘汰制、职工代表巡视制等一系列制度，带动了全省企业职代会、厂务公开制度的创新发展。仅2011年，全省职工提合理化建议13.3万件，其中已实施5.46万件，创经济效益14亿元。

2021年12月27日，黑龙江全省厂务公开民主管理工作推进会议在哈尔滨召开，总结交流全省各地开展厂务公开民主管理工作的经验做法，研究部署今后工作。

会议要求，按照省工会十二大部署，各级厂务公开协调领导机构要强化组织领导，狠抓制度建设，加强协调配合，形成工作合力，积极争取地方党政和有关方面的重视支持，确保市级厂务公开协调联席会议有效运转，进一步完善工作机制，使企业民主管理工作不断焕发生机与活力。要聚焦重点难点，狠抓推进落实。各级工会要高度重视企业民主管理工作，推动民主管理制度纳入国有企业党的领导和公司治理的重要内容，支持企业规范召开职代会，组织广大职工积极踊跃参与企业民主管理。要规范民主程序，加强分类研究指导，不断提升职工代表履职水平。

会议通报了全国级、省级厂务公开民主管理示范、先进单位“回头看”情况，会议为2020年全国厂务公开民主管理先进单位和省级示范单位授牌，会议还为2021年全国和全省企业民主管理微视频大赛获奖者颁发奖杯。

哈尔滨市厂务公开民主管理联席会议办公室、中国铁路哈尔滨局集团有限公司哈尔滨机务段、中国一重集团有限公司、大庆油田有限责任公司、哈尔滨工业大学和牡丹江热电有限公司等6家单位交流了推进厂务公开民主管理工作的积极探索和先进经验。

会议听取相关单位对《关于进一步加强新时代厂务公开民主管理工作的实施方案》落实情况的总结和“两规划”收官工作情况，对推进新时代新征程企业民主管理工作的经验成果和思路措施进行充分研讨交流。

会议强调，要把握形势、提高认识，认真贯彻“发展全过程人民民主”的要求。要把思想和行动统一到党中央决策部署上来，统一到落实习近平总书记在黑龙江省视察时重要讲话重要指示精神中，把党中央的要求贯彻落实到厂务公开民主管理工作实践中，努力在守护国家“五大安全”时发挥工人阶级主力军作用中作出应有的贡献。

会议要求，要突出重点、创新举措，推进厂务公开民主管理工作提质增效。一要突出改革创新。要以贯彻落实省总工会《关于进一步加强新时代厂务公开民主管理工作的实施方案》为主线，深入推进厂务公开制度、职工董事职工监事制度建设。二要突出互利共赢。要以促进企业发展与维护职工群众合法权益“双赢”为目标开展工作，形成适应本单位实际、符合职工群众需要的厂务公开民主管理新形式、新机制。三要突出典型示范。要总结创新推进厂务公开民主管理工作的成功做法和成熟经验，大力培育厂务公开民主管理示范典型，充分发挥其示范引领作用。四要突出建章立制。要以“制度化、规范化、法治化”建设为目标，促进企事业单位厂务公开民主管理工作方向正确、有章可循。

会议要求，要精心组织，协调联动，确保厂务公开民主管理工作落到实处。一是加强组织领导。要坚持“党委统一领导、党政共同负责、有关方面齐抓共管、职工群众广泛参与”的厂务公开领导体制和运行机制，为有序有力推动厂务公开民主管理健康发展创造良好条件。二是加强指导督查。要深入基层开展调查研究，加强对国有企业、民营企业、事业单位、社会组织等不同类型企事业单位民主管理差异性研究，加强具体指导和监督检查，确保厂务公开民主管理工作落到实处。三是加大培训力度。大力开展职工代表培训工作，提高工会组织维权工作能力和职工民主管理的素质。

长期以来，黑龙江省厂务公开民主管理联席会议办公室深入调查研究，狠抓制度建设，实施动态管理，加强工作指导，实现职代会制度，厂务公开制度建制率公有制企业保持在90%以上、非公有制企业保持在85%以上。为了便于广大职工参与到企业的民主管理中，印发《黑龙江省厂务公开民主管理文件指导手册》，完善《基层工会规范化建设“四建一清单”指南》，用“文件+流程图+范例+注意事项”的方式指导企事业单位开展工作，推动厂务公开民主管理制度化、规范化建设迈上新台阶。通过联合中国劳动关系学院开展《黑龙江省企事业单位民主管理制度建设与作用发挥情况调研》，全面掌握全省企事业单位民主管理制度建设现状。在调研基础上，结合《黑龙江省企业事业单位职工代表大会条例》和《黑龙江省企事业单位公开条例》贯彻执行情况，提出立法建议，推动企业民主管理立法和有关政策的制定完善，切实运用法治思维和法治方式推动民主管理工作迈上新台阶。

三、开展“学习铁人精神、争做铁人式职工”活动

铁人王进喜是中国石油工人的光辉典范，中国工人阶级的先锋战士，中国共产党人的优秀楷模，中华民族的英雄。在他短暂的 47 年里，用生命诠释：心里装的永远是组织和群众，唯独没有他自己。

王进喜同志作为新中国第一批石油钻探工人和石油战线工人阶级的杰出代表，为我国石油工业发展作出了重要贡献，是中国工业战线的一面旗帜。铁人精神是对以王进喜为代表的工人阶级崇高风范和光辉业绩的凝练总结，被纳入党中央批准的第一批中国共产党人精神谱系，载入党史和中华民族的光辉史册。回顾王进喜同志为祖国石油事业拼搏奋斗的一生，弘扬铁人精神，赓续红色血脉，具有重要的历史意义和时代价值。

铁人精神是在历经苦难、赤诚报国中淬品格、铸忠魂的爱国主义精神。新中国成立初期，石油资源的匮乏严重制约着国家发展。以王进喜为代表的广大工人阶级，以“为国分忧、为民族争气”的爱国主义精神，怀着“甩掉石油工业落后的帽子”的雄心壮志，在极端艰苦的条件下从四面八方挺进松嫩平原，打响了从根本上改变我国石油工业面貌的大会战。

铁人精神是在为国分忧、艰苦创业中践宗旨、显担当的艰苦奋斗精神。在大会战拉开序幕之际，石油工人面临着匮乏的经验技术、落后的开发设备、复杂的油藏地质条件和恶劣的自然环境等诸多不利因素的挑战。面对松基三井喜喷工业油流的难得机遇，带伤工作的王进喜在井喷的危急关头，奋不顾身，带头纵身跳进泥浆池，以血肉之躯奋力搅拌泥浆，最终制服井喷，践行了石油工人为国分忧、“有条件要上，没有条件创造条件也要上”的钢铁誓言。

铁人精神是在求真务实、精益求精中找规律、促发展的科学求实精神。在大会战初期，王进喜带领的 1205 钻井队打斜了一口井，他在深刻检讨后组织干

部、工人背水泥填上那口井，同时“还填掉了低水平、老毛病和坏作风”。对工作细致认真、对质量一丝不苟的王进喜还改革游动滑车、改进泥浆泵，成功研制“整拖搬家”“填满式”钻井法，在求真务实中寻找科学方法，提高生产质量。

铁人精神是在率先垂范、廉洁自律中扬正气、树新风的无私奉献精神。王进喜荣誉满身却始终践行着“老老实实为党和人民当一辈子‘老黄牛’”的誓言。他对职工和家属关怀备至，却对自己和家人严格要求。“公家的东西一分也不能沾”，是王进喜全家严格遵守的家规。在弥留之际，他还把住院期间收到各级组织给予的500元慰问金上交，一句“我不困难”甘心将一切奉献给党和国家。

铁人精神为做好当前工会工作带来很多启示：

一是要不断强化职工思想政治引领，团结引导广大职工永远听党话、跟党走。坚持党的领导，是铁人精神的发轫所在。弘扬铁人精神，要让“为国分忧、为民族争气”的爱国主义精神融入职工血脉，成为广大职工迎难而上、砥砺前行的精神支柱和动力源泉；要深入学习贯彻习近平总书记关于工人阶级和工会工作的重要论述，用党的创新理论武装干部职工头脑，努力打造一支永远听党话、跟党走的职工队伍。

二是要组织动员广大职工在推进高质量发展中建功立业，努力锻造新时代高素质的铁人式劳动大军。弘扬铁人精神，要深化产业工人队伍建设改革，加快构建产业工人技能形成体系，进一步完善技能人才培养、使用、评价、激励机制；要广泛深入持久开展劳动和技能竞赛，深入开展“五小”等群众性创新活动，努力锻造有理想守信念、懂技术会创新、敢担当讲奉献的高素质产业工人大军。

三是要大力弘扬劳模精神、劳动精神、工匠精神，讲好劳模故事。铁人精神是劳模精神、劳动精神、工匠精神在石油大会战中的典型体现，蕴藏着无穷力量。弘扬铁人精神，要以践行劳模精神、劳动精神、工匠精神的模范行为引领全社会，让勤奋做事、勤勉为人、勤劳致富蔚然成风；要以多种形式和手段加强宣讲，讲好劳模工匠故事，积极营造学习、尊重、崇尚、争当劳模的良好风尚，让劳动光荣、创造伟大成为时代强音；要深化劳模和工匠人才创新工作室建设，总结推广其创新成果、成功经验，发挥“传帮带”作用；要关心爱护劳模工匠，把服务关爱劳模落实在行动上，扎实做好劳模服务活动，提高劳模荣誉感、获得感和幸福感，在全社会营造尊重劳动、关爱劳模的良好氛围。

传承，是最好的纪念；奋进，是最崇高的致敬。铁人心怀祖国，带着一腔赤诚，对他最好的纪念就是在新时代继续踔厉奋发勇毅前行。自觉胸怀全局、为国分忧，勇挑重担、拼搏奉献，这是铁人精神最鲜明、最厚重的政治底色与显著标志。在薪火相传中，铁人始终与中国广大工人群众同在，铁人精神不断激励他们乘风破浪、奋力远行，新征程上在黑龙江省总工会的引导带动下，广大工人群众继续谱写新时代黑龙江工人发展的新篇章。

四、开展“面对面、心贴心、实打实服务职工在基层”活动

“面对面、心贴心、实打实服务职工在基层”活动是工会组织践行党的群众观点和群众路线、做好新形势下群众工作、发挥党联系职工桥梁纽带作用的重要举措，是构建和谐劳动关系、参与社会管理创新、维护职工权益和职工队伍稳定的迫切需要，是适应职工队伍新变化、转变工会运行机制和活动方式、提高工作科学化水平的内在要求，是改进工作作风、增进与职工群众的深厚感情、增强工会组织吸引力和凝聚力的具体实践。

黑龙江省总工会 2012 年 5 月制定下发了《开展“面对面、心贴心、实打实服务职工在基层”活动实施方案》，要求各级工会干部深入基层，面对面、心贴心、实打实地做好广大职工特别是困难职工工作，密切与职工群众的感情，激发基层工会活力，努力实现职工队伍状况在一线掌握、工会维权帮扶在一线实施、构建和谐劳动关系在一线推进、工会工作任务在一线落实、创先争优活动在一线开展。

“服务职工活动方案”要求，省总工会领导和机关职能部门主要负责同志要带头深入基层、深入职工，特别是深入生产经营困难的企业、困难职工多的企业、劳动关系矛盾突出的企业、工会工作薄弱的企业，面对面地倾听职工意见，反映职工诉求；心贴心地与职工交朋友，维护职工合法权益；实打实地为职工

和企业服务，出实招、办实事、见实效。通过开展一系列工作，推动协调有关部门和企业解决职工特别是困难职工、下岗失业人员、农民工、劳务派遣工在就业、工资、社保、安全生产、住房和子女就学等方面的实际问题，此项活动贯穿2012年全年。

总结黑龙江省开展“面对面、心贴心、实打实服务职工在基层”活动的经验，服务职工活动是一项长期的任务，是工会工作的永恒课题，关系到职工最关心、最直接、最现实利益问题的实现。在继续深入开展好“面对面、心贴心、实打实服务职工在基层”活动的过程中，首先仍需坚持党组织的领导，取得行政的支持，从关心职工生活入手，保护、调动和发挥好广大职工积极性。其次切实把实施送温暖工程作为工会履行和突出维护职责的大事来抓，一手抓调整劳动关系与机制的建设，一手抓好为职工群众办实事。只有更好地凝聚职工，团结职工，充分调动职工积极性和创造性，并把这种积极性和创造性引到为开创公司持续健康和谐发展的奋斗目标上来，才能保障职工的整体利益和根本利益，使职工在企业发展过程中，得到更大实惠。同时，各级工会组织要始终树立“职工利益无小事”的观念，带着浓厚的感情，努力为职工群众办实事、办好事，把推动解决困难职工最关心、最直接、最现实的利益问题作为工会保障工作的出发点和落脚点，不断拓展范围、完善方式、提高水平，努力把工会组织建设成为充满爱心、充满阳光的职工之家。

五、加大工会干部培训工作力度

为建设高素质工会干部队伍，充分发挥广大工会干部在服务党和国家工作大局，服务科学发展，服务职工群众中的作用，全国总工会制定了《2011—2015年全国工会干部教育培训规划》（以下简称《规划》）。《规划》共分指导思想、基本原则和工作目标；培训任务和工作要求；加强培训工作的保障措施及重视和加强对培训工作的组织领导等四个部分。要求各省级工会根据本规划并结合各地实际制定具体实施意见，各级工会组织部门要及时对本地区、本系统工会干部教育培训工作进行督促检查，确保规划各项任务扎实推进，取得实效。黑龙江省总工会认真学习《规划》的精神，结合黑龙江各级工会工作的具体实际，及时制定了《2011—2015 黑龙江工会干部教育培训规划》，组织全省各级工会认真贯彻落实。

在具体的培训实践中，省总工会提出，职工思想政治引领骨干培训是一项全新的工作，要积极探索，创新教学形式，把课堂搬到工厂车间、生产一线、发展前沿，同时组织先优人物走进培训课堂。要发挥互联网在培训宣传中的重要作用，以职工愿意听、听得懂、听得进的方式，提升培训效果。要打造精品课程，以“四史”、龙江“四大精神”、龙江工运史为支撑，创建理论讲学、情景教学、考察研学、交流互学的“精品课程体系”。要加强后续指导，定期了解、掌握培训毕业骨干的思想状况、工作状态、思想政治引领情况，及时发现、解决工作中遇到的问题。

省总工会要求各级工会组织在学员选调上要认真筛选、严格把关，保证“种子选手个个饱满，骨干引领人人争先”。要积极探索建立骨干作用发挥的长效机制，完善“培养、使用、评价、考核、晋升、奖励”激励政策，在政治地位提升、成长环境营造、业绩价值体现、权利权益维护上不断创新工作实践，把“种子”“头雁”培养成基层工会组织的栋梁，推进“大培训”成果在基层“生根发芽，开花结果”。

黑龙江省万名职工思想政治引领骨干培训工作已成为黑龙江省工会系统的品牌工作。本年培训的课程、载体将进一步创新升级，突出线上课程，打破时间空间限制，让培训内容方便快捷触达基层职工。

培训活动从坚持和加强党的全面领导，压紧压实管党治党政治责任，聚焦“关键少数”中的关键，加强对“一把手”的监督，发挥近距离常态化监督优势，加强同级领导班子监督，全面落实上级党组织责任，加强对下级领导班子的监督，加强组织领导，抓好贯彻落实等 5 个方面，对省总工会制定印发的《关于加强“一把手”和领导班子监督的工作措施》进行详细解读。强调省总工会各级党组织要坚决扛起全面从严治党主体责任，把加强对“一把手”和领导班子的监督摆在管党治党突出位置，通过抓“关键少数”带动“绝大多数”，不断增强自我净化、自我完善、自我革新、自我提高能力。开展培训的目的，就是要让省总工会各级“一把手”和党员领导干部全面学习贯彻落实《关于加强“一把手”和领导班子监督的工作措施》的内容、要求和责任，充分发挥“一把手”和领导班子在推进工运事业高质量发展中的“领头雁”作用。

干部培训工作只有进行时，没有完成时，每一次培训对于干部来说都是一次“精神大餐”，学习内容补上了业务短板，增进了工作认识，还提供了工作中的理论和政策支撑，广大干部把学习成果转化成工作动力，锤炼本领、增长才干、奋力担当，在推进省工会现代化事业中贡献自身的力量。

第十七章　发挥工人阶级主力军作用，为实现中国梦龙江篇章而奋斗

党的十九大以来，在习近平总书记关于工人阶级和工会工作的重要论述精神指引下，在省委、省政府坚强领导和大力支持下，黑龙江的产业工人冲在全省发展大局一线，技能报国彰显产业工人担当，一支宏大的新型产业工人大军加速壮大，奋进在建设社会主义现代化新龙江的新征程上。

第一节　新时代黑龙江工人队伍的发展变化

持续培养具有竞争力的产业工人队伍，对于这个共和国老牌工业省来说，具有特殊而重要的意义，黑龙江的产业工人紧跟时代的发展，与时俱进地落实党中央决策部署。

一、黑龙江职工队伍基本特点及变化趋势

因地制宜闯新路。2021 年，产业工人队伍建设纳入省“十四五”规划、省委“经济体制和生态文明体制”改革重点任务。大庆油田被中华全国总工会确立为全国唯一一家“强化产业工人思想政治引领”专项产改试点单位。推荐齐齐哈尔“人教岗”模式等 5 个典型经验编入全国《产业工人队伍建设改革试点

案例汇编》，数量居全国之首，工作经验在全国交流。哈尔滨工运历史展览馆、大庆“铁人纪念馆”入选第一批（27 家）全国职工爱国主义教育基地名录。新增省级产改试点单位 40 家。

创新培育“人教岗”模式。齐齐哈尔市总工会在推进产业工人队伍建设过程中，创新性地提出了“人教岗”模式。这个模式紧紧抓住“技工教育”这个纽带，通过为人找岗、为岗育人的双向互动模式，精准识别、订单培养，不仅把优秀的青年留在了当地，更是通过把人力资源转化为人才资源，助力当地经济社会发展。2021 年，“人教岗”模式经省政府和省工会联席会共同商定，在全省范围内进行推广。在黑龙江省总工会的推动下，全省各市（地）工会应声而动，积极作为，分别从自身实际出发寻找产业工人队伍建设的落点。

“强化产业工人思想政治引领”。大庆市的“新时代产业工人思想教育基地”展馆，突出大庆精神（铁人精神）的内涵和时代价值，旨在培养造就一支有理想守信念、懂技术会创新、敢担当讲奉献的知识型、技能型、创新型产业工人大军。展馆内有 100 块不停闪烁的屏幕，这里展出的是从大庆历年来各级劳模先进人物中精选出来的 100 名先模人物的事迹。这些跨越年代、行业、年龄的先模人物及其事迹，生动展示了大庆精神（铁人精神）在大庆这片沃土上是如何扎根成长、代代相传的。大庆油田充分利用当地特色精神资源，将理想信念教育等内容融合到场景设置中，结合以大庆精神（铁人精神）为主题的多种艺术作品，活化教育形式，强化教育效果，从而引领广大产业工人听党话、跟党走。

开展“导游（讲解员）技能竞赛”。牡丹江市是一座知名的旅游城市，波光粼粼的镜泊湖，白雪覆盖的雪乡是这座城市驰名中外的景区。作为旅游胜地，2021 年，牡丹江更是承办了黑龙江省第四届旅游发展大会。结合自身实际情况，牡丹江市总工会非常重视旅游行业的人才培养。因此，在开展劳动竞赛过程中，他们特别开展了“导游（讲解员）技能竞赛”。这项比赛，紧紧围绕当地的经济发展需求，为培养造就一支过硬的导游（讲解员）队伍贡献了重要的力量。

举办“技运会”。哈尔滨市总工会坚持在传承中创新发展，2021 年举办哈尔滨市第十七届职工技术运动会，共设置 48 个职业（工种）市级比赛，其中涉及装备制造业、战略性新兴产业和现代服务业等 17 个行业，根据产业工人队伍的新变化，增设了货车司机、快递员、商场信息员、母婴护理师等新业态新领域比赛职业（工种），全市共选拔出 2890 名产业工人参加市级决赛，市级通用工种前三名获得者分获 3000 元、2000 元、1000 元奖励，国家职业资格目录清单范围内能晋升职业资格工种第一名获得者被破格晋升为高级技师或该工种最高职业资格。

重视高层次技能人才。哈尔滨市对于高层次产业工人也加大了评选奖励的力度，获得中华技能大奖、全国技术能手等不同层级奖项的高技能人才，2020 年印发的《哈尔滨市提高技术工人待遇的具体措施》规定，连续五年每月可以获得 500—1000 元的生活补贴，高技能领军人才在哈连续工作满 10 年以上，在办理退休手续时，按照国家级、省级、市级获奖类别，分别给予一次性 10 万元、8 万元、5 万元退休补助。哈尔滨市大工匠由每年评选 10 人增加到 50 人，由每人奖励 1 万元提高到 5 万元。牡丹江对获得省级以上称号的高技能人才，一次性给予 1 万元到 30 万元奖励；七台河市、鸡西市两家煤城的市总工会分别拿出了 20 万元、14. 3 万元作为全市劳动竞赛奖励资金，同时，七台河市还制定出台《进一步吸引集聚优秀人才新政三十条》，提高人才待遇标准，扩大政策适用范围，放宽选任资格条件，培养激励实用技能型人才，努力以高质量的人才工作为煤城转型振兴高质量发展提供人才保障和智力支持。大兴安岭地区总工会联合有关部门，将营林生产技能竞赛各工种决赛中获得前 3 名的选手破格晋升为技师，第 4 名到第 10 名晋级为高级工。佳木斯市专门设立资金，对劳动竞赛中表现突出的劳模、工匠、创新工作室进行奖励，对市级劳模和工匠人才创新工作室，每家给予 5000 元创新经费资助。通过多种方式的组合、搭配，让一线产业工人的获得感不断增强。

二、职工队伍发展变化中的新情况新作为

2017 年 9 月，省委、省政府正式印发《关于改造升级“老字号”企业的若干意见》《关于深度开发“原字号”的若干意见》《关于培育壮大“新字号”的若干意见》等文件。同时，编制了《黑龙江大庆石化产业基地发展规划》《黑龙

江省绿色食品产业发展规划（2016—2020年）》《黑龙江省重点矿业产业“十三五”发展规划》和《加快推进“粮头食尾”“农头工尾”实施方案》等一系列关系龙江经济社会发展的蓝图。在做好“三篇大文章”，即改造升级“老字号”，深度开发“原字号”，培育壮大“新字号”的新发展理念和实践中，黑龙江省的工人队伍随之发生了深刻而广泛的变化。

发挥红色资源优势。作为全国总工会确定的“强化产业工人思想政治引领”专项试点单位，大庆油田进一步活化载体，创新形式，完善制度，激励引导广大职工弘扬精神，赓续传统，思想政治引领工作取得丰硕成果，切实担负起维护国家能源安全的政治责任。作为被全国总工会命名的第一批全国职工爱国主义教育基地，铁人王进喜纪念馆是大庆油田新入职员工上第一课的地方，《大庆精神铁人精神学习读本》，发放至5000多个基层小队以及近百个劳模创新工作室。结合新时期的新变化，大庆油田还建成了以微信订阅号和App“一号一端”为平台的网上思想教育阵地。在中国共产党成立100周年之际，持续深化“石油魂——大庆精神铁人精神”宣讲，线上线下受众113万人次。以“石油工人心向党，振兴发展向百年”为主题，广泛开展群众性宣传教育，累计参与500余万人次，不断激发忠诚意识、报国情怀和理想信念，擦亮石油工人的政治底色。

创新收益分配机制。哈电集团佳木斯电机股份有限公司职工可以享年薪、拿股份。哈电集团佳木斯电机股份有限公司打破既往常规做法，构建了充分体现知识、技术等创新要素价值的收益分配机制，充分调动和激发企业职工“比学赶帮超”和扎根奉献的工作热情。以技术能力、工艺革新、技术攻关等方面成效为评价标准，从技术工人中选聘技师、高级技师，分别给予600元、1000元津贴，47名技术工人从选聘中脱颖而出。从技师、高级技师中，选拔培养首席技师和特级技师，承担技术革新、生产攻关、师带徒等重要目标任务，可享受年薪13万元和11万元的优厚待遇，对176名核心骨干人员实施股权激励，授予股份1170万股，让更多产业工人享受到改革红利。

提高职工政治待遇。牡丹江恒丰纸业职工的政治待遇在不断提高。十三届全国人大代表、首届龙江工匠获得者李建强，就是一位凭借技能提升、等级评聘逐步从基层操作人员成长为班组长、工段长的优秀产业工人代表。该公司职代会一线产业工人占比54.76%。国家级、省市级党代表34人次，国家级、省市级人大代表15人次，国家级、省市级工会代表69人次。

私营企业工人队伍素质不断提高。哈尔滨红光锅炉有限公司是一家私营企业，特别注重培养、发挥一线职工技能，提高他们“当好主人翁”的本领。举办了以业务培训、综合培训、企外专业培训为主要内容的“三级培训”。特别是2020年11月以来，投入经费9.4万余元，举办各类培训10次，培训职工600余人次。培训过后，企业还举办焊工技能大赛，定期组织职工进行技能考核评比，已有65人获得200—900元/月技能津贴，有效激发了一线职工学技术、钻业务的积极性和主动性，营造出“比学赶帮超”的技能比拼氛围，为提高生产效率、提升产品质量提供了有力技术支撑和人才保障。

助推龙江经济社会各项事业快速发展。依托“五个百万”职工劳动和技能竞赛平台，龙江产业工人在实现自我价值的同时，也在不断助推龙江经济社会各项事业快速发展。全省工会组织围绕省重大战略、重大工程、重点项目、重点产业，延伸至龙江经济社会发展各领域，2020年至2022年，全省各级工会共举办竞赛3.4万场，参赛企业3.6万家，参与职工1317.2万人次，产生创新成果17.6万项，力促人才、技术和经济成果持续叠加。黑龙江省人社厅打造“龙江技能系列竞赛”，省级职业技能大赛27项，涉及92个职业（工种），省工信厅在航天航空、机器人等前沿科技行业，举办全国首次“创客中国”大中小企业融通创新创业大赛，一批优秀技术技能人才在经济建设主战场脱颖而出。通过大力实施“技能振兴龙江工程”，全省高技能人才达到78.6万人，占技能人才总量的31%，建成高技能人才培训基地98个、技能大师工作室155个。选拔认定第三批“首席技师”50名，表彰“龙江大工匠”20名和“龙江技术能手”100名。2021年，黑龙江省总工会设立485万元奖励资金，奖励全省职工十大科技创新能手、职工创新项目、劳模创新工作室等。全省3所院校被列为世界技能大赛国家集训基地，首个“建筑产业工人基地”落户绥化市。全省成立职业教育集团37个，培育省级产教融合型企业37家，校企共建19个现代产业学院，建设五个重点产业政校企技能人才培养联盟。全省第一批35家技工院校和6家企业评价机构开展职业技能等级认定，引导企业建立优化产业工人发展成长机制。

龙江产业工人的“主人翁”地位更加巩固。产业工人在黑龙江省工会十二大代表、委员人数中分别占比 16.3%和 10.4%，同比增长 96%和 62.5%。在黑龙江省第十三届劳动模范建议人选中，职工 770 名，农民 170 名。其中，企业职工人选 535 名，占总名额的 56.9%。一线工人和专业技术人员 393 名，规定不少于企业职工人数的 60%，实际占比 73.5%。

2021 年 4 月 21 日，省总工会在全国产改工作经验交流会上作典型发言。作为全国产改的全面试点省份，围绕 2021“产业工人队伍建设改革提升年”行动，黑龙江省实施第二批试点工作，省总工会牵头抓总，29 家成员单位凝聚合力，40 家试点单位创新实践，涌现出齐齐哈尔“人教岗”模式、佳电股份“揭榜挂帅”等一批典型经验。随着产改不断破冰，黑龙江省高技能人才总量不断扩充，职工职业技能评价体系不断完善，产业工人踏上经济待遇提高、政治地位提升的“金光大道”。一支有理想守信念、懂技术会创新、敢担当讲奉献的宏大新型产业工人大军加速锻造，助力龙江产业升级。

2023 年，坚持把高质量发展作为新时代的硬道理，完整准确全面贯彻新发展理念，主动服务和融入构建新发展格局，紧紧围绕维护国家“五大安全”、建好建强“三基地、一屏障、一高地”，加快建设“六个龙江”、推进“八个振兴”的战略定位和使命任务，聚焦打造“4567”现代化产业体系，针对不同行业不同企业的特点，深入开展各种形式的劳动和技能竞赛，组织职工参加群众性创新创造活动，让更多创新成果竞相涌现，奋力跑出工人阶级创新创造的“加速度”。

坚定不移引领职工群众听党话、跟党走。省总工会“万名职工思想政治引领骨干培训工程”、大庆油田全员“云讲述”活动，获评全国职工思想政治引领创新案例。大力弘扬大庆精神（铁人精神），开展纪念铁人诞辰 100 周年主题活动、“王进喜生平业绩展览”宣讲。参加“中国梦·劳动美”系列活动，大国工匠刘丽网上微宣讲点赞量全国第一。组建党的二十大精神“工”字号宣讲队伍 1100 余支，辐射职工 230 万余人次。马永顺纪念馆、北大荒博物馆入选第二批全国职工爱国主义教育基地。省海员工会沿江开展“身在最北方、心向党中央”宣讲活动。牢牢把握意识形态工作主动权。梳理意识形态工作风险点，制定防控管控措施，加强网络舆情监测和网络安全管理，完善网络安全制度。筑牢舆论宣传阵地。中央、省级媒体宣传报道先进人物、工会工作740余篇，省总工会发稿2031篇，持续做强主流声音。七台河市总工会新媒体矩阵跻身全国工会新媒体传播力、影响力第一方阵。发挥劳模工匠示范引领作用。更好发挥劳模工匠示范引领作用。大力弘扬劳模精神、劳动精神、工匠精神，做好劳模工匠评选表彰和服务工作，加大宣传力度，讲好劳模故事、劳动故事、工匠故事。加快工匠学院建设，深化劳模和工匠人才创新工作室建设，搭建工匠人才传承精神、交流技艺、展示成果平台。全面实施“劳模工匠助企行”专项行动，积极帮助企业解决技术难题，提高创新能力，提升管理水平。83个（名）集体、个人，239个（名）集体、个人，分别获评全国、省五一劳动奖状、奖章、工人先锋号。选树“龙江工匠”100名。发布首届“龙江工匠年度人物”（提名奖）20名，成功举办颁奖仪式。秦世俊当选2022年“大国工匠十大年度人物”，黑龙江省连续三届获此殊荣。

不断深化产业工人队伍建设改革。履行好工会牵头抓总职责，持续落实产业工人思想引领、建功立业、素质提升、地位提高、队伍壮大等重点任务，在完善技能形成体系、拓展职业发展通道、维护产业工人权益、提高产业工人待遇等方面下更大功夫，加快建设一支知识型、技能型、创新型产业工人大军，培养造就更多“大国工匠”和高技能人才，为中国式现代化龙江实践提供有力的人才和技能支撑。

三、新技术新业态新模式给劳动关系带来新挑战

2017年至2022年，黑龙江省深入实施创新驱动发展战略，坚持把振兴发展的基点放在创新上，研发经费投入年均增长5%，技术合同成交额年均增长28.5%，国家认定的高新技术企业由929家增长到3605家。中国一重“国和一号”核反应堆压力容器全部自主化设计、国产化制造，哈电集团单机容量世界

最大百万千瓦机组在白鹤滩水电站成功运行，一重集团营业收入、利润总额实现两位数增长。大庆古龙陆相页岩油国家级示范区揭牌。高技术制造业增加值增长9.5%。新建5G基站1.8万个，建成全省首个工业互联网标识解析综合二级节点平台，成功申报哈尔滨国家级互联网骨干直联点。2022年，扎实推进产业振兴，出台22个产业振兴专项行动方案，工业固定资产投资增速达9.7%。数字经济、生物经济、冰雪经济、创意设计产业加快发展，华为、百度人工智能产业基地启动建设，华大基因等一批技术引领型企业落地龙江，星光数字冰雪综合体等10个冰雪产业项目签约落地，创意设计企业营业收入增长60%以上。战略性新兴产业竞争力增强，AC352直升机试飞取证、填补国内空白，科友半导体8英寸碳化硅晶体达到国内领先水平。传统优势产业向中高端迈进，益海嘉里现代农业产业园陆续投产，沃尔沃全新平台3款新车型落地。

新就业形态劳动者受到各方面的高度重视。在黑龙江省推进产业工人队伍建设过程中，新就业形态劳动者大军是一支重要的力量。顺丰是国内领先的快递物流综合服务商，黑龙江省总工会将黑龙江省顺丰速运有限公司列为第二批省级产业工人队伍建设改革试点单位。在试点过程中，黑龙江省顺丰速运有限公司创新性开展了“工会联络员”工作。在公司下属的59个经营管理部、378个营业网点中选举产生423名“工会联络员”。来自职工中的“联络员”，最懂快递小哥的喜怒哀乐。他们有效发挥信息传达、意见收集、关怀员工、矛盾调解、生产经营、管理人才储备等服务员工的作用，使“工会联络员”真正成为员工与企业的“连心桥”、劳资矛盾的“缓冲器”、职工身边的“贴心人”，给企业稳定队伍、提高效益打下了坚实基础。

政策先行可以兜牢新就业形态劳动者权益保障的底线。2021年7月，人社部等八部门出台《关于维护新就业形态劳动者劳动保障权益的指导意见》，中华全国总工会出台《关于切实维护新就业形态劳动者劳动保障权益的意见》。工会应该发挥积极的作用，对于薪酬问题，可由工会作为群体代表与头部企业或者行业协会以集体协商的方式讨论劳动定价。从业者通过工会参与制定平台奖惩规则。

加快推进新就业形态劳动者建会入会工作。2021年，省总工会大力开展

“新就业形态劳动者入会集中行动”，配合人社部等部门印发 3 个指导性文件，牵头联合制定入会工作指导意见。12 月 27 日，召开全省新就业形态劳动者入会工作推进会议。以货车司机、网约车司机、外卖配送员、快递员等 4 类群体为重点，推动建立新就业形态工会组织 971 个。下拨乡镇街道工会补助资金 1304 万元，用于新就业形态劳动者建会入会工作。全省各级工会共筹集并投入资金 142.92 万元，共慰问新就业形态劳动者 21244 人次，慰问企业 298 家。“孙刚货车司机职工小家”等一批典型经验得到广泛推广。在全省各级工会组织的真情服务中，现已发展新就业形态劳动者会员 63546 名。与省邮政管理局联合举行全省快递行业 3 万名职工集中入会仪式，16 个品牌快递机构同步建会。工会“娘家人”用一项项有力举措，为新就业形态劳动者送去实惠和温暖。

至 2022 年，全省已建新就业形态基层工会 1472 个，发展会员 8.9 万余名。全省通过出台就业激励政策“诱人”，线上线下多平台“招人”，加强服务维权保障“留人”，多举措、全方位推动产业工人队伍不断壮大。

第二节　推动落实黑龙江产业工人队伍建设改革

全省工会系统深入开展践行社会主义核心价值观活动，“中国梦・劳动美”主题实践丰富多彩，职工思想道德建设扎实推进，“树理念、强服务、塑形象，优化环境促发展”活动深入开展。特别是在供给侧结构性改革中，组织引导广大职工做改革的理解者、支持者、参与者、贡献者、受益者，在全省大局中彰显工会组织作用。

一、强化思想政治引领，切实履行政治责任

思想政治引领坚定有力　2019 年，引领广大职工认真学习习近平总书记关于工人阶级和工会工作重要论述及对黑龙江省重要讲话重要指示批示精神，增强“四个意识”、坚定“四个自信”、做到“两个维护”。第一时间学习贯彻 4

月 30 日习近平总书记给郑州圆方集团职工回信精神，把习近平总书记的关心关怀转化为开拓进取、顽强奋斗的强大正能量。深入学习贯彻党的十九大、十九届四中全会和省委十二届五次、六次全会精神，举办培训班、组织劳模宣讲、知识竞赛和职工演讲，省总机关干部集中封闭学习。加强意识形态工作，强化舆情监控。向省委报告政治生态、意识形态等工作 14 项。为打赢疫情防控阻击战提供有力舆论支持，省总工会发布倡议书，各市（地）工会、产业工会迅速响应落实，及时宣传抗疫举措和先进典型。

2020 年，全面加强职工思想政治引领。深入学习习近平新时代中国特色社会主义思想，第一时间组织学习贯彻全国劳模表彰大会精神。组建 15 支理论宣讲队，100 支宣讲轻骑兵线上线下宣讲，深化“中国梦·劳动美”等主题教育活动。102 人当选全国劳模和先进工作者，评选表彰 240 名（个）省五一劳动奖章、奖状、工人先锋号。

2021 年 5 月 7 日，省总工会万名职工思想政治引领骨干培训正式启动。构建以习近平新时代中国特色社会主义思想为第一课、党史学习教育为必修课、劳模工匠精神为重要教育课的“精品课程体系”。克服疫情影响，线上线下结合，在全省选拔培养 15484 名职工作为龙江新型产业工人大军思想引领的“种子”和“头雁”。以思政引领骨干为核心，以基层单位及周边为辐射半径，广泛开展宣讲活动。切实推动产业工人思想政治引领有形化、具象化，担负起了工会组织引领广大职工听党话、跟党走的政治使命。6 月 21 日，省总工会党员干部原创排演的情景剧《信仰的力量》作为黑龙江省直属机关“颂歌献给党·启航新征程”文艺会演优秀节目进行汇报演出，为党的百年华诞献礼。2021 年，省总工会组织全省各级工会开展载体丰富、形式新颖的党史专题学习、专题培训、专题研究、专题宣讲。举办“永远跟党走　建功新龙江”——黑龙江省总工会庆祝中国共产党成立 100 周年暨五一奖颁奖典礼。开展党的十九届六中全会“五宣五进五讲”活动。筹建第六次全国劳动大会纪念馆和黑龙江工运史馆，力争用五年左右时间，建成黑龙江省新的红色文化地标，为中国工运事业和龙江工运事业留下一笔宝贵的精神文化财富。

2021 年，开展“五宣五进五讲”活动，受众 34. 6 万人次。开展万名职工思想政治引领骨干培训，培训学员 1.54 万名。建立 100 家职工思想政治教育实践点，成立 1000 个职工理论学习小组。高标准开展党史学习教育。全省各级工会认真组织开展学习活动，举办庆祝建党百年、“永远跟党走”群众性主题宣传教育等 20 余项活动。聚焦职工关切，办好普惠职工 10 件实事，创新打造“有一种温暖，叫工会在您身边”服务标识，累计为职工群众解决急难愁盼问题 130 余件。省委党史学习教育简报七次刊登省总工会典型做法，位居全省前列。中央、省级媒体刊发工会稿件数量创历史新高。《工人日报》2023 年 8 月 24 日全文刊登：“黑龙江工会创新形式、丰富载体宣讲党的创新理论，教育引导职工听党话、跟党走”。中工网全文转载了，题为：“加强思想政治引领 凝聚发展‘工力量’。”

宣传党的十九大精神，黑龙江工会将过去“课桌式”宣讲改为到生产一线宣讲，变把职工“请上来”为把宣讲“送下去”，推动党的创新理论在职工中入眼、入脑，更入心，为黑龙江高质量发展汇聚磅礴力量。在黑龙江省三江口航道船舶卧泊基地，十几名船员在作业船的甲板上席地而坐，聆听一场由黑龙江省海员工会组织的党的二十大精神宣讲会。这是一场专门为在边远地区、分散作业的水运系统职工举行的系列宣讲会，从祖国的东极抚远市出发，经同江市、嘉荫县、黑河市等地区，一直讲到祖国的北极漠河市。

在黑龙江省总工会的推动下，像这种内容丰富、形式新颖、效果明显的宣讲活动在全省范围内遍地开花。通过这些活动，黑龙江省各级工会组织积极宣讲党的创新理论，教育引导职工听党话、跟党走，推动产业工人队伍建设改革，助力老工业基地转型发展。

顶层设计，夯实基础　黑龙江省总工会始终把职工思想政治引领工作置于工会工作的重要位置，多年来，不断加强顶层设计，通过制度建设，为思想政治引领工作开展提供坚实保障。2020 年，黑龙江省印发《〈关于加强和改进新时代产业工人队伍思想政治工作的具体措施〉的通知》。2021 年，黑龙江省工会第十二次代表大会工作报告明确提出，“未来 5 年，打造‘万名职工思想政治引领骨干’品牌，培训 5 万名骨干，形成一支规模宏大的思想政治引领骨干队伍”。

在黑龙江省总工会的引领下，全省各市（地）工会组织也积极行动起来，加强思想政治引领工作的顶层设计。哈尔滨市委、市政府出台加强和改进新时代产业工人队伍思想政治工作的具体措施，把产业工人思想政治建设纳入市委思想教育道德计划；鸡西市总工会积极推进培育“百名职工思想政治工作骨干”行动计划，成立由市委讲师团、劳模代表等成员组成的市总工会职工思想政治引领骨干队伍；齐齐哈尔市制定“产改”工作要点，要求高质量、高标准完成职工思想政治引领骨干培训任务。

与时俱进，活化载体 职工思想政治引领骨干培训班是黑龙江省总工会的一项品牌工作。两年来，省总工会本级举办线上线下 43 期全省万名职工思想政治引领骨干培训班。2021 年、2022 年，省总工会共投入经费 712 万元，培训 2.5 万余名骨干。2023 年投入预算 164 万元，培训 1 万人。

在课程设置方面，培训班紧紧围绕党中央的方针政策，重点突出党对工人阶级、工会组织的系列重要要求。讲授课程的除了有专家学者，还有 2019 年大国工匠年度人物刘伯鸣、全国人大代表马兵等一线先模人物。

在铁人王进喜 100 周年诞辰之际，黑龙江省总工会与时俱进地开展了大庆精神（铁人精神）示范性宣讲活动，同时组织了“永远的铁人——王进喜生平业绩展览”进企业进基层活动，促进大庆精神（铁人精神）深入人心。

为方便职工就近培训，哈尔滨、齐齐哈尔、牡丹江、佳木斯、大庆、鸡西等地结合当地红色资源，开展属地培训。在大庆新时代产业工人思想教育基地，学员重温大庆精神（铁人精神）的历史脉络；牡丹江市宣讲工作走进非公企业现场，一场活动就有 700 余名职工收听收看。

丰富形式，深入基层 思想政治引领工作的深入开展，带来了职工在行动上实打实的变化。黑龙江省总工会开展劳模工匠职工宣讲活动，组建劳模工匠（职工）宣讲团，开展“沉浸式”“体验式”宣讲活动。全省各级工会组建“工”字号宣讲队伍 1024 支，成员 4.8 万人，宣讲 4.3 万场次，辐射职工 430.7 万人次。

在“产改”试点企业东安汽车发动机有限公司，参训学员回到工作岗位后积极开展宣讲；在黑龙江顺丰速运有限公司参训的 10 位快递小哥成为工友的“代言人”，参与组织开展职工活动百余场；冒着生命危险将起火货车开离双鸭山市区的司机孙刚，参训后组织辖区内 6 名党员货车司机成立党小组，并组织疫情慰问支援活动。

在黑龙江省总工会的示范引领下，大庆油田依托“大庆油田工会”App 开展“云讲述”活动，全油田各岗位职工结合岗位工作畅谈理想信念，打造职工自我教育新范式。鹤岗市将在厂矿车间班组播放的“小喇叭”和市总工会开行的“大篷车”相结合，因地制宜开展宣讲活动。

内容丰富、形式多样、扎实有效的思想政治引领工作，为黑龙江“产改”提供了强大的思想动力。省总推进这项工作走深走实，用更加接地气、更加喜闻乐见的方式推动职工思想政治引领工作落地生根，为黑龙江高质量发展汇聚起磅礴力量。

二、稳步推进产业工人队伍建设改革

顶层设计开新局　黑龙江省集合了最优势的资源，支持产业工人队伍建设。省委、省政府的高站位顶层设计，全省各部门、各单位钉钉子般的全力配合，不断推进。2017 年 9 月，黑龙江省全面深化改革领导小组审议并通过《新时期产业工人队伍建设改革的实施意见》，同年 11 月，黑龙江以省委、省政府的名义联合下发了《新时期产业工人队伍建设改革的实施意见》。2018 年 7 月，黑龙江省委民主法制领域改革专项小组召开的全省新时期产业工人队伍建设改革推进会议宣布，将“产业工人队伍建设”改革列入全省改革重点督查项目，量化打分、分档评价，计入市地经济社会发展主要责任指标考核。2019 年，在各方助力、支持下，黑龙江省总工会下发通知，要求各级市（地）、产业工会组织在开展年度劳动竞赛过程中，紧紧抓住深入推进新时期产业工人队伍建设改革、提高技术工人待遇的有利契机，协调人社、发改委、交通、住建、水利、国资委等部门推动企业建立健全竞赛奖励机制，把竞赛成果与职工技术资格晋升、收入待遇、绩效奖金挂钩。2020 年，这是黑龙江省产业工人队伍建设不断提速的一年，黑龙江省委民主法制领域改革专项小组印发《黑龙江省产业工人队伍建设改革试点工作实施方案》，黑龙江省委办公厅、省政府办公厅印发《关于加强和改进新时代产业工人队伍思想政治工作的具体措施》和《关于开展“当好主人翁、建功新龙江”百万职工技能提升和技术创新竞赛助推龙江高质量发展的意见》两个重要文件，推动这项工作前进。量变积累引发质变。2021年，黑龙江省委将“产改”工作纳入黑龙江省“十四五”规划；随后“产业工人队伍建设”作为关键词出现在黑龙江省政府工作报告中；在这一年的省政府和省工会联席会上，这项工作又被列为议题之一。2021年，黑龙江省总工会投入466万元，打造“万名职工思想政治引领骨干”品牌，培训一线劳模工匠、产改工作负责人、科技创新带头人、新就业形态劳动者代表等15484名，构建精品课程体系，真正实现培训从“走形”到“走心”。

据统计，2021年黑龙江全省各地各单位累计出台政策规划类、构建技能形成体系类、创新产业工人发展制度类等文件70余个。在黑龙江省委、省政府的关心、谋划、推动下，黑龙江全省各单位也积极参与支持，推动全省产业工人队伍建设走深、走实，开花、结果。黑龙江省人社厅出台并施行职业技能等级认定办法，技能人才培养、评价、使用迈入新阶段。通过召开全省职业教育大会，黑龙江省教育厅出台推进新时代职业教育高质量发展的实施意见和职业教育“十四五”规划等文件。黑龙江省工信厅将“落实城镇转移就业职工入驻优惠政策”作为省级小微企业创业创新基地奖补政策的加分条件，激励产业工人创新创业。黑龙江省住建厅出台加快培育新时代建筑产业工人队伍的实施意见，明确未来五年建成10个省级建筑产业工人劳务培训基地。省税务局落实职工教育经费和岗位津贴税前扣除等政策，支持企业落实产改政策。

全面深化改革谱新篇 黑龙江省持续推进重点领域和关键环节改革，坚持以习近平总书记重要指示精神为根本遵循和强大动力，把推进龙江森工、农垦、伊春林区改革作为重大政治任务，组建了改革专班，完善了工作机制。2018年龙江森工承担的政府职能和社会职能逐渐剥离，并有序移交给地方管理，森林资源管理职能实现平稳过渡，6月30日，中国龙江森林工业集团有限公司成立，标志着龙江森工改革发展迈入了新的历史阶段。森工集团完成政企合一体制向现代公司制企业转变，实现了生态保护与生态产业良性发展相结合。同年10月21日，黑龙江伊春森工集团有限责任公司成立大会在伊春召开，这是黑龙江省重点国有林区改革的又一重要成果，也标志着朝习近平总书记提出的“让伊春老林区焕发青春活力”的目标迈出了坚实步伐。同年 12 月 16 日，黑龙江北大荒农垦集团总公司挂牌成立，这是黑龙江省全面深化改革工作取得的又一重大成果，标志着黑龙江垦区从政企合一的管理体制整建制地转入集团化企业化经营管理体制，实现了垦区改革发展的新突破，进入了垦区全面振兴发展的新阶段。龙煤集团改革脱困取得显著成效，省级产业投资集团组建运营，实现保持每年 15 亿元以上的盈利水平，发展成为东北煤炭行业具有较强竞争力的现代企业集团。通过全面实施国企改革三年行动，全省符合条件的地方国有企业公司改制完成率达 100%。

2021 年，省委“经济体制和生态文明体制”改革重点任务，工作经验在全国交流。大庆油田被中华全国总工会确立为全国唯一一家“强化产业工人思想政治引领”专项产改试点单位。推荐齐齐哈尔“人教岗”模式等 5 个典型经验编入全国《产业工人队伍建设改革试点案例汇编》，数量居全国之首。哈尔滨工运历史展览馆、大庆“铁人纪念馆”入选第一批（27 家）全国职工爱国主义教育基地名录。新增省级产改试点单位 40 家。

作为产业工人队伍改革的牵头单位，黑龙江省总工会也拿出真金白银，给予“龙江工匠”及竞赛和技能提升的奖励资金达到 700 万元，激励政策力度持续加大。

2021 年 10 月 18 日，省政府与省总工会联席会议召开，省总工会提交的支持工会开展新就业形态群体维权服务工作、在深化产业工人队伍建设改革中推广“人教岗”模式等议题得到了省政府和 13 个相关厅局的大力支持。年初以来，全省共 12 个市（地）、105 个县（区）召开了联席会议。集中民智、体现民意、反映民情，形成政府牵头协调、工会组织运作、各相关行政部门积极参与、共同协商解决问题的有效机制，成为党和政府联系职工群众的重要平台。

2022 年，围绕强化现代化建设人才支撑，深化产业工人队伍建设改革。实施产改攻坚行动，省委副书记王志军包联推进。总结产改工作五年成效，推动技能人才收入与技能等级挂钩，鼓励企业增加技能等级，校企合作、产教融合不断深化，产业工人政治、经济、社会地位提升。技能人才年均增长近 10 万人，高技能人才规模、质量双提升。省政府新闻办在全国各省中率先发布改革成果，黑龙江省产改工作在全国考核评价中被评为优秀等次，是东北地区（含内蒙古）唯一获得优秀等次的省份。

创新产教融合、工学结合的新时代产业工人培养模式，成立装备制造、数字技术、现代农业、生态等省级“工匠学院”。启动“政校企”技能人才培养联盟，推动建成数字经济、生物经济等7个产教融合共同体，建成101个高技能人才培训基地和175个技能大师工作室，累计培训高技能人才14万人，解决技术难题2400余项，产业工人成长路径更加顺畅。

联合省教育厅、黑龙江开放大学开设线上线下相结合的劳模工匠学历提升班，学费由省总工会承担，通过“菜单式服务”，满足劳模工匠学历和技能提升需求。首届劳模工匠学历提升班2023年春季开始招生，录取省级以上劳模和工匠人才166人。

在产改中，印发《黑龙江省职业技能等级认定实施办法（试行）》，推动技能人才评价由政府鉴定向社会认定转变，贯通高技能人才和工程类专业技术人才“互转”评价渠道，建立46项职业资格与职称对应认定关系。积极推动落实“新八级工”职业技能等级制度，按照试点先行、逐步推开的原则，开展特级技师、首席技师评聘工作，中国一重作为全省产业工人队伍建设改革试点单位，打通了技术与技能人才成长的通道。刘伯鸣以工人身份参加竞聘，直接晋升为水压机锻造厂副厂长。如今，刘伯鸣已成长为2019年“大国工匠年度人物”、中华技能大奖获得者、2022年度央企楷模、中国一重首席技能大师。截至目前，全省累计评聘特级技师272人。

三、持续拓展工会改革的广度和深度

2018年，扎实推进工会系统改革。按照中共中央、省委、中华全国总工会部署，制订省总工会《落实中华全国总工会〈深化工会改革创新实施方案〉责任分工方案》。确立大抓基层的鲜明导向，设立1500万元专项资金，支持市（地）、产业工会选聘社会化工会工作者、购买定时服务，解决基层人员不足的问题。2018 年 7 月 25 日，省委民主法制领域改革专项小组召开全省新时期产业工人队伍建设改革推进会议。中华全国总工会对这项工作给予高度评价，中华全国总工会办公厅形成信息专报中央改革办。配合省人社厅调研出台了黑龙江省《关于提高技术工人待遇的实施意见》。

2019 年，工会改革的广度和深度持续拓展。推进省总直属事业单位改革，机构、人员分别精简 62%、48%，引入市场化运作机制，实行经营目标管理。加大经费向基层倾斜力度，下拨经费占支出的 60%以上。统筹推进“八大群体”入会，建设高速公路“司机之家”服务站。印发《黑龙江省工会社会工作专业人才管理办法》，下拨资金 501.6 万元，支持乡镇、街道、开发区等选聘社会化工会工作者、购买社会服务。下拨乡镇、街道工会经费补助资金 1280 万元。评选全省模范职工之家、模范职工小家 187 个。

2020 年，工会系统改革坚持政治性、先进性、群众性的改革方向，不断深化工会改革创新。6 家省级产业工会纳入省总工会管理。省总直属事业单位持续深化改革，集中在全省选聘 67 人，充实到各事业单位，同时全面清理编外人员，啃下队伍管理、制度建设硬骨头，多年历史问题得到有效解决，呈现良好态势，新的活力正在孕育生成。事业单位收入增长率、人均劳动生产率、总资产报酬率显著提升，公益性、服务性进一步强化，全方位服务全省劳模、工匠、职工的能力得到有效提高，为做优做强工会服务职工的前沿阵地、实现高质量发展奠定坚实基础。

2021 年，大力推进工会法治化建设。着力提高依法建会管会能力，制发《关于在工会工作者和职工中开展法治宣传教育的第八个五年规划（2021—2025年）》，认真学习宣传贯彻《中华人民共和国工会法》，积极开展有关文件、制度、合同合法性审查。

2022 年，启动了“县级工会加强年”专项工作。紧盯“五强”目标，梳理 23 项制度和 28 项任务，制定《省总工会关于支持县级工会发展的若干措施》，以激发县级工会内生动力和政策支持双轮驱动，推动工会系统人力、财力、物力等三个下沉，有效破解县级工会工作难点问题。稳步推动工会事业发展。整合 5 家产业工会体系。强化企事业单位绩效考核，提高资产运营管理水平。进一步打造“工”字号服务品牌，加强疗休养院（中心）基础设施建设。设立县级工人文化宫运营补贴和项目经费，已对13个县级文化宫开展了经费补助。

提升工会财务和经审工作质效。巩固委托税务代征、财政统一划拨工作成果，扩大工会经费收缴覆盖面，推进预算定额标准和全面预算绩效管理体系建设。依法依规开展审查审计监督，加强对下审计监督全覆盖，2022年获中华全国总工会省级工会经费审查工作规范化建设考核“一等奖”。推进构建工会网上工作新形态。劳模管理、技能学院等“10+N”智慧工会建设项目实现预定功能，丰富特色服务。

2023年，建立省级工会联动机制。与辽宁省、吉林省、内蒙古自治区总工会建立协作机制，紧跟产业升级方向，联合开展劳动和技能竞赛、产业创新攻关、推介特色文化旅游、提升职工生活品质、共享劳模疗休养阵地等协作项目。

创新建会入会方式。建设工会网上入会服务平台，推动全省基层工会建设，推进2.8万个已缴建会筹备金企业和社会组织建会工作，新建工会组织9633个。全省实名制工会会员超300万名。市县级新就业形态工会联合会建会率100%，已发展新就业形态劳动者会员24万名。

有效夯实基层基础。深入推进“县级工会加强年”工作，树立大抓基层的鲜明导向，全省投入1.25亿元，强化县级工会组织建设、队伍建设、阵地建设。新招聘社会化工会工作者729人，实现乡镇（街道）工会全覆盖。选派418名机关干部开展蹲点工作。培育全国级、省级职工之家、厂务公开民主管理先进典型1025个。哈尔滨、大庆市工人文化宫被评为首批全国标准化工人文化宫。双鸭山市总工会“孙刚货车司机职工小家典型经验”获评全国优秀案例。

加快工会数字化建设。“智慧工会”服务平台连续三年入选全国“互联网+工会”普惠服务省级十佳平台。省总工会列入“十四五”中华全国总工会信息化建设工程（一期）省级试点。

建设全省职工福利普惠“龙工惠”服务平台。强化网络安全保障，网络安全防护能力有效提升。哈尔滨市总工会“智慧哈工”上线运行。

四、聚焦服务质效提高职工生活品质

2018 年，积极落实职工疗休养权益。省总每年安排 2000 万元补贴劳模和一线职工疗休养。配合省委人才战略，组织高端人才，如中国工程院院士、中国科学院院士、“长江学者”、国家“千人计划”入选者、基层企业拔尖人才和劳模、五一系列奖获得者等先进人才，共 3200 人到省总工会疗休养基地进行疗休养，费用由省总负担。2018 年共组织劳模和一线职工疗休养 2.7 万人，苦脏累险和工伤残职工占到了 50%以上，基层的反响和社会各方面的影响空前。积极推进职工互助医疗保险工作。省总工会设立 2000 万元专项资金，开展职工互助补充医疗保险，在龙煤、森工等重点领域和行业开展试点扎实有序推进。对建档立卡的特困职工，保费由工会承担，对其他不在档的困难职工，鼓励企业作为职工福利，帮助承担一部分，实现小投入、大保障，普惠服务职工。加强环卫工等户外劳动者服务站点建设。省总工会设立 1500 万元资金，支持各市、县工会采取自己建、联合建和租赁、借用等方式，组织临街商家、爱心企业参与创建集休息、取暖、用餐等功能于一体的爱心驿站。全省已建爱心驿站 2135 个，为黑龙江省 1 万名户外交警和 12.6 万名环卫工人、农民工提供服务。修订《黑龙江省基层工会经费收支管理实施办法》。进一步细化了工会经费年度发放职工福利的范围和标准，规定职工正常福利，受到基层和职工的广泛好评。

2018 年 1 月 3 日，省政府与省总工会召开了联席会议。会议决定：建立健全县级以上人民政府与同级工会联席会议制度；将城市困难职工解困脱困纳入全省脱贫攻坚大局；省财政每年拨给省总工会 3000 万元解困脱困专项资金。会后，省政府办公厅印发了《关于进一步做好困难职工解困脱困工作的实施意见》（以下简称《意见》），省总工会和省直相关部门形成了协同工作机制。《意见》得到了有效落实。省民政、人社、财政等相关部门积极落实保障政策；各级工会与同级民政部门联动实现省、市、县三级数据比对，解决了精准识别、精准帮扶问题。全年争取中央财政帮扶资金 7022 万元，省财政支持帮扶资金 3000 万元，省总工会投入 1.52 亿元用于解困脱困工作。截至 2018 年 12 月，中央财政建档立卡困难职工减至1.33万户，一批深度困难职工解困脱困。加大帮扶资金投入力度。省总工会逐年加大经费投入，每年从预算中安排50%以上的经费用于困难职工解困脱困。并将资金和力度向龙煤、森工、农垦、四煤城、林区城市、老工业基地城市以及大型国企等重点领域倾斜。2017年以来，下拨3.9亿元帮扶资金（其中，中华全国总工会1.5亿元专项资金），重点向龙煤和四煤城拨付8132万元，向林业城市和老工业城市拨付1.69亿元。建立困难职工解困脱困、金秋助学、助困送温暖等长效化机制。针对因自然灾害和突发事故等原因造成生活困难的职工家庭，省总工会每年下拨2000万元专项资金滚存使用，市、县两级工会建立了应急即时救助机制；每年安排4000万元资金，用于“两节”助困送温暖；安排1000万元资金，用于“金秋助学”。扎实做好困难职工助困送温暖。2018年“两节”期间，省总工会增拨2510万元助困送温暖资金，组织“万名工会干部进万家”走访慰问（共3.5万人次），把省委、省政府的关怀送到困难职工的家中。

2019年，竭诚维权服务职工精准有效。召开省政府与省总工会联席会议，解决涉及职工利益的重大问题。争取财政资金8713.4万元，全国级困难职工降至8336户，5900多户困难职工脱困。省总工会在全国城市困难职工解困脱困工作座谈会上介绍了经验。开展“万名工会干部进万家”助困送温暖活动，筹集资金2.12亿元，慰问困难职工和农民工14.1万户、一线职工和劳模工匠14万人。开展“金秋助学”活动和阳光就业行动，下拨资金1000万元，各级工会筹资3066.6万元，资助困难职工和农民工子女11080人，为困难职工家庭高校毕业生提供就业岗位2811个。开展应急救助，下拨资金2100万元，4.3万户夏季洪涝受灾职工、322户房屋毁损职工得到救助。做好重点群体稳就业工作，组织专场招聘会382场，提供免费就业服务11.2万人次，技能培训2.7万人，七台河开通全省工会第一家“工桥通业”网上职介平台，受到中华全国总工会好评。投入1000万元，在森工、龙煤、哈尔滨开展职工互助保障，承担困难职工参互费用。投入1897万元，组织1.35万名职工疗休养。投入1000万元职工创业孵化基地建设资金，完善新建孵化基地34个、孵化企业358家。下拨1000万元职工创业贴息资金，撬动银行贷款2.1亿元，扶持880人、带动就业10139人。下拨 1500 万元，新建户外劳动者服务站 795 个，建设质量高。开展集体协商“百日要约”行动，黑龙江省 10 家企业、1 个工业园区被评为全国劳动关系和谐企业（园区），哈尔滨获全国城市集体协商大赛优秀奖。打造“工助龙江”服务品牌，开展“安康杯”竞赛，扎实推进女职工维权服务。

2020 年，争取中央财政、省财政专项帮扶资金 1.13 亿元。全省城市困难职工解困脱困工作通过省级和中华全国总工会第三方评估，2020 年底，工会建档的城市困难职工全部解困脱困，解困 5649 人、脱困 3128 人。省总投入 2000 万元，各级工会筹集 1.39 亿元“两节”送温暖资金，慰问职工 20.09 万人。省总下拨 1000 万元“金秋助学”资金，各级工会发放 1226.82 元助学资金，资助困难职工、农民工子女 5455 人。下拨专项资金 184 万元，完善户外劳动者服务站点设施。新建省级母婴爱心屋 71 家。组织 9057 名先进职工、一线职工参加疗休养和健康体检。全省签订集体合同 26503 份，覆盖企业 38386 家，职工 198.86 万人，集体协商建制率 81.85%，省市县三级工会聘任 213 名集体协商专职指导员。省市县三级政府与工会联席会议召开率达 97.1%，研究议题 261 个，涉及推进落实主线议题占比达 35%。扩大组织覆盖，推进“八大群体”入会，以“孙刚货车司机流动职工小家”为突破口，探索货车司机入会和维权服务新模式。下拨 1674.8 万元支持模范职工之家、乡镇（街道）工会建设和农民工入会服务工作。下拨 1270.32 万元补贴 918 名社会化工会工作者。69 个单位 14 名个人被授予全国模范职工之家、模范职工小家、“双爱双评”先进集体和优秀工会工作者称号。

2021 年，聚焦服务质效，提高职工生活品质。坚持以人民为中心的发展思想，有效履行工会维权服务基本职责，切实提升职工群众获得感幸福感安全感。持续提高服务职工水平。全面完成解困脱困任务，现行标准下建档立卡城市困难职工家庭全部解困脱困，先进个人代表在全国介绍经验。开展万名工会干部进万家送温暖活动，全省工会筹集慰问款物总额 1.7 亿元，走访慰问困难职工等 24.6 万人次。下拨“金秋助学”资金 1000 万元，帮扶困难职工子女 4513 人。各级工会筹集 791.2 万元，为 1.17 万人提供就业技能培训。联合 14 部门举办全省“春风行动”云聘会，全省“工桥通业”职工就业再就业服务中心对接就业

8525人。

2022年，关心关爱困难职工，加大帮扶力度。强化常态化疫情防控企业和职工权益保障，全额返还小微企业工会经费1.3亿元，投入1000万元慰问抗疫一线职工，各级工会经费购买2868万元脱困地区产品。加强困难职工群体就业兜底帮扶，举办招聘会502场，就业技能培训4156人，“工桥通业”对接实现就业4916人。争取中央财政专项帮扶资金7638万元，下拨省财政资金3000万元，全省工会筹集送温暖资金1.73亿元，走访企业850余家，慰问困难和一线职工22.6万人次。建立工会干部“一对一”包联机制，解决6865户困难职工家庭社保、就业等问题7447个，1147名职工脱困。不断拓展职工普惠性服务领域。统一标识、统一管理户外劳动者服务站点2932个，60个站点获评中华全国总工会最美服务站点。建立7个市级工会职工服务中心，设立基层服务站点959个，培育550家共享性、普惠性创新职工之家阵地，建设86家省级标准化母婴爱心屋。职工互助保障参保会员30.7万人次，理赔4050人次。

2023年，突出解决职工群众急难愁盼问题。争取中央财政职工困难帮扶资金7265万元，居全国第二，实现现行标准下5373户困难职工帮扶救助全覆盖。全省工会筹集送温暖资金1.52亿元，慰问职工22.69万人次。职工互助保障参保58万人次，比上年增长89%，发放互助金1847万元，参保职工住院保障待遇上限由8000元提高至15000元。通过“工桥通业”“春风行动”等提供就业服务7304人次。“会聚良缘”相亲交友活动参与职工1.9万人。60个户外劳动者服务站点获评全国最美站点。佳木斯、七台河、绥化市总工会打造智能驿站，大兴安岭漠河市站点在中华全国总工会会议上介绍经验。省农业水利气象、林业工会率先开展“暖边绿境”关爱职工专项行动，打造20个边境职工服务示范站点。省交通工会与平台企业联合开展“云送清凉”活动，得到货车司机广泛好评。省监狱工会建设特色狱警心理辅导室、减压室。积极构建和谐劳动关系。在全国率先实现政府主导联席会议工作，成为全国唯一连续两年省市县召开率100%的省份，推动解决部分工会工作的难题。分类指导企事业单位规范开展民主管理工作，非公有制企业职代会、厂务公开建制率分别达89%和86%，设立15家新业态民主管理试点企业。坚持和发展“枫桥经验”，深化“法院+工会”“劳动仲裁+工会”等劳动争议多元化解机制，建立“五师一室”工作点137个，调解、办理涉及职工权益纠纷、农民工劳动报酬等案件416件，涉及金额690万元。投入76万元支持市（地）总工会购买社会组织服务职工项目11个。牡丹江市总工会荣获第三届城市工会集体协商竞赛全国决赛优胜单位。坚决维护劳动领域政治安全。集中开展职工队伍稳定风险专项排查，围绕重大问题、重大风险隐患，排查化解欠薪等风险点16个，治理重复信访，化解信访积案，首次开展维护劳动领域政治安全考核，坚决维护职工队伍和社会大局稳定。

第三节　坚定拥护“两个确立”、坚决做到“两个维护”，确保工会工作正确政治方向

教育引领广大职工听党话、跟党走是工会的基本职责，黑龙江省总工会始终把学习贯彻习近平新时代中国特色社会主义思想放在首要位置，引领广大职工深入学习贯彻习近平总书记关于工人阶级和工会工作的重要论述，以及对龙江重要讲话重要指示批示精神，引领广大职工增强“四个意识”、坚定“四个自信”、做到“两个维护”，自觉同以习近平同志为核心的党中央保持高度一致，特别是在供给侧结构性改革中，组织引导广大职工做改革的理解者、支持者、参与者、贡献者、受益者，在全省大局中彰显了工会组织的作用。

一、贯彻落实新修改《中华人民共和国工会法》和《中国工会事业和工会工作“十四五”发展规划》

贯彻落实新修改《中华人民共和国工会法》　2021年12月24日，十三届全国人大常委会第三十二次会议完成对《中华人民共和国工会法》（以下简称《工会法》）的修改。作为保障工会在国家政治、经济和社会生活中的地位，确定工会的权利与义务，发挥工会在社会主义现代化建设事业中作用的重要法律，

修改后的《工会法》为新时代工会组织依法开展工作提供了更加坚实的法治保障。

现行《工会法》于1992年公布施行，2001年、2009年进行了两次修改。《工会法》实施以来，为各级工会履行团结引导职工群众听党话跟党走的政治责任提供了有力法治保障，在发挥工会职能作用、维护职工合法权益、构建和谐劳动关系等方面起到了有力的推动作用，总体上适应经济社会发展需要。此次修改，涉及7个方面、10项主要内容，总体思路聚焦突出坚持党的领导，落实党中央对工会改革的新要求，完善《工会法》和工会工作指导思想，完善工会基本职责，体现党中央对产业工人队伍建设改革的新要求，做好相关法律的衔接，以及扩大基层工会组织覆盖面。各级工会必须充分认识、深刻理解此次修改的重大意义，认真学习，坚决贯彻，依法维护好职工的合法权益，切实发挥好党联系职工群众的桥梁纽带作用。

贯彻落实《工会法》，坚持从省情出发，适应新情况新形势，应对新问题新挑战，保持和增强政治性、先进性、群众性，依照工会章程独立自主地开展工作。特别在强化维权服务中协调劳动关系，坚持以职工为中心的工作导向，从职工群众的急难愁盼问题入手，不断加大维权服务力度，通过平等协商和集体合同制度等，推动健全劳动关系协调机制，回答好不断满足职工群众对美好生活的向往，推动实现共同富裕的重大命题。

贯彻落实《中国工运事业和工会工作“十四五”发展规划》 2021年7月20日，中华全国总工会发布了《中国工运事业和工会工作“十四五”发展规划》（以下简称《规划》），明确“十四五”时期中国工运事业和工会工作发展的总体要求、重点任务和保障措施。

《规划》从加强职工思想政治引领、深化产业工人队伍建设改革、高举维护职工合法权益旗帜、建立健全高标准职工服务体系、构建和谐劳动关系、加快智慧工会建设、深化工会和职工对外交流交往合作、深化工会改革创新、加强工会系统党的建设等九个方面，对未来五年的工会重点工作进行了谋划部署，着力团结引导广大职工听党话、感党恩、跟党走，建功“十四五”、奋进新征程，在推动高质量发展中充分发挥工人阶级主力军作用；着力履行维权服务基本职责，不断提升职工生活品质，增强职工群众获得感幸福感安全感；着力维护职工队伍团结统一和社会大局和谐稳定，推动共建共治共享社会治理；着力构建联系广泛、服务职工的工会工作体系，打造工会工作升级版，提高新时代工会工作能力和水平。

2021 年是实施“十四五”规划开局之年。3 月 10 日，黑龙江省总工会召开十一届七次全委会议，按照省委全会和中华全国总工会部署，以“六个强省”、“十个新突破”、“433”工业新体系、“百千万”工程等重大战略目标、战略任务为引领，深化“造就一支宏大的新型产业工人大军，当好主人翁、建功新龙江”工作主线，坚持系统性集成、创造性谋划、品牌性塑造、基础性提升、智慧化运行，实施“1+10”工作部署，做好 10 项服务职工实事。

全面落实“1+10”工作部署。“1”即以工作主线牵引，培养知识型、技能型、创新型产业工人大军贯穿工会各项工作。“10”即做好 10 项重点工作：一是围绕党史学习教育、庆祝建党 100 周年开展“永远跟党走”主题宣传教育活动；二是开展万名职工思想政治引领及培育知识型、技能型、创新型职工综合培训；三是深化“五个百万”职工劳动和技能竞赛，选树一批贯彻落实主线工作先进典型；四是“工桥通业”服务中心和全省“人教岗”工作融合推进；五是完善工会常态化帮扶体系，做实普惠服务项目品牌；六是实施县级工会、基层“小三级”工会规范化建设，推进“八大群体”和“三新”领域职工建会入会集中行动；七是开展厂务公开民主管理先进单位、模范职工之家“回头看”和结对共建活动；八是推动《黑龙江省女职工劳动保护条例》出台；九是推进产业工人队伍建设改革和省级产业工会、直属事业单位改革取得成效；十是智慧工会维权服务应用平台再升级。

扎实做好服务职工 10 项实事：一是培训 1.5 万名职工思想政治工作骨干；二是开展“龙江健康杯”系列职工文体活动；三是建设“龙工书城”电子书屋，提供免费学习阅读平台，普惠服务全省职工；四是投入 500 万元专项资金支持全省职工创新项目、“五小”创新成果及创新工作室、工匠人才培育；五是推进职工医疗互助保障全省统筹；六是建设 50 家创新职工之家，工会服务向“八大群体”延伸；七是筹集 1 亿元开展在档困难职工帮扶救助、职工送温暖、子女助学活动；八是新建80个、提档升级200个户外劳动者服务站点，动态保持在2600家以上；九是新建40家省级标准化母婴爱心屋；十是补贴7000名劳模工匠等先进职工、一线职工疗休养，开展流动健康体检服务。

二、把握“造就一支宏大的新型产业工人大军，当好主人翁、建功新龙江”全省工会工作主线

黑龙江是中国工人运动的重要发祥地，在全国最早举行纪念“五一”活动，最早依靠工人阶级完成了哈尔滨政权建设，最早在城市产业工人中开展劳模运动。黑龙江产业工人始终以主人翁姿态，砥砺奋进、自强不息，为新中国形成独立的现代工业体系作出了历史性贡献，涌现出以铁人王进喜为代表的一大批“时代楷模”。工人阶级是社会主义现代化建设的主力军，谱写着历史，也创造着未来。

进入中国特色社会主义新时代，我国的新型工业化、信息化、城镇化、农业现代化同步发展、叠加发展的关键时期，工业智能化、信息产业化、数字化、平台化及多业态融合已是大势所趋，技术创新和成果转化更加快捷，产业更新换代不断加快。把握新一轮科技革命和产业革命机遇，推动龙江产业转型升级，既需要尖端技术和先进设备，更需要造就一支顺应时代变革、把蓝图转化为现实的规模宏大的新型产业工人大军。这支新型产业工人大军应当组织性更强，时代性更鲜明，主人翁意识更自觉。

中共中央、省委高度重视新时代产业工人队伍建设，密集出台改革举措。2019年9月，习近平总书记对我国技术能手在第45届世界技能大赛上取得佳绩作出重要指示：“技术工人队伍是支撑中国制造、中国创造的重要基础，对推动经济高质量发展具有重要作用。”省委、省政府把“着力集聚各类人才”上升为2020年全省经济社会发展的重点任务，着力实施“高精尖”人才工程和“龙江工匠”培育工程，全面谋划技能人才的培养和人才引进。

截至2018年，全省国有企业职工164万人，占职工总数的22%；非公企业职工332万人，占职工总数的45%。随着产业结构升级、新产业新业态兴起和

不断壮大，一些新的组织类别、社会身份及关系结构出现，农民工和各种新型从业者越来越多。

黑龙江省产业工人队伍呈现出新时代的结构特征。一是技能人才队伍结构得到优化。全省技能人才158.1万人，其中高技能人才56.7万人，占比35.8%，初中高级结构比例由2017年的55∶24∶21提升到30∶34∶36。二是农民工队伍规模不断壮大。黑龙江省产业工人中农民工74.7万人，主要集中在第一产业和第二产业的制造业。三是“八大群体”等灵活就业群体数量快速增加。黑龙江省“八大群体”职工22.6万人，占职工总数的3.1%。

“造就一支宏大的新型产业工人大军，当好主人翁、建功新龙江”既是工作主线，又是工作目标。“造就一支宏大的新型产业工人大军”，体现了党全心全意依靠工人阶级、发挥工人阶级主力军作用的根本要求；“当好主人翁”，体现了党以人民为中心的执政理念，彰显了产业工人的主人翁地位、主人翁意识和主人翁作为；“建功新龙江”，是组织动员广大产业工人进入经济建设主战场，充分体现时代价值，助推龙江振兴发展、努力共建社会主义现代化新龙江的集结号。

全省经过四年的“步调一致、合力攻坚”，产业工人队伍不断发展壮大。按照“政治上保证、制度上落实、素质上提高、权益上维护”的总体思路，以抓素质提升、待遇提高为核心，以抓政治引领、地位提高、权益维护、队伍壮大为重点，充分发挥劳模和工匠示范带动作用，着力提高产业工人政治地位、经济地位、社会地位，造就一支有理想守信念、懂技术会创新、敢担当讲奉献的“知识型、技能型、创新型”新型产业工人大军，切实增强产业工人的职业荣誉感、自豪感、获得感。巩固和扩大传统产业、高技术产业、战略性新兴产业、新技术新业态新模式等各类产业工人群体，维护农民工和快递员、网约工、货车司机等群体权益，吸引更多劳动者加入产业工人队伍中。

三、参与劳动关系领域立法

劳动关系和谐是社会和谐稳定的前提。工会组织是发展和谐劳动关系的重要推动力量，承担着重要的社会责任。多年来，黑龙江省总工会准确把握阶段性劳动关系的性质、特点、发展趋势，依法推动企业普遍开展工资集体协商，着力构建规范有序、公正合理、互利共赢、和谐稳定的新型劳动关系，积极协助党政构建和谐龙江。

2011 年，省总工会落实工资集体协商三年规划，省总工会、省人力资源和社会保障厅、省企业联合会联合开展黑龙江省集体协商百日要约行动计划，加强了对工会干部、工资集体协商指导员、谈判员的培训。通过这次行动，全省有 2.9 万户企业增加工资，职工工资平均增长 14.3%，受惠职工达 104 万人。

2012 年，省总工会制定下发《黑龙江省总工会推进集体合同、工资集体协商工作考核标准》。深入开展工资集体协商示范单位创建活动，确定了 216 家企业为工资集体协商示范单位。着力推进行业性工资集体协商和开发区（工业园区）的工资集体协商工作。大力加强集体协商指导员队伍建设，省总工会制定下发《黑龙江省总工会关于加强专职集体协商指导员队伍建设的通知》，完成工资集体协商专职指导员队伍的选聘工作。2012 年全省已建会企业集体合同、工资集体协商建制率达 98.6%。通过工资集体协商，全省增加工资的企业达 5.4 万户，惠及职工 250 多万人，平均工资增长 11.2%。

2013 年，行业性工资集体协商实现新突破，确定了大庆市服务外包行业等 5 个行业为全省行业工资集体协商示范单位，鹤岗市东山区、大庆市出租车行业等 17 个行业为全省重点推进的工资集体协商行业。经过各级工会三年的努力，工资集体协商推进工作的社会化工作格局初步形成，企业和行业工资集体协商的规范化程度和实效性有了明显增强，工资集体协商在稳定和谐劳动关系、促进企业发展方面发挥了突出的作用，工会工作的影响力和职工的认可度进一步显现出来。省总工会及 5 个市（地）、县（区）工会等 6 个单位获得全国集体协商工作先进集体称号、10 名负责集体协商工作的主管主席和部长获得先进个人的称号、1 名同志被评为优秀指导员，为“三年规划”的实施画上圆满句号。

2014 年，下发《黑龙江省总工会深入推进企业集体协商（2014—2016 年）工作规划》，工资集体协商规范化建设不断加强。确定了哈尔滨市香坊区龙运物流行业等 23 个行业为 2014 年度全省行业工资集体协商示范单位，哈尔滨华联投资有限公司等 160 个企业为第二批“黑龙江省企业工资集体协商示范单位”。起草了《关于推进实施黑龙江省集体合同制度攻坚计划的通知》，省劳动关系三方四家研究修改后于 10 月份联合下发。

2015 年，省总工会制定下发了《黑龙江省集体协商指导员管理办法》，开展了集体协商指导员队伍建设情况专项督导检查，着力提高专兼职工资集体协商指导员的整体素质。突出抓好行业工资集体协商工作，探索建立联系点制度。积极推进规范化建设，建立完善有力的激励约束机制，进一步提升了基层单位开展工资集体协商工作积极性。

2017 年，省总工会与省委组织部等部门联合出台《关于在推进供给侧结构性改革中充分发挥厂务公开民主管理重要作用的指导意见》，召开哈尔滨铁路局现场会，深入推进厂务公开民主管理工作。全省已建工会企业职代会建制率达 97. 6%，厂务公开建制率达 93. 2%，培训职工代表 24 万余人。

2017 年，按照“强基层、补短板、增活力”的要求，在征求部分市地、机关各部门意见的基础上，研究制定《黑龙江省总工会关于开展县（市、区）工会标准化建设的考核方案》。深入推进“六有”工会建设，规范和落实基层工会选举制度，健全和完善会员（代表）大会制度和会员评价制度。

为全面贯彻落实党的十九大提出的“发展基层协商民主”和“完善政府、企业、工会共同参与的协商协调机制，构建和谐劳动关系”的总要求，各级工会积极参与和谐劳动关系构建，特别是在供给侧结构性改革、化解过剩产能中，维护职工就业、工资收入、社会保障、安全生产等方面的劳动经济权益。

2019 年 6 月 28 日，省总工会、省人力资源和社会保障厅、省企业联合会和省工商联联合印发《关于开展黑龙江省集体协商百日要约行动的通知和行动方案》，自 7 月 1 日至 10 月 15 日在全省范围内广泛开展集体协商百日要约行动。2019 年，配合中华全国总工会做好《工会法》修改论证调研和出台深化工会参与尘肺病防治工作意见等工作；与省人大常委会社会建设委一道做好《黑龙江省女职工劳动保护条例》立法预备项目调研、论证等工作。落实《集体协商“稳就业促发展构和谐”行动计划》，开展质效评估，办好城市工会集体协商竞赛，探索快递、外卖等新业态领域行业集体协商模式，联合有关部门就促进产业工人技能提升、收入提高等开展集体协商专项行动。深化劳动关系和谐企业和工业园区创建活动。加强对欠薪农民工的法律援助和生活救助，推动形成根治欠薪工作长效机制。贯彻《基层工会经费收支管理实施办法》，推动职工福利发放落实。落实好联席会议制度，推动全省县（市、区）级政府与工会联席会议普遍召开，去年各市（地）全面铺开，本年力争各县（市、区）政府与工会联席会议全部召开。探索建立落实“五个坚决”的长效机制，完善劳动关系风险监测、分析、预防和处置机制，加强对劳动领域社会组织的联系引领，维护劳动领域政治安全。

2020年，全省签订集体合同26503份，覆盖企业38386家，职工198.86万人，集体协商建制率81.85%，省市县三级工会聘任213名集体协商专职指导员。省市县三级政府与工会联席会议召开率达97.1%，研究议题261个，涉及推进落实主线议题占比达35%。

2021年，在全国率先编制《黑龙江省户外劳动者站点规划》，50家站点荣获全国“最美工会户外劳动者服务站点”。圆满完成国家协调劳动关系三方三年行动计划工作任务。2022年，积极构建和谐劳动关系。以省政府办公厅名义印发《关于进一步加强新时代县级以上人民政府与同级工会联席会议工作的通知》，省市县三级政府和工会联席会议召开率保持100%。民主管理建制率在90%以上。深入推进集体协商工作。

四、严格落实民主管理制度

落实民主管理制度。黑龙江省厂务公开民主管理联席会议办公室深入调查研究，狠抓制度建设，实施动态管理，加强工作指导，实现职代会制度，厂务公开制度建制率公有制企业保持在90%以上、非公有制企业保持在85%以上。为了便于广大职工参与到企业的民主管理中，印发《黑龙江省厂务公开民主管理文件指导手册》，完善《基层工会规范化建设“四建一清单”指南》，用“文件+流程图+范例+注意事项”的方式指导企事业单位开展工作，推动厂务公开民主管理制度化、规范化建设迈上新台阶。通过联合中国劳动关系学院开展《黑龙江省企事业单位民主管理制度建设与作用发挥情况调研》，全面掌握全省企事业单位民主管理制度建设现状。在调研基础上，结合《黑龙江省企业事业单位职工代表大会条例》和《黑龙江省企事业单位公开条例》贯彻执行情况，提出立法建议，推动企业民主管理立法和有关政策的制定完善，切实运用法治思维和法治方式推动民主管理工作迈上新台阶。

黑龙江省政府与省总工会联席会议通过《关于支持工会开展新就业形态群体维权服务工作的建议》，建立省直 14 个部门联动工作机制，联合出台《关于推进新就业形态劳动者入会工作的指导意见》等 5 个文件，切实解决新就业形态劳动者大幅增加带来的工会组建工作新情况新问题，最大限度把新就业形态劳动者吸引到工会组织中并稳固下来，维护新就业形态劳动者劳动保障权益。省总工会将新业态工作作为“一把手”工程、成立领导小组，党组书记任组长、建立领导班子包联机制，在全省“地毯式”全面推进新业态建会入会工作。2019 年，引导产业工人充分认识党中央为提高产业工人政治经济社会地位所作出的一系列制度安排，积极争取提高产业工人在各级党代表、人大代表、政协委员和工会等群团组织中的代表比例，进一步完善政府、工会、企业共同参与的协商协调机制，使产业工人广泛参与管理国家事务和社会事务。健全劳动领域风险监测、分析、预防和处置机制，引导职工依法理性表达诉求，确保社会大局和谐稳定。2020 年，健全以职工代表大会为基本形式的企事业单位民主管理制度，提高非公企业、区域（行业）工会建制率。推行企业集团职工代表大会制度。做好集体协商质效评估工作，全省集体协商建制率动态保持 80%。继续开展“和谐同行”计划，构建劳动关系和谐企业。加大职工特别是农民工法律援助力度，深化“法院+工会”劳动争议多元化解工作。加强联系引领劳动关系领域社会组织工作，定期排查劳动关系风险隐患。2021 年，健全协调劳动关系三方机制，推动企事业单位健全以职工代表大会为基本形式的民主管理制度落实。围绕援企稳岗，以劳动报酬、劳动定额、支付周期、休息休假、职业安全、技能人才待遇等为重点，积极参与相关政策制定，开展集体协商。推动健全工资合理增长机制，提高劳动报酬在初次分配中的比重。做实做强“五师一室”维权服务品牌，依托工会服务阵地建立“五师”队伍和职工权益纠纷调解室、维权服务志愿者工作点。全面提升维权工作质量。填补黑龙江省女职工劳动保护法律空白，推动《黑龙江省女职工劳动保护条例》出台，制定女职工权益保护专项集体合同参考文本。开展全省集体协商质效评估，集体协商建制率91.26%。下拨资金55.8万元支持各级工会聘齐指导员。圆满完成国家协调劳动关系三方三年行动计划工作任务。为进一步激发职工群众参与企业民主管理的主动性、积极性、创造性，全国厂务公开协调小组办公室于2021年4月举办了全国企业民主管理微视频大赛，黑龙江省企事业单位和职工群众积极响应、踊跃参与，创作出大量优秀的微视频作品，展示了企业民主管理工作的生动实践。经过协办单位选送、全国厂务公开协调小组办公室初步筛选、线上展播投票、专家评审等多个环节，最终评选出获奖作品一等奖5个，二等奖8个，三等奖10个，优秀作品奖20个，特别创意奖7个，评选出优秀组织奖10个。9月18日，全国厂务公开协调小组办公室下发《全国企业民主管理微视频大赛获奖通报》，公布一批全国企业民主管理微视频大赛获奖名单，黑龙江省5件作品获奖，省厂务公开民主管理联席会议办公室获优秀组织奖。

2022年，黑龙江省厂务公开民主管理联席会议办公室开展提升法律服务质效专项行动，举办法律讲座511场次，法律培训450次，惠及职工44.7万人。提供法律咨询3.1万人，处理劳动争议案件196起。创建“五师一室”职工权益纠纷调解室201个，调解案件741件，为职工挽回劳动报酬等655万元。

五、维护新就业形态劳动者合法权益

2018年，积极维护职工合法权益。推动和谐劳动关系构建，落实《关于在推进供给侧结构性改革中充分发挥厂务公开民主管理重要作用的指导意见》和《关于厂办大集体改制中充分发挥厂务公开民主管理作用的意见》，在供给侧结构性改革、化解过剩产能中，积极维护职工就业、工资收入、社会保障等方面的劳动经济权益。开展全省工会“法治建设年”活动，联合省司法厅、省律师协会和有关高校开展“尊法守法·携手筑梦”服务农民工法律宣传行动和公益法律服务行动，协助有关部门帮助农民工追讨欠薪，评选了首届“黑龙江省维护职工权益杰出律师”。强化职工代表培训，提高参政议政履职能力，2018 年，全省各级工会培训职工代表 20.5 万人。深化“安康杯”竞赛，深入开展群众性安全监督检查活动和职业病防治工作，推动安全生产隐患排查治理工作不断加强。稳步推进工会维稳工作，进一步完善维稳信息员队伍和职工舆情排查预警、应急处置机制，职工队伍保持基本稳定。

2021 年，加快推进新就业形态劳动者建会入会工作。配合人社等部门印发 3 个指导性文件，牵头联合制定入会工作指导意见。1472 个新就业形态基层工会发展会员 8.9 万名。与省邮政管理局联合举行全省快递行业 3 万名职工集中入会仪式，16 个品牌快递机构同步建会。

2022 年，突出新就业形态劳动者权益保障，把新就业形态劳动者凝聚起来。对接“路歌卡友地带”货运平台、滴滴出行、美团外卖等全国性平台企业，采取先服务后建会、入会等方式，最大范围吸纳新就业形态劳动者入会，建立新业态工会联合会 133 个，至 2022 年底，实名制工会会员 21 万人。

六、加快智慧工会建设

黑龙江省总工会充分利用互联网、云计算和大数据技术建成黑龙江省智慧工会，秉持“深化智慧工会普惠性服务，优化数字资源供给”的工作方针，以建设“一个中心、两大平台、三个载体、五级联动、‘10+N’”类应用系统为总体目标，共建设协同办公系统、业务系统管理平台、财务资产管理系统、门户网站集群、融媒体平台、视频会议系统 6 大系统，建立了全省工会信息互联、智能办公、网聚服务、媒体矩阵相统一的工作平台，线上线下深度融合的工会工作和服务职工新模式基本形成，打造了全省各级工会服务职工会员、强化管理效能的触网入云体系。

整合多方资源倾力打造全省职工生活普惠平台“龙工惠”平台，积极回应基层呼声，以线上普惠为主体，以线下服务为补充，紧紧围绕工会会员的衣、食、住、行、游、购、娱、医疗、健康、教育、金融服务等多方面开发建设，满足广大职工以及基层工会节日慰问品发放、组织开展工会活动奖品采购和服务，指导基层工会特别是新成立的基层工会组织开展工会工作和活动等各类需求，为广大职工提供具有工会特点的普惠性、常态化“一站式”品质生活服务。

2020年，首次打造智慧工会，6月28日省总工会融媒体中心建成运营，10月1日“龙工之家”App上线，工作方式实现全新转变。

省总工会始终秉持“发展数字基础设施，优化数字资源供给，完善数字环境保障”的工作方针，以智慧工会平台建设为载体，以线上、线下各类活动为内容，在开展工会数字化建设、加强职工数字素养与技能提升等方面取得积极成效。

工会网上工作质效显著提升，市、县、区136家单位通过智慧工会实现了视频会议、智能办公、网聚服务、信息互联、媒体矩阵同步发声，工会融媒体管理系统打造了一次采集、多元发布、多渠道融合的新型融媒体发布模式。工会网上服务职工能力进一步增强，通过黑龙江工会微信公众号网上服务大厅实现网上建会3.9万家，会员网上入会273万名，通过“龙工之家”App“技能学院”“干训课堂”“劳动竞赛风采展示”“困难帮扶”等多个板块，赋能700多万名职工网上培训和技能提升。6月份“全国工会实名制数据质量分析报告”显示，黑龙江省智慧工会实名制会员总体数据质量评分位列全国第四。本年，省总工会被全国总工会确定为“十四五”信息化建设工程10个全国试点之一。智慧工会平台获评2022年互联网+工会普惠服务“省级十佳”平台。

深化“龙工书城”推广应用。“龙工书城”是省总工会为职工提供的免费学习阅读平台，共有6万余册电子图书、5000余本25万集有声图书、近1000种40万篇有声期刊、300余种全国各省份及部委行业报纸，为全面提升职工数字素养与技能提供有力支撑。

第四节　在建设“六个龙江”中助力加快龙江全面振兴、全方位振兴

黑龙江省第十三次党代会报告提出未来五年黑龙江振兴发展要着力建设

“质量龙江、创新龙江、开放龙江、绿色龙江、幸福龙江、勤廉龙江”的奋斗目标，涵盖经济、政治、文化、社会、生态文明建设和党的建设，描绘了可期可及的美好愿景，这既是完整、准确、全面贯彻新发展理念的鲜明体现，也是加力推动全面振兴、全方位振兴的生动实践。

一、省第十三次党代会提出建设“六个龙江”的重要举措

2022 年 4 月 29 日，中国共产党黑龙江省第十三次代表大会在哈尔滨开幕。大会牢牢把握黑龙江现阶段发展的中心任务和主攻方向，坚持质量引领、创新驱动、开放包容、绿色低碳、为民造福、勤政清廉，在推动黑龙江全面振兴全方位振兴上取得新突破。提出建设“六个龙江”的重要举措。

“质量龙江”，置于建设“六个龙江”首位，站位高远、寓意深远。以高质量发展为主题。新阶段开启龙江振兴发展新征程，发展中的矛盾和问题集中体现在发展质量上。龙江振兴发展，就是既要质量又要速度的发展，在质的提升中实现量的快速扩张。

“创新龙江”。让创新成为振兴发展的基点，创新是发展的第一动力，抓创新就是抓发展、谋创新就是谋未来，龙江振兴发展的基点在于创新。深入实施创新驱动发展战略。实施科教振兴计划，推动以科技创新为核心的全面创新，强化创新链与产业链、服务链、资金链有效对接，切实把科教资源优势转化为发展优势。

“开放龙江”。坚持开放包容，让开放成为振兴发展的必由之路。以更高水平开放深化更深层次改革、促进更高质量发展。积极打造向北开放重要窗口。依托沿边区位条件，找准功能定位，发挥比较优势，深度参与构建东北亚经济圈，进一步完善基础设施互联互通，从商品和要素流动型开放向制度型开放转变，构筑联通俄罗斯、面向东北亚、拓展东南亚、辐射欧美非的立体化开放体系。

“绿色龙江”。坚持绿色低碳，让绿色成为振兴发展的亮丽底色。环境就是民生，青山就是美丽，蓝天也是幸福。要坚持生态优先、绿色发展，加快经济

社会发展全面绿色转型。探索“绿水青山就是金山银山，冰天雪地也是金山银山”的有效实现路径。全面推行绿色生产、绿色消费、绿色制造，强化减污降碳，实施清洁生产，构建循环链接的绿色低碳产业体系，为我国实现碳达峰和碳中和目标作贡献。

“幸福龙江”。坚持为民造福，让幸福成为振兴发展的奋斗目标。坚定不移走共同富裕道路，实施民生振兴计划，在做大“蛋糕”的同时分好“蛋糕”，让广大龙江人民共享振兴发展成果，以高质量发展提升高品质生活。坚持稳就业、保就业。健全公共就业创业服务体系，充分利用失业保险金、就业资金和政府购买公益性岗位服务等方式，统筹推进重点人群就业，切实解决城乡困难群体就业问题。

“勤廉龙江”。坚持勤政清廉，让善治成为振兴发展的重要保证。勤政清廉是龙江振兴发展的重要保证，也是提高治理体系和治理能力现代化水平的迫切需要。自觉做到为民、务实、清廉。大力弘扬自我革命精神，持续深化不敢腐、不能腐、不想腐一体推进，坚持惩治震慑、制度约束、提高觉悟一体发力，从严从实加强干部教育管理监督，以廉洁文化涵养风清气正的政治生态。

二、服务大局能力显著增强

2020 年，服务大局能力显著增强，得到省委和中华全国总工会充分肯定。“大力弘扬劳模精神、劳动精神、工匠精神，加快推进知识型、技能型、创新型新时代产业工人队伍建设”“定期评选龙江工匠”等内容纳入黑龙江省“十四五”规划和二〇三五年远景目标纲要。召开全省五一劳动奖表彰暨“五个百万”职工劳动和技能竞赛总结大会。全国人大常委会副委员长、中华全国总工会主席王东明批示肯定黑龙江省城市困难职工解困脱困工作，被《人民日报》内参选编，并在《人民日报》刊发专题报道。黑龙江省产改工作信息呈送中央相关部门并被采用。省委办公厅、省政府办公厅印发《关于加强和改进新时代产业工人队伍思想政治工作的具体措施》《黑龙江省职工素质建设工程五年规划（2021—2025年）》，省政府办公厅印发《“五个百万”职工劳动和技能竞赛实施意见》，省委民主法制领域改革领导小组印发《黑龙江省产业工人队伍建设改革试点工作实施方案》，是近年来工会工作以省委、省政府文件印发数量最多的一年。省委、中华全国总工会的高度重视和关注，充分证明实施主线取得了显著成效，产生了广泛的社会影响，工会组织服务大局能力显著提高。

产业工人队伍是支撑中国制造、中国创造的重要力量。在黑龙江省委、省政府高位推动下，作为全国产业工人队伍建设改革全面试点的两个省份之一，黑龙江省总工会充分发挥牵头抓总作用，在省委、省政府的高度重视下，各部门、各方面、各层次统筹联动、共同推进、协同发力，破除身份、学历、资历障碍，引导企业实行高技能人才与管理人员岗位贯通培养制度，产业工人晋升通道不断拓宽，技术工人待遇水平不断提升，高技能领军人才的社会影响力不断增强，一支宏大的产业工人队伍正在加速壮大，在黑龙江高质量发展的征途中闪光。

劳动竞赛千帆竞发。2020 年以来，黑龙江省总工会 3 次举办全省百大（重点）项目劳动竞赛，围绕全省重大战略、重大工程、重点项目、重点产业，将竞赛不断延伸到经济社会发展的各个领域。

黑龙江省百大项目杜蒙泰康热电联产项目、北大荒“数字赋能北大荒·智慧春耕稳粮仓”、中国一重“百万一重杯”等示范性劳动竞赛打响攻坚战，激励全省产业工人谱写豪迈空前的龙江建设乐章。

2022 年，聚焦黑龙江省委、省政府提出的数字经济、生物经济、冰雪经济、创意设计产业等经济发展新引擎，黑龙江省总工会发挥在省劳动和技能竞赛委员会中的牵头协调作用，与省人社厅、省农业农村厅、省体育局等多家单位，联合举办了数字技术、工业设计、农产品质量安全检测、冰雪体育等多项省级赛事，广大职工在大赛中展技能、展风采，竞赛热潮一浪高过一浪，亮点纷呈。

哈尔滨职工技运会、齐齐哈尔烤肉大赛、佳木斯“建设区域中心城贡献工会新力量”劳动竞赛、大庆“十行业、百工种技能大赛”等，已经成为工会的明星品牌；牡丹江、绥化、黑河、大兴安岭开展货车司机、快递员、保安员等新就业形态职工技能大赛；伊春、鸡西、鹤岗、双鸭山、七台河打造行业经济特征和产业特色竞赛。

创新创效集智建功。抓创新就是抓发展，谋创新就是谋未来。黑龙江省总工会大力实施“高精尖”技能人才培养工程，充分激发职工创新意识和创新能力。引导一线职工在关键领域、“卡脖子”环节下大功夫，让技术工人队伍的创新才智充分涌流。

在国内首件重达312吨的常规岛核电低压汽轮机转子生产过程中，中国一重集团有限公司铸锻钢事业部热处理厂三班班长王国峰带领团队根据炉台实际情况设计装夹方案，对实际操作中可能出现的困难逐一提出解决办法，确保此件超大型发电机转子一次性调试合格。中国一重从此打破了日本的技术垄断，实现了常规岛设备核心部件的自主制造。

牢记“国家利益高于一切”，北方华安工业集团有限公司中国兵器车工孟祥志在特种弹药行业车削加工领域深耕30年，以创新创效驱动军工产品质量提升，完成技术攻关300多项，工艺创新12项，获得8项国家发明专利和30项实用新型专利，累计节约增效千万余元。

黑龙江省总工会共命名省级劳模和工匠人才创新工作室340个，每个工作室一次性给予2万元补助资金。印发《关于推进劳模和工匠人才创新工作室联盟建设的实施意见》，创建跨区域“创新工作室联盟”19家，与上海、广东等地80余家企业，开展合作攻关项目37项。联合省科技厅、省工信厅开展全省职工“十大科技创新能手、创新成果、先进操作法”评选活动，给予一次性资金奖励。设立职工创新补助资金，补助创新项目197个，奖励职工“五小”创新成果3000项，鼓励产业工人争做技能型人才。

攻克了“大国重器”核心部件的国产化难题，创新创造了关键技术。从“神舟”飞天、“蛟龙”入海到“华龙一号”投运、白鹤滩水电站全面建成，从龙江工匠的身上，我们可以看到，龙江产业工人正在积极适应当今世界科技革命和产业变革的需要，勤学苦练、深入钻研，勇于创新、敢为人先，不断提高技术技能水平，为推动高质量发展、实施制造强国战略、全面建设社会主义现代化新龙江贡献智慧和力量！

精心培育匠才辈出。黑龙江省以深入开展新时代产业工人队伍建设改革为抓手，打破产业工人学历教育“断头桥”、技能等级晋升“天花板”，技能人才收入与技能等级挂钩，校企合作、产教融合不断深化，产业工人政治、经济、社会地位不断提升，技能人才年均增长近10万人，成为强省建设主力军。

三、推动高质量发展，实现“八个首次”

2020年，坚持深化改革，工会工作更加符合时代脉搏，体现职工要求，是工会重点工作推陈出新、亮点频现的一年，实现“八个首次”，激发空前创新活力。一是首次确立主线，工会工作有了主题和载体，工会领导力凝聚力向心力显著增强。二是首次系统开展“五个百万”职工劳动和技能竞赛。各级工会举办竞赛10758场，开展省级技能竞赛工种55个，市级工种855个，参赛企业2.6万家，参与职工579.6万人次，提升技能等级1.34万人，转化经济效益12.6亿元。参赛职工、企业、工种和技能等级提升人数，分别比上年提高529%、116%、233%、168%，竞赛人才、技术、经济成果充分涌现。三是首次成立省劳动和技能竞赛委员会。两位省领导任主任，12个省直部门为成员单位。10个市（地）成立竞赛委员会，强化顶层设计和组织保障，构建全省“大竞赛”格局。四是首次设置一系列技能人才激励项目。选树100名“龙江工匠”首次给予一次性奖励5000元，选树300对“好师傅好徒弟”、评选33项职工创新项目、1000项“五小”创新成果等，给予奖励资金合计695万元。五是首次形成龙江特色产改试点经验。齐齐哈尔“人教岗”经验获全国产改办肯定；大庆市“新时代产业工人思想教育基地”被中央文明委确定为全国首批重点工作项目基层联系点，是全国工会系统获此殊荣的唯一一家。六是首次编制全国工会系统《黑龙江省户外劳动者服务站点规划研究报告》，开展“三新”领域、“八大群体”产业工人队伍建设状况调研，形成总报告和十一类群体分报告，服务职工实现了规划和调研先行，工作方式手段更加科学化精准化制度化。七是首次建立省总工会“工桥通业”职工就业再就业服务中心，是全国各省级工会中第一个实体职工就业再就业服务中心。13个市（地）全部创建线上线下平台，互通互链全省、全国总工会就业信息，成为工会就业服务重要前沿阵地。各级工会通过各类促就业行动，实现就业38460人。2021年3月4日，副省长沈莹实地调研，充分肯定中心在服务大局、服务职工、助力全省稳岗就业中的不可替代作用。八是首次打造智慧工会，2020 年 6 月 28 日省总工会融媒体中心建成运营，10 月 1 日“龙工之家”App 上线，工作方式实现全新转变。

四、积极助力全省新冠疫情防控

2019 年，新冠疫情防控工作有序推进。把疫情防控作为最重要最紧迫的工作来抓，在各级党委统一领导和指挥下，各级工会迅速成立工作机构、健全工作机制、落实工作责任，态度坚决、行动果断。省总工会设立 7710 万元抗疫专项资金，各级工会投入、募集资金 2900 万元。为援鄂医务人员和奋战在抗疫一线的 37. 8 万名职工发放慰问金 5000 多万元。发起劳模捐赠，募集资金、物资 2552 万元。对 1554 名援鄂人员家庭开展“一对一”关爱服务，做好 656 名省直援鄂撤回人员、46 名省重症中心人员隔离休养服务。就有序复工复产、构建和谐劳动关系等方面研究出台政策举措。2020 年，设立 7710 万元抗疫资金，为 1554 名援鄂人员每人发放慰问金 3500 元，各级工会投入资金 1. 06 亿元，慰问职工 37. 75 万人。为 1612 名参与援鄂人员免费提供疗休养。全年全额返还小微企业工会经费 1. 53 亿元，工会经费促进消费合计 5. 02 亿元，在助力企业克服疫情影响、加速市场主体恢复中发挥了积极作用。争取中央财政、省财政专项帮扶资金 1. 13 亿元。2021 年，积极助力全省疫情防控。全额返还小微企业工会经费 1. 53 亿元。动员全省广大职工带头遵守疫情防控各项规定，主动参与支持抗疫工作，工会会员福利促消费 5. 02 亿元。省总工会医院主动参与全省疫情防控，完成核酸检测 5. 9 万人次。

五、夯实工作基础提升工作保障水平

2021 年，省总工会投入 815. 63 万元，新建户外劳动者服务站点 197 个，提档升级 251 个，截至年底，全省现有站点达 2828 个，并全部接入“智慧工会”电子地图。户外劳动者累了有地歇歇脚，渴了能喝上热乎水。寒冬新春、盛夏酷暑、金秋升学……工会的温暖一路相伴。全省各级工会筹集送温暖慰问款物合计 1.3 亿元，慰问职工 27.87 万人次。在劳动者遭遇维权困境时，工会组织创新推出“五师一室”维权机制，实现维权服务与仲裁、诉讼、援助对接。职工群众获得感幸福感安全感显著提升，“有一种温暖，叫工会在您身边”成为职工心中温暖的品牌。2021 年 3 月 10 日，省总工会十一届七次全委会议，确定了为职工群众办好 10 件实事的工作目标，惠及全省广大职工。下拨 150 万元创新职工之家资金，培育 50 家模范职工之家，延伸服务触角；全面构建职工互助保障系统，13 个市（地）相继挂牌成立互助保障代办处，筑起患病职工在医保报销之外补充保障；建成“龙工书城”，为职工会员提供 6 万余册电子图书、25 万集有声图书的免费学习阅读平台；下拨 40 万元建设资金补贴 40 家省级“母婴爱心屋”；组织 9033 名先优模范和一线职工疗休养、健康体检，把点滴关怀融入职工心中；省总工会智慧工会被评为“互联网+全国工会普惠服务十佳优秀平台”。2021 年 8 月 20 日，在省总工会的积极参与推动下，《黑龙江省女职工劳动保护条例》（以下简称《条例》）经省十三届人大常委会第二十七次会议表决通过，2022 年 1 月 1 日起实施。这是落实习近平总书记“保障妇女权益必须上升为国家意志”重要讲话精神的生动立法实践。《条例》规定，用人单位每月向女职工发放不低于 35 元的卫生费，延长和规范生育津贴发放至 158 天……多项条款走在全国前列，为维护广大女职工的合法权益和特殊利益提供了更加全面有效的法律保障。

六、开展百万职工劳动和技能竞赛

2018 年，组织引导广大职工聚焦中心为现代化新龙江建设建功立业。一是切实强化职工“四个引领”。强化政治引领，引领广大职工坚定不移听党话、跟党走；强化思想引领，引领广大职工激发内生动力，发挥新时代工人阶级主人翁、主力军作用；强化观念引领，开展“做改革的理解者、支持者、参与者、贡献者、受益者”活动，引领广大职工解放思想、更新观念，做改革的促进派、创新创业的生力军；强化技能引领，引领广大职工勤学知识、苦练本领、提升技能，适应高质量发展。二是做优叫响职工“双创”品牌。针对黑龙江省国企改革任务重，转岗分流人员安置压力大的实际，大力开展在岗职工、转岗职工、农民工创业创新活动。这项工作被写入省委十二届四次全会工作报告。省总工会继续设立2000万元专项资金，通过贴息等方式，扶持更多的职工创业再就业。安排100万元专项资金支持各市（地）、县创建职工双创孵化基地，各级工会利用贴息资金撬动银行贷款1.46亿元；扶持职工创新、创业项目1253个；创建职工双创孵化基地27个；市地级以上劳模、职工创新工作室1272个；职工技能培训35.7万人次，就业1.9万人。三是做优叫响劳模、工匠品牌，深化劳动和技能竞赛。广泛开展“当好主人翁、建功新时代”主题劳动竞赛。在中国一重集团召开现场会。召开省级劳模创新工作室暨职工创新成果命名表彰大会。开展第六届全国职工职业技能大赛6个工种黑龙江省选拔赛工作。与省人社厅联合举办12个工种省级一类职业技能比赛。与省卫计委联合举办省二级医院护理技能大赛。联合团省委举办首届青年职工“五小”创新大赛。全省参与竞赛的企事业单位9800家，职工121.7万人，总结推广先进操作法2128项，职工合理化建议6.2万件，技术革新项目9300项。大力弘扬劳模精神、工匠精神，大庆精神、铁人精神。联合省委宣传部、省广播电视台举办庆祝“五一”国际劳动节暨表彰先进颁奖晚会。建立百名先进典型库，分层、分类组织企业家劳模、专家劳模、工匠劳模、职工劳模等先进典型宣讲，发挥示范引领作用。

2019年，参赛企业2.99万家，提升技能等级1.27万人，创新成果1.16万项。与上年相比，竞赛场次、参赛职工、参赛企业和技能等级提升人数分别增加116.1%、27.3%、38.5%和1.5%。制定服务全省“百大项目”建设工作方案，开展劳动竞赛，召开现场推进会，哈尔滨、大庆、黑河等地行动迅速，全省参赛项目101个、企业134家、职工4.7万人，开展技术比武工种89个、技能提升1617人、合理化建议9.16万件、技术革新133项、竞赛创效2.3亿元。

2020年，广大职工时代作为进一步彰显。发挥哈工大等高校与科技界人才优势，与省工信厅建立服务中小微企业专家库，首批吸纳专家173名。加强创新引领，命名50家省级劳模和工匠人才创新工作室，全省共创建工作室1662个，承担技术革新、科技攻关9.6万项。大力弘扬劳模精神、劳动精神、工匠精神，表彰全国、省五一劳动奖 357 个，选树“龙江工匠”99 名，召开表彰大会，举办专场文艺演出和事迹报告会。一重集团高级技师刘伯鸣入选 2019 年“大国工匠年度人物”。

2020 年 11 月 25 日，全省“五个百万”职工劳动和技能竞赛总结大会召开。本年度，各级工会举办竞赛 23252 场，开展省级技能竞赛工种 33 个，参赛企业 3.6 万家，参与职工 737.6 万人次，提升技能等级 1.36 万人。竞赛在全省 13 个市（地）全面推进，聚焦装备制造等 7 大领域，开展核心技术攻关，企业一大批“卡脖子”难题得以解决。本年，省总工会投入资金 485 万元，奖励省五一劳动奖章获得者 100 名、龙江工匠 100 名、省级劳模创新工作室 40 家、职工创新项目 33 项、“五小创新”1000 项、十大职工科技创新能手、十大科技创新成果和十大先进操作法，大力弘扬了劳动光荣、技能宝贵、创造伟大的时代风尚，锻造了有为有位的产业工人队伍。

2022 年，围绕加快构建现代化产业体系、加快推进产业振兴，持续打造劳动和技能竞赛升级版。助推引擎产业和省重大战略、重点项目建设，举办数字技术、工业设计等职业技能竞赛，打造数字赋能北大荒等全省示范引领性劳动竞赛。省总工会补助竞赛中涌现的机电自动化、智能信息化等填补国内技术空白、打破国外垄断的职工创新项目 34 项；补助职工“五小”创新项目 1000 项。各级工会举办竞赛 1.65 万场，覆盖职工 556.9 万人次，技术革新 5300 余项，产生“五小”创新项目 1.05 万项。在制造业、新材料等产业，发挥大国工匠、劳模等高技能人才的优势，创建跨区域“创新工作室联盟”19 家，与上海、广东等地 80 余家企业，开展合作攻关项目 37 项。

承办“全国引领性竞赛”。2023 年 8 月 14 日至 16 日，首届全国林草行业森林消防员职业技能竞赛暨大小兴安岭“生态保护与转型发展”劳动和技能竞赛在黑龙江省加格达奇区成功举办。

此次竞赛，是我国林草行业防火技术和成果的集中展示，是认真贯彻中办、国办印发《关于全面加强新形势下森林草原防灭火工作的意见》的实际行动。竞赛由国家林业和草原局、中国农林水利气象工会全国委员会联合主办，大兴安岭行政公署、大兴安岭林业集团公司承办，旨在融合发挥双方优势，以劳模精神、劳动精神、工匠精神为牵引，推动全国林草行业森林消防员队伍专业训练走向深入、提升层次，树立标杆、激励先进，进而通过竞赛培养和选拔森林消防高技能人才，强化全国林草行业森林消防员队伍建设，提高森林消防员的技能素养和实战能力，增强他们的责任感和荣誉感，提升森林消防工作的专业化和科学化管理水平，激发全队伍更好地履行守护青山守卫人民的职责使命。这次竞赛已被中华全国总工会列为全国引领性竞赛。从 2022 年至 2025 年，围绕大小兴安岭林区重大工程建设、绿色发展开展劳动竞赛，以森林草原防灭火、有害生物防治、森林抚育为主题开展技能竞赛，多措并举助力推动大小兴安岭林区生态保护与经济转型。搭建职工技能提升和展示平台，不断提升林草职工技能水平，造就一支有理想守信念、懂技术会创新、敢担当讲奉献的产业工人队伍。

此次竞赛，是全国林草行业近年来举办的规格最高、规模最大、人数最多、科目最全和技战术含量最领先、影响带动面最广泛的一场森林消防员职业技能竞赛。赛事设置分团体和个人项目，集个人专业技能、体能、智能和团队组织指挥、力量协同、科技运用于一体，涵盖了无人机航空巡护、水泵接力协同战术、风力灭火协作战术、携装负重越野和理论知识、油锯切割技术、卫星导航设备操作等 7 个竞赛项目。来自全国各省（区、市）、六大森工集团以及中国林科院的 35 支代表队 350 名参赛选手进行了为期 3 天的激烈角逐，长白山森工集团代表队荣获团体项目一等奖；大兴安岭林业集团代表队苏百成、大兴安岭林业集团代表队王立军和黑龙江省代表队李华峰荣获个人项目一等奖。

七、打造了服务职工品牌——有一种温暖，叫工会在您身边

2018 年中国工会十七大以来，以习近平新时代中国特色社会主义思想、习近平总书记关于工人阶级和工会工作的重要论述为指引，在主题教育中凝心铸魂、强化忠诚，按照全国总工会的统一部署和要求，围绕黑龙江省委、省政府中心工作，黑龙江省总工会牵头抓总，引领全省各级工会组织在谋划中探索，在探索中总结，在总结中创新发展，担当作为。

加强顶层设计　为温暖蓄力护航　身在最北方，心向党中央。黑龙江省承担着维护国家“五大安全”的政治使命，正在加快推进全面振兴、全方位振兴。黑龙江省总工会主动围绕中心，服务大局，科学谋划、高位部署，做好顶层设计。黑龙江省总工会从源头上对各项制度、政策、措施进行把控，确保每一项工会工作不仅有效率还要有温度，从而让职工有更多的“获得感”。

凝聚思想共识　省总工会与各地市级工会共同组建 1024 支劳模工匠宣讲团，劳模宣讲纳入省委宣讲体系，开展“沉浸式”“体验式”宣讲活动，辐射近 500 万名职工，助推党的二十大精神直达车间、班组。万名职工思想政治引领骨干培训形成品牌，培养 2.3 万多名职工思政骨干。大庆油田被中华全国总工会确立为全国唯一一家“强化产业工人思想政治引领”专项产改试点单位。大庆新时代产业工人思想教育基地被中央文明委确定为首批市级基层联系点。哈尔滨工运历史展览馆、大庆“铁人纪念馆”等 5 家单位入选全国职工爱国主义教育基地名录。一批接地气、冒热气、聚人气的职工思想政治工作前沿阵地不断壮大，一支理论上清醒、政治上坚定、行动上自觉的新型产业工人大军正在崛起。

构建联席制度　2018 年以来，省级联席会议议题共有 14 个，12 个议题直接与职工切身利益相关，推动工会服务中心、服务大局、服务职工重点工作取得积极成效。2021 年和 2022 年省市县三级政府和工会联席会议召开率保持 100%，实现了省级议题全省同部署、同推进、同落实，在密切党和职工群众的联系、促进改革发展稳定、构建和谐劳动关系、加强工会自身建设等方面发挥重要作用。2023 年 1 月 10 日，在此前《关于建立健全县级以上人民政府与同级工会联席会议制度的意见》推动全省县级以上人民政府逐级建立联席会议制度的基础上，黑龙江省发布《关于进一步加强新时代县级以上人民政府与同级工会联席会议工作的通知》，进一步规范联席会议制度，从顶层设计方面为联席会议工作提供了有效的制度保障。

夯实基层组织　黑龙江省总工会以“县级工会加强年”专项工作为契机，出台《黑龙江省总工会关于支持县级工会发展的若干措施》，制定《黑龙江省总工会关于合理有效使用工会经费助力经济社会发展的具体措施》，以省政府办公厅名义出台《关于加强社会化工会工作者队伍建设的实施意见》，提高县（市）

工会经费回拨比例 10 个百分点，设立县级工会专项工作经费 1920 万元，专项补助乡镇（街道）工会经费 1328 万元，推动人力、财力、物力下沉，推动基层工会建起来、转起来、强起来，服务广大职工。

激活成长动力 大力推进产业工人队伍建设改革。黑龙江省产业工人队伍建设相继纳入省“十四五”规划、“民主法制领域”改革和“经济体制和生态文明体制”改革任务，列入省委深改委重点改革督查计划，纳入省直机关年度考核目标，全省 13 个市（地）全部纳入党委目标责任制考核指标或年度重点改革任务台账，引导形成劳动光荣、创造伟大、技能宝贵的时代风尚。提高产业工人政治地位、薪酬待遇，拓宽晋升通道，推动企业制定技能水平与薪酬等级挂钩制度，建立技能、技术人才贯通渠道，产业工人队伍建设改革不断破冰。产改工作开展以来，各项政策措施有效落地，改革成果惠及广大产业工人，首次把提高技术工人待遇上升到全局高度，产业工人工资年均增长高于同期 GDP 增速，推动实行高技能人才与专业技术人员或管理人员岗位贯通培养，产业工人队伍建设改革工作在全国考核评价中获评优秀等次，全省产业工人共建共享产改成果。

2020 年 8 月，黑龙江省以省政府办公厅名义印发了《关于开展“当好主人翁、建功新龙江”百万职工技能提升和技术创新竞赛，助推龙江高质量发展的实施意见》，成立了省级劳动竞赛委员会，建立健全“党委领导、政府支持、工会牵头、部门配合、职工广泛参与”的协同联动机制。制定《全省“五个百万”职工劳动和技能竞赛绩效评估办法》，形成项目申报、推进、评估、总结闭环管理，进一步提高竞赛科学化管理水平，让更多职工都有提高技能、展示自我、实现个人价值的机会。

第五节　黑龙江省工会第十二次代表大会

黑龙江省工会第十二次代表大会，是在建党 100 周年重大时刻和“两个一百年”奋斗目标历史交汇点召开的一次盛会。大会主题是高举习近平新时代中国特色社会主义思想伟大旗帜，全面贯彻落实习近平总书记关于工人阶级和工会工作的重要论述，坚定实施“造就一支宏大的新型产业工人大军，当好主人翁、建功新龙江”工作主线，团结动员全省广大职工为全面建设社会主义现代化新龙江不懈奋斗。

一、省工会十二大的主要议程和主要任务

2021 年 7 月 26—28 日，黑龙江省工会第十二次代表大会在哈尔滨隆重召开。大会选举产生了省总工会新一届领导机构，围绕着力构筑“六个体系”、做实做强“六个品牌”、突出体现“六个亮点”、深入落实“六项任务”擘画了未来五年全省工会发展路径，在黑龙江省工运历史上留下了浓墨重彩的篇章，激励全省职工在建设现代化新龙江新征程中书写镌刻新的荣光。

大会落实省委十二届八次、九次全会精神和中华全国总工会工作部署。审议并通过了省总工会第十一届委员会工作报告、财务工作报告、经审工作报告，选举产生了省总工会新一届领导机构。

二、省工会十二大工作报告

2021 年 7 月 26 日，黑龙江省总工会第十一届委员会向大会作工作报告：《凝聚振兴力量　奋进伟大征程　团结动员全省广大职工奋力谱写全面建设社会主义现代化新龙江绚丽篇章》。

报告分三个部分，一是过去五年工作的回顾和基本经验；二是正确分析形势，深刻认识新时代工会组织肩负的新使命；三是乘势而上，不断开创未来五年工运事业和工会工作新局面。

过去五年工作的回顾和基本经验　“六个方面”的重大成绩：在“深入学习贯彻习近平新时代中国特色社会主义思想，引领职工群众坚定不移听党话矢志不渝跟党走；聚焦高质量发展，建功新龙江展现新作为劳动和技能竞赛提档升级；产业工人队伍建设改革成效显著，彰显新时代产业工人地位和作用；坚

持以职工为中心，维权服务更加精准高效；推动工会系统改革创新，工会组织展现新风貌；坚持全面从严治党，工会系统党的建设向纵深发展”六个方面对五年来的黑龙江工人运动做了全面的总结。

四个重要经验：必须坚持党的领导，始终把加强思想政治引领置于工会工作的重要位置；必须坚持工会工作主线，聚焦中心服务大局助推龙江高质量发展；必须坚持职工至上，服务职工群众美好生活需要；必须坚持改革创新，不断适应党的要求和工运事业发展需要；必须坚持与时俱进，正确应对工会组织发展环境变化。

正确分析形势，深刻认识新时代工会组织肩负的新使命　肩负起维护劳动领域政治和意识形态安全的新使命；肩负起激励创新创造培养高技能人才的新使命；肩负起助推龙江振兴发展实现“十个新突破”的新使命。

乘势而上，不断开创未来五年工运事业和工会工作新局面　健全完善“六个体系”：健全完善工会组织体系；健全完善工会品牌体系；健全完善奖励激励体系；健全完善目标评价体系；健全完善智慧工会体系；健全完善制度保障体系。做实做强“六个品牌”：做实做强“万名思想政治引领骨干”品牌；做实做强“五个百万”职工劳动和技能竞赛品牌；做实做强劳模和工匠人才“创新工作室联盟”品牌；做实做强“五师一室”维权服务品牌；做实做强“工会联络员”品牌；做实做强“工桥通业”职工就业再就业服务品牌。突出体现“六个亮点”：建设一批职工思想政治教育基地；建设“黑龙江工运史馆”红色文化地标；选树一批劳模工匠群体；巩固建设一批职工服务阵地；打造工会组织公益服务标识；推广一批基层典型经验。

今后五年全省工会工作主要任务：坚定政治方向，推进职工思想政治引领新实践；聚焦创新驱动和产业提升，汇聚龙江振兴发展磅礴力量；深化产业工人队伍建设改革，造就宏大的新型产业工人大军；全面提升职工生活品质，提高维权服务普惠化精准化水平；深化工会系统改革，实现全省工会组织创新发展；坚持以党的政治建设为统领，推进工会系统全面从严治党。

2021 年 7 月 28 日，黑龙江省工会第十二次代表大会闭幕。在黑龙江省总工会第十二届一次全委会上，选举产生了省总工会新一届领导班子。

这次大会，是在“两个一百年”奋斗目标历史交汇点，全面建设社会主义现代化新龙江的关键时期，召开的一次十分重要的会议。大会高举旗帜、隆重热烈、主题鲜明、圆满成功，实现了思想性、时代性、理论性、实践性的完美结合，必将以丰硕的工作成果和鲜明的时代特征载入黑龙江工运史册！大会的胜利召开，必将激励全省广大职工和工会干部以更加有为的担当精神、更加昂扬的奋斗姿态，谱写黑龙江省工运事业和工会工作新篇章！

彰显了省工会工作的重要性。省工会工作得到广泛关注和支持，省工会十二大从筹备到召开，全程得到省委和中华全国总工会的亲切关怀，得到社会各界的高度关注。

为黑龙江省工会工作指明了方向。省委和中华全国总工会领导讲话高度评价了全省广大职工、各级工会组织在推动经济和社会发展中所作的积极贡献，对“十四五”期间更好地发挥工人阶级主力军作用、履行工会组织职能提出了新的更高要求，为黑龙江省工会工作指明了方向。

第六节　宣传贯彻党的二十大精神和中国工会十八大精神

在省委和中华全国总工会的正确领导下，省总工会认真学习宣传贯彻党的二十大精神、习近平总书记关于工人阶级和工会工作的重要论述，深入落实省党代会部署，全力服务加快推进龙江全面振兴、全方位振兴，工会工作取得新成效。

一、学习宣传贯彻党的二十大精神

2022 年 10 月 16 日至 22 日，中国共产党第二十次全国代表大会在北京召开。大会主题是高举中国特色社会主义伟大旗帜，全面贯彻新时代中国特色社会主义思想，弘扬伟大建党精神，自信自强、守正创新，踔厉奋发、勇毅前行，为全面建设社会主义现代化国家、全面推进中华民族伟大复兴而团结奋斗。

习近平代表第十九届中央委员会向大会作了题为《高举中国特色社会主义伟大旗帜　为全面建设社会主义现代化国家而团结奋斗》的报告。

党的二十大是在全党全国各族人民迈上全面建设社会主义现代化国家新征程、向第二个百年奋斗目标进军的关键时刻召开的一次十分重要的大会，是一次高举旗帜、凝聚力量、团结奋进的大会。大会高举中国特色社会主义伟大旗帜，坚持马克思列宁主义、毛泽东思想、邓小平理论、“三个代表”重要思想、科学发展观，全面贯彻习近平新时代中国特色社会主义思想，分析了国际国内形势，提出了党的二十大主题，回顾总结了过去5年的工作和新时代10年的伟大变革，阐述了开辟马克思主义中国化时代化新境界、中国式现代化的中国特色和本质要求等重大问题，对全面建设社会主义现代化国家、全面推进中华民族伟大复兴进行了战略谋划，对统筹推进“五位一体”总体布局、协调推进“四个全面”战略布局作出了全面部署。大会批准了习近平同志代表十九届中央委员会所作的《高举中国特色社会主义伟大旗帜　为全面建设社会主义现代化国家而团结奋斗》的报告，批准了十九届中央纪律检查委员会的工作报告，审议通过了《中国共产党章程（修正案）》，选举产生了新一届中央委员会和中央纪律检查委员会。

黑龙江省总工会贯彻落实党的二十大精神　党的二十大召开后，在省委和中华全国总工会的统一部署和领导下，省总工会认真学习宣传贯彻党的二十大精神、习近平总书记关于工人阶级和工会工作的重要论述，深入落实省党代会部署，全力服务加快推进龙江全面振兴、全方位振兴。

牢牢把握首要政治任务，迅速掀起学习宣传贯彻热潮。分层次、分专题开展“中国梦·劳动美——全省职工喜迎二十大、建功新时代”系列活动。党的二十大闭幕后，全方位开展党的二十大精神学习培训，省总工会领导班子和党组带头，各级工会迅速行动，把党的二十大精神传达到工会系统每个支部、每名党员。省总工会举办专题培训班全员培训，各市、县分层分级强化培训研讨；“全覆盖”宣传宣讲，把劳模工匠宣讲纳入省委党的二十大精神宣讲工作体系，省总工会组建由刘丽、苗秀等党的二十大代表、省劳模组成的147人宣讲团，开展示范性宣讲。全省工会组建“工”字号宣讲队伍1024支，成员4.8万人，宣讲4.3万场次，辐射职工430.7万人次，宣讲直“达”车间班组。

始终保持工会工作正确政治方向，坚决拥护“两个确立”、坚决做到“两个维护”。落实“第一议题”制度，传达学习习近平总书记重要讲话13次，组织党组理论学习中心组学习17次，开展“学习总书记重要讲话精神，奋进新征程、建功新时代”专题学习月等活动，深刻领悟“两个确立”的决定性意义。建立习近平总书记致首届大国工匠创新交流大会的贺信和省委工作部署等重大事项督办落实专项工作台账，坚决做到“党有号召，工会有行动”。认真学习贯彻省党代会、省委全会和历次常委会会议精神。向省委、中华全国总工会请示报告重大事项、重要工作76件（次）。

扛牢政治责任，切实维护劳动领域政治安全。全面落实党中央“疫情要防住、经济要稳住、发展要安全”重要要求，坚决维护职工队伍和谐稳定，强化职工思想政治引领，推动构建和谐劳动关系，加强舆情信息员、工评员队伍建设，坚决筑牢意识形态领域阵地，认真做好防范化解重大风险隐患工作。

二、宣传贯彻中国工会十八大精神

中国工会十八大的召开　2023年10月9日至12日，中国工会第十八次全国代表大会召开。习近平、赵乐际、王沪宁、丁薛祥、李希等党和国家领导人到会祝贺，蔡奇代表党中央致辞。

王东明代表中华全国总工会第十七届执行委员会作了题为《以习近平新时代中国特色社会主义思想为指导组织动员亿万职工为强国建设民族复兴团结奋斗》的报告。报告分为3个部分：新时代我国工运事业的发展和过去五年的工作；坚持用习近平新时代中国特色社会主义思想统领工会工作；今后五年的主要工作。

会议选举产生了由278名委员组成的中华全国总工会第十八届执行委员会和由40名委员组成的中华全国总工会第十八届经费审查委员会，选举产生了中华全国总工会新一届领导班子。王东明当选为中华全国总工会主席。会议通过了中国工会第十八次全国代表大会关于中华全国总工会第十七届执行委员会报告的决议，通过了关于《中国工会章程（修正案）》的决议。

大会号召，各级工会要坚持以习近平新时代中国特色社会主义思想为指导，深入贯彻习近平总书记关于工人阶级和工会工作的重要论述，始终坚持工会工作正确政治方向，围绕中心、服务大局，履行工会基本职责，实现好、维护好、发展好职工群众的根本利益，踔厉奋发、埋头苦干，团结引导亿万职工坚定不移听党话、跟党走，为以中国式现代化全面推进强国建设、民族复兴伟业而团结奋斗！

全省各级工会掀起学习宣传贯彻中国工会十八大精神热潮　中国工会第十八次全国代表大会胜利闭幕后，全省各级工会及时传达学习大会精神，掀起学习宣传贯彻中国工会十八大精神热潮。

鸡西市总工会，10月19日，鸡西市总工会劳模宣讲团走进黑龙江工业学院，开展“学习贯彻习近平新时代中国特色社会主义思想，学习宣传中国工会十八大精神”劳模工匠进校园主题宣讲，400余名学生现场聆听宣讲；双鸭山市总工会，全体干部职工要结合自身工作实际，对照年初制定的各项目标任务，查漏补缺，做好本年工作冲刺收官的同时，认真谋划明年工作思路，有力有序推动中国工会十八大精神在双鸭山真落地、见实效；省交投集团工会，集团各级工会以中国工会十八大精神为指引，聚焦十项重大任务；大唐黑龙江发电有限公司工会，将贯彻落实中国工会十八大精神与集团公司工作部署和大唐黑龙江公司的“8310”目标任务结合起来，推动大会精神进一线、进班组、进科室、进班子，推动企业绿色转型高质量发展，在发展中不断提高职工群众的获得感、幸福感、安全感；北大荒集团工会，来自北大荒集团基层一线的代表们回到岗位，第一时间走进田间地头宣传宣讲中国工会十八大精神，北大荒集团军川农场有限公司工会、北大荒集团宝泉岭医院工会、北大荒集团八五二农场有限公司工会通过微信群及时转发相关宣传资料，各级工会干部通过“线上+线下”“集中学+个人学”的方式认真学习领会中国工会十八大精神，通过读文件、看视频、答题等方式，广泛掀起学习宣传贯彻热潮。组织百名宣讲员，利用“职工书屋”“田间课堂”等阵地，借助“两微一抖”等载体，确保学习宣传活动立体化、创新化、常态化。

国网建三江供电公司工会，通过员工大会、班组会等形式，将中国工会十八大精神传达到每一名员工；牡丹江市总工会，组织参会代表、全市劳模工匠宣讲团成员、职工思想政治引领骨干，迅速深入企业、车间、班组开展宣讲，采取党组理论学习中心组集体学习、工会干部培训等方式，把大会的精神及时传达到位、直达一线；大庆市总工会，在大庆综合广播开辟《大庆职工之声》栏目，通过“工会快讯”宣传党中央致词精神和中国工会十八大精神；在大庆工会微信公众号开设“喜迎工会十八大”专栏，第一时间发布中国工会十八大相关信息；主办大型原创交响情景舞台剧《信仰的力量》，已巡演5场，观看群众达5000余人；开展“永远的旗帜”全市职工系列主题文化活动，广大职工、书画写作爱好者以文化艺术形式喜迎中国工会十八大胜利召开。

省农业水利气象工会，组建宣讲报告团，进车间班组、进田间地头。谋划好工作思路，以“建功十四五、奋进新征程”党的二十大精神和中国工会十八大精神知识竞赛、“建设农业强省、端稳中国饭碗”2023·北大荒劳动和技能竞赛（秋季）、“暖边绿境”关爱职工专项行动等活动为载体，激励广大职工全力筑牢国家“五大安全”基石，奋力谱写黑龙江省全面振兴、全方位振兴新篇章；省林业工会，深入广大林区一线职工群众中，开展有特色、接地气、入人心的宣传宣讲活动。建强工会服务阵地，竭诚服务职工，持续打造“暖边绿境”“困难职工关怀行动”特色服务品牌，大力弘扬劳模精神、劳动精神、工匠精神，引领林区职工创新发展，继续组织开展林业系统工会干部大培训、大学习活动，不断提升工会干部履职能力，聚焦林区转型发展，团结动员广大职工为生态绿色高质量振兴发展建功立业。

10月27日，全省工会学习宣传贯彻中国工会十八大精神专题会议召开。会议认真传达学习习近平总书记同中华全国总工会新一届领导班子成员集体谈话时的重要讲话和中国工会十八大精神、省委常委会传达学习习近平总书记同中华全国总工会新一届领导班子成员集体谈话时的重要讲话精神部署要求，部署学习宣传贯彻举措。

会议指出，要深入学习深刻领会习近平总书记同中华全国总工会新一届领导班子成员集体谈话时的重要讲话精神精髓，进一步学深悟透习近平总书记视察黑龙江重要讲话重要指示精神、《习近平关于工人阶级和工会工作论述摘编》、中国工会十八大精神实质，按照省委常委会要求，以高度的政治忠诚勇担新时代新征程工会工作新使命。

第七节　发扬工匠精神，培育工匠人才

时代变迁，精神永恒。大力弘扬劳模精神、劳动精神、工匠精神是时代赋予工会的神圣使命，黑龙江作为东北老工业基地，具有培育劳模、选树工匠的先天优势，这里孕育出一批又一批“时代楷模”，“三大精神”被一代又一代传承，“劳模精神”入选中国共产党人精神谱系第一批伟大精神。2019 年 3 月，由中华全国总工会和中央广播电视总台联合举办的“大国工匠十大年度人物”评选，至 2024 年 3 月，黑龙江省推荐的产业工人刘伯鸣、刘丽、秦世俊、董礼涛分别入选“大国工匠十大年度人物”，黑龙江的产业工人代表连续四届当选，不断涌现的优秀工匠群体，为产业强省战略提供了强有力的人才支撑，成为“大国重器”的灵魂力量。

一、黑土地上成长的大国工匠

刘伯鸣——被总书记称作“有功之臣”的一重首席技能大师　打铁的人，更是“铁打的”人

刘伯鸣，男，汉族，1971 年 5 月出生，中共党员，大专学历，1990 年 8 月参加工作。中共二十大代表、中国工会十八大代表、中华全国总工会第十八届执行委员会委员、中国一重水压机锻造厂副厂长。

刘伯鸣扎根锻造岗位 32 年，用匠心锻造大国重器，攻克 90 余项核电、石化产品工艺难关，填补了 40 项行业空白，出色完成三代核电锥形筒体、水室封头、世界最大 715 吨核电常规岛转子等 20 余项超大超难核电锻件锻造任务，为促进核电、石化产品国产化，提升我国超大型铸锻件极端制造核心竞争力作出突出

贡献。刘伯鸣团队已设计创新课题 86 项，研究成果为中国一重降本增效 2 亿元以上。中国一重制造的锻件远销国内外，锻件制造水平迈向世界前列。

所获荣誉：全国岗位学雷锋标兵、黑龙江省大工匠、省劳动模范、龙江楷模。

2019 年 2 月 27 日，入选第五批全国岗位学雷锋标兵名单。

2020 年 11 月，获得 2019 年“大国工匠年度人物”荣誉称号。

2020 年 11 月 24 日，被表彰为 2020 年全国劳动模范。

2022 年 12 月，被人力资源和社会保障部授予“中华技能大奖”称号，享受省部级表彰奖励获得者待遇。

2023 年 2 月，荣获 2022 年度“央企楷模”称号。

2023 年 4 月，被授予“龙江工匠”特别荣誉奖。

刘丽：一抹“石油红”——在父辈的路上行走的大国工匠　大庆油田“铁二代”

刘丽，女，汉族，1974 年出生，中共党员，大庆油田第二采油厂第六作业区 48 队采油工班长，刘丽工作室领衔人，高级技师、黑龙江省首席技师、中国石油天然气集团有限公司技能专家，享受国务院政府特殊津贴，兼职大庆市总工会副主席、中国石油天然气集团有限公司技能专家协会主任。参加工作 29 年来，从采油 48 队的巡井路走上“大国工匠”的领奖台。

2011 年 8 月，以她名字命名的“刘丽工作室”正式成立，刘丽踏上了打造工匠团队的新征程。11 年里，工作室逐步壮大，现涵盖 35 个工种，拥有 12 个分会 531 名成员，培养出获全国五一劳动奖章的赵海涛等技能骨干，培训人数达 1.5 万余人次，形成了“技师之家联合研发、革新工厂自主生产、示范区试用推广”的“研产用”一体化创新模式，研发技术革新成果 1048 项，推广成果 5000 多件，创效 1.2 亿元。“刘丽工作室”先后被评为全国示范性劳模和工匠人才创新工作室、全国三八红旗集体，入选“新中国 70 年最具影响力班组”。

从事采油工作近 30 年，出版发表专业技术书籍 28 册，研制创新成果获奖 200 余项，获国家专利及知识产权软著 43 项、国家及省部级奖项 38 项、市局级奖项 75 项。获得 2021 年度“大国工匠年度人物”、全国五一劳动奖章、全国技术能手，全国五一巾帼建功标兵、中国质量工匠、中华技能大奖、全国最美职工、全国劳动模范、全国能源化学地质系统“大国工匠”、黑龙江省首席技师等荣誉。

秦世俊——0.01 毫米，精品与废品之间的距离

秦世俊，男，汉族，山东掖县人，1982 年 6 月出生，中共党员，大学本科学历。现任航空工业哈尔滨飞机工业集团有限责任公司数控铣工、航空工业首席技能专家，黑龙江省总工会兼职副主席。

2001 年 9 月参加工作，一直从事直升机升力系统和起落架系统零部件研制和批产工作，累计自制工装、夹具 400 多套，实现技术创新、产品改革 715 项，为公司节约成本 700 余万元，申报国家专利 8 项。率领以他名字命名的劳模创新工作室团队，共获得 6 项国家专利授权，创造经济效益 400 多万元，解决了《Z9 机升力系统关键件“旋转盘”加工改进》《某型机机身中段铆接重要连接件加工》等攻关课题 25 项，保障了亚丁湾护航、国庆阅兵、科考护航等重要项目，2019 年，国庆 70 周年阅兵，当自己参与研制的直升机飞过天安门广场的那一刻，秦世俊激动万分。被授予全国和省级工人先锋号、市劳动模范集体等荣誉称号。

董礼涛——一把铣刀精雕细磨，为“产业报国”打造大国重器的澎湃动力

董礼涛，哈电集团汽轮机公司哈尔滨汽轮机厂有限责任公司数控铣特级技师、高技能专家、“董礼涛国家级技能大师工作室”领办人，2023 年“大国工匠年度人物”、享受国务院政府特殊津贴。

他 1989 年参加工作，中共党员。从业三十多年来，他秉承产业报国初心，扎根一线，取得 20 余项国家专利，完成技术创新 300 余项，累计为公司创造价值 8000 余万元。在推动企业转型升级过程中，他也从一名学徒工一路披荆斩棘，为我国装备制造业的高质量发展贡献了卓越力量。他参与制造的高性能主动力装置，国产单机容量最大的秦山核电站 65 万千瓦核电汽轮机，中国首台真正意义的 100 万千瓦超超临界汽轮机上，都有他亲手打磨的叶轮。他参与加工制造的国产首台 30MW 燃压机组摘取了装备制造业皇冠上的明珠，工作团队获评“董礼涛国家级铣工技能大师工作室”命名，在国产首台 65 万千瓦核电汽轮机、国产首台 100 万千瓦超超临界汽轮机等一批国内领先、世界一流的高端设备中都凝结有他的功绩。他的事迹被编入中国青少年教育丛书《共和国的建设者》，成为年轻人学习的榜样……

二、谱写工匠培育新篇章

为弘扬劳模精神、劳动精神、工匠精神，黑龙江省总工会和省委宣传部联合开展首届“龙江工匠年度人物”评选活动。活动中，各级工会层层推荐，职工广泛参与，经专家评审委员会评审，最终评出 10 名“龙江工匠年度人物”和 10 名“龙江工匠年度人物”提名奖获得者。本次推选坚持面向基层一线，重点向产业工人倾斜。突出推荐和选拔在重点产业建设中作出突出贡献的工匠人才。

2023 年 4 月 23 日，由中共黑龙江省委宣传部、黑龙江省总工会主办，黑龙江广播电视台承办的《劳动最光荣　匠星耀龙江》——首届“龙江工匠年度人物”发布暨 2023 年黑龙江省“五一劳动奖”颁奖仪式举行。《工人日报》、中工网、《黑龙江日报》、东北网等媒体报道了此事。

首届“龙江工匠年度人物”隆重发布，十位一线产业工人闪光的名字再次成为“顶流”。他们以鲜活的奋斗足迹，印证了黑龙江省知识型、技能型、创新型劳动者大军的成长，给予了全省职工群众立足岗位，振兴龙江、技能报国的精神鼓舞。随着产业工人队伍建设改革工作的不断推进，黑龙江省厚植工匠人才成长沃土。从 2016 年开始，至 2023 年，已累计选树“龙江工匠”585 名，培养造就了一大批工匠精神卓越、技术水平高超、领军作用突出的技能人才。

省委、省政府聚力实施人才振兴计划，先后出台《关于加强和改进新时代人才工作的实施意见》《新时代龙江人才振兴 60 条》《关于加强新时代高技能人才队伍建设的实施意见》等，为深入实施新时代人才强省战略提供政策支撑。省总工会持续开展“龙江工匠”选树活动，进一步激发人才创新创造的活力。

后记

《黑龙江工人运动史》编撰出版工作由中华全国总工会指导，黑龙江省总工会组织实施。黑龙江省总工会高度重视史志编撰工作，成立《黑龙江工人运动史》编委会，组建了由12名具有志书撰写、党史研究、工运理论研究等相关经验的专家教授组成的编撰团队，并邀请省、市级史志研究室等单位专家加强指导和论证。历经两年的编撰、审读、修改，完成了70余万字的书稿，力求全景式展现黑龙江工人运动的光辉历史。

中共黑龙江省委党校（黑龙江省行政学院）中共党史党建教研部教授秦慧杰，主持编写全书的提纲、编撰说明、后记、统稿全书；东北烈士纪念馆、东北抗联博物馆业务副馆长、研究员于文生负责第一、二章；中共黑龙江省委史志研究室党史研究一处处长、一级调研员曲晓溪负责第三、四章；中共黑龙江省委《奋斗》杂志社《龙江应急》编辑部采编部主任褚永慧负责第五、六章；中共黑龙江省委史志研究室编纂处处长房波负责第七章；黑龙江大学历史文化旅游学院副院长綦岩，黑龙江省政府原副秘书长、省文史研究馆馆员衣恩普负责第八章；中共黑龙江省委党校（黑龙江省行政学院）中共党史党建教研部副教授卢川负责第九章；中共黑龙江省委党校（黑龙江省行政学院）中共党史党建教研部主任、教授张英负责第十、十一章；黑龙江省工会事业发展中心（干部学院）教授肖鹏、讲师庞纯负责第十二、十三章；中共黑龙江省委党校（黑龙江省行政学院）中共党史党建教研部博士、副教授宋庆森负责第十四、十五章；秦慧杰负责第十六、十七章。黑龙江省总工会何金苗、王玲灵、岳虹池负责组织协调工作。

本书编委会组织了有专业素养的资深专家审读团队，对撰写提纲提出了建设性的意见，对全书进行了细致的审读。中共黑龙江省委史志研究室党史研究一处处长、一级调研员曲晓溪审读第一、二章；黑龙江省社会科学院历史研究所原副所长、二级研究员高晓燕审读第三、四章；原中共绥化市委党史研究室主任任希贵审读第五、六章；黑龙江省政府原副秘书长、省文史研究馆馆员衣恩普审读第七、八、九章；中共黑龙江省委史志研究室党史研究三处处长李东旭审读第十、十一、十二章；中共哈尔滨市委党史研究室党史编研处处长边青山审读第十三、十四章；中共黑龙江省委史志研究室方志工作处处长、一级调研员侯明审读第十五、十六、十七章。其中，高晓燕、任希贵对全书进行了二次审读。

本书在编写过程中，中华全国总工会、中共黑龙江省委史志研究室、黑龙江省档案馆、黑龙江森工集团有限公司、中国一重集团公司、哈尔滨电气集团有限公司、黑龙江省图书馆、黑龙江省工会事业发展中心、哈尔滨工运历史展览馆等单位给予了积极支持和配合，在此一并表示感谢！

本书编委会
2025 年 3 月